D. Coy.

Heidrun Brockmann
Dirk Kruse-Etzbach

Südafrikas Norden & Ostküste

mit Swaziland und Maputo

IWANOWSKI'S REISEBUCHVERLAG

Im Internet:

www.iwanowski.de

Hier finden Sie aktuelle Infos
zu allen Titeln, interessante
Links –und vieles mehr!

Einfach anklicken!

1. Auflage 2006

Salm-Reifferscheidt-Allee 37 - 41540 Dormagen
Telefon 0 21 33/2 60 311 - Fax 0 21 33/26 03 33
E-Mail: info@iwanowski.de
Internet: www.iwanowski.de
USA-Büro:POB 542, Inverness, FL 34450, Telefon/Fax 352 637 4852

Titelfoto: Bildagentur Huber,
Eastern Transvaal, Ndebele Architektur
Alle anderen Farb- und Schwarzweißabbildungen:
Heidrun Brockmann, Dirk Kruse-Etzbach, außer s. Abbildungsnachweis S. 703
Redaktionelles Copyright, Konzeption und dessen
ständige Überarbeitung: Michael Iwanowski
Karten und Reisekarte: Palsa-Graphik, Lohmar
Layout-Konzeption: Studio Schübel, München
Umschlag-Konzeption und Realisierung: Studio Schübel, München
Layout: Ulrike Jans, Krummhörn
Redaktionsleitung: Rüdiger Müller

Gesamtherstellung: B.o.s.s.-Druck, Kleve
Printed in Germany

ISBN 3-933041-18-x

Inhaltsverzeichnis

REISEROUTEN

REISEROUTEN

REISEROUTEN

INTERESSANTES

!

Außerdem weiterführende Informationen zu folgenden Themen:

INTERESSANTES

Verzeichnis der Karten und Grafiken:

Farbkartenhinweis

So geht's:

*Das Buch ist so aufgebaut, dass dem Reiseteil ein Einblick in **Geschichte und Kultur** sowie andere Aspekte des Reisezieles (Kap. 1–5) vorausgehen. Diesem Einblick folgen **allgemeine Tipps** zur Planung und Ausführung einer Reise **(Gelbe Seiten, Allgemeine Reisetipps von A–Z**, Kap. 6, S. 129ff). Danach finden Sie Spezialtipps zu den einzelnen Städten/Regionen **(Regionale Reisetipps von A–Z**, Kap. 6, S. 195ff).*

*Im Anschluss folgt der **Reiseteil** (ab Kap. 7), in dem auf alle wichtigen und wesentlichen Sehenswürdigkeiten eingegangen wird, aber auch die Attraktionen „off the beaten track" – das andere Südafrika – finden hier Beachtung.*

*Ein **ausführliches Register** im Anhang gibt Ihnen die Möglichkeit, schnell und präzise den gesuchten Begriff zu finden.*

Wir freuen uns über Kritik, Anregungen und Verbesserungsvorschläge: info@iwanowski.de

Legende

Autobahn/beschr. Route	Krankenhaus
Fernstraße/beschr. Route	Parkplatz
Hauptstraße/beschr. Route	Campingplatz
Nebenstraße/beschr. Route (oft nicht geteert)	Restaurant/Einkaufen
Piste/beschr. Route (oft geteert, teils nur 4x4)	Hotel/Übernachtung
Berge	Zeltcamp/Restcamp
Stadt/Großstadt	Camp/Lodge
Ortschaften	Hütte
Sehenswürdigkeiten	Picknickplatz
Aussichtspunkt	Markt
Nationalpark/Game Res./Nature Res.	Post
Wasserfall	Denkmal
Pass	Museum
Ausgrabungsstätten (Paläontolog. Fundstätten)	hist. Gebäude
Schlachtfeld	Kirche
Golfplatz	Moschee
Int. Flughafen	Botan. Garten
Nat. Flughafen	Toiletten
Landepiste	Tor
Bahnhof	Information
Busbahnhof	Zoo

Benutzerhinweis

Da wir unsere Bücher regelmäßig aktualisieren, kann es im Reisepraktischen Teil (Gelbe Seiten) zu Verschiebungen kommen. Wir geben daher im Reiseteil Hinweise auf Reisepraktische Tipps nur in Form der ersten Seite des Gelben Teils (ⓘ s. S. 195). Dort finden Sie alle im Buch beschriebenen Städte, Orte, Parks und Regionen in alphabetischer Reihenfolge.

I. EINLEITUNG

Schon seit Jahren ist Südafrika als Reiseziel kein Geheimtipp mehr und jährlich nimmt die Zahl der Besucher aus dem Ausland zu. Neuerdings kommen sogar auch vermehrt Reisende aus China, Russland und Indien. Der Grund dafür liegt natürlich vor allem in der Tatsache, dass Südafrika sehr viel zu bieten hat: **artenreiche Fauna und Flora**, **beeindruckende Landschaften** sowohl am Meer wie auch im Gebirge oder in der Savanne, immer mehr international anerkannte Museen und vor allem sehr freundliche Menschen **unterschiedlichster Kulturen**.

Nach anfänglichen Ängsten vor Unruhen nach dem offiziellen Ende der Apartheid erfreut sich das heutige Südafrika sogar des Rufs, ziemlich sicher zu sein. Zwar ist die Kriminalitätsrate besonders in den Städten immer noch hoch, doch die Rate an Übergriffen auf Touristen ist nicht höher als in vielen anderen Ländern. Vereinzelte Zwischenfälle werden jedoch in den Medien hochgepuscht. Das heißt natürlich nicht, dass Sie jetzt leichtsinnig mit den Gegebenheiten des Landes umgehen sollen. Im Gegenteil: Vorsicht ist immer gut und ein bescheidenes Auftreten gebietet sowieso der Gaststatus in einem fremden Land. Ohne Zweifel gibt es Regionen, die Sie, zumindest zu bestimmten Zeiten, meiden sollten. Generell aber ist Südafrika kein besonderes Risikogebiet.

Das Ende der Apartheid hat auch dazu geführt, dass das Land viel bunter geworden ist und mit Stolz den Beinamen „**Regenbogennation**" führt. Elf offizielle Sprachen und weitaus mehr Dialekte zeigen, dass viele Völker und Gruppen jetzt Ihre Kultur ausleben können. Das war zu Zeiten der Apartheid undenkbar, als man von diesen Kulturen oft überhaupt nicht einmal wusste. Doch erst langsam verändert sich das Bild und ständig kommen neue kulturelle Höhepunkte in Form von traditionellen Dörfern, von Museen oder Entdeckungen von Archäologen, wie z. B. ganz im Norden das Königreich Mapungubwe, hinzu. Völker wie die VaVhenda, die Zulu oder die Xhosa wissen um ihren kulturellen Schatz und werden immer selbstbewusster, diesen auch den Reisenden aus fernen Ländern zu erklären und vorzuführen. Auf diesem Gebiet gibt es im Norden und an der Ostküste von Südafrika unendlich viel zu erkunden.

Landschaftlich sind das Reisegebiet im Norden und die Ostküste von Südafrika so facettenreich, wie man es sich nicht anders wünschen könnte. Unberührte Strände und Küsten an der **Wild Coast** und im Norden von **KwaZulu-Natal**, Savannen- und Berglandschaften in der **Limpopo Province**, besonders eindrucksvoll im Bereich der unter Naturschutz stehenden Waterberg-Region, und nicht zu vergessen die dramatisch aufragenden **Drakensberge** im und um den uKhahlamba-Drakensberg Park. Natürlich darf man an dieser Stelle auch nicht vergessen die zahlreichen Wildparks zu erwähnen, von denen der weltbekannte **Kruger National Park** nur das absolute Highlight unter vielen darstellt. Doch „jagen" Sie nicht einzig die „Big Five", genießen Sie auch die **kleineren Parks** mit weniger Tieren wie z. B. Marakele, Ithala und Ndumo oder die, die eben vornehmlich wegen der Landschaft besuchenswert sind, wie z. B. Dwesa oder Cwebe an der Wild Coast bzw. den Royal Natal National Park.

Wer nun aber glaubt, dass der in diesem Buch beschriebene Teil des Südlichen Afrika nur aus Naturlandschaften besteht, der irrt gewaltig. Städte wie die 6-Millionen-Metropole **Johannesburg**, lange Zeit als zu gefährlich gemieden, boomen und zeigen auf, dass Südafrika wirtschaftlich nicht ganz hinten ansteht. Hier geht es zu wie in Großstädten Amerikas oder Europas. **Durban** mit dem Hintergrund der indischen Kultur, **Pretoria** als ehemaliges Mauerblümchen des Burentums sowie **Maputo** mit einer Mischung aus Postkommunismus und portugiesischem Flair und dem festen Willen, Kolonialzeit, Bürgerkrieg und Sozialismus hinter sich zu lassen, haben alle ihre Geschichten zu erzählen.

Als wir für dieses Buch das uns schon von früheren Reisen bekannte Südafrika acht Monate lang und auf 35.000 Kilometern bereist haben, konnten wir viele neue Erkenntnisse gewinnen, haben gestaunt und das Land genossen, uns aber auch oft verfahren und mit unzähligen Widrigkeiten auseinander setzen müssen. Doch wir können Ihnen allemal mit auf den Weg geben, dass der Norden und die Strecke entlang der Ostküste Südafrikas, auch abseits der bekannten Highlights, mehr als eine Reise wert sind. Es ist ein schönes und interessantes Reisegebiet, das sich immer wieder verändert, politisch und kulturell seinen Weg sucht und jedes Mal für neue Überraschungen gut ist. Hier gilt es **sich treiben zu lassen**, nicht alles sehen zu wollen, aber das Wenige, was möglich ist, auszukosten. Machen Sie sich den Weg zum Ziel, planen Sie nicht alles genau voraus, unterhalten Sie sich mit den Menschen und seien Sie dabei vor allem ein guter Zuhörer. Nicht immer werden Sie alles bzw. wird man Ihre Meinung verstehen, aber am Ende der Reise werden Sie so sicherlich das Land und seine Menschen besser begreifen.

Bedanken möchten wir uns an dieser Stelle noch für die zahlreichen Informationen und die tatkräftige Unterstützung vieler regionaler Touristenämter, von CC-Africa, der Rovos Rail und vieler Menschen am Wegesrand, die immer ein offenes Ohr für unsere Fragen hatten bzw. uns behilflich waren, wenn es einmal hakte. Ebenfalls möchten wir uns bei Herrn Iwanowski für die Erlaubnis bedanken, einige Infos aus seinem Reisehandbuch „Südafrika" zu übernehmen. Und für dieses Buch möchten wir ganz besonders auf den unermüdlichen Einsatz der Kartografieabteilung mit Frau Eich und Herrn Palsa hinweisen.

Ein ganz besonderer Dank geht an den in der Endphase des Buches geborenen David Brockmann, an seinen Vater Stefan Sedlmair und an seine Großeltern Ruth und Franz Brockmann. Ohne ihre Rücksichtnahme und tatkräftige Unterstützung hätte dieses Buch nicht geschrieben werden können. Und auch bei der Johannesburger Reiseleiterin Anneliese Griffin möchten wir uns ganz herzlich für ihre vielen Tipps bedanken. Für die Mithilfe am Kapitel über die Gesellschaft und Kultur Südafrikas danken wir ganz herzlich Ricarda Gerhardt.

Wir wünschen Ihnen eine wundervolle Reise durch den Norden und entlang der Ostküste von Südafrika, nach Mozambique und Swaziland und freuen uns auf viele Anregungen Ihrerseits, die Sie uns gerne mitteilen dürfen.

Heidrun Brockmann und Dirk Kruse-Etzbach,
Hamburg und Kiel im Dezember 2005

Südafrika und die Provinzen der Reiseroute auf einen Blick

Südafrika

(Süd-Afrika; Republik Südafrika; Republik of South Africa; Republiek van Suid-Afrika (afrikaans); Iriphabliki yaseMzantsi Afrika (xhosa); Iriphabliki yaseNingizimu Afrika (zulu))

Fläche/Einw.	1.219.090 qkm (Weltrang: 24)/ 47 Mio. Einwohner = 38,5 Einwohner/qkm (Quelle: Statistics South Africa)
Bevölkerung	78 % Schwarze (u. a. Zulu, Xhosa, Nordsotho, Südsotho, Tswana, Tsonga [Shangaan], Swazi, Ndebele, Vende), 10 % Weiße, 9 % Coloureds, 3 % Asiaten
Bevölkerungs-wachstum	2,2 % (wegen HIV/Aids vermutlich auf null sinkend, 20 % der Erwachsenen sind infiziert)
Analphabeten	14 %
Hauptstadt/ Regierungssitz	Pretoria (Exekutive) / Kapstadt (Legislative, teilt sich halbjährlich mit Pretoria den Parlamentssitz; Bloemfontein (Judikative)
Sprachen	Elf offizielle Amtssprachen: Zulu (22,9 %), Xhosa (17,9 %), Afrikaans (14,4 %), sePedi (9,2 %), Englisch (8,6 %), Tswana (8,2 %), Sotho (7,7 %), Tsonga (4,4 %), Swati (2,5 %), Venda (2,2 %), Ndebele (1,5 %); andere Sprachen, u. a. indische Sprachen (0,6 %). Amtssprachen: Afrikaans und Englisch. Englisch = übliche Handelssprache.
Religionen/Kirchen	Christen: 75,5 %, (Independent African Churches (25,74 %), Nederduitse Gereformeerde Kerk (8,9 %), Roman Catholic (8,6 %), Methodist Church (7,1 %), Anglican Church (4 %), Lutheran Church (2,6 %)) Sonstige Religionen: mind. 17,5 %, davon u.a. Hindus: 1,4 %, Moslems: 1,4 %, Juden: 0,2 %, keine Angaben: 5,7 %
Flagge	Bestimmendes Merkmal: ein liegendes Y. Farben: Rot (Blut, das während des Befreiungskampfes vergossen wurde); Grün (das Land); Gold (Reichtum an Bodenschätzen); Schwarz (die nicht-weiße Bevölkerung); Weiß (die weiße Bevölkerung); Blau (Farbe der Ozeane)
Nationalfeiertag	27. April (Tag der ersten freien Wahlen)
Staats- und Regierungsform/ Staatsoberhaupt und Regierungschef	Präsidialdemokratie mit föderativen Elementen. Zweikammersystem: National Assembly (400 Sitze) und National Council of Provinces (90 Sitze). Seit 2004: Regierung: ANC (Beteiligung NNP mit einem Minister im Kabinett); Offizielle Opposition: Democratic Alliance, NNP, UDM, ACDP, IFP, ID / Präsident Thabo Mvuyelva Mbeki (ANC); Vizepräsident Phumzile Mlambo-Ngcuka (ANC).
Inflationsrate	unter 6 % (offizielle Zahl), 9 % (reale Schätzung)
Arbeitslosigkeit	32 %
Ausfuhrprodukte	Gold, Diamanten, Uran, Kupfer, Mangan, Chrom, Asbest, Kohle, Wolle, Mais, Früchte, Zucker, Maschinen, Textilien, chemische Erzeugnisse, Fahrzeuge
Außenhandel	Import: insg. 26,3 Mrd. $; Güter in % der Gesamteinfuhr der SACU (South African Customs Union): Maschinen + Apparate (27,9 %); mineralische Stoffe (13,2 %); chemische Erzeugnisse (11,1 %); Beförderungsmittel (9,3 %); optische Geräte, Mess- und Musikinstrumente, Uhren (3,9 %); Chemische Erzeugnisse (6,3 %). Export: insg. 28,9 Mrd. $; Güter in % der Gesamtausfuhr der SACU: Edelsteine, Perlen, Münzen (19,6 %); mineralische Stoffe (13,7 %); unedle Metalle (13,5 %); Maschinen, Apparate und Geräte (8,8 %); Beförderungsmittel/Fahrzeuge (8,7 %)

Klima	warm-gemäßigtes Trockengebiet der Subtropen mit Sommerregen von Oktober bis April mit Ausnahme der Küstenregion von KwaZulu-Natal, dem immer feuchten, warm-gemäßigten Küstenstrich von Mossel Bay bis Port Elizabeth und dem Winterregengebiet des Kaplandes (Regen Mai bis Oktober)
Landwirtschaft	hohe Leistungsfähigkeit, sichert zum größten Teil die Eigenversorgung; Anbau besonders von Weizen, Zuckerrohr, Obst, Wein, Zitrusfrüchten, Tabak, Mais, Baumwolle
Bodenschätze	weltgrößte Vorkommen an Aluminium-Silikaten, Chrom, Gold, Magnesium, Platin, Vanadium
Städte	Über 50 % aller Südafrikaner leben in städtischen Gebieten (jeweils Großraum): Johannesburg (3,2 Mio. im Stadtbereich, 6 Mio. im Großraum), Kapstadt (2,8 Mio.), Durban (2,7 Mio), Tshwane (1,7 Mio.), Port Elizabeth (1 Mio.)

Quellen: Statistics South Africa; Auswärtiges Amt, National Geographic

Die Provinzen Südafrikas

Südafrika ist in neun Provinzen eingeteilt, die sich sehr in Größe, Geographie, Bevölkerungsdichte, Wohlstand und Wirtschaft unterscheiden. Die Provinzen heißen (in Klammern die Hauptstädte):

Eastern Cape Province (Bisho)
Free State (Bloemfontein)
Gauteng (Johannesburg)
KwaZulu-Natal (Ulundi & Pietermaritzburg)
Limpopo Province (Polokwane, ehemals Pietersburg)
Mpumalanga (Nelspruit)
Northern Cape Province (Kimberley)
North West Province (Mmabatho)
Western Cape Province (Kapstadt)

Kurzvorstellung der Provinzen, die die Reiseroute berühren:

1. Limpopo Province*: Geographisch besteht das 123.910 km² große Gebiet aus den vorwiegend landwirtschaftlich geprägten nördlichen Regionen des früheren Transvaal unter Einschluss des nördlichen Teils des Kruger National Park und der früheren Homelands Venda, Lebowa und Gazankulu. Generell muss man diese Region als ärmlich bezeichnen, die Infrastruktur in den ehemaligen Homelands ist z. T. sehr unterentwickelt. Obwohl hier etwa 13 % der Gesamtbevölkerung (5,6 Mio. Ew.) leben, erwirtschaften diese nur 3,6 % des Bruttoinlandsproduktes (BIP): Damit ist dies eine der wirtschaftlich schwächsten Regionen Südafrikas.*

2. Gauteng*: Dieses Gebiet ist wirtschaftlich die am weitesten entwickelte Region mit der besten Infrastruktur. Pretoria (Tshwane) ist als Hauptstadt Südafrikas die bedeutendste Verwaltungsmetropole. In diesem Gebiet finden wir eine differenzierte Industriestruktur vor (Elek-*

trotechnik, Automobilbau, Lebensmittelherstellung). Ebenso ist diese Region das Finanzzentrum des Landes und der Bergbau hat auch noch einen hohen Stellenwert. Hier leben 17 % der Gesamtbevölkerung (8,0 Mio. Ew.), die 40 % des BIP erwirtschaften! Die Bevölkerungsstruktur ist multi-ethnisch, wobei hier die meisten weißen Südafrikaner wohnen. Mit 17.010 km² ist Gauteng flächenmäßig die kleinste Provinz Südafrikas.

***3. Mpumalanga**: Das 79.490 km² große Gebiet, in das die ehemaligen Homelands KaNgwane, KwaNdebele und kleine Teile Bophuthatswanas aufgegangen sind, zählt zu den bedeutendsten Obst- und Gemüseregionen Südafrikas. Im südlichen und westlichen Teil liegen große Kohleabbaugebiete und Kraftwerke, der Anteil am BIP liegt – im Vergleich zur Bevölkerungszahl von 3,1 Mio. – überdurchschnittlich hoch (8,15 %). Zu diesem Gebiet gehören der Südrand des Kruger National Park sowie Teile des Gebiets um den Blyde River Canyon. Als Sprachen werden neben Afrikaans hier Swati und Zulu gesprochen.*

***4. Free State**: Der alte Oranje Freestate verblieb nach der Umstrukturierung des Landes beinahe vollständig in den alten Grenzen, lediglich ein Teilstück von Bophuthatswana (ThabaNchu) und Qwa-Qwa wurden in dieses Gebiet integriert, das nun 129.480 km² umfasst. Die Provinz verfügt über große bergbauliche und agrarische Ressourcen. In Sasolburg befinden sich große Kohleverflüssigungsanlagen und Welkom ist ein bedeutender Mittelpunkt des Goldbergbaus. Bloemfontein ist Sitz des Obersten Gerichts. 6,8 % der Gesamtbevölkerung (2,8 Mio. Ew.) erwirtschaften 6,12 % des BIP. Neben Afrikaans wird hier Süd-Sotho gesprochen.*

***5. North West Province**: Es handelt sich um ein sehr trockenes Gebiet, in dem traditionell die Tswana leben. Insgesamt leben hier auf 116.320 km² 3,6 Mio. Ew. Hier liegen die großen Platinbergwerke, landwirtschaftlich ist nur eine extensive Landwirtschaft (Viehzucht) möglich. Das BIP ist mit 5,6 % unterdurchschnittlich. Die größten Teile des ehemaligen Bophuthatswana liegen hier. Mmabatho (die jetzige Provinzhauptstadt) verfügt über eine sehr gute Infrastruktur und ist als Verwaltungssitz in besonderem Maße geeignet. Insbesondere bietet sich ein wirtschaftliches Potenzial für den Ausbau des Tourismus und der Vergnügungsindustrie (Sun City).*

***6. Eastern Cape Province**: Dieses 168.580 km² große Gebiet ist stark agrarisch geprägt – sieht man einmal von den Großräumen um Port Elizabeth und East London ab. Während es sich beim zentralen Südabschnitt um Port Elizabeth um intensiv genutztes weißes Farmland handelt, ist die Landwirtschaft im Gebiet der ehemaligen Ciskei und Transkei auf Selbstversorgung ausgerichtet. Statistisch betrachtet handelt es sich bei dieser Provinz um einen der ärmsten Teile Südafrikas, hervorgerufen durch die Integration der Homelands Transkei und Ciskei: 16 % der Gesamtbevölkerung (7,0 Mio. Ew.) erwirtschaften knapp 8 % des BIP! Provinzhauptstadt ist Bisho.*

***7. KwaZulu-Natal**: Die Bevölkerung besteht mehrheitlich aus Zulu. Kernraum ist das Gebiet um Durban, wo vor allem auch Inder leben. Die Infrastruktur, insbesondere im ländlichen Siedlungsgebiet der Zulu, bedarf einer starken Entwicklung. Probleme bereiten das schnelle Bevölkerungswachstum und der damit einhergehende Mangel an Arbeitsplätzen. Mit 9,1 Mio. Ew. hat KwaZulu-Natal die größte Bevölkerungszahl in Südafrika. Provinzhauptstädte dieses 92.100 km² großen Gebietes sind Ulundi und Pietermaritzburg.*

2. DIE GESCHICHTE SÜDAFRIKAS

Schnell-Überblick Geschichte

Frühe Zeit

Vor 1–3 Mio. Jahren	*Australopithecus africanus* („Afrikanischer Südmenschenaffe")
Vor 500.000 Jahren	Steinwerkzeuge in Nord- und Osttransvaal
26000 v.Chr.	Älteste Felszeichnungen von Buschmännern (San)
300 n.Chr.	Bantu sprechende Stämme kommen aus dem Norden und besiedeln Transvaal und Natal.
1488	*Bartholomeus Diaz* segelt um das Kap der Guten Hoffnung.
1497/99	*Vasco da Gama* umsegelt die Südspitze Afrikas auf dem Wege nach Indien.

Kolonisierung

1605	Erste Schiffe der Ostindischen Companie ankern am Kap.
1652	*Jan van Riebeeck* landet in der Tafelbucht – Bau der ersten europäischen Siedlung.
1688	Hugenotten treffen in Kapstadt ein.
1779-91	Erste Kriege zwischen Xhosa und den nach Nordosten vordringenden weißen Siedlern
1795	Die Herrschaft der Ostindischen Companie am Kap wird beendet; die Briten übernehmen die Macht.
1814	Das Land am Kap wird britische Kronkolonie.
1834	Abschaffung der Sklaverei in Südafrika
1835	Beginn des Großen Buren-Treks nach Nordosten (Transvaal)
1838	Schlacht am Blood River, Sieg der Voortrekker über die Zulu
1844	Auch Natal wird britische Kronkolonie.
1848	Annektion des Gebietes zwischen Vaal und Oranje durch die Briten
1852/1854	Anerkennung der Burenrepubliken Transvaal und Oranje Freestate durch die Briten
1860	Erste Inder kommen als Zuckerrohr-Arbeiter nach Natal.
1867	Erste Diamantenfunde im Norden der Kapprovinz
1877	Die Briten annektieren die burische Transvaalrepublik, verlieren jedoch 1880 das Gebiet im Krieg mit den Buren.
1883-1900	*Paul („Ohm") Kruger* regiert als Präsident die Burenrepublik Transvaal.
1886	Die Goldvorkommen am Witwatersrand werden entdeckt.
1899-1902	Anglo-Buren-Krieg, bei dem die Briten siegen

Die Südafrikanische Union

1910	Gründung der Südafrikanischen Union
1913	Das „Eingeborenen-Gesetz" untersagt Schwarzen, Land außerhalb der Reservate zu erwerben.
1915	„Deutsch-Südwestafrika" (heute Namibia) wird von den Südafrikanern

	besetzt.
1925	Afrikaans wird neben Englisch die zweite Amtssprache in Südafrika.
1939	Südafrika erklärt dem Deutschen Reich den Krieg.

Der Apartheidstaat

1948	Aus den Parlamentswahlen geht die Nationale Partei als Siegerin hervor und baut die Apartheid auf („Politik der getrennten Entwicklung").
1950	Verbot der kommunistischen Partei; Group Area Act (Gesetz über die Gebietseinteilung für die Bevölkerungsgruppen)
1960	Eskalation des nicht-weißen Widerstandes im Aufstand von Sharpeville. Die Regierung erklärt den Ausnahmezustand und verbietet die Befreiungsbewegungen ANC und PAC.
1961	(Weißer) Volksentscheid für die Unabhängigkeit von Großbritannien und Etablierung der „Republik von Südafrika"
1962	ANC-Führer *Nelson Mandela* wird verhaftet.

Die Eskalation

1976	Blutige Unruhen wegen der Einführung eines nach „Rassen" streng getrennten Schulsystems
1976-81	Gründung von „selbstständigen" Homelands mit Selbstverwaltung (international nicht anerkannt): Transkei (1976), Bophuthatswana (1977), Venda (1979) und Ciskei (1981)
1977	Ermordung des Studentenführers *Steve Biko* durch die Polizei
1983	Eine neue Verfassung gestattet den Indern und Coloureds ein stark eingeschränktes Mitspracherecht, wobei Schwarze aber weiter voll ausgeschlossen bleiben.
1985	Arbeitsboykott der Schwarzen im November (24 Tote, Jahr der „Halskrausenmorde" an Schwarzen, die als „weißenfreundliche" Verräter gelten)
1986	Eskalation der Gewalt – Präsident *Pieter Willem Botha* verhängt den Ausnahmezustand. Einige Apartheidgesetze werden aufgehoben (Passgesetze, Zuzugskontrollen, Rassentrennung in Restaurants und Hotels). Die USA und in der Folge die meisten anderen westlichen Staaten beginnen mit umfangreichen Wirtschaftsboykotts.

Die Wende

1989	*Frederik W. de Klerk* tritt als Staatspräsident *Bothas* Nachfolge an und deklariert als Ziel seiner Politik das Ende der Apartheid.
1990	*Nelson Mandela* wird aus der Haft entlassen, *Oliver Tambo* (ANC) kehrt aus dem Exil zurück. *De Klerk* kündigt Verhandlungen über eine neue Verfassung an.
1991	Die EG-Staaten sowie die USA heben nahezu alle Wirtschaftssanktionen gegen Südafrika auf. Innerhalb der „CODESA" (= Konferenz für ein demokratisches Südafrika) finden Verhandlungen über die neue Verfassung statt. Kämpfe zwischen Zulu (Inkatha-Bewegung unter *Buthelezi*) und Xhosa (ANC) nehmen zu.
1992	In einem Referendum sprechen sich zwei Drittel der weißen Bevölkerung für den Reformkurs *de Klerks* aus. Im Juni kommt es zum Massaker von Boipatong, bei dem Inkatha-Anhänger im Zusammenspiel mit der

	Polizei ANC-Mitglieder töten. Daraufhin stellt der ANC die CODESA-Verhandlungen ein, nimmt sie aber Ende 1992 wieder auf.
1993	*Frederik de Klerk* und *Nelson Mandela* bekommen für ihr Bemühen um ein „neues", demokratisches Südafrika gemeinsam den Friedensnobelpreis zugesprochen.
1994	Der ANC geht aus den ersten freien Wahlen als eindeutiger Sieger hervor. Am 10. Mai wird *Mandela* als Präsident vereidigt.
1995	*Mandela* verkündet am 17. Februar ein Programm zur Eindämmung von Gewalttaten und Korruption.
1996	Am 1. Juli beendet die Nationale Partei unter der Führung von *de Klerk* ihre Mitarbeit in der Regierung der nationalen Einheit.

Das neue Südafrika

1997	*Mandela* gibt in seiner Regierungserklärung dem Wohnungsbau, der Ausbildung und der Bekämpfung der Kriminalität höchste Priorität.
1998	*Mandela* tritt den Parteivorsitz an seinen Stellvertreter *Thabo Mbeki* ab. Im Oktober beendet die Wahrheitskommission ihre Arbeit und legt den Abschlussbericht vor.
1999	Der ANC gewinnt die zweiten freien Wahlen mit überwältigender Mehrheit. *Thabo Mbeki* wird neuer Präsident Südafrikas.
2000	Die Oppositionsparteien New National Party und Democratic Party schließen sich zusammen und bilden die Democratic Alliance.
2001	Fast 5 Millionen Südafrikaner sind mit HIV infiziert oder an AIDS erkrankt.
2002	Im August und September findet in Johannesburg die Weltgipfelkonferenz für nachhaltige Entwicklung statt, an der über 200 Länder teilnehmen.
2003	Nach *Nadine Gordimer* (1991) erhält *J. M. Coetzee* als zweiter Südafrikaner den Literaturnobelpreis.
2004	Bei den dritten demokratischen Wahlen gewinnt der ANC unter Präsident *Thabo Mbeki* erneut die absolute Mehrheit. Erstmals erringt der ANC auch in der Western Cape Province und in KwaZulu-Natal die Mehrheit und damit in allen neun Provinzen.
2004	Südafrika wird von der FIFA zum Austragungsort der Fußballweltmeisterschaft im Jahre 2010 gewählt.
2005	Aufgrund von Bürgerprotesten beschließt die Regierung der Eastern Cape Province, die umstrittene N2 an der Wild Coast vorerst nicht zu bauen.

Vor- und Frühgeschichte

Die Frühgeschichtsforschung weist bei der Suche nach der „Wiege der Menschheit“ nicht nur Afrika im Allgemeinen (älteste und vollständigste Dokumente), sondern speziell auch Südafrika einen hohen Stellenwert zu. Fossile Funde von Vor- und Frühformen des Menschen **(Australopithecus africanus)** wurden im heutigen UNESCO-Weltkulturerbe, dem *Cradle of Humankind,* gefunden. Dazu gehören die Höhlen von Sterkfontein, Kromdraai, Swartkrans und Makapans.

„Wiege der Menschheit“

Die ältesten und populärsten Funde des Australopithecus africanus sind „Das Kind von Taung“ (1924, Taung, 2,3 Mio. Jahre alt), „Mrs. Ples“ (1947, Makapansgat, 2,5 Mio. Jahre alt) und der 1998 entdeckte „Little Foot“ (Sterkfontein, ca. 3,3 Mio. Jahre alt). Die Anwesenheit von Gruppen des **Homo sapiens** weisen 200.000 Jahre alte Knochen- und Steinwerkzeugfunde im südlichen Kapland nach.

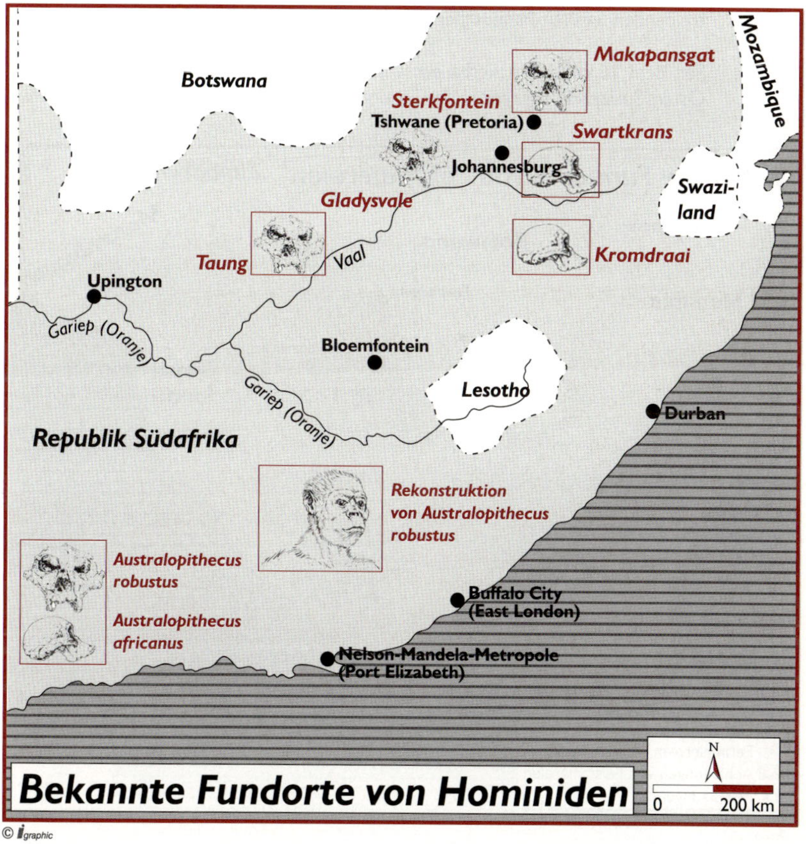

Von den ersten Bewohnern Südafrikas bis zur Ankunft der Europäer

Abgeschieden und mobil

Die „ersten Südafrikaner", die der Wissenschaftler *R. R. Inskeep* in seinem Werk „The Peopling of Southern Africa" (1978) die **San** (Buschmänner) nennt, lebten vor etwa 35.000–40.000 Jahren im Südlichen Afrika. Die einzelnen mobilen Gruppen von Jägern und Sammlern unterschieden sich von der schwarzen (negroiden) Bevölkerung, den Bantu-Völkern, u. a. durch deutlich hellere Haut, kleineren Wuchs, sog. Pfefferkornhaar, durch untereinander verwandte Sprachen und ähnliche Lebensweisen. Diese Besonderheiten bildeten sich wahrscheinlich durch ihr lang andauerndes abgeschiedenes Siedeln in der weitläufigen Region südlich des Zambezi heraus. Im Norden des heutigen Südafrikas belegen vor allem in den Drakensbergen von KwaZulu-Natal zahlreiche **Felszeichnungen** außerordentlicher Qualität und Aussagekraft das frühe Auftreten der San. Sprachgeschichtliche Forscher gehen davon aus, dass sich um 200 v. Chr. eine weitere Bevölkerungsgruppe, die **Khoikhoi**, herausbildete. Und zwar aus einer Verbindung aus Viehzucht betreibenden San mit hamitischen Hirtenvölkern Ostafrikas.

Seit dem 16. Jh. sind Ackerbauern der **Nguni- und Sotho-Sprachgruppen** im Osten Südafrikas nachgewiesen. Zu dem Zeitpunkt, als erstmals Europäer anlan-

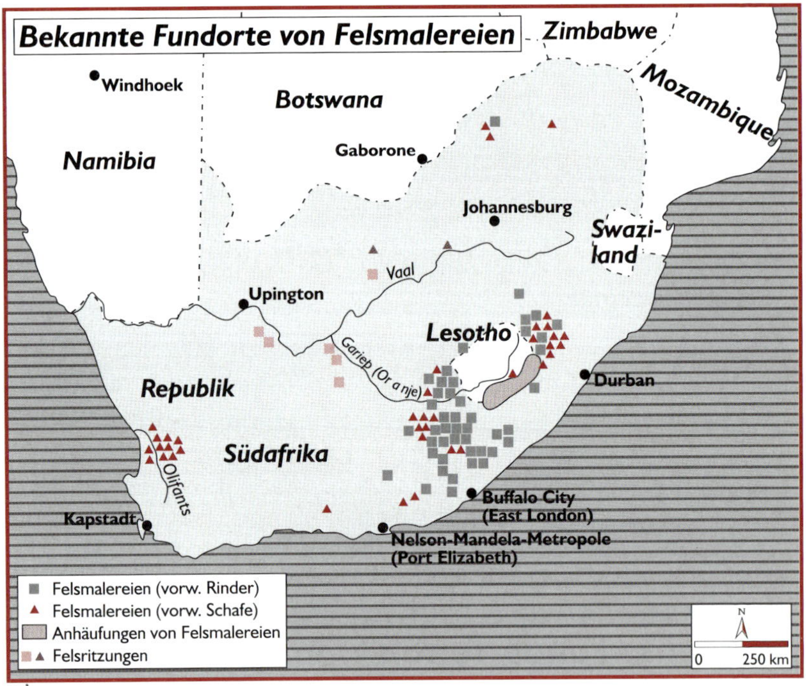

deten, siedelten an die 100.000 Menschen in der Westhälfte Südafrikas und im wasserreichen Kapland, aber auch vor allem entlang des Gariep (Oranje River) von Namibia bis an die Nordküste der Eastern Cape Province (ehem. Transkei). Aufgrund des Einflusses ihres Klick-Lautes auf die Sprache der Zulu und Xhosa wird spekuliert, dass sie bis nach Natal vorgedrungen waren.

Früher Handel

Vor allem die Khoikhoi trieben Ende des 15. Jahrhunderts regen Handel sowohl mit ihren Bantu-sprechenden Nachbarn wie auch mit den Europäern, als diese zur Auffrischung ihrer Vorräte auf dem Weg nach Asien an der Ostküste Südafrikas Halt machten. Mitte des 17. Jahrhunderts fingen die Europäer an, aktive Ansiedlung zu betreiben und ihre Viehzucht zu intensivieren. Mit dem Kampf um Weideland begann die Verdrängung der Khoikhoi und der Verlust ihrer Unabhängigkeit.

Die Herausbildung des schwarzafrikanischen Staatswesens

Von 200 n. Chr. an lassen sich Siedlungen im heutigen KwaZulu-Natal und weiter im Norden von Südafrika nachweisen. **Skelettfunde** weisen darauf hin, dass es sich dabei um Siedlungen von Schwarzen gehandelt habe, die vorwiegend vom Ackerbau lebten. Wie und wann die schwarzen Gruppen in das heutige Südafrika wanderten ist nicht sicher. Schriftliche Quellen existieren erst seit dem 19. Jh. Selbst Archäologen und Sprachwissenschaftler, die Wanderungsbewegungen erforschen, können die voreuropäische Geschichte nicht vollständig rekonstruieren. Vieles weist darauf hin, dass es sich im Wesentlichen um drei Wanderungsströmungen aus Zentral- bzw. Ostafrika handelte.

Noch nicht alles geklärt

Mitte des 2. Jahrtausends bildete sich eine grobe Zweiteilung der schwarzen Südafrikaner nach Sprachgruppen heraus, die sich bis unmittelbar vor dem Auftreten der Europäer im Norden Südafrikas immer wieder veränderte. Zu Beginn des 19. Jh. nahmen schließlich die **Nguni**, die sich wiederum in **Swazi** und **Zulu** unterschieden, den Küstenstreifen östlich von Swaziland bis zum Kei River in der heutigen Eastern Cape Province ein. Im Süden schlossen sich weitere kleinere Völker, wie z. B. im äußersten Süden der Ostküste die **Xhosa,** an, die später als Erste an der Ostküste der Kapprovinz mit den Europäern zusammenstießen. Die zweite Sprachgruppe waren die **Sotho-Tswana**, die sich am Randgebirge und auf der Hochfläche des heutigen Südafrikas angesiedelt hatten.

Eine typische Zulu-Siedlung im frühen 19. Jh. (aus: George F. Angas „The Cirs Illustrated, 1849)

Die schwarzafrikanischen Gesellschaften betrieben im Wesentlichen **Ackerbau**. Neben Gemüse und

Hülsenfrüchten bestand er hauptsächlich aus Getreide wie Sorghum und Hirse, die im 17. Jh. mehr und mehr durch Mais und vereinzelt auch Weizen ersetzt wurden. Obwohl der ausschließlich von den Frauen betriebene Ackerbau die Lebensgrundlage sicherte, wurde die allein von den Männern betriebene Viehhaltung als das eigentliche soziale Prestige angesehen. Ersichtlich wird dieses durch die Ansiedlung der Hütten um die Einzäunung des Viehs (Kraal).

Prestige

Zeichnung eines Ndebele-Kriegers (Cornwallis Harris, 1836/ African Museum)

Auch die anderen Arbeiten (Töpfern, Körbe flechten, Holz-, Leder-, Metallbearbeitung) eines Haushalts wurden unter den Geschlechtern aufgeteilt, so dass fast vollständige **Selbstversorgung** herrschte. Dadurch bildete sich aber auch kein bedeutender Handel heraus, nicht einmal sporadische Märkte. Ein gewisser Austausch bestand immerhin bei Metallen oder wenn Dürren, Missernten oder Viehseuchen die Hilfe anderer Gemeinden notwendig machte. Auch ein gewisser Fernhandel wurde betrieben, wie z. B. mit Teilen der Küste von Mozambique, wo arabische und später portugiesische Händler Gold und Elfenbein gegen Glasperlen, Keramiken, Tabak und Metalle eintauschten.

Ein wichtiges Zentrum für diesen Handel war das **Reich Mpungubwe** im Tal des Limpopo, das sich im 11./12. Jh. herausgebildet hatte und sich später weiter in den Norden nach Zimbabwe (Great Zimbabwe) verschob. Seit dem 18. Jh. gewann der Handel mit der Kapkolonie, der im Prinzip Tauschhandel war (Geld gab es nicht), immer größere Bedeutung. Es wird vermutet, dass diese Geschäfte so große Ausmaße hatten, dass er die Bildung größerer Reiche in der schwarzafrikanischen Gesellschaft begünstigte.

Die politische Organisation

Die schwarzafrikanische Gesellschaft war so organisiert, dass die politische und soziale Organisation eng miteinander verbunden waren. Die kleinste Einheit des Sozialsystems bestand aus der **Familie** (Eltern, Kinder, unverheiratete Geschwister des Mannes). Mehrere Familien bildeten ein **Geschlecht** (Abstammung in männlicher Linie vom gleichen Vorfahren) und das wiederum war Bestandteil eines **Clans** (bis zu mehreren Tausend Personen). Während die Familie einen geschlossenen Haushalt bildete, konnten die Geschlechter und Clans weit verstreut neben anderen Clans und Geschlechtern wohnen. Die politische Einheit definierte sich hingegen durch das Territorium und durch alle darauf wohnenden Bewohner. Daher stimmten Abstimmungsgemeinschaften (Clan) in der Regel nicht mit der politischen Einheit (bis zu mehreren zehntausend Menschen) überein.

Weit verstreut

Tragende Säule der politischen Einheit war der absolute Herrscher, der aus dem mächtigsten Clan bzw. Geschlecht rekrutiert wurde. Der Clan des Herrschers bildete dann sozusagen den Adel. Die Verwaltungsstruktur eines größeren Staatswesens war relativ kompliziert und umfasste mehrere Stufen der Verwaltungs- und Befehlshierarchie. Die größte Macht bestand jedoch beim Herrscher. Er kontrollierte das Land (grundsätzlich Gemeineigentum) und vergab die Parzellen Ackerland, auf das jedes Familienoberhaupt ein Anrecht hatte. Einmal vergebenes Land war nicht veräußerbar und so lange es bebaut wurde, konnte der Herrscher es nicht zurückfordern.

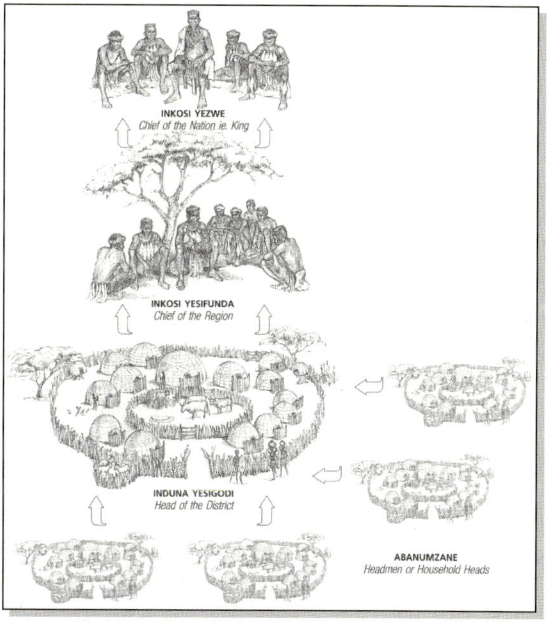

Das traditionelle politische System der Zulu

Der Besitz von Vieh zeigte den Grad des Reichtums und damit auch die politische Macht. Das Vieh spielte bei der Eheschließung eine entscheidende Rolle. Durch die Übertragung des Viehs des Bräutigams auf die Familie der Braut wurde die Ehe rechtsgültig. Jede zusätzliche Frau erhöhte das Prestige, die Macht und den Reichtum und bedeutete zusätzliches Land.

Die ersten europäischen Siedler

Am 3. Februar 1488 landeten die Portugiesen auf ihrer Suche nach einem neuem Seeweg nach Indien unter der Führung von ***Bartolomeus Diaz*** erstmals an der Küste des heutigen Südafrika. Unzuverlässiger Handel mit den Khoikhoi, unsichere Anlandestellen, wirtschaftliche Unattraktivität und mangelnde Konkurrenz in der Schifffahrt, hielten die Portugiesen jedoch davon ab, sich ernsthaft um Landnahme am Kap zu bemühen.

Für die Portugiesen uninteressant

Die Portugiesen beim Aufstellen eines „padraos". Gemälde von Charles Davidson Bell (19. Jh.)

Erst 1652, mit der Gründung Kapstadts durch den Holländer *Jan van Riebeck* als Proviantstation der **Vereinigten Ostindischen Companie** (Nederlandse Vereinigde Oost-Indische Compagnie, VOC) auf dem Seeweg nach Ostindien wurde die Ansiedlung von u. a. Niederländern, Hugenotten und Deutschen (den späteren Buren, Afrikaanern) unternommen. Als die Proviantstation das Ziel der Versorgung der Companie-Schiffe nicht halten konnte, wurden Siedler (deutsch- und niederländischstämmige) zu Freibürgen ernannt, die auf eigene Rechnung Landwirtschaft betrieben. Der erste Companie-Angestellte, dem ein Freibrief ausgestellt wurde, war übrigens ein Kölner. Damals dienten viele Deutsche, vor allem aus Norddeutschland, in den Reihen der VOC. Sie hatten ihre Heimat während und besonders nach den Wirren des Dreißigjährigen Krieges verlassen.

Freibürger

Auszug der Trekburen (1652-1795)

Seit 1700 wanderten vermehrt weiße Farmer ins Landesinnere, um neue Weideflächen für ihre Schaf- und Rinderherden in Besitz zu nehmen. Diese sog. **Trekburen** (*trekking* = ziehen; *buren* = Bauern), die ihren weidenden Herden an die Grenze der Kolonie und darüber hinaus hinterher zogen, wollten selbstständig und unabhängig sein und sich der Zentralverwaltung in Kapstadt entziehen. Sie zogen das ungebundene Leben in Zelt und Ochsenwagen einer Sesshaftigkeit in

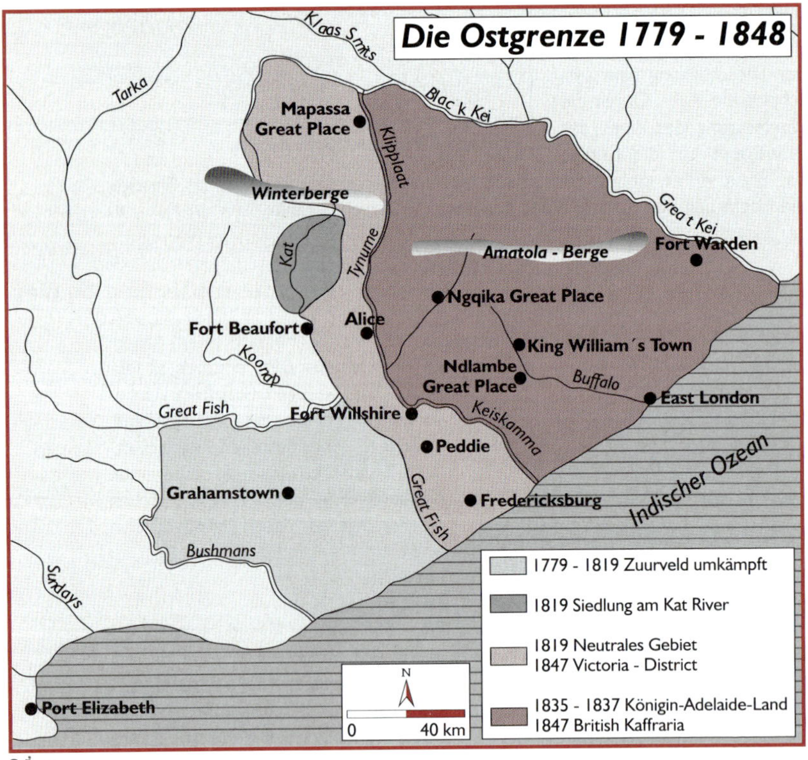

Kapstadt vor. Die zumeist streng gläubigen Calvinisten entwickelten fernab von der Tafelbucht ihre eigene Kultur, ihre eigene Sprache und hatten oftmals als einzige Informationsquelle die Bibel zur Hand. Zudem waren viele Bauern des Lesens und Schreibens unkundig und nahmen so an den großen sozialen, politischen und philosophischen Entwicklungen des 18. Jh. nicht teil.

Nur die Bibel

Durch den sich auflösenden Widerstand der Khoikhoi, die sich durch die politisch-militärische Überlegenheit der Holländer ins Landesinnere zurückgezogen hatten, drangen die Trekburen ab 1800 weiter in den Nordosten vor. An der **Ostgrenze der Kapkolonie**, dem Great Fishriver, stießen die Trekburen nun auf die dort seit dem 18. Jh. ansässigen **Xhosa**. Als diese auf der Suche nach neuen Weideplätzen 1779 erstmals den Fishriver in Richtung Westen überquerten, kam es zum ersten von insgesamt neun Grenzkriegen an der Ostgrenze riegen (den sog. Kaffernkriegen) zwischen Weißen und Schwarzen auf südafrikanischem Boden. Der fast 100 Jahre dauernde Konflikt (1779-1781) endete mit der Unterwerfung der Xhosa.

Die schwarze Revolutionierung des Hinterlandes in den 1820er und 1830er Jahren

1816-1828 schuf der Nguni-Heerfüher ***Shaka*** (geb. 1783) in Natal die Nation der Zulu und errichtete eine starke Militärmonarchie. Diese Entwicklung ging in die Geschichte als **Mfecane** (in der Sprache der Nguni = Krieg, Verwüstung) ein. *Shaka* baute das Zulureich zu einem totalen Militärstaat mit neuen Kampfestechniken und Waffen (schwertähnlichem Kurzschwert) aus. Der Aufstieg des Zulureiches hatte explosionsartige Auswirkungen weit über die Grenzen Südafrikas hinaus. *Shakas* Kriegszüge schufen ab 1818 **große Bevölkerungsbewegungen**, in deren Verläufen sich neue schwarze Nationen bildeten und nach herrschender Meinung weite Gebiete der späteren Republiken Oranje Freestate und Transvaal entvölkert wurden. Die von den Zulu abgespalteten Ndebele stießen ins heutige Zimbabwe vor, andere Nguni-Gruppen ins heutige Malawi und Tansania. Kleine Gruppen der in Südafrika gebliebenen Transvaal-Ndebele leben heute vor allem in Mpumalanga und Gauteng.

Neue Nationen

Nguni-Gruppen zogen über die Nataler Drakensberge west- und südwärts. Den dabei vorgenommenen Vertreibungen konnte im Bergland allein der Sotho-Führer ***König Moshoeshoe von Basotho*** standhalten, der zu einem der bekanntesten südafrikanischen Staatsführer des 19. Jh. wurde. Er etablierte um 1850 ein Staatswesen (das heutige Lesotho) mit rund 80.000 Bewohnern, das sowohl den Nguni-Angriffen wie auch denen der Weißen standhalten konnte.

Moshoeshoe, König der Basotho

Als die Weißen in den Norden eindrangen, waren die flachen, fruchtbaren Gebiete in Folge der Mfecane zum großen Teil entvölkert bzw. die Bevölkerung lebte dort weit zerstreut oder gar versteckt. Im Gegensatz zum Bergland konnte den Weißen

Die *Mfcane* in den 1820er und 1830er Jahren

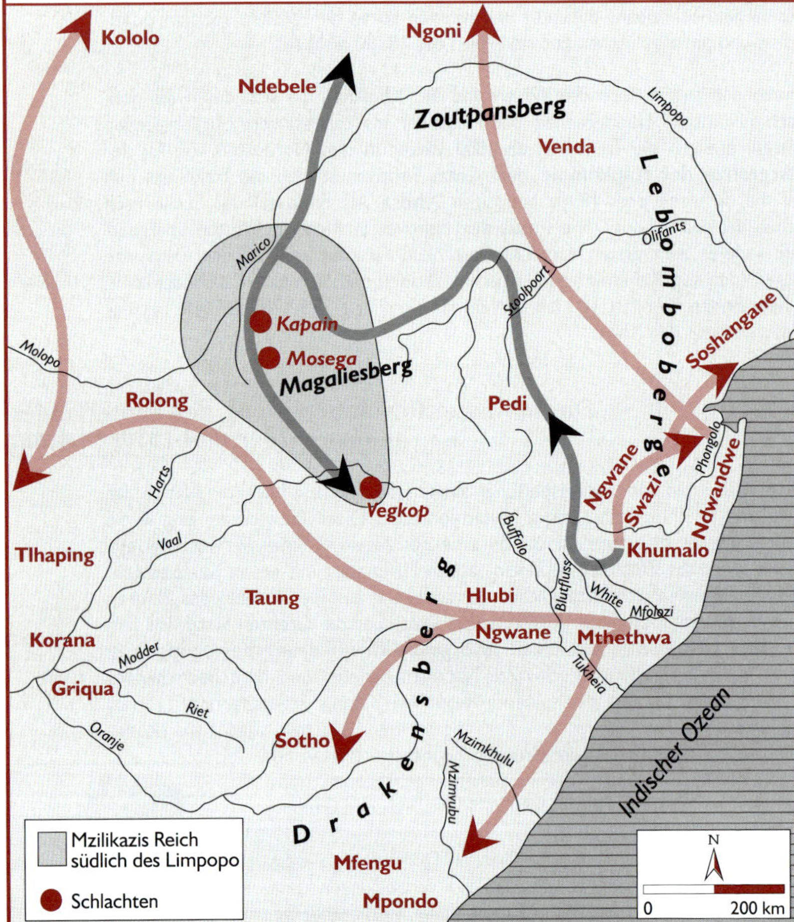

hier nur schwacher Widerstand geleistet werden. Diese Entwicklung prägte die Landverteilung in Südafrika im späteren 19. Jh. entscheidend.

Die neuere Geschichtsschreibung betont immer mehr, dass die Mfecane nicht allein von *Shakas* Militärpolitik ausgelöst wurde, sondern auch durch den **Druck europäischer Kolonialisten** am Kap und im südlichen Mozambique, die bei noch unabhängigen Völkern nach Sklaven, später nach „freien" Arbeitern suchten.

Buren und Briten

Vom Einzug der Briten bis zum Auszug der Buren (1795-1836)

Aufgrund der weiten Entfernungen zu den Zentren der Weltpolitik, fristete das Kap ein ruhiges Dasein im Windschatten der Weltpolitik. Mit Ende der niederländischen Vorherrschaft auf See und des verstärkten französisch-britischen Gegensatzes im 18. Jahrhundert und der Ausrufung der niederländischen Republik, die sog. Batavische Republik, nach Besetzung der Niederlande durch Frankreich im Jahre 1795 änderte sich das gesicherte Leben der Niederländer am Kap jedoch entscheidend.

Wechsel der Machtverhältnisse

Die Briten nutzten die Schwächung der Niederlande, um eine Flotte ans Kap zu senden. Nach nur geringem Widerstand erfolgte die **Kapitulation der Niederländer** am 15. September 1795 vor den britischen Truppen. Zu diesem Zeitpunkt wohnte am Kap eine homogene und niederländisch geprägte Bevölkerung von rund 20.000 Weißen plus ca. 15.000 Khoikhoi, 22.000 Sklaven. Die Briten bemühten sich, den Charakter der Fremdherrschaft abzumildern, indem sie bis 1814 die bestehenden Einrichtungen weitgehend beließen. Der fundamentale Gegensatz zwischen Weißen und Nichtweißen sollte jedoch bestehen bleiben und die Geschichte Südafrikas entscheidend prägen.

Behutsame Briten

1806 annektierte Großbritannien die niederländische Kolonie endgültig, nachdem sie zuvor wieder an die Niederlande gefallen war. Mit der Übernahme der Verwaltung durch die Briten und der daraus resultierenden Abschaffung der Sklaverei (1. Dezember 1834) erfuhr das Verhältnis der Ethnien untereinander eine neue Ordnung. Der **Mangel an billigen Arbeitskräften** bedeutete für viele weiße Farmer den möglichen Ruin, da sie ihre riesigen Farmen nur durch Ausbeutung der Sklaven bewirtschaften konnten. Durch Verpflichtung zu einem festen Wohnsitz, Passzwang (seit 1787) sowie amtliche Beurkundung ihrer Dienstverträge mit Weißen versuchten Regierung und Siedler die Arbeiter an ihre Dienstherren zu binden. Doch aufgrund des Drucks philanthropischer Missionare wurde 1828 der Erlass Nr. 50 unterlassen, der den Khoikhoi und Coloureds Freiheitsrechte garantierte, die nahezu denen der Weißen entsprachen. Diese Maßnahmen führten zu einer **Frontenbildung zwischen Briten und Buren**. Die Buren sahen aufgrund ihres streng calvinistisch ausgerichteten Glaubens in der Gleichstellung von „geborenen Herren und Dienern" einen eklatanten Verstoß gegen die ihrer Ansicht nach biblische Sozialordnung.

Passzwang

Diese Entwicklung sowie die zunehmende **Anglisierung am Kap** und die Erhebung des Englischen zur einzigen Amtssprache (1825) und Gerichtssprache (1828) sahen die Buren mit zunehmender Befremdung. Hinzu kamen das unentschlossene Eingreifen der britischen Verwaltung bei den Konflikten an der **Ostgrenze der Kapkolonie** (wo es 1834 zum sechsten Grenzkrieg mit den Xhosa kam). Die mangelnde Selbstverwaltung der Weißen zugunsten einer starken Zentralregierung in Kapstadt stellte die Farmer im Grenzgebiet der Kapprovinz vollends gegen die britische Verwaltung ein.

Amtssprache Englisch

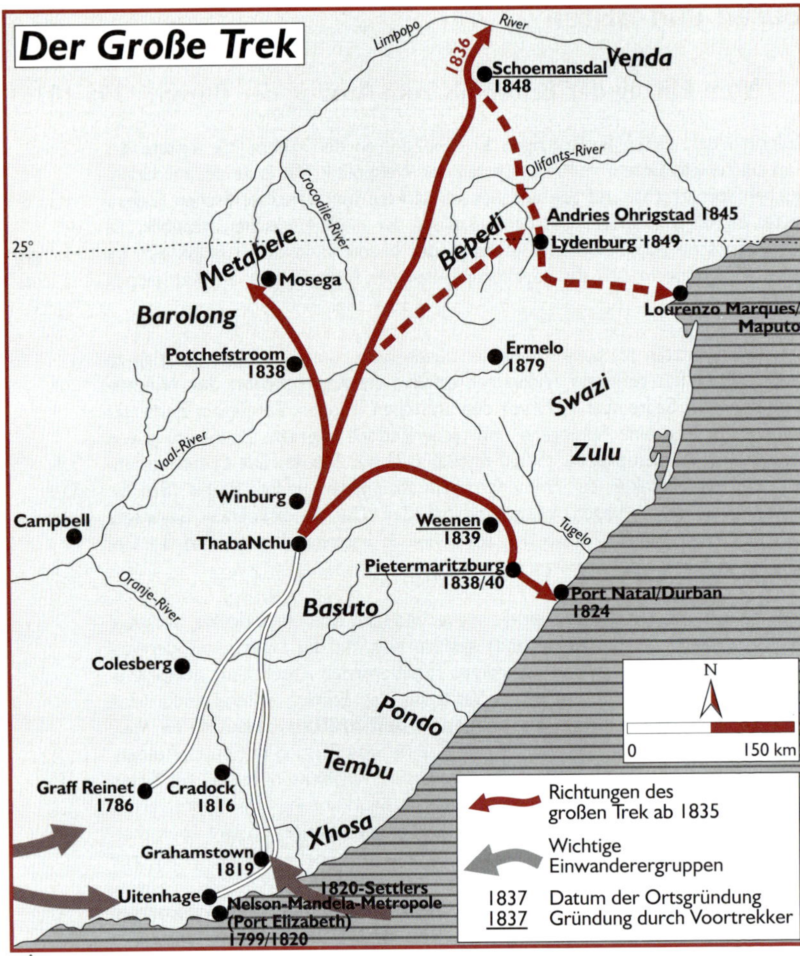

Alle diese Faktoren leiteten 1835 schließlich den **Großen Trek** ein, die Massenauswanderung aus der Kapkolonie von mehr als 10.000 Buren. Diese Farmer (Voortrekker) zogen nach Norden und Nordosten, wo sie wieder „frei“ sein wollten. Sie gründeten die Republiken Natal (1839), Oranje Freestate (1842) und Transvaal (1852).

Konflikte im ganzen Land

Der Große Trek wird als entscheidende Ursache dafür gesehen, dass die Auseinandersetzungen zwischen Schwarz und Weiß keine reinen Grenzkonflikte wie an der Ostgrenze der Kapkolonie blieben. Dadurch, dass die Buren die Kolonie verließen und riesige Gebiete im Norden des Landes eroberten, wandelten sich die außenpolitischen Grenzsicherungsprobleme zu einem innenpolitischen Problem für das spätere Südafrika.

Die Konflikte an der Ostgrenze in der 2. Hälfte des 19. Jh.

Während die zweite Hälfte des 19. Jh. am Kap durch die Konfrontation zwischen Buren und Briten gekennzeichnet war, prägte die **Ostgrenze der Kapprovinz** der Konflikt zwischen Schwarzen und Weißen. Hier wurde die Kapkolonie nach und nach durch die Gebiete der Xhosa erweitert. Kurz nach Beendigung des achten Krieges mit den Xhosa (1850-53) erhielt die Kapkolonie am 1. Juli 1853 durch königliche Verordnung eine Verfassung. Wahlberechtigt war, wer Immobilienbesitz im Werte von mindestens 25 Pfund oder ein jährliches Einkommen von mindestens 50 Pfund hatte. Damit blieb formelle Gleichheit bei gleichzeitiger unangefochtener weißer Herrschaft Londons Devise für die Kapkolonie. 1841 war der ***Masters and Servant Act*** an die Stelle des Erlasses Nr. 50 getreten, der die Verletzung eines Arbeitsvertrages zu einem strafrechtlichen Delikt machte und in erster Linie die Nichtweißen betraf.

Nur die Reichen durften wählen

1877 kam es zum neunten Grenzkrieg mit den Xhosa. Die Briten versuchten im selben Jahr Transvaal zu annektieren, mussten aber 1881 die Unabhängigkeit des Burenstaates erneut anerkennen. Um deutschen Kolonialambitionen zuvorzukommen, erklärte Großbritannien 1885 vorsorglich die gesamte Westküste zum Protektorat. Unter ***Cecil John Rhodes***, Premierminister der Kapkolonie von 1890-1896, erfolgte dann 1894 der endgültige Anschluss des gesamten Landes zwischen dem Kei-Fluss und Natal an die Kapkolonie.

Burenkriege

Paul Kruger

Der „Große Trek", wie der Auszug der Buren genannt wurde, war entscheidend für die Zukunft Südafrikas. Die Buren bildeten eigene unabhängige Republiken, von denen die größten der 1854 gegründete **Oranje Freestate** und die 1853 ausgerufene **Südafrikanische Republik** waren. Die 1886 entdeckten Goldfelder am Witwatersrand zogen in der Südafrikanischen Republik ein ungeahntes Wirtschaftswachstum nach sich und damit auch den Zuzug einer sehr hohen Zahl an Ausländern und Gastarbeitern.

Mit dem Gold begann der Wandel

In den Problemen, die aus der so gesehenen Überfremdung des Landes und der verstärkten antibritisch ausgerichteten Politik des Präsidenten der Südafrikanischen Republik, ***Paul „Ohm" Kruger***, entstanden, erblickte der damalige Premierminister der Kapkolonie *Cecil John Rhodes* eine günstige Gelegenheit, alte Pläne für ein vereintes britisches Südafrika wieder aufleben zu lassen, die Burenrepublik Transvaal (heute: die Provinzen Mpumalanga, Limpopo und Gauteng) zu annektieren und die 1867 entdeckten **Diamantenvorkommen** selbst abzubauen. Dabei setzte er voll und ganz auf die Unzufriedenheit der im damaligen Transvaal lebenden (zumeist weißen) Ausländer, die sich von den Buren als Menschen zweiter Klasse behandelt fühlten. Die Folge war 1880 der **erste Anglo-Boer-Krieg**, den die Buren aufgrund ihrer sog. Guerillataktik gewinnen konnten.

Menschen zweiter Klasse

Ein gescheiterter Putschversuch der Regierung in Pretoria durch *Cecil Rhodes* förderte zusätzlich das Zusammengehörigkeitsgefühl und den Widerstand aller Buren. Verbale Angriffe zwischen dem 1897 zum Gouverneur der Kapprovinz ernannten *Sir Alfred Milner* und *Paul Kruger* sowie wechselseitige Forderungen und Ultimaten eskalierten zum **zweiten Anglo-Boer-Krieg (1899-1902)**. Den Engländern gelang es nicht, die zahlenmäßig unterlegenen Buren, die immer wieder in kleinen Guerillakommandos angriffen, rasch zu besiegen. Die Briten ließen daraufhin die burischen Farmen niederbrennen (Taktik der „verbrannten Erde") und durch die Errichtung kilometerlanger Blockhausketten, die, durch Stacheldraht miteinander verbunden, ständig vorgeschoben wurden, dem Feind langsam die Lebensgrundlage entzogen.

„Verbrannte Erde"

Die heimatlos gewordenen burischen Frauen und Kinder wurden in riesige **Konzentrationslager** zusammengefasst. Schlechte Ernährung, mangelnde Hygiene und unzureichende ärztliche Betreuung führten zu Krankheiten und Epidemien, die bis zum Ende des Krieges rund 25.000 Frauen und Kinder das Leben kostete. Bis heute spielt dieser vermeintliche Sieg der Engländer eine Rolle in ihrem Umgang mit den Buren.

Britische Kronkolonie

Durch die Niederlage wurden die beiden ehemaligen Burenrepubliken zu britischen Kronkolonien. Das bedeutete, dass das gesamte Südliche Afrika unter britischer Oberherrschaft stand. Der Sieg der Liberalen Partei in Großbritannien Ende 1905 führte zu einer Politik der Versöhnung und Verständigung zwischen Buren und Briten. Verhandlungen führten schließlich dazu, dass 1906 **Transvaal** und 1907 die Oranje-Kolonie die innere Selbstverwaltung erhielten.

Neben den vier Kolonien (Kapkolonie, Natal, Transvaal, Oranje Freestate) gab es zu Beginn des 20. Jahrhunderts die Hochkommissariate Basutoland, Betschuanaland und Swaziland, außerdem Südrhodesien (das heutige Zimbabwe).

Die Südafrikanische Union

Die Entwicklung bis zur Apartheidgesetzgebung (1910-1948)

Als nächsten Schritt strebten die Briten die Vereinigung aller vier südafrikanischen Kolonien zu einer Union an. Am 12. Oktober 1908 trat zum ersten Mal eine **Nationalversammlung** in Durban zusammen, um sich über diesen Zusammenschluss zu verständigen. Nach dreivierteljährigen Beratungen in Durban, Kapstadt und Bloemfontein wurde der Entwurf des **South Africa Act**, der vorgesehenen Verfassung der Südafrikanischen Union, von allen Abgeordneten unterzeichnet. Am 31. Mai 1910, dem Jahrestag des Friedens des zweiten Anglo-Boer-Krieges, entstand durch die Inkraftsetzung der Verfassung die „Union of South Africa". Die Buren setzten in einer Zusatzklausel neben dem Englischen die volle Gleichberechtigung des Niederländischen fest. In der Frage nach der künftigen Hauptstadt einigte man sich auf Kapstadt (Kapprovinz) als Sitz des Parlaments, **Pretoria** (Transvaal) als Sitz der Regierung und **Bloemfontein** (Oranje Freestate) als Sitz des Obersten Gerichtshofes.

Niederländische Sprache

South African Native National Congress Delegation (Juni 1914)

Die Wahlrechtsregelung blieb in Form des Zensuswahlrechts bestehen. Dadurch blieb Nicht-Weißen das generelle Wahlrecht vorenthalten. Dies führte zu Protestkundgebungen unter Farbigen und Schwarzen und letztlich auch zur Entstehung nicht-weißer politischer Organisationen, deren wichtigste und bedeutendste bald der 1912 in Bloemfontein gegründete **South African Native National Congress** (seit 1923 African National Congress/ANC) wurde. Erster Vorsitzender des Kongresses war der in den USA ausgebildete Theologe *John Langibale Dube*, der 1937 zum Ehrendoktor der Universität von Südafrika ernannt wurde. Zu diesem Zeitpunkt beschränkte sich die politische Aktivität Schwarzer noch weitgehend auf ältere Akademiker und Intellektuelle, die jegliche Form des Widerstands ablehnten.

Partei der Schwarzen

Vor den Wahlen zum südafrikanischen Parlament wurde die aus sieben Buren und vier Briten zusammengesetzte Unionsregierung benannt, die am 15. September 1910 durch die Parlamentswahlen bestätigt wurden. Aus der Einsicht heraus, dass die Briten die Buren im neuen Staat nicht in untergeordneter Stellung halten konnten, wurde ***Louis Botha***, der Führer Transvaals (stärkste Provinz) zum Premierminister der Union ernannt. Er gewann die absolute Mehrheit und stützte sich auf die **South African Party** (SAP), eine im November 1911 entstandene Parteienvereinigung, die die Integration von Buren und Briten anstrebte (*one-stream-policy*).

Wirtschaftlich und sozial waren die Afrikaaner im Vergleich zur Englisch sprechenden Minderheit, die den größten Anteil des Kapitals und der Industrie besaßen, benachteiligt. Dieses, die zurückgebliebene Bitterkeit über die Kriegsniederlage und der Widerwille gegen das Konkurrieren mit Nichtweißen um Billig-Jobs führten u. a. zu scharfem Nationalismus innerhalb der SAP und zum Bruch zwischen *Botha* und *General J. B. M. Hertzog*, der daraufhin die **National Party** (1914) gründete. Bei den Parlamentswahlen 1915 erlangte sie bereits 26 Sitze. Die Nationale Partei verfolgte die *two-stream-policy*: Das kulturelle Erbe der zwei weißen Gruppen sollte getrennt nebeneinander bestehen.

Nationalismus

General Louis Botha

Der Erste Weltkrieg ließ die Differenzen zwischen den verschiedenen Ethnien zunächst in den Hintergrund treten: Rund 100.000 Nicht-Weiße meldeten sich freiwillig als Soldaten oder Frontarbeiter. Als Dominion des Britischen Weltreichs war die Südafrikanische Union automatisch an die britische Kriegserklärung gegenüber dem Deutschen Reich vom 4. August 1914 gebunden und kämpfte auf Seiten der Alliierten.

Beginn der Rassengesetzgebung

Mit dem *Native Land Act* (Prinzip der Gebietstrennung) aus dem Jahre 1913 war die Politik der getrennten Entwicklung von Schwarzen und Weißen = **Apartheid** offizielle Regierungspolitik der Südafrikanischen Union geworden. Sie setzte sich in den 20er Jahren unter Premierminister General *Jan Smuts* weiter fort. 1910 wurde der Begriff „Rassentrennung" erstmals in dem Wahlprogramm der Labour Party verwendet.

Homelands

Der Landerwerb finanzkräftiger Nicht-Weißer hatte zu sozialen Spannungen mit verarmten Weißen geführt. Das neue Gesetz, das im Ansatz bereits die Grenzen der späteren schwarzen Homelands („Heimatländer") festschrieb, sollte dem Abhilfe schaffen. Fast 9 Millionen Hektar Land – nur etwa 7,3 Prozent der Fläche der Union – wurden so zu Reservationen ausschließlich für Schwarze erklärt; außerhalb ihrer Reservationen, also im sog. weißen Gebiet, wurde ihnen Landerwerb untersagt.

1920 erfolgte der *Natives Affairs Act*, ein Gesetz, durch das lokale „Eingeborenenräte" geschaffen wurden. Mit der „Kommission für Eingeborenenangelegenheiten" errichtete man einen ständigen Parlamentsausschuss, der die Aufgabe hatte, den „Minister für Eingeborenenangelegenheiten" zu beraten. Dieser wiederum sollte einmal im Jahr eine „Eingeborenenkonferenz" einberufen, der allerdings nur eine beratende Funktion zukam. 1922 wurden durch den *Apprenticeship Act* die Einstellung und Ausbildung nicht-weißer Lehrlinge geregelt. Die wichtigste gesetzgeberische Maßnahme schuf *Smuts* 1923 mit dem *Urban Areas Act*, mit dem auch in

Städten getrennte Wohngebiete eingerichtet wurden. Zudem wurde für Schwarze, mit Ausnahme der Kapprovinz, ein einheitliches Passsystem eingeführt.

Während die Regierung auf Forderungen bei Streiks weißer Arbeiter zumindest teilweise einging, wurden sie bei schwarzen Arbeitern zumeist mit brutaler Polizeigewalt beendet – der **Native Labour Regulation Act** (1914) hatte bei Strafandrohung schon Streiks jeder Art verboten. Dies führte bei den Nicht-Weißen zu einer immer größeren Entfremdung und feindlichen Einstellung gegenüber dem Staat und 1917 zur Gründung der ersten Gewerkschaft für Schwarze und Farbige.

Polizeigewalt

Die Zeit bis zum Zweiten Weltkrieg stand ganz im Zeichen eines wieder erstarkenden burischen Selbstvertrauens: So wurde 1922 das Niederländische ersetzt durch **Afrikaans**. 1925 wurde Afrikaans neben Englisch gleichberechtigte Amtssprache.

Die Bezeichnung „Buren" wich offiziell ihrer Eigenbezeichnung „Afrikaaner" (mit „aa"). 1927 erhielt die Union eine eigene Flagge, mit den horizontal verlaufenden Farben orange-weiß-blau (Flagge der ersten holländischen Siedler am Kap), und man erklärte die „Stem van Suid Afrika" neben dem britischen „God save the King" zur südafrikanischen Nationalhymne. Zusätzlich zur britischen wurde jetzt auch eine südafrikanische Staatsangehörigkeit eingeführt, und schließlich erhielt das Land sein eigenes Münzsystem.

Zwei Nationalhymnen

Wiedervereinigung im weißen Lager

Die Entwicklung der Union hin zu einem wirklich souveränen Staat im Rahmen des Britischen Commonwealth (Westminsterstatut von 1931) war in den Augen der meisten Afrikaaner das Verdienst des Premierministers *Hertzog*. Da das Land seit Mitte der 20er Jahre auch beachtliche wirtschaftliche Erfolge aufweisen konnte, errang die Nationale Partei bei den Parlamentswahlen 1929 mühelos die absolute Mehrheit. *Hertzog* verwirklichte die lang gehegte Reform der Eingeborenengesetzgebung und setzte 1936 das Gesetz zur Vertretung der Eingeborenen durch, das den schwarzen Stimmberechtigten in der Kapprovinz praktisch das Wahlrecht nahm, das dort seit 1853 bestanden hatte. 1937 wurde das Ergänzungsgesetz zur Eingeborenengesetzgebung verabschiedet, das den Schwarzen auch den Kauf von Grundstücken sowohl in den Städten als auch außerhalb der Lokationen verbot.

General J.B.M. Hertzog

Die Weltwirtschaftskrise der nächsten Jahre, die auch in Südafrika ihre Auswirkungen hatte, veränderte dann die politische Situation. Um die Schwierigkeiten, die sich überdies durch eine langwierige Dürre verschlimmerten, in den Griff zu bekommen, entschloss sich *Hertzog* zur Bildung einer großen Koalition seiner

Nationalen Partei mit der Südafrikanischen Partei von *Smuts*. Sie vereinigten sich 1934 zur **United Party (UP)**.

Echte Buren

Vor der Vereinigung hatte sich von der Nationalen Partei eine Gruppe von 19 Abgeordneten unter dem ehemaligen Pfarrer ***Daniel François Malan*** abgespalten und die Gereinigte Nationale Partei (*Gesuiwerde Nasionale Party*, GNP) gebildet. Während *Hertzog* unter seinem Nationalismus alle Weißen, die Südafrika als ihr Vaterland betrachteten, vereinigt sehen wollte, waren für *Malan* nur die afrikaanssprachigen weißen Südafrikaner echte Buren. Während des **Zweiten Weltkrieges** gewann die GNP stark an Stimmen und stellte 1940 mit Abgeordneten der UP die Nationale Partei (NP) wieder her. Diese NP unter *Malan* bildete die Keimzelle der bis 1994 regierenden Nationalen Partei.

Politische Organisationen der Schwarzen in den 1930er Jahren

Präsident des African National Congress (ANC) wurde 1930 der gemäßigte und gegenüber der Regierung kooperationsbereite ***Pixley Ka Isaka Seme***. Er hatte an der Yale Universität in den USA sowie in Oxford Jura studiert und ließ sich danach als Anwalt in Johannesburg nieder. Doch *Seme* gelang es in den folgenden Jahren nicht, den ANC als wirksames politisches Instrument einzusetzen, da ihm dafür das Organisationstalent fehlte. Der ANC erlangte zunehmende Bedeutungslosigkeit und erwachte erst wieder zu neuer Aktivität, als 1940 ***Dr. Alfred B. Xuma*** zu seinem Präsidenten gewählt wurde.

Widerstand der schwarzen Bevölkerung

Politischer Widerstand

Die Eingeborenengesetzgebung von 1936 führte zu einer weiteren Politisierung der Schwarzen. Bereits im Jahr zuvor, als Einzelheiten der vorgesehenen Gesetze an die Öffentlichkeit gedrungen waren, trafen sich in Bloemfontein rund 400 Vertreter aller nicht-weißen Bevölkerungsgruppen zu einer All-Afrikanischen Versammlung (AAC). Eingeladen hatte dazu Professor *Davidson Don Tengo Jabavu*, ein bedeutender schwarzer Philologe, der in London studiert hatte und als Dozent für Bantu-Sprachen an der südafrikanischen Universität für Schwarze in Fort Hare tätig war. Eine Abordnung unter seiner Führung erhielt den Auftrag, mit Präsident *Hertzog* über Abänderungen der Gesetzesvorlagen zu verhandeln. Tatsächlich kam es zu einigen kleineren Modifikationen, doch vom Wesen und Inhalt her blieb die Gesetzgebung unangetastet.

Auf der AAC hatten sich generationsbedingte unterschiedliche Auffassungen zu Reaktionen auf die Gesetzgebung gebildet. Während die Jüngeren auf einen bedingungslosen Ablehnungskurs gingen und nun damit begannen, den ANC zu einem politischen Machtinstrument der Schwarzen auszubauen, erklärten sich die Älteren, durchweg qualifizierte Führungskräfte, bereit, wenigstens die geringen Möglichkeiten einer Mitwirkung, die den Schwarzen noch geblieben waren, zu nutzen. Sie hofften damit einen – wenn auch nur minimalen – Einfluss geltend zu machen. So waren etwa die gemäßigten ANC-Präsidenten *Dr. J. A. Dube*, *Dr. Alfred B. Xuma*, *Dr. J. S. Moroka* und *Albert Luthuli* zeitweilig Mitglieder des „Rates der Eingeborenenvertretung".

ANC als Machtinstrument

Der Zweite Weltkrieg und seine Folgen

Im Gegensatz zum Ersten Weltkrieg lag 1939 die Entscheidung für oder gegen Kriegseintritt bei Südafrika selbst. Dadurch wurden alte Gegensätze zwischen Briten und Buren wieder deutlich. Während die Briten und einige gemäßigte Buren dem Mutterland beistehen wollten, lehnte die Mehrheit der Buren einen Eingriff ins Kriegsgeschehen ab. Die Befürworter siegten am 4. September bei einer Parlamentsabstimmung mit 80 zu 67 Stimmen.

Die nationalistischen Buren fühlten sich geprellt, *Hertzog* und 38 Abgeordnete verließen die Regierung und vereinigten sich mit der GNP ***Malans*** zur wieder hergestellten Nationalen Partei = *Herenigde Nasionale Party* (HNP). Doch *Hertzog* gingen die Ansichten *Malans*, der die englischsprachigen Südafrikaner ganz aus dem politischen Leben verdrängen wollte, zu weit und zog sich 1940 verbittert aus der Politik zurück. Sein früherer Finanzminister und langjähriger Weggefährte *N. C. Havenga* gründete die *Afrikaaner Partei*.

Geprellte Buren

Die Kriegserfolge der Alliierten schienen den Kurs von Premierminister *Smuts*, der 1941 zum Feldmarschall der britischen Armee ernannt wurde, zu bestätigen. So bescherten die Wahlen von 1943 der Vereinigten Partei noch einmal eine überwältigende Mehrheit. Doch das Blatt wendete sich bald. Die Regierung *Smuts* hatte anfänglich die „Rassengesetze" geringfügig entschärft, stand mit der Zeit dem wachsenden Selbstbewusstsein der urbanisierten Schwarzen konzeptlos gegenüber. Die zunehmende Politisierung der Schwarzen und einhergehende wilde Streiks schwarzer Arbeiter riefen Existenzängste eines großen Teils der Weißen hervor.

Ohne Konzept

Darüber hinaus entstand **außenpolitischer Druck**, da nach 1945 – als Folge der Ereignisse im nationalsozialistischen Deutschland – jegliche Form der Rassendiskriminierung bei der internationalen Staatengemeinschaft auf wesentlich größere Ablehnung stieß als bisher. Die Regierung *Smuts* hatte zur Lösung der „Rassenfrage" kein konkretes Programm anzubieten. Abgesehen davon betrachteten viele national gesinnte Afrikaaner den Premierminister selbst, dem britische Interessen offenbar wichtiger erschienen als die Probleme seines eigenen Landes, inzwischen als untragbar: Die meisten der Nachwahlen nach 1945 verlor die Vereinigte Partei.

Apartheid

Die parlamentarische Opposition der Nationalisten hingegen baute ihr Programm auf der totalen gesellschaftlichen Trennung von Schwarz und Weiß, der Apartheid, auf und bot damit manchem durch die Politik der Kriegs- und der ersten Nachkriegsjahre verunsicherten Afrikaanern eine glaubhafte Alternative mit einer hoffnungsvollen Zukunftsperspektive.

Bei den Parlamentswahlen 1948 erzielten *Malans* Nationale Partei und *Havengas* Afrikaaner Partei, die zuvor ein Wahlabkommen geschlossen und sich 1951 zur **Nationalen Partei** vereinigt hatten, die Mehrheit. Dies bedeutete für Südafrika einen völligen Umbruch: Innenpolitisch verhärteten sich die Fronten zusehends, außenpolitisch wurde das Land mehr und mehr ins Abseits gedrängt und geriet in die Isolation.

Die Entwicklung bis zum Austritt aus dem Commonwealth (1948-61)

Die Apartheidgesetzgebung

Keine „Gemischtehen"

Die 1948 angetretene Regierung des Premierministers ***D. F. Malan*** begann nunmehr sofort, mit der Verschärfung der bereits bestehenden **Rassengesetzgebung** bzw. damit, neue „Rassen trennende Gesetze" zu schaffen. War mit dem Gesetz gegen die Unmoral (1927) bereits der nichteheliche Geschlechtsverkehr zwischen Schwarzen und Weißen unter Strafe gestellt worden, so verbot das Gesetz gegen „Gemischtehen" von 1949 nun auch Eheschließungen zwischen Weißen und Nicht-Weißen.

Die Absurdität der Apartheid: getrennte Sitzplätze – selbst in Bussen

Für das 1950 verabschiedete Gesetz zur Registrierung der Bevölkerung (*Population Registration Act*) wurden die Einwohner der Südafrikanischen Union in drei Gruppen unterteilt: Weiße, Farbige und Schwarze.

Getrennte Einrichtungen

Ebenfalls in das Jahr 1950 fällt der Erlass des Gesetzes über die Gebietseinteilung für die Bevölkerungsgruppen (*Group Area Act*), das nun eine Einteilung des gesamten Landes in für die einzelnen Ethnien bestimmte Regionen verfügte. Das Gesetz über getrennte Einrichtungen schaffte separate öffentliche Einrichtungen – separate Strände, Busse, Toiletten, Schulen, Aufzüge, Restaurants, Parkbänke, Blutkonserven, Rettungswagen usw. Ursprüngliche Siedlungen wurden dem Erdboden gleichgemacht, die Bewohner zwangsumgesiedelt. Wer sich widersetzte, kam ins Gefängnis oder starb im Kugelhagel der Polizei.

Damit trat neben dem Ausbau der – bisher teilweise schon gesetzlich verankerten und praktizierten – gesellschaftlichen Trennung, der sog. „kleinen Apartheid", zusätzlich die räumliche Trennung von Schwarzen, Weißen und Farbigen und damit die „große Apartheid".

Nur noch Weiße durften wählen

Unter ***J. G. Strijdom***, dem Nachfolger *Malans*, hatte die Apartheid-Gesetzgebung 1954 eine weitere Verschärfung erfahren. Nachdem 1936 schon den schwarzen Stimmberechtigten in der Kapprovinz das Wahlrecht entzogen worden war, wurde es nun auch den etwa 47.000 stimmberechtigten Farbigen genommen. Die Farbigen reagierten mit völligem Unverständnis, entfremdeten sich von „ihrem" Staat oder schlossen sich der schwarzen Opposition an.

Nicht-weißer Widerstand nach dem Zweiten Weltkrieg

Dadurch, dass die Nationale Partei seit 1948 ihre **Diskriminierungspolitik** auf Inder, sog. Mischlinge und Asiaten ausgedehnt hatte, kam es fast zwangsläufig zu einem Zusammengehörigkeitsgefühl aller Nicht-Weißen und anlässlich der 300-Jahr-Feier des weißen Südafrika Ende 1952 erstmals zum gemeinsamen Widerstand.

ANC und SAIC (*South African Indian Congress*) organisierten zahlreiche friedliche Protestaktionen gegen das Apartheidregime. Innerhalb kurzer Zeit wuchs die Mitgliederzahl des ANC von 7.000 auf 100.000. Um von Anfang an jede Opposition gegen die Politik der Nationalen Partei zu ersticken, rief die Regierung im Januar 1953 den Ausnahmezustand im Lande aus.

ANC-Präsident Mvumbi Luthuli

Im Jahre 1955 wurde auf dem sog. Volkskongress ein **„Freiheitsmanifest"** verabschiedet, in dem eine Gesellschaftsordnung mit gleichen Rechten und Chancen bei gleicher Leistung für alle – unabhängig von ethnischer Zugehörigkeit und Hautfarbe – gefordert wurde. Folge waren Polizeirazzien und Verhaftungen. ANC-Präsident ***Mvumbi Luthuli*** stand von 1953 an bis zu seinem Tode 1967 unter „Hausarrest". Dennoch trat er stets für einen gewaltfreien Widerstand ein. In der Friedenscharta des *Congress of the People* vom 25. Juni 1956 forderten die Vertreter aller Ethnien ein demokratisches Südafrika. Dies hatte zur Folge, dass 156 Personen wegen Hochverrats festgenommen wurden.

Hochverrat

Die jüngere Generation innerhalb des ANC drängte nach spektakulären Taten. 1959 spaltete sich ein radikaler Flügel unter ***Robert Sobukwe*** ab und gründete den **Pan-African Congress** (PAC). Dieser organisierte am 21. März 1960 die ersten Massendemonstrationen im ganzen Lande, wobei es an etlichen Orten zu blutigen Auseinandersetzungen mit der Polizei kam.

Wendepunkt

Der blutigste und zugleich als Wendepunkt angesehene Zwischenfall ereignete sich 1960 in **Sharpeville** bei Johannesburg, als in Panik geratene Polizisten 69 schwarze Anti-Apartheid-Demonstranten töteten, 180 wurden schwer verletzt, zumeist durch Schüsse in den Rücken.

Das Massaker rief weltweite Empörung hervor. Im ganzen Land fanden Streiks und Demonstrationen statt, Polizeieinsätze bei Kapstadt hatten weitere Todesopfer zur Folge. Daraufhin verfolgte die Regierung eine Vorwärtsstrategie und verhängte den Ausnahmezustand, verabschiedete im Eilverfahren das Gesetz gegen gesetzwidrige Organisationen, was am 8. April 1960 zum Verbot von ANC und PAC führte, die im Untergrund oder im Exil verschwanden.

Hervor kamen die PAC-nahe Organisation *Poqo* (Xhosa-Sprache: „rein“, „allein“), die sich durch blutige Attentate einen baldigen Umsturz erhoffte, und die ANC-nahe *Umkhonto we Sizwe* („Speer der Nation“), die einen langen Kampf erwartete und vor allem staatliche Einrichtungen durch gezielte Anschläge treffen wollte.

Zerschlagung der Opposition

Durch die Kriminalisierung der Widerständler konnten sie nun wegen Planung und Durchführung bewaffneter Aktionen zu massiven Freiheitsstrafen verurteilt werden. Die organisierte schwarze Opposition wurde dadurch 1960-1964 fast vollständig zerschlagen, doch unternahm die Regierung nichts, um Ursachen und Nährboden des Widerstandes zu beseitigen.

Außenpolitisch löste die Apartheidpolitik wachsende Kritik aus. Als Reaktion auf schwere Angriffe vor allem afro-asiatischer Mitglieder des Staatenbundes führte im März 1961 zum Austritt Südafrikas aus dem Britischen Commonwealth.

Bei einer Volksabstimmung am 5. 10. 1960 entschied sich die Mehrheit der weißen Wähler daraufhin für die Errichtung der Republik. Am 31. Mai 1961, dem Nationalfeiertag (Gründung der Südafrikanischen Union 1910) proklamierte die Regierung *Verwoerd* die Republik Südafrika. Erster Staatspräsident wurde der ehemalige Gouverneur *C. R. Swart.*

Die Entwicklung bis zur Verfassungsreform (1961-1984)

Das erste Jahrzehnt der Republik verlief äußerlich ruhig. Abgesehen vom Rivonia-Prozess (1964), in dem der gesamte Führungsstab des *Umkhonto we Sizwe* mit *Mandela* und *Walter Sisulu* zu lebenslangen Haftstrafen verurteilt wurden.

Die **innenpolitische Situation** spitzte sich in den 80er Jahren zu. Der ideologische Gegensatz zwischen der Zentralregierung in Pretoria und der schwarzen politischen Opposition (vorwiegend im Ausland) wurde größer. Die Forderung der schwarzen Führer, **„One Man, One Vote"**, wollten die weißen Politiker keinesfalls akzeptieren.

Umstrukturierung ohne die schwarze Bevölkerung

Die Regierung beabsichtigte ein Dreikammersystem mit einem starken Präsidenten einzuführen. Die indischen und auch die farbigen Vertreter, die seit 1981 einem Präsidialrat angehörten, erhielten erweiterte Machtbefugnisse (1984). Das „Westminster Modell", das auch der schwarzen Bevölkerung das allgemeine Wahlrecht zugestanden hätte, wurde weiterhin strikt abgelehnt.

In der Folgezeit mehrten sich Anschläge, Unruhen und Protestmärsche, u. a. bei Umsiedlungsaktionen von Schwarzen aus den Elendsvierteln. Der Wohnungsbau für Schwarze in den Städten war gestoppt worden, die bestehenden Siedlungen wurden vernachlässigt, obwohl die städtische Bevölkerung wuchs. Mehrmals wurde der Ausnahmezustand über verschiedene Viertel verhängt.

Der getötete Hector Pieterson

Die blutigen Auseinandersetzungen zwischen ANC-Anhängern und Mitgliedern der Inkatha-Partei des Zuluführers ***Buthelezi*** begannen sich auszuweiten. Massiven Protest löste die Hinrichtung des Dichters und ANC-Anhängers *Benjamin Moloise* aus. Die Erosion der Apartheid begann 1976 mit dem **Schüler- und Studentenaufstand von Soweto**. Das Bild des getöteten Jungen ***Hector Pieterson***, steht heute als Symbol für die Brutalität des Apartheidregimes und ist weltbekannt.

ANC gegen Inkatha

Die Entwicklung seit 1984

Am 4. 9. 1984 trat eine neue Verfassung in Kraft, die das Präsidialsystem einführte und den Coloureds und Asiaten begrenzte Mitspracherechte (eigene Parlamentskammern) einräumte. Staatspräsident wurde *P. W. Botha*. Die Schwarzen blieben weiterhin von jeglicher Einflussnahme ausgegrenzt, da sie aufgrund ihrer zahlenmäßigen Überlegenheit in allen Gremien eine überwältigende Mehrheit gehabt hätten.

Weitere Unruhen

Die Aufspaltung der sozialen Klassen wirkte sich in den neuen Unruhen von 1984 bis 1986 (fast 3.000 Tote) aus, die das ganze Land erfassten. 1986 wurde der **Ausnahmezustand** verhängt. Willkürlich wurden Tausende festgenommen, darunter auch viele Kinder und Jugendliche. An Stelle der Township-Verwaltungen, die nicht mehr funktionierten, wurden **lokale Selbstverwaltungskomitees** gegründet, die das Gemeinschaftsleben organisieren sollten. Mietboykotte waren sehr verbreitet. Weitere repressive Maßnahmen waren Versammlungs- und Tätigkeitsverbot für Organisationen der Anti-Apartheidbewegung, Verschärfung der Sicherheitsgesetze und Pressezensur.

Wachsende Militanz

Um der wachsenden Militanz der Anti-Apartheidbewegung (neben ANC und PAC auch die im August 1983 gegründete *United Democratic Front* (UDF)), aber auch der zunehmenden Kritik von Seiten der Wirtschaftsverbände entgegenzutreten, wurde auf der anderen Seite die „kleine Apartheid" gelockert (Aufhebung des Mischehenverbots (1985) und der Zuzugskontrolle von Schwarzen (1986)). In Natal, später auch in anderen Teilen der Republik kam es zu heftigen Kämpfen zwischen Anhängern der Inkathabewegung und des ANC.

Reformdruck und Ende der Apartheid

In den Achtzigern verstärkte sich der Druck auf die weiße Minderheitsregierung: Die politischen und ökonomischen Kosten zur Aufrechterhaltung der Apartheid wurden zu hoch. Intern gab es ab 1983 Reformdruck durch politische Protestkampagnen der *United Democratic Front* (UDF) und der Gewerkschaften. 1985 gründete sich der ebenfalls dem ANC nahe stehende Gewerkschaftsdachverband COSATU (*Congress of South African Trade Unions*).

Gefahr für die Ökonomie

Die Townships waren unregierbar geworden. Die Großwirtschaft beklagte den Zerfall der Ökonomie. Von außen wurde Südafrika von der internationalen Staatengemeinschaft durch unterschiedlich starke Sanktionen unter Druck gesetzt. Das Ende des Kalten Krieges und die Dekolonisierung des bis 1989 von Südafrika besetzten Namibias waren weitere äußere Faktoren zur Einleitung von Reformen.

Mit dem Amtsantritt von Staatspräsident ***Frederik W. de Klerk*** (Nachfolger von *Botha*) im September 1989 wurde der Prozess zur Abschaffung des Apartheidsystems und die Errichtung einer demokratischen Ordnung in Gang gesetzt. Begonnen wurde mit der Aufhebung des Verbots des ANC und der Freilassung seiner seit 1962 inhaftierten Symbolfigur *Nelson Mandela* am 11.2.1990. 100.000 enthusiastische Menschen hatten sich auf dem Platz vor dem Kapstädter Rathaus versammelt, um *Mandela* zu begrüßen.

Im Frühjahr 1990 einigten sich junge Mitglieder des ANC und der regierenden Nationalen Partei bei einem Treffen in Lusaka (Zambia) auf einen grundlegenden Wechsel der Politik in Südafrika. *Nelson Mandela* wurde zum Präsidenten des ANC gewählt.

Der Durchbruch

Bereits am 2. Februar 1990 hatte *de Klerk* in einer historischen Rede zur Eröffnung des Parlaments in Kapstadt die politischen Leitlinien grundlegend verändert. Aus der Erkenntnis, dass man die Apartheid-Gesetzgebung nicht reformieren, sondern nur abschaffen könne, hob er mit einer Erklärung das Dogma der seit 1948 regierenden Nationalen Partei auf und setzte sich gleichzeitig für eine offizielle Zulassung aller schwarzen Oppositionsparteien sowie für einen multi-

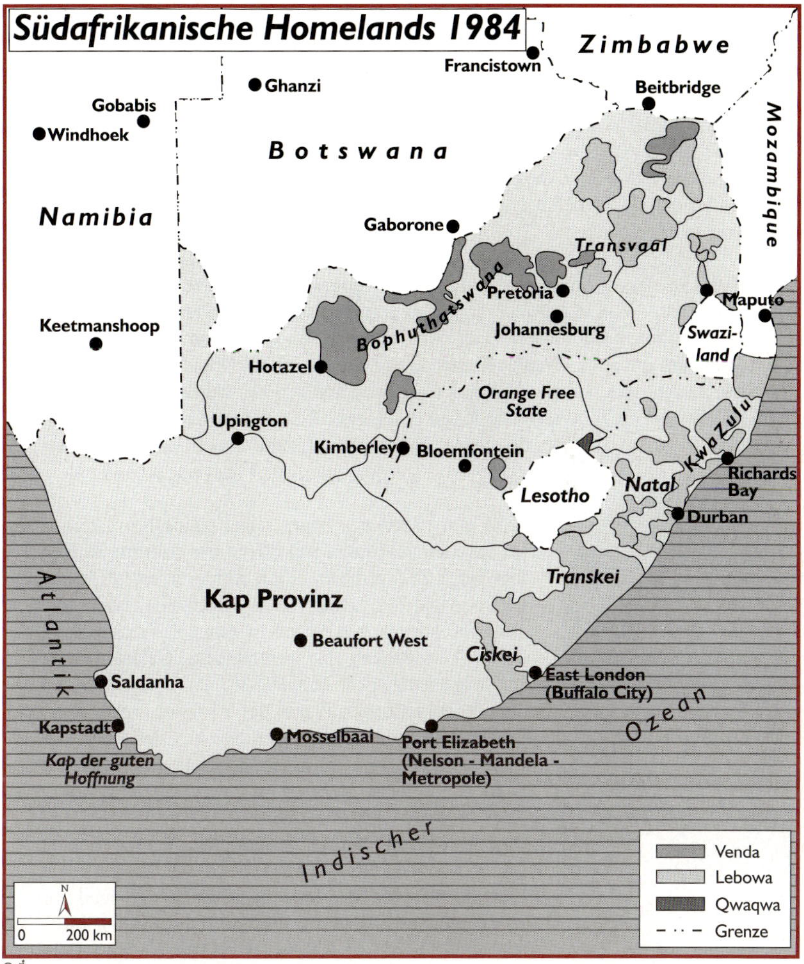

ethnischen Einheitsstaat ein, der einen politischen, sozialen und kulturellen Schutz für alle Minderheiten in Südafrika gewähren sollte.

Das Parlament hob bis Juni 1991 alle wesentlichen Apartheidgesetze auf. Der Dialog zwischen ANC und der Regierung in Pretoria war möglich, weil Moskau diese Verhandlungen unterstützte und keine militärische Hilfen mehr gab. Doch die **Kriminalität**, die immer mehr ausuferte, belastete das Leben in den Großstädten. Im Dezember 1991 berief man im Welthandelszentrum bei Johannesburg die *Convention for a Democratic South Afrika* (**CODESA**) ein, an der 18 Parteien

Moskau sei Dank

INFO *Nelson Mandela* – Vom Widerstandskämpfer zum Staatsmann und Vater der Nation

Nelson Rolihlahla Mandela wurde am 18. Juli 1918 geboren, im Mandila-Clan von Tembu in der Nähe von Umtata in der ehemaligen Transkei und heutigen Provinz Eastern Cape. Als Sohn des Häuptlings wurde er von klein an auf eine spätere Rolle eines Häuptlings vorbereitet. Von klein auf interessierte er sich für Geschichte und Kultur seines Volkes.

Er besuchte das methodistische College in Heraldtown und studierte an der Universität Fort Hare. Von dort wurde er wegen aufrührerischen Verhaltens verwiesen. Er ging daraufhin nach Johannesburg, wo er an der Witwatersrand Universität sein Jurastudium fortsetzte. Währenddessen engagierte er sich als Gründungsmitglied der *Youth League* des *African National Congress* (ANC). 1947 wurde er Aktivist des ANC-Zweiges in Transvaal. Die Arbeit in seinem 1951 zusammen mit *Oliver Tambo* gegründeten Anwaltsbüro, das erste schwarze Anwaltsbüro Südafrikas, wurde weitgehend von seinem politischem Engagement bestimmt.

Nelson Mandela in jungen Jahren

1953 kam er erstmals wegen seiner politischen Tätigkeiten vor Gericht. Reisen und öffentliche Auftritte wurden ihm lange Zeit verboten. 1956 wurde er erneut festgenommen und des Landesverrats beschuldigt. Nach dem anschließenden langen Prozess, bekannt als Treason Trail, der 1961 endete und eine mehrmonatige Gefängnisstrafe zur Folge hatte, ging *Mandela* in den Untergrund, um dort den bewaffneten Flügel des ANC zu organisieren. Er war Mitbegründer der Guerillaeinheit des ANC, des *Umkhonto we sizwe* (MK/Speer der Nation), organisierte Streiks und Protestaktionen.

1962 wurde er zu fünf Jahren Haft, im Juni 1964 dann im sog. Rivonia-Prozess – aufgrund des ein Jahr zuvor im Hauptquartier der MK im Johannesburger Stadtteil Rivonia gefundenen Widerstandmaterials mit anderen ANC-Führern zu lebenslanger Zuchthausstrafe auf der Kapstadt vorgelagerten Insel Robben Island verurteilt. *Mandela* wurde von da an weltweit zum Symbol des ungerechten Unterdrückungssystems der Apartheid.

Vermutlich aufgrund des öffentlichen Drucks wurde er 1982 in das Pollsmoor-Gefängnis auf dem Festland, außerhalb Kapstadts verlegt. Das Angebot von 1985 von Präsident *P. W. Botha*, ihn aus der Gefängnishaft zu entlassen, wenn er der Gewalt abschwören würde, lehnte er ab. Von 1988 an traten Vertreter der Apartheid-Regierung mit ihm für regelmäßige Gespräche in Kontakt. Im Dezember 1988 musste sich *Mandela* einer Tuberkulose-Behandlung unterziehen, die zur Folge hatte, dass er in ein Haus im Victor-Vester-Gefängnis in die Nähe von Paarl gebracht wurde. Von dort wurde er im Juli 1989 zum Tee mit Präsident *Botha* zusammengebracht. Im Dezember des Jahres traf er *Bothas* Nachfolger *F. W. de Klerk*.

Am 11. Februar 1990 wurde er im Alter von 71 Jahren in Freiheit entlassen – nach 10.000 Tagen Gefängnis. Der ANC wählte ihn zunächst zum stellvertretenden Präsidenten, dann im Juli 1991 zum Präsidenten des ANC.

In der anschließenden Zeit folgten zahlreiche Verhandlungen mit der weißen Regierung, wobei *Mandelas* Verhandlungsführung entscheidenden Einfluss hatte. 1993 wurden Mandela und *de Klerk* mit dem Friedensnobelpreis ausgezeichnet. 1994 fanden die ersten freien Wahlen für alle Südafrikaner statt. Am 10. Mai 1994 wurde *Mandela* als erster demokratisch gewählter und als erster schwarzer Präsident des Landes vereidigt. Im gleichen Jahr erschien seine Autobiografie „Long walk to freedom".

Als Präsident hatte *Mandela* sich zur Aufgabe gesetzt, eine Politik der Versöhnung zu verfolgen und als Südafrikas Botschafter im Ausland zu wirken. Im Dezember 1997 übergab er die ANC-Führung an *Thabo Mbeki*.

teilnahmen: u. a. der ANC, die Nationale Partei (NP), die Democratic Party (DP), die Südafrikanische Kommunistische Partei, die Labour Party (LP) sowie Vertreter der „unabhängigen" und der autonomen „Homelands" einschließlich *Buthelezis* Inkatha Freedom Party (IFP).

Problematische Übergangszeit

In einem **Referendum** am 17. März 1992 sprachen sich 68,7 % der weißen Stimmberechtigten für eine Beteiligung der schwarzen Bevölkerung an der politischen Macht aus. Nach dem Massaker in der südlich von Johannesburg liegenden Schwarzen-Siedlung Boipatong (Machtkampf zwischen den Anhängern des ANC und der Inkatha-Freiheitspartei) am 17. Juni 1992 wurden die CODESA-Gespräche unterbrochen. Man warf sich gegenseitig vor, mit den ausgegebenen Friedensbedingungen nicht ehrlich umzugehen. Streiks, Boykottmaßnahmen und Demonstrationen folgten, um die regierende Nationale Partei zum Umdenken zu zwingen. Man bestritt ihre Alleinherrschaft und forderte auch für die Zeit einer Übergangsphase – bis eine neue Verfassung in Kraft trete – eine Mitbeteiligung an der Regierung, u. a. auch Ministerämter für schwarze Politiker.

Mandela und de Klerk nach der Regierungseinführung am 10. Mai 1994

Im September 1992 kündigte der Staatspräsident *de Klerk* ein weiteres Reformpaket an, das die Bildung einer Übergangsregierung ermöglichte und die nach Ethnien getrennten Regierungsverwaltungen zusammenlegte. Die Entscheidung des ANC, einem von der Regierung vorgeschlagenen Gipfeltreffen zuzustimmen, wurde begrüßt und von vielen Südafrikanern mit Erleichterung aufgenommen. Im Februar 1993 einigten sich Regierung und ANC über erste allgemeine und demokratische Wahlen für eine verfassungsgebende Versammlung im April 1994.

Das neue Südafrika

Neues Zeitalter

Die ersten allgemeinen und freien Wahlen im April 1994 – kilometerlange Warteschlangen hatten sich vor den Wahllokalen gebildet – waren für Südafrika der „Startschuss" in ein neues Zeitalter: Mit dem Amtsantritt des neuen Staatspräsidenten *Nelson Mandela*, dessen Partei ANC 62,6 Prozent der Stimmen erhalten hatte, endeten 342 Jahre weißer Vorherrschaft in Südafrika. Die National Party hatte 20,4 % und die Inkatha Freedom Party 10,5 % der Stimmen erhalten. *Thabo Mbeki* und *Frederik W. de Klerk* wurden Vizepräsidenten und *Mangosuthu Gatsha Buthelezi* (Inkatha Freedom Party) Innenminister. Der ANC erzielte in der Nationalversammlung 252 der 400 Sitze. 7 Millionen in den Homelands lebende Schwarze hatten vor den Wahlen ihre südafrikanische Staatsbürgerschaft zurückerhalten. Unter den 23 Millionen wahlberechtigten Südafrikanern waren 18 Millionen Schwarze, von denen 10 Millionen in Elendsquartieren lebten.

Abschaffung der Homelands

Am 27. April 1994 trat die Übergangsverfassung in Kraft. In ihr wurde die Gleichberechtigung aller ethnischen Gruppen festgelegt. Weiterhin wurde Südafrika in **neun Provinzen** unterteilt; durch die Übertragung von Erziehungs-, Verkehrs-, Gesundheits- und Wohnungswesen auf Provinzebene sollten föderale Strukturen entstehen. Den „Homelands" wurde ihre „Selbstständigkeit" aberkannt und sie wurden wieder in die Republik Südafrika integriert.

Verhältniswahlrecht

Der Präsident hat nach der neuen Verfassung eine dominierende Stellung wie in Frankreich und Amerika und wird von der Nationalversammlung gewählt. Er ernennt den Vizepräsidenten, die Minister und Botschafter, erklärt den Verteidigungszustand oder Krieg und ist Oberbefehlshaber der Streitkräfte. Die **Volksvertretung**, deren Sitz die eine Hälfte des Jahres Kapstadt und die andere Hälfte des Jahres Pretoria ist, umfasst eine Nationalversammlung und einen Nationalen Provinzrat. Die 350 bis 400 Abgeordneten werden durch ein Verhältniswahlrecht gewählt. Ein Rat traditioneller Führer (Häuptlinge, Könige) berät die Regierung über Stammesgewohnheiten.

Im Mai 1994 wurde Südafrika in die *Organisation für Afrikanische Einheit* (OAU) und einen Monat später in das *Commonwealth of Nations* aufgenommen. Der Sicherheitsrat der Vereinten Nationen (UN) erklärte alle noch gegen Südafrika bestehenden Sanktionen für aufgehoben. In Johannesburg wurde im Februar 1995 von Mandela das Verfassungsgericht eröffnet, das im Juni die Todesstrafe für verfassungswidrig erklärte. Die letzte Hinrichtung fand 1989 statt.

Zur Aufarbeitung der Vergangenheit setzte Mandela im Juli 1995 eine „**Wahrheits- und Aussöhnungskommission**" (*Truth and Reconciliation Commission*, TRC) ein, die die Menschenrechtsverletzungen untersuchen sollte, die zwischen dem 1. März 1960 (Massaker an Demonstranten in Sharpeville) und dem 5. Dezember 1993 sowohl von der weißen Minderheitsregierung als auch von ihren Gegnern begangen wurden.

INFO Die Wahrheits- und Aussöhnungskommission

Als die damalige weiße Regierung von 1990 bis 1994 mit dem ANC verhandelte, wurde die Bildung einer Wahrheits- und Versöhnungskommission" (*Truth and Reconciliation Commission*, TRC) für Südafrika beschlossen. Aufklärungswilligen wurde im Rahmen des Gesetzes eine Amnestie zugesichert; den Opfern sollte Wiedergutmachung geleistet werden. Das 1995 von der Übergangsregierung verabschiedete Gesetz zur Förderung der Nationalen Einheit und Versöhnung sah vor, die vor dem 12. Dezember 1996 politisch motivierten Verbrechen straffrei zu lassen, wenn die Taten öffentlich bekannt wurden.

Die Wahrheitskommission bestand aus einem Menschenrechts-, einem Amnestie- und einem Wiedergutmachungskomitee und hatte über 7.000 Amnestie-Anträge und 20.000 Stellungnahmen zu Menschenrechtsverletzungen zu bearbeiten. Die öffentlichen Anhörungen der Kommission wurden von dem anglikanischen Erzbischof und Friedensnobelpreisträger ***Desmond Tutu*** geleitet. Nach Beendigung der Anhörungen im März 1998 wurde bis Juni 1998 über die Amnestie-Anträge entschieden. Am 29. Oktober 1998 übergab die südafrikanische Wahrheitskommission dem damaligen Präsidenten Mandela ihren Bericht über Menschenrechtsverletzungen in den Jahren der Apartheid.

Der 3.500 Seiten umfassende Bericht, beruhend auf fast drei Jahre dauernden Anhörungen von Opfern und Tätern, macht hauptsächlich Polizisten, Militärs und Politiker der früheren Regierung Vorwürfe. Aber auch Straftaten des ANC und anderer Gruppen des Widerstands wurden behandelt. Der Amnestieausschuss des Wahrheitsausschusses wies im März 1999 einen Antrag von 27 ANC-Führern auf Straffreiheit mit der Begründung ab, dass sie ihren Antrag ohne die gesetzlich vorgeschriebene Auflistung der einzelnen Straftaten gestellt hatten und er durch das Gesetz nicht gedeckt sei. Es war der Versuch, sich nachträglich den „legitimen" Widerstandskampf bescheinigen zu lassen.

Mit der Verabschiedung der endgültigen Verfassung Südafrikas im Mai 1996 sah die NP auch ein Ende ihrer Mitarbeit in der Regierung der nationalen Einheit für gekommen. Vizeminister und NP-Führer *Frederik W. de Klerk* zog am 30. Juni 1996 seine Minister aus dem Kabinett zurück und wurde selbst Oppositionsführer. Am 4. Februar 1997 trat die neue Verfassung in Kraft, die als die liberalste Verfassung weltweit gilt.

De Klerk's *Rücktritt*

Am 6. Februar 1997 wurde der dem deutschen Bundestag nachgebildete Nationalrat der Provinzen in Kapstadt eröffnet. In seiner Regierungserklärung am 7.

Februar 1997 räumte Ministerpräsident *Mandela* dem Wohnungsbau, der Verbesserung der Infrastruktur und der Ausbildung sowie der Bekämpfung der zunehmenden Kriminalität, die dringend benötigte Auslandsinvestitionen gefährdet, höchste Priorität ein.

Prioritäten

INFO Thabo Mbeki

Als Sohn des Widerstandskämpfers und ANC-Vorsitzenden *Govan Mbeki*, der zusammen mit *Mandela* zu lebenslanger Haft auf Robben Island verbannt worden war, wurde *Thabo Mbeki* am 18. Juni 1942 in Idutywa (Transkei) geboren. Dort verlebte er eine einsame und entbehrungsreiche Kindheit. Ansonsten liegen Leben und Gewohnheiten *Mbekis* weitgehend im Dunkeln, denn 1962 ging er im Auftrag des ANC ins 30 Jahre dauernde Exil nach Großbritannien.

Thabo Mbeki, Südafrikas zweiter schwarzer Präsident

In Großbritannien studierte er Volkswirtschaft, dann folgte wie bei vielen anderen Exilanten eine militärische Ausbildung in der Sowjetunion. *Mbekis* Mentor und Ziehvater war der langjährige ANC-Präsident *Oliver Tambo*. *Mbeki* wird als Teamarbeiter bezeichnet, dem die Bewegung als Familienersatz gilt. 1978 wurde *Mbeki* ANC-Vertreter in Swaziland und Nigeria, politischer Sprecher und Chefdiplomat der Widerstandsbewegung.

Als Informationsdirektor und außenpolitischer Sprecher des ANC seit 1989 nahm er wie kein anderer als Gesprächsleiter seit 1985 bei geheimen Treffen des ANC mit weißen Oppositionellen und Regierungsvertretern den weißen Gesprächspartnern die Angst vor dem Wandel. 1993 wurde er zum ANC-Vorsitzenden, dann zum Vizepräsidenten des ANC gewählt und galt in Partei und Regierung als „Kronprinz" *Nelson Mandelas*. Ab Mai 1994 übernahm er als Vizepräsident Südafrikas zunehmend die Regierungsgeschäfte von *Mandela*, besonders in der Wirtschaftspolitik.

Im Juni 1999 wurde *Thabo Mbeki* als Nachfolger von *Mandela* in den zweiten demokratischen Wahlen mit 66,35 % zum zweiten schwarzen Präsidenten von Südafrika gewählt und 2004 bei den 3. demokratischen Wahlen bestätigt.

Staatsmann Mandela

Die **Außenpolitik** orientiert sich in Richtung London und Washington, stellt aber Afrika, besonders das Südliche Afrika, stärker in den Mittelpunkt. Schon bald nach seinem Amtsantritt übernahm *Mandela* regionale Vermittlungsaufgaben, etwa im Angolakonflikt. Seine ersten Staatsbesuche führten ihn bewusst in Nachbarstaaten, die dem ANC in den Jahren seines bewaffneten Widerstandskampfes Aufenthalt geboten hatten. Nach der am 21. März 1990 ausgerufenen Unabhängigkeit des von Südafrika seit 1915 verwalteten Namibia (ehemals Südwestafrika) übergab Pretoria dem Staat Ende Februar 1994 die Enklave Walfischbucht (Walfish Bay).

Seit dem Amtsantritt *Mandelas* bis Mitte 1998 wurden rund 470.000 Häuser gebaut, die der Staat mit jeweils 15.000 Rand (2.750 Euro) bezuschusste. Das Versprechen allerdings von 1 Million neuen Häusern bis zu dem Zeitpunkt wurde nicht verwirklicht. Auch heute noch werden staatlich subventionierte Häuser gebaut, wenn auch immer dem Planziel hinterherhinkend. Doch bei durchschnittlich sechs Menschen pro Haus spürten die schwarzen Südafrikaner den Fortschritt tagtäglich in den eigenen vier Wänden. Weitere Erfolge waren die Versorgung von bis dato 1,2 Millionen Menschen mit Strom und 2,5 Millionen mit Trinkwasser. Das Erziehungsministerium hatte verfügt, dass jedes Kind täglich eine Scheibe Brot mit Erdnussbutter bekommt, die für viele als „Mandela-Sandwich" die Hauptmahlzeit ist. Schwangeren Frauen und Kindern unter sechs steht erstmals kostenlose medizinische Behandlung zu.

Wohnungsbau und soziale Hilfen

Wie groß der Rückhalt des ANC in der Bevölkerung insgesamt war, zeigte sich auch bei den zweiten Wahlen im Juni 1999 an den Ergebnissen in den neun Provinzen, in denen die Partei ihre Machtposition weiter ausbauen konnte. In sieben Provinzen konnte der ANC weiterhin allein regieren. Und auch in der Western Cape Province sowie in KwaZulu-Natal nahm er der New National Party (NNP) bzw. der Inkatha Freedom Party der Zulu (IFP) so viele Stimmen ab, dass diese Koalitionen eingehen mussten.

Die **Regierung *Mbekis* fand schnell Zuspruch** bei der Bevölkerung, auch der weißen. Stand die Regierungszeit *Mandelas* mit Recht noch vornehmlich unter dem Motto Versöhnung und Konsolidierung in der Weltgemeinschaft, begrüßte man *Mbekis* gezieltes und strenges Durchgreifen, was sich u. a. in den Innenstädten zeigt, wo die hohen Kriminalitätsraten sinken.

Mbeki *greift durch*

Südafrika zu Beginn des 21. Jahrhunderts

Die dritten demokratischen Wahlen

Im Jahre 2004 feierte die Republik Südafrika das zehnjährige Jubiläum der ersten demokratischen Wahlen. Einen Monat zuvor waren die dritten freien Parlamentswahlen erneut mit einer Zweidrittelmehrheit von fast 70 % für den regierenden African National Congress (ANC) ausgegangen, die in allen neun Provinzen Zuwächse verzeichnen konnte. Weit abgeschlagen war 2004 die überwiegend von Weißen gewählte Democratic Alliance (DA) mit 13 % auf den zweiten Platz gelangt. Damit wurde die DA zur einzigen nennenswerten Oppositionspartei.

Zweidrittelmehrheit

Besonders Parteien, die im früheren Südafrika (vor allem die New National Party (NNP), die ehemalige Apartheidpartei) und in den ehemaligen Homelands (wie die **Inkatha Freedom Party** (IF)) regierten, verloren an die **Independent**

Democrats (ID). Einen überraschenden Achtungserfolg erzielte die 2003 gegründete ID unter der früheren PAC-Politikerin *Patricia de Lille* mit 1,73 % der Stimmen.

Bei den gleichzeitig abgehaltenen Wahlen zu den Provinzparlamenten musste die ausschließlich in KwaZulu-Natal angetretene IFP (Inkatha Freedom Party) unter *Mangosuthu Buthelezi* starke Stimmenverluste hinnehmen. Da nun auch KwaZulu-Natal von einer ANC-geführten Koalition regiert wird, stehen seit den Wahlen 2004 alle neun Provinzen Südafrikas unter ANC-Führung.

Dem ANC treu geblieben

Das Fehlen ernsthafter Oppositionsparteien ist darauf zurückzuführen, dass 76 % der Wählerschaft Schwarze sind, die allein schon aus traditioneller Verbundenheit dem ANC treu bleiben. Der ANC bewirkte den Wandel vom Apartheidsystem zur Demokratie. Unzufriedenheit mit ihrer Wirtschaftspolitik (hohe Arbeitslosigkeit bei ca. 40 %) führte höchstens zum Fernbleiben von den Wahlen, nicht zu einem Wechsel zum Lager der Weißen. Der Wahlkampf aller anderen Parteien hingegen unterschied sich programmatisch kaum von dem des ANC. Die Themen Armut/Arbeitslosigkeit, HIV/Aids und Kriminalität dominierten alle Parteiprogramme.

Die aktuelle Politik des ANC

Persönlich erschienen

Als großer Sieger aus den Wahlen 2004 ging *Thabo Mbeki* hervor, der als Präsident Südafrikas seine zweite und damit verfassungsgemäß letzte Amtszeit antrat. Er hatte einen sehr persönlichen Wahlkampf geführt und anstelle von Massenveranstaltungen viele entlegene Orte in seinem Land besucht. Dieses dankten die ANC-Anhänger mit einem noch besseren Abschneiden für ihn als 1999. Damit konnte er in den Augen seiner Landsleute aus dem Schatten seines Vorgängers *Nelson Mandela* treten und avancierte zur unumstrittenen Führungspersönlichkeit Südafrikas.

Herausforderungen

Trotz positiver Bilanzierung der bisherigen Wirtschaftspolitik (Wachstumsraten von 3 % und hervorragenden Makrodaten) reichen die Erfolge angesichts des hohen sozialen Drucks nicht aus. Eine der schwierigsten Aufgaben zu Beginn des 21. Jh. und die zentrale Herausforderung für den ANC sind, die Sozialausgaben vor allem auf dem Gesundheitssektor aufzustocken, Investitionen in der Strukturpolitik klug zu tätigen und dem Bildungswesen einen gebührenden Stellenwert zu geben.

In der Außenpolitik verfolgt *Mbeki* weiterhin den bisherigen Kurs, d. h. Unterstützung der *African Union* (AU), Stärkung des panafrikanischen Parlaments sowie der **New Partnership for Africa's Development (Nepad)**. Zudem steht die Zusammenarbeit mit den Nachbarstaaten im Vordergrund, die durch die sog. „stille Diplomatie" mit Zimbabwe überschattet wird. Dort wurde die Landfrage zwischen weißen Bauern und schwarzen Bewohnern auf gewaltsame Weise gelöst. Eine Frage, auf die auch in Südafrika immer mehr Menschen eine Antwort verlangen.

Entscheidenden Einfluss auf die Innenpolitik hat der Gewerkschaftsdachverband **Congress of South African Trade Unions** (**COSATU**), der an dem hohen Wahlergebnis für den ANC wesentlich mitbeteiligt war. Wie nie zuvor unterstützte der Gewerkschaftsverband den ANC und will dahingehend sogar noch mehr Engagement zeigen. Die Gründung einer zweiten Arbeiterpartei lehnt die COSATU hingegen ab. Faktisch agiert er jedoch bereits wie eine eigenständige Partei.

Unterstützung von der Gewerkschaft

INFO

Bedeutung der Farben der südafrikanischen Flagge

Rot = Blut, das während des Befreiungskampfes vergossen wurde
Grün = Das Land
Gold = Reichtum an Bodenschätzen
Schwarz = Die nicht-weiße Bevölkerung
Weiß = Die weiße Bevölkerung
Blau = Farbe der Ozeane

Die am 27. April 1994 bei den ersten demokratischen Wahlen eingeführte Flagge wurde aus 7.000 Vorschlägen konzipiert. Das Design und die Farben fassen entscheidende Elemente der Geschichte der Landesflagge zusammen. Die Farben des ANC, schwarz, grün und gelb, sowie die Oranjer Farben rot, weiß und blau. Das zentrale Design der Flagge, beginnend am Flaggenmast, zeigt die Form eines liegenden V, in seinem weiteren Verlauf zu einer Linie verschmelzend. Es kann als Symbol der Bestrebung der südafrikanischen Gesellschaft, den Weg gemeinsam zu gehen gedeutet werden. Das Motto der Flagge ist „Einheit ist Stärke“.

3. DIE WIRTSCHAFT SÜDAFRIKAS

Überblick

Nummer 1 in Afrika

Südafrika besitzt heute mit einem dreimal höheren Bruttoinlandsprodukt (BIP) als Ägypten oder Nigeria die stärkste und fortschrittlichste Wirtschaft auf dem afrikanischen Kontinent. Damit zeigt sich die Wirtschaft viele Jahre nach Einführung der Demokratie in einer stabilen und wachstumsorientierten Verfassung. Schrittweise Öffnung der zuvor abgeschotteten Wirtschaft bescherte dem Land durchschnittliche Zuwachsraten von 2,8 % – hauptsächlich von starker Inlandsnachfrage angetrieben.

Eine deutliche Wachstumsschwäche besteht jedoch, in der Export- und Landwirtschaft. Konjunkturbelebende Impulse sollen von Infrastrukturprogrammen der Regierung und einer steigenden Gesamtnachfrage ausgehen.

Durbans Hafen hat eine große Bedeutung für das Hinterland

Weltweit gesehen ist Südafrika ein mittleres Einkommensland mit einem BIP von ca. 590 Mrd. Rand und einem Pro-Kopf-Einkommen von ca. 530 Rand/Monat (Mozambique ca. 17,5 Rand). Das Pro-Kopf-Einkommen spiegelt jedoch weder das verfügbare Einkommen der Mehrheit wider noch die großen Unterschiede in der Einkommensverteilung: Über 50 % der schwarzen Bevölkerung leben unter der Armutsgrenze (weniger als 3.500 Rand/Jahr). Und die Entwicklung auf dem Arbeitsmarkt zeigt wenig Bewegung; die Arbeitslosenquote liegt bei nahezu 40 %.

Ungleiche Einkommensverteilung

Noch wird die Wirtschaft von den Weißen beherrscht. Im krassen Gegensatz hierzu stehen die Gebiete der ehemaligen Homelands der Schwarzen und Coloureds, die als ländliche Regionen alle Merkmale von Entwicklungsländern tragen. Mit der Verabschiedung des Gesetzes zum *Black Economic Empowerment* (BEE) Anfang 2004 stellte die Regierung die Weichen für die wirtschaftliche Integration im Lande. Die praktische Umsetzung und Ausgestaltung des Regelwerks zum BEE gestaltet sich jedoch nicht ohne Belastungen insbesondere für kleine und mittlere Unternehmen.

Den größten Sektor der südafrikanischen Wirtschaft nehmen die Dienstleistungen mit rund 60 % des BIP ein (inklusive Bank- und Versicherungswesen, Handel und Gewerbe), dann die verarbeitende Industrie mit gut 27 %, der Bergbau mit 9 % und die Landwirtschaft mit 4 %.

Liest man die Reihenfolge der Wirtschaftsanteile von hinten nach vorne, zeigt sich die wirtschaftliche Entwicklung Südafrikas: von einem Agrarland (bis etwa 1870) über ein Agrar-Bergbauland (bis zum Zweiten Weltkrieg) zu einem Schwellenland auf dem Weg zu einem modernen Industrie- und Dienstleistungsstaat.

Industriestaat

INFO **Außenhandel**

Bei den Ausfuhren dominieren Edelmetalle, Erze und Mineralien noch immer mit mehr als 40 % der Exporterlöse, wobei dieser Anteil zugunsten verarbeiteter Rohstoffe und industrieller Fertigwaren stetig zurückgeht. Südafrikas Einfuhren bestehen im Wesentlichen aus Investitionsgütern, Vorerzeugnissen, Maschinen, elektrotechnischen Erzeugnissen, Fahrzeugen, chemischen Produkten und verschiedenen Fertigwaren. Die wichtigsten Handelspartner Südafrikas sind Deutschland, die USA, Großbritannien, Japan und Italien. Deutschland ist größter Investor nach Großbritannien und den USA.

Die Wirtschaft Südafrikas im 21. Jahrhundert

Zu den größten Problemen Südafrikas zählt heute nach wie vor die gewaltige Diskrepanz zwischen Arm und Reich. Gleich hinter Brasilien gehören die Einkommensunterschiede in Südafrika zu den höchsten der Welt. Die nicht-weiße Bevölkerung erwartet nun von der Regierung eine Umverteilung der Besitztümer und eine rasche Verbesserung ihrer Lebenssituation, die jedoch aufgrund knapper finanzieller Mittel nicht ad hoc zu bewerkstelligen ist. Hinzu kommt, dass fast 85 % der direkten Steuern von Weißen erbracht werden, die auch den größten Teil der qualifizierten Fachkräfte stellen. Die neue Regierung muss daher auch auf die Interessen der Weißen Rücksicht nehmen, um deren Finanz- und Arbeitskraft nicht ins Ausland zu vertreiben.

Wunsch auf Umverteilung

Auch nach den dritten freien Wahlen wird das Land von relativ niedrigem Wachstum, niedrigen Auslandsinvestitionen und Millionen von Arbeitslosen geplagt. Die Arbeitslosenquote liegt im Landesdurchschnitt bei über 30 %, bei der schwarzen Bevölkerung sogar über 50 %. Obwohl das Wirtschaftswachstum Ende der 1990er Jahre im positiven Bereich lag, nimmt die Arbeitslosigkeit unter den Schwarzen weiterhin zu.

Auch die Post-Apartheid-Regierungen mussten erkennen, dass die Abschaffung der Apartheid der leichtere Teil des Umbruches war. Schwieriger ist es, ein festes wirtschaftliches Fundament zur Abstützung politischer Reformen zu legen. Gleichwohl sind nicht alle Probleme hausgemacht: Turbulenzen in den Schwellenländermärkten, die in den letzten Jahren auch Südafrika erfassten, der seit 2000 zwar

Pulverfass Arbeitslosigkeit

gestiegene, aber immer noch – bei den relativ hohen Förderkosten – zu niedrige Goldpreis (Gold macht noch immer 20 % aller Exporte vom Kap aus) und niedrige Ausfuhrerlöse.

Das 1996 eingeführte konservative ANC-Wirtschaftsprogramm *GEAR* (*growth, employment and redistribution* = Wachstum, Beschäftigung und Rückverteilung), will mittelfristig ein Haushaltsdefizit von 3 %, Schaffung von Arbeitsplätzen, eine niedrigere Inflation, höhere internationale Investitionen und ein Wachstum des Exports erzielen. Ein ehrgeiziges Projekt, das zu einem sehr großen Teil von Finanzmarktinvestitionen aus dem Ausland abhängt.

Ziele

Wie in fast allen Ländern ist das nach Maßgabe des Internationalen Währungsfonds und der Weltbank eingeführte Programm jedoch auch in Südafrika gescheitert. Die prognostizierten Ergebnisse von GEAR, wie eine jährliche Wachstumsrate von 6 Prozent und die Zahl der dadurch geschaffenen neuen Arbeitsplätze, sind ausgeblieben. Und das, obwohl die Regierung ihre GEAR-Politik ungeachtet der sozialen Folgekosten rigoros durchgezogen hat und dies auch weiterhin tut. Zwar stimmen die makro-ökonomischen Daten, wofür die Regierung regelmäßig gute Noten von den internationalen Finanzagenturen erhält: Die Inflationsrate ist verhältnismäßig niedrig, das Staatsdefizit erfüllt die Maastricht-Kriterien. Diese enge Fiskalpolitik erzwingt jedoch eine im internationalen Vergleich hohe Zinsrate, die wachstumsfeindlich ist und die Inlandsschulden in die Höhe treibt. Die südafrikanische Währung ist zur Zeit stark und attraktiv, belastet aber den Export und damit ist die Wachstumsrate zu gering, um den Abbau von Arbeitsplätzen aufzuhalten und die erhofften Auslandsinvestitionen in ausreichendem Maße ins Land zu holen.

Im Hafen von Buffalo City

Öffnung Südafrikas für ausländische Investoren

Keine Verstaatlichungen

Der ehemals sozialistisch ausgerichtete ANC verabschiedete sich bereits auf seinem Parteitag 1994 von früheren wirtschaftspolitischen Vorstellungen wie Verstaatlichungen und steuerte von da an die Privatisierung der größten Staatsunternehmen (ESCOM, TELCOM, TRANSNET, SAA) an. Darüber hinaus gab die südafrikanische Zentralbank eine Liberalisierung der Devisenkontrollen bekannt.

Diese Entscheidungen werden als Schritte zur Öffnung des Marktes für ausländische Investoren gewertet, was angesichts der Verringerung der Direktinvestitionen von 2,8 Milliarden US-Dollar zur Jahrtausendwende auf nun nur noch 2,2 Milliarden US-Dollar im Jahr wichtig ist. Von den deutschen Firmen engagieren sich vor allem die Kfz-Hersteller. Erweiterungsinvestitionen von BMW und Daimler-Benz sowie ein Großauftrag von VW sorgten für positive Schlagzeilen in einem wirtschaftlich schwierigen Umfeld. Die MAN Nutzfahrzeug AG übernahm das Bus-Geschäft der lokalen Firmengruppe TFM.

Großaufträge

Aufgrund des langsamen Privatisierungstempos (die Veräußerung von Staatsbetrieben zeigt sich als komplexer und längerer Prozess, als ursprünglich angenommen), der restriktiven Arbeitsgesetze und der geringen Größe des Binnenmarktes nahmen die Investitionen in Neuanlagen (von 3,8 auf 1,4 Mrd. Dollar) sowie die Ankündigungen von Neuinvestitionen ab (von 415 auf kärgliche 30 Mio. Rand).

Kriminalität und HIV/Aids als Wirtschaftsbremsen

Ein großes Problem, das viele Investoren abschreckt, ist die hohe Kriminalitätsrate. Ein deutscher Automobilkonzern machte eine Investition von 400 Mio. Euro in den Ausbau seines Werkes von der erfolgreichen Bekämpfung der Kriminalität abhängig. Die Ausgaben im Bereich der öffentlichen Sicherheit belaufen sich auf über 11 % des Budgets. Eine Erhöhung der Ausgaben für Polizei, Justiz und Strafvollzugswesen um einige Prozent ist nach Ansicht von Landeskennern nicht ausreichend. Die notwendige gründliche Umstrukturierung und bessere Bezahlung insbesondere der Polizei sei damit nicht zu erreichen. Inflationsbereinigt steht in Zukunft der Polizei sogar noch weniger Geld zur Verfügung als bisher.

Umstrukturierung erforderlich

Besonders gravierend sind die Auswirkungen der Aids-Epidemie auf die Wirtschaft, die immer dramatischer werden. Viele Unternehmen lassen auf einem Ausbildungsplatz parallel mehrere Auszubildende arbeiten, um am Ende der Ausbildung wenigstens eine nicht erkrankte Fachkraft beschäftigen zu können. Die Prognosen für die Entwicklung der Epidemie sind äußerst pessimistisch. Für das Jahr 2010 werden erschreckende 66 % HIV-Infizierte bzw. Aids-Erkrankte prognostiziert. Wie die dadurch gerissenen Lücken in der Wirtschaft aufgefangen werden sollen, ist völlig unklar. Ein großes Problem werden mit Sicherheit auch viele Aids-Waisen, die völlig mittellos und ums Überleben kämpfend als kriminelles Potenzial einzuschätzen sind.

Schlechte Prognosen

Wirtschaftssektoren

Der Strukturwandel der Wirtschaft Südafrikas schreitet voran. Die gesamtwirtschaftliche Bedeutung des Primärsektors geht eher weiter zurück. Der Primärsektor hat einen Anteil von 9 % an der Bruttowertschöpfung, der Sekundärsektor 26 % und der Tertiärsektor 65 %. Größte Arbeitgeber sind Handel, verarbeitende Industrie, Landwirtschaft und die Finanzbranche. Den drittgrößten Wirtschaftsbereich machen Handel, Finanzwesen und Dienstleistungen aus. Und obwohl immer mehr Firmen selbst ihren Firmensitz in die Western Cape Province und ganz

INFO South African Breweries

Die Entwicklung der South African Breweries (SAB Miller) ist eine schwindelerregende Erfolgsgeschichte eines der großen Konzerne im neuen Südafrika, in dessen Größenordnung nur noch der Bergbau-Multi AngloAmerican mithalten kann. Mit einem dominierenden Marktanteil von weit über 90 Prozent beherrscht die Brauerei den heimischen Markt. Kein Wunder also, dass ihr Castle Lager, das bekannteste von zwölf Bieren, in nahezu jeder Kneipe angeboten wird.

Nachdem SAB von der deutschen Brau + Brunnen AG, Dortmund, Beteiligungen in Rumänien erworben hatte, kam der durchschlagende internationale Erfolg mit dem Erwerb der tschechischen Brauerei Pilsner Urquell. Die SAB avancierte damit zur drittgrößten Brauerei weltweit. Die Traditionsbrauerei der Tschechen, die vor dem Verkauf kaum Gewinn abwarf, kann heute nicht nur doppelt so hohe Exportzahlen vorweisen, sondern auch dreimal so viel Gewinn. Der Weltkonzern aus dem Schwellenland wird auch in Zukunft das Bier aus Pilsen nach alter Sitte brauen lassen.

Aber damit hatte SAB nicht genug. Auch in weiteren osteuropäischen und afrikanischen Ländern, in Asien und Lateinamerika und jüngst in Italien expandierten die Südafrikaner. Allein in China besitzen sie weit über 20 Brauereien, hinzu kommen Dutzende brauereieigene Hotels und Spielkasinos, in denen ihr Bier vertrieben wird. In Südafrika ist zeitweise sogar von einem „Bierkrieg“ die Rede, da der Bierriese mit allen verfügbaren Mitteln seinen beherrschenden Marktanteil beim Weißbier und auf den Sektoren des Gerstenanbaus, der Flaschenproduktion, der Hopfenlese behalten will. Sogar der noch heute zum großen Teil in den Shebeens der Townships in Blechtonnen gebraute Hirsesud Chibuku wird mittlerweile auch von SAB produziert.

International gelang SAB schließlich im Mai 2002 mit dem Kauf der US-Brauerei Miller per Aktientausch für 5,6 Milliarden US-Dollar der ganz große Erfolg. Der Brauerei-Gigant SAB Miller ist seitdem mit 42.000 Mitarbeitern in 40 Ländern und einer Jahresproduktion von weit über 120 Millionen Hektolitern nach Anheuser-Busch der zweitgrößte Bierkonzern weltweit. So schön die Erfolgszahlen auch aussehen – für den Arbeitsmarkt in Südafrika bringen sie wenig. In Port Elizabeth wird demonstriert, wie eine riesige und hoch moderne Brauerei von gerade mal rund einem Dutzend Mitarbeitern in Betrieb gehalten wird. Der südafrikanische Konzern führt zwar weiterhin seine Steuern am Kap ab, verlegte mittlerweile aber seinen Hauptfirmensitz nach London, in Börsennähe.

speziell ans Kap legen, auch aufgrund der wesentlich geringeren Kriminalitätsrate, liegen die Wirtschaftsmetropolen Südafrikas im Nordosten des Landes (*siehe auch Karte S. 61*). Wirtschaftlicher Dreh- und Angelpunkt des Landes und sogar des gesamten Südlichen Afrika sind dabei Johannesburg, Soweto und weitere umliegende Satellitenstädte.

Der „informelle Sektor“ ernährt viele Familien

Der Bergbau trägt seit Mitte des Jahrzehnts wieder deutlich zur wirtschaftlichen Entwicklung bei. Die Bedeutung der verarbeitenden Industrie nimmt seit Jahren insbesondere in den Bereichen der Grundstoff-, Investitionsgüter- und Schwerindustrie immer weiter zu. Zuvor hatte der starke Rand zu einem Rückgang der verarbeitenden Industrie geführt. Mit 500.000 bis 1 Mio. t Fische, die in Südafrika jährlich gefischt und größtenteils exportiert werden, nimmt der Fischfang in Südafrika eine bedeutende Stellung ein. Zu den wichtigsten Fängen der Küstenfischerei gehören Sardellen, Sardinen, Stöcker und Makrelen, aus der Hochseefischerei Seehecht, Seeteufel und Snoek. Die meisten von diesen Fischen werden in einem relativ eng begrenzten Gebiet gefangen und gelten auf dem Weltmarkt als „Niedrigpreis“-Fische. Die wichtigsten Fischereihäfen liegen am Atlantik.

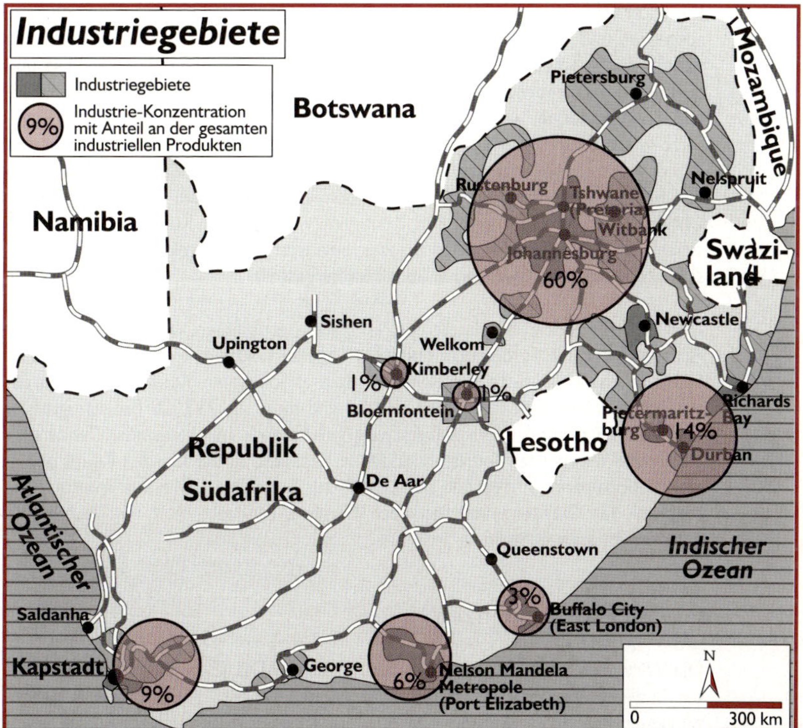

Eine absolute Spitzenstellung hält Südafrika innerhalb des afrikanischen Kontinents im Bereich Forschung und Entwicklung. Die Forschungslandschaft ist im weltweiten Vergleich gut entwickelt, in einigen Bereichen sogar führend. Südafrika gibt ca. 0,7 % des BIP für Forschung und Entwicklung aus. Der private Sektor trägt etwa die Hälfte der Gesamtausgaben. In den letzten Jahren wurde internationale Forschungszusammenarbeit sogar noch deutlich verstärkt. Für Deutschland ist Südafrika wichtigster Kooperationspartner in Afrika. Gemeinsame Forschung findet in den Bereichen Astronomie, Biodiversität, Geo-, Antarktis- und Meereswissenschaft statt.

Hilfe erbeten

Die südafrikanische Regierung erwartet von der internationalen Entwicklungszusammenarbeit auch weiterhin Beratungshilfe bei der Beseitigung des „Erbes" der Apartheid sowie Unterstützung bei der Modernisierung des Staates und der Integration in den Weltmarkt. Deutsche Unterstützung erhält Südafrika für die Kommunalentwicklung und die Berufsbildung sowie Beratung für gute Regierungsführung. Die internationale Gemeinschaft hält sich hingegen in dem Bereich der Entwicklungshilfe mit weniger als 1 % des südafrikanischen Budgets weiterhin zurück.

Alternative Energien

Das internationale Energienetz im Südlichen Afrika wurde zu einem Verbundnetz ausgebaut und reicht von Kapstadt bis Zentral-Mozambique (Cabora Bassa). Es sichert die Stromversorgung von Lesotho, Swaziland, Botswana und Namibia und deckt den Spitzenbedarf in Südafrika selbst ab. Alternative Energien, wie Wind- und Sonnenenergie, werden bisher vor allem aufgrund privater Initiative eingesetzt, wie die zahlreichen Sonnenkollektoren auf den Dächern und einige wenige Windräder zeigen – nicht zu verwechseln mit den typischen Farmwindrädern, die nur für die Versorgung der Wasserpumpen direkt unterhalb des Rades dienen. Übrigens: Die auf dem gesamten Kontinent vertriebenen Kurbelradios und -taschenlampen, die für die oft fern jeder Stromversorgung gelegenen Farmen besonders wichtig sind, werden in Südafrika hergestellt.

Der Tourismus hat in den letzten Jahren stark zugenommen, was auf das Ende der Apartheid und die verbesserte politische Lage zurückzuführen ist. Mittlerweile ist Südafrika das beliebteste Reiseland auf dem afrikanischen Kontinent. Mit durchschnittlich 7,3 Millionen Touristen im Jahr und mehr als 750.000 Beschäftigten ist er zu einem wichtigen Wirtschaftszweig geworden – mit steigenden Tendenzen. Dabei sind die meisten Touristen jedoch in Kapstadt, an der Garden Route und in den Nationalparks im Norden des Landes zu verzeichnen. Die Tourismusbranche liegt bei den Deviseneinnahmen nach Bergbau, Landwirtschaft und Automobilindustrie an vierter Stelle.

Problematiken und Tendenzen

Schwaches Afrika

Die Wirtschaftsbeziehungen Südafrikas mit den SADC (Entwicklungsgemeinschaft des Südlichen Afrika) und anderen afrikanischen Ländern rechtfertigen mittelfristig keinen großen Optimismus. Das erst nach langem Krieg sich im Aufbau befindende Angola, schwierige Friedensverhandlungen im Kongo/DRC und die politisch instabile Lage in Zimbabwe wie auch in zahlreichen anderen Ländern dämpfen kurzfristigen Optimismus. Im Lande zeigt das gegenwärtig relativ schwache Wirtschaftswachstum, dass der Südafrika bislang entgegengebrachte Sympathiebonus aufgezehrt ist und das Land nun einer entschlossenen Führung bedarf. Unabhängig davon, ob der ANC an seiner starken Fiskalpolitik festhält oder nicht, ist absehbar, dass es für Südafrika schwierig wird, das langfristig angestrebte Wachstumsziel von 6 % zu erreichen, um die hohe Arbeitslosigkeit abzubauen.

Wochenmarkt in Soweto

Da den Südafrikanern aufgrund einer ungesunden Wirtschaftsstruktur schon eine hohe Steuerlast auferlegt wurde, lässt sich für den Staat in diesem Bereich nichts mehr holen. Den größten Teil an den steuerlichen Staatseinnahmen hat mit 43 % die individuelle Einkommenssteuer, knapp 25 % entfallen auf die Mehrwert- und 13 % auf die Verbrauchssteuer sowie rund 4 % auf Zölle, Abgaben und Gebühren. Mit einem Anteil von 15 % tragen die Unternehmen zum Steueraufkommen bei. Den Schlüssel für wirtschaftlichen Erfolg sehen Experten nicht in der Produktion, sondern in der Weiterverarbeitung der Rohstoffe, in einer zunehmenden Exportorientierung der Nahrungs- und Genussmittel und in einem weiteren Ausbau des Tourismus.

Steuereinnahmen

Insgesamt dürfte Südafrika langfristig sehr attraktiv für Investoren werden: Der Kapitalrückfluss über die Grenzen wird liberalisiert, die Schutzzölle für die einheimische Industrie werden langsam abgebaut, und zukünftig wird der Binnenmarkt durch wirtschaftliche Aufstiegsmöglichkeiten der schwarzen Bevölkerungsgruppen größer werden.

Städte und Zentren im Norden und Osten von Südafrika

Allgemein

Heute leben über 60 % der gesamten Bevölkerung Südafrikas in Städten. Bei den einzelnen Bevölkerungsgruppen bestehen aber erhebliche Unterschiede im Urbanisierungsgrad. Über 90 % der Weißen und Inder sowie etwa 80 % der Coloureds leben in den Städten, aber nur 57 % der schwarzen Bevölkerung. Der Anteil der schwarzen Bevölkerung in den Städten wächst aber rapide, da die regulierenden Zuzugsbestimmungen bereits 1986 abgeschafft wurden.

Landflucht

Die Hoffnung, in den urbanen Zentren Arbeit zu finden, wird nicht aufgegeben.

Spontansiedlung in einer Township

Der Großraum Johannesburgs und Pretorias

Zusammenwachsen

Das bedeutendste städtische und wirtschaftliche Zentrum des Landes sowie des gesamten Südlichen Afrika befindet sich in der Provinz Gauteng mit Johannesburg als Kernstadt sowie Tshwane, dem Großraum von Pretoria. Es wird nicht mehr lange dauern, bis beide Stadtregionen völlig zusammengewachsen sind. Die städtische Siedlung Midrand nahe der Autobahn Johannesburg – Pretoria bildet hierfür das jüngste Beispiel. Der Reisende erkennt diesen Prozess am ehesten auf der Fahrt vom Johannesburg International Airport nach Pretoria.

Im Zentrum von Johannesburg

Die Provinz Gauteng umfasst Johannesburg, das seit Jahren in der Hierarchie der Städte einen Weltrang einnimmt, und die Städte, nebst (Gold-) Bergwerken, Industrie- und Verkehrsanlagen, die sich hier im Laufe der letzten 100 Jahre entwickelt haben. Sie sind inzwischen zur interessantesten „Conurbation" des gesamten afrikanischen Kontinents herangewachsen. Die natürliche Leitlinie dieser bandförmigen und mehrkernigen Städteballung waren die Gold und Uran führenden geologischen Schichten des Witwatersrand-Systems. Alle städtischen Siedlungen in diesem **„Goldenen Bogen" (Golden Arch)**, einschließlich der Millionenstadt Johannesburg, sind aus Goldgräbercamps entstanden und wuchsen zu bedeutenden Bergbau-, Industrie- und Dienstleistungszentren heran.

Entstanden aus Goldgräbercamps

Wie in allen Großstädten der Erde präsentieren sich auch hier expandierende Citybereiche, die durch moderne Bürohochhäuser, Fußgängerzonen, Einkaufspassagen und -zentren (Malls) gekennzeichnet sind. Die Probleme des Individualverkehrs versucht man durch ein Einbahnstraßensystem und durch Verkehrsberuhigung zu lösen.

In den Außenzonen des Ballungsraums Gauteng befinden sich die meisten der nach dem Zweiten Weltkrieg gegründeten **„Townships"**, die ausschließlich für die nichtweiße Bevölkerung gedacht waren und mit Satellitenstädten oder Schlafstädten zu vergleichen sind. Die meisten entstanden im Zuge von umfangreichen städtischen Sanierungsmaßnahmen, durch die vor allem die räumliche Apartheid umgesetzt wurde: Schwarze, die als Arbeitskräfte in den Ballungsräumen gebraucht wurden, sollten nicht im Stadtkern wohnen, sondern am fernen Stadtrand konzentriert werden. Den Bewohnern wurde kein Dauerwohnrecht zuerkannt, sondern sie sollten wie die Kontraktarbeiter nach Erfüllung ihres Arbeitsauftrags wieder in die „Homelands" zurückkehren. Besonders durch die starke Überbevölkerung wurden viele „Townships" zu Elendsvierteln. **Soweto** („South-Western Township"), die größte Township Südafrikas, wurde 1976 durch die Anti-Apartheid-Demonstrationen weltbekannt.

Townships

Die bekannteste Township: Soweto

Das „Johannesburg City Council" hat einen visionären Plan für die Zukunft der Region entworfen, der die Wirtschaft und Geographie den neuen Gegebenheiten anpassen und die Region zu einem Geschäftszentrum der Weltklasse machen soll. Das Projekt „Jo'burg 2030" soll langfristig Investitionen fördern, das wirtschaftliche Wachstum ankurbeln und die Lebensqualität aller Einwohner verbessern.

Damit soll die südafrikanische Wirtschaft in Zukunft nicht mehr nur von Bergbau und Schwerindustrie abhängen, sondern zu einer Dienstleistungs- und Service-Gesellschaft umgebaut werden. Die Schwerpunkte sollen auf den Handel, das Finanzwesen, das Transportwesen, die Informations- und Kommunikationstechnologie und den „Wirtschaftstourismus" verlagert werden. Der Schlüssel für die Umsetzung dieses Plans wird sicher die Überwindung zweier großer Hürden sein: die hohe Kriminalität und das Fehlen qualifizierter Arbeitskräfte. Die Bekämpfung von Armut und der damit verbundenen Kriminalität und die Aus- und Weiterbildung der Menschen, um die Kluft zwischen der Nachfrage der Wirtschaft und dem Angebot auf dem Arbeitsmarkt zu schließen, werden daher die wichtigsten Ziele in den nächsten Jahren sein.

Ziel Dienstleistungsgesellschaft

Durban und das Umland

Wie in Kapstadt war auch in Durban der Hafen in einer geschützten Bucht der ausschlaggebende Standortfaktor für die Entstehung der Stadt.

Im Rahmen von Dezentralisierungsmaßnahmen entstanden in den 1960er Jahren zunächst die schwarzen **Townships** Kwa-Mashu im Norden und Umlazi im Südosten von Durban. Auch der indischen Bevölkerung wurden getrennte Wohngebiete zugewiesen – z. B. Chatsworth, Isipingo und Phoenix –, nachdem es zu Auseinandersetzungen mit den Zulu gekommen war. Von allen Townships gehen täglich zahlreiche Pendlerströme nicht nur zu den Betrieben bis in den Raum Pinetown und zu den Hafenanlagen, sondern auch in die Innenstadt. Arbeitsuchende aus den ländlichen Bezirken wandern immer noch in verstärktem Maße zu; dies führte bereits vor Jahren zu einer Überbelegung in den bestehenden peripheren Wohngebieten sowie zur Ausbildung von Marginalsiedlungen (*squatter camps*).

Squatter Camps

Entlang den beiden parallel verlaufenden Verkehrsachsen Smith- und Weststreet befindet sich heute die **City**, der Haupteinkaufsbereich. Viktorianische Architektur zeigen nur noch wenige Gebäude (Post, Rathaus). Es dominieren hohe Hotelbauten an der verkehrsberuhigten Seefront (Golden Mile) mit Freizeiteinrichtungen, Apartmenthäuser (Ferien- und Alterssitze) in einer zweiten Bauzeile sowie Mehrzweckbauten im Hafenbereich.

Die „Goldene Meile"

Ein typisches Merkmal der City von Durban ist aber das Nebeneinander zweier Zentren: das europäische und das indische. Beide Zentren bestehen seit Jahrzehnten und wurden von der städtischen Apartheidgesetzgebung nicht getrennt. Vielmehr erhielten sie Neubauten, oder ältere Baueinheiten (Betriebshallen) bekamen neue Funktionen, z. B. „The Workshop" als Einkaufszentrum. Für viele Touristen ist es ein lohnendes Ziel, Durban als das bedeutendste indische Zentrum in Afrika kennen zu lernen.

Indisches Zentrum

Eine wichtige Funktion übt die Stadt auch im kulturellen Bereich aus. Sie ist Sitz bedeutender Bibliotheken, Museen und zweier Universitäten.

Das randtropische Klima ließ Durban auch zum größten und preisgünstigsten **Ferienzentrum** in Südafrika und zum Kern der Touristenregion der Provinz KwaZulu-Natal werden. Die ausgebauten Nationalstraßen – die N3, welche vom Binnenland über Ladysmith, Howick und Pietermaritzburg nach Durban führt, sowie die N2, die parallel zur Küste nach Norden und Süden verläuft – ermöglichen den Touristen eine schnelle und bequeme Anfahrt. Zahlreiche Badeorte am Indischen Ozean und ausgewählte Plätze im Bereich der Randstufe, einschließlich der Nationalparks, liefern ein breit gefächertes touristisches Angebot.

4. LANDSCHAFTLICHER ÜBERBLICK

Kernraum des Subkontinents Südliches Afrika ist die 1.221.037 km² große Republik Südafrika. Damit ist Südafrika mehr als dreimal so groß wie Deutschland. Das hier beschriebene Reisegebiet des Nordens sowie der Ostküste von Südafrika erfreut sich einer besonderen Vielfalt. Das hängt zum einen von den sehr unterschiedlichen Niederschlagsmengen und deren Regelmäßigkeit ab, zum anderen auch von der geomorphologischen Gestaltung.

Vielfältige Landschaft

Einleitend zwei markante Beispiele:

- Es fallen im Norden, am Limpopo River, teilweise nur 300 mm Niederschlag im Jahresdurchschnitt, diese aber über die Jahre betrachtet sehr unregelmäßig. An der Küste von KwaZulu-Natal bzw. den Randstufen von Mpumalanga dagegen fallen regelmäßig über 800 mm im Jahr, teilweise sogar bis zu 2.000 mm.
- Die Niederschläge sowie die Erdfaltungen haben dazu geführt, dass es trockene Hochländer, feuchte Küsten mit z. T. verlandeten Lagunen und Seen, feuchte Wiesenlandschaften sowie steil aufragende Bergformationen gibt.

Das und eine Vielzahl von kleinen geologischen Besonderheiten machen das Reisen in dieser Region besonders attraktiv und abwechslungsreich.

Geologische Besonderheiten

Geologische Entwicklung

Wenn man sich mit Südafrika auseinander setzt, ist es sehr hilfreich, wenn man die wesentlichen **geologischen Bedingungen** kennt. Denn es sind gerade die erdgeschichtlichen Vorgänge, die durch ihre Lagerstätten bildenden Entwicklungen Südafrikas Bedeutung unterstreichen.

Das Land genießt eine sehr hohe montanwirtschaftliche Bedeutung – und das im Weltmaßstab! Der Bergbau ist die Folge der urzeitlichen geologischen Vorgänge. Und natürlich wurde durch die geologischen Entwicklungen auch ein faszinierendes und besonders vielseitiges Landschaftsbild geschaffen.

Die Nataler Drakensberge

Südafrika ist geologisch betrachtet eine **uralte Landmasse**. Die Basis bildet ein Grundgebirge, zu dessen ältesten Schichten die fossilen Goldeinlagerungen des Witwatersrand gehören. Das Alter dieser Formationen wird auf 3,1 Milliarden Jahre geschätzt (präkambrische Zeit). Im Süden finden wir Schichten, die teils während

Landphasen, teils bei Meeresüberflutungen abgelagert wurden. Letzteres geschah vor etwa 350 Millionen Jahren (im Oberkarbon) und dabei wurde dieses Gestein gefaltet. Riesige, bis zu 7.000 m mächtige Schichten lagerten sich hier vor 350 bis 180 Millionen Jahren ab (Oberkarbon bis Trias). Diese „Karoo"-Schichten (meist Schiefer und Sandsteine) füllen ein 600.000 km² deckendes und 1.300 km langes Becken aus, das von Südwesten (Karoo) nach Norden (Süd-Zimbabwe) verläuft. Der Nordosten Südafrikas begann sich in dieser Zeit zu senken.

Randschwellengebirge

Vor etwa 70 Millionen Jahren (Tertiär) erfolgte im Zuge weltweiter Gebirgsbildungen (Alpen, Rocky Mountains) auch in Südafrika die Heraushebung der das Binnenland umgebenden Randschwellengebirge, auch **Great Escarpment** genannt. Diese Gebirge, zu denen auch die Drakensberge in KwaZulu-Natal und Lesotho gehören, weisen die größten Höhen auf (der höchste Berg misst hier

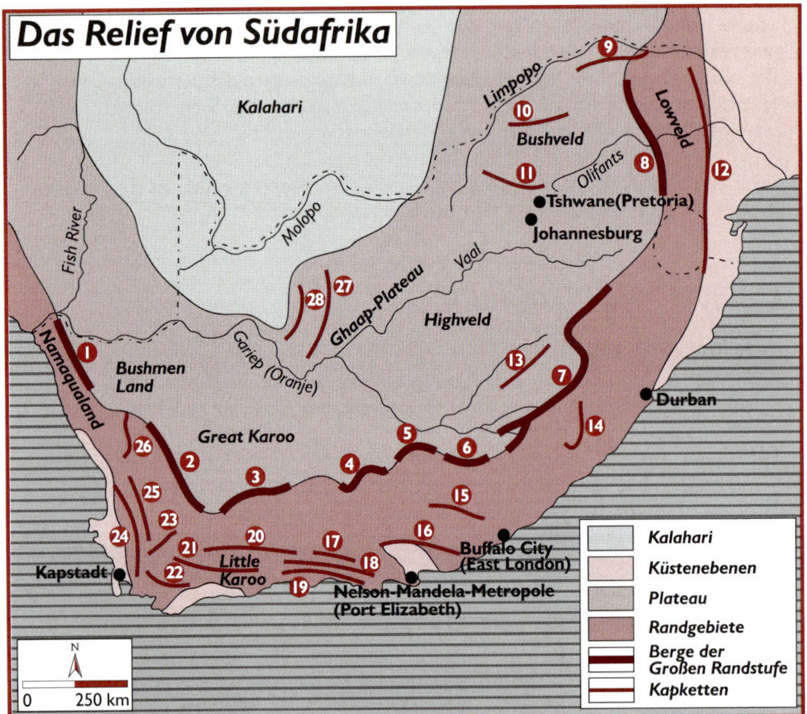

1 Kamiesberg
2 Roggeveld
3 Nuweveld
4 Sneeuberg
5 Suurberg
6 Stormberg
7 Natal
8 Transvaal, Drakensberg
9 Soutpansberg
10 Waterberg
11 Magaliesberg
12 Lebombo
13 Maluti
14 Ngele
15 Winterberg-Amatola
16 Suurberg-Kette
17 Baviaanskloof
18 Kouga
19 Langkloof
20 Swartberg-Kette
21 Langberg-Kette
22 Sonderend
23 Hex-River-Berge
24 Drakenstein
25 Cedarberg-Kette
26 Bokkeveld-Randstufe
27 Asbesberg
28 Langberg

3.482 m). Vor etwa 1 Million Jahren wurden diese Gebiete nochmals en bloc angehoben. Zum Teil drang aufgrund der Erdkrustenbewegung auch Magma in Form von Vulkanen nach oben. Das von diesen Randgebirgen eingeschlossene Binnenhochland ist auf der Grundlage des schon erwähnten präkambrischen Massivs entstanden. Hier senkte sich vor 600 bis 500 Millionen Jahren das Land teilweise, insbesondere im Gebiet der Kalahari, des Gariep (ehem. Oranje) und in der Limpopo Province. Diese Senken wurden in der Folgezeit wieder zugeschüttet.

Binnenhochland

Mit Ausnahme der Bergwelt von Lesotho und des Drakensberg-Massivs waren die Bewegungen der Erdkruste selten von Vulkanausbrüchen begleitet. Eine Sonderform des Vulkanismus bilden die vulkanischen Explosionsröhren, die in der Erd-Urzeit vor etwa 3 bis 1,2 Milliarden Jahren und dann später vor etwa 180 bis 135 Millionen Jahren (Jura) die Erdkruste durchschlagen haben. In der letzteren Periode entstanden die **Diamantlager** von Kimberley.

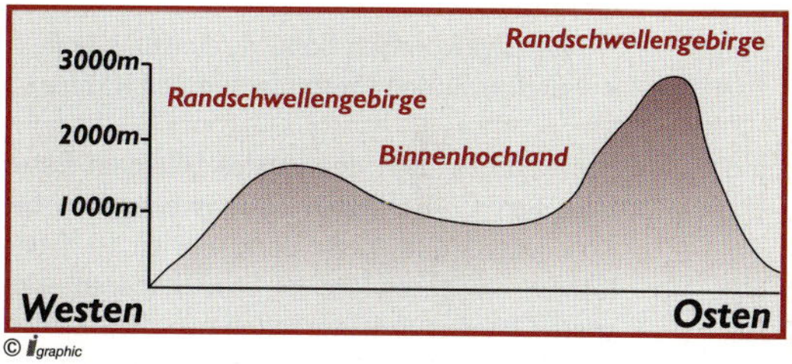

© igraphic

All die geschilderten geologischen Vorgänge bewirkten die Entstehung der heutigen Großlandschaften Südafrikas. Kein anderer Teil des Kontinents zeigt in seinem Aufbau eine so große Einfachheit. Wir unterscheiden:

① **Das Binnenhochland (Highveld)**: Es liegt, mit Ausnahme des abflusslosen Kalahari-Beckens, etwa 1.000 bis 1.800 m hoch (Johannesburg: 1.753 m). Der Untergrund dieses Hochlandes ist aufgefüllt mit Gesteinsmaterial, das von den Randgebirgen hineintransportiert wurde.

② **Die Randschwellengebirge (Great Escarpment)**: Allmählich steigt das Hochland an und erreicht in den umgebenden Randgebirgen im Osten Höhen von fast 3.500 m, im Westen von über 2.000 m.

③ **Das Küstenvorland (Lowveld)**: Dieses ist im Vergleich zur Gesamtfläche Südafrikas sehr schmal und befindet sich vornehmlich am Indischen Ozean (am Atlantik nur im Bereich nördlich von Kapstadt).

Flüsse und Gewässer

Der größte Fluss des Landes ist der 1.860 km lange **Gariep** (ehem. Oranje). Er durchquert mit seinem einzigen größeren Nebenfluss, dem Vaal, den Subkontinent in südwestlicher Richtung. Beide Flüsse haben ihr Quellgebiet im regenreichen östlichen Hochland (Lesotho bzw. Mpumalanga) und durchfließen als Fremdlingsflüsse weite Trockengebiete. Infolge der hohen Niederschläge im Quellgebiet führt der Oranje aber auch in trockenen Jahren im Unterlauf ständig Wasser. In der Regenzeit, während des Südsommers, kommt aber das Hundertfache der Wassermenge der Trockenzeit herab.

Fremdlingsflüsse

Der **Limpopo** im Norden der Limpopo Province hat sein Einzugsgebiet im Hochland und kann als kleiner Strom noch die Randschwelle nach Osten, zum

Indischen Ozean hin, durchbrechen. Eine Anzahl weiterer Flüsse entspringt an der feuchten Randstufe oder in den Kapketten, wobei der Kei-, der kapländische Olifant- und der Fish-River sowie Unzimkuli, Tugela-, Buffalo-River, Gr. Letaba, und Crocodile-River die bekanntesten sind. Kein Fluss ist wirklich schiffbar – sieht man einmal von den ersten Kilometern auf dem Buffalo (East London/Buffalo City) bzw. dem Bree River (Swellendam) ab. Für die zahllosen künstlich angelegten Talsperren, die der Trinkwasserversorgung, als Bewässerungsanlagen oder zur Bodenkonservierung dienen, sind sie aber von entsprechender Bedeutung.

Hohe Verdunstungsrate

Südafrikas wirtschaftliche Entwicklung der letzten Jahre scheint in letzter Konsequenz vielleicht durch einen Naturfaktor begrenzt zu sein, nämlich durch das zur Verfügung stehende Wasser. Der Gesamtniederschlag, der ohnehin recht dürftig ist, wird nur zu 9 % ins Meer getragen (Weltdurchschnitt: 31 %). Die Gründe dafür sind:

- die ungewöhnlich hohe Verdunstung und
- sandige Böden (besonders in der Kalahari und im Sandveld/Westküste).

Beim Durchreisen des Landes fällt dem Besucher auch die Seen-Armut auf. Am Indischen Ozean liegen Süßwasserlagunen bei Wilderness, St. Lucia, Sibaya und Kosi. Das Grundwasser deckt nur zu 10 % den Wasserbedarf. Mittels tiefer Bohrlöcher – insbesondere im Landesinneren – kann die Wasserversorgung an manchen Orten aufrechterhalten werden. Leider verfügt Südafrika auch nur über wenige artesische Quellen. Viele Bohrlöcher liefern nur salzhaltiges Wasser, dessen Verwertbarkeit stark eingeschränkt ist.

Besonders in dem hier beschriebenen Reisegebiet finden Sie nur wenig echte Seen – sieht man einmal ab von den o. g. Lagunenseen in KwaZulu-Natal. Nahezu alle Seen, die Sie hier erleben werden, sind Stauseen.

Klima

Sogar tropisch

Bei Afrika denkt man sofort an große Hitze, Schwüle, viel Sonne oder heftige Regenzeiten. Auf Südafrika treffen solche Vorannahmen nur bedingt zu: Die Küste von KwaZulu-Natal und die Limpopo Province sind subtropisch geprägt, erstere teilweise sogar tropisch. Das Binnenklima des südafrikanischen Hochlandes ist dagegen trockener und sonniger. Niederschläge fallen hier oft als starke Gewitter.

Obwohl das Land insgesamt zum Klimabereich der Subtropen gehört, gibt es große regionale Unterschiede, die insbesondere von folgenden Faktoren abhängen:

- der Höhenlage eines Gebietes,
- der Nähe zu den Meeren und
- den unterschiedlich temperierten Meeresströmen.

Da Südafrika auf der Südhalbkugel liegt, sind die Jahreszeiten entgegengesetzt zu unseren. Seine Lage reicht bis zum 34. Grad südlicher Breite. Dabei ist die südlichste Spitze das Kap Agulhas. Die nördlichen Teile Südafrikas reichen bis zum

22. Grad südlicher Breite. Johannesburg liegt auf einer ähnlichen Breite wie die Kanarischen Inseln (Nordhalbkugel) oder Brisbane in Australien, Polokwane auf der von Rio de Janeiro oder Sao Paulo.

Temperaturen

Hier spielt zunächst einmal die Höhenlage der meisten Gebiete Südafrikas eine bestimmte Rolle. Man denke z. B. nur an die Höhenlage folgender Städte: **Johannesburg**: 1.753 m, **Tshwane/Pretoria**: 1.370 m. Deshalb sind in der Regel die südafrikanischen Temperaturen niedriger als in Gebieten vergleichbarer Breitenlage, besonders in den Wintermonaten und nachts. Das sollte man wissen, wenn man in der winterlichen Trockenzeit einen Aufenthalt z. B. in Johannesburg plant: Während am Tage die Temperaturen in der Sonne auf gut über 20 °C steigen können, sinkt das Thermometer in klaren Nächten u. U. auf Temperaturen **unter dem Gefrierpunkt** ab. Wer früh aufsteht, hat dann schon mal das Erlebnis, die Autoscheiben von einer dünnen Eisschicht befreien zu müssen. Dabei muss man bedenken, dass fast alle Häuser keine Zentralheizung haben und auch schlecht isoliert sind. Daran sollten besonders auch Camper denken.

Kalte Nächte möglich

Die kältesten Gebiete liegen naturgemäß dort, wo das Binnenplateau am höchsten ist. Die tiefste je gemessene Temperatur liegt bei -14,7 °C (Carolina in Mpumalanga). In den tiefer gelegenen Gebieten kommt natürlich der Breiteneinfluss voll zur Geltung. Insbesondere am Unterlauf des Gariep (ehemals Oranje) sowie im Norden der Limpopo Province werden oft Temperaturen von über 38 °C gemessen. Die höchste Temperatur wurde gar mit 47,8 °C (in Komatipoort in Mpumalanga) registriert.

47,8 °C

Bemerkenswerterweise nehmen die Temperaturen von Süd nach Nord – also in Richtung Äquator – nicht zu. Der Grund dafür liegt in der Tatsache begründet,

Mittlere Maximale Temperaturen in °C													
	J	F	M	A	M	J	J	A	S	O	N	D	Ø
Johannesburg	25,6	25,1	24,0	21,1	18,9	16,0	16,7	19,4	22,8	23,8	24,2	25,2	21,9
Durban	27,8	28,0	27,7	26,1	24,5	23,0	22,6	22,8	23,3	24,0	25,2	26,9	25,2
Maputo (Mozambique)	30,0	30,0	29,5	28,5	27,0	25,0	24,5	25,5	26,5	27,5	28,5	29,5	27,5

Mittlere Minimale Temperaturen in °C													
	J	F	M	A	M	J	J	A	S	O	N	D	Ø
Johannesburg	14,7	14,1	13,1	10,3	7,2	4,1	4,1	6,2	9,3	11,2	12,7	13,9	10,1
Durban	21,1	21,1	20,2	17,4	13,8	10,6	10,5	12,5	15,3	16,8	18,3	20,0	16,5
Maputo	21,5	22,0	21,0	19,0	16,0	14,0	13,5	15,0	16,5	18,5	19,5	21,0	18,0

dass das südafrikanische Plateau Richtung Nordosten an Höhe zunimmt, und dieser Umstand gleicht die Wirkung der geographischen Breite weitgehend aus (Ausnahme sind hier der Nordwesten und der Norden der Limpopo Province). So hat Kapstadt mit 17 °C Jahresdurchschnittstemperatur einen vergleichbaren Wert wie das viel weiter nördlich gelegene Tshwane/Pretoria mit 17,5 °C.

Kalter und warmer Meeresstrom

Die **Küstenregionen** ihrerseits werden von zwei unterschiedlich temperierten Meeresströmen stark beeinflusst. An der Küste des Indischen Ozeans fließt der aus Äquatorbreiten kommende warme Agulhas-Strom, während an der Westküste der kalte, von der Antarktis kommende Benguela-Strom entlang fließt. Daher sind die Temperaturen der Westküste wesentlich niedriger als die an der Ostküste. Durban (Ostküste), das auf vergleichbarer Breite mit Port Nolloth (Westküste) liegt, hat eine um 7 °C höhere Jahresdurchschnittstemperatur!

Luftfeuchtigkeit

Die Hochplateau-Landschaften Südafrikas haben eine sehr geringe Luftfeuchtigkeit. Insbesondere im Westen ist es sehr trocken. Die Küstenregionen weisen dagegen ein feuchteres Klima auf. An der wärmeren Ostküste ist es insbesondere während der Sommerzeit zeitweise schwül (über 85 % Luftfeuchtigkeit). An der kühlen Westküste ist es besonders im Sommer nebelig. Dies ist dadurch bedingt, dass warme, feuchte Luft – aus dem Osten kommend – über dem kalten Benguela-Strom abkühlt und kondensiert.

Niederschläge

Südafrika erhält in vielen Gebieten einen sehr geringen Niederschlag. Dazu einige Fakten:

Arides Land

Der **Durchschnittsniederschlag** in Südafrika beträgt nur 464 mm/Jahr, regional jedoch sehr unterschiedlich verteilt. Zum Vergleich: Köln 696 mm, München 904 mm. Wenn man bedenkt, dass die Verdunstung im wärmeren Südafrika viel höher ist als bei uns, kann man sich vorstellen, dass der Regen in vielen Regionen nicht ausreicht. Klimatologen bezeichnen Südafrika als ein arides Land, weil in den meisten Regionen die Niederschlagsmenge geringer ist als die Verdunstungsmenge.

Niederschläge: Mittlere Monatsmenge in mm

	J	F	M	A	M	J	J	A	S	O	N	D	Gesamt
Gauteng (Jo'burg/ Tshwane)	125	108	90	41	25	10	10	5	21	56	126	129	746
Maputo (Mozambique)	130	124	97	64	28	27	13	13	38	46	86	103	769

Zum Vergleich: Durban: 1044 mm/ Jahr an 117 Tagen, vorwiegend von Oktober bis April (starke Gewitter von November bis Januar)

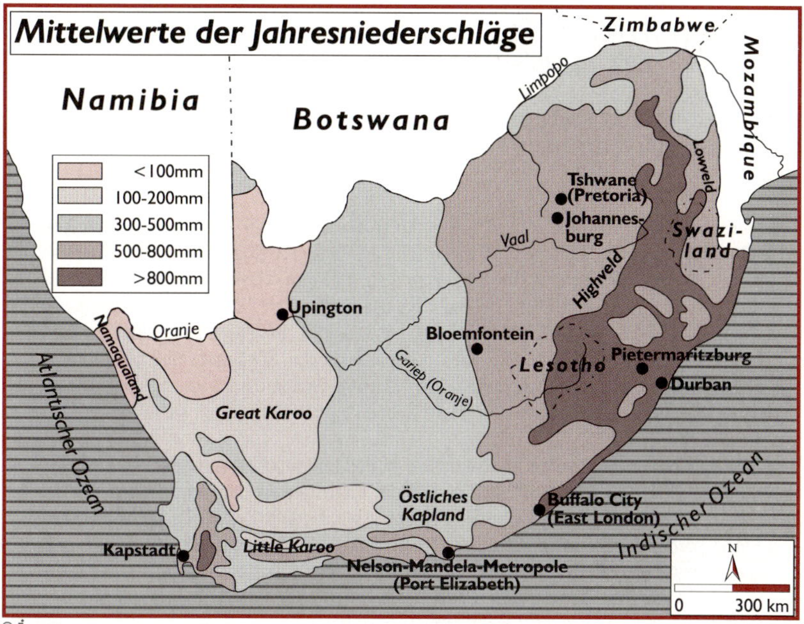

© igraphic

- 21 % Südafrikas haben weniger als 200 mm Regen im Jahr.
- 48 % erreichen Werte zwischen 200–600 mm im Jahr.
- 31 % erhalten mehr als 600 mm pro Jahr.

Insgesamt erhalten 65 % des Landes weniger als 500 mm pro Jahr. Das bedeutet, dass in diesen Regionen Anbau nur mit Hilfe von Bewässerung möglich ist.

Regenarmer Westen

Die **Verteilung der Niederschläge** zeigt einige Gesetzmäßigkeiten. So nimmt der Niederschlag auf dem Binnenplateau von Osten nach Westen ab. Die vom Indischen Ozean kommenden feuchten Luftmassen regnen sich zum großen Teil an der östlichen Randstufe ab und werden umso trockener, je weiter sie nach Westen gelangen. Deshalb liegen die regenärmsten Gebiete der Republik an der Westküste (hier zum Teil weniger als 50 mm Niederschlag pro Jahr). Die **meisten Niederschläge** erhält Südafrika dort, wo ostwärts exponierte Gebirgshänge über die Küstenebenen hinausragen. So sind besonders regenreich die östlichen Abhänge der Kapberge, der Drakensberge und der Randstufe von Mpumalanga, also die sog. Luv-Seiten. An der Randstufe von Mpumalanga werden durchschnittlich 2.088 mm pro Jahr erreicht. Die Gebirgsseiten im Windschatten (Lee-Seiten) dagegen sind wesentlich trockener.

Zumeist Sommerregen

In den meisten Regionen Südafrikas fällt der Hauptanteil an Regen in der Sommerzeit (November–März), zumeist in heftigen Niederschlägen am Nachmittag.

INFO

Trockene Flussbette verwandeln sich in kürzester Zeit zu reißenden Strömen

Nur etwa 10 % der Fläche des Südlichen Afrika sind gut beregnet (750–2.000 mm), dagegen erhalten 60 % nur Niederschläge von 250–750 mm und 30 % weniger als 250 mm.

Die wechselnde Abfolge von Regen- und Trockenzeiten im Jahr und die zum Teil sehr schwankenden Jahresgesamtniederschläge – es gibt Regionen, da regnet es in einem Jahr nur 150 mm und im folgenden dann 450 mm – lassen sich an der Wasserführung der Flüsse erkennen. Schmale Rinnsale oder Trockenflüsse können sich in wenigen Stunden zu reißenden Strömen verwandeln. In einer noch kürzeren Zeit kann eine riesige Wasserwalze alles mit einer dicken Schlamm- und Sandschicht überziehen und dann rasch ablaufen. Ein Naturschauspiel, das für die Farmer, Wegebauer und Verkehrsteilnehmer oft große Schrecken und Schäden in sich birgt.

Sollten Sie den Grenzraum zu Zimbabwe in der Limpopo-Province bereisen, achten Sie einmal auf die Uferlandschaften und die Pflanzenwelt dort oder fragen Sie die Einheimischen mal nach dem letzten Hochwasser. Es gibt Zeiten, da sucht man den Flusslauf des Limpopo bzw. seiner Nebenflüsse und findet nur vereinzelte „Flussseen“. Nach starken Niederschlägen aber (die gut 200 km entfernt niedergegangen sein können) schwellen die Flüsse dann urplötzlich an, treten oftmals sogar über die hohe Uferkante und reißen Bäume und sogar Hütten weg.

Alle Angaben bezüglich der Niederschlagsmengen sind langjährige Durchschnittswerte. **Dürreperioden** sind für subtropische Bereiche wie Südafrika leider typisch. Am wahrscheinlichsten sind lange Trockenzeiten in den ohnehin niederschlagsarmen Gebieten, also im Westen. Die niederschlagssichersten Gebiete liegen in den östlichen Teilen des Plateaus, in KwaZulu-Natal, an der Ost- und Südküste sowie im südwestlichen Kapland.

Regenwolken über dem Sani Pass in den Drakensbergen

Schnee fällt nur in extrem hohen Gebirgslagen der Drakensberge (im Durchschnitt fünfmal jährlich in den Wintermonaten Juni bis August) und – seltener – am Witwatersrand oder bei Kapstadt. Lohnende Ski-Abfahrten sind daher die Ausnahme...

Sonnenscheindauer

Südafrika ist ein ausgesprochen sonnenscheinreiches Land. Mehrere Monate strahlt in der winterlichen Trockenzeit über dem Hochland der stahlblaue Himmel. Aber auch im Sommer, wenn die meisten Niederschläge fallen, beschränkt sich der Regen auf kurze, aber ergiebige Gewittergüsse. Die Küsten in Kapnähe sind sogar sonnenreicher als diejenigen so bekannter Badeparadiese wie Hawaii und der Bahamas. Dabei muss man bedenken, dass trotz des „Sonnenreichtums" die Temperaturen für Europäer in den meisten Regionen gut verträglich bleiben. Entnehmen Sie folgender Tabelle die Durchschnitts-Sonnenscheinstunden pro Tag:

Gewittergüsse

Sonnenscheindauer							
	Kapstadt	**Durban**	**Tshwane/ Pretoria**	**Kruger N.P.**	**Bahamas**	**Hawaii**	**München**
Jan.	11,5	6,5	8,9	7,0	7,2	7,3	1,8
Feb.	10,5	6,7	8,5	7,5	7,9	7,7	2,9
Mär.	9,4	6,8	8,3	7,3	8,4	8,3	3,9
Apr.	7,7	7,0	8,5	7,0	8,9	8,6	5,4
Mai	5,9	7,1	9,0	7,9	8,5	8,8	6,0
Jun.	5,8	7,5	9,2	7,6	7,5	9,1	7,5
Jul.	6,2	7,5	9,2	8,0	8,9	9,4	7,8
Aug.	6,8	7,4	10,0	8,1	8,5	9,3	6,7
Sep.	7,8	6,4	9,6	7,7	7,1	9,2	6,0
Okt.	9,0	6,0	9,3	6,9	6,7	8,3	4,5
Nov.	10,3	6,2	8,5	6,0	7,4	7,5	1,9
Dez.	11,1	6,5	8,6	6,6	7,1	6,2	1,2
Ø	8,5	6,8	9,0	7,3	7,8	8,3	4,6

In Tshwane/Pretoria z. B. scheint die Sonne an 3.285 Stunden im Jahr, während sie in München nur 1.690 Stunden im Jahr scheint.

Flora und Fauna

von Dr. Karl-Günther Schneider

Flora

Mit über 22.000 Pflanzenarten ist Südafrikas Flora nicht nur sehr vielfältig, sondern auch überwältigend schön. Durch die unterschiedlichen klimatischen Voraussetzungen verändert sich das Landschaftsbild oft dramatisch. Vom typischen Fynbos (holländisch: Feiner Busch) im Kapland, über dichten Wald an der Garden Route, nahezu tropische Vegetation an der **nordöstlichen Wild Coast** und der **Küste von KwaZulu-Natal**, Gebirgspflanzen in den Hochlagen der Drakensber-

22.000 Pflanzenarten

Flussbett im Kruger National Park in der Trockenzeit

ge bis hin zu Dornbüschen und Akazien in den semiariden Savannenlandschaften im Norden sind alle Vegetationsformen vertreten. Ja, sogar Halbwüsten- und Wüstenvegetationen gibt es (am Rande der Kalahari).

Entsprechend den klimatischen Bedingungen (Regenfall) und den Bodenverhältnissen im Südlichen Afrika bedecken regengrüne Gehölze (Süd- und besonders Ostküste), Grasfluren (Highveld), Hartlaubgewächse (Kapland) sowie Dornensträucher und Buschland (Kalahari, Karoo, Westen und absoluter Norden des Landes) den größten Teil des Subkontinents.

Savannen aller Art

Bei der Einteilung der Pflanzenwelt in klimatische Vegetationszonen finden wir die für Afrika so wichtigen Begriffe Dornstrauch-, Trocken-, Feuchtsavanne auch hier wieder (der Begriff Savanne gilt allgemein als Grasland). Eine Trockenzeit von 2,5–4 Monaten lässt noch eine Feuchtsavanne zu (z. B. Inland von KwaZulu-Natal). Bei einer Trockenzeit von 5–7,5 Monaten tritt nur noch die Trockensavanne – auch als Baum-Busch- bzw. Buschsavanne bezeichnet – auf (z. B. Limpopo Province, Ausnahme: Drakensberge), die sich bei einer noch längeren Trockenheit in eine Dornstrauchsavanne verwandelt (nördl. Karoo, z. T. Kalahari und Grenze zu Zimbabwe).

Sind mehr als 10 Monate des Jahres regenlos, so gehen die Savannen in die Halbwüste oder sogar in die Vollwüste über (Grenze zu Namibia, Kalahari). Voraussetzung ist hierbei, dass der Mensch nicht in den natürlichen Wasserhaushalt eingreift und durch Anlegen von Bewässerungsanlagen kleinräumige Klimaänderungen vornimmt (dieses geschieht vornehmlich im Süden des Free State, in Gebieten im Kapland sowie im Osten von Swaziland).

Von der Wüste bis zum Regenwald

Unter diesen Bedingungen lässt sich das Pflanzenkleid Südafrikas in mehrere großräumige Einheiten aufteilen.

Wald

Neben dem immergrünen Regenwald bei George-Knysna-Humansdorp im Süden sind noch kleinere Gebiete an den Südseiten (Luv) der einzelnen küstennahen Kapketten (Lange-, Outeniqua-Berge) mit **Feuchtwäldern** bestanden. Typische Vertreter sind Yellowwood, Ironwood, Kiaat und Stinkwood-Hölzer, die oft zur Möbelherstellung dienen. Weitere **Küstenwälder**, wenn auch großenteils schon

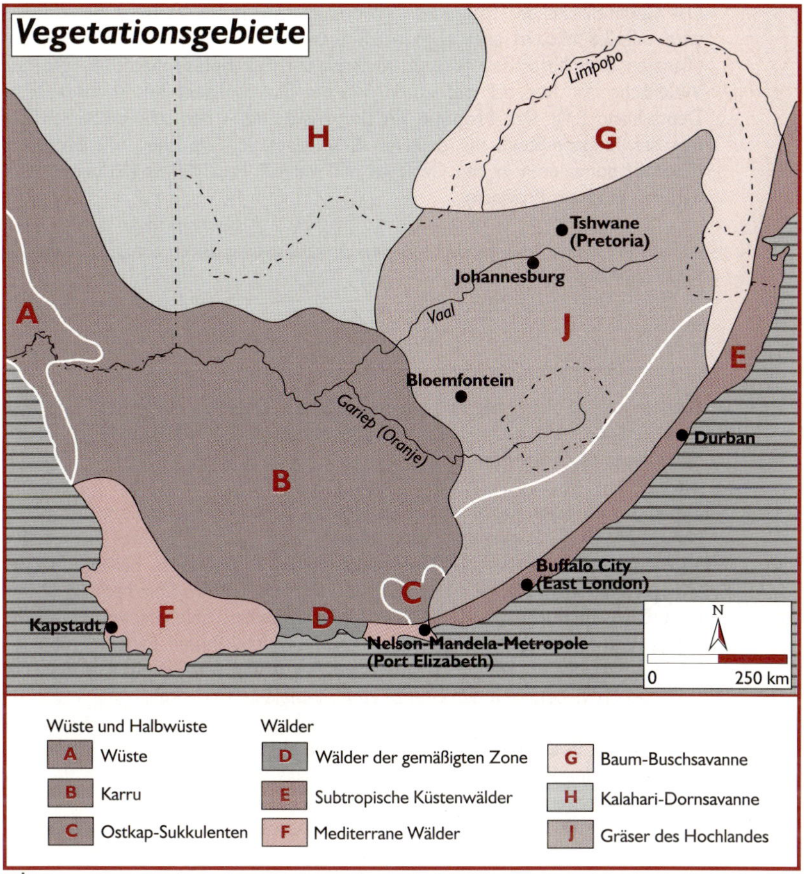

abgeholzt, finden sich am nordöstlichen Küstensaum der Wild Coast (zwischen Port St. Johns und Port Shepstone) sowie z. T. Mangrovenwälder in den schwülen Küstenregionen von KwaZulu-Natal. Auch kann es in der Nebelregion und im oberen Teil der Engtäler der „Großen Randstufe" von Mpumalanga und in KwaZulu-Natal zu geschlossenem Baumwuchs kommen. Zudem gibt es **zahlreiche Aufforstungen,** so z. B. in den Hochlagen der Eastern Cape Province (um Hogsback, und an der Grenze zu Lesotho), an der Grenze zu Swaziland bei Barberton und um Tzaneen (Limpopo Province).

Nebelwälder

In den **Trockensavannen** (hier als „Bushveld" bezeichnet) des Nordens und Nordostens (z. B. Limpopo) begleiten oft Uferwälder (auch Galeriewälder genannt), in denen Akazien, Weiß- und Kameldorn und Sukkulenten vorherrschen, die Flüsse. Hier finden sich auch die für Afrika so typischen Schirm-Akazien.

Nur 1 % Waldfläche

Die Gesamtfläche der natürlichen Waldgebiete Südafrikas, meist in Staatsbesitz, wird mit 2,6 Mio. ha angegeben. Auch zusammen mit den 1.173.000 ha angepflanzten Baumbeständen (Wattle, Kiefernarten, Eukalyptus) macht die gesamte Waldfläche der Republik nur knapp 1 % des Staatsgebietes aus (Kanada 27 %, Deutschland 5 %). Der **Mopane-Trockenwald** und in den sehr trockenen Zonen der Mopane-Busch mit dem für diese Vegetation typischen Affenbrotbaum (Baobab) dominieren in den Gebieten mit weniger Feuchtigkeit (absoluter Norden der Limpopo Province).

Auffallend ist noch der **Fevertree**, der in malariaverseuchten Sumpfgebieten von KwaZulu-Natal zu Hause ist.

Fauna

Ebenso wie die Flora hat der Mensch auch das Tierreich durch sein Eingreifen stark verändert. Wo es noch vor wenigen Jahren große Wildbestände gab, ist das Wild heute oft ausgerottet.

Bereits seit 1898

Die südafrikanische Regierung und zahlreiche zoologische Gesellschaften haben bereits im 19. Jh. begonnen, „Nationalparks" und „Game Reserves" neben den zoologischen Gärten in den Großstädten planvoll anzulegen. Bekannt ist der „Kruger National Park" – er ist über 350 km lang und im Durchschnitt 64 km breit. Dies entspricht dem Gebiet der Oberrheinischen Tiefebene von Bingen bis Basel. 1898 ließ Präsident *Paul Kruger* diesen weltbekannten Park im subtropischen Lowveld (200–800 m) von Transvaal (heute Teil von Mpumalanga und der Limpopo Province), nahe der Grenze zu Mozambique, einrichten.

Eine Woche Ihrer Reisezeit wenigstens sollten Sie hier oder/und einem der anderen Wildparks dem Wildreichtum Südafrikas widmen, um in Muße die Herden von Elefanten, Löwen, Gnus, Flusspferden (Hippos), die Krokodile, Affen und Warzenschweine zu beobachten.

Gesprächsstoff

Kruger National Park: An den 145 künstlich angelegten Wasserlöchern lassen sich die Tiere vom Auto aus am besten beobachten. Die Erlebnisse mit den auf 2.500 geschätzten Löwen nebst ca. 21.000 Büffeln oder über 9.000 Elefanten liefern genügend Gesprächsstoff beim Sundowner im „Camp". Gegenwärtig arbeiten 50 Wissenschaftler an 1.200 Projekten, damit die über eine Million Tiere – Reptilien, Vögel, Insekten nicht mitgezählt – in diesem großen Wildschutzgebiet auch nach Jahren noch ihren Lebensraum finden.

Die **Wildschutzgebiete Südafrikas** liegen größtenteils in der Savanne oder sogar in der Halbwüste. Diese Lebensräume beheimaten die schwersten Landsäugetiere unserer Erde, Elefant und Nashorn, sowie das längste, die Giraffe, neben den besonders vielen Antilopenarten (Impala, Hartebeest, Kudu, Springbock etc.), ferner Zebra, Strauße u. v. a. Ihre Kopfzahl ist nur grob schätzbar und die Artenfülle erstaunlich groß. Der Löwe kann als typisch afrikanisches Tier bezeichnet werden, wie der Tiger in Südostasien seine eigentliche Heimat hat. Zu den charakteristischen Tieren des Südlichen Afrika zählen auch die Vögel (Strauß, Nilgans, Kranich, Kuhreiher, Webervogel – und nicht zu vergessen die europäischen Zugvögel, z. B. Störche und Schwalben); ferner die Reptilien (Schildkröte, Krokodil, Chamäleon, Schlange) und von den niederen Tieren die Termitenvölker und die Schmetterlinge. In Feuchtgebieten (Norden vom Kruger-National-Park, Norden von KwaZulu-Natal) bedrohen bestimmte Mückenarten als Parasitenüberträger die Gesundheit (z. B. Malaria, Leishmaniosen, Trypanosomiasis), während Würmer den Menschen direkt schädigen können (z. B. Bilharziose oder Hakenwurminfektion). Moderne Hygienemaßnahmen, Impfungen und zentrale Wasserversorgung reduzieren heute die Gefahr dieser Erkrankungen im Südlichen Afrika.

Moderne Hygienemaßnahmen

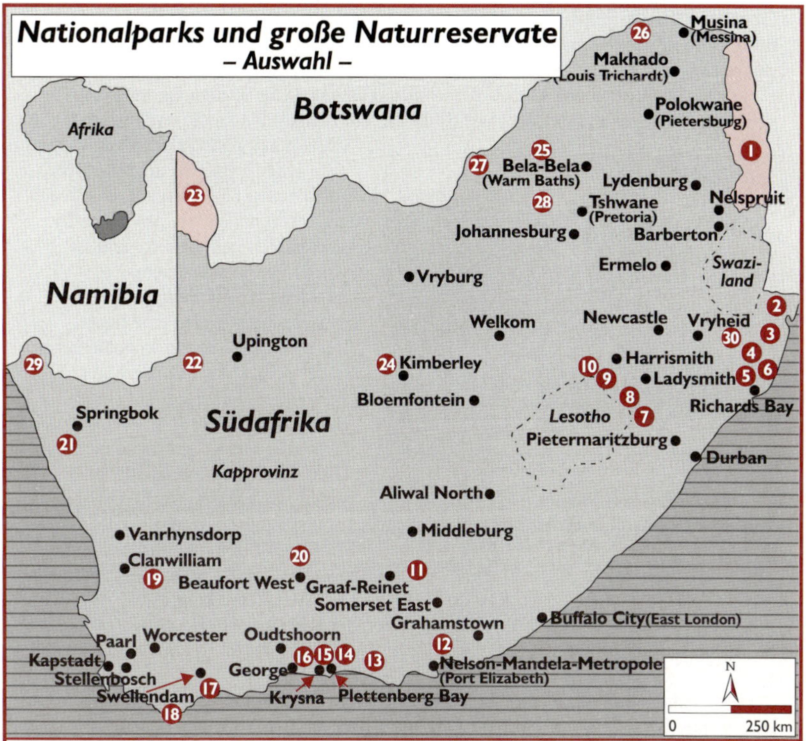

1 Kruger-Nationalpark
2 Ndumo-Wildreservat
3 Mkuzi-Wildreservat
4 Hluhluwe-Wildreservat
5 Umfolozi-Wildreservat
6 Greater St. Lucia Wetland Park
7 Giant's Castle-National Reserve
8 UKhahlamba Drakensberg Park
9 Royal-Natal-Nationalpark
10 Golden-Gate-Highlans-Nationalpark
11 Mountain-Zebra-Nationalpark
12 Addo-Elephant-Nationalpark
13 Tsitsikamma-Forest-Nationalpark
14 Tsitsikamma-Coastal-Nationalpark
15 Knysna Nat. Lake Area
16 Wilderness Nationalpark
17 Bontebok-Nationalpark
18 Agulhas Nationalpark
19 Tankwa-Karoo Nationalpark
20 Karoo Nationalpark
21 Namaqua Nationalpark
22 Augrabies-Falls-Nationalpark
23 Kgalagadi Transfrontier N.P.
24 Vaalbos Nationalpark
25 Marakele Nationalpark
26 Mapungubwe Nationalpark Limpopo Frontier Park
27 Madikwe Game Reserve
28 Pilanesberg Nationalpark
29 Richtersveld Nationalpark
30 Itala Game Reserve

© graphic

KLEINES KALEIDOSKOP DER SÜDAFRIKANISCHEN TIERWELT

Büffel (Kaffernbüffel, Afrikanischer Büffel, *Syncerus caffer*)

Höhe: 1,40 m (Schulter); Gewicht: 800/750 kg
Erkennungsmerkmale: Unverwechselbar. Mächtige, muskelbepackte Tiere mit massiven Hörnern, die bis 1,30 m weit zu beiden Seiten ausladen. Grauschwarzes Fell.
Lebensraum: Savanne mit reichlich Gras, Schatten und Wasser.
Büffel leben in großen Herden von manchmal mehreren 1.000 Tieren (z. B. lebt bei Savuti (Botswana) eine Herde von 3.000 Tieren). Die Herden bilden recht stabile soziale Einheiten, die sich gemeinsam erfolgreich auch gegen große Raubtiere verteidigen. Büffel sind ruhige und meist friedliche Tiere, die aber – einmal in Wut geraten – gefährliche Gegner sind. Selbst der Angriff auf einzelne Büffel ist für ein Löwenrudel ein ernstes, manchmal tödliches Unternehmen. Die plötzliche Begegnung mit einem verletzten Büffel ist die gefährlichste Situation, die Afrika für seine Einwohner und Gäste bereit hält. Stundenlang waren auch schon Personen in großer Hitze auf Bäumen blockiert, auf die sie sich geflüchtet hatten, bis der Angreifer sich endlich getrollt hatte und sie wieder herunter konnten.

Büffel

Innerhalb der Herde herrscht zwischen den Bullen eine lineare Rangordnung, die mit Imponiergehabe festgelegt wird. Ernste Kämpfe sind selten. Wenn der rangniedere Bulle nicht den Kopf als Demütigkeitsgeste senkt, kann es zu heftigen Horngefechten kommen, die aber selten zu Verletzungen führen, denn die Gegner senken im letzten Moment vor dem Zusammenprall die Köpfe, so dass die Gewalt der schweren Stöße von den mächtigen Stirnwülsten der Hörner aufgenommen wird. Büffel führen ein ruhiges Leben: Der Tagesablauf besteht zu 3/4 aus Grasen (meist nachts) und Wiederkäuen. Den Rest des Tages wird im Schatten geruht.

Duiker

Duiker kommen in Südafrika in allen drei Arten vor: **Common Duiker**, auch Grey Duiker oder Kronenduiker genannt (*Sylvicapra grimmia*), **Red Duiker** (*Cephalophus natalensis*) und **Blue Duiker**, manchmal mit Blauböckchen übersetzt (*Philantomba monticola*). Der Name Duiker leitet sich vom Afrikaans für „Tauchen" (duik) her, denn auf der Flucht entwickeln die Tiere eine hohe Geschwindigkeit, wobei sie nicht nur häufig hoch springen, sondern hinter jedem sich bietenden Sichtschutz auch abtauchen. Die Bezeichnung Grey Duiker ist missverständlich, denn ihr Fell ist regional unterschiedlich von dunkelgrau bis gelblich gefärbt.
Erkennungsmerkmale: Auffallend kleine Antilope mit einer Schulterhöhe von etwa 50 cm und 15–18 kg, die etwas größeren Weibchen bis 21 kg Gewicht. Das Fell ist variabel gefärbt (s. o.), der Bauch ist aber fast immer weiß. Das Gesicht trägt einen ebenfalls

variablen schwarzen Längsstreifen. Beide Geschlechter tragen kurze, gerade Hörner. Red Duiker sind etwas kleiner und haben ein intensiv haselnussbraunes Fell. Blue Duiker sind mit 30 cm Schulterhöhe und 4–4 ½ kg Gewicht die kleinsten Antilopen der Region.

Lebensraum: Duiker kommen ausschließlich im Busch vor, der ihnen die erforderlichen Verstecke und die Nahrungsgrundlage aus Blättern, Sprossen, Blüten und Früchten bietet. Duiker vermeiden offenen Hochwald und kommen praktisch nie im offenen Grasland vor. Duiker sind Einzelgänger, nur Mutter und Kind oder zur Paarungszeit bleiben zwei, selten mehr, einige Zeit zusammen. Die Hauptaktivitäten entfalten Duiker am späten Nachmittag und in der Nacht, tagsüber wird man kaum welche finden, es sei denn, die Tage sind kühl und haben bedecktes Wetter. Duiker vertrauen auf ihre Tarnung: Wenn man sich ihnen nähert, bleiben sie bis zuletzt liegen und springen dann plötzlich auf und rennen springend und sich duckend im Zickzack-Kurs davon. Wenn man sie nachts mit Licht findet, kann man sich leicht nähern – vorausgesetzt, man ist sehr leise. Bereits das kleinste Knacken eines Ästchens erzeugt eine Fluchtreaktion.

Irgendwann im Jahr wird ein einzelnes Kalb geboren. Die etwa 1 ½ kg schweren Neugeborenen werden zunächst für einige Tage im dichten Gestrüpp versteckt. Im Gefahrfalle erstarren die Jungen am Boden und werden so von den meisten Raubtieren übersehen. Sie wachsen sehr schnell und sind bereits nach 6–7 Monaten kaum noch von den erwachsenen Tieren zu unterscheiden.

Elefant (*Loxodonta africana*, Elephant)

Er ist das größte Landtier. Es gibt zwei Arten: den Afrikanischen und den Indischen Elefanten. Beim Afrikanischen Elefanten sind Ohren und Rüssel größer und die Stirn niedriger als beim Indischen. Der Afrikanische Elefant wird bis zu 4 m hoch und 6.000 kg schwer. Allein seine Haut wiegt 10 Zentner, das Hirn 5–6 kg, das Herz 25 kg. Pro Tag säuft er ca. 350 l Wasser und frisst 500 kg „Grünzeug". Mit dem Rüssel führt der Elefant Nahrung und Wasser ins Maul, beim Baden verspritzt er Wasser über den Körper oder beim Staubbad auch Staub. Er besitzt nur zwei Zähne, auf jeder Seite einen.

Der Afrikanische Elefant kommt in den meisten Gebieten südlich der Sahara vor. Er lebt in Herden aus Kühen und Jungtieren. Die Bullen leben einzeln, nur zur Paarung kommen sie mit den Kühen zusammen.

Elefanten treiben intensive Hautpflege. Sie tauchen beim Bad fast völlig unter und bespritzen sich mit Hilfe des Rüssels mit Wasser. Sie lieben auch Staubbäder, und bei Wassermangel suhlen sie sich im Schlamm. Auch in Trockenzeiten beherrscht der Elefant die Kunst, Wasser zu finden: Er bohrt Löcher, indem er seinen Rüssel als Ahle benutzt. In der Mittagszeit sucht der Afrikanische Elefant Schatten auf. Er sorgt für Abkühlung, indem er mit seinen Ohren fächert. Aufgrund der riesigen Oberfläche seiner Ohren verliert er so viel an Körperwärme.

Auch Elefanten brauchen natürlich Schlaf. Sie können sowohl im Stehen als auch im Liegen schlafen. Beim stehenden Schlaf atmet er in der normalen Atemfrequenz, beim Liegen nur halb so oft. Gewöhnlich schläft ein Elefant fünf Stunden, die meiste Zeit im Liegen.

Dort, wo Elefanten geschützt aufwachsen, kommt es oft zur Überbevölkerung (z. B. im Kruger National Park). Da ein Elefant aber viel frisst, gefährdet er bei zu starkem Anwachsen seiner Population das ökologische Gleichgewicht und muss in seinem Bestand dezimiert werden. Bei natürlichen Voraussetzungen ziehen Elefanten von einem Gebiet zum anderen und können so dem Reifestand der Vegetation folgen, die sich während ihrer Abwesenheit wieder erholen kann. Dabei legen sie oft große Entfernungen zurück.

Die Backenzähne des Elefanten weisen breite Mahlflächen auf, die dem Zerkauen von Pflanzenfasern dienen. Der Verschleiß an Zähnen ist beträchtlich. Dem Elefanten (der bis zu 70 Jahre alt werden kann) wachsen in seinem Leben auf jeder Seite im Ober- und Unterkiefer je 7 Zähne, insgesamt also 28. Wenn ein Zahn abgenutzt ist, wächst ein anderer nach. Sind die letzten Zähne verbraucht, verhungert der Elefant.

Elefant

Die Tragzeit beträgt bei Elefanten ca. 22 Monate. Das Junge ist etwa 90 cm hoch und wiegt 90 kg. Es kann bald nach der Geburt (nach zwei Tagen) in der Herde mitlaufen. In ihrem Gesamtverhalten sind Elefanten furchtlos: Sie kennen keine Feinde und brauchen beim Anzug auf ein Wasserloch keine Vorsichtsmaßnahmen zu treffen. Bei Gefahr für die Herde „trompeten" Elefanten. Das Sozialverhalten in der Herde ist stark ausgeprägt. Gefährlich werden Elefantenkühe, wenn ihr Junges bedroht wird.

Elenantilope (*Taurotragus oryx*, Eland Antelope)

Höhe: 1,70 m (Schulter); Gewicht: bis 840 kg

Erkennungsmerkmale: Mächtige Antilope mit gleichmäßig grau-braunem, kurzem Fell, dunklerem Längsstreifen auf dem Rücken und charakteristisch geschraubten Hörnern, die bei alten Böcken 1 m lang werden können.

Lebensraum: Elenantilopen sind hinsichtlich ihres Lebensraumes sehr flexibel. Sie wurden sowohl in Wäldern als auch in wüstenähnlichen Gebieten und in der Nähe von Feuchtgebieten, nicht jedoch in Sümpfen, gefunden.

Der Name ist entliehen: Offensichtlich hatte jemand allzu viel Phantasie, als er diese größte Antilopenart nach der holländischen Bezeichnung für „Elch" benannte. Ihre bevorzugte Nahrung sind Blätter. Daher entfernen sie sich selten weit vom Busch- oder Waldland. Elenantilopen sind gesellige Tiere, die in kleineren Herden, manchmal auch in riesigen Gruppen leben (Herden bis zu 700 Köpfen wurden im Hwange Nationalpark/ Zimbabwe und dem Kgalagadi Transfrontier Park/Botswana gezählt). Über Details der Sozialstruktur der Herden ist nur wenig bekannt.

Elenantilopen benötigen eine eiweißreiche Nahrung und grasen im Sommer, während sie im Winter Blätter fressen. Dabei sind sie extrem wählerisch. Die Hörner werden sehr effektiv dazu benutzt, um an die gewünschte Nahrung heran zu kommen. Dabei werden bis zu 8 cm dicke Äste abgebrochen. Wasser wird gerne getrunken, wenn welches vorhanden ist, aber es ist nicht unbedingt notwendig, weil der Flüssigkeitsbedarf auch über die Nahrung gedeckt werden kann. Die meisten Kälber kommen August – Oktober zur Welt und wiegen 25–30 kg. Bereits 3–4 Stunden nach der Geburt können die Kälber laufen.

Elenantilope

Fleckenhyäne (*Crocuta crocuta*, Spotted Hyena)

Hyänen leben meist in Halbwüsten bis Trockensavannen, nicht in dichten Wäldern. Sie sind im Allgemeinen ortstreu und leben in einem mehrere qkm großen Territorium. Dieses wird markiert, und zwar durch Harnen, Koten, Absetzen von Afterdrüsensekreten an Grashalmen und durch Bodenkratzen mit den Vorderpfoten. Diese Gebiete sind festgelegt, werden regelmäßig patrouilliert, und Rudelfremde werden verjagt. Rudelangehörige erkennen sich am Geruch. Hyänen jagen vorwiegend in der Dämmerung und bei Nacht; ihr Seh-, Hör- und Riechvermögen ist sehr gut ausgeprägt. Tagsüber ruhen sie in Erdhöhlen, in hohem Gras oder dichtem Busch. Löwen und Hyänenhunde gefährden Jung- und Einzeltiere. Jungwelpen werden durch rudelfremde Artgenossen gefährdet, daher rührt ein starker Schutztrieb des Weibchens. Selten sind Fleckenhyänen einzeln anzutreffen, häufiger paarweise oder in Trupps. Im Rudel haben die Weibchen die Vormachtstellung.

Hyänen

Die Hauptnahrung der Hyänen ist Aas, oft in Form von Löwenbeuteresten. Kadaver werden mit Haut und Haaren, ja selbst mit großen Röhrenknochen, die zerbissen werden, gefressen. Auch im Kampf getötete Artgenossen werden nicht verschmäht. Manchmal werden im Rudel Gazellen, Zebras und Antilopen gejagt. Die Opfer werden bei lebendigem Leibe zerrissen. Es werden auch durch das Opfer angelockte andere Tiere wie Löwe, Leopard, Gepard und Hyänenhund vom Rudel vertrieben. Auch einzelne Menschen sind durch Rudel nachts gefährdet. Die Tragzeit beträgt bei Hyänen 99 bis 130 Tage, meistens werden ein bis zwei Welpen geworfen. Schon eine Woche nach der Geburt können die Welpen gut laufen; ihre Säugezeit beträgt ein bis eineinhalb Jahre. Die Geschlechtsreife ist bei Weibchen mit zwei, bei Männchen mit drei Jahren erreicht. In Gefangenschaft können Hyänen bis zu 40 Jahre alt werden.

Flusspferd (*Hippopotamus amphibius*, Hippo)

Höhe: 1,50 m; Gewicht: 1.500/1.300 kg
Erkennungsmerkmale: Unverkennbar. „Dicke“, plump wirkende Tiere mit kurzen Beinen, von vorne eckig wirkendem Kopf und riesigem Maul. Grauschwarze Haut, Unterseite rosa.

Lebensraum: Reichlich offenes Wasser ist unbedingt notwendig. Es muss so tief sein, dass die Tiere vollständig untertauchen können. Bevorzugt wird ruhiges Wasser an sandigen Ufern, die zum Sonnenbaden genutzt werden.
Hippos leben oft jahrelang an der gleichen Stelle im festen Herdenverband. Das Territorium der Herde wird mit Drohgebärden gegen Rivalen verteidigt. Nur selten kommt es zu ernsten Kämpfen, bei denen die unteren großen Zähne gegen die Flanken des Gegners eingesetzt werden, was zu schweren, manchmal tödlichen Verletzungen führen kann. Gefressen wird meist nachts an Land. Dabei wandern Hippos 10 bis über 20 km von ihrem Pool weg, je nach Futterangebot. Müttern mit Kälbern bleibt der Äsungsgrund in Poolnähe vorbehalten. In Poolnähe werden immer die gleichen Pfade benutzt. Sie sind oft tief ausgetreten. Hier herrscht absolutes Campingverbot! Hippos fressen jede Nacht etwa 40 kg Gras. Im Wasser tauchen sie bis zu 6 Minuten. Beim Auftauchen blasen sie ähnlich wie Wale die Atemluft mit einem lauten Geräusch aus. Daher hört man sie oft längst, bevor man sie sieht. Ihr Ruf erschallt weit in den afrikanischen Abend: Ein tiefes Grunzen, gefolgt von 4 oder 5 kurzen Stakkatostößen.
Hippos haben praktisch keine natürlichen Feinde. Sie nutzen im Gefahrenfalle die erste Gelegenheit zur Flucht ins Wasser, wo sie praktisch unangreifbar sind. So ist z. B. gut dokumentiert, was mit einem großen Krokodil passiert, das ein Jungtier angegriffen hat. Hippos können über 30 Jahre alt werden. **Vorsicht** ist beim Kanufahren geboten! Großen Abstand halten und auf getauchte Tiere aufpassen.

Flusspferd

Eine andere Eigenschaft, die zunächst nach „Trapperlatein" klingt, ist ebenfalls gut dokumentiert und nach wie vor ungeklärt: Hippos werden offensichtlich von Feuer angelockt. Es ist des Öfteren vorgekommen, dass sie abends aus dem Wasser gekommen sind, um die Lagerfeuer von Camps auszutrampeln. Ob diese Fälle lediglich dadurch zustande gekommen sind, weil besonders „intelligente" Camper direkt auf einem seit Jahren von den Tieren benutzten Pfad ihr Feuer gemacht haben, konnte uns niemand berichten. Vorsicht ist in der Nähe von Hippos immer geboten: Trotz ihrer scheinbaren Behäbigkeit rennen sie an Land über kurze Strecken enorm schnell!
Bereits bei der Geburt sind Hippos 50 kg schwer. Zunächst halten sie sich mit ihrer Mutter abseits der Herde. Im Herdenverband sieht man oft, dass Jungtiere im Wasser mit ihrem Kopf auf dem Rücken der erwachsenen Tiere ruhen. Sie tun dies, weil sie noch nicht mit ihren Füßen den Grund erreichen können.

Gepard (*Acinonyx jubatus*, Cheetah)

Er lebt hauptsächlich in offenen Landschaften von der Wüste bis zur Trockensavanne, kommt aber auch im offenen Buschland, bis zum Rande der Feuchtsavanne und bis zu Höhen von 2.000 m vor. Sein Revier markiert das Männchen mit Harnspritzern, diese Markierung hält 24 Stunden an. Andere Tiere erkennen dann daraus die Wanderrichtung

Geparde

und meiden die Gegend. Auch bei Sichtbegegnung mit anderen Geparden kommt es nicht zum Kampf, sondern lediglich zum Ausweichen. Der Gepard ist Sichtjäger; d. h., dass er besonders morgens und am späten Nachmittag jagt, manchmal aber auch in mondhellen Nächten.

Er ernährt sich von Hasen, Schakalen, Stachelschweinen, verschiedenen Antilopenarten, Warzenschweinen, Trappen, Frankolinen und jungen Straußen. Zuerst schleicht sich der Gepard an die Beute heran. Erst die letzten 100 m werden in Höchstgeschwindigkeit gerannt. Bei der Verfolgung seiner Opfer kann er bis zu 500 m mit einer Geschwindigkeit von 80 km pro Stunde rennen und macht dabei 7 m lange Sprünge! Manche Geparde rennen bis zu 110 km pro Stunde! Mehrere erwachsene Geparde greifen auch manchmal Großantilopen und Zebras an. Vor der Jagd bezieht der Gepard oft als Aussichtspunkt einen Termitenhügel oder einen Baum. Er kehrt zum Riss nicht zurück, da er kein Aasfresser ist. Sein Wasserbedarf ist gering; oft trinkt er den Harn der Beutetiere oder frisst Wüstenmelonen.

Seine Hauptfeinde sind Löwen, Leoparden und Fleckenhyänen; aber meistens werden Geparde in jungem Alter von ihren Feinden erlegt. Der Gepard ist von Natur aus friedlich, kein Kämpfertyp und daher leicht zähmbar.

Die Tragzeit bei Geparden beträgt 91 bis 95 Tage. Die Geschlechtsreife tritt bei Männchen nach 9 bis 10 Monaten ein, bei Weibchen erst nach 14 Monaten. Die Jungen werden lange Zeit geführt, um die Jagdweise zu erlernen; so wird die Mutter nach ca. eineinhalb Jahren verlassen.

Das Gewicht eines ausgewachsenen Gepards beträgt 40 bis 60 kg. In Gefangenschaft können sie bis zu 16 Jahre alt werden.

Giraffe (*Giraffa camelopardis*)

Höhe: 5,0/4,4 m; Gewicht: 1.200/830 kg
Erkennungsmerkmale: Unverwechselbar das höchste Tier der Welt.
Das Verbreitungsgebiet in Südafrika umfasst insbesondere den Hluhluwe/Umfolozi-Park, den Kruger Nationalpark, das Gebiet um Pilanesberg und den Kgalagadi Transfrontier NP.
Lebensraum: Typisches Tier der Busch- und Baumsavanne, nie im Wald, nur gelegentlich auf offenen Flächen. Trinkwasser wird gerne genommen, muss jedoch nicht zwangsweise vorhanden sein, da eine Flüssigkeitsaufnahme über die Nahrung ausreicht.

Giraffen bevorzugen für ihre Aktivität die Morgen- und Abenddämmerung. Tagsüber rasten sie im Schatten. Man vermutet, dass die dunklen Fellpartien dabei eine wesentliche Funktion im Wärmehaushalt haben (Wärmeabstrahlung). In schwingendem Galopp erreichen sie bis zu 56 km/h. Bullen sind gefürchtete Gegner, die mit einem wohlgezielten Schlag ihrer Hinterhufe auch Löwen den Schädel einschlagen können. Rivalenkämpfe werden dagegen vorzugsweise mit pendelnden Schlägen des langen Halses gegen die Hals- oder Kopfpartie des Gegners ausgeführt. Die Schläge können so heftig sein, dass der Gegner zu Boden geht. Ernste Verletzungen sind aber selten. Lange hat man gerätselt, ob es den Tieren mangels ausreichendem Blutdruck schwindelig wird, wenn sie sich nach dem Trinken wieder aufrichten. Ihre Hirndurchblutung ist aber durch spezielle Ventile (Klappen) in den Blutgefäßen von der Kopfhaltung weitgehend unabhängig. Giraffen fressen überwiegend Blätter verschiedener Akazien-, Combretum- und Terminaliaarten.

Giraffe

Die Tragzeit ist die längste der großen Säugetiere – mehr als ein Jahr. Die Geburt verläuft recht rüde: Das 100 kg schwere Kalb, das schon eine Schulterhöhe von 1,50 m hat, fällt aus 3 m Höhe auf den Boden. Nach etwa 1 Stunde kann es stehen, wird jedoch noch einige Zeit von der Herde getrennt gehalten. Wenn man die lebhaft herumtollenden Jungtiere einer Herde beobachtet, vergisst man leicht die extreme Sterblichkeit der Jungtiere von etwa 48 % im Südlichen Afrika und bis zu 73 % in Kenia.

Gnu (*Connochaetes taurinus*)

Höhe: 1,50/1,35 m; Gewicht: 250/180 kg
Erkennungsmerkmale: Silbergrau, manchmal mit einem Stich ins Bräunliche oder Bläuliche, mit dunkleren Streifen am Hals und vorderer Körperhälfte. Kurze, stark gebogene Hörner bei beiden Geschlechtern.
Verbreitung: Hluhluwe/Umfolozi, Kruger Nationalpark, Kgalagadi Transfrontier NP.
Lebensraum: Bevorzugt Baumsavannen. Das Vorhandensein von Trinkwasser und Schatten ist lebensnotwendig.
Streifengnus leben in Herden von meist 20–30, manchmal aber auch von Tausenden von Tieren (Botswana). Dominante Männchen etablieren Reviere, die sie gegen Nebenbuhler mit Imponiergehabe, Hörnerstößen oder Schieben Stirn an Stirn verteidigen und in denen sie 10–30 Weibchen zusammentreiben. Männchen ohne Revier streunen in kleinen Gruppen herum. Wenn sie nicht in eingezäun-

Gnus

tem Gelände leben, wandern die Herden abhängig vom Wasser- und Futterangebot über weite Strecken. Als Futter bevorzugen sie kurzes Gras, ganz besonders frische Triebe (96 % ihrer Nahrung).
Nach einer Tragzeit von 250 Tagen wird ein einziges, 22 kg schweres Kalb geboren, das innerhalb von nur 5 Minuten der Mutter folgen kann. Gnus werden bis zu 18 Jahre alt.

Impala (*Aepyceras melampus*)

Die Impalas gehören zu den anmutigsten Antilopen. Sie haben 75 bis 100 cm Rückenhöhe, wiegen 65 bis 75 kg und sind kastanienbraun. Der Bock hat 50 bis 75 cm lange Hörner, das Weibchen ist nicht gehörnt.

Die Impalas bewohnen große Gebiete Ost- und Südafrikas. Sie lieben die Nähe des Wassers und meiden offene Landschaften. Sie sind vor allem in Busch- und Dornbuschsteppen anzutreffen, weniger in Gebieten mit geschlossener Vegetationsdecke. Je nach den Verhältnissen kann die Bevölkerungsdichte einige wenige bis 80 Exemplare pro qkm betragen. In der Trockenzeit leben sie zumeist in der Nähe der Wasserstellen, in feuchteren Jahreszeiten mehr verstreut – bis zu 25 km vom Wasserloch entfernt.

Impala

Impalaböcke werden in der Brunft recht aggressiv, besonders, wenn sie ihre Territorien abstecken. Sie liefern sich dann Kämpfe und jagen sich. Wenn sie ihre Territorien begründet haben, begeben sie sich an die Wasserlöcher, die als Niemandsland gelten. Das Auffälligste an den Impalas ist ihr Verhalten bei Gefahr. Die ganze Gruppe vollführt dann so etwas wie ein Schauspringen: Sie springen geradeaus oder plötzlich zur Seite, bis zu 3 m hoch, rund herum und in alle Richtungen. Sinn dieses Verhaltens ist es, den Angreifer, z. B. eine Großkatze, zu verwirren, der versucht, aus der Herde ein bestimmtes Tier zu reißen. Die durcheinander springnden Impalas haben damit anscheinend Erfolg, der Angreifer hat Schwierigkeiten, ein bestimmtes Tier zu fixieren.

Paarungszeit ist der Beginn der Trockenheit. Nach 180 bis 210 Tagen wird das Junge geboren, und zwar zum Zeitpunkt der Regenzeit, wenn es am meisten zu fressen gibt. Die Jungen wachsen schnell auf, so dass sie vor der nächsten Brunftzeit entwöhnt sind. In der Brunft sind rund 97 % der Weibchen trächtig. Die Weibchen leben das ganze Jahr in Herden zusammen; gegen Ende der Geburtszeit der Jungen haben die Herden eine Größe von 100 Tieren. Die Herden sind meist gemischt, nur während der Geburtszeit setzen sich die Weibchen ab.

Kudu (*Tragelaphus strepsiceros*)

Die Hörner sind beim Männchen locker geschraubt (zweieinhalb Windungen um die Längsachse). Das Fell ist kurz und glatt, die Fellfarbe braungrau. Jungtiere sind mehr rötlich grau bis hellbraun. Das Kudu bevorzugt steiniges, locker mit Buschwald bedecktes Hügel- und Bergland, doch auch Flachland mit gleichem Bewuchs, dort vor allem Akazienbäume (z. B. Kameldornbäume). Wasserstellen sind nicht lebenswichtig, dagegen aber größere Dickichte für den ruhigen Tageseinstand. Das Kudu äst am späten Nachmittag. Es ist in hohem Maße standorttreu, solange die Lebensbedingungen günstig sind. Zu über 80 % ernährt sich das Kudu von Baum- und Strauchlaub, nebenher auch von Gräsern und Kräutern. Hauptfutterpflanze ist vor allem die Akazie. Sein Geruch und Gehör sind sehr gut ausgebildet, dagegen ist die Sehstärke eher schwach.

Tagsüber steht das Kudu bevorzugt im dichten Gebüsch, spätnachmittags zieht es aus zum Äsen. Es äst manchmal auch vor- und nachmittags, außer in der heißen Mittagszeit. Bei Bejagung entwickelt es sich zum heimlichen Nachttier.

Man findet das Kudu vor allem in kleinen Trupps aus mehreren Weibchen mit ihren Jungen, denen sich zeitweise ältere Bullen zugesellen. Meistens sind 6 bis 12 Tiere zusammen, seltener bis zu 30. Nur während der Trockenzeit kann die Truppstärke durch Ansammlung an günstigen Futterplätzen steigen (bis zu 100 Tiere). Männchen bilden z. T. eigene Trupps. Im Erwachsenenalter beträgt das Verhältnis Männchen zu Weibchen 1 : 5.

Kudus

Hauptfeinde sind vor allem der Leopard, die Hyäne, der Gepard und der Löwe. Die Rettung vor Feinden geschieht durch Flucht. Auch Altmännchen verteidigen sich nur selten, selbst wenn sie in die Enge getrieben wurden. Bis 2,50 m hohe Zäune können übersprungen werden.

Die Tragzeit beträgt beim Kudu ca. 7 Monate, die Geburtszeit liegt zwischen Februar und März. Das Neugeborene wiegt ca. 15 kg (ein ausgewachsenes Kudu wiegt 200 bis 250 kg). Die Säugezeit erstreckt sich über ein halbes Jahr, die erste feste Nahrung erhält das Junge nach einem Monat. Bei Männchen tritt die Geschlechtsreife nach eindreiviertel bis zwei Jahren ein, bei Weibchen mit eineinviertel bis eindreiviertel Jahren. Die erste Hornwindung sieht man bei Männchen im Alter von zwei Jahren, die volle Ausbildung bis zweieinhalb Windungen nach etwas mehr als sechs Jahren. In Freiheit wird das Kudu etwa sieben bis acht Jahre alt.

Leopard (*Panthera pardus*)

Der Leopard lebt in allen Landschaften von der Wüste bis zum Urwald. Wo er ungestört ist, ist er tags und nachts unterwegs. Wo er verfolgt wird, entwickelt er sich zum heimlichen Nachttier. Er sonnt sich gerne auf Bäumen oder Felsen. Seine Kletter- und Schwimmfähigkeiten sind gut. Meistens schlafen Leoparden auf Bäumen, in einem Erdbau, in Felsspalten, im Gebüschhorst etc.; sein Hörvermögen ist außerordentlich gut (bis zu 45.000 Hertz); er verfügt aber auch über ein sehr gutes Seh- und ein gutes Riechvermögen. Seine Feinde sind gelegentlich Löwe, Hyänenhund und Fleckenhyäne. Löwe und Fleckenhyäne vertreiben den Leoparden manchmal von seiner Beute.

Als Nahrung dienen dem Leoparden alle Säugetiere (auch Raubtiere), manchmal sogar Großantilopen, Löwenjunge und Menschenaffen, Schlangen etc., auch Haustiere. Aas wird auch gefressen. Gelegentlich wird eine größere Beute nach und nach verzehrt und dabei gern zum Schutz vor Mitfressern auf Bäume geschleppt. Manchmal können Leoparden monatelang ohne Wasser auskommen, aber wenn sie die Möglichkeit haben, trinken sie regelmäßig. Leoparden sind Einzelgänger.

Leopard

Die Tragzeit beträgt 90 bis 112 Tage; es werden ein bis sechs Jungtiere geworfen. Nach einer Woche können die Jungen die Augen öffnen. Die Säugezeit beläuft sich auf drei Monate; mit eineinhalb bis zwei Jahren wird die Mutter verlassen. Die Geschlechtsreife wird mit zweieinhalb bis drei Jahren erreicht. In Gefangenschaft ist ein Alter bis 21 Jahre nachgewiesen.

Löwe (*Panthera leo*, Lion)

Länge: 2,80 m; Höhe: 1,25 m (Weibchen sind deutlich kleiner); Gewicht: 190/125 kg
Erkennungsmerkmale: Unverwechselbar. Größtes Raubtier Afrikas; gleichmäßig hellbraunes Fell, Männchen mit unterschiedlich ausgeprägter Mähne.
Verbreitung: Kruger NP, Hluhluwe/Umfolozi, Kgalagadi Transfrontier NP.
Lebensraum: Löwen leben in fast jedem Lebensraum außer im Wald. Trinkwasser ist zwar willkommen, muss aber nicht unbedingt vorhanden sein, denn der Flüssigkeitsbedarf kann über die Beute gedeckt werden. Mittelgroße und große Beutetiere müssen dagegen vorhanden sein. Die größte Katze ist enorm „faul“: Löwen schlafen oder dösen 20 von 24 Tagesstunden im Schatten. In der Dämmerung gehen sie auf die Jagd. Auf das Sozialleben der Gruppe sind sie extrem angewiesen. Vereinzelt man sie in Gefangenschaft, so sind sie auf den täglich mehrstündigen Kontakt zu den Pflegern angewiesen! Die Gruppengröße ist vor allem vom Futterreichtum des Reviers abhängig, manchmal teilt sich die Gruppe bei Futterknappheit und geht in unterschiedlichen Revierbereichen getrennt auf die Jagd. Zur Jagd bevorzugen sie offenes Gelände, weil dieses die Zusammenarbeit der Gruppe erleichtert. Die Reviergröße schwankt ebenfalls mit dem Nahrungsangebot. Kämpfe zur Revierverteidigung werden normalerweise vermieden, können aber sehr heftig und sogar tödlich werden.

Löwin

Ein erfahrenes Weibchen ist das Zentrum der Gruppe, beim Sozialleben ebenso wie bei der Jagd. Die Hauptbeute besteht aus Tieren von 50–300 kg, jedoch werden ab und zu sogar Nashörner, Hippos, Büffel und (junge) Elefanten ebenso gerissen wie Kleinsäuger und sogar Insekten.
Nur ein kleiner Teil (etwa 30 %) der Paarungen führt zur Trächtigkeit. Nach 110 Tagen kommen meist drei Junge zur Welt, die nur 1,5 kg Geburtsgewicht haben. Die Jungen bleiben etwa zwei Jahre eng bei der Mutter. Die Sterblichkeit der Jungtiere ist bei Löwen mit 30–50 % enorm. Löwen können etwa 30 Jahre alt werden.

Meeresbewohner

Als würde die Vielfalt von Flora und Fauna an Land noch nicht ausreichen, leben in den von einem kalten sowie einem warmen Meeresstrom beeinflussten Gewässern Südafrikas die verschiedensten Meerestiere. So sind neben Walen, Haien und Seehunden sogar Pinguine (nur in der Kapregion) anzutreffen. Grundlage für die marine Vielfalt ist hier der Nährstoffreichtum des kalten Benguela-Stromes, Plankton, Seegras und Tang stehen am Anfang einer langen Nahrungskette. Die Charakteristik der beiden Meeresströme spiegelt sich am auffälligsten im Aussehen der Fische wider. Sind die Arten des warmen Indischen Ozeans meist auffallend bunt, so erscheinen die des kühlen Atlantischen Ozeans grau gefärbt und eher langweilig.

Da sich die Tiere des Meeres bis auf Ausnahmen nur schwer beobachten lassen, ist ein Ausflug in die uShaka Marine World in Durban unbedingt zu empfehlen.

Nashorn

Es gibt zwei Arten von Nashörnern: das **Spitzmaulnashorn** (*Diceros bicornis*/ Black rhinoceros) und das **Breitmaulnashorn** (*Ceracthesium simum*/White rhinoceros).

Das Spitzmaulnashorn bevorzugt meist trockenes, mit Büschen bestandenes Grasland, ebenso trifft man es aber auch auf offenen Savannenflächen mit wenig Deckung an. Es ist hauptsächlich morgens und abends unterwegs und gönnt sich sechs bis sieben Stunden täglich Ruhe. Während der Tageshitze ruht oder schläft es im Schatten. Eine Lieblingstätigkeit ist das oft stundenlange Schlammsuhlen. In Trockenzeiten wälzt es sich im Sand. Ein Nashorn hat einen enormen Geruchssinn über viele Kilometer hinweg, auch das Hörvermögen ist sehr gut ausgeprägt, während dagegen das Sehen schlecht ist. Kaum ein anderes Tier kann dem Spitzmaulnashorn gefährlich werden. Löwen und Fleckenhyänen machen sich schon manchmal an ein Kalb heran, doch die Nashorn-Mütter haben keine Angst vor Löwen, Hyänen, ja gar Elefanten. Im Galopp bringen sie es auf 50 km in der

Breitmaulnashorn

Stunde. Vor dem Angriff senken sie den Kopf, schnauben und bremsen oft vor dem Ziel plötzlich ab, wobei es vorkommt, dass sie dann umdrehen und flüchten.

Spitzmaulnashörner fressen vorwiegend Blätter und Zweige von Büschen und Bäumen. Sie verdauen auch schadlos Pflanzen, die für Menschen hochgiftig sind. Gerne fressen sie salzhaltige Erde und trinken täglich. Spitzmaulnashörner sind typische Einzelgänger, nur durch Mutter-Kind-Beziehungen bilden sie kleine Gruppen. Diese „Urtiere" können bis zu 40 Jahre alt werden. Breitmaulnashörner bevorzugen Buschland mit Dickichten zur Deckung, Bäume als Schattenspender, Grasflächen zum Äsen und Wasserstellen zum Saufen. Sie äsen und ruhen im Abstand von wenigen Stunden nachts, morgens, spätnachmittags und abends. Der Tageshitze weichen sie unter Schatten spendenden Bäumen aus. Außer den Menschen haben sie keine Feinde. Sie fressen nur Gras und trinken täglich (in Trockenzeiten alle zwei bis drei Tage). Sie leben z. T. in kleinen Trupps zusammen.

Oribi (*Ourebia ourebi*, Bleichbock)

Höhe: 60 cm (Schulterhöhe); Gewicht: 14 kg
Erkennungsmerkmale: Kleine Antilope mit goldbrauner Oberseite und schneeweißer Unterseite, zwei charakteristischen weißen Flecken beiderseits der Nasenspitze (Unterschied zum Steinbock!) und unproportional groß wirkenden Ohren. Feines, seidiges Fell. Nur Böcke tragen Hörner, die zunächst gerade aufstreben, um sich an den Spitzen leicht nach vorne zu neigen. Im Gegensatz zu den glatten Hörnern des Steinbocks tragen sie deutliche Wülste im Bereich der Basis.

Oribi

Lebensraum: Offenes Gelände (Grasflächen, Flussauen, Dambos), jedoch nicht im sehr hohen Gras. Besonders beliebt sind Flächen mit kurzem Gras und einigen 40 cm hohen Grasbüscheln, die als Versteck beim Rasten dienen. Viehwirtschaft, die für offene Grasflächen sorgt, vergrößert für Oribis den Lebensraum, während sie sich von unbewirtschafteten Flächen wieder zurückziehen. In Wald- und Trockengebieten wird man nie Oribis finden. Der Name leitet sich vermutlich vom Khoikhoi (Buschmannsprache) „orabi" ab. Oribis sind Einzelgänger, die nur manchmal zu zweit oder zu dritt (Bock mit zwei Kühen) angetroffen werden. Bei Gefahr stoßen sie einen weit hörbaren Warnpfiff aus. Überwiegend fressen sie Gras, wobei sie sich auf wenige Grasarten beschränken (bekannt sind acht, wovon überwiegend nur vier gefressen werden, die anderen offensichtlich nur bei Nahrungsknappheit). Besonders scheinen sie frische Grassprossen nach Buschfeuern zu lieben.

Auch wenn Wasser vorhanden ist, wurden sie nie beim Trinken beobachtet. Sie nutzen die Flüssigkeit sukkulenter Pflanzen. Die Kälber verstecken sich sehr gut, indem sie

Pavian

sich auf den Boden ducken und dort erstarren. Für 3–4 Monate werden sie von der Mutter versteckt, bis sie sich befristet der Herde anschließen, bevor sie später auch das überwiegende Einzelgängerleben der Erwachsenen führen.

Pavian (*Pan troglodytis*, Baboon)

Paviane schlafen nachts auf Bäumen oder Felsen. Morgens ziehen sie mit der Horde auf Nahrungssuche. Mittags ruhen sie im Schatten, um nachmittags wieder zum Fressen aufzubrechen. Paviane sind sehr laut, können bellen, grunzen, schmatzen und laut schreien. Ihr Seh- und Hörvermögen sind sehr gut. Die Hauptfeinde sind (vor allem für Jungtiere) Leoparden, manchmal auch Löwen und Hyänen. Paviane sind Allesfresser, wobei Gras den Hauptteil der pflanzlichen Nahrung bildet.

Gelegentlich wird auch von Kannibalismus berichtet: Alte Paviane sollen schon Jungtiere der eigenen Horde gefressen haben. In Transvaal gab es bereits mehrere Fälle, wo kleine Menschenkinder geraubt und getötet wurden. Doch zur „Normalnahrung" gehören diese Exzesse nicht. Paviane fressen gerne Bienenwaben, Würmer, Skorpione und Eidechsen. Sie leben in Horden von 10 bis 150 Tieren. In Gefangenschaft werden sie 30 Jahre und mehr alt.

Pferdeantilope (*Hippotragus equinus*, Roan)

Pferdeantilope

Höhe: 1,40 m (Schulter); Gewicht: 270 kg
Erkennungsmerkmale: Die schwarz-weiße Gesichtszeichnung ähnelt der der Rappenantilope (s.u.) und auch der in Namibia beheimateten Oryxantilope. Die mit kräftigen Querrippen versehenen Hörner sind mittellang und deutlich nach hinten gebogen (beide Geschlechter tragen Hörner).
Am graubraunen, zum Rücken hin zunehmend braunen Fell sind sie leicht von den Rappenantilopen zu unterscheiden.
Lebensraum: In Afrika weit verbreitet, reagieren jedoch sehr empfindlich auf Veränderungen ihrer Umgebung. Offene Baumsavanne mit größeren freien Flächen mit mittelhohem und hohem Gras werden bevorzugt, Trinkwasser muss vorhanden sein.
Die geselligen, großen Antilopen leben in kleinen Herden von 5–12 Tieren (manchmal bis 80). Sie gelten als „bodenständig", Territorien im eigentlichen Sinne werden jedoch nicht etabliert. Der dominante Bulle verteidigt seine Weibchen, nicht ein Revier. Die Herdenführung obliegt einem erfahrenen Weibchen zusammen mit dem dominanten Bullen. Pferdeantilopen fressen fast ausschließlich mittelhohes und hohes Gras (90 %

der Nahrung). Besonders aktiv sind sie in den kühleren Tagesstunden.
Ein paar Tage bevor das Kalb geboren wird, verlässt die Mutter die Herde und sucht ein Versteck, in dem das Kalb die ersten Wochen seines Lebens verbringen wird. Nach etwa zwei Monaten schließt es sich der Herde an.

Rappenantilope (*Hippotragus niger*, Sable)

Höhe: 1,35 m (Schulter); Gewicht: 230 kg
Erkennungsmerkmale: Auffallend dunkle, gleichmäßig schwarzbraune Antilope mit schwarz-weißer Gesichtszeichnung und mittellangen, nach hinten gebogenen Hörnern (beide Geschlechter), die dicke Querrippen tragen.
Lebensraum: Offenes Waldgebiet mit benachbarten Dambos oder Grasflächen mit mittelhohem und hohem Gras.
Die etwas weniger massiv als die nahe verwandten Pferdeantilopen gebauten Rappenantilopen leben gesellig in Herden von 20–30, manchmal bis zu 200 Tieren. Der dominante Bulle etabliert sein Territorium während der Brunftzeit und verteidigt es heftig, manchmal mit Todesfolge für den Gegner. Auch dem Menschen können brünftige Bullen mit ihren spitzen Hörnern sehr gefährlich werden. Innerhalb der Herde besitzt ein dominantes Weibchen die Führungsposition. Jüngere Bullen ohne Territorium bilden wie auch andere gesellig lebende Antilopenarten Junggesellenherden unterschiedlicher Größe. Die Nahrung besteht vorwiegend aus hohem Gras. Die Tiere sind sehr „bodenständig", nur selten entfernen sie sich mehr als 3 km vom Trinkwasser. Normalerweise trinken sie täglich, meist zwischen 10 und 16 Uhr, d. h. dass man sie im Gegensatz zu vielen anderen Tieren in der Mittagshitze am Wasserloch antrifft!
Die erste Lebenswoche verbringt das Kalb alleine in einem Versteck, die Mutter kommt zweimal täglich zum Säugen.

Rappenantilope

Schirrantilope (*Tragelaphus scriptus*, Buschbock)

Höhe: 0,8/0,7 m (Schulter); Gewicht: 54 kg
Erkennungsmerkmale: Mittelbraun oder graubraun mit hellen Punkten und einigen helleren Querstreifen auf dem Rücken. Relativ gerade, fast parallel verlaufende, geschraubte Hörner (nur Böcke).
Lebensraum: Immer in Flussnähe, vorzugsweise in der Nähe dichten Gebüsches.
Die scheuen Schirrantilopen leben sehr ortstreu, da ihr Lebensraum ganzjährig alles bietet, was sie benötigen. Sie gelten als Einzelgänger, nur manchmal finden sie sich zu Gruppen von bis zu neun Tieren zusammen. Insbesondere in der Trockenzeit bewegen sie sich nur innerhalb eines extrem kleinen Bereiches (4.000 m^2), daher sind Tips anderer Reisender oder Ranger viel wert! Man trifft sie vor allem in den frühen Morgen- oder späteren Abendstunden. Kämpfe zwischen Rivalen während der Brunft haben die

höchste Todesrate aller Antilopen. Buschböcke sind gute und schnelle Schwimmer, die etliche km ohne sichtliche Ermüdung zurücklegen können. Dies sichert ihnen das Überleben bei saisonalem Hochwasser. Schirrantilopen fressen Blätter, nur selten Gras. Beim Futter sind sie sehr wählerisch. Besonders mögen sie Knobby Combretum, einige Akazienarten und Leberwurstbaum.

Springbock

Springbock (*Antidorcas marsupialis*, Springbuck)

Sie leben in Gebieten mit offenen, trockenen und steinigen Böden mit leichtem Bewuchs (spärliche Sträucher). Hohes Gras und reine Wüste werden gleichermaßen gemieden. Hauptsächlich frühmorgens und spätnachmittags bis abends wird geäst, bei Mondschein auch nachts. Seh-, Hör- und Riechvermögen sind sehr gut entwickelt. Springböcke fressen Gräser und Kräuter oder Strauchlaub, Wurzeln und Knollen. Sie trinken regelmäßig Wasser, können es aber auch längere Zeit entbehren; sie trinken auch Salzwasser und fressen mineralhaltige Erde.

Diese Tiere leben in Großherden, oft zusammen mit Antilopen, Spießböcken und Straußen. Ihre Feinde sind Löwe, Leopard und Gepard. Bei ihrer Flucht können sie bis zu 90 km in der Stunde laufen und bis zu 15 m weite Sprünge machen! Die Tragzeit dauert 167 bis 171 Tage. Meist wird ein Laufjunges geboren, zwei Geburten pro Jahr sind möglich. Weibchen sind mit sechs bis sieben Monaten geschlechtsreif, die Männchen mit einem Jahr.

Steppenzebra (*Equus burchellii*, Burchell's Zebra)

Zebras

Von Pferden und Eseln unterscheiden sich Zebras durch ihre Streifenzeichnung, den Schädelbau und die Zähne. Es gibt drei Zebraarten. Das verbreitetste ist das Steppenzebra. Es kommt vom Zulu-Land im Südosten und der Etoscha-Pfanne in Namibia bis zum südlichen Somali-Land und südlichen Sudan vor. Die Steppenzebras sind sehr gesellig, sie leben in Herden. Gruppen von ein bis sechs Stuten mit ihren Fohlen bilden eine Gemeinschaft unter der Führerschaft eines Hengstes, der sie beschützt und andere Hengste abwehrt. Manchmal verschwindet das männliche Tier einfach, und ein anderes nimmt seine Stelle ein. Die überzähligen Hengste leben in größeren Junggesellenrudeln.

Steppenzebras sind ziemlich zahm. Sie leben oft in Gemeinschaft mit Gnus. Gemeinsam mit ihnen sind sie auch bevorzugtes Beutetier der Löwen. Da das Zebra gefährlich werden kann, muss das Löwenrudel die Beute schlagartig töten. Es kann durchaus vorkommen, dass ein Zebrahengst einen Löwen im Kampf tötet.

Die Tragzeit beträgt ca. 370 Tage. Das Neugeborene wiegt 30 bis 34 kg und ist etwa 90 cm hoch. Normalerweise bekommt eine Stute alle drei Jahre ein Junges. Junge männliche Tiere verlassen die Gruppe nach ein bis drei Jahren und schließen sich dem Junggesellenrudel an. Mit fünf bis sechs Jahren versuchen sie, junge weibliche Tiere zu treiben. Wenn es ihnen gelingt, dann bilden sie eine neue Gruppe.

Strauß (*Strathio camelus*, Ostrich)

Strauße leben in der Trockensavanne und werden bis zu 2,70 m groß und können ausgewachsen rund 125 Kilogramm wiegen. Durch die starke Beinmuskulatur laufen sie bis 70 km/h schnell und tragen dabei auch das Gewicht eines Menschen.

Von Oudtshoorn (Western Cape Province) aus werden Lederwaren, cholesterinarmes Straußenfleisch, Straußenfedern (vor einigen Jahren noch eines der wichtigsten Exportprodukte Südafrikas) und andere Produkte in alle Welt exportiert. Zu Beginn des 20. Jh. erlebte Oudtshoorn dadurch seine wirtschaftliche Glanzzeit. Seit mehreren Jahren werden auch in anderen Ländern (z. B. USA, Namibia und sogar Deutschland) Strauße gezüchtet, so dass Südafrika neue Konkurrenz auf diesem Gebiet bekommen hat.

Strauße: Einst beliebt wegen ihrer Federn, heute eher wegen ihres cholesterinarmen Fleisches

Wale

Der häufigste Wal vor Südafrika ist der ***Southern Right Whale*** (*Balaena glacialis*). Diese bis zu 16 m langen und 60 Tonnen schweren Wale sind besonders gut im September von den Parks Mkambati und Wavecrest zu beobachten. Den Großteil des Jahres verbringen sie in den planktonreichen, kalten Wassern der Antarktis, Tausende von Kilometern weiter südlich. Die Walweibchen kalben nur etwa alle drei Jahre, allein die Tragzeit nimmt schon ein Jahr in Anspruch. Die meisten Geburten finden im August und September statt. Neben dem Southern Right Whale kommt noch der ähnlich große ***Humpback Whale*** vor, allerdings ist er sehr selten zu beobachten. Im Gegensatz zum Southern Right Whale besitzt er Furchen an seinem weißen „Hals" und eine kleine Rückenflosse. Andere Walarten, wie z. B. der ***Orca*** (Killerwal), kommen nur ab und zu an die afrikanische Küste.

Warzenschwein (*Phacochoerus aethiopicus*, Warthog)

Höhe: 70/60 cm (Schulter); Gewicht: 100/70 kg. Erkennungsmerkmale: Unverwechselbar. Grau mit den typischen Gesichts„warzen", die bis 12 cm groß werden können.

Keiler besitzen davon zwei Paar, Bachen nur eines. Die vorderen Eckzähne sind extrem verlängert, die oberen wachsen nach oben aus dem Oberkiefer heraus. Insbesondere das untere Paar ist messerscharf und eine wirksame Verteidigungswaffe.
Lebensraum: Offenes Land, Grasflächen, Pfannen, offenes Busch- und Waldland. Warzenschweine leben in verlassenen Bauten von Erdferkeln oder Ameisenbären, die sie gemäß der eigenen Vorstellungen „umbauen".

Vormittags und nachmittags gehen sie auf Futtersuche. Sie sind typische Allesfresser, wenn auch vorwiegend Vegetarier. Besonders bevorzugen sie frisches grünes Gras. Auf Trinkwasser sind sie nicht zwingend angewiesen, sie trinken jedoch wenn möglich regelmäßig und baden gerne im Schlamm. Die anhaftende Schlammschicht schützt vor der Hitze und vor Insekten. Sie leben in stabilen Familienverbänden aus Eltern und ihren Nachkommen. Junggesellengruppen sind nur vorübergehende Erscheinungen. Die Gruppen haben weit überlappende Territorien von 65–340 ha Größe (Größenzunahme in der Trockenzeit mit zunehmender Futterknappheit). Heftige Kämpfe sind selten. Warzenschweine reagieren sofort auf die Warnrufe von Säugetieren und Vögeln. Die ganze Familie flüchtet sofort, dabei ist der hoch erhobene Schwanz wie eine Signalfahne auch im hohen Gras zu sehen. Anderen Tieren gegenüber verhalten sie sich ungesellig und verjagen sie meist aus ihrer unmittelbaren Umgebung. Einer ihrer Hauptfeinde sind Löwen, die sie auch aus ihren Bauten ausgraben.

Wasserböcke

Wasserbock (*Cebus ellipsiprymus*, Waterbuck)

Wasserböcke lieben Grasland und Gebüsch und benötigen die Nähe zu einem Gewässer, da sie täglich trinken. Sie äsen morgens und nachmittags bis abends, während sie tagsüber ruhen. Als Hauptfeinde gelten Löwen, Leoparden und Hyänenhunde, wobei Leoparden und Hyänen Kälber reißen. Doch die Feinde mögen Wasserböcke nur, wenn kein anderes Wild vorhanden ist, denn ihr Fleisch schmeckt ab dem Alter von drei Monaten zäh und ranzig. Bis zu 90 % besteht die Nahrung der Wasserböcke aus Gräsern, der Rest aus Laub. Wasserböcke leben in kleinen Trupps und können in Gefangenschaft bis zu 17 Jahre alt werden.

5. GESELLSCHAFTLICHER ÜBERBLICK

Bevölkerungsstruktur und Sprachen – allgemeiner Überblick

Als **„the rainbow people of God"** (Gottes Regenbogenmenschen) beschrieb der Kapstädter Erzbischof *Desmond Tutu* die südafrikanische Bevölkerung aufgrund ihrer ethnischen, sprachlichen und kulturellen Vielfalt. Südafrika unterscheidet sich hinsichtlich seiner Bevölkerungsstruktur und -entwicklung grundlegend von den meisten anderen afrikanischen Staaten. *Kulturelle Vielfalt*

Wichtigstes demographisches Merkmal ist die Zusammensetzung der Bevölkerung aus **vier Gruppierungen**, Weiße, Schwarze, Asiaten und Coloureds, wobei diese „Rassenunterteilung" per Gesetz von der Apartheidregierung vorgenommen worden war und die von Geburt an nicht Privilegierten diskriminierte. Diese Unterscheidung ist im „Neuen Südafrika" politisch und moralisch nicht korrekt. Dennoch, faktisch existiert sie noch weiter, da die sozialen Klassengegensätze heute immer noch weitgehend mit den während der Apartheid definierten Bevölkerungsgruppen übereinstimmen. *Soziale Klassenunterschiede*

Bevölkerungsgruppen

Schwarze Bevölkerung

Im 3. Jahrhundert n. Chr. siedelten Angehörige der negroiden, schwarzen Ethnie im Gebiet des heutigen KwaZulu-Natal und Mpumalanga, wo sie wahrscheinlich Ackerbau betrieben. Da bis zu diesem Zeitpunkt vermutlich nur Khoisan in dieser Gegend gelebt hatten, wird eine **Einwanderung aus dem Norden** angenommen. Über die genaue Wanderroute besteht allerdings noch Unklarheit. Man hält die die Ostküste herunter gewanderten Ackerbauern für Vorfahren der heute Bantu sprechenden Völker Südafrikas.

Um 1600 war die **Osthälfte Südafrikas** zum größten Teil von Ackerbau betreibenden Schwarzen bewohnt. Die Wanderung der Bantu hörte bei einer imaginären Linie, die sich vom Great Fish River im Osten bis zum Gariep im Westen erstreckte, auf, d.h. das Gebiet der heutigen Western Cape Province und des südöstlichen Kaps, wo es im südafrikanischen Winter kühl und regnerisch ist (Winter-Regengebiet), sparten sie aus.

Im Laufe des zweiten Jahrtausends bildete sich eine grobe Zweiteilung der schwarzen Südafrikaner nach den **Sprachgruppen Nguni und Sotho** heraus. Die Schwarzen Südafrikas sind demnach keine homogene Bevölkerungsgruppe, sondern unterscheiden sich stark voneinander. Insgesamt gliedern sie sich in acht *Zwei Sprachgruppen*

Lange Anfahrtswege zur Arbeit gehören für die Schwarzen aus den Townships zum Alltag

große Hauptgruppen – Zulu, Nord- und Süd-Sotho, Xhosa, Tswana, Shangaan-Tsonga, Swazi, Süd-Ndebele und die Venda –, die sich wiederum stark unterscheiden (allein bei den Zulu gibt es ca. 200 verschiedene Stämme).

Die größte schwarze ethnische Einheit Südafrikas stellen die **Zulu**, deren ehemaliges Homeland etwa so groß wie Nordrhein-Westfalen war und 35 % der Gesamtfläche des heutigen KwaZulu-Natal einnahm. Allerdings war das Siedlungsgebiet in zehn Einzelregionen zersplittert, die über die ganze Provinz verstreut lagen – ein Produkt der Apartheid. Von 5,5 Millionen Zulu lebten nur ca. 3,2 Millionen im Heimatland, der Rest arbeitete bei weißen Farmern und in den Bergbau- und Industrieunternehmen am Witwatersrand (Quelle: Statistical Survey of Black Development).

Fern von der Heimat

Die **Xhosa** siedeln hauptsächlich in der ehemaligen Transkei und werden in zwei Hauptgruppen untergliedert, in die früher und die später Siedelnden. Die ersten Xhosa dürften etwa um 1700 von Norden her eingewandert sein, die späteren Einwanderer flohen vor der Expansion der Zulu unter ihrem Häuptling Shaka. Beide Gruppen sind bis heute verfeindet.

Weiße Bevölkerung

Die weiße Bevölkerung setzt sich aus den Nachfahren der holländischen (40 %), deutschen (40 %), französischen (7,5 %) und britischen (7,5 %) Siedler zusammen, die im Zuge der Kolonisation durch die *Niederländisch-Ostindische Companie* (Nederlandse Verenigde Oost-indische Compagnie) seit 1652 nach Südafrika einwanderten. Ende des 18. Jh. kam es ebenfalls zu einer Kolonisation durch die Briten.

Auf der Suche nach der eigenen Identität

Auf der Suche nach fruchtbarem Weideland für ihre Viehherden bildeten die immer weiter landeinwärts ziehenden Bauern (*Boers; Buren*) ihre eigene nationale Identität als **Afrikaaner** heraus. Die meisten Buren lebten ursprünglich auf dem Lande, sie und ihre Vorfahren können deshalb als Vorreiter der südafrikanischen Landwirtschaft angesehen werden. Heute wohnen sie zu 70 % in städtischen Regionen. Ihre kulturelle Identität ist eng an ihre Sprache *Afrikaans* gekoppelt. Die Afrikaaner, die im Süden leben, gelten im Allgemeinen als liberaler und aufgeschlossener als die reservierten und republikanischen Buren im Norden. Die

INFO Das Problem mit der Benennung

Die verschiedenen Bevölkerungsgruppen Südafrikas stellen einen schnell vor das Problem der Gruppenbezeichnungen, die zudem während der Apartheid ein Politikum waren. Die jeweilige Selbstbezeichnung wäre die einfachste Lösung, würden Übersetzung und Schreibweise in anderen Sprachen dieses nicht erneut komplizieren. Am Beispiel der Farbigen lässt sich dieses verdeutlichen: Die englische Bezeichnung ist *coloureds*, die offizielle afrikaanische *Kleurlinge*. Übersetzt ins Deutsche hieße das „Farbige", wobei dieses im Deutschen jedoch eine generelle Bezeichnung für Menschen mit dunkler Hautfarbe ist. (Der Begriff „Mischlinge" ist rassistisch und abwertend und sollte heute keinesfalls mehr verwendet werden!).

Man sollte sich vor Augen halten: Die Kategorien *coloured, black, white* sind letztlich Begriffe aus der Kolonialzeit und sie weiterhin zu verwenden heißt, auch die Apartheid sprachlich fortzusetzen. Andererseits haben sie die sozialen Realitäten der heutigen südafrikanischen Gesellschaft geprägt. Und diese Gesellschaft ist noch weit davon entfernt, „farbenblind" zu sein und leider denkt der Großteil der Bevölkerung weiterhin in diesen Kategorien.

Englisch sprechenden Weißen kamen in mehren Etappen nach Südafrika, wohnten überwiegend in den Städten und prägten daher entscheidend das architektonische und soziale Leben der Städte. Ihr Tätigkeitsfeld waren Handel und Industrie. Es waren vor allem Englisch sprechende Geschäftsleute, die sich im südafrikanischen Bergbau engagierten und damit die Eckpfeiler für den Wohlstand des Landes setzten.

Coloureds (Farbige)

Jede Person dunklerer Hautfarbe wurde bis ins späte 18. Jahrhundert in Abgrenzung zu den Weißen als *coloured* bezeichnet. Unter der Apartheid-Regierung im 20. Jahrhundert wurden alle, die nicht afrikanisch („schwarz"), asiatisch oder weiß aussahen, zu den Coloureds gezählt. Als Synonym für Farbige wurde häufig auch der Begriff „Mischlinge" verwendet, der heute jedoch als politisch unkorrekt gilt. Die Ursprünge der *Griqua*-Coloureds reichen in die Zeit der ersten niederländischen Besiedlung zurück. Zu ihren Vorfahren zählen Weiße und Khoisan sowie in seltenen Fällen schwarze Sklaven. Traditionell lebten sie hauptsächlich als Fischer und sie sprechen Afrikaans.

Die meisten Coloureds wohnen heute in der Western Cape Province und machen dort mehr als die Hälfte der Bevölkerung aus.

Ebenfalls zu den Coloureds werden die *Kapmalaien* gezählt. Sie stammen von den früheren Sklaven aus dem süd- und südostasiatischen Raum (Singhalesen, Chinesen, Inder, Indonesier und Malaysier) ab. *Kapmalaien*

INFO Die ersten Bewohner Südafrikas

Über die **Khoisan** und ihre Lebensweise gibt es heute viele Informationen, da seit dem 15. Jahrhundert europäische Seefahrer auf sie trafen und intensive Beziehungen mit ihnen pflegten. Sie unterschieden sich in zwei Gruppen, die Khoikhoi und die San. Ihre äußeren Merkmale sind ihre relative Kleinwüchsigkeit von bis zu 1,60 Metern, ihre braungelbe Haut und das so genannte „Pfefferkornhaar".

Von den Europäern wurden die San als „Buschmänner" und die Khoikhoi als „Hottentotten" bezeichnet. Die Herkunft dieses Namens erfährt man aus den Reiseberichten des 17. Jahrhunderts, in denen ihre Begrüßung als ein von Tanz begleitetes Lied bezeichnet wird, das am Anfang, in der Mitte und am Ende aus den Worten Hautitou bzw. Hottentot bestanden habe. Sie selbst nannten sich jedoch Khoi oder Khoikhoi, was in ihrer Sprache „Mensch" bzw. „Mensch der Menschen" bedeutet.

Die **Khoikhoi** lebten traditionell als Wildbeuter und Hirten. Sie hielten Großvieh und Fettschwanzschafe, übernahmen später von den Schwarzen auch die Ziegenhaltung und wohnten in halbrunden Kuppelhütten. Im Gegensatz zu den **San**, die Jäger und Sammler waren, hatten sie eine Stammesorganisation und ein Klassen bestimmendes Verwandtschaftssystem. Mit der Ausdehnung der europäischen Siedler begann im 17. Jahrhundert die Versklavung und Vertreibung der Khoisan. In der Folgezeit wurde ihre Zahl durch Kriege und Pocken-Krankheiten stark verringert. Viele haben sich mit Schwarzen oder Weißen vermischt. Die Khoisan leben bis heute hauptsächlich in der Kapprovinz, sie sind kaum im nördlichen Südafrika zu finden.

Asiaten

In Südafrika leben über 1 Million Asiaten (Inder/Chinesen), wobei es sich bei den Indern um die größte Gruppe handelt, die außerhalb Indiens und Pakistans lebt. Sie kamen in zwei Wellen ins Land: Die einen wurden ab Mitte des 19. Jahrhunderts überwiegend aus Süd- und Ostindien als Vertragsarbeiter für die Zuckerrohrfelder in Natal angeworben. Da ihnen die Option offen stand, nach Beendigung des Fünf-Jahres-Vertrags im Werte der Rückfahrtspassage Land zu erwerben, entschieden sich viele, in Natal zu bleiben, weil ihnen die Lebensumstände dort mehr zusagten als in ihrer indischen Heimat.

Viele blieben

Die andere Gruppe von Indern kam als so genannte „Passage-Inder". Sie bezahlten ihre Überfahrt selbst (innerhalb des britischen Empire konnten sie frei reisen). Die meisten von diesen Indern waren Moslems und arbeiteten auf Plantagen oder ließen sich in Natal als Geschäftsleute nieder. Viele von ihnen zogen weiter nach Transvaal und in die Kapprovinz. Im Zuge des „Goldrausches" am Witwatersrand eröffneten viele ihre Geschäfte dort. 20 Prozent der heutigen südafrikanischen Inder sind Nachfahren jener „Passage-Inder".

Inder bilden die Mehrheit der Bevölkerung in Durban

Die Chinesen waren nach dem Anglo-Boer-Krieg als Arbeiter für die Bergwerke am Witwatersrand angeworben worden. 1906 waren 50.000 Chinesen im Goldbergbau beschäftigt. Da jedoch in der Folgezeit eher Schwarze für diese Arbeiten angeworben wurden, waren bis 1910 die meisten Chinesen wieder heimgekehrt.

Die Chinesen kehrten heim

Die nächste chinesische Einwanderungswelle begann um 1920, als wohlhabendere Chinesen in Südafrika gute Geschäftsmöglichkeiten sahen. Die heute vorwiegend am Witwatersrand lebenden Chinesen sind deren Nachkommen. Sie sind, obwohl sie alle Englisch und Afrikaans sprechen, sehr traditionsbewusst und pflegen darüber hinaus ihre Heimatsprachen.

Bevölkerungszahl

Nach Angaben der Vereinten Nationen wuchs die Bevölkerung Südafrikas seit 1970 von insgesamt 22,5 auf heute 46 Millionen Einwohner. Schätzungen sagen bis zum Jahr 2025 eine Zunahme der Bevölkerung auf über 73 Millionen voraus. Zwischen den einzelnen ethnischen Gruppierungen existieren Unterschiede bezüglich des Niveaus und der Entwicklung von Geburtenhäufigkeit und Sterblichkeit, hinsichtlich der Altersgliederung sowie der räumlichen Bevölkerungsverteilung. Insbesondere zwischen der schwarzen Bevölkerungsmehrheit (78 %) und der weißen Minderheit (10 %) gibt es beträchtliche Disparitäten.

Noch 46 Millionen Einwohner

Die wichtigsten schwarzen Volksgruppen bzw. Ethnien in Südafrika sind die

- Zulu (ca. 10,4 Mio.)
- Xhosa (8,3 Mio.)
- Nord- und Süd-Sotho (ca. 6,8 Mio.)
- Tswana (ca. 3,5 Mio.)
- Shangaan-Tsonga (1,9 Mio.)
- Swazi (1,5 Mio.)
- Venda (0,9 Mio.)
- Süd-Ndebele (0,4 Mio.)

Sprachen

Um nach Jahrzehnten der Rassendiskriminierung keine Bevölkerungsgruppe zu benachteiligen, existieren seit der Verfassungsgebung von 1994 elf offizielle Landessprachen: Afrikaans, Englisch, Ndebele, Nordsotho, Südsotho, Swati, Tsonga, Twana, Venda, Xhosa und Zulu. Sie lösten die beiden bisherigen offiziellen Landessprachen, Englisch und Afrikaans, ab. Würde man diese Regelung jedoch z. B. im bürokratischen Alltag umsetzen, so liefe das auf unzählige Formulare hinaus. Als

11 offizielle Sprachen

Immer mehr Englisch

überregionale Sprache wird sich daher aller Voraussicht nach Englisch durchsetzen. Schon heute wird im Radio, in Fernsehinterviews, bei Massenveranstaltungen oder im Parlament vorwiegend Englisch gesprochen – im Gegensatz zum burischen Apartheidregime, wo Afrikaans dominierte.

Afrikaans

Die Grundlage der kulturellen Identität der Afrikaaner ist eng an die Sprache Afrikaans gekoppelt. 1975 wurde nördlich von Kapstadt, in der Nähe von Paarl, ein riesiges Denkmal auf einem Hügel errichtet, das die Sprache symbolisieren soll. Afrikaans entwickelte sich vorwiegend aus dem Niederländischen, daneben gab es deutsche und französische Spracheinflüsse und auch Wörter der Khoisan finden sich wieder. Nicht zu unterschätzen ist der Einfluss der asiatischen Sklaven, die nicht selten gebildeter als ihre Herren waren und die Sprache stark beeinflussten. Afrikaans wurde sogar als Religionssprache übernommen, wie der Historiker *Achmat Davis* 1985 bewies, nachdem er in Afrikaans verfasste religiöse Texte in einer Kapstädter Moschee fand. Damit trugen die Asiaten Mitte des 19. Jahrhunderts auch erheblich zur Verschriftlichung der bis dahin nur gesprochenen Umgangssprache Afrikaans bei.

Einst nur Umgangssprache

Die Buren hingegen hatten mit aufkommendem Nationalbewusstsein zu Beginn des 20. Jahrhunderts Afrikaans zu einer „weißen" Sprache verkehrt und 1925 ihre Verankerung in der Verfassung als Amtssprache neben dem Englischen durchgesetzt. Auch deswegen ist Afrikaans für die meisten Schwarzen ein Symbol für die Sprache der ehemaligen Unterdrücker.

Einst dominante Sprache

Die Pläne der Apartheid-Regierung, Afrikaans als Unterrichtssprache in den Townships einzuführen, war einer der Auslöser für den blutigen Schüleraufstand in Soweto im Jahre 1976. Während die Regierung in den Townships scheiterte, brachte sie in Südafrika ansässige Firmen wie die South African Breweries und ausländische Autofirmen dazu, Gebrauchsanweisungen auf Afrikaans zu verfassen. Afrikaans wird noch mindestens für eine weitere Generation die wichtigste Sprache in Südafrika bleiben, da viele Schwarze neben ihrer Bantu-Sprache nur Afrikaans, aber kein Englisch sprechen. Das trifft vor allem auf ländliche Regionen zu.

Bildungswesen

Krasse Unterschiede

In kaum einem anderen Bereich manifestieren sich die Auswirkungen der Apartheidpolitik so deutlich wie im Bildungswesen. Mit Ausnahme einiger Zweige der universitären Bildung herrschte bis Anfang der 1990er Jahre in allen Bildungszweigen eine strikte ethnische Trennung vor. Die Qualität des Unterrichts und die Ausstattung der „schwarzen" und „weißen" Schulen waren extrem unterschiedlich. In vielen schwarzen Wohngebieten gab es überhaupt keine schulischen Einrichtungen. Bis heute sind die Bildungsunterschiede zwischen der schwarzen und der weißen Bevölkerung Südafrikas gravierend.

Die rücksichtslose Durchsetzung der Apartheidpolitik im Bildungswesen sowie die ungerechte Mittelzuweisung waren in der Vergangenheit Anlass für eine wachsende Unzufriedenheit unter der schwarzen Bevölkerung.

Um gegen die Missstände an südafrikanischen Schulen zu demonstrieren, wurde im Rahmen der vom ANC initiierten „Liberation before Education"-Kampagne der Besuch schwarzer Schulen zum größten Teil boykottiert. Damit wurden allerdings die schon bestehenden Bildungsunterschiede weiter verschärft. Es entstand die Gefahr, dass eine ganze Generation ohne Ausbildung bleiben würde. Daraufhin fasste 1986 das schwarze *National Education Crisis Committee* den Entschluss, alle Schüler wieder an die Schulen zurückzurufen. Als Folge des ANC-Boykotts verfügt heute eine große schwarze Bevölkerungsgruppe über nur geringe oder gar keine schulischen Qualifikationen – sie werden auch als die „lost generation" (die verlorene Generation) bezeichnet. Sie finden kaum Arbeit und fallen für den nationalen Entwicklungsprozess des neuen Post-Apartheid-Südafrikas weitgehend aus.

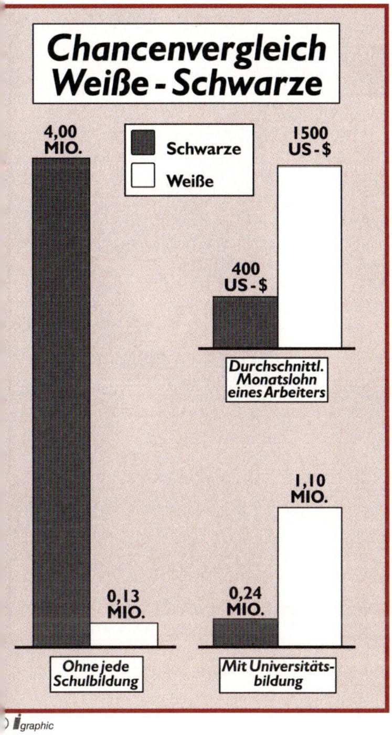

Schulwesen

Eine **allgemeine Schulpflicht** existiert vom 7. bis zum 16. Lebensjahr, der Unterricht ist kostenlos. Im Alter von sieben Jahren beginnt die sechs Jahre dauernde *Primary Education*, anschließend folgen weitere sechs Jahre *Secondary Education*. Ende der 1990er Jahre gingen etwa 80 Prozent der schwarzen Kinder zur Schule, Tendenz steigend. Im internationalen Vergleich gibt Südafrika heute viel für sein Bildungswesen aus, trotzdem liegt die Analphabetenrate immer noch bei 15 %. Nach den ersten demokratischen Wahlen 1994 rief der ANC die Schwarzen dazu auf, die in den Jahren des Widerstandes zerrüttete „Kultur des Lernens und Lehrens" an den schwarzen Schulen wieder herzustellen.

Es geht aufwärts

Eine der ersten Maßnahmen der Regierung Mandela war 1994 die Zusammenlegung der 16 nach Ethnien getrennten Erziehungsministerien. Neue Lehrpläne vor allem für den Geschichtsunterricht wurden erstellt, die von der bisherigen Sicht einer rein „weißen" Geschichtsschreibung abweichen. Während die Privatschulen bereits seit den frühen Achtzigern für alle Ethnien zugänglich waren, begann die Öffnung der Staatsschulen 1991. Es dauerte noch bis Ende 1996, bis die Schüler aller Ethnien das gleiche Schulabschlussexamen (Matrik) ablegen konnten.

Lehrermangel

In der Praxis herrschen heute noch überwiegend chaotische Zustände: Wegen Lehrermangels, überfüllter Klassen und schlechten Images schicken die Schwarzen ihre Kinder, wenn es irgendwie geht, trotz der sehr langen Anfahrtswege in die ehemaligen Schulen der Weißen. Die Folgen sind übermüdete Kinder, fehlender Informationsaustausch zwischen Lehrern und den weit entfernt in den Townships lebenden Eltern und deren Kultur sowie eine Überforderung der weißen Lehrer, die zum großen Teil die Sprachen der Schüler nicht verstehen. Befürchtungen der Lehrer, der Rassendiskriminierung bezichtigt zu werden, führen zu der Tendenz, es mit Leistungsnachweisen nicht so genau zu nehmen und generell alle Schüler „durchzuschleusen".

Aus Angst vor sinkendem Niveau an den öffentlichen Schulen schicken daher diejenigen, die es sich finanziell leisten können, d. h. vor allem die Weißen, ihre Kinder auf teure Privatschulen. Viele weiße Familien wandern sogar aus – vorwiegend nach Australien, Neuseeland und Großbritannien –, weil sie glauben, dass ihre Kinder dort eine bessere Schulbildung erhalten.

Die schwarzen Kinder erhoffen sich heute eine bessere Perspektive

Universitäten

Auch die in der Apartheidzeit nach „Rassen" getrennten Universitäten sind heute für alle geöffnet. Zuvor gab es zehn Universitäten für Weiße, von denen die bedeutendsten in Kapstadt, in Witwatersrand/Johannesburg und Stellenbosch waren, sowie je eine für Inder (Durban) und für Farbige (Kapstadt). Den Schwarzen standen lange Zeit nur drei Universitäten in „Homelands" zur Verfügung sowie einige „schwarze" Zweige „weißer" Universitäten in städtischen Ballungsgebieten.

Größte Fernuniversität

Die 1951 gegründete UNISA (Universität von Südafrika) in Pretoria (Tshwane), die heute allen ethnischen Gruppen offen steht, ist mit 130.000 Studenten die größte Fernuniversität der Welt.

Eine der ungewöhnlichsten Hochschulen Südafrikas ist die **Cida-Universität** (Cida = *Community & Individual Development Association*) in Johannesburg. Durch äußerst geringe Studiengebühren (40 € fürs erste Jahr, dann gut 10 € pro Monat) wird hier rund 1.600 vor allem schwarzen Studenten ein Diplom in Business Administration ermöglicht. In dem achtstöckigen Gebäude, dessen Stockwerke offen und vom Innenhof einzusehen sind, sollen die wirtschaftlichen Führungskräfte der Zukunft ausgebildet werden. Das ehemalige Gebäude der Kropmans Bank wurde von dem Finanzinstitut zur Verfügung gestellt, um die schwarze Bevölkerungsmehrheit in die Ökonomie des Landes zu integrieren und ihre Jugend entsprechend auszubilden. Durch Sponsorengelder anderer Unternehmen und unbezahlte Dozenten aus der Wirtschaft wird Cida unterstützt.

Ungewöhnliches Hochschulprojekt

Insgesamt sind es nur 6 Prozent der südafrikanischen Abiturienten, die ihre Ausbildung mit einem Studium fortsetzen. Und von denen, die ein Studium begonnen haben, beenden es nur die Wenigsten. Im Technikon der Johannesburger Witwatersrand-Universität schließen zum Beispiel gerade einmal 10 % der Studenten ihr Studium ab. Die anderen brechen es zumeist aus finanziellen Gründen ab.

Hohe Abbrecherquote

Obwohl alle südafrikanischen Hochschulen autonom sind, ist seit dem „Higher Education Act" von 1997 Bildung Sache des Staates: Alle Universitäten, Technikons und Colleges stehen seitdem unter der Obhut des so genannten „Council of Higher Education", der auch die finanzielle Unterstützung der Hochschulen durch öffentliche Mittel regelt. Dennoch müssen immer noch rund 1.000 Euro pro Jahr an Studiengebühren entrichtet werden. Das ist im Vergleich zu den Gebühren in den USA und in Großbritannien zwar verhältnismäßig wenig, für die meisten südafrikanischen Familien aber unerschwinglich. Durch eine grundlegende Umstrukturierung des höheren Bildungssystems soll das Studienangebot übersichtlicher und eine internationalere Ausrichtung der Universitäten und Technikons erreicht werden.

Was die **Unterrichtssprache** angeht, so wird in der Sprachpolitik vieler Universitäten heute immer noch die einstige Rassentrennung durch die Hauptunterrichtssprache Afrikaans aufrechterhalten. Da Afrikaans hauptsächlich von den Weißen und Coloureds gesprochen wird, ist der Campus tagsüber auch überwiegend durch sie geprägt. Ab dem späten Nachmittag werden dann jedoch auch Kurse in Englisch angeboten, die vor allem schwarze Studenten ansprechen sollen.

Sprachpolitik

Die Universität von Pretoria hat jedoch, wie einige andere Universitäten auch, bereits auf Englisch als Unterrichtssprache umgestellt. Es ist davon auszugehen, dass in naher Zukunft alle Universitäten diesem Beispiel folgen werden.

Religionen

Rund 80 Prozent der Bevölkerung Südafrikas gehören bei geltender **Religionsfreiheit** und starker konfessioneller Zersplitterung einer christlichen Religion an. Neben zahlreichen Kirchengemeinden und Sekten haben die Afrikaans-sprachigen reformierten Kirchen (z. B. Nederduitse Gereformeerde Kerk) mit 3,2 Millionen die meisten Mitglieder (die vier damals „unabhängigen" Homelands Transkei, Bophuthatswana, Venda und Ciskei wurden bei der letzten Volkszählung noch nicht mitgezählt), denen mit 2,3 Millionen die katholische Kirche als größte „etablierte" Kirche der Schwarzen folgt. Dann kommen die Methodisten mit 1,8, die Anglikaner mit 1,2 und die Lutheraner mit 0,8 Millionen Mitgliedern.

Überwiegend Christen

Darüber hinaus gibt es rund 4.000 „Schwarze Unabhängige Kirchen", denen 7 Millionen Schwarze angehören, wie etwa die Zion Christian Church (ZCC), die zu Ostern in Moria, im Nordosten Südafrikas (nahe Polokwane), mit 3 Millionen Gläubigen das größte jährliche Kirchentreffen der Welt veranstalten.

Veränderungen

Die Zahl der vor allem in der Kapregion ansässigen Muslime (340.000) steigt stark an, die der Hindu leicht (390.000, überwiegend Inder). Die Gemeinde der jüdischen Südafrikaner, die Anfang der Neunziger noch 67.000 Mitglieder umfasste, schrumpft aufgrund von Auswanderung.

Kunst und Kultur

Das kulturelle Leben Südafrikas fand während der Apartheidzeit bis Ende der Achtziger eher auf einem unbedeutenden Nebenschauplatz statt, da zahlreiche schwarzafrikanische Kulturen unterdrückt worden waren (Zensur, Kulturboykott, unzureichendes Bildungssystem) und das Land insgesamt isoliert war. Zwar überlebten die verschiedenen Kulturen in den „Homelands", konnten sich aber kaum weiter entwickeln. Nun haben die Bewohner des „Neuen Südafrika" ein wieder belebtes Bewusstsein für ihre eigene Kultur und müssen/dürfen sich auch mit den Kulturen der anderen Bevölkerungsgruppen auseinander setzen. Neu inspiriert wird die kulturelle Szene in Südafrika durch zahlreiche während der Apartheid ins Exil gegangene Künstler, die nun zurückkehren oder vom Ausland aus neue Impulse geben.

Neue Impulse

Im BAT-Center in Durban arbeiten zahlreiche Künstler

Kunst und Handwerk

Die meisten traditionellen afrikanischen Handwerkserzeugnisse werden im Norden und Osten Südafrikas sowie in Zimbabwe, Tansania und Malawi hergestellt. Allerdings wird vor allem auf Flohmärkten und an Straßenrändern auch die sog. „Airport-Art" angeboten, billige Massenware, die aus China oder Hongkong kommt. Wer sicher gehen will, dass es sich nicht um solche Stücke handelt, der sollte sich auf dem African Market in der Rosebank Mall in Johannesburg und dem BAT-Center in Durban umsehen. Dort findet man authentische und hochwertige, in Afrika gefertigte Masken, Skulpturen oder Schmuck aus Holz und Stein.

Achtung! Vieles kommt aus Asien

Eine moderne Kunstströmung in Südafrika ist die sog. **Township-Art**, deren Künstler teilweise schon über die Grenzen Südafrikas hinaus bekannt sind. Diese von den Schwarzen produzierte Kunst besteht z. B. aus Metall- und Plastikabfällen hergestellten Figuren, Spielautos, -motorrädern und -flugzeugen sowie aus Alltagsgegenständen (Lampenschirme aus Coca-Cola-Dosen, Einkaufskörbe aus

Kronkorken und dreidimensionale Collagen), die ganze Geschichten vom Leben in den Townships erzählen. Im Gegensatz zum tristen und armen Leben in den Townships präsentiert sich die Township-Art oft in überraschender Farbenpracht.

Weltweit hoch im Kurs: Township-Art

INFO

Gerard Sekoto – Begründer der Township-Kunst

Dem 1993 in Frankreich im Exil im Alter von 80 Jahren verstorbenen Begründer der Township-Kunst und bekanntestem schwarzen Künstler Südafrikas, ***Gerard Sekoto***, wurde Anfang 2000 eine Dauerausstellung in Muizenberg (in der Nähe von Kapstadt, im Natale Labia Museum) gewidmet, nachdem die Gerard-Sekoto-Stiftung die aus seinem Nachlass entstandene Sammlung der Nationalgalerie in Kapstadt als Dauerleihgabe übergeben hatte. Zu sehen sind neben den Bildern des zuletzt verarmt in einem Altenheim nahe Paris lebenden Malers auch zahlreiche Fotos und Briefe sowie ein Großteil seiner Arbeitsutensilien. Die nach ihm benannte Stiftung hat sich auf die Fahne geschrieben, mit den Erträgen, die durch die Sammlung erzielt werden, das Interesse südafrikanischer Kinder an Kunst zu wecken und zu fördern.

Musik

Wie die Literatur- war auch die Musikszene in Südafrika isoliert und erfuhr wenig internationale oder kulturübergreifende Einflüsse. In den 20er und 30er Jahren des 20. Jahrhunderts entstand die lebendige und rhythmische **Marabi-Musik** als ein unverwechselbarer Performance-Stil der städtischen afrikanischen Arbeiterklasse. Marabi vereinte Elemente afrikanischer Musikerzählungen und westlicher Musicals. Weltbekannte Interpreten südafrikanischer Musik sind *Miriam Makeba* und *Ladysmith Black Mambazo*, deren sozialkritische Texte während der 1970er und 1980er Jahre wichtige Stimmen der Protestbewegung gegen das Apartheidregime waren. Viele Musiker, vor allem Blues- und Soulsängerinnen, verließen Südafrika und lebten im westlichen Ausland, wo sie ebenfalls ein wichtiges Sprachrohr der unterdrückten schwarzen Mehrheit darstellten.

Sprachrohr der Unterdrückten

Inzwischen sind viele Musiker aus dem Exil zurückgekehrt, wie u. a. der nun in Kapstadt lebende Jazz-Musiker *Abdullah Ibrahim*. *Ibrahim* versteht die afrikanische Musik nicht nur als Entertainment, sondern darüber hinaus auch als Geschichtenerzähler, heilende Kraft, die Identität stiftet, Selbstvertrauen schafft und Wunden heilen kann. Um dieses Gefühl der jungen Generation zu vermitteln, hat sich *Ibrahim* den Traum verwirklicht, eine Musikakademie in Kapstadt und Johannesburg zu gründen, um südafrikanische Talente zu fördern.

Nicht nur Entertainment

Auch ein neues Bewusstsein für authentische afrikanische Musik ist entstanden: Trommeln, teilweise in Trance, gilt als neuer Trend und in den letzten Jahren eröffneten viele sog. Drum-Cafés. Die Trommler vermischen südafrikanische mit westafrikanischen Rhythmen und lateinamerikanischen Klängen. Dieser Trommel-Trend wird aber hauptsächlich von der weißen Jugend praktiziert. Auch die Hochschulen bemühen sich darum, traditionelle südafrikanische Musik wiederzubeleben, allerdings hat es diese Musikrichtung nicht leicht, sich auf dem Markt durchzusetzen. Es ist entsprechend schwierig, „echte" südafrikanische Musik auf CD zu bekommen, meist handelt es sich um Mischungen aus modernen und traditionellen Rhythmen. Sehr erfolgreich war Anfang der 1990er Jahre die Gruppe *Mango Grove* mit erfrischenden Klängen, zu denen sich gut tanzen lässt.

Wiederbelebungsversuche

INFO Kwaito: Der Streetpop der Townships

Moderne Musikströmungen in den 1990er Jahren orientierten sich stark an amerikanischer Jugendkultur und der Musik der „Ghettos" in New York: Rap, House und HipHop hielten Einzug in Südafrika. In nur wenigen Jahren entwickelte sich eine ganz neue Musikrichtung, der **Kwaito**, eine Club-Mischung aus House, Rhythm & Blues, HipHop und afrikanischen Klängen („Township Streetpop"). Entstanden ist der Kwaito, als südafrikanische DJs die 45er Platten mit westlicher Musik langsamer laufen ließen. Die Interpreten dieser Musikrichtung sind überwiegend Sänger, die selbst nie die Möglichkeit hatten, ein Instrument zu erlernen.

Kwaito ist mehr als jede andere Musikrichtung das Sprachrohr der südafrikanischen Jugend und drückt ihr Lebensgefühl aus. Da der Kwaito inzwischen auch die Clubs in Europa und Amerika erobert hat, steht er auch für den Traum vieler schwarzer Jugendlicher, eine internationale Musiker-Karriere zu machen und so der Armut der Townships zu entfliehen. Bekannte Kwaito-Musiker sind *Sally Nyolo*, *Angelique Kidjo* und die Bands *Dantai* und *TKZee*.

Theater

Die Geschichte des südafrikanischen Theaters ist eng mit der Protestbewegung gegen den Apartheidstaat verbunden: Die Bühne war ein wichtiges Medium für Kritik am Regime und bot auch schwarzen Schauspielern und Autoren eine Chance. Viele „Proteststücke" wurden international bekannt und auch im Ausland aufgeführt. Vor allem das **Market Theatre** in Johannesburg machte sich mit kritischen, couragierten Aufführungen einen Namen und wurde immer wieder von der Zensur behindert. Das Windybrow Theatre in Johannesburg hat einen etwas konventionelleren Ruf, doch die Proteststücke fanden neben Produktionen klassischer Stücke spätestens seit Ende der 1980er Jahre ihren Weg auch hierher. Ungewöhnliche und teils Aufsehen erregende Inszenierungen bietet die **Loft Theatre Company** in Durban. Für das südafrikanische Theater sind immer noch Aufführungen in Gemeindezentren und auf teils behelfsmäßigen Kleinstbühnen wichtig.

Bühne des Protestes

Unter den Autoren ist der international bekannte Dramatiker *Athol Fugard* (geb. 1932) an erster Stelle zu nennen, der gemeinsam mit *John Kani* und *Winston Ntshona* bereits in den 1970er Jahren Furore machte („Banzi is dead", dt. „Sizwe Bansi ist tot" und „The Island", dt. „Die Insel"). Als Vater des schwarzen Theaters gilt *Gibson Kente*, der die Theater der Townships maßgeblich beeinflusste, und viele junge Schauspieler und Autoren förderte. International bekannt ist *Mbongeni Ngema*, dessen Stück „Asinamali" am Broadway aufgeführt wurde. Ruhm erlangte er mit dem Musical „Sarafina", ebenfalls ein bekanntes Broadway-Stück. Unter den jüngeren Autoren und Regisseuren sind vor allem *Percy Mtwa* und *Barney Simon* zu nennen, die auch in den USA und in Europa inszenieren bzw. durch Tourneen international bekannt sind.

Auch am Broadway

Architektur

Die **Hütten** der südafrikanischen Ureinwohner bestanden aus vergänglichen jungen Bäumen und Grasmatten. Deshalb beginnt die Geschichte der erhaltenen Architektur mit der Ankunft der ersten europäischen Siedler. Am Kap im Süden des Landes entwickelte sich der charakteristische **kapholländische Stil** (Cape Dutch) aus der Anfangszeit der Kolonisation: Häuser mit dicken, weiß angestrichenen Mauern, grünen Türen und Fensterläden, Reetdach und eleganten, barock anmutenden Giebeln. Diese Häuser sind bis heute in der Western Cape Province, nicht aber im nördlichen Südafrika zu finden.

Europäisch

Als die Briten die östliche Kapprovinz besiedelten, entstand mit dem **Cape-Georgian-Stil** eine Mischform (benannt nach König *Georg III.*). Obwohl KwaZulu-Natal zuerst von Buren besiedelt war, dominiert in Städten wie Durban und Pietermaritzburg britische Architektur mit Backsteinbauten und georgianischen Reihenhäusern – im subtropischen Klima in KwaZulu-Natal gab es ausreichend Holz, sodass Ziegel gebrannt werden konnten. Ende des 19. Jh. manifestierte sich der durch den Bergbau erwirtschaftete Reichtum in Prachtbauten wie dem ehemaligen Rathausgebäude in Durban, in der heute die Hauptpost untergebracht ist. In den Städten entstanden viele repräsentative Gebäude im **viktorianischen Stil**. Die Architektur in Durban wurde aber auch durch seine indischen Bewohner geprägt: Hier stehen viele Hindu-Tempel und mit der Grey Street Moschee eines der größten islamischen Gotteshäuser südlich des Äquators. Darüber hinaus gibt es noch einige gut erhaltene Häuser im Art-déco-Stil.

Durban wartet mit einigen schönen Art-déco-Häusern auf

Traditionelle afrikanische Bauten

Traditionell errichteten die **Zulu** runde Hütten aus geflochtenem Gras, die ein wenig an Bienenkörbe erinnern. Diesen einheimischen Baustil findet man heute kaum noch, viele Zulu leben zwar noch in Rundhütten, die aber aus modernen Materialien errichtet wurden, oder in rechteckigen Häusern.

Die Häuser der **Sotho** im Free State sind für ihre bunte Bemalung bekannt, wenn in den rechteckigen Formen und den leicht geneigten Dächern auch westlicher Einfluss bemerkbar ist. Die **Ndebele** nehmen moderne Einflüsse geschickt in ihre traditionelle Bauweise auf: Ihre Bauten bestehen aus einem ganzen System von Höfen und Vorhöfen, das die soziale Hierarchie der Bewohner widerspiegelt. Die Ndebele-Architektur ist für ihre Bemalung mit figurativen und geometrischen Mustern berühmt.

Bunt bemaltes Ndebele-Haus

Literatur

Durch das Nebeneinander der verschiedenen Kulturen in Südafrika haben sich mit Englisch, Afrikaans und Bantu-Sprachen mehrere Literatursprachen entwickelt. Durch die britische Kolonisation konnte sich im 19. Jh. die Presse etablieren. Als eines der ersten größeren literarischen Werke aus Südafrika gilt der Roman „The Story of an African Farm" (1833) des aus Schottland stammenden *Thomas Pringle*. Der Roman beschreibt die Lebensbedingungen afrikanischer Farmer in der Karoo, ohne sie zu beschönigen. Die sozialkritische Schriftstellerin *Olive Schreiner* (1855-1920), Tochter deutsch-englischer Einwanderer, schrieb frühe sozialkritische Romane und war eine der ersten, die sich als „Südafrikanerin" bezeichnete. In Europa sind die „Quatermain"-Abenteuerromane von *H. Rider Haggard* (1856-1925) durch zahlreiche Verfilmungen bekannt und haben lange Zeit das Südafrika-Bild geprägt.

Zuerst nur in Englisch

Im 20. Jh. wurde die „Rassentrennung" zunehmend zum Hauptthema der Literatur, angefangen mit dem Roman „God's Stepchildren" (Gottes Stiefkinder, 1924) von *Sarah Gertrude Miller* (1889-1968). Die Autorin beschreibt die Probleme von sog. „Mischlingen" in Südafrika. Als meistgelesener südafrikanischer Roman gilt bis heute „Cry the beloved Country" (1948, dt. „Denn sie sollen getröstet werden") von *Alan Paton*. Der Autor zeigt eindringlich die Auswirkungen der Rassendiskriminierung auch auf die weiße Gesellschaft. *Patons* Buch ist zugleich ein beklemmendes Porträt der südafrikanischen Provinz.

Thema „Rassentrennung"

Die wohl berühmteste zeitgenössische Schriftstellerin Südafrikas ist *Nadine Gordimer*, die 1991 den Nobelpreis für Literatur erhielt. *Gordimer*, geboren 1923, stammt aus einer liberalen litauisch-englischen Einwandererfamilie und schreibt in Eng-

Nobelpreis

lisch. Ihre Romane zeichnen ein genaues Bild der südafrikanischen Gesellschaft, sowohl der Weißen als auch der Schwarzen. *Gordimer* war eine unermüdliche Kämpferin gegen das Apartheid-Regime und wurde mehrfach mit Publikationsverbot belegt. Sie protestierte zwar vehement gegen die Rassentrennung, doch andererseits bot ihr der ANC, der sich bewusst von liberalen Weißen abgrenzte, keine politische Heimat. *Gordimer* ließ sich und ihr Schreiben nicht für revolutionäre Ziele funktionalisieren, was ihr viel Kritik seitens der Schwarzen einbrachte, während sich auch die weißen Südafrikaner mit ihr nicht wirklich anfreunden konnten: Eindringlich, als scharfe Analytikerin, hält sie der Gesellschaft den Spiegel vor. *Gordimers* Romane wie „The Conservationist" (1974, „Der Besitzer"), „Julys People" (1981, „Julys Leute") oder „None to accompany me" (1994, „Niemand, der mit mir geht") sind zumindest im englischsprachigen Raum einem größeren internationalen Publikum bekannt. In Südafrika werden *Nadine Gordimers* anspruchsvolle Romane dagegen bis heute nicht viel gelesen.

Nobelpreis, der zweite

2003 wurde der Nobelpreis für Literatur zum zweiten Mal einem südafrikanischen Schriftsteller verliehen: *J. M. Coetzee* (geb. 1940), dessen Eltern zwar aus Holland abstammen, der aber mit der englischen Sprache in Kapstadt aufwuchs. Auch *Coetzee* zeichnete sich als Gegner der Apartheid aus. Seine Romane wie „Life and Times of Michael K." (1983) oder „Disgrace" (1999, „Schande") sowie die autobiografischen Erzählungen „Boyhood. Scenes from Provincial life" (1997, „Der Junge. Eine afrikanische Kindheit") und „Youth" (2002, „Die jungen Jahre") sind unsentimentale Schilderungen des Lebens in der südafrikanischen Provinz in den 1940er und 50er Jahren. *Coetzee* lebt inzwischen in Australien.

Afrikaans-Literatur auch kritisch

Unter den Afrikaans-sprachigen Prosaautoren ist, neben *Coetzee*, der Literaturprofessor *André Brink* der bekannteste. *Brink* stammt aus einer burischen Familie, engagierte sich aber gegen die Apartheid-Politik. Nach dem Massaker an schwarzen Demonstranten 1960 in Sharpeville ging er ins Exil nach Paris. Als *Brink* 1987 an einer Reise prominenter weißer Südafrikaner in den Senegal teilnahm, die dort erstmals Kontakt mit dem ANC hatten, löste er unter den konservativen Buren Empörung aus – vom Autor wurde sie als eigentlicher Beginn des Reformprozesses gewertet. *Brink* wurde mehrfach für den Literaturnobelpreis nominiert und zählt neben *Breyten Breytenbach* zu den bedeutendsten Afrikaans-sprachigen Schriftstellern Südafrikas. Sechs seiner Romane wurden bereits ins Deutsche übersetzt. Sein 1995 erschienenes Buch „Im Gegenteil" handelt von einem Buren, der sich in eine Sklavin verliebt.

„Albino-Terrorist"

Der 1939 geborene Lyriker, Maler, Romancier und Essayist *Breyten Breytenbach* läutete durch die Veröffentlichung seiner auf Afrikaans erschienenen Gedichtbände in den 1970er und 80er Jahren ein neues Kapitel in der südafrikanischen Literaturgeschichte ein. International bekannt wurde er durch die Verurteilung zu neun Jahren Gefängnis wegen terroristischer Konspiration. *Breytenbach* gehörte zu der liberalen Gruppe in Afrikaans schreibender Literaten „Sestigers". Verheiratet mit einer Coloured, fiel seine Ehe unter das Verbot von „Mischehen"; 1967 emigrierte er und ging ins Exil nach Paris. In den „Wahren Bekenntnisse eines Albino-Terroristen" (1984) verarbeitete der Autor seine Erlebnisse während der Gefangenschaft.

Literatur der Schwarzen

Die Bantu-Völker, die Khoikhoi und die San kennen eine reiche mündliche Überlieferung. Ihre Erzählungen wurden erstmals von christlichen Missionaren aufgeschrieben. Vor allem der deutsche Philologe *Wilhelm Bleek* hat sich im 19. Jh. um die Traditionen der Khoikhoi und der San verdient gemacht, seine Sammlung von Legenden und Gedichten ist bis heute noch nicht vollständig ausgewertet.

Helden und Diskriminierte

Als erste schwarze Autoren Südafrikas sind *Benedict Wallet Vilakazi* (1906-1947) und *Thomas Mofolo* (1875-1948) zu nennen. *Mofolo* setzte mit dem Roman „Chaka Zulu" (1910) dem gleichnamigen Zulu-Häuptling ein Denkmal. Ein wichtiges Werk der **Xhosa-Literatur** ist der Roman „Ityala lamawele" (1914, dt. „Der Rechtsfall der Zwillinge") von *Samuel Edward Krune Mqhayi* (1875-1945). Die Rassendiskriminierung spielt natürlich auch in den Werken der schwarzen Schriftsteller eine bedeutende Rolle: *Sol T. Platje* (1876-1932) beschreibt in dem Roman „Mhudi" (1930) die Einwanderung und Eroberung des Landes durch die Buren aus Sicht der schwarzen Südafrikaner. Bemerkenswert ist die Schriftstellerin *Bessie Head* (1937-1986), die den Spagat zwischen den Kulturen und Sprachen wagte (und schaffte): In ihren Kurzgeschichten greift sie traditionelle Überlieferungen auf, die sie aber literarisch auch einem weißen Publikum zu vermitteln versteht. Empfehlenswert ist die Sammlung von Geschichten „The Collection of Treasures" (1977, „Die Schatzsammlerin").

Während der Zeit der Apartheid schrieben schwarze Autoren vor allem Lyrik. Im Gegensatz zum Roman, der eine lange Entstehungsphase und komplexe Handlungsstrukturen fordert, können Gefühle wie Wut und Ohnmacht in Gedichten schnell und direkt ausgedrückt werden. Ein wichtiges Sprachrohr schwarzer Autoren wurde in den 1950er Jahren die Zeitschrift „Drum", in der Autoren wie *Lewis Nkosi* (geb. 1936), *Alex la Guma* (geb. 1925) und *Richard Rive* (1931-1989) das Leben der Schwarzen im Apartheidstaat beschrieben. Eines der wichtigsten Bücher dieser Zeit ist „Tell Freedom" (1954, dt. „Die Freiheit beschreiben") von *Peter Abrahams* (geb. 1919). Und schließlich gehört *Nelson Mandela* mit seiner Autobiographie „Long Walk to Freedom" (1994, dt. „Der lange Weg zur Freiheit") auch zu dieser Generation südafrikanischer Schriftsteller.

Suche nach neuen Inhalten

Zeitgenössische schwarze Autoren finden inzwischen neue Ausdrucksformen: Der schwarze Poet *Lesego Rampolokeng* (geb. 1965) entlehnt den Rhythmus seiner Gedichte dem Klang jamaikanischer Musik und sucht damit nach der politischen Wende nicht nur nach neuen Inhalten, sondern auch nach neuen Gewändern für seine Verse. *Njabulo Ndebele* wählte Kurzgeschichten als sein Ausdrucksmittel, um bildhaft das Leben unter der Apartheidgesetzgebung zu schildern. Mit „Fools and other Stories" erlangte der Literaturprofessor und Vorsitzende des **Congress of South African Writers** (COSAW) literarische Anerkennung. Das 1997 in deutscher Übersetzung erschienene Buch „In Kapstadt kannst du nicht verloren gehen" der schwarzen Autorin *Zoë Wicomb* (geb. 1948) versucht in zehn Erzählungen den Spagat zwischen Politik und Literatur. Die Autorin aus der Western Cape Province war 1970 nach England emigriert und kehrte 1991 das erste Mal wieder in ihr Heimatland zurück.

Die **uKhahlamba-Drakensberge** in KwaZulu-Natal sind mit Höhen über 3.000 m die höchsten und spektakulärsten Berge Südafrikas. Die imposante Basaltwand wird von den Zulus *Khalamba* genannt, was so viel wie „Barriere aus Speeren" heißt. Das „Dach Südafrikas" markiert die Grenze zum Königreich Lesotho, zu dem nur der Sani-Pass vom Osten Zugang verschafft.

Im absoluten Norden von Südafrika befindet sich **Venda**, das im Osten an den Kruger National Park grenzt. Im Süden und Westen erstrecken sich die klimatisch günstigen Soutpansberge, in denen die meisten VhaVenda in kleinen Dörfern mit Rundhütten leben.

Die **Zulu** gehören zu den Bantu-Völkern und die Mehrheit der zahlreichen kleinen Stämme lebt noch nach alter Tradition auf dem Lande. Einblick in Denken und Aufbau der Zulu-Gemeinschaft bieten traditionelle Dörfer wie das hier abgebildete Shakaland.

Die nicht enden wollende hügelige Hochlandschaft im **Land der Xhosa** mit unzähligen, weit verstreut liegenden, farbig bemalten Rundhütten ist für das Auge einfach zum Genießen. Keine Stadt, kein Hochhaus, keine Industrieanlage – nichts, was den Blick stören könnte. Selbst Telefon- und Strommasten sind eine Seltenheit.

Im **Mapoch Ndebele Village** in Tshwane, ca. 50 km von Pretoria entfernt, sind die farbigen, mit abstrakten Mustern bemalten Hütten sehenswert. Die Bemalung ist Frauensache und wurde bis zur Perfektion entwickelt. Und wer im Dorf genau hinschaut, sieht auch moderne Einflüsse, z. B. in Form von Mobiltelefonen.

Oft müssen die **Zulu-Frauen**, wie hier am Umkomaas-River am Fuße der Nataler Drakensberge, ihr Feuerholz zum Kochen von weit her holen. Sie transportieren sogar ganze Baumstämme auf dem Kopf. Die Zulu stellen die größte schwarze ethnische Einheit Südafrikas.

Eine der schönsten Wanderstrecken in Südafrika ist der **Wild Coast Hiking Trail**. Diese Wanderung erstreckt sich entlang der gesamten Küste der ehemaligen Transkei. Dabei geht es durch fünf Naturreservate, über zahlreiche Flüsse und entlang vieler Wasserfälle. Und man kann jede Menge gut gelaunter Kinder treffen.

Das **Maputaland** ist ein Highlight hinsichtlich Ursprünglichkeit und Einsamkeit an Seen, Meer und Stränden. Im **Kosi Bay Nature Reserve** gibt es z. B. ein einzigartiges Seensystem, das seine Anwohner seit Jahrhunderten mit seinen Fischen ernährt. Für Besucher erschweren tiefe Sandpisten den Zugang.

Die Hauptstadt von **Venda** („angenehmer Ort“) ist die quirlige Stadt Thohoyandou. Bekannt ist das ehemalige kleinste „unabhängige“ Homeland vor allem für die kulturelle Vielfalt ihrer Bewohner – der *VhaVenda* – deren handwerkliche Geschicklichkeit und die mystischen Legenden.

Der **Royal National Park** in KwaZulu-Natal lebt von der gewaltigen Kulisse des Amphitheaters mit dem 3.164 m hohen Sentinel. Die geschlossene steile Felswand wirkt dabei wie eine extra angefertigte Filmszenerie. Den besten Blick auf die Bergwand hat man vom im Park gelegenen Tendele Camp.

Die „kleinen Drakensberge“ werden die Berge in **Mpumalanga** im Vergleich zu den gleichnamigen in KwaZulu-Natal auch genannt. Geprägt werden sie durch den malerischen Blyde River Canyon, der bis zu 1.400 m in die Tiefe geht. Viele Wanderwege erschließen diese spektakuläre Landschaft.

Bis vor rund 100 Jahren lebten in der einsamen Bergregion der uKhahlamba-Drakensberge die **San**. Hinterlassen haben sie beeindruckende Zeichnungen, die unter dem Begriff **Rock Art** bekannt geworden sind. Bisher sind rund 30.000 Zeichnungen, die vor ca. 200 bis 800 Jahren entstanden, in über 520 Höhlen bekannt – einige zum Glück nur den Experten, denn viele wurden bereits zerstört.

Die **Tierwelt** ist einer der Hauptgründe für einen Besuch Südafrikas. Mit rund 21.000 Büffeln, 9.000 Elefanten, 2.500 Löwen und 1.000 Leoparden sind die Chancen im Kruger National Park groß, die „Big Five" zu sehen. Garantiert laufen einem jedoch einige der 5.000 Giraffen über den Weg.

Unter den zahlreichen privaten Wildreservaten besticht **Londolozi** unter dem Management von CCAfrica besonders. Dabei ist das Reservat nicht nur für die gute Möglichkeit zur Beobachtung von Leoparden und seine luxuriöse Ausstattung der Lodges, sondern auch für seine hervorragende Rehabilitation von Land und Tieren bekannt.

Zur Tierbeobachtung im Kruger National Park ist die beste **Reisezeit** die Trockenzeit von Juni bis September. Dann suchen die Tiere Wasser an den raren Wasserstellen. Oder zu Beginn und zum Ende der Regenzeit. Dann ist die Savanne saftig grün.

Wer Natur und Tiere hautnah, also ein wirkliches Abenteuer erleben möchte, sollte sich zu Fuß auf die Pirsch durch den **Kruger National Park** begeben. Eine gute körperliche Verfassung ist Voraussetzung. Bis zu 20 km bei oft sehr heißen Temperaturen werden an einem Tag zurückgelegt.

Der Name der mehr als 2.000 km langen, legendären **African Ivory Route** geht auf die Nutzung von Elfenbeinschmugglern und Goldhändlern zurück. Sie führt durch die ursprünglichsten Gegenden der Limpopo Province. Der Mythen umwobene Lake Fundudzi im Herzen Vendas liegt auch auf der Route.

Steile Felsen, offene Landschaft, rote Sandpisten, dornige Buschlandschaft, sanfte Hügel – der unweit von Johannesburg liegende **Marakele National Park** bietet nicht nur ein wunderschönes Naturerlebnis. Er kann auch durch seine malariafreie Lage in der Waterberg Region, in einem der einsamsten Gebiete der Limpopo Province, punkten.

Das **Ithala Game Reserve** liegt weit abgelegen inmitten des Zulu-Landes. Der Park besticht durch seine Mischung von Hochplateau, Bergkuppen mit Höhen bis 1.450 m und tiefen Tälern mit Galeriewaldsavanne. Die offene Berglandschaft gibt schon von Weitem den Blick auf Herden von Elefanten, Büffeln, Zebras, Kudus, Warthogs, Nashörnern und Giraffen frei.

Das vollständig von Land (Mozambique und Südafrika) umschlossene **Swaziland** ist mit etwa 17.000 qkm kaum größer als Schleswig-Holstein. Mit Gebirge (bis 1.800 m), Hochflächen, Regenwald-, Busch- und Savannenlandschaft bietet das kleine Königreich einen guten Querschnitt durch den afrikanischen Naturraum.

Das **Land der Zulu** befindet sich im Norden der heutigen Provinz KwaZulu-Natal und besteht aus scheinbar nicht enden wollenden runden Hügeln mit üppiger, subtropischer Vegetation. Die so genannten Rolling Hills entstanden durch Wassererosion.

Der Großteil der insgesamt 480 km langen **Wild Coast**, die vor allem wegen der stürmischen See so genannt wird, ist dramatisch und tückisch. Die landschaftliche Schönheit wird noch durch weitgehende touristische Unerschlossenheit und schwere Zugänglichkeit unterstrichen – einer der schönsten Küstenabschnitte in ganz Afrika.

Im historischen **Shangaan Cultural Village** auf dem Gebiet des Londolozi Wildreservates ist die Vorführung eines afrikanischen Wunderheilers im Zelt des „Chiefs“ ein kultureller Höhepunkt. Besonders als „Tracker“ (Spurensucher) auf Pirschfahrt sind die Shangaan talentiert.

Die auf rote Sandsteinklippen gebaute Stadt **Maputo** prahlt neben halb verfallenen Platten- und Kolonialbauten mit üppiger Tropenvegetation. Die Lebensfreude der jungen Mozambiquaner, die sich oft bis spät in die Nacht in der Altstadt am Hafen treffen und zur populären Marrabenta-Musik tanzen, ist ebenso ein Erlebnis.

Aus der Goldgräberstadt **Johannesburg** entwickelte sich eine Millionenmetropole. Die ehemals rein „weiße" Downtown wird heute von Schwarzen bewohnt. Einen Kontrast dazu bilden die Stadtteile im Norden der Stadt, wo luxuriöse Shoppingzentren und die Wohnquartiere der Reichen entstanden sind.

Eine Fahrt mit der historischen **Rovos Rail**, „The pride of Africa", wie sie genannt wird, ist für Eisenbahnfans ein absolutes Muss. Der 1989 zum ersten Mal gestartete Zug wird zum Teil sogar noch mit einer alten Dampflok gezogen.

Rund 50 km nördlich von Maputo liegt in **Mozambique** die schmale Landzunge **Macanata** zwischen dem Rio Incomati und dem Indischen Ozean. Sie wird gesäumt von langen, einsamen Stränden. Von dort kann man den Einheimischen in ihren kleinen Segelbooten den ganzen Tag beim Fischen zusehen.

Die Hafenstadt **Durban** ist wegen des warmen Wassers des Indischen Ozeans und der langen Strände sehr beliebt für einen Zwischenstopp. Die so genannte „Golden Mile", Durbans 6 km lange Amüsier- und Hotel-Zeile und der direkt davor liegende Stadtstrand füllen sich in der Hochsaison mit Städtern und Touristen.

6. SÜDAFRIKA ALS REISELAND

Hinweis

Die Gelben Seiten werden regelmäßig aktualisiert, sodass sie stets auf dem neuesten Stand sind. In den Allgemeinen Reisetipps (S. 130ff.) finden Sie – alphabetisch geordnet – reisepraktische Hinweise für die Vorbereitung Ihrer Reise und Ihren Aufenthalt in Südafrika. Die Regionalen Reisetipps (S. 195ff.) geben Auskunft über Infostellen, Sehenswürdigkeiten (Adressen, Öffnungszeiten und Eintrittspreise), Unterkünfte, Restaurants etc. in den – ebenfalls alphabetisch aufgelisteten – wichtigsten Städten, Ortschaften und Regionen.

News im Web: www.iwanowski.de

Allgemeine Reisetipps von A–Z

A

⇨ Adressen

• **South African Tourism:**
Beim südafrikanischen Fremdenverkehrsbüro ***South African Tourism*** (South African Tourism Board) erhalten Sie ausführliche Informationen:
- **Deutschland:** South African Tourism, An der Hauptwache 11, D-60313 Frankfurt/Main, Service Tel.: 01805/722255 (kostenpflichtig, aber nicht sehr teuer) Fax: 069/280950, Internet: *www.southafricantourism.de*, E-Mail: *info@southafricantourism.de*.
- **Österreich**: South African Tourism, Stefan-Zweig-Platz 11, 1170 Wien, Tel.: 01-47045110, Fax: 01-47045114.
- **Schweiz**: Touristikbüro Südliches Afrika, Seestraße 42, 8802 Kilchberg/Zürich, Tel.: 01-7151815, Fax: 01-7151889.
- **Südafrika**: Bojanala House, 12 Rivonia Rd, Illovo, Johannesburg 2196, Private Bag X 10012, Sandton 2146, Tel.: (011) 778 8000, Fax: (011) 778 8001, E-Mail: jhb@southafricantourism.com.

• **Deutsch-Südafrikanische Gesellschaft e.V.**, Bundesgeschäftsstelle Godesberger Allee 127, 53175 Bonn, Tel.: 0228/371055, Fax: 0228/374766.

• **Gesellschaft Südliches Afrika e.V.**, Frankenhauser Str. 10, 28329 Bremen, Tel.: 0421/4677168.

⇨ Alkohol

• An Sonn- und Feiertagen durfte bis vor wenigen Jahren in den öffentlichen Bars kein Alkohol ausgeschenkt werden. Mit der politischen Umstrukturierung wurde dieses Gesetz staatsweit abgeschafft, kann aber theoretisch noch von regionalen Behörden eingesetzt werden.

• In nicht-lizensierten Lokalen darf zwar kein Alkohol ausgeschenkt, dafür aber mitgebracht und getrunken werden („bring your own" = „BYO").

• Alkoholische Getränke kauft man in besonderen Geschäften, den „Bottle Stores". Nur in großen Städten haben einige wenige auch sonntags geöffnet. Wein (aber meist kein Bier) kann Mo–Sa auch im Supermarkt gekauft werden.

• Der Alkoholausschank in Hotels ist wie folgt zu erkennen:

Y bedeutet: Wein und Bier dürfen nur zu den Mahlzeiten angeboten werden.

YY bedeutet: Es dürfen (nur) Wein und Bier auch ohne Mahlzeiten verkauft werden.

YYY bedeutet: Es dürfen Wein, Bier und Spirituosen verkauft werden, auch ohne Mahlzeiten.

Diese Klassifizierung verschwindet aber langsam.

Trotz des guten Weines: Bier ist das beliebteste alkoholische Getränk

⇨ Auto fahren

In Südafrika herrscht **Linksverkehr**! Folgende **Geschwindigkeitsbegrenzungen** gelten:
- innerhalb geschlossener Ortschaften 60 km/h,
- auf Landstraßen 100 km/h,
- auf bestimmten Fernstraßen (Freeways) 120 km/h.

- Das südafrikanische **Straßennetz** ist in gutem Zustand und relativ dicht, die wichtigsten Verbindungen sind asphaltiert. Es besteht Anschnallpflicht sowie eine Promillegrenze von 0,5 für Fahrer. Bei Übertretungen muss mit strengen Strafen gerechnet werden. In abgelegenen ländlichen Gebieten Südafrikas sowie den ehemaligen Homelands müssen Sie damit rechnen, dass öfter Vieh die Straße überquert. Meiden Sie auf jeden Fall die Townships der Großstädte, besonders bei Nacht.
- **Geschwindigkeitsbegrenzungen**, besonders auf Landstraßen und Autobahnen, sollten tunlichst beachtet werden. Oft gibt es Kontrollen und dann muss gleich bezahlt werden – und das kommt teuer!
- Auch im Linksverkehr hat **rechts Vorfahrt**, auch im Kreisverkehr.
- Von **Nachtfahrten in ländlichen Gebieten** ist abzuraten. Oft fahren unzureichend beleuchtete Fahrzeuge, und nicht selten kreuzen Tiere die Fahrbahn.
- **„Four-Way-Stop":** Viele Kreuzungen weisen an jeder Straße ein Stoppschild (unter dem „4-Way" steht) auf. Das bedeutet, dass derjenige zuerst fahren darf, der als Erster an der Haltelinie zum Stehen gekommen ist.
- Es gilt der **Führerschein** des Heimatlandes des Besuchers, sofern er das Foto und die Unterschrift des Inhabers trägt und in englischer Sprache verfasst ist; im Klartext: Sie benötigen den internationalen Führerschein. Trotzdem ist zum Anmieten eines Fahrzeuges auch der jeweilige nationale Führerschein notwendig!
- Wenn ein Fahrzeug Ihnen **zum Überholen Platz macht**, bedanken Sie sich nach abgeschlossenem Überholmanöver mit dem Warnblinker.
- **Parkwächter** an offiziellen Parkflächen werden mittlerweile von den Städten und Gemeinden „autorisiert". Sie bekommen zwar kein Geld von Staatsseite, dafür bürgt der Staat dafür, diese Parkwächter vorher auf Ehrlichkeit „geprüft" zu haben. Das System klappt gut und gibt vielen Menschen eine Chance auf Arbeit. Zu erkennen sind die offiziellen Parkwächter an auffälligen, meist gelben oder orangefarbenen Gummijacken.
- Für das Bewachen Ihres Fahrzeuges sollten Sie nach Ihrer Rückkehr 2 Rand geben.

Unbedingt respektieren und mit einem kleinen Trinkgeld belohnen: die „Car Watchers"

⇨ Automobilclubs

Die „Automobile Association of South Africa" (= AA) bietet hervorragende Dienste für den Autoreisenden an. Wenn man Mitglied z.B. im ADAC oder AvD ist, wird gegen Vorlage des Mitgliedsausweises kostenlos Hilfe gewährt. Man erhält u.a. Karten und Tourenratschläge.

Regionale Adressen:
AA Pannenhilfe: „The Bunker", Denis Paxton House, Kyalami Grand Prix Circuit, Allendale Rd, Kyalami, Midrand 1685, Tel.: (011) 799-1000, Fax: (011) 799-1014. Landesweite Info-Nummer: **(082) 16 111**, Internet: *www.aasa.co.za*

Landesweite Pannenhilfe: Tel.: 082-16111, (011) 799-1500 oder 0800-010101

KwaZulu-Natal
- ***Durban/Musgrave***, Shop 317, Musgrave Centre, Musgrave Rd, Tel.: (031) 201-5244, Fax: (031) 201-6792
- ***Durban/Westville***, Shop 255, The Pavilion, Jack Martens Dr, Tel.: (031) 265-0437, Fax: (031) 265-0368
- ***Pietermaritzburg***, Shop 1B, The Victoria Centre, 157 Victoria Rd, Tel.: (033) 342-0571, Fax: (033) 394-2475

Gauteng
- ***Johannesburg/Eastgate***, Shop U33A, Eastgate Shopping Centre, Bradford Rd, Tel.: (011) 615-7991, Fax: (011) 615-1419
- ***Johannesburg/Cresta***, Shop L17, Cresta Regional Shopping Centre, Beyers Naude Dr, Tel.: (011) 478-3065, Fax: (011) 478-0227
- ***Johannesburg/Sandton***, Shop U42 Sandton City, Rivonia Rd, Tel.: (011) 884-2010, Fax: (011) 883-1974
- ***Johannesburg/Fourways***, Seekers TravelShop G22, Fourways Crossing Retail Centre, Cnr William Nicol and Sunset Boulevard, Tel.: (011) 465-9960/4672482, Fax: (011) 705-1710
- ***Tshwane (Pretoria)/Menlyn***, Shop 3, Menlyn Park Shopping Centre, Cnr Atterbury Rd & Lois Av, Tel.: (012) 348-6601, Fax: (012) 348-6540

Mpumalanga
- ***Nelspruit:*** Dana Agency, Shop U7 Nelcity Centre Corner Paul Kruger & Louis Trichardt St, Tel.: (013) 753-3571
- ***Witbank***: 26 Denh Haag St, Die Heuwel, Witbank, Tel.: (013) 656-5461

Eastern Cape Province
- ***East London***, AA Test & Drive, 167 Oxford St, Tel.: (043)742-2100, Fax: (043) 722-8545
- ***Port Elizabeth***, AA Test & Drive, 14 Albany Rd, Tel.: (041) 582-2924, Fax: (041) 582-2970

⇨ Autoverleih

Höchstmaß an Individualität
Die Kombination Mietwagen/Hotel u. Inlandsflüge, um weite Strecken zu überbrücken, erweist sich gerade für Südafrika als optimal. Auf diese Weise kann man einen wirklich individuellen Urlaub gestalten. Am entsprechenden Zielflughafen steht der Mietwagen abfahrbereit.

Straßennetz
Das gesamte Straßennetz ist ausgezeichnet (840 km sind geteert). Auch nicht-geteerte „gravel roads" sind gepflegt. Deshalb kommt man innerhalb Südafrikas mit einem Pkw fast überall hin – ein Geländewagen ist ein Luxus, der sich u.U. nur für abgelegene Pisten

in Venda, im Maputaland, in einigen Game Parks und für Lesotho sowie abgelegene Gebirgsregionen empfiehlt. Benzin ist überall erhältlich, das Tankstellen-Netz relativ dicht geknüpft. Achten Sie aber bitte trotzdem auf Hinweise im Text bzgl. einiger Regionen mit weniger Tankmöglichkeiten.

Bei Fahrzeugannahme kontrollieren: den Reservereifen

Mietwagenfirmen

Die großen Mietwagenfirmen in Südafrika – AVIS, BUDGET, Europcar und Hertz – verfügen über große Fahrzeugflotten mit unterschiedlichen Fahrzeugtypen. Die Fahrzeuge sind zugelassen für Namibia, Botswana, Lesotho und Swaziland. Fahrten nach Angola, Malawi, Mozambique, Sambia und auch nach Zimbabwe sind derzeit nur bedingt gestattet.

Preisbeispiele

Vom VW Golf bis zum klimatisierten Mercedes 230 E mit Automatik kann alles angemietet werden. Preisbeispiele für (bei einer Mindestmiete von insgesamt 15 Tagen, einschl. km/Steuern/Vollkaskoversicherung) pro Tag:

VW Chico (alter Golf, Golf II) bzw. Opel Corsa	ab € 25
VW Polo/Toyota Corolla	ab € 35
VW Jetta/Audi A4 mit Automatik und Klimaanlage	ab € 55
Mercedes 180 C mit Klimaanlage, Automatik und Servolenkung	ab € 80
VW Kombi/Bus TDI (8 Personen)	ab € 100

Mit Selbstbehalt liegen die Preise manchmal auch leicht darunter.

Fahrzeugempfehlungen

Für die heißen Sommermonate sollte man auf jeden Fall ein Auto mit Klimaanlage wählen. Ein Wagen mit Automatik erleichtert die Gewöhnung an den Linksverkehr und fördert dadurch die Fahrkonzentration. Wer auf Nummer Sicher gehen und es sich leisten will, sollte ein Sicherheitsfahrzeug wie Mercedes wählen. Auch südafrikanische Autofahrer sind nicht zimperlich, was das Übertreten von Geschwindigkeiten und das Nichtbeachten von Überholverboten betrifft.

Lokaler oder überregionaler Vermieter?

Zweifelsohne sind die lokal operierenden Vermieter bis zu 25 % billiger als die überregional arbeitenden Unternehmen. Einige kleinere Firmen versuchen sich derzeit auf dem überregionalen Markt. Aber: Ein lokaler Vermieter ist nur anzuraten, wenn man sich im engeren Umkreis bewegt. Sobald man weite Fahrten vorhat oder „one-way“ fährt, empfiehlt sich die Anmietung bei einem der „großen Vier“. Im Pannenfall oder sonstigen Notfall wird man den schnellen, professionellen Service zu schätzen wissen. Außerdem vermieten die großen Firmen stets eine neuwertige Fahrzeugflotte, während die billigeren Anbieter zumeist öfter gebrauchte Fahrzeuge zur Verfügung stellen. Als beste Autovermieter, da sie über das größte Netz verfügen, gelten Avis und Hertz.

Sie sollten Ihr Fahrzeug möglichst bei einem Veranstalter in Deutschland vorausbuchen. Die hier gewährten Preise sind niedriger als in Südafrika selbst, das Fahrzeug steht sicher für Sie bereit und vor Ort sind Sie frei von Organisationsstress.

- **AVIS** Rent-A-Car
  - Deutschland: Tel.: (0211) 437-9754, Internet: *www.avis.de*
  - Südafrika: Tel.: 0861-021111, Internet: *www.avis.co.za*
- **BUDGET** Rent-A-Car
  - Deutschland: Tel.: 01805-244388, Internet: *www.budgetrentacar.de*
  - Südafrika: Tel.: 0861-016622, Internet: *www.budget.co.za*
- **Europcar**
  - Deutschland: Tel.: 01805-244388, Internet: *www.europcar.de*
  - Südafrika: Tel.: 0800-011344, Internet: *www.europcar.co.za*
- **Hertz**
  - Deutschland: Tel.: 0180-5333535, Internet: *www.hertz.de*
  - Südafrika: Tel.: 0861-600136, Internet: *www.hertz.co.za*

Weitere regionale Adresse:

- **Johannesburg: Imperial Car Rental,** Tel.: 0800-1311000, Internet: *www.imperial.ih.co.za*

Tankstellen

Das Tankstellennetz in Südafrika ist dicht. Die Benzinpreise liegen bei etwa der Hälfte unserer Preise. Öffnungsz.: 7–18h. Große Tankstellen der Ketten Shell, BP usw. haben inzwischen auch 24 Stunden geöffnet. Benzin kann nicht per Kreditkarte, sondern nur bar bezahlt werden!

!!! **Achtung**
Man sollte darauf achten, dass auch tatsächlich Benzin eingefüllt wird. Einem Leser passierte es, dass der Tankwart zwar so tat und auch Geld kassierte, aber kein Benzin eingefüllt hatte.

Was bedeuten die Versicherungsabkürzungen beim Automieten?

- **CDW (Collision Damage Waiver):** *Vollkasko mit Haftungsbefreiung für Schäden am Mietwagen.*
- **TP (Theft Protection):** *Diebstahlversicherung, bei der Sie aber unbedingt di Bedingungen lesen sollten, z.B. ist der Diebstahl von Einzelteilen (Reifen, Felgen, Spiegel etc.) i.d.R. nicht abgedeckt!*
- **PAI (Personal Accident Insurance):** *deckt bei Unfall oder Todesfall Fahrer und Mitfahrer ab, wobei die maximal auszuzahlende Versicherungssumme nach europäischen Maßstäben sehr niedrig ausfällt.*

Hinweis
Bei allen o.g. Versicherungen ist d Gepäck, also das persönliche Hab und Gu im Fahrzeug nicht mitversichert. Dazu ben tigen Sie eine Reisegepäckversicherung, d Sie am besten schon in Europa abschließe sollten.

B

⇨ Banken

Die **Öffnungszeiten** der Banken:

in der **Stadt**	09–15.30h (an Werktagen)	08.30–11h (samstags)
auf dem **Land**	werktags 09–12.45h	werktags 14–15.30h

> **Hinweise**
> • Tankstellen akzeptieren grundsätzlich keine Kreditkarten, und sollten Ihre Reiseschecks nicht in Rand ausgestellt sein, müssen Sie beim Einlösen Ihren Pass vorlegen.
> • Achten Sie darauf, dass Sie beim Geldwechseln nicht beobachtet werden. Nehmen Sie auch keine Hilfe an. In letzter Zeit kam es vermehrt zu Betrugsdelikten.

Eine Bank ist zu den normalen Schalterstunden auf den internationalen Flughäfen in Johannesburg und Durban geöffnet. Auf jedem dieser Flughäfen ist eine Wechselstube zwei Stunden vor jedem internationalen Abflug geöffnet und schließt zwei Stunden nach jeder internationalen Ankunft. **Bankautomaten („ATM" = Automatic Teller Machines)** gibt es in Südafrika genauso häufig wie bei uns. An ihnen können Sie mit den gängigen Kreditkarten Geld abheben. Merken Sie sich also die Geheimnummer Ihrer Karte. Auch die Bankcard (ehem. blaue Euroscheckkarte) wird von den meisten Bankautomaten akzeptiert. Wichtig ist, dass der Automat mit dem Maestro-System kooperiert.

> **Tipp**
> Weltweite Auskunft über ATM-Standorte gibt es auf der Website www.mastercard.com/atmlocator.

⇨ Bed and Breakfast

Diese typisch englische Einrichtung hat sich mittlerweile auch in Südafrika durchgesetzt, allerdings auf einem im Allgemeinen höheren Niveau. Die Preise betragen pro Person/Nacht mindestens € 20. Fordern Sie das stets aktualisierte Bed'n' Breakfast-Verzeichnis an bei: South African Tourism, An der Hauptwache 11, D-60313 Frankfurt/Main, Service-Tel.: 01805-722255, Fax: (069) 280950, Internet: *www.southafricantourism.de*, E-Mail: *info@southafricantourism.de*.
Auskunft auch: Bed + Breakfast Pty. Ltd., POB 91309, Auckland Park 2006, Johannesburg, Tel.: (011) 482-2206, Fax: (011) 726-6915, Internet: *www.bandb.co.za*.

⇨ Behinderte

Südafrika versucht seit Jahren, sich auf die Bedürfnisse behinderter Reisender einzustellen. Dennoch ist – wie auch in Deutschland – das Reisen immer noch nur mit Einschränkungen möglich. SAA (South African Airways) stellt an allen größeren Flughäfen allen Passagieren Hilfsgeräte zur Verfügung.

Folgende Organisationen widmen sich den Belangen von Behinderten:
• **National Parks Board**, POB 787, Pretoria (Tshwane) 0001, Tel. (012) 428-9111, Fax (012) 343-0905, Internet: *www.sanparks.org*, E-Mail: *reservations@sanparks.org*. Die Nationalpark-Behörde Südafrikas hat dafür Sorge getragen, dass es in allen Camps behindertengerechte Unterbringungsmöglichkeiten gibt.
• **Independence Living Centre** in Johannesburg, Tel.: (011) 482-5474, Fax (011) 482-5565, E-Mail: *ilcentre@icon.co.za*. Hier erhält man Informationen über behindertengerechte Beförderung und Unterkünfte.
• **The Disabled People of South Africa**, Information Centre, POB 1059, Pinetown 3600, Tel.: (031) 303-4213, Fax: (031) 303-1564. Die Organisation für behinderte Menschen in Südafrika verfügt in Durban über ein Informationszentrum.

⇨ Botschaften/Konsulate

in Deutschland

- ***Botschaft der Republik Südafrika***, Tiergartenstr. 18, 10785 Berlin, Tel.: (030) 220730, Fax: (030) 22073190, Öffnungszeiten Mo–Fr 8–16.45h; Internet: *www.suedafrika.org*, E-Mail: *botschaft@suedafrika.org*
- ***Südafrikanisches Generalkonsulat***, Sendlinger Tor Platz 5, 80336 München, Tel.: (089) 2311630, Fax: (089) 23116363, Öffnungszeiten Mo–Fr 9–12h

in der Schweiz

- ***Südafrikanische Botschaft***, Alpenstraße 29, CH-3006 Bern, Tel.: (031) 3501313, Fax: (031)3501310, E-Mail: *consular@southafrica.ch*
- ***Südafrikanisches Generalkonsulat***, 114 Rue de Rhône, CH-12041 Genf, Tel.: (022) 8495454, Fax: (022) 8495432

in Österreich

- ***Südafrikanische Botschaft***, Sandgasse 13, A-1190 Wien, Tel.: (0132) 3206493, Fax: (0132) 320649351
- ***Südafrikanisches Konsulat***, Villefortgasse 13/II, A-8010 Graz, Tel.: (0316) 37671

in Südafrika

- **Deutschland**
  - ***Deutsche Botschaft***, 180 Blackwood St, Arcadia, Tshwane (Pretoria) 0001, P.O.Box 2023, Tel.: (012) 427-8900, Fax: (012) 343-9401, E-Mail: *germanembassypretoria@gonet.co.za*
  - ***Konsulat der Bundesrepublik Deutschland***, 4th Floor, 2 Devonshire Place, Durban 4001 Tel.: (031) 305-5677, Fax: (031) 305-5679
- **Schweiz**
  - ***Schweizerische Botschaft***, 225 Veale St, Parc Nouveau, New Muckleneuk, Tshwane (Pretoria) 0181, Tel.: (012) 452-0660/1, Fax: (021) 346-6605.
  - ***Schweizerisches Generalkonsulat***, Swiss House, 86 Main St, Johannesburg 2000, Tel.: (011) 838-5102
- **Österreich**
  - ***Österreichische Botschaft***, 1109 Duncan St, Brooklyn, Tshwane (Pretoria) 0001, Tel.: (012) 452-9155, Fax: (012) 460-1151.
  - ***Österreichisches Generalkonsulat***, 203 Union Building; 333 Smith St, Durban 4000, Tel.: (031) 304-9522
  - ***Österreichisches Generalkonsulat***, 9th Floor, Samro House, 73 Juta St, Johannesburg 2000, Tel.: (011) 403-1850

⇨ Busreisen/Busverbindungen

Noch preiswerter als die Bahn – und vor allem flotter – fährt man mit dem gut ausgebauten Überland-Bussystem. Die regelmäßigen, pünktlichen Verbindungen sind ein Vorteil, allerdings werden nur die größeren Städte verbunden. Schwierig wird es, die meist abseits gelegenen touristisch interessanten Stellen zu erreichen. Die überall zu sehenden kleinen Minibusse – meist hoffnungslos überfüllt – kann man nicht reservieren. Ebenso sind diese Minibusse wegen Überladung und z.T. nicht verkehrssicherem Zustand oft in Unfälle verwickelt.

Überregionale Verbindungen

- **GREYHOUND Cityliner** (luxuriös, verstellbare Sitze, Verkauf von Verpflegung an Bord, Toilette) Internet: *www.greyhound.co.za*. Reservierungen in Johannesburg: Tel.: (011) 803-1301, Durban: Tel.: (031) 309-7830, Port Elizabeth: Tel.: (041) 568-4879
- **TRANSLUX Intercity** (moderne Busse, oft Doppeldecker, Klimaanlage, Nichtraucher!), Internet: *www.translux.co.za*. Reservierung in Johannesburg: Tel.: (011) 774-3333, Durban: Tel.: (031) 308-8111, Port Elizabeth: Tel.: (041) 507-1333; Zentralreservierung/Infos: Translux, P.O.Box 1907, Tshwane (Pretoria) 0001, Tel.: (012) 315-3492, Fax: (012) 315-3508
- **MAINLINER Intercape** (u.a. Verbindungen bis Windhoek ab/bis Johannesburg und Kapstadt), Internet: *www.intercape.co.za*. Reservierung in Durban: Tel.: (031) 307-2115, Port Elizabeth: Tel.: (041) 586-0055, Tshwane (Pretoria): Tel.: (012) 654-4114

Rucksackreisende durch Südafrika/Baz Bus

Rucksackreisende haben eine neue Möglichkeit, Südafrika nach individuellen Vorstellungen zu entdecken. Mit dem Baz Bus kann man nahezu alle Hostels in 40 Städten und Orten in Südafrika und Swaziland erreichen. Will man weiterfahren, bestellt man den Baz Bus und lässt sich vor der Tür der Unterkunft abholen. Das Hop-on/Hop-off-System ermöglicht damit eine freie Reisegestaltung und einen optimalen Verkehrsanschluss Baz Bus, 8 Rosedane Rd, Sea Point, Kapstadt 8005, Tel.: (021) 439-2323, Fax: (021) 439-2343, E-Mail: *info@bazbus.com*, Internet: *www.bazbus.com*.

C

⇨ Camping

Südafrika ist ein ideales Land zum Campen. Es gibt landesweit über 700 Campingplätze, vor allem entlang der touristisch interessanten Routen (Küste und uKhalamba-Drakensberg Park von KwaZulu-Natal, Drakensberge in der Mpumalanga und Limpopo Province) sowie in den vielen Nationalparks und Naturschutzgebieten. Schwierig kann das Campen nur an und in den Großstädten werden.

Aufgrund des Klimas ist Südafrika ein für den Outdoor-Urlaub prädestiniertes Land. Die Campingplätze sind in der Regel sehr gut ausgestattet: Man findet alle notwendigen Selbstversorgungseinrichtungen vor, saubere sanitäre Anlagen sowie die obligatorische Grillstelle (*braai*). Die Campingplätze stehen nicht nur Zeltern zur Verfügung, sondern auch Fahrern mit Wohnmobilen und Allradfahrzeugen mit Dachzelten. Oft befinden sich auf den Campingplätzen auch schlichte Chalets mit einfach eingerichteten Zimmern und eigenem Bad/WC.

Natürlich ist diese Urlaubsform nicht Jedermanns Sache. Aber toll ist sie für alle,
- die preiswert das Land erkunden möchten;
- die Naturnähe zu schätzen wissen;
- die gerne in Kontakt mit anderen Reisenden treten möchten.

Die Südafrikaner selbst sind leidenschaftliche Camper, und es verwundert nicht, dass in den südafrikanischen Schulferien die Campingplätze sehr gut besucht sind.

@ Wichtige Internetseiten für Campingplätze

- www.satour.de: *Allgemeine Infos zum Camping sowie Auflistung ausgewählter Plätze, Darstellung nur in Kurzform.*
- www.caravanparks.com: *Sehr gute Seite, stellt landesweit Campingplätze ausführlich dar; Buchungsmöglichkeit.*
- www.aventura.co.za: *Hier werden ausgezeichnete Campingplätze dargestellt, die man auch online buchen kann.*
- www.caraville.co.za: *Ebenfalls Vorstellung von Campingplätzen mit ausführlicher Beschreibung, Online-Buchen möglich. Toll: Es wird ein Campingpass angeboten (Voucher System).*

⇨ Camper

Südafrika ist durch sein gutes Straßennetz, durch seine ausgezeichneten Campingplätze sowie durch das Klima ein tolles Land für Camperferien. Die größten Vermieter von Wohnmobilen sind die Firmen *BRITZ (www.britz.co.za), MAUI (www.maui.co.za)* und *Campers Corner (www.campers.co.za)*. Es werden von diesen Firmen fünf verschiedene Typen mit firmeneigener Bezeichnung angeboten. Empfehlenswert sind auf jeden Fall etwas stärker motorisierte Fahrzeuge mit mindestens 2-Liter-Motor. Für Fahrten in Nachbarländer wie Botswana sind Allradfahrzeuge mit Dachzelten die richtige Wahl. Je nach Mietbedingungen (limitiert/unlimitiert, Saison etc.) kosten diese ab ca. € 100 pro Tag. Normalerweise reicht für eine klassische 3-Wochen-Reise in Südafrika die Miete eines Fahrzeugs mit limitierten Kilometern.

Auf jeden Fall sollte man eine „Complete Cover"-Versicherung abschließen, die den Eigenanteil der Haftung um 75 % senkt.

E

⇨ Einkaufen

Südafrika ist ein wahres Eldorado für Mitbringsel – große und kleine, essbare, trinkbare, schöne ... hier eine kleine Auswahl:

- Das obligatorische **Biltong** (gewürztes, getrocknetes Fleisch, meist vom Wild). Bei Biltong scheiden sich die Geister: Manche schwören darauf, andere fürchten um ihre Zähne und finden den Geschmack so ekelhaft, dass sie diesen südafrikanischen Kaviar in die Nähe von Hundefutter bringen. Probieren Sie's einfach!
- Der legendäre Vitamin-C-haltige **Rooibos-Tee** findet auch seine Liebhaber (gibt's mittlerweile auch in vielen Teeläden Europas zu kaufen). Die hervorragenden **südafrikanischen Weine** dürfte jeder Reisende unterwegs probiert haben, wobei sich das Mitbringen (es sei denn, es handelt sich um eine Besonderheit) nicht lohnt, da man heute viele Importeure findet, die dem Kunden den Wein ins Haus liefern *(siehe Stichwort Wein)*.
- **Proteen** sind auch ein Stückchen schönes Südafrika, die man leicht mitnehmen kann: An den Flughäfen kann man sie gut verpackt kaufen und leicht nach Hause transportieren (früher wurden Flugzeuge aus Südafrika auch als Proteen-Bomber bezeichnet, weil viele Passagiere nicht widerstehen konnten, diese Blumen mitzubringen).

• Natürlich sind seit eh und je **Schmuckwaren** aller Couleur ein beliebtes, wenn auch teures Mitbringsel. Als Diamanten- und Goldland bietet Südafrika beste Materialien zur Schmuckherstellung. Sollte der Geldbeutel diese Ausgaben nicht aushalten, dann vermeiden Sie verlockende Blicke ins Schaufenster.

• Toll sind Südafrikas **Dekostoffe**, die Motive und Farbkombinationen der Zulu, Xhosa und Bantu sind Blickfänger. Ob als Tischdecke, Sets, Wandbehang oder Kissenbezüge: In der Kombination mit modernen Möbeln wirken diese Mitbringsel super.

• Beliebt sind auch alle **Straußen-Souvenirs:** Ob Straußeneier (naturbelassen oder künstlerisch aufgepäppelt oder auch als Teelichter-Umhüllung), wunderbare Straußenleder-Produkte (Taschen, Gürtel) oder Staubwedel aus den Straußenfedern.

• Auch Masken, geschnitzte Figuren sowie diverse andere **Holzschnitzarbeiten** werden fast überall angeboten. Es muss ja nicht immer die 2 Meter hohe Giraffe sein, es geht auch um einiges kleiner ...

• Sehr schön sind die **Perlenarbeiten der Zulu**. Serviettenringe und Untersetzer, mit bunten Glasperlen verschönert, sind eine attraktive Tischdekoration.

• **Kerzen aus Swaziland** in ihren verschiedenen Formen und Mustern sind ebenfalls ein dekoratives Souvenir.

• Neuerdings gibt es eine Vielzahl an verzierten **Bestecken** aller Art – vom Teelöffel bis zur Suppenkelle – mit afrikanischen oder schlichten Griffen und Mustern. Besonders bekannt sind die Produkte von *Carol Boyes*.

• Auch **CDs** mit afrikanischer Musik sind ein Hörgenuss für zu Hause.

• Und last but not least: Herrliche **Korbflechtarbeiten** der Zulu aus KwaZulu-Natal sind Produkte, denen man kaum widerstehen kann.

> ***Noch ein Tipp***
> *Wenn Sie etwas Ansprechendes finden, dann kaufen Sie es! Meist sehen Sie es in der gleichen Art nicht wieder. Und sollten Sie mit leeren Händen nach Hause fliegen und am Flughafen Johannesburg Katzenjammer bekommen: Schauen Sie hier in die Souvenir-Shops* **Out of Africa:** *Hier können Sie noch in letzter Minute Souvenirs aller Art kaufen (wenn auch teurer als im Land selbst)!*

⇨ Einreise

Besucher aus EU-Ländern sowie der Schweiz brauchen bei einem Aufenthalt von bis zu drei Monaten kein Visum, benötigen aber einen Reisepass, der bei Ankunft noch mindestens ½ Jahr Gültigkeit hat. Bei Weiterreisen nach Namibia, Botswana, Zimbabwe, Lesotho und Swaziland werden Visa an der Grenze ausgegeben. Seit einiger Zeit legen die südafrikanischen Grenzbeamten besonderen Wert darauf, dass im Reisepass noch mindestens zwei Seiten frei sind, um die Stempel anzubringen. Also, bitte achten Sie vor der Abreise darauf. Wer länger im Land bleiben möchte, muss ausreichende finanzielle Mittel sowie ein Rückflugticket nachweisen. Zudem muss man seine Aufenthaltsgenehmigung kostenpflichtig verlängern lassen bei einem Immigration Office. Achtung! Je kurzfristiger dieser Antrag gestellt wird, umso teurer wird es.

Es dürfen zzt. nur 500 Rand eingeführt werden, wobei der Umtauschkurs in Südafrika i.d.R. sowieso günstiger ist und es an den großen Flughäfen Wechselschalter gibt, die auch nach Ankunft später Maschinen geöffnet sind. Reiseschecks und Devisen dürfen unbegrenzt eingeführt werden.

Siehe auch Stichwörter ***Impfung, Gesundheit, Jagd, Zoll***

⇨ Eintrittskarten

Bei COMPUTICKET, einem zentralen Reservierungssystem für Kino, Theater, Oper usw., können Sie Eintrittskarten vorbestellen. Die Reservierungsbüros befinden sich in allen südafrikanischen Großstädten (Shopping Centers). Nähere Informationen erhalten Sie unter Tel.: 083-9158000 oder (011) 340-8000, Internet: *www.computicket.co.za*.

⇨ Elektrizität

Die Stromspannung in der Stadt und auf dem Land beträgt 220/230 V Wechselstrom, 50 Hz. Da die Stecker aber ein anderes Format als bei uns haben, ist ein **Adapter** nötig, den man in Elektrogeschäften und Kaufhäusern in Südafrika erhält. Größere Hotels dagegen haben im Bad passende Steckdosen.

⇨ Essen und Trinken

Essen

Die kulinarischen Genüsse Südafrikas werden Sie ohne Zweifel in den Bann ziehen. Nicht nur uns bekannte, internationale Küchen, wie die aus den Mittelmeerländern, Nordamerika und China, haben hier Einzug gefunden, sondern auch landestypische, die es bei uns nicht gibt, erfahren eine Renaissance. So gibt es z.B. kapholländische und kapmalaiische sowie echte asiatische Gerichte, die alle sehr wohlschmeckend sind. Einfluss auf die Speisen hat auch die Seefahrt genommen, durch die viele Gerichte, aber auch deren Zutaten, nach Südafrika gelangten. Um Ihnen nun die Auswahl etwas zu erleichtern, haben wir hier die wichtigsten Gerichte und Eigenarten der südafrikanischen Speisekarten einmal zusammengestellt:

- ***Kapmalaiische Gerichte:*** „*Sosaties*" (Fleischspieße mit Hammel- oder Rindfleischstückchen, eingelegt in eine Currysauce), „*Bobotie*" (scharf gewürzter Hackfleischauflauf, meist Lammfleisch) oder unterschiedliche Arten des „*Bredie*" (Fleisch- und Gemüseeintöpfe) sind hier besonders beliebt.

  „*Buriyani*" wird i.d.R. nur bei großen Feiern serviert. Hierbei handelt es sich ebenfalls um ein gut gewürztes Eintopfgericht (Fleisch, Reis, Gemüse), das sehr lange kocht und dabei niemals umgerührt werden darf. „*Sosaties*" (Spieße mit Fleisch und seltener Gemüsesorten) dagegen werden in kleinen Portionen serviert, oft auch als Vorspeise oder Snack. „*Denning Meat*" zählt auch eher zu den Festtagsgerichten, das dem Lamm-Eintopf ähnelt, sich aber durch seine kapmalaiischen Gewürze von diesem unterscheidet. „*Pickled Fish*" schließlich rundet das Bild ab (man bedenke, dass viele Kapmalaien Fischer sind bzw. waren). Hierzu benutzt man getrockneten Fisch, den man dann über Nacht in Wasser einlegt und später aufkocht. Dazu fügt man angebratene Zwiebeln, Gemüse, scharfe Gewürze und Bratkartoffeln

> ***Hinweis***
> *Kapmalaiische Küche finden Sie in diesem Reisegebiet nur in ausgewählten Restaurants der Großstädte und an der Küste, wobei sie in manchen exklusiveren Lodges auch gelegentlich schon auf den Speisekarten auftaucht.*

und serviert den Eintopf dann mit Reis, Tomaten und Sambal.

Beliebte Beilagen/Saucen der kapmalaiischen Küche sind:

- „*Chutney*": Zu „Brei" gekochte Früchte od. Gemüse, gewürzt und zumeist süß-sauer
- „*Atjars*": Pickles aus Früchten oder Gemüse, bedeckt mit einer Mischung aus Öl, Chilis, Knoblauch und Curry. Meist Mango-, Pfirsich- oder Blumenkohl-Atjars
- „*Sambal*": Kleingehacktes Gemüse oder Obst, das sehr stark gewürzt wird mit Salz, Essig und Chili. Nur in Messerspitzen-Portionen verwenden!

Grillen gehört zu den Lieblingsbeschäftigungen der Südafrikaner

Alkohol wird in den oft moslemischen Restaurants nicht immer serviert, dafür aber leckerer Tee, so z.B. Grüner Tee und Kardamom-Tee. Die kapmalaiische Küche setzt sich aus Stilelementen malaiischer, indischer und kapholländischer Küche zusammen. Die indische Seite hat vor allem den Curry beigetragen, der aber nicht unbedingt scharf sein muss. Im Gegensatz zu unserem scharfen Curry ist der aus Asien vornehmlich als eine Mischung aus verschiedenen Gewürzen anzusehen, bei dem die Schärfe ganz von der Hand des Küchenchefs abhängt.

- ***Indische Gerichte:*** Diese Küche ist vor allem in KwaZulu-Natal weit verbreitet. Die Fleisch-, Geflügel-, Fisch- oder Eiergerichte („*Curry*" genannt) sind z.T. sehr „hot" (= scharf) angerichtet. Abhilfe bei zu scharfen Gerichten bringen die dazu servierten Kokosraspeln oder ein rechtzeitiges Aufmerksammachen beim Bestellen, denn die Schärfe der Currygerichte hängt oft vom Koch ab (s.o.). Auch hierbei handelt es sich gelegentlich um moslemische Restaurants, wo Alkohol nicht erlaubt ist.

- ***Kapholländische („Cape-Dutch") Gerichte:*** Die Grundzüge dieser Küche beruhen auf den ländlichen Gerichten der weißen Afrikaaner. Einflüsse aus England, Asien (z.B. Chutney) und auch zahlreiche Meeresfrüchte haben sich mittlerweile aber dazugesellt. Typisch ist der „*Potjiekos*", ein Eintopf, der stundenlang in einem dreifüßigen, gusseisernen Topf über einem Feuer gekocht und auch in diesem serviert wird. Lammfleisch, Kürbis und süßer Mais gehören zu den Standardzutaten. Auch die „*Boerewors*", eine fette, gut gewürzte Wurst, wird gerne von den Afrikaanern gegessen, zumeist aber im Freien, (ausschließlich) von den Männern auf einem Holzkohlegrill bis zur Perfektion geröstet. Der Nachtisch nimmt ebenfalls einen hohen Stellenwert ein. Beliebt sind da z.B. die Leckerlis „*Konfyt*", deren Name bereits den Zuckergehalt verrät, oder der mächtige „*Koeksisters*", ein Kuchen, der zumeist frittiert und/oder in Sirup eingetaucht wird. Etwas weniger mächtig ist der „*Melktert (Milk Tart)*", ein mit Zimt bestrichener Pudding auf einem Mürbe- oder Biskuitteig, der Ähnlichkeiten aufweist mit einem Käsekuchen. Hier wird die Verwandtschaft mit dem englischen „Custard" besonders deutlich.

Grundsätzlich wird aber eines bei der kapholländischen Küche klar: Diät halten kann man hier nicht.

- ***Fischgerichte/Meeresfrüchte:*** Kein Zweifel, die Küste von KwaZulu-Natal bietet sich förmlich an für gute Meeresfrüchte-Gerichte. Besonders auch deswegen, weil Köche aus aller Herren Länder sich in Südafrika eingefunden haben, um ihre landestypischen Rezepte zuzubereiten. Mittlerweile fehlen auch im Inland selten Seefische auf der Speisekarte.

Lobster bzw. *Crayfisch*, die Hummer, sollten Sie nicht versäumen. Diese stammen aber meist von der West Coast (Atlantik) oder aus Ländern wie Mozambique bzw. Angola, dieses gilt auch für die *Langustinen*. So gut und relativ preisgünstig wie am Kap bekommen Sie sie sonst nicht wieder. Der *Rock-Lobster* ist die ganz spezielle Delikatesse, die Sie nur selten und in größeren Restaurants erhalten. Er stammt wiederum oft aus Namibia. Der *„Line Fish"*, oft auf den Speisekarten erwähnt, ist ein frischer Fisch, keine Fischart: „Frisch von der Leine". Beliebte und gute Fischarten sind der *„Yellowtail"*, der *Kabeljau („Kob")*, das *Seeohr („Abalone")* sowie der *Shellfish*. Der Fisch wird i.d.R. gebraten und mit Kartoffeln bzw. Chips sowie Gemüse serviert. Dazu gibt es verschiedene Saucen zur Auswahl, zumeist eine Zitronen-Buttersauce (Lemon-Butter).

Im Landesinneren, besonders entlang der Drakensberge von KwaZulu-Natal gibt es frische *Forellen („Trout")* und *Lachs („Salmon")* wird ebenfalls oft angeboten, wobei wir die Erfahrung gemacht haben, dass er oft zu trocken zubereitet wird.

Krabben („Shrimps") gibt es frisch an der Küste und in Form von Krabbencocktails im Binnenland.

- ***Afrikanische Gerichte:*** Die traditionelle afrikanische Küche wird sehr selten serviert. Und falls doch, handelt es sich eher um Wildgerichte bzw. ausgefallene Dinge, wie z.B. Krokodilfleisch u.ä. Dabei hat die traditionelle afrikanische Küche auch etwas zu bieten, so z.B. den *„Pap"*, ein festes Püree aus Maismehl, das zumeist mit gekochtem Fleisch und Gemüse gereicht wird. Mittlerweile lassen aber einige Köche auch afrikanische Gemüse und Gewürze in ihre Speisen einfließen und in vielen „Cultural Villages" können Sie heute auch die traditionelle Küche der Region genießen.

Vor kleinen afrikanischen Restaurants in Dörfern möchten wir noch warnen. Nicht, dass die Köche ihr Handwerk nicht verstehen. Aber oft ist das Essen zu scharf, das Fleisch zu fettig und sehnig für europäische Geschmäcker, der Maisbrei zu pappig oder ganz einfach die Portionen zu groß und mächtig. Und wenn Sie dann vor so einer Mahlzeit sitzen, die Ihnen absolut nicht munden mag, wäre es sehr unhöflich und peinlich, wenn Sie nahezu alles zurückgehen lassen. Besser ist es, Sie tasten sich langsam vor und testen die afrikanischen Genüsse dort, wo sie bewusst für Reisende zubereitet werden.

- ***Wine & Dine:*** Hierbei handelt es sich ganz einfach um die „Zusammenfassung" von gepflegtem Restaurant, gutem Essen und einer erlesenen Weinkarte. Die Gerichte variieren, wobei in Südafrika oft die mediterrane bzw. speziell französische Küche geboten wird. Schön ist es, wenn sich das Wine-&-Dine-Restaurant in einem historischen Gebäude befindet.

- ***Wildgerichte:*** Die Auswahl ist natürlich groß. Beliebt sind „*(Antelope) Venison*" (im Grunde Antilopen-Steak) und „*Ostrich-Steak*" (Straußen-Steak), doch auch „*Crocodile-Tail*", „*Kudu-Steak*" und „*Springbok*" finden sich immer häufiger auf den Speisekarten. Am besten schmecken die Wildgerichte immer noch auf den alteingesessenen Farmen. Denn hier gibt es frisches Fleisch und vor allem die richtigen Beilagen.

- ***Japanische Gerichte:*** Interessanterweise hat sich in vielen Teilen Südafrikas (zumindest in den Großstädten) die japanische Küche früher durchgesetzt als in Mitteleuropa. „*Sushi*" ist das typische Fischgericht, in dem das Fischfilet kalt, oft in Reispapier und mit Reis vermengt serviert wird. Wer keinen Fisch mag, kann auch Fleischgerichte bestellen, die auf einer großen Herdplatte auf japanische Weise und vor den Augen der Gäste zubereitet werden. Das Zuschauen gehört zu den Highlights der japanischen Küche, doch sind die Plätze „nahe dem Koch" begehrt und sollten vorbestellt werden. Wichtig ist, dass in einem japanischen Restaurant das Auge mitisst, es geradezu verwöhnt wird mit Dekorationen aus Lotusblumen, Muschelschalen und zu Schwänen verzierten Windbeuteln. Hüten Sie sich aber vor der grünen Paste, die zu den Fischgerichten serviert wird. Es handelt sich hierbei um ausgesprochen scharfen Meerrettich.

- ***Pubgerichte:*** Die Tradition der Pubs kommt natürlich aus England. Gerne gehen die Geschäftsleute mittags oder direkt nach der Arbeit in einen Pub und essen dort etwas. Die Gerichte sind deftig, aber nicht schlecht. So gibt es z.B. „*Steak & Chips*" sowie „*Fish & Chips*", aber auch mal „*Liver & Mashed Potatoes*" bzw. „*Kidneys & Mashed Potatoes*" (Leber bzw. Nieren mit Kartoffelpüree). In Pubs können Sie auch einfach „*Chips*" (Mittelding zwischen Pommes Frites und Bratkartoffeln) bestellen, die seltener mit Ketchup als vielmehr mit Essig serviert werden, an der Seite natürlich. „*Hamburger*" finden Sie zwar seltener in den Pubs, doch langsam setzen auch sie sich hier durch.

- ***Biltong:*** Finden Sie in jedem Geschäft und auch an allen Tankstellen-Kiosken. Meist ist es in kleinen Plastiktüten abgepackt, es gibt aber auch „frisches" Biltong an einigen Ständen und in Fleischereien. Es handelt sich um gewürztes, luftgedörrtes, leicht salzig schmeckendes Fleisch, zumeist vom Wild (z.B. Kudu, Springbock oder Strauß) oder Rind. Es ist ausgesprochen lecker und eignet sich hervorragend als Snack zwischendurch. Bedenken Sie vor allem, dass Sie an heißen Tagen bzw. in heißen Regionen einen hohen Salzbedarf haben.

Und sonst noch? Ach ja, das **Frühstück**. Auf typisch südafrikanisch gibt's morgens Eier in jeder Variation, Speck, *Boerewors*, Steaks, aber auch je nach Unterkunft alles, was wir gut kennen, also diverse Wurstsorten, Käse, Marmeladen.

Salate können überall bedenkenlos verzehrt werden, denn die Lebensmittelhygiene ist beispielhaft. Ebenso können Sie überall das Wasser aus der öffentlichen Wasserversorgung trinken.

Getränke

Zum Essen trinkt man das (gute) einheimische Bier oder die ausgezeichneten südafrikanischen Weine und natürlich auch Softdrinks.

Bier ist sehr beliebt, und die gängigen Sorten sind Amstel, Castle, Carlsberg, Lion, Windhoek Lager und Windhoek Light. Die Brautradition hat deutsche und englische Wurzeln. Die *South African Breweries* (SAB) ist eine der größten Brauereien der Welt. Bier gibt es in verschiedenen Versionen, beliebt ist das leichte Lager-Bier. Von vielen Bieren gibt es auch stets eine „light"-Version. Bier kann man in Supermärkten nicht kaufen, nur Wein (und das auch nur in der Woche, am Sonntag wird ein Gitter vorgeschoben). Bier kann man nur, wie all die anderen alkoholischen Getränke (wie Wodka, Whisky, Gin, etc.), in den Bottle Stores kaufen.

Die südafrikanischen ***Weine*** sind von hervorragender Qualität, nur beste Weintrauben werden zu Wein weiterverarbeitet. 75 % der Weine sind Weißweine der Rebsorten Chardonnay, Sauvignon Blanc, Chenin Blanc, weniger Riesling. Andere Weinsorten (z. B. Gewürztraminer) spielen eine untergeordnete Rolle. Zu den beliebtesten Rotweinsorten gehören Cabernet Sauvignon, Pinot Noir, Pinotage (Kreuzung Hermitage und Pinot Noir – mit Ursprung in Südafrika), aber auch Shiraz, der besonders kräftig ist und sich z. B. gut Lammgerichten oder Pasta anpasst. Im Gegensatz zu Europa sind die Qualitätsunterschiede zwischen einfacheren Weinen und Spitzengewächsen nicht so gravierend. Jahrgänge spielen ebenfalls eine geringere Rolle, da das Klima am Kap von Jahr zu Jahr relativ gleichmäßig ist.

Natürlich gibt es auch leichte Rosé-Weine und „Champagner", der nach der Méthode Champenoise hergestellt wird.

Softdrinks umfassen neben den weltumspannenden Marken vor allem auch exotische Fruchtsäfte (Lichee, Mango, Ananas, Papaya). Erfrischend sind Appletizer und Grapetizer.

Es existieren zwei unterschiedliche Restaurant-Typen: fully licensed-Restaurants haben eine Ausschankgenehmigung für alle alkoholischen Getränke, während unlicensed-Restaurants nur nicht-alkoholische Getränke anbieten.

Neben den traditionellen einheimischen Gerichten findet man in allen großen Städten zahlreiche Restaurants europäisch geprägter Küche (britisch, französisch, niederländisch).

Broschüre
Konkrete „Schlemmerecken" in Südafrika verrät Ihnen die Broschüre von South African Tourism Deutschland: „Gut essen und trinken in Südafrika", zu beziehen über: South African Tourism (s. Adressen).

F

⇨ Feiertage

01. 01.	Neujahr *(New Year's Day)*
21. 03.	Menschenrechts-Tag *(Human Right's Day)* – bezieht sich sowohl auf die Abschaffung zahlreicher Verfassungsgesetze am 21.3.1961 durch die PAC als auch auf das Inkrafttreten der neuen, demokratischen Verfassung Südafrikas am 21.3.1996.
vor Ostern	Karfreitag *(Good Friday)*
Ostern	Ostermontag *(Family Day)*
27. 04.	Verfassungstag *(Freedom Day)*. Tag der ersten demokratischen Wahlen in Südafrika 1994
01. 05.	Tag der Arbeit *(Workers' Day)*
16. 06.	Jugendtag *(Youth Day)*. Schüleraufstand in Soweto am 16.6.1976, der sich gegen das apartheidliche Schulsystem gerichtet hat.
09. 08.	Nationaler Frauentag *(National Women's Day)*. Erinnert an den 9.8.1956, als Tausende von Frauen mit einem nationalen Protestmarsch gegen das apartheidliche Passgesetz demonstrierten.
24. 09.	Tag des Erbes *(Heritage Day)*. In Gedenken an die kulturelle, naturwissenschaftliche und historische Vielfalt Südafrikas. Der Tag steht jedes Jahr unter einem anderen Motto.
16. 12.	Tag der Versöhnung *(Day of Reconciliation)*. Zum Gedenken an die Schlacht vom Blood River am 16.12.1838, in der über 3.000 Zulu-Krieger durch ein Voortrekker-Kommando von 470 Leuten getötet wurden.
25. 12.	1. Weihnachtsfeiertag *(Christmas Day)*
26. 12.	2. Weihnachtsfeiertag *(Day of Good Will)*

Fällt einer der Feiertage auf einen Sonntag, so ist der darauf folgende Montag frei. Außerdem gibt es noch besondere Feiertage in den asiatischen und jüdischen Gemeinden.

☞ Hinweis
Die beweglichen Feiertage können Sie im Internet nachschauen unter ***www.gov.za/sa_overview/holidays.htm****.*

⇨ Festivals

So bunt die Völkervielfalt am Kap ist, so vielfältig sind auch die besonderen Ereignisse in den verschiedenen Regionen Südafrikas. Zweimal jährlich erscheint deshalb bei South African Tourism ein „Ereigniskalender", der **Calendar of Events** (kostenlos zu beziehen bei South African Tourism *(s. Adressen)*). Hier eine Übersicht über die „großen" Ereignisse:

- **März:** In Jeffreys Bay nahe Port Elizabeth wird das Muschelfest begangen.
- **März/April:** In Johannesburg wird um Ostern herum 2 Wochen lang die Rand Easter Show, die größte Messe Südafrikas, veranstaltet.

- **Juni:** In Grahamstown, der alten „Siedlerstadt" in der östlichen Kapprovinz, finden 2 Wochen lang Musik- und Theaterfestspiele statt.
- **Juli:** In Durban spielt sich Ende des Monats das sog. Shembe-Fest ab. Dies ist ein Tanzfest der Zulu, das einst von Missionaren zur Erhaltung der afrikanischen Kultur eingeführt wurde.
- **September:** In Port Elizabeth geht für sportlich Begeisterte ein amüsanter Wettlauf mit dem „Apple-Express" (Dampfeisenbahn) vonstatten.
- **Oktober:** In Roodepoort bei Johannesburg vollzieht sich alle 2 Jahre das 2 Wochen dauernde größte Musik- und Folklore-Fest der südlichen Hemisphäre. Und auch Durban bietet mit seinem Durbaner Tattoo ein Festvergnügen an, diesmal aber nicht afrikanischer Art, sondern schottischen Ursprungs (Militärkapellen, Feuerwerk etc.).

Angler sieht man an der gesamten Küste

⇨ Fischen/Angeln

Angeln, besonders das Hochsee- bzw. Strand- und Felsenangeln ist sehr beliebt an der Küste des Indischen Ozeans. Besonders an der Wild Coast finden sich unzählige Gelegenheiten fürs Felsenangeln. Immer mehr im Kommen ist das Fliegenfischen, zu dessen Zentrum sich die kleine Stadt Dullstrom in Mpumalanga entwickelt hat. Ausrüstungen gibt es in den großen Städten und dort u. a. in den Outdoor-Ausrüster-Geschäften.

Infos: *www.southafricanfishing.com, www.sportstrader.co.za, www.fosaf.org.za, www.wildtrout.co.za.*

⇨ Flüge

Langstreckenflüge

Von Deutschland aus können Sie mit SAA (South African Airways) und Lufthansa täglich ab Frankfurt direkt nach Johannesburg fliegen. Auch KLM, Air France und British Airways bieten ein gutes Flugangebot. Diese Fluggesellschaften sorgen auch für gute Anschlüsse zu anderen südafrikanischen Metropolen (Durban, Port Elizabeth und etwas seltener

Ausgeruht nach Südafrika – Tipps für den Langstreckenflug
- Nehmen Sie sich **dicke Socken** mit, damit Sie die Schuhe ausziehen können.
- Empfehlenswert ist eine **legere Kleidung für die Nacht**. Ideal sind eine Gymnastikhose und ein Baumwolloberteil.
- **Oropax** schützt vor dem unvermeidlichen Fluglärm.
- Eine **Nasencreme** verhindert das Austrocknen der Nase aufgrund der trockenen Luft.
- Eine **Augenklappe** erleichtert das Einschlafen.
- Trinken Sie möglichst viel Wasser und **wenig Alkohol**.
- **Thrombose-Prophylaxe**: Bewegen Sie sich so oft wie möglich – im Sitzen können Sie die Füße kreisen lassen, um die Durchblutung in den Beinen anzuregen. Zudem gibt es eine Prophylaxe mit Aspirin. Fragen Sie dazu Ihren Arzt oder Apotheker.

East London) Die Preise schwanken je nach Saison zwischen ca. 750 € und 1.100 €. SAA bietet außerdem günstige Inlandsflüge in Südafrika an.

Weitere Verbindungen über ausländische Flughäfen mit entsprechenden Anschlüssen ab Deutschland bieten British Airways (über London), Air France (über Paris), KLM (über Amsterdam), Alitalia (über Rom), TAP (über Lissabon) an. Flugscheine dieser Gesellschaften werden preiswert angeboten, allerdings dauern diese Verbindungen zeitlich länger als Direktflüge und sind u.U. insgesamt gar nicht mal billiger, da die Inlands-Anschlüsse in Südafrika zu normalen Tarifen gebucht werden müssen.

Redaktions-Tipps zu Flügen

Generell ist eine kompetente Flugablauf-Analyse wichtig, um tatsächlich unterm Strich das günstigste Angebot zu sondieren. Es gibt billige Angebote mit verschiedenen Fluglinien nach Südafrika – doch Vorsicht:

- In Südafrika endet dann das vermeintlich billige Angebot, denn hier muss nun zu Normaltarifen jeder Inlandsflug bzw. Anschlussflug, z. B. nach Windhoek gebucht werden – und das wird teuer! Statt eine Strecke für ca. 60 € auf dem Streckennetz der SAA fliegen zu können, muss der offizielle „one-way"-Tarif bezahlt werden!
- Bei Länderverbindungen wie Namibia – Südafrika bzw. Zambia – Südafrika sind meist die Angebote von SAA und LH konkurrenzlos gut.
- Die SAA fliegt täglich ab Frankfurt nach Südafrika. Es gibt Sondertarife, wobei ein Inlandsflug im Preis inbegriffen ist – weitere Inlandsflüge kosten ca. 80 €.
- Die **Lufthansa** ist nicht mehr so teuer wie einst – prüfen Sie aktuelle Angebote. Vorteil: hohe Abflugfrequenzen ab Deutschland (7 x pro Woche), im Preis inbegriffen Anschlussflüge von jedem deutschen Flughafen und Weiterflüge in Südafrika (über Johannesburg) nach Windhoek (Namibia), Kapstadt u.a.
- Gute und günstige Verbindungen bieten auch British Airways via London.
- Informationen im Internet: *www.ba.com* (British Airways), *www.airfrance.com* (Air France), *www.lufthansa.de* (Lufthansa), *www.klm.com* (KLM), *www.flysaa.com* (South African Airways), *www.followme.de* (Internet-Buchungsbüro), *www.afrika.de* (Iwanowski's Reisen, Afrika-Spezialist)

⇨ Fotografieren

Motive, seien es Landschaften, exotische Volksstämme, Tiere und Pflanzen, gibt es genug. Der Gruppenreisende, aber noch mehr der Einzelreisende, wird je nach Interessenlage genügend Gelegenheit finden, in diesem vielseitigen Land seine fotografischen Schnappschüsse und seine Filmstreifen als „Tagebuch" daheim gründlich auszuwerten und seine Reise so oft wie möglich im Geiste anhand seiner Foto- und Filmausbeute zu wiederholen.

Fotoausrüstung

- Eine möglichst robuste, staubsichere **Spiegelreflexkamera** mit auswechselbaren Objektiven ist ein gut geeigneter Kameratyp, um gute Aufnahmen zu machen.
- Wenn Sie außer Landschaftsaufnahmen auch Tieraufnahmen machen wollen, dann kann ein 135 mm langes Teleobjektiv Ihnen schon gute Dienste leisten. Ein 200 mm und noch besser ein 400 mm langes Tele erhöht natürlich Ihre Erfolgschancen, um scheuere und kleinere Tiere auf Ihren Film zu bannen. Mit einer 600 oder 800 mm langen „Kanone" zu operieren, ist schon etwas für Profis mit entsprechender Erfahrung. Der Bildausschnitt und der Schärfebereich sind sehr klein. Vorteilhaft sind **Zoom-Objektive**. In der Kombination von einem 35–70 mm Zoom und einem weiteren von 80–200

mm Zoom können Sie mit nur 2 Objektiven vom Weitwinkel- bis zum Telebereich fotografieren.

• Da Ihnen meist genügend Licht zur Verfügung steht und deshalb sehr kurze Belichtungszeiten möglich sind, werden Sie beim Fotografieren aus dem Auto durch Auflegen der Kamera auch mit Tele ohne **Stativ** auskommen. Sonst genügt in der Regel ein Bruststativ.

• **Sonnenblenden** verhindern den direkten Einfall des Sonnenlichtes auf die Frontlinse und sie schränken die nicht immer gewünschten Lichtreflexe ein. Sie gehören zum unbedingt notwendigen Fotozubehör.

• Genauso wichtig ist der Gebrauch von **UV-Filtern**. Sie schirmen die fotoschädlichen UV-Strahlen ab und haben die günstige Nebenwirkung, dass sie die Frontlinse vor Staub, Regen, Zerkratzen und Beschädigung schützen.

• Zu Ihrer Fotoausrüstung sollte unbedingt ein **Blitzlichtgerät** gehören. Ideal ist natürlich ein Computerblitz, der Ihnen das Rechnen abnimmt.

• Vergessen Sie nicht, **Ersatzbatterien** für Kamera und Blitzlichtgerät in ausreichender Zahl mitzunehmen.

• Wer mit einer **Digitalkamera** fotografiert, der sollte an eine große Speicherkarte, einen Ersatzakku sowie einen Stromadapter denken.

Nicht immer ist das Licht optimal

Filme

Nehmen Sie einen ausreichenden Vorrat an Filmen bzw. eine große Speicherkarte von daheim mit. Faustregel: Rechnen Sie mit 100 Fotos pro Safaritag. Wenn Sie zu wenig Filme mitgenommen haben, so ist es fraglich, ob Sie die gewünschten Filmsorten bekommen, und wenn ja, dann sind diese Filme mindestens doppelt so teuer wie in Mitteleuropa.

Lagern Sie Ihre Filme/Speicherkarten möglichst kühl. Gegen Durchleuchten auf Flughäfen sind „Film-Safe"-Tüten zu empfehlen, wobei die meisten Röntgenanlagen heute als „filmsicher" bzw. sicher für digitale Daten gelten.

Digitalkameras: Sollten Sie die Möglichkeit haben, lassen Sie bereits Bilder im Land entwickeln oder schicken Sie gespeicherte Bilder zur Sicherheit zwischendurch via E-Mail nach Hause.

Tieraufnahmen

• Die **besten Chancen** als Tierfotograf oder -filmer haben Sie in den Morgen- und Abendstunden sowie an Wasserstellen.

• Die **Fluchtdistanz** in den Nationalparks und Wildreservaten gegenüber einem Auto ist oft erstaunlich gering. Das sollte Sie nicht verführen, dem Wild zu dicht „auf den Pelz zu rücken". Ihr oberstes Gebot sollte sein, die Tiere nicht zu beunruhigen. Nähern Sie sich ihnen vorsichtig. Ist es nicht auch ein beglückendes Gefühl, ein Foto gemacht und das Tier nicht gestört zu haben? Auch kleinere Tieraufnahmen in ihrem Biotop sind reizvoll. Es brauchen nicht immer Großaufnahmen zu sein.

• Seien Sie vorsichtig beim Fotografieren und Filmen von **wehrhaftem Großwild** wie Kaffernbüffeln, Elefanten und Nashörnern. Sichern Sie sich bei einem eventuellen Angriff einen geeigneten Fluchtweg mit dem Auto.

• Nicht nur Großwild, sondern auch **kleinere Tiere** sind ein Verweilen, Beobachten und eine Aufnahme wert.

Sonstige Tipps

• *Beachten Sie beim Aufnehmen von Einheimischen ihren natürlichen Stolz und die* ***Menschenwürde****. Fragen Sie vorher höflich, ob es gestattet ist, ein Foto machen zu dürfen. Diese Anstandsregel wird leider oft von den Touristen missachtet. Meistens wird es Ihnen gerne gestattet zu fotografieren.*

• *Beim Fotografieren der* ***dunklen Gesichter der Afrikaner*** *sollten Sie das Foto durch Verstellen von 1 bis 2 Blendenwerten aufhellen oder das Blitzlichtgerät benutzen.*

• *Es ist ratsam, Ihre* ***Kamera zu Hause auszuprobieren****. Lassen Sie die Verschlusszeiten in einem Fotogeschäft vorher noch einmal überprüfen.*

• *Seien Sie auf Safaris stets „****schussbereit****". Die Tiere warten nicht, bis Sie z.B. Ihre Kamera ausgepackt, das richtige Objektiv gewählt und die richtigen Einstellungen an Ihrer Kamera vorgenommen haben. Oft sind es nur Sekunden, die Ihnen vielleicht ein Leopard für einen Schnappschuss Zeit lässt.*

• ***Protzen*** *Sie nicht mit Ihrer Kameraausrüstung. Sie kann sehr leicht ein begehrtes Diebesgut werden. Verschließen Sie sie stets bei Nichtgebrauch sicher.*

• ***Schützen*** *Sie Ihre Kamera- oder (und) Filmausrüstung vor Stoß, Staub und Hitze.*

• *Die Mitnahme einer* ***zweiten kleinen Kamera*** *(mit eingebautem Blitz) für Schnappschüsse hat sich bewährt.*

⇨ Fremdenverkehrsbüros (South African Tourism)

• **Deutschland:** D-60313 Frankfurt/M Alemannia-Haus, An der Hauptwache 11, Postanschrift: Postfach 101940, 60019 Frankfurt/M., Tel.: 069/929129-0, Fax: 069/280950; Internet: *www.southafricantourism.de*, E-Mail: *info@southafricantourism.de*

• **Schweiz:** Seestraße 42, CH-8802 Kilchberg/Zürich, Tel.: 01/17151069, Fax: 01/7151889, E-Mail: *info@southafricantourism.ch oder zurich@southafricantourism.com*

• **Österreich:** South African Tourism, Stefan-Zweig-Platz 11, 1170 Wien, Tel.: 01-47045110, Fax: 01-47045114

In den einzelnen Kapiteln finden Sie die Adressen der jeweiligen regionalen Tourist Information Offices, von denen Sie aktuelles Informationsmaterial erhalten.

Tipp: neue Telefonnummer für touristische Information

Reisenden ***in*** *Südafrika steht ein neues Informationssystem zur Verfügung, das unter der Telefonnummer 083 123 23 45 täglich 24 Stunden erreichbar ist. Das Call Centre wurde in Zusammenarbeit zwischen dem Ministerium für Tourismus und der nationalen Petroleum Raffinerie Engen gegründet. Speziell ausgebildete Gesprächspartner beantworten ihre Fragen zu touristischen Belangen in allen Gebieten Südafrikas.*

G

⇨ Gesundheit

Südafrika verfügt über eine ausgezeichnete medizinische Versorgung, die sich absolut mit europäischen Verhältnissen messen kann. (Die erste Herz-Transplantation fand bekanntermaßen in Südafrika statt!). Entlang der touristischen Routen, aber auch abseits der Wege, kann mit kompetenter Hilfe gerechnet werden. Außerhalb der normalen Öffnungszeiten stehen in den größeren Städten stets Notapotheken zur Verfügung.

> **!!! Wichtig**
> *Europäische Krankenscheine werden in Südafrika nicht akzeptiert. Besucher müssen für die Kosten selbst aufkommen. Schließen Sie deshalb unbedingt eine Auslands-Krankenversicherung ab. Manche privaten Kassen decken das Auslandsrisiko ab – erkundigen Sie sich bitte vor Reiseantritt.*

Die Rufnummern der lokalen Krankenhäuser finden Sie vorne in den Telefonbüchern, Ärzte unter „Medical". Die Travel Clinic (in Johannesburg: Tel. (011) 8073132 bzw. (011) 883-3801/2, in Pretoria (Tshwane): (012) 344-0110, in Durban: (031) 303-2423, in East London: (043) 743-7471 sowie in Port Elizabeth: (041) 374-7471. Internet: *travelclinic.co.za*) vermittelt exzellente Spezialisten, bietet fachärztliche Beratung an und gibt Empfehlungen für Impfungen, Medikamente etc.

Landesweiter Polizei-Notruf: 10 111
Landesweiter Notruf für Rettungswagen: 10 177

Impfungen

Cholera: Eine Impfung ist nicht mehr nötig.
Gelbfieber: Alle Personen, die in Südafrika aus einer Gelbfieberzone in Afrika oder Südamerika eintreffen oder dort Orte oder Häfen passiert haben, müssen im Besitz einer internationalen Bescheinigung über eine Impfung gegen Gelbfieber sein. Eine Bescheinigung über Gelbfieberimpfungen ist 10 Jahre gültig.
Pocken: Eine Schutzimpfung wird nicht mehr verlangt.
Sinnvolle Impfungen sind außerdem: Schutz gegen **Tetanus**, **Diphtherie** und **Hepatitis A**.

Malaria

Eine **Malaria-Prophylaxe** ist für den Besuch des Kruger National Parks (Limpopo Province/Mpumalanga), der benachbarten Wildparks, der Grenze zu Zimbabwe, beim Besuch der Wildschutzgebiete im Norden von KwaZulu-Natal sowie in Swaziland und Mozambique sehr ratsam. Medikamente zur Malaria-Prophylaxe sind in den Apotheken erhältlich. In Malaria-Gebieten sollte Parfüm oder After Shave Lotion vermieden werden. Bei Eintritt der Dunkelheit: lange Hosen und lange Ärmel tragen. Tagsüber: Mückenspray benutzen.
Man hat nachgewiesen, dass durch die Prophylaxe das Risiko einer Malaria-Erkrankung auf etwa 15–25 % sinkt und dass auch die Auswirkungen der Malaria wesentlich geringer sind. Für unsere Reisenden empfehlen wir, die Malaria Reporting im Internet zu besuchen: *www.malaria.co.za*.
Schwangeren Frauen ist von einer Einnahme von Malaria-Prophylaxe-Mitteln allerdings abzuraten.

- **Krankheitsursache und -verlauf**

Etwa 40 verschiedene Mückenarten der Gattung „Anopheles" übertragen die Blut schmarotzenden Erreger durch Stich, meistens in der Zeit zwischen Abenddämmerung und Sonnenaufgang, auf die Menschen. Nach dem Reifestadium im Blutkörperchen platzt der Erreger und zerfällt durch Unterteilung des Kerns in zahlreiche selbstständige Stücke. Dieser Vorgang verursacht den immer wiederkehrenden regelmäßigen Fieberschub (Wechselfieber) bei den Malariakranken.

- **Schutzmaßnahmen**

- Der **Schutz vor Moskitostichen** ist die wichtigste Vorbeugungsmaßnahme gegen Malaria! Es ist ratsam, nachts unter einem **Moskitonetz** zu schlafen und tagsüber in gefährdeten Gebieten nackte Körperteile mit vorzugsweise heller Khaki-Kleidung zu bedecken und einen Moskito-Kopfschutz zu tragen. **Mückenspray**, Mückensalbe oder angezündete Räucherspiralen können Malariamücken von Ihnen fernhalten.

- **Perethrin** ist ein auf Pyrethrum basierendes Insektengift, mit dem das Moskitonetz imprägniert wird.
- Zusätzlich sollte eine **medikamentöse Malaria-Prophylaxe** (Resochin, Lariam, Paludrine, Malarone oder andere aktuelle Mittel) unbedingt vorgenommen werden. Am besten lassen Sie sich bei Ihrem Gesundheitsamt oder einem Tropeninstitut über das derzeit wirksamste Mittel für die Zielregion, die Dosierung oder eine Kombination verschiedener Medikamente beraten.

Risiko-Gebiete

- mit hohem Risiko: ganzjährig, verstärkt Nov–Jun: Tiefland im N und O der Limpopo Province und im O von Mpumalanga (einschließlich der Nationalparks) sowie Küstengebiet im NO von KwaZulu-Natal (Distrikte Ingwavuma u. Ubombo), besonders in und nach der Regenzeit (Nov–Jun);
- mittleres Risiko: restliches Tiefland im O von KwaZulu-Natal nach S bis 29° S (Tugela-Fluss) sowie in den Übergangszonen der o.g. Gebiete mit hohem Risiko;
- geringes Risiko dort in der Trockenzeit (Juli–Okt); im Kruger-Park nimmt das Risiko von W nach O (Grenzgebiet zu Mozambique) zu.

Malariafreie Gebiete in unserem Reisegebiet *sind Gauteng, Free State und Eastern Cape sowie der Süden der Limpopo Province und der Nordwesten von KwaZulu-Natal.*

Informationen
zu Malaria bietet die 24-h-Hotline 082-2341 800.

Aktuelle und wichtige Informationen
vor der Reise erhalten Sie über folgende Links: www.travelmed.de *und das Zentrum für Reisemedizin:* www.crm.de

Außerdem bieten verschiedene ***Tropeninstitute*** *Beratungshilfe:*

- *Berlin: Tel. (030) 301166*
- *Düsseldorf: Tel (0211) 8117031*
- *Hamburg, (040) 42818800,* www.tropenmedizin.net
- *München; Tel. (089) 2180135,* www.fitfortravel.de
- *Rostock, Tel. (0381) 4947583*

Bilharziose

Diese Krankheit ist in den Tropen weit verbreitet. Ca. 200 Millionen Menschen leiden unter ihr. Sie können sie sich durch Waten und Baden in stehenden und träge fließenden Süßwassergewässern zuziehen. Die Bilharziose wird durch sehr kleine Saugwürmer (*Schistosomum haematobium*), die von dem Deutschen Theodor Bilharz entdeckt wurden, hervorgerufen. Diese winzigen Würmer bohren sich durch die Haut der Menschen, gelangen schließlich in den Unterleib und verursachen dort Blasenentzündungen sowie Darm-, Magen-, Nieren- und Lebererkrankungen. Die Eier des Wurms werden von den erkrankten Menschen ausgeschieden und gelangen über das Süßwasser von Teichen, Pfützen, Seen und langsam fließenden Gewässern über ein Larvenstadium in einen Zwischenwirt, eine Süßwasserschnecke. Hier entsteht die 2. Generation der Wurmlarven, die wieder über das Süßwasser in den menschlichen Körper gelangt.

Die äußeren Krankheitsmerkmale bei fortgeschrittenem Verlauf sind: abgemagerter Oberkörper, unförmig aufgetriebener Bauch und Stauungen in den Beinen.
Gefahr in Südafrika: gering

Darmerkrankungen
In allen warmen Ländern der Erde sind besonders Besucher aus kühleren Klimazonen anfällig für verschiedene Darmkrankheiten. Da Typhus und Amöbenruhr in Südafrika sehr selten auftreten, handelt es sich meist nur um leichtere Darmerkrankungen, die medikamentös schnell zu beheben sind. Vorbeugend sollten Sie kein verunreinigtes Wasser und keine verdorbenen Speisen zu sich nehmen. Rohes und nicht ganz durchgebratenes Fleisch, ungeschältes Obst, Salate, Salat-Dressings mit Mayonnaise und rohes Gemüse können zu Darmerkrankungen führen.

Bei **Durchfallerkrankungen** ist immer auf eine ausreichende Flüssigkeits- und Elektrolytzufuhr zu achten. Abgepackte Glukose-Elektrolyt-Mischungen sind im Handel erhältlich und gehören in jede Reiseapotheke.

Wasser kann man in ganz Südafrika aus der Leitung trinken, ebenso brauchen Sie vor Salaten und anderen Nahrungsmitteln keine Angst zu haben, alles ist sauber und hygienisch.

Beim **Schwimmen** im Ozean muss auf Strömungen und auf evtl. Gefährdung durch Haie geachtet werden (beliebte Strände sind z.T. durch Stahlnetze gesichert; ebenso gibt es an den Badeorten – besonders in KwaZulu-Natal – „Haiwachen"). Die Hai-Gefahr ist sehr gering. Verderben Sie sich deshalb nicht Ihre Badefreuden, und vergewissern Sie sich bei Einheimischen.

Ein Risiko, das viele Besucher immer wieder und immer noch unterschätzen: die **Sonnenbestrahlung**. In der südlichen Hemisphäre ist die Sonneneinstrahlung wesentlich stärker und intensiver als das, was wir aus Europa gewohnt sind. Achten Sie deshalb darauf, dass Sie sich nicht übermäßig lange ungeschützt in der Sonne aufhalten. Vorsichtsmaßnahmen sind ein gutes Sonnenschutzmittel mit mindestens Lichtschutzfaktor 25–30. Eine gute Sonnenbrille, die in jedem Optikerladen erhältlich ist, hilft gegen die UV-Strahlung. Gegen die direkte Sonne hat sich außerdem ein breitkrempiger Sonnenhut bewährt. Und was für Erwachsene gilt, gilt natürlich insbesondere für Kinder.

Apotheken

In Südafrika sind Apotheken gleichzeitig Drogerien. Sie heißen „Apteek" (Afrikaans) oder „Chemist" (Englisch). Wie in Europa gibt es auch einen Notdienst.

⇨ Grenzübergänge

Für Reisende, die Nachbarländer besuchen, gelten folgende Öffnungszeiten an den Grenzübergängen (ohne Gewähr):

nach **Botswana**:

- Grobbelersbrug (aus Johannesburg):	8–18h
- Kopfontein (bei Gaborone):	7–22h

- Pioneer Gate	7–20h
- Ramatlabama (Mmabatho)	7–20h
- Skilpadhek (bei Lobatse)	7–17h
- Stokpoort (aus Johannesburg)	8–16h
- Tlokweng Gate	7–22h
nach **Lesotho**:	
- Ficksburg Bridge	durchgehend
- Maseru Bridge	6–22h
- Peka Bridge	8–16h
- Van Rooyens	7–20h
nach **Moçambique**:	
- Lebombo (bei Komatipoort)	8–17h
nach **Namibia**:	
- Ariamsvlei (aus Johannesburg)	durchgehend
- Onseepkans (von Augrabies Falls)	6–22h
- Rietfontein (v. Kalahari Gemsbok Park)	durchgehend
nach **Swaziland**:	
- Golela (nach Natal)	7–22h
- Lavumisa	7–22h
- Mahamba (aus Piet Retief)	7–22h
- Nerston	8–18h
- Oshoek (Mbabane)	7–22h
nach **Zimbabwe**:	
- Beitbridge	6–20h

I

⇨ Informationen

s.. Stichwort Adressen

⇨ Internet-Adressen

- *www.auswaertiges-amt.de*: Auskunft zur aktuellen **Sicherheitslage** in Südafrika.
- *www.southafricantourism.de* und *www.southafricantourism.com*: Homepage des südafrikanischen **Fremdenverkehrsbüros**.
- *www.suedafrika.org*: Nachrichten und Berichte der südafrikanischen Botschaft in Deutschland. Für Österreich: *www.southafrican-embassy.at*, für die Schweiz: *www southafrica.ch*.
- *www.suedafrika.net*: Alle erdenklichen länderkundlichen und reisepraktischen Auskünfte zu Südafrika und Namibia.
- *www.backpackers.co.za*: Infos des Africa Travel Centre für **Rucksackreisende**.
- *www.sanparks.org* od. *www.ecoafrica.com/saparks/index.htm*: Internet der National Parks.
- *www.sa-venues.com*: Fülle von touristischen Infos, mit Suchmaschine.
- *www.spoornet.co.za*: Eisenbahnstrecken, Fahrpläne etc.
- *www.travelclinic.co.za*: **Medizinische Auskunft**, Vermittlung von Ärzten, Beratung über Medikamente, Impfungen etc.

- Auf der Internetseite *www.museums.org.za* stellen sich die südafrikanischen **Museen** dar – mit Hintergrund-Informationen, Öffnungszeiten etc.
- Unter *www.hostels.com/za.html* finden Sie eine Liste aller Jugendherbergen Südafrikas.
- Eine Liste der **Aventura-Resorts** mit Karte und Beschreibung finden Sie unter *www.aventura.co.za*.
- Die südafrikanischen **Nationalparks** finden Sie unter *www.sanparks.org* – hier können Sie auch direkt buchen.
- Gästehäuser sowie Bed-and-Breakfast-**Unterkünfte** in Gauteng, Western Cape, Eastern Cape, KwaZulu Natal, Limpopo Province und entlang der Garden Route finden Sie unter *www.marzinfo-cape.co.za*. Reservierungen können allerdings nicht direkt vorgenommen werden.
- Unter *www.computicket.com* finden Sie die Programme aller Theater Südafrikas – und Sie können direkt reservieren!
- Einige Internet-Adressen von **Sprachschulen** in Südafrika:
  www.englishcentre.co.za: Englisches Sprachzentrum in Durban.
- *www.bday.co.za*: Auf den Internetseiten von Business Day finden Sie Informationen aus dem Bereich **Wirtschaft**. *www.inc.co.za*: Hier finden Sie Links zu verschiedenen Tageszeitungen Südafrikas.
- Die größte südafrikanische Suchmaschine im Internet ist *www.ananzi.co.za* – übersichtlich und klar gegliedert.
- Die aktuellsten nationalen und internationalen **Nachrichten** gibt's auf den Seiten *www.iol.co.za* und *www.news24.co.za*.
- Wie das **Wetter** wird, können Sie auf der Seite *www.weathersa.co.za* nachschauen.
- *www.afrika.de*: Homepage des Reiseveranstalters Iwanowski, u.a. mit aktuellen Hinweisen auf die Länder des Südlichen Afrika.

J

⇨ Jagd

Viele Reisende möchten gerne auf Trophäenjagd gehen. Die finanziellen Erlöse daraus fließen im Übrigen in den Naturschutz. Die Jagd unterliegt in Südafrika strengen Auflagen. Ausführliche Informationen zum Thema „Jagd" sind im kostenlos über South African Tourism zu beziehenden Heft „Jagd und Hege in Südafrika" enthalten (siehe South African Tourism).

K

⇨ Kartenmaterial

Eine gute Übersichtskarte im Maßstab 1:2.000.000 liegt diesem Buch bei. Auch ist eine Übersichtskarte bei South African Tourism zu erhalten. Ebenfalls empfehlenswert ist die Autokarte der Firma Freytag-Berndt, ISBN 3-85084-239-8, im Maßstab 1:2.000.000. Diese Karte ist über den Buchhandel zu beziehen. Grundsätzlich gilt, dass das Kartenmaterial in Südafrika günstiger und in den großen Buchläden und z.T. auch an den großen Tankstellen erhältlich ist.

⇨ Kinder

Südafrika ist ein ausgesprochen kinderfreundliches Land, und entsprechend viele Unterhaltungsprogramme und Spielplätze für die Jüngeren gibt es. Auch zahlreiche Restaurants sind auf Kinder eingestellt und haben spezielle Gerichte auf der Karte bzw. Hochsitze für die ganz Kleinen. Mit Kleinkindern zu verreisen, ist so „normal" in Südafrika, dass größere Hotels über einen eigenen Babysitter verfügen bzw. Adressen von seriösen Babysittern vermitteln. Sogar in den gelben Seiten (Telefonbuch) finden sich Babysitter-Organisationen (Stichwort „Babysitters & Child Care").

Nicht jeder Strand ist für Kinder geeignet

Sie sollten bei der Buchung von Privatunterkünften, Guesthouses und auch Camps darauf achten, ob diese Kinder aufnehmen. Falls nicht, ist das kein böser Wille, sondern zielt eher darauf, älteren Reisenden einen geruhsamen Aufenthalt zu versprechen, bzw. ist die Folge davon, dass die Sicherheit der Kinder nicht gewährleistet werden kann.

Wichtig ist auch, dass Sie sich an Badestränden vorher über die **Strömungsverhältnisse** informieren. **Tidenpools** bieten an einigen Stränden mehr Sicherheit.

⇨ Kleidung

Der **Temperaturunterschied** zwischen Tageshitze und nächtlicher Kälte ist enorm. Wer in der Trockenzeit reist (südlicher Winter), kann ohne weiteres tagsüber Temperaturen bis 35 °C und nachts weit unter 10 °C erleben. Am bewährtesten ist das „Zwiebelschalenprinzip": Man zieht mehrere Schichten übereinander an und zieht sie nach und nach aus, wenn die Tageshitze kommt. Eine **Fleecejacke** („Faserpelz") sollte jedenfalls nicht fehlen. Auch im Sommer (Regenzeit) sollte eine leichte Regenjacke mitreisen.

Die Kleidungssitten sind sportlich-leger, abgesehen von offiziellen Anlässen oder besonderen Feierlichkeiten (Weihnachten). In Hotels und Restaurants ist vollständige Kleidung – abends möglichst Jackett und Krawatte für die Herren, Damen genießen wie in vielen Ländern der Welt größere Freiheit hinsichtlich der Gestaltung ihrer Kleidung – dringend notwendig (kein Trainingsanzug, keine Schlappen!), sonst gilt: „No shoes, no shirt – no service!"

Wichtig ist dagegen **leichte, luftdurchlässige Kleidung**. Halbhohe feste Schuhe („**Trekkingschuhe**") sollten den Reisenden wegen der Dornen und der gelegentlich vorkommenden Skorpione und Schlangen unbedingt in die Naturparks begleiten, auch wenn keine weiten Wanderungen geplant sind. Sandalen gehören nur in die Wohnumgebung. Eine leichte Mütze (Sonnenhut) ersetzt nicht eine gute Sonnencreme und Sonnenbrille, denken Sie auch an die Lippen! Der beste Lippenschutz ist derzeit Anthélios (Fa. Roche-Posay) mit einem Lichtschutzfaktor von 50. Will man campen und/oder wandern, so gehören unbedingt ein (Tages-)Rucksack, eine große Wasserflasche und auch eine Stirnlampe (notfalls eine Taschenlampe) ins Gepäck! Für die Pirsch im Gelände sollte die Kleidung naturfarben sein, nicht allzu bunt und erst recht nicht blau.

In den Hotels und Lodges wird alle Kleidung, die man zum Waschen gibt, gebügelt, um zu vermeiden, dass eine Fliegenart ihre Eier in das feuchte Gewebe legt. **Vorsicht** also mit Kunstfasern, z.B. mit Fleecejacken!

⇨ Klima, Reisezeit

Die Jahreszeiten der Südhalbkugel sind den europäischen entgegengesetzt: Wenn wir Winter haben, herrscht in Südafrika Sommer. Klimatisch sind Reisen nach Südafrika zu jeder Jahreszeit möglich. Generell gilt, dass die beste Zeit für die Wildbeobachtung die Monate der Trockenzeit sind (Juni–August).

Die besten Reisezeiten

1. Die Zeit **zwischen Mitte September und Ende November**: Im September/Oktober blühen die Pflanzen und in der gesamten Zeit herrschen erträgliche Temperaturen – auch landeinwärts. Und der Regen hält sich auch zurück. Im Oktober/November muss mit starken Winden gerechnet werden, die vereinzelte kühlere Tage mit sich bringen. Ab Ende November beginnt dann die Regenzeit an der Küste.
2. Die Zeit **zwischen Dezember und Mitte März** ist im Landesinneren warm und wenig regnerisch. Schwülheiß wird es an der Küste und die Regenzeit hat hier ihren Höhepunkt im Januar/Februar und dauert an bis April.
3. **Mitte März bis Mitte Mai**: Das Wetter ist unbeständig. An der Küste flaut die Regenzeit nur langsam ab und Herbststürme können auftreten. Das Landesinnere ist aber relativ gut zu bereisen. Vorteil dieser Zeit: bis auf die Tage um Ostern ist Nebensaison.
4. Die Wintermonate (**Mitte Mai bis Anfang September**) sind kühl und dabei regnet es auch am meisten. Der Regen fällt aber i.d.R. in kurzen, heftigen Schauern. Dazwischen können sonnige Tage auftreten. Der besondere Vorteil liegt in dieser Zeit darin, dass die Nebensaison für günstigere Preise sorgt und Sie ohne große Vorbuchung individuell und spontan herumreisen können. Für „Sonnenanbeter" ist diese Zeit natürlich nichts.

Meiden Sie auf alle Fälle die Zeit zwischen Mitte Dezember und Mitte Januar. Dann herrscht absolute Hochsaison. Die Preise sind hoch, die Straßen zu den touristischen Zielen voll und die Zimmer oft wochenlang im Voraus ausgebucht. Auch die beiden Wochen um Ostern sind diesbezüglich nicht zu empfehlen.

⇨ Kriminalität

Die Kriminalität ist leider auch in Südafrika in den letzten Jahren gestiegen. Die meisten Überfälle und Diebstähle gibt es in den Großstädten wie Johannesburg oder Durban. Bitte meiden Sie nachts einsame Straßen, tragen Sie nicht viel Bargeld oder Schmuckstücke mit sich. Alle Wertsachen sollten Sie vielmehr im Hotelsafe einschließen lassen. Verhalten und kleiden Sie sich, soweit es möglich ist, unauffällig. Falls Sie überfallen werden sollten, bewahren Sie unbedingt Ruhe und leisten Sie keinen Widerstand. Im

Auto sollten Sie während der Fahrt alle Türen verriegeln, besonders in Städten. Lassen Sie keine Wertsachen offen im Auto liegen.

Eine positive Tendenz ist aber zu erkennen. Mittlerweile meldet Johannesburg dank strengerer Sicherheitsmaßnahmen weniger Zwischenfälle in der Innenstadt. In Durban sieht es ähnlich aus. Eine Entwarnung kann aber noch lange nicht gegeben werden.

L

⇨ Literatur

Sämtliche deutsch- und englischsprachige Literatur über Südafrika ist auf dem Postweg zu beziehen über: Buchhandlung Ulrich Naumann, 17 Burg St, 8001 Cape Town, Republik Südafrika, Tel.: (021) 423-7832, Fax: (021) 423-3208, E-Mail: *buchhandlung@naumann.co.za*.

Siehe Literaturliste im Anhang

M

⇨ Maße und Gewichte

In Südafrika gilt, wie in Deutschland, Österreich und der Schweiz auch, das metrische System.

⇨ Mehrwertsteuer

Die Mehrwertsteuer (Value Added Tax, VAT) beträgt zzt. 14 % und ist in den Preisen inbegriffen.

Mehrwertsteuerrückerstattung
1. Mehrwertsteuerfrei ist der Kauf von Kleidungsstücken, Souvenirs, Schmuck, Teppichen etc., sofern der Versand an die Heimatadresse direkt durch den Laden erfolgt oder aber, und das ist heute die gängigere Methode,
2. Sie kaufen in als „Tax free"-gekennzeichneten Geschäften ein (davon gibt es sehr viele). Dabei müssen Sie beim Bezahlen Bescheid geben, dass Sie einen Tax-free-Rechnungsbeleg wünschen, der mit dem Formular „VAT 255" einhergeht. Das ist durchaus üblich. Sie bezahlen zwar zunächst im Geschäft die Mehrwertsteuer mit, erhalten den entsprechenden Betrag aber am Schalter im internationalen Flughafen zurück. Folgendes gilt es aber zu berücksichtigen:
- Der gesamte **Warenwert** muss R 250 überschreiten,
- keine **Einzelware** darf billiger als R 50 sein,
- Sie müssen **alle betreffenden Waren, die Rechnungsbelege, Ihren Flugschein sowie Ihren Pass** am Tax-Refund-Schalter vor dem Einchecken vorzeigen. Sie dürfen die betreffenden Waren also nicht per Post verschicken oder in Südafrika lassen. Erst dann wird Ihnen die Mehrwertsteuer zurückerstattet. Bedenken Sie auch, dass die Schlangen lang sind. Rechnen Sie mit mind. 30, besser 60 Minuten Extrazeit fürs Anstehen.

Bedenken Sie, dass Sie bei geringen Beträgen trotzdem eine relativ hohe (Mindest-)Scheckgebühr für die rückzuerstattende Summe zahlen müssen. Das schmälert Ihren „Gewinn".

Für diejenigen, die teuren Schmuck und Diamanten kaufen möchten, gibt es folgende Möglichkeit, um die südafrikanische MwSt. herumzukommen: Man kauft in den Mitgliedsgeschäften des sog. Jewellery Council of SA, P.O.Box 1659, Saxonwold, 2132 South Africa, Tel.: (011) 880-1713, Fax: (011) 880-1714, Internet: *www.jewellery.org.za*, E-Mail: *admin@jewellery.org.za*. Per Kreditkartenabzug und Quittung hinterlegt man gesondert die Mwst. Wenn man Südafrika verlässt, lässt man sich die Ausfuhr direkt hinter der Passkontrolle beim Schalter des Jewellery Council bestätigen. Danach wird das Geschäft, in dem man gekauft hat, informiert, dieses zerreißt dann den Kreditkarten-Abzug für die MwSt.

⇨ Motorrad-Vermietung

In Johannesburg werden neuwertige Suzuki- und Yamaha-Motorräder vermietet durch:
- **Mitaka Johannesburg:** Tel.: 011-7199000, Internet: *www.mitaka.co.za*.

N

⇨ Nationalparks

Ranger erläutern gerne die Besonderheiten der Natur

Besonders schöne Landschaften weisen Schutzgebiete in Form von **Nationalparks** auf. Diese Parks werden kontrolliert und verwaltet durch das National Parks Board, P.O.Box 787, Pretoria 0001, Tel.: (012) 428-9111, Fax: (012) 343-0905, Internet: *www.sanparks.org*, E-Mail: *reservations@sanparks.org*. Die **Game Reserves von KwaZulu-Natal** werden dagegen gebucht bei: KwaZulu-Natal Wildlife, POBox 13069, Cascades, Pietermaritzburg 3202, Tel. (033) 845 1000, *www.kznwildlife.com*; Buchungen vor Ort bei Tourist Junction, Old Station Building (im Gebäude, wo auch die Touristeninfo ist), 160 Pine St, Durban, Tel. (031)304-4934.

Name	*Entfernungen/ Lage*	*Größe*	*Schwerpunkt*
Limpopo Province/Mpumalanga			
Kruger National Park	400 km nördöstlich Johannesburg	20.000 km²	großer Artenreichtum an Fauna und Flora. „Big Five" neben praktisch allen afrika-typischen Tieren – ideal für Selbstfahrer – gutes Straßen- und Wegesystem – im Park selbst zahlreiche, über das gesamte Gebiet verteilte Unterkünfte, am Westrand viele private Game Lodges (s. S. 411).
Marakele National Park	etwa 250 km nordwestlich Johannesburg/ Nähe Thabazimbi	600 km²	jüngster Nationalpark Südafrikas, am Waterberg gelegen, gebirgige Szenerie mit Tafelbergen und schroffen Felsen, große Höhenunterschiede, Geier, viele Antilopenarten, auch Elefanten, Nashörner, Löwen – nur ein Zeltcamp (Allrad obligatorisch) (s. S. 473).

Name	*Entfernungen/ Lage*	*Größe*	*Schwerpunkt*
Mapungubwe National Park	an der Grenze zu Zimbabwe 85 km westlich von Messina	ca. 300 km²	Begräbnis- und Ritualgegend mit dem Fund des „Golden Rhino" (Grabbeilage einer alten Kultur), idyllische Lage am Zusammenfluss Sashe-/ Limpopo River) (s. S. 456).
North West Province			
Pilanesberg National Park	160 km nordwestlich von Johannesburg	550 km²	hügelige Vulkanlandschaft – Big Five neben fast allen Antilopenarten – gutes Wegesystem, gut für Selbstfahrer – verschiedene Übernachtungsmöglichkeiten – beste Tierbeobachtung in relativer Nähe zu Johannesburg (s. S. 474).
KwaZulu-Natal			
Hluhluwe-Umfolozi Park	270 km nordsötlich von Durban	960 km²	hügeliges, von tiefen Tälern durchzogenes Gebiet – viele Nashörner (u. a. Löwen, Elefanten, Giraffen, Büffel) – gutes Wegenetz für Selbstfahrer – tolles Camp (Hilltop) (s. S. 535).
Ukhahlamba Drakensberg Park	ca. 100 km westlich Ladysmith	2.428 km²	Hochgebirgspark mit tollen Gebirgsszenerien – Felszeichnungen – gut markierte Wanderwege – Unterkünfte unterschiedlichster Art (von Camps bis zu sehr guten Hotels) – einfache Anfahrt für Selbstfahrer (s. S. 633).
Ithala Game Reserve	70 km nordöstlich von Vryheid	300 km²	offene Buschfeldlandschaft, von tiefen Tälern zerfurcht – Nashörner, Impalas, Wasserbüffel, auch Kudus, Giraffen – gute Wege für Selbstfahrer – sehr schönes Camp (s. S. 518).
Mkuze Game Reserve	340 km nördlich von Durban	350 km²	relativ offene Landschaft mit schönen Bäumen, Nashörner, Giraffen , Leoparden, Flusspferde – Vogelreichtum – Wandermöglichkeit – gute Straße für Selbstfahrer – einfaches Camp (s. S. 533).
Ndumo Game Reserve	ca. 60 km nördlich von Jozini/Grenze zu Moçambique/ 470 km nördlich von Durban	100 km²	Feuchtgebiet mit z. T. dichten Flusswäldern – beste Vogelbeobachtungsmöglichkeiten in Südafrika (400 Arten) – gut für Selbstfahrer – Übernachtung in einem einfachen Camp oder einer Luxuslodge (s. S. 523).
Tembe Elephant Reserve	östlich des Ndumu Game Reserve	290 km²	viele Elefanten, unterschiedliche Landschaftypen (Wald – offene Flächen) – Zufahrt nur im Allradwagen – schönes Camp (s. S. 523).
Greater St. Lucia Wetland Park	200 km nördlich von Durban	360 km²	St. Lucia Lake ist das größte Binnengewässer Südafrikas – unterschiedliche Landschaftstypen (Wüstenlandschaften, Sümpfe, Trockenregionen) – toll für Vogelbeobachtungen –, Krokodile – Unterkunftsvielfalt (s. S. 531).
Free State Province			
Golden Gate Highlands National Park	etwa 300 km nordöstlich von Loemfontein	346 km²	liegt am Fuße des Maluti-Gebirges – tolle Sandsteinformationen – Blütenpracht zwischen Frühling und Herbst – Wandermöglichkeiten – 2 Camps. Tiere: u. a. Steppenzebras, Springböcke, Elenantilopen (s. S. 656).

INFO Transfrontier Parks in Südafrika

Eine neue Entwicklung im Südlichen Afrika sind die sogenannten Transfrontier Parks, auch Peace Parks genannt, eine Idee, für die sich Dr. Anton Rupert einsetzte. Seit Ende der 1980er Jahre streitet er unermüdlich für diese grenzübergreifenden Parks, um so die Eingrenzung der Lebensräume vieler afrikanischer Tierarten zumindest zum Teil rückgängig machen zu können:

Great Limpopo Transfrontier Park
Dieser Park ist ein neues Naturschutzgebiet, das auf einem Abkommen der Länder Mozambique, Südafrika und Zimbabwe besteht. Er bedeckt eine Fläche von 3.577.144 ha, was einer Größe von 35.000 km² entspricht. Der Park wird den südafrikanischen Kruger-„Limpopo-Nationalpark" im benachbarten Mozambique sowie den Gonarezhou-Nationalpark, das Manjinji-Pan-Schutzgebiet und das Malipati-Safarigebiet in Zimbabwe zusammenfassen.
Das Klima ist tropisch-feucht. Hier entdeckt man eine große Anzahl an Wildtieren insbesondere die „Big Five".

Kgalagadi Transfrontier Park
Hier stoßen der Gemsbok National Park von Botswana und der Kalahari Gemsbok National Park von Südafrika aneinander. Der größere Anteil der Gesamtfläche von 37.991 km² liegt in Botswana. Trockensavanne und Sanddünen bestimmen das Klima.

Maloti-Drakensberg Transfrontier Conservation and Development Area
Dieses Gebiet erstreckt sich über die Berge an der nordöstlichen Grenze zwischen Lesotho und Südafrika. Es unterstützt ein einzigartige bergiges und sub-alpines Ökosystem. Hier sind noch seltene Pflanzenarten, die nur in den Bergen vorkommen, erhalten. In dieser Region findet sich zudem eine größere Anzahl Naturreservate verschiedenster Provinzen wie z.B. der uKhalamba Park im südafrikanischen KwaZulu-Natal und dem Sehlaba-Thebe National Park Lesothos. Interessant ist diese Region besonders für Geologen, insbesondere aufgrund seiner großen Klippen. Sie bedeckt eine Fläche von 8.113 km².

Lebombo Transfrontier Conservation and Resource Area
Von dieser Naturschutzregion wird die Grenze zwischen der südafrikanischen Provinz KwaZulu-Natal südlich von Mozambique und Swaziland überbrückt. Im Wes-

ten befinden sich die Lebombo Mountains, im Osten der Indische Ozean. Seine Fläche von 4.872 km² verteilt sich zur Hälfte auf Südafrika, der Rest auf Botswana und Zimbabwe.
Charakteristisch sind die Lebombo Mountains, die südlichen mozambiquanischen Talauen und das Weideland an der Küste. Kulturell hervorzuheben sind die traditionellen Fischfang-Methoden, das Königreich Swaziland und das benachbarte Zentrum des Zulureiches.

Limpopo-Shashe Transfrontier Conservation Area
Am Zusammenfluss des Limpopo und Shashe River befindet sich dieses Naturschutzgebiet vornehmlich zu den benachbarten Ländern Botswana, Südafrika und Zimbabwe. Savanne und Auenwälder bestimmen das Klima der 4.872 km² großen Region. Archäologisch interessant ist das Mapungubwe Village.

Ai-Ais Richtersveld Transfrontier Conservation Park
Mit einer Größe von 6.222 km² umfasst dieser Park eine der spektakulärsten Landschaften im Südlichen Afrika, die durch trockene Umgebung und Wüsten bestimmt ist. Zu ihm gehören der Ai-Ais Hot Springs Game Park in Namibia und der Richtersveld National Park in Südafrika.

⇨ Notrufnummern

Polizei: 10111, **Feuerwehr**: 10111, **Ambulanz**: 10177

Bei Verlust von Reiseschecks, Kreditkarten etc.:
- **American Express Reiseschecks**: 0800-991021
- **American Express Kreditkarte**: 011/359-02000 od. 0949-69-9797 1000 (bzw. 200 per R-Gespräch) oder 011/838 0811
- **Visa Reiseschecks**: 0800-99-8174
- **Visa Card**: 0800-8149100
- **Mastercard/Eurocard**: 011/359-0200 od. 0949-69-7933 1910 per R-Gespräch oder 001-314-275 6690

s.a. Stichwort Telefonieren

O

⇨ Öffnungszeiten

Normale Öffnungszeiten sind: 8.30–17h und samstags 8.30–12.45/13h. Gemüseläden, Apotheken, Buchhandlungen und diverse Supermärkte haben längere Öffnungszeiten. Einige kleinere Läden haben z.T. bis 22h und länger geöffnet. Große Supermärkte (z.B. Checkers oder Pick'n Pay) haben auch an Sonntagen geöffnet.

P

⇨ Post

Schalterstunden:
montags–freitags 8.30–16.30h, samstags 8–12h
Mittagszeit 13–14h (außer in Hauptpostämtern einiger Großstädte).

Briefkästen sind rot und haben meist die Form einer Säule. Die Luftpost von Südafrika nach Deutschland dauert ca. fünf Tage.

R

⇨ Rauchen

Seit einigen Jahren gelten strengere Gesetze bzgl. des Rauchens in öffentlichen Gebäuden und Gaststätten aller Art. Restaurants, Bars, und selbst Shebeens müssen nun separate Nichtrauchersektionen aufweisen, was bei kleineren Lokalitäten dazu geführt hat, dass sie ganz rauchfrei sind. Öffentliche Gebäude, wie Staatsgebäude, Shopping Malls und Flughäfen, sind rauchfreie Zonen. Das Wegwerfen von Zigarettenkippen wird mit Strafgeldern geahndet.

S

⇨ Safari

Diesen Begriff finden wir praktisch in allen Reiseprospekten. Ursprünglich handelt es sich um einen Begriff aus dem Kisuaheli, der wiederum aus dem Arabischen stammt: „safar" heißt so viel wie Reise. Ursprünglich wurden damit Reisen in Ostafrika bezeichnet, die von Trägerkarawanen unternommen wurden. Später bezeichnete man damit mehrtägige Jagdausflüge. Heute wurde der Begriff „Safari" auf den Tourismus übertragen und meint Tierbeobachtung und Fotografieren (Fotosafari).

Die preiswertesten Safaris kann man auf eigene Faust unternehmen, wenn man einen Mietwagen hat. Die Nationalparks Südafrikas, vor allem z.B. der Kruger National Park und der Hluhluwe Umfolozi Park, laden Selbstfahrer zu eigenständigen Erkundungen ein. Die Unterkünfte in den Parks sind durchaus erschwinglich. Die Ranger der Parks geben gerne Auskunft, wo man mit etwas Glück bestimmte Tierarten beobachten kann. Als beste Jahreszeit eignen sich die vegetationsarmen Wintermonate (Juni bis August), da man durch das lichte Gebüsch einen guten Durchblick hat.

In den privaten Wildschutzgebieten mit ihren z.T. sehr luxuriösen Lodges ist man hinsichtlich „Safari-Ausbeute" auf der sicheren Seite. Am Westrand des Kruger Parks liegen die meisten privaten Wildschutzgebiete, und hier fährt man mit offenem Geländewagen und erfahrenen Rangern durch die afrikanische Wildnis.

INFO Das Kreuz des Südens

Das Kreuz des Südens ist ziemlich das einzige Sternbild, das uns Bewohnern der nördlichen Hemisphäre bekannt ist. Und wer im Südlichen Afrika ist, wird stets nach diesem Sternbild Ausschau halten – und oft ein anderes Kreuz als das „Southern Cross" deuten. Die Seefahrer der Vergangenheit konnten somit auch ohne GPS den Süden genau bestimmen.

Wir möchten Ihnen einige Hilfestellungen geben, damit Sie das Kreuz des Südens identifizieren können. Um es schneller zu finden, ist das Wissen um die Südrichtung hilfreich. Ein Kompass kann Ihnen dabei Ihr Assistent sein. Je nach Jahreszeit steigt das Kreuz zu unterschiedlichen Uhrzeiten über den Südhorizont. Es wird von 4 sehr hellen Sternen und einem weniger hellen gebildet. Wenn es nun gelingt, die Längsachse des Kreuzes um das 4 ½–5-Fache zu verlängern, dann muss man vom Endpunkt dieser Achse die Senkrechte fällen. Dort, wo diese Senkrechte den Horizont trifft, ist Süden.

Wenn man es noch genauer haben möchte, dann sollte man sich der hellen Zeige-Sterne, der sog. „pointers", bedienen, die am Southern Cross zu finden sind. Wenn man diese Sterne verbindet und von der Mitte der Verbindungsstrecke die Senkrechte nach oben fällt, so kreuzt sie die oben beschriebene 4 ½–5-fache Verlängerung der Längsachse des Südkreuzes. Von diesem Kreuzpunkt fällt man dann die Senkrechte und bestimmt damit genau den Süden.

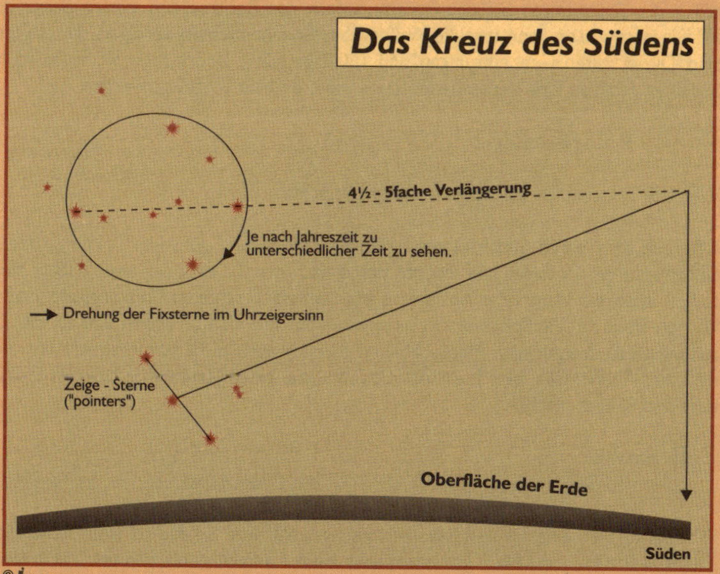

Sowohl in den Nationalparks als auch in den privaten Wildschutzgebieten werden Fuß-Safaris unter fachkundiger Begleitung angeboten.

⇨ Schlangen

Es gibt zwar viele und z.T. giftige Schlangen, doch lauern diese nicht gerade auf Touristen. Übermäßige Angst ist deshalb nicht angebracht; trotzdem sollten Sie auf Ihren Weg achten. In der Regel flüchten die Tiere schon lange, bevor Sie sie sehen können. Sollte es dennoch passieren, und die Schlange hat Sie gebissen: keine Panik! Merken Sie sich vor allem Farbe und Kopfform der Schlange, damit der behandelnde Arzt oder ein anderer sachkundiger Helfer weiß, welches Gegenserum angebracht ist. In unübersichtlichem Terrain (Gebüsch, hohes Gras etc.) sind feste, hohe Schuhe/Stiefel angebracht.

⇨ Schulferien

Hauptferienzeit in Südafrika ist um Weihnachten, von Anfang Dezember bis Mitte Januar. Die Osterferien finden etwa von Mitte März bis Mitte April statt, die Winterferien zwischen Mitte Juni und Mitte Juli und die Frühjahrsferien gegen Ende September. Fazit für die Urlaubsplanung: Im April, Juli und Dezember/Januar überschneiden sich die Ferienzeiten Europas mit denen Südafrikas. In dieser Zeit ist eine Vorausbuchung der Unterkünfte dringend anzuraten! Um Weihnachten sogar ein halbes Jahr im Voraus!

⇨ Schusswaffen

Schusswaffen dürfen nur mit Genehmigung eingeführt werden. Diese Genehmigung erteilen die Zollbeamten bei der Einreise, sofern der Besitzer den legalen Besitz dieser Waffen nachweisen kann und die Waffen über Seriennummern verfügen, die eingestanzt sind. Die erteilten Genehmigungen sind 180 Tage gültig. Unerlaubter Waffenbesitz ist in Südafrika strafbar. Eine Waffenbesitz-Karte muss deshalb vorgelegt werden.

⇨ Selbstverpfleger

Wer sich gelegentlich mal selbst versorgen möchte:

Oft reist man durch Südafrika und trifft auf schöne und günstige Campingplätze bzw. Selbstversorger-Cottages und möchte sich einfach mal für ein oder zwei Nächte zurückziehen in so ein Haus oder Apartment bzw. auf einen schönen Campingplatz. Natürlich können Sie nicht alle Selbstversorgerutensilien aus Europa mitbringen und auf die Zubereitung eines dreigängigen Menüs können Sie sich auch nicht vorbereiten. Aber für ein einfaches Abendessen, evtl. sogar mit Grillen sowie einen Sundowner bzw. ein Frühstück lässt sich Einiges machen.

Hinweis
In den Selbstversorgerhäusern stehen Töpfe, Besteck und Geschirr zur Verfügung.

Wir haben hier eine kleine Liste zusammengestellt, was Sie für so einen Aufenthalt in einem Selbstversorger-Haus vor allem aber beim Campen benötigen und am ersten Tag besorgen sollten:

Aus Europa mitbringen:
- *gute Schneidemesser, am besten auch ein scharfes Küchenmesser, ein gutes Taschenmesser sowie Gabeln (nicht im Handgepäck!).*
- *Zelt, Isomatten*

Natürlich können Sie diese Dinge auch günstig in Südafrika erwerben.

Vor Ort kaufen:
- *einfache Kühlbox (abgepacktes Eis gibt es an fast jeder Tankstelle und in den Supermärkten). Evtl. empfehlen sich sogar zwei Kühlboxen (eine für Getränke, eine für Lebensmittel). Übrigens, wer nun nicht gleich Campingstühle kaufen möchte, dem bieten die Kühlboxen auch eine einfache, aber passable Sitzgelegenheit.*
- *3–4 wasserdichte Plastikbehälter für die Kühlung von Margarine, Käse etc. (selbst das eingeschweißte Eis leckt nach einiger Zeit)*
- *2 Plastikteller pro Person (wegen Beilagen/Salaten)*
- *Gläser, am besten 2 pro Person (eines für Saft/Bier und eines für Wein)*
- *Kaffeebecher*
- *Holzkohle plus Grillanzünder. Feuerzeug.*
- *Grillzange*
- *Pfeffer + Salz, evtl. auch andere Gewürze. Bei Bedarf etwas Zucker.*
- *Getränke (Wasser, Sodas, Säfte, Bier, Wein etc.). Am Tag der Übernachtung spätestens mittags in Kühlbox lagern und abgepacktes Eis darauf legen.*
- *Fürs Frühstück: Haltbare Margarine, Marmelade, Pulverkaffee, Milchpulver, haltbare Milch*
- *Zum „Sattwerden": Chips oder anderer salziger Knabberkram*
- *Eine Taschenlampe pro Person*
- *Windlicht o.ä. Achtung! Kerzen flackern zu sehr im Wind.*
- *Warme Kleidung für die Abende*

Kein Muss, da meist zu teuer für eine oder zwei Nächte:
- *Campingstühle*
- *Campinglampe*
- *Campingkocher + Ersatzkartusche*
- *Topf, Wasserkessel*

***Frische Waren**, wie z.B. Gemüse, Fleisch, Obst und Brot am Tag der Übernachtung besorgen.*

⇨ Sicherheit

Vor allem in den Großstädten sollte man sich vor Dieben hüten. Besuche von Townships sollte man nur mit Führung unternehmen, Nachtspaziergänge in vielen Gebieten der Großstädte sind zu unterlassen (fragen Sie Einheimische), ebenso die Benutzung von Vorortzügen. Fahrten per Anhalter sind ebenso nicht zu empfehlen. Auskunft erteilt am besten Ihr Reiseveranstalter oder das Auswärtige Amt (Tel. 01888-17-0, Internet: *www.auswaertiges-amt.de*).

⇨ South African Tourism (South African Tourism Board)

Das südafrikanische Fremdenverkehrsamt erteilt sämtliche touristischen Auskünfte über das Land und hält hervorragendes Informationsmaterial bereit: South African Tourism, An der Hauptwache 11, 60313 Frankfurt 1, Tel.: (069) 929129-0, Fax: (069) 280950,

Service-Tel.: 01805-722255, Internet: *www.southafricantourism.de*, E-Mail: *info@southafricantourism.de*.

Die regionalen **South African Tourism-Vertretungen in Südafrika** stehen Ihnen entlang Ihrer Reiseroute zusätzlich mit Rat und Tat zur Seite. Diese Adressen finden Sie in den Regionalen Reisetipps. Bei Ihrer Einreise in Johannesburg am Internationalen Flughafen erwartet Sie in der Haupthalle ein großer South African Tourism-Stand, wo man Sie gerne informiert und Ihnen bei Problemen weiterhilft.

⇨ Sport

Südafrika ist ein Land der Sportbegeisterten. In seinen unterschiedlichen Landschaften und Klimazonen sind praktisch alle Sportarten möglich. Und da immer mehr Menschen sich auch im Urlaub aktiv betätigen möchten, finden Sie im Folgenden eine alphabetisch geordnete Darstellung der entsprechenden Sportmöglichkeiten. Wenn Sie eine Übersicht über alle sportlichen Möglichkeiten in Südafrika erhalten möchten, schauen Sie einmal im Internet unter *www.southafrica.co.za/sports* oder *www.southafrica.info/plan_trip/holiday/roughing_it/*. Auch South African Tourism hat für verschiedene Sportarten hervorragende Übersichten ausgearbeitet, so z. B. für Golf, Surfen, Jagd.

Abseilen

„Abseiling" (das Wort wurde aus dem Deutschen abgeleitet) ist eine beliebte Sportart, besonders dort, wo es kleine Canyons gibt. Dabei werden Sie an einem Seil z.B. in einen Canyon und/oder an einer steilen Wand abgeseilt, und wenn Sie es etwas aufregender lieben, können Sie sich auch ins Leere fallen lassen, ähnlich dem Bungee-Jumping.

Angeln

Besonders das Hochseeangeln erfreut sich großer Beliebtheit in den Kapprovinzen. In fast jedem Hafen können Sie Boote mit fachkundigen Fischern chartern. Felsen- und Strandangeln ist sehr beliebt an der Wild Coast. Die kleinen Flüsse in den Bergen um Dullstrom (Mpumalanga) eignen sich hervorragend fürs Fliegenfischen.

Drachenfliegen

Drachenflieger aus Übersee dürfen nur fliegen, wenn sie (aus Versicherungsgründen) Mitglied des South African Aero Clubs sind. Eine vorübergehende Mitgliedschaft ist möglich. Falls man nicht sein eigenes Fluggerät mitbringt (und wer kann das schon!), ist man allerdings auf Clubhilfen angewiesen, da es in Südafrika keinen offiziellen Drachenverleih gibt. Hervorragend eignen sich zum Drachenfliegen die KwaZulu-Nataler Drakensberge.

i ***Kontaktadressen und Informationen***
erhältlich bei: South African Hang Gliding and Paragliding Association, Tel./Fax: (012) 6681219, Internet: www.paragliding.co.za, *E-Mail:* sapha@paragliding.co.za.

Fahrrad fahren

Einschränkend muss gesagt werden, dass Südafrika kein klassisches Land des Radfahrens ist, denn es gibt keine Fahrradwege. Allerdings kann man abseits der großen Autostraßen durchaus die herrlichen Landschaften genießen. **KwaZulu-Natal** ist fast ganzjährig klimatisch geeignet, ebenso **Gauteng**.

Eine fahrradfreundliche (zumeist Mountain Biking) Alternative bietet die Firma Jacana Collection an (P.O.Box 95212, Waterkloof 0145, Tel.: (012) 346-3550/1/2, Internet: *www.jacanacollection.co.za*). Sie organisiert Fahrradtouren. In den letzten Jahren haben einige Hotels Fahrräder für ihre Gäste angeschafft. Allerdings gibt es kaum kommerzielle Fahrrad-Verleiher, außer:

- **Johannesburg**: Linden Cycle and Canoe, 63 B 3rd Av, Linden, Tel.: (011) 782-7313.

Organisierte Fahrradtouren in Südafrika unternimmt u. a.: **African Bikers**, Internet: *www.africanbikers.de*.

Infos
Mountainbike-Freaks erhalten unter www.mtb.org.za *Insider-Tipps zu den besten Trails in ganz Südafrika. Für Rennrad-Freunde gibt es unter* www.ride.co.za *ausführliche Informationen zu Fahrradrennen.*

Fallschirmspringen

Südafrika hat nicht nur die rechten Landschaften, sondern auch das rechte Wetter für Fallschirmspringer. Fallschirmspringen ist mittlerweile so populär geworden, dass sich in Südafrika einige Veranstalter und Clubs darauf spezialisiert haben. Bevorzugte Regionen für Fallschirmspringer sind die KwaZulu-Nataler Drakensberge sowie Gauteng (Magaliesberge).

Weitere Informationen
zum Fallschirmspringen, ob allein oder als Tandem, unter www.para.co.za.

Golf

Aufgrund des hervorragenden Klimas sowie des britischen Einflusses verfügt Südafrika über mehr als 400 Golfplätze in allen Landesregionen. Südafrikanische Besonderheiten: Es gibt Golfplätze, wo sich auf den Fairways Antilopen und Affen ein Stelldichein geben (Golfplätze von Skukuza und Hans Morensky/Kruger National Park).

Für den golfenden Reisenden empfiehlt sich das Studium der South African Tourism-Broschüre „Where to stay". Hier sind alle Hotels sowie andere Unterkünfte aufgelistet und Golfmöglichkeiten vermerkt. Ebenso hilfreich ist die SOUTH AFRICAN TOURISM-Broschüre „Golf in Südafrika". Beide sind zu beziehen über South African Tourism (siehe Stichwort South African Tourism). Weitere Kontaktadresse: South Africa Golf Union, P.O.Box 1537, Cape Town 8000, Tel.: (021) 461-7585.

Große Golf-Turniere:

Januar:	South African Open Championship
	Lexington PGA Tournament/Johannesburg
Dezember:	Million Dollar Golf Classic/Sun City

Kanufahrten/Seakayaking

Südafrikas Flüsse eignen sich zum Teil hervorragend für Kanufahrten oder Schlauchboot-Abenteuer (Rafting).

Seakayaking ist besonders beliebt an den Stränden südlich von Durban.

Weitere Informationen
zu Touren bzw. Flussbewertungen unter www.rafting.co.za oder www.canoesa.org.za.

In der Kosi Bay Lodge kann man Kanus mieten

Marathon

Marathon ist in Südafrika sehr populär – ob am Kap, an der Strandpromenade von Durban oder anderswo. Besonders berühmte Laufveranstaltungen sind:

- **Comrades**, der 90-km-Lauf am 31. Mai, abwechselnd von Pietermaritzburg oder Durban ausgehend. Im Jahre 2002 gab es dabei 11.500 Teilnehmer, die insgesamt einen Höhenunterschied von 700 m zu bewältigen hatten und nicht länger als 11 Stunden unterwegs sein durften.
- **Town–to-Town-Marathon** von Johannesburg nach Tshwane (Pretoria).

Informationen
www.runnersguide.co.za

Segelfliegen

Nicht nur das australische Outback hat weltberühmte Segelflug-Reviere; auch Südafrika bietet vor allem im Bereich der Magaliesberge und in den Drakensbergen (KwaZulu-Natal) aufgrund optimaler Aufwinde und klarer Wetterlagen traumhafte Voraussetzungen für lange Flüge.

Informationen und Adressen
finden Sie auf der Internet www.sssa.org.za.

Surfen

Südafrika ist das Surfer-Paradies schlechthin. Weltberühmte Surfer zieht es immer wieder an Südafrikas Küsten, um ihre Künste im Wellenreiten in Top-Form zu erhalten oder zu verbessern.

Windsurfer finden auf den großen Inlandseen oder Lagunen entsprechende Riviere. Hier einige Beispiele:

- Gauteng: u.a. Hartebeesport Damm, Lake Ebernezer (Tzaneen), Stausee Bona Manzi
- KwaZulu-Natal: u. a. Midmar Lake, Zinkwazi (Lagune), Mtunzini (Lagune)
- Warner Beach (bei Scottburgh, KwaZulu-Natal)

Tipps für Surfer

- *Nehmen Sie am besten Ihr eigenes Gerät mit, denn der Surftourismus in Südafrika ist noch wenig entwickelt, und es mangelt an Verleihern (erkundigen Sie sich bei der entsprechenden Airline nach dem Frachttarif).*
- *Sie sollten zwecks Mobilität einen Wagen mieten und sich einen passenden Dachgepäckträger dazu kaufen (die meisten Vermieter sind nicht Surfer-freundlich eingestellt, da sie um ihren Wagen bangen).*
- *Besorgen Sie sich die Surfbroschüre von South African Tourism (An der Hauptwache 11, 60313 Frankfurt/Main). Kontaktadresse: South African Surfing Association, Internet: www.salsa.co.za*

Kontaktadresse

South African Windsurfing Class Association, Private Bag X16, Auckland Park 2006, Tel.: (011) 726-7076

Tauchen

- In **East London** werden Tages-Tauchlehrgänge angeboten. Interessant sind hier die Tauchreviere zwischen dem Great Fish River und Kidd's Beach. Adresse: **South African Underwater Union**, P.O.Box 557, Parow 7500, Tel.: (021) 930-6549, Internet: *www.sa-underwater.org.za*
- **KwaZulu-Natal:** Zwischen St. Lucia (Cape Vidal) und Kosi Bay (an der Grenze zu Mozambique) liegen die südlichsten Korallenbänke der Welt. Tauchertreff ist insbesondere der Sodwana Bay National Park, wo es Unterkünfte gibt und auch Tauchlehrgänge angeboten werden. **Sodwana Bay Lodge Scuba Centre**, Tel.: (035) 571-0117, Internet: *www.sodwanadiving.co.za.*
- Auch in und bes. südlich von Durban werden Tauchlehrgänge angeboten. So vor allem in **Umkomaas**, dem das bekannte Tauchrevier *Aliwal Shoal* vorgelagert ist.

Tennis

In Südafrika gibt es sehr viele Tennisplätze. Sie sind u. a. in der South African Tourism-Broschüre „Where to stay" verzeichnet. Auch in den Klubs kümmert man sich gerne um Gäste. Kontaktadresse in Südafrika: South African Tennis Association SATA, West St 269, Centurion, Tel.: (012) 643-0246/7, Fax: (012) 643-0245, Internet: *www.supertennis.co.za*, E-Mail: *satennis@mweb.co.za.*

Wandern/Bergwandern/Klettern

Seit Jahren wird die Einrichtung staatlich kontrollierter Wanderwege – das National Hiking Way System (NHW) – ausgebaut. Aus diesem Grund gibt es in Südafrika ein hervorragendes Wanderwegenetz. Die schönsten und beliebtesten Wandergebiete sind:

- die *Soutpansberge* in der Limpopo Province
- die *Drakensberge* in KwaZulu-Natal (insbesondere für Bergsteiger und Kletterer)
- die *Magaliesberge* bei Pretoria/Tshwane
- die Küste entlang der Wild Coast.

Infos

Eine gute Internetseite mit Trails in Südafrika ist: www.traildatabase.org (Südafrika anklicken)

Mitbringen bzw. in Südafrika kaufen sollten Sie vor allem festes Schuhwerk (Wanderschuhe), Regenkleidung, warme Kleidung (für einige Gebiete), Sonnenschutz (Hut, Creme), pro Person einen Tagesrucksack, Proviant u. ausreichend zu trinken (3 Liter/Tag/Person), bei längeren Routen eine Karte und einen Kompass.

Die Region um den Giant's Castle eignet sich gut für kleinere Wanderungen

Kontaktadressen

- *The Hiking Federation (landesweit): Tshwane (ehem. Pretoria) Tel. (012) 299-3382.*
- *Mountain Club of South Africa: Verschiedene regionale Clubs und Vereinigungen. Die Adressen finden Sie im Internet unter www.mcsa.org.za.*

Achtung

Für fast alle Aktivitäten in diesem Bereich gilt: Reservierung erforderlich!

⇨ Sprachen

In Südafrika gibt es 11 offizielle Sprachen. Neben Englisch und Afrikaans werden die Sprachen der verschiedenen Ethnien, darunter der Xhosa, Zulu und Sotho, gesprochen, wobei sich Englisch als Amtssprache weitgehend durchgesetzt hat. Mit Englisch kann man sich überall im Land verständigen. Deutsch und Französisch werden in zahlreichen Hotels gesprochen, zudem leben zahlreiche Deutsche, Österreicher und Schweizer in Südafrika.

Ausdrücke

Hier eine Übersicht über einige nützliche Ausdrücke in Afrikaans:

Guten Morgen!	Goeie more!	ja/nein	ja/nee
Guten Tag!	Goeie midday!	Verzeihung	ekskuus
Gute Nacht!	Goeie nag!	Ich möchte	ek will
bitte	asseblief	Tageszeitung	dagblad
danke	dankie	groß/klein	groot/klein
Auf Wiedersehen!	tot siens!	gut/schlecht	goed/sleg
Rundhaus	rondavel	wie viel	hoeveel
Tag/Woche	dag/week	Monat/Jahr	maand/jaar
Wann	wannee	wo	waar
Wie	hoe	wie lange	hoe lank
Wie spät ist es?	Hoe laat is dit?	Wann fährt...?	Wanneer vertrek?
Verstehen Sie?	Verstaan u?	Wie viel kostet dies?	Hoeveel is dit?
Montag	Maandag	Freitag	Vrytdag
Dienstag	Dinsdag	Samstag	Saterdag
Mittwoch	Woensdag	Sonntag	Sondag
Donnerstag	Donderdag		
Weitere typische Ausdrücke			
Grillen	Braai	Tankstelle, Autowerkstatt	Garage
Ampel	Robot	Trinkgeld	Tip
Mitfahrgelegenheit/Fahrstuhl	Lift		
Zahlen			
eins	een	achtzehn	agtien
zwei	twee	neunzehn	negentien

drei	drie	zwanzig	twintig
vier	vier	einundzwanzig	een-en-twintig
fünf	vyf	zweiundzwanzig	twee-en-twintig
sechs	ses	dreißig	dertig
sieben	sewe	vierzig	veertig
acht	ag	fünfzig	vyftig
neun	nege	sechzig	sestig
zehn	tien	siebzig	sewentig
elf	elf	achtzig	tagtig
zwölf	twaalf	neunzig	negentig
dreizehn	dertien	hundert	honderd
vierzehn	veertien	hunderteins	eenhonderd-en-een
fünfzehn	vyftien	fünfhundert	vyfhonderd
sechzehn	sestien	tausend	'n Duisend
siebzehn	sexentien		

⇨ Strände

Südafrika rühmt sich seiner insgesamt mehr als 3.000 km langen schönen Badestrände. Doch muss man beim Baden in Südafrika Folgendes bedenken:

- Entlang des Indischen Ozeans ist aufgrund der Wassertemperaturen das Baden in den Monaten Oktober bis April angenehm.
- Die wärmsten ganzjährigen Wassertemperaturen hat die Natal-Nordküste aufzuweisen. Allerdings erreichen auch hier die Wassertemperaturen nicht karibisches Niveau.

Der Strand von Durban: zum Sonnen(baden) gut geeignet

Kurzüberblick über Badestrände in dem beschriebenen Reisegebiet

Eastern Cape Province: Bushmans-River-Mündung und Kariega (südlich Grahamstown): Sandstrände, Lagunen. Die große Hai-Gefahr beginnt vor allem im Bereich der Flussmündung, wo Schlamm nach heftigen Regenfällen ins Meer fließt – ein Tummelplatz für Haie. Besonders schöne und einsame Strände gibt es an der Wild Coast, z.B. bei Port St. Johns, Mazeppa Bay, Wavecrest Resort sowie die Umgebung von Kei Mouth (Mündung des Great Kei-Flusses) und Morgan's Bay.

KwaZulu-Natal-Küste südlich von Durban: Generell sind alle großen Natal-Badestrände durch Netze gegen Haie gesichert. Erkundigen Sie sich aber vorher, damit Sie in Ruhe und ohne Angst das Baden genießen können. Zwischen Port Shepstone und Port Edward gibt es besonders viele, sehr schöne Sandstrände.

KwaZulu-Natal-Küste nördl. von Durban:	Beste Strände hier zwischen Umhlanga Rocks, Umdloti Beach und Ballito. Nördlich von Zinkwazi Beach sind die Strände nicht gegen Haie gesichert. Hier liegen an sich keine geeigneten Badestrände mehr (schwere Zufahrten und eben Haigefahr). Die Binnenseen und Lagunen eignen sich auch nicht zum Baden, denn sie sind Heimat von Flusspferden und Krokodilen.

T

⇨ Taxi

Die Tarife sind regional unterschiedlich. Die Grundgebühr beträgt in der Regel zwischen 10 und 14 Rand plus 10 und mehr Rand pro Kilometer. Wartezeiten kosten ab 20 Rand die Stunde. Die Taxis dürfen nicht angehalten, sondern müssen von Taxiständen abgerufen werden.

⇨ Telefonieren/Telekommunikation

Preisbeispiele

Ein Drei-Minuten-Ortsgespräch kostet vom Automaten 30 Cents. Wenn Sie von besonderen Münzfernsprechern ein Übersee-Gespräch führen wollen, müssen Sie einen Haufen 50 Cent- bzw. 1-Rand-Münzen haben, denn 1 Minute kostet nach Europa 6 Rand und mehr. Bequemer ist die Vermittlung in einem Postamt. Dann allerdings muss man mindestens 3 Minuten telefonieren und zahlt dafür ca. 20 Rand. Vorsicht in Hotels: Hier wird der 2- bis 3-fache Tarif berechnet, also können 3 Minuten 90 Rand kosten!

Seien Sie bitte nicht irritiert: Das Besetzt-Zeichen ähnelt dem Klingelzeichen in Deutschland.

Handys

Mitbringen: Die meisten aus Europa mitgebrachten Handys (sie werden in Südafrika „Cellulars" bzw. kurz „Cells" genannt) können via „Roaming" in Südafrika genutzt werden. Erkundigen Sie sich also vorher und melden Sie Ihre Reise bei Ihrer Telefongesellschaft an, nicht alle Geräte sind automatisch fürs Ausland freigeschaltet. Achten Sie in Südafrika dann darauf, welche südafrikanische Gesellschaft für Sie am günstigsten ist. Denken Sie aber daran, dass die Nutzung Ihres Handys in Südafrika für Sie teuer werden kann, ruft Sie jemand aus Deutschland und auch aus Südafrika an. Zudem sind die Preise für die Einheiten über Handy teurer als die über ein gemietetes Handy (ca. doppelter Preis). Sollten Sie also viel telefonieren wollen, lohnt sich die Miete eines Handys (an allen großen Flughäfen möglich). Möchten Sie aber nur für Notfälle erreichbar sein und wollen das Handy nur wenig benutzen, dann lohnt die Miete nicht.

Infos zum Roaming im Internet bzw. über Telefon:
- **D1-Mobile:** *www.T-D1.de*, Tel 49 180 330 2202 od. über Handy: 2202
- **D2-Vodafone:** *www.d2privat.de*, Tel.: 1212 (kostenlos übers D2-Handy)
- **E-Plus:** *www.eplus.de*, Tel.: 0177-1000

Mieten bzw. Kaufen: In zahlreichen Geschäften in den Städten sowie an Ständen in den großen Flughäfen verkaufen bzw. vermieten die südafrikanischen Hauptbetreiber **VODACOM, CELL-C** und **MTN** Handys bzw. „Sim-Cards".

- „Sim-Karten" sind Chips, die Sie für die Zeit der Miete zu einem Kunden der entsprechenden südafrikanischen Gesellschaft machen. Die Kosten variieren sehr und sind oft auch abhängig von der Mietdauer. Rechnen Sie grob mit 8 Rand für die Tagesgrundmiete der Sim-Card und 20 Rand für die Tagesgrundmiete eines Handys. Hinzu kommen dann die Gesprächseinheiten (um 3 Rand pro Minute, variiert aber stark, je nach Anbieter). Abgerechnet wird über die Kreditkarte.
- Eine weitere Möglichkeit ist der Kauf einer „Prepaid Card", mit der Sie für eine bestimmte Zeit eine bestimmte Anzahl an Telefoneinheiten erhalten. Der Vorteil daran ist, dass Sie etwas günstiger telefonieren und Ihr eigenes Handy benutzen können, der Nachteil aber, dass Sie zuerst einmal für die Freischaltung einer Nummer um 300 Rand zahlen müssen und evtl. die Einheiten gar nicht alle benötigen bzw. diese nicht ausreichen. Es gibt Prepaid-Karten mit geringem Ladewert (ab 20 Rand). Diese Möglichkeit ist sicherlich die bequemste, aber auch nur sinnvoll für Vielnutzer.
- Mittlerweile stellen einige große Mietwagenfirmen sogar kostenlos Handys zur Verfügung, wenn man einen Wagen mietet (beim Buchen des Wagens angeben!). Hierbei müssen Sie nur ca. 1 € pro Tag für die Versicherung des Handys zahlen.

Der Empfang über Handy ist in Südafrika entlang der Hauptverkehrsachsen sowie in den Orten und Ballungsräumen i.d.R. sehr gut. In den Bergen und an der Wild Coast/ehem. Transkei gibt es noch einige „Löcher". Infos der großen Mobilfunk-Betreiber:

- **VODACOM:** 082-111 bzw. 0800-111-234, *www.vodacom.co.za.*
- **MTN:** (011) 301-5499 bzw. 0800-111-0070, *www.mtn.co.za.*
- **Cell-C**: (011) 324-4000, *www.cellcrentals.co.za*

(0800er-Nummern nur aus Südafrika)

Vorwahlen

- Die **Vorwahl für Deutschland** von Südafrika aus ist 0949 + die Ortsnetzzahl ohne die Null + die Teilnehmernummer. Die **Vorwahl für Österreich** ist 0943, für die **Schweiz** 0941.
- **Vorwahlen der angrenzenden Staaten:** Botswana (09267), Swaziland: Vorwahl 09268 (von Südafrika aus), 00268 (intern., von Deutschland aus), Lesotho: Vorwahl 09266 (von Südafrika aus), 00266 (intern., von Deutschland aus), Namibia: Vorwahl 09264 (von Südafrika aus), 00264 (intern., von Deutschland aus), Moçambique: Vorwahl 09258 (von Südafrika aus), 00258 (intern., von Deutschland aus)
- Seit Mitte der 1990er Jahre ändern sich aufgrund der **Modernisierung des Kommunikationssystems** viele örtliche Vorwahlen in Südafrika, ebenso lokale Nummern. Die meisten Nummern in diesem Reiseführer entsprechen bereits den neuen Kriterien. Es kann aber trotzdem einmal vorkommen, dass eine Nummer sich nach Drucklegung geändert hat. Dann hilft leider nur die Auskunft ...

Öffentliche Fernsprecher

Es gibt öffentliche Fernsprecher in ausreichender Zahl. Oft befinden diese sich auch in Hotels, Tankstellen und Restaurants. Wie bei

> **!!!** *Achtung*
> *I. d. R. muss auch bei regionalen Telefongesprächen die Vorwahl gewählt werden.*

uns überwiegen hier mittlerweile auch die Kartentelefone. Telefonkarten gibt es für 20, 50, 100 und 200 Rand.

Telefonläden

Da nicht alle Bewohner vor allem der ehemaligen Townships Telefonanschlüsse haben, hat sich ein lukrativer Markt für Telefonläden entwickelt. Dieses sind Geschäfte, in denen Sie ohne Kleingeld oder Telefonkarte telefonieren können. Hier sind die Warteschlangen kürzer als in den Postämtern, dafür zahlen Sie aber auch mehr als an einem öffentlichen Fernsprecher (aber weniger als von den Hotels aus). Vergleichen Sie also zuerst die Preise! Von den Telefonläden aus können Sie auch Faxe schicken.

Internet-Cafés

In den großen Städten gibt es viele Internet-Cafés. Hier können Sie E-Mails schicken bzw. empfangen und natürlich surfen. Abgerechnet wird nach Zeit. Da die **Internet-Cafés** so schnell wieder schließen, wie sie öffnen, nennen wir hier keine Adressen. Schauen Sie in den gelben Seiten des Telefonbuches unter dem Stichwort „Internet-Café". Gute Chancen, ein Internetcafé zu finden, haben Sie in großen Malls und in belebten Innenstädten.

Wichtige und nützliche Telefonnummern für Südafrika

- ***Landesweiter Polizei-Notruf:*** *10 111*
- ***Landesweiter Notruf für Rettungswagen:*** *10 177*
- ***Lokale Telefonauskunft:*** *1023*
- ***Nationale Telefonauskunft:*** *1025*
- ***Internationale Telefonauskunft:*** *0903*
- ***Gebuchte Gespräche/Collect Calls/ Reverse Charge Calls (R-Gespräche) etc.:*** *0900*
- ***Zeitansage:*** *1026*
- ***Wettervorhersage:*** *082-231-1659 und (012) 321-9621*
- ***Computicket:*** *(011) 485-2327 bzw. (011) 340-8000. Telefonische Buchung von Veranstaltungen (landesweit) aller Art (Theater, Konzerte, Sport etc.). Kreditkarte bereithalten!*
- ***National Parks Board (landesweit):*** *(012) 428-9111*
- ***Game Reserves KwaZulu-Natal:*** *(033) 8451000*
- ***Flughäfen (Auswahl):***
  - *Johannesburg International: (011) 975-9963*
  - *Durban: (031) 451-6667*
  - *Port Elizabeth: (041) 507-7301 bzw. 581-2984*
- ***Kreditkartenverlust (in Südafrika):***
  - *American Express: 011-359-0200 od. 0800-991021*
  - *Diners Club: 021-794-8170*
  - *Master Card/Eurocard: 011-359-0200*
  - *Visa Card: 0800-990475*
  - ***American Express Reiseschecks:*** *0800-991021*
- ***South African Tourism*** *(ehem. SATOUR) –* ***Hauptbüro in Pretoria (Tshwane):*** *(012) 347-0600*
- ***Cellular – Mobilfunknummern:*** *08xxx*

⇨ Trinkgelder

Sie sollten nach Umfang und Qualität einer Leistung gegeben werden (z.B. bei Gepäckträgern oder Zimmermädchen ca. 5 Rand). Als Leitlinie gilt, dass das Trinkgeld 10–15 % des Preises/der Rechnung entsprechen sollte. Taxifahrer erwarten etwa 10 % Trinkgeld.

U

⇨ Unterkünfte

Hotels

South African Tourism gibt alljährlich detaillierte Hotel- und Unterkunftsverzeichnisse sowie eine Übersicht über Campingplätze in Südafrika heraus. Hier finden Sie entsprechende Details wie Adressen, Preise, Ausstattung etc. Alle Übernachtungsmöglichkeiten in Südafrika sind klassifiziert. Generell kann man feststellen, dass Südafrikas Hotels beispielhaft sauber sind. Die Top-Hotels des Landes halten jedem internationalen Vergleich stand, sind aber preiswerter als an anderen Orten.

Die meistverbreiteten Hotelketten sind:
Southern Sun, der auch die südafrikanischen **Holiday Inn Hotels** angeschlossen sind, bietet eine Palette von Deluxe-, First- und Touristenklasse-Häusern mit individuellem Charakter. Viele ehemalige teure Sun Hotels wurden zwischenzeitlich in preiswertere **Holiday Inn Garden Courts** umgewandelt, wobei die Serviceleistungen reduziert wurden. Zur Kette gehören auch die äußerst effizienten, aber gut geführten und sauberen **Formula One Hotels,** die im 1–2-Sterne-Bereich anzusiedeln sind. Infos: *www.southernsun.com*, auch Buchungsmöglichkeit online.
Ebenso herauszuheben sind die sehr preiswerten **Road Lodges** und die etwas teureren **Town Lodges** und **City Lodges,** die meist ziemlich zentral liegen und sich an budgetbewusste Touristen und Geschäftsleute wenden. Infos zu dieser Kette sowie Buchungsmöglichkeit: *www.citylodge.co.za*.
Die Kette **Protea-Hotels** verfügt über Hotels im ganzen Land, wobei die meisten Häuser dem 3–4-Sterne-Bereich zuzuordnen sind (Touristen, Geschäftsleute). Größte Hotelkette Südafrikas! Infos: *www.proteahotels.com*, auch Buchungsmöglichkeit online.
Karos-Hotels liegen im 3–4-Sterne-Bereich und wenden sich an Geschäftsleute und Touristen. Keine eigene Homepage.

Portfolio ist ein Marketing-Zusammenschluss von Hotels, Lodges und Bed and Breakfast-Häusern. Es gibt dazu drei Hefte.
- Portfolio Country Places Collection
- Portfolio Retreats Collection
- Portfolio Bed and Breakfast Collection.

Die einzelnen, meist mittel- bis hochpreisigen Häuser werden von einem Firmenangehörigen inspiziert. Die Auswahl der Häuser ist ordentlich, wenn auch im Wesentlichen davon bestimmt, dass das Unternehmen für die Aufnahme bezahlt. **Infos:** *www.portfoliocollection.com*, auch Buchungsmöglichkeit online. Die o.g. Portfolio-Hefte liegen in den größeren Touristeninformationen aus.

Preiskategorien der Unterkünfte

$	= *bis R 250*
$$	= *R 250–400*
$$$	= *R 400–700*
$$$$	= *R 700–1.200*
$$$$$	= *mehr als R 1.200*

GHASA (*Guest House Association of Southern Africa*): Dies ist eine Vereinigung, zu der etwa 3–4-Sterne-Häuser gehören, die nie mehr als 16 Zimmer haben. Info: *www.guesthouseassociation.co.za*, auch Buchungsmöglichkeit online.

Auch auf dem Lande und in niedriger klassifizierten Hotels findet man durchaus empfehlenswerte Unterkünfte. Bereits 2-Sterne-Hotels genügen durchschnittlichen Ansprüchen. (5 Sterne zeichnen die besten Hotels aus.)

Bed and Breakfast

Diese Übernachtungsform, ursprünglich in England „erfunden", hat sich in Südafrika in den letzten Jahren rasant entwickelt. Es gibt entlang aller touristischen Routen viele Angebote. Die meisten Häuser bieten ein ausgezeichnetes Preis-Leistungs-Verhältnis und können u. a. über Portfolio gebucht werden.

Gute Übersichten und Buchungsmöglichkeiten bieten folgende Web-Adressen:
- *www.bedandbreakfast.co.za*: landesweite Darstellung von B&Bs, Buchungsmöglichkeit
- *www.bookabed.co.za*: wie oben

Self-Catering Accommodation (Selbstversorger)

Die Südafrikaner lieben diese Art der Unterkunft, da sie die Selbstversorgungsmöglichkeit bietet und dann das Ganze für Familien einfach preiswerter ist. Selbstversorgungsunterkünfte gibt es in entsprechend eingerichteten Chalets, Rondavels, Ferienwohnungen etc. Sie können sicher sein, dass die Unterkünfte über alle notwendigen Kocheinrichtungen verfügen.

Backpacker Lodges/Youth Hostels

In den Nach-Apartheidjahren sind die Backpacker Lodges aus dem Boden geschossen. Selbst in kleineren Orten gibt es nun für Low Budget-orientierte Reisende diese Unterkunftsart. Generell sind die Häuser sauber und verfügen über Schlafsäle und Doppelzimmer sowie Gemeinschaftsräume. Sie werden meist auch vom Baz Bus angefahren und bieten vor allem jüngeren Menschen gute Kommunikationsmöglichkeiten. Oft sind Selbstversorgungseinrichtungen vorhanden.

Nützliche Adressen:
- **Hostelling International South Africa (HISA),** Internet: *www.hisa.org.za*. Man muss Mitglied sein, um in einem der Häuser des Jugendherbergswerks Südafrikas zu übernachten. Kosten der Mitgliedschaft: Ca. 60 Rand für ein Jahr. Mitglied kann man online werden oder einfach bei der ersten Übernachtungsstelle anfragen.
- Die Organisation **Backpacker Tourism South Africa** ist ein Zusammenschluss vieler Backpacker-Unterkünfte im Lande. Infos: *www.btsa.co.za*
- Eine weitere gute Internetseite mit Infos zu Backpackern ist *www.sabackpackers.za.net*.

INFO Private Gamelodges

Südafrika verfügt über eine Vielzahl privater Gamelodges, vor allem am Westrand des Kruger National Parks, aber auch in KwaZulu-Natal und in der Provinz Eastern Cape. Private Lodges unterscheiden sich ganz wesentlich von den staatlichen Camps. Der wichtigste Unterschied: Sie sind wesentlich teurer. Der hohe Preis wird durch folgende Aspekte gerechtfertigt:

- Die Unterkünfte sind zum Teil exzeptionell schön, sowohl von der Außen- als auch Innenarchitektur. Auf jeweils individuelle Weise passen sie sich der Natur und dem Gelände an.
- Die Mahlzeiten genügen höchsten Standards, ebenso wird man durch ausgewähltes Personal verwöhnt.
- Mit erfahrenen Rangern, die oft noch einen Tracker als Assistent haben, fährt man kreuz und quer durch den Busch und spürt Tieren nach. Während man im „staatlichen" Gebiet wie dem Kruger Park nur auf den ausgewiesenen Straßen und Wegen fahren darf, fühlt man sich hier – immer in einem offenen, hochsitzigen Geländewagen unterwegs – wirklich auf prickelnder Safari. Die Ranger sind meist junge Leute, die voller Enthusiasmus über Flora und Fauna zu berichten wissen (fast immer nur in Englisch). Aufregende Szenen (die Ranger sind sicherheitshalber bewaffnet und im Schießen geschult) sind garantiert, und die Führer wissen stets, wie nah man beispielsweise an Elefanten, Büffel oder Nashörner heranfahren muss.

Typischer Tagesablauf auf einer privaten Lodge:

- Je nach Jahreszeit etwa 05.30–06.30h geht es auf Morgenpirsch, nachdem es einen *early morning tea* gab. Und je nach Tierbeobachtungen kehrt man gegen 10–10.30h in die Lodge zurück, um ein opulentes Frühstück zu genießen. Manchmal wird die Morgenpirsch ausgedehnt und es gibt ein tolles Überraschungsfrühstück mitten im Busch oder an einer besonderen Stelle (Flussufer oder Hügel mit schöner Aussicht). Nach dem Frühstück und nach Rückkehr zur Lodge gibt es bis zum leichten Lunch (ca. 13–13.30h) eine Ruhepause. Gegen 15.30h gibt's dann Kaffee, Tee und Kuchen, bevor man gegen 15.30–16.30h auf Nachtmittags- und Abendpirsch geht. Zum Sonnenuntergang hält man zu einem Sundowner an, um Drinks jeglicher Art an einer besonders schönen Stelle zu genießen.
- Gegen 20h steuert man wieder die Lodge an, erfrischt sich, um dann im gemütlichen *Boma* das Abendessen zu genießen. Ein Boma ist ein runder Innenhof, von Schilfmatten umsäumt. In der Mitte gibt es meist ein Lagerfeuer, drum herum sind Tische eingedeckt. Der Tag klingt mit dem Austausch von Erfahrungen aus. Man geht relativ früh schlafen, da ja die nächste Morgenpirsch lockt. Ein Ranger begleitet dann die Gäste, um Sicherheit vor möglichen gefährlichen Tieren zu bieten. Und noch etwas: In den Pausen (später Vormittag/früher Nachmittag) werden geführte Wanderungen durch die Wildnis angeboten. Oft variiert der Tagesablauf, indem es noch eine Nachtpirschfahrt gibt.

• Die **Nationalparks** werden kontrolliert und verwaltet durch das **National Parks Board**, P.O.Box 787, Pretoria 0001, Tel.: 012-428-9111, Fax: 012-343-3830, Internet: www.sanparks.org, E-Mail: reservations@sanparks.org.

• Die **Game Reserves von KwaZulu-Natal** werden dagegen gebucht bei: **KwaZulu-Natal Wildlife**, POBox 13069, Cascades, Pietermaritzburg 3202, Tel. (033) 845-1000, *www.kznwildlife.com*; Buchungen bei Tourist Junction, Old Station Building, 160 Pine St,, Durban, Tel. (031) 304-4934.

Supertipp: Backpackers Lodges und Baz Bus!
Das tolle, preiswerte Bus-System erlaubt wirklich individuelles Reisen. Der Baz Bus ist ein einzigartiger Busservice zwischen verschiedenen Backpacker-Hostels im Südlichen Afrika. Man kauft einfach ein Ticket zu einem bestimmten Zielort und kann so oft ein- und aussteigen wie man möchte, wo immer und ohne jegliche zeitliche Beschränkung. Die derzeitigen Hauptrouten verlaufen zwischen Kapstadt und Johannesburg direkt, entlang der Gardenroute, East London, Durban und Johannesburg, sowie mit „Umwegrouten" über KwaZulu-Natals Drakensbergen und Swaziland. Infos: (021) 439-2323, Fax: (021) 439-2343.
Auf der Internetseite *www.bazbus.com* kann man sich informieren, nicht nur zum Bussystem, sondern zu allen angefahrenen Unterkünften. Viele dieser Unterkünfte haben eine eigene Internetadresse und können direkt gebucht werden.

Camping
Siehe gesondertes Stichwort Camping

Nationalpark-Unterkünfte

Folgende Übernachtungsmöglichkeiten stehen in der Regel in den Nationalparks zur Verfügung:

- **Camping-Plätze** für Wohnmobile und Zelte.
- **Hütten**: 1-Zimmer-Einheiten mit Gemeinschaftsküche und Badezimmer. Ab 115 Rand.
- **Safari-Zelte:** permanente Leinenzelte auf einer Plattform. Einige mit Gemeinschaftsküche und Badezimmer, einige mit etwas luxuriöserer Ausstattung. Ab 210 Rand.
- **Bungalows**: 1-Zimmer-Einheiten mit Badezimmer. Mit Gemeinschaftsküche oder eigener kleiner Küchenzeile und Grundausstattung. Teilweise mit Blick auf den Fluss und/oder Luxusausstattung. Ab 370 Rand.
- **Cottages**: Schlafzimmer, Wohnzimmer, Badezimmer und Küche. Ab 550 Rand.
- **Rondavels:** Das sind rundgebaute, strohgedeckte Hütten mit Einrichtungen für Selbstversorger, ab 500 Rand.
- **Family Cottages**: Mehrere Schlafzimmer, Wohnzimmer, Badezimmer und Küche. Ab 790 Rand.
- **Guest Cottages**: Mehrere Schlafzimmer, mindestens 2 Badezimmer, voll ausgestattete Küche. Ab 795 Rand.
- **Guest Houses:** Mehrere Schlafzimmer, Badezimmer, Wohnbereich mit Bar und besonders schöner Aussicht. Ab 1.350 Rand.
- **Bush Lodges**: Exklusive private Lodge, mit individueller Note und Atmosphäre. Mehrere Schlafzimmer und Badezimmer. Ab 1.350 Rand.

V

⇨ Versicherung

Prüfen Sie bitte, ob Ihre Krankenversicherung im Krankheitsfalle für die Kosten im außereuropäischen Raum aufkommt. Die medizinische Versorgung im Lande ist gut, aber es besteht kein Sozialabkommen zwischen Deutschland und Südafrika. In der Regel ist daher eine Reisekrankenversicherung für das Ausland erforderlich.

W

⇨ Währung/Devisen

Die **Währung in Südafrika** ist der südafrikanische Rand (ZAR). Ein Rand entspricht 100 Cent. Pro Person dürfen lediglich 500 Rand ein- und ausgeführt werden. Andere Währungen und Reiseschecks dürfen uneingeschränkt mitgebracht werden, sind aber bei der Einreise zu deklarieren. Empfehlenswert ist die Mitnahme von Euro- (oder US $-) Reiseschecks (sicher, da bei Diebstahl versichert). Euroschecks werden generell nicht akzeptiert. Kreditkarten können in größeren Geschäften, Hotels, Restaurants, bei den Airlines, Mietwagenunternehmen und anderen Zweigen der Touristikbranche benutzt werden. Gebräuchlich sind besonders VISA und Mastercard (= Eurocard).

- *Die* ***Währung in Lesotho*** *heißt Loti (Plural Maloti); daneben gilt überall der Rand als gesetzliches Zahlungsmittel.*
- *Die* ***Währungseinheit in Swaziland*** *ist der Lilangeni (Plural: Emalangeni). Ein L entspricht einem südafrikanischen Rand, der ebenfalls als Zahlungsmittel fast durchgängig akzeptiert wird.*
- *Die* ***Währung in Botswana*** *ist der Pula, der wesentlich mehr wert ist als der Rand; z.T. wird der Rand als Zahlungsmittel akzeptiert und entsprechend auf den Gegenwert des Pula umgerechnet.*
- *Die* ***Währungseinheit in Zimbabwe*** *ist der Zimbabwe $.*
- *Die* ***Währungseinheit in Moçambique*** *ist der Metical.*

Geld
Eine einfache Möglichkeit in Südafrika an Bargeld zu kommen, ist die Sparkarte von der Postbank. Im Prinzip funktioniert dies wie das alte Postsparbuch. Viermal im Jahr kann man ohne Gebühren an jedem Geldautomaten mit den Zeichen Visa und Visaplus Geld abholen (Leserinnentipp). Ansonsten funktioniert das Abheben von Rand an nahezu allen Geldautomaten mit der Bankcard (ehem. Euroscheckkarte).

Bankcard/EC-Karte/Geld aus dem Geldautomaten
In Südafrika kann man bei jeder Standard-Bank mit der blauen deutschen Bankcard (ehem. EC-Karte) aus dem Automaten Geld ziehen, und zwar i.d.R. bis zu 500 € täglich in Rand. Die Abrechnungen sind günstig (Gebühren: ca. 2 €). Beim Abheben muss man nur auf „Cheque“ drücken und die Geheimnummer angeben.
Achten Sie darauf, dass Sie beim Geldwechseln nicht beobachtet werden. Nehmen Sie auch keine Hilfe an. In letzter Zeit kam es vermehrt zu Betrugsdelikten.

Bei **Kreditkartenverlust** stehen Ihnen die Notrufnummern der einzelnen Unternehmen zur Verfügung.

⇨ Wein(-anbaugebiete)

Der südafrikanische Wein, der in der Kapregion angebaut wird, zählt mittlerweile zu den besten Weinen der Welt. Im Norden gibt es nahezu keine Anbaugebiete, sieht man einmal ab von Versuchen in der Gegend um Nelspruit und Tzaneen/Polokwane (ehem. Pietersburg).

Immer wieder fragen Leser nach **guten Adressen in Deutschland**, über die man südafrikanische Weine beziehen kann. Hier ist eine Auswahl:

- **Cape Vinum GmbH,** Brückenstraße 22, 90768 Fürth-Vach, Tel.: (0911) 523958, Fax: (0911) 523966, E-Mail: *info@capevinum.de*, Internet: *www.capevinum.de*
- **Afrika-Import:** Der Feinschmecker Wein Gourmet (World's Best Wine Magazine) wählte dieses Sortiment aus und empfiehlt es als Top-Bezugadresse für Weine aus Südafrika: Tel.: (08051) 69030, Fax: (08051) 62101, Internet: *www.africa-cape-wine.com.*
- **Buitenverwachting-Weine:** Diese Topweine gibt es bei Wein-Wolf, Königswinterer Straße 552, 53227 Bonn, Tel.: (0228) 4496-0; Fax: (0228) 4496239.
- **Kapwein Import 1991 GmbH:** 28307 Bremen, Tel.: (0421) 2586020, Fax: (0421) 253642
- **Nederburg-Weine:** BMS Essen & Trinken GmbH & Co. KG, Neue Straße 45, Postfach 1147, 73277 Owen/Teck, Internet: *www.weinwelt.de*, E-Mail: *info@weinwelt.de*

⇨ Wohnungs-/Haustausch

Eine interessante, preiswerte Alternative ist der Wohnungs- bzw. Haustausch. Die Firma „International Home Exchange" vermittelt Mitgliedern den Tausch untereinander.

Vorteile:

- Man bekommt im Tausch häufig Objekte, die sonst sehr teuer wären und die man sich vielleicht gar nicht leisten könnte.
- Sein eigenes Haus/seine Wohnung kann man getrost überlassen, da man weiß, dass der Tauschpartner sein Haus/seine Wohnung ebenso gut behandelt wissen möchte.
- Eintauchen in die Rolle eines „Einheimischen": Durch Kontakte zu den Nachbarn, tägliches Einkaufen usw. gewinnt man einen guten Eindruck vom Leben abseits der touristischen Infrastruktur. Manche Tauschpartner vertrauen ihren Gästen sogar Auto und Haustiere an.

Kontaktadresse
International Home Exchange/Swapeo: Centre d'affaire MERCURE, 28 Av de Maurin, 34000 Montpellier, Frankreich, Internet: www.swapeow.com

Z

⇨ Zeit

Die südafrikanische Zeit ist identisch mit der europäischen Sommerzeit. Im europäischen Winter muss die Uhr um eine Stunde vorgestellt werden (wenn es in Frankfurt 12 h ist, ist es in Johannesburg 13 h). Aufgrund der größeren Nähe zum Äquator ist der Übergang vom Tag zur Nacht viel schneller: Innerhalb von maximal 30 Minuten wird es stockfinster. Die Tage im südafrikanischen Sommer sind kürzer als die europäischen Sommertage, dafür sind die südafrikanischen Wintertage (= Trockenzeit) länger als die europäischen Wintertage. Im Sommer wird es gegen 19.15 h dunkel, im Winter gegen 17 h.

⇨ Zoll

a) Einfuhr in Südafrika
Erlaubt sind alle Dinge des persönlichen Gebrauchs. Neue oder gebrauchte Waren dürfen bis zu einem Gegenwert von 500 Rand eingeführt werden, außerdem bis zu einem Liter Alkohol, einschließlich Likör und Magenbitter, zwei Liter Wein, 50 ml Parfüm, 250 ml Toilettenwasser. Zudem 400 Zigaretten oder 50 Zigarren oder 250 g Tabak.

b) Einfuhr in EU-Länder
Zollfrei sind:
- 200 Zigaretten oder 250 g Tabak
- 1 l Spirituosen über 22 % oder 2 l Wein
- 50 g Parfum
- sonstige Waren im Gegenwert von 180 €

c) Folgendes dürfen Sie nicht nach Europa mitbringen:
- Raubtierfelle
- Elfenbein
- lebende/ausgestopfte Tiere
- Produkte aus Schildpatt
- Krokodil- und Schlangenhautprodukte
- Korallen und Muscheln
- aufgespießte Schmetterlinge
- Kakteen und Orchideen

Beachten Sie:
Der Zoll beschlagnahmt alle Souvenirs aus Tier- und Pflanzenprodukten ohne amtliche Begleitpapiere.

⇨ Zugverbindungen

Die „Metro Trains": notwendig für viele Pendler

Südafrikas Städte sind durch ein gutes Eisenbahnnetz verbunden, z.T. gibt es auch auf Nebenstrecken gute Verbindungen. Da viele Strecken so lang sind, dass eine Nachtfahrt unabdingbar ist, ist der Schlafwagenpreis bereits im regulären Fahrpreis eingeschlossen, allerdings muss zusätzlich noch eine Platzkarte gekauft werden (kann bei der Reservierung oder erst beim Zugschaffner erfolgen). Die Wagen der 1. Klasse verfügen über 2–4-er-Abteile, die der 2. Klasse über 3–6er-Abteile. Auf den Langstrecken führen die Züge gewöhnlich einen Speisewagen mit.

Preisermäßigungen: Kinder unter 6 Jahren: kostenlose Beförderung. Kinder unter 12 Jahren: 50 % Ermäßigung. Studenten: 50 % Ermäßigung. Senioren über 60 Jahre: 40 % Ermäßigung. Überseetouristen: 25 % Ermäßigung in der ersten Klasse bei einem maximalen Südafrika-Aufenthalt von 3 Monaten.

Auskünfte über Routen und Preise
• *Spoornet ist die Betreiberfirma des südafrikanischen Eisenbahnnetzes (*www.spoornet.co.za*). Sie erreichen die wichtigsten Reservierungszentren unter den folgenden*

Telefonnummern: Durban (031) 361-7621; East London (Buffalo City) (043)144-2719; Johannesburg (011) 773-2944; Kimberley (053) 188-2631; Port Elizabeth (Nelson-Mandela-Metropole) (041) 507-2400; Pretoria (Tshwane) (012) 315-2401.

• ***Connex Travel**, P.O.Box 1111, Johannesburg 2000, Tel.: (011) 884-8110, Fax: (011) 884-3090, Internet:* www.connex.co.za

1. HAUPTVERBINDUNGEN IN SÜDAFRIKA

Zugname	*Strecke*	*Häufigkeit*	*Verkehrszeit*
Trans-Karoo-Express	Johannesburg – Kapstadt	täglich	ab CPT 9.20h/ an JHB 10.10h
Trans-Natal-Nacht-Express	Johannesburg – Durban	täglich	ab JHB und ab DUR 18.30h/ an JHB bzw. DUR 8h
Orange Express	Kapstadt – Kimberley – Bloemfontein – Durban	1-mal wöchentlich	ab CPT Mo 18.50h/ ab DUR Mi 5.30h

2. BESONDERE ZÜGE

• **Blue Train** (Internet: *www.bluetrain.co.za*)

Der Wunschtraum vieler Südafrika-Reisender scheitert oft daran, dass dieser berühmte Zug nicht früh genug gebucht wird. Mein Rat: Buchen Sie mindestens (!) ein halbes Jahr im Voraus. Der Blue Train ist mittlerweile astronomisch teuer geworden. Diese „Legende auf Schienen" hat sich einen Ruf geschaffen, der viele Reisende dazu verführt, immer mehr Geld für 25 Stunden Zugfahrt auszugeben. Die Fahrt von Johannesburg nach Kapstadt kostet in der Kategorie Deluxe (Bad/WC) ab 1.200 Euro und in der Kategorie Luxury (Suite) ab 1.400 Euro pro Person inkl. Verpflegung.

Ob der Blue Train das Richtige für Sie ist, müssen Sie selbst entscheiden:
- **Vorteile**: Essen und Service sind exzellent und der Zug fährt sehr gemächlich, so dass man die Landschaft genießen kann.
- **Nachteile**: Der Blue Train fährt mittags los und kommt mittags an. Schöne Gegenden (bes. in der Karoo) durchfährt man im Dunkeln. Der Zug fährt auf den alten Schienensträngen ziemlich unruhig, so dass die Nachtruhe gestört ist (manche Passagiere bekommen kein Auge zu).

Unser Rat: Wenn Sie nicht gerade ein absoluter Zugfan sind, sparen Sie sich dieses Geld und fliegen stattdessen für ca. 25 % des Zugpreises von Johannesburg nach Kapstadt oder umgekehrt. Das eingesparte Geld reicht, um sich beispielsweise eines der privaten Wildschutzgebiete am Westrand des Kruger National Parks zu gönnen.

- **Rovos Rail (Dampflok)** (Internet: *www.rovos.co.za*)

Südafrika ist ein Eldorado für Fans von alten Dampfzügen. Nostalgisches Reisen durch wunderschöne Landschaften lässt das Herz eines jeden Freundes der schmauchenden „Eisenrösser" höher schlagen. „Reisen wie in der guten alten Zeit" lautet die Devise. Gezogen von einer restaurierten Dampflok geht die Fahrt in das östliche Transvaal. Sieben Waggons stehen 28 Gästen zur Verfügung. Angeboten wird eine 4-tägige Fahrt nach Graskop (Start: unregelmäßig, aber nach vorher festgelegtem Plan ab Pretoria (Tshwane)).

Von hier aus geht es per Luxusbus zu einem exklusiven privaten Wildreservat, wo auch übernachtet wird. Weiter führt die Exkursion zum Blyde River Canyon mit Bourke's Potholes sowie Pilgrim's Rest. In Graskop besteigt man wieder den Zug und fährt nach Pretoria (Tshwane) zurück, wo man um 11h am Dienstag ankommt. Andere Routen der Rovos Rail führen von Pretoria (Tshwane) nach Kapstadt, nach Durban und bis nach Daressalam in Tanzania.

Einzigartig: der Observation (Lounge) Car am Zugende der „Rovos Rail"

Lesen Sie zu einer Zugfahrt mit der Rovos Rail auch ab S. 669. **Hinweis:** Meist zieht die Dampflok den Zug nur 1–2 Stunden von/bis Pretoria, da später die Versorgung mit Wasser und Kohle nur schwer zu bewerkstelligen ist.

- **Weitere Zugfahrten** (Kurztrips)

Neben dem Rovos Rail hier noch einige andere Leckerbissen:
- **Banana Express**: Der Banana Express fährt durch Bananen- und Zuckerrohrplantagen zwischen Port Shepstone und Itzosha in KwaZulu-Natal. Buchungsadresse: Banana Express Office, Tel.: (039) 682-4821, Internet: *www.bananaexpress.co.za*. (S. a. S. 585)
- **Apple Express**: Die Schmalspurbahn, die früher die Cape-Äpfel vom Anbaugebiet zum Hafen transportierte, verkehrt regelmäßig zwischen Port Elizabeth (Humewood Rd Station) und Loerie. Buchungsadresse: Apple Express, Tel.: (041) 507-2333, Internet: *www.apple-express.org.za*.
- **Magaliesberg Express**: Dieser Zug verkehrt auf der Strecke zwischen Johannesburg und den nordwestlich gelegenen Magaliesbergen, wo man dann an einem typisch südafrikanischen Braaivleis (Grillen) teilnehmen kann. Buchungsadresse: Preservation Group, P.O.Box 23569, Fax (011) 888-5394.

© graphic

3. VERBINDUNGEN ZU BZW. VON SÜDAFRIKANISCHEN NACHBARLÄNDERN

- **Namibia**

Strecke: Johannesburg – Windhoek über De Aar (nördliche Kapprovinz, südlich von Kimberley) · **Umsteigebahnhof**: De Aar · **Streckenführung**: Trans-Karoo-Express auf der Strecke Johannesburg – De Aar – Kapstadt. Umsteigen in De Aar, von hier über Upington – Karasburg – Keetmanshoop nach Windhoek · **Fahrzeit** etwa 45 Stunden · **Abfahrten in Johannesburg**: Mittwoch, Freitag, Sonntag, 12.30h · **Abfahrten in Windhoek**: Mittwoch (18.45h), Samstag (12h), Sonntag (18.45h) · **Verpflegung**: Speisewagen

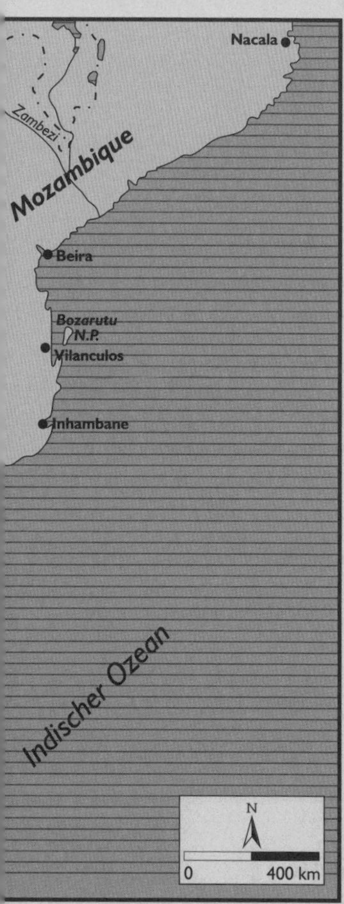

nur auf der Strecke De Aar – Johannesburg, sonst Erfrischungen · **Weiterführende Strecke in Namibia**: Nach Swakopmund ab Windhoek

- **Zimbabwe**

Strecke: Johannesburg – Beitbridge – Bulawayo · **Fahrzeit**: ca. 24 Stunden · **Abfahrten in Johannesburg**: stets Dienstagmittag · **Abfahrten in Bulawayo**: stets Donnerstag früh · **Verpflegung**: kein Speisewagen, nur Erfrischungen · **Weiterführende Strecken ab Bulawayo**: nach Victoria Falls, Lusaka (Zambia) und Harare

- **Botswana**

Strecke: Johannesburg – Gaborone – Francistown · **Fahrzeit**: ca. 19 Stunden · **Abfahrten in Johannesburg**: Dienstagmittag · **Abfahrten in Francistown**: Donnerstagmittag · **Verpflegung**: kein Speisewagen, nur Erfrischungen · **Weiterführende Strecke ab Francistown**: nach Bulawayo (Zimbabwe)

Allgemeine Reisetipps zu Swaziland und Mozambique (in Kurzform)

Swaziland

Vorwahl von Südafrika aus: 09268, internationale Vorwahl: 00268

⇨ Allgemeine Informationen/Adressen

• **The Swaziland Tourism Office**, P.O.Box 451, Swazi Plaza, Mbabane, Tel.: 404-2531 u. 404-3201-6. Eine besser bestückte Touristeninformation gibt es im Ezulwini Valley an der Matenga Lodge/Matenga Craft Center, Tel.: 442-4206.
• Informationsheft: **„What's on in Swaziland"** erscheint jeden Monat und bietet neben den Aktivitäten des Monats auch eine Auflistung der interessantesten Touristenattraktionen. Erhältlich in allen Hotels und in vielen Geschäften.
• Informationsheft: **Swaziland Jumbo Tourist Guide** mit allen nützlichen Informationen.

Wichtige Telefonnummern und Adressen

- **Mobiltelefon:** GSM 900 Mobilfunknetz betrieben durch Swazi MTN, Internet: *www.swazi.mtn.sz*
- **Internet/E-Mail:** Hauptanbieter: Real Image Internet: *www.realnet.co.sz*
- **Polizei, Notruf**: 999
- \- Mbabane: 404-2221
- **Krankenhäuser**:
- \- Mbabane Clinic Service: 404-2423
- \- Mbabane Government Hospital: 404-2111
- **Apotheke**: Allister Miller Str., Mbabane
- **Feuerwehr**: Mbabane: 404-3333

Grenzübergänge

Lomahasha	7–16.45 h
Mananga/Border Gate	8–18 h
Matsamo/Jeppes Reef	8–18 h
Bulembo/Josefsdal	8–16 h
Ngwenya/Oshoek	7–22 h
Sandlane/Nerston	8–18 h
Sicunusa/Houdkop	8–18 h
Gege/Bothashoop	8–16 h
Mahamba	7–22 h
Nsalitje/Onverwacht	8–16 h
Lavumisa/Golela	7–22 h

Beachten Sie:
***Der Maputo-Korridor** sollte am besten bis 16 h durchfahren sein, d.h., am sichersten ist es, man beginnt die Grenzformalitäten spätestens um 12 h. Außerdem denken Sie bitte daran, dass Sie für eine erneute Einreise nach Swaziland ein neues Visum brauchen. Lassen Sie sich also besser gleich bei der ersten Einreise nach Swaziland eines mit „Multiple Entry" ausstellen.*

Hinweis
Bedenken Sie, dass zahlreiche Mitbringsel aus Mozambique nicht nach Swaziland eingeführt werden dürfen. So sind z.B. alle Souvenirs aus Stroh (z.B. Körbe, Flechtwaren) von der Einfuhr ausgeschlossen. Erkundigen Sie sich bei der Ausreise aus Swaziland also

vorher (oft werden Listen verteilt bzw. hängt eine Liste der verbotenen Waren an der Grenze aus).

Swaziland: gefärbtes und getrocknetes Gras für Taschen, Untersetzer und vieles mehr

⇨ Auto fahren/Fahrzeugpapiere/Tanken

Es herrscht Linksverkehr, wie in Südafrika. Höchstgeschwindigkeit auf Landstraßen: 80 km/h, in bebauten Gebieten: 60 km/h.

• **Fahrzeugpapiere**: Sie können problemlos mit einem in Südafrika gemieteten Fahrzeug nach Swaziland einreisen, sollten aber bei Annahme Ihres Fahrzeugs die Mietwagenfirma über Ihr Reiseziel informieren. In einigen Fällen benötigt man dafür eine „Authorization" bzw. einen Zusatz im Versicherungsschein.

• **Tankstellen**: Generelle Öffnungszeiten sind 7–18 h. Es gibt aber in Mbabane und im Ezulwini Valley einige Tankstellen mit 24-Std.-Service.

⇨ Banken

Die meisten Banken haben ihren Sitz in Mbabane, und hier tauscht man auch am besten sein Geld. Die Öffnungszeiten variieren ein wenig. In der Regel sind alle Banken von 8.30–13h in der Woche geöffnet. Die Standard Bank of Swaziland in der Swazi Plaza ist zusätzlich von 14–15.30h geöffnet.

An Sonnabenden haben alle Banken von 8.30–11h geöffnet.

⇨ Diplomatische Vertretungen

<u>von Swaziland:</u>

• **in Großbritannien:** High Commission of the Kingdom of Swaziland: 20 Buckingham Gate, London SWIE 6LB, GB, Tel.: (+44) (0) 20-763 06611, Fax: (+44) (0) 20-763 06564, Internet: www.swaziland.org.uk.

• **in Belgien**: Botschaft Swaziland, Av Winston Churchill 118, B-1180 Brüssel, Telefon: (+322) 347 47 71, Fax (+322) - 347 46 23.

• **in Deutschland**: Honorarkonsulate von Swaziland: Worringstr. 59, 40211 Düsseldorf, Tel.: (0211) 350866 (Nord- und Westdeutschland); Neue Promenade 8, 10178 Berlin, Tel.: (030) 2809-6260, Fax: (030) 2809-6251, Internet: www.Swaziland.de (Ost- und Süddeutschland).

• **in Österreich**: Honorarkonsulat von Swaziland, Widerhoferplatz 4, A-1090 Wien, Tel. und Fax: (01) 319-1138.

• **in der Schweiz**: Konsulat von Swaziland: Lintheschergasse 17, 8039 Zürich, Tel.: (01) 211-5203, Fax: (01) 211-5086.

• **in Südafrika:**

- Embassy of the Kingdom of Swaziland: 715 Government Av, Arcadia, Tshwane (Pretoria) 0083, Tel.: (012) 344-1910 od. 342-5782/3/4, Fax: (012) 343-0455. Mo–Fr 9–12 h, andere Zeiten variieren.
- Consulate of the Kingdom of Swaziland: 23 Jorissen St, Braamfontein Centre, 6th Floor, P.O.Box 8030, Johannesburg 2000, Tel.: (011) 403-2036 od. 403-7472.

Diplomatische Vertretungen, die für Reisende in Swaziland zuständig sind:

- **Botschaft der Bundesrepublik Deutschland**: Pretoria, 180 Blackwood St, Arcadia, Pretoria 0083. Tel.: (+27 12) 427 89 00, Fax (+27 12) 343 94 01, Postanschrift Embassy of the Federal Republic of Germany, P.O. Box 2023, Pretoria 0001, Südafrika.
- **Österreichische Botschaft**: 1109 Duncan St, Brooklyn, Pretoria 0001, Tel.: (012) 452-9155, Fax: (012) 460-1151. In Swaziland selbst gibt es keine Botschaft!
- **Schweizerische Botschaft**, 225 Veale St, Parc Nouveau, New Muckleneuk, Pretoria 0181, Tel.: (012) 452-0660/1, Fax: (021) 346-6605. In Swaziland gibt es keine Botschaft!

⇨ Einreise/Visum

Ein vor der Einreise ausgestelltes Visum ist für Aufenthalte bis zu drei Monaten für Deutsche, Schweizer und Österreicher nicht erforderlich. Notwendig ist ein Reisepass, der bei Einreise noch mindestens 6 Monate gültig sein muss. Das sog. Visum wird dann an der Grenze ausgestellt.

Für Kinder: Kinderausweis grundsätzlich mit Lichtbild, auch für Kinder unter 10 Jahren.

⇨ Gesetzliche Feiertage

1. Januar: Neujahr
Karfreitag
Ostermontag
19. April: Geburtstag von King Mswati III
25. April: Tag der Nationalflagge
22. Juli: Public Holiday (= King Sobhuza II´s Geburtstag)
Aug./Sept.: Umhlanga/Reed Dance
6. September: Unabhängigkeitstag (Somhlolo Day)
25./26. Dezember: 1./2. Weihnachtstag
Im Dezember/Januar wird noch der Incwala-Tag gefeiert.

⇨ Gesundheit

Hinweise zu vorgeschriebenen Impfungen: Bei Einreise aus Südafrika, Mozambique bzw. Europa sind keine Impfungen vorgeschrieben. Bei Einreise aus einem Land mit Gelbfiebervorkommen (Lateinamerika, Afrika) ist eine Gelbfieberimpfung zwingend vorgeschrieben. Dies gilt nicht für Kinder unter einem Jahr. Informationen unter: **Zentrum für Reisemedizin**: Internet: *www.crm.de*.

> ☞ ***Impfempfehlungen***
> *Tetanus, Polio, Typhus, Hepatitis A, Malaria-Prophylaxe.*
> *Malaria kommt das ganze Jahr vor, besonders im tiefer gelegenen Buschland.*
> *Bitte informieren Sie sich vor der Einreise über die aktuelle Cholera-Situation.*
> *Wie in Südafrika ist auch in Swaziland AIDS ein großes Problem. Man schätzt, dass etwa ein Viertel der erwachsenen Bevölkerung mit dem HI-Virus infiziert ist.*

⇨ Internet

Es gibt eine ganze Reihe von Internet-Cafés in Mbabane (Allister Miller Str.), außerdem bieten viele Hotels einen Internetzugang.

⇨ Mietwagen

- **Avis**: am Matsapha Airport: Tel.: 518-6226, Fax: 518-4928
- **Hertz/Imperial**:
  - am Matsapha Airport: Tel.: 518-4862 od. 518-4393, Fax: 518-4396
  - in Mbabane: Swazi Plaza, Tel.: 404-3486

Mietwagen werden ohne Aufpreis auch zu den 3 großen Hotels im Ezulwini Valley gebracht.

- **Europcar**: Airport Matsapha, Mbabane, Sheffield Rd, Industrial Sites

⇨ Post

Luftpost nach Europa ist bis zu zwei Wochen unterwegs. Es gibt nur wenige Postämter. Öffnungsz.: Mo–Fr 8–16h, Sa 8–11h.

⇨ Reiseveranstalter

- **Swazi Trails**, bei dieser Gesellschaft kann man alles buchen, was touristische Angelegenheiten angeht (z.B. Hotels, Nature Reserves, Touren u.a.), Tel.: 416-2180, Internet: *www.swazitrails.co.za*, im Mantenga Craft Centre im Ezulwini Valley.
- **Nabo Bashoa**, 37 Commercial Centre, Johnston Str., Mbabane, Tel.: 605-6346, E-Mail: phephelo@yahoo.com.
- Wildwasser-Schlauchbootfahrten (Rafting): Kontakt über **Mkhaya Nat. Res.**, Tel.: 404-5006, Fax: 404-4246
- **Eco-Africa Safaris**: P.O.Box 199, Piggs Peak, Tel.: 437-1319
- **Swaziland Safaris**: P.O.Box 33, Mbabane Tel./Fax: 416-2366

⇨ Stromstärke

220 V/50 Hz

⇨ Telefonieren/Handys

Das Telefonnetz ist oft überlastet, aber europäische Handys (freigeschaltet für das Ausland) funktionieren in Mozambique. Südafrikanische Miethandys funktionieren auch, aber **nicht** die Handys, die über eine Prepaid-Karte laufen!

⇨ Verkehrsverbindungen (Bus, Bahn, Fliegen, Taxi)

Busverbindungen

Der Busbahnhof liegt direkt zwischen der Swazi Plaza und der Innenstadt. Hier fahren alle Stadt- und Regionalbusse ab. Abfahrtszeiten gibt es nicht, der Bus fährt in der Regel, wenn er halbwegs voll ist. Man kann aber davon ausgehen, dass morgens Busse in alle Teile des Landes fahren und zu den größeren Destinationen noch weitere Busse im Laufe des Tages abfahren. Die Verbindung nach Johannesburg bedient „Transtate", die im R.S.T. Station (Coventry Cres.) ihr Büro haben. Hier fährt auch der Bus ab (Mo–Fr: 9h, Sa: kein Bus, So: 11 u. 18h). Busse nach Durban gibt es nicht, dafür kann man diese Strecke aber mit einem Minibus fahren (Abfahrt nach Bedarf).
Der ***Baz Bus*** pendelt regelmäßig zwischen Johannesburg/Tshwane, Mbabane, Manzini und Durban. Tel.: (021) 439-2323, Internet: *www.bazbus.com*. Siehe auch unter „Busreisen/Busverbindungen" im A–Z-Teil zu Südafrika.
Wer mit einem **Minibus nach Maputo** fahren möchte, der versucht es am besten von Manzini aus (Parkplatz am Kentucky Fried Chicken od. am nördlichen Ende der Louw St).

Eisenbahnverbindungen

Eine Zugverbindung zwischen Durban und Maputo verläuft durch Swaziland mit Aufenthalt in Mpaka, 35 km östlich von Manzini. Abfahrt von Durban zweimal pro Woche (Fahrzeit 16 Std.).

Flugverbindungen

Es gibt täglich Flüge nach Johannesburg und mehrmals wöchentlich nach Durban, dazu werden 1- bis 2-mal wöchentlich Flüge nach Lusaka, Harare, Gaborone und Maseru angeboten. Maputo wird mittlerweile fast täglich angeflogen.

Airlines:

- **Royal Swazi Airways**: Diese Airline vertritt folgende andere Airlines: SAA, Zambia Airways, SAS, Air Madagascar und Kenya Airways. P.O.Box 939, Manzini
  - **Matsapha Airport**, Tel.: 518-6155/518-6087, Fax: 518-6156
  - **Mbabane**, Swazi Plaza, Tel.: (+268) 404-3486/7, Fax: (+268) 404-5984
- **Zambia Airways**: New Wing, Swazi Plaza, Mbabane, Tel.: 404-5594 oder 404-6456
- **Scan Air Charter**: P.O.Box 1231, Manzini, Matsapha Airport: Tel.: 518-4474/518-4331 a/h 505-2673, Fax: 518-6340
- **Alle anderen Airlines** können Sie über die Reisebüros buchen, wovon es im Swazi Plaza in Mbabane mehrere gibt.

Wie komme ich zum Flugplatz?

- Mit dem **Auto** fahren Sie in Richtung Manzini. 8 km bevor Sie Manzini erreichen, liegt der Matsapha Airport auf der rechten Seite.
- Mit dem **Bus**: Es gibt keine offizielle Busverbindung dorthin, aber die Airlines bieten meistens einen Minibus-Service zu den wichtigsten Abflügen an.

Taxi

Taxis stehen am Busbahnhof hinter der Swazi Plaza in Mbabane, oder man fordert sie telefonisch an (Tel.: 404-3084 oder 404-0965). Die Preise werden mit dem Fahrer ausgehandelt.

⇨ Währung

Die Währung heißt Lilangeni (Pl.: Emalangeni) und wird im Verhältnis 1:1 gegen Rand getauscht. Der Rand (nur Noten) wird immer noch als Währung akzeptiert, besonders in den größeren Hotels, ist aber kein offizielles Zahlungsmittel.

Maputo (Mozambique) und Umgebung

Vorwahl von Südafrika aus: 09258, internationale Vorwahl: 00258

Hier wird nur auf unser Reisegebiet, also Maputo und Umgebung, sowie die Anreise dorthin eingegangen.

⇨ Allgemeine Informationen/Adressen

Touristeninformation

- **Empresa Nacionale de Tourismo**: Av 25 Septembro 1203, im 3. Stock, rechter Außengang, dann 1. Tür links (zurückgesetzter Eingang, bei der letzten Recherche gab es kein Schild!), Tel.: (01) 42-1792 od. 42-5011. Viele Infos gibt es hier aber nicht. Internet: www.mozambique.mz: Offizielle Seite des Landes mit zahlreichen nützlichen Infos zu Land und Leuten. Es gibt eine „English Version". Die beste Seite ist aber ohne Zweifel www.timeout.co.mz mit ausführlichen Adresslisten von Hotels, Bars, Restaurants u.v.m.

- Das **BIP (Bureau de Informacäol)**, Ecke Av Eduardo Mondlane/F.O.Mangubwe ist wenig hilfreich für Reisende, da es vornehmlich für Geschäftsleute gedacht ist.
- Auf der Internetseite www.worldpress.org/newspapers/AFRICA/Mozambique.cfm können Sie **englischsprachige Pressemeldungen** zu Mozambique abrufen.
- Eine nützliche Internetseite für Infos zum Land ist: www.mozambique.mz. Oben können Sie die „English Version" anklicken.
- Eine Touristeninformation von Mozambique gibt es in Deutschland, der Schweiz und Österreich nicht.
- In Südafrika gibt es eine Touristeninformation von Mozambique: **Mozambique National Tourist Co.,** die aber nicht auf Publikumsverkehr eingestellt ist und Infos i.d.R. nur verschickt bzw. am Telefon beantwortet: Braamfontein, P.O.Box 31991, Johannesburg 2017, Tel.: (011) 339-7275.

Wichtige Telefonnummern (Maputo)

- **Notruf:** 119 bzw. 42-2002
- **Polizei (in Maputo):** (01) 42-2002 oder 42-5031
- **Wetterauskunft:** (01) 46-5138
- **Ambulanz:** (01) 42-5297 bzw. 42-2002
- **Zentral-Krankenhaus:** (01) 42-4633 bzw. 42-0448

Grenzübergänge

Im Süden des Landes gibt es drei Grenzübergänge:

- **Komatipoort/Ressano Garcia**: An der N4 aus Südafrika (Nelspruit) kommend. Geöffnet 6–19 h.
- **Namaacha**: Aus Swaziland kommend. Geöffnet: 7–19 h.
- **Ponta Duro**: Von Süden (Kosi Bay) kommend. Zurzeit nur mit 4x4 (Allrad) bei trockenem Wetter bis Maputo befahrbar. Geöffnet: 8–17 h.

⇨ Auto fahren/Fahrzeugpapiere/Tanken

- **Straßenzustände**: Die Hauptstraßen im Süden des Landes sind relativ gut. Die Nebenstraßen dagegen, selbst in Maputo sind oft noch in einem schlechten Zustand. Generell muss bei allen Straßen vor Schlaglöchern gewarnt werden, bes. nach der Regenzeit. Trotzdem können Sie den Großraum von Maputo gut mit einem normalen PKW bereisen. Das *Maputo Elephants Reserve* ist selbst mit einem Allradfahrzeug schwer zu erreichen. Selbst die Hauptstraße in den Norden des Landes wird immer schlechter, je weiter Sie sich von Maputo entfernen. Erkundigen Sie sich bei einem Ausflug von mehr als 100 km aus der Stadt heraus unbedingt nach dem Straßenzustand.
- Fahren Sie immer vorsichtig. Auf und an den meisten Straßen „tobt das Leben": Märkte, Sammeltaxis (meist ohne Blinker), frei laufende Tiere und schlechte und oft ausgewaschene Randbegrenzungen erfordern besondere Aufmerksamkeit.
- **Geschwindigkeitsbegrenzung und andere Besonderheiten**: Es herrscht **Rechtsverkehr**, d.h. mit einem südafrikanischen Fahrzeug sitzen Sie auf der „falschen" Seite. Innerorts gilt 50 km/h, außerorts 80 km/h als Höchstgeschwindigkeit. Ganz wichtig ist es, dass Sie **zwei Warndreiecke** dabei haben. Das ist Pflicht in Mozambique, um eine Unfallstelle von zwei Seiten aus abzusichern. Bei Straßenkontrollen wird streng darauf geachtet (hohe Strafgebühren). Es gibt einfache und billige Warndreiecke in jedem Autozubehör in Südafrika.

• **Führerschein**: Der Fahrer muss immer den Pass und den Internationalen Führerschein dabei haben. Der Nationale Führerschein sollte aber auch zur Hand sein.
• **Autoversicherung/Autopapiere**: Melden Sie unbedingt bereits beim Buchen Ihres Fahrzeugs (und unterstreichen Sie das noch einmal bei der Abholung!) der Mietwagenfirma Ihren Wunsch, nach Mozambique einzureisen. Sie erhalten dann die nötigen Papiere (Beglaubigungsschreiben der Mietwagenfirma etc.). An der Grenze müssen Sie dann noch eine zusätzliche Versicherung für das Fahrzeug abschließen.

⇨ Banken

Öffnungsz.: Mo-Fr 8–15h (kleinere Filialen und auf dem Lande oft nur bis 11h)

⇨ Diplomatische Vertretungen

von Mozambique

• **in Deutschland:** Botschaft der Republik Mozambique: Stromstr. 47, 10551 Berlin, Tel.: (030) 398-76500/1/2, Fax: (030) 398-76503. Die Botschaft ist **auch für Österreich** zuständig. In **München** gibt es noch ein Honorarkonsulat: Bayerstr. 33, 80335 München, Tel.: (089) 59998-116.
• **in der Schweiz**: Botschaft der Republik Mozambique: Rue J.A. Gaultier 13, 1201 Genève, Tel.: (022) 901-1783, Fax: (022) 901-1784.
• **in Südafrika:** High Commission of the Republic of Mocambique, 529 Edmond St, Ecke Hamilton St, Arcadia 0083, Pretoria 0002, Tel.: (012) 401-0300, Fax: (012) 326-6388, E-Mail: highcomm@iafrica.com, Mo-Fr 8.30–12.30 h (Anträge), 15–16.30 h (Abholung). Hier können Sie, für einen Mehrbetrag, die Visa auch am gleichen Tag wieder abholen. Es gibt konsularische Vertretungen (stellen Visa am selben Tag aus, wenn Sie sie vormittags beantragen) in folgenden Städten:
- **Johannesburg**: 252 Jeppe St, 7th Fl., Cape York Building, Tel.: (011) 336-1819;
- **Durban**: 320 West St, 5th Fl, Tel.: (031) 304-0222;
- **Nelspruit**: 43 Brown St, Tel.: (013) 752-7396.
- **Mbabane** (Botschaft): Highlands View, Princess Dr Rd, Tel.: (+ 268) 43-700.

in Mozambique

• **Deutsche Botschaft**: Rua Damião de Góis 506, Maputo, Tel.: (+258/1) 492714 od. 492996, Fax (+258/1) 492888, E-Mail germaemb@tvcabo.co.mz, Postanschrift: Embaixada da República Federal da Alemanha, C.P. 1595, Maputo, Mozambique.
• **Honorarkonsulat von Österreich:** Ecke Matires Machava/Mateus Sansao Muthemba. Neue Adresse evtl. bald: Av 24 de Julho-4, Maputo, Postanschrift: P.O.Box 487, Maputo, Tel.: (+258/1) 423-244, Fax: (+258/1) 425-387.
• **Botschaft der Schweiz:** Av Julius Nyerere 1213, Maputo, P.O.Box 135, Maputo, Tel.: (+258/1) 492432 od. 492744, Fax: (+258/1) 492474.
• **Südafrika**: Alto Comissariado da África do sul, 1380 Av Julius Nyerere, Tel.: (01) 49-5279.

Maputo: Alkoholische Getränke gibt es am Straßenstand

⇨ Einreise/Visum

Deutsche, Österreicher und schweizer Staatsbürger benötigen ein Visum. Es heißt oft, es kann auch an der Grenze ausgestellt werden, doch haben wir da bereits einige Gegenmeldungen vernommen (keine Formulare vorhanden, „diesen Monat gilt das nicht" etc.). Daher die dringende Empfehlung, das Visum bereits vorher zu beantragen. I.d.R. dauert die Ausstellung eine Woche, doch gibt es bei allen Konsulaten/Botschaften die Möglichkeit für einen Aufpreis ein Visum am gleichen Tag zu bekommen. Dazu müssen Sie aber morgens den Antrag (samt 2 Passfotos) einreichen und erhalten das Visum am selben Nachmittag.

Wer also von Swaziland oder Südafrika einreist, kann dieses getrost (an einem Werktag) in Mbabane, Durban, Pretoria, Johannesburg oder Nelspruit erledigen. Adressen siehe oben.

⇨ Gesetzliche Feiertage

1. Januar: Neujahrstag
3. Februar: Heldengedenktag
7. April: Tag der Frauen
1. Mai: Internationaler „Tag der Arbeit"
25. Juni: Unabhängigkeitstag
7. September: Lusaka Agreement/„Tag des Sieges"
25 September: Tag der Revolution und der Armee
4. Oktober: Tag des Friedens
10. November: Maputo-Tag
25. Dezember: 1. Weihnachtstag

⇨ Gesundheit

Hinweise zu vorgeschriebenen Impfungen: Bei Einreise aus Südafrika, Swaziland bzw. Europa sind keine Impfungen vorgeschrieben. Bei Einreise aus einem Land mit Gelbfiebervorkommen (Lateinamerika, Afrika) ist eine Gelbfieberimpfung zwingend vorgeschrieben. Dies gilt nicht für Kinder unter einem Jahr. Informationen unter: **Zentrum für Reisemedizin**: Internet: www.crm.de.

> ☞ ***Impfempfehlungen***
> *Tetanus, Polio, Typhus, Hepatitis A, Malaria-Prophylaxe.*
> *Malaria kommt das ganze Jahr vor, besonders im tiefer gelegenen Buschland und an der Küste.*
> *Bitte informieren Sie sich vor der Einreise über die aktuelle Cholera-Situation.*
> *Wie in Südafrika ist auch in Mozambique AIDS ein großes Problem.*

⇨ Internet

Mittlerweile gibt es in Maputo einige Internetcafés, wobei die Empfehlung lautet, in den Hotels das Internet zu benutzen. In größeren Hotels, wie z.B. dem „Polona" und dem „Cardosa" gibt es sogar eigene Interneträume.

⇨ Post

Öffnungsz.: Mo-Fr 7.45–12h, 14–17h, Sa 7.45–12h

⇨ Reiseveranstalter

Am besten ist es, Sie buchen größere Ausflüge von Maputo (z.B. Flüge zu den Inseln) und auch Hotels bereits vor Ihrer Einreise. Das können Sie in einem Reisebüro in Europa, aber auch in Südafrika machen. Schauen Sie auch einmal in das bekannte südafrikanische, monatlich erscheinende Reisemagazin „Getaway". In den hinteren Anzeigenseiten gibt es eine spezielle Sektion für Mozambique.

⇨ Sprache

Die offizielle Landessprache ist Portugiesisch und die lokale Sprache im Süden Tsonga. Englisch wird in den größeren Zentren, besonders in Maputo teilweise verstanden. Dieses gilt vor allem für das Personal in größeren Hotels und Restaurants.

⇨ Stromstärke

220V/50 Hz

⇨ Telefonieren/Handys

Das Telefonnetz ist oft überlastet, aber europäische Handys (freigeschaltet für das Ausland) funktionieren in Mozambique. Südafrikanische Miethandys funktionieren auch, aber **nicht** die Handys, die über eine Prepaid-Karte laufen!

⇨ Währung/Geld tauschen/Kreditkarten

Die offizielle Landeswährung ist der ***„metical"*** (sprich: metikasch), abgekürzt: ***Mtc***. Es gibt folgende Noten: 1.000, 5.000, 10.000, 20.000, 50.000 und 100.000 Mtc. Als Münzen sind im Umlauf: 500, 1.000, 5.000 Mtc. Bei der relativ hohen Inflationsrate werden die kleinen Münzen immer mehr verschwinden und bald wohl noch größere Scheine gedruckt werden.

In den Städten, vor allem in Maputo, werden auch der südafrikanische Rand und der US-Dollar (Noten über $50 sind aber ungern gesehen) akzeptiert, zumindest in Hotels und Restaurants.

Kreditkarten werden zwar in den großen Hotels und einigen Restaurants angenommen, doch sind sie als Zahlungsmittel noch nicht sehr verbreitet.

Traveller Cheques können Sie an allen Banken und in den Hotels eintauschen.

Hier und dort gibt es **Geldautomaten** (ATMs), doch sollte man sich auf sie noch nicht verlassen. Oft funktionieren sie nicht einwandfrei und zumeist akzeptieren sie nur Kreditkarten (PIN-Code erforderlich).

Alle größeren „harten" Währungen (i.d.R. US$, EURO, Brit. Pfund, Yen, SFr und Südafr. Rand) können in den Banken getauscht werden.

Regionale Reisetipps von A–Z

Neue Namen im Norden von Südafrika

Seit einigen Jahren werden immer mehr burische (und „weiße") Stadt- und Ortsnamen in Südafrika geändert und durch afrikanische Namen ersetzt. Dieses fand vor allem in der Limpopo Province, Gauteng und Mpumalanga statt. Bei Drucklegung dieses Buches standen bereits viele fest und so haben wir sie auch als die neuen Namen an die erste Stelle in den Texten gesetzt. Bei vielen Orten verweisen wir aber trotzdem noch auf die alten Bezeichnungen. Damit Sie eine Übersicht erhalten über die Änderungen und Sie Ihnen vertraute Namen wiederfinden, haben wir die bei Drucklegung bereits offiziell geänderten Namen hier alphabetisch aufgelistet:

Neuer Name	***Alter Name***
Bela-Bela	Warmbaths
Buffalo City	steht für den Großraum East London (inkl. King Williams Town, Mdantsane, Bisho u.a.)
Dukuza	Stanger
Lephalale	Ellisras
Louis Trichardt	Makhado
Messina	Musina
Naboomspruit	Mookgophong
Nelson Mandela Metro	Großraum Port Elizabeth (inkl. Uitenhage, Despatch u.a.)
Nylstroom	Modimolle
Pietersburg	Polokwane
Potgietersrus	Mokopane
Tshwane	Großraum Pretoria
uKhahlamba-Drakensberg Park	Drakensberg Park
uMhlazhuze	Großraum Richards Bay und Epangeni

Alter Name	***Neuer Name***
Drakensberg Park	uKhahlamba-Drakensberg Park
East London (Großraum, inkl. King Williams Town, Mdantsane, Bisho u.a.)	Buffalo City
Ellisras	Lephalale
Makhado	Louis Trichardt
Modimolle	Nylstroom
Mokopane	Potgietersrus
Mookgophong	Naboomspruit
Musina	Messina
Polokwane	Pietersburg
Port Elizabeth (Großraum inkl. Uitenhage, Despatch u.a.)	Nelson Mandela Metro
Pretoria (Großraum)	Tshwane
Richards Bay und Epangeni	uMhlazhuze
Stanger	Dukuza
Warmbaths	Bela-Bela

Pretoria/Tshwane
Ein besonderes Verwirrspiel war die Neu- bzw. Umbenennung von Pretoria und der weiteren Umgebung. Lange Zeit wussten selbst die Bewohner nicht, wie ihre Stadt gerade bezeichnet wird, ob sie weiterhin in Pretoria oder nun in Tshwane wohnten.

Nach Auskunft der Stadtverwaltung ist nun sogar beides möglich. Der Name bzw. der Verwaltungsbezirk Pretoria verschwindet nicht, sondern bezeichnet weiterhin den als Pretoria bekannten und für Besucher relevanten Innenstadtbereich. Dieser Bereich liegt in dem großen Verwaltungsbezirk „City of Tshwane". Wer also im Innenstadtbereich wohnt, lebt im Stadtteil Pretoria der Stadt Tshwane.

Das gesamte Gebiet um das „alte" Pretoria, d.h. der südliche Bereich, der bis an die Stadtgrenzen Johannesburgs grenzt und vor allem auch das Gebiet nördlich des Stadtbezirks Pretoria, wo sich riesige, dicht bevölkerte Townships befinden, war verwaltungstechnisch unter der weißen Apartheidregierung im kuscheligen Pretoria quasi ausgeblendet worden. Sie lagen ganz bequem außer Sichtweite hinter den Magaliesbergen. Durch die Neuorganisation gibt es nun im Süden von Tshwane den Bezirk Centurion, in der „Mitte" Pretoria und im Norden die Bezirke Akasi, GaRankuwa, Soshoanguve, Mabopane, Winterveld und Temba.

Preisrichtlinien für die Unterkünfte:
Bitte beachten Sie, dass während der Hochsaison die Preise um bis zu 70 Prozent (i.d.R. 50 Prozent) ansteigen können, besonders in Feriengebieten, Parks etc. Alle Preisrichtlinien gelten für Doppelzimmer für zwei Personen. Einzelzimmer liegen bei ca. 60 Prozent des Doppelzimmerpreises. Hochsaison ist von Dezember bis April, auch wenn sich dieses in und um die Tierparks und an der Küste wegen des Klimas verschiebt.

Preiskategorien der Unterkünfte	
$	= bis R 250
$$	= R 250–400
$$$	= R 400–700
$$$$	= R 700–1.200
$$$$$	= mehr als R 1.200

Reservierungen: *Beachten Sie, dass die meisten Touristeninformationen (Info-Center) der einzelnen Orte* ***kostenlos*** *Unterkünfte für Sie heraussuchen und reservieren, auch direkt vor Ort am Anreisetag. Sollten Sie also Probleme haben, die Hotels und Lodges zu erreichen bzw. sollte es Sprachprobleme geben, können die Touristenämter (oft sogar in Deutsch) weiterhelfen. Die meisten von ihnen sind auch über das Internet zu erreichen. Die meisten Webseiten haben wir angegeben. Ansonsten finden Sie sie über die südafrikanischen Suchmaschinen, z.B.:*
www.mweb.co.za
www.ananzi.co.za

Buchungen der Unterkünfte in den Nationalparks und Game Reserves

Grundsätzlich gibt es verschiedene Buchungsadressen und nicht immer, wie z.B. in KwaZulu-Natal, werden Nationalparks von der staatlichen Nationalpark-Behörde (National Parks Board) vermittelt. Andere Parks wiederum sind privat oder halbstaatlich und unterliegen wieder anderen Richtlinien. Daher haben wir hier bei jedem Park die zentralen Buchungsmöglichkeiten, wenn eben vorhanden, extra angeführt.

Als Richtlinie gibt es folgende zentrale Buchungsadressen:
• ***National Parks der (staatlichen) Nationalparkbehörde**: Buchungen über die Nationalparkbehörde in Pretoria/Tshwane: Tel.: (012) 343-1991 od. 428-9111, E-Mail: reservations@sanparks.org, Web: www.sanparks.org. Parks in diesem Reisegebiet, für die diese Adresse gilt, sind: Mapungubwe, Marakele, Kruger, Golden Gates Highlands, Addo Elephants.*

***Conservation Fee für National Parks**: Seit 2003 müssen alle Besucher der o.g. National Parks eine tägliche Gebühr für die Nutzung der National Parks bezahlen. Die Höhe errechnet sich aus der Anzahl der Übernachtungen (erster Tag ohne Übernachtung = 1 Tag). Wer also morgens in den Park fährt und abends wieder hinaus, zahlt für einen Tag. Wer eine Nacht bleibt, zahlt für einen Tag, wer zwei Nächte (also drei Kalendertage) bleibt, zahlt für 2 Tage usw. Non-Residents zahlen eine höhere Gebühr als Südafrikaner bzw. fest in Südafrika angesiedelte Ausländer. Die Gebühren sind zzt. wie folgt (pro Tag/Nacht):*
- *Krüger Nat. Park: R 120 für Erwachsene, R 60 für Kinder unter 16 Jahren.*
- *Addo Elephants, Golden Gate, Mapungubwe: R 60 für Erwachsene, R 30 für Kinder unter 16 Jahren.*

Nun gibt es zudem noch Rabatt-Karten, von denen die **10-Day International Wild Card** *die interessanteste ist. Sie gilt für Non-Residents, ist gültig für 10 Nächte in einem Zeitraum von 15 Tagen ab dem ersten Tag der Nutzung. Die Karte kann nicht weitergegeben werden an andere Personen. Bei jeder Nutzung muss ein Pass o.ä. vorgelegt werden. Da heißt es, genau zu planen und zu überlegen. Zzt. kann man sagen, dass sie sich bei einem Aufenthalt von mehr als 5 Nächten im Krüger NP lohnt, bzw. bei weniger Nächten dort, aber weiteren in anderen Parks. Die Wild Cards können Sie in den Parks erwerben und kosten:*
- *R 600 für Erwachsene*
- *R 1.000 für Paare*
- *R 1.500 für Familien (2 Erwachsene + bis zu 4 Kinder unter 16 Jahren)*

Die Preise mögen sich oft ändern und ein Blick auf die Internetseite von SanParks (s.o.) bzw. eine aktuelle Nachfrage bei Ihrem Reiseveranstalter lohnt sich allemal.

• ***National Parks und Game Parks & Reserves in KwaZulu-Natal**:* **Ezemvelo KZN Wildlife**: *P.O.Box 13069, Cascades 3202, Tel.: (033) 845-1000, Fax: (033) 845-1001, Web:* www.kznwildlife.com *bzw.* www.rhino.org.za.
• ***Game/State Parks & Reserves in der Limpopo Province**: P.O.Box 2814, Polokwane 0700, Tel.: (015) 288-0099, Fax: (015) 288-0094, Web:* www.greatnorth.co.za. *Camps und Sehenswertes entlang der* ***African Ivory Route**: Tel.: (015) 295-3025 (Infos) od. (015) 295-2829 (Buchungen), Web:* www.africanivoryroute.co.za.
• ***Eastern Cape Tourism Board – Game Reserve Division**: Tel.: (040) 635-2115, Fax: (040) 636-4019 od. 635-2535, E-Mail:* tarryn@ectourism.co.za, *Internet* www.ectourism.co.za.

Barberton (inkl. Badplaas), Mpumalanga (S. 493ff)

Information

Publicity Bureau Barberton: *Market Square, an der Crown St, Tel.: (013) 712-2121, Fax: (013) 712-5120, Web: www.barberton.info.*

Touren

• *Zum Thema Gold in Barberton verspricht* The Golden Route *(Tel.: (013) 712-8000/2, Web: www.oldestgold.com) interessante Stunden. Sie besichtigen ein Goldschmiede-Projekt* (Umjindi Jewellery Project)*, waschen Gold in einem Fluss (Gold Panning) und/oder folgen historischen Pfaden bzw. fahren in eine Goldmine.*

• Danny Brink *ist auch versiert, was Barbertons Geschichte mit dem Gold angeht und organisiert auch Gold Panning. Tel.: (082) 789-2933.*

Unterkünfte

• Aventura Badplaas $$$: *P.O.Box 15, Badplaas, Tel.: (017) 844-1022, Fax: (017) 844-1445, Web: www.aventura.co.za. Familienresort mit Hydro, Warmwasser-Spa und großem Pool. Wellness-Pakete (1, 3 u. 5 Tage) inkl. Massage und Schlammbad werden angeboten. Übernachtungen in Hotelzimmern bzw. Selbstversorger-Chalets. Camping- und Caravanplatz. Ein kleines Nature Reserve (Antilopen, Rhinos) ist angeschlossen. Wanderungen und Ausritte möglich.*

• Old Coach Road Guest House $$–$$$: *An der R38 (Richtung Kaapmuiden), ca. 11 km von Barberton, Tel.: (013) 719-9755, Fax: (013) 719-9637, Web: www.sa-venues.com/mtl/oldcoach.htm. Die wohl schönste Unterkunft in der Gegend. 7 Zimmer, Garten, Restaurant, Pool. Gut geeignet zum Entspannen.*

• Kloof House $$: *1 Kloof St, Tel. + Fax: (013) 712-4268, E-Mail: kloofhuis@xsinet.co.za. 3 Zimmer in einem viktorianischen Stadthaus. Zudem ein Selbstversorger-Chalet im Garten. Dinner kann zubereitet, muss aber vorher angemeldet werden.*

• Phoenix Hotel $$: *20 Pilgrim St, Tel.: (013) 712-4211. Das einzige richtige Hotel in Barberton. Bestimmt hat es bessere Zeiten gesehen und die Bar sowie die dünnen Wände sorgen für eine gewisse Geräuschkulisse. Aber für eine Nacht geht es wegen des Erlebnisses, in historischem Ambiente zu wohnen.*

Wegen fehlender Markierungen ist Autofahren im Dunkeln besonders gefährlich

• Bernstein's Guesthouse $$: *35 Sheba Rd, Tel.: (013) 712-4896. Nettes Selbstversorger-Gästehaus in historischem Stadthaus.*

• Jock of the Bushveld Huts $$: *An der R40 nach Nelspruit, 14 km von Barberton, Tel.: (013) 712-4002, Fax: (013) 712-5915, E-Mail: thatchers@soft.co.za. Lustige, große Rundhütten (reetgedeckt) für Selbstversorger oder auf B&B-Basis. Auf der Farm werden Mangos und Lychees angebaut.*

B

Camping

Barberton Caravan Park: *President/Menton Sts, Tel.: (013) 712-3323. Großer, aber recht einfacher Platz. In der Stadt. In Badplaas verfügt das* **Aventura Resort** *(s.o.) über viele Camping- und Caravanstände.*

Restaurants

• **Bernstein's Restaurant & Pub**: *22 Pilgrim St, im historischen Lewis & Marks Building, Tel.: (013) 712-4896 bzw. 712-4722. Einfache, aber gute Landküche. Den Rest verrät der Name.*

• *Das beste Restaurant in der Gegend ist das im* **Old Coach Road Guest House** *(s.o.).*

Bela-Bela (ehem. Warmbaths), Limpopo (S. 467f)

Information

Bela-Bela Tourism Association: *Warmbaths (Bela-Bela)-Waterfront, P.O.Box 204, Bela-Bela 0480, Tel.: (014) 736-3694, Fax: (014) 736-2890, Web: www.belabelatourism.co.za, Mo–Fr 8.30–16.30 h, Sa 9–14 h, So 9–12 h.*

Unterkünfte

• **Protea Hotel Elephant Spring $$$**: *31 Sutter Rd, Tel.: (014) 736-2101, Fax: (014) 736-3586, Web: www.protea-hotels.com. Mittelklassehotel mit 40 Zimmern. Die Zimmer im Erdgeschoss liegen alle um den Pool im Garten (Verandatüren). Nahe der Waterfront und dem u.g. Resort.*

• **Aventura Resort Bela-Bela/Warmbaths $$**: *Main Rd, Tel.: (014) 736-2200, Fax: (014) 736-4712, Web: www.aventura.co.za. Großes Familienresort an den warmen Quellen. Selbstversorger-Chalets und -Wohnungen sowie ein Camping-/Caravanpark. An Wochenenden und während der Ferienzeit ziemlich voll und dann auch laut. Ansonsten ein gutes Preis-Leistungs-Verhältnis.*

• *Rund um Bela-Bela eröffnen immer mehr Wildfarmen, denn in Planung ist ein großer Park, der sich zwischen Tshwane bis weit nördlich von Bela-Bela erstrecken soll. Bis dahin ist es aber noch ein weiter Weg. Im Touristenamt werden bereits Übernachtungen auf vielen Wildfarmen vermittelt. Wer es luxuriös mag, der sollte die* **Mangweni Game Lodge $$$$** *(Tel.: (011) 396-1559, Fax: (011) 979-4240, Web: www.mangweni.co.za) wählen, wo u.a. Game Drives angeboten werden und neben reetgedeckten Chalets auch gut ausgestattete Safarizelte als Unterkunft dienen. Günstiger dagegen ist die* **Mbizi Lodge $$–$$$** *(Tel.: (012) 666-7002, Fax: (012) 666-8580, E-Mail: evdbergh@mweb.co.za) an der R516/Thabazimbi/Rooiberg Rd mit 4 Chalets und Caravanplätzen. Erkundigen Sie sich bei allen Wildfarmen vor der Buchung unbedingt, wie weit sie von Bela-Bela entfernt liegen.*

Camping

Siehe oben unter **Aventura Resort** *sowie* **Mbizi Lodge**. *Als Naherholungsziel für die Gauteng-Region bieten sich zudem noch einige andere Campingplätze an.*

Restaurants

Im o.g. Protea Hotel Elephant Springs gibt es den **Keg & Elephant Pub** *mit günstigem Pubfood sowie guten Burgern. Nicht weit von hier und dem Aventura Resort finden sich an der* **Waterfront** *einige andere Restaurants und Imbissstände.*

B

Blyde River Canyon und das Gebiet um die nördlichen Drakensberge und nahe dem Kruger NP, Limpopo Province/ Mpumalanga (S. 400ff/405ff)

Adressen zu den privaten Wildreservaten im Timbavati und Thornybush Game Reserve *finden Sie unter* „Kruger National Park".

Information

Ein eigenständiges Informationsbüro gibt es in dieser Region nicht.

African Ivory Route*: Tel.: (015) 295-3025 (Infos) o. (015) 295-2829 (Buchungen), Web: www.africanivoryroute.co.za. Hier können Sie Unterkünfte buchen entlang der sog. Ivory Route, die sich kreuz und quer durch die Limpopo Province zieht. Dabei handelt es sich oft um einfache, aber sehr urige Übernachtungsstätten.*

Airports

Zwei kleine Flughäfen bedienen den mittleren Abschnitt des Kruger NP (meist SAA-Flüge):

- Eastgate Airport*: 6 km südlich von Hoedspruit abzweigen von der R40. Tel.: (015) 793-3681.*
- Phalaborwa Airport*: Tel.: (015) 781-5823.*

An beiden Flugplätzen gibt es Mietwagenstationen.

Touren

- Transfrontier Wildlife Walking Safaris *operiert über die u.g. „Kruger Backpacker Safari Lodge" nahe Klaserie. Siehe unten.*
- * Ranger-Training in Moholoholo: *Wenn Sie schon immer mehr über die Natur Afrikas und wie man sich in ihr bewegt wissen wollten, dann sollten Sie unbedingt einen 7–10-tägigen Rangerkurs in Moholoholo absolvieren. Es handelt sich dabei um die erste Stufe der voll anerkannten Südafrikanischen Ranger-Ausbildung (Fortgeschrittenen-Kurse gibt es auch). Es wird alles durchgegangen: Die Natur (Identifikation der Tiere und Pflanzen), Fahren eines Geländewagens, Anlegen eines Wasserloches, Tierkrankheiten, Behandlung verletzter Tiere, Gebrauch einer Schusswaffe, Nächtigen im Busch u.v.m. Hierbei handelt es sich nicht um einen „Spaß" für Touristen, sondern wirklich um den Basiskurs für Ranger. Nun müssen Sie ja nicht unbedingt alles am Ende perfekt beherrschen und auch nicht den Abschlusstest absolvieren. Aber die Natur können Sie nicht besser erklärt bekommen, besonders auch weil Ihr Lehrer, Brian Jones, ein weithin anerkannter Ökologe und Konservator ist. Im Preis von 350–450 € sind alle Übernachtungen, Mahlzeiten, Kurse, Fahrten u.s.w. eingeschlossen. Tel.: (015) 795-5236, Fax: (015) 795-5333, Web: www.moholoholo.co.za.*

Unterkünfte

- Umhlametsi Private Nature Reserve $$$$–$$$$$ *bei Hoedspruit (Tel.: (015) 793-2971, Fax: (015) 793-2962, Web: www.umhlametsi.co.za) bietet Selbstversorger- und Fullboardunterkünfte in Safari-Camps in der Preisklasse unter 1.000 Rand/Person.*
- * Moholoholo $–$$$*: Forest Lodge/Rehab Center: R531, 10 km nordw. von Klaserie. Zur Mountain View Lodge biegen Sie von der R531, 13 km nordwestl. von Klaserie auf die Stichstraße ab (gut ausgeschildert). Nach 500 m liegt der Eingang linker Hand. Die Ya Mati River Chalets liegen ein paar Kilometer weiter auf der rechten Seite dieser Stichstraße. In der* Forest Lodge $$$ *(Tel.: (015) 795-5236, Fax: (015) 795-5333, Web: www.moholoholo.*

B

co.za) mit seinen 10 rustikalen Hütten im Wald ist alles im Preis enthalten: Game Drive, Besuch des Rehab Center für Tiere (siehe dazu im Reiseteil, zum Ranger-Training oben unter „Touren") und Mahlzeiten. Die nahe *** Mountain Lodge $** *(Tel.: (015) 795-5684) bietet dagegen Hütten für Selbstversorger und Gruppen an (Verpflegung nach Anmeldung). Der Grill wird für Sie mit Holz bestückt und das Sitzen auf der Veranda ist dann ein besonderes Erlebnis. Bei dem Preis ein Knüller. Den Game Drive und den Besuch des Rehab Centers müssen Sie extra bezahlen. Etwas entfernt liegt das* *** Ya-Mati Camp $$–$$$** *(Tel.: (072) 191-2024) in einer idyllisch angelegten Parklandschaft direkt am Blyde River. Seine drei großen Hütten (4 Betten) sind komplett ausgestattet für Selbstversorger (Verpflegung nach Anmeldung möglich). Besonders schön ist die Rundhütte, die eine kleine Holzveranda direkt über dem Fluss hat. Der Knüller: Jedes Rondavel hat seinen eigenen, wenn auch kleinen Pool. Hier gibt es zudem einen schönen* *** Campingplatz**.

- **Aventura Resort Swadini $$–$$$**: *Biegen Sie von der R531, 13 km nordwestl. Von Klaserie auf die Stichstraße in den Canyon ab und folgen Sie der Straße auf einigen Kilometern (gut ausgeschildert), Tel.: (015) 795-5141, Fax: (015) 795-5178, Web: www.aventura.co.za. Das Resort galt einst als eines der Flaggschiffe der Kette. Heute wirkt es, besonders während der Nebensaison etwas einsam und im Stil überholt. Trotzdem sind die Hütten gut, wenn auch einfach ausgestattet, bietet die parkähnliche Landschaft Gelegenheit zum Entspannen und kurze Spaziergänge und zu den sehenswerten Stellen im Canyon (Staudamm, White Water Rafting, Wandern etc.) ist es nicht weit. Einen Caravan-/Campingpark gibt es auch.*
- **Aventura Resort Blydepoort $$–$$$**: *An der R532, 47 km nördlich von Graskop, Tel.: (013) 769-8005, Fax: (013) 769-8059, Web: www.aventura.co.za. Wegen seiner Lage am Rand des Blyderiver Canyon, den entsprechenden Wandermöglichkeiten, guten Freizeitanlagen (Pools, Reiten, Tennis sowie andere Sportmöglichkeiten) wohl eines der schönsten Resorts der Kette. Es gibt 3 DZ im Guesthouse sowie 93 Selbstversorgerhütten, einige davon mit einem einmaligen Blick.*
- **Aventura Resort Eiland $$–$$$**: *Im Hans Merensky Nature Reserve, nördl. von Letsitile, Tel.: (015) 386-8000, Fax: (015) 386-8032, Web: www.aventura.co.za. 103 geräumige Selbstversorgerchalets. Ein Resort mit einem mineralhaltigen Heiß- und Kaltwasserpool, zahlreichen Sportmöglichkeiten und vielen Tieren im Merensky Nat. Reserve. Gut für eine Nacht, ansonsten etwas „altbacken".*
- **Pezulu Tree House Lodge $–$$$$**: *Nahe Hoedspruit, Tel.: (015) 793-2724, Fax: (015) 793-2253, Internet: www.pezulu.co.za oder www.panzi.co.za. Hier wohnen Sie entweder exquisit in reetgedeckten Baumhäusern ($$$$ inkl. Mahlzeiten) oder günstig im angeschlossenen* **Panzi Bushcamp** *($–$$ für Selbstversorger). Big Five-Buschwanderungen, Flüge mit Microlights, Ausflüge zum Kruger NP (30 Min. zum Orpen Gate) und Game Drives werden arrangiert.*
- **Hoedspruit Safari Tented Camp/Cheetah Project $$**: *Direkt am Cheetah Research & Breeding Center nördlich von Klaserie an der R40, Tel.: (015) 793-1633, Fax: (015) 793-1646, www.cheetahresearch.co.za. Hier schlafen Sie in einfachen Safari-Zelten. Da es nur wenige Zelte gibt, sollten Sie unbedingt vorher buchen. Den Safari Park und seine Wanderwege können Sie vom Camp aus zu Fuß erreichen. Es gibt kein Restaurant, also selbst versorgen oder nach Hoedspruit fahren.*
- **Cheetah Inn $$**: *Einen Kilometer nördlich von Klaserie von der R40 nach Nordosten abzweigen. Das Inn erreichen Sie nach ca. 8 km. Tel.: (015) 793-1200, Fax: (015) 793-1979. Das einfache, aber sehr saubere Hotel hat 9 Rondavels und 8 Zimmer. Pool und Restaurant. Ein wirklich gutes Preis-Leistungs-Verhältnis.*

• * **Kruger Backpacker Safari Lodge $–$$**: *Einen Kilometer nördlich von Klaserie von der R 40 nach Nordosten abzweigen. Das Gate zur Lodge kommt nach ca. 6 km auf der linken Seite. Tel./Fax: (015) 793-0062, E-Mail: nyanitf@nix.co.za. Im alten Farmhaus gibt es Backpackerunterkünfte, ansonsten sind die Safari-Zelte der Knüller, besonders des günstigen Preises wegen. Im hinteren Teil der Zelte befindet sich die Dusche und das WC, nach vorne gibt es sogar eine kleine „Veranda". Weiterhin gibt es nahe der Lodge Bushcamps und von hier werden bis zu mehrtägige Bushwalks im Kruger Park bzw. in angrenzenden Nature Reserves organisiert. Dafür sollten Sie sich aber rechtzeitig anmelden.*

• *Das* **Tshukudu Bushcamp $$** *nördlich von Hoedspruit bietet einfaches Buscherlebnis, inkl. Game Drives und Bushwalks. Tel./Fax: (015) 793-1885. Leider ist das Camp nicht immer geöffnet und auch nur für Gruppen reserviert. Ein Anruf lohnt aber. Vielleicht können Sie ja zu einer Gruppe zustoßen. Die* **Tshukudu Game Lodge $$$–$$$$** *mit seinen Cottages ist immer geöffnet: Tel.: (015) 793-2476 od. 793-1886, Fax: (015) 793-2078, Web: www.tshukudulodge.co.za.*

• **Phelwana Game Lodge $–$$**: *siehe oben unter „Private Lodges am Westrand des Kruger Parks".*

• *Budget-Unterkünfte bieten* **Fort Coepieba $** *(Koedde St, Tel.: (082) 825-6591, Web: www.copieba.saftour.com) inmitten von Hoedspruit sowie* **The Trading Post $** *(Tel.: (015) 795-5219) etwa dort, wo sich R531 und R527, 20 km westlich von Hoedspruit treffen, an.*

Camping

• *Alle o.g.* **Aventura Resorts** *haben voll ausgestattete Camping- und Caravanplätze.*

• **Ya-Mati Camp**: *Gehört zur Moholoholo Lodge (siehe oben).*

Restaurant

Sollten Sie sich in der Nähe befinden, dann schauen Sie mal beim **The Trading Post** *(siehe oben unter Unterkünfte) rein. Hier wird afrikanische Buschküche zubereitet (Wild, Grill am Tisch), aber es gibt auch Pizza. Ansonsten bieten alle Lodges Abendessen, wenn auch oft nur bei vorheriger Anmeldung. Sollten Sie eine Selbstversorgerunterkunft gebucht haben, dann nutzen Sie den Braai (Grill) vor Ihrer Tür. Holz wird meistens geliefert und außer Fleisch, Saucen und Brot brauchen Sie dann nicht viel. Grillbestecke gibt es in jeder Hütte. Spezialisiert auf Grillfleisch hat sich die* **Bosveld Butchery** *in Hoedspruit (südl. an der R40). Ansonsten hat auch jeder kleine Lebensmittelladen mindestens eine Truhe voll mit Grillfleisch.*

Borakalalo National Park, North West Province (S. 479)

Information

Das kleine **Infocenter** *befindet sich am Eingang des Parks, Tel.: (012) 729-1008.*

Unterkünfte

Es gibt zwei Camps, wobei das schönere zzt. das **Phudufufu Camp** *mit Unterkünften in Safarizelten (Gemeinschaftswaschräume und -toiletten) ist. Das* **Moretele Camp** *muss noch renoviert werden, steht oftmals aber nur komplett ganzen Gruppen zur Verfügung. Selbstversorger. Ein einfaches Restaurant gibt es aber auch. Die Camps werden verwaltet von der Leopard Rocks Group, die auch die Lodges im Pilanesberg NP verwal-*

ten. Zentrale Unterkunftsreservierung über Tel.: (014) 555-6135/6, Fax: (014) 555-7555/8, Internet: www.goldenleopard.com.

Camping
Ein toller * Campingplatz *befindet sich direkt am Stausee und kann über Tel. (012) 729-1008 gebucht werden. Der Blick auf die gegenüberliegende Uferseite verspricht abends Tiere. Die sanitären Anlagen sind sauber, aber relativ einfach.*

Drakensberge im Eastern Free State (S. 653ff)

Informationen

- Harrismith Tourist Office: *Town Hall, Andries Pretorius, Tel.: (058) 622-3525.*
- Basotho Cultural Village, Qwa Qwa: *1,5 km lange Stichstraße zweigt ab von der R712 zwischen Phuthaditjhaba und Golden Gate Highlands NP. Tel.: (058) 721-0300. Infos zu Qwa Qwa.*
- Golden Gate Highlands National Park: *Kleine Infocenter gibt es in beiden Rest Camps. Tel.: (058) 255-0012. Buchungen über die Nationalparkbehörde in Pretoria/Tshwane: Tel.: (012) 343-1991 od. 428-9111, E-Mail: reservations@sanparks.org, Web: www.sanparks.org.*
- Clarens – Highlands Tourist & Information Center: *Market St, Tel.: (058) 256-1542, Fax: (058) 256-1643, E-Mail: clarens@bhm.dorea.co.za.*

> **Hinweis**
> Hier werden alle Informationsstellen und Unte[…] künfte in der Reihenfolge der Orte und Ziele (Buch[…] strecke) angegeben **(Sterkfontein Dam, Harrismith[…] Qwa-Qwa, Golden Gate Highlands N.P., Clarens)** un[…] nicht nach Preisen sortiert.

Unterkünfte

- Sterkfontein Dam Reserve $–$$: *Abzweig von der R74 zwischen Oliviershoek Pass und Harrismith, P.O.Box 24, Harrismith 9880, Tel.: (058) 622-3520. Es gibt 17 voll ausgestattete Selbstversorger-Hütten hier.*
- * Intabazwe Township Tours $$: *P.O.Box 577, Harrismith 9880, Andries Pretorius St, Tel.: (058) 622-3525, Fax: (058) 623-0923. Intabazwe ist eine Township vor den Toren von Harrismith und hier erhalten Sie die Gelegenheit, bei einer Sotho-Familie zu übernachten. Über 20 Gastfamilien nehmen an dem Programm teil. Wichtig ist, dass Sie sich vorher telefonisch anmelden und die Anfahrt bzw. einen Treffpunkt ausmachen.*
- Mount Everest Game Reserve $–$$$: *21 km nordöstl. von Harrismith. P.O.Box 275, Harrismith 9880, Tel.: (058) 622-3433, Fax: (058) 622-3436, E-Mail: sac@dorea.co.za. Schöne Selbstversorger-Chalets, Rondavels, permanente Zelte und Campingplätze bieten für jeden etwas in diesem 1.000 ha großen Privatreservat. Hier können Sie wandern, angeln, Tiere beobachten (Antilopen, Zebras, Vögel, gelegentlich auch Rhinos), auf Pirschfahrten mitfahren oder einfach nur entspannen. Ein Restaurant gibt es auch.*
- * Witsieshoek Mountain Inn $–$$$: *P.O. Box 17311, Witsieshoek (Phuthaditjhaba) 9870, Tel.: (058) 713-6361, Fax: (058) 713-5274. Anfahrt: Biegen Sie von der R712 ab auf die R57 nach Phuthaditjhaba. Durchqueren Sie diesen Ort und folgen Sie dabei bereits der Ausschilderung (oft auch als „Bergresorts“ oder „Bergoort“ ausgeschrieben). Das Resort liegt ca. 21 km südlich der Stadt. Die Straße ist atemberaubend und oft sehr steil. Das Resort gilt als das höchste in Südafrika (Sani Top zählt offiziell schon zu Lesotho) und liegt auf 2286 m. Die Anlage wirkt etwas heruntergekommen, stammt noch aus der „alten Zeit*

Südafrikas", als Qwa Qwa ein wenig beachtetes Homeland war, hat dadurch aber einen ganz besonderen Charme erhalten. Luxus ist nicht angesagt, aber es gibt ein Restaurant, eine Bar, die Zimmer sind mit dem Nötigsten ausgestattet und somit ist auch das Preis-Leistungs-Verhältnis gut. Hier kommen auch die Südafrikaner hin. Gegründet wurde das Resort übrigens einst von dem Sotho-Häuptling Chief Wessels Mota. *Es gibt ältere (Riesenrondavels, $$–$$$) und neue Gebäude ($$$), wobei wir Ihnen Letztere ans Herz legen möchten, bes. Zimmer 8 mit der besten Aussicht. Zudem haben Sie noch die Möglichkeit, in einer Selbstversorgerhütte ($) mit 12 Betten zu nächtigen. Hierfür ist aber ein eigener Schlafsack notwendig. Spektakulär ist die Lage, hoch über dem angrenzenden Royal Natal NP sowie der Blick auf den Sentinel und das Amphitheater. Ein wirklich schöner Platz zum Wandern und Entspannen. Die Anfahrt lohnt nur bei mindestens 2 Übernachtungen.*

• **Basotho Cultural Village, Qwa Qwa**: *Private Bag X826, Witsieshoek (Phuthaditjhaba) 9870, 1,5 km lange Stichstraße zweigt ab von der R712 zwischen Phuthaditjhaba und Golden Gate Highlands NP. Tel.: (058) 721-0300, Fax: (058) 721-0304, Web: www.dorea.co.za/Ecotourism. Hier können Sie im Museum (und auch den Souvenirständen) mehr über die Süd-Sotho erfahren. Der Knüller aber wäre hier eine Nacht in einer traditionellen Hütte zu übernachten. Und wenn Sie vorher Bescheid geben, wird Ihnen abends ein Sotho-Dinner serviert.*

• **Golden Gate Highlands National Park $$**: *Buchungsanschrift siehe unter „Information". Es gibt zwei Camps sowie einen großen Campingplatz im Park, die alle früh ausgebucht sind. Also bereits von Europa buchen! Das nördlichere* **Glen Reenen Rest Camp** *ist einfacher ausgestattet (Selbstversorgerhütten und hier ist auch der Campingplatz), während das* **Brandwag Rest Camp** *Hotelzimmer und besser ausgestattete Selbstversorger-Chalets aufweist.*

• **Maluti Mountain Lodge $$$**: *Steil St, vor Clarens, achten Sie auf Schilder an der R712. P.O.Box 21, Clarens 9707, Tel.: (058) 256-1422, Fax: (058) 256-1306, Web: www.malutilodge.co.za. Untergebracht sind Sie in schönen, reetgedeckten Rondavels im Garten, in einem der 6 Zimmer bzw. einem der 4 großzügig angelegten Familienzimmer. Beeindruckend ist vor allem die Lage mit Blick auf die Berge. Angler sollten sich über das Programm für Fliegenfischer informieren. Das weithin bekannte „The Duck & Hound Restaurant" rundet das Bild ab.*

• **De Ark Game Farm $$–$$$**: *P.O.Box, Clarens 9707, Anfahrt über R712, Tel. + Fax: (058) 256-1202, E-Mail: deark@isat.co.za. Über dem Ort gelegene Gamefarm (Zebras, Antilopen). Auch hier schlafen Sie in (reetgedeckten) Rondavels. Etwas einfacher als bei Maluti, aber okay. Dinner wird auf Bestellung bereitet. Gamedrives, Wanderwege und für Reiter 2-tägige Ausritte gehören zum Programm.*

• *In Clarens selbst wimmelt es nur so von Guesthouses, B&B und Low-Budget-Unterkünften. Wir nennen hier nur zwei im Ort:* **Lake Clarens Guesthouse $$** *(Tel.: (058) 256-1436 od. 256-1387, E-Mail: lakeclarens@ion.co.za) sowie das* **Village Square Guesthouse $$** *(Tel. + Fax: (058) 256-1064). Das Touristenamt vermittelt Ihnen kostenlos jede andere Unterkunft.*

Camping

Sterkfontein Dam Reserve, Mount Everest Game Reserve *sowie* **Golden Gate Highlands National Park:** *siehe unter „Unterkünfte".*

D

Restaurants

Auf diesem Streckenabschnitt liegt es zumeist nahe, in Ihrem Hotel, Ihrer Lodge oder Farm zu speisen. Das Essen dort ist i.d.R. sehr gut und bietet zudem Einblick in die lokale Küche. Viele Lodges, wie die o.g. Maluti Mountain Lodge *bei Clarens bieten Mahlzeiten auch für Nicht-Gäste. In* Clarens *bieten sich zudem eine Reihe von kleinen Restaurants im Ortskern an. Für den* Golden Gate Highlands NP *gilt, dass Sie sich spätestens bei Ankunft für das Abendessen anmelden sollten, da die Kapazitäten begrenzt sind.*

Durban, KwaZulu-Natal (S. 555ff)

Information

- Tourist Junction: *Old Station Building (zw. Commerce u. Pine Sts), Innenstadt. Das Infocenter von* Durban *ist im 1. Stock, Tel.: (031) 304-4934, Fax: (031) 304-6196, Web: www.durban.org.za od. www.durbanexperieence.co.za. Die Provinz* KwaZulu-Natal *(www.tourism-kzn.org, (031) 304-7144) hat ihr Büro im 2. Stock, während das* Parkbüro von KwaZulu-Natal *(www.kznwildlife.com bzw. www.rhino.org.za, (033) 845-1000), eine kleine Dependance des* South African National Parks Board *(031) 304-4934), der* Baz Bus *und verschiedene* Tour Operators *ebenfalls Büros hier unterhalten. Hier können Sie also alle Unterkünfte für die Parks vorbuchen bzw. Infos einholen. Denken Sie daran, die Parks sind oft lange im Voraus ausgebucht, also buchen Sie spätestens hier.*
- *An der* Marine Parade *gibt es auch noch ein Visitor Center: Ground Floor, Joe Kool's Bldg., North Beach, 137 Lower Marine Parade, Tel.: (031) 332-2595.*
- *Buchungen von Veranstaltungen jeder Art unternimmt* Computicket, *das in jeder großen Mall vertreten ist, bzw. unter Tel.: (031) 304-2753 Buchungen entgegennimmt.*

Speisen mit Blick auf Durbans Hafeneinfahrt

Touren/Sportliche Aktivitäten

- *Die meisten* Hafenrundfahrten und Bootstouren *starten von der Yacht Mole (Victoria Embankment, nahe der Dick King Statue und hinter dem Royal Natal Yacht Club, neben Café Fish sowie ein Stück weiter an der Wilson's Wharf).* Sarie Marais *fährt regelmäßig in der Saison, Infos: Tel. (031) 305-4022.*
- *Im Reiseteil wird von der Besichtigung/Führung durch die* Sugar Terminals an der Maydon Wharf *gesprochen, hier dazu die Buchungstelefonnummer: (031) 365-8153. Touren finden i.d.R. Mo–Do 8.30, 10, 11.30 u. 14 h, Fr 8.30, 10 u. 11.30 h statt. Infos zu Führungen des im Reiseteil vorgestellten* Temple of Understanding (Hare Krishna) *in Chatsworth: Tel.: (031) 403-3328.*
- *Township-Touren bietet* Jikeleza Tours *an: Tel.: (031) 702-1189, E-Mail: jikelezatours@yahoo.com. Clifford Dlamini, der Chef der Firma, ist besonders versiert was Musik-Tavernen und Shebeens angeht.*

• **Erläuterte Spaziergänge durch Durban**, *sowohl unter historischen Gesichtspunkten als auch zu orientalischen bzw. indischen Plätzen können Sie unter Tel. (031) 304-4934 buchen. Meistens gehen die Touren Mo–Fr um 9 bzw. 9.45 h an der Tourist Junction los.*

• *Vorführungen und Bootstouren in bzw. mit dem* **Natal Sharks Board** *in Umhlanga (siehe Reiseteil) können Sie buchen über Tel.: (031) 566-0400 bzw. Web: www.shark.co.za.*

• *Durban und die umliegenden Küstenregionen sind bekannt für die guten Tauchreviere, so dass sich natürlich entsprechende* **Tauchschulen und Anbieter von Tauchgängen** *jeder Art etabliert haben. Empfehlungen auszusprechen ist natürlich schwierig, aber fragen Sie entweder im Touristenamt nach oder versuchen Sie einmal das Unternehmen* **Outpost Safaris** *(Fax: (031) 561-4349, Web: www.mayafrica.co.za), die auch Wandertouren in KwaZulu-Natal anbieten.*

Durbans Küste bietet Platz für jede Art von Wassersport

• *Weltbekannt ist die* **Oscar Chalupsky Paddling & Adventure School**: *P.O.Box 47717, Greyville 4023, Tel.: (031) 307-7336, Fax: (031) 303-7339, Web: www.chalupsky.com. Chalupsky ist mehrfacher Weltmeister im Kayaken gewesen und bietet heute Kurse und Seakayak-Touren entlang der Strände in und um Durban an sowie Kayak-Touren auf dem Umgeni River im Gebiet des Valley of 1000 Hills.*

Golf spielen

Ohne Zweifel gehört Durban zu den südafrikanischen Städten, in denen Golf eine große Rolle spielt. Kein Wunder bei dem britischen Hintergrund. Das Touristenamt hat deshalb eine Broschüre herausgegeben. Der **„Golfing Guide to Durban"** *weist den Weg zu 10 Golfplätzen, die alle gerne Gäste spielen lassen. Ganz oben auf der Liste steht natürlich der berühmte* **Royal Durban Golf Club** *(Mitchell Crescent, Greyville, Tel.: (031) 309-1373, E-Mail: rdgc@global.co.za.), gefolgt von dem wunderschönen* **Durban Country Club** *(Walter Gilbert Rd, Durban, Tel.: (031) 313-1777, E-Mail: sandera@dcclub.co.za).*

Flughafen

• *Der* **Durban International Airport** *liegt 15 Autominuten südlich der Innenstadt, zu erreichen über M4 bzw. N2. Infos: Tel. (031) 451-6667, 451-6669 bzw. 408-1066. Shuttlebusse verkehren regelmäßig zwischen SAA-Terminal und Innenstadt.*

• *Ein* **neuer Flughafen** *ist seit Mitte der 1980er Jahre in Planung und soll ca. 40 km nördlich der Stadt entstehen. Bis zu seiner Fertigstellung ist es aber noch ein langer Weg.*

Airlines

• **American Airlines**: *Tel.: (031) 402-3050*
• **British Airways/Comair**: *Tel.: (031) 450-7000*
• **Lufthansa**: *Tel.: (031) 564-6677*
• **South African Airways**: *Tel.: (031) 250-1111*

D

Autovermietung

Die großen Vermieter haben alle eine Station am Flughafen sowie in der Innenstadt bzw. den Strandgebieten. Sollten Sie Probleme mit Ihrem Fahrzeug haben, sollten Sie zuerst die Ihnen genannte Nummer auf dem Voucher bzw. Vertrag anrufen. Die hier genannten Nummern sind nur die der lokalen Büros.

- Avis: *Tel.: (031) 408-1282*
- Budget: *Tel.: (031) 304-9023*
- Europcar: *Tel.: (031) 469-0667*
- Imperial: *Tel.: (031) 337-3731*

Nahverkehr

- Taxis *können Sie telefonisch bestellen, es gibt verschiedene Unternehmen, z.B.* Mozzies *Tel.: (031) 263-0467 oder* Eagle *Tel.: (031) 337-8333. Zumeist warten sowieso Taxis vor den mittleren und großen Hotels bzw. werden schnell vom Hotelschalter aus angerufen.*
- *Das lokale* Bus- und Metronetz *ist ziemlich gut ausgebaut und unterliegt* Durban Transport. *Für die Erkundung touristisch interessanter Punkte reicht es aber nicht. Höchstens, wer einmal Lust hat, mit der Metro durch die Berg- und Hügellandschaft der Stadtteile weiter landeinwärts zu fahren, der sollte diese in Erwägung ziehen. Fragen Sie aber vorher einen Einheimischen, welche Linien wirklich zu empfehlen und sicher sind. Uns hat z.B. die Linie nach Chatsworth und die nördlich davon verlaufende beeindruckt. Infos: Tel.: (031) 309-5942.*

Fernverkehr

a) Busse:

- *Der Busbahnhof für* Greyhound-Citiliner *(Tel.: (031) 309-7830),* Intercape *(Tel.: (031) 309-2144) und* Translux *(Tel.: (031) 308-8111) befindet sich direkt am Hauptbahnhof an der NMG Av/Umgeni Rd. Von hier verkehren Busse in alle Teile Südafrikas. Tickets können Sie an jedem Computicket-Schalter erstehen.*
- *Der* Baz Bus *verkehrt immer häufiger zwischen Durban und Port Elizabeth (und von dort weiter nach Kapstadt) sowie nach Johannesburg und Pretoria (über Swaziland oder direkt). Mittlerweile gibt es mindestens vier Busse pro Woche. Der Schalter vom Baz Bus befindet sich im 1. Stock in der Tourist Junction in der Innenstadt (Adresse s.o.). Tel.: (031) 304-9099, Web: www.bazbus.com. Abgeholt wird, wie immer, von den großen Backpackern sowie den kleinen Hotels.*

b) Eisenbahn:

Die Bahn wird in Südafrika kaum für den Personenfernverkehr genutzt, da Busse schneller sind. Trotzdem gibt es vom New Durban Station *(NMR Av/Umgeni Rd)Verbindungen nach Gauteng und seit einiger Zeit auch einen Zug nach Maputo (Fahrtzeit: ca. 20 Stunden). Die Schlafabteile sind aber einfach und meist muss man seinen eigenen Schlafsack mitbringen. Weitere Zugverbindungen führen entlang der South Coast. Infos: Tel.: (031) 361-3388, Reservierungen: Tel.: (0860) 008-888 bzw. (031) 308-8118.*

Medizinische Notdienste

- Lokale Notfallnummer: *Tel.: (031) 361-0000*
- Ambulanz: *Tel.: 10177*
- City Med: *Tel.: (031) 309-1404*
- Zahnärztlicher Dienst: *Tel.: (031) 304-3000*

Konsulate

• **Deutschland**: *4 Devonshire Place, Deloitte and Touche House, Tel.: (031) 305-5677, Fax: (031) 305-5679.*
• **Mozambique**: *Suite 520320 West St, Tel.: (031) 304-0200.*

Einkaufen (▸ Karte S. 212)

• *Flohmärkte, z.B. samstags auf dem Parkplatz an der* **Waterfront (North Pier)** *und samstags sowie sonntags am* **South Beach (Amphitheater)**.
• **The Workshop (1)**: *99 Aliwal St, Innenstadt, direkt gegenüber der „Tourist Junction". Untergebracht in den ehemaligen Reparaturhallen der Eisenbahn, finden Sie hier Geschäfte aller Art (Curio, asiatische Gewürze u.a.) und vor allem das bunte Treiben in und vor dem Gebäude ist den Besuch wert.*
• *In der* **Tourist Junction (2)** *(160 Pine St) gibt es einige afrikanische Kunsthandlungen im Obergeschoss, so z.B. mit zimbabwischen Steinskulpturen und Zulu-Beadwork.*
• **Musgrave Shopping Center (3)**: *115 Musgrave Rd, Berea. Große Mall für den gehobenen Standard. Hier bekommen Sie alles, von Lederwaren über alltägliche Kleidungsstücke bis hin zu Nahrungsmitteln. Zudem gibt es hier Cafés/Restaurants für die Shopping-Pause.*

Der Flohmarkt an der Waterfront in Durban findet bei jedem Wetter statt

• *Das* *** indische Stadtviertel (4)** *mit* **Victoria Street Market & Fish Market** *(Russell/Queen Sts, täglich!),* **Madressa Arcade** *(Eingänge von Cathedral und Queen Sts) und den Seitenstraßen ist unbedingt einen Besuch wert. Weniger um kitschigen Plastikramsch, Holzschnitzereien oder stark duftende Parfums zu erstehen, als vielmehr, um sich das bunte Treiben der Inder und Zulu anzuschauen und auch, um das eine oder andere Säckchen mit frischen, asiatischen Gewürzmischungen aufzutreiben, mit dem Sie Ihren Kochkünsten zu Hause ordentlich auf die Sprünge helfen können. Sie müssen aber suchen und eine gute Nase haben, um das richtige Gewürz zu finden. Fragen Sie unbedingt nach, wofür die Mischungen gebraucht werden.*
• *Wer sich mit frischem Obst und Gemüse eindecken möchte, der sollte mal die Märkte im* **Warwick Triangel (5)** *(zwischen Warwick und Market Sts, teilweise unter der Highwaytrasse bzw. auf nicht genutzten Highwayabschnitten) aufsuchen. Nehmen Sie keine Wertsachen mit, aber haben Sie auch keine Scheu. Die Stimmung alleine ist den Besuch wert. Außerdem ist es nicht weit vom o.g. Victoria Street Market.*
• *Wer moderne afrikanische Kleinkunst erstehen möchte, der sollte dafür unbedingt die* **Shops im BAT (6)** *durchstöbern. Hier hat sich eine kleine Künstlerkolonie etabliert und bietet Beadwork, Malereien, Töpferwaren u.a. an. Kunsthandwerkliches gibt es auch an der* **Wilson's Wharf (7)** *ein Stück weiter. Anfahrt für beides über die Zufahrt zum Royal Natal Yacht Club an der Victoria Embankment.*
• *Wer nach guten Büchern sowie Karten sucht, der sollte direkt zu* **Adam's Bookstore** *gehen, dessen Hauptladen in der Innenstadt im Shopping Center (341 West St) ist und der mehrere Filialen in und um Durban unterhält, u.a. auch in o.g. Musgrave Shopping Center.*

• *Camping-Equipment sowie Outdoorausrüstung aller Art finden Sie im* **Outdoor Warehouse**: *Shop 107, The Home Centre, Ecke Umgeni/Ilala Rd, Springfield, Tel.: (031) 263-0851, Web: www.outdoorwarehouse.co.za.*

• *Die Megamall im Raume Durban ist die* **Gateway Mall** *in Umhlanga. Hier gibt es Hunderte von Shops und zudem wird Entertainment in Form von einem Spaßbad und einem „Bushwalk" angeboten. Fahren Sie auf der N2 in Richtung Norden und zweigen Sie ab am Exit Umhlanga/Mt. Edgecombe. Nicht viel kleiner ist die Mall* **The Pavillion** *am Highway nach Westville.*

Unterkünfte (▸ Karte S. 212)

Hinweis: *Während der Hauptferienzeit (um Weihnachten/Neujahr und auch Ostern) sind viele Unterkünfte in Strandnähe frühzeitig ausgebucht und natürlich auch teurer. Buchen Sie also rechtzeitig bzw. wenden Sie sich notfalls vor Ort bereits mittags an das Touristenamt.*

• **Royal Hotel $$$$–$$$$$ (1)**: *267 Smith St, Innenstadt, Tel.: (031) 304-0331, Fax: (031) 307-6884, Web: www.theroyal.co.za.* **Das** *Hotel in Durban und mit Sicherheit auch eines der besten Hotels im Lande. Ein luxuriöses „Relikt" aus britischer Kolonialzeit, wobei der Standard mit der Zeit Schritt gehalten hat. Lassen Sie sich nicht von der langweiligen Außenfassade irritieren. Plüsch, hier und da afrikanische Dekors sowie erstklassige Restaurants im Hause (indisch und Grill) versprechen First-Class-Treatment. Doch der Preis dafür ist hoch. Wochenendraten liegen oft niedriger.*

• *** Balmoral $$$$ (2)**: *125 Marine Parade, Tel.: (031) 368-5940, Web: www.raya_hotels.com. Ebenfalls ein Hotel aus der Kolonialzeit und mit seiner Lage an der Strandpromenade dem o.g. Royal in dieser Preisklasse vorzuziehen. Die Zimmer sind groß, viele mit Blick auf das Meer und den Strand. Beachten Sie auch die historischen Fotografien an den Wänden.*

• **Holiday Inn – Elangeni $$$–$$$$ (3)**: *63 Snell Parade, Tel.: (031) 362-1300, Fax: (031) 332-5527, Web: www.southernsun.com. Das Top-Holiday-Inn in Durban. Direkt an der Strandpromenade. Fragen Sie nach einem Zimmer in den höheren Etagen wegen des Ausblicks. Im Hause gibt es drei Restaurants, u.a. das u.g. „Jewel of India" sowie ein japanisches Restaurant.*

• **Rob Roy Hotel $$$–$$$$ (4)**: *Rob Roy Crescent, Botha's Hill, Tel.: (031) 777-1305, Fax: (031) 777-1364, Web: www.robroyhotel.co.za. Das Hotel liegt 40 km von Durban sowie 46 km von Pietermaritzburg auf einer Hügelkuppe im Valley of the 1000 Hills und ist etwas für Romantiker. Der Ausblick auf die faszinierende Hügellandschaft, der schöne Garten und die Atmosphäre sprechen hier für sich. Für eine Erkundung von Durban ist die einstündige Anfahrt dorthin aber zu weit, aber vielleicht bietet es sich ja für den einen oder anderen an, nach dem Besuch von Durban hier am späten Nachmittag hin- und dann weiterzufahren in die Drakensberge.*

• **Holiday Inn Garden Court – North Beach $$$ (5)**: *83/91 Snell Parade, Tel.: (031) 332-7361, Fax: (031) 337-4058, Web: www.southersun.com. Das schönere der beiden Garden Courts, da es etwas ruhiger liegt. Buchen Sie ein Zimmer in den oberen Etagen wegen der Aussicht auf das Meer. Versäumen Sie auch nicht den Besuch des Pools im obersten Stockwerk (Baden mit Weitsicht). Außer der Adresse und des etwas hektischeren Lebens vor dem Hotel bietet das Schwesterhotel, das* **Holiday Inn Garden Court – South Beach $$$ (6)** *selbiges: 73 Marine Parade, Tel.: (031) 337-2231, Fax: (031) 337-4640, Web: www.southernsun.com. Das dritte, das* **Holiday Garden Court – Marine Parade $$$ (7)** *(Tel.: (031) 337-3341, Fax: (031) 332-9885, Web: www.southernsun.com)*

liegt zwischen den beiden ersten an der Marine Parade. Alle drei Garden Court-Hotels waren ehemals Luxushotels, die heute vor allem deswegen günstiger sind, weil auf besondere Leistungen (Bar, 24-Stunden-Service, eigenes Restaurant) verzichtet wurde. Es gibt aber jeweils ein Steakhouse im Hause bzw. beim Marine Parade das House of Curries sowie andere Restaurants im nahen Umkreis.

• * **Blue Waters Hotel $$–$$$** (8): *175 Snell Parade, Tel.: (031) 332-4272, Fax: (031) 337-5817, Web: www.bluewatershotel.co.za. Am Nordende der Strandpromenade gelegen und ein Klassiker der Hotels am Durban-Strand (Baustil: Hochhaus aus den 1950/60er Jahren mit einem Touch „James Bond-Stil"). Die meisten Zimmer haben Meerblick und die* **Florida Lounge** *im 1. Zwischenstockwerk besticht durch „Cocktails mit Aussicht". Urig auch der delphinförmige Swimmingpool. Von einer Lounge aus können Sie durch dicke Fenster zuschauen, was sich unter Wasser tut. Besonders die Tatsache, dass jedes Zimmer hier einen Balkon hat, macht es zu einem Tipp. Auch hier gilt: Fragen Sie nach einem Zimmer in den oberen Etagen (ab 6th Floor). Übrigens: die Suiten sind nur ca. 25 % teurer als die normalen Doppelzimmer.*

• **The Benjamin $$–$$$** (9): *141 Florida Rd, Morningside, Tel.: (031) 303-4233, Fax: (031) 303-4288, Web: www.benjamin.co.za. Ausgezeichnetes Boutique-Hotel, mitten zwischen den schönen Gebäuden sowie den Restaurants und Kneipen in diesem Teil der Florida Rd. Wenn wir nicht der Meinung wären, in Durban sollte man am Strand wohnen, würde dieses Hotel auch einen * verdienen.*

• **City Lodge $$–$$$** (10): *Ecke Brickhill/old Fort Rds, Tel.: (031) 332-1447, Fax: (031) 332-1483, Web: www.citylodge.co.za. Das Kettenhotel liegt zwar nur in „dritter Reihe hinter dem Strand", doch es sind nur 5 Minuten zu Fuß dorthin und das Preis-Leistungs-Verhältnis stimmt wie immer.*

• **Parade Hotel $$** (11): *191 Marine Parade, Tel.: (031) 337-4565, Fax: (031) 332-0251, Web: www.paradehotel.co.za. Wer an der Strandpromenade wohnen möchte und auf einigen Komfort verzichten kann, der ist in diesem (beinahe) Boutiquehotel mit einem Hauch von Art-Deco genau richtig. Zwar haben alle Zimmer Meerblick, doch viele davon nur „um die Ecke". Fragen Sie also nach einem Zimmer mit direktem Blick aufs Wasser.*

• **Albany Hotel $$** (12): *225 Smith St, Tel.: (031) 304-4381, Fax: (031) 307-1411, Web: www.albanyhotel.co.za. Das Eckhotel in der Innenstadt ist etwas für diejenigen, die alten Charme (wenn auch etwas verbraucht) ohne viel Luxus genießen können. Zum Wasser sind es gut 10 Minuten zu Fuß. Dafür liegt der Preis niedriger als bei vergleichbarem Komfort an der Marine Parade.*

• *Durban hat natürlich auch ein* **Formula 1 $–$$** (13): *direkt am Hauptbahnhof (Ostseite), Tel.: (031) 301-1551, Web: www.hotelformula1.co.za. Auch hier stimmen Preis und Leistung, wobei dafür nicht viel mehr als ein kleines Zimmer mit Bad geboten wird.*

• **Durban West Bed & Breakfast Association**: *Vermittelt (nur telefonisch, E-Mail) B&B-Unterkünfte im Umkreis von Durban. Hier können Sie Ihren speziellen Wunsch äußern und man wird Ihnen die richtige Unterkunft buchen. Tel. + Fax: (031) 266-8578 od. Tel.: (083) 626-8470, E-Mail: ntengu@intekom.co.za.*

Backpacker *haben sich auch überall in der Stadt niedergelassen, drei empfehlenswerte sind:*

• **Tekweni Backpackers**: *169 9th Av, Morningside, Tel.: (031) 303-1433, Web: www.tekwenicotours.co.za. Bar, kleines Restaurant, Pool und hier werden auch Touren zusammengestellt bzw. organisiert. 5 km nördlich der Innenstadt.*

D

Springfield
Florida Rd.
Wallace
Lambert
Rosetta
Gordon
Windermere Rd.
Umgeni Rd.
ABSA Stadium Kings Park
Northern Freeway
Battery Beach
Musgrave Rd.
Argyle
Eleventh
Currie Rd.
Marriot
Clarence
Stamford Hill
Linden
Cowey
Avondale
Royal Durban Golfcourse
Greyville Racecourse
Mitchell
First
N.M.R. Avenue
Durban Railway Station
Stanger St.
Hoy Park
Brickhill Rd.
Botanical Gardens
Kingsmead Cricket Ground
Old Fort & Warriors Gate
Derby
Winterton
Centenary
Cross Rd.
Old Fort Rd.
Ordnance Rd.
Prince Alfred St.
Mansfield
Alice St.
Leopold Rd.
Soldiers Way
Old Dutch
Canongate
Grey St.
Albert St.
Pine St.
Bus Terminal
Commercial Rd.
West St.
Warwick
Berea
West St. Cemetery
Field St.
Gardiner St.
Smith St.
Cato Rd.
Moore
Broad St.
Russel St.
Victoria Embankment
Small Craft
Yacht Mole
Albert Park
Sydney
Fish Warf
Maydon
N Shed
Passenger
Sugar Warf
zum Flughafen und zur Natal South Coast

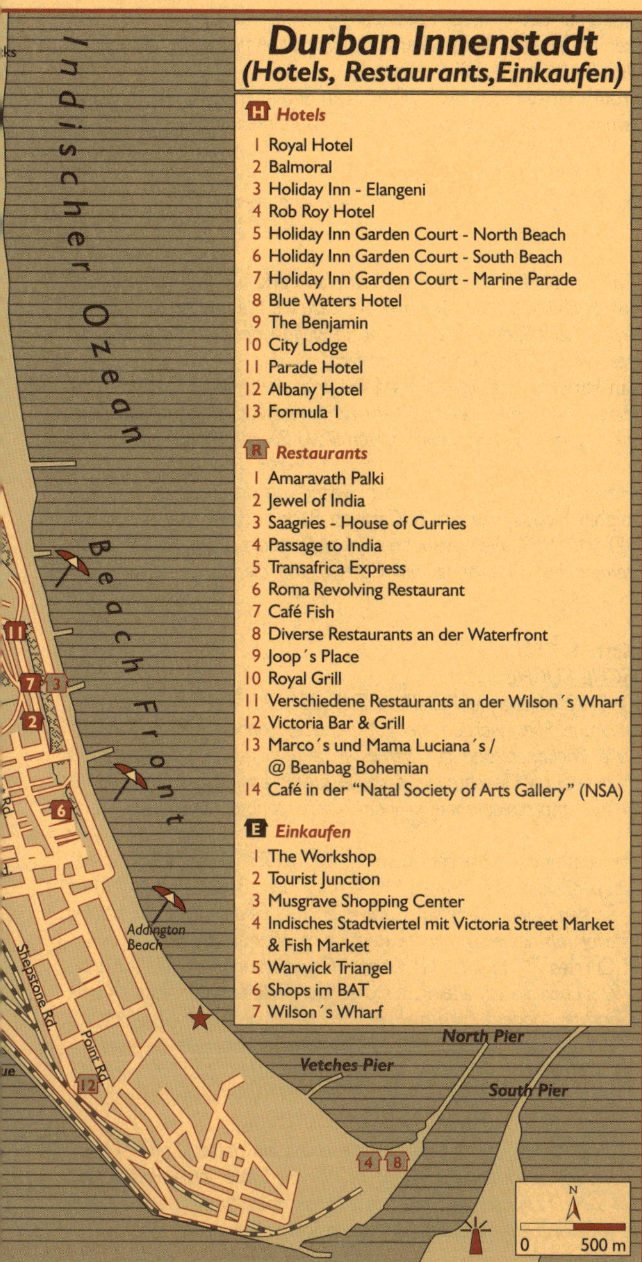
Durban Innenstadt
(Hotels, Restaurants, Einkaufen)
Hotels
1 Royal Hotel
2 Balmoral
3 Holiday Inn - Elangeni
4 Rob Roy Hotel
5 Holiday Inn Garden Court - North Beach
6 Holiday Inn Garden Court - South Beach
7 Holiday Inn Garden Court - Marine Parade
8 Blue Waters Hotel
9 The Benjamin
10 City Lodge
11 Parade Hotel
12 Albany Hotel
13 Formula 1
Restaurants
1 Amaravath Palki
2 Jewel of India
3 Saagries - House of Curries
4 Passage to India
5 Transafrica Express
6 Roma Revolving Restaurant
7 Café Fish
8 Diverse Restaurants an der Waterfront
9 Joop´s Place
10 Royal Grill
11 Verschiedene Restaurants an der Wilson´s Wharf
12 Victoria Bar & Grill
13 Marco´s und Mama Luciana´s /
@ Beanbag Bohemian
14 Café in der "Natal Society of Arts Gallery" (NSA)
Einkaufen
1 The Workshop
2 Tourist Junction
3 Musgrave Shopping Center
4 Indisches Stadtviertel mit Victoria Street Market
& Fish Market
5 Warwick Triangel
6 Shops im BAT
7 Wilson´s Wharf
Indischer Ozean
Beach Front
Addington Beach
Shepstone Rd.
Point Rd.
North Pier
Vetches Pier
South Pier
N
0
500 m

D

• *Zentral in der Stadt (und nur 600 m zu den Stränden) gelegen, aber nicht so schön wie erstgenannter Backpacker ist* **Banana Backpackers***: 61 Pine St, Ambassador House, 1st Floor, Tel.: (031) 368-4062, E-Mail: aroutes@iafrica.com.*
• *Das* **Durban Beach Youth Hostel** *liegt zwar 250 m vom Strand entfernt, empfiehlt sich aber ebenfalls wegen seiner zentralen Lage zu allen Sehenswürdigkeiten: 19 Smith St, Tel.: (031) 332-4945.*

Unterkünfte zu **Umhlanga** *(ca. 15 km nördlich von Durban) siehe dort*

Camping

• *Der nächste Platz zur Stadt ist der* **Durban Caravan Park:** *55 Gray's Inn Rd, Bluff 4052, Tel.: (031) 467-8865. Südlich der Stadt. Nehmen Sie dazu die M4 und zweigen Sie auf ca. halbem Weg zum Airport nach Süden auf die M7 ab. In Bluff ist der Platz nahe dem Van Riebeck Park dann ausgeschildert. Ca. 10 km zur Innenstadt.*
• **Winkelspruit Caravan Park***: 2 Easternglen Rd, Winkelspruit 4145, Tel.: (031) 916-1720. Zu diesem etwas schöneren Platz sind es etwa 35 km zur Innenstadt. Er liegt ebenfalls an der South Coast. In Winkelspruit bzw. dem benachbarten Illovo Beach gibt es noch weitere Caravan Parks.*
• *In Richtung Norden liegen alle Caravan Parks noch weiter von der Stadt entfernt, der nächste ist dort das* **Dolphin Holiday Resort & Caravan Park** *in Ballito (ca. 50 km von der Innenstadt, Tel.: (032) 946-2187, Web: www.dolphinholidayresort.co.za). Während der Hochsaison (Mitte Dezember bis Mitte Januar, um Ostern) sind die Plätze hier alle sehr voll!*

Restaurants (▸ Karte S. 212)

SPEZIELL INDISCHE KÜCHE

• * **Amaravath Palki (1)**: *225 Musgrave Rd, Berea, Tel.: (031) 201-0019. Authentisches, erstklassiges Curry-Restaurant. Hier werden Sie gut beraten, können den Schärfegrad selbst bestimmen und die Portionen sind gut bemessen. Am besten, Sie bestellen pro Person ein unterschiedliches Curry-Gerichte, so dass Sie probieren können. Ein weiterer Vorteil hier: Es werden die unterschiedlichen Küchen Indiens geboten, so dass Sie eine gute Auswahl haben.*
• **Jewel of India (2)**: *Im Holiday Inn – Elangeni, 63 Snell Parade, Tel.: (031) 337-8168. Seit Jahren ein Klassiker in Durban. Hier sitzen Sie auf Wunsch auf dem Boden (auf Kissen) an entsprechend niedrigen Tischen. Spezialisiert auf Curry-Gerichte. Leider etwas zu kitschig eingerichtet und auch „steifer" als das erstgenannte Restaurant. Aber allemal gut.*
• **Saagries – House of Curries (3)**: *Holiday Inn Garden Court-Marine Parade, 73 Marine Parade, Tel.: (031) 332-7922. Ebenfalls ein alteingesessenes Curry-Restaurant, dessen Küche nicht nur traditionelle Gerichte, sondern auch mal „Fusion" bietet, also eine Mischung aus indischen, europäischen und natürlich südafrikanischen Geschmacksrichtungen.*
• **Passage to India (4)** *(Tel.: (031) 332-9144) ist ein authentisches, preislich günstiges Tandoori-Restaurant an der Waterfront (North Pier, s.u.). Hier, so nahe am Wasser, sollten Sie Fish Tikka probieren.*
• *In der Musgrave Shopping Mall finden Sie im Obergeschoss ein nettes Coffee House (auch mit Salaten und deftigen Gerichten) sowie dicht bei das* **Little India Restaurant** *(Musgrave Rd, Tel.: (031) 201-1121), das sich dafür rühmt, die indische Küche ein wenig verfeinert zu haben und auf afrikanisch-europäische Geschmäcker eingegangen zu sein.*

ANDERE KÜCHEN

• * Transafrica Express (5): *Im BAT-Kunstzentrum, Ostende des Victoria Embankment, Tel.: (031) 332-0451. Hier wird in lockerer Atmosphäre dem buntgemischten Publikum eine erfrischende afrikanische Küche serviert. Dabei war es ein langer Weg, bis sich die wechselnde Speisekarte des jetzigen Betreibers etablieren konnte. Zahlreiche Bewerber wurden zuvor jeweils wochenlang "live" ausprobiert bis der Richtige gefunden wurde.*

• * Roma Revolving Restaurant (6): *32. Stock im John Ross House, Victoria Embankment, Tel.: (031) 337-6707. Das Drehrestaurant (eine 360°-Umdrehung in ca. 45 Minuten) verspricht eine herrliche Sicht auf den Hafen. Die Sicht auf die Stadt ist leider teilweise verdeckt durch Aufzugtürme, aber auch schön. Ganz im Gegensatz zu anderen Drehrestaurants ist hier die Küche erstklassig, denn der italienische Besitzer bemüht sich um echte Abbruzzen-Küche. Und die Desserts ... Tiramisu ... hmmm! Einfach gut. Nur die Weinkarte wirkt etwas angestaubt.*

• * Café Fish (7): *Am Pier hinter Royal Natal Yacht Club (Victoria Embankment), Tel.: (031) 305-5062. Beliebtes und oft ausgebuchtes Fischrestaurant auf einer Mole am Innenhafen. Auch hier können Sie dem Treiben im Hafen zuschauen. Und wer nur annähernd Hunger verspürt, für den geht kein Weg an der erstklassigen Fischplatte vorbei.*

• *An der* * Waterfront (8) *(südöstl. der Innenstadt, an der North Pier) finden Sie zahlreiche Restaurants, vor allem welche die sich auf Seafood und Steaks eingestellt haben. Hier ist es gut und unkompliziert und zudem können Sie noch den Schiffen bei der Ein- bzw. Ausfahrt aus dem Hafen von Durban zuschauen. Sehr beliebt und gut, wenn auch etwas teuer, ist die* Famous Fish Co *(Tel.: (031) 368-1060/9) direkt an der Hafeneinfahrt (Schiffe bei der Einfahrt in den Hafen schauen!). Ansonsten gibt es hier auch kleine* * Wurst- und indische Currybuden, *die allemal gut sind für einen Snack zwischendurch.*

• Joop's Place (9): *Avonmore Centre, 9th Av, Morningside, Tel.: (031) 312-9135. Das Bistro-Restaurant gilt als eines der Top-Steakhäuser im weiten Umkreis. Das T-Bone Steak kann auf Wunsch bis zu 800 Gramm wiegen, die Beefsteaks sind legendär, wobei die meisten Gäste doch wegen der zarten Rump- bzw. Filetsteaks aus der Pfanne (in leckeren Saucen serviert) kommen. Gute Weinkarte.*

• * Royal Grill (10): *Im Royal Hotel, 267 Smith St, Tel.: (031) 333-6000. Hier werden gute Küche und Eleganz wundervoll kombiniert. Bereits der „Vorspeisen-Trolley" begeistert. Das haben aber bereits viele erkannt, so dass das Restaurant oft lange ausgebucht ist und sowieso: die Preise sind hoch (wenn auch gerechtfertigt)! Entsprechende Garderobe wird natürlich erwartet.*

• *Verschiedene Restaurants (Steaks, Fischgerichte, Salate etc.) und Snackbuden finden Sie an der* Wilson's Wharf (11) *am Victoria Embankment (Zufahrt über Royal Natal Yachtclub). Hier sitzen Sie direkt mit Blick auf den Hafen und an Wochenenden und manchen Abenden wird Livemusik geboten.*

• Victoria Bar & Grill (12): *Ecke Point/Bell Rds, Tel.: (031) 337-4645. Genau das Gegenteil vom Royal Grill. In dieser Hafen Spelunke essen Sie mit den Fingern (auf Extrawunsch gibt es auch Besteck), dominieren ungepulte Shrimps, Langusten und oft auch Hummer die Speisen an der Tafel. Und nirgends bekommen Sie diese Leckereien so günstig. Auf die Kleidung wird nur dann geachtet, wenn sie zu fein ist. Es gibt auch deftige Steaks und Burger, aber in erster Linie ist es schon eine Seafood-Bar. Im Nebenraum (der auch als kaum genutzter Restaurantraum bezeichnet wird) werden an entsprechenden Tagen Sportveranstaltungen im TV gezeigt. Diese Kneipe ist wirklich nur etwas für Hartgesottene, denn leider kommen zu späterer Stunde oft ziemlich angeheiterte Gestalten hierher.*

• **Marco's** (13): *Ecke Windermere/4th Sts, Greyville, Tel.: (031) 303-3078. Sehr gute und reichhaltige Pasta-Gerichte (selbst hergestellt) in stilvoller Atmosphäre. Unbedingt vorbuchen! Um die Ecke, im gleichen Gebäude, von der Florida Rd aus zu betreten, kommt echte Trattoria-Stimmung auf bei* * **Mama Luciana's** (13) *(Marco's Mutter) mit Essen aus derselben Küche. Und ... unbedingt Platz noch lassen für Mama's Tiramisu! Danach gehen Sie dann einfach über die Straße ins* **„@Beanbag Bohemian"** (13) *(s.u.) auf einen Absacker. Übrigens, bei Mama Luciana's können Sie auch gutes Olivenöl, Espresso-Pulver und andere italienische Leckereien für die Campingküche kaufen.*
• **Govinda's Restaurant** *im Bakhwani Temple („Tempel of Understanding") in Chatworth hat erstklassige vegetarische Gerichte. Hier können Sie sich das Essen auch als Take-Away einpacken lassen und auf den Treppen bzw. im „Park" der Tempelanlage verzehren. Es gibt auch Süßspeisen und Kuchen. Nur tagsüber geöffnet. Die Anfahrtsbeschreibung entnehmen Sie bitte dem Reiseteil auf S. 573. Nur fürs Essen ist die Anfahrt aber zu weit!*
• *Gute Salate und u.a. auch andere leichte Speisen gibt es im* **Café in der „Natal Society of Arts Gallery" (NSA)** (14), *166 Bulwer Rd, Ecke Davenport St, Bulwer. Nur tagsüber bis ca. 17 h geöffnet.*

Bars/Pubs/Livemusik

• *Waterfront – North Pier: besonders gerne treffen sich die Leute hier am Sonntag bzw. nach der Arbeit zu einem Absacker im* **Blue Bottle**, *dessen Außenterrasse direkt zum Ozean gerichtet ist. Beliebt ist ebenfalls, gleich nebenan, die Bar der* **Famous Fish Co.** *Bei beiden können Sie den Schiffen beim Ein- und Auslaufen aus dem Hafen zusehen.*
• **Victoria Bar & Grill (siehe oben)**: *Wie bereits oben erwähnt, ist dieses eine Spelunke, die trotz des äußeren Ambientes mittlerweile „salonfähig" zu werden scheint.*
• **Rivets Bar:** *Im Hilton Hotel, 12 Walnut Rd, Tel.: (031) 336-8110. Jazz und Blues Mi–Sa. Gehobene Atmosphäre.*
• **@ Beanbag Bohemian**: *18 Windermere Rd, Greyville, Tel.: (031) 309-6019. Schickes Bistro mit vegetarischen und mediterranen Speisen. Vor allem aber „hipp" in punkto Brunch bzw. Cocktails. Restaurant im Obergeschoss, Bar und Snacks unten. Manchmal Livemusik.*
• * **Rainbow Restaurant & Jazzclub**: *23 Stanfield Lane, Pinetown, Tel.: (031) 702-9161. Immer noch der bekannteste Jazzclub der Stadt. Hier treten vor allem die Stars aus Jo'burg und Kapstadt auf. Überwiegend Afro-Jazz. Achten Sie auf Ankündigungen, denn es wird nur an wenigen Tagen im Monat Livemusik geboten.*
• **Joe Kool's**: *137 Lower Marine Parade (North Beach). Bezeichnet sich als „The World's worst Restaurant". Gut, die Gerichte sind einfach, aber eine Erfrischung am Tage oder auch am Abend auf dem Außendeck bzw. der luftigen Bar sind trotzdem den Besuch wert. Hier können Sie dem Treiben am Strand und in den Wellen zuschauen und atmen dabei frische Meeresluft ein.*
• *Im* **BAT Centre** *(Ostende des Victoria Embankment) gibt es eine nette Bar mit Bistro (Snacks). Hier gehen vor allem jüngere Leute hin. Gut auch für den Mittagssnack.*
• **Harpoon's Harry:** *Marine Parade, Ecke Palmer. Außenbar mit Blick auf das Treiben auf der Promenade. Und wer ein wenig Hunger verspürt, kann hier Fischsnacks bestellen.*
• *Eine Bar mit Aussicht gibt es im* **Roma Revolving Restaurant** *(siehe oben, 32. Stock). Einen guten Whiskey oder Wein in Ledersesseln genießen können Sie dagegen besser in der* **Afrika Bar** *bzw. etwas lauter und Musik untermalt im* **Irish Pub** *im Holiday – Elangeni (Adresse siehe oben).*
Zu Bars und Livemusik an der **Wilson's Wharf** *lesen Sie bitte oben unter Restaurants.*

East London (Buffalo City), Eastern Cape (S. 618ff)

Information

East London Info Center: *Old Library Bldg., 35 Argyle St (hinter City Hall), Tel.: (043) 722-6015, Fax: 743-5091, Internet:* www.eastlondontourism.co.za. *Ein weiteres* Info Büro *gibt es an der Esplanade im Shopping Center zwischen German Settlers Memorial und Eastern Beach. Beide sind sonntags geschlossen.*

Fernverkehr

• ***Eisenbahn:*** *Der Bahnhof liegt in der Station Rd in der Innenstadt. Es gibt Zugverbindungen nach Johannesburg. Infos: Tel.: (043) 700-2118.*

• ***Busse:*** Greyhound, Intercape *und* Translux *verbinden East London mit den großen Zentren des Landes.*

• ***Flughafen:*** *Der Flughafen liegt an der westlichen Stadtausfahrt an der R72. Täglich Verbindungen mit allen großen Städten des Landes. Flughafeninfo: Tel.: (043) 706-0211.*

Unterkünfte

Hinweis: *Besonders an Wochenenden bieten die großen Hotels in der Stadt und entlang der Esplanade (hier nur außerhalb der Weihnachtssaison) ausgesprochen günstige Tarife.*

• *An der Esplanade wären die formellen, aber relativ preiswerten* Hotels Kenneway $$ *(Tel. + Fax: (043) 722-5531) und* Hotel Osner $$ *(Tel. + Fax: (043) 743-3433) hervorzuheben. Letzteres hat auch zahlreiche Selbstversorger-Apartments. Fragen Sie bei beiden nach Zimmern mit schönem Meerblick. Beide finden Sie im Internet unter* www.osner-resorts.co.za. *Etwas teurer an der Beachfront/Esplanade ist das formelle* Holiday Inn Garden Court $$$ *(Tel. (043) 722-7260, Fax: 743-7360, Internet:* www.southernsun.com*). Schöne Aussichten versprechen auch einige Selbstversorgerzimmer im* Windsor Cabanas $$$*: Orient Beach/Esplanade, Tel.: (043) 743-2225, die ebenfalls im Internet unter* www.osner-resorts.co.za *zu finden sind.*

• Quary Lake Inn $$$*: Am Quary Lake im Vorort Selborne, Tel.: (043) 707-5400, E-Mail: qlakeinn@imaginet.co.za. Wunderschönes, viktorianisches Bed & Breakfast. Ruhig gelegen, jedes Zimmer mit eigenem Eingang zur Veranda und dem Garten.*

• * Chateau Le Grand $$–$$$*: 7 St Lukes Rd, Belgravia, Tel.: (043) 743-3999, Fax: 743-2471, Internet:* www.chateau.za.net. *Mit seinen Pfeilern und den Stuckarbeiten erinnert das Gebäude wirklich an ein kleines Schloss. In einem ruhigen, viktorianischen Stadtteil gelegen (nicht weit von der Ann Bryant Gallery) ist dieses B&B sicherlich ein Tipp.*

• *Schön eingerichtet sind die 4 Zimmer im* The Loerie Hide B&B $$*: 2B Sheerness Rd, Bonnie Doon (Nahoon Beach), nordöstlich der Stadt, Tel.: (043) 735-3206, Fax: 735-4957, E-Mail: gwshaw@mweb.co.za. Jedes Zimmer (1 Zimmer, 3 Cottages) ist individuell eingerichtet (afrikanischer, Kolonial-, Kap , Safaristil).*

• *Backpacker kommen nicht um eine Nacht im* Sugar Shack *herum, das weithin bekannt ist für seine einmalige Lage am Strand und die Aussichten aufs Meer. Tel.: (043) 722-8240, im Internet zu finden über:* www.backpackafrica.co.za.

Camping

• *Im Umkreis von East London gibt es eine Reihe von gut geführten Campingplätzen/Holiday Resorts, die nur während der Hochsaison (Dezember/Januar) oft etwas voll sind. Wir nennen hier einmal drei gute Plätze:*

E

• **Club Areena Riverside Resort**: *26 km östlich von East London am Kwelega River. Schattige Plätze, auch Selbstversorgerhütten. Tel.: (043) 734-3055, Fax: 734-3312.*
• **PSA Holiday Resort**: *An der Mündung des Quenera Mouth East, bei Gonubie 8 km östlich von East London. Neben Camping auch geräumige Selbstversorgerchalets. Tel. + Fax: (043) 732-1022. Von den ansprechenden Plätzen der nächste zu East London.*
• **Yellow Sands**: *26 km östlich von East London am Kwelera Mouth, Tel.: (043) 734-3034, Fax: 734-3090.*

Restaurants/Bars

• *Wer nur eine Nacht in der Stadt bleibt, wird entlang der Esplanade nicht enttäuscht. Im Südwesten beginnend lockt gleich das* **Quarterdeck** *(Tel.: (043) 743-5312) mit guter Meeresfrüchte-Küche und Ausblick auf die Hafeneinfahrt. Den vornehmeren Part dieses Restaurants finden Sie im gleichen Hause im* *** Chalet Suisse** *(Tel.: (043) 722-1840). Hier kocht der Schweizer Küchenchef Meeresfrüchte vom Feinsten! Gleich gegenüber im Windsor Cabanas gibt es das mozambikanische Fischrestaurant* **Nao Faz Mal** *(Tel.: (043) 743-2225). 700 m weiter nach Nordosten, gleich neben dem Aquarium, hängt die Terrasse des Ketten-Pubs* **O'Hagan's** *unübersehbar über dem Meer. Hier gibt es gute und besonders deftige Pubgerichte (Burger, Steaks, Shepherd's Pie etc.). Noch beliebter ist schließlich der* **Buccaneer's Pub** *weiter in Richtung Nordosten am Eastern Beach: Gute Pubgerichte, Stimmung, Livemusik an Wochenenden, Blick aufs Wasser etc.*
• *Abseits des Küstentrubels begeistert das* **Restaurant Fat Alice** *(17 Chamberlain Rd, Berea, Tel.: (043) 726-7541). Romantisch angehaucht und mit einer gemischten Auswahl an Gerichten (Griech. Lamm in Rotwein, Chicken Provencale, Pasta, veget. Gerichte etc.) schließt es genau die Lücke, die die anderen Plätze oben offen lassen.*

Estcourt, KwaZulu-Natal (S. 646)

Information

Bushman's River Tourism: *Old Civic Building, Upper Harding St, Tel.: (036) 352-6253, Internet: www.bushmans.co.za. Sehr gute Infos zur gesamten Region, bis hin zu den nördlichen Drakensbergen und zu den Battlefields. Hier können Sie Unterkünfte, Touren und Outdooraktivitäten buchen.*

Unterkunft

• **Blue Haze Country Lodge $$**: *Südwestlich der Stadt, Mooi Park Rd, Tel. + Fax: (036) 352-5772, Internet: www.bluehaze.co.za. Sehr ansprechende, reetgedeckte Lodge mit Blick auf den Wagendrift Dam. 15 Zimmer, Restaurant und Pub. Von hier aus können Sie sowohl die Battlefields als auch die nördlichen Drakensberge gut auf Tagestouren erkunden. Infos gibt es im Hause.*
• *In und um Estcourt bieten zudem zahlreiche kleine* **B&Bs** *Unterkünfte an.*

Camping

Es gibt zum einen den **Mount Shezi Municipal Caravan Park** *in Estcourt (Lome St), Tel.: (036) 352-3000) als auch den urigeren und schöneren im* **Weenen Game Reserve**, *ca. 30 km nördlich von Estcourt (Tel.: (036) 354-1809).*

Graskop/Pilgrim's Rest/Hazyview, Mpumalanga (S. 403ff)

G

Information

• Panorama Information:

- **Graskop:** *Ecke Louis Trichardt/Oorwinning Sts, Tel.: (013)767-1377, Fax: (013) 767-1975, Web: www.graskop.com, www.thepanorama.co.za sowie www.saftour.co.za. Hier können Sie Ihre Unterkunft buchen.*
- **Hazyview:** *An der R536 in Richtung Sabie, Tel.: (013) 737-7414, Fax: (013) 737-7415, Web: s.o.*

• *Das* **Pilgrims Information Center** *befindet sich in der Main St, Uptown und beherbergt zudem das Museum. Tel.: (013) 768-768-1060, Web: www.pilgrimsrest.com.*

Touren

• *Von der Kruger Park Lodge, dem Hippo Hollow Country Estate und anderen großen Lodges nahe Hazyview werden* **Touren in den Kruger Nat. Park** *angeboten. Sie müssen aber spätestens beim Einchecken buchen. Zudem vermitteln die o.g. Visitor Bureaus/Info Center solche Touren.*

• *In Pilgrim's Rest sollten Sie sich das* **Gold Panning** *am östlichen Ortseingang nicht entgehen lassen und wenn es Ihre Zeit erlaubt, an einem geführten* **Spaziergang durch das historische Örtchen** *teilnehmen. Dieser ist über das o.g. Information Center zu buchen. Am besten, Sie erkundigen sich schon einen Tag im Voraus nach den Zeiten.*

Unterkünfte

• **Mt. Sheba Hotel $$$$–$$$$$:** *Oberhalb von Pilgrim's Rest, Tel.: (013) 768-1241, Fax: (013) 768-1248, Web: www.threcities.co.za. Mt. Sheba zählt seit seiner Renovierung ohne Zweifel wieder zu den Topadressen in den Drakensbergen. Das Resort mit nur 25 Zimmern liegt in einer Lichtung auf einer Anhöhe über Pilgrim's Rest und wurde einst von einem hohen Forstverwalter hier als Erholungsziel für diejenigen eingerichtet, die der Hitze des Lowvelds entfliehen wollten. Jedes Zimmer hat einen eigenen Kamin, das Restaurant bietet erstklassige Küche mit einer erlesenen Auswahl an Weinen und tagsüber bieten sich Wanderwege in die z.T. noch einheimischen Waldbestände. Nicht alle Wälder wurden zur Holznutzung aufgeforstet! Ein wirklich schönes Ziel, aber auch nicht ganz billig.*

• **Kruger Park Lodge $$$–$$$$:** *Östlich von Hazyview, an der Straße zum Kruger Gate, Tel.: (013) 737-7021, Fax: (013) 764-5079, Web: www.krugerparklodge.co.za. Die Upmarket-Lodge passt hier eigentlich so gar nicht ins Bild. Sie wirkt wie eine Lodge in einem Game Reserve, setzt stark auf Ökologie und wurde als Basis für Reiseunternehmen gebaut, die von hier aus gut den Kruger NP erreichen können. Strohgedeckte Gebäude runden den positiven Eindruck ab. Von hier werden verschiedene Touren in den Nationalpark und in die Drakensberge angeboten.*

• *** Royal Hotel $$$:** *Main St, Uptown, Pilgrim's Rest, Tel.: (013) 768-1100, Fax: (013) 768-1188, Web: www.royal-hotel.co.za. Ein wirklich historisches Hotel, verteilt über mehrere Gebäude und im viktorianischen Kolonialstil gehalten. Viele Teile der Gebäude haben übrigens vorher woanders gestanden und sind hier wieder aufgebaut worden. Lassen Sie sich mal die Geschichten erzählen. Ein gutes Restaurant im Hause rundet das positive Bild ab.*

• **Crystal Springs Mountain Lodge $$–$$$:** *9 km westlich von Pilgrim's Rest am Robber's Pass (R533), Tel.: (013) 768-5000, Fax: (013) 768-5024, Web: www.crystalsprings.co.za. Wunderschön gelegene, reetgedeckte Lodge oberhalb von Pilgrim's Rest. Nahezu alle Unterkünfte (1–3 Schlafzimmer) haben eine Sonnenterrasse bzw. Veranda. Spaziergänge in* *die Natur sind möglich. Zudem Jacuzzi, Sauna, Dampfbad. Wirklich geeignet zum Erholen. Einziger (kleiner) Nachteil: Mit 192 Zimmern ziemlich groß und bei voller Belegung nicht mehr ganz so ruhig.*

• * **Hippo Hollow Country Estate $$–$$$**: *Main Rd, Hazyview (an der Brücke über den Sabi River), Tel.: (013) 737-7752, Fax: (013) 737-7673, Web: www.hippohollow.co.za. Die Lodge liegt an einem kleinen Pool am Sabi River und ist von einer großzügigen, schattigen und bunten Gartenlandschaft umgeben. Abends zeigen sich auch mal Hippos im Flussbett. Es gibt Doppelzimmer ($$) und noch schönere Chalets ($$–$$$). Letztere haben entweder Blick auf den Fluss oder liegen um den Swimmingpool. Ein gutes Restaurant rundet das Bild ab. Von hier werden Helikopterflüge und auf rechtzeitige Anmeldung Game Drives in den Kruger Nat. Park angeboten.*

• **Riverside Cottages $$**: *Etwa 11 km westlich von Hazyview, an der R536, Tel. + Fax: (013) 737-8143, E-Mail: riversidecot@yebo.co.za. Rustikale, reetgedeckte Selbstversorger-Hütten direkt am Sabi River. Sehr geräumig.*

• * **Beretta's $$**: *Downtown Pilgrim's Rest, Tel.: (013) 768-1066, Fax: (013) 768-1222, E-Mail: berettas@freemail.absa.co.za. Hier gibt es 6 Zimmer in einem alten Eisenwarenladen und zwei noch schönere und geräumigere in historischen Cottages. Wenn überhaupt noch, dann erleben Sie hier das alte Pilgrim's Rest. Der Komfort stimmt aber und der Preis sowieso.*

• **Mac Mac Forest Retreat $$**: *An der Straße von Graskop (7 km) nach Sabie (21 km), Tel.: (013) 764-2376, Fax: (013) 764-3124, E-Mail: coenv@mweb.co.za. Rustikale Selbstversorger-Holzhäuser (teilweise ehem. Gebäude der Forstverwaltung). Einfach, aber gut. Nur stört gelegentlich der Lärm der LKW auf der Straße. Hier können Sie auch campen.*

• **Summit Lodge $$**: *Am Ortsausgang in Richtung Sabie/Pilgrim's Rest, Graskop, Tel.: (013) 767-1058, Fax: (013) 767-1895. Unterkünfte in renovierten Rondavels sowie in einem alten Eisenbahnwaggon. Pub und Restaurant im Hause. Etwas für diejenigen, die schnell Gesellschaft suchen, aber keinen besonderen Luxus erwarten.*

• **Haus Kopatsch $$**: *Anfahrt: Fahren Sie von Hazyview ca. 9 km auf der R536 entlang in Richtung Sabie. Noch vor der Chilli Pepper Lodge biegen Sie nach links (Süden) ein auf die Emmet Rd. Die Einfahrt zum Haus Kopatsch liegt dann nach ca. 1 km auf der linken Seite. Tel.: (013) 737-8257, Fax: (013) 737-8275, Web: www.hauskopatsch.co.za. Schönes B&B an der Abbruchkante der Drakensberge (Blick bis zum Kruger NP). Es wird Deutsch gesprochen.*

• **Hotel Numbi $$**: *Main Rd, Hazyview, Tel.: (013) 737-7301, Fax: (013) 737-7525, E-Mail: hotelnumbi@worldonline.co.za. Hotel mit gutem Preis-Leistungs-Verhältnis. Es gibt Zimmer, Hütten und Campingmöglichkeiten. Das Numbi war eines der ersten Hotels in der Region.*

• *Das* **Graskop Hotel $–$$** *inmitten von Graskop gehört sicherlich zu den Hotels, an denen etwas die Zeit vorbeigezogen scheint, doch wurde es vor einigen Jahren renoviert und bietet eine unkomplizierte, saubere Atmosphäre mit einem eklektisch-afrikanischen Touch. Tel. + Fax: (013) 767-1244, Web: www.graskophotel.com.*

• *Backpacker finden in allen drei Orten günstige Unterkünfte: In* **Pilgrim's Rest bietet der Caravanpark** *(s.u.) gemütliche Zeltunterkünfte an.* **Graskop Backpackers** *(Ecke Blood River/Eeufees Sts, Tel.: (013) 767-1761, E-Mail: graskop@global.co.za) hat einen Schlafsaal, DZ und Zeltmöglichkeiten im Garten. Lustig und günstig ist das Übernachten in dem Eisenbahnwagen in der* **Summit Lodge**. *In Hazyview gibt es wegen der Nähe zum Kruger NP mehrere Backpacker-Unterkünfte, von denen* **Kruger Park Backpackers** *(Main Rd, Tel.: (013) 737-7224, E-Mail: krugpack@mweb.co.za) am zentralsten liegt und mit Unterkünften in Schlafsälen, Rondavels vor allem auch mit welchen in afrikanischen Rundhütten sowie*

Zeltmöglichkeiten aufwartet. 3 km außerhalb an der R536 empfiehlt sich zudem die Thika Thika Backpackers Guest Farm *(Tel.: (013) 737-8108, E-Mail: thika@worldonline.co.za) mit Chalets und einem Schlafsaal. Auf der Farm werden vornehmlich Zitrusfrüchte angebaut.*

Camping

- * Panorama Camping *am Ortsausgang an der R533 in Richtung Bushbuckridge (Bosbok Rand) verspricht, was der Name sagt. Direkt an der Abbruchkante der Drakensberge gelegen, teilweise mit Blick durch eine Schlucht und auf die Bushbuckridge im Osten. Es gibt hier auch Selbstversorger-Chalets $, einen Pool sowie Spazierwege. Tel.: (013) 767-1091.*
- Pilgrim's Caravan Park*: Östlich von Pilgrim's Rest am Blyde River, Tel.: (013) 768-1427, E-Mail: pilgrimsrest@worldonline.co.za. Hier gibt es auch Zelte für Selbstversorger.*
- Hotel Numbi *und* Mac Mac Forest Retreat *s.o.*

Restaurants

GRASKOP

- *Kaum eine Straßenecke in Graskop, wo kein* Pfannekuchen-Restaurant *auf sich aufmerksam macht. Tagsüber wird Ihnen vielleicht ein süßer, abends dagegen einer mit einer deftigen Füllung versehener Pfannkuchen besser munden. Einmal Pfannkuchenessen scheint fast ein Muss in Graskop.*
- *Traditionelle Gerichte gibt es im einfachen* Potjiepot Restaurant *in der Louis Trichardt St (Graskop), Tel.: (013) 767-1078.*
- *Nett ist auch der Pub* Loco Inn *am Bahnhof von Graskop. Hier gibt es Pubgerichte und Steaks vom Grill. Tel.: (013) 767-1961.*

PILGRIM'S REST

Wer in Pilgrim's Rest gepflegt speisen möchte, für den führt kein Weg am Royal Hotel *(s.o.) vorbei. Rechtzeitiges Vorbuchen ist nötig! Die meisten anderen Lokale schließen oft bereits um 19 h. Sollten Sie bis dahin Ihr Abendessen einnehmen wollen, ist* The Vine Restaurant & Johnny's Pub *an der Main St in Downtown (Tel.: (013) 768-1080) mit ausgezeichneten Afrikaaner-Gerichten (Potjiekos, Straußenragout u.a.) der Tipp.*

HAZYVIEW

Die Restaurant-Szene in Hazyview beschränkt sich größtenteils auf die Hotels, und da empfehlen wir das Terrassen-Restaurant im Hippo Hollow Country Estate *(s.o.). Traditionelle, afrikanische Gerichte werden dagegen im 5 km von Hazyview entfernten (an der R535)* * Shangana Cultural Village *zubereitet. Ob und wann hier gekocht wird, sollten Sie vorher bereits abklären: Tel.: (013) 737-7000. Sollte es klappen, dann lassen Sie sich hier überraschen!*

Groot Marico, North West Province (S. 478)

Information

Groot Marico Info Bureau*: In der Main Rd, untergebracht in einem kleinen Landhaus, wo Sie auch Kunsthandwerkliches aus der weiteren Umgebung erstehen können. Tel.: (014) 503-0085 od. 503-0010, Internet:* www.marico.co.za. *oder für Tipps zur Rundfahrt durchs umliegende Bosveld:* www.maricorambletours.co.za.

G

H

Touren

• *Lohnend ist allemal eine Besichtigung einer* Mampeur-Farm. *Am besten ist es, Sie fragen im o.g. Touristenbüro nach einer Farm, dann wird dort für Sie angerufen und nachgefragt, ob jemand dort ist. Sollten Sie es auf eigene Faust versuchen wollen, dann besuchen Sie Tien Zwart (N4 3 km gen Zeerust, dann links abbiegen auf die Driefontein Rd und diese bis kurz hinter der 90°-Kurve fahren). Die Farm liegt dann linker Hand. Hier wird der M&M Mampeur in kleinen Mengen produziert.*

• Touren durch das Bosveld und zu Bosman's Schaffensstätten *werden vom Touristenamt organisiert, oft auch in Form einer Mampeur-Tour (also: Grundlage mitbringen). Sie finden aber unregelmäßig statt.*

Unterkünfte

• Doornkraal Guesthouse*: Skuinsdrif Abzweig von der N4 (1 km in Richtung Zeerust, dann rechts hinter der Brücke abzweigen), Tel. + Fax: (014) 503-0024, Internet:* www.doornkraalguesthouse.co.za. *Farmunterkünfte, Selbstversorger und auf Anmeldung mit Verpflegung sowie einige* Campingplätze. *Von hier aus werden Bosveld-Touren unternommen.*

• *Das* Groot Marico Hotel $ *in der Main Rd (Tel.: (014) 503-0045) hat zwar Charakter, ist aber aufgrund des einfachen Standards nur für die Hartgesottenen und Sparsamen nennenswert.*

• *Am eindrucksvollsten ist bestimmt die* Übernachtung auf einer der Farmen im Umland. *Kurzfristige Buchungen unternehmen Sie am besten über das o.g. Touristenamt. Auf Nennungen verzichten wir hier, da es sich oft nur um private Unterkünfte handelt, die oftmals wechseln und nicht regelmäßig Zimmer anbieten, z.B. dann nicht, wenn Familienbesuch im Hause ist.*

Restaurants

Da müssen Sie schon auf die Mahlzeiten in Ihrer Unterkunft zurückgreifen oder das einfache Restaurant im o.g. Groot Marico Hotel *aufsuchen. Einzige Alternative dazu wäre nur die „flüssige" Nahrung in der oft gut besuchten Bar im* Bosveld Hotel *(Main Rd).*

Himeville, KwaZulu-Natal (S. 637)

Siehe unter „Underberg"

Hluhluwe-Umfolozi Park, KwaZulu-Natal (S. 535ff)

Information

• *Hluhluwe: Hier ist das* Hilltop Camp *das Hauptcamp. Direkte Anwahl für Infos (und kurzfristige Buchungen) von Hluhluwe: Tel.: (035) 562-0255/6/7, Fax: (035) 562-0113.*

• *Umfolozi: Hier ist das* Mpila Camp *(gut 20 km von der R618) das Hauptcamp. Direkte Anwahl für Infos (und kurzfristige Buchungen) für Umfolozi: Tel.: (035) 562-0287, Fax: (035) 562-0298.*

• *Unterkünfte im Park buchen Sie (bis zu ca. 3 Tage im Voraus) über:* ***National Parks und Game Parks & Reserves in KwaZulu-Natal:*** Ezemvelo KZN Wildlife*: P.O.Box 13069, Cascades 3202, Tel.: (033) 845-1000, Fax: (033) 845-1001, Internet:* www.kznwildlife.com *bzw.* www.rhino.org.za.

Der Blick vom Hilltop Camp im Hluhluwe-Umfolozi Park

• Öffnungszeiten der Parkeingänge: Nov.–Febr.: 5–19 h, Rest des Jahres: 6–18 h.

• Weitere Unterkünfte finden Sie in Hluhluwe und im Maputaland, wobei wir hier noch auf die tolle **$$$–$$$$ Zululand Tree Lodge** (Tel.: (035) 562-1020, Fax: (035) 562-1032) zwischen dem Memorial Gate im Norden des Parks und dem Ort Hluhluwe als Alternative zu den Park-Unterkünften hinweisen möchten. Sie liegt im kleinen Ubizane Game Reserve und die kleinen Chalets stehen hoch auf Stelzen am Fluss.

Touren

Neben den üblichen **Morning-/Night-Game Drives** (ca. 2 ½ Stunden) ist Umfolozi bekannt für seine 2–3-tägigen * **Wilderness Trails** (nur von Mitte März bis Mitte Dezember). Hier werden Sie durch den Busch geführt, erfahren die Tierwelt hautnah und zelten und essen natürlich in freier Natur. Für diese Trails sollten Sie leidlich fit sein und entsprechende Ausrüstung (Wanderschuhe, Sonnenschutz, Mückenschutz etc.) dabeihaben. Für das Essen und die Zelte wird natürlich gesorgt. Rechnen Sie aber mit Preisen von mindestens 150 € pro Person und buchen Sie weit im Voraus, da die Wanderungen nicht täglich stattfinden und Sie sie so in Ihren Zeitplan einpassen müssen. Die meisten Wilderness Trails finden übrigens am Wochenende statt. Los geht es dann am Freitagnachmittag und zurück sind Sie Sonntagnachmittag. Für alle Wilderness Trails gilt der Tipp, die Nacht davor und danach auch im Park zu nächtigen.

Unterkünfte

HLUHLUWE

• Das **Hilltop Camp** im Norden des Parks (13 km vom nördlichen Parkeingang) kann mit Recht als eines der am besten geführten und gepflegten staatlichen Camps im Lande bezeichnet werden. Wer sparen möchte und sich mit einem zentralen Wasch- und Toilettenblock zufrieden geben mag, der ist mit den kleinen **Rondavels $** gut bedient. Sie stehen aber relativ eng beieinander und eine Aussicht gibt es auch nicht. Der Knüller sind dagegen die weitaus geräumigeren **2–4-Betten-Chalets $$$**, die großenteils am Hang liegen mit einer faszinierenden Aussicht auf den Norden des Parks. Achten Sie bei der Buchung also auf die Erwähnung der Aussicht!

• Zudem gibt es noch drei Bushlodges, die Sie aber nur komplett buchen können, also mindestens für 4-5 Personen zahlen müssen (bei 2 Personen ergibt das $$$$). Platz ist für 8-9 Personen. Die **Mtazi Bushlodge** ist nicht weit vom Hilltop Camp, während die noch schöneren **Muntulu-** und **Munyaweni Bushlodges** abgeschieden am Hluhluwe-River (toller Blick von den Lodge-Verandas) liegen. Auf Wunsch wird Ihnen hier ein Koch gestellt.

UMFOLOZI

• Am **Mpila Camp** gibt es verschiedene Unterkunftstypen: Die einfachen **Rest Huts (Rondavel) $**, wobei Waschräume und Toiletten außerhalb liegen und geteilt werden, **5-Betten-Selbstversorger-Chalets $$**, **7-Betten-Selbstversorger-Cottages $$$–$$$$** so-

H

I

*wie der Tipp, die * **Safari Zelte $–$$** (eigener Waschbereich und Toilette). Letztere sollten Sie rechtzeitig buchen.*

- *Auch im Umfolozi-Abschnitt gibt es Buschlodges, die aber ebenfalls nur für Gruppen ab 4, i.d.R. ab 6 Personen gedacht sind. Zumindest müssen Sie für mindestens diese Zahl bezahlen ($$$$), haben dafür aber das gesamte Camp für sich. Ein Koch wird dafür gestellt. Unkompliziert ist das* **Masinda Camp**, *das eher einer alten Lodge gleicht, schöner, abgeschiedener und eleganter sind dagegen die* **Bushlodges Nselweni, Gqoyeni** *und* **Hlathikulu**.
- *Ein einfacheres Bushcamp,* **Sontuli**, *ist im Aufbau begriffen.*

Camping
Es gibt keine Campinggelegenheiten in beiden Parkabschnitten.

Restaurants
Restaurants gibt es in beiden Hauptcamps (Hilltop und Mpila).

Ithala Nature Reserve, KwaZulu-Natal (S. 518f)

Information
- *Die Parktore sind geöffnet: Nov-Febr.: 5–19 h, Rest des Jahres: 6–18 h*
- *Infos und kurzfristige Buchungen direkt im Park:* Ntshondwe Camp, *7 km vom Parkeingang, Tel.: (034) 983-2540.*
- *Buchungen bis zu ca. 3 Tage im Voraus über:* ***National Parks und Game Parks & Reserves in KwaZulu-Natal:*** Ezemvelo KZN Wildlife: *P.O.Box 13069, Cascades 3202, Tel.: (033) 845-1000, Fax: (033) 845-1001, Web: www.kznwildlife.com bzw. www.rhino.org.za*

Hinweis
Die Straße von Louwsburg hinunter nach Ithala ist sehr steil und kurvig. Wohnanhänger sind hier verboten und für große Wohnmobile ist die Strecke nicht geeignet. Viele Schotterpisten im Park sind für Wohnmobile auch nicht geeignet.

Touren
- *Neben den üblichen* Morning-/Nightdrives *werden ca. 2–3-stündige, erläuterte* Bushwalks *(morgens, früher Nachmittag) angeboten. Diese sollten Sie mind. einen Tag im Voraus buchen.*
- *Zudem können Sie vom Ntshondwe Camp eigene Wanderungen unternehmen. Das reicht vom 10-minütigen Spaziergang zu einem Aussichtspunkt bis zu einer ca. 2 ½-stündigen Wanderung entlang des* Bushbuck Trail.

Unterkünfte
- *Das Hauptcamp ist das* Ntshondwe Camp, *7 km vom Parkeingang. Es liegt wunderschön am Fuße der südlichen Bergkette. Angeboten werden* **2-Personen-Chalets $$** *und weitaus geräumigere* *** Selbstversorger-Chalets $$–$$$**.
- *Weiterhin gibt es im Park noch drei supertolle Bushcamps $$, die meist schon lange im Voraus ausgebucht sind. Zudem kann nur das 26 km nordwestl. des Parkeingangs gelegene* * Thalu Camp $$ *mit 2 Leuten gebucht werden. Die beiden anderen Camps,* Mbizo Bushcamp *($$$$ für 2 Personen, ebenfalls im Nordwesten vom Parkeingang) sowie die* Mhlangeni Bushlodge *($$$$ für 2 Personen) sind so groß, dass mindestens für 6 bzw.*

8 Personen bezahlt werden muss. Der Einzelpreis bei so vielen Gästen beträgt dann auch nicht mehr als im Hauptcamp ($$). Aber wer bereist das Land schon zu sechst??
• *Wer nun keinen Platz mehr bekommt im Park selbst, kann auf einfache Unterkünfte vor den Toren zurückgreifen. Am ehesten empfehlen wir die* Umdomi (Selimathunzi) Game Farm $$ *(direkt vor dem Gate zu Ithala, Tel.: (034) 907-5318) sowie ein Stück hinauf in Richtung Louwsburg die* Igwala Game Farm $$ *(Tel.: (034) 907-5022). Bei beiden gilt i.d.R. Selbstversorger und Sie schlafen in eigenen Chalets.*
• *Die Unterkünfte in Louwsburg selbst sind nicht so schön.*

Camping

Der einzige Campingplatz ist * Doornkraal (Mbizo), *26 km nordwestlich des Parkeingangs. Der kleine und sehr einfache Campingplatz (nur Kaltwasser) liegt am Mbizo River und die meisten Plätze sind schattig. Hier gibt es kein Geschäft. Sie müssen also alles mitbringen. Dafür ist der Platz unter der Woche und in der Nebensaison kaum benutzt und nicht selten erfahren Sie hier auf diese Weise das ultimative Buscherlebnis.*

Restaurants

Das Kraal Restaurant *im Ntshondwe Camp bietet Frühstück und Abendessen, nicht immer Mittagessen! Bekannt ist es für sein gutes Kudu-Fleisch. Reservieren Sie sich unbedingt einen Tisch bei der Ankunft. In den Bushcamps müssen Sie sich selbst verpflegen, doch wird Ihnen auf Wunsch ein Koch gestellt.*

Johannesburg, Gauteng (S. 338ff)

Information

• *Direkt in der Innenstadt (CBD) gibt es zzt. keine Touristeninformation.*
• Gauteng Tourism*: Upper Level, Rosebank Mall, Tel.: (011) 340-9000 bzw. 327-2000, Web: www.gauteng.net. Tägl. 9–17 h. Im* Erdgeschoss am überdachten (!) African Market *(Bath St) an der Rosebank Mall gibt es hier auch einen kleinen Info-Kiosk. Di–So.*
• *Einen weiteren Stand finden Sie in der* Ankunftshalle (International Arrival Hall) des Johannesburg Int. Airport. *Tägl. geöffnet, Tel.: (011) 970-1669.*
• *Die monatlich von Gauteng Tourism publizierte Broschüre „What's on in Gauteng" informiert über aktuelle Adressen (z.B. für Touren), enthält aber keinen nützlichen Veranstaltungskalender. Johannesburg im Internet: www.joburg.org.za.*
• *Veranstaltungen (z.B. Musikclubs) werden in den Tageszeitungen, allen voran „The Star" und „Citizen" bekannt gegeben.*

> **Hinweis**
> *Das Gebiet* **Newton** *im Westen der Innenstadt wird mittlerweile oft auch als* **Newtown** *bezeichnet. Ein Zeichen dafür, dass die Stadt ihr Erscheinungsbild wieder verbessern möchte.*

• Soweto Tourism Association*: P.O.Box 105, Orlando 1804, Tel.: Fax: (011) 936-8123, E-Mail: maavbb@myconnection.co.za. Informiert über Unterkünfte, Veranstaltungen und Touren nach Soweto, aber auch in andere Townships.*

Goethe Institute

119 Jan Smuts Av, Ecke Newport, Parkwood, Tel.: (011) 442-3232, Fax: (011) 442-3738. Hier werden deutsche Kulturprogramme (Musik, Lesungen, Filme etc.) geboten.

J

Literatur und Infos zu Deutschland und seinen kulturellen Beziehungen mit Südafrika gibt es natürlich auch.

Touren

Viele Touroperator haben ihren Sitz in Johannesburg, wobei neben Stadtrundfahrten vor allem die **Touren in die Townships** *sowie geführte* **Touren zu Kunstgalerien und in Shopping Center** *die meisten Besucher interessieren. Weitere Angebote führen zu den kleinen Parks in die Umgebung, in die Magaliesberge sowie zu einigen „Afro-Kulturdörfern", doch diese Touren würden wir nicht für Johannesburg empfehlen, denn unberührtere Natur sowie auch kulturelle Darbietungen werden Sie noch genug auf Ihrer Rundreise erleben.*

> **Hinweis**
> Machen Sie nicht den Fehler, die Townships auf eigene Faust zu erkunden. Der Grund ist weniger der Sicherheitsaspekt (s.u.), sondern die Tatsache, dass Sie sich in dem Gewirr von kleinen Straßen zu leicht verfahren würden und vor allem interessante Aspekte auch nicht richtig sehen bzw. finden. Sollten Sie trotzdem selbst losfahren, dann nehmen Sie unbedingt einen exakten Straßenatlas mit (kein Faltblatt vom Touristenamt), meiden Sie die Abende, besonders Freitag und auch die vollen Samstage, denn dann wird viel getrunken in den Townships und das kann zu Problemen führen.

- **Touren in die Townships**: *Seit Jahren ist* **Jimmy's Face to Face Tours** *der Marktführer. Jimmy war auch der Erste – bereits zu Apartheid-Zeiten –, der Touren nach Soweto organisiert hat. Zwar fährt Jimmy die Minibusse schon lange nicht mehr selbst, doch seine Guides sind gut informiert: Buchungen über Tel.: (011) 331-6109, Web: www.face2face.co.za. Ein Tipp ist die Buchung eines* * **individuellen Guide**. *Das kostet zwar ca. das Doppelte, doch können Sie so Ihr Hauptinteresse (Shebeens, Musik, Wohnverhältnisse, B&B bzw. Essen in Soweto, Künstler, Kirchen u.s.w.) äußern und Ihr Guide wird Sie zu den entsprechenden Punkten führen. Viele Guides sind über Gauteng Tourism zu buchen bzw. sind im monatlich erscheinenden „What's on in Gauteng" gelistet. Ein Anbieter spezieller Touren ist z.B.* **Africa Prime Tours** *(Tel.: (011) 794-4708).*
- **Stadtrundfahrten:** *Mehrere Unternehmen arrangieren Stadtrundfahrten, so z.B.* **Adventure Bus** *(siehe „Nahverkehr") und* * **Gold Reef City Tours** *(Tel.: (011) 496-1400). Letztere arrangieren auch individuelle, auf Ihre Wünsche ausgerichtete Touren mit Pkws und können dafür auch deutschsprachige Guides vermitteln.*

Der Muti-Markt in Johannesburg ist nicht jedermanns Geschmack

Flughafen

① *Der* **Johannesburg International Airport** *(ehem. Jan Smuts Airport) befindet sich 21 km westlich der Innenstadt (CBD), wo sich R21 (nach Pretoria) und R24 treffen und auch nicht weit von der N12. Zur Innenstadt (CBD) fahren Sie bei normalem Verkehr ca. 25 Minuten, zum Sandton Center ca. 40 Min. und nach Pretoria ca. 50 Min. Während der Rushhour kann sich die Zeit aber leicht verdoppeln.*

Flughafeninfos: *Tel.: (011) 975-9963*
Transfer/Taxis: *Meiden Sie die Taxis und vor allem die Fahrer, die Sie bereits an der Ankunftshalle ansprechen. Zu oft enden Sie dabei bei überhöhten Preisen. Sollten Sie trotzdem mit einem Taxi fahren wollen, dann fragen Sie zuerst am Schalter von Gauteng Tourism (Int. Arrival Hall) nach den zzt. gültigen Preisen und achten Sie vor allem darauf, dass der Fahrer gleich bei Abfahrt die h („Meter") richtig einstellt. Es passiert, dass der Meter bei Abfahrt bereits eine hohe Summe anzeigt. Das ist falsch! Ein seriöses Taxiunternehmen, das Passagiere vom Flughafen abholt, ist* **Airport Link** *(Tel.: (011) 792-2017). Buchen Sie unbedingt im Voraus und klären Sie den Preis dabei ab. Der Fahrer macht sich dann mit Schild und Ihrem Namen am Ausgang bemerkbar.*
Die beste Methode in die Stadt/zum Hotel zu kommen, sind die **hoteleigenen Shuttlebusse** *(nur bei teureren Hotels) oder aber Sie fragen in Ihrer Unterkunft nach, ob man Sie gegen Bezahlung vom Flughafen abholen kann. Dann steht meist jemand mit einem Schild mit Ihrem Namen direkt am Passagier-Ausgang* **in** *der Arrival Hall.*
Die dritte Möglichkeit sind die ca. halbstündig verkehrenden, privaten Minibus-Unternehmen, von denen **Magic Bus** *und* **Impala** *am bekanntesten sind. Tickets erhalten Sie im Parkade Building (vor der Domestic Arrival Hall, wo auch die Mietwagenfirmen ihre Schalter haben). Die Busse fahren dann hinter dem Parkade Building ab. Beachten Sie aber, dass die meisten Shuttle-Busse nur nach Sandton und in andere nördliche Stadtteile fahren. Die Innenstadt wird meist gemieden. Es gibt aber Unternehmen, die zum Hauptbahnhof, dem Johannesburg Train Station in der Innenstadt fahren.*

② *Es gibt zudem noch drei regionale Airports im Raum Johannesburg, von denen der* **Lanseria Airport** *im Nordwesten (an der R512) der wichtigste ist. Unbedeutender sind der* **Rand Airport** *im Süden (N17/N3) sowie der* **Grand Airport** *im Norden (nahe N1).*

Airlines

- **Air France:** *Tel.: (011)770-1600*
- **Air Namibia:** *Tel.: (011) 390-2876*
- **British Airways:** *Tel.: (011) 441-8600 bzw. 441-8400*
- **KLM:** *Tel.: (011) 881-9696*
- **Lufthansa:** *Tel.: (011) 484-4722*
- **South African Airways/SA Express/SA Airlink:** *Tel.: (011) 978-1111*

Mietwagen

Alle großen Firmen haben natürlich eine Station **am International Airport**, *und zwar im Parkade Building, das sich direkt vor der Domestic Arrival Hall befindet. Weitere Filialen verstreuen sich über die gesamte Stadt, wobei jeder große Anbieter mind. eine Station im Norden (Sandton/Rivonia) unterhält. Die folgenden Telefonnummern beziehen sich alle auf die Station am Int. Airport:*

- **Avis:** *(011) 394-5433*
- **Budget:** *(011) 394-2905*
- **Europcar:** *(011) 394-8832*
- **Hertz:** *(011) 390-2066*
- **Imperial:** *(011) 394-4020*
- **Tempest:** *(011) 394-8626*

J

Vorsichtsmaßnahmen für Johannesburg

Allen Unkenrufen und Kriminalitätsstatistiken zum Trotz: Johannesburg ist sehr viel sicherer geworden und bietet Besuchern einige Höhepunkte. Voraussetzung für Ihre Sicherheit: Halten Sie sich konsequent an klare Verhaltensregeln, die übrigens in jedem Dritte-Welt-Land oder auch Schwellenland gelten – auch wenn sie erst einmal nicht überall notwendig erscheinen (vgl. Kapitel Reisetipps von A–Z)!

- Kleiden Sie sich unbedingt schlicht und unauffällig. Tragen Sie keinen Schmuck oder teure Sonnenbrillen und legen am besten auch Ihren Ehering für die Zeit Ihres Stadtbesuches lieber in den Hoteltresor. Auch die dicke Spiegelreflexkamera sollte dort bleiben. Für Erinnerungen reicht auch mal eine Kleinbildkamera. Versuchungen zu vermeiden ist das oberste Gebot.
- Mieten Sie sich einen Kleinwagen und keinen protzigen Mercedes, BMW oder ähnl., die sind bei Autodieben sehr beliebt.
- Investieren Sie in eine Lenkradsperre (können Sie hinterher ja wieder an andere Touristen verkaufen). Das verdirbt nicht nur die Lust an einem schnellen Autoklau, sondern beruhigt auch eigene Nerven.
- Fahren Sie immer mit geschlossenen Autotüren durch die Stadt und versuchen Sie möglichst zielstrebig ihr Ziel zu erreichen. Lieber entschlossen anhalten, um auf die Karte zu schauen, als unsicher durch die Gegend irren.
- Bei Ampelstopps genügend Abstand zum Vordermann einhalten, um im Notfall ausweichen zu können.
- Lassen Sie unter keinen Umständen irgendwelche Gegenstände offen im Auto liegen, öffnen Sie das leere Handschuhfach beim Verlassen des Autos.
- Vermeiden Sie die Stadtteile Braamfontein, Hillbrow, Berea und Yeoville, sie gelten als unsicher und sind zudem für Ortsfremde sehr unübersichtlich; hierher nur mit einem erfahrenen Stadtführer.
- Parken Sie nur auf bewachten Parkplätzen, erkundigen Sie sich, wie lange die Wächter vor Ort sind und kehren Sie rechtzeitig zu Ihrem Wagen zurück.
- Halten Sie sich nie länger als bis 17 h in der Innenstadt auf. Dann schließen die Geschäfte, Händler und Büroleute (900.000 Pendler!) fahren innerhalb kürzester Zeit Richtung Vororte. Die menschenleeren Straßen sind dann ein beliebtes Ziel von Jugendbanden.

Nahverkehr

• Der öffentliche Nahverkehr in Johannesburg ist für Reisende kaum zu empfehlen. Zum größten Teil wird er von hoffnungslos überladenen **Minibussen** *(von denen es über 40.000 in Jo'burg gibt) bewältigt und die Routen führen zumeist in die Townships. Das System ist ebenfalls nur schwer zu verstehen, denn die Fahrer machen nur Zeichen als Zielangabe, und die sind für Fremde nicht zu verstehen. Minibusstationen befinden sich vornehmlich in der Innenstadt, so z.B. am Hauptbahnhof, an der Ecke Eloff/Wemmer-Jubilee Sts (nahe N2) und im Newton District.*

• Die **Metro***, die Vorortbahn, ist ebenfalls kaum eine Alternative, da auch sie nur die touristisch wenig interessanten Vororte bedient.*

• *Einzig wirkliche Alternative für Touristen ist der* **Adventure Bus** *(Tel.: (011) 975-9383), ein privates Unternehmen, das tagsüber (Di–So) mit Doppeldecker-Bussen zwischen den touristisch interessantesten Gebieten (Sandton, Innenstadt, Museen, Malls, Gold Reef City etc., aber nicht Soweto) verkehrt. Sie zahlen dabei für 24 Stunden und können so oft Sie mögen ein- und aussteigen (Hopp-on/Hopp-off). Unterwegs erläutert ein Guide sogar noch die wesentlichen Punkte.*

Fernverkehr

BUSSE

• *Die großen Busunternehmen verkehren alle ab der* **Rotunda/Park Station (Hauptbahnhof)** *in der Innenstadt. Alle Busse, auch der u.g. BazBus, können über* **Computicket** *gebucht werden: Tel.: (083) 909-0909 oder direkt:* **Greyhound***: Tel.: (011) 249-8700,* **Intercape Mainliner***: Tel.: (012) 654-4114 (Büro in Pretoria/Tshwane),* **Translux***: Tel.: (011) 774-3333. Alle großen Städte Südafrikas, Botswanas, Zimbabwes und Maputo werden von hier angefahren.*

• *Der* **BazBus***, der Reisende von den Unterkünften abholt, verkehrt 3–4 Mal die Woche über Swaziland bzw. direkt nach Durban und von dort auch weiter bis Kapstadt. Tel.: (021) 439-2323 oder über* Computicket *(s.o.)*

EISENBAHN

Der Hauptbahnhof von Johannesburg wird auch **Park Station** *genannt. Er ist in der Innenstadt zwischen Wolmarans und De Villiers Sts. Von hier gehen Züge in alle Teile des Landes ab. Infos zu den „Intercity Trains": Tel.: (086) 000-8888*

Einkaufen (▸ Karte S. 232)

FLOHMÄRKTE

• *Der sonntägliche* * **Rosebank Rooftop Fleamarket** (1) *(Rosebank Mall, Bath St) ist ein Muss. Hier stellen vor allem Künstler und Kleinkunsthandwerker aus Gauteng ihre Produkte aus. Hier finden Sie nicht nur künstlerische Produkte, sondern auch Dinge für den alltäglichen Gebrauch (handgearbeitete Lederschuhe, Lampen, Gewürze u.s.w.). Das Ganze findet auf dem größtenteils überdachten Parkdeck der Mall statt. U.E. der beste Flohmarkt des Landes. Handeln ist aber nicht üblich. Gleich nebenan, mittlerweile überdacht, bietet der* **afrikanische Markt** *Kunst aus allen Teilen des Kontinents. Oft ist Kitsch dabei, aber ein Mitbringsel findet sich hier mit Sicherheit.*

• *Auf dem Weg zum Internationalen Flughafen bietet sich sonst noch die* **Bruma Market World** (2) *(am Bruma Lake, Di–Sa) mit Produkten aus Afrika und Asien an. Vom eigentlichen Flohmarktcharakter ist nicht mehr viel übrig, es wirkt ziemlich kommerziell. Dafür aber eine Gelegenheit, kurz vor Abreise noch die letzte Lücke im Koffer zu stopfen.*

• *In der Innenstadt, auf dem Platz vor dem MuseuMAfrica (Bree St, Newton District), findet samstags der* **Newtown Market** (3) *(auch* **Market Africa** *genannt) statt. Hier finden sich Händler aus allen Teilen des südlichen Afrikas ein, wobei er qualitativ nicht mithalten kann mit dem in Rosebank.*

MALLS

• *Kein größerer Stadtteil, der nicht seine eigene Mall hat. Ohne Zweifel ist und bleibt aber die* * **Sandton Mall** (4) *(auch* **„Sandton City Shopping Center"** *und* **„Sandton Square"***), das Shoppingziel in Jo'burg. Zwischen Sandton Dr und Rivonia Rd, Sandton. Laut Statistik* *ist sie die Touristenattraktion Nr. 1. Neben den üblichen Geschäften finden Sie hier ausgesuchte Boutiquen und vor allem eine Reihe von Geschäften mit afrikanischen Kunstwerken.*

- *Die* **Rosebank Mall** (1), *neuerdings bekannt als* **The Zone@Rosebank** *(zw. Biermann Av, Oxford Rd sowie Baker und Bath Sts in Rosebank) ist ebenfalls eine hervorragende Adresse. Zahlreiche Restaurants, Bistros und vor allem der mittlerweile überdachte Markt mit Kunstwerken (und Kitsch) aus ganz Afrika lohnen den Besuch (siehe auch Flohmärkte). Kleiner, aber sehr exklusiv ist die* **Hyde Park Mall** (5) *an der Jan Smuts Av in Hyde Park (nördlich der Rosebank Mall).*
- *Die* * **Oriental Plaza** (6), *Jeppe/Minaar Sts, 500 m westlich der N1 und von Newtown, ist vor allem wegen seiner indischen Bazar-Atmosphäre einen Besuch wert. Glauben Sie aber nicht, dass Sie sich hier durch alte Holzstände quälen. Die Mall ist modern und groß. Hier finden Sie auch Gewürze sowie indische Stoffe und besonders an Wochenenden gibt sich hier die Oberklasse der indischen Gemeinde ein Stelldichein.*
- *Casino, imitierte toskanische Architektur, Restaurants, Kinos und eben haufenweise Shops bietet das* **Monte Casino** (7), *eine weitere Megamall außerhalb des N1-Autobahnrings am William Nicol Dr im Norden der Stadt. Die Mall liegt günstig für diejenigen, die nicht in die Stadt hineinfahren möchten, besonders dann, wenn man nur die Sehenswürdigkeiten im Nordwesten (Sterkfontein, Wonder Caves etc.) aufsuchen möchte. Die gigantische Anlage lässt natürlich auch so einige Fragen bezüglich der Einkommensschere im Lande aufkommen.*
- *Weniger spektakulär, aber bestens geeignet für Einkäufe alltäglicher Art (es gibt immer etwas, was Sie aus einem Supermarkt aus Südafrika mitnehmen möchten) kurz vor dem Abflug, ist die* **Eastgate Mall** (2) *in Bruma, dort wo die R24 an ihrem Westende auf den Broadway stößt (nahe Bruma Lake).*

ANDERES

- *Ausgesuchte* **Antiquitäten** *(auch solche, die Sie gut mitnehmen können, wie z.B. Glaswaren) und einige* **Geschäfte mit Kleinkunst** *finden Sie entlang der 4th Av* (8) *(zw. 6th u. 14th Sts) in Parkhurst.*
- **Exclusive Books**: *Südafrikas Top-Buchladenkette hat natürlich mehrere Geschäfte, wobei das in Hyde Park Corner (Jan Smuts Av) das größte ist. Weitere finden sie u.a. in o.g. Rosebank Mall bzw. im Sandton Center.*
- *Für speziell südafrikanische und auch andere afrikanische Kunst der Topklasse empfehlen sich die* **Everard Read Gallery** (9) *(6 Jellicoe Av, Rosebank, Tel.: (011) 788-4805), die* **Goodman Gallery** (10) *(in Rosebank, 163 Jan Smuts Av, Ecke Chester Rd) sowie die* **Kim Sacks Gallery** (11) *(153 Jan Smuts Av, Parkwood, Tel.: (011) 447-5804). Günstiger und mehr auf Township-Art und innovative Kunst ausgerichtet ist dagegen* **Art Africa** (12) *(62 Tyron Av, Parkview, Tel.: (011) 486-2052).*
- *Für Diamanten und Gold ist und bleibt* **Schwartz Jewellers** *(Sandton City Mall, Tel.: (011) 783-1717) die Topadresse.*
- **Lesedi Cultural Experience**: *An der R512, ca. 12 km nördlich des Lanseria Airport. Hier können Sie Kunstwerke und Souvenirs verschiedener afrikanischer Volksgruppen erstehen.*
- *Campingequipment sowie Outdoorausrüstung aller Art finden Sie in den drei Filialen des landesweit bekannten* **Outdoor Warehouse**:

1. Boksburg, 20 Bisset Rd, jet Park, Tel.: (011) 397-3844
2. Randburg: Unit G8, Strijdom Park, Tel.: (011) 792-8331
3. Rooedport: Shop 45, Princess Crossing, 54 Ontdekkers Rd, Tel.: (011) 768-7157
Web: www.outdoorwarehouse.co.za.

Museen

Weitere interessante Museen und Sehenswürdigkeiten (alphabetische Reihenfolge, Vorwahl ist jeweils 011):

Museum	Adresse	Öffnungszeiten	Kurzbeschreibung
Adler Museum of Medizine (Tel. 717-2081)	*7 York Rd, Parktown (Foyer der Medizinischen Fakultät der Universität Witwatersrand)*	*Mo–Fr 16–18 h*	Ausstellung über die Medizin in Südafrika der letzten 100 Jahre/Nachbau einer Apotheke und Zahnarztpraxis
Bernberg Fashion Museum (Tel. 646-0716)	*Forest Town, 1 Duncombe Rd/Jan Smuts Av./Duncombe Rd*	*Di–Sa 9–13 h*	Fashion-Trends der Vergangenheit und Gegenwart wie z.B. Voortrekker-Kleidung, od. Mandelas T-Shirt
James Hall Museum of Transport (Tel. 435-9718)	*La Rochelle, Pionier Park, Rosetten Rd*	*Di–So 9–17 h*	Etwas für Oldtimer-Fans; nebenan trifft sich So Alt und Jung im Miniatur-Dampflokpark
Johannesburg Botanic Garden (Tel. 782 0517)	*Emmarentia/ Olifants Rd*	*Mo–Sa 6–18 h*	125 ha großer Garten mit Rosen- (über 4.500 Rosen; 60 Arten) und Kräutergarten (inkl. Gewürzkräuter afrik. Medizinmänner)
Railway Museum (Tel. 773-9114)	*De Villiers Str./ Statin Concourse*	*Mo–Fr 9–16 h*	Exponate zur Entwicklung des Eisenbahnverkehrs seit 1860 in Südafrika
Roodepoort Museum (Tel. 761 0225)	*Roodepoort, im Civic Center, Theatre St*	*Di–Fr 9.30–16.30 Sa 14–17 h*	Exponate zur lokalen Geschichte (Goldentdeckung) bis in die 1930er Jahre
Santara Miniland (Tel. 435 0543)	*Rossettenville Rd Wemmer Pan (südl. Vorort)*	*tägl. 8–17 h*	80 Sehenswürdigkeiten aus SA in Miniaturausgabe (Robben Island, East London Harbour, Union Buildings, Hillbrow Tower), Nachbau der „Dromedaris", mit der van Riebeck anlandete, in Originalgröße
South African Lippizaner (Tel. 468 2719)	*63 Dahlia Rd*	*Vorführung Sa 11 h*	Vorführungen der für ihre Dressurkünste weltberühmten Lippizaner auf Niveau der europäischen Vorbilder
South African National Museum of Military History (Tel. 646-5513)	*Saxonworld, 20 Erlsworld*	*tägl. geöffn.*	Britische, deutsche und südafrikanische Militärfahrzeuge und -gegenstände (1./2. WK); Ausstellung zu Anglo-Zulu- und Anglo-Boer-Kriegen; direkt neben dem Zoo

Sport anschauen

Alle Tickets für Sportveranstaltungen erhalten Sie am besten über **Computicket** *(s.o.), TicketWeb (Tel.: (083) 140-0500) oder direkt beim* **Ellis Park Stadium** *(Tel.: (011) 402-8644), dem mit 65.000 Plätzen landesweit größten Stadion. Es liegt 3 km östlich der Innenstadt im Stadtteil Ellis Park. Hier lohnen die Rugby- und Fußballspiele.*

Unterkünfte (▸ Karte S. 232)

Grundsätzlich kann gesagt werden, dass die Hotels in und um Johannesburg relativ teuer sind und vornehmlich für Geschäftsreisende ausgelegt sind. Die alten Hotels mit Atmosphäre, die vornehmlich in der und um die Innenstadt gelagert waren, sind mittler-

nach Rosebank u. Sandton
nach Pretoria u. Polokwane (Pietersburg)
nach West Rand, Randburg via Barry Hertzog Ave.
Empire Rd./-Weg
Planetarium
University of the Witwatersrand
Braamfontein
Footbridge
Voetbrug
Enoch Sontonga Ave.
Enoch Sontonga Memorial Park
Jorissen
De Korte
Smit
Viljoen
Queen Elizabeth Drive
Nelson Mandela Bridge
Wolmarans
Harrison
Rissik
Johannesburg (Park) Railway Station
Wanderers
Hillbrow
Pretoria
Kotze
Klein
Twist
Argyle Clinic
Clarendon Place/Road
Hospital Ext./-Verl.
Joubert Ext.
Joubert
Hoofd
Loveday
Melle
Jan Smuts Ave.
Malherbe
Bree
Jeppe
Anglovaal Mall
Organic Village Market
Newtown
Fordsburg
Double Decker Freeway
Main Reef Rd./-Weg
nach West Rand
Westgate
President
Pritchard
Kerk
Simmonds
Eloff (Buses only)
Plein
Delvers
Small
City Hall
Market
Commissioner
Ghandi Square
Bezuidenhout
Fox
Sauer
Marshall
Anderson
West
Kay
Village Rd.
Wemmer
Rissik
Trump
Westek
Booysens Rd.
nach Soweto u. Booysens
nach Soweto u. Bloemfontein
Loveday Ext.
Rosettenville Rd.
M1 M2 M9 M10 M11 M18 M27 M71 R24 R29 R41 R55

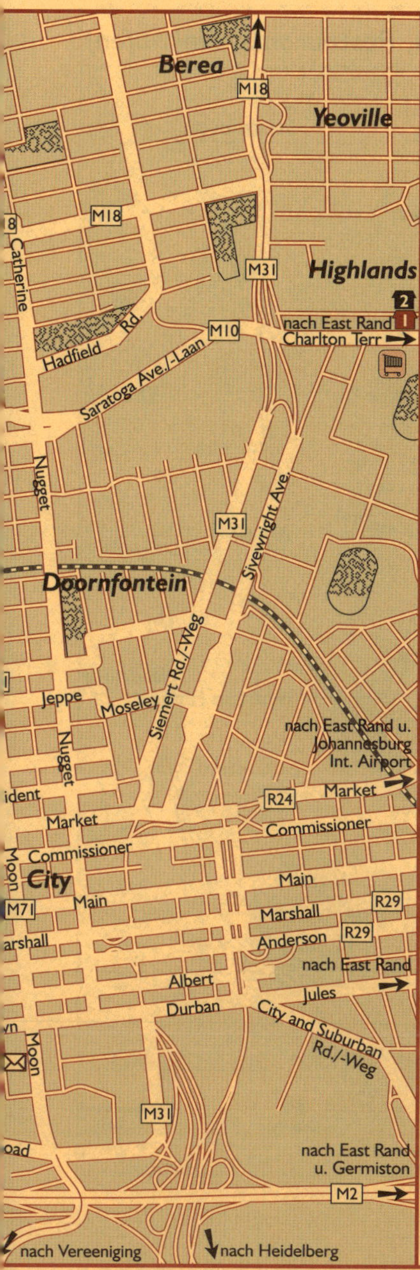

Johannesburg - Innenstadt (Hotels, Restaurants, Einkaufen)

H Hotels

1 Hotels um den Bruma Lake / Eastgate sowie Eastgate Backpackers
2 Protea Hotel - Gold Reef City
3 Hotel Formula 1 - Southgate
4 Nach Soweto (Lolo´s Guest House, Basiea´s B&B)
5 The Westcliff
6 Park Hyatt Hotel
7 Rosebank Hotel
8 Turrett Guesthouse
9 Granny´s House
10 Thulani Lodge
11 Ant Hill
12 Town Lodge - Sandton
13 Michelangelo, Sandton Sun & Towers - Intercontinental
14 City Lodge Sandton
15 Holiday Inn - Garden Court - Sandton City
16 Holiday Inn - Garden Court - Morningside
17 Liliesleaf
18 Gallo Manor Country Lodge
19 Tudor Lodge
20 Hotel Formula 1 - Wynberg
21 Palazzo Monte Casino (Palazzo Intercontinental)
22 Backpackers Ritz
23 Pension iDube

R Restaurants

1 Gramadoelas - Market Theatre sowie Kippies
2 Kapitan´s Oriental Restaurant
3 Wandie´s (Place), Sakhumvi`s Restaurant Nambitha´s Restaurant, Masakengs Pub & Grill sowie Kwa-Thabeng Restaurant in Soweto
4 Restaurants in und um die Rosebank Mall
5 Restaurants in und um die Hyde Park Mall
6 Restaurants in und um die Sandton Square Mall / Nelson Mandela Square
7 Restaurants in und um die 7th Street in Melville
8 Radium Beer Hall
9 Giles
10 Restaurants in Norwood entlang der Grant Street
11 Linger Longer
12 Restaurants in Monte Casino (Mall und Casinohotel)
13 Restaurants an der Randburg Waterfront

E Einkaufen

1 Rosebank Rooftop Fleamarket, Rosebank Mall (The Zone@Rosebank)
2 Eastgate Mall, Bruma Market World
3 Newtown Market (Market Africa)
4 Sandton Mall ("Sandton City Shopping Center" und "Nelson Mandela Square")
5 Hyde Park Mall
6 Oriental Plaza
7 Monte Casino Mall
8 Antiquitätengeschäfte und Geschäfte mit Kleinkunst entlang der 4th Avenue in Parkhurst
9 Everard Read Gallery
10 Goodman Gallery
11 Kim Sacks Gallery
12 Art Africa

Die Legende gilt auch für die Karte Rosebank / Sandton auf Seite 234

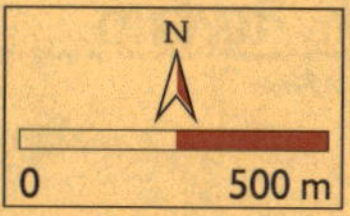

Rosebank und Sandton (Hotels, Restaurants, Einkaufen)

weile geschlossen worden bzw. sind nicht mehr zu empfehlen. Hier und dort finden sich natürlich einige nette Nischen und auch B&Bs, doch ist unser Rat, dass Sie nach der Erkundung der Stadt am Nachmittag noch nach Pretoria (Tshwane) bzw. Ihrem nächsten Ziel aufbrechen und dort oder auf dem Wege dahin nächtigen.
Alternativ dazu sind einige der **Unterkünfte in den Magaliesbergen** *nordwestlich von Johannesburg noch dicht genug an beiden Großstädten (Anreise zw. 45 Min. und 1 ½ Std.), so dass sie auch als Basis genutzt werden könnten. Siehe dazu unter* Magaliesberg-Region, inkl. Witwatersberg und Krugersdorp, North West Province, Gauteng.

INNENSTADT UND SÜDLICH SOWIE ÖSTLICH DAVON (▸ Karte S. 232)

• **Um den Bruma Lake/Eastgate** (1), *ca. 7 km östlich von der Innenstadt und bereits günstig gelegen an der Autobahn zum Flughafen (ca. 14 km, 15 Fahrminuten) gibt es einige saubere Kettenhotels, so z.B. das* **Holiday Inn – Express-Eastgate $$–$$$** *(8 South Blvd, Bruma, Tel.: (011) 622-0060, Fax: 8011) 622-0030, Web: www.southernsun.com), das* **Holiday Inn Garden Court-Eastgate $$$** *(Ernest Oppenheimer Av, Bruma, Tel.: (011) 622-0570, Fax: (011) 622-7994, Web: www.southernsun.com) und das* **Don Suite Hotel-Bruma Lake $$$** *(220 Queen St, Bruma, Tel.: (011) 622-2115, www.don.co.za), das geräumige Selbstversorger-Apartments anbietet.*

• **Protea Hotel – Gold Reef City $$$–$$$$** (2): *Shaft 14, Northern Parkway Rd, nahe Gold Reef City, Southgate, Tel.: (011) 248-5700, Web: www.protea-hotels.com. Formelles Hotel, Casino nahebei, aber gut geeignet für die Erkundung von Gold Reef City und dem Apartheid Museum.*

• **Hotel Formula 1 – Southgate $$** (3): *Ecke Murray/Rifle Range Rd, Tel.: (011) 941-3822 bzw. an der gleichen Ecke das noch einfachere* **Hotel Formula Inn-Southgate $**, *Tel.: (011) 942-3350, beide über Web: www.hotelformula1.co.za. Wie üblich bei Formula-Hotels: Einfach, günstig und funktionell.*

• **In Soweto** (4) *gibt es mittlerweile eine Reihe von kleinen B&B-Unterkünften, von denen* **Lolo's Guest House $$** *(1320 Diepkloof Ext., Phase 3, Tel.: (011) 985-9183, Fax: (011) 985-2288) nahe dem Baragwanath Hospital schon mehrfach für seine Gastfreundschaft ausgezeichnet wurde. Nur 4 Zimmer, daher vorher reservieren. Ebenfalls empfehlenswert ist* **Basiea's B&B $$** *(Tel.: (011) 980-1177, Fax: (011) 980-8037, E-Mail: basiea_soweto@mail.co.za), wo auf Voranmeldung ein leckeres, traditionelles Dinner serviert wird.*

NÖRDLICH DES HILLCREST (ROSEBANK, PARKTOWN, MELVILLE ETC.)
(▸ Karte S. 234)

• **The Westcliff $$$$$** (5): *67 Jan Smuts Av, Westcliff, Tel.: (011) 646-2400, Fax: (011) 646-3500, Web: www.westcliff.orient-express.com.* **Das** *Luxushotel in Jo'burg. Es liegt wunderschön am Hang mit Blick auf die Stadtteile an der Nordseite des Hillcrest. Ehemals als Apartmentsiedlung geplant, sind die Zimmer sehr geräumig. Eine Luxussuite hat sogar einen Jacuzzi auf dem Balkon. Wirklich eine Topadresse, aber dafür auch richtig teuer!*

• **Park Hyatt Hotel $$$$** (6): *191 Oxford St, Ecke Biermann Av, Rosebank, Tel.: (011) 280-1234, Fax: (011) 280-1238, Web: www.hyatt.co.za. Dieses Top-Hotel ist besser, als es von außen erscheint. Modernes Ambiente, weithin bekannter Sonntags-Brunch, ein Pool auf dem Dach, eine exquisite Weinbar und die Nähe zur Rosebank Mall machen es zu einem Favoriten bei Reisenden, die tiefer in die Tasche greifen können.*

• **Rosebank Hotel $$$–$$$$** (7): *Ecke Tyrwhitt/Sturdee Av, Tel.: (011) 447-2700. Direkt hinter der Rosebank Mall. Formell, aber sehr ansprechend eingerichtet. Hier können Sie etwas günstiger über ein Reisebüro in Europa einbuchen.*

J

• Turrett Guesthouse $$$ (8): *118 2nd Av, Melville, Tel.: (011) 482-7197. Kleines Guesthouse in typisch viktorianischem Stadthaus. Nahe den Bars und Restaurants von Melville.*
• * Granny's House $$–$$$ (9): *40 Haswell St, Oaklands, Tel.: (011) 728-2879, Fax: (011) 728-2169. Sehr persönlich geführtes 5-Zimmer-B&B (Dinner bei Reservierung) in einem ehemaligen Farmhaus (ca. 1908) mit schönem Garten. Günstig zur Rosebank Mall und zur M1 (Nord-Süd-Tangente) gelegen.*
• * Thulani Lodge $$ (10): *85 3rd Av, Melville, Tel.: (011) 482-1106, Fax: (011) 482-1107, Web: www.thulanilodge.co.za. Nahe den Restaurants und Bars von Melville. 7 Zimmer, Garten, Pool und Airport-Service. Es wird deutsch gesprochen. Hier stimmen Preis und Leistung!*
• Ant Hill $$ (11): *124 2nd Av, Melville, Tel.: (011) 726-4197. Nicht weit von den interessanten Restaurants und Bars in Melville, bietet dieses ruhig gelegene 4-Zimmer-Gästehaus minimalistischen Schick (asiat. Touch) zu einem fairen Preis.*

SANDTON, RIVONIA, RANDBURG UND DER NORDEN (▸ Karte S. 234)

Sandton ist neben Rosebank der Stadtteil, wo zzt. die meisten Reisenden übernachten. Das liegt vor allem am Sicherheitsstandard hier. Außer der Megamall „Sandton City/Sandton Square" geht es hier eher formell zu und handelt es sich um ein Büroviertel. Entsprechend „eintönig" sind hier auch die meisten Hotels (dies gilt auch für das benachbarte Sandown), die preislich ab $$ einzustufen sind und entsprechenden Ketten angehören. Zu empfehlen sind hier wieder Ketten wie z.B. Road Lodge/Town Lodge (12) *(www.citylodge.co.za). Die wenigen Bed & Breakfast-Unterkünfte haben sich ebenfalls mehr auf Geschäftsreisende eingestellt und sind daher auch teurer. Wir nennen Ihnen hier einmal ein paar dieser Hotels, die sich zumeist nur in der Größe der Zimmer bzw. des Service-Umfangs unterscheiden.*
• *Star ist – neben dem eleganten* Michelangelo $$$$$ (13) *(Tel.: (011) 282-7000, Web: www.michelangelo.co.za) am Sandton Square – das* Sandton Sun & Towers – Intercontinental $$$$–$$$$$ (13) *(Ecke 5th/Maud Sts, Tel.: (011) 780-5000, Fax: (011) 780-5002, Web: www.southernsun.co.za), das in dem markanten Hochhausturm inmitten von Sandton City über allem thront. Hier gilt natürlich: Soweit als möglich in den oberen Etagen buchen. Weitere Ketten-Hotels in Sandton/Sandown sind z.B.:* City Lodge Sandton-Katherine Street $$$ (14) *(Ecke Katherine St/Grayston Dr, Sandown, Tel.: (011) 444-5300, Fax: (011) 444-5315, Web: www.citylodge.co.za),* Holiday Inn – Garden Court – Sandton City $$$ (15) *(Ecke West/Maude Sts, Sandown, Tel.: (011) 269-7000, Fax: (011) 269-7100, Web:* www.southernsun.co.za, *sehr groß, Pool),* Holiday Inn – Garden Court – Morningside $$$ (16) *(Ecke Rivonia Rd/Cullinan Close, Tel.: (011) 884-1804, Fax: (011) 884-6040).*
• * Liliesleaf $$$$ (17): *Winston Av, Rivonia, Tel.: (011) 803-3787, Fax: (011) 803-6484, Web:* www.liliesleaf.com. *Dieses luxuriöse Gästehaus befindet sich auf der Farm, wo* Nelson Mandela *Anfang der 1960er Jahre das Hauptquartier des ANC untergebracht hat. Hier traf er sich mit vielen Führern des Widerstands, bis das Versteck dann doch aufgeflogen ist und einige ANC-Führer hier verhaftet und im sog. „Rivonia-Trial" verurteilt wurden. Ein wirklich historischer Platz und auch schön, doch etwas zu hoch im Preis für den Standard.*
• * Gallo Manor Country Lodge $$$–$$$$ (18): *23 Canterbury Crescent, Gallo Manor, Tel.: (011) 802-8986, Fax: (011) 804-6710. Gut ausgestattetes 5-Zimmer-Gästehaus, untergebracht in einem Landhaus und berühmt für das tolle Frühstück. Hier wohnen Sie ruhig, gepflegt und können sich im Garten bzw. Pool vom Stadtstress erholen.*
• Tudor Lodge $$–$$$ (19): *4 Oranje Av, Gallo Manor, Tel. + Fax: (011) 802-4436. B&B im Tudor-Stil. Etwas kitschig, aber günstiger als die Hotels um die Sandton Mall. Voll ausge-*

stattete Zimmer/Cottages für Selbstversorger. Auf Vorbuchung aber auch Dinner. Kleiner Pub, Pool und Grillplatz.

• *In Wynberg, an der M1 gibt es auch ein* **Hotel Formula 1 $–$$ (20)**: *1 Maree St, Tel.: (011) 887-5555, Web: www.formula1.co.za. Einfaches, funktionelles und günstiges Motel.*

• *Casino, imitierte toskanische Architektur, Restaurants, Kinos und eben auch ein (weiteres) Hotel der Oberklasse ist das* **Palazzo Monte Casino $$$$ (21)** *(auch* **Palazzo Inter-Continental** *genannt) außerhalb des N1-Autobahnrings am Montecasino Dr (am William Nicol Dr, Fourways) im Norden der Stadt. Tel.: (011) 510-3000, Fax: (011) 510-4000, Web: www.southernsun.com. Das Hotel und die gesamte Anlage können getrost als weitere Attraktion angesehen werden. Ob europäische Reisende nun aber so viel Geld für ein Zimmer in einem imitierten toskanischen Ambiente ausgeben sollten, das mögen wir doch bezweifeln.*

• **Lesedi Cultural Village $$**: *An der R512, ca. 12 km nördlich des Lanseria Airport, Tel.: (012) 205-1394, Fax: (012) 205-1433, Web:* www.lesedi.com. *Hier wohnen Sie, wenn auch sehr auf Touristen ausgelegt, mit einer afrikanischen Familie in einer (relativ authentischen) Hütte. Auch die Mahlzeiten (vorher anmelden!) sind traditionell.*

AM INTERNATIONAL AIRPORT

Hotels in Airportnähe sind immer formeller als andere und Sie zahlen oft Preise, die bei gleichem Komfort ca. 10% höher liegen als anderswo in der Stadt. Dafür können Sie diese Hotels oft schon von Europa aus günstiger übers Reisebüro buchen und an Wochenenden bieten Airporthotels oft auch günstigere Raten. Und dann lohnt es sich, von hier aus die Stadt zu erkunden.

• **Um den Bruma Lake**: *Ca. 7 km östlich von der Innenstadt und bereits günstig gelegen an der Autobahn zum Flughafen (ca. 14 km, 15 Fahrminuten). Lesen Sie dazu oben.*

• *Als Hotels direkt am Airport bzw. im Umkreis von bis zu 5 km (alle haben einen regelmäßigen Shuttle-Service zu den Terminals) gibt es folgende zu nennen (Auswahl):*

• **Airport Sun Inter-Continental $$$$**: *Am Airport, Tel.: (011) 9615400, Fax: (011) 961-5401, Web: www.southernsun.com;* **Holiday Inn Johannesburg Airports $$$–$$$$**: *Am Airport, Tel.: (011) 975-1121, Fax: (011) 975-5846, Web: www.southernsun.com;* **Holiday Inn Garden Court $$$**: *2 Hulley Rd, Kempton Park, 3 km zum Airport, Tel.: (011) 392-1062, Fax: (011) 482-3500, Web: www.southernsun.com;* **Town Lodge Johannesburg Airport $$**: *Herman Rd (R24 Barabra Rd Exit), Harmelia Ext. 2, Germiston, Tel.: (011) 974-5202, Fax: (011) 974-5490, Web: www.citylodge.co.za.*

• *Persönlicher wäre es dagegen im etwas weiter vom Airport entfernten* **Afton Guest House $$–$$$**: *17 Aftonwold Way, Aston Manor, Kempton Park, Tel.: (011) 391-7625, Fax: (011) 972-4753, E-Mail: aftongh@netactive.co.za. 10 Minuten zum Airport, Pool, Garten.*

JH Backpacker (▸ Karte S. 232)

Die Zahl der Backpacker hat in den letzten Jahren in Jo'burg abgenommen. Gründe sind vor allem der Sicherheitsfaktor, die schlechte Infrastruktur für Rucksackreisende (kein Nahverkehrssystem) und die Nähe zu Pretoria, wo eine Reihe von Backpackern Touren nach Jo'burg anbieten. Wir nennen hier einmal drei Backpacker in Jo'burg, die alle ihre eigenen Vorteile haben:

• *Günstig zum Airport und nahe dem Eastgate Shopping Center liegt* **Eastgate Backpackers** *(41 Hans Pirow St, Bruma, Tel.: (011) 616-2741, E-Mail: eatebp@netactive.co.,za).*

• **Backpackers Ritz (22)** *(1A North Rd, halber Weg zwischen Hyde Park und Rosebank Malls, Dunkeld West, Tel.: (011) 32-7125, E-Mail: ritz@iafrica.com) ist* **der** *Backpacker in der*

Stadt. Hier gibt es einen Pool, einen Garten und vor allem, hier treffen sich viele Rucksackreisende, was wichtig ist für den Infoaustausch. Bis zu einer gewissen Zahl darf sogar gezeltet werden im Garten.

• *Etwas teurer, aber dafür günstig zu den Restaurants und Kneipen von Melville gelegen ist* **Pension iDube $–$$** (23) *(11 Walton Av, Auckland Park, Tel.: (011) 482-4055, E-Mail: idube@mail.com), wo es auch 2-Bett-Zimmer gibt. Leider kein Geheimtipp mehr, so dass hier oft ausgebucht ist.*

Camping

Alle Campingplätze in Johannesburg sind mittlerweile geschlossen worden bzw. sind so heruntergekommen und unsicher, dass sie nicht mehr zu empfehlen sind. Einzig das o.g. **Backpacker Ritz** *kann für Zelter empfohlen werden. Wer bereit ist, ca. 45–60 Minuten in die Stadt hinein zu fahren, der sollte den sehr gepflegten und schattigen Platz im* *** Krugersdorp Game Reserve** *westlich von Johannesburg nutzen (an der R24 westl. von Krugersdorp, Tel.: (011) 953-1511). Alle anderen, ansprechenden Campingplätze liegen noch weiter von der Stadt entfernt (Magaliesberge, Pretoria/Tshwane, Suikerbosrand Nature Reserve), dass eine Anfahrt nach Johannesburg teurer und umständlicher würde, als gleich in einem günstigen Hotel in der Stadt zu nächtigen.*

Restaurants (▸ Karte S. 232)

INNENSTADT UND SÜDLICH SOWIE ÖSTLICH DAVON

• **Gramadoelas – Market Theatre** (1): *Market Theatre, neben MuseuMAfrica, Tel.: (011) 838-6960. Das Restaurant ist bekannt für seine kapmalaiische Küche, bietet aber auch interessante Gerichte aus anderen Teilen Afrikas. Gehobener Standard, relativ teuer. Gleich gegenüber am Market Square gibt es auch ein* **Bar-Restaurant** *mit einfachen Gerichten (Burger, Salate etc.) und im Jazzlokal* **Kippies** *(Tel.: (011) 838-1271) werden afrikanische Gerichte serviert.*

• **Kapitan's Oriental Restaurant** (2): *11 a Kort St, Tel.: (011) 834-8048. Seit Jahrzehnten eine Institution in Johannesburg (est. 1914). Indisch (aber auch andere asiatische) und südafrikanische Curry-Gerichte im Fine Dining-Stil! Nelson Mandela war hier in den 1950er Jahren Stammgast, als er in der Nähe als Anwalt gearbeitet hatte.*

• **Wandie's (Place)** (3): *618 Makhalamele St, Dube Village, Soweto, Tel.: (011) 982-2796. Diese „Luxus-Shebeen" ist zwar kein echter Geheimtipp mehr, aber einfach gut. Hier gibt es meistens ein ausladendes Buffet mit den besten Speisen, die die afrikanische Küche zu bieten hat. Vor allem die traditionellen Gemüsetöpfe und die eingelegten Lammstücke sind gut. Und dass die Desserts süß und mächtig sind, muss nicht weiter erläutert werden. Am besten, Sie kommen unter der Woche am Abend und, damit Sie sich nicht verfahren, mit einem Führer. Weitere bekannte Namen für Restaurants in und um Soweto sind:* **Sakhumvi's Restaurant** *und* **Nambitha's Restaurant** *(beide Orlando-West),* **Masakengs Pub & Grill** *(in Mofolo) und* **Kwa-Thabeng Restaurant** *(in Pimville) (alle* (3)*). Alle sollten Sie nur mit Führung besuchen.*

NÖRDLICH DES HILLCREST (ROSEBANK, PARKTOWN, MELVILLE ETC.)

• *Restaurants gibt es natürlich viele in der Stadt, doch nicht jeder mag die kleinen Sträßchen suchen bzw. fühlt sich unsicher (was in den nördlichen Stadtteilen eigentlich nicht sein müsste). Wer also, trotz der Tipps hier „auf Nummer sicher" gehen möchte, der findet in und um die besseren Shopping Malls, wie der* **Rosebank Mall** (4) *(zw. Glenhove St, Oxford Rd u. Jan Smuts Av), der* **Hyde Park Mall** (5) *(zw. Jan Smuts Av und 6th Rd in Hyde*

Park) sowie der **Sandton Square Mall** (6) *(zw. Rivonia Rd, West St und Sandton Dr) und auch anderen gute Restaurants. Die Malls sind innen schön, doch trotzdem mangelt es an Atmosphäre. Aber grundsätzlich werden Sie hier was finden.*

• **Melville entlang der 7th Street** (7) *ist z. Zt. „trendy". Hier können Sie in Cafés, Bars und auch besseren Restaurants speisen, wobei es sich zumeist um „Fusion-Food" (gemischt aus allen Stilrichtungen) handelt, also keine spezielle Küche, wie Sie sie z.B. in den Restaurants in Norwood (s.u.) finden.*

• **Radium Beer Hall** (8): *282 Louis Botha Av, Tel.: (011) 728-3866. Portugiesische Seafood-Küche (Super-Calamari-Steaks). Weitere Beschreibung siehe unten unter „Bars".*

• *** Giles** (9): *9 Grafton Rd, Craighall Park, Tel.: (011) 442-4056. Kleines Pub-Restaurant des gehobenen Standards in ruhiger Wohngegend. Sehr gute Weine und auch die Fleischgerichte sind exzellent. Beachten Sie die vielen Comics, die an den Wänden hängen und auch in Form von Büchern und Heftchen einzusehen sind.*

• *In dem kleinen Stadtteil* *** Norwood entlang der Grant Street** (10) *ist eigentlich für Jeden etwas dabei. Hier reihen sich gute Italiener neben portugiesischen, indischen und auch einem japanischen Restaurant aneinander. Besonders auf Fischgerichte haben sich viele eingestellt. Wirklich gut und kaum von Touristen entdeckt. Das* **Moyo** *(80 Grant St, Tel.: (011) 403-1246) bietet Gerichte aus allen afrikanischen Regionen. So z.B. East African Curry, nigerianische Peanut-Chilli-Soup, marokkanische Mixed Peppers oder als typische Zulu-Speise: Cabbage with mixed ingredients.*

SANDTON, RIVONIA, RANDBURG UND DER NORDEN

• *Am* **Sandton Square** *(zwischen Rivonia Rd, West St und Sandton Dr) gibt es zahlreiche Restaurants, von mediterran angehauchten über asiatischen und auch besseren Snack-Restaurants wird eigentlich jeder Gaumen befriedigt. Zu wünschen lässt die etwas sterile Atmosphäre. Unser Favorit hier ist der* **Butcher Shop & Grill** *(Tel.: (011) 784-8676), beliebt für seine erstklassigen Wildsteaks (Kudu, Springbock, Strauß etc.).*

• **Linger Longer** (11): *Wierda Rd E, off Johan, Wierda Valley, Tel.: (011) 884-0465. Seit Jahren eine Institution wegen der exquisiten Wildgerichte, der erlesenen Weinkarte und unwiderstehlicher Desserts. So geschlossen.*

• *Casino, imitierte toskanische Architektur, Shops, Kinos und eben haufenweise Restaurants bietet das* **Monte Casino** (12), *eine weitere Megamall außerhalb des N1-Autobahnrings am William Nicol Dr im Norden der Stadt.*

• **Lesedi Cultural Village**: *An der R512, ca. 12 km nördlich des Lanseria Airport, Tel.: (012) 205-1394. In diesem „Kultur-Dorf" werden Ihnen traditionelle Speisen der Xhosa, Ndebele und Zulu zubereitet. Unbedingt vorher anmelden. I.d.R. geht den Mahlzeiten eine Führung durch die 5 ethnischen Dörfer voraus.*

Bars/Pubs (▸ Karte S. 232)

• **Jolly Rogers**: *Ecke 4th Av/6th St, Parkhurst. 2-stöckige Kneipe, die besonders von jungen Leuten besucht wird. Ruhige Gegend, sicher und vor allem lange geöffnet. Einfache Pubspeisen (z.B. Burger).*

• **Radium Beer Hall**: *282 Louis Botha Av, Tel.: (011) 728-3866. Die schicke, nahezu historische Bar (von 1929 und damit die älteste in J'burg) passt so gar nicht in dieses Viertel, dass mittlerweile vornehmlich mit kleinen Handwerkergeschäften und etwas heruntergekommenen Wohnhäusern besetzt ist. Eigentlich war es ehemals das Italiener-Viertel, doch die viel von Minibussen in Richtung Alexandria frequentierte Botha Av hat sich in nur zwei Jahrzehnten sehr verändert. Trotzdem finden noch heute viele Johannesburger den*

Weg hierhin, besonders wegen der legendären Calamari-Steaks und der Livemusik Mi, Fr + Sa.

• *Weitere Bar-Restaurants finden Sie in* * **Melville entlang der 7th Street** *sowie an der* Randburg Waterfront (13) *(nahe Republic Rd, Randburg).*

Livemusik

• *Neben der Beilage in der Tageszeitung* „The Star" *ist besonders die Freitagsausgabe des „Sowetan" zu empfehlen in Bezug auf Infos zu Musikveranstaltungen. Der „Sowetan" führt nämlich auch kleinere Auftrittsorte auf und dieses nicht nur für Gauteng sondern auch für die umliegenden Provinzen. Schwerpunkt liegt dabei auf afrikanischem Jazz.*

• Roxy's Rhythm Bar: *20 Main Rd, Melville, Tel.: (011) 726-6019. Musik aller Stilrichtungen (meist aber Rock und Jazz) Mo–Sa. Zumeist von jüngerem Publikum besucht.*

• * Kippie's: *Im Market Theatre-Complex, neben MuseuMAfrica, Newtown, Tel.: (011) 784-5527, Web: www.kippies.co.za.* Der *Jazzschuppen von Johannesburg. Hier spielen die bekanntesten Musiker des Landes, leider zumeist nur Fr + Sa. Gleich um die Ecke bietet das* Megamusic Warehouse *(Tel.: (011) 834-2761), was der Name verspricht: Große Veranstaltungen, oft aber sehr moderne Rhythmen und laut.*

• Blues Room: *Village Walk Mall, Sandton, Tel.: (011) 784-5527, Web: www.bluesroom.co.za. Etwa dreimal die Woche treten hier die Bluesgrößen des Landes auf.*

• Some Kind of Blue(s): *Ecke Beyers Naudé/Judges Sve., Nähe Heathway Centre. Neuer Musikclub mit Livemusik von Blues bis hin zu moderneren Rhythmen.*

• Radium Beer Hall: *282 Louis Botha Av, Tel.: (011) 728-3866. Jazz-Livemusik Mi, Fr+Sa, wobei der Knüller die Bigband ist, die hier an jedem ersten Sonntag im Monat aufspielt. Weitere Beschreibung siehe oben unter „Bars/Pubs".*

• Livemusik in Soweto: *Viel wird über die Townshipmusik (bes. Kwaito und Jazz) gesprochen, doch ist es nicht einfach, die Aufführungsorte zu finden. Zumeist stehen Ankündigungen auch nicht in der Zeitung. Es ist somit besser, Sie versuchen diese mit einem fachkundigen Führer zu besuchen. I.d.R. wird nur Fr + Sa Livemusik geboten.*

Theater

Einst war Johannesburg bekannt für seine Theaterszene. Das ist lange her und nur langsam erholt sich der Ruf wieder, da das Civic Theatre *(klassisch, Loveday St, Braamfontein, Tel.: (011) 403-3408) sowie das* Market Theatre *(klassisch u. modern, Market Theatre Complex, Newtown, Tel.: (011) 832-1641) in letzter Zeit bessere Vorführungen bieten und die entsprechenden Umgebungen gesichert wurden.*

Kruger National Park sowie private Wildschutzgebiete am westlichen Rand des Parks, in Mozambique, Mpumalanga und Limpopo-Province (S. 411ff)

Infos und Adressen zu

• Makuya Nat. Reserve/Park *siehe unter* „Thohoyandou und das Gebiet der Venda"

• Hoedspruit *und* Klaserie *siehe unter* „Blyde River Canyon und das Gebiet um die nördlichen Drakensberge"

• Hazyview *siehe unter* „Graskop/Pilgrim's Rest/Hazyview"

Information

• *Alle Informationen erhalten Sie über das zentrale* National Park Office *in Tshwane/ Pretoria: Tel.: (012) 428-9111, E-Mail: reservations@sanparks.org, Web: www.sanparks.org.*

• Jedes Rest Camp *verfügt zudem über ein Informationsbüro.*

Wichtige Telefonnummern

Hinweis: In vielen Regionen des Parks, besonders aber nahe der großen Camps haben Sie mit einem Handy Empfang. Darauf verlassen dürfen Sie sich aber nicht, denn die Reichweitenstärke variiert sehr, je nach Uhrzeit und Anzahl der aktuellen Nutzer.

• Medizinischer Dienst in Skukuza (24-Stunden)*: (013) 735-5638*
• Malaria Hotline*: 082-234-1800*
• Straßendienst/Pannenhilfe*: (011) 541-1223 od. kostenlos: 0800-030-666*

Flughäfen/Mietwagen

Alle großen Mietwagenfirmen haben Niederlassungen am Kruger-Mpumalanga International Airport (KMI) *ca. 30 km nordöstlich von Nelspruit an der R538 (wird auch international angeflogen) sowie in* Hoedspruit *(Airport bzw. im Ort) bzw.* Phalaborwa *(Airport). Alle drei Flughäfen werden täglich von Johannesburg und nahezu täglich von Kapstadt und Durban aus angeflogen.*
Mit der Eröffnung des Kruger-Mpumalanga International Airport wurde der alte internationale Flughafen von Nelspruit geschlossen und auch der kleine Flugplatz von Skukuza verliert dadurch seine regelmäßigen Flugverbindungen.

Bank/Post/Polizei

Die einzige Bank, Polizeistation sowie Post befinden sich im Skukuza Camp. Geldautomaten werden in naher Zukunft in den meisten Camps aufgestellt, wobei bei Drucklegung nur in Skukuza und Mopani ein Automat stand.

Touren

• *Grundsätzlich gilt:* Touren/Game Drives *durch den Park sollten Sie rechtzeitig buchen, spätestens beim Einchecken in Ihrer Lodge.* Bushwalks *und* Bush Drives*, beson-*

Zeiten/Öffnungszeiten									
1. Park- und Camptore (Gate Opening Times)									
	Jan.	Feb.	März	Apr.	Mai-Juli	Aug.	Sept.	Okt.	Nov.-Dez.
Öffnen	4.30 h (Camp), 5.30 (Park)	5.30 h	5.30 h	6 h	6 h	6 h	6 h	5.30 h	4.30 h (Camp), 5.30 (Park)
Schließen	18.30 h	18.30 h	18 h	18 h	17.30 h	18 h	18 h	18 h	18.30 h
2. Restaurants: Frühstück: 7–9 h, Mittagessen: 12–14 h, Abendessen: 18–21 h									
3. Geschäfte (Shops in den Camps): 8 h bis 30 Minuten nach Schließung der Tore in den Camps									
4. Ein-/Auschecken: Einchecken: ab 12 h, Auschecken: bis 9 h									
5. Rezeption für Unterkünfte: Die Rezeptionen in allen Camps öffnen um 8 h und schließen 30 Minuten nach dem Schließen des Camp Gate.									
6. Von der Parkverwaltung organisierte Game Drives: Morning Drive: 5.30-8.30 h, Night Drive: 5-8 h, im Sommer oft auch 5.30–21 h									

K

Erkundung mit dem Auto

- **Höchstgeschwindigkeit:** *50 km/h auf Asphaltstraßen, 40 km/h auf Pisten.*
- *Verlassen Sie Ihr Fahrzeug nur an dafür ausgewiesenen Punkten.*
- *Sollten Sie andere* **Autos,** *aus denen die Passagiere noch Tiere beobachten,* **passieren wollen,** *machen Sie dieses langsam und behutsam. Nicht dass Sie die Tiere verscheuchen.*
- *Die* **beste Zeit zum Beobachten von Tieren** *ist in den frühen Morgenstunden und am späten Nachmittag. Auch die Tiere lieben die kühleren Zeiten.*
- *Das sollten Sie immer dabei haben bzw. daran sollten Sie denken:*
- *ausreichend zu* **trinken** *(pro Tag 3 l pro Person)*
- *ein paar* **Snacks** *– besonders salzige und süße*
- *eine* **Mülltüte**
- *genügend* **Filme**
- *ein* **Fernglas**
- **Tanken** *Sie Ihr Fahrzeug am Morgen auf.*
- *Vergessen Sie nicht eine* **genaue Karte** *vom Park mitzunehmen. Die gibt es in jedem Park-Geschäft und auch an den Gates.*
- *Laden Sie Ihr* **Handy** *noch einmal auf über Nacht.*
- *Haben Sie die* **Notfallnummern** *und die* **Öffnungszeiten** *der Camps dabei. Bedenken Sie bei der Routenplanung, wie groß der Park ist und dass Sie nur 50 bzw. 40 km/h fahren dürfen.*
- **Sonnenschutzmittel:** *Auch der lässig aus dem Fenster hängende Arm kann verbrennen.*

ders die mehrtägigen, sollten bereits lange im Voraus über das Nationalparkbüro in Tshwane/Pretoria (s.o.) gebucht werden. Während der heißen Monate und während der Regenzeit (November–März) gibt es nur selten Bushwalks. Game Drives *(morgens/abends) können Sie auch vorbuchen.*

• Transfrontier Wildlife Walking Safaris *operiert über die „Kruger Backpacker Safari Lodge" nahe Klaserie (Tel./Fax: (015) 793-0062 oder 793-3816, Internet: www.tsafaris.co.za, E-Mail: nyanitf@nix.co.za) und unternimmt mehrtägige Bushwalks im Manyeleti Nat. Reserve und auch Touren in den Kruger Nat. Park.*

• Bundu Bus Tours: *Tel.: (011) 675-0767, Internet: www.bundusafaris.co.za. Einer der größten Anbieter für Touren in den Kruger Park. Organisierte 2–4-Tage-Touren von Johannesburg oder Nelspruit aus, Buschwanderungen mit und ohne Übernachtung, Luxuscamp-Safaris u.v.m. Hier findet eigentlich jeder etwas Passendes.*

• *Mehrere* Konzessionäre *bieten geführte Touren in den Kruger NP von außerhalb an. Diese machen mit Werbepamphleten an nahezu jedem Hotel und jeder Lodge im Umkreis auf sich aufmerksam. Fragen Sie auch in Ihrem Hotel nach. Leider klappt die Buchung nicht immer*

Die Abendstimmung im Busch vermittelt eine ganz besondere Atmosphäre

kurzfristig. Oft sind die Touren entweder ausgebucht oder eben auch zu gering gebucht, so dass Sie keinen Platz erhalten. Verlassen Sie sich also nicht auf diese Möglichkeit.

Unterkünfte (▸ Karten S. 246ff)

A) STAATLICHE NATIONALPARK-UNTERKÜNFTE

Nähere Beschreibung im Reiseteil. Ausstattung siehe Tabelle auf S. 428ff.

** = Empfehlung*

• ***Die großen Rest Camps***

Erstbesucher zielen i.d.R. auf die großen Restcamps. Hier gibt es alles: Tankstelle, größere Geschäfte, Informationen, ein Restaurant und unterschiedliche Unterkunftstypen, wobei die reetgedeckten Standard-Rondavel (meist 2 Betten, einige für 3–4 Personen) die Regel sind. Daran ist nichts falsch, doch nach ein bis zwei Nächten hier empfindet man es bereits als unangenehm, wenn sich abends, kurz vor Schließung der Tore, kleine Autoschlangen auf die Camps zubewegen. Der größte Vorteil dieser Rest Camps ist vor allem die Existenz eines Restaurants.

Hinweis

Buchungen der staatlichen Camps mehr als 3 Tage im Voraus nur über das National Park Board in Pretoria/Tshwane: Tel.: (012) 428-9111, E-Mail: reservations@sanparks.org, Web: www.sanparks.org. Innerhalb von 72 Stunden kann auch, ein bis zwei Tage vorher sollte nur direkt im Camp gebucht werden.

Tipps für die Buchung in bestimmten Camps

• **Olifants:** Buchen Sie unbedingt ein Cottage mit „Riverview". Die besten sind die mit den Nummern 106-111.

• **Lower Sabie:** Zzt. die besten und modernsten Unterkünfte.

• **Mopani:** Der Ausblick vom Restaurant und der Terrasse vor der Bar auf den Pioneer Dam ist bei Sonnenuntergang grandios.

• **Sirheni:** Abgeschieden gelegen, ist dieses eines der Geheimtipps im Kruger Park.

Die Terrasse der Mopani-Bar bietet Platz zum Entspannen

• **Punda Maria:** Das älteste Camp und hier wohnen Sie noch wie in den Camps vor 50 Jahren. Zwar nicht so komfortabel, dafür aber mal anders. Zudem ist das Camp recht klein.

• **Skukuza:** Das mit Abstand größte Camp. Hier mangelt es an Busch-Charakter. Maximal gut für eine Nacht.

• **Berg-en-Dal:** Beliebt bei Campern.

▸ **Grundsätzlich:** Im Südteil des Parks gibt es zwar die meisten Tiere, dafür aber auch die meisten Besucher. Sollten Sie also die Zeit und Muße haben, dann planen Sie eher einen Besuch nördlich der Linie Orpen-Satara-N'wanetsi.

K

- **Im Süden:** **Berg-en-Dal* (16), *Crocodile Bridge* (15), ** Lower Sabie* (14), *Pretoriuskop* (12), *Skukuza* (11)
- **Zentraler Park:** *Letaba* (5), ** Olifants* (6), *Orpen* (10)/*Maroela, Satara* (8)
- **Im Norden:** ** Mopani* (4), ** Punda Maria* (1), *Shingwedzi* (3)

• **Bushveld Camps (BC), abgeschiedene „Satelliten" (S) sowie Tented Camps (TC, übernachtet wird in Safarizelten)**

Wer bereits einmal im Kruger Nat. Park gewesen ist, der wünscht sich mit Sicherheit beim nächsten Besuch noch mehr Abgeschiedenheit. Und die findet man in den kleineren Bushveld Camps. Hier gibt es i.d.R. kein Geschäft und auch kein Restaurant. Dafür aber Selbstversorger-Hütten. Selbst wer nicht auf Selbstversorgung eingestellt ist, kann hier gut „überleben". Die Hütten sind komplett eingerichtet (Geschirr, Kochutensilien, Besteck, Grill vor dem Haus etc.). Kaufen Sie einfach ein paar Basisdinge in einem Geschäft in einem großen Rest Camp. Wie wäre es z.B. abends mit einer Tütensuppe, einem schönen Stück Fleisch auf dem Grill und dazu ein Glas südafrikanischen Wein? Und zum Frühstück Obst und Brot mit Marmelade?

Im Sirheni-Camp kann man von der Terrasse aus Tiere beobachten

Balule (S) (7), *Bateleur (BC)* (R), *Biyamiti (BC), Jakkalbassie (BC, wird evtl. privatisiert), Shimuwini (BC)* (S), ** Talamati (BC), Tamboti (TC), * Sirheni* (2)

B) PRIVATE CAMPS IM PARK

Die privaten Camps im Kruger Park sind oft schwer zu buchen, besonders aus Europa. Meist sind sie von Familien und besonders großen Firmen okkupiert, denn i.d.R. muss das gesamte Camp gebucht werden. Sie bieten nichts, was die privaten Camps vor den Toren des Nationalparks nicht auch zu bieten haben. Daher führen wir sie hier nur der Vollständigkeit halber auf.

** Boulders* (T), *Jakkalbessie, Jock of the Bushveld* (13), *N'wanetsi* (9), *Roodewal*

C) PRIVATE WILDSCHUTZGEBIETE/PRIVATE LODGES AM WESTLICHEN RAND DES KRUGER NP (AUSWAHL)

Hinweis

In den hohen Preisen der privaten Game Lodges sind die Game Drives inklusive. Bedenken Sie aber, dass diese Game Drives zumeist bereits um 16 h von der Lodge aus starten. Kommen Sie also rechtzeitig an.

Seit den 1970er Jahren gibt es immer mehr private Lodges westlich des Kruger National Parks, die alle im oberen Preissegment (und weit darüber) angesiedelt sind. Eine Auswahl fällt dabei schwer, denn nahezu alle Lodges versprechen – mit Recht – die „Big Five", alle bieten erstklassigen Service (zumeist hat jeder Gast einen eigenen Butler) und die Auszeichnung für die „beste Lodge" scheint jährlich zu wechseln, um am Ende wieder der ersten Lodge zugeteilt zu werden usw. Natürlich gibt es die ganz großen und vornehmen

Lodges, zu denen neben den hier vorgestellten (Londolozi, Ngala, Sabi-Sabi und Bongani) vor allen Lodges wie Mala-Mala (www.malamala.com) und Singita (N) *(www.singita.co.za) zählen, gefolgt von Tanda Tula Bushcamp (www.tandatula.co.za), Motswari* (A) *(www.motswari.com), Leopard Hills* (G) *(www.leopardhills.com) und einigen anderen. Mit den hier von uns beschriebenen Lodges wollen wir Ihnen einfach eine kleine Auswahl bieten, die alle Charaktere abdeckt, so dass Sie sich für Ruhe (Londolozi Safari Lodge und Pioneers Camp), Gesellschaft (Londolzi Bateleur und Tree Camps), Buschleben (Ngala Tented Safari Camp), ethnischen Schick (Sabi-Sabi Earth Lodge), relativ günstig (Manyeleti Game Reserve), sehr günstig (Phelwana Game Lodge) oder aber eine Berglodge abseits aller anderen (Bongani) entscheiden können.*

Ganz besonders ans Herz legen möchten wir Ihnen folgende Lodges, die von der Gesellschaft Conservation Corporation Africa (CCA) *gemanagt werden. CCA ist mittlerweile mit fast 30 Lodges und Game Reserves im Südlichen Afrika (auch KwaZulu-Natal, Botswana, Zimbabwe, Kenia u.a.) vertreten und hat sich nicht nur den eigenen Profit als Ziel gesetzt, sondern bemüht sich auch um die Integration der umliegenden Dörfer, der Weiterbildung seines Personals und dessen Familien sowie natürlich der Erhaltung bzw. Wiedereinführung des ökologischen Gleichgewichts. Alle CCA-Unterkünfte können direkt gebucht werden über:* CCAfrica, *Private Bag X27, Benmore 2010, Johannesburg, Tel.: (011) 809-4300, Fax: (011) 809-4400, Web: www.ccafrica.com.*

Telefon- und Faxnummern der einzelnen Camps und Eingangstore (Gates)
Alle haben die Vorwahl (013)

Camp/Gate (alphabetisch)	Telefon	Fax
Balule (nur über Oliphants zu erreichen)	7356606/7	735-6609
Bateleur	735-6843	735-6844
Berg-en-Dal	735-6106/7	735-6104
Biyamiti	735-6171	fragen Sie nach Fax
Crocodile Bridge	735-6012	735-6000
Kruger Gate	735-5107	735-5865
Letaba	735-6636/7	735-6662
Lower Sabie	735-6056/7	735-6062
Malelane Gate	735-6152	790-1075
Mopani	735-6535/6	735-6547
Numbi Gate	735-5133	fragen Sie nach Fax
Olifants	735-6606/7	735-6609
Orpen	735-6355	735-6359
Pafuri Gate	735-6888	kein Fax
Phabeni Gate	735-5890	735-5891
Phalaborwa Gate	735-6509	fragen Sie nach Fax
Pretoriuskop	735-5128/32	735-5339
Punda Maria	735-6873	735-6894
Punda Maria Gate	735-6870	kein Fax
Satara	735-6306/7	735-6304
Shimuwini	735-6683	fragen Sie nach Fax
Shingwedzi	735-6806/7	735-6832
Sirheni	735-6860	fragen Sie nach Fax
Skukuza	735-4152	735-4054
Skukuza (Reservierungen)	735-4184	735-4060
Talamati	735-6343	fragen Sie nach Fax

- *Das Flaggschiff am Kruger NP ist ohne Zweifel* * Londolozi $$$$$ (H). *Die Lodge ist von der Anfahrtsstraße zum Kruger Gate (R536), ca. 38 km östl. von Hazyview abzweigen auf eine Piste. Von hier aus ausgeschildert. Londolozi verfügt über zwei „Lodge-Areale“:*

- Die abgeschieden an einem kleinen Flussbett gelegene **Londolozi Safari Lodge** *ist etwas für diejenigen, die es lieber ruhiger mögen. Es gibt hier nur 6 Chalets.*

- *Das sog.* **Main Camp**, *das sich wiederum unterteilt in vier thematisierte Camps, die relativ dicht nebeneinander liegen. Hier können Sie wählen zwischen dem* **Bateleur Camp** *(Empfehlung: Chalet 1/Honeymoon-Suite), der* **Tree Lodge** *(unter Bäumen, Empfehlung: Chalet 1) sowie den etwas abseits gelegenen* **Founders Camp** *und* **Pioneer Camp** *(Empfehlung hier: die Pioneer Suites). Founders Camp und Pioneer Camp versprechen Old World Charme mit zahlreichen Relikten aus der Kolonialzeit, während die erstgenannten Camps eher etwas für diejenigen sind, die beim Essen bzw. auf der umwerfend schönen Lounge-Veranda Gesellschaft genießen möchten. Das Faszinierende bei allen Lodges ist, dass Sie inmitten der Natur leben, sich zurückziehen können, ohne viel von anderen Gästen zu bemerken und trotzdem Geselligkeit finden werden, wenn Sie diese suchen. Die Einrichtungen aller Zimmer/Suiten sind einzigartig und lassen kaum einen Wunsch offen. Hervorzuheben ist noch, dass alle Zimmer auch über mehr als großzügige Bäder, eine Außendusche (Duschen unter afrikanischem Himmel!), über eine eigene Veranda und einige auch über einen eigenen kleinen Pool bzw. Whirlpool auf der Terrasse verfügen. Letzteres aber nicht in der Safari Lodge sowie dem Founders Camp. Grundsätzlich gilt, dass Sie bei der Buchung genau Ihre Wünsche angeben sollten (Blick, eigener Pool etc.), so dass man Ihnen nach Möglichkeit genau die passende Suite gibt. Allen Lodges ist gemein, dass Sie von nahezu allen Plätzen aus einen schönen Blick auf eine Flusslandschaft haben, wobei der Blick bei der Safari Lodge nicht so weit ist, da der Fluss kleiner ist. Gespeist wird entweder in einer Boma, oft aber auch im Flussbett oder sonst wo in der Landschaft. Game Drives durch das 7.000 ha Naturreservat (+ umliegende Reservate) gehören natürlich überall zum Programm, Bushwalks gibt es in Londolozi aber nur für Strecken von*

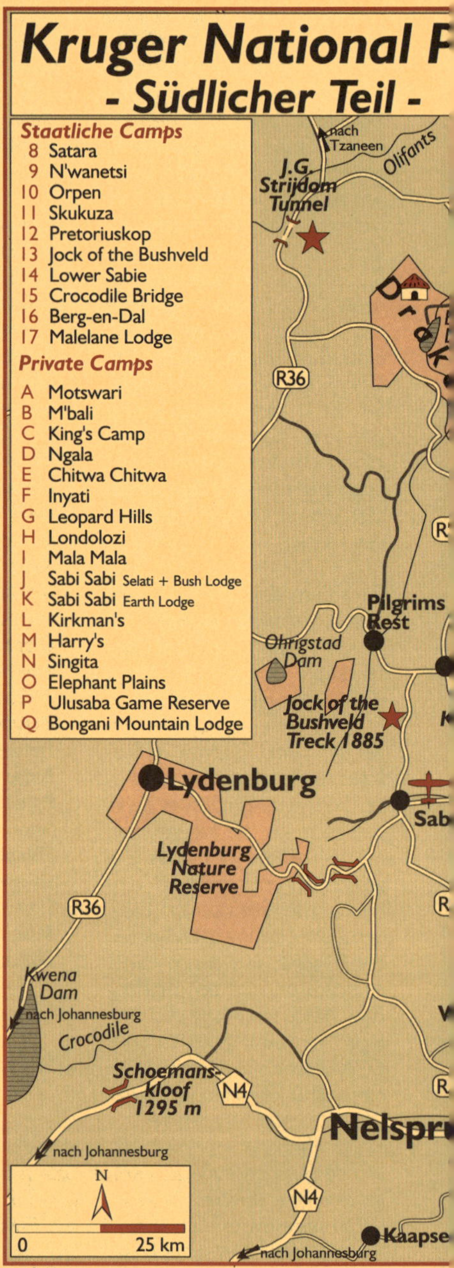

© igraphic

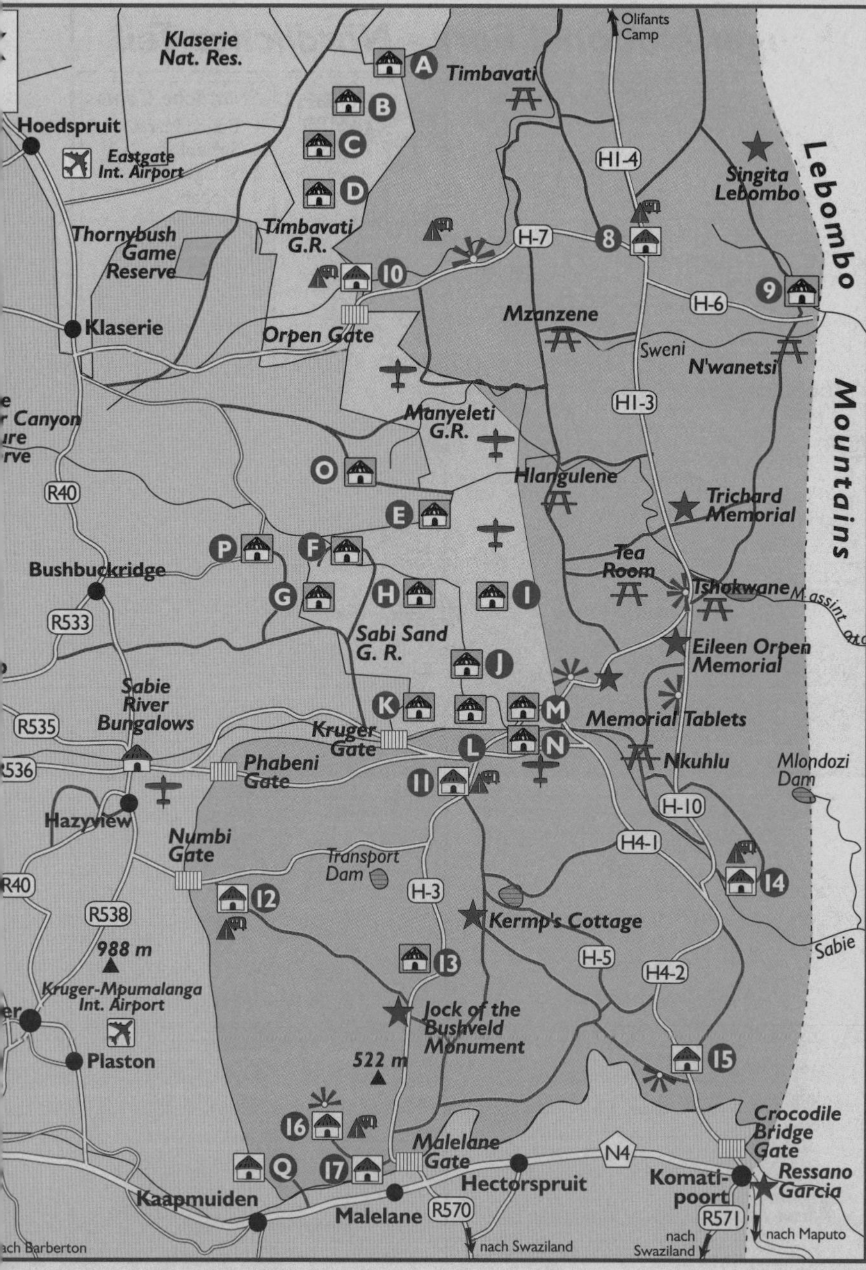

Klaserie Nat. Res.
Timbavati
Olifants Camp
Hoedspruit
Eastgate Int. Airport
Thornybush Game Reserve
Timbavati G.R.
Singita Lebombo
Lebombo Mountains
H1-4
H-7
H-6
Klaserie
Orpen Gate
Mzanzene
Sweni
N'wanetsi
H1-3
Manyeleti G.R.
Hlangulene
R40
Trichard Memorial
Bushbuckridge
Tea Room
Tshokwane
Massintonto
R533
Sabi Sand G. R.
Eileen Orpen Memorial
Sabie River Bungalows
R535
Kruger Gate
Memorial Tablets
Phabeni Gate
Nkuhlu
Mlondozi Dam
Hazyview
H-10
Numbi Gate
Transport Dam
H4-1
H-3
R538
Kermp's Cottage
988 m
H-5
H4-2
Sabie
Kruger-Mpumalanga Int. Airport
Jock of the Bushveld Monument
Plaston
522 m
Crocodile Bridge Gate
Malelane Gate
N4
Hectorspruit
Komatipoort
Ressano Garcia
Kaapmuiden
Malelane
R570
R571
nach Barberton
nach Swaziland
nach Swaziland
nach Maputo

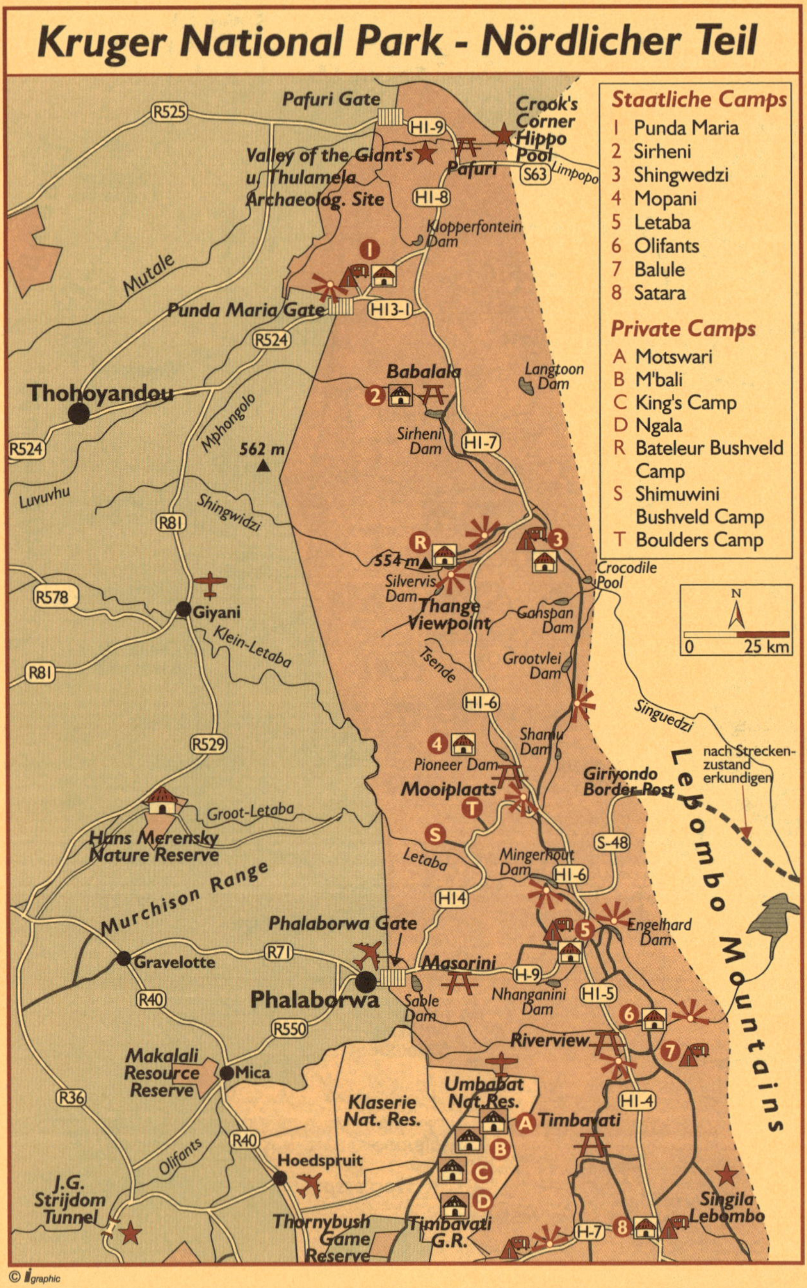
Kruger National Park - Nördlicher Teil
Staatliche Camps
1 Punda Maria
2 Sirheni
3 Shingwedzi
4 Mopani
5 Letaba
6 Olifants
7 Balule
8 Satara
Private Camps
A Motswari
B M'bali
C King's Camp
D Ngala
R Bateleur Bushveld Camp
S Shimuwini Bushveld Camp
T Boulders Camp
Pafuri Gate
Crook's Corner
Hippo Pool
Valley of the Giant's u. Thulamela Archaeolog. Site
Pafuri
Limpopo
Klopperfontein Dam
Mutale
Punda Maria Gate
Babalala
Langtoon Dam
Thohoyandou
Mphongolo
562 m
Sirheni Dam
Luvuvhu
Shingwidzi
554 m
Silvervis Dam
Thange Viewpoint
Crocodile Pool
Giyani
Klein-Letaba
Gonspan Dam
Tsende
Grootvlei Dam
Singuedzi
Shamu Dam
Pioneer Dam
Mooiplaats
Giriyondo Border Post
nach Streckenzustand erkundigen
Lebombo Mountains
Groot-Letaba
Hans Merensky Nature Reserve
Murchison Range
Letaba
Mingerhout Dam
Phalaborwa Gate
Engelhard Dam
Gravelotte
Masorini
Phalaborwa
Sable Dam
Nhanganini Dam
Riverview
Makalali Resource Reserve
Mica
Umbabat Nat. Res.
Klaserie Nat. Res.
Timbavati
Olifants
Hoedspruit
J.G. Strijdom Tunnel
Thornybush Game Reserve
Timbavati G.R.
Singila Lebombo
R525
H1-9
S63
H1-8
H13-1
R524
H1-7
R81
R578
H1-6
R529
S-48
H14
R71
H-9
H1-5
R40
R550
R36
H1-4
H-7
N
0
25 km
© graphic

bis zu 2 Stunden Länge. Das Londolozi Game Reserve ist übrigens direkt an den Kruger NP angeschlossen und durch keinen Zaun von diesem getrennt. Sie können hier also die Big Five ganz exklusiv erleben.

• Ngala Lodge $$$$$ (D): *Die Anfahrt erfolgt über die Straße zum Eastgate Airport südlich von Hoedspruit. Von der R40 sind es etwa 46 km zur Lodge (gut ausgeschildert) Ngala liegt im Timbavati Game Reserve, das mittlerweile Teil des Kruger NP ist, aber von einem Trust gemanagt wird. Es gibt zwei Unterkunftsmöglichkeiten, die* **Ngala Lodge** *an einem kleinen Staubecken sowie das mitten im Busch versteckte ** **Ngala Tented Safari Camp**, *für das es eine eigene Zufahrt von Süden gibt (fragen Sie bei der Buchung nach, wie Sie anreisen sollen). Die Lodge verfügt über 20 Chalets sowie eine exklusive Safari Suite mit eigenem Pool und Wohnzimmer. Abends kommen Hippos und Büffel direkt an die Veranda der Lodge, so dass Sie die Tiere bei einem Schlummerdrink im Sessel bewundern können. Das Tented Safari Camp besteht aus 6 Luxuszelten, die mitten im Busch platziert sind. Näher an der Natur geht es nicht. Von hier aus werden dann Bushwalks angeboten. Während der heißen Monate wird das Camp aber meistens geschlossen gehalten. Ngala organisiert auch* **mehrtägige Bushwalks** *durch den Kruger NP. Ein Erlebnis fürs Leben, aber auch anstrengend. Da aber für eine exklusive Versorgung garantiert wird, ist das gut zu schaffen.*

• Bongani Mountain Lodge (Q): *Sie erreichen die Lodge über die N4 östlich von Nelspruit. Biegen Sie dazu 1 km westlich von Kaapmuiden nach Norden ab. Nach 7 km Schotterpiste gelangen Sie zum Gate, von wo aus Sie die restliche Strecke in die Berge mit einem Land Rover gebracht werden. Ihr Fahrzeug bleibt während Ihres Aufenthaltes auf einem bewachten Parkplatz. Wichtig ist, dass Sie sich bei der Buchung die Abholzeiten am Gate nennen lassen! Bongani ist ganz anders als die o.g. Lodges von CCA. Die Unterkünfte (reetgedeckte Chalets) sind natürlich wieder top und der Service auch. Zudem befinden Sie sich auch hier in einem Naturreservat mit vielen der afrikanischen Tiere. Trotzdem ist Bongani größer als Ngala oder die Safari Lodge und wird zudem gerne von Kurzbesuchern aus der Gauteng-Region genutzt. Damit ist das Ambiente als gesellig zu bezeichnen, was den einen zusagen mag, den anderen aber die Abgeschiedenheit vermissen lässt. Die Ausblicke auf das Naturreservat und Nelspruit ganz in der Ferne sind grandios und besonders von den Chalets Nr. 8, 13, 14, 20 und 24 wundervoll zu genießen. Auch hier werden Game Drives und kurze (1–3-stündige) Bushwalks angeboten.*

• Sabi-Sabi $$$$$ (J+K): *Die Lodge liegt im Süden des Sabi Sand Game Reserve und ist ebenfalls über den Abzweig von der Kruger Gate Rd von Hazyview zum Kruger NP (nach*

Noch ein Tipp zu den Preisen aller privaten Game Lodges, auch der, die nicht zu CCA gehören:
Die offiziellen Preise werden mit US$ 200 bis US$ 550 (!!) pro Person und Nacht (inkl. aller Mahlzeiten und Game Drives) angegeben. Doch es gibt zahlreiche Rabatte und eben auch Möglichkeiten, den Preis zu verhandeln. Besonders unter der Woche bzw. wenn die Lodges nicht ganz ausgebucht sind oder auch, wenn Sie mit Ihrem Reiseveranstalter sprechen, können Sie deutlich günstigere (wenn auch immer noch hohe) Raten erreichen. Etwas günstiger wird es bereits, wenn Sie bei CCA direkt in Johannesburg buchen (s.u.) und besonders günstig, wenn Sie über einen großen Reiseveranstalter, wie z.B. DER **lange im Voraus** von Europa aus buchen. Da gibt es schon mal Preise von 100 €/Person/Nacht. Bei diesen Preisen und wenn Sie unbedingt hier nächtigen möchten, sollten Sie nichts unversucht lassen...

K

ca. 38 km) zu erreichen. Buchungen über: Sabi-Sabi, P.O.Box 52665, Saxonwold 2132, Tel.: (011) 483-3939, Fax: (011) 483-3799, Web: www.sabisabi.com.
Es gibt drei Lodges in Sabi-Sabi, von denen die **Bush Lodge** *an einem großen Wasserloch und am Rande eines Flussbetts die größte ist. Hier können Sie zwischen 21 Chalets und 5 extravaganten Suiten wählen. Die Bush Lodge bietet zudem auch die besten Infos zum Thema Wildlife, verfügt über eine große Aussichtsplattform und kann als die „geselligste" Lodge in Sabi-Sabi angesehen werden.*
Die **Selati Lodge***, mit nur 8 Chalets die kleinste, überbietet die anderen in punkto Old World Charme. Gedenkstücke aus der Zeit um 1900, besonders die der alten Eisenbahn (die Bahnlinie nach Mozambique verlief früher durch das Areal) unterstreichen diesen Eindruck. Zudem gibt es keinen Strom in Selati, so dass Sie abends im Licht von Petroleumlampen und Kerzenschein das „Feeling of Colonial Africa" durchleben können. Der Knüller aber ist die mehrfach ausgezeichnete* *** Earth Lodge***, deren abgerundete Gebäude äußerlich wie eine Mischung aus Bienenkörben und Erdhäusern der Indianer erscheinen. Damit passen die Gebäude sich hervorragend der Landschaft aus runden Felsblöcken und hohem Gras an und sind erst beim Näherkommen zu erkennen. Es gibt 13 Suiten hier.*

• *Das* *** Manyeleti Game Reserve $$$$–$$$$$** *(Tel.: (011) 341-0282, Fax: (011) 447-4326, Web: www.honeyguidecamp.com) deckt 60.000 ha ab zwischen dem Orpen Gate nördlich und dem Sabi Sands Reserve südlich davon. Das Reserve ist (noch) in staatlichem Besitz, so dass die Preispolitik niedriger angesetzt ist als z.B. bei Londolozi oder Sabi-Sabi, aber mit umgerechneten US$ 200/Person müssen Sie im Honeyguide Camp bestimmt rechnen (Trails Camp ca. 30 % billiger). Dafür kann natürlich nicht der Service der o.g. Lodges erwartet werden und kann nicht soviel Geld in die Bildung bzw. Naturerhaltung gesteckt werden. Trotzdem ist das Reserve mehr als zu empfehlen. Auch hier gibt es alle großen Tiere zu sehen und die Unterkünfte sind top. Das* **Honeyguide Tented Safari Camp** *bietet Safarizelte als Schlafstätte an. Nach vorne haben diese auf Holzstehle gesetzten Zelte („East-African Safari Tent") eine Veranda mit Blick auf ein Flussbett, der Mittelteil ist der abgedichtete Schlafraum und im hinteren Teil befinden sich Dusche und WC. Einfacher ausgestattet ist das* **Trails Camp***, das das wahre Buschleben verspricht. Auch hier wird in Zelten übernachtet, doch die eigene Dusche besteht nur aus einer Tonne, dessen Wasser sich durch die Sonneneinstrahlung erhitzt. Das Trails Camp wird oft nur an Gruppen als ganzes und für mind. 2 Tage vergeben. Fragen kostet aber nichts ... Beide Camps haben nur bedingt bzw. gar keinen Strom.*

• *Ebenfalls zu den „günstigeren" Safari Camps zählt das* **King's Camp $$$$** (C) *im Timbavati Game Reserve (östlich von Hoedspruit, Airport Rd, Tel.: (013) 753-2028, Fax: (013) 753-3377, Web: www.kingscamp.com), einer Lodge mit 8 Zimmern und 3 Suiten.*

• *An der R531 zwischen Klaserie und Orpen Gate wird schließlich noch das* **Andover Game Reserve** *für günstigere Safari Camps empfohlen (bei Drucklegung waren aber leider keine näheren Infos erhältlich) und das* **Umhlametsi Private Nature Reserve** *bei Hoedspruit (Tel.: (015) 793-2971, Fax: (015) 793-2962, Web: www.umhlametsi.co.za) bietet auch Selbstversorger- und Fullboardunterkünfte in Camps in der Preisklasse unter 1.000 Rand/Person.*

• *Der Preisbrecher ist die* **Phelwana Game Lodge $–$$***: Fahren Sie von Klaserie auf der R 531 knapp 3 km in Richtung Orpen Gate und zweigen Sie dann nach links ab. Nach ca.*

7 km Schotterpiste erreichen Sie das Gate rechter Hand. Tel. + Fax: (015) 793-2475, Web: www.soft.co.za/tourism/phelwana. Die Lodge liegt in einem kleinen, privaten Naturreservat, in dem es vor allem Zebras, Giraffen, Hippos und viele Antilopenarten zu sehen gibt. Übernachten können Sie in geräumigen Selbstversorgerhütten (alle mit eigener Boma und eigenem kleinen Pool!), in Zimmern mit Blick über das Wasserloch oder auf einem etwas abgelegenen Zeltplatz. Im Naturreservat muss aufgrund seiner Größe mit Zufütterungen nachgeholfen werden und auch sonst ist die Atmosphäre etwas „künstlicher" (z.B. Minigolfanlage, Vogelvolieren) als in den Luxuscamps. Trotzdem wohnen Sie inmitten des Busches, werden fachgerecht beraten und geführt und können sich hier getrost für einige Tage in Ihrem Haus zurückziehen und lesen. Bei den Preisen ist das möglich. Wer im Restaurant zu Abend essen möchte, muss dieses bereits bis 11 h angemeldet haben.

D) LODGES UND HOTELS VOR DEN TOREN DES KRUGER NAT. PARKS

Siehe hierzu auch unter: **Thohoyandou und das Gebiet der Venda, Blyde River Canyon und das Gebiet nördlich der Drakensberge** *sowie* **Graskop/Pilgrim's Rest/Hazyview**

- **Malelane Sun Lodge $$$–$$$$** (17): *Nahe der N4 am Malelane Gate, Tel.: (013) 790-3304, Fax: (013) 790-3303. Am Crocodile River. Wer es gerne etwas luxuriöser haben möchte, ist hier genau richtig. Es sind nur 5 Minuten zum Gate vom Kruger Park. Bemerkenswert ist der geschmackvoll gestaltete Pool und im Restaurant werden köstliche Mahlzeiten serviert. Oft wird das Dinner in der offenen Boma zubereitet und serviert.*
- *** Protea Kruger Gate Lodge $$$–$$$$**: *Am Paul Kruger Gate (R536, Sabie River Rd), Tel.: (013) 735-5671, Fax: (013) 735-5676, Internet: www.protea-hotels.com. Auch hier können Sie den Luxus genießen, der im Kruger Nat. Park nicht geboten wird. Im Gegensatz zum Malelane Sun bietet dieses Hotel mehr Busch-Flair, besonders, wenn Sie sich für eine Übernachtung in einem der „Tree-Häuser" entscheiden. Die Anfahrt zum tierreichsten Areal im Nationalpark ist kürzer als vom Malelane Sun. Beliebt, auch bei Einheimischen, ist das große Buffet in der Boma, das oft nur am Wochenende serviert wird.*

E) IM PARKGEBIET AUF MOZAMBIQUESEITE

Zurzeit gibt es keine nennenswerten Unterkünfte auf Mozambiqueseite und vor 2010 kann sicherlich auch nicht damit gerechnet werden, dass die Infrastruktur hier ausreichend ausgebaut ist.

Camping

- *Nahezu alle großen* **Restcamps im Park** *verfügen über einen angeschlossenen, gut ausgestatteten Campingplatz (Ausnahme: Mopani).*

Der *** Balule Campground** *liegt 8 km südlich des Olifants Camp direkt am Olifants River und besticht daher durch seine Abgeschiedenheit. Er ist aber auch sehr einfach (z.B. kein Warmwasser und kein Strom).*

- *Beachten Sie ansonsten den Infokasten auf S. 438.*
- **Außerhalb des Parks** *empfehlen wir die* **Phelwana Game Lodge** *(siehe unter „Private Lodges am Westrand des Kruger Parks").*

Restaurants

Alle großen Restcamps verfügen über ein Restaurant, ansonsten gibt es nur Hütten für Selbstversorger.

K

M

Das Angebot an Nahrungsmitteln in den Geschäften der großen Restcamps lässt dabei keine Wünsche offen. Besonders Grillfreunde werden das Angebot an Wildfleisch zu schätzen wissen.
Wer im Restaurant essen möchte, sollte dieses unbedingt reservieren. Spätestens beim Einchecken, besser aber ein bis zwei Tage früher. Beachten Sie auch die limitierten Öffnungszeiten (siehe Kasten S. 241).

Madikwe Game Reserve, North-West-Province (S. 478)

Unterkünfte

Alle Lodges dieses exklusiven, aus privater Initiative entstandenen Parks sind sehr teuer ($$$$$). Im Preis inbegriffen sind alle Mahlzeiten und Game Drives. Infos zu allen Lodges im Park finden Sie auch im Internet: www.madikwelodges.com. *Unsere drei Empfehlungen sind:*

• Tau Game Lodge*: Tel.: (011) 315-5272 od. 315-5260, Fax: 8011) 315-1462, Internet:* www.ccafrica.com *oder* www.taugamelodge.co.za. *Die Lodge gehört zu der privaten, ökologisch orientierten CCAfrica-Group (siehe dazu auch* Londolozi Lodge *im Krüger NP). 30 reetgedeckte Hütten liegen wunderschön um ein Wasserloch und abends können Sie von Ihrer Veranda den Tieren beim Trinken zuschauen.*

• *Ebenfalls am Wasser, diesmal aber am Marico River (einem der Quellflüsse des Limpopo) gelegen, ist die* Madikwe River Lodge *(Tel.: (0861) 000-333 od. (014) 778-0891/2, Internet:* www.threecities.co.za/madikwe*). Hier wohnen Sie ebenfalls in luxuriösen Chalets und direkt am Flussbett.*

• *Am „günstigsten" (ab R 800/Person/Nacht) und mit dem größten Charme in punkto Buscherlebnis wohnen Sie im zentral im Park gelegenen* Mosetlha Bushcamp *(gelegentlich auch nur $$$$). Dafür verzichten Sie auf Strom in den relativ einfachen Holzhütten. Es gibt 8 davon und somit können maximal 16 Gäste hier nächtigen. Tel.: (011) 802-6222, Internet:* www.thebushcamp.com.

Campinggelegenheiten

gibt es nicht im Park.

Magaliesberg-Region, inkl. Witwatersberg und Krugersdorp, North West Province, Gauteng (S. 480)

Information

• Rustenburg Tourism Info Centre*: An der N4 an der östlichen Stadtausfahrt, Tel.: (014) 597-0904/5/6, Internet:* www.info-at-rustenburg.co.za.

• Magaliesburg Information*: 300 m nördl. der Magaliesburg Mall an der Rustenburg Rd (R24), Tel.: (014) 577-1733, Internet:* www.magaliesmeander.co.za.

• Hartebeesport Info Shop*: Umfala Garage, Dam Doryn 4-Way Crossing, Hartebeespoort Dam, Tel.: (012) 253-0266, Internet:* www.hartebeespoortdam.com.

Hinweis

Beachten Sie bitte, dass aufgrund der Größe dieses Gebietes die u.g. Unterkünfte und Restaurants teilweise mehr als eine Autostunde auseinanderliegen.

• *Das* Infocenter des Crocodile Ramble *(Künstler-Route) befindet sich in Muldersdrift nahe der N14. Tel.: (014) 957-3745.*

Fliegen mit dem Heißluftballon

Seit Jahren schon betreibt Bill Harrop's Balloon Safaris *Flüge mit dem Heißluftballon über die Magaliesberge: Nahe Skeerport an der R560 (zwischen Haartebeesdam und Magaliesburg), Tel.: (011) 705-3201/2, Internet:* www.balloon.co.za.

Unterkünfte

> **Hinweis**
> Preise variieren stark, je nach Saison und Wochentag. Die Wochenenden sind immer teurer wegen der Kurzurlauber aus Johannesburg und Pretoria/Tshwane.

• *Das* * Mount Grace Country House $$$$ *(Tel.: (014) 577-1350, Internet:* www.grace.co.za*) sowie die* „Out of Africa" Riverside Cottages $$$$ *(Tel.: (014) 577-1126, Internet:* www.goblins.co.za*), beide an der R24 nördlich von Magaliesburg, bieten gehobenen Standard für diejenigen, die kurz vor dem Abflug noch einige Rand übrig haben und sich nicht ins Großstadtgewühl stürzen möchten. Erstere Adresse ist eher ein Hotel (schön am Hang gelegen, Wander- und Reitgelegenheiten sowie ein Spa samt Wellness-Programm), zweitere bietet individuelle, großzügige, reetgedeckte Häuser (keine Selbstversorger) am Magalies River und ist legendär für das gute Frühstück.*

• *Wer dagegen noch einmal mit Afrikas Tierwelt in Berührung kommen möchte, dem sei die* Heia Safari Ranch $$–$$$$ *(M5, einige Kilometer westlich vom Lanseria Airport, Tel.: (011) 659-0605, Fax: (011) 659-0709, Internet:* www.heia-safari.co.za*) ans Herz gelegt. Sie wurde von einem Deutschen in den 1980er Jahren aufgebaut. Etwas kitschig geht es aber schon zu im angeschlossenen Zulu-Dorf und das Wildgehege hat den Charakter eines überdimensionierten Zoos. Die Anlage (Zimmer, Chalets in unterschiedlichen Unterkünften) ist durchaus okay.*

• *Günstiger sind die Chalets ($$) und Luxury Tents ($$–$$$) im* Rhino & Lion Nature Reserve*: T3 des Cradle of Humankind, nördlich von Kromdraai, Tel.: (011) 957-0109/0034, Fax: (011) 957-0344, Internet:* **www.rhinolion.co.za**.

• Waterside Country House $$–$$$*: 70 Waterfront St, Schoemansville, Hartebeespoortdam, Tel. + Fax: (012) 253-0123, Internet:* www.hartebeespoortdam.com/waterside. *Der Name verrät eigentlich schon alles: Gästehaus (B&B od. Selbstversorger) mit schöner Aussicht auf den Stausee. Pool und Garten.*

• *Der* Gasthof Kroondal $$–$$$ *an der Pretoria Rd (N4) in Kroondal verspricht deutsche Gastlichkeit, individuell gestaltete Zimmer und einen schönen Garten. Tel.: (014) 536-3617, Fax: (014) 536-3169, E-Mail: gasthofkroon@yebo.co.za.*

• Jameson Country Cottages $$–$$$*: 10 km von Magaliesburg an der R509 nach Koster, Tel.: (014) 577-1361, Fax: (014) 577 4621, Internet:* www.westcane.co.za. *Sechs schöne Selbstversorger-Häuschen. Viktorianischer Renaissance-Stil. Pool, Kamine und Souvenirladen. Mehrfach prämiert.*

• * Sugarbush Hill Country Cottages $$*: Von der N4 biegen Sie 6,5 km östlich von Kroondal in Richtung Rex ab. Folgen Sie der Straße auf 2,5 km und zweigen Sie dann ab nach links. Nach 8,7 km, ca. 2 km hinter dem steilen Anstieg, geht es rechts u.a. zum Sparkling Waters Hotel. Genau gegenüber geht es nach links zu den Sugarbush Hill Cottages, die Sie nach ca. 800 m erreichen. Tel. + Fax: (014) 535-0027, E-Mail: sbhill@mweb.co.za. Die 5 romantischen Stein-Cottages liegen auf einer Anhöhe mit Blick über ein*

M

grünes Tal und auf einen Bergrücken der Magaliesberge. Idyllisch! Die Hütten sind unterschiedlich groß, also fragen Sie nach einem Haus, das Ihren Wünschen entspricht. Zwei Häuser haben auch einen Kamin. Alle Häuser sind komplett für Selbstversorger ausgestattet. Mahlzeiten werden nicht serviert, dafür müssen Sie nach Kroondal oder Rustenburg fahren bzw. können im o.g. **Sparkling Waters Hotel $$$** *speisen. Wer in diesem schönen Familienresort nächtigen möchte, den erwarten 2-, 3- und Mehrbettzimmer, ein Pool, Familienaktivitäten sowie Game Drives auf eine nahe Farm. Tel.: (014) 535-0000, Fax: (014) 535-0007, Internet:* www.sparklingwaters.co.za.

• **Krugersdorp Game Reserve $–$$$**: *Zufahrt über R24, Tel.: (011) 950-9900, Internet:* www.afribush.co.za. *Im Park gibt es die* **Ngonyama Lion Lodge $$–$$$** *mit Selbstversorgerhütten ($$$, manchmal $$$$), Zimmern und Chalets ($$–$$$) sowie einen wirklich schönen* *** Camping- und Caravanplatz** *(Tel.: (011) 953-1511). Durchaus eine günstige Übernachtungsalternative für Johannesburg. Meiden Sie aber die Wochenenden, besonders in den Sommermonaten.*

• **Mountain Sanctuary Park $–$$**: *Südlich vom Buffelspoort Dam (östl. Von Kroondal), Tel.: (014) 534-0114, Fax: (014) 534-0568, Internet:* www.mountain-sanctuary.co.za. *Einfache Chalets (Bettzeug/Schlafsäcke müssen mitgebracht werden!) in einem privaten Nature Reserve. Schöne Naturpools. Hier können Sie auch campen. Unbedingt vorher buchen.*

Camping

• *Schön sind die Plätze im o.g.* **Mountain Sanctuary Park** *und dem* *** Krugersdorp Game Reserve.**

• *Eine weitere Empfehlung wäre der Camping- und Caravanpark* **Lovers Rock** *nördlich von Magaliesburg an der R24. Tel.: (014) 577-1327.*

• *Schön campen, wenn es auch an Wochenenden relativ voll werden kann, können Sie im* **Kgaswane Mountain Reserve** *(ehemals: Rustenburg Nature Reserve) (Tel.: (014) 533-2050)*

Restaurants

• *Eines der besten Restaurants der Region bietet mit Sicherheit das o.g.* **Mount Grace Country House**. *Rustenburg empfiehlt sich weniger und wenn, dann versuchen Sie eines der kleinen Restaurants in der* **Waterfall Mall** *(R24 südlich der Stadt). Empfehlung: die Steaks im* **Steakout Grills**, *Tel.: (014) 594-2668. Deutsche Küche bietet* **Karl's Bauernstube** *(Tel.: (014) 527-2128), 10 km südlich von Rustenburg an der R24. In* **Hartebeespoort** *gibt es im Ortsteil Schoemansville an der Straße zur Staumauer einige Restaurants und auch westlich der Staumauer finden sich einige Touristenlokale. Beliebt ist dort das Fischrestaurant* **Fishmonger**. *In* **Magaliesburg** *gibt es auch eine Reihe von Restaurants.*

• *Zu guter Letzt sei hier noch mal auf das African Feast im* **Lesedi Cultural Village** *(an der R512 südlich von Hartebeespoort, Tel.: (012) 205-1394) hingewiesen, für das Sie unbedingt vorbuchen müssen. I.d.R. werden zwei Führungen täglich (11.30 und 17.30 h) durch die 5 verschiedenen afrikanischen Dörfer angeboten. Abschließend wird Ihnen dann noch – auf Wunsch (Mehrpreis) – ein reichhaltiger afrikanischer Lunch bzw. Dinner angeboten.*

Makhado (ehem. Louis Trichardt), westliche Soutpansberg-Region und Elim, Limpopo (S. 459ff)

Information

Soutpansberg/Venda Info Center: *N1, an der Ecke zur Hauptstraße in die Stadt (ehem. Vortrekker Rd), Tel./Fax: (015) 516-0040, E-Mail: info@northnet.co.za. Dieses Office ist auch zuständig für jegliche Informationen bzgl. des Gebietes der Venda um Thohoyandou.*

Unterkünfte

• * Lesheba Wilderness $$–$$$$: *42 km westlich von Makhado zweigen Sie kurz hinter Mara von der R522 nach Norden in die Berge ab. Dann sind es noch 9 km auf einer guten Piste. Tel. + Fax: (015) 593-0076 (0) od. Tel.: (011) 648-1966, Internet:* www.lesheba.co.za. *Die Bushcamps der Lodge liegen wunderschön in der Berglandschaft der Soutpansberge. Im dazugehörenden Nature Reserve können Sie viele Tiere beobachten, u.a. Rhinos, Giraffen und Antilopen. Bekannt ist das Reserve auch für seine artenreiche Vogelwelt, die Vielzahl an typischen Baumarten und die Felszeichnungen. Am schönsten, wenn auch am teuersten, ist das Bushcamp im Stil eines Venda-Dorfes. Hier gibt es z.B. eine Badewanne, von der aus Sie Ausblick auf die umliegende Naturlandschaft haben.*

• Inn on Louis Trichardt $$–$$$: *Rechter Hand an der N1 einige Kilometer nördlich von Makhado (rechter Hand, hinter der Passhöhe). Tel. + Fax: (015) 517-7088. Das Hotel ist das einzige der exklusiven zimbabwischen Kette* Inns of Zimbabwe *im Ausland. Es liegt in einem gepflegten Garten, hat ein gutes Restaurant und bietet komfortable Zimmer. Der Tipp, wenn Sie im nahen Umkreis von Makhado nächtigen möchten.*

• Shiluvari Lakeside Lodge $$–$$$: *Anfahrt: Wenige Kilometer südl. von Makhado nach Osten abbiegen auf die R578 nach Giyani, dann nach 19 km am 4-Way-Stop (Elim Hospital) nach links abbiegen. Nach knapp 6 km erreichen Sie den Abzweig zur Lodge (linker Hand). Postadresse: P.O.Box 560, Makhado 0920, Tel.: (015) 556-3406, Fax: (015) 556-3413, E-Mail: shiluvari@lantic.net. Lodge in eigenem 60-ha-Naturreservat am Albasini-Stausee. Besonders beliebt bei Vogelkundlern. Bootstouren auf dem See. Schöner, schattiger Garten und entspannende Atmosphäre. Es gibt Standard Rooms und unwesentlich teurere, reetgedeckte Chalets mit eigener Terrasse und Mini-Küche. Letztere sind der Tipp.*

• Clouds End Hotel $$: *1 km nördlich der Stadt an der N1, Tel.: (015) 517-7021, Fax: (015) 517-7104. Country-Hotel, das etwas in die Tage gekommen ist, aber ein gutes Preis-Leistungs-Verhältnis bietet. Es erinnert an die alten Landhotels in den ehemaligen englischen Kolonien. Ein schöner Garten mit vielen Vögeln umgibt das Hotel. Es gibt zudem einen Caravanpark.*

• Ben Lavin Nature Reserve $–$$: *Südlich der Stadt an der N1, Tel. + Fax: (015) 516-4534, E-Mail: benlavin@mweb.co.za. Komfortable Safari-Zelte, Lodgeunterkünfte, Selbstversorgerhütten, ein Caravanpark und ein Bushcamp (rechtzeitig dazu anmelden, oft nur für Gruppen) bieten sich hier an.*

• Buzzard Mountain Retreat $–$$: *17 km westlich von Makhado an der R522, Tel. + Fax: (015) 516-4896. Hier wohnen Sie schön, aber einfach und rustikal in kleinen Stein- bzw. Holzhütten. I.d.R. nur Selbstversorger. Zudem gibt es noch 4 Campingsites. Wandern können Sie hier auch und die Sonnenaufgänge haben es ebenfalls in sich.*

Camping

Am Clouds End Hotel *(s.o.) gibt es einen einfachen Campingplatz, ebenso im* Ben Lavin Nature Reserve *(s.o.) und im* Buzzard Mountain Retreat *(s.o.). In Makhado selbst*

M

empfiehlt sich der schattige und gut gepflegte Municipal Caravan Park *(Ecke Trichardt/ Grobler Sts, Tel.: (015) 516-0212).*

Restaurants

• Elephant & Castle Restaurant & Pub*: 14 km südlich von Makhado an der N1, Tel.: (015) 516-5540. Ein kleiner Pub mit Restaurant, der eine gute Gelegenheit bietet, dem Bier zu frönen und sich mit einheimischen Farmern und Soldaten von der nahen Airbase zu unterhalten. Dabei können sich interessante Gespräche entwickeln.*

• *Ansonsten lohnt in Makhado nur die Erwähnung des* Spur Steakhouse *(Ecke Krogh St/ Magistrate Av).*

• *Am besten, Sie richten sich auf eine Mahlzeit in Ihrem Hotel oder vom Grill vor Ihrer Selbstversorger-Unterkunft ein.*

Maputaland, KwaZulu-Natal (S. 520ff)

Zentrale Information

Es gibt mehrere kleine Infobüros in Maputaland, einige davon an der N2, in Pongola und in den Parks selbst. Wer sich aber im Voraus zentral erkundigen möchte, der kann sich mit dem Maputaland Tourist Office *in Verbindung setzen: Tel.: (035) 573-1439, Web:* www.maputaland.co.za, *E-Mail: maputaland@uthungulu.co.za.*

Informationsbüros

Entlang der Hauptstraßen tauchen immer wieder Hinweise auf auf „Info Laphas". *Hierbei handelt es sich um braune Straßenschilder, auf denen die Fahrtrouten, Entfernungen und wesentlichen Sehenswürdigkeiten der jeweiligen Region erklärt werden. Sie sind hilfreich, wenn es auch seine Zeit dauert, bevor man die abstrakte Darstellung versteht.*
Die besten Informationsbüros zur Region gibt es in Pongola *(siehe dort), dem Ort* Hluhluwe *(an der Tankstelle am westlichen Ortseingang, Tel.: (035) 562-0353, Internet:* www.hluhluwe.org*), in* St. Lucia *(Mac Kenzie St, Tel.: (035) 590-1075, Internet:* www.stlucia.co.za*) sowie in* Richards Bay *(siehe dort). Diese bieten gerne den Service an, Ihre Übernachtung zu buchen, auch kurzfristig.*

Unterkünfte/Camping

• Ndumo Game Reserve*: Zentrale Buchung:* Ezemvelo KZN Wildlife (s.o). *Die Lodge erreichen Sie direkt über Tel.: (035) 591-0032. Die Unterkünfte im Main Camp* ($–$$) *erinnern noch ein wenig an alte Tage. Sie bestehen aus geräumigen, einzelnen Steinhäusern, die aber außer einem Waschbecken über keine sanitären Einrichtungen verfügen. Diese sowie die Küche müssen gemeinschaftlich genutzt werden. Das ist aber wirklich kein Problem, denn alles ist sehr sauber und adrett. Ein Restaurant gibt es hier nicht, dafür können Sie auf Anmeldung einen Koch engagieren, der Ihre mitgebrachten Lebensmittel zu einem leckeren Mahl zubereitet. Einen recht guten* Campingplatz *gibt es auch am Main Camp. Die exklusive* $$$$$ Ndumo Wilderness Lodge *inmitten des Parks besticht durch ihre Abgeschiedenheit und Lage an einem See (Pan). Hier übernachten Sie in luxuriösen Safari Zelten. Sie wird privat geführt und ist zu buchen über Wilderness Safaris: Tel.: (011) 883-0747, Internet:* www.wilderness-safaris.com.

• Tembe Elephant Reserve*: Zentrale Buchung:* Ezemvelo KZN Wildlife (s.o). *Die Lodge erreichen Sie direkt über Tel.: (031) 267-0144. National Parks und Game Parks & Reserves*

Wichtige Hinweise

① Reservieren Sie unbedingt Ihre Unterkunft, zumindest im Nordteil (Kosi Bay, Ndumo G.R. etc.) vor. Es gibt nicht immer nahe Alternativen. Buchungen von staatlichen KZN-Parks erfolgen zentral über National Parks und Game Parks & Reserves in KwaZulu-Natal: **Ezemvelo KZN Wildlife**: P.O.Box 13069, Cascades 3202, Tel.: (033) 845-1000, Fax: (033) 845-1001, Web: www.kznwildlife.com bzw. www.rhino.org.za. Nur bei Buchungen maximal 3 Tage vor Ankunft sollten Sie direkt bei den Lodges buchen.

② Beachten Sie bei Buchungen, besonders von Unterkünften, die wir hier nicht vorstellen, dass Sie sich erkundigen, ob ein Geländewagen für die Zufahrt nötig ist.

③ Unterschätzen Sie nicht den Zeitfaktor! Auf den sandigen Pisten kommen Sie oft nicht schnell voran. Und nicht selten müssen Sie früh in Ihrer Unterkunft ankommen (wegen nötiger Abholung mit 4x4, wegen Parköffnungszeiten etc.)

④ Beachten Sie bei den Parks die Öffnungszeiten der Parktore. I.d.R. können Sie davon ausgehen, dass die Tore eine Stunde nach Sonnenaufgang geöffnet und etwa zu Sonnenuntergang geschlossen werden. Offiziell lautet das dann April–September 7–18 h, Oktober–März 6 bzw. 7–19 h. Bei unserer Recherche trafen wir immer wieder auf leichte Unterschiede, widersprüchliche Veröffentlichungen etc., so dass der einzig sichere Weg ist, am Tag vor der Anreise noch einmal nachzufragen.

⑤ Für die 4x4-Strecken zu vielen der Strände im Nordteil der Region benötigen Sie Permits. Diese erhalten Sie an den Parktoren. Doch es werden an einigen Punkten eine nur begrenzte Anzahl an Permits pro Tag ausgestellt. Fragen Sie am besten in Ihrer Unterkunft nach. Viele der Lodges dürfen auch Permits ausstellen bzw. haben Kontakte.

⑥ Das Fahren mit Geländewagen auf dem Strand ist jetzt per Gesetz grundsätzlich verboten!

in KwaZulu-Natal: Ezemvelo KZN Wildlife: *P.O.Box 13069, Cascades 3202, Tel.: (033) 845-1000, Fax: (033) 845-1001, Web:* www.kznwildlife.com *bzw.* www.rhino.org.za. *Rustikale und sehr einfache Hütten ($$) – vornehmlich für Wanderer, weniger für Autotouristen – und ein* **Campingplatz**, *die noch (!) von KZN-Parks verwaltet werden, als auch bessere Safari Zelte in der privat geführten* **Tembe Elephant Park & Lodge $$$–$$$$**. *Letztere sind zu buchen über Tel.: (031) 202-9090, Fax: (031) 202-8026, Internet:* www.tembe.co.za. *Die private Lodge unternimmt nahezu alle organisatorischen Dinge im Park, so wie z.B. die Game Drives.*

KOSI BAY NATURE RESERVE UND UMGEGEND SOWIE DIE STRECKE BIS SODWANA BAY

• *Im* **Kosi Bay Nature Reserve** *gibt es einfache, aber sehr romantische Selbstversorger-Chalets ($$) zu mieten. Sie liegen an der dicht bewachsenen Seedüne, bieten Schatten und versprechen ein „Robinson Crusoe-Gefühl". Auch der schöne und schattige* **Campingplatz** *liegt an der Düne, ist an Wochenenden aber oft mit Anglern belegt. Es gibt kein Restaurant! Zentrale Buchung:* Ezemvelo KZN Wildlife (s.o). *Die Lodge erreichen Sie direkt über Tel.: (035) 592-9512. Anfahrt: Sandig, aber mit einigen Hindernissen noch mit einem PKW zu schaffen. Ein weiterer, einfacher Campingplatz der Parkbehörde liegt beim Eingang zum Parkabschnitt Kosi Bay Mouth, ca. 15 km nördlich von Kwanganaze:* **Utshwayelo Camp Site**, *Tel.: (035) 592-9626. Wer keinen Geländewagen hat, wird es mit etwas Mühe noch hierher schaffen und kann dann die 4 km zum Kosi Mouth laufen bzw. versuchen, eine Mitfahrgelegenheit zu finden.*

• *Ebenfalls schön ist die* *** $–$$$ Kosi Bay Lodge**: *Biegen Sie nördlich von Kwanganaze ab in Richtung Kosi Bay Nature Reserve und achten Sie nach kurzer Zeit auf einen Wegweiser nach rechts. Dann sind es noch 3 km. Anfahrt: Sandig, aber mit einigen Hindernissen noch mit einem PKW zu schaffen. Tel.: (031) 266-4172 od. (082) 771-4857, Internet:* www.wheretostay.co.za/kosibay.htm. *Diese idyllisch, 400 m entfernt vom 3rd Lake gelegene*

M

Lodge ist ohne Zweifel die Empfehlung für die Region, soweit keiner Super-Luxus erwartet. Hier finden Backpacker kleine A-Frame-Hütten vor, gibt es authentische Strohhütten zu mieten (sehr schlicht) als auch geräumige, reetgedeckte Chalets, die sowohl für Selbstversorger als auch diejenigen geeignet sind, die im Restaurant essen wollen. Fragen Sie am Nachmittag schon mal nach einem frisch gefangenen Fisch fürs Dinner! Von der höher gesetzten Bar aus können Sie übrigens schön über die Landschaft und den 3rd Lake schauen. Ein weiterer Pluspunkt dieser Lodge sind die **Touren**. *Von hier aus können Sie 4x4-Touren an die entlegensten Ecken der Region buchen sowie nach Ponto do Ouro (Mozambique, Visa gibt es an der Grenze). Außerdem können Sie mit dem hauseigenen Boot Touren auf den Seen unternehmen, die am Ende auch zum Strand am Indischen Ozean führen. Also: eine erstklassige Basis für die Erkundung der Seen um Kosi Bay!*

• *Wer es trotzdem noch vornehmer und noch abgeschiedener haben möchte, der muss notgedrungen viel tiefer in die Tasche greifen und sich in der* **$$$$$ Kosi Forest Lodge** *einbuchen. Sie erreichen diese nur mit einem Geländewagen, werden aber i.d.R. nach Vereinbarung an der Polizeistation in Kwanganaze, direkt am Abzweiger zu der Lodge, abgeholt. Ihr Fahrzeug bleibt dann bei der Polizei sicher stehen. Buchungen über: Tel.: (035) 474-1504, Fax: (035) 474-1490 od. Tel.: (011) 883-0747, Fax: (011) 883-0911, Internet:* www.zulunet.co.za. *Ohne Zweifel kann sich diese Lodge als ein kleiner Traum bezeichnen, so abgelegen und bezaubernd liegt sie, so luxuriös und rustikal zugleich ist sie eingerichtet (8 reetgedeckte Hütten ohne Strom). Doch der Preis dafür ist hoch!*

• *Wer mit einem* **Geländewagen** *unterwegs ist und der Piste von Kwaganaze weiter in Richtung Strand und dann nach Süden folgt, trifft noch auf weitere Unterkünfte. Zuerst passieren Sie dabei den Abzweig zum von Dorfbewohnern geführten, sehr einfachen* **$ Bhanga Nek Community Tourism Camp** *(Tel.: (082) 473-3384, Restaurant-Bar, Camping, Strohhütten, 200 m zum Strand). 15 km südlich davon dann ganz das Gegenteil: Die nahezu schon legendäre* *** $$$$$ Rocktail Bay Lodge**, *die ebenfalls von* Wilderness Safaris *(s.o. unter* Kosi Forest Lodge, *Internet:* www.rocktailbay.com*) geführt wird. Wer das Glück (und Geld) hat, hier eine Unterkunft zu bekommen, der kann einen weiten Strandabschnitt für eine Weile sein Eigen nennen, so abseits aller Touristenpfade liegt die Lodge. Auch hier gibt es kaum Strom, wohnen Sie in reetgedeckten und komfortabel eingerichteten Dreiecks-Hütten („A-Frame"), können von der Lodge aus an geführten Touren entlang des Strandes, zum Lake Sibaya oder zur Vogelbeobachtung ausschweifen oder aber einen Tauchkurs belegen. Zwischen Ende Oktober und Februar ist die Lodge meist lange, lange im Voraus ausgebucht, denn dann kommen die Meeresschildkröten an Land und legen ihre Eier ab. Und das Spektakel lassen sich die Gäste kaum entgehen! Wirklich ein Erlebnis, das gut bezahlt werden muss. Abholung von einer Hauptstraße kann arrangiert werden (die letzten Kilometer werden Sie ehedem vom Parkplatz durch die Düne gefahren). Alternativ können Sie natürlich auch von Süden über die Piste zum Island Rock anfahren. Folgen Sie den Schildern von der Hauptstraße zwi-*

Die Strände entlang der Kosi Bay sind zumeist menschenleer

schen Phelandaba und Mbazwana bis zum Parkplatz des Coastal Forest Reserve, von wo Sie dann abgeholt werden.

• *Weiter südlich davon an der Piste liegt die bezaubernde Hütte am* **Lala Nek** *(zu buchen über die Tel.-Nummer von Mabibi), die aber i.d.R. weit über ein Jahr im Voraus ausgebucht ist. Weiter südlich entlang der Strandstrecke lockt das abgeschiedene* *** Mabibi Coastal Camp** *(beschattete Campingplätze, keine Hütten, kein Geschäft, direkt zu buchen über Tel.: (035) 592-0142 od. 574-8017) und schließlich weiter landeinwärts dann, am Südufer des Lake Sibaya führt eine Seitenpiste zum* **$ Baya Camp** *(einfache Hütten, kein Camping, kein Restaurant, direkte Buchung über Tel.: (035) 592-0142 od. 574-8017). Beachten Sie, dass Sie bei beiden vorgenannten Camps zwischen 8 und 12 bzw. 14 und 16 h einchecken müssen!*

> **Hinweis**
> Alle hier genannten Punkte können Sie natürlich
> ch von Süden über die Piste von Mbazwana aus mit
> iem Geländewagen erreichen.

• **$$$$ Sibaya Lake Lodge**: *Reservierung: Tel.: (011) 616-9950, Fax: (011) 616-8232, Internet:* www.lake-sibaya.co.za. *Die einzige Lodge am See. Sie biegen dazu auf der Asphaltstraße zwischen Phelandaba und Mbazwana nach Osten ab. Entweder Sie werden an der Cashew Farm an dieser Piste abgeholt, oder aber, falls die Piste offen ist oder Sie mit einem Geländewagen kommen, fahren weiter gen Küste und zweigen nahe dem Kilometerpfeiler 16 zur Lodge ab. Die Lodge liegt einsam und bietet gute Erholung. Geräumige Chalets, Restaurant, Sunset-Tour mit arabischer Dhau auf dem See, Kanutouren und erstklassige Vogelbeobachtung.*

SODWANA BAY:

• *Das große Hotel am Platze ist die* **Sodwana Bay Lodge $$$**: *Direkt an der Hauptstraße im Ort, Tel.: (035) 571-0095 od. 571-0117, Internet:* www.sodwanadivelodge.co.za. *Gute Lodge mit 2-Bett-Chalets für Lodge-Gäste und 6–8-Betten-Chalets für Selbstversorger. Das wohl beste Restaurant im Ort befindet sich im Hause, zudem werden hier Tauchkurse und -touren aller Art angeboten.*

• **...Visagie's $–$$**: *Ebenfalls im Ort, Tel.: (035) 571-0104. Einfache Hüttenunterkünfte. Restaurant im Hause.*

• *Im* **Sodwana Bay National Park** *unterhält die Parkbehörde schöne Blockhäuser ($$) (Selbstversorger, 5-8 Betten) sowie einen riesigen* **Campingplatz** *(Tel. und Buchung direkt: (035) 571-0051) direkt hinter den Dünen. Zentrale Buchung:* Ezemvelo KZN Wildlife (s.o). *Zudem gibt es noch einige Konzessionäre, die Hütten, Chalets bzw. Safari-Zelte bereitstellen. Diese zielen in der Hochsaison aber vornehmlich auf Taucher, die auch Tauch-Unternehmungen buchen. In der Nebensaison können aber auch „Nicht-Taucher" hier wohnen: Die Hütten der* **Mseni Lodge $$$–$$$$** *(Tel.: (035) 571-0284, Internet:* www.mseni-lodge.com*) liegen bezaubernd im Küstenforst und hier gibt es auch ein Restaurant.* **Sandton Scuba $** *(Tel.: (082) 560-7303 od. (011) 463-2201) dagegen zielt auf Selbstversorger, bringt seine Gäste in einfachen 2-Betten-Zelten unter und verlangt, dass Schlafsack oder Bettbezüge mitgebracht werden.*

GEBIET SÜDL. UND WESTL. VON SODWANA BAY (Mkuze GR/St. Lucia/Hluhluwe):

• **False Bay Park**: *Tel.: (035) 562-0425. Hier gibt es einen großzügig angelegten* *** Campingplatz** *im Norden des Parks, von dem aus Sie über die False Bay und auf Hell's Gate schauen können. Zudem werden 4 sehr rustikale und einfache* **Hütten ($)** *8 km weiter südlich angeboten. Sie müssen für beides Verpflegung mitbringen, es gibt kein Restaurant im*

M

Park. Im Umkreis gibt es einige B&Bs sowie kleine Lodges, von denen die **Ezulweni Lodge** *zu den besseren Adressen gehört. Einige der Lodges werben zudem mit Pubs bzw. Restaurants, doch sind diese in der Nebensaison nicht immer in Betrieb!*

- **Hluhluwe**: *In Hluhluwe gibt es das unspektakuläre aber günstige und pragmatische* **Hluhluwe Inn Hotel $$** *(Tel.: (035) 562-0251, Fax: (035) 562-0254, E-Mail: hluhluwehotel @futurenet.co.za). Ebenfalls preiswert ist eine B&B-Unterkunft im* **Hluhluwe Guest House $$** *(5 Higgs St, Tel. + Fax: (035) 562-0838).*
- *Schöner, aber um einiges teurer, sind die zahlreichen Lodges um den Ort herum, von denen wir hier auf folgende hinweisen möchten:*

\- **Zululand Tree Lodge $$$–$$$$**: *Tel.: (035) 562-1020, Fax: (035) 562-1032, zwischen dem Memorial Gate im Norden des Hluhluwe Game Reserve und dem Ort Hluhluwe. Sie liegt im kleinen Ubizane Game Reserve, die kleinen Chalets stehen hoch auf Stelzen am Fluss.*

\- **Leopard Mountain Game Lodge $$$–$$$$**: *Tel. + Fax: (035) 573-1320, Internet:* www.leopardsafari.co.za. *Fahren Sie auf der N2 30 km nach Norden und biegen Sie dann ab auf die D464. Die 7 Chalets liegen auf einem Hügel und von hier können Sie den Fluss und die Lebombo Mountains sehen.*

\- *Ein besonderes Erlebnis wäre eine Übernachtung am* **DumaZulu Traditional Village $$$–$$$$**: *Fahren Sie auf der N2 knapp 14 km nach Süden. Von dort ausgeschildert. Tel. + Fax: (035) 652-2260, E-Mail: dumazulu@iafrica.com. Hier übernachten Sie neben dem Zuludorf, dem einzigen, dem der Zulukönig Goodwill seinen Segen als „authentisches Zulu-Touristendorf" gegeben hat. Übernachtet wird nebenan in einer großzügigen Lodge.*

\- *Etwas südlich davon bietet sich für die ganz Sparsamen die* **Isinkwe (Backpackers) Lodge $** *an: Tel.: (035) 562-2258, Internet:* www.africasafari.co.za*), wo Sie zwischen rustikalen Holzhütten, Doppelzimmern, Schlafräumen, einer Zuluhütte und* **Camping** *wählen können. Die Lodge liegt in einem Naturareal.*

Vor Krokodilen wird gewarnt

\- *Eine günstige Selbstversorgermöglichkeit bietet sich nördlich von Hluhluwe, etwa auf halbem Wege zum Mkuze Game Reserve in der* **Iqina Game Lodge $$**. *Fahren Sie auf der N2 von Hluhluwe in Richtung Norden und biegen Sie nach Westen ab auf die D464, Tel.: (039) 835-9313, Internet:* www.iqina.co.za. *Hier wohnen Sie in rustikalen Blockhütten, die bis zu 5 Erwachsenen Platz bieten. Pool und kleiner Game Park.*

\- *Wer mittags etwas essen möchte, sollte zum* **Savannah Restaurant** *2 km südlich von Hluhluwe (Piste) fahren. Neben gutem Essen gibt es hier auch das Thembalethu Craft Center (Souvenirs, u.a. auch Webarbeiten).*

- **Charters Creek $–$$**: *2–7-Betten-Chalets. Einfach, aber komplett ausgestattet für Selbstversorger. Zudem noch ein kleiner* **Campingplatz** *und ein Pool. Kein Restaurant und auch kein Geschäft. Zentrale Buchung:* Ezemvelo KZN Wildlife (s.o). *Das Camp erreichen Sie direkt über Tel.: (035) 550-9000.*
- **Fanies Island $**: *Einfache 7-Betten-Hütten und 2-Betten-Rondavel (jeweils mit eigenem Kühlschrank). Küche und sanitäre Einrichtungen müssen geteilt werden. Die* **Campingplät-**

ze *sind hier schattiger als die in Charter's Creek. Kleines Geschäft. Zentrale Buchung:* Ezemvelo KZN Wildlife (s.o). *Die Camps erreichen Sie direkt über Tel.: (035) 550-9035. Bootstouren auf dem See können von hier arrangiert werden.*

• **Santa Lucia und Cape Vidal**: *Gleich vorweg: St. Lucia ist ein bei Südafrikanern beliebter Ferienort und fast jedes Haus im Ortszentrum bietet Unterkünfte an, vor allem für Selbstversorger (Restaurants gibt es aber zur Genüge im Ortszentrum). Die Unterkünfte liegen alle um $$ und können über zahlreiche Büros im Ort gebucht werden. Wichtig ist nur, dass Sie dafür rechtzeitig ankommen, denn abends lässt Sie keiner in die Apartments. Ruhig gelegen ist im Ort die* **Kingfisher Lodge $$–$$$**, *am südlichen Ende der McKenzie St., Tel. + Fax: (035) 590-1015, Internet:* www.atyourleisure.com/site/kingfisherlodge. *Ebenfalls bezaubernd und abseits des Trubels liegt die* *** Seasands Lodge & Garden Cottages $$–$$$**: *Hornbill St., Tel.: (035) 590-1082, Internet:* www.seasands.co.za. *Einige Zimmer und Chalets (2–3 Zimmer) haben Blick auf das in einiger Distanz liegende Meer. Wer die Natur und den Strand genießen möchte, der sollte* <u>*früh*</u> *für eines der geräumigen und voll ausgestatteten* *** Blockhäuser am Cape Vidal $–$$** *buchen (Zentrale Buchung:* Ezemvelo KZN Wildlife (s.o), *Camp direkt: (035) 590-9012). Sie liegen in einem schattigen Kiefernwald direkt hinter der Seedüne. Nahrungsmittel müssen Sie alle aus St. Lucia mitbringen! Der schöne* **Campingplatz von Cape Vidal** *ist nur direkt über die Camp-Nummer (s.o.) zu buchen. Wer in* **St. Lucia campen** *möchte, kann dieses z.B. im Süden des Ortes auf den schattigen Plätzen der KZN-Parkbehörde (Tel.: (035) 590-1570 od. 590-1340) tun. Alternativen dazu bietet ein Campingplatz am Südende der McKenzie St am Restaurant „Für Elize" sowie der im* **Futululu Park** *westlich des Ortes (andere Seite des Estuary), Tel.: (035) 550-4431. Hier gibt es auch kleine Chalets $$.*

Backpacker-Lodges in St. Lucia sind u.a.:

• **Bib's St. Lucia International Backpacker**: *310 McKenzie St., St. Lucia, Tel.: (035) 590-1056, E-Mail: info@bibs.co.za. Großer Backpacker. Auch Doppelzimmer. Campen möglich. 2 km zum Strand. Touren von hier in die Wetlands werden organisiert.*

• **St. Lucia Heritage International Backpacker**: *70 McKenzie St, St. Lucia, Tel.: (035) 590-1968, E-Mail: stluciabackpack@stlucia.co.za. Auch Doppelzimmer. 1,7 km zum Strand.*

Wer schließlich noch nie Krokodilfleisch gegessen hat, der sollte dieses im **The Zulu & I Restaurant** *am Reptile Park/Crocodile Centre am nördlichen Ortsausgang nachholen, Tel.: (035) 590-1144.*

• **Mkuze Game Reserve $–$$**: *Es gibt die unterschiedlichsten Chalets, rustikale Hütten und Safari Zelte. Letztere sind eigentlich der Tipp, wobei die Chalets für 3 Personen eigentlich für die meisten am geeignetsten erscheinen (mehr Platz). Chalets und Safari Zelte verfügen jeweils über eigene sanitäre Einrichtungen und Kücheneinrichtung, während bei den Hütten Küche und sanitäre Einrichtungen geteilt werden müssen. Einen* **Campingplatz** *gibt es nahe dem Eingangstor zum Park. Er ist riesig und es gibt hier zahlreiche Plätze mit ausreichend Schatten. Wer Lust hat, kann auch* **Wilderness Trails** *mit Übernachtung in Camps unterwegs unternehmen. Und wer in einer Gruppe bis zu 8 Personen unterwegs sein sollte und dazu auch noch das Glück hat, dass Platz ist, der kann ganz exklusiv für $$ die* **Umkumbi Tented Bush Lodge** *im Süden des Parks buchen. Zentrale Buchung für alle Unterkünfte (bis auf Camping):* Ezemvelo KZN Wildlife (s.o). *Die Lodge erreichen Sie direkt über Tel.: (035) 573-9004. Wer im Park keinen Platz mehr findet, der sollte sich im* **Ghost Mountain Inn $$$** *einbuchen: Tel.: (035) 573-1025/6, Fax: (035) 573-1359, Internet:*

M

www.ghostmountaininn.co.za. *Das mehrfach ausgezeichnete Hotel liegt nördlich des Parks am Ghost Mountain (gut ausgeschildert) und hat einen Vorteil zur Parklodge: Das Restaurant ist besser. Touren in den Park werden von hier arrangiert.*

• **Phinda Resource Reserve $$$$$**: *Zu buchen über CCAfrica, Private Bag X27, Benmore 2010, Tel.: (011) 809-4300, Fax: (011) 809-4400, Internet:* www.ccafrica.com. *Phinda ist die erste Lodge der ökologisch ausgerichteten CCAfrica-Gruppe gewesen und hier hat sich bereits gezeigt, dass das Konzept aufzugehen scheint (lesen Sie auch im Reiseteil sowie unter* „Londolozi Lodge"*). Auch in Phinda bleiben keine Wünsche offen. Im sehr hohen Preis ist alles eingeschlossen, Game Drives, Mahlzeiten, aber eben auch Rücklagen für die Angestellten und deren Angehörigen. Es gibt 4 Lodges im Park, die alle einen ganz eigenen Charakter aufweisen. Am beliebtesten ist bei den meisten die eklektisch und im afro-japanischen Stil eingerichtete* * Forest Lodge. *Einfach mal was anderes! Hier (und in der Mountain Lodge, s.u.) ist auch „am meisten los". Die* Rock Lodge *ist das, was der Name schon besagt: 6 ziemlich gläserne (!) Chalets in einem Felsen – etwas für diejenigen, die sich gerne zurückziehen möchten. Wer dagegen auf Aussicht auf die Lebombo-Berge und die Küstenebene aus ist, der sollte sich in die* Mountain Lodge *einbuchen. Mit 15 Suiten und 7 Chalets ist dieses die größte Anlage, aber auch am klassischsten und „austauschbar" mit anderen Safari-Lodges. Die* * Vlei Lodge *ist mit 6 Suiten am kleinsten und liegt in der Ebene im Sand Forest, nahe einer Salzpfanne. Legendär ist der abendliche Bush Braai hier. Hier sind die Suiten am größten und jede hat einen eigenen Pool. Wer sich zurückziehen und Afrika pur erleben möchte, der sollte hier einbuchen.*

• **Kwambonambi (auch: Kwa Mbonambi)**: *** CucKoo's Nest**: *28 Albizia St, Tel.: (035) 580-1001, E-Mail: cuckoos@mweb.co.za. Backpackerlodge. Auch Doppelzimmer. Campen möglich. Toller Garten mit Hängematten, großer Pool. Von hier werden Touren in die St. Lucia Wetlands sowie in den Hluhluwe-Umfolozi-Park organisiert. 27 km nach Richards Bay und 30 km zum nächsten Strand.*

Maputo/Mozambique und Umgebung (S. 658ff)

Information

• **Empresa Nacionale de Tourismo**: *Av 25 Septembro 1203, im 3. Stock, rechter Außengang, dann 1. Tür links (zurückgesetzter Eingang, bei der letzten Recherche gab es kein Schild!), Tel.: (01) 42-1792 od. 42-5011. Viele Infos gibt es hier nicht. Internet:* www.mozambique.mz: *Offizielle Seite des Landes mit zahlreichen nützlichen Infos zu Land und Leuten. Es gibt eine „English Version". Die beste Seite ist ohne Zweifel* www.timeout.co.mz *mit ausführlichen Adresslisten von Hotels, Bars, Restaurants u.v.m.*

• *Das* **BIP (Bureau de Informacäol)**, *Ecke Av Eduardo Mondlane/F.O.Mangubwe ist wenig hilfreich für Reisende, da es vornehmlich für Geschäftsleute gedacht ist.*

• **Literaturhinweis**: *Ohne Zweifel der beste Reiseführer im deutschsprachigen Raum ist: Reisen in Mozambique; Ilona Hupe und Manfred Vachal, Hupe Verlag. Genaue Landeskenntnisse ermöglichte es dem Team ein Super-Buch zu erstellen, das besonders gute Hintergrundinfos zu Kultur, Verhalten und Problemen in Mozambique aufweist.*

• **Kartenmaterial**: *Karten sind immer noch ein Problem. Natürlich gibt es zahlreiche Straßenkarten, so auch bereits in Geschäften in Südafrika zu kaufen (zumeist sind die besser), doch sind diese Karten speziell in unbekannterem Gebiet nicht aktuell. In dem hier beschriebenen Reiseteil von Mozambique ist es z.B. sehr schwierig, genaue Karten über den Süden des Landes zu finden. Auf die „aktuellen" Straßenkarten dürfen Sie sich da nicht* *verlassen! Eine gute Chance haben Sie aber, gute physische bzw. topographische Karten im Katasteramt des Landes zu erhalten:* **Direcao Nacional de Geografia E Cadastro (DINA-GECA)***: 537 Avenida Josina Machel (zw. Av Guerra Popular und Av Albert Luthuli). Karten im Maßstab ab 1:500.000 erhalten Sie sofort, für genauere, also 1:250.000 und größer, müssen Sie einen kurzen förmlichen Antrag an den Direktor stellen. Das ist unkompliziert und wird Ihnen am Schalter kurz erklärt. I.d.R. erhalten Sie die gewünschten Karten dann am folgenden Tag.*

Wichtige Telefonnummern

- ***Notruf:*** *119 bzw. 42-2002*
- ***Polizei (in Maputo):*** *(01) 42-2002 oder 42-5031*
- ***Wetterauskunft:*** *(01) 46-5138*
- ***Ambulanz:*** *(01) 42-5297 bzw. 42-2002*
- ***Zentral-Krankenhaus:*** *(01) 42-4633 bzw. 42-0448*

Diplomatische Vertretungen

- **Botschaft der Bundesrepublik Deutschland***: Embaixada da República Federal Alema, 506, R Damiao Góis, Tel.: (01) 49-2714, Fax: 49-2888.*
- **Schweizer Botschaft***: Embaixada da Suica, Av Julius Nyerere 1213, Tel.: (01) 49-2744, Fax: 49-2474*
- **Österreich** *verfügt zzt. nur über ein Honorarkonsulat: Ecke Matires Machava/Mateus Sansao Muthemba. Neue Adresse evtl. bald: Av 24 de Julho-4, Maputo, Postanschrift: P.O.Box 487, Maputo, Tel.: (+258/1) 423-244, Fax: (+258/1) 425-387.*
- **Südafrika***: Alto Comissariado da África do sul, 1380 Av Julius Nyerere, Tel.: (01) 49-5279.*

Einreise

Es herrscht Visumpflicht. Anträge können vor Reiseantritt gestellt werden: Botschaft der Republik Mozambique, Stromstraße 47, 10551 Berlin, Tel. 030-39876500. Bearbeitungszeit zwei Wochen, Gebühr ab 30 €, www.mosambique-botschaft.de.
In Südafrika können Visa am selben Tag beantragt und ausgestellt werden: siehe „Einreise".
Impfungen sind nicht vorgeschrieben, Malariaprophylaxe wird empfohlen.

Touren

- **Ilha Tours:** *An der Escola Nautica (am Kreisverkehr am Südende der Av 25 de Septembro), Tel.: 82-329279 od. 82-303939. Bootstouren aller Art (Hafenrundfahrten, Fahrten zur Ilha Inhaca, Angeltouren etc.).*
- *Möchten Sie Ihren Besuch in Maputo und Mozambique zusammengestellt und organisiert bekommen (Stadtrundfahrten, Mietwagen, Flüge, Ausflüge, Hotels, Visa etc.), dann wenden Sie sich am besten an* **Mozambique Adviser:** *Av Ahemd Sekou, Touré 1034, Ground Floor, Maputo, Tel.: (01) 30-9477, Fax: (01) 30-2054, Internet:* www.adviser.co.mz. *Oft stehen auch günstige Last-Minute-Angebote im Internet!*

Fernverkehr/Flughafen

- *Regelmäßige* **Busverbindungen** *nach Maputo gibt es mit Johannesburg und Durban.* Intercape *(Tel.: (012) 654-4114 in SA, www.intercape.co.za),* Greyhound (www.greyhound.co.za) *und* Translux (www.translux.co.za) *bieten dabei das beste Angebot. Ein verlässliches mozambikanisches Busunternehmen mit Verbindungen von Durban und Jo-*

M

hannesburg, und auch über Swaziland, ist Panthera Azul *(Tel.: (01) 49-8868 (Maputo), (031) 309-7798 (Durban) sowie (011) 333-4249 (Johannesburg), Internet:* www.mysite.mweb.co.za/residents/pantazul).

• **Mit der Bahn**: *Geplant ist die Wiederaufnahme (Verbindungen wurden 2000 bis auf weiteres eingestellt) folgender Zugverbindungen: Von Durban mit dem* Trans-Lebombo-Express *bzw. von Johannesburg mit dem* Komati-Express *nach Maputo. Die Züge sollen mehrmals wöchentlich verkehren.*

Spoornet – Allg. Informationen: *(021) 449-2200 od. 0800-222844, Internet: www.spoornet.co.za.*

Flughafen/Airlines

Die einfachste Anreise nach Maputo geht natürlich **per Flugzeug**. *Der* **Maputo International Airport (MIA)** *(Tel.: (01) 46-5827) liegt ca. 7 km nördlich des Stadtzentrums und wird täglich von Johannesburg aus angeflogen. Bedenken Sie, dass Sie bei der Ausreise am Flughafen eine* **Airporttax** *in US$ bezahlen müssen! Sie liegt bei mind. US$ 10, für Flüge nach Europa noch höher. Haben Sie sicherheitshalber pro Person US$ 30 parat, denn die Preise können schnell erhöht werden!*

Airlines: South African Airlines: *Tel.: (01) 49-8097 od. 42-0733,* Linhas Aéreas de Mocambique (LAM): *Tel.: (01) 46-5074 bzw. 465810/11/12/13/14 für Reservierungen,* Air France: *Tel.: (01) 46-5762,* Lufthansa: *Tel.: (01) 49-4060,* Air Portugal (TAP): *Tel.: (01) 30-3927/28 od. 42-0635*

Mietwagen

Die besten Adressen für Mietwagen sind am Airport (MIA, s.o.) bzw. am Hotel Polana (HP, s.u.):

- **Avis**: *Tel.: (01) 46-5140 (MIA)*
- **Europcar**: *Tel.: (01) 49-1001 (HP), (01) 46-6172 (MIA)*
- **Hertz**: *Tel.: (01) 49-1001 (HP), (01) 46-5534 (MIA)*
- *In jedem größeren Hotel befindet sich entweder ein Schalter, ein Telefon einer Mietwagenfirma bzw. wird Ihnen ein Wagen über die Rezeption organisiert.*

Fähren/Charterflüge

• *Über die Flussmündung nach* **Catembe**: *Die Fähre geht von dem kleinen Anleger ab, der sich am Fluss nahe der Feira Popular befindet, am Ende der Belmiro Obadias Muianga. Offiziell verkehrt die Fähre zwischen 9.30 und 23.45 h ca. im 2-Stunden-Takt. Die Realität sieht aber anders aus. Morgens und abends fährt sie häufiger, mittags manchmal seltener und ob sie wirklich noch die letzte Rückfahrt antritt, sollten Sie sich unbedingt bestätigen lassen von den Fährleuten!*

• *Zur* **Ilha da Inhaca**:

- **Ilha Tours:** *An der Escola Nautica (am Kreisverkehr am Südende der Av 25 de Setembro), Tel.: 82-329279 od. 82-303939. Fahrt mit dem „Speedboat" (ca. 1 Std. Überfahrt) zur Insel. Mit dem normalen Boot dauert die Überfahrt ca. 3 Std. Abfahrten sind nur am Wochenende sicher, in der Woche nur, wenn genügend Fahrgäste mitkommen. Abfahrtszeiten i.d.R.: 8 h ab Maputo, 15 h ab Ilha da Inhaca (unbedingt bestätigen lassen und reservieren).*
- *Möchten Sie ein kleines Boot für sich chartern, können Sie dieses über eine der folgenden Unternehmen machen:* **Euotravel** *(Tel.: (01) 49-2446) oder* **Nkomati Safaris** *(Tel.: (01) 49-2612).*

- *Einen Charterflug zur Insel, nur ca. 30 % teurer als das o.g. Speedboat, bietet* **Sabin Air** *(Tel.: (01) 46-5108 od. 42-9277) an. Abflugszeit in Maputo i.d.R. 8 h, Rückflug um 16 h (unbedingt bestätigen lassen und reservieren).*

Märkte/Einkaufen/Souvenirs

• *Am eindrucksvollsten empfanden wir die kleinen Verkaufsstände an den Straßen, wo es Softdrinks, Snacks u.ä. gibt, teilweise rund um die Uhr. Hinzu sind die Märkte mit den Frischwaren, allen voran der* **Mercado Central** *(Av 25 de Septembro, zw. Av Karl Marx und Av Filipe Samuel Magaia) einen Besuch wert. Hier gibt es nicht nur Obst und Gemüse, sondern frische Meeresfrüchte für die Selbstversorger. Und so ein paar leckere Langusten wären schon was auf dem abendlichen Grill ... Frische Meeresfrüchte gibt es sonst auch auf dem* **Mercado do Peixe** *an der Av Marginal, einige Kilometer aus der Stadt raus (nahe dem unfertigen Hochhaus) abbiegen.*

• *Wer nach Souvenirs Ausschau halten will, der sollte am Samstagmorgen auf den großen Kunsthandwerkermarkt* **Mercado de Artesanato** *auf dem Praca 25 de Junho gehen. Besonders die Holzarbeiten (zumeist Makonde-Schnitzereien) und Batiken sind hervorragend. Hier wird natürlich ordentlich um den Preis gehandelt! An der* **Av Marginal bis hin zum Costa do Sol** *(an den Parkplätzen) bieten zahlreiche Straßenhändler Kunsthandwerkliches an, wobei es sich dabei meist um hölzerne Spielzeugautos u.ä. handelt. Wäre aber auch ein lustiges Mitbringsel.*

• **Artedif Crafts**, *eine Kooperative vor allem behinderter Künstler stellt in kleinen Hütten an der Av Marginal (am Ende der Av Kwame Nkrumah, nicht weit vom Hotel Polana) täglich aus. Leider wirkte es beim letzten Besuch etwas vernachlässigt, aber uns wurde gesagt, dass weiter gearbeitet und verkauft wird. Tel.: (01) 49-4702.*

• *Es gibt noch weitere* **Kunstmärkte bzw. Kooperativen von Künstlern**, *doch wechseln die oft Ihren Standort. Am besten Sie erkundigen sich vor Ort danach. Ein Besuch des Kunstladens* **Extravancia** *in der Av Mao Tse Tung 1247 wäre noch eine Empfehlung.*

• **Shoprite**, *die südafrikanische Supermarkt-Kette, hat das größte Shoppingcenter der Stadt an der Av Arcodos de Lusaka (Straße zum Airport, ca. 500 m nördl. des Praca 20 de Septembro) errichtet. Hier gibt es auch eine gute* **Apotheke**.

• **Sensacoes:** *Ecke Av Julius Nyerere/Av Eduardo Mondlane (Filiale im Hotel Rovuma-Carlton). Eigentlich in erster Linie ein Buchladen (auch englische Literatur, englischsprachige Magazine), doch die Auswahl an Musik-CDs übertrifft die der Bücher bei weitem.* **Englischsprachige Zeitungen** *erhalten Sie sonst auch nachmittags in den großen Hotels (Holiday Inn, Cardoso, Polana, Rovuma-Carlton).*

• *Das* **zentrale Einkaufsviertel von Maputo** *befindet sich im Gebiet zwischen Av 25 de Septembro und Hafen, etwa in der Höhe der Av Samora Machel. Hier werden Sie wohl kaum etwas finden, was Sie mitnehmen möchten, doch ist es ja immer interessant zu schauen, was so angeboten wird.*

Unterkünfte

• **Hotel Polana $$$$$**: *Av Julius Nyerere 1380, Tel.: (01) 49-1001/7, Fax: (01) 49-1480, Internet:* www.polana-hotel.com. *Das Luxushotel Maputos und eine* <u>der</u> *Adressen im Südlichen Afrika. 1922 im britischen Kolonialstil fertig gestellt, wurde es nach dem Bürgerkrieg wieder auf Hochglanz gebracht. Viel Holz und Marmor im Innenbereich, ein gutes Restaurant und vor allem ein riesiger Swimmingpool auf der Vorterrasse, von wo aus der Blick über den Indischen Ozean schweifen kann. Wirklich gelungen! Natürlich haben auch fast alle Zimmer Meerblick. Dampfbad, Sauna, Tennisplatz u.s.w runden das Bild ab. Nur der*

Preis ist auch entsprechend. Doch manchmal, an Wochenenden und bei etwas Geschick im Handeln, gibt es ein DZ für weniger als 100 US$ (für das Gebotene durchaus ein Schnäppchen).

• *** Hotel Cardoso $$$$**: *707 Martires de Mueda Av/Praca Travessia De Zambeze, Tel.: (01) 49-1071/5, Fax: (01) 49-4054, Internet:* www.hcardoso.com. *Schön renoviertes Hotel der Oberklasse. Pool und Gartenterrasse mit grandioser Aussicht auf die Stadt und Flussmündung. Abends direkter Blick auf den Sonnenuntergang. Mit etwas Handeln können Sie hier eine gute Rate rausschlagen. Im Preis ist das Frühstück dann inbegriffen. Übrigens, hier hatte vor Jahren die RENAMO ihren Hauptsitz.*

> **Hinweise**
> Die großen Hotels nennen gerne hohe Preise. So[l]ten sie aber nicht ausgebucht sein, lassen sie gerne m[it] sich handeln. Preisnachlässe vom ursprünglich genann[ten] Preis von bis zu 50 % sind da nicht selten. Sollte e[s] Zweifel an der Rezeption geben, diskutieren Sie de[n] Preis mit dem Empfanggschef aus.
> Und noch etwas: Denken Sie immer daran, beim Einbu[chen] nach der Verfügbarkeit von sicheren Parkplätzen z[u] fragen. Hier in Maputo zu sparen, macht wenig Sin[n]. Vielleicht hat ja ein Hotel wie das Cardoso gerade ein[e] „Special Rate" (meist sind die Hotels an Wochenende[n] günstiger).

• *** Residencial Villa Italia $$$–$$$$**: *Av Friedrich Engels 635, Tel.: (01) 49-7298, E-Mail: Vitalia@virconn.com. Bezauberndes B&B in ruhiger Lage. Untergebracht in einer luxuriös und mit vielen Antiquitäten sowie alten Bildern und Karten ausgestatteten Villa (mediterraner Baustil). Ausgesprochen adrett. Sicheres Parken.*

• **Hotel Escola Andalucia $$$–$$$$**: *Av Patrice Lumumba, Tel.: (01) 42-3051/4, Fax: (01) 42-2462. Hotel der oberen Mittelklasse, ruhig gelegen und Ausblick auf die Stadt von den oberen Etagen. Sollte das Cardoso belegt bzw. nicht zum Aushandeln des Preises bereit sein, wäre dieses eine gute Alternative. Übrigens, da hier die Hotelfachschule ihre Schüler ausbildet, ist Ihnen guter Service gewiss.*

• *** Villa das Mangas $$$$**: *Av 24 de Julho, Tel.: (01) 49-7078, Fax: 49-7507, Internet:* www.villadasmangas.com.sapo.pt/aloja.htm. *Eine Art 4-Sterne Boutique-Hotel. Untergebracht in einem alten und schön renovierten Stadthaus (nebst Anlage). Gute Lage für den Besuch von einigen Museen und den Restaurants im Stadtteil Polana. Im Hause gibt es ein Restaurant, eine ausgesuchte Bar für den Late-Night Drink sowie einen Pool.*

• **Inhaca Island Lodge $$$–$$$$**: *Tel.: (01) 30-5000 oder 30-5305, Internet:* www.pestana.com. *40 Zimmer. Das einzig wirkliche Hotel auf der Ilha Inhaca. An Wochenenden kann es voll werden und abends wird dann ordentlich Party gemacht (Haupttag: Samstag). Ansonsten ein schönes Mittelklassehotel mit allem, was man sich so für eine Tropeninsel vorstellt: Palmen, Strand, Cocktails und nie ganz renoviert. Schnorchel-, Tauch- und Angeltrips werden arrangiert.*

• **Kaya Kwanga Club $$$**: *Av D. Joao de Castro 321 (Marginal). Einige Kilometer entlang der Marginal, Tel.: (01) 49-2215 oder 49-2706/7, Fax: 49-2704, Internet:* www.kayakwanga.com. *Chalets (auch Selbstversorger) in einem kleinen Freizeitpark und Garten. 5 km zur Stadt. Pool, Restaurant, Bar und nicht weit die berühmte Disco* Mini Golfe. *Gut geeignet für Familien.*

• **Catembe Gallery Hotel $$$**: *Mit der Fähre übersetzen, nahe der Fähre. Tel.: (01) 38-0003/50/51/52, Internet:* www.catembe.net. *Schönes Mittelklasse-Hotel, das vor allem durch seine Lage (Blick auf die Skyline von Maputo) bestricht. Individuell dekorierte, geräumige Zimmer. Restaurant und Pool. Wegen der Fährfahrt nicht sehr praktisch zur Erkundung von Maputo, dafür aber idyllisch und ein guter Ausgangspunkt, um nach 1–2 entspannenden Tagen die Fahrt in den Süden zu starten.*

• **Hotel Ibis (ehem. Hotel Turismo) $$–$$$**: *Avenida 25 de Septembro, Ecke Av Karl Marx, Tel.: (01) 35-2200, Fax: (01) 35-2220, Internet: www.ibishotel.com. Der unspektakuläre Hochhausbau aus sozialistischen Zeiten ist von innen besser als man denken würde. Saubere und funktionelle, wenn auch unspektakuläre Zimmer. Ausgerichtet auf Geschäftsleute, aber auch Urlauber wissen das sehr gute Preis-Leistungs-Verhältnis zu schätzen. Einziger Nachteil ist die etwas laute Umgebung, dafür wohnen Sie mitten im Zentrum.*
• **Costa do Sol $$–$$$**: *Av Marginal, ca. 10 km außerhalb der Stadt, Tel.: (01) 45-0115, Fax: (01) 45-0162, E-Mail: 101754.1676@compuserve. Hier gibt es Hotelzimmer und Selbstversorgerapartments sowie -chalets. Letztere sind sehr geräumig. Nahe dem Strand und im Hause befindet sich das wohl beste Fischrestaurant der Stadt.*
• *** Pensao Martins $$–$$$**: *Av 24 de Julho, 1098 (zw. Av S. Allende und Av Amilcar Cabral), Tel.: (01) 42-4926 od. 32-4930, Fax: (01) 42-9645, E-Mail: morest@isl.co.mz. Kleine Pension, auch mit Zimmern für Selbstversorger. Sehr zentral gelegen, Restaurant und Pool im Garten. Sauber. Das beste Preis-Leistungs-Verhältnis in der Stadt für Sparbewusste.*
• **Fatima's**: *1317 Av Mao Tse Tung, Tel.: (01) 30-3345, Fax: (01) 49-4462, E-Mail: fatima@virconn.com. Der erste Backpacker in Maputo, untergebracht in einem unscheinbaren 2-stöckigen Wohnhaus. Knapp 2 km zum Zentrum.*
• **The Base** *ist ein neuer Backpacker: 545 Av Patrice Lumumba, zwischen den Hotels Monte Carlo und Ecola Andalucia. Tolle Aussicht und dichter an den Attraktionen der Stadt als o.g. Fatima's. Bei Drucklegung war leider noch keine Telefonnummer bekannt.*

Camping

• *Maputos Campingplatz,* **(Parque de) Campisto**, *liegt an der Av Marginal, ein Stück nördlich des Holiday Inn. Tel.: (01) 49-5069 oder 30-5247. Zwar wurden die sanitären Anlagen (vor ein paar Jahren) renoviert, doch kann das alleine den Platz nicht zu einer Empfehlung machen. Er ist laut und zumeist voll, da viele Dauercamper hier wohnen. Zudem steht zu befürchten, dass hier ehedem bald ein neues Resort gebaut und der Platz verschwinden wird. Fazit: Nur wer ganz dick sparen möchte, sollte es hier 1–2 Nächte aushalten können.*
• *Auf der Ilha Inhaca gibt es zwei einfach ausgestattete Campingplätze, die Sie aber nicht vorbuchen können:* **Santa Maria Campsite** *und* **Coconut Lodge**.

Restaurants

SPEZIELL MOZAMBIKANISCH-PORTUGIESISCHE KÜCHE (viele Meeresfrüchte):

• *Wer relativ günstig und unter Einheimischen speisen möchte, der sollte unbedingt einmal in einem der Lokale des Vergnügungsviertel* **Feira Popular** *(Ecke Av 25 de Septembro/ Belmiro Obadjas Muianga) einkehren. Hier gibt es von kleinen Snackbuden bis zu gut besuchten Restaurants mit authentischen Speisen alles. Vorbuchen geht aber nicht. Wir empfehlen hier das* *** O Escorpiao** *sowie das etwas kleinere* **O Coqueiro**. *Anschließend bietet sich noch eine Runde durch das Viertel an für einen Verdauungsdrink in einer der kleinen Bars.*
• *** Piri Piri**: *Av 24 de Julho, 14, Tel.: (01) 49-2379. Alteingesessenes portugiesisches Restaurant mit Trattoria-Ambiente. Spezialisiert auf günstige Hühnchen-Gerichte und bekannt für seine Langusten. Es heißt, hier gebe es die schärfste Chilisoße Afrikas – daher der Name.*
• **Pequim**: *Av Julius Nyerere, gute Fischgerichte.*
• **Frescos**: *Ecke Av Julius Nyerere/Rua de Sidano (Av 24 de Julho), Tel.: (01) 49-4078. Großes portugiesisches Fischrestaurant direkt an der belebten Kreuzung.*

M

• **Cervejaria Miramar**, *Avenida Marginal. Hier werden einfache Gerichte serviert, inklusive Ambiente und direkte Lage am Meer.*

• * **Costa do Sol**: *Av Marginal in Costa do Sol, 10 km außerhalb der Stadt, Tel.: (01) 45-0115. Das wohl bekannteste Fischrestaurant der Stadt. Versuchen Sie bei gutem Wetter einen Platz auf der Außenterrasse zu bekommen. Dort kann Ihr Blick über den Indischen Ozean schweifen.*

ANDERE RESTAURANTS

• * **Residencial Villa Italia**: *Av Friedrich Engels 635, Tel.: (01) 49-7298. Erstklassige italienische Küche. Veranda und Garten, ruhig gelegen. Saftige Pizzen aus hauchdünnem Teig. Die Spezialität sind aber die Pasta-Gerichte (selbst zubereitete Pasta), allen voran die Ravioli.*

• **Mundo's**: *Ecke Av Julius Nyerere/Av Eduardo Mondane, Tel.: (01) 49-5336. In-Restaurant mit guten italienischen sowie Meeresfrüchte-Gerichten. Blick auf das Treiben auf der Straße vom Patio aus. Sehr beliebt bei Europäern. Gute Küche, aber wenig mozambiqueanisches Flair.*

• **Centro Social da Rádio Mocambique**: *R. da Rádio, Ecke Av Vladimire Lenine. Gartenrestaurant mit Blick auf den Botanischen Garten. Bei schlechtem Wetter kann man drinnen sitzen. Gut auch für den Lunch, wenn Sie sich gerade in der Nähe der Kathedrale befinden. Portugiesisch-europäische Küche.*

• **Café Continental**: *Ecke Av 25 de Septembro/Av Samora Machel. Ein Klassiker. Typisches, mediterranes Kaffeehaus mit Tischen und Stühlen auf dem Gehsteig. Hervorragend geeignet, um sich zur Mittagspause einen Kuchen oder einen Snack zu gönnen und dabei dem Treiben an Maputos belebtester Kreuzung zuzuschauen.*

• *Ein Restaurant mit atemberaubender Aussicht ist das* **Bahia** *im Bahia Hotel, 729 Av Patrice Lumumba.*

• **Bistro**: *Av Julius Nyerere, 945 (gleich neben Mundo's), Tel.: (01) 49-7644. Haben Sie Fisch, Pizza und Pasta satt? Dann würde Ihnen die Speisekarte hier mit vielen vegetarischen Gerichten zusagen.*

• **Pensao Martins**: *Av 24 de Julho, 1098 (zw. Av S. Allende und Av Amilcar Cabral) Tel.: (01) 42-4926 od. 32-4930. Gartenrestaurant direkt am Pool. Ruhig und abgeschirmt, obwohl nahe der großen Straße. Italienische Pasta- und Pizza-Gerichte.*

• **Restaurant 1908**: *560 Av Eduardo Mondlane, Ecke Av S. Allende, Tel.: (01) 42-4834. Alteingesessenes Restaurant mit entsprechend kolonialem Dekor. Besonders das alte Gebäude beeindruckt. Schade nur, dass es von den großen Zweckbauten des Gesundheitsministeriums und des Krankenhaus so überschattet wird. Steaks und Seafood. Sie können auch draußen sitzen.*

Bars/Pubs/Livemusik/Theater

• *Ein Muss ist der Besuch eines (oder mehrerer) der Lokale des Vergnügungsviertels* * **Feira Popular** *(Ecke Av 25 de Septembro/Belmiro Obadjas Muianga). Hier gibt es von kleinen Snackbuden über gut besuchte Restaurants bis hin zu winzigen, schnuckeligen Discos und Bars alles. Live-Musik afrikanischer Bands ist im Musikclub* **Cine Africa** *zu hören (Avenida 24 de Julho). Hier mischen Sie sich unter die Einheimischen.*

• *Ähnlich würde es Ihnen ergehen (besonders an Wochenenden), wenn Sie langsam die* **Av Marginal bis hin zum Costa do Sol** *fahren. Immer wieder tauchen kleine Bars und Discos auf, besonders im Fischerort Bairro Triufuno. Lassen Sie sich hier einfach treiben.*

• *Einen Sundowner einnehmen in einer der Terrassenbars des* **Hotel Cardoso** *bzw. des* **Hotel Polana** *(Adressen siehe unter „Unterkünften") gilt als schick! Den Sonnenuntergang* *können Sie besser im Cardoso genießen, dafür schweift Ihr Blick am Polana über den Indischen Ozean.*

• *Wer dieses Vergnügen nicht ganz so teuer und eher mit den Einheimischen teilen möchte, der sollte sich an der* Marginal *eines der kleinen Außenlokale aussuchen. Wer dafür nicht weit fahren mag, der sollte sich die kleine Café-Bar zwischen Ponta Vermelha (Flussmündung) und dem Club Naval aussuchen. Die anderen Lokalitäten verstreuen sich weiter aus der Stadt hinaus bis zum 10 km entfernten Costa de Sol und liegen oft auf der falschen Straßenseite.*

• Complexo Mini Golfe (Sixties Bar)*: Av Marginal, nahe dem Kaya Kwanga Club. Di–So Musik mit DJ in Freizeitanlage (Pool, Minigolf etc.). Echte Stimmung und bei gutem Wetter genau der richtige Ort!*

• Bric-a-Brac*: R. Baptista de Carvalho (nahe Av 25 de Septembro). Late Night Bar, oft Jazz-Livemusik am Wochenende.*

• Joy Piano Bar: *Av Julius Nycrere, 945. Wie der Name verraten mag wird hier oft klassische Musik (aus der Box) gespielt. Mal was anderes.*

• Gato Bar*: Av 24 de Julho, 296, Tel.: 49-1564. Eine beliebte Innenstadtbar, die besonders wegen der Kunstausstellungen (Galerie) zu empfehlen ist.*

• Club 7*: 2236 PH8 Av Vlademir Lenine. Absoluter In-Club bei jungen Leuten. Meist nur Techno und Rave.*

• Teatro Avenida*: Av 25 de Septembro, Tel.: (01) 42-4411. Der bekannte schwedische Krimiautor Henning Mankell hat sich vor Jahren diesem kleinen Theater angenommen, das heute wieder recht gut besucht ist. Die Aufführungen sind natürlich alle in Portugiesisch.*

Marracuene, Praia Matezinana und Umgebung (S. 668)

Zeiten für die Fähre über den Incomati River

tägl. 7–17.30 h. Fragen Sie unbedingt noch mal den Kapitän bei der Ankunft, ob er wirklich noch um 17.30 h fährt!

Unterkünfte/Camping

• * Incomati River Camp $$$$*: Tel.: (01) 72-0947 oder 082-302126 (Handy), E-Mail: inkomati@bileni.virconn.com. Entweder mit der Fähre (zu den Macaneta und Matezinana Stränden) übersetzen oder sich vom Fährableger von einem Boot des Camps abholen lassen (unbedingt vorher die Abfahrtszeit erfragen!). Bedenken Sie auch, dass die Piste zur Lodge (auf der Insel, 3 km hinter dem Laden) nur mit 4x4 zu befahren ist. Notfalls lassen Sie sich abholen von der Fähre. Das Camp liegt wunderschön auf der Westseite der Insel am Fluss. Fast alle Chalets (Strohhütten) haben Blick auf den Fluss. Fragen Sie nach so einem Chalet, denn dann können Sie die faszinierende Vogelwelt beobachten. Restaurant im Camp.*

• * Jays Lodge $$$$*: Tel.: (01) 45-0201 od. 082-300143, Fax: (01) 45-0206. Luxuriöse Chalets und Camping nahe dem Strand (Dünen, Busch). Schöner Strand-Pool, Restaurant und Bar. Auch hier gilt der Hinweis wie oben (Incomati R.C., nur 4x4!) auf die Nachfrage nach dem Pistenzustand.*

• * Complexo Turistico Macaneta (Macaneta Lodge) $$*: Buchung über Tel. + Fax: (01) 30-9073, Handy: 082-307-019, E-Mail: kamelesh@emilmoz.com. Diese relativ frisch renovierte Lodge besticht durch mehrere Punkte: Sie ist günstiger als die anderen, die Fischgerichte könnten nicht besser und frischer sein und Sie erreichen die Lodge bei trockenem*

M

Wetter auch mit einem normalen PKW. Übernachtet wird in Rondavels, von denen einige am Strand stehen (Ruhe, Meerblick von Terrasse), andere hinter der Düne (bei viel Wind auch kein Nachteil). Es gibt auch eine Bar, einen Pool, **Campingmöglichkeiten** *(einfach) und Boote können ausgeliehen werden. Natürlich ist alles etwas einfacher als bei den ersten beiden Lodges.*

- **Casa Lisa $$**: *1 km von der Hauptstraße (EN1) auf einer Farm. Ca. 50 km von Maputo, Tel.: (1) 42-8510. Einfache Chalets und Cottages sowie gute* **Campingmöglichkeiten**. *Restaurant und Bar.*
- **Parque de Campismo de Marracuene $–$$**: *Südöstlich von Marracuene (kurz vor dem Ort abbiegen), Tel.: (01) 49-4529 oder 41-8358. Ebenfalls* **Camping** *und Chalets, am Wochenende oft stark frequentiert von Tagesbesuchern, ansonsten okay. Restaurant, Bar und Bootsverleih.*

Mkambati Nature Reserve, Eastern Cape (S. 591ff)

Information

Zentrale Reservierung über: **Eastern Cape Tourism Board – Game Reserve Division**: *Tel.: (040) 635-2115, Fax: (040) 636-4019 od. 635-2535.* **Achtung:** *Dieses wird sich bald ändern, da das Nature Reserve privatisiert wird.*

Unterkünfte

Es gibt einfache **$ Rondavels, Cottages** *und* **Zimmer** *im Park, die aber alle dringend renoviert werden müssten. Wesentlich schöner ist dagegen* **$$–$$$ The Lodge**, *ein geräumiges Steinhaus mit 10 Betten auf einem Hügel. Hier haben Sie zudem einen eigenen Pool. Leider ist The Lodge oft ausgebucht. Alle Unterkünfte auf Selbstversorger-Basis. Es gibt kein Geschäft im Park. Manchmal, darauf dürfen Sie sich aber nicht verlassen, kommen Einheimische mit frischen Meeresfrüchten vorbei, die Sie dann kaufen können.*

Mokopane (ehem. Potgietersrus), Limpopo (S. 466f)

Information

Mokopane Tourist Information: *97 Thabo Mbeki Rd (am Museum), Tel.: (015) 491-8458, E-Mail: sabek@mweb.co.za.*

Touren

Im Gebiet um Mokopane gibt es folgende Touren:

- *Zu den vorgeschichtlichen* **Makapansgat Caves** *(ca. 25 km nördlich der Stadt, Tel.: (015) 491-8458),*
- *zu einer ca. 20 km entfernten* **Platinmine**,
- *durch die* **Zebediela Citrus Estate**, *einer der größten der Welt (45 km östlich der Stadt, Tel.: (015) 642-3101)*
- *sowie durch die* **Tobacco Co-op** *(Besichtigung der Fabrik sowie einiger Tabakfarmen, Tel.: (015) 491-3221), der zweitgrößten des Landes.*

Am besten arrangieren Sie die gewünschte Tour über das o.g. Touristenamt, denn es gibt keine regelmäßigen Führungen und es empfiehlt sich zudem, die Tour/Besichtigung ein bis zwei Tage im Voraus anzumelden.

Unterkünfte

• The Ranch – Protea Hotel $$$–$$$$: *Ca. 33 km nördlich von Mokopane (Einfahrt von der R101). Siehe unter Polokwane.*

• Protea Park Hotel $$–$$$: *Thabo Mbeki St (R101, Nordende der Stadt), Tel.: (015) 491-3101, Fax: (015) 491-6842, Web: www.protea-hotels.com. Angenehmes 100-Betten-Hotel. Garten, Swimmingpool, Restaurant. Angeschlossen ist* Mambo's Theme Bar, *ein Pub mit einfachen Speisen und Entertainment an Wochenenden.*

• Tibani (Kiepersol) Holiday Resort $$: *Percy Fyfe Rd, 15 km nördlich der Stadt (in Richtung Percy Fyfe Park, Tel.: (015) 491-5002, Fax: (015) 491-8975. Hier gibt es günstige Selbstversorger-Chalets und einen Caravanpark. Im Bushveld gelegen, können Sie von hier Spaziergänge in die Natur unternehmen. Zudem geleitete Ausritte und Swimmingpool. Familienorientiert.*

• *Im* Game Breeding Center $$ *an der Thabo Mbeki St (R101, Nordende der Stadt) gibt es ein Selbstversorger-Gästehaus. Tel.: (015) 491-4314, Fax: (015) 491-7510.*

• *Im Umkreis von 80 km um Mokopane gibt es eine Reihe von Camps, Game Lodges und Gästefarmen. Im Grunde aber sind diese zu weit von der Stadt entfernt. Wer trotzdem hier in einer Game Lodge nächtigen möchte, dem seien die* Leshoka Thabang Game Lodge *$$$$ (östlich, an der Straße nach Zebediela, 45 Autominuten, Tel.: (015) 667-0500) sowie das* Mabothe River Camp $$–$$$ *(40 km von Mokopane, Tel.: (015) 453-0795) genannt. Die Anfahrtsbeschreibung, besonders die zum River Camp, lassen Sie sich besser genau vor Ort erklären.*

Camping

• (Potgietersrus) Mokopane Caravanpark: *Einfacher Campingplatz 1 km nördlich der Stadt (nahe N1, hinter der Dampflokomotive). Tel.: (083) 340-2861. Bei Drucklegung des Buches wirkte der Platz etwas heruntergekommen.*

• *Angenehmer ist das Campen im o.g.* Tibani (Kiepersol) Holiday Resort.

Restaurants

Das angenehmste Restaurant in der Stadt ist wohl das im o.g. Protea Hotel. *Ansonsten gibt es eine Reihe kleinere und vor allem Franchise-Fastfoods in Mokopane.*

Musina (ehem. Messina) und das Gebiet bis zum Mapungubwe National Park (Limpopo/Northern Transfrontier Park), Limpopo (S. 455ff)

Information

• *Das* Musina Info Bureau *befindet sich an der N1 am südlichen Stadtkern. Tel. (015) 534-3500, Internet: www.sanparks.org/parks/mapungubwe.*

• *Am* Mapungubwe National Park (Limpopo Frontier Park) *gibt es ein Info Center, Tel.: (015) 534-2014, Fax: (015) 534-0102, Öffnungszeiten: 8–16 h.*

• African Ivory Route: *Tel.: (015) 295-3025 (Infos) od. (015) 295-2829 (Buchungen), Web: www.africanivoryroute.co.za. Hier können Sie Unterkünfte buchen entlang der sog. Ivory Route, die sich kreuz und quer durch die Limpopo Province zieht. Dabei handelt es sich oft um einfache, aber sehr urige Übernachtungsstätten.*

M

Touren

Es werden von Parkrangern geleitete Wanderungen im **Mapungubwe National Park (Limpopo Frontier Park)** *zu den Ausgrabungsstätten von Mapungubwe angeboten. Infos und Anmeldungen im Info Center/Rezeption unter Tel. (015) 534-2014.*

Unterkünfte

• * **Klein Bolayi $$$**: *20 km westlich von Musina an der R572 nach Pontdrift, P.O.Box 1318, Musina 0900, Tel.: (015) 534-0975, Fax: (015) 534-0976, Internet:* www.gamelodgebolayi.com. *Die wunderschöne Lodge liegt hinter dem markanten Bolayi-Felsen, der früher als Opferstelle genutzt wurde, und zudem bezaubernd auf einer Anhöhe aus Rundfelsen. 10 gut ausgestattete Zimmer in kühlenden Steinhäusern mit Reetdach versprechen einen angenehmen Aufenthalt. Swimmingpool, Bar, frisch zubereitete Mahlzeiten und ein sehr gutes deutsches Frühstück (z.B. Wurst und Käse). Familie Lempertz ist aus Stuttgart ausgewandert, spricht also deutsch und kann Ihnen viele Infos zur Region vermitteln. Zum Vhembe Dongola NP sind es 35 Autominuten. Gamedrives sind möglich und Jagden werden auf Nachbarfarmen organisiert. Auch Ausritte mit eigenen Pferden auf der Farm werden angeboten.*

• **Mopane Bush Lodge $$$**: *Ca. 40 km westlich von Musina an der R572 nach Pontdrift, P.O.Box 837, Musina 0900, Tel. + Fax: (015) 534-1054, E-Mail: mopanebushlodge@limpopo.co.za. Hier wohnen Sie in einem von 8 Zweibett-Chalets, die selbst in einem nachgebauten Kraal stehen. Die Lodge befindet sich auf einer 6.000 ha großen Game Ranch, die Sie gut zu Fuß oder auf einem Mountain Bike erkunden können. Paul und Rosemary Hatty sind Kenner der Region und können Ihnen viel erzählen.*

• **Ratho Bushcamp $$**: *15 km südwestlich von Pontdrif, Tel.: (015) 575-1425 od. 575-1362, Fax: (015) 575-1580. 6 einfache, aber saubere und ansprechende Zimmer bzw. 8 Campingsites auf einer Krokodilfarm. Nahe der Grenze zu Botswana können Sie kaum abgeschiedener wohnen. Mahlzeiten müssen angemeldet werden.*

• **Camp und Lodge im Mapungubwe National Park $–$$$**:

• *In Musina selbst eröffnen immer mehr kleine Lodges und Hotels ihre Türen. Sie sind i.d.R. günstiger als die o.g. Bush- und Game-Lodges, doch sollten Sie sich darüber im Klaren sein, dass Musina eine wenig attraktive Minen- und Grenzstadt ist. Ansprechende Unterkünfte in bzw. nahe der Stadt sind z.B. die* **Mudzwiri Lodge** *$$ (Zufahrt zwischen dem Büro der Venetia und dem Hospital am Nordende der Innenstadt, Tel. + Fax: (015) 534-1131) mit 16 reetgedeckten Chalets, einem Restaurant und Pub sowie Grillplätzen und Swimmingpool. Ebenfalls inmitten der Stadt liegt die* **Limpopo River Lodge $–$$** *(6 National Rd, Tel. + Fax: (015) 534-0204). Hier wohnen Sie in Zimmern. Ein großes Plus: Es gibt abschließbare Stellplätze für Ihr Fahrzeug. Etwas außerhalb an der R572 liegt die schöne* **Ilala Country Lodge $$** *(Tel. + Fax: (015) 534-3220, E-Mail: saldor@tlantic.net) mit reetgedeckten Selbstversorger-Chalets (Mahlzeiten nur auf Anfrage).*

• **Aventura Tshipise $$–$$$**: *Ca. 36 km südöstlich von Musina, wo sich R525 und R508 treffen, P.O.Box 4, Tshipise 0901, Tel.: (015) 539-0651, Fax: (015) 539-0724, E-Mail: tshipise@aventura.co.za, Web: www.aventura.co.za. Eines der schönsten Aventura-Resorts. Familienorientiert. Hot Water Pool/Spa (warme Quellen). Reetgedeckte Rondavel für 2–5 Personen und ein gepflegter Camping/Caravan Park. Nur um die Weihnachtszeit ist es hier etwas zu voll.*

Camping

In Musina gibt es den recht gepflegten Baobab Caravan Park *(Tel.: (015) 534-3504), wo es auch einfache Chalets zu mieten gibt. Für eine Nacht durchaus in Ordnung, ansonsten doch ziemlich trostlos. Wer länger campen möchte, sollte auf den Caravan Park im o.g.* Aventura Tshipise *ausweichen.*

Restaurants

Besondere Empfehlungen für Musina kann man nicht aussprechen. Eine Reihe der Hotels verfügt über Restaurants, die o.g. Lodges bieten aber nur Mahlzeiten für Gäste.

Nelspruit (inkl. Kaapsehoop, Sudwala Caves und White River), Mpumalanga (S. 489ff)

Information

Das Lowveld Tourism Office *hat drei Infobüros in und um Nelspruit:*

- *In Nelspruit im* Crossing South Center *(Ecke N4/R40) nahe der Innenstadt: Tel.: (013) 752-4547. Hier können Sie auch National Park-Unterkünfte kurzfristig buchen.*
- *Im* Casterbridge Farm Shopping Center, *2 km nördlich von White River. Tel.: (013) 750-1073.*
- *5 km westlich von Nelspruit an der N4 an* Hall's Gateway to the Lowveld *(Rastplatz, Shoppingmall und Tankstelle). Hier befindet sich auch das Touristenamt der Provinz Mpumalanga.*

Weitere Infos im Web: www.lowveldinfo.com. Kaapschehoop hat übrigens auch eine Webseite: www.KaapscheHoop.net.

Touren

Touren in Townships im Lowveld vermittelt Rural Township Tours. *Wie der Name bereits verrät, geht es in Wohngegenden abseits der großen Städte. Mit Sicherheit ein ganz anderer Einblick als z.B. eine Tour durch Soweto. Und vor allem persönlicher. Infos über Tel.: (013) 755-1988, bzw. E-Mail an das Lowveld Tourist Office: nelspruit@soft.co.za.*

Einkaufen

Nelspruit ist die *Stadt in der Region, wo es zahlreiche Shopping Malls und andere, „funktionale" Einkaufsmöglichkeiten gibt. Die größte Mall, die* Riverside Mall *befindet sich nördlich an der R40 neben den Regierungsgebäuden und dem Emnotweni Hotel. Für – z.T. organische – Farmprodukte sind* Hall's Gateway *(5 km westl. von Nelspruit an der N4) und für Souvenirs sowie Kunsthandwerkliches die* Casterbridge Farm Shopping Center *(2 km nördlich von White River) die Adressen in der Gegend.*

Airport

Der 2002 eingeweihte Kruger-Mpumalanga International Airport (KMIA) *hat den alten Flughafen von Nelspruit abgelöst. Er liegt ca. 24 Straßenkilometer nordöstlich von Nelspruit: Fahren Sie zuerst auf der N4 nach Osten und dann auf der R538 nach Norden.*

Botschaft von Mozambique

Brown St, Tel.: (013) 752-7396. Hier erhalten Sie das nötige Visum für die Einreise nach Mozambique.

N

Unterkünfte

• Karula Hotel $$–$$$: *Old Plaston Rd, White River, Tel.: (013) 751-2277, Fax: (013) 750-0413, Web: www.karulahotel.co.za. Schönes Country-Hotel. Mehrfach ausgezeichnet, 45 Zimmer, davon eine Reihe geräumiger Familienzimmer.*

• * Jörn's Gästehaus $$–$$$: *62 Hunter St, Nelspruit, Tel.: (013) 752-3855, Fax: (013) 752-2426, Web: www.jornsguesthouse.co.za. Acht individuell und geschmackvoll dekorierte Zimmer sowie ein „Pool mit toller Aussicht" machen dieses kleine B&B zum Tipp in Nelspruit selber. Es wird deutsch gesprochen und die Gastgeber können Ihnen gute Infos zur Umgebung geben. Deutsch wird auch in einem anderen B&B, dem* Haus Schmidt $$–$$$ *gesprochen: 21 von Braun St, Nelspruit, Tel. + Fax: (013) 744-9984, Web: www.haus-schmidt-in-afrika.de bzw. www.info@haus-schmidt-in-afrika.de.*

• *Nette, komplett ausgestatte Cottages gibt es auf der* Kavinga Farm $$ *an der R37, der Straße von Nelspruit nach Lydenburg. Tel.: (013) 755-3193, Fax: (013) 755-3161, E-Mail: kavinga@mpu.co.za.*

• *Gute italienische Küche und ansprechende Zimmer finden Sie in* Oliver's Restaurant & Lodge $$–$$$ *nördlich von White River. Tel.: (013) 750-0479, E-Mail: olivers.restaurant@mweb.co.za.*

• *Der Preisbrecher ist auch in Nelspruit das funktionale* Formula 1 $: *Ecke N4/Kaapsehoop St, Tel.: (013) 741-4490, Web: www.hotelformula1.co.za. Ebenfalls funktional, aber etwas komfortabler als das Formula 1 sind die* Road Lodge $$ *(Tel.: (013) 741-1805) bzw.* Town Lodge $$ *(Tel.: (013) 741-1444), beide Ecke General Dan Pienaar/Koorsboom Rd in Nelspruit. Im Web beide: www.citylodge.co.za.*

• *Backpacker sind in Nelspruit am besten mit dem* Nelspruit Backpacker *(9 A. Pretorius St, Tel.: (013) 755-4429) bedient, da er im Zentrum der Stadt ist. Hier gibt es nur ein DZ, ansonsten nur Unterkünfte in Schlafsälen. Etwas netter und kaum teurer ist dagegen das* Old Vic Inn *(12 Impala St, Tel.: (013) 744-0993) mit 6 DZ, einem Schlafsaal, einem schönen Garten und einem Pool. Es liegt 3,5 km vom Zentrum von Nelspruit entfernt.*

• *In dem kleinen Nest* **Kaapsehoop** *finden Sie ein paar kleine Gästehäuser, so z.B. das* Silver Mist Guesthouse $ *(12 Zimmer, Restaurant, Tel.: (013) 734-4429), das etwas kleinere* Jim's Gold Guesthouse $ *(Tel.: (013) 734-4419) und eine Unterkunft in einem historischen, ehemals königlich genutzten Eisenbahnwaggon (Queen Mum soll in ihm 1948 gereist sein):* Haltedwaal Accomodation $–$$, *Tel.: (012) 333-5805.*

• *Wer bei den* **Sudwala Caves**, *gut 35 km westlich von Nelspruit nächtigen möchte, hat direkt an der Zufahrt bzw. an den Höhlen zwei Möglichkeiten dazu:*

• * Pierre's Mountain Inn: *Direkt am Eingang zu den Höhlen, Tel.: (03) 733-4134, Fax: (013) 733-5266, Web: www.pierres.co.za. Die reetgedeckte Lodge liegt auf 1.000 m üNN und verspricht somit von allen Balkonen eine fantastische Aussicht. Alles ist urig und liebevoll dekoriert und die Zimmer haben einen wirklich individuellen Lodge-Charme. Hier bleiben viele nicht nur für die Höhlen, sondern hängen noch eine Nacht dran zum Entspannen und Erwandern der umliegenden Wälder.*

• Sudwalaskraal: *An der Auffahrt zu den Höhlen (am Fuße des Berges), Tel.: (013) 733-3073, Fax: (013) 733-3077, Web: www.sudwala.com. Dieser Hotel- und Chaletkomplex kann eher als Resort angesehen werden, denn es gibt zahlreiche Sportanlagen (Squash, Tennis, Minigolf etc.), Jacuzzis, Sauna und ein „Cultural Center", wo Führungen durch ein nachgebautes afrikanisches Dorf geboten und abends afrikanische Tänze aufgeführt werden. Die Chalets sind voll ausgestattet für Selbstversorger. Natürlich gibt es auch ein Restaurant. Die Preise der Unterkünfte schwanken sehr nach Saison und Wochentag, liegen i.d.R. aber bei gut $$$.*

Hinweis: Beide Lodges bieten geführte Touren ins Umland sowie auch mehrtägige in die weitere Umgebung.

Camping

Sehr schön ist Safubi River Lodge & Caravan Park *(Tel.: (013) 741-3253) an der Graniet Rd westlich von Nelspruit. Hier gibt es auch Selbstversorger-Chalets. Weiter westlich von Nelspruit, N4 (Abzweiger Burnside), gibt es noch* Polka Dot Caravan Parks & Chalets *(Tel. + Fax: (013) 755-6173). Weitere Campingmöglichkeiten finden Sie an der* Bundu Country Lodge *(Tel.: (013) 758-1221), an der R 40, ca. 10 km nördlich von Nelspruit. Hier gibt es auch Hotelzimmer und Wanderwege auf dem Gelände. Auch an den* Sudwala Caves, *gut 35 km westlich von Nelspruit, gibt es einen Campingplatz.*

Restaurants

• *Nelspruit selber kann kaum als Ziel für Gourmets angesehen werden. Einige Ketten- sowie akzeptable Hotel-Restaurants bilden den kulinarischen Rahmen. Wer bereits Heimweh verspürt, dem sei* Jürgen's German Restaurant *in White River (30 Alie van Bergen St, Tel.: (013) 751-2895) ans Herz gelegt. Hier gibt's Eisbein, Kassler, Sauerkraut und bayerische Würste! Und wer einmal Orangenwein probieren möchte, der sollte diesen im Restaurant auf der* Rottcher Winerie *probieren (an der Straße von Nelspruit nach White River).*

• Keg & Jock*: 11 van der Merwe St, Tel.: (013) 755-4969. Schöner Pub der im ganzen Land vertretenen Keg-Kette. Gute Burger, Steaks und einfache Pubgerichte. Hier können Sie nichts falsch machen, genauso wenig wie im* O'Hagan's Pub *(200 m südlich der N4 an der Straße nach Barberton) und dem* Arkansas Spur Steak House *im West End Shopping Centre an der Barberton Rd (Tel.: (013) 744-7099) – ein weiterer Spur findet sich in der Riverside Mall. Die Fischrestaurant-Kette* Ocean Basket *hat ihren Platz Ecke Streak/Ferreira Sts (Tel.: (013) 752-7193) gefunden und gleich um die Ecke davon, um die Liste der guten Franchise-Restaurants abzuschließen, das Wein- und Bierlokal* Dros *(19 Ferreira St, Tel.: (013) 755-4090).*

North Coast (zwischen Richards Bay und Durban), KwaZulu-Natal (S. 539f)

Information

• Mtunzini Tourism Association: *Hely Hutchinson Rd, Mtunzini, Tel.: (035) 340-1421, Internet:* www.mtunzini.co.za.

• Dolphin Coast Information*: Link Rd, Ballito, Tel. + Fax: (032) 946-1997, Web:* www.dolphincoast.co.za. *Infos und Buchungen für den Küstenabschnitt zwischen Ballito und Blythdale Beach.*

• Sugar Coast Information*: Chartwell Dr/Lighthouse Rd, Umhlanga Rocks, Tel.: (031) 561-4257, Fax: (031) 561-4214, Web:* www.sugarcoast.co.za. *Infos zur Küste bis zu ca. 50 km nördlich von Durban, also bis südlich von Ballito.*

Unterkünfte

• Mtunzini*: Neben einer Reihe von B&B-Unterkünften sind es die rustikalen Selbstversorger-Blockhütten des ** Umlalazi Nature Reserve $$, *die hier hervorzuheben sind. Jede Hütte kann 5 Erwachsene aufnehmen, verfügt über 2 Schlafzimmer sowie ein Wohn-*

N

zimmer. Nahrungsmittel müssen mitgebracht werden. Es gibt kein Restaurant im Park und auch in Mtunzini ist die Auswahl begrenzt. Die Hütten sind zu buchen über: Ezemvelo KZN Wildlife: *P.O.Box 13069, Cascades 3202, Tel.: (033) 845-1000, Fax: (033) 845-1001, Web:* www.kznwildlife.com *bzw.* www.rhino.org.za. *Die direkte Telefonnummer für den Park lautet: (035) 340-1836.*

- **Inlands in Eshowe und beim „Shakaland"** *(siehe auch „Zululand"): Am Lake Phobane liegt die schöne* **iPHIVA Bush Lodge $$$** *(Tel.: (031) 563-9585 od. (035) 460-0000, Web:* www.wheretostay.co.za/iphiva.htm). *Neben Chalets und einem Safari Camp sind vor allem die auf dem See schwimmenden Hütten („Floating Chalets") hier der Knüller. Folgen Sie den Schildern zum Shakaland (nördlich von Eshowe Abzweig von der R66). Zu* **Unterkünften in Eshowe** *lesen Sie bitte unter „Zululand".*
- *Das kleine* **Amatikulu Nature Reserve $** *hat einfache Selbstverpflegungs-Safarizelte (Gemeinschaftliche sanitäre Anlagen). Also etwas für Naturfreunde. Zu buchen über* Ezemvelo KZN Wildlife *(s.o.). Direkte Telefonnummer: (032) 453-0155.*
- *Am Zinkwazi Beach gibt es das gut geführte* **Zinkwazi Holiday Resort $$–$$$**: *Tel.: (032) 485-3344, Fax: 485-3340, Internet:* www.caraville.co.za/zinkwazi.htm. *Hier gibt es 1–3-Zimmer-Chalets sowie die Möglichkeit zu campen.*
- **Dukuza (Stanger)**: *Das herrschaftliche* **The Lodge at Prince's Grant $$$$** *liegt auf einer Golfanlage, nicht weit vom Strand. Einige Zimmer haben Blick auf das Meer. Im Haupthaus beeindruckt der Kolonialstil. Von der Hotelbar können Sie schön auf die Zuckerrohrfelder, die Golfanlage und das Meer blicken. Anfahrt: Fahren Sie von Stanger (Dukuza) auf der R102 einige Kilometer nach Norden, dann geht es – gut ausgeschildert – rechts ab zur Lodge.*
- **Salt Rock**: *Ein Klassiker ist das* *** Salt Rock Hotel $$–$$$**: *21 Basil Hulett Dr, Salt Rock, Tel.: (035) 525-5025, Internet:* www.saltrockbeach.co.za. *Das Hotel gehört schon seit Jahrzehnten dem Hulett-Clan, einer der wichtigen Familien im Zuckerrohrgeschäft. Fast alle Zimmer blicken auf das Meer und den Tiden-Pool. Der Strand*

Hinweis

Während der Hauptferienzeit (um Weihnachten/Neujahr und auch Ostern) sind viele Unterkünfte frühzeitig ausgebucht. Buchen Sie also rechtzeitig bzw. wenden Sie sich notfalls vor Ort bereits mittags an das entsprechende Touristenamt.

Tipp: Sollten Sie außerhalb der o.g. Hauptferienzeit und sogar unter der Woche entlang dieser Strecke fahren, dann raten wir, dass Sie nicht lange im Voraus buchen, sondern sich in einem der Strandorte umschauen und die für sie geeignete Unterkunft auswählen. Eine Empfehlung wären da die Orte **Ballito** und **Salt Rock**, ca. 50 bzw. 60 km nördlich von Durban. Hier reihen sich einige Hotels/B&Bs, vor allem aber Selbstversorger-Apartment-Gebäude am Strand aneinander. Das Schöne an fast allen Unterkünften ist, dass bis in die oberen Etagen für großzügige Veranden (Grill inkl.) mit direktem Blick aufs Wasser gesorgt ist. Der sich in die oberen Etagen hin verjüngende Baustil bringt diesen Vorteil mit sich. Wer sich hier im Erdgeschoss einmietet, hat sogar noch einen spärlichen Garten und den Zugang zum Strand vor der Terrasse, dafür aber auch die Spaziergänger entlang des gepflasterten Beachwalks direkt vor der Nase. Somit: Für viele mag der erste Stock die beste Wahl sein. Bevor Sie sich nun irgendwo einbuchen, laufen Sie einfach entlang des Beachwalks (Strandpromenade) und schauen Sie sich die Häuser an. Wählen Sie dann aus und gehen Sie in die Compensation Beach Rd, von wo aus die Gebäude zugänglich sind. Wer trotzdem gerne vorbucht, dem sei das Dolphin Coast Info-Büro in Ballito empfohlen (s.o.), das Zimmer und Apartments vermittelt. Wichtig ist beim Buchen von Apartments, dass Sie am selben Tag bis ca. 16 h anrufen bzw. vor Ort anfragen, denn danach kommen Sie nicht mehr in die Apartments!

liegt direkt zu Ihren Füßen. Viele Zimmer gehen sogar über zwei Geschosse. Der Charme der 1960er Jahre ist unverkennbar, doch das macht auch den Stil des Hauses aus. Im Untergeschoss, mit Blick aufs Wasser, verspricht das **La Riviera Restaurant** *(Tel.: (032) 525-9990) gute mediterrane und österreichische Küche. Ein Renner sind die heißen Kirschen auf Vanilleeis sowie das Züricher Geschnetzelte. Unbedingt reservieren, wenn Sie einen Fensterplatz bekommen möchten. Nur einen Häuserblock entfernt lockt noch das Restaurant* **Shrimp Lane** *mit günstigeren Speisen (Seafood, Thai). Übrigens, an das Salt Rock Hotel ist ein beliebter* **Campingplatz** *angeschlossen.*

Der Blick aus dem „Salt Rock Hotel"

• **Sugar Coast Bed & Breakfast Association**: *11 Hillken Dr, Umhlanga 4320, Tel.: (031) 561-3795, Fax: (031) 561-2088, E-Mail: sugarfld@iafrica.com. Diese Organisation vermittelt schöne B&B-Unterkünfte ($$–$$$$) zwischen Tongaat Beach und North-Durban.*

• *In* **Umhlanga Rocks** *gibt es unzählige Hotels und Bed & Breakfast-Unterkünfte. So viele, dass wir den Ort eigentlich gar nicht empfehlen mögen, besonders weil hier an Wochenenden oft überteuerte Preise verlangt werden. Trotzdem nennen wir einmal drei Adressen: Wer direkt am Strand wohnen möchte (einige Zimmer mit Blick auf den Leuchtturm), dem sei das* **Oyster Box Hotel $$$** *an der Lighthouse Rd (Tel.: (031) 561-2233, E-Mail: oysterbox@iafrica.com) empfohlen. Das* **Beverly Hills Sun Intercontinental $$$$** *gleich nebenan ist um einiges teurer, aber hat dafür Zimmer mit noch besserem Blick aufs Wasser (Tel.: (031) 561-2211, Web: www.southernsun.com). Mehrfach prämiert wurde* **Pendlebury's on Kingston B&B $$$**: *30 Kingston Dr, Tel.: (031) 561-4853, Fax: (031) 561-1866, Web: www.wheretostay.co.za/pendleburys.htm. Das gemütlich eingerichtete B&B liegt westlich der N4, ca. 700 m vom Wasser entfernt. Jacuzzi, Bar, Pool, ein schöner Garten, großzügige Zimmer u.v.m.*

JH

Backpacker

Backpacker kommen nicht um die **Beachbums Backpackers Lodge** *herum, denn das ist der einzige Backpacker an diesem Küstenabschnitt, der direkt an der Küste ist: 65 Casuarina Dr, Casuarina Park, Tongaat Beach, Tel.: (032) 943-1401, E-Mail: bsbeach@iafrica.com. Auch DZ. 40 km nördl. von Durban, direkt am Strand. Hier kann auch gecampt werden. Landeinwärts gibt es noch:* **Zululand Backpackers**: *36 Main St (am George Hotel, Eshowe, Tel.: (035) 474-2691, E-Mail: channels@iafrica.com. Auch Doppelzimmer.*

Camping

Ein schöner Campingplatz befindet sich bei Mtunzini im **Umlalazi Nature Reserve,** *Tel.: (035) 340-1836.*

• *Wer einen Abstecher nach Eshowe unternimmt, findet dort den kleinen, aber gut gepflegten* **Municipal Campground**.

• *Weiter südlich gibt es Campingplätze am* **Tugela Mouth** *(direkt an der Flussmündung, Tel.: (032) 458-4241), das* *** Zingwazi Forest Camp** *(am Fluss, nahe Mündung und Strand,*

N P

Schatten, Tel.: (032) 485-3344), am **Blythdale Beach** *(Tel.: (032) 551-2547) und am* * **Salt Rock Hotel** *(s.o.). Letzterer ist während der Saison zwar etwas eng, ansonsten aber neben Zingwazi Beach die Empfehlung, da die Infrastruktur stimmt und der Tidenpool sowie das Meer locken!*

• *Wegen der dichten Bebauung durch Hotels und Ferienhäuser gibt es entlang der North Coast um Ballito/Salt Rock und südlich davon weniger Campingplätze, als man im ersten Moment vermuten mag, und die sind während der Saison oft ziemlich ausgebucht bzw. überlaufen. Planen Sie also etwas im Voraus.*

• **Dolphin Holiday Resort & Caravan Park** *in Ballito (ca. 50 km von Durban, Tel.: (032) 946-2187, Web:* www.dolphinholidayresort.co.za*). Sehr sauberer und gut geführter Familien-Campingplatz. Es gibt auch einfache Hütten. 3 Minuten zum Strand.*

Pietermaritzburg, KwaZulu-Natal (S. 627ff)

Information

Pietermaritzburg Publicity Organization: *177 Commercial Rd (50 m neben City Hall), P.O.Box 25, Pietermaritzburg 3200, Tel.: (033) 345-1451 od. 345-1348, Fax: (033) 394-3535, Web: www.pmbtourism.org.za. Mo–Fr 8–17 h, Sa 8–15 h, So 9–15 h.*

Auch bei Regen sind die „Car Guards" unterwegs

Unterkünfte

• **Protea Imperial Hotel $$$–$$$$**: *224 Loop St, Tel.: (033) 342-6551, Fax: (033) 342-9796, Web: www.protea-hotels.com. Altes Kolonialhotel und einst das Vorzeigehotel der Stadt. Während der Recherche aber etwas heruntergekommen, wobei die Protea-Kette sich bemüht, den ehemaligen Standard wiederherzustellen. Sollte das gelingen, dann ist das Imperial wieder ein Tipp, besonders auch wegen der geräumigen Zimmer.*

• **Windermere House $$$**: *11 Windermere Place, P.O.Box 20079, Howick 3290, Tel.: (033) 330-8284, Fax: (033) 330-8284, Web: www.geocities.com/windermereguesthouse/index.html. Anfahrt: N3 bis zur Abfahrt Howick, dann Old Main Rd folgen und kurz vor dem Ortskern nach rechts abbiegen in Andrews St. Dieser folgen, bis rechts die Windermere Place abzweigt. Ca. 20 Minuten von P'maritzburg. Bezauberndes Landhaus mit großem Garten und Pool. Reichhaltiges Frühstück, Bar, Grillplätze etc. Mehrfach prämiert.*

• **Hilton Hotel $$–$$$$**: *P.O.Box 35, Hilton 3245, Tel.: (033) 343-3311, Fax: (033) 343-3722, Web: www.hiltonhotel.co.za. In Hilton, 15 Minuten von P'maritzburg. Altenglisches, großes Landhotel mit dem typischen Fachwerk. Weithin bekannt. Gutes Restaurant, Pool, englische Bar und das Ganze im richtigen „Gardensetting". Die Preise für die einzelnen Zimmer variieren. Fragen Sie also nach Ihrer gewünschten Preisklasse.*

• * **Briar Ghyll Lodge $$$**: *George MacFarlane Lane (von Howick Rd abzweigend), Tel.: (033) 342-2664, Fax: (033) 345-2514, Web: www.bglodge.co.za. 5 km von der Innenstadt gelegenes viktorianisches Haus von 1865. Ehemals ein Farmhaus, hat es den alten Charme* *behalten. Viele Antiquitäten. 3 Zimmer befinden sich im Haus, zwei in Cottages im Garten, die auch von Selbstversorgern genutzt werden können.*

• **City Royal Hotel $$$**: *301 Burger St, Tel.: (033) 394-7072, Fax: (033) 394-7080, Web: www.cityroyalhotel.co.za. Innenstadthotel, in dem Alt und Neu gut miteinander verbunden sind. Etwas formell, aber dafür können Sie von hier aus viele Sehenswürdigkeiten zu Fuß erreichen.*

• *** Ascot Inn $–$$**: *210 Woodhouse Rd, Tel.: (033) 386-2226, Fax: (033) 346-2649, Web: www.ascot-inn.co.za. 5 Minuten zur Innenstadt und trotzdem nahezu ein „Country- Inn". Der große Garten, die schattigen Akazien, der Pool und die großenteils „Old Time-Atmosphäre" (z.T. noch alte Ställe) machen dieses Inn zu einem Tipp. Restaurant und Bar im Hause. Selbstversorgung möglich.*

• **Ecabazini Zulu Cultural Homestead $–$$**: *Postadresse: P.O.Box 13351, Cascades 3202. Physische Adresse: Kwamadlozi Farm, Albert Falls Dam (25 Minuten von P'maritzburg), Tel. + Fax: (033) 342-1928, Web: www.ecabazini.co.za. Dieses „Zulu-Kulturdorf" mag für manche etwas kitschig erscheinen (auf Wunsch werden Tänze und andere Rituale vorgeführt). Trotzdem ist es interessant, einmal in einer Zulu-Hütte zu schlafen, und das Dinner ist auch traditionell. Unbedingt vorher anmelden.*

• *Die Backpackerunterkunft in Pietermaritzburg ist die kleine* **Ngena Backpackers Lodge**: *293 Burger St, Tel.: (033) 345-6237, E-Mail: ngena@sai.co.za.*

• *Ein weiterer schöner Backpacker ist* **Forest Lakes Backpackers**: *Albert Falls Dam, Cramond, Midlands, Tel.: (033) 569-1686, E-Mail: info@forestlake.co.za. Hier kann auch gecampt werden.*

• *In Pietermaritzburg bieten viele* **Gästehäuser und B&Bs** *Zimmer an und wer bereit ist, eine halbe Stunde zu fahren, findet zahlreiche* **Landhotels und Farmunterkünfte** *entlang der „Midland Meander Rd", der R103 in Richtung Norden. Es ist aber besser, diese Unterkünfte im bzw. über das o.g. Touristenamt zu buchen.*

Camping

• *Der nächste Campingplatz zur Stadt ist der* **Msunduzi Caravan Park** *an der Cleland Rd, 5 km südlich der Innenstadt.*

• *Weitere, schönere Campingplätze finden Sie in und um das* **Albert Falls Nature Reserve** *20–30 Minuten nördlich der Stadt. Zu empfehlen wäre da z.B. Peatties' Lakeside Resort (Tel.: (033) 569-0536, 20 km zur Stadt) nahe dem Damm mit schattigen Plätzen und Selbstversorger-Unterkünften.*

Restaurants

• *Für einen Lunch empfiehlt sich in der Innenstadt der* **Tatham Coffee Shop** *in der Tatham Art Gallery (Ecke Commercial/Church Rds, Mo geschl.). Leichte Speisen, Kuchen, aber auch Currygerichte werden angeboten. Bei gutem Wetter können Sie auch auf der Veranda sitzen, falls es dann noch Platz gibt. Wer im* **Botanic Garden** *(Mayors Walk, Di. geschl.) spazieren geht, dem sei das Garten-Café („Tea Shop") dort ans Herz gelegt.*

• **Turtle Bay**: *Wembley Terrace (abzweigend von der Howick Rd, 5 km nördl. Der Innenstadt), Tel.: (033) 394-5390. Ein beliebtes und gutes Seafood-Restaurant.*

• *Französische Küche erwartet Sie im* **Café du Midi** *(262 Boom St, Tel.: (033) 394-5444, auch Dinner). Hier können Sie auch draußen sitzen und am Tag leichte Speisen einnehmen.*

• *Und wer gerne seine Speisen mit einem gezapften Bier in Pubatmosphäre einnehmen möchte, dem seien das* **Keg & Elephant** *(80 Commercial Rd) sowie der* **McGinty's Irish Pub** *(50 Durban Rd) empfohlen.*

P

Piet Retief, Mpumalanga (S. 511)

Information

Piet Retief Tourism Bureau: *10 C Retief St, Tel.: (017) 826-5477, Internet: www.routes.co.za/mp/pietretief*

Unterkünfte

• *Das kleine* Central Hotel $ *(Tel.: (017) 826-4344) in der Main St (N2) kann nur für die ganz Sparsamen empfohlen werden. Es ist sauber, aber sehr einfach und das Essen nicht besonders gut.*

Besser aber, Sie suchen sich hier ein Bett in einem der zahlreichen Gästehäuser und Farmunterkünften in und um Piet Retief, von denen wir hier einmal drei nennen möchten:

• * Dusk To Dawn $$: *35 km südlich von Piet Retief an der N2 („Commondale"-Abzweig nehmen und dann nach 3 km nach rechts abbiegen), Tel. + Fax: (017) 821-0601, Web: dusktodawnbedandbreakfast.com, E-Mail: dtd@ptr.dorea.co.za. Eine tolle Unterkunft auf einer Farm. Ein geräumiges Zimmer sowie ein Selbstversorger-Apartment. Es wird deutsch gesprochen. Pool. Mehrfach ausgezeichnet. Dinner nach Voranmeldung!*

• Green Door Guest House $$: *1 Mrk St, Tel.: (017) 826-3208, Fax: (017) 826-0126. Sehr gemütlich eingerichtetes und persönlich geführtes Gästehaus mit 20 Zimmern. Kleines Restaurant im Hause.*

• Röhrs Farm Guesthouse $–$$: *Fahren Sie 17 km entlang der R543 in Richtung Volksrust. An der weißen Eingangswand zweigen Sie ab auf die Farm, Tel.: (017) 826-1968, Fax: (017) 826-1967, Web: www.guesthouse/rohrs.net. 4 Doppelzimmer und ein Selbstversorger-Chalet auf einer Farm. Es wird Deutsch gesprochen. Mahlzeiten werden zubereitet.*

Camping

Piet Retief Caravan Park: *Südlich der Stadt, an der N2 nahe dem Krankenhaus. Einfacher Platz. Typisch für Kleinstädte in Südafrika.*

Restaurants

Es gibt eine Reihe von kleinen Restaurants sowie Franchise-Fast-Food-Plätzen, aber wir empfehlen, in Ihrer Lodge zu speisen.

Pilanesberg National Park, North-West-Province (S. 474ff)

Siehe auch unter „Sun City"

Information

• *Die Rezeption befindet sich am* Manyane Gate *(7–18.30 h), das zentrale* Info-center *mitten im Park in einem alten kapholländischen Gebäude, das ehemals als Gericht diente (hier auch Snacks).*

• *Auskünfte zum Park erteilt:* North West Parks Board: *Tel.: (014) 555-5351/2/3/4, Fax: (014) 555-5525, Web: www.tourismnorthwest.co.za.*

Touren

• Mankwe Safaris: *Tel.: (014) 555-7056, Fax: (014) 555-7884. Spezialisiert auf kulturelle Touren zu den Tswanas.*

• *Game Drives und Heißluftballon-Flüge arrangiert* Pilanesberg Safaris, *Tel.: (014) 594-0270.*

Unterkünfte

Es gibt mehrere Hotels und Selfcatering-Unterkünfte im Park, von denen alle mind. $$$ kosten, während die KwaMaritane, Bakubung und Thukudu Lodges noch weit darüber liegen ($$$$–$$$$$), je nach Saison und Wochentag.

• * Thukudu Lodge*: Die mit Abstand schönste Übernachtungsmöglichkeit im Park. Die nur sechs reetgedeckten Holzchalets, alle am Hang einer Koppie im Südwesten des Parks gelegen, bieten Luxus pur. Ein eigenes Wasserloch unterhalb der Lodge verspricht morgens und abends Tiere. In dem hohen Preis sind Game Drives und Mahlzeiten eingeschlossen, wobei die Chalets auch mit Küchen ausgestattet sind. Buchen über: Tel.: (011) 806-6888, Web: www.legacyhotels.com.*

• KwaMaritane Bush Lodge*: Elegante, aber auch sehr große Lodge im Südosten des Parks. Da oft für Konferenzen gebucht, würden wir diese Lodge nicht unbedingt vorschlagen. Die* Bakubung Lodge *dagegen ist nicht kleiner, zielt aber eher auf Urlauber ab und weist mit einem eigenen Hippo-Pool ein besonderes Highlight auf. Buchen über: Tel.: (011) 806-6888, Web: www.legacyhotels.com.*

• Bakgatla Resort*: Familienresort mit Selbstversorgerhütten: Buchen über Tel.: (014) 555-6135/6, Web: www.goldenleopard.co.za.*

• Manyane Resort*: Reetgedeckte Selbstversorger-Chalets. Die beste Adresse für diejenigen, die nicht die Luxus-Lodges bezahlen möchten. Tel.: (014) 555-6135/6, Web: www.goldenleopard.co.za.*

Camping

Campingplätze gibt es am Manyane *sowie am* Bakgatla Resort*. Der Platz am Manyane Resort wird oft zu den besten Campingplätzen des Reisegebiets gezählt, ist aber daher auch oft ausgebucht bzw. sehr voll an Wochenenden/Feiertagen.*

Restaurants

Die besten Restaurants befinden sich in der Bakubung *bzw. der* Kwa Maritane Lodge*. Die Restaurants von* Sun City *sind nicht weit, wobei Sie immer über das Main Gate im Süden anreisen und dort als Tagesbesucher Eintritt zahlen müssen. Beachten Sie unbedingt, dass die Gates des Pilanesberg NP abends zwischen 18 und 19 h schließen!*

Pilgrim's Rest/Graskop, Mpumalanga (S. 404ff)

Siehe unter „Graskop"

Polokwane (ehem. Pietersburg), Limpopo (S. 465ff)

Information

• Polokwane Information*: Im Untergeschoss des Civic Center Building, Ecke Landros Maré/Bodenstein St, Tel.: (015) 290-2010, Fax: (015) 290-9009, Web: noch www.pietersburg.org.za, bald www.polokwane.org.za.*

• African Ivory Route*: Tel.: (015) 295-3025 (Infos) od. (015) 295-2829 (Buchungen), Web: www.africanivoryroute.co.za. Hier können Sie Unterkünfte buchen entlang der sog.*

P

Ivory Route, die sich kreuz und quer durch die Limpopo Province zieht. Dabei handelt es sich oft um einfache, aber sehr urige Übernachtungsstätten.

Flughafen

Der **Polokwane Gateway Airport** *liegt im Norden der Stadt, nahe der N1. Tel.: (015) 288-0122. I.d.R. wird er nur von Inlandsflügen erreicht. Aber wer gleich in den Norden gelangen und dem Großstadtdschungel von Gauteng entgehen möchte, der ist mit einem Weiterflug hierher gut beraten. Mietwagen gibt es auch hier.*

Unterkünfte

Neben den u.g. Unterkünften wimmelt es in Polokwane, dem Zentrum der Norther Province an B&B-Unterkünften sowie Guesthouses, die während Konferenzen z.T. sehr hohe Preise nehmen. An vielen Straßenkreuzungen weisen Schilder zu ihnen. Grundsätzlich lautet unser Tipp: Nächtigen Sie in einer anderen Stadt oder im Magoesbaskloof. Polokwane bietet auch abends nicht viel.

- **The Ranch – Protea Hotel $$$–$$$$**: *30 km südlich von Polokwane (Einfahrt von der R101), biegen Sie gegenüber der Caltex-Tankstelle an der N1 nach Osten ab, Farm Hollandsdrift, District Polokwane, Tel.: (015) 290-5000, Fax: (015) 290-5050, Web: www.protea-hotels.com. Eine Art Wellness-Hotel mit Zimmern aller Ausstattungskategorien. Inmitten einer 1.000-ha-Farm im Buschland bieten sich Möglichkeiten für Spaziergänge, Ausritte, aber auch einfach zum Entspannen. Ein Besuch lohnt sich eigentlich nur für 2 Tage. Vielleicht eine Idee für die letzten 2 Nächte vor dem Rückflug?*
- **Holiday Inn Garden Court $$$**: *Ecke Thabo Mbeki/Bok Sts, Tel.: (015) 291-2030, Fax: (015) 291-3150, Web: www.souternsun.com. Unspektakuläres, aber funktionales Stadthotel.*
- **Protea Hotel Landmark Lodge $$–$$$**: *Südlich an der N1, Tel.: (015) 225-7255, Web: www.protea-hotels.com. Ebenfalls sehr funktional. Da es außerhalb der Stadt liegt, eignet es sich vornehmlich für Durchreisende.*
- *** Victoria Place Guesthouse $$–$$$**: *32A Burger St, Tel.: (015) 295-7599, Fax: (015) 291-3559. 16 charmante Zimmer in einem viktorianischen Stadthaus (inkl. Anbauten). Schöner Garten und ein ausladendes Frühstück.*
- **Northern Star Hotel $**: *46 Landros Maré St, am Civic Square, Tel. + Fax: (015) 295-8980. Das kleine Hotel liegt günstig zum Visitor Center, dem Photo sowie dem Polokwane Museum. Ansonsten ist es sehr einfach. Schauen Sie sich unbedingt Ihr Zimmer vorher an, da die ersten Zimmer am Gang laut sind (hier kommt jeder vorbei). Die Zimmer am Ende des Ganges sind größer und eben ruhiger. Die Einrichtung ist einfach, aber dem Preis angemessen. Also etwas für „Hartgesottene".*

Camping

- **Union Park Campground**: *Dorp St, südlich der Stadt, nahe einem Game Park, Tel.: (015) 290-2331. Einfacher Campingplatz. Für eine Nacht okay.*
- *Campingequipment sowie Outdoorausrüstung aller Art finden Sie im* **Outdoor Warehouse**: *Shop 85, 19th Av, Industria, Tel.: (015) 297-7412, Web: www.outdoorwarehouse.co.za.*

Restaurants

Unkompliziert speisen Sie im **San Antonio Spur Steak House** *(Checkers Centre, Hans van Rensburg St, Tel.: (015) 295-8146), wo auch die Burger und Salate schmecken. Das* **Villa Italia Restaurant** *(Savannah Centre, östlich der Innenstadt, nahe Thabo Mbeki St, Tel.: (015) 296-0857) gehört ebenfalls zu einer Kette und hält was der Name verspricht. Im*

Savannah Centre gibt es ein weiteres Spur-Steakhouse, das Falcon Rock Spur *(Tel.: (015) 296-1991). Unsere Empfehlung ist aber* Sterkloop Lapa*, an der Church St, südlich der Innenstadt, gleich neben dem Golfclub. Tel.: (015) 295-3742. Hier können Sie auf der Gartenterrasse oder im Pub-Raum sitzen. Es gibt gute Steaks und Burger. Kein Fine Dining, aber die Atmosphäre ist entspannt. Ein Familien-Bar-Restaurant.*

Pongola und angrenzende Gebiete, KwaZulu-Natal (S. 517)

Information

Das Info-Center *befindet sich an der N2 beim Crafts Center (gegenüber Caltex-Tankstelle). Tel.: (034) 413-1144 od. 413-1223, E-Mail: pongolatic@pga.dorea.co.za. Hier erhalten Sie auch gute Infos zum Maputaland und den Sehenswürdigkeiten im Zululand.*

Unterkünfte

Wer sich nicht so weit ins Maputaland trauen mag, kann von Pongola aus Tagestouren dorthin unternehmen. Starten Sie dazu aber früh.

- * Mkuze Falls Lodge $$$$–$$$$$*: 38 km südwestlich von Pongola. Folgen Sie den Schildern von der N2 südlich von Pongola und fahren Sie dann auf der R66 nach Süden. Kreuzen Sie die Abzweige der R69, dann sind es noch einige Kilometer, bis es abgeht nach Westen. Tel.: (034) 414-1018, Fax: (034) 414-1021, Internet:* www.mkuzefalls.com*. Die Lodge befindet sich im privaten Mkuze Falls Game Reserve, wo der kleine Wasserfall und die Big Five die Highlights darstellen. Sie wohnen in komfortablen, entweder in mit afrikanischem Kitsch (etwas überladenen) Hütten: Dusche innen und außen, Kamin, eigener Patio, oder in hochgesetzten Safari Tents, die Panorama-Aussichten und ebenfalls einen hohen Standard aufweisen. Wenn auch insgesamt ziemlich teuer, bietet sich hier trotzdem ein gutes Preis-Leistungs-Verhältnis im Vergleich mit Luxus Lodges nahe dem Kruger Park. Im Preis sind alle Mahlzeiten und die meisten Aktivitäten eingeschlossen.*
- * Pongola Game Reserve $$–$$$$$*: Das Game Reserve (nicht zu verwechseln mit dem Pongola Nature Reserve!) hat sich aus dem Zusammenschluss aus mehreren Farmen und Lodges entwickelt und bietet Unterkünfte in 6 Lodges, die sich vornehmlich entlang der N2 und ferner entlang der Strecke zum Grenzposten Golela befinden. Die genaue Anfahrt erfragen Sie am besten bei der Reservierung, denn einige Lodges haben Zufahrt von mehreren Seiten und so werden Sie für die für Sie am besten geeignete Zufahrt angewiesen. Zu empfehlen ist besonders die* Mvubu Game Lodge $$$$–$$$$$ *mit 10 reetgedeckten Chalets an einem Abhang über dem Pongola River. Von jedem Chalet haben Sie Blick auf den Fluss. Hier erhalten Sie auch Mahlzeiten, während die anderen 5 Lodges, echte Bush-Lodges, auf Selbstversorger-Basis ($$–$$$) zu buchen sind. Das Pongola Game Reserve und seine Lodges stellen sich im Web unter* www.pongolagamereserve.co.za *vor und ist zentral über (Tel.: (034) 435-1123, Fax: (034) 435-1104) zu erreichen. Ebenfalls im Game Reserve, aber unter eigener Regie fungiert die* White Elephant Lodge $$$$–$$$$$ *mit ihren luxuriösen Safari Zelten, einer Safari Lodge und einem eigenen Restaurant. Zu buchen über: Tel.: (034) 435-1117, Fax: (034) 413-2499, E-Mail: info@whiteelephantlodge.co.za. Die Geschichte der White Elephant Lodge geht zurück bis in die 1920er Jahre.*
- Casa Mia Guesthouse $$–$$$*: 2,7 km vom Suikermeul-Abzweiger, Tel.: (034) 413-1713, Fax: 8034) 413-2100, Web:* www.mrinfo.co.za*. Schnuckelige B&B-Unterkunft mit 6 Zimmern sowie 2-Bett-Selbstversorger-Chalets.*

P

• Pongola Country Lodge $$–$$$: *14 Jan Mielie St, Tel.: (034) 413-1352, Fax: (034) 413-1353, Web: www.home.intekom.com/pclodge. Typische Kleinstadtlodge. Reetgedeckt, alle Annehmlichkeiten, bis auf die Ruhe, die so eine Lodge in freier Natur bieten würde. Gut für eine Nacht. Oft von Busgruppen belegt.44 Zimmer, Pool, Restaurant.*

• *Entlang der N2 in Richtung Süden gibt es eine Reihe* weiterer Lodges und Gamefarmen.

Camping

Im Pongola Nature Reserve *(Straße nach Golela. Kurz vor der Grenze abbiegen. Gut 30 km östlich von Pongola) gibt es einen schönen Campingplatz, Tel.: (034) 413-2492. Einfacher und nicht so schön, aber sauber ist der* Pongola Caravan Park *in Pongola selbst: 219 Lucas Meyer St, Tel.: (034) 413-1789.*

Restaurants

Die beste Adresse im Ort ist die Pongola Country Lodge *(s.o.). Leichte Snacks am Tage bietet die* Teeküche des Crafts Center *(am Info-Büro). Ansonsten gibt es an fast jeder Tankstelle ein Fastfood-Restaurant, wobei das Beste das neben der Caltex-Tankstelle zu sein scheint.*

Port St. Johns, Mbotyi und umliegendes Gebiet, Eastern Cape (S. 599ff)

Information

• *Die gut organisierte* Port St. Johns Tourist Information *befindet sich kurz hinter der Ortseinfahrt, unübersehbar an einem Kreisverkehr. Tel.: (047) 564-1187, Internet:* www.ruraltourism.org.za/portstjohns.

• Wild Coast Holiday Reservations: *Tel.: (043) 743-6181, Fax: (043) 743-6188, Internet:* www.wildcoastholidays.co.za. *Spezialisiert auf Buchung von Unterkünften und Touren (inkl. mehrtägiger Wanderungen durchs Pondoland) entlang der Wild Coast.*

Touren

• * Amadiba Adventures/Trails: *Siehe S. 598f*

• *Port St. Johns bietet sich ansonsten an für zahlreiche* Outdoor-Aktivitäten *(Abseilen, Seakayaking, Wanderungen, Wasserski etc.) sowie* Bootstouren *auf dem Fluss. Alles ist überschaubar, nahezu jede Unterkunft und auch das o.g. Touristenamt bieten Auskünfte.*

Unterkünfte

• * Umngazi River Bungalows $$$–$$$$: *Zweigen Sie 11 km vor Port St. Johns von der R61 nach Umtata ab auf die gut ausgeschilderte Piste. Tel. + Fax: (047) 564-1115/6/7 od. Tel.: (031) 701-6881, Fax: (031) 701-7006, Internet:* www.umngazi.co.za. *Die Lodge ist seit Jahren ein Klassiker und wurde mehrfach ausgezeichnet. Die strohgedeckten Hütten sind gemütlich eingerichtet und von vielen hat man Ausblick auf den Fluss bzw. die Flusslagune und das Meer. Das Restaurant ist ebenfalls gut und wartet mit der wohl besten Weinkarte der Region auf.*

• * Mbotyi River Lodge $$$–$$$$: *Am südlichen Ortsausgang von Lusikisiki führt eine 26 km lange Piste zum Resort (hier geht es auch zu einem schönen Backpacker:* Mboyti Backpacker), *Tel.: (039) 253-8822/88, Fax: 253-8253, E-Mail: mbotyi@pondoland.co.za, In-*

ternet: www.mbotyi.co.za. Die relativ große Lodge liegt ziemlich einsam und wunderschön an der Wildcoast. Viele der Hütten im Blockhausstil haben eine Veranda mit Meerblick. Ein toller Platz zum Entspannen! Wichtig ist, dass Sie vor der Anreise nach dem Zustand der Piste fragen. Ausflüge zu der Teeplantage und den nahen Wasserfällen können arrangiert werden.

• **Outspan Inn $$**: *River Mouth (Straße zum First Beach), Tel. + Fax: (047) 564-1057, Internet:* www.wildcoast.com/outspan. *Kleines Hotel, zentral gelegen und der einfache Restaurant-Pub ist ein beliebter Treffpunkt bei den Einheimischen.*

• *** Cremorne Estate $–$$$**: *Fahren Sie 5 km zurück zur Flussbrücke und auf der nördlichen Flussseite zweigen Sie auf die Schotterpiste ab (gut ausgeschildert), Tel. + Fax: (047) 564-1113, Internet:* www.cremone.co.za. *Wunderschön am Fluss und unterhalb eines Felsens gelegene Freizeitanlage. Hier gibt es einfache und große Selbstversorgerhütten, auf Wunsch B&B, eine Bar, ein recht gutes Restaurant sowie z.T. sehr schattige Campingplätze auf weichem Grasboden. Bemerkenswert ist noch die Tatsache, dass hier abends wegen der Lage noch lange die Sonne scheint (gut für den Sundowner und das Grillen).*

• **iNtaba River Lodge $$:** *Knapp 5 km aus der Stadt, kurz vor der Brücke über den Fluss, Tel.: (047) 564-1707, E-Mail: bigbugs@iafrica.com. Einfache Selbstversorger A-Frame-Hütten, einige Zimmer sowie ein guter Campingplatz, der abends aber früh im Schatten liegt.*

• **Bulolo Holiday Resort $–$$**: *Second Beach, Tel.: (047) 564-1245, Fax: 564-1314. Einfache, etwas renovierungsbedürftige Selbstversorgerhütten sowie Campingplätze.*

• **Silaka Nature Reserve $–$$**: *Hier gibt es geräumige Selbstversorgerhütten mit 4 Betten. Zum Strand laufen Sie etwa 10 Minuten. Zu buchen über:* ***Eastern Cape Tourism Board – Game Reserve Division****: Tel.: (040) 635-2115, Fax: (040) 636-4019 od. 635-2535*

Es gibt zahlreiche **Backpacker** *im Ort und an den nahen Stränden. Wir nennen hier nur zwei:* **The Island** *(First Beach, Tel.: (047) 564-1958) und etwas ruhiger gelegen am Second Beach (Shuttle in den Ort, Tel.: (047) 564-1582, Internet:* www.port-stjohns.org.za/amapondo*) der* **Amapondo Beach Backpacker**.

Camping

• *Hinter der* **Mbotyi River Lodge**: *Gemeinde-Campingplatz. Auch ein paar einfache Selbstversorgerhütten.*
• *** Cremorne Estate:** *siehe oben.*
• **iNtaba River Lodge**: *siehe oben.*
• **Bulolo Holiday Resort:** *siehe oben.*

Restaurants/Bars

• *Die Bar im o.g.* **Outspan Inn** *ist ein beliebter Treff bei den Einheimischen. Das Essen ist dagegen etwas einfach.*
• *Die beste Küche bietet wohl das o.g.* **Cremorne Estate Restaurant**. *Hier werden neben Fisch- auch Wildgerichte angeboten.*
• *Als das beste Restaurant für Fischgerichte wird* *** Lily's Restaurant** *genannt: Second Beach (gleich wenn Sie dort ankommen links hoch), Tel.: (047) 564-1229.*
• *Die* **Millennium Bar** *liegt in der Township zwischen dem Ort und dem Second Beach. Folgen Sie auf der Straße zum Second Beach der Ausschilderung. Zuerst geht es hinauf auf die Klippenkante, dann nach rechts. Der Ausblick auf die Wild Coast ist so umwerfend wie die Stimmung rau ist.*
• *** Umngazi River Bungalows**: *siehe oben.*

P

Pretoria (Tshwane), Gauteng (S. 377ff)

Information

• Church Square Information: *Old Nederlandsche Bank Bldg., Church Square West, Pretoria, Tel.: (012) 337-4695 od. 337-4337, Fax: (012) 326-2243, Web: www.tshwane.gov.za od. www.tshwanevisitors.co.za, Mo–Fr 7.30–15.45 h.*

• National Parks Board: *Das Hauptquartier liegt südlich der Innenstadt, nahe der UNISA, in einer Stichstraße, die von der Leyds St abgeht (gut ausgeschildert). Postanschrift: 643 Leyds St, P.O.Box 787, Tshwane 0001, Tel.: (012) 428-9111, Fax: (012) 343-0905 oder übers Internet: www.sanparks.org. Geöffnet: Mo–Fr 9–16.45 h, Sa am Vormittag.*

Touren

• *Im Touristenamt an der Church St bieten mehrere Unternehmen* Touren in die Townships *an. Diese variieren, daher sollten Sie sich direkt ans Touristenamt wenden.* Jimmy's Face to Face Tours, *bereits bekannt für seine Soweto-Touren, unternimmt auch Touren innerhalb der Grenzen von Tshwane. Das Buchungsbüro befindet sich in der Church St, direkt um die Ecke vom Church Square.*

• *Wer an der Tour in der* Cullinan Diamond Mine *teilnehmen möchte, der sollte auf die Zeiten achten: Mo–Fr 10.30 und 14 h, Sa 10.30 h. Rechnen Sie zudem mit einer Anfahrtszeit von gut einer Stunde. Erkundigen Sie sich aber besser vorher telefonisch nach dem Stattfinden der Touren. Tel.: (012) 734-0081.*

Taxis

• City Taxis: *Tel.: (012) 321-5742*

• Rixi Taxis: *Tel.: (012) 325-8072*

Stadtbusse

Information am Church Square oder über Tel.: (012) 308-0839.

Autovermietungen

• Avis: *Tel.: (012) 301-0700, 70 Schoeman St*

• Budget: *Tel.: (012) 341-4650, 465 Church St*

• Europcar: *Tel.: (012) 341-6161, 540 Pretorius St, Arcadia*

• Imperial: *Tel.: (012) 323-3259, Ecke Pretorius/Potgieters Sts*

Fernverkehr

A) BUSSE

• Pretoria Airport Shuttle: *Tel.: (012) 322-0904. Stündlich Pendelverkehr zum Johannesburg Int. Airport. Abholung bei Reservierung vom Hotel.*

• Greyhound/Cityliner: *Abfahrten ab Bahnhof, 1928 Building, Scheiding St, Tel.: (012) 323-1154. Regelmäßiger Service zu allen großen Städten des Landes und auch nach Harare.*

• Intercape Mainliner: *Abfahrten ab Bahnhof, 1928 Building, Scheiding St, Tel.: (012) 654-4114. Regelmäßiger Service zu allen großen Städten des Landes.*

• Translux: *Abfahrten ab Bahnhof, 1928 Building, Scheiding St, Tel.: (012) 334-8000. Regelmäßiger Service zu allen großen Städten des Landes und auch nach Vic Falls sowie Harare.*

• Baz Bus: *Abfahrten ab den Backpackern. Ca. 3 x wöchentlich über Swaziland und Durban nach Kapstadt. Tel.: (021) 439-2323. Siehe auch Stichwort „Busreisen" im Allgemeinen A–Z.*

B) EISENBAHN

Hinweis: *Mehr zur* **Rovos Rail** *(Tel.: (012) 315-8242) und dem* **Blue Train** *(Tel.: (012) 334-8459) lesen Sie bitte auf S. 181ff/669.*

• *Der* **Bahnhof** *befindet sich südlich der Innenstadt an der Railway St. Infos zur Spoornet: (012) 315-2757, Reservation: (012) 315-2401. Von Pretoria aus verkehren regelmäßig Passagierzüge in alle Landesteile und am Hauptbahnhof geht der* **„Blue Train"** *ab.*

• *Die* **Rovos Rail** *hat jetzt ihren eigenen Bahnhof, und zwar den ca. 8 km nördlich der Innenstadt gelegenen* Park Station. *Folgen Sie dafür der Paul Kruger St nach Norden und zweigen Sie dann nach rechts ab (ausgeschildert).*

• **Magalies Valley Steam Train**: *Ein historischer Zug, der vor allem an Wochenenden gen Westen in die Magaliesberge Ausflugsfahrten unternimmt. Tel.: (011) 773-9068.*

Eine Fahrt mit der Rovos Rail gehört mit zu den Highlights in Südafrika

Einkaufen

• *Pretoria ist nicht gerade bekannt für ausgefallene Geschäfte, doch scheint die Szene für afrikanische Kunst in* ***Galerien in den Stadtteilen Sunnyside, Brooklyn und Hatfield*** *sich zu entwickeln. Beliebtes Ziel für Kleinkunst sind die kleinen Galerien im* **Oeverzicht Artists' Village** *(Ecke Kotze/Gerald Moerdyk Sts) sowie einige Geschäfte* **an der Lynwood Rd**, *ca. 3 km vom City Center, rechter Hand. In Johannesburg finden Sie aber mehr.*

• *Der beste Buchladen, auch für deutsche (meist 2nd Hand-) Literatur und internationale Zeitungen ist* **Protea Books**, *1067 Burnett St In Hatfield.*

• *Die beste Shopping Mall im nahen Stadtgebiet ist ohne Zweifel die* **Hatfield Mall** *an der Burnett St. Hier sind alle Ketten vertreten und hier finden Sie alles für den „alltäglichen Gebrauch".* **Menlyn Park**, *die hypermoderne Megamall an der N1 östlich der Stadt weist dagegen Superlative auf. Neben 300 Geschäften dient sie auch als Kinocenter: Ein IMAX-Kino, 15 weitere Kinos sowie ein Autokino auf dem Dach zeigen alle neuesten Filme.*

• *Pretoria rühmt sich seiner ausgesuchten* **Flohmärkte** („Fleamarkets"). *Der größte ist sonntags auf der* **Hatfield Plaza** *(nahe Burnett St), der urigste dagegen am* **Smuts House in Irene („Irene Market"),** *wo viel Kunst und Antiquitäten angeboten werden. Er findet jeden zweiten und letzten Sonntag im Monat statt.*

• *Kleinkunst der Ndebele, vornehmlich* Beadwork, *können Sie im* **Mapoch Ndebele Village**, *11 km westlich vom Tswaing Crater erstehen. Anfahrtsbeschreibung entnehmen Sie bitte dem Reiseteil auf S. 388f.*

• *Wer sich mit Outdoor-Equipment eindecken möchte, der sollte die Filiale vom* **Cape Union Mart** *in der Brooklyn Mall in der Bronkhorst St in Brooklyn aufsuchen. Größer, aber mehr auf wirkliche Ausrüstung (Zelte, 4x4-Zubehör etc.) eingestellt ist eine der beiden Filialen des landesweit vertretenen* **Outdoor Warehouse**:

1. Highway Business Park, Centurion (nahe N1), Tel.: (012) 661-0505/17.

2. Pretoria North: Shop 17/18, Montana Value Centre, Ecke Zambezi Dr/Callandra St, Montana, Tel.: (012) 548-3171.

Web: www.outdoorwarehouse.co.za.

P

Unterkünfte

• **Whistletree Lodge $$$$–$$$$:** *1267 Whistletree Dr, Queenswood, Tel.: (012) 333-9915, Fax: (012) 333-9917, Web: www.whistletree.freeservers.com. Mehrfach prämierte Lodge mit 10 geschmackvoll eingerichteten Gästezimmern, Pool, Balkonen und einer Cocktailbar. Auf Wunsch erhalten Sie auch ein Dinner. Im schönen Garten lässt es sich gut entspannen.*

• **Osborne House $$–$$$**: *82 Anderson St, Brooklyn, Tel.: (012) 362-2334, Fax: (012) 362-3091, E-Mail: osbornehouse@worldonline.co.za. 4 schöne Zimmer in einem edwardianischen Haus von 1904. Die Gäste teilen sich ein eigenes Wohnzimmer und alle Zimmer liegen zum Pool hin. Dinner auf Anfrage.*

• **Arcadian Guesthouse $$–$$$**: *870 Arcadia St, Arcadia/Hatfield, Tel.: (012) 342-4588, Web: www.arcadianguesthouse.co.za. Zentral gelegenes Gästehaus in historischem Haus. Pool und gutes Frühstück.*

• **Karos Manhattan Hotel $$–$$$**: *247 Scheiding St, Innenstadt, Tel.: (012) 322-7635, Fax: (012) 320-0721, E-Mail: manhotel@iafrica.com. Zentral gelegen, aber von außen wenig spektakulär. Es handelt sich in erster Linie um ein Hotel für Geschäftsleute, aber nach Aussagen einiger (Urlaubs-) Reisender waren diese absolut zufrieden („Guter Service, sehr sauber, sicher"). Besonders auf die sehr günstigen Wochenendraten sollten Sie achten.*

• **Bed & Breakfast at Ted's Place $$:** *961 Wagonwheel Av, Wapadrand, Tel. +Fax: (012) 807-2803, Web: www.sayellow.co.za/tedsplace oder www.teds-place.za.net. 4-Zimmer-B&B südöstlich der Innenstadt. Am Hang des Bronberg. Tolle Aussicht auf die Magaliesberge und Teile der Stadt.*

• **Hotel 224 $$**: *Ecke Schoemann/Leyds Sts, Arcadia, Tel.: (012) 440-5281, Fax: (012) 440-3036, Web: www.hotel224.com. Günstig gelegen und günstig im Preis. Dieses Hotel mit 224 Zimmern bemüht sich um ein gutes Preis-Leistungs-Verhältnis. Es ist sauber, aber erwarten Sie keinen besonderen Luxus.*

• **Town Lodge Menlo Park $$**: *Ecke Attenbury/Klarinet Rds, Menlo Park, Tel.: (012) 348-2711, Fax: (012) 348-2820, Web: www.citylodge.co.za. Zur City Lodge-Gruppe gehörendes, „praktisches" Hotel. Günstig gelegen, um am Abreisetag schnell zum Kruger NP oder zum Flughafen von Johannesburg zu gelangen. Ebenfalls nahe der Menlo Park Shoppingmall.*

• **Victoria Hotel $$**: *Ecke Paul Kruger/Scheiding Sts, am Bahnhof, Tel.: (012) 323-6052, Fax: (012) 323-0843. Ein kleines, historisches Stadthotel, das ehemals als Bar für die Eisenbahner diente. Anfang der 1990er Jahre hat die Rovos Rail es als Gästeunterkunft genutzt – nachdem es wunderschön restauriert und umgebaut worden ist. Mit dem Umzug der Rovos Rail aus der Innenstadt, wurde das Hotel leider verkauft. Und aufgrund der etwas unvorteilhaften Lage im Bahnhofsviertel schien es bei unserer letzten „Inspektion" so, als wenn eine Empfehlung hierfür nur noch für die „Hartgesottenen" auszusprechen ist. Denn ist beginnt zu muffeln, der Service hat deutlich nachgelassen und auch sonst ist das Victoria zzt. wieder einmal ein Beleg dafür, wie schnell sich die Qualität eines Hotels in Südafrika ändern kann (in 10 Jahren von einem auf vier und zurück auf ein bis zwei Sterne-Tendenz fallend). Wirklich schade!*

• *Der Preisbrecher unter den Hotels auch hier das „Hotel without Service" – das* **Formula 1/Formula1 Inn $**: *81 Pretorius St, Innenstadt, Tel.: (012) 323-8331, Fax: (012) 323-8325, Web: www.hotelformula1.co.za. Immerhin: Ziemlich günstig gelegen zu den Hauptattraktionen und sauber!*

• *Im* **Mapoch Ndebele Village $**, *12 km westlich (24 Fahrkilometer) vom Tswaing Crater werden 8 einfache, aber saubere (mit Dusche/WC, ohne Klimaanlage) Zimmer in einem in bunten Ndebele-Farben bemalten Gästehaus angeboten. Hier wohnen Sie abseits der*

P

großen Touristenpfade, mitten in einem Ndebele-Clan. Ein wirkliches Erlebnis, besonders weil hier alles so „unprofessionell" gehandhabt wird. Sie müssen unbedingt vorher reservieren und sich fürs Essen anmelden! Anfahrtsbeschreibung entnehmen Sie bitte dem Reiseteil auf S. 388. Tel.: (072) 300-7474, Fax: (012) 704-9037 (die Faxnummer geht über die nächstgelegene Polizeistation). Diese Nummern können sich aber bald ändern. Notfalls übers Touristenamt in Pretoria erfragen bzw. auf der Webseite des Dorfes nachschauen: www.mabhoko.com.

- *Nicht weit davon (ca. 12 km Luftlinie, 24 km Fahrstrecke) gibt es die kleinen* **Chalets und Hütten am Tswaing Crater $–$$**. *Es handelt sich um Selbstversorgerhütten, d.h. es gibt noch kein Restaurant (ist aber in Planung), auch nicht in der Nähe, so dass Sie Ihre Verpflegung selbst mitbringen müssen. Auch hier wohnen Sie ziemlich abseits der Touristenpfade. Ein Abendspaziergang an bzw. in den Krater bietet sich hier an und auch so gefällt die Abgeschiedenheit. Anfahrt: Ca. 29 km nördlich von Onderstepoort (vor Kilometerstein 30) an der M35 und dann nach links abbiegen (ausgeschildert). Adresse: P.O.Box 4197, Tshwane 0001, Tel.: (012) 790-2302, Fax: (012) 790-5043, Web: www.nfi.org.za. Die Kontaktnummern können sich noch ändern, notfalls im Touristenamt in Pretoria erfragen.*

Das Mabhoko Village bietet Übernachtungsmöglichkeiten im Mapoch Ndebele Village

JH

Backpacker

Natürlich gibt es in Pretoria mittlerweile **zahlreiche Backpacker**, *wobei bei deren Werbung darauf geachtet werden sollte, dass einige davon außerhalb der Innenstadt liegen. Das mag geruhsamer erscheinen und Stadttransport wird auch 1–2-mal täglich angeboten, aber ein freies Bewegen ist doch nur bedingt möglich. Zentral liegt dagegen* **Kia Ora Backpackers** *($, 257 Jacob Maré St, Tel.: (021) 322-4803, Web: www.kia-ora.co.za). Wenn auch nicht ganz so zentral, ist der beste Backpacker wohl* **Pretoria Backpackers** *($, 425 Farenden St, Clydesdale, Tel.: (021) 343-9754, Web: www.ptabackpackers.co.za). Untergebracht in charmanten alten Häusern und hier gibt es auch eine Reihe von Doppelzimmern. Zudem werden von hier aus zahlreiche Touren in die Umgebung organisiert.*

Camping

Im Umkreis von Pretoria bieten sich zahlreiche Campingplätze an, wir nennen hier nur drei:

- *Am nächsten zur Stadt liegt ohne Zweifel die* **Fountains Valley Recreational Area**, *keine 2 km südlich der Innenstadt (Anfahrt südlich des Fountain Square). Der Platz ist schattig und sauber. Einziger Nachteil: Man hört am Tage den starken Autoverkehr, denn der Platz liegt in einem Tal zwischen N14 und R21. Tel.: (012) 440-2121. Restaurant und Pool.*
- *Weiter südlich, auch als Basis für die Erkundung von Pretoria und Johannesburg geeignet, befindet sich der* **Dooringkloof/Irene Caravan Park**, *direkt am Jan Smuts House Museum in Irene. Hier gibt es auch Chalets sowie einen Pool. Die Ausstattung ist etwas älter als bei*

P R

erstgenanntem Platz. Tel.: (012) 667-1176. Ca. 28 km nach Pretoria und 30 km nach Sandton.

• *Wer nun mehr Natur um sich haben möchte, der sollte den Caravan Park im* **Roodeplaat Nature Reserve** *nordöstlich der Stadt nutzen. Tel.: (012) 808-0510. Ca. 25 km zur Innenstadt.*

Restaurants/Pubs/Tavernen

Für den Lunch bzw. die Nachmittagserfrischung ist das **Café Riche** *am Church Square (Ecke Church St, neben der Touristeninformation) nahezu ein Muss. Hier gibt es guten Kaffee und auch Kuchen, doch eigentlich kommen die Banker und Büroangestellten eher für ein Bier und einen Publunch hierher. Der alte Tresen, die jazzige Begleitmusik und das Ambiente lassen das Café mehr als Pub erscheinen.*

• **Moerdijks (ehem. Gerard Moerdyk)**: *Ecke Park/Beckett Sts, Arcadia, Tel.: (012) 344-4856. Das – selbst unter neuem Besitz – wohl renommierteste Haus am Platze. In einem viktorianischen Gebäude werden Ihnen einheimische und internationale „Gerichte mit Pfiff" serviert. Probieren Sie vor allem die delikaten Wildgerichte.*

• **Eastwood Tavern**: *Ecke Park St/Eastwood Rd, Arcadia. Großer Neighborhood-Pub in wohlhabender Gegend. Neben riesigen Steaks (auf Wunsch können Sie sich Ihr Stück vorher aussuchen) gibt es Austern und gute Fischgerichte. Und dieses Lokal bietet sich auch an als Bar für den Absacker nach dem Dinner (reichhaltige Cocktails und Mixgetränke). Sportveranstaltungen werden auf zahlreichen Fernsehern live gezeigt. Keine Reservierungen, doch: je später der Abend, desto lauter die Musik.*

• * **Hillside Tavern**: *Rynial Building, 320 The Hillside, Lynwood, Tel.: (012) 348-1402. Von außen sieht das große 1960er-Jahre-Bürogebäude wenig einladend aus, aber in den „Katakomben" verbirgt sich dieses urige Pub-Restaurant, dessen Dining-Area beste Steaks und Weine bietet. Also, gut für deftige Biergerichte, aber auch für Kerzenschein-Dinner.*

• **Mulerney's**: *Ecke Duncan/South Sts, Hatfield. Pub mit buntem Publikum. Hier ist immer etwas los.*

• *Wer es günstiger und vor allem unkonventioneller mag, der sollte einfach mal durch die* **Burnett Street in Hatfield** *schlendern. Hier finden Sie alles von Pizzerien, kleinen Kneipen, Coffeeshops bis hin zu Fastfoodläden. Besonders beliebt ist hier der belebte* **Hatfield Square**, *der sich hinter den Häusern zwischen Hilda und Grosvenor Sts versteckt. Oft wird auf dem Platz auch Livemusik geboten. Hier gibt es u.a. frisch gezapftes Bier im* **Herr Günter's Hofbräu** *(aber selten deutsches Bier, außer „Beck's") bzw. ein* **irisches Pub** *und ein gutes Restaurant der* **Spur-Steak-Ranch-Kette** *(bekannt für günstige Steaks und gute Salatbar).*

• *Wer sich nun unter die jungen Partygänger mixen möchte und dabei laute Musik verkraften kann, der sollte – bes. an Wochenenden, zum* **Boston Tea Party** *fahren: Ecke Lois/Glen Manor Avs, Menlyn Park, Tel.: (012) 365-3625. Auch für die Zeit nach dem Dinner geeignet („It's Partytime in Tshwane!", Di–Sa).*

Richards Bay (uMhlathuze), KwaZulu-Natal (S. 539f)

Information

Eine Touristeninformation soll an der **Tuzi Gazi Waterfront** *(Newark/Bridgetown Rd, gut ausgeschildert) eingerichtet werden, war aber zur Zeit der Drucklegung noch nicht eröffnet. Infos gibt es über Tel.: (035) 788-0039, Internet: www.richemp.org.za bzw. www.*

uthungulu.co.za. *Zur Zeit der Drucklegung befand sich das* **Infocenter am John Ross Parkway,** *kurz vor der kleinen Brücke (ausgeschildert) am Crocodile Center.*

Touren

Die Tourist Association *plant unterschiedliche* Industrie-Touren. *Diese zielen vor allem auf die Geschäftsreisenden, doch können auch Touristen an solchen Touren teilnehmen. Eine rechtzeitige Anmeldung ist aber erforderlich.*

Unterkünfte

• *Die beiden besten Hotels, wenn auch vornehmlich auf Geschäftsreisende ausgelegt, sind das* **Richards Hotel $$$** *(Hibberd Dr, Meerensee, Tel.: (035) 753-1301, Fax: 753-2334, Internet:* www.richardshotel.co.za*) sowie das* **Protea Hotel Marina Lodge $$$** *(Meerensee, Ecke Launder Lane/Davidson Lane, Tel.: (035) 753-1350, Fax: 753-1361, Internet:* www.protea-hotels.com). *Beide Hotels liegen im Osten der Stadt, nicht weit vom Strand.*

• *Weitaus schöner sind die komplett ausgestatteten Blockhäuser des* **Imvubu Log Cabins & Conference Center $$***: Am Westende des Hibberd Dr in Meerensee, Tel.: (035) 753-4122, Fax: 753-4120, E-Mail: imvubu@iafrica.com. Hier wohnen Sie direkt hinter der Küstendüne in einem kleinen Waldstück.*

• *Wer sparen und unspektakulär wohnen möchte, der kann im* **Hotel Formula1 $** *absteigen: Ecke North Central/East Central Arteria, nahe dem Boardwalk Shopping Centre, Tel.: (035) 789-1001, Internet:* www.formula1.co.za.

Camping

* **Richards Bay Caravan Park***: Am Westende des Hibberd Dr in Meerensee, Tel.: (035) 753-1971. Der schattige und gut gepflegte Park liegt direkt hinter der Seedüne. Eine kleine „Perle" in einer Industriestadt!*

Restaurants

Ohne Zweifel befinden sich die besten Restaurants und Bars an der **Tuzi Gazi Waterfront** *(gut ausgeschildert, Bridgetown Rd). Besonders die Fischgerichte locken an Wochenenden viele Besucher an. Der Tipp hier ist die immer gut besuchte* * **Martino's Tavern** *(Tel.: (035) 788-0312). Auch das* **Upper Deck Restaurant** *(Tel.: (035) 788-0995) mit Blick auf die Waterfront und das Treiben im Yachthafen ist eine Empfehlung wert.*

Sabie, Mpumalanga (S. 400ff)

Information

• *Das* **Panorama Information Office** *befindet sich an der Main St, direkt gegenüber der Post in dem Einkaufszentrum (beim Spar Supermarkt). Tel.: (013) 764-1125, Web: www.sabie.com, www.sabie.info sowie www.thepanorama.co.za.*

• *Ein* **weiteres Infobüro** *gibt es neben der Engen Tankstelle (Hintereingang von Jock's Lodge (s.u.)).*

Touren

Für Unternehmungen aller Art (Touren in den Kruger NP, Mountainbiking, 4x4-Touren, Flüge mit Hubschraubern, Ausritte etc.) ist **Golden Monkey Adventure Bookings**

S

in Sabie die beste Adresse. Anmeldung nur per Telefon: (013) 737-8191 od. (082) 574-2345.

Unterkünfte

- **Lone Creek River Lodge $$$$**: *255 Old Lydenburg Rd, Tel.: (013) 764-2611, Fax: (013) 764-2233, Web: www.lonecreek.co.za. Sehr luxuriöse Lodge 1 km außerhalb der Stadt an der Straße zu den drei Wasserfällen. Sie können zwischen Zimmern am Fluss und großen Selbstversorger-Holzhäusern wählen. Die Einrichtung der Lodge ist exklusiv und mit Recht bezeichnet sie sich als eine Art „Boutique Hotel".*
- *** Artist's Café $$–$$$**: *In Hendriksdal, 15 km südlich von Sabie, Tel. + Fax: (013) 764-2309. Das kleine Guesthouse ist eine Perle! Es befindet sich in den ehemaligen Gebäuden des kleinen Bahnhofs von Hendriksdal. Auch heute noch tuckern gelegentlich mit Holz beladene Züge vorbei. Die 4 Zimmer verteilen sich u.a. auf den Warteraum und das ehemalige Zimmer des Bahnhofsvorstehers. Im Hauptgebäude befindet sich eine kleine Kunstgalerie und das Restaurant wartet mit einer vorzüglichen Küche sowie einer ausgesuchten Weinkarte auf.*
- **Sabie Valleé Inn $–$$**: *Tenth St, zwischen Main St und Forestry Museum, Tel.: (013) 764-2182, Fax: (013) 764-1362. Das ehemalige Stadthotel wurde renoviert und verspricht nun günstige, recht adrette Zimmer. Luxus dürfen Sie für den Preis aber nicht erwarten. Zudem gibt es kleine Holzhäuser für Selbstversorger.*
- **Jock's (Sabie) Lodge**, *auch* **Jock of the Bushveld $–$$**: *Glen St, Tel.: (013) 764-2178, Fax: (013) 764-2178, Web: www.jock.co.za. Das 24-Zimmer-Hotel wurde bereits mehrfach ausgezeichnet für sein gutes Preis-Leistungs-Verhältnis. Zudem können Sie hier campen und in kleinen Selbstversorger-Chalets und einfachen Holzhütten nächtigen. Mitten im Ort!*
- **Fern Tree Park $$**: *An der R532, 2 km nördlich von Sabie, Tel.: (013) 764-2215, E-Mail: ftp@cybertrade.co.za. Wunderschön oberhalb des Sabie-Flusses gelegen. Die Selbstversorger-Hütten haben fast alle einen Blick auf Fluss und Ort.*
- **Sabie Backpackers Lodge $**: *Untere Main St, zw. Simmons und Old Lydenburg Rds, Tel.: (013) 764-2118, E-Mail: ghoeks@iafrica.com. Auch Einzelzimmer, Camping. Bar und Pool. Nahe dem Ortskern. Von hier werden auch Touren in die weitere Umgebung organisiert.*
- *Entlang der Strecke über den Long Tom Pass empfehlen sich in bezaubernder Berglandschaft die* **Misty Mountain Lodge $$$** *(24 km von Sabie, Tel.: (013) 764-3377, Fax: (013) 764-1482, Web: www.mistymountain.co.za) mit rustikalen Chalets – alle mit Kamin – sowie* *** Hops Hollow Country House $$–$$$** *(35 km von Sabie, am Meilenstein 22, Tel.: (013) 235-2275, Fax: (083) 8627-6940, E-Mail: hops@intekom.co.za). Hops Hollow beeindruckt vor allem durch die hauseigene Microbrewerie und die vielen Infos, die Ihnen die Gastgeber zur Umgebung geben können.*

Camping

- *Siehe* **Sabie Backpackers Lodge** *sowie* **Jock's Lodge** *oben. Bei beiden keine Caravans/Wohnmobile!*
- *Der* **Merry Pebbles Caravanpark** *(Tel.: (013) 764-2266, Web: www.merrypebbles.co.za) befindet sich 1 km vom Ortskern in der Merry Pebbles Rd, die von der Old Lydenburg Rd abzweigt. Er liegt direkt am Sabie River, verfügt über einen Pool, ein Restaurant sowie kleine Selbstversorger-Chalets.*

Restaurants/Pubs

• * Smokey's Train Diner: *Main St, hinter der BP-Tankstelle, Tel.: (013) 764-3445. Das Restaurant befindet sich – unübersehbar – in und hinter einem Eisenbahn-Speisewaggon. Wer sich nun tagelang von Steaks ernährt hat, wird die Speisekarte hier umso mehr zu schätzen wissen. Bekannt ist Smokey's für seine* Potjie's *(die runden gusseisernen Töpfe), die es in allen Variationen gibt, mit Kartoffelpüree, Reis, Nudeln oder halt nur dem Eintopf. Klasse sind aber auch die Pfannkuchengerichte, die Salatbar, die krossen und nicht zu dicken Pizzen sowie ganz einfach die Riesenburger. Nutzen Sie die Gelegenheit, hier einmal wieder etwas anderes zu essen. Eine Bar lockt nach dem Mahl zu einem Verdauungs-Getränk.*

• *Das* Artist's Café *in Hendriksdal (s.o.) ist weithin bekannt für exquisite südafrikanische und kontinentale Küche.*

• *Das* Loggerhead Restaurant, *Ecke Main St/Old Lydenburg Rd, Tel.: (013) 764-3341, gilt als die beste Adresse für frisch zubereitete Forellen-Gerichte.*

• *Der* Star Line Pub *in der Main St, zw. St. Peters Church und Tenth St, ist eine richtige Bar mit Pooltable, Bikern auf der Durchreise und fettigen Burgern auf der Speisekarte. Wer sich, vor allem an Freitagen und Sonnabenden unter Leute mischen möchte, ist hier richtig!*

South Coast (zwischen Durban und Port Edward), KwaZulu-Natal (S. 576ff)

Information

Entlang der South Coast wimmelt es von Info-Centern, viele von denen sind privat und dienen vornehmlich der Buchung von Unterkünften. Wir nennen hier nur die großen:

• Amanzimtoti Publicity Association: *95 Beach Rd, P.O.Box 471, Amanzimtoti, Tel.: (031) 903-7498, Fax: (031) 903-7493, Web:* www.amanzimtoti.org.za.

• Tourism Scottburgh: *136 Scott St, Scottburgh, Tel.: (039) 976-1364, Internet:* www.scottburgh.co.za.

• Hibberdene Publicity Association: *Hibberdene, Tel.: (039) 699-3319, E-Mail:* tourism@southcoast.co.za.

• Port Shepstone Publicity Association: *Museum, Princess Elizabeth Dr, Port Shepstone, Tel.: (039) 682-2455, Internet:* www.sheppie.co.za.

• Hibiscus Coast Tourism Margate: *Panorama Parade, Margate Beachfront, Tel.: (039) 312-2322, Internet:* www.thehibiscuscoast.co.za.

• Tourism Umtamvuna/Port Edward: *Owen Ellis St, Port Edward, Tel.: (039) 313-1211, Internet:* www.thehibiscuscoast.co.za.

Weitere Infos im Internet:

• Sugar Trail Coast *(zwischen Amanzimtoti und Hibberdene):* www.sugartrail.co.za

• Hibiscus Coast *(zwischen Hibberdene und Port Edward):* www.thehibiscuscoast.co.za

• South Coast: *South Coast allgemein:* www.southcoast.co.za

Touren/Aktivitäten

• Banana Express: *Dienstags und samstags (in der Hochsaison auch öfter) fährt diese Schmalspurbahn (Diesellok) hinauf in die Berge und durchquert dabei Zuckerrohr- sowie Bananenplantagen. Es gibt zwei Fahrten, eine 2 ½- sowie eine 5 ½-stündige. Bei Letzterer ist noch eine Mittagspause eingeplant. Abfahrt ist in Port Shepstone am Princess Elizabeth Dr, Tel.: (039) 682-1507 od. 682-2455.*

S

• **Tauchen:** *Das* **Umkomaas Lodge Dive Center**, *Umkomaas, Roland Norris Dr, Tel.: (039) 973-2542, Internet:* www.aliwalshoalscubadiving.co.za, *ist der beste Ausgangspunkt fürs Tauchen. Hier gibt es Kurse (Anfänger bis zu Könner, Tauchbecken vorhanden) und werden Trips zu den beiden bekanntesten Tauchrevieren vor der South Coast,* Aliwal Shoal *und* The Produce *angeboten.*

• **Mikrolight Trips**: *Flüge über die South Coast werden vom Margate Airport (Tedder Rd, Tel.: (039) 312-0560 u. 317-3267) angeboten.*

• * **Amadiba Adventures/Trails**: *Unterstützt mit EU-Geldern wurde an der Wild Coast ein sehr interessantes Projekt ins Leben gerufen und noch weiter ausgedehnt. Geführt von Xhosa-Bewohnern der Region können Sie über mehrere Tage wandern oder auch reiten, zumeist entlang des Amadiba Horse Trail (ca. 50 km, wird erweitert auf bis zu 250 km). Dabei wird auch mal eine Kanu-Etappe eingelegt. Genächtigt wird in Zeltcamps, wobei auch Übernachtungen in Kraals bei Familien möglich sind. Zzt. starten die Ausritte und Wanderungen nahe dem Wild Coast Sun Hotel (Grenze Eastern Cape Province/KwaZulu-Natal, kleines Künstlerdorf auf anderer Seite der R61) und führen bis zum Mkambati NR. Schon bald soll es auf Wunsch bis Port St. Johns und weiter gehen. Für den kürzesten Trip müssen Sie aber mindestens 3 Tage rechnen. Infos: Tel.: (039) 305-6455/7, E-Mail:* bookings@wildcoast.co.za, *Internet:* www.wild-coast.co.za.

Unterkünfte

• **Amanzimtoti/Kingsburgh**: *Nicht weit zum Wasser ist es vom* **Falconcrest Guest House $$–$$$**: *43 Entombeni Dr, Tel.: (031) 903-1650, Fax: (031) 903-3142, Internet:* www.lin.co.za/falconcrest. *8 komfortabel eingerichtete Zimmer, Pool, Garten, Bar. Und wer sich gerne für ein paar Tage in einem Selbstversorger-Apartment einmieten möchte, dem seien die mehrfach ausgezeichneten* **Happy Days Holidays Apartments $$** *empfohlen: 65 Beach Rd, Tel.: (031) 903-3246, Fax: (031) 903-3482, Internet:* www.caraville.co.za/hpydays.htm. *Sie sind rundum eingerichtet mit allem, was dazugehört.*

• **Umkomaas**: *Die* **Umkomaas Lodge $$** *liegt direkt am Wasser (Roland Norris Dr, Tel.: (039) 973-2542, Internet:* www.aliwalshoalscubadiving.co.za*). Die Unterkünfte sind einfach, aber durch den Tidenpool und die angeschlossene Tauchschule herrscht hier die richtige Stimmung für diejenigen, die das Urlaubsgefühl „Indischer Ozean/South Coast" erleben möchten. Eher etwas für jüngere Reisende. Einen tollen Blick aufs Meer können Sie auch vom* **Ocean View Guest House $$** *genießen: Brad St, Tel. + Fax: (039) 973-2628, E-Mail:* oceansa@netactive.co.za.

• **Illovo Beach**: *Einfache Selbstversorger-Cottages (sowie Camping) direkt am Strand gibt es im* **Illovo Beach Holiday Resort $–$$**: *17 Elizabeth Av, Tel.: (031) 916-3472. Etwas besser ausgestattet sind die Log-Cabins der* **Illovo River Lodge $$**: *Tel.: (031) 903-6594. Das beste Haus am Platze, wenn auch etwas „funktional" ist das* **Protea Hotel**

> **Hinweis**
> Während der Hauptferienzeit (um Weihnachten/Neujahr und auch Ostern) sind viele Unterkünfte frühzeitig ausgebucht. Buchen Sie also rechtzeitig bzw. wenden Sie sich notfalls vor Ort bereits mittags an das entsprechende Touristenamt. Die Touristenämter helfen gerne bei der kurzfristigen Buchung eines Gästehauses bzw. B&B.
> Wer gerne selbst ein B&B in der Region aussuchen möchte, der wende sich an **South Coast B&B**: Tel.: (039) 315-5579, Internet: www.wheretostay.co.za/bbnetwork.
> **TIPP**: Viele Unterkünfte werben mit Blick aufs Meer. Doch nicht immer haben alle Zimmer Meerblick, auch nicht bei u.g. Unterkünften. Machen Sie also gleich bei der Buchung deutlich, dass Sie Meerblick wünschen!

Karridene $$$–$$$$ *in der Old South Coast Rd, Tel.: (031) 916-7228, Internet:* www.protea-hotels.com. *Strandnah, Sportanlagen und Sauna.*

• **Scottburgh**: *Der Ort verspricht gleich zwei Hotels mit dem Charme der 1960er und -70er-Jahre: Das* * **Blue Marlin Hotel $$–$$$** *(180 Scott St, Tel.: (039) 978-3361, Fax: 978-0971, Internet:* www.bluemarlin.com*) liegt direkt am Ortskern während das kleinere* **Cutty Sark Hotel $$** *(Old Main Rd, Tel.: (039) 976-1230, Fax: 976-2197, Internet:* www.cuttysark.co.za*) auf der nördlichen Seite des Flusses liegt. Beide Hotels liegen oberhalb des Strandes und garantieren schöne Ausblicke auf den Indischen Ozean. Für Selbstversorger, die viel Platz wünschen, erscheinen uns die* **Pearly Shells Apartments $$** *sehr geeignet: 180 Williamson St, Tel.: (039) 976-2065, Fax: 978-1162, Internet:* www.wheretostay.co.za/pearlyshells/. *Hier haben Sie einen „schrägen" Blick aufs Meer. Etwas landeinwärts von Scottburgh versteckt sich ein Juwel:* * **Cedars Country Lodge (B&B) $$$**: *Exit 110 (Scottburgh), dann etwa 13 km in Richtung Dududu, Tel.: (039) 974-0119, Fax: 974-0127, E-Mail: thecedars@scottburgh.co.za. Das 1887 erbaute, viktorianische Haus hat den Charme, den man hier an der Küste so oft vermisst. Schöner Garten, Bar, schattige Balkone.*

• **Rocky Bay Camping $–$$:** *Park Rynie, südl. von Scottsburgh, Tel. + Fax: (039) 976-0546. Sehr geräumige Selbstversorger-Chalets im Blockhausstil. Nahe zum Strand.*

• **Pennington: Lynton Hall $$$$$**: *Douglas Rd (R102). Ehemals bekannt als das* Botha House, *denn hier haben sich früher die Präsidenten und Honoratioren der Apartheidzeit erholt bzw. beraten. In den 1990er Jahren verfiel das Anwesen, ist jetzt aber wieder als vornehme Unterkunft etabliert und bietet Luxus, gutes Essen, Spazierwege u.v.m. Große viktorianische Villa. Tel.: (039) 975-3122, Internet: www.hartford.co.za.*

• *Ein einfaches, aber uriges * „Treehouses" (10 Betten!) und 2-Bett-Holzhütten für Selbstversorger gibt es im* **Vernon Crookes Nature Reserve**. *Sie müssen über* **Ezemvelo KZN Wildlife**: *P.O.Box 13069, Cascades 3202, Tel.: (033) 845-1000, Fax: (033) 845-1001, Web:* www.kznwildlife.com *bzw.* www.rhino.org.za *gebucht werden. Es gibt aber kein Restaurant und alles muss mitgebracht werden.*

• **Umzumbe**: *Das* * **Pumula Beach Hotel $$$–$$$$** *ist bekannt für seine tolle Aussicht auf das Meer und den schönen Strand. Als Familienhotel verfügt es über Sportanlagen, angelegte Wanderwege, eine Bar, einen Pool u.v.m. Zudem gibt es einen natürlichen Felsen-Pool (Tidal Pool) und ein gutes Restaurant: 67 Steve Pitts Rd, Tel.: (039) 684-6717, Fax: 684-6303, Internet:* www.pumulabeachhotel.com.

• **Oribi Gorge** *und* **Oribi Gorge Nature Reserve**: *Von den Aussichtspunkten am* * **Oribi Gorge Hotel $$** *(Tel. + Fax: (039) 687-0253, E-Mail: oribigorge@worldonline.co.za, 8 Zimmer – „old english style") haben Sie fantastische Ausblicke in die Schlucht und können diese von hier auch gut erwandern. Abseilen, Klettertouren etc. werden von hier organisiert. Es gibt zudem einen Pool und einen Pub. Das Hotel befindet sich an Oribi Flats Rd und* **Backpackern** *steht ein kleines Cottage auf dem Gelände zur Verfügung. Das Hotel ist recht einfach, erwarten Sie keinen hohen Standard, dafür aber Atmosphäre. Im Park selbst gibt es einfache* **Selbstversorger-Hütten $–$$** *im Restcamp. Sie müssen über* **Ezemvelo KZN Wildlife**: *P.O.Box 13069, Cascades 3202, Tel.: (033) 845-1000, Fax: (033) 845-1001, Web:* www.kznwildlife.com *bzw.* www.rhino.org.za *gebucht werden. Es gibt kein Restaurant und alles muss mitgebracht werden.*

• *Alteingesessen und mit einigen Zimmern mit großem Balkon zum Ästuar hin (Achtung! Es gibt auch Zimmer zur Straße!), ist das* * **St. Michaels Sands $$–$$$** *in St. Michael's-on-Sea an der R 620, direkt südlich der Brücke. Der Strand liegt direkt vor der Tür und Boote können ebenfalls ausgeliehen werden. Tel.: (039) 315-1230, Internet:* www.vciholidays.com/st_michaels_sands.html.

S

• **Uvongo**: *Hier finden Sie die relativ günstige, wenn auch etwas angestaubte* **Uvongo River Lodge $$** *(Waderbridge Rd – nahe zur Hauptstraße, Tel.: (039) 315-0013, Fax: 315-5075 und einige Hundert Meter landeinwärts die etwas schickere* **Shaka's Inhlaba Lodge $$$** *(Riviera Cres., Tel.: (039) 315-5171) mit einem beliebten* **Pub-Restaurant** *im Hause.*

• **Margate/Ramsgate: The Beach Lodge Hotel $$$** *liegt zwar nicht direkt am Strand, aber Sie können diesen schnell zu Fuß erreichen, ebenso wie die Restaurants in Margate. Die Lodge hat 35 Zimmer, viele davon sind sehr groß. Ein Garten und Pool sorgen für Entspannung: Ecke Marine Dr/Lagoon Rd, Margate, Tel.: (039) 312-1483, Fax: 317-1232, Internet:* users.iafrica.com/b/be/bealodge. *Günstiger, nahe zu Zentrum und Strand ist das* **Margate Hotel $$** *am Marine Dr (Tel. + Fax: (039) 312-1410, Internet:* www.wheretostay.co.za/margatehotel*). Wer auf Selbstversorgerbasis in Margate wohnen möchte, der sollte sich ein Häuschen im* **Margate Villa del Sol $$–$$$** *gönnen. Die Anlage liegt südlich des Ortskerns und damit etwas ruhiger. Von den meisten Chalets (alle 2 SZ, 1 WZ) aus blicken Sie auf den Strand und das Meer: Ecke Marine Dr/Finnis Rd, Tel.: (039) 312-1143, Fax: 317-2275, Internet:* www.wheretostay.co.za/villadelsol.

• **Southbroom**: *Das* **Protea Hotel San Lameer $$$–$$$$** *gehört zu den Top-Resorts an der South Coast und liegt in einem kleinen Nature Reserve unweit der Küste (Privatstrand!). Es gibt geräumige Zimmer und Mini-Villas. Auf dem Gelände gibt es einen Golfplatz, 2 Swimming-Pools, Wanderwege und zudem können Kanus und Surfboards ausgeliehen werden: Main Rd, südlich von Southbroom, Tel.: (039) 313-0011, Fax: 313-0157, Internet:* www.protea-hotels.com. *Die moderne und mehrfach ausgezeichnete* **The Country Lodge $$$** *zählt zu den besten Hotels Süd-Natals. Sie liegt in einem kleinen subtropischen Waldareal und bietet als Knüller das* Treetop Restaurant, *das auf Höhe der Baumwipfel angelegt wurde. Es gibt auch hier Wanderwege durch den Wald und für manche mag es von Vorteil sein, dass man hier dem Trubel des Strandes entkommen kann: An der R620 (ausgeschildert von R620 und R61 zw. Rmsgate und Southbroom), Southbroom, Tel.: (039) 316-8380, Fax: 316-8557, Internet:* www.countrylodge.co.za.

• *Im Bereich zwischen Margate und Port Edward hat sich* *** Bills Best** *mittlerweile einen Namen gemacht mit einer Auswahl an hervorragenden Selbstversorger-Apartments, alten Cottages, Beach Houses u.v.m.: Ein Blick ins Internet bzw. ein Anruf lohnen: Tel.: (082) 451-6102, Fax: (039) 314-4393, Internet:* www.billsbest.co.za.

• **Port Edward**: *Nicht dem Casino Hotel* **Wild Coast Sun $$$** *(Tel.: (039) 305-9111, Internet:* www.suninternational.com*) einige Kilometer südlich von Port Edward, sondern der 15 km entfernten* **Umtamvuna River Lodge $$$** *(Tel.: (039) 311-2313, Internet:* www.riverlodge.co.za*) gilt unser Tipp hier. Sie liegt bezaubernd unterhalb eines Berges und ist umgeben von subtropischen Wäldern – natürlich direkt am Fluss. Ein weiteres, erst kürzlich renoviertes Hotel nahe an Port Edward ist das* **Estuary Country Hotel $$–$$$** *mit 31 Zimmern: Main Rd, Tel.: (039) 311-2675, Fax: 311-2689. Es liegt exklusiv nördlich der Flussmündung und der Blick auf Fluss, bewachsene Seedüne sowie umgebende Landschaft ist einmalig.*

JH

Backpacker am bzw. nahe zum Strand an der South Coast

• *** Angle Rock Backpackers**: *5 Ellcock Rd, Warner Beach, Tel.: (031) 916-7007, E-Mail: anglerock@mweb.co.za. Großer Garten, Pool, Veranda. Auch Doppelzimmer.*

• *** The Mantis and Moon Backpackers Lodge**: *7/718 Station Rd, Umzumbe, Tel.: (039) 684-6256, E-Mail: travelsa@saol.com. Campen möglich. Auch Doppelzimmer. Strand: 500 m. Tolle Aussicht, gute Infos, Organisation von Trips, Tauchgängen und Aktivitäten (Surfen, White Water Rafting etc.).*

• **The Spot International Backpackers Hostel**: *23 Ambleside Rd, North Beach Umtentweni, Tel.: (039) 695-1318, E-Mail: spotbackers@netactive.co.za. Campen möglich. Auch Doppelzimmer. Strand: 25 m. Ebenfalls gute Infos, Organisation von Trips, Tauchgängen und Aktivitäten (Surfen, White Water Rafting etc.).*

• **Margate Backpacker**: *14 Collis Rd, Manaba Margate, Tel.: (039) 312-2176, E-Mail: ulrika@venturenet.co.za. Auch Doppelzimmer. Campen möglich. Strandnah.*

Camping

Campingplätze gibt es zu Hauf entlang der South Coast. Alle sind, dank der Konkurrenz, gut ausgestattet, doch während den Ferienzeiten voll und laut. Wir nennen hier nur wenige, die wir mit gutem Gewissen empfehlen können:

• *Einfache Selbstversorger-Cottages (sowie Camping) direkt am Strand gibt es im* **Illovo Beach Holiday Resort $–$$**: *17 Elizabeth Av, Tel.: (031) 916-3472 und nahebei verspricht das* **Protea Hotel Karridene** (*Old South Coast Rd, Tel.: (031) 916-7228, Internet:* www.protea-hotels.com) *eine funktionale und saubere Campinganlage, wobei viele der Hotelanlagen mitbenutzt werden können. Strandnah, Sportanlagen und Sauna.*

• **Clansthal Camping & Caravan Park** *südlich von Umkomaas an der R102 ist ein relativ kleiner Platz außerhalb der Ortschaften. Schattig, recht ruhig (bis auf den seltenen Bahnverkehr), Tel.: (039) 973-0211.*

• **Rocky Bay Camping $–$$**: *Park Rynie, südl. von Scottburgh, Tel. + Fax: (039) 976-0546. Guter, sauberer Campingplatz und auch sehr geräumige Selbstversorger-Chalets im Blockhausstil. Nahe zum Strand.*

• *Immer wieder empfohlen und ausgezeichnet wird der* **Margate Caravan Park**: *Marine Dr, Margate, Tel.: (039) 312-0852. Hervorragend ausgestattet, sauber und vor allem große Bäume, die Schatten spenden. Zum Strand laufen Sie über einen Kilometer.*

• *Wer nur ein Zelt aufbauen möchte, kann dieses bei den* **o.g. Backpackern** *(bis auf „Angle Rock BP") tun.*

• *Einfach, aber recht gut sind noch die 6 Campsites im* **Oribi Gorge Nature Reserve**, *die nur über den Camp Manager gebucht werden können: Tel.: (039) 679-1644.*

Restaurants

Die größte Auswahl an Restaurants hat Margate, gefolgt von Southbroom, Scottsburgh und Amanzimtoti. Zumeist handelt es sich aber um die üblichen Touristenrestaurants, die man in solchen Regionen erwartet. Wir möchten daher hier nur auf das Pub-Restaurant in **Shaka's Inhlaba Lodge** *(Uvongo, s.o.) sowie das gediegene* **Cycad Restaurant** *in o.g. Country Lodge in Southbroom hinweisen.*

Sun City, North-West-Province (S. 476ff)

Siehe auch „Pilanesberg National Park"

Information

• *Infos jeder Art sowie Reservierungen für Restaurants erhalten Sie* **in jedem Hotel am Concierge-Desk**.

• *Infos und Buchungen von allen Unterkünften gehen über das zentrale Buchungsbüro:*

• **Sun International Reservations**: *3 Sandown Valley Crescent, Sandown, Gauteng, P.O.Box 784487, Sandton 2146, Tel.: (011) 780 7878, Fax: (011) 780-7061, Web: www.suninternational.com.*

S

Touren

Im **Welcome Center** *am Cascades Hotel/Entertainment Center sowie beim* **Concierge Ihres Hotels** *können Sie alles buchen, was es in Sun City zu erleben gibt. Das reicht von Ausritten, über Paragliding, Heißluft-Ballon-Flügen, Rundfahrten durch ganz Sun City, Game Drives in den Pilanesberg NP, Teilnahme an 4x4-Touren im Adventure Park bis hin zu Exkursionen ins Umland (Townships, Heilpflanzenfarm, Straußenfarm etc.). Scheinbar nichts, was es nicht gibt. Natürlich können Sie alles auch telefonisch buchen. Die entsprechenden Nummern erhalten Sie mit einem Info-Faltblatt beim Einchecken im Hotel.*

Unterkünfte

• *Es gibt vier Hotels in Sun City, die alle Ihren hohen Preis haben, denn Sie müssen die Kosten der gesamten Anlage bedenken und neben allen Pools können Sie viele Dinge kostenlos nutzen. Selbst das Familienhotel* **The Cabanas** *liegt bei $$$$–$$$$$. Es folgen im Preis das* **Sun City Hotel** *(Familien, Casino) sowie* * **The Cascades** *(schöne Ausblicke aus den höheren Etagen, für Paare, mehr „sophisticated"-elegant), beide bei $$$$$. Weit oberhalb dieser Preiskategorien liegt das absolute First-Class-Hotel* *** The Palace – Lost City**, *das ohne Zweifel in Komfort und Ambiente seines Gleichen sucht und zu den Top-Hotels der Welt zählt und immer wieder zum „Best Hotel in Africa" erkoren wird. Mit Glück würden Sie hier in der Nebensaison einen Standardroom (und der ist bereits Klasse) für 300 EURO bekommen – meist ist er aber teurer! Wer also nicht so tief in die Tasche greifen mag, der ist im „The Cascades" wirklich gut aufgehoben.*

• **Selbstversorger-Apartments** *können Sie im Timeshare-Komplex buchen. Sie bestehen aus 2 bis 3 Zimmern und sind komplett eingerichtet.*

Hinweis: *Die direkte Durchwahl zu allen Hotels ist die gleiche: (014) 557-1000.*

Camping

Siehe unter „Pilanesberg National Park". *In Sun City selbst gibt es keine Campingplätze.*

Restaurants/Bars

• *Es gibt Restaurants aller Preisklassen und Qualitätsstufen. Wer günstig speisen möchte, der geht in eines der Ketten-Restaurants im* **Entertainment Center** *bzw. dort in die* **Fast-Food-Arcade**.

• *Gute italienische Küche bietet* **Leonardo's Pizza Workshop** *im Entertainment Center (Tel.: ext. 1769).*

• *Asiatische Gerichte sowie eine spezielle Sushibar gibt es im* **Orchid** *im Sun City Hotel (Tel.: ext. 510).*

• **The Famous Butcher's Grill** *im The Cabanas (Tel.: ext. 1591 od. 575) ist ohne Zweifel das beste Steakrestaurant und für Fischgerichte sollten Sie zum* **Fishmonger Restaurant & Bar** *im The Cascades gehen.*

• *Fine Dining der Extraklasse bietet* **Villa Del Palazzo** *im The Palace (Tel.: ext. 4308), das schon mehrere Auszeichnungen erhalten hat.*

• *Drei Bars (es gibt natürlich noch mehr) möchten wir an dieser Stelle empfehlen: Die* **Vista Bar** *im The Cascades bietet eine entspannte Atmosphäre*

> **Tipp**
> Reservieren Sie Ihren Restaurantplatz bereits a Tage, denn oft sind sonst alle Plätze ausgebucht. S können das direkt machen oder über Ihren Concier buchen.
> Zu allen Hotels gibt es einen regelmäßigen Shuttlebus.

mit Wasserfall und Dschungel im Hintergrund sowie leckeren Cocktails. Die erstklassige Getränkeauswahl, der Blick über Sun City und die Fackeln am Abend sprechen dagegen für die **Tusk Bar & Lounge** *im The Palace, besonders die Veranda. Wer lieber Sport-TV schaut bzw. am Abend Livemusik hören möchte und schließlich auch noch lange auf dem Barhokker sitzen möchte (bis mind. 1 h geöffnet), den sollte es ins* **Traders Horn** *im Entertainment ziehen.*

Theater

Im **Extravaganza Theatre** *im Sun City Hotel werden Di–So bunte Shows geboten, die meist einem Musical näher kommen als einem Theaterstück. Die Vorstellungen dauern ca. 90 Minuten. Buchungen über Tel.: (014) 557-1669.*

Swaziland (S. 497ff)

Hinweis: Es gibt keine Ortsvorwahlen in Swaziland, daher nennen wir hier grundsätzlich nur die Telefonnummern. Sollten Sie aus Südafrika anrufen, müssen Sie 09268 vor die genannte Nummer setzen, aus Europa und Mozambique gilt 00268.

Information

• *Es gibt nur drei* **Informationsbüros** *in Swaziland:*

- *Im* **Plaza Shopping Center (Swazi Plaza)** *in Mbabane, Ecke By Pass Rd und Commercial Rd (gleich neben dem NedBank-Gebäude), Tel.: 416-1136, Internet:* www.welcometoswaziland.com *bzw.* www.swazi.com.
- *Etwas besser ausgestattet ist das halb private Infobüro am* **Matenga Craft Center** *im Ezulwini Valley, Tel.: 416-1151.*
- *Und wer über die* **Grenze bei Oshoek/Ngwenya** *ins Land fährt, findet dort ein weiteres Infobüro.*

• *Schriftliche Anfragen können Sie auch an die* **Swaziland Tourism Authority** *stellen: P.O.Box A1030, Swazi Plaza, Mbabane, Tel.: 404-9693, Fax: 404-9683, E-Mail: swazitour@realnet.co.sz, Internet:* www.swazitourism-authority.org.sz.

• *Informationen zu den großen Tierparks (Hlane Royal Nat. Park, Mlilwane Wildlife Sanctuary und Mkhaya Game Reserve) erteilt* **Big Game Parks***: Tel.: 528-3944/3, Fax: 528-3924, E-Mail:* reservations@biggame.co.sz, *Internet:* www.biggame.co.sz. *Hier können Sie auch die Tierpark-Unterkünfte buchen.*

• *Infos zu Geschichte, Kultur und Landschaft von Swaziland finden Sie im Internet unter:* www.sntc.org.sz.

Eine Swazi mit einem Metallgestell für eine Strohstehlampe

Touren

• *Wer sich speziell erkundigen möchte über alle Arten von Aktivitäten (z. B. Golfen, 4x4-Rou-*

S

ten, Mountain-Biking, Abseilen etc.), der wende sich an o.g. Swaziland Tourism Authority.

• *Direkt kann man sich auch an* Swazi Trails *wenden, die auch „maßgeschneiderte" Unternehmungen anbietet: Tel.: 416-2180 od. 602-0832, Internet:* www.swazitrails.co.sz. *Nähere Infos vor Ort zu Swazi Trails erhalten Sie auch im o.g. Matenga Craft Center oder im Infobüro in dem kleinen Künstlerdorf, das 1 km entlang der Straße nach Bhunya (abzweigend im Ezulwini Valley bei Malkerns) liegt.*

• Phophonyane Tours/Eco Africa Safaris *an u.g. Lodge bei Piggs Peak bietet vor allem ökologisch orientierte Touren an. Tel.: 437-1319.*

Flughafen/Mietwagen

Der **Matsapha International Airport** *liegt 8 km südwestlich von Manzini und wird mehrmals täglich von Johannesburg und sechsmal die Woche von Durban aus angeflogen. Die Mietwagenfirmen* Avis *(Tel.: 518-6226) und* Imperial *(Tel.: 518-4393) haben Stützpunkte am Flughafen, wobei Imperial auch eine Niederlassung an der Main Rd, Ecke By Pass Rd unterhält (an der Tankstelle, Tel.: 404-1348). Weitere Infos finden Sie im Teil „Allgemeine Reisetipps von A–Z".*

Spezielle Informationen zu den beschriebenen Reisegebieten in Swaziland

Piggs Peak, Malolotja Nature Reserve und der Nordwesten von Swaziland (S. 503ff)

Unterkünfte

• Orion Hotel & Resort Piggs Peak $$$–$$$$: *P.O.Box 45, bei Piggs Peak, Tel.: 437-1104, Fax: 437-1382, Internet:* www.oriongroup.co.za. *Großes, schön gelegenes Resort-Hotel (mit Casino!) mit allen Annehmlichkeiten. U.E. aber etwas unpersönlich. Dafür gibt es recht günstige „All-Inclusive"-Angebote, bes. unter der Woche.*

• * Phophonyane Lodge $$–$$$: *Ca. 20 km nördlich von Piggs Peak (Straße nach Matsamo), Tel.: 437-1429, Fax: 437-1319, Internet:* www.phophonyane.co.sz. *Bezaubernd in einem Naturschutzgebiet gelegene Unterkunft. Sie wohnen entweder in Cottages mit Terrasse und kleinem Garten oder in gut ausgestatteten Safari-Zelten am Fluss (hier ist Selbstversorgung möglich). Eine tolle Gelegenheit, einmal so richtig auszuspannen. Geleitete Fahrten durchs Naturreservat werden angeboten.*

• Hawane Stables $$–$$$: Siehe unten unter Mbabane.

• Highland's Inn $$: *Mitten in Piggs Peak, Tel. + Fax: 437-1144. Bezauberndes Haus aus der britischen Kolonialzeit. Geräumige, saubere Zimmer und auch das Essen im Restaurant ist in Ordnung. Wirklich etwas für die „Old Buffs" und ein gutes Preis-Leistungs-Verhältnis. Leider nur mitten im Ort gelegen.*

• Sobantu Guest Farm $–$$: *Tel.: 605-3954, Internet:* www.swaziplace.com/sobantu. *Nahe Mnyokane. Nehmen Sie die Nebenstrecke südlich von Piggs Peak um den Maguga Dam herum. Die Farm liegt südlich des Dammes. Sehr persönlich und engagiert geführt. Doppelzimmer,* ***Backpacker-Unterkünfte*** *und* ***Camping****. Von hier aus werden Touren in die Umgebung unternommen, u.a. auch Mountain-Bike-Trips und Kanu-Touren. Ideal für junge Leute und Outdoor-Fans.*

• * Malolotja Nature Reserve $–$$: *Tel.: 442-4241 (Nummer des Parks), Reservierung über:* Swaziland National Trust Commission, *Tel.: 416-1013 od. 416-1151, Internet:* www.sntc.org.sz. *Hier gibt es 13 voll ausgestattete Holzhütten für Selbstversorger, die jeweils Platz für bis zu 6 Personen bieten. Die Aussicht von den Hütten ist bezaubernd und verspricht nahezu täglich Antilopen vor dem Haus. An kalten Abenden lohnt sich auch das Entfachen des Kamins. Holz gibt es zumeist im kleinen Parkshop, besser aber, Sie haben es bereits dabei (achten Sie auf Straßenverkauf). Zudem können Sie auch auf dem sauberen* **Campingplatz** *nächtigen. Hier gibt es noch eine kleine „A-Frame"-Hütte zu mieten.*

Mbabane, Ezulwini Valley, Manzini und Umgebung, Swaziland (S. 505ff)

Fernverkehr

• *Neben der Möglichkeit* **mit dem Flugzeug** *anzureisen (empfohlen) können Sie auch den* BazBus *(Tel.: (021) 439-2323, Internet:* www.bazbus.com*) nehmen. Er verkehrt mittlerweile mehrmals pro Woche zwischen Durban, Swaziland und Johannesburg. Er hält an den bekannten Backpacker-Lodges. Die Reise dauert relativ lange, da eben an nahezu allen Backpacker-Lodges angehalten wird.*

• *Alternativ dazu gibt es zzt. nur die Möglichkeit mit den überladenen Minibussen zwischen Durban bzw. Johannesburg und Swaziland zu reisen. Der größte Bus Terminal befindet sich in Mbabane hinter der Plaza Shopping Center (Swazi Plaza) zwischen Commercial Rd und Western Distributor Rd. Von hier fahren auch die Minibusse ab zur Grenze von Mozambique (Lomahasha), wo Sie dann auf der anderen Seite wiederum in einen Kleinbus umsteigen können. Die großen* südafrikanischen Busgesellschaften *(Translux, Interstate) bedienen Swaziland zzt. nicht, haben dieses aber schon gemacht. Eine aktuelle Anfrage wäre bestimmt eine gute Idee.*

• *Der* Trans-Lebombo-Express *zwischen Durban und Maputo (einziger Haltepunkt in Swaziland: Mpaka Station im Lowveld) verkehrte zzt. der Drucklegung nicht, soll aber wieder eingerichtet werden. Infos über* www.transnet.co.za. *Für den Besuch von Swaziland ist eine Zugfahrt wenig empfehlenswert.*

Diplomatische Vetretungen

• Embassy of Mozambique: *Highlands View, Princess Dr Rd, Mbabane, Tel.: (0268) 404-3700 od. 404-1296*

• Embassy of the Federal Republic of Germany: *Liason Office, 2nd Floor Dhlan'ubeka House, Mbabane, Tel. + Fax: 404-3174*

• South African High Commission: *The New Mall, Mbabane, Tel.: 404-4651, Fax: 404-6944*

• *Die* Schweiz *und* Österreich *haben zzt. keine diplomatischen Vertretungen in Swaziland. Zuständig sind jeweils die Botschaften in Pretoria/Tshwane (siehe dort).*

Einkaufen/Souvenirs

• *Das* Plaza Shopping Center (Swazi Plaza/Swazi Mall) *in Mbabane, Ecke By Pass Rd und Commercial Rd bietet das größte Angebot an täglichen Gebrauchsgütern in Swaziland. Hier finden Sie auch die Touristeninfo, die Post, Zeitungsläden u.v.m. Gleich östlich davon, auf der anderen Seite der Western Distributor Rd, finden Sie zudem noch einen kleinen Kunsthandwerkermarkt, bekannt als* Mbabane Market.

Hinweis: Ab hier immer von Mbabane in Richtung Manzini fahrend beschrieben.

- *Achten Sie auf die* **Händler an der alten Straße zwischen Mbabane und Manzini** *im Ezulwini Valley. Besonders linker Hand, gegenüber der BP-Tankstelle im Tal, haben sich viele kleine Stände etabliert, die vor allem Holzschnitzereien und Korbwaren anpreisen.*
- *Etwas ausgesuchter ist dagegen der* *** Matenga Craft Shop** *(& Cultural Village) nur ein Stück weiter an der alten Straße nach Manzini. Er liegt rechter Hand, ein Stück entlang einer Nebenstraße und Schotterpiste und ist gut ausgeschildert. Swazi-Kunst aller Art in 11 Shops. Zudem Touristeninformation und Führungen durch ein traditionelles Dorf.*
- *Besonders eindrucksvoll ist die kleine* *** Künstlerkolonie bei Malkerns**. *Zweigen Sie dazu von der alten Mbabane-Manzini-Straße nach rechts ab (in Richtung Malkerns). Nach etwa einem Kilometer liegt die Künstlerkolonie rechter Hand. In einer Art Kooperative werden hier wunderschöne Bastarbeiten (Körbe, vor allem aber Tischsets u.a.) hergestellt und verkauft. Zudem gibt es noch einen Laden mit Batiken. Schrill wird es bei den Bildhauern und vor allem den Holzschnitzern. Letztere schnitzen urigste Skulpturen, bis hin zu riesigen Holzsesseln. Allein der Anblick lohnt.*

Unterkünfte

- **Royal Swazi Sun Hotel & Casino $$$$**: *Im Ezulwini Valley an der alten Mbabane-Manzini-Straße, Tel.: 416-5000, Fax: 416-1859, Internet: www.swazisun.sz. 200-Zimmer Hotel der Oberklasse. Das offizielle Top-Hotel des Landes. Hier versprechen 3 Restaurants, Pool, Hot Tub, Tennis- und Squashplätze, eine 18-Loch-Golfanlage u.v.m. keine Langeweile. Der Preis muss dafür aber bezahlt werden. Von hier werden auch Sightseeing-Touren angeboten.*
- *** Reilly's Rock Hilltop Lodge $$$$**: *Liegt am Hang des Nyonyane Mountain im Mlilwane Wildlife Sanctuary. Zu buchen zentral über* Big Game Parks: *Tel.: 528-3944/3, Fax: 528-3924, Internet: www.biggame.co.sz. Wer bereit ist für eine Nacht mehr zu zahlen, der sollte dieses in Swaziland in dieser Lodge machen. Der 1900-Kolonialstil, den Ted und Liz Reilly so schön durch die Restaurierung des reetgedeckten Steingebäudes wiedergewonnen haben, ist einmalig. Eine gemütliche Lounge mit Kamin, nur 6 Zimmer, eine Veranda mit Ausblick auf die umliegende Landschaft und tolle Wandermöglichkeiten sollten eigentlich einen Aufenthalt von 2 Tagen wert sein.*
- **Mountain Inn $$$**: *4 km südöstlich von Mbabane, Tel.: 404-2781 oder 404-2773, Fax: 404-5393, Internet: www.mountaininn.sz. Angelegt im mediterranen Stil, besticht dieses Hotel besonders durch seine Lage mit Blick auf das Ezulwini Valley. Den Blick gibt es auch von den Zimmern und vom Pool aus! Beliebt ist auch das Restaurant.*
- **Hawane Village & Stables $$–$$$**: *22 km nordwestlich von Mbabane, Tel.: 442-4744, E-Mail: hawane@realnet.co.sz. Hier wohnen Sie in der Natur und vor allem in echten Swazi „Beehive"-Hütten. Die runden Strohhütten sind geräumig und hoch, haben aber einen niedrigen Eingang und keine Fenster. Daher bleibt es relativ kühl darin. Sie sind einfach eingerichtet. Saubere sanitäre Anlagen liegen außerhalb der Hütten. Ein Erlebnis, aber wenig Komfort. Hawane Stables unternimmt zahlreiche Outdoor-Aktivitäten, wie z.B. Ausritte mit eigenen Pferden, Wanderungen, 4x4-Touren etc.*
- *** Foresters Arms Hotel $$–$$$**: *Bei Mhlambanyatsi, 28 km südwestlich von Mbabane, Tel.: 452-6084 oder 467-4177, Fax: 467-4051, Internet: www.forestersarms.*

co.za. *Ein komfortables (englisches) Country Hotel mit afrikanischem Ambiente. Bibliothek, Bar, Lounge mit Kamin, Ledersessel, alles was man von so einem Hotel erwartet. Dazu liegt es schön in einem Wald inmitten eines kleinen Naturreservates. Sportmöglichkeiten, Wanderwege am Hause bzw. in der Nähe. Das Restaurant (auch Candlelight-Dinner) ist ebenfalls empfehlenswert. Wer es also „sophisticated" mag und dabei nicht zu tief in die Tasche greifen möchte, ist hier goldrichtig.*

• **Matenga Lodge $$–$$$**: *An der alten Mbabane-Manzini-Straße im Ezulwini Valley (Anfahrt wie* Matenga Craft Village *oben), nahe des Mlilwane Wildlife Sanctuary, Tel.: 416-1049 oder 416-2168, Fax: 416-1049, Internet:* www.iafrica.sz/biz/matenga. *Kleines Hotel in schattigem Waldgebiet. Geschmackvolle, hell eingerichtete Zimmer. Nur die Badezimmer sind etwas klein geraten. Empfehlenswertes Restaurant, schöner Pool. Oft Busgruppen.*

• **Nyanza Cottages $$**: *Farm bei Malkerns an der alten Mbabane-Manzini-Straße, Tel.: 528-3090, Fax: 343-4486, Internet:* www.africaonline.co.sz/biz/Nyanza. *Geräumige Selbstversorger-Hütten (B&B wird auch angeboten), jede mit eigenem Gartenbereich. Es gibt auch vier Campingplätze.*

• *** Mlilwane Game Reserve $$**: *Das Camp befindet sich mitten im Wildlife Sanctuary, Reservierungen über:* Big Game Parks: *Tel.: 528-3944/3, Fax: 528-3924, Internet:* www.biggame.co.sz. *Unter großen schattigen Bäumen wurde hier dieses saubere und urig eingerichtete Camp erbaut. Es gibt einfache Holzhütten, Swazi-„Beehive-Hütten" (siehe oben unter* Hawane Stables*), geräumige Familienhütten, Mehrbett-Hütten für Backpacker und einen Campingplatz. Ein Restaurant ist auch vorhanden. Und da kaum Zäune um das Camp errichtet wurden, kommen die Tiere (Strauße, Antilopen etc.) gerne aufs Gelände.*

• **Sondzela Backpackers $**: *Tel.: 528-3117, Reservierungen auch über:* Big Game Parks: *Tel.: 528-3944/3, Fax: 528-3924, Internet:* www.biggame.co.sz. *Die Backpackerlodge liegt ebenfalls im Mlilwane Wildlife Sanctuary und ist am besten von Süden über die Straße nach Malkerns zu erreichen. Gut organisiert und von hier werden alle möglichen Touren (Mountain-Biking, 4x4, Abseilen etc.) arrangiert.*

• *** Woza Nawe (Myxo's) $**: *6 km südöstlich von Manzini an der Straße nach Big Bend, Tel.: 604-4102 oder 505-8363, E-Mail: wozanawe@realnet.co.sz. Eine der wenigen Backpacker-Lodges im Südlichen Afrika, die einem Afrikaner gehört und der sie leitet. Hier können Sie entweder in dem alten englischen Haus wohnen oder aber – und das ist der Knüller – ca. 30 km entfernt in einem echten Swazi-Dorf wohnen. Hier hat Mxolisi Mdluli nämlich authentische Beehive-Hütten neben dem Dorf errichtet. Abends können Sie sich zurückziehen, aber ansonsten können Sie am Dorfleben teilhaben und werden hier auch bekocht. Mxolisi unternimmt auf Wunsch Touren durchs Land ... und zwar mit lokalen Fortbewegungsmitteln.*

• *Weitere Backpacker-Unterkünfte sind:* **Grifters Lodge** *(Ecke Murray & End Sts (off Gilfillan St), Mbabane, Tel.: 613-6169, E-Mail: info@grifterslodge.com.),* **Mbabane Backpackers** *(Gilfillan St, Mbabane, Tel.: 404-3097) und* **Chillage Backpackers** *(18 Mission St, Tel.: 404-8342 oder 404-8854, E-Mail: lizzie@mailfly.com).*

Camping

Hinweis: Adressen siehe alle oben unter Unterkünften.

Für die Erkundung des Landes liegt der schattige Campingplatz des *** Mlilwane Wildlife Sanctuary** *ohne Zweifel strategisch am günstigsten. Einziger Nachteil: Hier* *gibt es keinen Strom. Der dazu nahe gelegene* **Sondzela Backpackers** *empfiehlt sich aus gleichem Grund, hat aber nur begrenzt Platz für Zelte (also unbedingt vorher anrufen). Die 4 Plätze an den* **Nyanza Cottages** *liegen auch günstig, sind sauber, aber sind halt nur ein „Anhängsel" an den Bed & Breakfast-Cottage- und Farmbetrieb. Schön ist es auch im* *** Malolotja Nature Reserve** *zu campieren. Hier warten Natur, alte Minen und zahlreiche Wanderwege auf Sie. Als Nachteil muss die abgeschiedene Lage im Land angesehen werden. Doch wer morgens früh startet, kann trotzdem alles gut erreichen.*

Restaurants

Bis auf wenige Ausnahmen finden Sie die besten Restaurants in den Hotels. Zwei davon führen wir kurz auf:

- **Foresters Arms Hotel**: *Das Candlelight Dinner ist hier der Knüller. Das Ambiente stimmt und das Buffet am Sonntagmittag sollte allemal vorher gebucht sein.*
- **Mountain Inn:** *Hier ist es besonders die Aussicht über das Ezulwini Valley, die die Gäste herlockt. Auch hier wird am Wochenende ein reichhaltiges Buffet serviert, das aber nicht ganz so gut ist wie im Foresters Arms.*
- *** Calabash:** *An der alten Mbabane–Manzini-Straße, wenige Kilometer hinter Mbabane rechter Hand, Tel.: 416-1187. Gilt als das beste Restaurant des Landes und hat im Standard seit 12 Jahren nicht nachgelassen. Interessanterweise orientiert sich die Küche stark an süddeutscher, Schweizer und österreichischer Gastronomie. Das Eisbein ist bei Ortsansässigen ein Favorit. Aber auch Seafood und Geschmacksvarianten aus anderen europäischen Ländern werden angeboten. Unbedingt reservieren!*
- **Malandela's**: *An der Straße nach Malkerns, ca. 1 km nach der Abzweigung von der alten Mbabane-Manzini-Straße rechter Hand hinter den Kunsthandwerkerläden, Tel.: 528-3115. Europäische (vornehmlich britische) Gerichte und afrikanische Wildspezialitäten. Angeschlossen ist ein* **britischer Pub** *mit frisch gezapftem Bier.*
- **La Cassarole**: *Im Omnicenter in der Allister Miller St, Tel.: 404-6426. Das beliebteste Restaurant in der Stadt (sehen und gesehen werden). Besonders an lauen Abenden lässt es sich gut auf der Veranda aushalten. Neben deutschen (!) Gerichten gibt es hier auch eine Reihe vegetarischer Speisen sowie gute Pizzen.*

Hlane Royal National Park, Mkhaya Game Reserve und der Nordosten von Swaziland (S. 511ff)

Unterkünfte

- **Mkhaya Game Reserve $$$$–$$$$$**: *Reservierungen über:* Big Game Parks: *Tel.: 528-3944/3, Fax: 528-3924, Internet:* www.biggame.co.sz. *Dieses ist ohne Zweifel die exklusivste Wildlife-Erfahrung in Swaziland. Im Preis sind inbegriffen: Dinner, Bed & Breakfast sowie zwei Game Drives. Kommen Sie rechtzeitig an (bis 16 h). Übernachten können Sie entweder in luxuriösen Safari-Zelten (sanitäre Einrichtungen am Zelt) oder in reetgedeckten Hütten. Das Buscherlebnis in diesem offenen Park ist grandios.*
- **Hlane Royal National Park**: *Reservierungen über:* Big Game Parks: *Tel.: 528-3944/3, Fax: 528-3924, Internet:* www.biggame.co.sz. **1) Ndlovu Camp $–$$:** *Hier, nahe dem Gate, gibt es 7 einfach, aber ausreichend ausgestattete Selbstversorger-Hütten (2 davon für bis zu 8 Personen). Alles läuft über Gas, es gibt also keinen Strom.*

2) *Die Hütten im* **Bhubesi Camp $–$$** *sind moderner und besser ausgestattet (auch Strom), sind dafür aber kleiner. Das Bhubesi Camp liegt 19 km im Park an einem Fluss. Hier besticht vor allem die Einsamkeit. Im Park gibt es zudem einen* **Campingplatz** *und ein* **Restaurant**, *beide nahe dem Gate.*

- **Simunye Country Club $$**: *Im Ort gut ausgeschildert, Tel. + Fax: 383-8600, E-Mail: tlischka@simunye.co.sz. Einfache, aber saubere Chalets. Es gibt auch ein Restaurant (oft tolles Buffet) und einen Swimmingpool.*
- **Mlawula Nature Reserve $$**: *Tel.: 416-1151 od. 416-1178, zu buchen über die* Swaziland National Trust Commission (SNTC) *mit Sitz im Museum in Lombasha, Internet:* www.sntc.org.sz. *Ein hervorragendes Preis-Leistungs-Verhältnis bieten die Safari-Zelte des* SARA Bushcamps. *Das Bad ist an den Zelten angeschlossen und man rühmt sich hier, die Buschbadewanne mit dem besten Blick zu haben (stimmt!). Nur für Selbstversorger. Da oft ausgebucht, unbedingt vorher reservieren. Absolutes Buscherlebnis ohne viel Schnickschnack.* **Campen** *ist im Park möglich,* Siphiso Camp *im Flusstal.*
- **Shewula Camp & Game Reserve $**: *Nördlich vom Mlawula Nature Reserve gelegen. Zweigen Sie von der Straße zwischen Maphiveni und dem Grenzposten Lomahasha nach rechts ab. Dann sind es noch einige mühevolle Kilometer auf einer Piste, Tel.: 605-1160 oder 416-2180, Fax: 416-1040, E-Mail: shewula@realnet.co.sz. Dieses Reserve wurde von der Gemeinschaft der hier ansässigen Shewula gegründet. Sie wohnen in einfachen Rondavels (Gemeinschaftsbad und -küche, kein Strom). Die Lage auf dem Berg ermöglicht an klaren Tagen tolle Ausblicke, teilweise bis nach Maputo. I.d.R. ist es etwas für Selbstversorger, doch wer partout nicht kochen mag und dieses vorher ankündigt, dem bereiten die sehr freundlichen Leute aus dem nahen Dorf gerne eine typische Mahlzeit. Eine gute Gelegenheit, einmal tiefer einzutauchen in das afrikanische Leben. Luxus dürfen Sie in keiner Weise erwarten.*

Thabazimbi, Limpopo (S. 474)

Siehe unter „Waterberg-Region inkl. Marakele National Park"

Thohoyandou und das Gebiet der Venda, Limpopo (S. 448ff)

Information

- *Infos erhalten Sie in Thohoyandou nur bedingt im* **Tusk Venda Casino Hotel**. *Die Adresse finden Sie unten unter „Unterkünfte". Bedenken Sie aber, dass es sich hierbei nicht um ein offizielles Visitor Bureau handelt, sondern dass das Hotelpersonal allgemeine Auskünfte für Hotelgäste hat.*
- **Soutpansberg/Venda Info Center**: *In Makhado (ehem. Louis Trichardt) – 70 km westl., N1, an der Ecke zur Hauptstraße in die Stadt (ehem. Vortrekker Rd), Tel./Fax: (015) 516-0040, Web: www.tourismsoutpansbergco.za, E-Mail: info@northnet.co.za. Dieses Office ist auch zuständig für jegliche Informationen bzgl. des Gebietes der Venda um Thohoyandou.*
- **African Ivory Route**: *Tel.: (015) 295-3025 (Infos) od. (015) 295-2829 (Buchungen), Web: www.africanivoryroute.co.za. Hier können Sie Unterkünfte buchen entlang der sog. Ivory Route, die sich kreuz und quer durch die Limpopo Province zieht. Dabei handelt es sich oft um einfache, aber sehr urige Übernachtungsstätten.*

T

Touren

• *Wie im Reiseteil bereits beschrieben, ist es deutlich einfacher, die kulturellen Höhepunkte mit einem lokalen Führer zu erkunden. Dieser findet die Wege (sehr entscheidend in Venda) und kann Ihnen natürlich die Legenden der Venda viel besser nahe bringen. Solche Führer können Sie im* **Tusk Venda Casino Hotel** *oder im* **Art and Craft Center** *an der R524 in Richtung Punda Maria (vor dem Stadion) buchen. Sollten Sie direkt buchen wollen, empfehlen wir* **Mashudu Dima (Tours)**, *Tel.: (015) 962-4791, Fax: (015) 962-4020). Mr. Dima ist ein versierter Kenner der Riten und Legenden.*

• *Weitere Touranbieter haben ihre Basis in Makhado (ehem. Louis Trichardt). Siehe dort.*

Unterkünfte

• **Tusk Venda Casino Hotel (ehem. Venda Sun) $$$**: *Mpephu St (nördl. der Innenstadt), P.O.Box 766, Sibasa 0970, Tel.: (015) 962-4600, Fax: 8015) 962-4540, E-Mail: venda@tusk-resorts.co.za. Das Hotel stellt den touristischen Mittelpunkt der Stadt dar, wobei der Charme der 1980er Jahre deutlich überwiegt. Dafür ist es unkompliziert, funktionell und von hier aus können Sie Touren ins Venda-Land buchen.*

> **Hinweis**
> Bedenken Sie bei den Aventura-Unterkünften sc wie den Unterkünften in den u.g. Parks, dass abends di Gates geschlossen werden. Manchmal schon um 18 h, i Makuya bereits um 16 h. Erkundigen Sie sich bei de Buchung nach den genauen Zeiten.

• **Aventura Tshipise $$–$$$**: *Im Norden, wo sich R525 und R508 treffen, P.O.Box 4, Tshipise 0901, Tel.: (015) 539-0651, Fax: (015) 539-0724, E-Mail: tshipise@aventura.co.za, Web: www.aventura.co.za. Eines der schönsten Aventura-Resorts. Familienorientiert. Hot Water Pool/Spa (warme Quellen). Reetgedeckte Rondavels für 2–5 Personen und ein gepflegter Camping/Caravan Park. Nur um die Weihnachtszeit ist es hier etwas zu voll.*

• **Aventura Nwanedi Nature Reserve $$–$$$**: *Ca. 60 km nördlich von Thohoyandou (großenteils über eine Piste zu erreichen), P.O.Box 4, Tshipise 0901, Tel. + Fax: (015) 539-0723, E-Mail: nwanedi@aventura.co.za, Web: www.aventura.co.za. Das Resort liegt in einem schattigen Tal unterhalb der Nwanedi-Staumauer und inmitten des Nwanedi Nature Reserve (Tiere). Es gibt einfache Selbstversorger-Rondavels ($$) und Luxury Rooms ($$$), die Platz für 4 Erwachsene bieten. Letztere „verteilen" sich über zwei Ebenen, wobei sie nicht durch eine Tür getrennt sind, sondern nur durch eine Balustrade. Einen Camping/Caravan-Park gibt es auch. Von diesem Resort aus werden Touren in den Park sowie Kanu- und Bootstrips auf dem Stausee arrangiert.*

• **Aventura Mphephu Resort $$$**: *An der R523, Abzweig 10 bzw. 20 km östlich der N1, Tel.: (015) 973-0049, Web: www.aventura.co.za. Auch hier gibt es warme Quellen, zudem 20 Rondavels und einen Caravanpark. Gegenüber den beiden anderen Aventuras das am wenigsten ansprechende, da es vornehmlich als Konferenzhotel gebaut wurde. Dafür dicht bei den Dzata-Ruinen.*

• *Zwei weitere Lodges in Thohoyandou sind* **Vevisa Lodge $$$** *(758 Mpephu St, Tel./Fax: (015) 962-2069, E-Mail: vevisa@iafrica.com) und* **Bougainvilla Lodge $$–$$$** *(Main Rd, Tel.: (015) 962-4064).*

• *** Pafuri River Camp $–$$**: *Das Camp liegt 7 km westlich des Pafuri Gate vom Kruger Park. Der Abzweig von der R525 befindet sich gleich hinter der letzten Parkkontrolle linker Hand. Tel.: (082) 785-0305, Fax: (082) 131-785-0305, E-Mail: wcamp@mweb.co.za. Es gibt 13 einfache Zeltunterkünfte, die auf Stelzen unter Bäumen stehen (Treehouses). Ein Pool, ein Lapa-Restaurant und eine Bar sind vorhanden, wobei Sie auch auf Selbstversorger machen können. Natürlich gibt es zahlreiche Grills und eine kleine Küche. Das Camp eignet* *sich hervorragend, um nach dem Besuch des Kruger NP noch einmal alles 2 Tage Revue passieren zu lassen. Luxus wie Klimaanlage, Ventilator, eigene Dusche etc. dürfen Sie aber nicht erwarten.*

- *Im* Nzhelele Dam Nat. Reserve $ *gibt es zwei einfache Selbstversorger-Camps, die nur umständlich zu buchen sind: Tel.: (082) 768-8801 (Camp Mangwele) sowie (082) 785-0305 (Wallers Camp).*
- ***** Makuya Nature Reserve $: *Im Nordosten von Venda, ca. 16 km östlich der Mutale Bridge. Die Anfahrt beginnt 1 km südlich der Brücke (ausgeschildert von der Brücke aus). Zu buchen über* ***African Ivory Route (s.o.).*** *Das einfache Zeltcamp liegt einmalig schön auf einer Abbruchkante über dem Olifant River, mit Blick auf den Kruger Nat. Park. Hier müssen Sie Ihre Nahrungsmittel und Getränke selbst mitbringen (Kühlschränke und Kocher vorhanden). Eine Super-Gelegenheit, einmal komplett abzuschalten. Das Camp (zzt. 3 Zelte mit 6 Betten) kann nur von einer Gruppe gebucht werden, Sie sind also für sich. Leider ist es oft ausgebucht und einfach nur hinfahren und es versuchen kann absolut nicht empfohlen werden! Die Strecke im Park ist zudem sehr rau und selbst bei trockenem Wetter nur mit viel Können mit einem herkömmlichen Pkw zu schaffen. Besser und bei Feuchtigkeit ein Muss ist ein Geländefahrzeug. Also: ein Abenteuer!*
- *Weitere Unterkünfte in und um Venda bieten* Wild- und auch andere Farmen *an. Die meisten liegen nördlich der Soutpansberge sowie entlang der R525. Buchen sollten Sie besser über die Touristenämter in Makhado oder Musina, denn die Farmen bieten nicht immer Zimmer an und außerdem sollten Sie die Anfahrt mit Ihrem aktuellen Reiseplan koordinieren. Die Distanzen dorthin sind oft zu groß. Für die Erkundung des* „Land of Legends“, *also Vendas und seiner Attraktionen, empfehlen wir eher die o.g. Hotels (Tusk und Aventura).*

Camping

- *Alle o.g.* Aventura Resorts *haben gepflegte Caravan-/Campingplätze.*
- *In Thohoyandou gibt es zudem den* Acacia Park *an der Straße zum Punda Maria Gate (R524, noch vorbei am Stadion). Hier gibt es auch einfache Chalets $–$$.*

Restaurants

Die Empfehlung heißt: essen Sie in Ihrem Hotel/Ihrer Lodge. Nennenswerte eigenständige Restaurants gibt es nicht in Venda.

Tshwane, Gauteng (S. 377ff)

Siehe unter Pretoria

Tzaneen (inkl. Duiwelskloof, Magoebaskloof, Haenertsburg) Limpopo (S. 462ff)

Information

- Tzaneen *tut sich scheinbar schwer mit einem Visitor Center. Bei Drucklegung gab es keines in der Stadt selbst, aber im Museum in Tzaneen (Agatha St, neben der Stadtverwaltung) bekommen Sie Infos zur kulturellen Geschichte der Region, jedoch nicht über Hotels etc. Die offizielle Webseite von Tzaneen lautet:* www.tzaneen.co.za. *und die bisher gültige Info-Telefonnummer (015) 307-1294.*

• *In* Duiwelskloof *sieht es diesbezüglich auch nicht viel besser aus, dafür gibt sich die* Magoebaskloof Visitor Association *in Haenertsburg (Main Rd, hinter dem Restaurant „The Atholl Arms", Tel.: (015) 276-4972 bzw. 276-5047, Web: www.magoebaskloof.com) um so mehr Mühe betreffs guter Auskünfte.*

Touren

• *Die Gegend ist natürlich sehr beliebt bei Wanderern. Neben kürzeren Trails gibt es auch 1- bis 3-Tage-Wanderungen. Beliebt sind die* Wanderwege in den Wäldern um die Debegeni Falls *(2 Tage) sowie der* Dokolewa Trail *(3–5 Tage). Übernachtet wird dabei in Forsthütten. Anmeldung über die staatliche Forstverwaltung (Tel.: (015) 305-3203 od. (012) 481-3615, Web: www.safcolecotourism.co.za). Auch der* Lesodi Trail *verdient Erwähnung. Er führt vom Magoesbaskloof Hotel (parken an der Sandford Heights Nursery) aus durch alte Wälder.*

Beliebt sind zudem die noch wenig bekannten Wolkberg Wilderness Area *(Tel.: (015) 276-1303, erreichbar über eine Piste, die westl. von Haenertsburg/R71 abgeht zur Serala Forest Station) sowie das* Lekgalameetse Nature Reserve *(erreichbar von der R36, südl. von Tzaneen). Für diese beiden Gebiete bedarf es einer gründlichen Vorbereitung der Wanderung.*

In Mpumalanga warnen immer wieder Hinweisschilder vor Flusspferden

• *Grundsätzlich gilt sowieso, dass Sie sich für alle hier angegebenen Wanderungen nochmals vor Ort bzw. übers Internet (s.o.) genauestens erkundigen und natürlich auch die Permits für das Betreten der staatlichen Wälder nicht vergessen sollten.*

• *Touren durch die Anlagen der* Sapekoe Tea Estate *(Anbau, Ernte, Verarbeitung, Vertrieb) lohnen allemal. Erkundigen Sie sich aber unbedingt vorher nach den Zeiten (über den Tea Garden): Tel.: (083) 627-1494 oder (015) 305-4999.*

• *Weitere Aktivitäten, die in dieser Region möglich sind: Reiten, Mountainbiking und Fischen.*

Unterkünfte

• * The Coach House $$$$: *Old Coach Rd, Agatha, Tel.: (015) 306-8000 bzw. 307-3641, Fax: (015) 306-8008, Web: www.coachhouse.co.za. Wunderschön am Hang gelegenes Luxushotel mit nur 45 Zimmern. Seit Jahren als eines der besten Country-Hotels des Landes bezeichnet. Fantastischer Blick auf die umliegenden Täler und Berge, u.a. den Wolkberg. Viele Zimmer haben einen eigenen Kamin und alle den o.g. Blick. Im Hause gibt es zudem ein erstklassiges Restaurant und ein Wellness Center,* „Agathe Spa" *mit Warmwasserpool, Sauna, Dampfbad,*

> **Tipp**
>
> *Wer sich gerne einmal zurückziehen möchte relativ einfache und rustikale* **Waldhütten und/ode Selbstversorger-Chalets im Wald bzw. in de Bergen**, *der sollte sich unbedingt bei der o.g. Mago baskloof Tourist Association speziell danach erkundige Es gibt einige davon, natürlich auch welche mit meh Komfort, z.B. auf Farmen und auf B&B-Basis.*

Massagetherapien u.v.m. Von Coach House werden auch Touren organisiert. Kinder erst ab 14 Jahren!

• **Magoebaskloof Hotel $$$**: An der R71, gut 10 km östl. von Haenertsburg, Tel.: (015) 276-4776, Fax: (015) 276-4780, Web: www.magoebaskloof.co.za. Ebenfalls eine zauberhafte Aussicht, aber diesmal hinunter in die Kloof. Schöne Veranda, traditionelle Landküche im Restaurant (Spezialität: Magoeba's Poitjie), Pub und großer Pool. Nicht zu verwechseln mit dem ...

• **Eagle's View Guesthouse $$–$$$$**: Das große Guesthouse gehört zur Sapekoe Tea Estate und liegt oberhalb des Pekoe View Tea Garden, Tel.: (015) 305-4419 od. (021) 975-6040, Fax: 8021) 975-2203, Web: timelessafrica.co.za. Eine bezaubernde Unterkunft mit allem drum und dran. Nur wird das Guesthouse leider meistens nur an etwas größere Gruppen bzw. für kleine Konferenzen vermietet, zudem selten nur für einen Tag. Daher gilt es, vorher genau nachzufragen. Individual-Gäste werden u.U. aber auch angenommen. Falls es klappt, nur los!

• **Magoebaskloof Ruskamp $$**: An der R71, östlich von Haenertsburg, in der Schleife der Straße, Tel.: (015) 305-4142, Web: www.magoebaskloofriskamp.co.za. Kleines Familienresort mit Selbstversorger-Rondavels, teilweise mit schöner Aussicht. Ein Restaurant und einen Pool gibt es auch. Nachts stören nur die LKWs, die gegen den Berg ankämpfen. Dieses ist das Hotel, das so oft auf Bildern auftaucht.

• **Granny Dots Country Spot $$**: New Agatha (folgen Sie einfach den Schildern von der Agatha Rd in Tzaneen), Tel.: (015) 307-5149, Fax: (015) 307-3927, E-Mail: mwbisset@mweb.co.za. Persönlich geführtes B&B (inkl. 2 Selbstversorger-Chalets) auf einer Farm oberhalb von Tzaneen. Ebenfalls schöne Aussichten. Der Tipp für diejenigen, denen das o.g. Coach House in Agatha zu teuer ist.

• **The Chalets $–$$**: An der R71, knapp 2 km westlich von Haenertsburg, Tel.: (015) 276-4764. Rustikale Selbstversorger-Holzhäuser. Alpiner Charakter.

• **Fairview River Lodge $–$$**: Knapp 2 km nördlich von Tzaneen auf einer Farm nahe Tzaneen Dam/Letaba River, Tel.: (015) 307-2679, Web: www.tzaneen.co.za/fairview, E-Mail: fairstay@mweb.co.za. Kleines Resort mit Hotelzimmern, geräumigen und guten Selbstversorger-Cottages sowie einem Campingplatz.

• **Sunland Baobab $**: Zweigen Sie 6 km nördlich von Duiwelskloof ab von der R36 (Richtung: Ga-Kgapane). Nach ca. 4 km liegt die Einfahrt linker Hand (ab der R36 auch ausgeschildert). Hier, wo auch der **Pub in dem vermeintlich größten Baobab-Baum** der Welt zu finden ist, können Sie einfache Selbstversorger-Hütten („Jungalows", für bis zu 4 Personen) mieten. Ein Restaurant und einen Pool gibt es auch.

• **Satvick Backpackers $**: 3 km außerhalb von Tzaneen an der George Valley Rd (R528), Tel.: (015) 307-3920, E-Mail: satvik@pixie.co.za. Einfache Backpacker-Unterkünfte (Schlafsaal, DZ) in ehemaligen Farmarbeiter-Häusern. Bar im Hause. Hier kann auch gezeltet werden.

Camping

• Der größte Campingplatz ist an der **Fairview River Lodge** (s.o.). Gezeltet werden kann auch am **Satvick Backpacker** (s.o.).

• Es gibt zudem noch weitere, einfache Campingplätze im Gebiet, so z.B. den **Old Smokey Campsite** am Ebeneezer Dam (Tel.: (015) 276-4961) und den ganz einfachen **The Nook** (Tel.: (015) 276-3304) an einem kleinen Staudamm an der Farmroad L, die wenige Kilometer östl. von Haenertsburg von der R71 nach Norden abzweigt. Hier lässt es sich hervorragend picknicken.

T
U

Restaurants/Pubs

• *Grundsätzlich gilt, dass die Restaurants in den Hotels, allen voran das im o.g.* * Coach House, *die besten der Region sind.*

• *Der tollen Aussicht wegen ist der Besuch des* * Pekoe View Tea Garden *auf der Sapekoe-Estate eigentlich ein Muss. Hier gibt es auch richtige Speisen. Anfahrt: Von Tzaneen über die R71. Nach ca. 12 km auf dieser Straße zweigt der Weg zur Teeplantage und dem Tea Garden nach rechts ab (gut beschildert). Dann sind es noch 5 km auf der schmalen Straße hinauf. Täglich von 10–17 h geöffnet, Tel.: (015) 305-4999.*

• Picasso's*: An der R71 in Haenertsburg, Tel.: (015) 276-4724. Großes Holzhaus. Bekannt für sein gutes Frühstück und leichte Mittagssnacks. Nur Fr. + Sa. am Abend geöffnet.*

• *In Haenertsburg an der Hauptstraße treffen sich die „Locals" zum Bier in der* Iron Crown Tavern *und im* Atholl Arms Restaurant *(Tel.: (015) 276-4712) auch abends, zumeist auf einen guten Burger oder ein Steak.*

• *Für Tzaneen selbst ist es schwierig, eine Empfehlung auszusprechen. Am beliebtesten ist wohl das zu einer regionalen Kette gehörende* Villa Italia Restaurant, *Ecke Danie Joubert/ Lannie Sts. Traditionellere Gerichte gibt es ohne Zweifel etwas außerhalb von Tzaneen im* Bosveld Lapa *an der R36 (Tel.: (015) 307-4530) sowie im* The Wheelbarrow *an der R71 (Tel.: (015) 305-3039), das vornehmlich als Farmshop und Gärtnerei fungiert, aber im Garten – zumeist nur tagsüber – Speisen anbietet und auch einen Pub hat. Hier können Sie gut picknicken.*

• * The Baobab Pub*: Die Anfahrt von Tzaneen (30 km) und dem Magoebaskloof ist ziemlich weit. Aber falls Sie z.B. das Modjadi Cycad Nat. Reserve besuchen, können Sie anschließend an der T-Kreuzung 20 km vor Tzaneen in Richtung Ga-Kgapane abzweigen und passieren ca. 4 km vor erreichen der R36 rechts den Abbieger zum Baobab-Baum. Wer direkt von Tzaneen kommt, liest bitte die Anfahrtsbeschreibung oben unter „Sunland Baobab". Der Pub befindet sich* im *Baobab-Baum, der mit ca. 6.000 Jahren der älteste seiner Art sein soll.*

• *Zum Schluss noch ein weiterer Tipp zum Thema Essen. Die Region eignet sich hervorragend zum* Picknicken, *denn viele schöne Stellen, so z.B. direkt an den Debegeni Falls, sind extra dafür vorbereitet. In der Broschüre zum Magoebaskloof-Gebiet sind einige Picknickplätze beschrieben. Zutaten finden Sie in den vielen Farmgeschäften der Region.*

uKhahlamba-Drakensberg Park (inkl. Royal Natal National Park), KwaZulu-Natal (S. 633ff)

Hinweis

Hier werden alle Informationsstellen und Unterkünfte in der Reihenfolge der Orte und Ziele vom Vergelegen Nature Reserve im Süden bis zum Royal Natal National Park im Norden (der Buchstrecke folgend) angegeben und nicht vornehmlich nach Preisen sortiert. Informationen zum Sani Pass, Underberg und dem Gebiet südlich davon finden Sie unter „Underberg/Himeville/Sani Pass".

Information

• Southern Drakensberg Sani Saunter Visitor Bureau *befindet sich im Ortskern von Underberg, an der Abzweigung nach Himeville. Adresse: P.O.Box 230, Underberg 3257, Tel. + Fax: (033) 701-1419 od. 701-1411, Web: www.sanisaunter.com bzw. www.sanisaunter.org.za. Zuständig für das Gebiet der südlichen Drakensberge.*

• **Drakensberg Tourism Association:** *Bergville, Tel.: (036) 448-1557, E-Mail: info@drakensbergtourism.co.za, Web: www.drakensberg.kzn.org.za. Dieses Infobüro ist für die zentrale und nördliche Drakensbergregion zuständig.*

• *Alle großen* **Hotels** *und die* **Parkoffices vom Giant's Castle** *sowie dem* **Royal Natal Nat. Park** *haben gute Infocenter.*

• *Die Touristenämter von* **Pietermaritzburg** *(s. dort),* **Winterton** *(Tel.: (036) 488-1620) und* **Harrismith** *(Drakensberge) verfügen über gute Infos zu den Drakensbergen.*

Touren

In Underberg, am Giant's Castle, im Monk's Cowl N. R., am Cathedral Peak sowie um den Royal Natal National Park bieten verschiedene Unternehmen Touren und Abenteuer aller Art an. Das reicht von erläuterten Wanderungen über Off-Road-Touren, Angelausflügen, Besichtigungen von Bushman-Höhlen bis hin zu Helikopterflügen auf die Bergkuppen. Sie hier einzeln aufzuführen, ginge zu weit. Erkundigen Sie sich übers Internet oder direkt bei der Ankunft an der Rezeption Ihrer Unterkunft über die einzelnen Möglichkeiten. Vieles können Sie gleich für den folgenden Tag buchen.

Einen guten Überblick über die Drakenberge verschafft ein Helikopterflug

Unterkünfte

In den kleineren und abgelegeneren Teilen der Nature Reserves gibt es nur einfache Hütten (H) bzw. Campinggelegenheiten (C) in den Parks. Essen und Getränke müssen selbst mitgebracht werden. Zu buchen sind diese über den Camp Manager (Telefonnummern siehe unten unter „Übernachten in Höhlen") und mit etwas Glück auch über die Parkbehörde von KwaZulu-Natal: **Ezemvelo KZN Wildlife:** *P.O.Box 13069, Cascades 3202, Tel.: (033) 845-1000, Fax: (033) 845-1001, Web: www.kznwildlife.com bzw. www.rhino.org.za.*

Hier eine kurze Übersicht:

- **Vergelegen N.R.:** *C*
- **Loteni N.R.:** *C + H*
- **Kamberg N.R.:** *H*
- **Mkomazi N.R.:** *keine Unterkünfte*
- **Giant's Castle N.R.:** *C + H*
- **Injisuthi R.:** *C + H*
- **Monk's Cowl N.R.:** *C*
- **Cathedral Peak N.R.:** *C + Berghütten*

Hotels und Chalets

A) ZWISCHEN SANI PASS ROAD UND GIANT'S CASTLE:

• *Entlang der Piste parallel zur Parkgrenze gibt es die o.g. Hütten und Campingplätze, die* **Drakensberg International Backpackers Lodge** *(auf der Grace Valley Farm, 21 Highmoor Rd, Kamberg, Tel.: (033) 263-7241, Fax: 8033) 263-2737) sowie unsere (leider recht teure) Empfehlung,* * **Cleopatra's Mountain Farmhouse $$$$:** *Tel.: (033) 267-7243, Internet:*

U

www.cleomountain.com. Es liegt im Kamberg Valley und besticht nicht nur durch seine Ausblicke (von nahezu jedem Zimmer/Veranda) auf die Berge, sondern auch durch die exquisite Küche. Im Preis inbegriffen sind Dinner und Frühstück, wobei ersteres oft aus sechs Gängen besteht. Alleine dafür ist es das Geld hier wert. Ausflüge und geführte Wanderungen zu Felsmalereien können arrangiert werden. Wichtig ist, dass Sie vorher hier oder am Giant's Castle ein Zimmer reserviert haben. Oft sind diese ausgebucht!

> **Tipp**
> Für die Hotels entlang der Drakensberge gleic[h] ein Tipp vorweg für drei Nächte:
> *1. Nacht:* The Himesville Arms *in* Underberg,
> *2. Nacht:* Giant's Castle Hutted Camp *im Giant's Castl[e]* Nature Reserve,
> *3. Nacht:* Cathedral Peak Hotel *(auch, wenn's etwa[s] teurer ist).*

B) GIANT'S CASTLE UND WHITE MOUNTAIN

• * **Giant's Castle Hutted Camp $$–$$$**: *Direkt am Ende der Straße zum Giant's Castle Game/Nature Reserve. Das Camp liegt wunderschön in einem einsamen Tal mit Blick auf die Berge. Die Hütten sind großzügig und geschmackvoll eingerichtet und einige haben einen bezaubernden Ausblick auf das Bergmassiv, einen der schönsten von der „Honeymoonsuite" aus. Die nahe gelegene* **Giant's Lodge $$$–$$$$** *ist eine Spur luxuriöser und größer. Hier steht Ihnen sogar ein Koch zur Verfügung. Das Camp ist oft ausgebucht, zum einen, weil es schön, aber auch weil es für Reisegruppen in Bussen auf der Asphaltstraße relativ gut zu erreichen ist. Hier sollten Sie frühzeitig über* **Ezemvelo KZN Wildlife** *(s. o.) buchen. Direkte Telefonnummer zum Camp: (036) 353-3718.*

Dörfer mit traditionellen Hütten säumen die Drakensbergregion

• **White Mountain Lodge $$$**: *Gut 30 km nördlich vom Giant's Castle Camp (19 km östlich des Camps nach Norden abbiegen) gelegen, bietet dieses Holidayresort eine Übernachtungsalternative. Von hier ist es aber weiter zu den Bergen und die Wandermöglichkeiten sind nicht ganz so spektakulär. Trotzdem allemal in Ordnung. Campen können Sie hier auch. Selbstversorgerhütten, aber es gibt auch ein Restaurant und eine Bar. Viele Sportangebote. Buchungsadresse: P.O.Box 609, Estcourt 3310, Tel. + Fax: (036) 353-3437, Web: www.caraville.co.za.*

C) MONK'S COWL NATURE RESERVE

In dieser Region finden sich zahlreiche Unterkunftsmöglichkeiten, die Sie u.a. auch über die o.g. **Drakensberg Tourism Association** *in Bergville buchen können.*
Hier einige Empfehlungen:

• **Champagne Castle $$$–$$$$**: *Am westlichen Ende der R600, Postanschrift: P/Bag X8, Winterton 3340, Tel.: (036) 468-1063, Fax: (036) 468-1306, Web: www.champagnecastle.co.za. Eines der „alten Klassiker" der Drakensberge und noch mit einem Rest britischem Touch. Sie wohnen in geschmackvollen Rondavels oder in geräumigeren Cottages bzw. Zimmern. Hier wird rundum für Sie gesorgt. Verschiedene, täglich wechselnde Freizeitangebote, gute*

Wandermöglichkeiten, Ausritte und erstklassige Golfanlagen im Umkreis. Im Gegensatz zum u.g. **Cathedral Peak** *für unsere Empfindung aber etwas zu „steif".*

• **The Nest $$$–$$$$**: *23 km südlich von Winterton an der R600. Postanschrift: P/Bag X14, Winterton 3340, Tel.: (036) 468-1068, Fax: (036) 468-1390, Web: www.thenest.co.za. Das Ferienresort liegt etwas weiter entfernt von der Bergkette, bietet aber ausgezeichnete Freizeitmöglichkeiten. Zu erwähnen ist der schöne Garten. Sie wohnen in Rondavels oder aber Zimmern mit Bergsicht. Letztere würden wir empfehlen (bei Buchung angeben!). Es gibt kurze und mittellange Wanderwege. Im Preis inklusive sind alle Mahlzeiten, was unter dem Strich ein gutes Preis-Leistungs-Verhältnis ergibt.*

• **Ardmore Guest Farm $$$**: *Ebenfalls ca. 23 km südlich von Winterton an der R600, nur auf gegenüberliegender Seite. P/Bag, Winterton 3340, Tel. +Fax: (036) 468-1314, Web: www.ardmore.co.za. Gutes B&B auf einer Gästefarm. Sie schlafen entweder im Haupthaus oder haben ein eigenes Rondavel im Garten. Auf der Anlage gibt es zudem ein viel besuchtes Keramik Studio, in dem über 40 Künstler aus der Umgebung Keramiken und Skulpturen aus Ton herstellen. Touren in die Umgebung werden arrangiert.*

• **Inkosana Lodge $–$$**: *33 km südlich von Winterton an der R600, Tel. + Fax: (036) 468-1202, Web: www.inkosana.nf.net. Einfache, aber saubere Unterkünfte, auch für Selbstversorger.*

D) CATHEDRAL PEAK UND ROYAL NATAL NATIONAL PARK

In dieser Region finden sich zahlreiche Unterkunftsmöglichkeiten, die Sie u.a. über die o.g. **Drakensberg Tourism Association** *in Bergville buchen können.*

• *** Cathedral Peak Hotel $$$$**: *Am Ende der Straße zum Cathedral Peak, Postanschrift: P.O. Winterton 3340, Tel.: (036) 488-1888, Fax: (036) 488-1889, Web: www.cathedralpeak.co.za. In unseren Augen* ***das*** *Hotel in den Drakensbergen. Hier treffen sich historisches Ambiente, Gemütlichkeit, schöne Wandermöglichkeiten und ausgezeichnete Freizeitangebote in gelungener Weise. Nicht versnobt, fühlt man sich schnell wie zu Hause und genießt dabei doch eine gute Portion Luxus. Einzig die Zimmer sind etwas langweilig, aber in diesem Hause bleibt man dort nicht lange. Entweder man unternimmt eine Wanderung, liegt am Pool, macht einen Rundflug mit dem Helikopter, unternimmt Ausritte, spielt Golf (oder Minigolf) oder mischt sich am Abend in „Harry's Bar" mit den Angestellten, zu denen Sie hier schnell Kontakt finden. Ein Hotel mit persönlicher Note. Vielleicht haben Sie ja die letzten Nächte etwas gespart, so dass Sie hier ein wenig mehr ausgeben möchten. Im Preis ist übrigens auch das Dinner inbegriffen.*

• **The Cavern Berg Resort $$$**: *Am Ende der Stichstraße, die vor dem Royal Natal NP nach Nordwesten abzeigt, Postanschrift: P/Bag X1626, Bergville 3350, Tel.: (036) 438-6270, Fax: (036) 438-6334, Web: www.cavernberg.co.za. Das kleine, privat geführte Resort liegt wunderschön am Ende eines Tals, bietet einen schattigen Garten mit Pool und kurze sowie mittellange Wanderwege in die Umgebung. Auch hier stimmt die persönliche Note. Ruhig und beschaulich.*

Das Cathedral Peak Hotel vor malerischer Bergkulisse

U

• * **Royal Natal NP – Royal Natal Hotel/Lodge $$$**: *Zu buchen über* **Ezemvelo KZN Wildlife** *(s.o.). Das Hotel wurde 2003 nach einer kompletten Renovierung wieder eröffnet. Eines der schönen, im alten Stil gehaltenen Parkhotels des Landes. Gutes Restaurant. Aber leider oft lange im Voraus ausgebucht.*
• * **Hlalanathi Holiday Resort $$–$$$**: *10 km vor dem Royal Natal NP, an der Straße durch das Rugged Glen, Postanschrift: P/Bag X1621, Bergville 3350, Tel.: (036) 438-6308, Fax: (036) 438-6852. Ein mit allen erforderlichen Dingen ausgestattetes kleines Resort. Neben Campingplätzen mit Blick auf das Amphitheater bietet dieses auch 6 der reetgedeckten Selbstversorger-Chalets, und zwar die Nummern 1, 2, 3, 4, 9 und 10. Hier können Sie gemütlich draußen am Grillplatz vor dem Chalet sitzen und die Bergwelt auf sich wirken lassen. Es gibt auch ein kleines Restaurant und eine Bar.*
• * **Royal Natal NP – Thendele Camp $$**: *Zu buchen über* **Ezemvelo KZN Wildlife** *(s.o.). Die Hütten des Nationalparks sind ein Knüller, denn für relativ wenig Geld haben Sie Ausblick auf die imposante Wand des Amphitheaters. Leider ist das im ganzen Land bekannt, so dass die Hütten oft monatelang im Voraus ausgebucht sind. Zu empfehlen sind die etwas luxuriöseren Cottages (hier steht auf Wunsch ein Koch zur Verfügung). Sollte es mit dem Buchen klappen, dann nichts wie hin! Sie müssen sich aber selbst verpflegen. Einige Lebensmittel gibt es im Geschäft am Parkoffice, doch empfiehlt sich der Einkauf vorher in Bergville.*
• **Sungubala Camp $$**: *Biegen Sie kurz vor dem o.g. The Cavern Berg Resort ab, Postanschrift: P/Bag X1626, Bergville 3350, Tel.: (082) 781-3476, (036) 438-6000 od. 438-6270, Fax: (036) 438-6334, Web: www.sungubala.za.net. Hier nächtigen Sie in einem Bushcamp mitten in den Bergen. Entweder in kleinen, reetgedeckten A-Frame-Häuschen oder in Safari-Zelten. Gegessen wird in der Boma bzw. am Lagerfeuer. Essen, Getränke und Handtücher sind mitzubringen. Sie müssen bis spätestens 15 h an der Basisstation sein, denn von dort (sicherer Parkplatz) werden Sie in einem Geländefahrzeug zum Camp gebracht. Hier sollten Sie einmal 2 Nächte bleiben und die Natur so ganz genießen.*

Übernachten in Höhlen

Seit einigen Jahren gibt es die Gelegenheit, in Höhlen zu nächtigen. Die Idee ist hervorragend, doch machen Sie sich bitte klar, dass dieses eine gewisse Vororganisation bedeutet. Zuerst einmal müssen Sie sich bei den Rangern der einzelnen Nature Reserves anmelden und reservieren (bei näher zu einer Straße gelegenen Höhlen sollten Sie dieses Monate im Voraus tun). Dann gilt es zu bedenken, dass Sie erst einmal zu der ausgewählten Höhle laufen (manchmal bis zu einem Tag Anmarsch) und alle Nahrung plus Getränke mitbringen müssen. Hinzu dürfen Sie kein offenes Feuer machen, so dass Sie Gaskocher und Lampen ebenfalls mitbringen müssen. Jede Höhle darf nur von einer Gruppe bewohnt werden. Also wenn Sie nur zu zweit unterwegs sein sollten, haben Sie eine Höhle für z.B. 12 Personen ganz für sich alleine.

Die **Anmeldung erfolgt direkt beim „Officer in Charge" oder dem „Camp Manager"** *der einzelnen Reserves:* **Vergelegen N.R.**: *Tel.: (033) 702-0712,* **Loteni N.R.**: *Tel./Fax: (033) 702-0540,* **Mkomazi N.R.**: *Tel.: (033) 263-6444,* **Giant's Castle N.R.**: *Tel.: (036) 353-3718,* **Injisuthi R.**: *Tel./Fax: (036) 488-1050,* **Monk's Cowl N.R.**: *Tel./Fax: (036) 468-1103,* **Cathedral Peak N.R.**: *Tel./Fax: (036) 488-1880*

Camping

• *Campen können Sie in den* **o.g. und so markierten Nature Reserves** *(nicht immer direkt mit dem Fahrzeug zu erreichen!) sowie u.a. an folgenden Punkten:*

• *An der* White Mountain Lodge, *dem* * Mountain Splendour Resort *(Tel.: (036) 468-1172) sowie dem* Dragons Peak Resort *(Tel.: (036) 468-1031) an der R600 zum Champagne Castle, nahe dem* Cathedral Peak Hotel, *im* * Royal Natal Nat. Park *im Rugged Glen Camp sowie im o. g.* * Hlalanathi Resort.

Restaurants

Restaurantempfehlungen erübrigen sich hier, denn fast alle Hotels und Unterkünfte bieten Mahlzeiten an. Im Giant's Castle Camp sollten Sie sich bis 17 h zum Abendessen angemeldet haben. Bedenken Sie auch, dass besonders die großen Hotels das Abendessen bereits im Preis inbegriffen haben (DB&B). Im Royal Natal NP müssen sie Ihr Essen mitbringen!

Umtata, Eastern Province (S. 604ff)

Information

• Umtata & Eastern Cape Tourism Information*: 64 Owen St, Tel.: (047) 531-5290, Internet:* www.ectourism.co.za.

• Wild Coast Holiday Reservations*: Tel.: (043) 743-6181, Fax: (043) 743-6188, Internet:* www.wildcoastholidays.co.za. *Spezialisiert auf Buchung von Unterkünften und Touren (inkl. mehrtägiger Wanderungen durchs Pondoland) entlang der Wild Coast.*

Touren

Nach vorheriger Absprache (mind. 2 Tage vorher) werden von Frau Tetani geführte Touren vom Mandela Museum zu Mandelas Geburts- und Wohnort *unternommen. Dabei können Sie auch mit dem eigenen Wagen anreisen. Zu den Orten Qunu und Mvezo lesen Sie bitte im Reiseteil (S. 605). Dauer der Touren (inkl. Anfahrt): Mind. 3 Stunden. Anmeldung: Tel.: (082) 933-6264.*

Unterkünfte

Viel hat Umtata nicht zu bieten und eine Weiterfahrt an einen Küstenort ist unbedingt zu empfehlen. Wer trotzdem hier bleiben möchte:

• Barbara's Guesthouse $$$*: 55 Nelson Mandela Dr, Tel.: (047) 531-1751, Fax: 531-1754, E-Mail: barp@cybertrade.co.za. Relativ großes Guesthouse, 30 Zimmer, ansprechender Garten und auch einige Speisen fürs Dinner. Sicherlich der Tipp in Umtata. Zielt aber vornehmlich auf Geschäftsreisende.*

• Holiday Inn Garden Court $$–$$$*: N2 in westlicher Richtung, nahe der Universität, Tel.: (047) 537-0181, Fax: 537-0191, Internet:* www.southernsun.com. *Sehr formelles Hotel mit recht kleinen Zimmern. Dafür aber sicher und sauber.*

• The White House $$–$$$*: Mhlobo St, nahe der Universität. Fahren Sie gegenüber der Ultra Shell-Tankstelle an der westlichen Stadtausfahrt nach Süden ab, Tel.: (047) 537-0580, E-Mail: whitehouse@intekom.co.za. Guesthouse mit 16 Zimmern, einige Zimmer teilen sich ein Bad.*

• *Wer sparen möchte und sich in einem etwas vernachlässigten, aber durchaus sicheren Hotel nahe der Innenstadt einquartieren möchte, dem sei noch das „Kombi-Hotel"* Courtyard/Savoy Hotel $$ *genannt: Sutherland St, Ecke Savoy Terrace, Tel.: (047) 531-0791. Fragen Sie gleich nach den größeren und besseren Zimmern!*

U

Camping
Der Campingplatz in Umtata (an der N2, westlich der Innenstadt) ist nicht zu empfehlen.

Restaurants
Restaurants können ebenfalls nicht empfohlen werden. Am besten, Sie speisen in Ihrem Hotel/Guesthouse.

Underberg/Himeville/Sani Pass, KwaZulu-Natal (S. 637ff)

Hinweis: *Hier finden Sie auch alle wesentlichen Adressen zum uKhahlamba-Drakensberg Park südlich des Vergelegen Nature Reserve.*

Information
In Underberg gibt es mehrere kleine Informationsbüros, *die zumeist privat sind und zu einem Touranbieter gehören. Das offizielle* Southern Drakensberg Sani Saunter Visitor Bureau *befindet sich im Ortskern von Underberg, an der Abzweigung nach Himeville. Adresse: P.O.Box 230, Underberg 3257, Tel. + Fax: (033) 701-1419 od. 701-1411, Web: www.sanisaunter.com bzw. www.sanisaunter.org.za.*

Touren
• *Von Underberg aus können Sie verschiedene* Wanderungen – auch geführte – *unternehmen. Infos dazu erteilt das o.g. Visitor Bureau.*
• *Der Knüller der Region ist natürlich die Fahrt hinauf zum Sani Pass, was aber nur mit einem allradangetriebenen Fahrzeug möglich ist und das auch nur bei trockenem Wetter. Bequemer wäre da die erläuterte Tour mit geländegängigen Kleinbussen (Land Rover mit Aufbau u.ä.). Am erfahrensten für diese atemberaubende Tour ist dabei* Sani Pass Tours *(Tel. + Fax: (033) 701-1064, Web: www.sanipasstours.com, Büro am Clock Tower Center in Underberg). Auch* Major Adventures *(Tel.: (033) 701-1628, Web: www.majoradventures.com, Büro gegenüber Clock Tower Center in Underberg) hat sich auf Touren nach Lesotho hinein spezialisiert.*
• *Pennygum Country Cottages unternimmt* Kanu,- Kajak- und Wildwassertrips *in der weiteren Umgebung. Infos und Buchungen siehe unten unter „Unterkünfte".*

Unterkünfte
Im Umkreis von Underberg und Himeville gibt es zahlreiche B&B- und Farmunterkünfte *(auch als Selbstversorgerunterkünfte, zumeist um $$), die Sie am besten über das o.g. Visitor Bureau buchen.*
• Drakensberg Garden Hotel $$$$*: 35 km westlich von Underberg an der ausgeschilderten Piste zum Garden Castle Nature Reserve. Buchungsadresse: P.O.Box 10305, Marine Parade, Durban 4056, Tel.: (031) 337-4222, Fax: (031) 368-2322, Web: www.goodersonleisure.com. Bezauberndes Resorthotel mit britischem Charakter. Es liegt nahe dem gleichnamigen Nature Reserve, verfügt über eine erstklassige Golfanlage sowie zahlreiche andere Freizeitanlagen (Tennis, Bowl, Billard etc.). Von hier aus können Sie schöne Wanderungen unternehmen – auch erläuterte mit Führer –, können unter schattigen Bäumen entspannen oder sich an kalten Abenden am Kaminfeuer aufwärmen. Ausritte und Angeln sind außerdem möglich.*

• * **Penwarn Country Lodges $$$–$$$$**: *Anfahrt: Auf halber Strecke an der Stichstraße zum Bushman's Nek. Postanschrift: P.O.Box 253, Underberg 3257, Tel.: (033) 701-1777, Fax: (033) 701-1341, Web: www.penwarn.com. Hier gibt es zwei Lodges auf einer wunderschön gelegenen Gamefarm vor den südlichen Drakensbergen. Mehrfach ausgezeichnet. Wer etwas tiefer in die Tasche greifen und ein Haus ganz für sich alleine haben mag, kann sich in die etwas abgelegene* Mthini Lodge *einbuchen. Die* Indabushe Lodge *liegt direkt an der Farm. Die Lodges werden mit viel Enthusiasmus geführt und Gamedrives (Zebras, Antilopen) auf der Farm, Mountainbiking, Ausritte, Fliegenfischen, Tubing u.v.m. wird angeboten. Hier zu nächtigen lohnt nur bei mindestens zwei Übernachtungen.*

• **Bushman's Nek $$$**: *43 km westlich von Underberg an der gleichnamigen und ausgeschilderten Stichstraße, Tel.: (031) 562-9505. Hier gibt es neben Hotelzimmern gut ausgestattete Selbstversorger-Chalets. Auch hier werden sportliche Aktivitäten wie Wandern, aber auch Tennis, Squash und Bowlen groß geschrieben. Die Anlage liegt offener und etwas entfernter von Wanderwegen als die vom o.g. Garden Hotel.*

• **Sani Pass Hotel $$$– $$$$**: *Anfahrt: Zweigen Sie nördlich von Himeville auf die Sani Pass Road ab. Das Resort erreichen Sie nach ca. 11 km. Postanschrift: P.O.Box 44, Himeville 3256, Tel.: (033) 702-1320, Fax: (033) 702-0220, Web: www.sanipasshotel.co.za. Günstig für die Fahrt zum Sani Pass gelegenes Resorthotel. Alle Annehmlichkeiten. Am schönsten sind die Garden Cottages. Gut für kurze Spaziergänge. Leider oft mit größeren Reisegruppen belegt. Wenige Kilometer weiter liegt das* **Sani Lodge Backpackers Hostel $** *(Tel.: (033) 702-0330, Web: www.sanilodge.co.za.), das für den kleinen Geldbeutel Campinggelegenheiten, Schlafräume und einfache Doppelzimmer bietet.*

Hinweisschilder zeigen den Weg zu den einzelnen Resorts

• * **The Himeville Arms $$**: *Arbuckle Rd in Himeville, Postanschrift: P.O.Box 105, Himeville 3256, Tel.: (033) 702-1305, Fax: (033) 702-1302, Web: www.himevillehotel.co.za. Aufgrund des historischen Charakters, des guten Restaurants und des lebendigen Pubs die Übernachtungsempfehlung für die Region. Die Zimmer sind einfach, aber mit altem Charme eingerichtet. Beachten Sie die vielen historischen Fotos an den Wänden. Dieses Hotel kann Geschichten erzählen.*

• **Underberg Inn $$**: *Main Rd, Postanschrift: P.O.Box 28, Underberg 3257, Tel.: (033) 701-1412, Fax: (033) 701-1412. Auch hier besticht der historische Charakter, das Restaurant mit deftiger „Country-Kitchen" sowie der lebendige „Forester's Pub". Sollte das Himeville Arms ausgebucht sein, böte dieses Haus eine ähnliche, aber eine Spur einfachere Alternative.*

• **Pennygum Country Cottages $$**: *Ca. 7 km westlich von Underberg an der Piste zum Garden Castle Nat. Reserve, Tel./Fax: (033) 701-1023, Web: www.pennygum.com. Hier auf einer kleinen Farm gibt es ein großes Family Cottage, ein Rondavel und ein weiteres kleines Cottage. Alle sind für Selbstversorger eingerichtet, wobei das Rondavel nur sehr einfach. Mit etwas Glück haben Sie das geräumige Family Cottage für sich alleine. Sie können hier auch B&B wohnen. Von der Farm aus werden Kanu-, Kajak- und Tubing-Trips in der Umgebung organisiert.*

U

• * **Sani Top Chalets $–$$**: *Die einfache, aber urige Lodge liegt auf dem Gipfel des Sani Passes (auf Lesotho-Seite, also unbedingt Reisepass mitnehmen!). Anfahrt nur mit Allradfahrzeug möglich. Ansonsten können Sie auch buchen über Sani Pass Tours (s.o.). Tel.: (033) 702-1305 od. 702-1158, Web: www.sanitopchalet.co.za. Übernachtungen in einfachen Chalets oder einer Backpackerlodge. Das Restaurant bietet gutes Essen und anschließend treffen sich die Gäste in „The Highest Pub in Africa" auf nahezu 2.900 m. Von hier aus können Sie ein Lesotho-Dorf besuchen oder den Thabana Ntlenyana, den mit 3.482 m höchsten Berg des Südlichen Afrika, erwandern. Bedenken Sie, dass es hier oben kalt werden kann und oft regnet. Nehmen Sie entsprechende Kleidung mit.*

Die „Top"-Adresse: die Sani Top Chalets

Übernachten in Höhlen

Seit einigen Jahren gibt es die Gelegenheit, in Höhlen zu nächtigen. Die Idee ist hervorragend, doch machen Sie sich bitte klar, dass dieses eine gewisse Vororganisation bedeutet. Zuerst einmal müssen Sie sich bei den Rangern der einzelnen Nature Reserves anmelden und reservieren (bei näher zu einer Straße gelegenen Höhlen sollten Sie dieses Monate im Voraus tun). Dann gilt es zu bedenken, dass Sie erst einmal zu der ausgewählten Höhle laufen (manchmal bis zu einem Tag Anmarsch) und alle Nahrung plus Getränke mitbringen müssen. Hinzu dürfen Sie kein offenes Feuer machen, so dass Sie Gaskocher und Lampen ebenfalls mitbringen müssen. Jede Höhle darf nur von einer Gruppe bewohnt werden. Also auch wenn Sie nur zu zweit unterwegs sein sollten, haben Sie eine Höhle für z.B. 12 Personen ganz für sich alleine.

• *Die Anmeldung erfolgt direkt beim „Officer in Charge" oder dem „Camp Manager" der einzelnen Reserves:*

• *Garden Castle N.R.: Tel./Fax: (033) 701-1823, Cobham Mountain Reserve: Tel./Fax: (033) 702-0831*

Camping

Der wohl schönste Campingplatz der Region liegt am **Drakensberg Gardens Hotel**, *etwa 35 km östlich von Underberg (Adresse s.o.). Ein Stück hinter dem Bushman's Nek gibt es den ebenfalls ansprechenden* **Silvertream Caravan Park** *(Tel.: (033) 701-1249). Am günstigsten für Einkäufe, Abendprogramme und die Vorbereitung für Touren in die Berge ist der Campingplatz im* **Himeville Nature Reserve** *(Tel.: (033) 702-1036) nahe dem gleichnamigen Ort. Campen können Sie auch an der o.g.* **Sani Lodge** *bzw. bei den* **Sani Top Chalets**. *Letztere liegen auf über 2.800 m und hierfür sollten Sie eine entsprechend warme Ausrüstung haben.*

Restaurants/Abendprogramm

• *In Underberg bieten eine* **Reihe kleiner Restaurants an der Hauptstraße** *günstige Speisen. Sie sind kaum zu verfehlen, doch sollten Sie hier möglichst vor 20 h erscheinen, danach schließen viele davon. Auch alle Hotels der Umgebung bieten drei Mahlzeiten* *am Tag. Der Tipp ist aber sicherlich das sehr persönlich geführte Restaurant im o.g.* * The Himeville Arms.

• *Etwas einfacher, aber mit echter, herzhafter und ehrlicher Küche, bietet das o.g.* Underberg Inn *ebenfalls ein kleines Restaurant. Beide Hotels verfügen auch über eine „berühmt-berüchtigte" Bar. Hier treffen sich die sehr kontaktfreudigen Einheimischen und an Freitagabenden wird es nicht nur voll, sondern wird ab Mitternacht gerne auf den Tischen getanzt. Die Atmosphäre mag dann etwas rau erscheinen, doch die Stimmung werden Sie nicht so schnell vergessen!*

Waterberg-Region inkl. Marakele National Park und Thabazimbi, Limpopo (S. 468ff)

Hinweis: Reisepraktische Informationen zur östlichen Waterberg-Region finden Sie unter „Polokwane" und „Mokopane".

Information

• Marakele National Park*: Die Rezeption sowie der Infoschalter befinden sich ca. 16 km außerhalb von Thabazimbi an der Straße nach Alma. Bedenken Sie, dass es von hier noch gut 30 Minuten bis zu den Unterkünften im Park sind (Ausnahme die Campingplätze). Telefonnummer des Parks: (014) 777-1745. Buchungen unbedingt über* Nationalparkbehörde in Pretoria/Tshwane*: Tel.: (012) 343-1991 od. 428-9111, E-Mail: reservations@sanparks.org, Web: www.sanparks.org.*

• Thabazimbi Tourist Office*: Main Rd, Thabazimbi, Tel.: (014) 777-1525, Fax: (014) 777-1531. Hier können Sie Unterkünfte auf nahe gelegenen Wildfarmen buchen.*

• *Das zentrale* Waterberg Touristoffice *in Vaalwater (an der R33) erreichen Sie über Tel.: (014) 755-3564 bzw. 755-3535, Fax: (014) 755-3901, Internet:* www.waterbergtourism.com. *Hier erhalten Sie auch gute Infos über Unterkünfte auf anderen Farmen bzw. in Lodges der Region. Zur Zeit der Drucklegung hieß es, dass es an die 250 Farmen, Lodges und Nature Reserves in den Waterbergen gibt, die in irgendeiner Form Unterkünfte anbieten.*

• African Ivory Route*: Tel.: (015) 295-3025 (Infos) od. (015) 295-2829 (Buchungen), Web: www.africanivoryroute.co.za. Hier können Sie Unterkünfte buchen entlang der sog. Ivory Route, die sich kreuz und quer durch die Limpopo Province zieht. Dabei handelt es sich oft um einfache, aber sehr urige Übernachtungsstätten.*

Touren

Touren durch den Marakele Nationalpark werden zzt. nicht angeboten, doch sind diese in Planung. Erkundigen Sie sich an der Rezeption des Parkbüros. Touren zu anderen Nature bzw. Game Reserves werden von den o.g. Touristenämtern vermittelt bzw. den einzelnen Lodges.

Unterkünfte

• *Purer Luxus im Busch erwartet Sie in der* Makweti Safari Lodge $$$$$ *im 38.000 ha großen, privaten Welgewonden Nature Reserve. Fahren Sie von Vaalwater 25 km auf der Straße in Richtung Thabazimbi und zweigen Sie dann ab am Welgewonden Main Gate. Dann sind es noch 35 km. Die Lodge liegt an einer Felsklippe und der Blick schweift von hier über die Waterberge und das Game Reserve. Übernachtet wird in üppig ausgestatteten, reetgedeckten Chalets, wobei die „Honeymoon Suite" der Knüller ist, denn* sie liegt auf der anderen Seite der kleinen Schlucht und ist nur über eine wackelige Hängebrücke zu erreichen. Die Lodge hat bereits mehrere Preise gewonnen, ist aber eben auch entsprechend teuer. Im Preis ist alles inbegriffen, auch der Game Drive.

• * **Lapalala Wilderness Game Reserve $$/$$$$**: Ca. 30 km nördlich von Melkrivier (Straße zwischen R518 und Vaalwater), P.O.Box 348, Vaalwater 0530, Tel.: (014) 755-4395/6 oder (011) 453-7645, Fax: (014) 755-4064 oder (011) 453-7649, Internet: www.parksgroup.co.za. Das Reserve war eines der ersten in der Waterberg-Region und bietet 7 einfache und abgeschieden gelegene Bushcamps $$ (Safari-Zelte/Hütten – am schönsten ist das Lookout Camp mit Blick auf das Lapalala Valley) sowie das luxuriöse Rhino Camp $$$$ (Safari Zelt) direkt am Lapalala River. Die Lage im Park sowie die Ruhe und die Tierwelt machen dieses Reserve zu einem absoluten Tipp. Bushwalks und andere Freizeitaktivitäten können arrangiert werden.

• **Jobedi Game Lodge $–$$$**: Nahe Melkrivier, Tel.: (014) 755-3993, Fax: (014) 755-4333, Internet: www.honeysuckle.co.za. Bush Cottages, Chalets und Campingmöglichkeit. Mahlzeiten müssen angemeldet werden. Von hier werden Erkundungen der Region angeboten (Mountainbiking, Game Drives, 4x4-Touren etc.).

• Zwei weitere Unterkunftsmöglichkeiten in der Region um Melkrivier bieten **La Thabo Pioneer Settlement $$–$$$** (Holzhütten am Melkrivier, Mahlzeiten auf Anmeldung, Tel.: (014) 755-4178) sowie die * **Triple B Ranch $$** (Tel.: (014) 755-4424 oder (011) 884-7016, Fax: (011) 884-7133, nur Selbstversorger!), wo Sie entweder das ehemalige Farmhaus (Windsong) teilen müssen oder aber das Rose Cottage (für Familien, 2 Schlafzimmer) bzw. das Butterfly Cottage für sich alleine haben. Wer um Melkrivier wohnt und als „Selbstversorger" eingebucht ist, dem sei **Walker's Wayside Pub & Restaurant** (Tel.: (014) 755-4428, Mo. geschlossen) am Rhino/Waterberg Museum in der alten Schule von Melkrivier empfohlen. Hier gibt es sogar Candlelight Dinner. Eine Reservierung ist ratsam, da sonst abends früh geschlossen wird.

• Im **Marakele National Park** gibt es das bezaubernde * **Tented Camp $$** am hier aufgestauten Matlabas River. Bettzeug, komplett ausgestattete Küche und eine Holzterrasse mit Blick auf den kleinen Staudamm und die Berge dahinter machen diese Unterkunft zu einem wahren Knüller! Unter der Woche kann es glatt passieren, dass Sie hier ganz alleine draußen sind. Verpflegung muss mitgebracht werden! Nicht weit entfernt befindet sich das einfache und sehr rustikale **Bushcamp $**. Hier muss auch das Bettzeug mitgebracht werden. Besonders für das Tented Camp gilt rechtzeitiges Buchen für die Wochenenden. Oft sind die Zelte dann von einer Gruppe komplett ausgebucht.

• **Ben Alberts Nature Reserve $–$$$**: An der R510, südlich von Thabazimbi, Tel.: (014) 777-1670, Fax: (014) 777-1858. Das 2000 ha große Naturareal steht unter der Obhut der Minengesellschaft. Neben einem Campingplatz, Selbstversorgerhütten $–$$ gibt es auch ein etwas abgeschieden gelegenes Luxus Tented Camp $$$, das oft ausgebucht ist.

• Die Hotels in Thabazimbi sind nur bedingt erwähnenswert, da sie i.d.R. nur einfach sind und den Angestellten und Besuchern der Minen dienen. Falls im Umkreis alles ausgebucht ist, nennen wir hier einmal als Alternative das **Hotel Kransberg $$** (Ecke Beena/Michael Sts, Tel.: (014) 777-1586).

Camping

• Der Campingplatz im * **Marakele National Park** ist eine wirkliche Empfehlung. Sauber, schattige Plätze und inmitten der Natur gelegen (Blick aufs Bushveld mit seiner Vogelvielfalt, den Zebras und Straußen). Der Campingplatz befindet sich ca. 1 km hinter dem Parkoffice.

• *Der Campingplatz im o.g.* Ben Alberts Nature Reserve *ist ebenfalls schön und bietet wie die o.g.* Jobedi Game Lodge *Buschromantik.*

Wild Coast – zwischen Port St. Johns und East London, Eastern Province (S. 599ff)

Information

• Infobüros *sind an diesem Küstenabschnitt nicht zu nennen, aber in den einzelnen Hotels werden Sie gut beraten.*

• * Wild Coast Holiday Reservations*: Tel.: (043) 743-6181, Fax: (043) 743-6188, Internet:* www.wildcoastholidays.co.za. *Spezialisiert auf Buchung von Unterkünften und Organisation von mehrtägigen Wanderungen durchs Pondoland und entlang der Küste zwischen Kob Inn/Mazeppa Bay und Haga-Haga (teilweise bis Cintsa) entlang der Wild Coast. Letzteres ist wirklich ein Knüller. Sie laufen, geführt von einem Einheimischen, täglich zwischen 11 und 20 km entlang des Strandes und nächtigen in den jeweiligen Hotels. Diese Wanderungen laufen unter den Namen* Wild Coast Meander *bzw.* Wild Coast Amble *und sind zwischen 3 und 5 Tage lang.*

Touren/Fähre

• * Amadiba Adventures*: s. „South Coast"*

• African Coastal Adventures*: Der bequeme Weg, die Wild Coast zu erkunden. Mit Allradfahrzeugen geht es über mehrere Tage entlang der Wild Coast. Genächtigt wird in Hotels. Die Strecken sind ausgesucht und dank der Fahrzeuge werden Sie Küstenabschnitte sehen, die Sie mit einem normalen Mietwagen nicht erreichen würden. Bereist vor allem die Strecke südlich von Coffee Bay. Infos: Tel.: (043) 748-4550, Internet: www.africoast.co.za.*

• *Es gibt eine kleine* Fähre, *die täglich über die Mündung des Kei River schippert. Die angeschlagenen Fährzeiten sind 9–17.30 h, wobei wir dringend empfehlen, sich dieses noch mal z.B. vom Trennery's Hotel bestätigen zu lassen. Auch, ob die Fähre überhaupt gerade verkehrt, denn bei Niedrigwasser oder Motorschaden ist dieses nicht der Fall.*

Die Flüsse an der Wild Coast unterbrechen immer wieder die Küstenlinie

Unterkünfte und Restaurants

• *Die Hütten im* Hluleka, Cwebe *und* Dwesa Nature Reserve *müssen Sie zentral buchen:* ***Eastern Cape Tourism Board – Game Reserve Division****: Tel.: (040) 635-2115, Fax: (040) 636-4019 od. 635-2535. Bei Drucklegung dieses Buches waren die Unterkünfte in diesen Parks in einem relativ schlechten Zustand, so dass Sie sich vorher erkundigen sollten, ob eine Renovierung bereits stattgefunden hat und wie die einzelnen Bedingungen sind. Wichtig ist auch, dass alle Hütten nur für Selbstversorger geeignet sind. Es gibt Küchengeräte, aber kein Restaurant und nur bedingt Geschäfte in der Nähe. Bringen Sie also Lebensmittel und Getränke mit.*

Zudem versucht das Tourism Board mittlerweile, die Unterkünfte in den Parks zu privatisieren, wie es bereits in Mkambati geschehen ist. Achten Sie auf Ankündigungen. Hinterher wird die Qualität sicherlich viel besser sein, die Preise sich aber auch mindestens verdoppelt haben. Ein **Tipp für Hluleka***: Die Hütten 4, 5 und 6 haben den besten Blick auf das Meer von der Veranda aus.*

• Die meisten Hotels bieten Ihre Unterkünfte nur mit voller Verpflegung an! Wer einen Lunch verpasst, z.B. bei der Abreise oder an einem Tag, an dem Sie wandern wollen, kann sich ein Lunchpaket zusammenstellen lassen.

Im Folgenden listen wir Ihnen die von uns empfohlenen Hotels an der Küste auf, beginnend vor Coffee Bay im Nordosten, endend vor East London im Südwesten. Die Preise liegen, je nach Saison bei $$$–$$$$, nur das Anchorage und Seagulls liegen eher bei $$–$$$. Wenn unten nicht anders vermerkt, sind alle Mahlzeiten grundsätzlich eingeschlossen (DB&B):

> **Hinweis**
> Bevor Sie anreisen, sollten Sie im Hotel noc einmal anrufen und nach dem Zustand der Piste bzw der besten Anfahrtsstrecke fragen. Das gilt vor allem der Regenzeit (November–März). Wichtig ist eine **vo herige Reservierung!** Oft sind die Hotels komplett au gebucht und das nächste dann 2 Stunden Pistenfah entfernt.
> **TIPP:** Nicht alle Zimmer/Bungalows versprechen Mee blick. Bei einigen Hotels/Resorts gibt es gravierende U terschiede in der Qualität der Ausblicke. Achten Sie als bei der Buchung darauf, dass Sie nicht ein Zimmer hinterster Reihe bekommen!

• **Hotel Anchorage***: Ca. 8 km bevor Sie auf der Asphaltstraße nach Coffee Bay reinkommen, geht eine Piste nach Norden ab. Auf dieser sind es ca. 25 km bis zum Hotel (gut ausgeschildert), Tel.: (047) 534-1671, Fax: (047) 534-0061, E-Mail: anchorage@wildcoast.co.za. Das Resort ist einfacher gehalten als die meisten anderen und hier gibt es auch Selbstversorgerappartements bzw. -hütten. Die Lage ist schön, geschützt hinter einigen Bäumen, gerade einmal 50 m zum Strand. Zudem: Kaum Nachbarn und preislich etwas günstiger. Die Ausstattung ist einfach und die Küche mittelmäßig.*

• **Ocean View Hotel***: Kurz vor dem Ortskern von Coffee Bay, Tel. + Fax: (047) 575-2005/6, E-Mail: oceanview@coffeebay.co.za, Internet: www.oceanview.co.za. Die Lage an der Asphaltstraße macht dieses Hotel natürlich besonders attraktiv (daher unbedingt vorher reservieren!). Viele der 50 Zimmer haben Meerblick (Tipp: Zimmer 1), das Restaurant ist gut und vom Hotel aus werden Touren und Aktivitäten in der Umgebung organisiert. Der * wurde nicht vergeben, weil das echte „Wild Coast Feeling" hier fehlt und oft Gruppen einbuchen. Das Hotel ist einfach zu gut zu erreichen.*

• **Hole in the Wall Hotel & Holiday Village $$–$$$***: Ca. 20 km nördlich von Coffee Bay abzweigen auf die Piste zum Hole in the Wall. Die direkte Piste von Coffee Bay ist bei Regen nur mit 4x4 zu befahren. Tel.: (047) 575-0009, Fax: 575-0010. Hier gibt es von Hotelzimmern über Selbstversorgerhütten bis hin zu Backpackerunterkünften alles. Bei Drucklegung war alles etwas heruntergekommen, wobei der neue Manager sehr bemüht schien, dieses wieder in den Griff zu bekommen. Das Potential hat die strandnahe Anlage allemal! Restaurant im Hause, doch sollten die Selbstversorger sich bereits in Umtata eindecken.*

• **The Haven***: An der Piste zum Cwebe Nature Reserve, ca. 12 km davor dann den Schildern folgen. Die Anfahrt ist etwas mühsam und allemal für eine Übernachtung nicht zu empfehlen. Tel.: (047) 576-0006/7, Fax: 576-0008, E-Mail: sschroeter@lantic.net. Zentral gelegen für die Erkundung des Cwebe sowie des Dwesa Nature Reserve. Die einfachen*

Bungalows stehen leider etwas dicht und haben kaum Meerblick, dafür liegt das Hotel in einer schönen Naturlandschaft an der Mündung des Bashee River und unter der Woche kommt es bestimmt oft vor, dass man es ganz für sich alleine hat.

• **Kob Inn**: *31 Pistenkilometer südlich von Willowvale an der Mündung des Qora River, Tel. + Fax: (047) 499-0011, Internet:* www.kobinn.hypermart.net. *Bei Drucklegung stand eine Entscheidungaus, eine Verbindung nach Mazeppa Bay auszubauen. Das würde besonders die Weiterreise deutlich attraktiver machen. So dauert es nahezu 3 Pisten-Stunden zum Mazeppa Bay Hotel. Das Kob Inn gehört wegen der erhöhten Lage zu den Tipps an der Wild Coast. Von den meisten Zimmern bieten sich hervorragende Ausblicke auf das Meer, die nahe Schlucht des Qora Mouth hat ihre Reize (Bootsverleihe) und die familiäre und persönliche Führung des Hotels ist ebenfalls ein Pluspunkt. Wäre da nicht die (noch) umständliche Anfahrt, würde auch hier ein * gerechtfertigt sein.*

• * **Mazeppa Bay Hotel**: *Anfahrt: Siehe auch oben Kob Inn (Ausbaupläne). Direkte Anfahrt von N2: Über Butterworth (erst Abfahrt in Butterworth nutzen!) nach Kentani (Asphaltstrecke) und dann der Ausschilderung folgen. Es sind noch ca. 48 km Piste von Kentani. Tel.: (047) 498-0033, Fax: 498-0034, Internet:* www.mazeppabay.co.za. *Seit Jahrzehnten von derselben Familie geführt und auch sehr familienorientiert. Die Lage nahe dem Strand mit seinem Knüller, der eigenen kleinen Felseninsel (zu erreichen über eine Hängebrücke), und die recht geräumigen Zimmer sind hier die Highlights.* **Tipp**: *Von den Zimmern 6, 7, 8, 12a und 14 haben Sie den schönsten Blick und vor allem eine kleine Terrasse vor der Tür. Auch hier spricht nur die etwas umständliche An- und Abreise gegen einen eintägigen Besuch, denn (noch) müssen Sie mindestens 35 Kilometer doppelt fahren. Bei einem längeren Aufenthalt erübrigt sich diese Überlegung aber.*

• * **The Wavecrest**: *Von N2 von Norden kommend: Am besten zu erreichen von Butterworth über Kentani (Asphalt), dann noch 31 km Piste. Von N2 von East London kommend: Ca. 60 km hinter East London abzweigen auf die R349 nach Kei Mouth (großenteils Piste, wird aber ausgebaut). Von dort geht eine Fähre über den Kei River und dann sind es noch 45 Minuten Pistenfahrt. Tel. + Fax: (047) 498-0022, Internet:* www.wavecrest.co.za. *Wegen der recht praktikablen An- und Abfahrt und besonders der einzigartigen Lage an einer Flusslagune (gleichzeitig Blick auf Lagune, Fluss, Dünen und Meer) ist dieses Hotel unser Tipp, besonders wenn Sie nur ein Hotel an der Wild Coast besuchen möchten. Hier können Sie gut drei Tage entspannen und die Region erkunden. Kanus und Surfboards können kostenlos ausgeliehen werden, Bootstouren werden angeboten und die Infos von den Betreibern der Lodge sind hervorragend. Ein Besuch hier wird Ihnen als eines der Highlights auf der Reise in Erinnerung bleiben. Einziger Wermutstropfen: Nur wenige Zimmer und Bungalows haben Blick aufs Wasser. Einige stehen sehr dicht in zweiter und dritter Reihe. Bestehen Sie also auf eine Unterkunft mit Meerblick!*

Malerisch und einsam gelegen: The Wavecrest

• * **Trennery's Hotel**: *Am Quolora Mouth, erreichbar über die Asphaltstraße Butterworth – Kentani und dann ca. 26 km Piste (von East London siehe oben unter „Wave-*

crest"). Tel.: (047) 498-0004 od. 498-0095, Fax: 498-0011, E-Mail: trennerys@ttiweb.co.za. Der Klassiker unter den Resorts der Wild Coast. Seit 1928 im Familienbesitz und einen Touch britischen Kolonialstils spürt man auch heute noch. Gut organisiert und das Seafood Buffet am Samstag ist ein Muss! Da die Anlage hinter einem Dünenwäldchen liegt, gibt es kein Zimmer mit Aussicht. Die bezaubernde Anlage tröstet aber darüber hinweg und bietet Abwechslung zur Genüge. 1928 gegründet. Nahe bei kann ein Wrack am Strand erlaufen werden. Boote können gemietet werden. Es gibt auch Selbstversorger-Bungalows und viel Strand. Einziger kleiner Haken: Von hier gen East London fehlt bereits ein wenig das Gefühl, weit abgelegen an der Wild Coast zu verweilen. Die dichtere Besiedlung und die enger aufeinander folgenden Resorts sind bereits zu spüren. Fragen Sie in der Rezeption nach geführten Touren entlang des Flusses. Hierbei werden Ihnen u.a. die Bäume und ihre Nutzung durch die Einheimischen erklärt.

- **Seagulls**: Nur 500 m weiter als das o.g. Trennery's. Dieselbe Anfahrt. Tel. + Fax: (047) 498-0044, Internet: www.seagulls.co.za. Einfacher und günstiger als die meisten anderen Resorts, aber durchaus mit Charme. Die Zimmer sind sehr unterschiedlich, wobei der Panorama Room durchaus eine Empfehlung wäre. Restaurant und Bar im Hause.
- **Morgan Bay Hotel & Camping**: Am besten über die R349 von der N2 zu erreichen, ansonsten auch über die Fähre über den Kei River. Tel.: (043) 841-1062, Fax: 841-1130, Internet: www.morganbay.co.za. Ebenfalls ein schönes Hotel, etwas oberhalb der Uferkante gelegen und bekannt für sein gutes Restaurant. Oftmals ausgezeichnet. Leider ist der Ort Morgan Bay bereits ein heiß begehrtes Ferienhausdomizil für die Städter. Nicht überlaufen, aber Wild Coast ...? Kommen Sie von East London, werden Sie die Ruhe zu schätzen wissen, von der anderen Seite kommend, ist es genau andersherum. Und sollte das Morgan Bay Hotel ausgebucht sein, böte sich ein Stück weiter am Ufer in Morgan Bay die günstige und gute **Mitford Guest Lodge $$** (Tel.: (043) 841-1510, www.morgansbay.co.za) als Alternative an. Auch hier gibt es ein Restaurant.
- **Haga-Haga Resort**: Erreichbar von der N2 über die R349 und dann nach 12 km abzweigen (ausgeschildert), Tel. + Fax: (043) 841-1670, Internet: www.caraville.co.za oder über www.wheretostay.co.za. Ein gut organisiertes und sehr sauberes Familienresort, dem leider etwas die Atmosphäre fehlt. „Eckige" Bauten der 1960er und -70er Jahre. Strand und schöne Wanderwege. Etwas günstiger als die o.g. Resorts.
- Als hervorragendes Restaurant muss an dieser Stelle schließlich noch das **Michaelas** aufgeführt werden: In Cintsa East, Tel.: (043) 738-5139. Das Restaurant liegt auf einer Küstendüne und schon bei der Einfahrt in den Ort fällt es dadurch auf. Die Aussicht auf das Meer ist einmalig und das Essen erstklassig, wenn auch nicht ganz billig. Eine Reservierung ist dringend zu empfehlen. Übrigens, wem der Treppenaufstieg zu mühsam ist, der kann von der Südwestseite auch mit einer Bahn auf die Dünenspitze fahren.

Der Second Beach von Port St. Johns wird von Rettungsschwimmern bewacht

Backpacker

Backpacker finden Sie hier nur in und um Coffee Bay sowie dann wieder in Mazeppa Bay. Kei Mouth und Cintsa West:

• *Coffee Bay: Es gibt ca. 4 Backpacker, davon empfehlen wir* Coffee Shack *(Tel.: (047) 575-2048, E-Mail: coffeeshack@wildcoast.com).*
• *Mazeppa Bay:* Mazeppa Bay Backpackers*: Tel.: (082) 956-8037. Großes Haus mit Ausblick auf das Meer. Schlafräume und Doppelzimmer.*
• *Cintsa West:* * Buccaneer's*: Tel.: (043) 734-3012, Internet:* www.cintsa.com. *Cottages, tolle Aussicht auf Meer und Lagune, Pub, Restaurant.*

Camping

• *Campieren können Sie bei einigen* Backpackern in Coffee Bay *(keine Voranmeldung, nur Zelte), am o.g.* Hotel Anchorage *bei Coffee Bay, an der* Piste zwischen Coffee Bay und Hole in the Wall, *im* * Dwesa Nature Reserve *(der Platz im* Cwebe N.R. *ist sehr rudimentär) sowie am* Morgan Bay Hotel. *Weitere Campingplätze finden Sie dann in* Kei Mouth *(Tel.: (043) 841-1004) und in Cintsa East:* Cintsa East Resort *(Tel.: (043) 738-5064) sowie* Arendsnes Holiday Resort *(Tel.: (043) 738-5064). Letztere beiden bieten auch einfache Selbstversorgerhütten.*
• *Der* offizielle Campingplatz in Coffee Bay *ist theoretisch bezaubernd, denn er liegt unter dichten Küstenwald (wie in einer Höhle oder einem Tunnel) und es sind nur Meter bis zum Strand. Leider war der Platz bei der Recherche nicht intakt (kein Warmwasser, keine Security). Sollte sich das ändern, wäre der Platz eine wirkliche Empfehlung.*
• *Der wohl schönste Campingplatz, wenn auch technisch etwas heruntergekommen, ist ohne Zweifel der am* * Double Mouth *bei Morgan Bay (Tel.: (043) 736-9909): Fahren Sie am Morgan Bay Hotel und der Mitford Lodge vorbei in Richtung Südwesten. Folgen Sie der Piste auf 5 km (2 Farmtore müssen passiert werden) und Sie gelangen direkt an den Platz. Er liegt im Schutze zweier Anhöhen und verspricht Ausblicke aufs Meer, wenig Trubel und in nur 10 Minuten gelangen Sie an den Strand an der Mündung des Double Mouth River.*

Zululand und Battlefields (Eshowe, Ulundi, Melmoth, Dundee, Ladysmith u.a.), KwaZulu-Natal (S. 542ff)

Hinweis: *Die Orte an der Küste finden Sie unter deren Namen, die Orte im Maputaland unter „Hluhluwe Game/National Park" und „Pongola"*

Information

• *Die besten Info Center finden Sie in* Eshowe *(Hutchinson St, Tel.: (035) 474-1141, E-Mail: eshowe@futurenet.co.za),* Vryheid *(Ecke Mark/Landdros Sts, Tel.: (034) 982-2133, Internet:* www.vryheid.co.za*),* Dundee *(Victoria St, Civic Gardens, Tel.: (034) 212-2121, E-Mail: info@talana.co.za) und* Ladysmith *(Murchison St, Museum, Tel.: (036) 637-2992, Internet:* www.ladysmith.co.za*). Weitere gibt es u.a. in* Ulundi *(Tel.: (035) 870-0501),* Melmoth *(Tel.: (035) 450-2672),* Babanango *(Tel.: (035) 835-0035),* Colenso *(Tel.: (036) 422-2111),* Weenen *(Tel.: (036) 354-1938),* Greytown *(Tel.: (033) 413-1171) und* Kranskop *(Tel.: (033) 444-1821).*
• *Internet:* www.battlefields.kzn.org.za *bzw.* www.zulu.org.za.
• *Gute Infos erhalten Sie auch in den* Lodges an den Battlefields *(s. u.).*

Touren

Touren zu den Battlefields werden z.B. von der iSiBiNDi Zulu Lodge *(hier führt Sie ein echter Zulu-Prinz!) sowie von den Gastgebern des* Penny Farthing Country House

Z

(s.u.) unternommen. Aber auch die anderen Lodges haben gute Kontakte zu ausgebildeten Führern und können Touren für Sie buchen.

Unterkünfte

• **Eshowe: George Hotel & Brewing Company $$:** *38 Main St, Tel.: (035) 474-4919, Internet:* www.eshowe.com. *Kleinstadthotel aus der englischen Kolonialzeit. Angeschlossen sind der* **Zululand Backpacker (Zelten möglich)** *sowie ein* **Brewpub.** *Gutes Preis-Leistungs-Verhältnis.*

• **Shakaland: Shakaland Protea Lodge $$$–$$$$:** *15 km nördlich von Eshowe abzweigen von der R68, Tel.: (035) 460-0912, Fax: 460-0842, Internet:* www.shakaland.com *bzw.* www.protea-hotels.com. *Sie wohnen hier in komfortabel eingerichteten Rundhütten, die den Zulu-Hütten nachempfunden sind. Einst wurden diese Hütten als Filmkulisse genutzt. Schöner Ausblick von der Restaurant-Terrasse auf den Lake Phobane. Alles etwas kitschig, aber okay. Am Lake Phobane, also nahe dem „Shakaland" (gleiche Anfahrt, nur etwas weiter von der R66 entfernt) liegt die schöne* **iPHIVA Bush Lodge $$$** *(Tel.: (031) 563-9585 od. (035) 460-0000, Web:* www.wheretostay.co.za/iphiva.htm*). Neben Chalets und einem Safari Camp sind vor allem die auf dem See schwimmenden Hütten („Floating Chalets") der Knüller.*

• *** Simunye Village $$$$:** *6 km südlich von Melmoth zweigt von der R66 eine ausgeschilderte Piste ab zum Abholungsplatz, Tel.: (035) 450-3111, Fax: 450-2534, Internet:* www.protea-hotels.com. *Das Erlebnis beginnt bereits bei der Abholung. Auf einem Ochsenwagen bzw. auf einem Pferd geht es über eine Stunde lang hinunter ins Tal. Die Unterkünfte (einfache Zulu-Strohrundhütten bzw. etwas komfortablere Stein-Strohhütten) liegen mitten in einer Zulu-Gemeinde. Sie werden traditionell bekocht, können das Dorf besuchen und sich dort mit Bewohnern treffen (oft gibt es auch Feiern, an denen Sie teilhaben dürfen). Kulturelle Vorführungen gehören auch zum Programm. Strom ist limitiert auf die Hauptlodge. Die Einrichtungen sind vornehmlich von lokalen Handwerkern gefertigt. 6 Zimmer, 5 Rondavel, 5 Lodges und 2 Zulu-Strohrundhütten. Wenn möglich, versuchen Sie 2 Nächte zu bleiben, damit Sie Zeit haben für Kontakte.*

• **Ulundi:** *Wer wenig Lust auf Abenteuer hat, der ist mit dem* **Holiday Inn Garden Court $$–$$$** *(Princess Magogo Rd, Tel.: (035) 870-1012, Fax: 870-1220, Internet:* www.southernsun.com*), einem recht modernen und formellen Hotel für Geschäftsleute gut bedient. Weitaus spannender aber wäre eine Unterkunft im* **uMuzi Bushcamp $–$$**, *das sich im Komplex des Ondini Cultural Center & Museum befindet (Abzweig am Südeingang der Stadt, dann noch 5 km), Tel.: (035) 450-2531, Fax: 450-3126, Internet:* www.tintasafaris.co.za. *Vorwiegend mit einfachen und lokalen Mitteln wurde hier ein kleines Zulu-Dorf errichtet, wo verschiedene Rundhütten-Typen als Unterkünfte dienen. Einige sind sehr einfach und vornehmlich für Backpacker ausgestattet. Ein Restaurant (Zulu-Gerichte) gibt es auch. Geführte Touren ins Zululand bzw. zu den umliegenden Parks können arrangiert werden. Der Name „Bushcamp" irritiert, denn das bezieht sich eher auf die angebotenen Touren.*

• **Babanango:** *Ein kleiner Geheimtipp ist hier das* *** Babanong Hotel $–$$:** *16 Justice St, Tel.: (035) 835-0029, Fax: 835-0322, E-Mail: bab.hotel@mweb.co.za. Das 5-Zimmer-Dorf-Hotel besticht durch seine Schlichtheit und persönliche Note. Im Preis ist das Dinner inbegriffen, die Zimmer sind einfach, aber ausreichend eingerichtet und die gemütliche Lounge dient neben dem legendären Stan's Pub mit Sicherheit zu den wesentlichen Aufenthaltsorten im Hause. Lustig wird es besonders an den Abenden, wenn die „Locals" auf ein paar Bierchen vorbeischauen und Ihnen Vieles über Land und Leute erzählen können.*

Unbedingt reservieren, da oft ausgebucht! Komfortabler ist die nahe * **Babanong Valley Lodge $$$–$$$$:** *4 km nördlich von Babanango zweigt die ausgeschilderte Piste (15 km) zur Lodge ab, Tel.: (035) 835-0062 od. (082) 321-7141, Internet:* www.babanangovalley.com. *Schöne Unterkünfte (7 Zimmer) auf einer Rinderfarm am Rande eines einsamen Tales. Tolle Ausblicke, reichhaltige, frisch zubereitete Mahlzeiten (im Preis inbegriffen) und ein Besitzer, der Ihnen gute Tipps für die Erkundung der Battlefields geben kann, denn er ist ein lizensierter „Guide". Hier kann man es gut ein paar Tage aushalten.*

• **Isandlwana/Rorke's Drift Battlefields:**

- **Isandlwana (Battlefield) Lodge $$$$:** *Am Berghang gegenüber dem Isandlwana Schlachtfeld, Tel.: (034) 271-8301, Fax: 271-8306, Internet:* www.isandlwana.co.za. *Die Lage am Nyoni Rock entspricht der Beobachtungsstelle der Zulu-Chiefs während der Schlacht. Aus dem verglasten Lounge-Bereich sowie aus den meisten Zimmern haben Sie dieselbe Aussicht. Dass die Lodge amerikanische Besitzer hat, wird anhand des teilweise etwas kitschigen Interieurs deutlich. Die Form der Lodge ist übrigens den Schilden der Zulu-Krieger nachempfunden und die Zimmer tragen die Namen bekannter Zulu-Kämpfer.*

- * **iSiBiNDi Eco (Zulu) Lodge $$$–$$$$:** *7 km südwestlich von Rorkes Drift in einem kleinen Game Reserve, Tel.: (011) 467-1886, E-Mail: info@zulunnet.co.za, Internet:* www.zulunet.co.za. *Das Haupthaus der Lodge ist einer Zulu-(„Beehive"-)Hütte nachempfunden, ebenso wie die 6 Gästehütten. Von hier werden Touren zu den Battlefields, aber auch Abenteuer-Touren (White Water-Rafting, Kayaking, Mountainbiking) unternommen bzw. organisiert. Die Lodge liegt in einem kleinen Nature Reserve. Der Besitzer ist lizensierter „Guide" für die Battlefields. Abends werden oft kulturelle Programme vorgeführt.*

- **Penny Farthing Country House $$–$$$:** *30 km südlich von Dundee an der R33, Tel. + Fax: (034) 642-1925, Internet:* www.pennyf.co.za. *Hier wohnen Sie auf einer Rinder- und Wildfarm. Sehr familiär geführt. Mahlzeiten werden mit den Gastgebern eingenommen, die ebenfalls lizensierte „Guides" für die Battlefields sind und einige Andenken aus der Zeit der Schlachten zeigen können. Bar, Pool und parkähnlicher Garten.*

• **Dundee:** *Das* **Royal Inn $$** *(61 Victoria St, Tel.: (034) 212-2147, Fax: (034) 218-2146, Internet:* www.battlefields.co.za/royalinn*) ist ein typisches Kleinstadthotel mit britischem Kolonialtouch. Es wurde 1886 im Tudor-Stil gebaut und ist mit 27 einfachen, aber sauberen Zimmern ausgestattet. Beachten Sie hier vor allem die Erinnerungsstücke aus den Zeiten der Kriege, die es überall im Hause zu entdecken gibt. Die* **Battlefield Country Lodge $–$$** *liegt einige Kilometer außerhalb an der R33 nach Vryheid (die auch zum Blood River Battlefield führt), Tel.: (034) 218-1641, Internet:* www.battlefieldslodge.co.za. *Hier gibt es Selbstversorger-Bungalows, günstige Unterkünfte für Backpacker sowie Campingmöglichkeiten.*

• **Vryheid:** *Die* **Villa Prince Imperial $$** *(201 Deputation St, Tel.: (034) 983-2610, Internet:* www.etictours.net*) ist hier ohne Zweifel der Tipp. Ein „Hauch von Frankreich" liegt in der Luft und angeschlossen ist eine kleine Kunstgalerie mit Zulu-Kunst. Das* **Palm Grove Guesthouse $$** *(221 Shepstone St, Tel. + Fax: (034) 981-3302, E Mail:* palmgrove@vhd.dorea.co.za*) ist mit seinen 6 großzügig eingerichteten Zimmern in einem kapholländischen Haus ebenfalls zu empfehlen.*

• **Ladysmith:** *Nahezu ein Muss ist die Übernachtung im* **The Royal Hotel $$–$$$:** *140 Murchinson St, Tel. + Fax: (036) 637-2176, Internet:* www.royalhotel.co.za. *Das 1880 erbaute Hotel wurde während des Englisch-Burischen Krieges mehrfach beschossen, mit Vorliebe zur Mittagszeit, wenn sich die in der Stadt eingeschlossenen Honoratioren hier zum Lunch trafen. Heute geht es hier aber ruhig zu. Versuchen Sie unbedingt ein Zimmer im Altbau zu bekommen. Erst kürzlich renoviert bietet das ebenfalls historische* **Crown Protea Hotel**

Z

$$–$$$ *eine gute Alternative zum Royal Hotel: 90 Murchinson St, Tel.: (036) 637-2266. Auch hier gilt der Hinweis auf die Zimmer im Altbau. Wer nun lieber eine persönliche Note wünscht, dem sei das* **Peaches & Cream Bed & Breakfast $$** *ans Herz gelegt: 4 Berea Rd, Tel.: (036) 631-0954, Fax: 637-2868, E-Mail: pc.bb@mweb.co.za.*

• **Colenso**: *Das* **Battlefields Hotel $** *(75 Sir George St, Tel. + Fax: (036) 422-2242) ist wieder etwas für die Abenteuerlustigen. Inmitten einer total verträumten Ortschaft, wirkt das kleine, historische Landhotel nahezu fehl am Platze. Doch sind die Zimmer, aufgrund des Preises und wegen der urigen Atmosphäre, oft ausgebucht. Also vorbuchen! Das* **Tugela Game Ranch Bushcamp $**, *Tel. + Fax: (036) 422-2592, liegt südlich von Colenso (ausgeschilderter Abzweig von der R74 nach Weenen). Inmitten der Natur und an einem Fischpool wohnen Sie in einfachen Selbstversorger-Rundhütten. Der Platz zum Angeln, Wandern, Vögel beobachten und abschalten.*

• **Greytown**: *Hier möchten wir Ihnen zwei B&Bs in der Voortrekker Rd (nahe Scott St) nennen: das in einer historischen Kleinstadt-Residenz untergebrachte* **Lady Leuchars $$**: *Tel.: (033) 413-3526, Fax: 417-2510, E-Mail: hdede@xsinet.co.za, sowie das gleich daneben liegende, im viktorianischen Stil gehaltene* **Lady Grey B&B**.

JH

Backpacker-Unterkünfte

• **Eshowe**: **Zululand Backpackers** *(s.o. unter* George Hotel*)*

• **Ulundi**: *Am Ondini Museum (s.o. unter* uMuzi Bushcamp*)*

• **Vryheid: Vryheid Backpackers**, *703 Sandhurst St, Tel.: (082) 891-7082, E-Mail:* backpacker@yebonet.co.za.

• **Dundee**:

- **Battlefield Country Lodge** *(s.o.)*

- **Umzinyathi Game Reserve** *(südöstl. von Dundee)*: **Camp Buffalo**, *Umzinyathi Game Reserve, Elandskaarl, Tel.: (034) 642-1946, E-Mail: tangeni@trustnet.co.za.*

Camping

• **Eshowe**: *Der* **Municipal Caravan Park** *(Tel.: (035) 474-4664) kann als „klein aber fein" bezeichnet werden. Er liegt im alten Ortskern, ca. 400 m entfernt vom* George Hotel. *Gäste dürfen das angeschlossene Gemeindeschwimmbad benutzen. Am* **George Hotel (Zululand Backpackers)**, *s.o., kann gezeltet werden.*

• *Bei* **Dundee** *ist die o.g.* **Battlefield Country Lodge** *mit Sicherheit die erste Wahl. Sie können auch direkt am Museum des* **Blood River Battlefield** *campieren (sauber, viel Platz, aber wenig Schatten).*

• *Campen (aber keine Campmobile) ist ebenfalls möglich am* **Vryheid Backpackers** *sowie dem* **Camp Buffalo** *(beide siehe oben).*

• *Knapp 30 km südöstlich von Colenso können Sie im* **Weenen Game Reserve** *campen: Tel.: (036) 354-1809.*

• *Weitere Plätze gibt es – unter anderem – in* **Ulundi** *(am Ondini Museum, Tel.: (035) 870-2050), nahe* **Dundee** *(Battlefields Caravan Park; Richtung Blood River Battlefield, Tel.: (034) 632-1723), in* **Vryheid** *(Municipal, Tel.: (034) 982-2133), in* **Ladysmith** *(Municipal, Tel.: (036) 637-6804) sowie in* **Greytown** *(Lake Merthley, Tel.: (033) 413-1171.*

IWANOWSKI'S
Das kosten Sie Südafrikas Norden & Ostküste

- Stand: Januar 2006 -

Auf den Grünen Seiten geben wir Ihnen Preisbeispiele für Ihren Südafrika-Urlaub, damit Sie sich ein realistisches Bild über die Kosten einer Reise und eines Aufenthalts machen können. Natürlich sollten Sie die Preise als **Richtschnur** auffassen, bei einigen Produkten/Leistungen geben wir Ihnen eine Preis-Spannbreite an.

Offizielle Abkürzung für Südafrikanischer Rand = ZAR
Kurs im Januar 2006: € 1 = ZAR 7,29; ZAR 1 = € 0,14

News im Web: www.iwanowski.de

Beförderung

Internationale Flüge

Hier sollten Sie Angebote renommierter Airlines einholen (Lufthansa, SAA, British Airways, Air France etc.). Es gibt bei den etwas teureren Airlines oft günstige Angebote für Inlandsflüge in Südafrika (bzw. auch für Gabelflüge), so dass Sie unter dem Strich dabei billiger reisen, obwohl der Interkontinentalflug etwas teurer ist.

Die Preise für einen Flug von Mitteleuropa nach Johannesburg bewegen sich bei renommierten Airlines zzt. zwischen € 600 (NS) und € 1.000 (HS). Lassen Sie sich aber unbedingt in einem Reisebüro oder bei einem Spezialanbieter beraten. Nur so können Sie sich eine **komplette Reise** zu einem **vernünftigen** *Preis* zusammenstellen lassen.

Fragen Sie bei den Flugbuchungen auch danach, wie die Bedingungen bei einer evtl. Umbuchung bzw. Stornierung sind. Die Unterschiede sind hier besonders groß.

Inlandsflüge

Mittlerweile „füllt" sich auch Südafrikas Flughimmel immer mehr und immer mehr kleine Airlines bzw. „Ableger" großer Airlines tauchen auf dem Markt auf. Grundsätzlich aber gilt, wie oben bereits angedeutet, dass ein „Gesamt-Ticket" für internationalen Flug plus Inlandsflüge immer günstiger ausfällt als spätere

Nachbuchungen, besonders die vor Ort. Überlegen Sie sich also schon zu Hause, was Sie sehen und von wo nach wo Sie fliegen möchten. Ein Gabelflug (z.B. hin nach Johannesburg und zurück von Durban oder East London) rentiert sich allemal, auch wenn eine Rückführungsgebühr für Ihr Fahrzeug anfällt. Diese Gebühr beträgt zwischen Durban und Johannesburg selten mehr als € 50, oft fällt sie sogar weg. Dafür aber sparen Sie Ihre kostbare Urlaubszeit.

Alternativ gibt es für Südafrika-Reisende, die mit der SAA fliegen, spezielle Flugpässe (Kombi von intern. Flug und mehreren Inlandsflügen). Die lohnen sich aber nur, wenn Sie viel herumfliegen, also z.B. auch den Süden Südafrikas bereisen. Dieser Tarif ist gebunden an den Langstreckenflug mit der SAA und beinhaltet mindestens 4 Inlands- bzw. Flüge in die Nachbarländer. Sie können das Kontingent auch aufstocken.

Mietwagen

Hinweis

Viele Reisende beginnen die Erkundung des Nordostens von Südafrika in Johannesburg und geben ihren Wagen am Ende der Reise in Durban oder Port Elizabeth ab. In so einem Fall fällt eine Rückführungsgebühr für den Mietwagen an. Reisen Sie aber andersherum, gibt es diese Gebühr häufig nicht. Die Gebühr schwankt, liegt aber bei ca. einer Tagesmiete. Nachfragen lohnt sich da allemal.

Europcar, Hertz, Avis und Budget-Rent-a-Car sind die bedeutendsten Vermieter in Südafrika. Nicht selten liegen die Preise für einen Mietwagen bei einer großen Firma niedriger, wenn es ein Kombi-Paket mit Ihrer Airline gibt. **Wichtig** ist, dass Sie sich bei der Buchung erkundigen, ob der genannte Mietwagenpreis auch die nötigen Versicherungen mit einschließt und wie viele Kilometer frei sind. Kleinere Anbieter begrenzen die Tageskilometerleistung oft auf 300 km und berechnen die darüber liegenden Kilometerleistungen (Kleinwagen: ab ZAR 1,30/km, Mittelklassewagen: ab ZAR 2/km, gehobene Mittelklasse: ab ZAR 3/km). 300 km sind bei einem so großen Land schnell zusammengefahren!

Es rechnet sich auch nicht, den Wagen erst vor Ort bei einer der großen Mietwagenfirmen zu buchen. Das ist immer teurer, und in Südafrika selbst ist es meistens unmöglich, ein Fahrzeug mit unbegrenzten Kilometern zu erhalten.

Preisbeispiele für die Miete über einen Reiseveranstalter:
Bei einer Miete von mind. 15 Tagen, ohne Kilometerbegrenzung und inkl. der Versicherungen, kostet ein kleiner Wagen (Polo, Toyota Corolla o.ä.) € 23–34/Tag, ein etwas komfortableres Fahrzeug (Toyota Camry, Honda 1,6 o.ä.), das z.B. mit Servolenkung, Automatik und Aircondition ausgestattet ist, kostet € 35–42/Tag. Ein Kleinbus (VW Microbus, Klimaanlage) liegt schließlich bei € 80/Tag und mehr.

Campmobile

!!! *Wichtig!*
Camper sollten Sie unbedingt vorausbuchen – und zwar rechtzeitig. Diese sind ganz schnell ausgebucht.

Prüfen Sie anhand Ihrer Strecke, ob für Sie eine Miete mit unbegrenzten oder begrenzten km in Frage kommt. Oft reichen hier 200 Frei-km/Tag aus, da man mit einem Camper – anders als mit einem PKW – ja gerne auch zwei bis drei Tage auf einem Platz verweilt.

- Kleine Camper/2 Personen: Spirit 3, Mindestmietzeit ab 7–20 Tage, ab € 80 inkl. 200 Frei-km/Tag, Versicherung, Steuern. Mit unbegrenzten km: ab € 90/Tag
- Großer Camper/4 Personen: Spirit 5, Mindestmietzeit ab 7–20 Tage, pro Tag ab € 90 inkl. 200 Frei-km/Tag, Versicherung, Steuern. Mit unbegrenzten km: pro Tag ab € 100

Die Preise variieren je nach Saison, liegen somit zwischen Juli und April etwas höher und im Mai/Juni niedriger.

Rundreisen/Touren (Preisbeispiele)

- **Rundreise von/bis Johannesburg,** 5 Tage Blyde River Canyon – Kruger NP, Halbpension, ab € 1.050
- **Rundreisen in Südafrika:** 24 Tage ab/bis Deutschland, ab ca. € 2.000 p.P., inkl. Flug, Mietwagen und Übernachtung
- **Fly & Drive:** 17 Tage Flug und Mietwagen ab € 900 p.P.

Eisenbahn (Luxuszüge)

- **„Blue Train“ (Kapstadt – Pretoria):** ca. ZAR 8.000–10.500 pro Person in der 2-Personen-Suite
- **„Rovos Rail“ (Durban – Pretoria)**: ca. ZAR 17.500 (inkl. VP und Ausflüge) in der Royal Suite und ca. ZAR 13.500 in der Deluxe-Suite

Taxi/Shuttlebus

Die Taxi-Fahrt vom International Airport in Johannesburg in die Innenstadt kostet ca. ZAR 170, je nach Ziel. Für das Taxi nach Rosebank müssen Sie mit mind. ZAR 250 und für das nach Sandton mit mind. ZAR 300 rechnen. Wichtig ist, dass „Unkundige“ darauf achten, dass der Fahrer den Meter (Zähler) einschaltet. Der Shuttlebus dagegen kostet ab ZAR 70 pro Person. Ein bestellter ganzer Shuttlebus für bis zu 7 Personen kostet ab ZAR 200 in die Innenstadt. Größere Hotels bieten auch Shuttleservices vom/zum Flughafen an, müssen aber bestellt werden.
Taxi vom Durban Int. Airport zur Innenstadt: ab ZAR 250.
Als Richtlinie für ein bestelltes Taxi gilt: ZAR 8 pro Kilometer.

Aufenthaltskosten

Hotels/Lodges

Generell sollte man als unterste Grenze ca. € 25/Person ansetzen, wobei Traveller-Lodges und Backpacker natürlich günstiger liegen. Im Durchschnitt wird man in einem Mittelklassehotel für ca. € 25–60 nächtigen, in Luxushotels muss man dagegen mit € 90–125 pro Person rechnen. In den Nationalparks sollte man pro Person € 50–60 veranschlagen.

Die Preise variieren aber sehr in Südafrika. Zum einen nach Saison, aber auch nach geographischer Lage. Liegen Graskop, Sabie, Nelspruit, Durban etc. im teuren Segment, finden sich die kleinen Orte im Norden der Limpopo Province oder z.B. im Zululand dagegen im unteren Preisniveau wieder. Und die Unterschiede sind z.T. gewaltig, allemal größer als bei uns.

Preiskategorien der Unterkünfte

$	= *bis ZAR 250*
$$	= *ZAR 250–400*
$$$	= *ZAR 400–700*
$$$$	= *ZAR 700–1.200*
$$$$$	= *mehr als ZAR 1.200*

Wenn Sie sparen wollen, empfehlen sich Guesthouses (DZ zw. ZAR 400 und 800), einfache Mittelklasse-Hotels und -Lodges (DZ zw. ZAR 250 und 450) sowie kleine Landhotels in touristisch weniger frequentierten Regionen (DZ zw. ZAR 250 und 450).

Diese und die folgenden Angaben sollten Sie aber nur als Richtlinie nutzen, die Preise wechseln ständig, da der südafrikanische Markt noch dabei ist, sich auszuloten.

Unsere Erfahrung hat gezeigt, dass sich zwar das Buchen von Unterkünften in großen Städten und Touristenzentren (inkl. Regionen um die großen Nationalparks) von Europa aus lohnt, aber dass die preisgünstigeren Unterkünfte in anderen Gebieten nur vor Ort bzw. selbst zu buchen sind.

Das Frühstück ist, bis auf „Backpacker" und die meisten Selbstversorgerhütten, i.d.R. im Zimmerpreis mit eingeschlossen.

- Eine Hütte/ein Bungalow für 2 Personen in einem Camp im **Kruger National Park** bekommen Sie ab ZAR 500 pro Nacht + Gebühr für Personen (ca. ZAR 100/Erwachsener).
- Eine einfache 2-Bett-Hütte im **Hluhluwe-Park** kostet ab ZAR 250, ein besseres Chalet ab ZAR 600.
- Ein gut gepflegter **Campingplatz** kostet pro Person und Platz zwischen ZAR 40 (privat, abgelegen) und 120 (Nationalpark). Der Preis variiert stark je nach Saison und Ausstattung (Swimmingpool, Lage, Geschäfte etc.).

Eintritt im Kruger National Park

Mittlerweile wird pro Tag (bei mehreren Tagen werden die Übernachtungen gezählt) eine **Conservation Fee** erhoben. Sie beträgt für Ausländer (Nicht-SADC-Länder) ZAR 120/Tag für Erwachsene bzw. ZAR 60/Tag für Kinder (2–11 Jahre). Babys sind frei.

Wildpirsch im Kruger National Park

Tipp

*Wer mehrere Nationalparks besuchen (dazu gehören nur die **staatlichen** wie z.B. Kruger, Golden Gate, Addo, Marakele, nicht die **Provinzparks** wie z.B. Hluhluwe, Ithala oder Ndumo) und dort auch länger bleiben möchte, der sollte sich eine **Wild Card** besorgen. Sie gilt für 2 Personen und erlaubt für den beantragten Zeitraum den kostenlosen Eintritt in die Parks. Natürlich kostet auch diese Karte Geld: Es beginnt bei ZAR 120 für einen Tag.*

Preisbeispiele für die Parks in KwaZulu-Natal (Tagespreis in ZAR):

Park	Erwachsener	Kind (3–5 Jahre)	Fahrzeug
Hluhluwe-Umfolozi	90	45	--
Cathedral Peak	25	13	--
Giants Castle	25	13	--
False Bay	20	10	--
Garden Castle	20	10	--
Kosi Bay	20	10	15
Ithala	35	18	30
Mkhuze	35	18	35
Ndumo	35	18	35
Royal Natal	25	15	35
Tembe	35	18	35

Aktuelle Preise finden Sie im Internet unter: www.kznwildlife.com/tariffs.htm.

Restaurants

Essen gehen ist in Südafrika günstig – und das bei einer hervorragenden Qualität. Beim Essen sollte man nicht so sehr auf die Preise achten, denn nirgendwo sonst bekommen Sie eine so vielseitige und gute Küche für so wenig Geld. Ein „normales" Dinner kostet ca. ZAR 50, die Flasche Wein dazu kostet in einem südafrikanischen Restaurant so viel wie bei uns im Geschäft (ZAR 30–60 – Topweine ZAR 60–150, in Spitzenrestaurants auch mal ZAR 200). Ein Glas Bier kostet ab ZAR 8. Ein Candlelight-Dinner vom Feinsten schlägt natürlich mehr zu Buche. Rechnen Sie da etwa mit mindestens ZAR 100 für 3 Gänge und ab ZAR 80 für den Wein. In Pubs bekommen Sie eine Mahlzeit bereits für ZAR 30.

Lebensmittelpreise

Die Lebensmittelpreise liegen etwa auf europäischem Niveau, wobei Sie bei frischen Waren (Obst/Gemüse) an den Straßenständen sparen können. Fleisch ist in Südafrika etwas billiger als bei uns, während Zitrusfrüchte und Gemüse auch teurer sein können, da diese Lebensmittel nicht subventioniert werden.

Benzin

Benzin kostet etwa € 0,50/Liter, je nach Gegend und Oktanzahl, ist also um einiges billiger als bei uns.

Telefonate

- Ortsgespräch (= 1 Einheit): ab ZAR 0,06
- 3-Minuten-Gespräch Kapstadt – Johannesburg: ca. ZAR 3,20
- 3-Minuten von einem First-Class-Hotel nach Deutschland: ca. ZAR 25, ab 20 Uhr meist etwas billiger.

Mehrwertsteuer-Rückerstattung an Ausländer

Südafrika ist durchaus ein interessantes Land für Einkäufe. Afrikanische Kunst, Lederwaren oder Schmuck locken in besonderer Weise...
Die Mehrwertsteuer (VAT = Value Added Tax) beträgt zur Zeit 14 % und wird dem ausländischen Besucher ab einem Warenwert von ZAR 250 unter bestimmten Bedingungen zurückerstattet:

Zulu-Frau beim Flechten

- Der Verkäufer muss eine ordentliche Rechnung schreiben sowie ein Formular (VAT 255) korrekt ausfüllen.
- Vermerkt sein müssen unbedingt der Name des Käufers sowie des Verkäufers, ebenfalls muss die Ware exakt beschrieben sein.
- Preis sowie die VAT-Höhe der gekauften Waren müssen ebenfalls vermerkt sein.

Tipp

Viele Geschäfte sind nicht im Besitz eines VAT 255-Formulars. Besorgen Sie sich deshalb solche Formulare direkt bei Ihrer Einreise am Flughafen (VAT-Office). Bei der Ausreise reichen Sie dann Ihre Belege beim VAT-Office ein und erhalten die Mehrwertsteuer zurück.

Gesamtkostenplanung

Südafrika bietet viele Möglichkeiten, günstig zu reisen. Es bieten sich aber auch zahlreiche Gelegenheiten, seinen Geldbeutel zu strapazieren, denn das Angebot ist nicht nur vielseitig, sondern auch verlockend.

Sparen können Sie bei den Unterkünften, denn die Mittelklassehotels und selbst die kleinen Landhotels sind sauber und adrett und genügen den meisten Ansprüchen. Ebenfalls können Sie beim Mietwagen sparen.

Wir haben Ihnen nun eine grobe Richtlinie zusammengestellt, wie viel Ihre Individual-Reise in etwa kosten würde. Dabei gehen wir davon aus, dass Sie die ganze Zeit einen Mietwagen zur Verfügung haben und nicht in den billigsten, aber auch nicht in den ganz teuren Hotels übernachten wollen. Einkäufe, und die werden Sie mit Sicherheit tätigen, haben wir natürlich nicht eingerechnet.

Grundsätzlich bedeutet die Auflistung aber auch, dass Sie zwar die Unterkünfte in den Großstädten bzw. im Kruger National Park über einen Veranstalter in Deutschland bzw. Europa buchen, die kleineren Hotels bzw. Unterkünfte aber direkt vor Ort gebucht werden müssen.

Kostenplanung für 2 Personen (Angaben in €, Unterkunft in Mittelklassehotels, mittags kleines Mahl, abends Dinner, alles auf- bzw. abgerundet)

Aufenthalt:	1 Woche	2 Wochen	3 Wochen	5 Wochen
An- und Abfahrt zum europ. Flughafen	100	100	100	100
2 Flugtickets nach Johannesburg (inkl. Flughafensteuer)	1.600	1.600	1.600	1.600
Gepäck- und Krankenversicherung	30	50	70	110
Mietwagen (mittl. Klasse)	330	600	850	1.350
Benzin (1.500, 2.500 3.500 bzw. 5.000 km)	55	90	125	180
Übernachtungen (à ZAR 500/Nacht)	550	1.150	1.650	2.750
Frühstück (à ZAR 50/Person)	100	200	300	500
Kl. Mittagessen (günst. Restaurant, à ZAR 50/Person)	100	200	300	500
Abendessen (Mittelklasse, à ZAR 70/Person)	150	300	450	750
Getränke zwischendurch (à ZAR 10/Person/Tag)	20	40	60	100
Eintritte (Museen etc.)	40	80	120	200
Telefonate, Briefmarken etc.	15	20	25	35
Sonstiges (Besichtigungstouren etc.)	60	120	180	300
Parkgebühren (Eintritt/Conservation Fee)	100	180	220	280
Gesamt:	**3.250**	**4.730**	**6.050**	**8.755**

Hinweis

Einen „Sparfaktor" stellt oft das Frühstück dar, da es meist im Zimmerpreis inbegriffen ist.

7. REISEN IN SÜDAFRIKAS NORDEN, OSTEN UND SÜDOSTEN

Routen- und Zeitvorschläge

Der Norden

Kurze Variante (6 Tage):

1. Tag: Johannesburg/Pretoria – Drakensberge. Dabei evtl. Stopp im Ndebele Village (S. 398) bei Middelburg. Falls noch Zeit ist, Wasserfälle bei Sabie (S. 400ff) anschauen. Übernachten in Sabie, Pilgrim's Rest od. Graskop.
2. Tag: Blyde River Canyon (S. 405ff) anschauen, dann in den Kruger National Park (S. 411ff) fahren. Übernachten im Süden, besser aber in der Mitte des Parks.
3. Tag: Zeit nehmen für den Kruger National Park. Übernachten weiter im Norden (z. B. Mopani, Sirheni od. Punda Maria).
4. Tag: Big Tree, Land der VhaVenda (S. 443ff) erkunden und übernachten in Makhado (S. 459f) oder Polokwane (S. 465ff).
5. Tag: Magoebaskloof (S. 463ff), Tzaneen (S. 462f), Regenkönigin (S. 461). Übernachten entweder bei Tzaneen oder, wer sich noch beeilt und die N1 nimmt, in Bela-Bela.
6. Tag: Abstecher in die Magaliesberge (S. 480ff) westlich von Pretoria. Hier evtl. übernachten.

Lange Variante (9 Tage):

1. Tag: Johannesburg/Pretoria – Drakensberge. Dabei evtl. Stopp im Ndebele Village (S. 398) bei Middelburg. Falls noch Zeit ist, Wasserfälle bei Sabie (S. 400ff) anschauen. Übernachten in Sabie, Pilgrim's Rest od. Graskop.
2. Tag: Blyde River Canyon (S. 405ff) anschauen, dann in den Kruger National Park (S. 411ff) fahren. Übernachten im Süden, besser aber in der Mitte des Parks.
3. Tag: Zeit nehmen für den Kruger National Park. Übernachten weiter im Norden (z. B. Mopani, Sirheni od. Punda Maria).
4. Tag: Big Tree, Land der VhaVenda (S. 443ff) erkunden und übernachten in/bei Musina (S. 455).
5. Tag: Erkundung des Mapungubwe National Parks (S. 456f). Dort oder in Makhado (2 ½ Stunden Fahrt vom Park) übernachten.
6. Tag: Magoebaskloof (S. 463ff), Tzaneen (S. 462ff), Regenkönigin (S. 461). Übernachten entweder bei Tzaneen oder, wer sich noch beeilt, in Polokwane od. Mokopane (S. 466f).

7. Tag: Zeit nehmen für die Makapansgat Caves (S. 466f) sowie das Museum in Mokopane. Weiterfahrt zu den Waterbergen (S. 468ff). Dort übernachten.

8. Tag: Marakele National Park (S. 473f) oder Pilanesberg National Park (S. 474ff). Wer genug hat von der Natur, kann auch in Sun City (S. 476ff) bleiben.

9. Tag: Groot Marico und dann in die Magaliesberge (S. 480ff) westlich von Pretoria. Hier oder in Pretoria übernachten.

Optionale Mehrtage:

- Extratag/e im Kruger National Park.
- 2 Nächte im Marakele National Park.
- Mehr Tage in den Waterbergen verbringen.
- Abstecher zum Madikwe Game Reserve (S. 478).

Jo'burg bis Durban

Kurze Variante (3 Tage, ca. 600 km):

1. Tag: von Johannesburg direkt zum Hluhluwe-Umfolozi Park (S. 535f). Dafür früh morgens los und um Swaziland herumfahren.

2. Tag: nach St. Lucia bzw. zum Cape Vidal (S. 532f).

3. Tag: Weiterfahrt nach Durban (S. 555).

Mittlere Variante (6 Tage, ca. 920–1.000 km):

1. Tag: über den Saddleback Pass nach Swaziland (S. 497ff); Übernachtung in Phophonyane Lodge oder im Ezulwini Valley (lange Fahrt!) (S. 507ff).

2. Tag („früh loslegen"): durch das Ezulwini Valley mit Mantenga Cultural Village, Nationalmuseum, King Sobhuza's Memorial Park, Präsidentenpalast in Lobamba, Kultur- und Kunsthandwerkszentren zum Hluhluwe-Umfolozi Park (S. 535f).

3.+4. Tag: vom Hluhluwe-Umfolozi Park zur Sodwana Bay (S. 528ff) oder nach St. Lucia (S. 532f).

5. Tag: Strandaufenthalt zwischen Richards Bay und Durban (S. 540ff).

6. Tag: Weiterfahrt nach Durban (S. 555ff).

Lange Variante (8 Tage, 1.300–1.500 km):

1. Tag: über den Saddleback Pass nach Swaziland (S. 497ff); Übernachtung in der Phophonyane Lodge oder im Ezulwini Valley (S. 507ff).

2. Tag: das Swaziland-Programm wie bei der 6-Tage-Variante und anschließend zum Ithala Game Reserve (S. 518f) oder Hlane Royal National Park (S. 511f).

3. Tag: Ndumo Game Reserve (S. 523) oder Tembe Elephant Reserve (S. 523f).

4.+5. Tag: Kosi Bay (S. 525ff) mit Ausflügen auf den Seen und zum Kosi Bay Mouth.
6. Tag: Strandtag in Sodwana Bay (S. 528ff) oder Mkuze Game Reserve (S. 533) (wenn noch nicht viele Tiere gesehen).
7. Tag: Cape Vidal und/oder St. Lucia (S. 532ff).
8. Tag: Weiterfahrt nach Durban (S. 555ff).

Optionale Mehrtage:
Zululand und Battlefields (3 Tage) (S. 542ff):
1. Tag: Shakaland, Babanango oder Ulundi.
2. Tag: einige Battlefields ansehen und Übernachtung in Ladysmith.
3. Tag: Weiterfahrt nach Durban (S. 555ff).

Durban bis East London (Wild Coast)

Optimale Zeit:
7 Tage

Kurze Variante (5 Tage, 1.350–1.600 km):
Tag 1: Die Strecke Durban – South Coast passieren – Abstecher zur Oribi Gorge (S. 586ff) und über die R61 nach Port St. Johns (S. 599ff).
Tag 2: Über Umtata zu einem Hotel ihrer Wahl an der Wild Coast (Kob Inn, Mazeppa Bay oder Wavecrest) (S. 610ff).
Tag 3: Dort einen weiteren Tag bleiben.
Tag 4: Nach East London, Grahamstown oder Port Alfred (S. 618ff).
Tag 5: Düne im Alexandria Forest bzw. das Amakhala oder Shamwari Game Reserve (vor 16 h ankommen wegen Game Drive!) (S. 621f).

Lange Variante (7 Tage, 1.350–1.600 km):
Tag 1: An der South Coast (S. 576ff) übernachten im Hotel (z. B. in Scottburgh oder Margate), alternativ an/in der Oribi Gorge (S. 586ff) übernachten.
Tag 2: Über R61 nach Mbotyi (S. 596ff) oder Port St. Johns (S. 599ff).
Tag 3: Einen weiteren Tag dort bleiben. Mbotyi: Wasserfälle und Teeplantage anschauen bzw. bei Port St. Johns Aktivitäten oder 2. und 3. Strand besuchen.
Tag 4: Über Umtata (Mandela Museum, S. 604f) und dann ein weiteres Resort an der Wild Coast ansteuern (Kob Inn, Mazeppa Bay oder Wavecrest) (S. 610ff).
Tag 5: Dort einen Tag bleiben.
Tag 6: East London (S. 618ff).
Tag 7: Von East London über Port Alfred und Grahamstown zu einem der zwei Parks (Shamwari, Amakhala) (S. 621f).

Optionale Mehrtage:

1–2 Tage Mkambati Nature Reserve (S. 591ff).
1 Tag an der südlichen Wild Coast, z. B. Qolora Mouth (S. 603 bzw. 614ff).
2 Tage Abstecher ins Hinterland nach Rhodes oder Hogsback (nicht im Buch beschrieben).

Drakensberge von KwaZulu-Natal

1. Tag: Früh morgens losfahren in Durban, durch das Valley of a Thousands Hills (S. 626f). Übernachten in Pietermaritzburg (S. 627ff).
2. Tag: Vormittag sich Zeit nehmen für ausgesuchte Sehenswürdigkeiten in Pietermaritzburg und spätestens um 16 h weiter nach Underberg (S. 637ff). Dort übernachten.
3. Tag: Fahrt auf den Sani Pass (S. 640ff) (mit Tour-Operator).
4. Tag: Fahrt zum Giant's Castle (S. 645f) (nachmittags kurze Wanderung). Dort übernachten.
5. Tag: Giant's Castle (evtl. morgens früh noch eine Wanderung), dann Fahrt zum Cathedral Peak Hotel (S. 648).
6. Tag: Morgens Helikopterflug und evtl. noch kurze Wanderung. Anschließend Fahrt zum Royal Natal National Park (S. 652f).
7. Tag: Evtl. Wanderung im Royal National Park und zurück nach Johannesburg.

8. GAUTENG – JOHANNESBURG, PRETORIA UND UMGEBUNG

Überblick

Die Provinz Gauteng setzt sich aus den Großräumen Johannesburgs und der Hauptstadt Pretoria (Tshwane) zusammen und ist eine der größten industriellen Gebiete der südlichen Halbkugel. Mit 17.000 qkm (1,6 % der Gesamtfläche Südafrikas) ist sie zwar die kleinste Provinz des Landes, mit einem Anteil von weit über einem Drittel am Bruttosozialprodukt aber mit Abstand die reichste. Hier leben fast 9 Millionen Menschen, die mehr als 9 Prozent der Wirtschaftsleistung des gesamten Kontinents erbringen.

© graphic

Wirtschaftlicher Dreh- und Angelpunkt der Provinz, des Landes und sogar des gesamten Südlichen Afrikas sind dabei **Johannesburg, Soweto** und weitere umliegende Satellitenstädte. Pretoria hingegen, 50 km weiter im Norden und Landeshauptstadt, spielt eher politisch als wirtschaftlich eine Rolle und wird von Regierungs- und Verwaltungsgebäuden, Botschaften und der Universität geprägt. Durch zahlreiche Diplomaten und ihre Mitarbeiter hat die Stadt ein internationales Flair bekommen. Verbunden werden sollen beide Städte durch den Gautengtrain und in Zukunft eine **Riesenmetropole** bilden.

Wirtschaftsriese Afrikas

Mangelhaft sind die Infrastruktur in den **Townships** sowie ihre Anbindung an die Metropolen. Seit 1994 wird hier im Zuge der *Reconstruction and Development-Programme (RDP)* versucht, Abhilfe zu schaffen. Noch wird jedoch das Bild von staubigen Straßen und überfüllten Minibussen geprägt.

Townships im Aufschwung

Einsame Orte sind in Gauteng Raritäten. Sie können sie höchstens finden, wenn Sie sich zu einer Wanderung ins Innere der sich im Norden von Pretoria erstreckenden **Magaliesberge** aufmachen, nur eine Stunde von Johannesburgs Innenstadt entfernt. Ansonsten ist diese Region übersät mit Ferienhäusern der Großstädter – besonders um den Hartbeesportdam herum – und lockt die Massen mit Kleinkunstwerk und professioneller Ausflugsinfrastruktur.

INFO Gold – der Reichtum Südafrikas

Vorkommen
Gold (lat. *aurum*, chemisches Zeichen AU), bedeutet im Althochdeutschen „das Blanke". Reines **Gold** ist rötlich gelb, sehr weich und, wie beim Blattgold sehr gut zu sehen, außerordentlich dehn- und walzbar. Zumeist wird es in Form von Goldlegierungen verarbeitet. Gold ist sehr haltbar, da es als typisches Edelmetall reaktionsträge ist und von Luft und Säuren nicht angegriffen wird.

In der Natur kommt Gold hauptsächlich in zwei Bereichen vor, den primären und den sekundären Lagerstätten. In den Ersteren findet man meist das sog. **„Berggold"**. Dort reichert sich das Gold nach Erstarrung granitischen Gesteins in wässrigen Restschmelzen des Magmas an. In den sekundären Lagerstätten entsteht das so genannte **„Seifengold"** durch Verwitterung goldhaltiger Erze und Anreicherung der schweren Goldpartikel zusammen mit anderen Schwermetallen an bestimmten Stellen durch Absinken aus dem transportierendem Wasser. In Form von Goldsanden und Klumpen in Sand- und Geröllablagerungen setzt es sich als feiner Staub oder in Form von „Nuggets" (größere Klumpen, wie z. B. der spektakuläre Fund von 236 kg in Australien) fest. Bei den **Goldseifen** gibt es aus geologischer Sicht wiederum junge, leicht zugängliche Lagerstätten (Kanada, Brasilien) und die alten, die zu Festgestein verhärtet und von der größeren Bedeutung sind. Sie kommen im **Witwatersrand** in den präkambrisch entstandenen, metamorph veränderten und auch uranhaltigen Quarziten vor. Hierher kommt über die Hälfte allen geförderten Goldes der Erde. Südafrikas Erze weisen einen durchschnittlichen Goldgehalt von 7 g pro Tonne auf.

Weltweit steht Gold bei der Gewinnung von Bodenschätzen an sechster Stelle hinter Erdöl, Kohle, Eisen, Kupfer und Erdgas. Nachdem Gold traditionell Zahlungsmittel beziehungsweise Bezugsgröße der Währungskurse war, wurde das Goldwährungssystem Mitte des 20. Jahrhunderts abgelöst. Seither konzentriert sich die wirtschaftliche Bedeutung des Goldes auf das Warengeschäft. Ca. 15 % allen Goldes auf der Welt wird für gewerbliche Zwecke genutzt, d. h. Elektronik, Zahntechnik und spezielle Legierungen. 80 % des gesamten Goldangebotes fragt die Schmuckindustrie nach oder werden als anderweitige Wertanlage, z. B. als Goldbarren in der Bank, gehortet.

Goldgewinnung
Das **Waschen des Freigoldes** aus Seifen, Flusssanden oder dem Meer an der Küste ist das älteste Verfahren zur Goldgewinnung. Dabei werden die unterschiedlichen Gesteine in einer flachen Schale immer wieder mit Wasser aufgeschwemmt. Durch die hohe Dichte und das dadurch höhere Gewicht des Goldes sondert es sich von den anderen Gesteinen ab. Auch ein altes Verfahren ist die Goldgewinnung durch **Amalgamation**, bei der der fein gemahlene Erzschlamm mit Quecksilber verarbeitet wird. Gold und Quecksilber reagieren sofort zu einer Goldamalganverbindung. Restliches Gold wird dabei an amalgamierten Kupferplatten abgeschieden. Nach Abdestillieren des Quecksilbers bleibt relativ reines Gold zurück.

Die größte Bedeutung hat heute nach wie vor die 1889 eingeführte **Cyanidlaugung**. Durch sie kann das Gold aus Erzen gewonnen werden. Die komplexen Cyanide werden an Zink, Aluminium, Aktivkohle oder Ionenaustauschern zersetzt und erhebliche Goldmengen aus dem Anodenschlamm gewonnen. Durch elektrolytische Reinigung erhält man 99,98 %iges Elektrolytgold.

Große Bedeutung hat heute auch die **Rückgewinnung** des Goldes aus Altmaterialien, wie z. B. aus elektronischen Geräten. Am Witwatersrand warten riesige Abräumhalden, bestehend aus großen Mengen Goldstaub gemischt mit dem Sand aus den Goldminen, auf ihre Weiterverarbeitung. Lange fehlten allerdings die technischen Möglichkeiten, um den sehr, sehr feinen Goldstaub von den Sandkörnern zu trennen. Erst in jüngster Zeit wurden technische Verfahren dafür entwickelt.

Der südafrikanische Goldbergbau

Auch wenn die Fördermenge stetig abnimmt, nach wie vor ist Südafrika **der größte Goldproduzent der Erde**. Die gesamten bekannten Goldreserven werden auf 60.000 t veranschlagt, von denen 50 % in Südafrika liegen. Die weltweiten Vorräte reichen nach Berechnung des heutigen Verbrauchs noch ca. 30 Jahre.

Goldsandhalden im Süden von Johannesburg

Die Zunahme der Fördermengen in anderen Ländern wie den USA, Australien, Kanada oder China in Bezug auf den Anteil an der Weltproduktion führte u. a. zu einem verringerten Anteil Südafrikas. Hinzu kommt, dass in Südafrika das verbliebene Gold sehr tief liegt und die Förderkosten damit sehr hoch sind. Die Förderung einer Unze beträgt ca. 330–380 US$ im Gegensatz zu 200–230 US$ pro Unze in anderen Förderländern wie Kanada. Bei einem niedrigen Goldpreis arbeiten daher viele südafrikanische Goldminen unrentabel.

Der erste richtige Goldboom begann im heutigen Gauteng im Jahre 1886 – obwohl schon 1868 in Ost-Transvaal Gold gefunden worden war. In den folgenden Jahren stieg die Goldförderung unter Schwankungen stetig an. Anfang der 1980er Jahre baute Südafrika über 1.000 Tonnen Gold pro Jahr ab. Der damalige Goldpreis lag bei stattlichen 850 US$. Beim heutigen Goldpreis, aber gleich bleibenden Förderkosten, liegt die Goldproduktion in Südafrika Anfang des 21. Jh. bei 300–350 Tonnen. Gold ist aber immer noch der größte Devisenbringer Südafrikas. Und im Vergleich mit den USA (280 t), Australien (275 t), China (201 t), Russland (189 t) und Kanada (141 t) ist Südafrika noch immer das Land mit der höchsten Goldproduktion.

Der Prozess der Goldaufbereitung

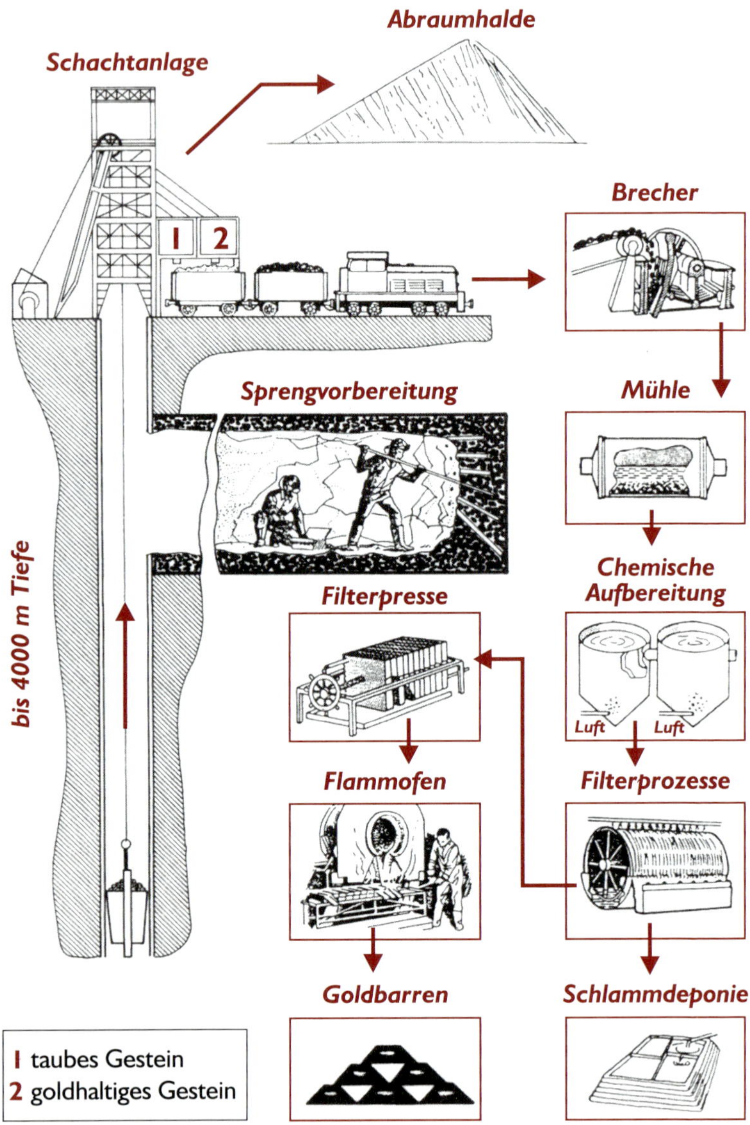

1 taubes Gestein
2 goldhaltiges Gestein

Für eine Unze Gold (31,105 g) müssen in einer südafrikanischen Mine zwischen vier und sieben (teilweise sogar zehn) Tonnen goldhaltiges Gestein abgebaut werden. Bei einer Gesamtjahresproduktion aller Minen in Südafrika von rund 300 Tonnen Gold, werden somit zwischen **500.000 und 800.000 Tonnen** (!) Gestein bewegt. Über 250.000 Arbeiter sind in der Goldminenindustrie tätig – zumeist Schwarze aus den Nachbarländern. Die Arbeiter arbeiten in der Regel fünf Tage in der Woche à acht Stunden im Schichtrhythmus.

Ein Grund der hohen Förderkosten sind die tiefen Lagerstätten des Goldes, die bei ungefähr 1.500–3.800 m Tiefe liegen – ein absoluter **Tiefenrekord**. Weltweit wird nirgendwo in so tiefen Schichten goldhaltiges Gestein abgebaut. Nordamerikanische oder australische Minen fördern ihr Gold im Tagebau oder nur in einigen 100 m Tiefe. Der tiefste Schacht in Südafrika hat die Western Deep Levels Mine gebohrt: Bis zu 3.859 m geht er in die Tiefe.

Die Temperaturen in solchen Tiefen sind extrem und liegen über 60 °C. **Hochleistungsfähige Klimaanlagen** kühlen diese Temperaturen auf unter 30 °C ab, um überhaupt einigermaßen akzeptable Arbeitsbedingungen zu schaffen. Die Leistungsfähigkeit des Kühlsystems entspricht in etwa der fünffachen Leistung der Klimaanlage des UNO-Gebäudes in New York. In anderen Regionen der Welt wäre die Temperatur in der Tiefenlage noch höher, da sie normalerweise alle 33 m um 1 °C zunimmt. Aufgrund der besonderen geologischen Gegebenheit in Südafrika, der sog. **„geothermischen Tiefenstufe"** findet dieser Temperaturanstieg „nur" alle 38 m statt.

Überhaupt sind die Abbaubedingungen in den Goldbergwerken Südafrikas äußerst gefährlich. 69.000 Kumpel starben zwischen 1911 und 1993 in südafrikanischen Bergwerken – eine Million wurden verletzt. 1995 fuhr eine Grubenlokomotive samt einem Anhänger trotz hoher Sicherheitsvorrichtungen in den 2.300 Meter tiefen Schacht des Vaal Reef Goldbergwerks in Orkney, etwa 150 Kilometer südwestlich von Johannesburg. Das tonnenschwere Ungetüm prallte beim Fall auf einen zweigeschossigen Förderkäfig voller Arbeiter und riss ihn in die Tiefe. In der Fachpresse wird die Unfallrate in Südafrika angesichts der täglichen Bewegungen und Schachttiefen als verhältnismäßig gering bezeichnet.

Das Vaal Reef Bergwerk gehört teilweise zum Anglo-American-Konzern und gilt als die zweitgrößte Goldmine Südafrikas. 13 Schächte, die Verluste einfuhren, sind 1999 an die Gesellschaft African Rainbow Minerals verkauft worden. Bei den anderen sieht das neueste Vorhaben des Anglo-American-Konzerns vor, Schächte bis auf 4.000 Meter in die Erde zu treiben.

Die älteste sich noch in Betrieb befindliche Mine ist die 1895 westlich von Johannesburg gegründete Durban Roodepoort Deep Ltd. Heute produziert das Unternehmen weltweit über 1 Mio. Unzen jährlich und spielt damit auf dem Weltmarkt eine wichtige Rolle. Die Reserven beziffert das Unternehmen in den fünf südafrikanischen und den drei ausländischen Minen auf 17 Millionen Unzen, die in etwa 15–20 Jahren aufgebraucht sein werden.

Der **Witwatersrand** *(ridge of white water = Kamm des weißen Wassers)* ist geologisch hoch interessant und gilt mit seiner 100 km langen Ader weltweit als reichste Goldfundstelle *(mehr Infos zum Witwatersrand siehe Info-Kasten)*. Der *ridge* erstreckt sich 80 km lang von Osten nach Westen als felsige Hügelkette, auf deren Mitte Johannesburg in einer Höhe von **1.748 m** liegt.

Junge Stadt

1994 wurde die Provinz zunächst nach den geografischen Eckpunkten Pretoria-Witwatersrand-Vaal benannt, ein Jahr später dann Gauteng, was in Sotho **„Ort des Goldes"** bedeutet. Und tatsächlich wurde die Region erst aufgrund eines Goldfundes im Jahre 1886 erschlossen. Gauteng hat heute die höchste Wachstumsrate innerhalb des gesamten Landes.

Johannesburg (ⓘ s. S. 195)

Überblick

Lassen Sie es sich gesagt sein: Johannesburg ist auf jeden Fall einen mehrtägigen Besuch wert. Die Schönheit der grünen Stadtteile im Norden mit gewachsenen Zentren und lebhaftem Treiben und ständig wechselnden *places to be* wurden schon immer unterschätzt. Und nun sind auch die Auswirkungen von ambitionierten und bis nach New York gereisten Stadtplanern spürbar, die nach der Wende verkommene und als *no go area* deklarierte Innenstadt so auf Vordermann zu bringen, dass Johannesburg im Jahr 2030 den Ruf einer Weltstadt verdienen wird.

Blick vom wohlhabenden Norden auf die Skyline der Innenstadt

Bereits beim Anflug nach Johannesburg sind die wichtigsten Merkmale der Stadt (erstreckt sich auf 2.500 qkm) zu erkennen: die bis zu 50 Stockwerke hohen Wolkenkratzer im Zentrum (felsiger Untergrund machte es möglich), die Swimmingpools und die mit altem Baumbestand geschmückten Gärten der zumeist wohlhabenden Weißen im Norden sowie der Qualm der Kochstellenfeuer in den südlichen Hüttensiedlungen.

Auf krasse Gegensätze sollten Sie von vornherein gefasst sein, denn darauf stößt man in der 3,2-Mio.-Stadt permanent (Großraum: über 6 Mio.). Auch wenn langsam spürbar wird, dass sich auch eine wohlhabende Schicht Schwarzer herausbildet und der Anteil der Weißen weniger wird, da viele aus Angst vor

Vorsichtsmaßnahmen für Johannesburg

Allen Unkenrufe und Kriminalitätsstatistiken zum Trotz: Johannesburg ist sehr viel sicherer geworden und bietet Besuchern einige Höhepunkte. Voraussetzung für Ihre Sicherheit: Halten Sie sich konsequent an klare Verhaltensregeln, die übrigens in jedem Dritte-Welt-Land oder auch Schwellenland gelten – auch wenn sie erst einmal nicht überall notwendig erscheinen (*vgl.* Kapitel *Reisetipps von A–Z*)!

- **Kleiden** Sie sich unbedingt schlicht und unauffällig. Tragen keinen Schmuck oder teure Sonnenbrillen und legen am besten auch Ihren Ehering für die Zeit Ihres Stadtbesuches lieber in den Hoteltresor. Auch die dicke Spiegelreflexkamera sollte dort bleiben. Für Erinnerungen reicht auch mal eine Kleinbildkamera. Versuchungen zu widerstehen ist das oberste Gebot.
- Mieten Sie sich einen Kleinwagen und keinen protzigen Mercedes, BMW o.ä., die sind bei Autodieben sehr beliebt.
- Investieren Sie in eine **Lenkradsperre** (können Sie hinterher ja wieder an andere Touristen verkaufen). Das verdirbt nicht nur die Lust an einem schnellen Autoklau, sondern beruhigt auch eigene Nerven.
- Fahren Sie immer mit geschlossenen Autotüren durch die Stadt und versuchen Sie möglichst zielstrebig ihr Ziel zu erreichen. Lieber entschlossen anhalten, um auf die Karte zu schauen, als unsicher durch die Gegend irren.
- Bei Ampelstopps genügend **Abstand** zum Vordermann einhalten, um im Notfall ausweichen zu können.
- Lassen Sie unter keinen Umständen irgendwelche Gegenstände offen im Auto liegen, öffnen Sie das leere Handschuhfach beim Verlassen des Autos.
- Vermeiden Sie die Stadtteile Braamfontein, Hillbrow, Berea und Yeoville, sie gelten als unsicher und sind zudem für Ortsfremde sehr unübersichtlich; hierher nur mit einem erfahrenen Stadtführer.
- Parken Sie nur auf **bewachten Parkplätzen**, erkundigen Sie sich, wie lange die Wächter vor Ort sind und kehren Sie rechtzeitig zu Ihrem Wagen zurück.
- Halten Sie sich nie länger als bis 17 h in der Innenstadt auf. Dann schließen die Geschäfte, Händler und Büroleute (900.000 Pendler!) fahren innerhalb kürzester Zeit Richtung Vororte. Die menschenleeren Straßen sind dann ein beliebtes Ziel von Jugendbanden.

der Zukunft die Stadt verlassen haben, so sieht man doch deutlich, dass die Mehrheit der Schwarzen sehr arm ist und eine kaufkräftige Mittelschicht fehlt.

Innerstädtische Migration

1994 waren 53 % der Einwohner der Innenstadt Weiße, heute istädie Zahl auf 16 % gesunken. Und die Tendenz, dass die Stadt **immer schwarzafrikanischer** wird, ist steigend: Immer mehr Schwarze aus den Nachbarländern strömen auf Suche nach Arbeit ins Zentrum und immer mehr schwarze wohlhabende Johannesburger in ehemals rein weiße Vororte.

Dort, wo das **Zusammenleben Weißer und Schwarzer** funktioniert, weil sich die einen, d. h. zumeist die Schwarzen, der Lebensweise ihrer Umgebung

> **Hinweis**
>
> *Beachten Sie unbedingt die aktuellen Vorsichtsmaßnahmen für Johannesburg!*

angepasst haben, weil beide Gruppen im Streben nach Aufrechterhaltung des sozialen Status einig sind, dort verfällt man schnell ins Träumen von einer multikulturellen Gesellschaft, deren Wohlstand nicht auf Ausbeutung nicht-weißer Gruppen basiert. Doch wenn man sich die extremen Pole anschaut, wie z. B. Soweto und Sandton, dann erscheint ein Zusammenwachsen nahezu unmöglich und die Gleichung „Rassenunterschied“ gleich sozialer Unterschied vollends aufzugehen.

Wie gesagt, schon beim Anflug springen einem die Symbole der Gegensätze ins Auge, die aber auch gleichzeitig eine merkwürdige Faszination ausüben. Die riesigen rechteckigen, goldgelben **Abraumhalden der Goldbergwerke**, die sog. *dumps*, im Süden der Stadt, führen vor Augen, auf welchem Reichtum die Stadt aufgebaut ist. Die einfachen kleinen Steinhäuschen nebenan verdeutlichen, wer den Reichtum aufgebaut hat. Die „Goldfelder“ sind gleichzeitig die größten Uranfelder der Welt, da Uranoxid als Nebenprodukt des Goldbergbaus abfällt. Ihre Präsenz wird in heißen und trockenen Perioden schmerzlich bewusst. Dann drücken Hitze und Wind Sandstaub in die südlichen Teile der Stadt.

Goldgelbe Abraumhalden

Davon werden Sie bei Ihrer Ankunft auf dem 1960 erbauten, immer wieder erweiterten und 2003 mit einem neuen *domestical terminal* versehenen **Johannesburg International Airport** nichts mitbekommen. Denn der liegt in Kempton Park, 24 km nordöstlich der City. Benannt wurde der Stadtteil nach dem Anfang des 19. Jh. ausgewanderten Deutschen namens Adams, gebürtig aus Kempten im Allgäu. Auf der internationalen Drehscheibe von Touristen und Geschäftsleuten des Südlichen Afrika landen 53 Fluglinien mit jährlich über 11 Mio. Passagieren.

Grob lässt sich die Stadt in vier Regionen teilen:
① in den wohlhabenden Teil **nördlich des *ridge***, d.h. nördlich der Hügelkette, die die Stadt von Ost nach West durchzieht,
② in die Region um die **Downtown**, d. h. der ärmere Teil südlich vom *ridge* mit überbelegten Hochhäusern, leer stehenden Bürotürmen und kleinen Industriebetrieben,
③ in die ärmste **Region ganz im Süden** der Stadt (Hüttensiedlungen),
④ in die **Mittelstandsstadtteile** im Osten und Westen (z. B. Beloni oder Krugersdorp).

„Sodom und Gomorrha“

In den Norden waren schon zu Gründerzeiten die reichen Geschäftsleute, die sog. ***Rand Lords***, aus dem vom damaligen Auslandskorrespondenten *Winston Churchill* bezeichneten „vom Sodom und Gomorrha überlagerten Monte Carlo“ geflüchtet, um in den nördlichen Hanglagen des *ridge* geschützt gegen Wildwest-Manieren und Sandstaub in schicken Villen die Sonnenseite des Lebens zu genießen.

So entstanden damals z. B. Melville, Parktown und Parkview, parkähnliche **Wohnlandschaften** mit frisch angepflanzten Jacaranda-Bäumen. Straßenzüge laden dort mit kleinen Cafés, Bars und Restaurants, Antiquitäten-, Möbel und Buchläden am Tag und abends zum Schlendern, Schlemmen und Verweilen ein. Viele Studenten, die hier wohnen (Johannesburg hat eine Englisch- und eine Afrikaans-sprachige Universität) verdienen hier ihren Lebensunterhalt als Bedienung oder Verkäufer.

1.748 m über NN

Oft unterschätzt wird die **Höhe von 1.748 m über NN**. Der Vorteil ist **angenehmes Klima** im Sommer. Im Winter hingegen sind Minusgrade keine Seltenheit. Beeindruckend deutlich wird die Höhenlage, wenn man sich von Süden per Auto der Stadt nähert. Dann hebt sich schon 50 km vor Erreichen der Stadtgrenze die beeindruckende Skyline in den Himmel.

Die zweitgrößte Stadt Afrikas südlich der Sahara wird in Zulu *eGgoli* genannt. Das heißt so viel wie „das Goldene". Sie ist die Hauptstadt der Provinz Gauteng, die 1994 entstand, als die ehemalige Provinz Transvaal in vier Provinzen aufgeteilt wurde. Unabhängig von der neuen administrativen Funktion war Johannesburg von Beginn an das Finanz-, Bergwerks- und Industriezentrum von Südafrika.

Das spiegelt sich auch im Umland von Johannesburg wider, das die **reichsten Goldvorkommen** der Welt birgt. Landschaftlich ist es hier je nach Jahreszeit entweder im regenreichen Sommer (Nov.–März; ca. 800 mm Regenfall in Form von heftigen Nachmittagsschauern) saftig grün oder bräunlich im kalten und trockenen Winter (Mai–Aug.).

Doppelt so viele Einwohner wie Berlin

Johannesburg (Großraum heute: über 6 Mio. Einw.) entwickelte sich innerhalb nicht einmal eines Jahrhunderts zur drittgrößten Stadt des Kontinents, nach Kairo (15,1 Mio.) und Lagos (10,7 Mio.). So bietet die Metropole wie jede Großstadt Lärm, Schmutz, Hektik, Kriminalität und ein Aufeinanderprallen von **extremer Armut und großem Reichtum**. Aber sie bietet auch **kulturelle Vielfalt**, Einkaufsmöglichkeiten aller Art, gemütliche Cafés, Museen, Galerien, Theater- und Tanzaufführungen sowie ein lebhaftes Nachtleben mit Event-Restaurants, kleinen Bars und etablierten Clubs und darüber hinaus, wenn auch für Außenstehende in den Townships auf eigene Faust nicht zu finden, Sessions mit hervorragendem Jazz und Blues.

Geschichte

Es begann 1884

Karge Savannenlandschaft, in der vereinzelt siedelnde weiße Farmer neben schwarzen Volksgruppen und San lebten, prägte die Gegend, in der 1884 die Brüder *Harry und Fred Struben* nördlich des heutigen Krugersdorp systematisch auf die Suche nach Gold gingen. Sie fanden bald bei der Bergkette südlich von Roodeport eine kleine Quarzader. Dieser Fund zog weitere Goldsucher an, die die Vorhut bildeten für den Ansturm der kommenden Jahre.

Anfang 1886 stieß der australische Goldsucher *George Harrison* auf einen blauweißen Stein, in dem er Gold vermutete. Er zerkleinerte den Stein und wusch nach Goldwäschermanier die Gesteine aus. Und tatsächlich blieben Goldpartikelchen übrig. Er hatte damit eine der goldreichsten Lagerstätten des *Main Reef* im März 1886 entdeckt. Gegen Ende des Monats zeigte er den Fund seinem Freund *George Walker*, der frustriert vom *Confidentional Reef* angereist kam. Beide kamen

Es sprach sich schnell herum

überein, das Geheimnis noch für sich zu behalten, derweil sie nach weiterem Gold suchten. Der Alkohol soll jedoch *Walkers* Zunge gesprächig gemacht haben, so dass das Gerücht eines riesigen Goldfundes schnell die Runde machte. *Harrison* und *Walker* versuchten die Fundstelle zu sichern, indem sie dem Farmer *Gerhardus Oosthuizen* die Entdeckung erzählten. Dieser witterte das große Geld und unterbreitete den Goldsuchern am 12. April 1886 einen Vertrag mit den wohl weitreichendsten Folgen in der Geschichte Südafrikas:

„Contract entered into between Mr Gerhardus Cornelis Oosthuizen on the one part and George Harrison, George Walker on the other part, for the prospecting of gold or precious metals on the quarter farm Langlaagte, the property of the first-named. The first signatory agrees and binds himself according to the Gold Law to give to each of the signatories, one claim, reef or alluvial, wherever they may choose. Secondly, that when the other signatories have prospected the farm and found no payable gold or precious metals this contract shall be entitled to a stand and also water to work their gold or mineral with machinery or without machinery."

Quelle: T.V. Bulpin, Discovering Southern Africa, Cape Town

Von dem Tag der Vertragsunterzeichnung an arbeiteten die beiden Goldsucher offen auf ihrem Claim und zogen damit aus aller Herren Länder Spekulanten, Goldsucher, Glücksritter und Abenteurer an. Beinahe über Nacht war das einst nahezu unberührte Fleckchen Erde nicht wieder zu erkennen. Ende April befand sich die Langlaate-Farm bereits in einem Zustand des absoluten Goldrausches.

Claims wurden abgesteckt

Die Landvermesser *John Rissek* und der Direktor des Minen-Departements *Johannes Christian Joubert* kamen aus Pretoria angereist, um nach dem Goldfund von *Harrison* Claims abzustecken und die Ansiedlung der Goldsucher und ihrer Gefolgschaft zu organisieren. Die Farmen entlang des Reefs wurden zum öffentlichen Goldgräberfeld erklärt. Am 20. September 1886 gab der erste südafrikanische Präsident *Paul Kruger* das Gebiet unter der Führung von *Carl von Brandis* für Goldsucher frei.

Namensgebung

F.C. Eloff, Privatsekretär des Präsidenten *Paul Kruger* reiste ebenfalls aus Pretoria an. Er hatte den Auftrag, einen geeigneten Platz für eine Stadtgründung zu finden. Am 3. Dezember 1886 wurde der Name „Johannesburg" das erste Mal auf einem Straßenplan vermerkt. Wer die Namensentscheidung getroffen hat, ist unklar. Die Staatsdiener *Rissik* und *Joubert* hatten beide *Johannes* als Vornamen. In Südafrika wird erzählt, dass Präsident *Kruger*, als er von der Namensgebung hörte, fragte, warum die Stadt nicht nach ihm benannt worden sei. *Rissik* und *Joubert* antworteten: *„Your honour, your names are Stephanus Johannes Paulus. Indeed, we have named Johannesburg after you, Sir"*.

Erst 1928 offiziell gegründet

Ab dem Zeitpunkt wuchs Johannesburg unaufhörlich. Zunächst standen auf freiem Feld nur Zelte, dann Blechhütten und schließlich Steinhäuser. Ende des 19. Jh. zeichnete sich schon eine richtige Stadt ab, die in Bezug auf die neuesten technischen Errungenschaften mit europäischen Metropolen mithalten konnte. Elektrische Straßenlampen (1895) und die erste leuchtende Werbung (1905) erhellten die Stadt, die bereits 100.000 Einwohner zählte. Innerhalb von 7 Jahren war Johannesburg, das erst 1928 offiziell gegründet wurde, die größte Stadt Südafrikas.

Wirtschaft

Johannesburg, Soweto und weitere umliegende Satellitenstädte sind seit Aufhebung der Apartheid Ausgangspunkt vieler Geschäftsleute, die von hier aus in ganz Afrika Geschäfte führen, d. h. Brauereien übernehmen, Mobilfunknetze aufbauen oder Supermarktketten einrichten. Die South African Breweries (jetzt SAB Miller) ist eines der führenden Unternehmen Johannesburgs.

Besitzerwechsel

Auch die aufstrebende neureiche **schwarze Elite**, die von Kennern *waBenzi* (wie ihr Lieblingsauto) genannt wird, weiß Johannesburg zu schätzen. Immer mehr Villen weißer Auswanderer gehen in den Besitz Schwarzer über. Während auf der Hitliste der 20 führenden Geschäftsmänner vor 20 Jahren noch kein Schwarzer zu sehen war, ist es dort heute jeder Zweite. Stadtführer behaupten gerne, dass Johannesburg funktioniere. Doch das trifft uneingeschränkt nur auf die weißen Vororte zu. In Soweto gibt es z. B. eine Arbeitslosenquote von fast 40 Prozent.

Bürobauten in Downtown Johannesburg

Ein großes Problem, viele sagen „das Haupthindernis" schlechthin, ist für die Wirtschaft die **Kriminalität**, die alle ethnischen Gruppen betrifft. Obwohl vergleichende Statistiken schwer zu bekommen sind (2001 stoppte der Stadtrat vorübergehend die Evaluation), ist klar, dass Morde, Einbrüche, Autodiebstähle eine Größenordnung angenommen haben, die weit über das Maß einer normalen Millionenstadt hinausgehen. Ein Grund, weshalb auch Touristen glaubten, der Stadt fernbleiben zu müssen und gleich in die Tierparks weiterfuhren. Heute ärgern sich viele nach ihrer Ankunft in Johannesburg, hier nicht doch wenigstens einen Tag eingeplant zu haben.

Einen Besuch wert

Die **reichste Stadt Südafrikas** war am Ende der 1990er Jahre de facto bankrott, doch durch massive Sparpolitik und Rückbesinnung auf eigene Stärke konnte die Stadt im neuen Jahrtausend wieder schwarze Zahlen schreiben. Heute haben z. B. 60 % der 100 Top-Unternehmen Südafrikas und 59 % aller Unternehmen der Informationstechnologie ihren Hauptsitz in Johannesburg.

Der 24 km außerhalb der Innenstadt liegende **internationale Flughafen** in Kempton Park (Johannesburg International Airport) wurde nicht zuletzt wegen des starken Reiseaufkommens von Europäern mit einem neuen Terminal für Inlandsflüge versehen. Er dient als **Drehscheibe für das gesamte Südliche**

Großraum von Johannesburg und Pretoria (Tshwane)

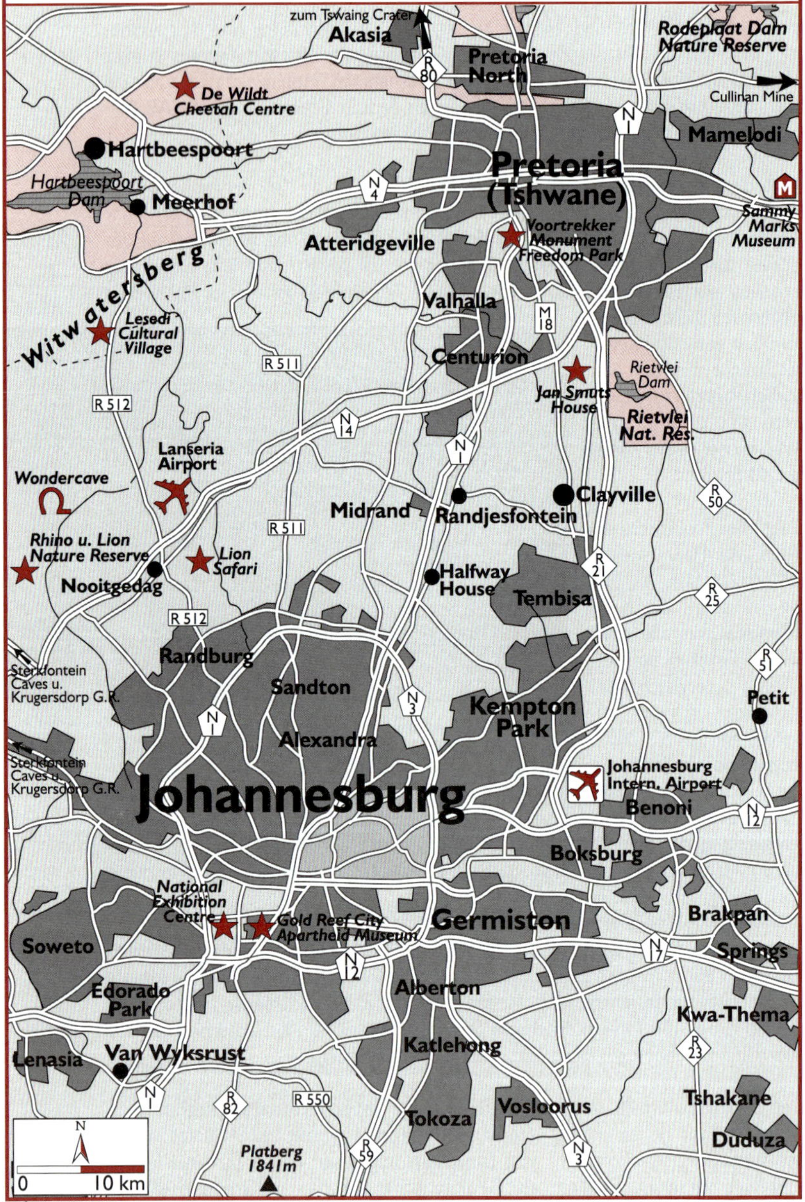

Afrika. Für Touristen geht hier der Weg weiter nach Kapstadt, Durban und Port Elizabeth.

Der Reichtum an Mineralien führte zur Ansiedlung vielfältiger **Industriezweige** wie Diamantenschleifereien, Maschinenbaubetrieben, Textilfabriken, Lederverarbeitung, Nahrungsmittelwerken und chemischer Fabriken. Zudem residieren hier neben der Börse die Headquarters fast aller Banken und Versicherungen. Mit einer Wachstumsrate von 5,3 % ist Gauteng die Provinz mit den höchsten Produktionsraten in den Bereichen Bergbau und produzierendes Gewerbe.

Redaktions-Tipps Johannesburg

- **Soweto:** geführte Tour mit Essen im berühmten Restaurant Wandie's Place; Hector Pieterson Museum; Nelson-Mandela-Haus, ab S. 360.
- **Einkaufsbummel** in der Shopping Mall von Sandton, Mittagessen auf dem Mandela Square, S. 368f.
- Die bedeutendsten **Sehenswürdigkeiten** besuchen: Gold Reef City (S. 357), Rosebank Rooftop Market (S. 366), Apartheid-Museum (S. 356), Constitution Hill (S. 354f), MuseuMAfrica (S. 350f).
- Ausflüge in die Umgebung: Sterkfontein Caves (Cradle of Humankind), S. 371ff, Lesedi Cultural Village, S. 375f, Magaliesberge, S. 480ff.

Unterkünfte
Suchen Sie sich ein Zimmer in einem der einschlägigen Hotel-Ketten. Die preisgünstigeren befinden sich eher im Osten der Stadt am Eastgate. Ansonsten bieten Rosebank sowie Sandton eine große Hotelauswahl. *Siehe auch die regionalen Tipps in den Gelben Seiten.*

Zeiteinteilung
Wir empfehlen, mindestens eine Übernachtung in Johannesburg einzuplanen, wenn Sie am Vormittag in Johannesburg ankommen oder per Nachtflug Johannesburg verlassen. Optimal wären zwei Tage, um die Vielfalt der Stadt zu erleben.

Bleiben Sie 2 Tage

Entfernungen
Johannesburg – Pretoria 58 km
Johannesburg – Sun City 167 km
Johannesburg – Durban 578 km
Johannesburg – Kapstadt 1.402 km
Johannesburg – Kimberley 472 km

Sehenswertes im Innenstadtgebiet von Johannesburg

Die Innenstadt mit dem *Central Business District* (CBD), dem *Gandhi Square* und der *Diagonal St* mit ihren kleinen Geschäften, der *Oriental Plaza* sowie *Newtown* ist wieder einen Besuch wert. In den Straßen unterhalb der hohen Bürogebäude im CBD, die sich aufgrund niedriger Mietpreise langsam wieder füllen, herrscht durch lizensierte Händler und zahlreiche Passanten lebhaftes Treiben.

Innenstadt erholt sich

Nachdem die *Downtown* nach der Wende 1994 jahrelang als *No-go-Area* galt und 2000 auch die Johannesburger Börse die Segel strich und den Wirtschaftsriesen nach Sandton folgte, hat die *Central Johannesburg Partnership* zur Wiederbelebung der innerstädtischen Wirtschaft begonnen, Maßnahmen zur Eindämmung der Kriminalität einzuführen. Für Gutbetuchte ist die Innenstadt ein Immobilienparadies: sie bauen relativ günstig erworbene Dachwohnungen zu Luxusapartments um.

Luxus-Lofts

Weiter unten in den Straßen wurde die Müllabfuhr verbessert, Polizeipatrouillen verstärkt und eine Registrierungspflicht für Händler eingeführt. Zahlreiche Überwachungskameras versorgen ein vernetztes Computersystem und Polizei, Sicherheitsfirmen und Stadtverwaltung ziehen bei der Kriminalitätsbekämpfung an einem Strang. „Rote Ameisen" genannte Säuberungskolonnen durchkämmen die Häuserblöcke, entkernen zum Teil unbewohnbar gewordene Räume, machen illegale Mieter ausfindig und ziehen Hausbesitzer zur Verantwortung; Gesundheitsamt und Sozialbehörde versuchen Straßenkinder und Arbeitslose in Programmen unterzubringen.

Für Besucher ist dennoch die entspannteste Art, mit einem einheimischen Führer durch die Straßen der Innenstadt zu schlendern. Erkundigen Sie sich im Hotel danach. Die einzelnen Sehenswürdigkeiten können Sie auch alleine besichtigen, indem Sie jeweils direkt davor auf bewachten Plätzen parken – z. B. auf dem Parkplatz vor dem MuseuMAfrica, vor der Johannesburg Art Gallery oder der Standard Art Gallery. Erkundigen Sie sich, wie lange er bewacht wird und kehren Sie rechtzeitig zum Auto zurück (*siehe auch „Vorsichtsmaßnahmen für Johannesburg"*).

Bewachte Parkplätze nutzen

Johannesburg Art Gallery (JAG) (1)

(Joubert Park; King Georg St; südl. der M10; bewachter Parkplatz vor Südeingang; Di–So 10–17 h)

Wechselnde Ausstellungen namhafter zeitgenössischer südafrikanischer Künstler sowie sehr gute folkloristische Ausstellung über Bräuche, Sitten und traditionelle Trachten. Bunte T-Shirts mit JAG-Aufdruck, Workshops, Jazz-Konzerte und Performances sowie Tanztheaterstücke von *Robyn Orlyn*, der bekanntesten Choreografin Südafrikas sollen auch eingeschüchterte Weiße aus dem Norden anlocken und Sponsorengelder locker machen. Die gesamte Sammlung ist so groß, dass nur 10 % auf einmal gezeigt werden können. Dank eines Trust Fonds wächst die Sammlung immer weiter.

Karte
S. 348/349

Das als *National Monument* deklarierte Gebäude wurde 1910 quasi „falsch" herum gebaut. Nach südafrikanischem Gefühl muss der Haupteingang eines Gebäudes dem Sonnenstand gemäß nach Norden zeigen. Da der Nordzugang durch den Park aus Sicherheitsgründen geschlossen wurde, ist der zum Hintereingang deklassierte Haupteinlass, der leider nur wenige Meter von einer breiten Bahngleisanlage entfernt liegt, reaktiviert worden.

Von hinten rum

Die Attraktion des heruntergekommenen **Joubert Park** (einziger Park in der Innenstadt, diente anfangs als Baumschule) ist das historische Gartenhäuschen (viktorianischer Stil). Vom Restaurant der Galerie, das sich unterm Dach befindet, hat man einen schönen Blick darauf.

Nelson Mandela Bridge (2)
(M27)

Auf dem Weg von der *JAG* zum *Oriental Plaza* (M10) geht es unter der 2003 fertig gestellten **Nelson Mandela Bridge** her. Die 284 m lange und größte Hängebrücke des Südlichen Afrika führt über 42 sich in Betrieb befindende Bahnlinien – ohne einen einzigen Stützpfeiler. Die 38 Millionen Rand teure Brücke gilt als das neue Wahrzeichen Gautengs und als Hoffnungsträger für die Wiederbelebung der Innenstadt: Sie verbindet den Norden der Stadt inklusive dem benachbarten Braamfontein (wird ebenfalls mit Büros und Verwaltungseinheiten aufgeschickt) mit dem Herzen Newtowns und dem Central Business District. Fahrten über enge Straßen entfallen so und auch Fußgänger können die Brücke nutzen.

Hängebrücke als Hoffnungsträger

Enoch Sontonga Memorial Park (3)
(Zugang: Enoch Sontonga Drive)

Das nationale Monument zu Ehren des Komponisten der südafrikanischen Nationalhymne *„Nkosi Sikelele`iAfrica“* (Gott segne Afrika, 1897) *Enoch Sontonga*, ist an einen der ältesten Friedhöfe der Stadt, dem *Braamfontein Cemetery* angegliedert. Erst als das Grab durch einen Akt von Vandalismus beschädigt worden war, erinnerte man sich wieder an die letzte Ruhestätte des Komponisten. Heute steht hier ein imposanter Grabstein.

„Nkosi Sikelele `iAfrica“

Die heutige südafrikanische Nationalhymne war eines von vielen Musikstücken, die der Lehrer einer Methodisten-Missionsschule in Johannesburg für seine Schüler schrieb. Als Kirchenlied komponiert, gab es zunächst nur eine Strophe, die in Xhosa verfasst war. Nach seinem Tod im Jahre 1905 reichte seine Frau die Musikstücke an Chöre weiter. 1927 schrieb der Dichter *Samuel Mqhayi* zusätzlich sieben weitere Verse, ebenfalls in Xhosa. Vom Leiden der Afrikaner in Johannesburg zeugend, waren die meisten Lieder *Sontongas* traurig, aber populär.

Oriental Plaza (4)
(Fordburg; Queens Rd/Bree St; hinter dem Braamfontein Cemetery von der M10 links in die M7 und auf das Minarett zufahren; bewachter Parkplatz direkt vor der Plaza; Mo–Fr 9–17 h, Fr 12–14 h Mittagspause, Sa 9–13 h)

Ein Gewürzladen im Oriental Plaza

Mehr als nur ein Shopping Center, ein kulturelles Erlebnis. Wie auf einem orientalischen Bazar eben. Muslime mit traditioneller Kleidung schlendern zu orientalischer Musik durch die Plaza, aber auch Kunden jeder Hautfarbe, die nach günstigen Stoffen, Schuhen oder Gewürzen Ausschau halten. Ohne einen der leckeren Snacks wie z. B. Samosas (vegetarisch und mit Fleischfüllung) sollte man hier nicht weggehen.

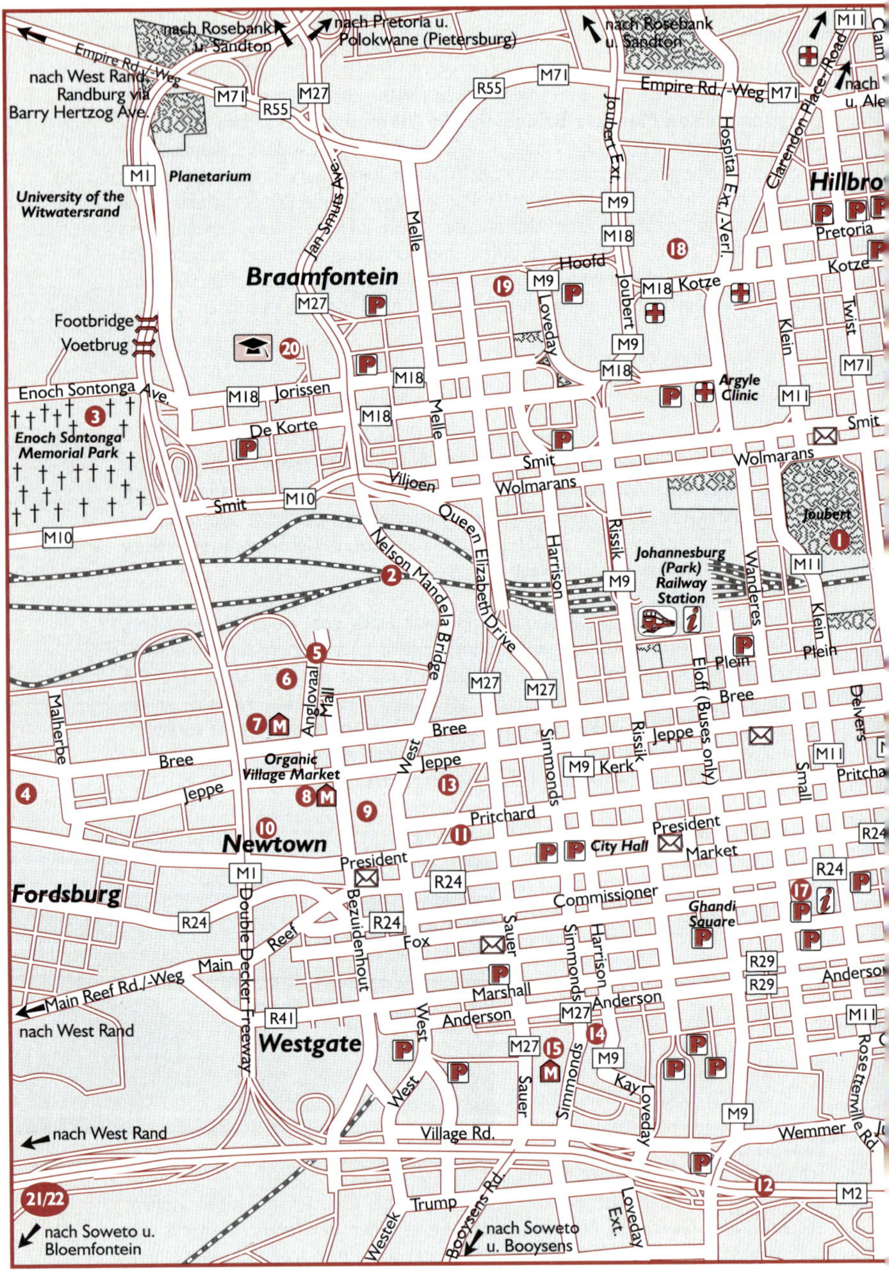
nach Rosebank u. Sandton
nach Pretoria u. Polokwane (Pietersburg)
nach Rosebank u. Sandton
nach West Rand Randburg via Barry Hertzog Ave.
Empire Rd./-Weg
M71
R55
M27
M11
nach Ale...
Planetarium
University of the Witwatersrand
M1
Braamfontein
Jan Smuts Ave.
Melle
Hoofd
Loveday
Joubert Ext.
Joubert
Hospital Ext./-Verl.
Clarendon Place/-Road
Hillbro...
Pretoria
Kotze
Twist
Klein
M9
M18
Footbridge
Voetbrug
Enoch Sontonga Ave.
Enoch Sontonga Memorial Park
Jorissen
De Korte
Argyle Clinic
Smit
Wolmarans
Viljoen
M10
Queen Elizabeth Drive
Nelson Mandela Bridge
Harrison
Rissik
Johannesburg (Park) Railway Station
Wanderes
Joubert
Klein
Plein
Malherbe
Anglovaal Mall
Bree
Jeppe
Eloff (Buses only)
Delvers
Simmonds
Kerk
Small
Pritcha...
Organic Village Market
West
Pritchard
President
Market
City Hall
R24
Newtown
Fordsburg
Commissioner
Ghandi Square
Double Decker Freeway
Bezuidenhout
Reef
Fox
Sauer
Main
Main Reef Rd./-Weg
nach West Rand
R29
Marshall
Anderson
R41
M27
Westgate
Kay
Rosettenville Rd.
Wemmer
Village Rd.
nach West Rand
M2
21/22
Trump
Booysens Rd.
Westek
nach Soweto u. Bloemfontein
nach Soweto u. Booysens
Loveday Ext.
1
2
3
4
5
6
7
8
9
10
11
12
13
14
15
17
18
19
20

Johannesburg - Innenstadt

1 Johannesburg Art Gallery (JAG)
2 Nelson Mandela Bridge
3 Enoch Sontonga Memorial Park
4 Oriental Plaza
5 Newtown Cultural Precinct
6 Market Theatre Complex
7 MuseuM Africa
8 Worker's Library and Museum
9 South African Brewerie's Centenary Centre
10 Turbine Hall, Electric Workshop, Bus Factory
11 Kwa Zulu Muti Shop
12 Muti Market / Mai Mai Bazar
13 Das ehemalige Gebäude der "Johannesburg Stock Exchange" (JSE)
14 Standard Bank Art Gallery
15 Ferreira Mineshaft Museum
16 Absa Gallery
17 Carlton Center Observatory
18 Constitution Hill / Old Fort Prison Complex
19 Civic Theater Complex
20 Wits Theater Complex / University of the Witwatersrand
21 Apartheid - Museum
22 Gold Reef City
27 Ellis Park Stadium
28 Chinatown
29 Eastgate Shoppingcenter, Bruma Lake Waterfront and Fleamarket
30/1 Ghandi House - Museum (Troyeville)
30/2 Ghandi House (Orange Grove)

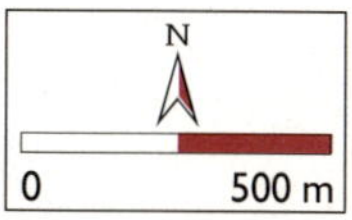

Newtown Cultural Precinct (5) und weitere Stadtentwicklungsprojekte

Blue IQ

Der kulturelle Bezirk von Newtown ist das Herz des CBDs und das Zentrum eines 300 Millionen Rand teuren City-Erneuerungsprojektes, das von Gautengs Wirtschaftsentwicklungsinitiative *Blue IQ* realisiert wird. Fertig gestellt ist bereits der im Herzen des Stadtentwicklungsbezirks gelegene Mary Fitzgerald Square und die Metro Mall, ein multimodales Transport- und Einzelhandelszentrum (für 150.000 pendelnde Händler ausgestattet). Ein direkter Zugang vom M1-Highway soll den direkten Zugang zu Newtown aus der Südrichtung gewähren.

Brücken werden geschlagen

Auf der anderen Seit der Mandela Bridge, in Braamfontein, ist ebenfalls ein riesiges Stadtteilentwicklungsprojekt aus dem Boden gestampft worden. 200 Millionen Rand wurden hier von der Stadt Johannesburg und privaten Investoren zusammengebracht, um Braamfontein, das ehemalige Geschäfts-, Bildungs-, und Unterhaltungszentrum (Civic Center, Wits Universität), neu aufzubauen. Beide Entwicklungsprogramme zusammen schlagen eine Brücke zu einem weiteren Blue-IQ-Projekt, dem 95.000 qm großen Constitution Hill (s. S. 354); alle Stadtteile verbindet die Nelson Mandela Bridge.

Den Newtown Cultural Precinct säumen kleine Holzfiguren – geschnitzt aus Eisenbahnbohlen, die den bewachten Parkplatz *(Einfahrt über Goch-St)* direkt vor dem MuseuMAfrica sowie die angrenzenden Straßen säumen.

Market Theatre Complex (6)

(Mary Fitzgerald Square)

Kulturelles Herz der Stadt

In den 1970er Jahren Treffpunkt für Gruppen von Künstlern um *Barney Simon*, die Raum für *free Spirit* suchten. So landeten sie schließlich am ehemaligen Frucht- und Gemüsemarkt, der 1931 im Edwardianischen Stil gebaut worden war. Während der politisch schwierigen Jahre war hier das Nervenzentrum des Künstlerprotestes gegen die Apartheid.
Das Market Theatre umfasst das Laager, *Barney Simon* und das Main Theater. Unzweifelhaft das kulturelle Herz Johannesburgs mit angrenzender Art Gallery, Bar und einem Restaurant. Gegenüber liegt der Jazzclub Kippie's, benannt nach dem legendären Saxophonisten *Kippie Moeketsi*.

MuseuMAfrica (7)

(Bree St; Di–So 9–17 h)

Geschichtsmuseum im ehemaligen Gemüse- und Obstmarktgebäude (erbaut 1931). In dem Gebäude befinden sich auch das **Bensusan Museum** (Fotografien der frühen Johannesburger Tage) und das Museum of SA Rock Art (kleiner Einblick in die Geschichte der ältesten Bewohner Südafrikas, den San und Khoikhoi). Auf mehreren Ebenen gibt es sieben permanente Ausstellungen zur Geschichte Johannesburgs:

- „Gold“, alles um den Gründungsmythos der Stadt
- „What about the Workers?“, Arbeiter im Minentunnel

- „Sounds of the City", Originalaufnahmen u. a. der Tanzmusik der Townships (Marabi-Musik), 1920er-Jahre-Beat, Township-Jazz

„Sounds of the City"

- „Birds in a cornfield", Entstehung illegaler Siedlungen mit original großer Hütte aus der Township Alexandra;
- „Gandhi's Johannesburg", eine Fotoausstellung über *Gandhis* Leben in der Stadt
- „The Road to Democracy", die Auswirkungen der Apartheid und der Kampf um Demokratie, und schließlich
- „Tried for Treason", Ausstellung über den vier Jahre dauernden Prozess wegen Landesverrat gegen 156 Gegner der Apartheid, inklusive *Nelson Mandela*.

Der Museumskomplex bildet das Herz von Newtown

Worker's Library and Museum (8)

(Jeppe St, Mo–Sa 9–17 h)

Gegenüber dem MuseuMAfrika befindet sich das Municipal Compound, ein Flachbau, der 300 Wanderarbeitern 80 Jahre lang eine Schlafstätte bot. Zu sehen sind historische Fotografien der Arbeiter, die z. B. in der alten *Turbine Hall* oder dem *Electric Workshop* und der *Bus Factory* im Postindustriezeitalter arbeiteten. Aus den ländlichen Gebieten kommend, versuchten die Arbeiter in der Stadt etwas Geld zu verdienen, um z. B. die unter britischer Regierung erhobenen Steuern bar zahlen zu könnenn. Die Familien mussten sie dabei zurücklassen.

Ohne Familien

South African Brewerie's Centenary Centre (9)

(President St/Becker St, Di–Sa 10–18 h; tel. Anmeldung für Führung, letzte Tour 17 h)

Brauerei-Zentrum der South African Breweries (heute SAB Miller). Größte Brauerei des Landes, zu der auch die 1888 in Johannesburg gegründete Castle Brewerie gehört. Eine 90-min-Tour gibt Einblick in 6.000 Jahre Brauereigeschichte, angefangen in Mesopotamien und Ägypten bis zur heutigen Zeit. Neben modernen Brauvorgängen und traditioneller afrikanischer Bierbrauerkunst gibt es die typische African-Lion-Bar aus den Zeiten des Goldrausches sowie den illegalen Pub der Townships, den **Shebeen**. In der angrenzenden Kneipe (*Tab Room*) können Sie ihren Favoriten probieren.

Hauptsache Bier

Turbine Hall, Electric Workshop, Bus Factory (10)

(Ecke Jeppe/Bezuidenhout St und Ecke President/Goch St; Bus Factory Mo–Fr 9–17 h)

Das Gebäude der *Bus Factory* aus den 1930er Jahren diente bis in die 1990er als Straßenbahndepot. Heute dreht sich hier alles um **südafrikanisches Kunsthandwerk**: dekorative Arbeiten aus Holz, Gräsern und Perlen zu fairen Preisen.

Im *Electric Workshop* (erbaut 1906), früher Heim der Turbinen zur Stromerzeugung des Johannesburger Tramsystems, bringt das **Sci-Bono Discovery Centre** (auch „Science Museum" genannt) Naturwissenschaften in anschaulicher und erlebbarer Art und Weise den Besuchern näher (zwölf Ausstellungsflächen auf unterschiedlichen Ebenen). Das größte Zentrum seiner Art auf dem Kontinent.

Mode und Turbinen

In der *Turbine Hall* werden gelegentlich **Modeshows, Musikevents** etc. veranstaltet. Infos hierzu in der aktuellen Tagespresse.

KwaZulu Muti Shop (11)

(14a, Diagonal St, Newtown, Mo–Sa 7.30–17 h)

Dieser Laden ist nichts für zarte Gemüter. Tief herab von der Decke hängen Hautfetzen, Knochen, Haarbüschel, Tierkrallen, Felle, Federn, Hufe aber auch Kräuter und Wurzeln. Dementsprechend streng riecht es hier auch. Aber nur Mut! Trauen Sie sich herein und fragen Sie mal bei dem *traditional healer* nach dem Heilmittel *Zifo Zonke*, was so viel wie „alle Krankheiten" in der Zulu-Sprache heißt. Das Tonikum soll das Immunsystem stärken. Hier nicht fündig geworden, gibt es noch eine weitere Chance auf dem **Muti Market**:

Abstecher zum Muti Market/Mai Mai Bazar (12)

(Faraday Rd, direkt unter der M2, Zugang neben Auffahrt zur M2)

Heilen unter Highway

Direkt unter dem Highway M2 verkaufen traditionelle Heiler nicht nur alle denkbaren und so manche undenkbaren Heilmittel, sie leben hier sogar zumeist in kleinen Blechschränken. Die Handelsware wird hier auch gleich als Mittagssnack angeboten. Ehrlich gesagt, wir haben uns nicht getraut, davon zu kosten. Der Tipp einer Johannesburgerin, eine Pflanze mitzunehmen und nach Namen und Wirkung zu fragen, führte nicht nur zu interessanten Antworten, sondern erntete auch viele Sympathien.

Muti Market: Zutaten für die traditionelle afrikanische Heilkunst

Das ehemalige Gebäude der „Johannesburg Stock Exchange" (JSE) (13)

(17, Diagonal St / Kerk St Mall)

In dem schmucklosen Gebäude befand sich von 1978-1996 die größte Börse Afrikas. Seit 2000 liegt das „Parkett" der weltweit bedeutendsten Goldbörse wie die meisten Hauptsitze großer Firmen in neuem Gebäude in Sandton *(Sandton, Exchange Square, Ecke Maude St/ Gwen Lane)*.

Die erste *Stock Exchange* in Südafrika wurde 1881 in Kimberley gegründet, nachdem dort Diamanten entdeckt worden waren. Hier kauften und verkauften die Goldminenbesitzer ihre Anteile. 1886 wurde dann das erste Mal Gold am Witwatersrand entdeckt und die

Anteile wurden in einem Zelt des Camps von *Ignatius Philip Ferreira* (s. u.) hin und her geschoben.

Nach der Ansiedlung vieler Minen- und Finanzunternehmen, gründete 1887 *Benjamin Woollan*, ein Londoner Geschäftsmann, die erste JSE in der *Simmonds St.* Als das Gebäude zu klein wurde, gingen die Broker einfach zum Handeln auf die Straße. Das entstandene Chaos mit Pferdekutschen und Fußgängern wurde unbürokratisch gelöst. Mittels einer Kette zwischen *Commissioner* und *Market St* wurde der Durchgangsverkehr gesperrt und die Börsianer konnten in Ruhe handeln. Daraus entstand die Redewendung „*trading between the chains*".

Börsianer als Straßenhändler

Während der ersten 50 Jahre des Bestehens wurden an der JSE vor allem Minen-Unternehmen gehandelt. Später kamen immer mehr Industrieunternehmen hinzu und heute zeichnen an der Börse mehr als dreimal so viele Industrie- als Minenunternehmen.

Standard Bank Art Gallery (14)
(Ecke Simmonds St/Frederick St; Parkhaus-Einfahrt Rückseite der Galerie (Harrison St); Mo–Fr 8–16.30 h, Sa 9–13 h)

1990 in einer separaten Galerie neben den eigentlichen Gebäuden der Standard Bank, der ältesten Bank Südafrikas, eröffnet und seitdem wegen der hohen Qualität der Ausstellungen geschätzt. Mischung aus traditionellem südafrikanischen Kunsthandwerk, zeitgenössischer südafrikanischer sowie internationaler Kunstwerke (wie z. B. von *Marc Chagall*).

Kunst in der Bank

Ferreira Mineshaft Museum (15)
(5, Simmonds St Mo–Fr 8.30–17 h)

Gleich gegenüber der Galerie wurde bei Grabungsarbeiten für das neue Hauptgebäude der Standard Bank im Jahre 1986 zufällig der Stolleneingang einer ehemaligen Goldmine aus den 1880/1890er Jahren entdeckt. In der modernen Empfangshalle führt ein gläserner Fahrstuhl 30 m in die Tiefe. Einst ging der Stollen bis auf 1.000 m hinunter, heute ist er mit Bauschutt und Zement aufgefüllt. *Ignatius Philip Ferreira* war der Besitzer des Stollens, den es im Zuge des Goldrausches der 1880er-Jahre an den Witwatersrand verschlagen hatte. Der zufällige Stollenfund erinnert daran, dass ganz Johannesburg durch ein riesiges Stollensystem quasi unterhöhlt ist.

Unterhöhlte Innenstadt

Absa Gallery (16)
(Absa Towers North, 161 Main St; Galerie Mo–Fr 9.30–15.30 h)

Hier findet sich eine kleine Schatzkiste für Liebhaber original südafrikanischer Kunst. Dabei geht die Ausstellung eigentlich über die Galerie hinaus und schmückt quasi das gesamte Bankgebäude inklusive Büros und Empfangsräume. Für eine Führung dorthin bedarf es aber einer Anmeldung und einer Mindestteilnehmerzahl von 10 Personen.

Carlton Center Observatory (17)

(Comissioner St/Kruis St, Parkhaus-Einfahrt direkt unter Info-Center des Carlton-Centers, Einfahrt Kruis St)

Ein Gebäude erlebt den Wandel

Im Jahre 1973 erbaut, war das einem umgedrehten Y gleichende und 50 Stockwerke hohe Gebäude mit einer Aussichtsetage die Attraktion für Besucher und das Wahrzeichen der Stadt. Nach der Wende, Mitte der 1990er Jahre, verließ nicht nur das Carlton Hotel im Zuge von Verwahrlosung und Gesetzlosigkeit in der Innenstadt das Gebäude, auch die ansässigen Firmen zogen aus den Büroräumen aus. Ein dicker Betonzaun mit Stacheldraht sollte das imposante Gebäude vor Vandalismus schützen, verbreitete aber zugleich eine gewisse Bürgerkriegsatmosphäre. Heute, im Zuge von Wiederbelebungsprojekten (*Central Improvement District*) in der City, sind Zaun und Stacheldraht verschwunden, mieten Firmen sich wieder in das Gebäude ein und überwachen Sicherheitsleute und Kameras das Gebiet.

Gandhi Square

(Marshall/Rissek St)

Gandhi in Südafrika

Im Jahre 2000 nach dem Führer der indischen Unabhängigkeitsbewegung *Mahatma Gandhi* (geb. 1869, gest. 1948) benannt und mit einer 2,5 m hohen Gandhi-Bronze-Statue versehener Platz, an dem *Gandhi* ein Büro hatte. Der ehemals verwahrloste Platz wurde saniert, neu geteert und dient heute als Busstation für moderne Metro-Busse. Anwälte, Geschäftsleute und Gebäudebesitzer haben mit der Stadtverwaltung einen Mietvertrag für den Gandhi Square über 45 Jahre abgeschlossen. In Zukunft sollen hier Cafés und Restaurants eröffnen. Sicherheitsleute und Kameraüberwachung haben die Sicherheit um den Platz stark erhöht. Die „wilden Händler" sollen in der nahe gelegenen Metro Mall ihre Waren verkaufen.

Gandhi ging nach seinem Jurastudium in London (1888-91) in die damalige Kronkolonie Natal und ließ sich dort als Rechtsanwalt nieder. Mit der Gründung des *Natal Indian Congress* (1894) organisierte er erstmals den Widerstand der indischen Einwanderer gegen diskriminierende Gesetze und stieg zum politischen Führer der indischen Bevölkerung in Südafrika auf. 1906-13 leitete er in Transvaal eine Kampagne für die Anerkennung ihrer bürgerlichen Rechte. Durch verschiedene Lehren beeinflusst, entwickelte er seine Form des gewaltlosen Widerstandes gegen Unrecht und Gewalt, die er erstmals in Südafrika anwandte. 1914 kehrte er nach Indien zurück.

Constitution Hill/Old Fort Prison Complex (18)

(Braamfontein, Eingänge: Kotze St, Hospital St (Ext.) und Sam Hancock St, geöffnet: tägl. 9–17 h)

Prison Number Four

1892 ließ *Paul Kruger* die ursprüngliche Gefängnisanlage erbauen, 1896 dann die Schutzanlagen des Fort. *Nelson Mandela* saß als einziger Schwarzer 1962 in der Krankenabteilung ein, andere politische Gefangene wie *Mahatma Gandhi* oder *Robert Sobukwe* wurden unter unmenschlichen Bedingungen in dem *Number Four* genannten Gefängnis gefangen gehalten.

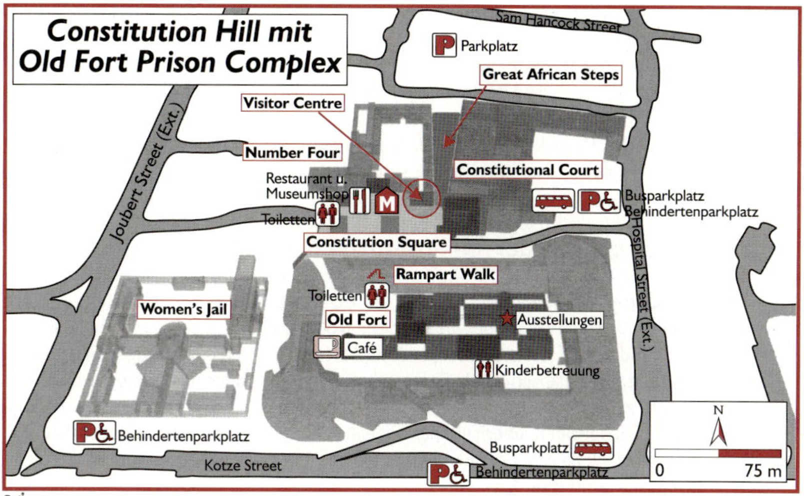

© igraphic

Gleich neben *Number Four*, das im *Old Fort Prison Complex* liegt und heute ein **Museum** ist, befindet sich das **Visitor Center** (Infos, Tourbuchungen), am besten über die *Great African Steps* zu erreichen. Die Stufen führen zwischen den soliden Mauern von *Number Four* und den Glaswänden des Verfassungsgerichts hindurch. Sie wurden aus dem ehemaligen Wartesaal gebaut, wo schwarze Angeklagte bis zur Verkündung ihres Urteils ausharren mussten.

Über den Dächern von Johannesburg

Der 95.000 qm große Gefängnis-/Gerichtskomplex thront geradezu auf einem Hügel über der City. Er umfasst neben dem *Old Fort* das *Woman's Jail* und den *Constitution Square*. Der neue *Constitution Court* (Verfassungsgericht) wurde auf den Mauern des alten Gerichtsgebäudes erbaut und liegt damit in unmittelbarer Nachbarschaft zum *Old Fort Prison Complex*.

Civic Theatre Complex (19)

(Loveday St)

Karte
S. 348/349

Die Theater (Nelson Mandela Theatre, People's Theatre und Tesson Theatre) am Civic-Center werden von den Johannesburgern wieder gerne besucht. Hier werden überwiegend populäre Stücke und Musicals gezeigt. Den südlichen Zipfel der Ringstraße um das Zentrum beherrscht das Miner's Monument, eine riesige Statue zu Ehren der Minenarbeiter.

Wits Theatre Complex / University of the Witwatersrand (Wits) (20)

(Ecke Jorissen/Station Sts, Wits University East Campus)

Während der 1990er Jahre war die Universität das Herz der Studentenbewegung gegen die Apartheid, häufig kam es zu gewaltsamen Auseinandersetzungen zwischen Studenten und Polizei. Heute ist die Universität ein voll anerkannter Wissenschaftsbetrieb. Auf dem Campus befinden sich zahlreiche Galerien, Museen (z. B. das Zoological Museum and Herbarium, Palaeontology Museum), mehrere Theater (Downstair Theatre, Amphitheatre), die größte Konzerthalle der Stadt (Great Hall) und WitsTV (eigene Aufnahmemöglichkeiten in zwei Studios für landesweite Produktionen). Ebenfalls auf dem Campus befindet sich Wits University Press, der älteste universitäre Verlag des Landes.

Sehenswertes südlich der Innenstadt von Johannesburg

Geschichte wird zur Attraktion

Im Stadtteil Ormonde *(M1, Exit 7)*, auf dem halben Weg von Johannesburg nach Soweto, liegen zwei Sehenswürdigkeiten völlig unterschiedlicher Art nebeneinander: Gold Reef City und das Apartheid-Museum. Für beide benötigen Sie ordentlich Zeit. Wer danach noch Energie hat, kann hier auch ins Kasino gehen. Ormonde zeichnet sich durch seine industrielle Herbheit aus. Geprägt von Fördertürmen, Sandhalden, überirdischen Pipelines ist es ein Paradies für Liebhaber von Industriedenkmälern. Darüber hinaus gibt es das Goldgräbermuseum in der Freizeitanlage Gold Reef City.

Apartheid-Museum (21)

(Ormonde, M1 Exit 7, Booysens Rd, Ecke Northern Parkway/Gold Reef Rd, Di–So 10–17 h)

Das Apartheid-Museum liegt gleich neben der Gold Reef City

2001 fertig gestelltes Museum mit Ausstellung zur Apartheidgeschichte – die erste ihrer Art. Gezeigt wird die Entwicklung von 1948 an, als die von den Weißen gewählte Nationale Partei den „Prozess der separaten Entwicklung" in die Wege leitete, der 20 Millionen Menschen in Menschen zweiter Klasse abwertete, bis zu den ersten demokratischen Wahlen 1994.

Großzügige Betonmauern und die weitläufige Anlage des preisgekrönten Museumbaus stehen im Kontrast zu komprimierten Informationen, Installationen und Eindrücken der 23 chronologisch geordneten Ausstellungen in separaten Ausstellungsflächen im Inneren.

Rassentrennung per Eintrittskarte

Mit riesigen Bildern, Videos und Soundeffekten werden Atmosphären sozialer Spannung und „Rassentrennung" erzeugt. Diese bekommt jeder Besucher auch schon gleich am Eingang zu spüren: Es gibt zwei, einen für Weiße und einen für Schwarze. Wer zu welcher Gruppe gehört, entscheidet die Eintrittskarte. Für einen Besuch sollten Sie mindestens drei Stunden einplanen.

Gold Reef City (22)

(Ormonde, M1 Exit 7, Booysens Rd, Gold Reef Rd, Di–So 9.30–17 h, in den Schulferien auch Mo 9.30–17 h)

Eine Fahrt zu den Ursprüngen und zum Gründungsgrund Johannesburgs, dem Gold, verpackt in einen gut gemachten Themenpark – das ist Gold Reef City. Auch wer diesem Genre unwillig gegenübersteht, sollte sich in das Johannesburg des 19. Jh. versetzen lassen, das rund um das **Gold Mine Museum** gebaut wurde. Das nach der Stilllegung der Goldmine im Jahre 1977 gegründete Museum schien Vertretern der Zunft, unter ihnen auch der vermögende *John Rothschild*, der Bedeutung des Goldes für die Stadt nicht angemessen. So entstand eine **nostalgische Kulisse** durch original nachgebaute Häuser, in Kleider und Anzüge gehülltes Personal und musikalische Einlagen – ein buntes und sehenswertes Treiben. Videovorführungen und eine geologische Ausstellung mit Infos über das Goldvorkommen runden das Bild ab.

Themenpark

Die Hauptattraktion ist allerdings der **Schacht No. 14**. Hier können Sie in einem Metallkäfig tief in die Erde vordringen. 3.300 m führt der längste Schacht in der 1977 stillgelegten Goldmine ins Erdreich. Untertage wird gezeigt, wie das Gold geschmolzen wird, das zuvor mühsam herausgeschlagen wurde. 1,4 Millionen Kilo Gold wurden auf diese Weise zu Tage gefördert – und die Mine dadurch zur ergiebigsten der Welt.

Beim Schmelzen wird ein 25 kg (= 882 Unzen) schwerer und Ziegelstein-großer Goldbarren gegossen, zu schwer, um ihn mit einer Hand hochzuheben. Je nach Goldpreis, beträgt der Wert zwischen 300.000 und 400.000 € – die Sicherheitsmaßnahmen sind entsprechend.

Soweto

Überblick

Soweto (*Abk. für engl.* ***So****uth* ***We****st* ***To****wnship*, südwestl. Township) ist eine aus rund 50 Wohnsiedlungen entstandene Vorstadt, die auf 122 qkm bis zu 3,5 Mio. Menschen beherbergt. Gesicherte Statistiken gibt es nicht. Wegen der vielen illegalen Siedler gehen Schätzungen von einer weit höheren Zahl aus.

Wieviel Menschen leben hier?

Die überwiegend aus Flachbauten bestehende Township wird von der **Orlando Power Station** beherrscht. Die beiden massiven Kühltürme sind von überall in Soweto leicht sichtbar. Heute nicht mehr in Betrieb, versorgte das Kraftwerk einst Johannesburgs weiße Vororte mit Strom. Die Türme sind heute eigene Kunstwerke: Sie wurden von Künstlern farbenfroh bemalt.

Eines der wenigen Hochhäuser beherbergt das **Chris Hani Baragwanath Hospital**, auf dessen Gelände zunächst ein Hotel, dann eine Militärunterkunft stand. Als im Zweiten Weltkrieg die Briten Südafrika um medizinische Unterstützung baten, wurde erst das Krankenhaus gebaut. Nach dem Krieg wurde es dann von

Mehr als 2 Geburten pro Minute

der südafrikanischen Regierung zur medizinischen Versorgung der schwarzen Bevölkerung für eine Mio. Pfund gekauft. Heute beherbergt die Klinik, die größte südlich des Äquators, 3.000 Betten, beschäftigt 5.600 Angestellte sowie über 500 Ärzte, behandelt zwei Mio. Patienten jährlich.

Soweto ist eine Stadt, in der mittlerweile relativ wohlhabende Gebiete direkt an Blechhüttensiedlungen grenzen, wo die Menschen in elender Armut leben und trotzdem oder vielleicht gerade deshalb eine **pulsierende Atmosphäre** schaffen. Ein Besuch hier ist alleine schon deshalb lohnend, um zu erleben, wie die Mehrheit der Südafrikaner lebt.

Eine Wohnsiedlung in Orlando West

Die Arbeitslosigkeit (fast 40 % der Bewohner von Soweto sind arbeitslos) ist neben Aids/HIV und der Kriminalität nach wie vor eines der größten Probleme in Soweto. Diese macht viele aber auch erfinderisch. So entstehen aus der Not die sog. *spaza shops* – ein Township-Phänomen. Diese kleinen Geschäfte sind meistens an das Wohnhaus angeschlossen und neben Süßwaren, Getränken und Telefonkarten, werden hier auch Lebensmittel, allerdings zu überteuerten Preisen, verkauft.

Spaza-Shops

Ein weiteres Phänomen sind die inoffiziellen „Telefonzellen“. **Gewiefte Geschäftsleute** zapfen die überirdisch verlegten Telefonleitungen an und verkaufen den Zugang zur Leitung in ausrangierten Containern. Lokale Handy-Anbieter sprangen auf den rollenden Zug auf und vermarkten heute ihre Produkte in ebendiesen, mit ihrem Label bunt angemalten „Geschäftsräumen“.

Heute kann theoretisch jeder über einen **Strom- und Wasseranschluss** verfügen – oftmals allerdings illegal, da das Geld für die Rechnung fehlt. Oftmals muss Strom im Voraus mit Chipkarten an den Zählern gekauft werden. Die einst staubigen Straßen sind geteert und auf Kreisverkehren gedeiht grüner Rasen. Seit der „Weltgipfelkonferenz für nachhaltige Entwicklung“ in Johannesburg gibt es sogar einige Straßenschilder.

Wer es geschafft hat....

Am Wochenende schlängeln sich **Luxuskarossen von Norden her** durch Sowetos Straßen. Dann kommen die, die es geschafft haben und sich ein Haus in teuren, weißen Wohngegenden leisten können. Und treffen sich mit ihren alten Freunden vor *shebeens*, den Bars, wo zu Apartheidzeiten illegal Bier gebraut

„Wandie's Place": der ultimative Treffpunkt in Soweto

wurde. Doch längst ist die allgemeine Solidarität im Kampf gegen die Apartheid aus vergangenen Zeiten aufgebrochen und unterschiedliche soziale Schichten haben sich herausgebildet.

Soweto ist für Besucher recht sicher, doch empfiehlt es sich schon allein wegen der Größe und der Unübersichtlichkeit, eine **geführte Tour** mit einem einheimischen Führer zu unternehmen, der einen nicht nur gezielt zu den entscheidenden Stellen führen, sondern auch Einblick in Lebensweisen geben kann. Dafür sind Übernachtungen in kleinen B&B sehr gefragt, gehören sie doch immer noch zu etwas Besonderem. Mit Hilfe Ortskundiger lassen sich dann auch Restaurants und Jazzclubs ausfindig machen.

B&B in Soweto

Geschichte

1904 wurde erstmals die Wohnsiedlung Klipspruit gegründet, um die seit den Goldfunden 1886 zuströmenden schwarzen Arbeitskräfte von der Innenstadt fernzuhalten. Dort wollten die Weißen unter sich bleiben. Weit über 100.000 Schwarze siedelten bereits zu diesem Zeitpunkt rund um die Stadt, zumeist in unhygienischen **Elendsquartieren**. Als die Pest ausbrach fand eine Umsiedlung in Behelfsquartiere statt, aus denen 1905 die Siedlung Pimville (südl. von Klipspruit) entstand.

1932 war Orlando East, der eigentliche Kern Sowetos, für schwarze Arbeiter in und um Johannesburg gegründet worden, benannt nach dem Vorsitzenden der Planungskommission *Edwin Orlando Leake*. Der Strom der Arbeitssuchenden riss nicht ab. Kurzfristig verstärkter Arbeitskräftebedarf während des Zweiten Weltkrieges verschärfte die Situation noch weiter, da sogar aktiv Arbeiter angeworben wurden. Die Arbeiter holten bald ihre Familien nach und wollten nach Ende des Krieges nicht mehr fort. Immer mehr illegale Barackensiedlungen entstanden.

Als der Group Area Act in Kraft trat, betraf das vor allem die Bewohner von **Sophiatown**, ein Vorort von Johannesburg, die in das 1954 gegründete Orlando West umgesiedelt wurden. Sophiatown war das kulturelle Herz der Schwarzen im Johannesburg der 1940er und 1950er Jahre. Nach der Umsiedlung der Bewohner wurde der nun Triomf genannte Stadtteil dem Boden gleichgemacht und Häuser für Weiße wurden gebaut. 1995 benannte die schwarze Regierung das Viertel wieder in Sophiatown um. Es liegt 5 km nordwestlich der Innenstadt von Jo'burg.

Der Group Area Act veränderte viel

Am 16.6.1976 brach in Soweto der **Aufstand schwarzer Schüler** aus gegen den verstärkten Afrikaansunterricht, der von der Polizei blutig niedergeschlagen

Die bunt bemalten Kühltürme sind das Erkennungszeichen Sowetos

wurde und auch auf andere Townships Südafrikas übergriff.

Die 1980er Jahre waren daraufhin durch blutige Auseinandersetzungen zwischen Polizei und schwarzen Jugendlichen geprägt. Tägliche Demonstrationen, brennende Autoreifen, Boykotte von Miet-, Strom- und Wasserzahlungen, Müllabfuhr, Bussen und Schulen gehörten zum Alltag.

Die sich mit Steinen gegen schwer bewaffnete Polizisten wehrenden Jugendlichen kamen ins Gefängnis oder wurden erschossen. „Freiheit vor Ausbildung" war das Motto der Schwarzen. Heute ist es ohne Ausbildung für die, die damals für Freiheit kämpften und heute im besten Erwerbstätigenalter sind, schwer auf dem Arbeitsmarkt.

Auf den Spuren der Friedenssteine

Schritt für Schritt kann man einen der geschichtsträchtigen Tage Südafrikas, den der gewaltsam niedergeschlagenen Schüler- und Studentendemonstrationen vom 16. Juni 1976, nacherleben. Der erste Stein von über einer Million „Friedenssteinen" auf dem 8,5 km langen Weg wurde in Soweto gelegt. Beginnend in Naledi führt der Gedenkweg bis Orlando West, der Ort, wo der damals 13-jährige *Hector Pieterson* während der Schülerdemonstration erschossen wurde. Einige schwarze Granitsteine mit Gravierungen pflastern bereits den Weg und dienen Besuchern als Erklärungstafeln an markanten Stellen. Interessierte können weitere Steine für den Memorial Walkways spenden. Entlang der Route sollen kleine Oasen in Form von Gärten der Besinnung und des Gedenkens dienen.

Sehenswertes in Soweto

Karte
S. 361

Wandie's Place (23)

(Makgalemele St, Dube)

Buffet im Township

Begleitet von Klängen des Meister-Trompeter *Hugh-Masekal*, Kwaito-Klängen oder der legendären *Miriam Makeba* trifft sich in diesem von außen unscheinbarem Restaurant alles, was in Soweto Rang und Namen hat. Das Buffet bietet traditionelles afrikanisches Essen mit verschiedenen zubereiteten Fleischsorten. Die Mauern sind übersät mit Visitenkarten aller möglichen Besucher – eine einzigartige Schilderung der lokalen Geschichte und ihrer Kinder.

Hector Pieterson Memorial and Museum (24)

(Khumalo St, Orlando West; tägl. 10–17 h)

Das 2002 eröffnete Museum erinnert im Rahmen des neuen *struggle tourism* in Soweto an den 13-jährigen *Hector Pieterson*, einen der ersten Schüler, die während der Schüler- und Studentenunruhen 1976 getötet wurden, und an alle anderen Opfer des Kampfes für die Freiheit. Zu einem Symbol für den Widerstand gegen die Apartheid geworden, wurde 1990 bereits ein Gedenkstein nur wenige hundert Meter vom Ort des Geschehens für *Hector Pieterson* errichtet.

Direkt nebenan steht heute der Museumsbau, bei dem wie beim Apartheid-Museum Beton und roter Klinker dominieren. Durch riesige Schwarzweiß-Fotografien und Videoinstallationen mit historischen Fernsehaufnahmen, darunter auch deutsche und britische Nachrichtensendungen, werden zeithistorische Dokumente eindrücklich näher gebracht.

Nelson Mandela Museum (25)

(Ngakane St, Ecke Vilakazi St, Orlando West; tägl. 9–17 h)

Im „Beverly Hill of Soweto", wie Einheimische sagen, da die Häuser hier größer sind als im benachbarten Orlando

Die Gedenkstätte von Hector Pieterson

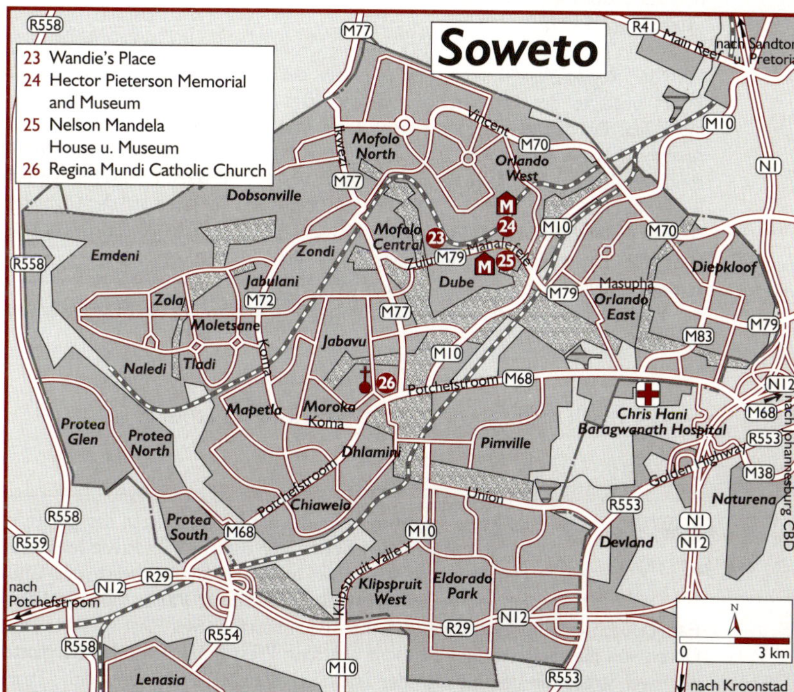

© graphic

Beverly Hill of Soweto

West, liegt das ehemalige Wohnhaus des früheren Präsidenten und Nobelpreisträgers *Nelson Mandela* und das heutige Museum. Erzbischof *Desmond Tutu*, ebenfalls Nobelpreisträger, wohnt in der gleichen Straße. Nach anstrengenden Reisen zieht er sich noch ab und zu hierher zurück anstatt in seine Villa im Norden der Stadt.

Orlando West, wo die berühmte Vilakazi St und wohl weltweit einzige Straße mit zwei Nobelpreisträgern liegt, wurde 1939 erbaut. Heute stehen noch viele der alten Häuser und geben dem Viertel einen spezifischen Charakter. *Mandela* lebte hier zunächst mit seiner ersten Ehefrau *Evelyn* bis zu ihrer Scheidung Mitte der 1950er-Jahre. Auch nach seiner Heirat von *Winnie Nozamo Madikizela* am 14. Juni 1958 blieb er bis zu seiner Inhaftierung 1963 (Rivonia-Prozess) in dem bescheidenen Klinkerhaus wohnen. Nach seiner Freilassung nach 27 Jahren Gefängnis kehrte er 1990 kurzzeitig in sein früheres Wohnhaus zurück. Heute lebt er in einer Villa in Norwood, im Norden der Stadt – wieder in Nachbarschaft zu *Desmond Tutu*.

Bescheidenheit

Das Innere des Mandela-Hauses erlaubt einen intimen Einblick in die bescheidene Wohnweise eines der größten Staatsmänner der Welt. Auf dem Bett im Schlafzimmer liegt noch die originale Tagesdecke aus Fuchsfellen. Und als sanitäre Einrichtung gab es auch für ihn nur das Plumpsklo hinterm Haus.

Regina Mundi Catholic Church (26)

(Kumalo St; Moroka)

Von der *Regina-Mundi*-Kirche, der „Königin der Welt" predigte der katholische Erzbischof *Desmond Tutu* für den gewaltlosen Kampf gegen das Apartheidregime. Erbaut 1961 war die Kirche während der Zeit der Aufstände Versammlungsort vieler politischer Treffen sowie Zufluchtstätte zahlreicher politisch Verfolgter. Bis zu 6.000 Menschen fasst die Backsteinkirche. Im Inneren ist die schwarze „Madonna und Kind" sehenswert. Auf der Empore befindet sich die einzige Kunstgalerie in Soweto, die **MaAfrica Art Gallery**.

Tipp

Im gegenüber liegenden Tokosa Park (finanziert von der Stadt Johannesburg, mit grünem Rasen, Bänken und Brunnen) finden an manchen Sonntagen Jazzkonzerte statt. Erkundigen Sie sich nach Terminen vor der Organisation einer Tour in Veranstaltungskalendern der Tagespresse.

Sehenswertes östlich der Innenstadt von Johannesburg

Überblick

Karte

S. 348, 365, 372

Das **Ellis Park Stadium (27)**, das mit 65.000 Plätzen das größte in Südafrika ist, markiert den Beginn der östlichen Stadtteile Johannesburgs. Unter den alten Vierteln haben die direkt östlich des CBD liegenden wie **Kensington, Bezuidenhout Valley** oder **Judith's Paarl** durch ihre hügelige Lage und alten Baumbestände viel Charme. Allerdings führen von hier aufgrund der sich von Ost nach West durchziehenden Bergkette nur zwei Straßen in den Norden der Stadt: der Steward Drive von Judith's Paarl nach **Yeoville**, eine Serpentinenstraße von italienischen Kriegsgefangenen wäh-

Italienische Serpentinen

rend des Zweiten Weltkrieges in den Berg geschlagen, und die 5th St/The Curve von „Bez Valley" nach Observatory.

Ursprünglich vor allem von Portugiesen und Juden bewohnt, lebt hier heute eine bunte Mischung von Einwanderern südafrikanischer Nachbarstaaten sowie Asiens. Aber auch Yuppies, die von teuren Immobilienpreisen in Melville genervt sind, entdecken die Viertel, in denen noch viele wenn auch arg heruntergekommene Art-déco-Häuser zu finden sind. Östlich davon befinden sich der **Bruma Lake** und die **Eastgate Shopping Mall**.

Langweilige Wohnsiedlungen

Für Besucher halten sich die Attraktionen hier arg in Grenzen. Weiter östlich befinden sich nur noch langweilige, sich alle irgendwie ähnelnde Wohnsiedlungen. Man durchquert sie auf dem Highway zwangsläufig auf dem Weg zum Flughafen. Stadtteile wie Benoni sind nur aus einem einzigen Grund in das Bewusstsein der Weltbevölkerung gelangt: durch die dort einst wohnende Oscar-Preisträgerin *Charlize Theron*.

Chinatown (28)

(Cyrildene; Derrick St/Kreuzung Marcia St)

Wo einst Portugiesen ihr Viertel hatten, liegt heute das **„New Chinatown"**. Hier schmücken bunte Reklameschilder mit chinesischen Schriftzeichen die Häuserfronten. Dahinter verbergen sich zahlreiche chinesische Restaurants und Supermärkte. Die einst westlich von Newtown ansässigen chinesischen Restaurants und Geschäfte waren aufgrund der Kriminalität in der Innenstadt in den 1990er-Jahren weiter nach Osten gewandert.

Eastgate Shoppingcenter, Bruma Lake Waterfront and Fleamarket (29)

(Bruma; Ernest Oppenheimer Ave/Marcia St und Allum Rd; Flohmarkt: Di–So 9–17 h)

Eastgate Shoppingcenter

In unmittelbarer Nähe zur Chinatown haben chinesische Unternehmer zu Beginn des 21. Jh. mit einigen Millionen Rand die **Bruma Lake Waterfront** in eine Asia City für Direktimporte aus Asien verwandelt. Die 15.000 qm Geschäftsfläche des 1989 gegründeten und viel umjubelten Einkaufzentrums am extra dafür künstlich geschaffenen und ziemlich hässlich zugebauten Bruma Lake hatte sich schon nach kurzer Zeit vor allem durch Leerstand ausgezeichnet. Das neue und erfolgreiche Eastgate Shoppingcenter liegt schräg gegenüber, direkt an der R24, die zum Flughafen führt. Wer hingegen noch afrikanische Souvenirs in Form von Kunsthandwerk kurz vor Abflug braucht, wird sicher auf dem an die Waterfront angrenzendem Flohmarkt *(tägl.)* fündig.

Gandhi Houses (30)

(Troyeville; 11, Albemarle St)

Zu Beginn des 20. Jh. kam *Gandhi* nach Johannesburg und wurde schon bald politisch aktiv. Er arbeitete und wohnte in seinem Büro in der Innenstadt (Rissek

St). Nachdem er sich mit seinem Partner *Henry Pollak* in einem Anwaltsbüro zusammengeschlossen hatte, zog er in dessen von Grün umranktes Haus in Orange Grove. Das farbenfrohe Gebäude mit grünem Dach existiert heute noch, ist aber nicht für Besucher geöffnet.

Falsches Gandhi-Haus

Später zog er nach Troyeville in ein zweigeschossiges Haus, in das er seine Familie aus Durban nachkommen ließ. 1991 wurde die Nr. 19 Albemarle St vom Architekten *Michael Hart* aufwendig im ursprünglichen Art-noveau-Stil renoviert und zum nationalen Monument erklärt – leider fälschlicherweise, wie sich später herausstellte. Bei der Fertigstellung von Nr. 19 war *Gandhi* schon nach Indien zurückgekehrt. Seine tatsächliche Residenz findet sich in der gleichen Straße unter der Nr. 11.

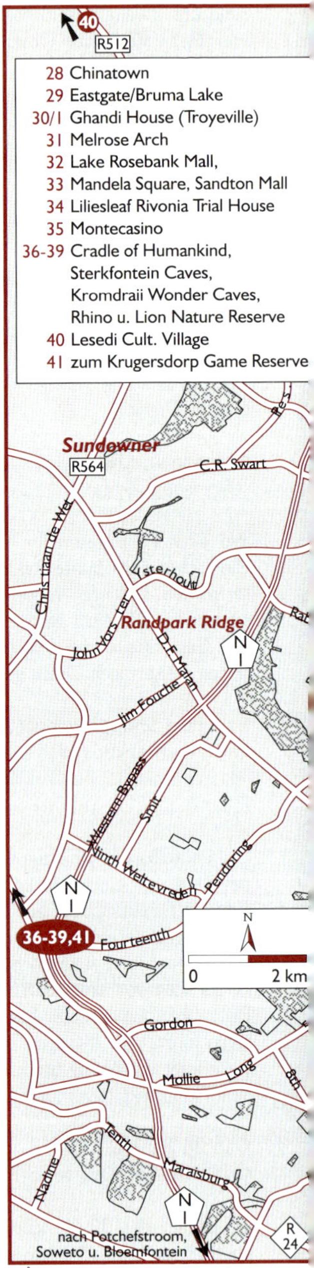

© igraphic

Sehenswertes im Norden Johannesburgs

Überblick

Lebendige Stadtteile

Der Norden Johannesburgs besteht aus vielen ehemals kleinen Dörfern. Einst weit draußen auf dem Lande bilden sie heute auf den ersten Blick eine nicht enden wollende Aneinanderreihung von Wohnanlagen, Bürokomplexen und Einkaufszentren. Bei näherem Hinsehen haben Stadtteile wie Melville, Melrose, Parkhurst, Parkview, Rosebank, Sandton oder Saxonwold ihr quirliges Eigenleben und ihren ganz eigenen Charakter. Und auch das gern gepflegte Vorurteil, man könne in Johannesburg nirgendwo frei herumlaufen, wird hier widerlegt. Viele Viertel haben zentrale, von Restaurants, Bars und vielen kleinen Läden für den täglichen Bedarf und alten Häusern gesäumte Straßen, die nicht nur tagsüber, sondern auch abends zum Flanieren und Zeit verbringen einladen.

Melville

7th Avenue, Melville

Besonders die 7th Ave spiegelt das quirlige Leben des Viertels wider: Schauspieler, Künstler, Medienleute und vor allem Studenten sind hier aufgrund der Nähe zur Universität zu Hause. Zahlreiche Buchläden laden zum Stöbern ein, Kneipen und Restaurants reihen sich dicht aneinander. Im Nor-

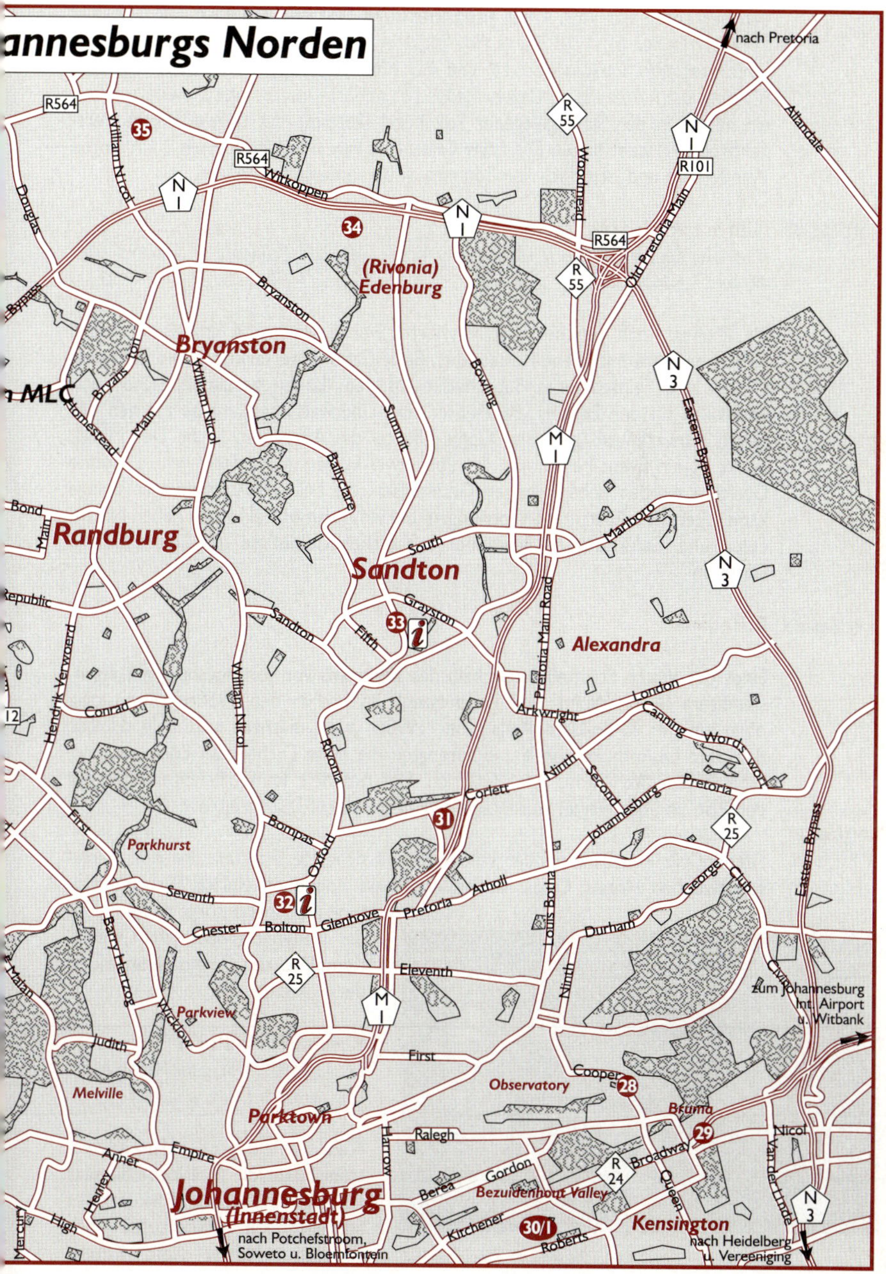
annesburgs Norden
nach Pretoria
R564
William Nicol
Douglas
Witkoppen
(Rivonia) Edenburg
Bryanston
Bryanston
Bryanston Dr
Homestead
Main
MLC
Woodmead
R101
Old Pretoria Main
Allandale
Bowling
Summit
Ballyclare
Eastern Bypass
Bond
Main
Randburg
Sandton
South
Marlboro
Republic
Sandton
Grayston
Fifth
Hendrik Verwoerd
Conrad
Pretoria Main Road
Alexandra
Arkwright
London
Canning
Wordsworth
Rivonia
Ninth
Second
Corlett
Johannesburg
Pretoria
First
Bompas
Oxford
Parkhurst
Seventh
Atholl
George
Club
Chester
Bolton
Glenhove
Pretoria
Louis Botha
Durham
Barry Hertzog
Eleventh
Ninth
Civin
zum Johannesburg Int. Airport u. Witbank
Malan
Wicklow
Parkview
Judith
First
Melville
Cooper
Observatory
Parktown
Bruma
Ralegh
Harrow
Nicol
Annet
Empire
Broadway
Gordon
Van der Linde
Berea
Bezuidenhout Valley
Queen
Henley
Johannesburg (Innenstadt)
Kitchener
Kensington
Mercury
High
nach Potchefstroom, Soweto u. Bloemfontein
Roberts
nach Heidelberg u. Vereeniging

den begrenzen das Viertel der **Johannesburg Botanic Garden** (*Eingang über Thomas Bowler St und Olifants Rd, Roosevelt Park, tägl. geöffn. von Sonnauf- bis -untergang; Info: www.jobot.co.za*) und das **Melville Koppies Nature Reserve** (*Eingang Judith Rd, kurz vor Beyers Naudé Dr; geführte Touren, Info: www.veld.org.za*); ein mitten in der Stadt gelegener Steinhügel (*koppies*), der ungewöhnliche Perspektiven der Stadt bietet. Die *Louw Geldenhuys View Site* bietet einen 3 km langen Wanderpfad und ist täglich von Sonnenauf- bis -untergang geöffnet.

Wandern in der Stadt

Melrose Arch (31)

(Melrose; liegt im Dreieck Corlett Dr/Atholl Oaklands Rd/Scott St; Einfahrt über Atholl Oaklands Rd)

Ein kleines, hoch gesichertes Luxusviertel wurde hier rund um einen zentral gelegenen Platz mit Szene-Restaurants, Bars, Cafés, Entertainment Shops, Fitness Center und Feinschmecker-Supermarkt aus dem Boden gestampft. Sicherheitskontrollen an der Einfahrt, Parkhäuser und Überwachungskameras machen der neuen schwarz-weiß gemixten Yuppie-Klientel das Amüsieren leicht. Der Mittelpunkt ist ein Event-Restaurant, das über zwei Etagen in die Tiefe geht. Exquisite Gerichte werden neben riesigen Granitfelsen, die bei den Ausgrabungen zutage kamen, gereicht. Apartment-Wohnungen und ein Luxus-Hotel locken neben Nachteulen und Café-Gängern Bewohner mit dicker Geldbörse und internationale Gäste an.

Rosebank

Eines der ersten Stadtteile außerhalb des Zentrums von Johannesburg mit eigenständigem Büro-, Wohn- und Einkaufszentrum und in den 1950er Jahren ganz oben auf der To-do-Liste. Anfang der 1990er Jahre machten sich viele dubiose Bars und Diskotheken breit und sprengten die hohe Dichte von Edelboutiquen, Nobelantiquitäten-Shops oder Galerien. Das rief viele Immobilieneigentümer auf den Plan und das Viertel wurde zum *City Improvement District* erklärt.

Stadtteil zum Flanieren

Seitdem gilt Rosebank als der sauberste und sicherste Stadtteil, der zum Flanieren zwischen Hotels, Cafés, Kunstgalerien und Boutiquen einlädt. Für Unterhaltung am Abend sorgt zudem eines der weltweit größten Art-Cinema-Komplexe, das Cinema Nouveau in der Rosebank Mall.

Beliebtes Ausflugsziel: die Rosebank Mall

Rosebank Mall (32)

(Zugang Baker St, gute Parkmöglichkeit auf dem Dachparkplatz)

Neben einem großen Einkaufszentrum bietet die Mall jeden Sonntag auf dem überdachten Parkdeck des angrenzenden Parkhauses den schönsten **Kunst- und Kunst-**

handwerkmarkt („Rooftop Market") in ganz Südafrika. Überwiegend Johannesburger Künstler und Kunsthandwerker stellen hier aus. Sie bieten auch während der Woche Öffnungszeiten in ihren Ateliers an.

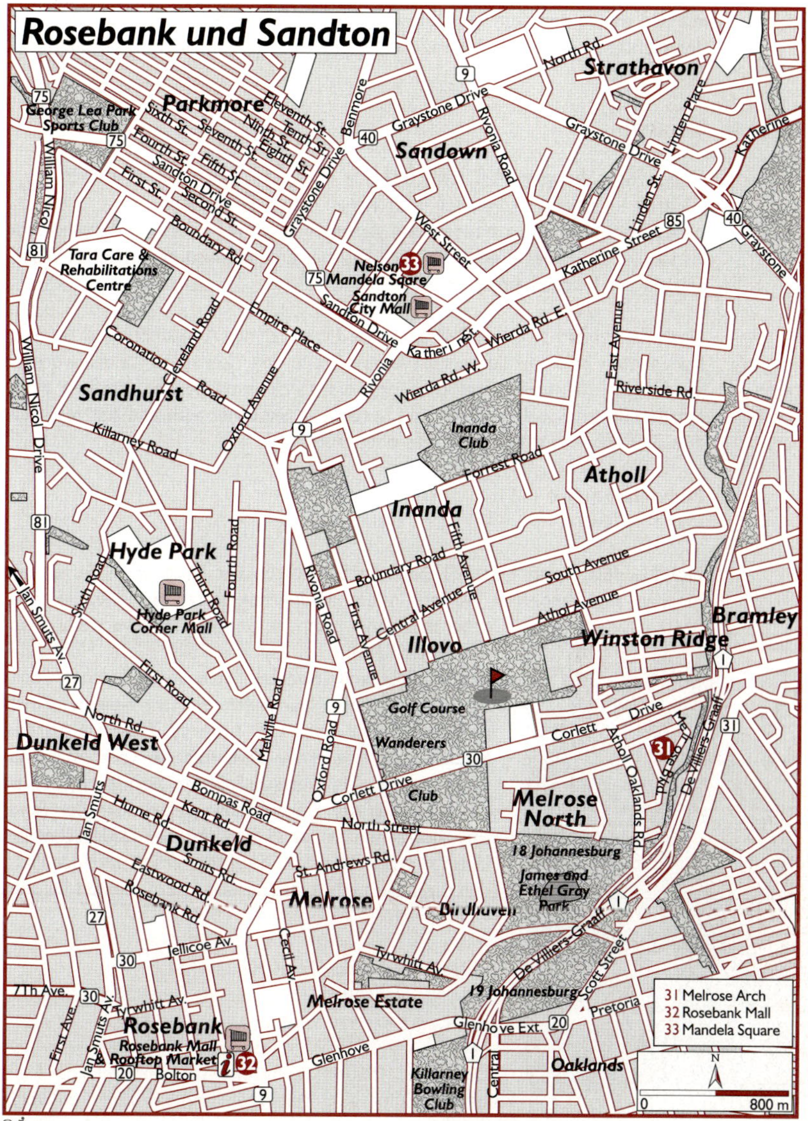

Kunsthandwerk auf Tapeziertischen

Täglich hingegen ist der fest installierte **afrikanische Kunstmarkt** geöffnet. Einst entlang der Straße zwischen Shopping-Mall und Parkdeck, die früher noch durchgehend war, auf Tapeziertischen und unter Plastikplanen angesiedelt, werden heute die Waren in einem direkt mit der Mall verbundenen Anbau über zwei Etagen angeboten. Umstritten war der Neubau bei Geschäftstreibenden, da er aus der ehemaligen Durchgangsstraße eine Sackgasse macht. Die vielen Besucher der Märkte sowie der Cafés und Restaurants rundherum haben damit überhaupt kein Problem.

Sandton

Neben der Shopping-Mall rund um den Mandela Square hat der noch junge Stadtteil an Sehenswürdigkeiten nicht viel zu bieten. Es sei denn, man erachtet die **palastähnlichen Bürobauten** und gigantischen Show-Rooms der Autoindustrie als solche, die immer wieder die hoch gesicherten und unisono wirkenden Wohnanlagen der Reichen auflockern.

Wirtschaftszentrum Südafrikas

Nach Feierabend strömen Zehntausende Unternehmer, Angestellte und Arbeiter aus Sandton in die umliegenden Wohnstadtteile oder Townships. Leider wuchsen die Hauptausfallstraßen mit dem explosionsartig entstandenen, größten Wirtschaftszentrum Südafrikas nicht mit. Verbringen Sie daher während der *rush hour* ihre Zeit lieber in einem der Cafés oder Hotelbars.

Mandela Square (33)

(Sandton, Rivonia Rd (M9/5th St; Parkhauszufahrt über 5th St)

Der Mandela Square (ehemals Sandton Square) ist der *place to be* der in den Norden abgewanderten Weißen. In der mediterran gestalteten Shopping Mall nebenan ist jedes namhafte Designer-Label vertreten. Feinschmecker-Restaurants und eine Reihe teurer Hotels ziehen entsprechend solventes Publikum an. Jeden 1. Sonntag im Monat findet hier zudem ein sehr beliebter **Antiquitätenmarkt** statt. Das **Liberty Theatre on the Square** und eine große **Bücherhalle** vervollständigen den Komplex. Die westlich liegende **Sandton City** ist der ältere Teil der Einkaufshallen, später kam der Sandton Square mit großer Plaza hinzu. Seit 2004 schmückt eine 6 m große **Mandela-Skulptur** aus Bronze den Platz, der daraufhin nach dem ehemaligen Präsidenten benannt worden war.

Der Mandela Square mit der riesigen Skulptur des ehemaligen Präsidenten

Liliesleaf Rivonia Trial House (34)

(Rivonia; 8, Winston Ave; Museum, Restaurant und Übernachtung nach Voranmeldung)

Die in den 1960er Jahren noch weit entfernt vom Zentrum Johannesburg gelegene Farm *Liliesleaf* in Rivonia wurde von der südafrikanischen kommunistischen Partei

1961 aufgekauft und zur zentralen Führungsstelle der hier entstandenen Freiheitsorganisation *Umkhonto we Sizwe* (Speer der Nation, MK), die von hier aus ihren Freiheitskampf organisierte. Der Kauf der Farm traf zusammen mit der Neuausrichtung des ANC von der bisherigen Strategie des passiven Widerstands hin zum bewaffneten Kampf. Als die Polizei am 11. Juli 1963 die Farm stürmte, waren die Festnahmen zahlreicher ANC-Führer – unter ihnen auch *Nelson Mandela, Walter Sisulu* und *Goran Mbeki* – ein vernichtender Schlag im Kampf für die Freiheit. Das Apartheid-Regime feierte die Razzia als großen Sieg. Der Prozess gegen die sog. Staatsverräter sorgte weltweit für Aufsehen und ging als **Rivonia-Prozess** in die Geschichte ein.

Zentrale des Widerstands

Im Dezember 2001 versammelten sich ehemalige ANC-Mitglieder, denen der Prozess gemacht worden war, zu einer Konferenz auf Liliesleaf Farm. Unter ihnen auch Präsident *Thabo Mbeki* stellvertretend für seinen Vater *Goran*. Die Festnahme seines Vaters war Anlass für den Präsidenten, den *Liliesleaf Trust* ins Leben zu rufen, der die Erhaltung der Farm und ihrer Geschichte zum Ziel hat.

Montecasino (35)

(Fourways, William Nicole Drive / Witkoppen / N1)

Nach dem Vorbild des 529 in Italien gegründeten Benediktinerklosters Montecassino wurde im Norden Johannesburg ein riesiges Vergnügungs- und Einkaufszentrum in durchgestyltem schön gemachten Italo-Kitsch aus dem Boden gestampft. In riesigen, innen wie außen verkleideten Hallen (mit Tag- und Nachtimitationen) befindet sich ein Kasino inklusive zugehöriger Infrastruktur (Kinos, Theater, Restaurants, Cafés, Shops, Luxus-Hotel). Die Johannesburger lieben es, an den Wochenenden hierher zu kommen. Vor allem die Jüngeren erinnert es an die eigene Kindheit, als das Glücksspiel in Südafrika noch verboten war und man mit ganzer Familie ins angrenzende ehemalige Homeland Bophuthatswana fuhr und sich in der Spieloase *Sun City* *(siehe S. 476ff)* vergnügte.

Pieter Toeriens Theater in Montecasiono

Der angrenzende **Montecasino Bird Gardens** bietet sehenswerte Vogelvorführungen im Amphitheater *(tägl. von 8.30 –17/18 h)*.

Mit der südafrikanischen *laager mentality* versuchte ein südafrikanischer Journalist das „Phänomen Montecasino" und die Leidenschaft seiner Landsleute zu erklären, sich lieber in lärmenden Shopping Malls mit künstlichem Himmel und vor Slot-Maschinen in dunklen, kalten Kasinohallen aufzuhalten, als an warmen Sommerabenden unter sternenklarem Himmel ein Bierchen zu schlürfen.

Glücksspiel vor den Toren der großen Stadt

Dem Phänomen haben auch der bekannte südafrikanische Theater-Regisseur *Pieter Toerien* und sein **Montecasino Theater & Studio** ihren Tribut gezollt. Auch diese zogen dem Publikum hinterher, d. h. aus dem Alhambra Theater in der Innenstadt, das ein sehenswertes Gebäude in der Sivewright Ave ist, ins Entertainment-Center am Stadtrand.

Weitere interessante Stadtteile (alphabetisch geordnet):

Alexandra: Nur fünf Minuten von Sandton, dem größten Wirtschaftszentrum Südafrikas entfernt, auf der anderen Seite der M1, liegt der vor Menschen berstende und ärmste Stadtteil Johannesburgs. 1905 bereits als Township deklariert, war es eines der wenigen Gebiete, wo Schwarze Eigentum erwerben konnten. Heute leben hier fast eine halbe Million Menschen auf 6 qkm. Das Bewohnerspektrum umfasst Einwanderer aus Mozambique und Zimbabwe, die in einfachen Blechhütten hausen, bis hin zu Geschäftsleuten mit Anzug und weißem Kragen. Ein auf zehn Jahre angelegtes Entwicklungsprogramm soll die Überbevölkerung in Grenzen halten sowie die Sanitär- und Gesundheitsversorgung verbessern. Geführte Touren hierher werden von den Hotels in Sandton und Rosebank angeboten.

Norwood: Wohlhabender Stadtteil mit zahlreichen, internationalen Restaurants und Bars mit Live-Musik rund um die Grand Ave. Das Publikum ist etwas schicker als in Parkhurst oder Meleville. Jedenfalls lassen die flanierenden Autobesitzer in der Straße darauf schließen, dass neue Cabrios hier gerne gezeigt werden.

Observatory: Nicht nur hier gibt es die Pracht der Bougainvillea- und Jacaranda-Bäume, doch hier fällt sie zur Blütezeit inmitten des hügeligen Stadtteils (immer wieder schöne Blicke auf den Süden der Stadt!) besonders auf. In Zukunft sollen, so der Willen der Stadtväter, keine weiteren Bäume mehr angepflanzt werden. Zum einen, weil sie viel Wasser benötigen und zum anderen, weil es sich um keine einheimischen Bäume handelt.

Parkhurst: Auch wenn hier die Grundstücke ein wenig kleiner sind als in den benachbarten Parkvierteln, so grünt und blüht es auch hier das ganze Jahr über. Im Zentrum gibt's viele Bars mit jungem Publikum, 24-Stunden-Pizza-Take-Away und eine hohe Dichte an Antiquitätenläden für jeden Geldbeutel – von hochpreisig und edel bis hin zum echten Trödel.

Parktown: Seit der Stadtgründung ist dies der Stadtteil des Geldadels, d.h. schon die ersten reichen Goldsucher ließen hier ihre Villen auf die „Sonnenseite" der Stadt bauen, während südlich der von West nach Ost durch Johannesburg ziehenden Hügelkette der Staub der Goldfördergruben durch die Luft wirbelte.

Parkview/Saxonwold: Die grüne, gewachsene Gegend mit altem Baum- und Hausbestand. Einmal im Jahr werden einige der Villen, von denen viele *Herbert Baker*, Architekt der Union Buildings in Pretoria, gebaut hat, der Öffentlichkeit zugänglich gemacht. Dominiert wird die Gegend durch Jo'burgs zentralen **Zoo Lake Park** rund um den gleichnamigen See. Beliebter Ort der Städter für Picknick oder Barbecue am Wochenende. Das an den **Zoo** *(Jan Smuts Ave, geöffnet tägl. 8.30–17.30 h)* angrenzende riesige **Kriegsdenkmal** steht vor dem **South African Museum of Military History** *(Erswold Way, geöffnet tägl. 9–16.30 h)*.

Sehenswertes im Umkreis von Johannesburg

Überblick

Karte S. 372/373

In unscheinbarem Vorstadtgebiet nordwestlich von Johannesburg liegt die 1972 zum Weltkulturerbe ernannte ***Cradle of Humankind* (Wiege der Menschheit)**. Die archäologischen Ausgrabungsstätten konnten durch spektakuläre fossile Funde in den **Sterkfontein Caves** und **Kromdraai Wonder Caves** im Hinblick auf die ersten Zeichen menschlichen Lebens ostafrikanischen Fundstätten wie z. B. in Tanzania an weltweiter Bedeutung den Rang ablaufen. Neueste Funde weisen nun allerdings auch Zentralafrika eine bedeutende Rolle bei der Suche nach der „Wiege der Menschheit" zu.

Eingebettet in das Weltkulturerbe ist das **Rhino and Lion Nature Reserve**, wo, wen wundert's, keine Fossilien, sondern Nashörner und Löwen zu sehen sind. Im Nordosten des Weltkulturerbes liegt das **Lesedi Cultural Village**. Wieder Richtung Johannesburg und dann auf der R28 nach Westen bietet das **Krugersdorp Game Reserve** eine weitere Zufluchtstätte fern von Hektik und Lärm trotz der unmittelbaren Nachbarschaft zur Großstadt.

Weltkulturerbe

Cradle of Humankind (36)

(nordwestl. von Johannesburg M47 od. M5, dann N14 folgen zur R563 (Kreuzung, re.), nach wenigen Kilometern wieder re.; Führungen stündl.)

Karte S. 374

Die sog. „Wiege der Menschheit", ein 47.000 ha großes Gebiet unter dem sich u.a. die Höhlen Sterkfontein, Swartkrans, Kromdraai und Environs befinden, wurde bereits 1972 zum **Weltkulturerbe** von der UNESCO ernannt. Sie brachte in den letzten 50 Jahren gut 40 Prozent der weltweiten archäologischen Funde menschlicher Fossilien zutage. Die Ausgrabungsstätten, von denen nur wenige touristisch erschlossen sind – viele dürfen nur von Wissenschaftlern betreten werden – befinden sich ca. 45 Autominuten von Johannesburg entfernt. Der größte Teil besteht aus Dolomitgestein, ein körniges bis dichtes Sedimentgestein, das leicht wasserlöslich ist. Dadurch wurde die Entstehung von Höhlen und Fossilien begünstigt. Bisher wurden rund 200 Höhlen entdeckt, Wissenschaftler vermuten noch wesentlich mehr. An 13 Stellen fand man Fossilien, von denen zahlreiche Knochenfunde und Werkzeuge den Vorfahren des Menschen zugerechnet werden.

Größte Fundstätte menschlicher Fossilien

Sterkfontein Caves (37)

(Di–So 9–17 h)

Über 700 Knochen- und Werkzeugfunde, darunter spektakulär vollständige und alte Skelette von Hominiden, machte Sterkfontein zur weltweit bedeutendsten Ausgrabungsstätte menschlicher Spuren. Der jüngste Fund ist die Entdeckung des fast kompletten Skeletts eines *Australopithecus africanus*. Der *Australopithecus* gilt als der erste sichere Hominid, der bisher in Südafrika und Ostafrika nachgewiesenen werden konnte. Das ca. 3,3 Mio. Jahre alte Skelett hatten *Dr. Ronald Clarke*

„Australopithecus africanus"

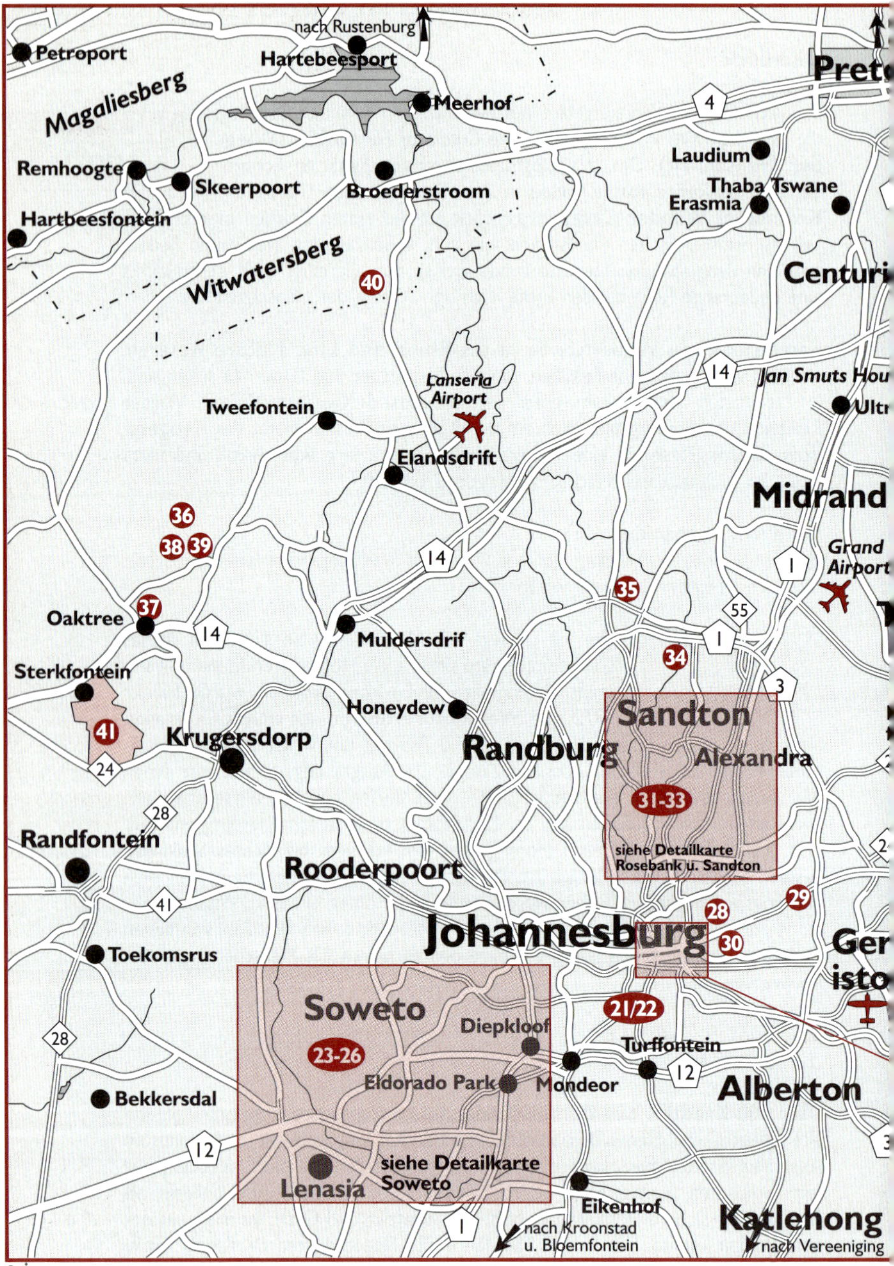
nach Rustenburg
Petroport
Hartebeespoort
Magaliesberg
Meerhof
4
Pret
Remhoogte
Skeerpoort
Broederstroom
Laudium
Thaba Tswane
Erasmia
Hartbeesfontein
Witwatersberg
40
Centuri
14
Jan Smuts Hou
Lanseria Airport
Ultr
Tweefontein
Elandsdrift
Midrand
36
38
39
14
1
Grand Airport
35
37
Oaktree
14
55
1
Muldersdrif
34
Sterkfontein
3
Honeydew
Sandton
41
Krugersdorp
Randburg
Alexandra
24
31-33
28
Randfontein
siehe Detailkarte Rosebank u. Sandton
Rooderpoort
41
28
29
Johannesburg
30
Ger
isto
Toekomsrus
Soweto
21/22
Diepkloof
28
23-26
Turffontein
Eldorado Park
Mondeor
12
Alberton
Bekkersdal
12
siehe Detailkarte Soweto
Lenasia
Eikenhof
1
nach Kroonstad u. Bloemfontein
Katlehong
nach Vereeniging

Johannesburg - Umkreis

1 Johannesburg Art Gallery (JAG)
2 Nelson Mandela Bridge
3 Enoch Sontonga Memorial Park
4 Oriental Plaza
5 Newtown Cultural Precinct
6 Market Theatre Complex
7 Museum Afrika
8 Worker's Library and Museum
9 South African Brewerie's Centenary Centre
10 Turbine Hall, Electrc Workshop, Bus Factory
11 KwaZulu Muti Shop
12 Muti Market/Mai Mai Bazar
13 Das ehemalige Gebäude der "Johannesburg Stock Exchange" (JSE)
14 Standard Bank Art Gallery
15 Ferreira Mineshaft Museum
16 Absa Gallery
17 Carlton Center Observatory
18 Constitution Hill/Old Fort Prison Complex
19 Civic Theater Complex
20 Wits Theater Complex/University of the Witwatersrand (Wits)
21 Apartheid - Museum
22 Gold Reef City
23 Wandie's Place
24 Hector Peterson Memorial and Museum
25 Nelson Mandela Museum
26 Regina Mundi Catholic Church
27 Ellis Park Stadium
28 China Town
29 Eastgate Shoppingcenter, Bruma Lake Waterfront and Fleamarket
30 Ghandhi House (Troyeville - Museum)
31 Melrose Arch
32 Rosebank Mall u. Touristeninformation
33 Mandela Square u. Touristeninformation
34 Liliesleaf Rivonia Trial House
35 Montecasino
36 Cradle of Humankind
37 Sterkfontein Caves
38 Kromdraai Wonder Caves
39 Rhino and Lion Nature Reserve
40 Lesedi Cultural Village
41 Krugersdorp Game Reserve

1-20 Siehe Detailkarte Johannesburg Innenstadt

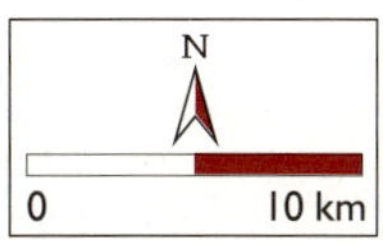

© graphic

3,3 Mio. Jahre altes Skelett

und sein Team 1994 und 1997 entdeckt. 1994 legten sie die als **Little Foot** bekannt gewordenen zwölf Fußknochen frei. 1997 fand das Team das aufgrund seiner Vollständigkeit und seines Alters einzigartige Skelett. Später wurden in anderen Teilen der Höhlen sogar noch ältere Knochenfunde gemacht, das waren aber immer nur Funde einzelner Teile.

Erstmals waren Knochen vormenschlicher Primaten in den Sterkfontein Caves in den 1890er Jahren von einem italienischen Bodenkundler entdeckt worden, der aber ausschließlich an Tierexkrementen interessiert war. Erst 1936 nahm *Dr. Robert Broom* seine Studien in den Höhlen auf und entdeckte **den ersten erwachsenen *Australopithecus***. Dieser Fund untermauerte die Vermutung, dass das zuvor in Taung/Tanzania gefundene Fossil eines 4 Jahre alten Kindes, die erste Entdeckung seiner Art, tatsächlich ein Vorgänger des Menschen ist. Zusammen mit *John Robinson* fand *Broom* 1947 schließlich ein 2,5 Mio. altes, fast komplettes

Skelett eines *Australopithecus africanus. Broom* nannte seinen Fund zunächst *Plesianthropus transvaalensis = near-man of the transvaal.* Aufgrund der Größe der Eckzähne und relativ schmaler Zähne nahm er an, dass es sich um eine Frau handele, die schnell als **Mrs. Ples** bekannt wurde. Jüngste Forschungen gehen nun u. a. aufgrund der Größe der Backenzähne davon aus, dass es sich bei Mrs. Ples doch um einen Mann handelt.

Doch ein Mann

Die Funde von *Broom* und *Robinson* sind im Transvaal Museum *(s. S. 385)* in Pretoria zu sehen, die von *Clarke* lagern noch im Anatomischen Institut der Universität Witwatersrand in Johannesburg.

Kromdraai Wonder Caves (38)

(tägl. 8–17 h)

Die Höhlen erlangten Bekanntheit durch die erstmalige Entdeckung einer robusten Form eines Hominiden, der vor 2 bis 1 Mio. Jahren in Südafrika existierte. Entdeckt wurde er 1938 durch einen Schuljungen namens *Gerd Terblanche*, der Schädelstücke und Zähne des später als *Paranthropus robustus* identifizierten Hominiden fand, der wesentlich massiver gebaut ist als der *Australopithecus africanus*. Für Besucher gut aufbereitet ist die mit Stalagmiten und Stalaktiten und zahlreichen Showeffekten versehene Kalksteinhöhle, die größer ist als ein Rugby-Feld. Normalerweise geht es per Lift in die Tiefe. Man kann sich auch abseilen lassen, muss sich dafür aber vorher anmelden.

Höhlenshow

Rhino and Lion Nature Reserve (39)

(tägl. 8–17 h)

Karte
S. 372f/374

Inmitten des Weltkulturerbes gelegen, direkt neben dem Gelände der Wonder Caves, hat der Löwenpark nichts mit fossilen Funden zu tun. Wer schon andere Wildparks und genug Tiere gesehen hat, kann diesen getrost auslassen. Wer allerdings noch nicht genug hat und unter Garantie Löwen sehen will, muss sich auf den 14 qkm großen „Safaripark" einlassen. Zudem gibt es noch weiße Nashörner, Giraffen und Wildebeest zu sehen. Löwen, Geparden und wilde Hunde befinden sich in einzeln abgezäunten Gehegen. Übernachtungen in Chalets, Game Drives, Ausritte und sogar eine Tour zur und in die zweitälteste Goldmine Südafrikas, der **Old Kromdraai Gold Mine**, werden arrangiert.

Lesedi Cultural Village (40) (ⓘ s. S. 195/Johannesburg)

(an der R512, ca. 12 km nördl. des Lanseria Flughafens)

In den Ausläufern der Magaliesberge liegt das touristisch aufbereitete, sehenswerte kulturelle Dorf. Traditionelles Dorfleben von verschiedenen Volksgruppen wie Basotho, Xhosa, Pedi und Zulu wird von den hier lebenden Menschen aufgezeigt. Tanzende Krieger mit traditionellen Fellschutzschildern begrüßen die Besucher. Zweimal am Tag werden Führungen angeboten. Übernachtungsmöglichkeiten in relativ luxuriösen Hütten. Für ein traditionelles Abendessen muss im Voraus reserviert werden.

Traditionelles Abendessen

Krugersdorp Game Reserve (41) (ⓘ s. S. 195/Magaliesberge)
(10 km von Krugersdorp und ca. 1h von Johannesburg entfernt; tägl. 8–18 h, Auskunft über Touristinformation Krugersdorp)

Erste Goldmine am Witwatersrand

Auf der Strecke nach Krugersdorp erschließt sich ein schöner Blick auf den Witwatersrand mit der **Kromdraai Gold Mine**, die 1881 als erste Goldmine am Witwatersrand errichtet wurde. Das 1.500 ha große Reservat beherbergt insgesamt 30 Tierarten, darunter Nashörner, Wildebeest, Kudus, Zebras, Giraffen, Büffel und Leoparden. Löwen gibt es separat im 100 ha großen **Lion Sanctuary** (Gehege) zu sehen.

Das Naherholungsgebiet für die Großstädter aus Gauteng ist auch ein idealer Stopp für den, der vor Abflug noch einen Tag in der Gauteng-Gegend verbringen muss und nicht in der Stadt bleiben will. Restaurant, Picknickplätze, Campingplatz sowie Übernachtungsmöglichkeit in Rundhütten.

Heia Safari Ranch (ⓘ s. S. 195/Magaliesberge)
(ca. 20 km nordwestlich der City, nach Norden Überquerung der R564 und R28, danach weitere 4 km/links)

Afrika-Kitsch

Hier finden sonntagnachmittags traditionelle afrikanische Tänze statt. Die ziemlich touristische Farm ist umgeben von einem idyllischen hügeligen Panorama. Bereits am Tor erwarten den Besucher Pfauen, Springböcke, Giraffen oder Zebras. Die mit Ried gedeckten Bungalows sind der Landschaft angepasst und bieten jeden Komfort. Sie stehen auf einer leicht abfallenden Wiese mit Baum- und Buschbestand. Neben dem Restaurant gibt es eine Bar und einen Swimmingpool. Auf der gegenüber liegenden Seite steht ein nachgebautes Zuludorf mit einer reetgedeckten Tribüne, von der aus man den Tänzen zuschaut. Vor der zweistündigen Vorführung nimmt man an einem Mittagsbraai teil.

Hinweis

Sun City, Pilanesberg Game Reserve, Magaliesberg-Region und Hartbeespoort Dam siehe Kapitel 9. „Der Norden", Seite 476.

Pretoria und Umgebung (Tshwane) (ⓘ s. S. 195)

Überblick

Die auf 1.367 m Höhe liegende Stadt Pretoria wird außerhalb der Grenzen von Südafrika noch immer von der rund 50 km weiter südlich und 400 m höher liegenden Großstadt Johannesburg in den Schatten gestellt. Ein wenig verschlafen und geschützt durch den nördlichen, mittleren Gebirgszug der Magaliesberge (im Sommer ist es hier heißer und im Winter milder als in Jo'burg) liegt die „Beamtenstadt" im Norden der Provinz Gauteng. Vielleicht ist deshalb vielen unbekannt, dass eigentlich Pretoria und nicht Johannesburg die **Hauptstadt Südafrikas** ist. Im Halbjahreswechsel teilt sich die Metropole heute den Regierungssitz mit Kapstadt.

Verwaltungsstadt

Fototipp
Ein guter Standort für ein Stadtfoto bietet die Gouvernment St, die im Norden der Stadt an den Union Buildings vorbeiführt. Morgens und abends sind die Lichtverhältnisse am besten.

Um die Geschichte und Zusammenhänge Südafrikas zu verstehen, ist ein Besuch Pretorias ein „Muss". Und zwar nicht nur, weil Pretoria in Zukunft vielleicht Teil einer Riesenmetropole wird, indem sie mit hohen Mauern und Stacheldraht gesicherten Neubausiedlungen und riesigen Gewerbeparks scheinbar unaufhaltsam an die Schwester-Metropole Johannesburg heranwächst. Hier wurde vor allem ein **wesentlicher Teil der Geschichte des Landes** geschrieben. Und diese ist wiederum durch architektonische Bausünden aufgrund unverkennbarer „Apartheidästhetik" nahezu greifbar.

Hinweis
Die neuesten Änderungen der Städtenamen in Südafrika finden Sie auf S. 196f.

Schon im Jahre 1850, als die Voortrekker sich hier niederließen, die die Kapregion aus Protest gegen die von den Briten erlassenen Gesetze verlassen hatten, war die Stadt Verwaltungssitz. Heute bildet Pretoria mit 1 Million Einwohnern nur einen kleinen Teil des riesigen Verwaltungsbezirkes Tshwane (*siehe S. 378*), der sich über einen Umkreis von 50 km erstreckt und Gebiete des ehemaligen Homelands Bophuthatswana (u. a. GaRankuwa, Mobopane und Soshanguve) im Nordwesten mit einschließt.

Pretoria wirkt nicht nur auf den ersten Blick „gemütlich", ja fast provinziell. Dieser Eindruck verfestigt sich vor allem durch die vielen alten Gebäude und Grünanlagen in den wohlhabenden Gegenden, die sanfte, hügelige Lage und die rund 100 gepflegten Parks mit altem Baumbestand und bunten Blumenbeeten.

100 Parks

Die schönste Besuchszeit der Stadt ist der Oktober, wenn die blaulila blühenden **Jacaranda-Bäume** die Straßen in ein duftendes Blütenmeer verwandeln. Über 70.000 Jacarandas schmücken heute die sog. „Jacaranda City". Die ersten von ihnen wurden aus Argentinien importiert. Gerade diese Tatsache könnte ihnen

INFO Pretoria oder Tshwane?

Ein besonderes Verwirrspiel war die Neu- bzw. Umbenennung von Pretoria und der weiteren Umgebung. Lange Zeit wussten selbst die Bewohner nicht, wie ihre Stadt gerade bezeichnet wird, ob sie weiterhin in Pretoria oder nun in Tshwane wohnten.

Nach Auskunft der Stadtverwaltung ist beides möglich. Der Name bzw. der Verwaltungsbezirk Pretoria verschwindet nicht, sondern bezeichnet weiterhin den als Pretoria bekannten und für Besucher relevanten Innenstadtbereich. Dieser Bereich liegt in dem großen Verwaltungsbezirk „City of Tshwane". Wer also im Innenstadtbereich wohnt, lebt im Stadtteil Pretoria der Stadt Tshwane (vollständig: City of Tshwane Metropolitan Municipality).

Das gesamte Gebiet um das „alte" Pretoria, d.h. der südliche Bereich, der bis an die Stadtgrenzen Johannesburgs reicht und vor allem auch das Gebiet nördlich des Stadtbezirks Pretoria, wo sich riesige, dicht bevölkerte Townships befinden, war verwaltungstechnisch unter der weißen Apartheidregierung im kuscheligen Pretoria quasi ausgeblendet worden. Sie lagen ganz bequem außer Sichtweite hinter den Magaliesbergen. Durch die Neuorganisation gibt es nun im Süden von Tshwane den Bezirk Centurion, in der „Mitte" Pretoria und im Norden die Bezirke Akasi, GaRankuwa, Soshoanguve, Mabopane, Winterveld und Temba.

„City of Tshwane" – Namensgebung

Der Name Tshwane kommt vom schwarzen *Chief Mushi*, der 100 Jahre vor den ersten weißen Siedlern, den Voortrekkern, mit seinem Stamm vom Zululand hierher zog und sich zunächst in Mokgapane (Mooiplaas, östlich von Pretoria) niederließ. Später zog er dann in das heutige Gebiet Pretorias, an das Ufer des Tshwane River (heute: Apies-River), den er nach seinem Sohn benannte. *Tshwane* siedelte sich in Sefateng sa Phitsane (Wonderboom Poort) an, wo er bis zu seinem Tode lebte. Eine Gedenktafel am Eingang des Wonderboom Nature Reserve bezeugt, dass *Chief Mushi* und sein *Sohn Tshwane* dort unter großen Moraceae-Bäumen begraben liegen. Tshwane wird heute als der authentische Name Pretorias angesehen. Auf Verwaltungsebene und im allgemeinen Sprachgebrauch unterscheidet man noch zwischen Pretoria als Stadtteil und Tshwane als den Großbereich des Regierungszentrums. Interessant ist, dass das Wort Tshwane „Wir sind gleich" bzw. „Wir sind eins, weil wir zusammenleben" bedeutet.

zum Verhängnis werden. Nach dem Willen der Landesväter sollen in Zukunft nur noch einheimische Bäume gepflanzt werden.

Die unter der Apartheid als langweilige „Beamtenstadt" beschimpfte Metropole hat sich seit Beginn des 21. Jh. zum **internationalen Treffpunkt** von Diplomaten und Studenten gemausert. So ziehen vier Universitäten – inklusive der Unisa (*University of South Africa*), mit rund 150.000 Studenten eine der größten Fern-

Fernuniversität

universitäten der Welt – sowie renommierte wissenschaftliche Institute Studenten aller Hautfarben an.

> **Hinweis**
> *Planen und buchen Sie Ihre Nationalparkaufenthalte lieber in Pretoria als in Johannesburg. Die Nationalparkbehörde ist hier wesentlich besser zu erreichen. Zudem gibt es auch viele Outdoor-Läden (Adressen siehe in den Gelben Seiten, S. 195).*

Der hässliche **Universitätsbau der Unisa** aus Apartheidzeit dominiert die Stadt im Süden und ist schon von weitem zu sehen. Während sich die Studenten vor allem in Hatfield (Burnett St, Hatfield Square) wohl fühlen, ziehen die Diplomaten Arcadia, Brooklyn und die gepflegten Stadtteile weiter östlich vor. Noch demonstrativer thront das klobige und riesige **Voortrekker-Monument** auf einer Hügelkette vor den Toren Pretorias. Sowohl von Süden als auch von der Innenstadt ist der monumentale Koloss deutlich sichtbar und sollte optisch und politisch das Gegenstück zu den Union Buildings sein.

Geschichte

Die Stadt wurde bereits 1855 durch *Marthinus Wessel Pretorius* gegründet. Er benannte sie in Gedenken an seinen Vater *Andries Pretorius*, der die entscheidende Schlacht am Blood River gewann und damit die weiße Besiedlung des Nordens Südafrikas einleitete. Mit Gründung der Burenrepublik Südafrika wurde das damalige Pretoria zur Hauptstadt ernannt. Seit Beginn des 21. Jahrhunderts bildet Pretoria einen Teil eines riesigen Verwaltungsbezirkes, das Teile des ehemaligen Homelands Bophuthatswana wie Ga-Rankuwa, Mobopane und Soshanguve umfasst.

Älter als Johannesburg

Im Apies-Tal, das über fruchtbare Böden verfügt, weideten bereits lange vor dem Eintreffen der Voortrekker riesige Viehherden der Zulu (s. S. *378*). Als der Große Trek in den 1830er Jahren im Tal ankam, ließen sich hier recht schnell einige Buren nieder. Die weißen Farmen waren über das Tal weit verstreut. 1853 wurde am Apies-River durch *Marthinus Pretorius* mit dem Bau einer Stadt begonnen. 1860 wurde Pretoria Hauptstadt der Zuid-Afrikaansche Republik (ZAR).

Der Church Square mit Paul-Kruger-Denkmal

Im ersten Burenkrieg, den die Buren gewannen, wurde die Hauptstadt Pre-

Redaktions-Tipps Pretoria

Grundsätzlich:

- Pretoria gilt als recht sicher. Dennoch: Nehmen Sie auch tagsüber keine Wertsachen mit. Und halten Sie sich nach 17 h nicht in verlassenen Gegenden auf.

Bedeutendste Sehenswürdigkeiten:

- Church Square, S. 381
- Union Buildings (Aussicht!), S. 383
- Voortrekker Monument, Freedom Park, S. 386ff
- National Museum of Cultural History, S. 385
- Transvaal Museum of Natural History, S. 385
- Jan Smuts Museum, S. 389
- Bahnhofsmuseum der Rovos Rail in der Park Station, S. 389f
- Jacaranda-Blüte im Oktober

Unterkünfte:

Suchen Sie sich möglichst ein Hotel in den Stadtteilen Arcadia oder Hatfield.

Hinweis

Wer sich spontan in Pretoria für einen Abstecher nach Maputo/Mozambique entscheidet, kann sich hier bei der ***Botschaft von Mozambique*** *ein Visum besorgen (Reisepass und zwei Passbilder). Da Mozambique nicht Mitglied der Zollunion (SADC) ist, müssen Sie die Fahrt zudem zuvor bei Ihrer* ***Mietwagenfirma*** *in die Papiere eintragen lassen.*

toria 1881 von den Briten belagert. Nach einer relativ kurzen Periode der Ruhe, brach 1899 der zweite Burenkrieg aus, wo diesmal nach zähen Kämpfen die Briten die Oberhand behielten. Im Juni 1900 musste Pretoria schließlich kapitulieren. Am 31. Mai 1910 gründeten das Kapland, Natal, der Oranje Freestate und Transvaal die Südafrikanische Union. Pretoria wurde wieder Regierungssitz. 1913 wurden die Union Buildings, die heutigen Regierungsgebäude, fertig gestellt. 1948 wurde Pretoria mit dem Sieg der Nationalen Partei auch Sitz der Apartheidregierung und die Stadt zum Synonym für die Hardliner des Unterdrückungsregimes. Am 10. Mai 1994 bildeten die Gebäude die Kulisse für die Vereidigung von *Nelson Mandela* zum ersten demokratischen Präsidenten der Republik Südafrika.

Machtwechsel

Zeiteinteilung

- ***1 Tag:*** *Vormittags Church Square und entweder das Transvaal Museum oder das National Museum of Cultural History. Dann zu den Union Buildings und anschließend zum Voortrekker Monument/Freedom Park und Museum.*
- ***Bei zwei Tagen:*** *1. Tag: s.o., 2. Tag: Ausflug in die Umgebung: z. B. vormittags zur Cullinan Diamanten Mine (kann auch „mitgenommen" werden auf der Fahrt Richtung Kruger National Park), anschließend zum Tswaing Crater und Ndebele Village oder alternativ zum Paul Kruger Museum und Jan Smuts Haus.*

Entfernungen

Pretoria – Johannesburg 58 km
Pretoria – Kapstadt 1.460 km
Pretoria – Durban 636 km
Pretoria – Nelspruit 322 km
Pretoria – Kruger National Park (Numbi Gate) 386 km

Sehenswertes in Pretoria und in der näheren Umgebung

Überblick

Karte
S. 382/390f

Allein um die Gegensätze von monumentaler Apartheidarchitektur und viktorianischen Gebäuden auf sich wirken zu lassen, sollte man Pretoria einen Besuch abstatten. Diese merkwürdige Kombination spiegelt sich auch in den beiden herausstechenden Sehenswürdigkeiten (wirkliche Highlights fehlen in Pretoria) wider: In dem burischen Voortrekker-Monument und der kolonialistisch anmutenden Jacaranda-Blütenpracht.

Aber dennoch: Wer Johannesburgs Größe müde ist und ein, zwei Tage in Gauteng verbringen will, kann in Pretoria einen Tag mit Bummeln durch die **historische Innenstadt** mit vielen alten Gebäuden oder auf Flohmärkten (meist nur am Wochenende) und dem Besuch von einem der zahlreichen Museen verbringen. Tagsüber kann man hier ruhig das Auto stehen lassen und die Stadt zu Fuß erkunden. In der Stadt sind vor allem die **Union Buildings** einen Besichtigungsgang wert.

Zahlreiche Museen

Und wer bisher noch keine **Townshiptour** gemacht hat, kann und sollte diese in Tshwanes Vororten nachholen. Mittlerweile haben sich einige seriöse Anbieter auch im Norden von Gauteng etabliert.

Auf der N14 von Süden (Johannesburg) kommend, bietet sich als Erstes ein Abstecher zum **Voortrekker Monument & Museum** und **Freedom Park** an. Beim Verlassen der Stadt Richtung Kruger National Park ist die **Cullinan-Diamantenmine** ein interessanter Stopp.

Church Square (1)

(Church Square, über Paul Kruger St u. Church St zu erreichen)

Das historische Zentrum Pretorias bildet der Church Square, mit seinen sehenswerten Gebäuden und ist gut zu Fuß zu erkunden. Der Platz liegt an der 42 km langen Church St. Sie durchquert die Stadt von Ost nach West. **Riche Café (2)**, das direkt neben der **Touristeninformation (3)** *(südwestl. Ecke des Church Square; im alten niederländischen Bankgebäude)* liegt, bietet eine gute Möglichkeit, bei einer Pause das bunte Treiben in der und um die kleine Parkanlage zu beobachten, die einst um die erste Kirche der Stadt entstand.

42 km lange Church Street

Hier, im „Herzen der City" befindet sich die **Paul Kruger Statue (4)** mit vier Bronze-Statuen im Sockel, die die Soldaten der damaligen Bürgerwehr darstellen.

Umgeben wird der Platz vom **Palace of Justice (5)** (Justizpalast), der 1898 fertig gestellt und während der britischen Besatzung im Jahre 1900 als Militärkrankenhaus genutzt wurde. Heute ist das Gebäude Sitz des Obersten Gerichtshofes für Transvaal. Ebenfalls am Church Square befindet sich der **Old Raadsaal (6)** (von *Sytze Wierda* im italienischen Renaissancestil konzipiert), dessen Grundstein 1889 Präsident *Kruger* legte.

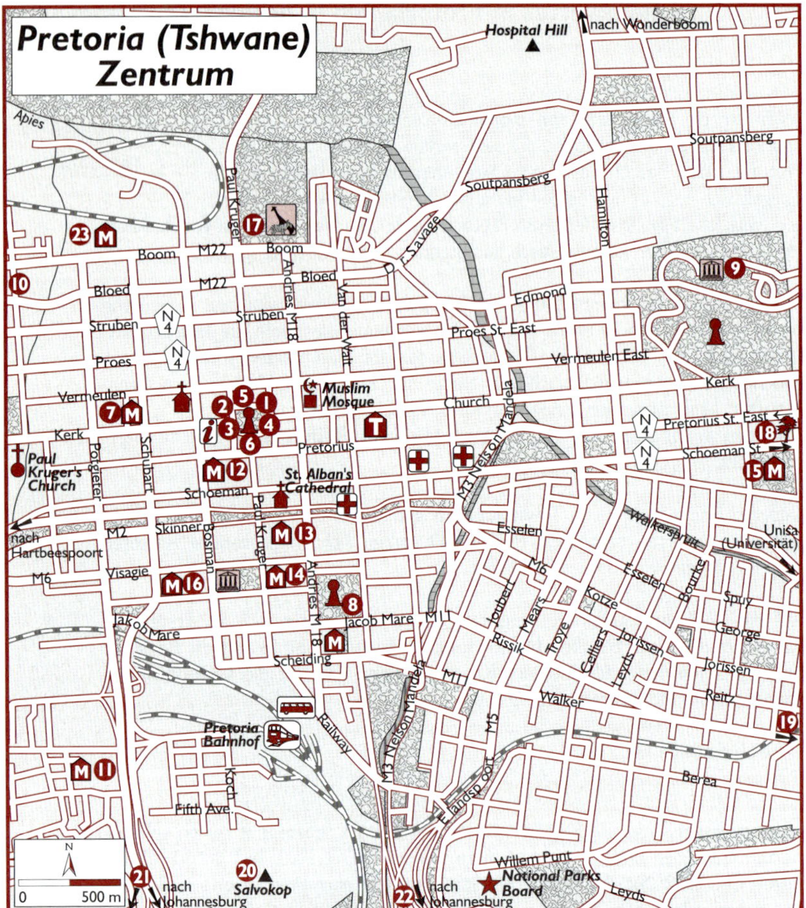

1 Church Square
2 Riche Café
3 Touristeninformation
4 Paul Kruger Statue
5 Palace of Justice
6 Old Raadsal
7 Paul Kruger House
8 Melrose House und Burghers Park
9 Union Buildings
10 Miriammen Tempel
11 Correctional Services Museum
12 Police Museum
13 Museum of Science & Technologie
14 Transvaal Museum
15 Pretoria Art Museum
16 Natural Museum of Cultural History
17 National Zoological Gardens
18 Botanical Gardens
19 Austin Roberts Birds Sanctuary
20 Freedom Park
21 Voortrekker - Monument & Museum
22 Jan Smuts House
23 Rovos Rail - Eisenbahnmuseum

Paul Kruger House (7)

(Church St/Potgieter St, geöffnet Mo–Sa 8.30–16 h, Sa u. So 9–16 h)

Hier lebte der viermal gewählte Präsident *Paul Kruger* zwischen 1883 und 1902. Viele Dinge aus seinem Leben sowie zahlreiche Staatspräsente wurden an dieser Stelle zusammengetragen. Auch seine Staatskarosse sowie der private Eisenbahnwaggon sind zu besichtigen.

Staatspräsente

Melrose House und Burghers Park (8)

(275 Jacob Mare St; geöffnet Di–Sa 8–16 h)

Das 1884 für George Heys gebaute Haus ist eines der schönsten und auffälligsten viktorianischen Gebäude Südafrikas. 1902 wurde hier der Friedensvertrag unterzeichnet, der den Zweiten Burenkrieg beendet hat. Besonders die Inneneinrichtung ist sehr eindrucksvoll. Man kann noch das Originalporzellan betrachten, von dem die Unterzeichner des Friedensvertrages gegessen haben. Das Haus steht direkt gegenüber dem Burghers Park, dem ältesten Park der Stadt, dessen Gestaltung von *Georges Heys* in Zusammenarbeit mit dem Botaniker *James Hunter* auf das Jahr 1892 zurückgeht.

Die Union Buildings: Regierungssitz des Staatspräsidenten

Union Buildings (9)

(am Meintjieskop, oberhalb der Church St)

Eine Fahrt auf den Hügel lohnt sich vor allem wegen des schönen Blickes über die Stadt, weniger wegen der architektonischen Originalität („griechischer Stil", wie es manchmal heißt). Von hier reicht der Blick bis zum Voortrekker Monument (s. u.) auf dem südlich der Innenstadt gelegenen Hügel. Die Mischung aus modernen Gebäuden und der Architektur der Apartheidzeit im Zentrum der Stadt ist ebenfalls sehenswert.

Das von *Sir Herbert Baker* errichtete Regierungsgebäude, das von besonders patriotischen Südafrikanern und in manchen Prospekten als einer der schönsten Regierungssitze der Welt bezeichnet wird, ist für die Öffentlichkeit nicht zugänglich. Es beherbergt Ministerien und das Staatsarchiv der Republik. Unterhalb der Union Buildings fällt das Gelände terrassenförmig ab. Hier befinden sich sehr gepflegte Parkanlagen mit einer Vielzahl von Blumen. In den Parkanlagen stehen auch Standbilder von drei ehemaligen Premierministern (*Louis Botha, J. C. Smuts* und *J. B. M. Hertzog*).

Aussicht von den Terrassen der Union Buildings

INFO Die Geschichte von Jacaranda-Jim

Überall wird heute Pretoria (Tshwane) als die „Stadt der Jacarandas" bezeichnet. Und vor allem während des Oktobers taucht die Stadt in ein zartes Lila der blühenden Jacarandas. Die Bäume sind von Millionen von Blüten bedeckt.

Das war nicht immer so. In den frühen Jahren nach der Stadtgründung war Pretoria als die Stadt der Rosen bekannt. Kletterrosen blühten überall, und ihre Ableger kann man noch heute allerorten im Stadtbild finden. 1888 importierte ein Stadtbürger Pretorias, *J. A. Celliers*, zwei „Jacaranda mimosifolia" aus Rio de Janeiro. Der ursprünglich aus dem Nordwesten Argentiniens stammende Baum gedieh in dem Klima Gautengs ausgezeichnet. Mr. *Celliers* pflanzte die Bäume in seinem Garten in Sunnyside. Sie stehen noch immer hier, und heute steht statt seines Hauses an gleicher Stelle die Schule von Sunnyside.

1898 kam der Gärtner *James Clark* nach Pretoria. Er sollte im Auftrag der Regierung geeignete Baumsorten züchten. Er bestellte Samen aus Australien und in der Lieferung war ein Paket Samen der gleichen Jacaranda-Art, die Celliers gepflanzt hatte. In der staatlichen Baumschule von Groenkloof entwickelten sich daraus stämmige Bäumchen, die Clark 1906 der Stadt Pretoria schenkte. Diese „Ur-Jacarandas" wurden entlang der Bosman St gepflanzt. Sie fanden so viel Anklang bei der Bevölkerung, dass man beschloss, in ganz Pretoria diese Bäume zu pflanzen. Und *James Clark* erhielt den Spitznamen „Jacaranda-Jim".

Heute sieht man in Pretoria auch einige weiße Jacarandas, die 1961 der Park-Direktor Tshwanes, *H. Bruinslich*, aus Südamerika einführte. Jacarandas wachsen gut in warmen Klimaten und benötigen genügend Wasser. Sie erreichen eine Höhe von etwa 15 Metern und bieten wunderbaren Schatten.

Miriammen Tempel (10)

(zw. Bloed u. Stuben Sts/7th St, Asiatic Basaar)

Gott für infektiöse Krankheiten

Der Hindu-Tempel von Tshwane wurde 1905 im Stadtteil Marabastad gebaut und Miriammen geweiht, dem Hindu-Gott für infektiöse Krankheiten.

Correctional Services Museum (11)

(Prison Reserve, Central Prison, Potgieter St; geöffnet Di–Fr 9–15 h, an Feiertagen geschl.)

Das einzige Museum seiner Art in Südafrika zeigt die Gefängnis-Geschichte des Landes, das Leben der Gefangenen, ihre Freizeitbeschäftigungen sowie die von ihnen z. T. illegal hergestellten Gegenstände.

Weitere interessante Museen in der Innenstadt:

- **Police Museum (12)**
(Compol Building, zwischen Paul Kruger St und Volkstem Ave; Mo–Fr 8.30–15.30 h, Sa 8.30–12.30 h, So 13.30–16.30 h)
Neben Ausstellung zur Polizeigeschichte, Rekonstruktionen berühmter Kriminalfälle sowie Polizei- und Verbrecherwaffen.
- **Museum of Science and Technologie (13)**
(Didacta Building, 211 Skinner St; Mo–Fr 8–16 h, So 14–17 h)
Exponate der Weltraumforschung.
- **Transvaal Museum of Natural History (14)**
(Paul Kruger St, gegenüber der City Hall; Mo–Sa 9–17 h, So 11–17 h)
Naturwissenschaftliche Sammlungen sowie geologische und archäologische Funde und Fossilien. Ausführliche und anschauliche Ausstellung zur Evolution der Säugetiere sowie Exponate u. a. aus den Höhlen der „Cradle of Humankind". Der spektakulärste Fund ist das 1947 entdeckte, 2,5 Mio. Jahre alte und fast komplette Skelett eines *Australopithecus africanus,* das als Mrs. Ples bekannt wurde (*siehe auch S. 374f*).

Evolution der Säugetiere

- **Pretoria Art Museum (15)**
(Schoemann St, Ecke Wessel St, Di–Sa 10–17 h, Mi 10–20 h, So 12–17 h
Sehr gute Ausstellungen afrikanischer Kunst.
- **National Museum of Cultural History (16)**
(ehem. African Window), Visagie St, zw. Bosman und Schubart, tägl. 8–16 h)
Kulturelles Zentrum mit breit gefächertem Tanz- und Gesangsvorführungen sowie Ausstellungen verschiedenster südafrikanischer Kulturen. U. a. San Rock Art, Kunst und Handwerk der Venda und einzigartige Fundstücke wie das *Golden Rhino* aus dem Königreich Mapungubwe in der Limpopo-Provinz an der Grenze zu Zimbabwe (*siehe S. 456f*).

)ie Museums Mall

'retoria hat sich mit der Gründung der Museum Mall (auch Museums Park genannt) die **Populari-ierung von Bildung und Forschung** zum Ziel gemacht. Nach dem Vorbild des American Smith-onian Institut in Washington (1846 gegr. Stiftung; unterstützt Expeditionen und Forschungen sowie ie Popularisierung aller Wissensgebiete) wurden dafür viele der Museen, Sehenswürdigkeiten und)enkmäler der Stadt unter einer gemeinsamen Schirmherrschaft organisiert. Durch Aktivitäten ntlang der historischen Gebäude, kulturellen Hinterlassenschaften und Parks sollen nicht nur Touri-ten, sondern vor allem auch die Einheimischen spielerisch und nachhaltig an die Vielzahl der Vissensthemen herangeführt werden. Zur Museums Mall gehören u. a.: Melrose House, Burghers ark, Transvaal Museum, City Hall, Children's Museum, National Cultural History Museum (African Vindow), Museum of Science and Technology, State Library, Museum Park Discovery Center, Inner :ity Enviro Center, Geoscience Museum.

Tipp
Parken Sie am besten auf dem bewachten Parkplatz vor der City Hall gegen eine geringe ;ebühr.

Pretorias Pflanzen- und Tiergärten

Zoo der Superlative

Der **National Zoological Garden (17)** *(Boom St; tägl. geöffnet von 8–17h30; Seehunde werden um 10 und 15 h gefüttert)* ist nicht nur einer der größten, sondern wird auch als einer der besten auf der Welt angesehen und beherbergt über 3.500 Tierspezies. Mit einer Seilbahn kann man durch den Park zu den einzelnen interessanten Punkten fahren. Berühmt ist das *Aquarium and Reptil House*.

In Pretorias 77 Hektar großem **National Botanical Gardens (18)** *(Cussonia Drive, Brummeria; 6–18 h)* wachsen 20.000 Pflanzenarten. Ein 2 km langer Pfad führt an 500 der insgesamt 1.000 südafrikanischen Baumarten vorbei.

Über 100 einheimische Vögel sind zudem im **Austin Roberts Bird Sanctuary (19)** *(Boshoff St, New Muckleneuk, Sa, So + feiertags von 7–17 h)* zu beobachten.

Sehenswertes in Tshwane (weitere Umgebung von Pretoria)

Freedom Park (20)

(zwischen Ben Schoeman Highway (N4) und Nelson Mandela Drive, gegenüber dem Voortrekker-Monument)

Karte
S. 382/390f

Der 52 ha große Freedom Park auf dem **Salvokop** direkt gegenüber dem Voortrekker-Monument wurde von Präsident *Thabo Mbeki* während seiner zweiten Amtszeit als Staatspräsident mit aller Kraft unterstützt. Mit Hochtouren begann deshalb auch pünktlich zum zehnjährigen Jubiläum der ersten demokratischen Wahlen im Jahre 2004 der Freedom Park Trust mit der Erstellung des Projekts. Seitdem ist der Park für das Publikum geöffnet, das so die Fertigstellung live miterleben kann. Der Ort des Parks wurde dabei nicht zufällig in unmittelbarer Nähe zum Denkmal der Buren gewählt, das jährlich für Tausende als Pilgerstätte dient. Die Vergangenheit soll so mit der Zukunft verbunden werden. Die Wahl des Salvokops hat zudem auch historische und politische Bedeutung. So wurden in der schwarzafrikanischen Geschichte Versammlungen wenn möglich auf Anhöhen abgehalten. Von hier erschließt sich auch der Blick auf das Zentrum Pretorias mit dem Church Square sowie den gegenüberliegenden Skanskop, Klapperkop und auf die politische Schaltstelle, die Union Buildings.

Bindeglied

Hinweis

Aktueller Stand über die Entstehung des Freedom Park siehe Gelbe Seiten.

Der Freedom Park basiert auf drei Säulen:

① **Garden of Remembrance**

„*The Garden of Remembrance*... will be an indigenous garden interspersed with monuments, statues, and sculptures paying tribute to ordinary South Africans, ... it must become a national symbol for reparations, a symbol of healing, a symbol of cleansing .... A place where those who lay their lives down for freedom, must rest – the Isivivane!"

Dies haben sich die Gründer des Parks auf die Fahnen geschrieben. In diesem Sinne sollen zwei Leitlinien den „Garten des Erinnerns" bestimmen:
- symbolische Wiedergutmachungen
- Reinigung und Heilung.

Die *Symbolic Reparations* sollen nach finanziellen Entschädigungen dem südafrikanischen Volk langfristig helfen, Traumata zu überwinden und Wunden der Vergangenheit zu heilen. Dafür ist der Freedom Park schon heute auch ein Ort für viele Veranstaltungen, um in Gemeinschaft das Selbstbewusstsein zu stärken und Kraft und den Weg nach vorne für den Neuaufbau der Nation zu finden.

Wunden der Vergangenheit heilen

② Sikhumbuto – The Memorial

Sikhumbuto ist ein Swati-Wort für „Denkmal". Hier wird allen Freiheitskämpfern gedacht, die im Laufe des Kampfes gegen die Apartheid ihr Leben gelassen haben.

③ The Dream Museum

Der „Traum" oder „Semkeni", wie das Museum genannt wird, hat die südafrikanische Geschichte von der Entstehung der Erde bis zur Gegenwart zum Gegenstand. Für Besucher sehr lohnend. Aber vor allem für die Südafrikaner soll hier die Erfahrung mit der eigenen Geschichte im Vordergrund stehen und mit der Besinnung auf eigene Wurzeln und Traditionen das Selbstbewusstsein als Nation stärken.

Besinnung auf eigene Wurzeln und Traditionen

Voortrekker Monument und Museum (21)

(südwestl. des Ben Schoeman Highway (N4), an der R101)

Das aus Granit gebaute und trutzige Denkmal (eigentlich noch mehr eine Wallfahrtsstätte!) der weißen Südafrikaner liegt vor den Toren Pretorias auf einer Hügelkette und erinnert an die Entscheidungsschlacht der Buren gegen die Zulu am Blood River vom 16. Dezember 1838. Um das 1949 eingeweihte Denkmal befindet sich eine Ringmauer aus Granit, die eine Wagenburg mit 64 Wagen symbolisiert. In der Heldenhalle erzählen 27 Marmor-Reliefs die Geschichte des Treks. Die Kuppel des Doms weist eine Öffnung von ca. 10 cm auf, die so angebracht ist, dass am 16. Dezember, dem ehemaligen Nationalfeiertag, genau mittags Sonnenstrahlen direkt den Ehrenschrein *Piet Retiefs* treffen. Heute ist der 16. Dezember der Tag der Versöhnung, der „Geloftedag" (Gelübdetag), doch betont er zwei Standpunkte, die unterschiedlicher nicht sein könnten: Für die **Weißen** ist das historische Datum eine herausragende Marke in Bezug auf die Sicherung ihrer Position und ein Beweis ihrer Durchsetzungsfähigkeit. Für die **Schwarzen** markiert das Ereignis den Beginn des Widerstands gegen den Herrschaftsanspruch der Weißen. Besonders am Tag

Hoch über der Stadt thront das Voortrekker Monument

Versöhnung

der Versöhnung besuchen sehr viele weiße Südafrikaner das Monument und gedenken damit des in ihren Augen wichtigsten historischen Ereignisses. Heute ist das Denkmal privatisiert – somit hat die neue Regierung damit nichts mehr zu tun und erspart sich peinliche Berührungen mit der burischen Vergangenheit.

Ausflüge in den Norden und Süden Tshwanes

Karte S. 390/391

Tswaing Crater (22) (ⓘ s. S. 195/Pretoria)

(Soundpan Rd, ca. 40 km nördl. von Pretoria (M35); tägl. 7.30–16 h)

Der *Salzplatz* oder in Afrikaans *Soutpan* wird der im Durchmesser 500 m große Krater in der Sprache der dortigen Tswana-Bewohner genannt. Er ist einer der jüngsten Meteoritenkrater der Welt – vor erst 220.000 Jahren schlug der Meteorit hier ein. Der Name kommt nicht von ungefähr. Aufgrund der Salzhaltigkeit der Gegend befand sich früher direkt neben dem Einschlagloch eine alte Salzmine. Fundstücke zeigen, dass hier bereits vor über 150.000 Jahren Menschen siedelten.

Der Tswaing Crater liegt im Norden von Tshwane

Heute kann man auf einem sieben Kilometer langen Pfad, beginnend am Informationszentrum, zum Aussichtspunkt auf den 100 m höher gelegenen Rand des Kraters gelangen. Ursprünglich soll der Kraterrand doppelt so hoch gewesen sein. Es gibt auch einen kurzen Weg dorthin, doch wer sich für die lange Alternative entscheidet, sollte unbedingt Kopfbedeckung, Sonnencreme und Wasser mit sich führen. Der Eintritt muss an der ca. 2 km hinter dem Gatter liegenden Rezeption gezahlt werden. Dort gibt es auch ein kleines Museum sowie Übernachtungsmöglichkeiten.

Sonnenschutz nicht vergessen

Mapoch Ndebele Village (23) (ⓘ s. S. 195/Pretoria)

(ca. 15 km westl. vom Tswaing Crater; tägl. von 10–16 h; Übernachtungsmöglichkeit)
Anfahrt: Von der City of Tshwane (Pretoria) geht es zunächst bis zum Casino Marula Sun, hinter dem Casino dann nach re., nach 5 km am Stopp-Schild nach re., nach 3,5 km wieder nach re. und nach ca. 1,5 km nach li.

Ehemals bekannt als *Speelman Kraal* besteht das Ende 2002 eröffnete Ndebele-Dorf aus 50 traditionell bunten und mit geometrischen Formen bemalten Steinhäusern. Das Dorf wird als die größte Ansammlung **authentischer Ndebele-Kunst** des Landes angepriesen. Die Häuser werden ausschließlich von Frauen gestaltet – neuerdings auch mit modernen Motiven wie Telefon, Waschmittelpackung, Rasierklinge, modernem Verkehrszug oder südafrikanischer Flagge.

Geometrische Hausbemalungen

Im Gegensatz zu anderen Ndebele-Dörfen ist Mapoch noch wenig kommerziell, was sich alleine dadurch zeigt, dass auch die nicht so makellos bemalten bzw. unbemalten Häuser des Dorfes dazugehören. Die modernen Übernachtungsmöglichkeiten sind in einem Neubau untergebracht. Traditionelles afrikanisches Essen gibt es nach Voranmeldung. Bei einem Besuch des Dorfes wird erwartet, dass Sie zusätzlich zum Eintrittsgeld die Führerin bezahlen. Für eine Tour müssen ca. 1,5 h eingerechnet werden. Vor den Häusern postieren sich dann die Frauen mit ihren **handwerklichen Perlenprodukten**. Wenn Sie einige Erinnerungsstücke mitnehmen möchten, denken Sie bitte daran, vielleicht nicht alle Stücke bei einem Stand zu kaufen. So haben möglichst viele Frauen die Chance auf eine Einnahme.

Im Mapoch Village leben und arbeiten Ndebele-Familien

Die erste Familie, die aus 300 Mitgliedern bestand, war 1953 hierher gekommen. Durch den **District Area Act** mussten sie ihre ursprüngliche Wohnstätte in der Stadt räumen und sich auf dem ihnen zugewiesenen Land in einer Township ansiedeln. Mit zwei Zelten wurden sie ausgestattet, eines für Frauen und eines für Männer. Heute bildet den Dorfmittelpunkt ein abgegrenztes Areal, das ausschließlich für Männer zugelassen ist. Großmütter dürfen sich hier nach Erlaubnis hinzugesellen.

Jan Smuts Haus (24)

(Irene, ca. 20 km südlich von Pretoria, Mo–Fr 9.30–16.30 h, Sa+So 9.30–17 h)

Von Pretoria aus fahren Sie die M18 südwärts bis Irene. Dort links unter den Eisenbahnschienen hindurch und sofort rechts zur Doornkloof Farm, wo *General Jan Smuts* den Großteil seines Lebens verbracht hat. Interessant ist das Haus, in dem er während seiner Amtszeit als südafrikanischer Präsident viele Gäste zu politischen Gesprächen empfing, allein schon aufgrund der vielen Bilder an den Wänden und Bücherregalen, die einen großen Teil südafrikanischer Geschichte zeigen. Der schattige Garten lädt zu einer Kaffeepause ein (kleiner Kiosk).

Staatsbesuch

Railway Museum der Rovos Rail (25)

(Capital Park Station, nördl. von Pretoria)

Mr. Vos, der Gründer der weltbekannten und vor allem für seine Dampflokomotiven und historischen Waggons berühmten Luxuseisenbahn Rovos Rail, legte 1998 sein Hauptquartier in den Capital-Park-Station-Komplex. Das Herzstück des Ro-

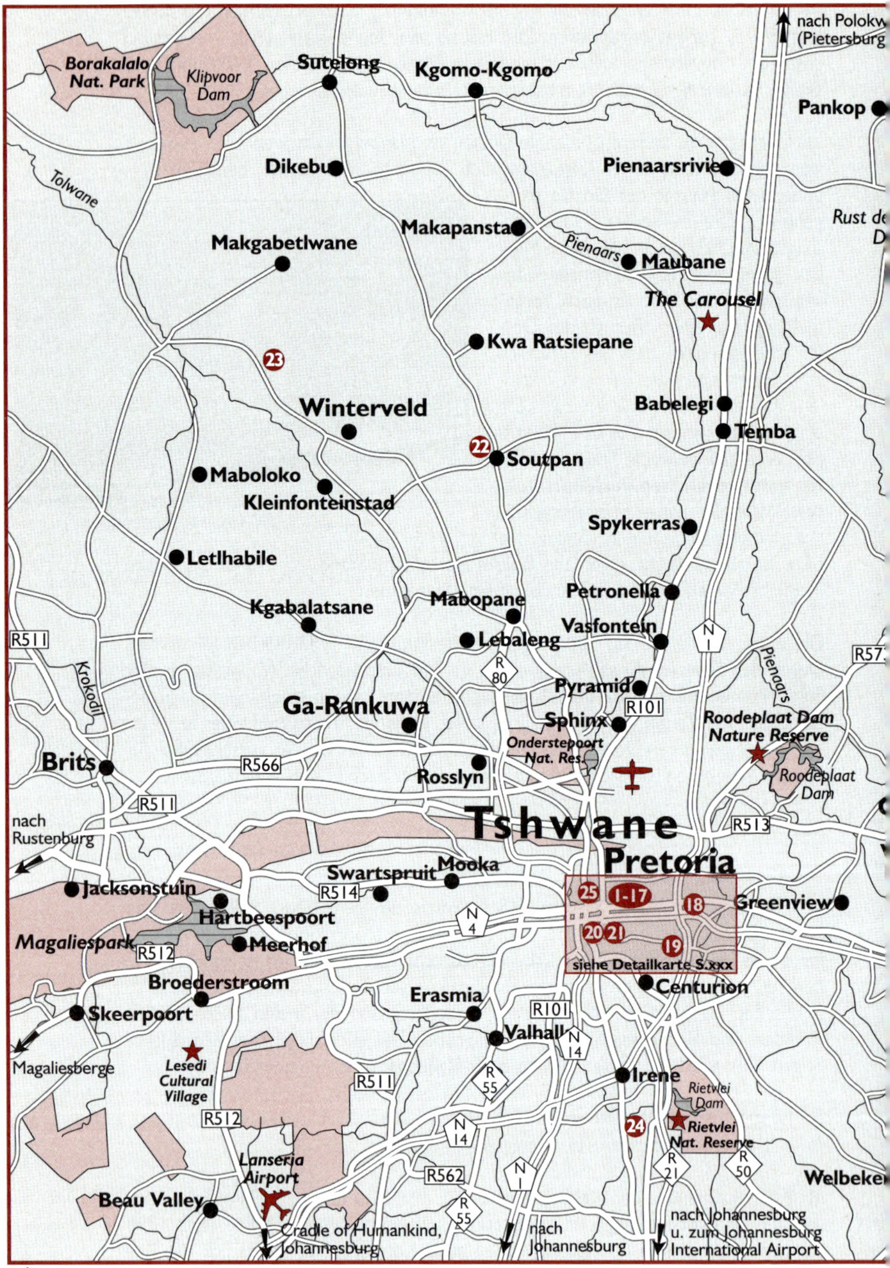

Borakalalo Nat. Park
Klipvoor Dam
Sutelong
Kgomo-Kgomo
nach Polokw (Pietersburg
Pankop
Tolwane
Dikebu
Pienaarsrivie
Rust de D
Makapansta
Makgabetlwane
Pienaars
Maubane
The Carousel
Kwa Ratsiepane
23
Winterveld
Babelegi
Temba
22
Soutpan
Maboloko
Kleinfonteinstad
Spykerras
Letlhabile
Petronella
Kgabalatsane
Mabopane
Vasfontein
R511
Lebaleng
N 1
Krokodil
R 80
Pienaars
R57
Pyramid
Ga-Rankuwa
R101
Sphinx
Roodeplaat Dam Nature Reserve
Onderstepoort Nat. Res.
Brits
R566
Rosslyn
Roodeplaat Dam
R511
Tshwane
R513
nach Rustenburg
Pretoria
Swartspruit
Mooka
R514
25
1-17
18
Jacksonstuin
Greenview
Hartbeespoort
N 4
Magaliespark
R512
Meerhof
20
21
19
siehe Detailkarte S.xxx
Broederstroom
Centurion
Erasmia
Skeerpoort
R101
Valhall
N 14
Magaliesberge
Lesedi Cultural Village
R511
R 55
Irene
Rietvlei Dam
R512
N 14
24
Rietvlei Nat. Reserve
Lanseria Airport
R562
N 1
R 21
R 50
Welbeke
Beau Valley
R 55
Cradle of Humankind, Johannesburg
nach Johannesburg
nach Johannesburg u. zum Johannesburg International Airport

Umkreis von Pretoria (Tshwane)

1 Church Square
2 Riche Café
3 Touristeninformation
4 Paul Kruger Statue
5 Palace of Justice
6 Old Raadsal
7 Paul Kruger House
8 Melrose House und Burghers Park
9 Union Buildings
10 Miriammen Tempel
11 Correctional Services Museum
12 Police Museum
13 Museum of Science & Technologie
14 Transvaal Museum
15 Pretoria Art Museum
16 Natural Museum of Cultural History
17 National Zoological Gardens
18 Botanical Gardens
19 Austin Roberts Birds Sanctuary
20 Freedom Park
21 Voortrekker Monument & Museum
22 Tswaing Crater
23 Mapoch Ndebele Village
24 Jan Smuts House
25 Rovos Rail - Eisenbahnmuseum
26 Cullinan Diamond Mine

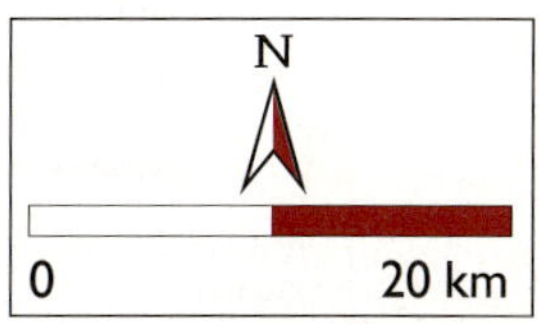

> **Hinweis**
> *Siehe auch den Erlebnisbericht von der Fahrt mit der Rovos Rail auf S. 669ff sowie weitere Informationen in den Gelben Seiten.*

vos-Imperiums sitzt damit an historischer Stätte. Bereits 1939 wurde das Gelände für einen Verschiebebahnhof ausgewählt und 1943 fertig gestellt. Damals war der Bahnhof mit 140 Dampflokomotiven gut ausgelastet. Auch die Eisenbahnschuppen, wo die heutigen Loks und Waggons von *Mr. Vos* restauriert, repariert und gewartet werden, stammen noch aus der Zeit. Zusammen mit der wunderschönen Abfahrts- bzw. Ankunftshalle sowie den Gebäuden für Küchen (wo die Menüs für die Luxusfahrten vorbereitet werden) oder Waschsalons für die Angestellten mutet der gesamte Komplex wie eine authentische Filmkulisse aus der Zeit der industriellen Revolution an.

Mekka für Eisenbahnfans

Auf dem 10 ha großen Gelände befinden sich 15 Bahnlinien von zusammen 12 km Länge, von denen 100 Meter überdacht sind. Die Kohlestation für die Dampflokomotiven besitzt 40 Ladeschächte. Im Laufe der Jahre hat die Sammelleidenschaft von *Mr. Vos* fünf Dampflokomotiven und 60 historische Waggons in seinen Besitz gebracht. Sie sind das Herzstück des „working railway museum", wie er selbst die Capital Park Station bezeichnet.

Ausflug auf dem Weg nach Osten

Cullinan-Diamantenmine (26)

(ca. 48 km im Nordwesten von Pretoria, 95 Oak Ave, Cullinan; Führungen Mo–Fr 10 und 14.30 h, Sa+So 10 h, Kinder unter 10 Jahren dürfen nicht in die Mine. Der Teegarten des „Oak House" ist am Wochenende von 8–16 h geöffnet)

In Cullinan liegt die Diamanten-Mine, die heute wesentlich größer ist als die Mine in Kimberley war (bekannt als „The Big Hole"). Dort waren bis 1914 insgesamt 28 Mio. t Abraum gefördert und 3 t Diamanten gewonnen worden (entspricht ca. 14.504.566 Karat). Die Cullinan-Mine liefert täglich rund 12 t Kimberlit-Gestein, aus denen alljährlich ca. 4 Mio. Karat Diamanten, allerdings zumeist Industriediamanten, gewonnen werden. 1905 fand man hier einen 3.106 Karat schweren Diamanten, aus dem der berühmte „Stern von Afrika" geschliffen wurde. Nach seiner Spaltung konnte man neun größere Edelsteine, 96 kleinere Brillanten und 10 Karat an Splittern herstellen. Eine verantwortungsvolle Aufgabe, die *Joseph Ascher* in Amsterdam unternommen hatte. Cullinan I, der „Stern von Afrika", hat 530 Karat und ziert das königlich-britische Zepter. Der Cullinan II, 317 Karat, ist in die Krone der britischen Majestät eingearbeitet.

„Stern von Afrika"

Das viktorianische ehemalige Wohnhaus der Minen-Direktoren, das „Oak House", ist heute ein Guest House mit Teegarten.

> **Hinweis**
> *Reisekapitel zu Sun City, Magaliesberg Region und Hartbeespoort Dam siehe Kapitel 9. „Der Norden", Seite 476.*

9. DER NORDEN

Rundreise durch den absoluten Norden

Allgemeiner Überblick über den Norden der Mpumalanga Province, ...

In nur vier Stunden erreicht man vom Johannesburg International Airport den Norden von Mpumalanga und damit zwei der beliebtesten Urlaubsregionen Südafrikas: die Drakensbergregion mit der sog. „Panoramaroute" und den Süden des Kruger National Park. Mit Geschichten von Voortrekkern, Spuren der Burenkriege, Goldgräberromantik, reicher Fauna und Flora, mit über 2.000 m hohen Bergen, Flüssen, Wasserfällen und von der Holzwirtschaft geprägter Landschaft gelten die Regionen für einheimische Besucher schon lange als „Paradise Country".

© igraphic

Die touristisch interessanten und gut ausgestatteten Ortschaften wie Sabie, Graskop und Pilgrim's Rest sind dafür im Vergleich zu anderen Gegenden des Landes schon fast zu überlaufen (allerdings immer noch kein Vergleich zu europäischen Verhältnissen).

Geprägt wird die Region vor allem durch die bis zu 700 m hohe Abbruchkante zwischen der Drakensbergregion, mit dem landschaftlichen Höhepunkt Blyde River Canyon, und dem Lowveld, in dem sich der Kruger National Park befindet. Die sog. „kleinen Drakensberge" (im Vergleich zu denen in KwaZulu-Natal) sind vor allem deshalb so beliebt, weil sie mit geringem Zeitaufwand und sehr einfach mit dem eigenen Auto zu besichtigen sind.

Die „Kleinen Drakensberge"

> **Hinweis**
>
> *Namensänderungen der Städte in Südafrika siehe S. 196f.*

Auch wirtschaftlich steht Mpumalanga nicht schlecht da. So ist sie eine Provinz mit hohen Wirtschaftswachstumsraten. Zu der bereits bestehenden Stahlproduktion (Middelburg), Petrochemie (Secunda/Sasolburg) und Holzwirtschaft (Mpumalanga ist mit 41,4 % oder über 600.000 ha aufgeforsteter Fläche der größte Holzproduzent in Südafrika) und der florierenden Tourismusbranche werden Milliarden Rand in Projekte im Korridor nach Maputo/Mozambique entlang der N4 investiert. Dabei setzen Investoren und Unternehmer glei-

Maputo Korridor

Karte
S. 396/397

chermaßen auf das reiche Mineralienvorkommen, die bereits bestehende Infrastruktur und die Nähe zu Gauteng, Swaziland und den Hafen von Maputo.

... die Limpopo Province ...

Landschaftliche Vielfalt und Mythen

Die Provinz wird im Norden vom Limpopo River begrenzt und ist eine Region der Gegensätze mit Buschland, Bergen, Wäldern, Plantagen und noch unberührter Wildnis. Der Nordosten ist vom Gebiet der VhaVenda geprägt, das im Osten an den Kruger National Park grenzt und im Süden und Westen an die Soutpansberge. Im Norden reicht es bis auf 5 km an die Grenze zu Zimbabwe heran, die mitten durch den Limpopo verläuft. Zu Apartheidzeiten sicherte sich die südafrikanische Regierung den Landstreifen nördlich des ehemaligen Homelands Venda bis zur Staatsgrenze als Operationsgebiet für den Krisenfall. Landschaftliche Vielfalt sowie Mythen und Menschen prägen eine der afrikanischsten Gegenden Südafrikas.

Fruchtbare Landschaft um Tzaneen

Noch steckt hier die touristische Infrastruktur erst in den Anfängen, die Limpopo Province hat aber bereits in den vergangenen Jahren einiges aufgeholt und z. B. erstmals verhältnismäßig genaue Karten von der Provinz erstellen lassen. Im Mittelpunkt der Vermarktung steht auch die **African Ivory Route**, die sich über die gesamte Provinz erstreckt und zum Teil nur mit Vierradantrieb zu befahren ist. Das Gebiet um Tzaneen bietet mit dem **Land der Regenkönigin** afrikanische Kultur pur und mit den **Magoebaskloof** fruchtbare Landschaft mit Obst-, Teeplantagen und touristischer Infrastruktur. In Polokwane (Pietersburg) und Mokopane (Potgietersrus) befindet man sich in immer noch burisch geprägten Zentren inmitten von dicht besiedelten ehemaligen Homelands. Ein starker Kontrast dazu ist die fast menschenleer erscheinende **Waterberg-Region**, die mit landschaftlich sehr zu empfehlenden Parks (u. a. Marakele National Park und Lapalala Wilderness Area) aufwartet.

... und den Norden der North West Province

Das „Las Vegas Afrikas"

Diese Provinz Südafrikas wird nur am Rand auf der Rundtour durch den absoluten Norden durchfahren. Dennoch gibt die Reiseroute einen authentischen Eindruck in das Gebiet, das zu Apartheidzeiten zum großen Teil aus dem ehemaligen Homeland **Bophuthatswana** (sieben isolierte Teile) bestand. Neben dem wuseligen, schlecht ausgeschilderten und unübersichtlichen Homeland-Flickenteppich, der seit Ende der Apartheid aufgelöst und in die North West Province integriert wurde, sorgen mehrere Wildparks (Pilanesberg National Park, Madikwe Game Reserve, Borakalalo National Park) für Ruhe; **Sun City**, das „Las Vegas des Südlichen Afrika" für gut organisiertes Entertainment. Ein Abstecher nach Groot Marico führt zudem in tiefstes Afrikaaner-Land und damit neben den Tswana zu der zweiten großen Bevölkerungsgruppe dieser Provinz, den Afrikaanern. Die dominierende Bevölkerungsgruppe sind die Tswana, die im 14. Jh. ins Südliche Afrika wanderten. Seit ca. 1600 haben sie sich in der North West Province angesiedelt, lange vor der Ankunft weißer Siedler.

Redaktions-Tipps für den Norden

Grundsätzliches

- Fernglas und Tierbestimmungsbücher für die Wildparks mitnehmen.
- Unterkünfte in Nationalparks rechtzeitig vorbuchen.
- Öffnungszeiten der Gates von Game Reserves, Parks etc. beachten evtl. vorher telefonisch noch einmal abklären.
- Wegen der Night Game Drives (meist 16/17 h) frühzeitig ankommen.
- An Malaria-Prophylaxe und Mückenschutzmittel denken.

Sehenswürdigkeiten

- Pilgrim's Rest (S. 404)
- Blyde River Canyon und die Rondavels (S. 405ff)
- Wasserfälle in den Drakensbergen (S. 401 u. 407)
- Magoebaskloof (S. 463ff)
- Sun City, „das Las Vegas Südafrikas“ (S. 476ff)
- Groot Marico, die Pilgerstätte der Afrikaaner und ihr selbst gebrauter Mampoer (S. 478f)

Besonders schöne Naturerlebnisse:

- Tierwelt des Kruger National Park, bes. bei Nacht (S. 411ff)
- Soutpansberge (S. 458f)
- Naturerlebnis Waterberg (S. 468ff)
- Marakele National Park (S. 473f)
- Madikwe Game Reserve (für den, der es sich leisten kann und mag) (S. 478)

Kulturelle Höhepunkte

- Wanderung von Punda Maria Camp (im Norden des Kruger N.P.) zur kulturellen Stätte Thulamela (S. 437)
- ein Besuch bei der Regenkönigin Modjadji VI (S. 461)
- Kultur der VhaVenda (S. 445ff)
- das Mapungubwe-Königreich (S. 457)
- Höhlen von Mokopane (Makapansgat Caves) (S. 466f)

Besondere Tipps

- Kühltasche kaufen (Eis gibt es an Tankstellen und Supermärkten) und Proviant für 1 Tag mitnehmen (*siehe A–Z Stichwort „Selbstversorger“*).
- Mieten Sie sich eine Hütte im Olifants Camp (Kruger N. P.) mit Flussblick (S. 430).
- Sundowner mit Wildlife am Pionier-Dam im Mopani Camp (Kruger N. P.) (S. 431)
- Bushwalk im Kruger N. P., evtl. mit Übernachtung in einem nicht eingezäunten Bushcamp (S. 433f)
- Mehrtägiger Rangerkurs in Moholoholo (S. 410f)
- Wer es sich leisten kann und mag: 2 Nächte in Londolozi (S. 439ff)
- Das im Old-fashioned-Stil belassene Camp Punda Maria (Kruger N. P.) sowie der Pafuri-Picknick-Platz (S. 432ff)
- Geführte Tour in den Sacred Forest und zum Lake Fundudzi (S. 448)
- Mapungubwe National Park: geführte Wanderung auf den Berg (S. 456f)
- Natur- und Tiererlebnis im Lapalala Wilderness Area (S. 470f)
- Übernachtung im Safari Tent am See im Marakele N.P. (S. 473f)
- *High Tea* im Palace Hotel / Sun City (S. 478)

Rundreise durch den absoluten Norden
– Übersichtskarte –
Camps entlang der "Ivory Route"
1 Mafefe Camp
2 Ndzhaka Zeltcamp
3 Mtomeni Zeltcamp
4 Baleni Camp
5 Modjadji Camp
6 Mutale Falls Zeltcamp
7 Musunda Zeltcamp
8 Fundudzi Tshivase Camp
9 Blouberg Camp
10 Ntubu Zeltcamp
11 Dongola - Vhembe Zeltcamp
12 Mokolo Dam Zeltcamp
nach Francistown
Palapye
A1
Tewana
Mahalapye
Sherwood
Maasstroom
Usutu
Limpopo
R572
R561
N 11
Baltimore
R518
Lephalale
Matlal
Lapalala W.A.
R510
Waterberg
R518
Polokw
Mokopane
Botswana
Mpepu
Monametsana
Molepolole
Mochudi
Gaborone
Matlabas
Witfonteinrand
Marakele N.P.
Thabazimbi
R 33
N 1
Modimolle
Madikwe G.R.
Ramotswa
Koedoeskop
Notham
Bela-Bela
R511
R 33
R 49
nach Lobatse
Pilanesberg N.P.
Sun City
Borakalolo Nat. Park
Temba
Groblers
North West
A1
Boshoek
R510
R573
Zeerust
N 4
Groot Marico
Rustenburg
Brits
Tshwane (Pretoria)
Slurry
Magaliesberg
N 4
R 52
Tembisa
N 12
Krugersdorp
Lichtenburg
Johannesburg
Coligny
Gauteng
R503
R 30
R 53
nach Kimberley u. Bloemfontein
Heidelberg
nach Vryburg
© igraphic

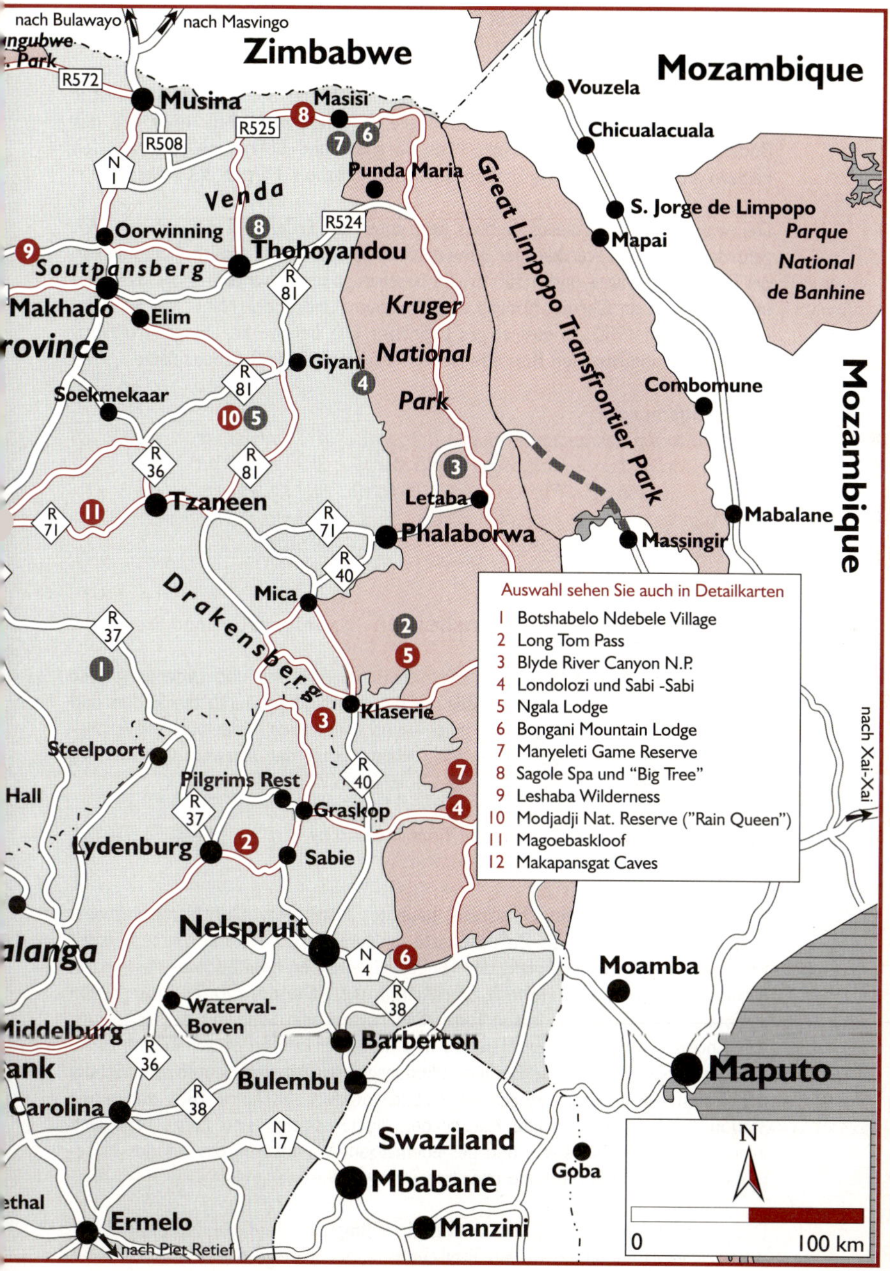
nach Bulawayo
nach Masvingo
Zimbabwe
Mozambique
Musina
Masisi
R572
R525
R508
N 1
Punda Maria
Venda
R524
Oorwinning
Thohoyandou
Soutpansberg
R 81
Makhado
Elim
Kruger National Park
Great Limpopo Transfrontier Park
Vouzela
Chicualacuala
S. Jorge de Limpopo
Mapai
Parque National de Banhine
Giyani
Soekmekaar
R 36
R 81
Tzaneen
R 71
Letaba
Phalaborwa
Combomune
Mabalane
Massingir
Mozambique
R 40
Mica
Drakensberg
R 37
Klaserie
Steelpoort
Pilgrims Rest
Graskop
R 37
Lydenburg
Sabie
Hall
Nelspruit
N 4
R 38
Moamba
Waterval-Boven
Middelburg
Barberton
Bulembu
R 36
Maputo
Carolina
R 38
N 17
Swaziland
Mbabane
Goba
Ermelo
Manzini
nach Piet Retief
nach Xai-Xai
N
0
100 km
Auswahl sehen Sie auch in Detailkarten
1 Botshabelo Ndebele Village
2 Long Tom Pass
3 Blyde River Canyon N.P.
4 Londolozi und Sabi -Sabi
5 Ngala Lodge
6 Bongani Mountain Lodge
7 Manyeleti Game Reserve
8 Sagole Spa und "Big Tree"
9 Leshaba Wilderness
10 Modjadji Nat. Reserve ("Rain Queen")
11 Magoebaskloof
12 Makapansgat Caves

Im Sommer heiß

Klimatisch gehört das Land nicht gerade zu den angenehmsten Regionen Südafrikas. Die Sommer (Oktober bis April) sind heiß und in der Regel trocken, die Winter zeichnen sich durch hohe Tag-/Nacht-Unterschiede aus. Die Niederschläge sind spärlich und fallen praktisch ausschließlich in der Sommerzeit. Von Natur aus eignet sich die Landschaft insbesondere für Rinderzucht. Nur etwa 6 % des Bodens taugen für den Ackerbau; Mais, Sorghum und Bohnen werden auf den Feldern angebaut. Die Provinzhauptstadt ist Mmabatho („Mutter des Volkes").

Reich an Bodenschätzen

Der wahre Reichtum dieses Gebiets liegt unter der Erde: 50 % des auf der Welt geförderten Platins werden hier gewonnen. Impala heißt die größte Platinmine, in der 32.000 Schwarze und 1.500 Weiße beschäftigt sind. Ebenso verfügt das Land über Reserven an Chrom, Mangan und Vanadium. Und in der Nähe von Sun City entdeckte man 1980 ein ausgiebiges Uranlager. Die Bergwerke, Düngemittelfabriken und kleinindustriellen Betriebe sichern insgesamt 90.000 Arbeitsplätze.

Entfernungen

Pretoria/Johannesburg – Musina (Messina)	*475 km/533 km*
Pretoria/Johannesburg – Polokwane (Pietersburg)	*273 km/331 km*
Pretoria/Johannesburg – Makhado (Louis Trichard)	*383 km/441 km*
Pretoria/Johannesburg – Lephalale (Ellisras)	*304 km/362 km*
Johannesburg – Malelane Gate	*426 km*

Von Johannesburg zu den Drakensbergen (Mpumalanga/Limpopo Province)

Der Ort Middelburg liegt in der Mitte zwischen Pretoria und Lydenburg. Der Name der Stadt stammt aus der Zeit, als diese Verbindung durch die Siedler und Goldgräber eine große Bedeutung hatte – und damit auch Middelburg als Verpflegungs- und Raststation auf halben Weg. Heute lohnt der Abzweig von der N4 hierher vor allem für einen Besuch des Botshabelo Village.

Botshabelo Ndebele Village und Fort Merensky

(Museum, Ndebele-Dorf und Naturreservat)

Schutz für Christen

„Ort der Zuflucht" oder „Freistaat" bedeutet Botshabelo. Der Name verweist darauf, dass dieser Ort als Zufluchtstätte für zum Christentum bekehrte Südafrikaner gegründet wurde. Anfang der 1860er Jahre kamen zwei Berliner Missionare, *Alexander Merensky* und *Heinrich Gruetzner*, in die Nähe des Dorfes Mosego von Häuptling Sekwati. Nach dessen Tode 1864 begann sein Sohn mit der Verfolgung von Christen in dem Gebiet. *Merensky* und *Gruetzner* kauften daraufhin eine Farm, gründeten eine Station der Berliner Missionsgesellschaft und bauten zum Schutz der Christen auf einem Hügel ein Verteidigungsfort. Im Jahre 1871 zählte die Station 1.315 Bewohner. Die Häuser der Missionsstation sind heute renoviert, inklusive des Fort Merensky und des ehemaligen Wohnhauses, das Teil des Museumskomplexes mit Kirche und der alten *Dining Hall* ist.

Das angrenzende **Botshabelo Ndebele Village**, in dem die Nachfolger der damals Verfolgten leben, ist ein Freilichtmuseum. Es zeigt die drei Phasen der architektonischen Entwicklung der Ndebele-Hütten (Grashütten, Rundhütten und rechteckige Steinhütten). In der Trockenzeit und zu besonderen Anlässen werden die Steinhütten mit überwiegend geometrischen und farbenfrohen Grafiken bemalt.

Hinweis

Informationen zu den Sudwala Caves siehe S. 489.

Dullstroom

Ca. 2,5 Stunden vom Flughafen Johannesburg (direkt) entfernt sind Sie mit Erreichen des kleinen und idyllischen Dullstroom mitten in der verschlafenen Provinz angekommen. Der bereits auf über 2.000 m Höhe liegende Ort bereitet auf die nun folgende Atmosphäre schottischer Hochlandschaft vor. In den Seen drum herum wird intensive Fischzucht betrieben. Sehr beliebt auch bei Hobbyanglern.

Mekka der Hobbyangler

Lydenburg

Von Dullstroom gelangen Sie weiter nach **Lydenburg** und damit zu einer der interessantesten archäologischen Stätten Südafrikas, wo 1957 ein Farmerssohn auf dem Grundstück seiner Eltern Teile der tönernen „Lydenburg-Köpfe" aus dem 6. Jh. fand. Diese Tonköpfe wurden wahrscheinlich bei bestimmten Zeremonien aufgesetzt. Kopien davon sind heute im **Lydenburg Museum** im Gustav Kliengbiel Nature Reserve zu sehen. Sie gehören mit zu den ersten Skulpturenfunden im Südlichen Afrika. Die Originale liegen im Kapstädter South African Museum.

Skulpturen aus dem 6. Jh.

Am Museum vorbei führt die Hauptroute auf der R37 im Osten aus der Stadt über den Long-Tom-Pass nach Sabie und damit zum Tor der Drakensberge von Mpumalanga.

Long-Tom-Pass (ⓘ s. S. 195/Sabie)

Die 52 km lange Strecke von Lydenburg nach Sabie führt über den 2.149 m ü. d. M. hohen Long-Tom-Pass. Wenn Nebel und Regen die Sonne durchlassen, ist dies eine beeindruckende Panoramastrecke mit wunderschönen Ausblicken in die mit Pinien und Eukalyptus bewachsenen Täler und Hügel und ins Vorland der Drakensberge von Mpumalanga. Sie sollten unbedingt einen Pulli bereit legen, denn zumeist ist es oben auf dem Pass neblig und kühl. Die Landschaft mutet eher europäisch an, ja mit seinen gräulich schimmernden Felsen ähnelt das Hochplateau sehr schottischer Berglandschaft. Wer neblig-feuchte Atmosphäre mag, kann auf halber Strecke nach Sabie oben auf dem Pass in der Hops Hollow Brewerie

Die Hochebene auf über 2.000 m Höhe

Brauerei am Pass

übernachten. Benannt wurde der zweithöchste Pass des Landes nach den lang gezogenen, schweren Geschützen (Kaliber 155 mm), die die Buren im zweiten Anglo-Boer-Krieg (zwischen 1899-1902) verwendeten. Die ca. 50 kg schweren Kanonen schossen gut 10 km weit und einige Einschusslöcher sind auch heute noch zu sehen. Die Kanonen wurden hingegen nach der Niederlage unter den Augen der Briten von den Buren gesprengt. Heute stehen Nachbauten auf der Passhöhe.

Das Gebiet der Drakensberge (Mpumalanga)

Hinweis zur Strecke

Die Hauptstrecke durch die Drakensberge führt von Süden kommend von Lydenburg auf der R37 zunächst nach Sabie (Sabie Falls) und weiter über Graskop auf der R532 nach Norden auf der sog. „*Panorama-Route*" entlang den Hauptsehenswürdigkeiten des *Blyde River Canyon Nature Reserve*. Dabei lohnt sich auf jeden Fall von Graskop ein Abstecher nach *Pilgrim's Rest*.

Zwei Alternativen für die Weiterfahrt vor Verlassen des Gebietes um den Blyde River Canyon

- Noch ein Stück weiter in den Norden und über den Abel Erasmus Pass aus dem Gebiet des Blyde River Canyon herausfahren. Mit Blick auf die Nördlichen Drakensberge geht es erst auf der R527 Richtung Westen, dann auf der R531 gen Südwesten zum Rand des Kruger National Park. Hier gibt es die Möglichkeit eine Reptilien-Farm, das Moholoholo-Rehabilitationscenter und das Cheetah Project zu besuchen. Diese Route bietet sich an, wenn Sie Ihre Übernachtung im Kruger National Park im Satara-Camp gebucht haben und wird direkt im Anschluss an die Hauptroute, die in den Süden des Kruger National Park führt *(s. u.)*, beschrieben.
- Weiterfahrt auf der Hauptroute, d. h. es geht auf der R36 zunächst Richtung Süden und dann auf der R533 über Pilgrim's Rest, Graskop und Hazyview via Numbi Gate in den Kruger National Park (bei Übernachtung im Pretoriuskop- oder Skukuza-Camp) oder durch das Paul Kruger Gate (Übernachtung in Skukuza, Lower Sabie, Berg-en-Dal).

Sabie (ⓘ s. S. 195)

Britischer Kolonialcharakter

Wenn man den Long-Tom-Pass (2.149 m) in der Abenddämmerung auf 1.109 m hinunterfährt und die vielen Lichter inmitten der dichten Wälder längs des Sabie River erblickt, wird deutlich, wie viele Menschen (viele Arbeiter in Blechhütten in Townships) um den schnuckeligen Ortskern von Sabie leben. Edle Jacaranda-Bäume vor weiß getünchten Häusern mit Tortenspitzenverzierungen und grünen Dächern verleihen dem Ort etwas sehr Aufgeräumtes. Der alte, handbemalte Friseurladen bringt da schon ein wenig Auflockerung in die geeichten Ladenzeilen. Insgesamt ist der Eindruck sehr britisch. Eingebettet wird der Ort vom Mount Anderson (2.285 m) und dem Mauchberg (2.115 m), der nach dem deutschen

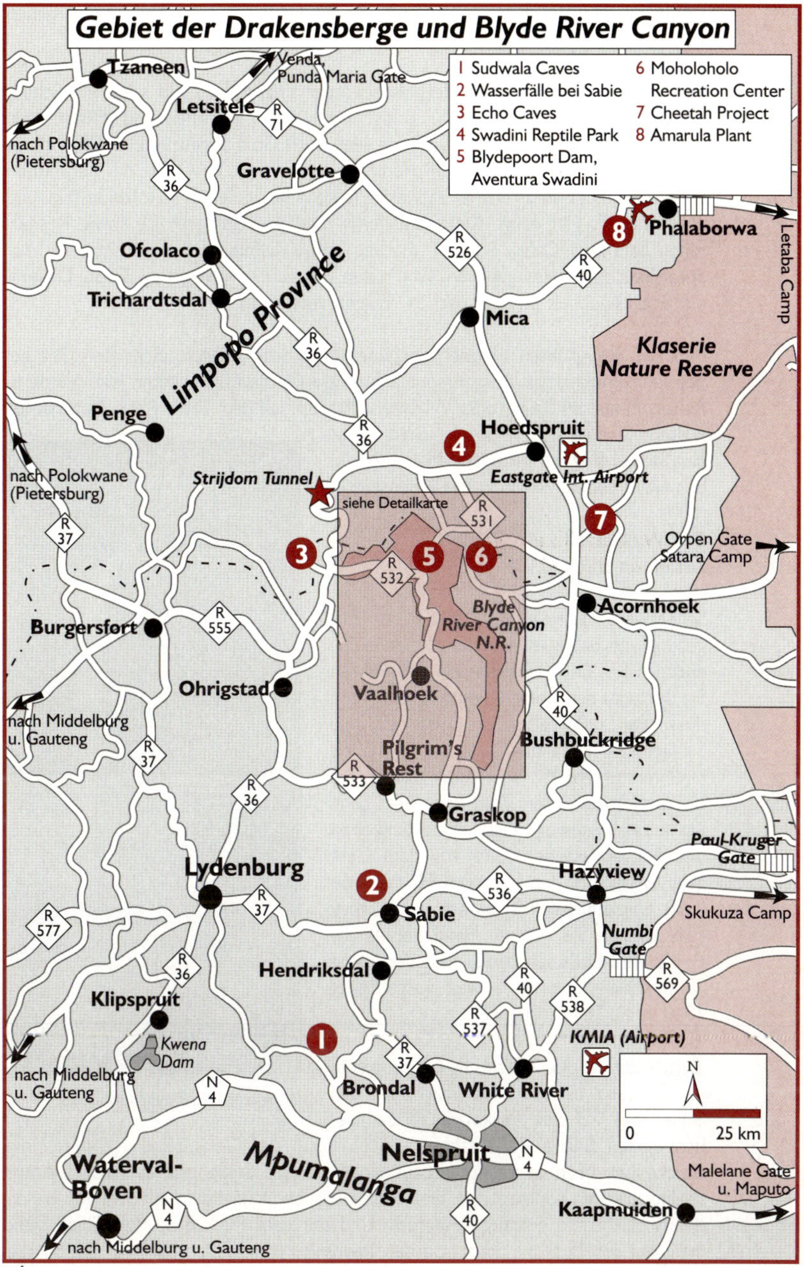
Gebiet der Drakensberge und Blyde River Canyon
1 Sudwala Caves
2 Wasserfälle bei Sabie
3 Echo Caves
4 Swadini Reptile Park
5 Blydepoort Dam, Aventura Swadini
6 Moholoholo Recreation Center
7 Cheetah Project
8 Amarula Plant
Tzaneen
Venda, Punda Maria Gate
Letsitele
nach Polokwane (Pietersburg)
Gravelotte
Phalaborwa
Letaba Camp
Ofcolaco
Trichardtsdal
Limpopo Province
Mica
Klaserie Nature Reserve
Penge
Hoedspruit
Strijdom Tunnel
Eastgate Int. Airport
siehe Detailkarte
Orpen Gate Satara Camp
Acornhoek
Blyde River Canyon N.R.
Burgersfort
Ohrigstad
Vaalhoek
nach Middelburg u. Gauteng
Bushbuckridge
Pilgrim's Rest
Graskop
Paul-Kruger Gate
Lydenburg
Hazyview
Sabie
Skukuza Camp
Numbi Gate
Hendriksdal
Klipspruit
Kwena Dam
KMIA (Airport)
Brondal
White River
N
0
25 km
Waterval-Boven
Mpumalanga
Nelspruit
Malelane Gate u. Maputo
Kaapmuiden
nach Middelburg u. Gauteng
R 71
R 36
R 526
R 40
R 531
R 532
R 37
R 555
R 533
R 536
R 577
R 569
R 538
R 537
N 4

Geologen *Carl Mauch* benannt wurde. Er entdeckte 1871 die berühmten Ruinen von Great Zimbabwe.

Gold und Pfannkuchen

1880 wurde der Ort gegründet, als ein Jäger zufällig auf Gold stieß: Ein Schuss hatte sich aus seinem Gewehr gelöst, einen Stein getroffen und dadurch ein Goldstück freigesetzt. Bis 1950 wurde hier noch Gold abgebaut. Die **Church of St. Peter** wurde 1913 von Sir *Herbert Baker* erbaut, der auch die berühmten Union Buildings in Pretoria entwarf. Heute lebt Sabie von Holzindustrie und Tourismus. Es gibt einige Kunsthandwerks- und Souvenirgeschäfte sowie Restaurants, Bars und Cafés. Schilder machen darauf aufmerksam, dass *Pancakes* zur Spezialität des Ortes gehören. Gut lassen die sich im **„Smokey Train Diner"** mit Sitzgelegenheit im historischen Waggon verspeisen.

Inmitten des größten Holzabbaugebietes Südafrikas gelegen, dient der Ort bei den Einheimischen als Ausgangspunkt für viele Outdoor-Aktivitäten wie Wandern, Reiten, Mountain Biking oder Wildwasserfahrten auf dem Sabie River. Material für weitere Studien über Holzwirtschaft bietet das **Safcol Forest Industry Museum** (in der Nähe der Tankstelle in der Innenstadt).

Die MacMac Falls außerhalb Sabies

Die Wasserfälle um Sabie auf einen Blick (2)

Land der Wasserfälle

Sehenswert sind viele Wasserfälle in der Umgebung von Sabie – besonders lohnend die entlang der **Old Lydenburg Rd**. Fahren Sie direkt zu den **Lone Creek Falls** (68 m), die 7 km außerhalb des Ortes in eine Schlucht am Ende der Sackgasse ganzjährig hinunterstürzen. Mit dem Auto können Sie bis kurz davor fahren. Zum Pool führt dann ein kurzer Fußweg (Picknickmöglichkeiten und Souvenirstände). Kurz vor dem Gate geht es links zu den kleineren **Horseshoe Falls**. Und auf dem Weg zu den Lone Creek Falls können Sie rechter Hand bereits die **Bridal Veil Falls** sehen, die – wie der Name „Brautschleier" verrät – weit ausgebreitet 70 m in die Tiefe stürzen.

Fluss als Trennungslinie

Zurück auf der R532 Richtung Graskop sollten Sie kurz hinter der Brücke über den Sabie links auf den Parkplatz zu den sehenswerten **Sabie Falls** fahren – auch wenn der Gesamteindruck durch die Brücke der Main St recht verbaut ist. An dieser Stelle gibt es dafür weitere beeindruckende Aspekte, z. B. die städtebaulichen Maßnahmen in Form von bis an den Schluchtrand gebauten Häusern. Und mit dem Rücken zu den Fällen sieht man, wie der Fluss die Stadt von den Townships trennt. Den Blick auf die Brücke gerichtet ergeben sich schöne Perspektiven von passierenden Marktfrauen mit ihren Waren auf dem Kopf.

> **Tipp**
>
> ***World's View:*** *Ein schöner Aussichtspunkt befindet sich an einer kleinen Straße, die zwischen Sabie und Graskop nach Osten abzweigt.*

Weiter geht's auf der R532 zu den **MacMac Falls**, die parallel 56 m tief in eine bewaldete Schlucht fallen. Bei der Namensgebung der Zwillingsfälle hatten Goldgräber ihre Finger im Spiel. Nachdem 1873 *Johannes Muller* in dem Flusslauf Gold entdeckte, entwickelte sich trotz der nicht allzu großen Mengen, die hier zu holen waren, ein Ansturm von Goldsuchern. Als 1874 der damalige südafrikanische Präsident die Goldfundstelle besuchte, fielen ihm die vielen schottischen Lizenzhalter auf, die hier ihr Glück suchten. Von da an hießen die Fälle, der Fluss und die etwas weiter entfernt liegenden Pools nur noch MacMac – wie der schottische Namenszusatz.

Schottengold

Zu den **MacMac Pools** gelangt man, wenn man kurz zuvor von der R532 rechts abbiegt (Schild folgen). Hier handelt es sich nicht um die Wasserbecken der MacMac Falls. Durch ein leichtes Gefälle hat der Fluss hier kleine Pools geformt, die zum Baden einladen. Aber Achtung: Das Wasser ist sehr kalt. Gute Möglichkeit für ein Picknick. Dazu gibt's einen schönen Blick über die saftig grünen Wiesen und damit auf eine der wenigen Stellen dieser Gegend, die nicht mit Holzplantagen bedeckt sind.

Badegelegenheit

Alternativstrecken zur Hauptroute von Sabie aus:

- **Kurzstrecke in den Kruger National Park**: Von Sabie die R536 nach Hazyview *(s. S. 404)* und zum Numbi Gate. Besonders bei Motorradfahrern ist die Strecke sehr beliebt. Obwohl oder vielleicht gerade wegen der Schlaglöcher (*Potholes*). Schilder wie „Achtung Flusspferde“ erhöhen den Reiz. Ansonsten wird die kurvige Strecke von Bananenplantagen und Eukalyptusanpflanzungen gesäumt.
- **Abzweig in den Süden zur Johannesburg–Durban-Route** und zu den Sehenswürdigkeiten entlang der N4 (Sudwala Caves, Kaapsehoop, Nelspruit etc.). Lesen Sie dazu weiter ab S. 488.

Graskop (ⓘ s. S. 195)

Der auf 1.430 m inmitten saftig grüner Landschaft gelegene Ort ist der Dreh- und Angelpunkt für die Drakensbergregion sowie Ausgangspunkt für Touren in die Umgebung und in den Kruger National Park. In dem Ort gibt es verhältnismäßig viele Übernachtungsmöglichkeiten. Die Touristeninfo und private Touranbieter befinden sich entlang der Hauptstraße. Am Ortsausgang liegt ein schöner Panorama-Campingplatz mit Blick durch Schluchten auf das Lowveld. Der Ort lebt hauptsächlich vom Tourismus, der Holzindustrie, Galerien und Craft Shops. Cafés und Restaurants stehen in harter Konkurrenz um den besten Pfannkuchen (*Pancakes*).

Touristische Infrastruktur

Alternativstrecke zur Hauptroute von Graskop aus

- Auch von Graskop gibt es noch die Möglichkeit, auf schnellem Wege (R535) über den Kowyns Pass (schöne Aussicht ins Lowveld) und Hazyview in den Kruger National Park zu fahren.

Schöne Aussicht

Afrikanische Traditionen

Auf dieser Route befindet sich kurz vor Hazyview das **Shangana Village** *(Touren von 9–17 h, Mahlzeiten und Abendveranstaltungen im Village nach vorheriger Bestellung)*. In dem Dorf leben die Nachfahren des *Chief Soshangana* und führen in ihrem Dorf in Vormittags-, Mittags- und Abendtouren verschiedene Aspekte ihres traditionellen Lebens wie die Anwendung traditioneller Medizin oder Herstellung verschiedener Gerichte vor. **Hazyview** (ⓘ s. S. 195/Graskop) ist der zentrale Versorgungsort für das Gebiet des ehemaligen Homeland am Bosbokrand (Bushbuckridge). Außer Supermärkten, Straßenmärkten und Banken im neuen Einkaufszentrum gibt es hier vor allem viele Übernachtungsmöglichkeiten jeglicher Preisklasse vom Backpacker bis zur gehobenen Lodge. Sie zielen auf Touristen, die von hier aus organisierte Touren in den Kruger National Park planen.

Abstecher von Graskop

Pilgrim's Rest (ⓘ s. S. 195/Graskop)

Standen früher in dem ehemaligen Goldminendorf die *Digger* Schlange, so treten sich heute die Touristen gegenseitig fast auf die Füße. Dennoch lohnt sich allein schon die Fahrt durch die hügelige, saftig grüne Landschaft auf der kurvigen R533 zu dem zum Nationaldenkmal erklärten Dorf.

Kurz, aber heftig

Die von Menschenhand geschaffenen Terrassen in den Hügeln, die den Ort umgeben, zeugen von dem kurzen aber heftigen Goldgräberrausch. 1873 entdeckten hier zunächst *Alec Patterson,* dann *William Trafford* die ergiebigsten alluvialen Goldfunde im Südlichen Afrika. Für die Namensbildung hat sich eine der vielen Legenden etabliert. Zunächst noch unter Pilgrim's Creek bekannt, soll *Trafford* bei der Entdeckung der Goldader gerufen haben: „The Pilgrim is at Rest" (der Pilger hat seine Ruhe gefunden). Das Echo der Berge soll den Ausruf auf den Ausdruck „Pilgrim's Rest" verkürzt haben. Sogar aus Kalifornien und Australien pilgerten die Goldsucher nach Pilgrim's Rest, um von dem ergiebigen *Creek* und dem Goldschürfen in angenehmem Klima zu profitieren.

Historische Fotos

Heute ist das Dorf selbst bis ins letzte Detail für Touristen präpariert und gleicht einem Freilichtmuseum. Der obligatorische Gang führt am besten zu Fuß entlang der alten Hauptstraße (heute eine Sackgasse, da der Autoverkehr zu viel wurde). Das Schild „Up-Town" führt direkt in das bis unter die Dachzinnen herausgeputzte „Museums-Dorf". Interessant sind die historischen Aufnahmen im *Information Center* und auch die Möglichkeit, kurz vor dem östlichen Ortseingang sich selbst im *diggen* zu üben.

Mount Sheba Nature Reserve
(links hinter der Robber's-Pass-Höhe)

Das private Mount Sheba Nature Reserve ist eine der ersten Adressen für Vogelbeobachter in Südafrika. Oberhalb von Pilgrim's Rest rund um den Mount Sheba (1.958 m) gelegen, erschließen sich von hier aus fantastische Ausblicke auf die Drakensberg-Region. Es gibt ein kleines Hotel, ein Restaurant sowie komfortable Selbstverpfleger-Lodges mit Blick über die Wälder.

Blyde River Canyon Nature Reserve (ⓘ s. S. 195)

Überblick

Das Blyde River Canyon Nature Reserve bietet für Selbstfahrer optimale Zugänge zu außergewöhnlichen Felsformationen (The Pinnacle und Bourke's Luck Potholes), weiteren Wasserfällen (Lisbon Falls und Berlin Falls), der sog. „Panorama-Route" mit herrlichen Ausblicken bei klarer Sicht übers Lowveld bis zum Kruger National Park (God's Window und Lowveld Viewpoint), Aussicht in den Canyon und auf drei wie Rundhütten geformte Berge sowie mit Stalaktiten und Stalagmiten versehene Höhlen (Echo Caves).

„Panorama Route"

Zu God's Window führt kurz hinter Graskop ein Abzweig, der hinterher wieder auf die R532 führt. Wenn Sie die Strecke durch das Blyde-River-Canyon-Gebiet einmal rauf und runter fahren, ist es egal, ob Sie auf dem Hin- oder Rückweg die kleine Schleife drehen. Falls Sie der Hauptroute folgen sollten und bereits einige Wasserfälle besucht haben, empfehlen wir aus Zeitgründen, die Lisbon und Berlin Falls auszulassen und auf die R534 zu den Aussichtspunkten abzubiegen.

Hinweis

Bei den meisten Sehenswürdigkeiten auf der „Panoramaroute" bieten Händler in offiziellen Souvenirständen (kleine Steinhäuschen mit WC) ihre Ware feil. Auf einem Schild wird darauf hingewiesen, dass die meisten Händler aus der Gegend stammen und ihnen der Erlös direkt zugute kommt.

Wanderfreunde können zwei Fernwanderungen (jeweils 5-Tage-Touren) sowie drei kleine Wanderungen unternehmen. Nehmen Sie dazu schon von zu Hause aus gutes Schuhwerk und entsprechende Ausrüstung mit. Detaillierte Streckenhinweise erhalten Sie in den umliegenden Touristeninformationen. Wir empfehlen den Blyde River Canyon Hiking Trail (*siehe unter „Wonder View"*) und den Belvedere Daywalk (*siehe unter „Bourke's Luck Potholes"*).

Fernwanderwege

Zeit

Insgesamt sollten Sie mindestens 3 h einrechnen für die Tour vom Pinnacle bis zum Three-Rondavel-Aussichtspunkt (ca. 80 km) inklusive aller Foto-Stopps. 50 km lang ist die Strecke geradewegs wieder zurück nach Graskop.

Karte
S. 406

Sehenswürdigkeiten im Blyde-River-Canyon-Gebiet

The Pinnacle

(2,5 km hinter Graskop)

Dieser 30 m hohe, quadratische Felsblock wurde von dem Ngwaritsane River über Jahrtausende aus dem Bergmassiv herausgeschält.

Bei guter Sicht sieht man bis zum Kruger National Park

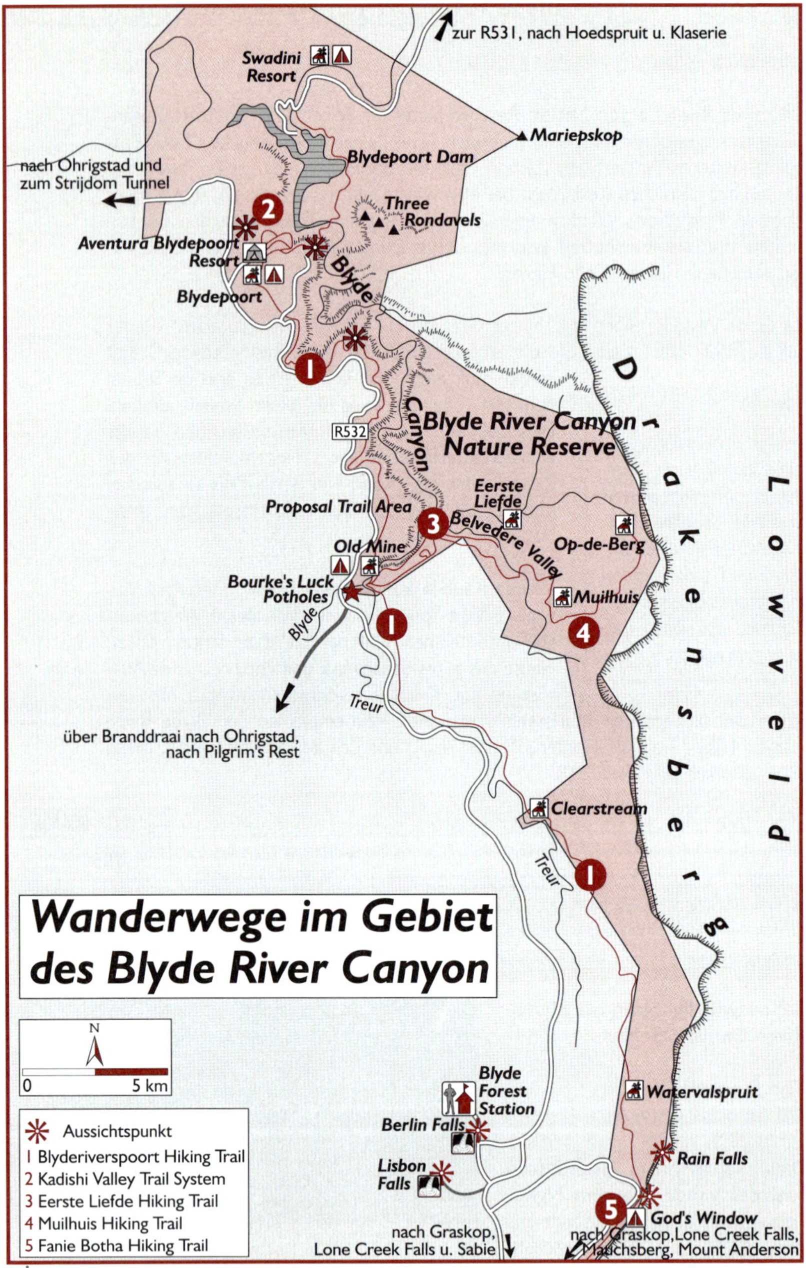

zur R531, nach Hoedspruit u. Klaserie
Swadini Resort
Mariepskop
Blydepoort Dam
nach Ohrigstad und zum Strijdom Tunnel
Three Rondavels
Aventura Blydepoort Resort
Blydepoort
Blyde
Drakensberg
Lowveld
Canyon
R532
Blyde River Canyon Nature Reserve
Eerste Liefde
Proposal Trail Area
Belvedere Valley
Op-de-Berg
Old Mine
Bourke's Luck Potholes
Muilhuis
Blyde
Treur
über Branddraai nach Ohrigstad, nach Pilgrim's Rest
Clearstream
Treur
Wanderwege im Gebiet des Blyde River Canyon
N
0
5 km
Blyde Forest Station
Watervalspruit
Berlin Falls
Rain Falls
Lisbon Falls
God's Window
nach Graskop, Lone Creek Falls u. Sabie
nach Graskop, Lone Creek Falls, Mauchsberg, Mount Anderson
Aussichtspunkt
1 Blyderivierspoort Hiking Trail
2 Kadishi Valley Trail System
3 Eerste Liefde Hiking Trail
4 Muilhuis Hiking Trail
5 Fanie Botha Hiking Trail

Unterhalb der Aussichtsplattform unterbrechen zahlreiche Wasserfälle den Flusslauf auf dem ca. 400 m langen Weg nach unten. Wer von Norden kommt, muss auf das afrikaanische Wort „*Rostoring*" (= *Pinnacle* = Felsnagel) achten.

God's Window und Wonder View

(Schleife über R534)

Das 250 m höher als der Pinnacle liegende **„Gottes Fenster"** liegt oft in Wolken. Ist die Sicht klar, eröffnet sich ein spektakulärer Blick über das Lowveld. Es gibt mehrere Aussichtsplattformen, wobei es zur höchsten (ca. 750 m über dem Lowveld) auf den gut ausgebauten Stufen durch den **Rain Forest** geht.

Oft in den Wolken

Zurück auf der R534 befindet sich nach 2 km der **Wonder View** (1.730 m), der auf dieser Strecke der höchste, mit dem Auto erreichbare Aussichtspunkt gen Osten ist. Von hier aus hat man den größten Überblick über das Canyon-Gebiet. Dieser wird nur noch von der Sicht in den Canyon selbst übertroffen. Besonders bei Sonnenauf- und -untergang bieten sich außergewöhnliche Fotomotive. Nördlich liegt der 1.832 m hohe Berg „The Peak".

Weitere 2 km weiter auf der R534 startet der **Blyderivierspoort Hiking Trail** (*65 km/5 Tage*) beim Paradise Camp. Die 5-Tage-Wanderung führt fast bis hinter die Staumauer des Blyde River Canyons. 2-, 3-, und 4-Tage-Touren sind auf der Strecke auch möglich. Auf der gesamten Wanderung bieten vier Hütten Unterkunft. Die Höhenunterschiede erstrecken sich von über 2.000 m bis auf 630 m ü. M. Dabei durchquert man baumloses Grasland, wandert zwischen riesigen Felsblöcken und am Ufer des Blyde River entlang zu den Bourke's Luck Potholes.

Lisbon Falls und Berlin Falls

(an der T-Kreuzung auf die R532 zunächst nach Süden Richtung Graskop, nach 1 km re abbiegen zu den Lisbon Falls, nach 1 km Richtung Norden li zu den Berlin Falls)

Die Lisbon Falls sind mit 92 m die höchsten Fälle der Region. Dabei wird der Fluss zuvor in drei Stränge geteilt. Wer sich die Zeit nehmen möchte, kann, da kein offizieller Wanderweg, auf eigene Gefahr hinunter zum Pool steigen *(zusätzlich 1–2 h)*. Die Berlin Falls (45 m), benannt nach der Farm, von der sie in die Tiefe stürzen, wurden zum National Monument ernannt. Aufgrund des verhältnismäßig kleinen Wasserfalls im Vergleich zur Größe der Schlucht wird er auch *splendid isolation* genannt.

Zeitplan im Auge behalten!

Bourke's Luck Potholes

(tägl. geöffnet; Visitors Center)

Diese aus Wasserkraft geschaffenen Steinformationen markieren den Beginn des eigentlichen Canyons. Entstanden sind sie durch den Zusammenfluss von Treur River und Blyde River. Die dabei entstehenden Strudel spülen seit Jahrmillionen die weichen Felsbestandteile heraus und formten so nahezu zylindrische Löcher in den Untergrund. Den Namen verdanken die Strudelkessel *Tom Bourke*, der hier 1870 – glücklicherweise bzw. zum Glück für ihn – kleine Mengen Gold fand.

Zylindrische Löcher

Picknickmöglichkeit

Heute kann man sie auf Pfaden und über Holzbrücken erreichen. Für einen kompletten Rundgang sollten Sie 1 h einkalkulieren. Um die Hochebene herum bieten schattige Plätze schöne Picknickmöglichkeiten.

Bei der Benennung der beiden Flüsse spielte der Voortrekker *Hendrik Potgieter*, der eine Expedition zum damaligen portugiesischen Hafen von Lourenço Marques (heute: Maputo/Mozambique) leitete, eine wesentliche Rolle. Die auf den malariafreien Höhen um Graskop zurückgelassenen Frauen glaubten nach Überschreitung der verabredeten Zeit an ein Unglück und nannten den Fluss neben ihrer Lagerstätte „Teur" (Trauer). Nicht mehr an die Rückkehr ihrer Männer glaubend, brachen sie in Richtung Westen nach Origstad auf. Kurz vor Origstad wurden sie von *Potgieter* und seinen Männern eingeholt. Aus Freude nannten sie den Fluss am Ort des Zusammentreffen „Blyde" (Freude).

Wanderung

Der Belvedere Daywalk ist eine 8 km lange, sehr angenehme Wanderung (4 km runter, 4 km hoch), die von Bourke's Luck Potholes ein Stück in den Blyde River Canyon hineinführt – teilweise entlang einer Kettensicherung, die in den 1920er Jahren installiert wurde. Am Ende des Wanderwegs liegt das 1911 erbaute Wasserkraftwerk, das zu der Zeit das größte der südlichen Hemisphäre war. Wenn man bedenkt, dass selbst die Turbinen nur mit Manneskraft und Ochsenwagen heruntergeschafft werden konnten – eine enorme Leistung.

Lowveld Viewsite

(9 km hinter Bourke's Luck Potholes)

Um diesen Aussichtspunkt am besten auszukosten (wie auch den Three-Rondavels-Aussichtspunkt) nähern Sie sich vom südlichsten Punkt gegen den Uhrzeigersinn der ausgewiesenen Plattform. Aber Achtung, lassen Sie besondere Vorsicht walten, wenn Sie sich nicht direkt hinter einer Absperrung befinden!

Im Osten kann man durch die beiden Gipfel hindurch (Mapjeaneng *li* und Hebronberg *re*) das Lowveld erblicken. Im Nordosten erkennt man nur 500 m weiter, 550 m tiefer eine Hütte mit einem Picknickplatz. Von dort aus starten viele Rafting-Gruppen (nur nach vorheriger Buchung!) auf dem Blyde River.

Three Rondavels Viewpoint

(5 km nach der Lowveld Viewsite)

Im Westen erstreckt sich eine saftig grüne, leicht gewellte Hochplateau-Landschaft, im Osten bietet sich nur wenige Meter hinter dem Parkplatz die grandiose Aussicht auf eines der größten Natursehenswürdigkeiten Südafrikas: den Blyde River Canyon mit den Three Rondavels im Hintergrund.

„The Chief and his three wifes"

Die drei wie Rundhütten aussehenden Berggipfel gaben dem Aussichtspunkt (1.380 m) ihren Namen. Die ersten schwarzen Siedler nannten sie bereits lange zuvor „The Chief and his three wifes". Der rechte, flache Berg stellt dabei den *Chief Maripe Mashile* dar (genannt „Mapjaneng" = *The very great one*), ein Mapulana-Häuptling, der einen Angriff der Swazi abwehrte. Seine drei Frauen hießen (*v. re. n. li.*): Maseroto, Magoladikwe und Magabolle. Der isolierte Berg dahinter (1.944 m) ist der Mariepskop und stellt das südliche Tor des Canyons dar.

Das nördliche Portal wird durch den Swadini Buttress („Strebepfeiler") markiert, der hinter Magabolle liegt. Der Berg ist ein beeindruckendes Beispiel, wie die Kräfte von Wind und Wasser einen Berg im Laufe der Zeit bearbeiten können.

Ungefähr nordöstlich liegt der heute vom Wasser des Stausees (Staumauer liegt auf 665 m) umgebene Berg *Thabaneng* („Der Berg mit dem wandernden Schatten"), wie ihn die Afrikaner nannten – *Sundial* („Sonnenuhr") heißt er bei den Weißen.

Natürliche Sonnenuhr

INFO Entstehung des Blyde River Canyons

Der 32 km lange Blyde River Canyon ist hinter dem Grand Canyon (USA) und dem Fish River Canyon (Namibia) der drittgrößte auf der Welt. Der Canyon zwischen den bis zu 1.944 m hohen Drakensbergen zeichnet sich vor allem aus durch den großen Höhenunterschied (bis 1.300 m) zum nahe gelegenen und durchschnittlich nur 600 m ü. M. gelegenen Lowveld. Die vom Indischen Ozean herangetragenen feuchtwarmen Luftmassen steigen vor dem Höhenzug an und kühlen dabei aus. Dadurch kondensiert die Feuchtigkeit und fällt als Niederschlag auf das Bergmassiv. Das Regenwasser (2.000 mm/Jahr im Vergleich zu 500 mm im Lowveld) fließt wiederum in vorgegebenen Flussbetten ab oder formt neue Wege in Richtung des Gefälles. Dabei führt das Wasser weiches und bereits loses Gestein mit sich und trägt dadurch wiederum immer mehr vom anstehenden Gestein ab. Das feuchte Klima führt am östlichen Rande des Highvelds zur nahezu tropischen Vegetation. Hier gedeihen dichte Wälder mit Stinkwood- und Eisenholzbäumen.

Blick in den Blyde River Canyon

Echo Caves und Museum of Man (3)

Karte S. 401

Früher sollen hier die Vorfahren der heutigen schwarzen Bewohner der Region in den Höhlen Zuflucht vor den Angriffen der Swazi gefunden haben. Waffen- und Messerfunde und auch die rußigen Decken weisen darauf hin, dass hier tatsächlich Menschen gelebt haben. Der erste Weiße, der die Höhlen betrat, soll *I. A. Classen* gewesen sein, nachdem er die Farm erworben

Zuflucht in den Höhlen

hatte. In dem sich über viele Kilometer erstreckenden Höhlensystem befindet sich eine weitläufige Stalaktiten- und Stalagmitenwelt. Auf dem Weg zu den Höhlen kommen Sie an dem **Museum of Man** vorbei, in dem u. a. die in den Echo Caves gefundenen Gegenstände ausgestellt sind.

Abel Erasmus Pass und J. G. Strijdom Tunnel

(22 km hinter der T-Kreuzung von R532/R36)

Blick zurück!

1840 soll der erste Ochsenwagen den von den Voortrekkern erbauten Pass überrollt haben. Seit 1959 führt eine Teerstraße vom Ohrigstad River Valley 700 m hoch auf die Passhöhe von 1.248 m. Während Sie hinter dem 133,5 m langen Strijdom-Tunnel nun in das Lowveld hinunter fahren, sollten Sie noch einmal den Blick zurück auf die Berge genießen.

Unterhalb des Passes führt nach wenigen Kilometern die R36 linker Hand weiter in das schöne Gebiet um Tzaneen. *Lesen Sie dazu S. 462ff.* Die Hauptroute führt nach Osten auf die R527 und dann auf die R531.

Das Gebiet um die nördlichen Drakensberge

(Mpumalanga/Limpopo Province) (ⓘ s. S. 195)

Karte S. 401

Swadini Reptile Park (4)

Reptilien-Interessierte sollten hier einen ersten Halt machen. Die Einfahrt zum Park liegt an der R527, auf der Sie durch den J.G. Strijdom Tunnel die Drakensberge Richtung Hoedspruit verlassen (direkt gegenüber dem Abzweig zur R531).

Blydepoort (Blyde River Canyon) Dam Information Center (5)

(tägl. geöffnet)

Modell des Blyde River Canyon

Ca. 12 km nach Beginn der R531 (geht ab von der R527) weisen die Schilder zum Blydepoort Dam Information Center. Am **Aventura Swadini** vorbei (günstige Unterkünfte, Camping, Restaurant) geht es von Norden durch eine beeindruckende Schlucht in die Drakensbergregion. Am Ende der Hauptstraße liegt das Information Center. Der Blick auf die Drakensberge über den Stausee von der Rückseite des Centers sowie ein Modell der Region im Innern des Gebäudes vervollständigen den Eindruck vom Blyde River Canyon.

Moholoholo Recreation Center (6)

(an der R531 zwischen der R527 und der R40)

Werden Sie Ranger

Im Schutze der nördlichen Ausläufer des Mariepskop des Drakensbergmassivs liegt das Moholoholo Forest Camp und Wildlife Rehabilitation Centre. Gegründet wurde das Zentrum von dem ehemaligen Ranger *Brian Jones*, um gegen das Aussterben weißer Nashörner anzukämpfen. Das ist allerdings viele Jahre her. Heute werden hier auch Löwen, Leoparden und andere Tiere gepflegt. Wer möchte, kann die Tiere auch anfassen oder sogar selbst einen Ranger-Kurs machen (*siehe Gelbe Seiten*). Night Drives oder frühe Morning Walks werden angeboten. Übernachten kann man in der **Forest Lodge** neben dem Rehabilitationszentrum (volle Verpflegung im Preis inbegriffen, kein Restaurant), in der **Mountain View Lodge** (schöne Selbstversorgerhütten) oder im **Ya-Mati Camp** direkt am Blyde River (Selbstversorger).

Cheetah Project (7)

(21 km südl. von Hoedspruit an der R40)

Offiziell heißt das Projekt *Hoedspruit Research and Breeding Centre for Endangered Species* und verfolgt ein ähnliches Konzept wie Moholoholo. Bei unseren Recherchen war es hier jedoch wesentlich überlaufener. Nichtsdestotrotz bekommt man eine Menge Infos über Geparde (Einführungsfilm am Eingang) und stündlich starten Führungen durch das einem Zoo ähnelnde Zentrum. Zu besichtigen sind Geparde, Wildhunde, Blaukraniche und andere gefährdete Tiere, die hier zur Regeneration oder Forschungszwecken verweilen.

Heim für gefährdete Tiere

Film und Führung dauern ca. 2 h.

Von hier ist die nächste Stadt mit Einkaufsmöglichkeiten vor einem Aufenthalt in den Game Parks **Hoedspruit**, das vor allem auch davon profitiert, dass 6 km südlich des Ortes der Eastgate Airport täglich von South African Airlines angeflogen wird und das Tor zu den privaten Wildreservaten ist. Zwischen Klaserie und Hoedspruit bieten sich zahlreiche private Wildreservate für Übernachtungen an. Bedenken Sie, dass einige sehr teuer sind.

Private Wildreservate

***Entfernungen** von Hoedspruit zum Kruger National Park*
Orpen Gate 71 km
Phalarborwa Gate 74 km

Kruger National Park (ⓘ s. S. 195)

Überblick

Der über 19.000 qkm große und in der nordöstlichen Ecke Südafrikas liegende Kruger National Park ist einer der ältesten, größten, tierreichsten und mit jährlich über 1 Million Besuchern eines der beliebtesten Wildreservate der Welt. Das liegt sicher an der großen Tiervielfalt, an der Größe des Parks, aber auch an der guten Erreichbarkeit von Johannesburg aus – und dem damit praktischen Zugang auch für ausländische Touristen. Mit dem Auto kann man nach Ankunft mit dem Flugzeug in Johannesburg z. B. schon in 3–4 Stunden am Malelane Gate an der Südgrenze des Parks sein und die ers-

Die asphaltierten Straßen ermöglichen leises Anpirschen

Redaktions-Tipps Kruger Park

- Buchen Sie sich bei Ihrem Erstbesuch in eine Rundhütte in der ersten Reihe (wenn möglich) in einem der Restcamps (günstig) ein. Dort hat man einen ungestörten Blick auf die Natur und ein optimales Preis-Leistungsverhältnis.
- Wenn Sie mit einer größeren Gruppe fahren, sollten Sie sich anstelle mehrerer Rundhütten die luxuriösere Variante eines *guest houses* leisten.
- Kaufen Sie sich als Erstes bei Eintritt in den Park eine detaillierte Karte.

Pirschfahrten/Wanderungen:

- Mindestens eine Pirschfahrt buchen (*morning drive,* ca. 5/6 h oder einen *night drive,* ca. 17/18 h). Gleich bei Ankunft nach den Zeiten und freien Plätzen erkundigen. Ihre Fahrten in Eigenregie können Sie dann danach richten.
- Wenn Sie keine Selbstverpfleger sind: im Falle eines *night drive* die Restaurant-Öffnungszeiten beachten.
- Nehmen Sie Mückenschutzmittel und körperbedeckende Kleidung auf die Pirschfahrten mit (Dämmerung ist Mückenzeit und es kann kühl werden).
- Wenn Entgegenkommende Ihnen erzählen, dass sie gerade einen Löwen gesehen haben, fragen Sie genau nach, wo das gewesen sein soll.
- Halten Sie immer Fernglas und Fotoapparat griffbereit. Denken Sie an Ersatzbatterien und zusätzliche Filme/Speicherkarten.
- Nehmen Sie genug Wasser mit auf eine Tour (mind. 2 l pro Person). Tagsüber kann es sehr heiß im Auto werden!
- Denken Sie an die Einnahme Ihrer Malaria-Prophylaxe.
- Bei einem Reiseschwerpunkt auf den Kruger National Park, ist die Teilnahme an einer Wanderung (*wilderness walk*) zu empfehlen.

ten Tiere beobachten. Es ist sogar möglich kurz vor dem Park zum Kruger-Mpumalanga International Airport nördlich von Nelspruit bzw. zum Airport bei Hoedspruit zu fliegen.

Das gesamte Parkgebiet misst von Norden nach Süden 350 km und 40–80 km von Osten nach Westen und ist mit 1.863 km gut **befahrbaren Straßen** (davon 697 km asphaltiert) versehen und damit hervorragend mit einem normalen PKW zu bereisen. Geteerte Straßen mögen nicht ganz der gängigen Vorstellung von Buschromantik entsprechen. Doch wer einmal einen dreistündigen *Game Drive* in einem offenen Jeep auf holpriger Sandpiste mitgemacht und danach versucht hat, den Staub aus den Haaren zu bekommen, weiß durchaus ruhige Fahrweise auf Asphalt zu schätzen. Zudem hinterlässt man keine Staubwolke und kann sich leiser an die Tiere „heranpirschen". Ins Gelände dürfen Privatpersonen wie auch Wildhüter nicht fahren, es herrscht striktes Verbot, von den vorgeschriebenen Wegen abzuweichen.

Ruhiger ist es im Norden

In **Hauptreisezeiten** drängeln sich gerne die Autos auf den Hauptrouten in zweiter und dritter Reihe, um Wild zu erspähen. Aber keine Angst, daran gewöhnt man sich schnell und manchmal hilft es auch einen gut getarnten Löwen zu entdecken. Und wer zudem auch die kleinen **Nebenstrecken** aufsucht oder weiter in den Norden fährt, findet immer wieder einsame Stellen.

Beste Reisezeit

Zur Tierbeobachtung die Trockenmonate von Juni bis September. Dann suchen die Tiere Wasser an den seltenen Wasserstellen. Wer Hitze nicht scheut und auch gerne die saftig grüne Savannenlandschaft genießen möchte, sollte den Beginn bzw. die letzte Phase der Regenzeit, also Oktober/November bzw. März/April wählen.

Zeit
Optimal sind 3 Übernachtungen = 2 volle Tage. Dadurch bietet sich auch die Möglichkeit, an den Pirschfahrten teilzunehmen.

Schönste Camps
Olifants Camp, Mopani, Punda Maria, Letaba und Lower Sabie.

Buchungen
In der Hochsaison unbedingt langfristig vorausbuchen.

Geschichte

Wie in den meisten Gebieten Südafrikas, waren auch im Gebiet des Kruger National Park die San (Buschmänner) die ersten Menschen, von denen Spuren in Form von Felszeichnungen zu finden waren. Während der Pionierjahre der Europäer im 19. Jh. war das östliche Lowveld eine ungastliche Gegend, wo sich kein Weißer langfristig ansiedeln wollte.

Ungastlicher Landstrich

1837 drangen die ersten Voortrekker hierhin vor, konnten in dem Gebiet aber kein gottgesegnetes Land erkennen. Bilharziose, ein gefährlicher Parasit, der in stehenden Gewässern vorkommt, die Tsetsefliege und vor allem die in der Regenzeit grassierende Malaria ließen die Siedler abschrecken und viele Tiere sterben. Nur hart gesottene Pioniere schreckte das alles nicht ab und so durchforsteten Leute wie *Louis Trichardt*, *Johannes van Rendsburg* und *Hendrik Potgieter* die Gegend auf der Suche nach Siedlungsgebieten und Zugangswegen vom Highveld zu den Häfen im damals portugiesischen Mozambique.

In der Trockenzeit kamen zudem viele Jäger, die den Wildbestand stark verminderten. Besonders Elefanten wurden wegen des kostbaren Elfenbeins ihrer Stoßzähne massenweise abgeschlachtet. Den Erzählungen nach wollten Bürger aus Pilgrim's Rest und Barberton Ende des 19. Jh. die heftige Ausrottung des Wildes nicht länger mit ansehen und stellten ihrem ersten Präsidenten *Paul Kruger* ein Ultimatum: entweder der Wildjagd ein Ende zu machen oder Stimmentzug bei der nächsten Wahl. *Kruger* war ein passionierter Jäger mit viel Verständnis für seine Jagdfreunde, die er nicht verprellen wollte. Als Kompromiss schließlich ließ er 1902 das Gebiet zwischen dem Sabi und Crocodile River zum Wildschutzgebiet erklären. Das Gebiet, aus dem 1926 offiziell der heutige Kruger National Park wurde.

Wildjagd oder Kruger

Die Stelle des obersten Wildschutzhüters (*Chief Warden*) wurde an ***James Stevenson-Hamilton*** übergeben. Seine große Aufgabe bestand darin, die Wilderei in dem Wildschutzgebiet zu stoppen. Dies war nicht ganz einfach, da er zu Beginn ganz alleine auf sich gestellt war. Erst mit Hilfe einiger Getreuen und der Verfügung von Erlassen konnte er im Laufe der Zeit der Wilderei Einhalt gebieten.

Die Afrikaner verliehen ihm wegen seines erfolgreichen Kampfes gegen Wilderer den Beinamen *siKhukhuza* („der, der sauber fegt“). Die europäische Form des Namens wurde dann „Skukuza“ – und so heißt heute das Camp mit der Hauptverwaltung im Park. *James Stevenson-Hamilton* gilt bei den Südafrikanern als der „Vater des Kruger Parks“. Bis zu seiner Pensionierung im Jahre 1946 verfolgte er mit Gewissenhaftigkeit seine Aufgabe, der Abgrenzung des Naturschutzgebietes gegenüber anderen Interessen. 1957 starb *Stevenson-Hamilton* und seine Asche wurde neben dem Camp Skukuza verstreut. 1998 kam mit *David Mabunda* der erste schwarze Parkdirektor ins Amt.

„Vater des Kruger Parks“

Während 1936 noch die sensationelle Zahl von 6.000 Fahrzeugen registriert wurde, die 26.000 Besucher in den Park brachten, so steuern die Kruger-Park-Besucher heute mit jährlich 1,5 Mrd. Rand an Ausgaben zum wirtschaftlichen Überleben in der Region bei. Mit dem Erlös des Kruger National Park werden z. B. auch andere nicht so profitable, ökologisch aber sehr wichtige Parks unterhalten.

Im Jahre 2002 brach mit der Gründung des **Great Limpopo Transfrontier Park** eine neue Zeitrechnung in der Parkgeschichte an. Mit der Zusammenlegung des Kruger National Park, des Limpopo National Parks (Mozambique) und Gonarezhou (Zimbabwe) wurde der Kruger Park Teil des insgesamt rund 40.000 qkm großen, länderübergreifenden Friedensparks, der etwas größer als Belgien ist.

Länderübergreifend

Im Zusammenhang mit dem Transfrontier Park wurde auch die erste Landnahme eines schwarzen Stammes innerhalb eines südafrikanischen Nationalparks gefeiert. Zwischen dem Limpopo Fluss und dem Luvuvhu Fluss ganz im Norden des Parks, im sog. Pafuri-Dreieck, wurde Mitte 2005 das **Royal Makuleke Camp** *(s. S. 423)* auf dem 24.000 ha großem Gelände eröffnet, das ursprünglich Heimat des 1969 von hier verbannten Makuleke-Stammes war.

Geografie

Der Kruger National Park umfasst **eine landschaftliche Einheit**, die im Norden nach Zimbabwe durch den Limpopo River und 350 km weiter im Süden durch den Crocodile River abgegrenzt wird. Im Osten markieren Mozambique und die Lebombo-Berge die Grenze des Parks. Bis zu 80 Kilometer weiter im Westen befindet sich die Grenze zu den bewohnten Gebieten. Das gesamte Gebiet ist von einem hohen Wildzaun umgeben, der sowohl das Ausbrechen der Tiere als auch das Eindringen von Wilderern verhindern soll. Bis zum Jahr 2002 wurden **1.800 Kilometer** mit Strom gesicherter Wildzaun aufgestellt. Seitdem wurden im Zuge der offiziellen Eröffnung des Great Limpopo Transfrontier Park (*Infos hierzu siehe S. 434ff*) Teile des Grenzzaunes zu Mozambique entfernt.

Tiere ohne Grenzen

Das Parkgebiet liegt mit weiten Grasflächen auf 260 m Höhe im mittleren Teil und steigt bis über 800 m im Süden des Parks (Malelane-Gate) an. Dabei schieben sich die Lebombo Mountains entlang der östlichen Grenze nach Süden hinunter und betten die Restcamps Berg-en-Dal und Pretoriuskop ein. Dann treten erst Richtung Norden wieder, hin zum Olifants und Letaba Camp, ein paar Berge auf.

Blick von den Lebombo-Bergen auf die Savannenlandschaft

Und vereinzelte hügelige Felsmassen erscheinen ganz oben im Norden um das Restcamp Punda Maria und das Pafuri Gate. Ansonsten ist der Park tendenziell eher flach im Norden bis hügelig im Süden.

Sehr unterschiedliche Niederschlagsmengen

Der **Niederschlag** verteilt sich auf die in den Sommermonaten Oktober bis März liegende Regenzeit und beträgt im Norden durchschnittlich 125 mm, im Süden 750 mm pro Jahr. Dann können die sonst oft nur als Rinnsale erkennbaren Hauptflüsse (Crocodile, Sabie, Sand, Olifants, Letaba, Shingwedzi, Luvuvhu und der Limpopo River) zu reißenden Flüssen anschwellen. Alle Flüsse fließen von Westen nach Osten zum Indischen Ozean und zeigen damit das Hauptgefälle (West-Ost) der Region. Im Jahre 2000 gab es so heftige Regenfälle, dass große Teile des Parks völlig überschwemmt waren. Hinweisschilder im Park zeigen die Pegelstände an.

Die **Temperaturen** können im Sommer auf über 40 °C ansteigen, während sie in der Trockenzeit, d.h. im südafrikanischen Winter (europäischer Sommer) nachts bis auf 2 °C, teilweise sogar auf extreme -4 °C absinken können. Die heißesten Monate sind Dezember und Januar, die kältesten Monate in der Regel Juni und Juli. Im Sommer sind die tiefer liegenden Bereiche im Norden des Parks wegen zu großer Hitze geschlossen. Während des Winters liegen die durchschnittlichen Tagestemperaturen bei angenehmen durchschnittlichen 23 °C.

Überraschendes Auftauchen eines Elefanten

Im Sommer sieht man die Tiere am besten

Die **beste Zeit, Tiere zu beobachten** sind die Trockenmonate Juni bis September. Aufgrund der trockenen Savanne ziehen die Tiere zu den ausgewiesenen Wasserstellen, wo man auch als Selbstfahrer hinkommt. Zudem können sich die Tiere in der lichteren Buschvegetation nicht so leicht verstecken wie in der Regenzeit, wenn die Pflanzen tiefgrün sind und das Gras zum Teil mannshoch ist.

Gute Erfahrungen haben wir im Februar gemacht. Zu der Zeit waren viele Camps nicht ausgebucht. Im November waren sie hingegen sehr voll, da fliehen vor allem viele Europäer den oft regengrau verhangenen Wochen in Europa.

Jede Zeit hat für den Besuch Vor- und Nachteile

Uns hat es landschaftlich und vom Klima persönlich sehr in den Monaten Oktober und März gefallen. Im Oktober können vermehrte Regenschauer besonders die Hitze etwas abmildern, das Klima aber auch in tropische Zustände versetzen. Die Landschaft blüht durch die Feuchtigkeit schnell auf und erscheint im frischen Grün. Zudem besteht im Frühsommer die Chance, Jungtiere zu sichten.

Im März sind die Niederschläge dann schon wieder seltener und die Landschaft fängt an auszudörren und die malariafreie Zeit beginnt. Die Temperaturen sind am Tage angenehm um die 20 °C und die Tage zumeist klar und sonnig.

Galerie-wälder

Von der Vegetation her erscheint der Kruger National Park als eine einheitliche Savannenlandschaft, bestehend aus Grasland, Akazienbäumen und Büschen. Bei genauerer Betrachtung lassen sich rund drei Dutzend Subkulturen definieren, die von der Vegetation her einen völlig eigenen Charakter haben. An den Flussläufen gesellen sich zudem noch Galeriewälder hinzu. Grob lässt sich der Park in **drei Gebiete** unterteilen: den südlichen, mittleren und nördlichen Teil. Landschaftlich unterscheiden sich der Süden und der Norden dabei am stärksten.

INFO Der prachtvolle Mopane Tree (*Colophospermum mopane*)

Nördlich vom Olifants River beginnt das Mopane-Land, ein Waldteppich, der fast die Hälfte des Kruger National Parks bedeckt und einen Großteil von Zimbabwe und Botswana. Die Vorliebe für den größtenteils kargen Boden des Nordens, ist beim Mopane Tree so groß, dass er kaum andere Baumarten neben sich zulässt. Nur der Baobab-Baum (*Adonsonia digitata*) schafft es, das Monopol zu durchbrechen.

Der Mopane Tree kann bis zu 18 m hoch werden. Gegen Ende des Winters, färben sich die schmetterlingsförmigen Blätter bereits am Baum in die gesamte Farbpalette von Rot bis Gelb-Gold und bilden am Boden einen farbigen Teppich. Die Blätter sind auch eine hervorragende Nahrung für Elefanten, Büffel, Kudu und andere Blattpflanzenfresser (*browsers*).

Die Browser sind nicht die Einzigen, die eine Vorliebe für den Mopane Tree haben. Jedes Jahr fallen Tausende der sog. farbenprächtigen Mopane-Würmer ein (*emperor moth caterpillars*), klettern auf die Äste und entblättern die Bäume regelrecht. Die gute Seite ist, dass die Würmer proteinreiche Nahrung sind, was nicht nur das Wild, sondern auch die Einheimischen zu würdigen wissen – gekocht oder in der Sonne getrocknet. Ein weiterer Liebhaber des Baums ist die *Arytaina mopani,* eine Zikade, die ein süßliches Wachs auf den Blättern hinterlässt, das Elefanten und Büffel lieben.

In der Regel haben europäische Besucher bei einer Rundreise durch Südafrika nicht genügend Zeit, um den ganzen Park zu erkunden (dafür bräuchte man mind. fünf Tage). Bei einer durchschnittlichen Verweildauer von drei Tagen im Kruger National Park kann man aber gut den südlichen und mittleren Teil des Parks erkunden.

Tierwelt

Tiermanagement aus der Luft

Für ein professionelles Parkmanagement fliegen die im Hauptcamp Skukuza ansässigen Naturschützer jährlich mit Helikoptern und Leichtflugkörpern über den Park und nehmen **Zählungen der Haupttierarten** aus der Luft vor. Über Jahre hinweg ermöglicht das den Wissenschaftlern Prognosen über die Tierentwicklung. Die 400 Sektionen, in die der Park eingeteilt ist, helfen, die Vegetation und die Tierpopulation im Detail zu kontrollieren und bei Bedarf künstlich das ökologische Gleichgewicht zu wahren, d.h. bei Überweidung gegebenenfalls auch Tiere abzuschießen.

Durch die Errichtung von Zäunen wurden **natürliche Wanderwege** von Herden, wie z. B. von Antilopen, Wildebeest oder Zebras abgeschnitten. Damals in den 1960er Jahren war mit der groß angelegten Einzäunung des Parks begonnen worden, um die Verbreitung der Maul- und Klauenseuche einzudämmen. Dadurch konnten diese Herden aber auch nicht mehr ihre alljährlichen Züge in der Trockenzeit zu den Drakensbergen unternehmen, wo sie genug Futter fanden.

Umstritten: die Wasserstellen für Elefanten

Viele Windmühlen für Brunnen und Wasserstellen für die Tiere, die normalerweise auf der Suche nach Wasser durch die Ebenen wandern, wurden im Park eingerichtet. Die **künstlichen Wasserstellen** sind umstritten, da sie wiederum die natürlichen Wanderungsbewegungen der Elefanten unterbinden.

Zu viele Elefanten?

Und auch die Entwicklung der Elefantenpopulation wird immer wieder stark diskutiert. Nach rigorosem Abschussverbot haben sich die Elefanten, die keine natürlichen Feinde haben, so stark vermehrt, dass regelrechte Flurschäden im Park zu beklagen sind und sie teilweise durch die Zäune ausbrechen und benachbarte Siedlungen beschädigen.

Für Besucher sind diese Probleme eher zweitrangig. Für sie ist es nicht erheblich, ob es 100, 1.000 oder 3.000 Geparde, Leoparden oder Löwen gibt. Das Glück zur richtigen Zeit am richtigen Ort zu sein entscheidet, ob man eines der beliebtesten Tiere zu Gesicht bekommt. Bei einer unserer Fahrten durch den mittleren Teil des Kruger National Park machte uns nur eine große Anzahl von Autos auf

INFO Die Big Five

Der Begriff „The Big Five“ ist mittlerweile so sehr in aller Munde, dass es fast schon ein Muss für jeden Afrika-Reisenden geworden ist, sie alle mindestens einmal gesehen zu haben. Zu den „großen Fünf“ zählen Büffel, Elefant, Leopard, Löwe und Nashorn. Konnte lange Zeit nur der Kruger National Park alle fünf Tiere bieten, können heute immer mehr Parks, wie u. a. auch der Hluhluwe Umfolozi Park und das Madikwe Game Reserve an der Grenze zu Botswana damit aufwarten. Die Bezeichnung dieser Tiere kommt aus der Zeit der Jagdsafaris, auf denen dieses Wild bei den Jägern wegen ihrer Gefährlichkeit und hohem Marktwert am begehrtesten war.

Krokodile sind selten zu beobachten

einen Leoparden aufmerksam, der gerade eine Antilope gerissen hatte. Nur wegen „des Gruppenzwangs“ hielten wir an und auch zufällig nur zehn Meter neben dem Leoparden mit der noch lebenden Antilope im Maul.

Wenige Sekunden später hatte der Leopard seiner Beute das Genick gebrochen und sich spurlos ins hohe Gras zurückgezogen.

Hinweis
Beschreibung der Tierwelt in Südafrika siehe Kapitel „Tierwelt“ ab S. 78

Die Tierzählungen der letzten Jahre im Kruger National Park zeigen, dass die Anzahl der einzelnen Tierarten immer wieder schwankt. Die folgenden Angaben sind daher nur Anhaltspunkte und gerundete, ungefähre Zahlen. Zu der unten aufgeführten Auswahl von Tierarten kommen 114 Reptilienarten und über 500 Vogelspezies hinzu.

Büffel	21.000
Elanantilopen	500
Elefanten	9.000
Giraffen	5.000
Geparde	200–250
Hyänen	2.000
Impalas (eine von 17 Antilopenarten)	100.000
Kudus	3.500
Leoparden	600–1.000
Löwen	2.500
Flusspferde	2.900
Roanantilopen	60
Säbelantilopen	300
Schwarze Nashörner	250
Streifengnus	14.000
Tsessebes (Antilopenart)	200
Wasserböcke	1.500
Weiße Nashörner	2.500
Wildhunde	350
Zebras	30.000

Öffnungszeiten

	Camps geöffnet ab	Park Gate	Camp & Park Gate geschlossen ab
Jan.	4.30	5.30	18.30
Feb.	5.30	5.30	18.30
Mär.	5.30	5.30	18.00
Apr.	6.00	6.00	18.00
Mai	6.00	6.00	17.30
Jun.	6.00	6.00	17.30
Jul.	6.00	6.00	17.30
Aug.	6.00	6.00	18.00
Sep.	6.00	6.00	18.00
Okt.	5.30	5.30	18.00
Nov.	5.30	5.30	18.30
Dez.	4.30	5.30	18.30

Orientierung

Der Süden ist sowohl von Besuchern als auch von Tieren her am vollsten, ist allerdings auch am schnellsten zu erreichen. Die Mitte wird von großen Camps dominiert, ist aber auch sehr gut zur Tierbeobachtung. Wer hingegen Zeit hat und auf ein Gefühl von Wildnis und Einsamkeit nicht verzichten mag, sollte unbedingt in den Norden fahren.

Den Norden nicht unterschätzen

Beste Reisezeit

Man kann, grob gesagt, drei Strategien für die Planung seiner Reisezeit in den Kruger National Park verfolgen: nach der Vermeidung von Hauptreisezeiten, der größten Wahrscheinlichkeit Tiere beobachten zu können und danach, wann die Buschlandschaft am schönsten ist.

Voll wird es im Park, in den jährlich über 1 Million Besucher kommen, wenn europäische Reisewellen im Herbst und Winter auf die Schulferien in Südafrika treffen.

Leider sind Ferienanfang und -ende von Provinz zu Provinz unterschiedlich. Die Kernzeiten der südafrikanischen Reisewellen sind: Dezember/Januar, April, Juli und Ende September bis Mitte Oktober. Allen gemein sind die freien Tage um Weihnachten und Silvester, dann ist der Park am vollsten. Wenn Sie unbedingt dann in den Kruger National Park möchten, sollten Sie sich auf jeden Fall lange vorher um die Buchung kümmern.

Ferienzeiten vermeiden

(Wann die beste Zeit für die Tierbeobachtung ist, s. S. 415f)

Versorgung

Mit Ausnahme von den Camps Crocodile Bridge und Orpen sowie den Bushveld Camps und Bushcamps haben alle Camps ein Restaurant und verfügen über einen Shop. In der Nebensaison sind die Tiefkühltruhen der Shops eher spärlich ausgestattet, für ein Abendessen reichte es bei uns jedoch immer. Kochen Sie nicht selber, erkundigen Sie sich gleich bei Ankunft im Camp, ob Sie das Abendessen im Voraus buchen müssen. Eine Tankstelle gibt es in jedem größerem Restcamp. Manchmal kann es vorkommen, dass die Tanks leer sind. Tanken Sie also immer voll, wenn sich die Möglichkeit ergibt.

Abendessen reservieren

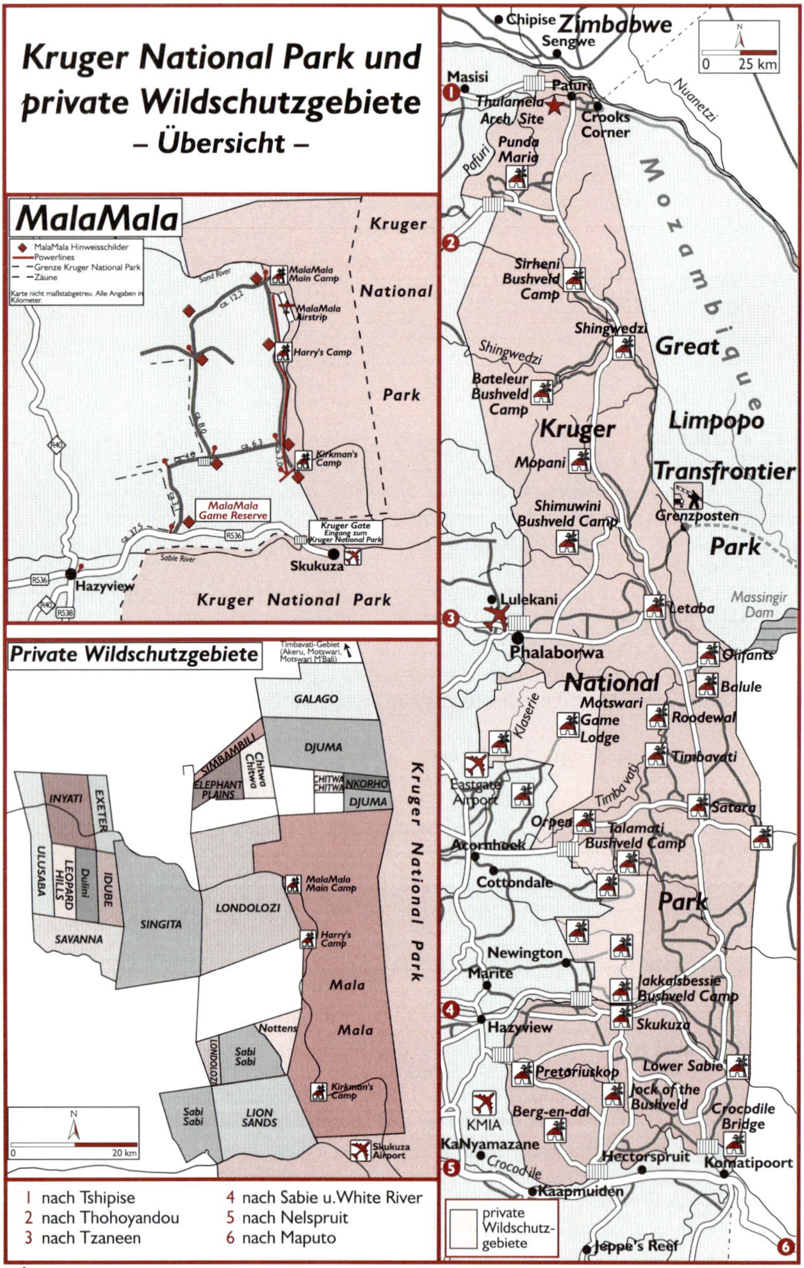
Kruger National Park und private Wildschutzgebiete
– Übersicht –
MalaMala
MalaMala Hinweisschilder
Powerlines
Grenze Kruger National Park
Zäune
Karte nicht maßstabgetreu. Alle Angaben in Kilometer.
Sand River
MalaMala Main Camp
MalaMala Airstrip
Harry's Camp
Kirkman's Camp
MalaMala Game Reserve
Kruger Gate Eingang zum Kruger National Park
Skukuza
Sabie River
Hazyview
R40
R536
R538
Kruger National Park
Private Wildschutzgebiete
Timbavati-Gebiet (Akeru, Motswari, Motswari M'Bali)
GALAGO
DJUMA
SIMBAMBILI
Chitwa Chitwa
ELEPHANT PLAINS
NKORHO
INYATI
EXETER
ULUSABA
LEOPARD HILLS
Dulini
IDUBE
SINGITA
SAVANNA
LONDOLOZI
Mala Mala
Nottens
Sabi Sabi
LION SANDS
Skukuza Airport
0 20 km
Chipise
Zimbabwe
Sengwe
Masisi
Pafuri
Thulamela Arch. Site
Crooks Corner
Punda Maria
Nuanetzi
Mozambique
Sirheni Bushveld Camp
Shingwedzi
Great Limpopo Transfrontier Park
Bateleur Bushveld Camp
Kruger National Park
Mopani
Shimuwini Bushveld Camp
Grenzposten
Lulekani
Letaba
Massingir Dam
Phalaborwa
Olifants
Balule
Klaserie
Motswari Game Lodge
Roodewal
Timbavati
Eastgate Airport
Orpen
Satara
Talamati Bushveld Camp
Acornhoek
Cottondale
Newington
Marite
Jakkalsbessie Bushveld Camp
Hazyview
Skukuza
Pretoriuskop
Lower Sabie
Jock of the Bushveld
Berg-en-dal
Crocodile Bridge
KMIA
KaNyamazane
Crocodile
Hectorspruit
Komatipoort
Kaapmuiden
Jeppe's Reef
private Wildschutzgebiete
0 25 km
1 nach Tshipise
2 nach Thohoyandou
3 nach Tzaneen
4 nach Sabie u. White River
5 nach Nelspruit
6 nach Maputo

Abstände und ungefähre Zeit, die man zwischen Tor und Hauptcamp benötigt

Bspl. Berg-en-Dal bis Skukuza: Entfernung = 72 km; ungefähre Zeit = 2 h 55 Min.
(Geschätzte Zeit bei 25 km/h Geschwindigkeit, Entfernungen sind auf geteerten Straßen gemessen, manchmal ist sie auf Sandstraßen kürzer.)

	Skukuza	Shingwedzi	Satari	Punda Maria	Pretoriuskop	Phalaborwa Gate	Paul Kruger Gate	Pafuri Gate	Orpen	Olifants	N´wanetsi	Numbi Gate	Mopani	Malelane	Lower Sabie	Letaba	Crocodile Bridge	Berg-en-dal
Berg-en-Dal	72 2h55	344 13h45	165 6h35	415 16h35	92 3h40	285 11h25	83 3h20	453 18h10	213 8h30	219 8h45	180 7h10	97 3h50	281 11h15	12 0h30	113 4h30	234 9h25	149 6h	. .
Crocodile Bridge	77 3h05	306 12h15	127 5h05	377 15h05	125 5h	246 9h50	88 3h30	415 16h35	175 7h	181 7h15	142 5h40	130 5h10	243 9h45	141 5h40	34 1h20	196 7h50	. .	149 6h
Letaba	162 6h30	109 4h20	69 2h45	176 7h	211 8h25	51 2h	173 6h55	218 8h45	117 4h40	32 1h20	94 3h45	216 8h40	47 1h55	226 9h	162 6h30	. .	196 7h50	234 9h25
Lower Sabie	43 1h45	271 10h50	93 3h45	342 13h40	90 3h35	213 8h30	53 2h10	380 15h10	141 5h40	147 5h55	108 4h20	95 3h50	209 8h20	105 4h10	. .	162 6h30	34 1h20	113 4h30
Malelane	64 2h45	333 13h20	156 6h15	408 16h20	85 3h25	277 11h05	74 3h	444 17h45	204 8h10	210 8h25	170 6h50	94 3h50	272 10h55	. .	105 4h10	226 9h	141 5h40	12 0h30
Mopani	209 8h20	63 2h30	116 4h40	130 5h10	258 10h20	74 3h	220 8h50	172 6h55	164 6h35	86 3h25	141 5h40	263 10h30	. .	272 10h55	209 8h20	47 1h55	243 9h45	281 11h15
Numbi Gate	54 2h10	325 13h	147 5h55	396 15h50	9 0h20	267 10h40	65 2h35	434 17h20	195 7h50	201 8h	162 6h30	. .	263 10h30	94 3h50	95 3h50	216 8h40	130 5h10	97 3h50
N´wanetsi	108 4h20	203 8h10	25 1h	274 11h	156 6h15	145 5h50	119 4h45	312 12h30	63 2h30	79 3h10	. .	162 6h30	141 5h40	170 6h50	108 4h20	94 3h45	142 5h40	180 7h10
Olifants	147 5h55	141 5h40	54 2h10	212 8h30	195 7h50	83 3h20	158 6h20	250 10h	102 4h05	. .	79 3h10	201 8h	86 3h25	210 8h25	147 5h55	32 1h20	181 7h15	219 8h45
Orpen	137 5h30	226 9h	48 1h55	297 11h55	184 7h20	167 6h40	152 6h05	335 13h25	. .	102 4h05	63 2h30	195 7h50	164 6h35	204 8h10	141 5h40	117 4h40	175 7h	213 8h30
Pafuri Gate	380 15h10	109 4h20	287 11h30	76 3h	438 17h30	246 9h50	392 15h40	. .	335 13h25	250 10h	312 12h30	434 17h20	172 6h55	444 17h45	380 15h10	218 8h45	415 16h35	453 18h10
Paul Kruger Gate	12 0h30	283 11h20	104 4h10	354 14h10	60 2h25	224 9h	. .	392 15h40	152 6h05	158 6h20	119 4h45	65 2h35	220 8h50	74 3h	53 2h10	173 6h55	88 3h30	83 3h20
Phalaborwa Gate	213 8h30	137 5h30	119 4h45	201 8h	261 10h25	. .	224 9h	246 9h50	167 6h40	83 3h20	145 5h50	267 10h40	74 3h	277 11h05	213 8h30	51 2h	246 9h50	285 11h25
Pretoriuskop	49 2h	318 12h45	140 5h35	389 15h35	. .	261 10h25	60 2h25	438 17h30	184 7h20	195 7h50	156 6h15	9 0h20	258 10h20	85 3h25	90 3h35	211 8h25	125 5h	92 3h40
Punda Maria	342 13h40	71 2h50	245 9h50	. .	389 15h35	201 8h	354 14h10	76 3h	297 11h55	212 8h30	274 11h	396 15h50	130 5h10	408 16h20	342 13h40	176 7h	377 15h05	415 16h35
Satari	93 3h45	178 7h10	. .	245 9h50	140 5h35	119 4h45	104 4h10	287 11h30	48 1h55	54 2h10	25 1h	147 5h55	116 4h40	156 6h15	93 3h45	69 2h45	127 5h05	165 6h35
Shingwedzi	271 10h50	. .	178 7h10	71 2h50	318 12h45	137 5h30	283 11h20	109 4h20	226 9h	141 5h40	203 8h10	325 13h	63 2h30	333 13h20	271 10h50	109 4h20	306 12h15	344 13h45
Skukuza	. .	271 10h50	93 3h45	342 13h40	49 2h	213 8h30	12 0h30	380 15h10	137 5h30	147 5h55	108 4h20	54 2h10	209 8h20	64 2h35	43 1h45	162 6h30	77 3h05	72 2h55

Entfernungen

Johannesburg/Durban – Gates des Kruger National Park (km)

Entfer-nungen (in km)	Paul Kruger Gate	Numbi Gate	Male-lane Gate	Croco-dile Bridge Gate	Orpen Gate	Phala-borwa Gate	Punda Maria Gate	Pafuri Gate
	über Nelspruit				über Lydenburg/ Hoedspruit		via Louis Trichardt	
Jo'burg	456	405	426	463	529	520	594	620
Durban	808	818	828	861	936	918	992	1.018

Tipps für Buchungen im Kruger National Park

Unterschiedliche Buchungssysteme

Die Hütten in den Restcamps (Rondavels = Rundhütten), die Gästehäuser und die Lodges in den privaten Camps im Kruger National Park sind alle mit unterschiedlichen Buchungssystemen zu reservieren. Wir haben bei unseren Vorbereitungen sehr viel Zeit mit den Buchungen in den unterschiedlichen Camps und Hütten verbracht und raten deshalb – gerade bei einem Erstbesuch – einfach eine Rundhütte in einem der günstigen staatlichen Restcamps zu nehmen. Hier gibt es alles, was Sie für den Aufenthalt brauchen: einen kleinen Shop, Tankstelle, Restaurant und Informationen an der Rezeption. So können Sie sich, besonders, wenn Sie gerade erst kurze Zeit im Land verbracht haben, in Ruhe an das Klima gewöhnen, evtl. Nebenwirkungen der Malaria-Prophylaxe hinter sich bringen, in den Shops Lebensmittel einkaufen und alle notwendigen Infos an der Rezeption erhalten.

Eine typische Rundhütte im Skukuza Camp

Aber auch gut ausgerüstete Selbstversorger kommen in den Restcamps auf ihre Kosten. Jede Hütte hat einen Braai-Platz. Fleisch zum Grillen und andere Zutaten sind in den Shops vorhanden, Kühlschrank und Herdplatten gibt es auch in den meisten Hütten. Unsere Erfahrung war, dass in einigen Hütten Geschirr fehlte. Und wer ganz auf ein festes Dach über dem Kopf verzichten will, der kann sich auf den Campingplätzen niederlassen.

Alternative Bushveld Camp

Wer bereits mit den örtlichen und klimatischen Gegebenheiten vertraut und mit allem Notwendigem ausgestattet ist, Spaß daran hat, sich selbst zu versorgen, keine Infos von der Rezeption oder einen Shop in der Nähe braucht, sollte sich

Sirheni: Unterstand zur Tierbeobachtung

in einem der kleineren und abgeschotteten Bushveld Camps einbuchen und die Abgeschiedenheit genießen.

Hinweise

- *Informationen zu den unterschiedlichen Camps und Hüttenangeboten im Park siehe Gelbe Seiten und S. 424ff.*
- *Achten Sie darauf, dass die Übernachtungsplätze inklusive der günstigen Campingplätze schnell ausgebucht sind, wenn die europäische Reisewelle auf die südafrikanischen Schulferien trifft. Das Gleiche gilt auch für südafrikanische Feiertage und Wochenenden.*

as Royal Makuleke Camp

ieses Camp befindet sich auf einem 24.000 ha großen Gebiet im Pafuri-Dreieck zwischen dem impopo-Fluss und dem Luvuvhu-Fluss, im nördlichen Sektor des Kruger National Parks, also im erzen der Transfrontier Conservation Area. Es wurde nach der ursprünglichen Heimat des lakuleke-Stammes benannt, der 1969 von hier verbannt worden war. Allerdings trägt die Lodge icht nur den Namen des Königshauses, sondern dieses ist uch finanziell daran beteiligt.

amit ist das Camp politisch von großer Wichtigkeit für üdafrika. Es ist quasi ein Vorzeigeprojekt für die erfolgreie Integration von Ureinwohnern, Wildtieren und Natur im ahmen eines profitablen Unternehmens. Es ist allerdings uch eines der wenigen erfolgreichen Projekte dieser Art in üdafrika.

as Royal Makuleke Camp bietet zwölf klimatisierte uxuszimmer, wobei es auch in zwei kleine Camps mit weils sechs Zimmern aufgeteilt werden kann. Die Räume efinden sich unter Reetdach mit Leinwänden, alle mit genem Swimmingpool, luxuriösen Badezimmern und Außendusche. mitten der ökologischen Vielfalt – 75 % der Tiere, die im Kruger National Park leben, findet man er – gibt es auch Erkundungsfahrten, Nachtpirschfahrten, Safaris zu Fuß sowie Hochstände zur eobachtung von Tieren.

Hinweis

Die privaten Camps im Kruger National Park sind nicht zu verwechseln mit den *privaten Wildschutzgebieten* am westlichen Rande des Kruger National Parks. Mehr Infos zu den privaten Wildschutzgebieten siehe S. 437f.

Der Süden und seine Restcamps

(zwischen Crocodile und Sabie Rivers; Hauptrestcamps: Berg-en-Dal, Crocodile Bridge, Pretoriuskop, Lower Sabie, Skukuza)

Meistbesuchter Süden

Im Süden tummeln sich die meisten Besucher, weil dieser Teil von den Metropolen am schnellsten zu erreichen ist, sich hier am meisten Wild angesiedelt hat und sich die größte Konzentration von Camps befindet. Zwei sehr große und sehr gegensätzliche Camps dominieren diesen Teil. Zum einen Skukuza, das ziemlich *old fashioned* aussehende „Hauptquartier" des Parks (s.u.). Und das moderne, in Erdfarben und eher afrikanischem Stil errichtete Lower Sabie mit großer Aussichtsterrasse direkt neben dem Sabie River.

Landschaftlich ist der Süden durch fruchtbaren Boden und überwiegend üppige Vegetation geprägt. Sanft geschwungene Berge mit braungoldenen Steinhaufen in der Abendsonne schaffen das richtige Buschgefühl. Viel Niederschlag lässt viele wohl und süß schmeckende Gräser wachsen, die von vielen Tierarten bevorzugt werden. Dornakazien bieten zusätzlich nahrhafte Blätter. Die murmelförmigen Blüten leuchten im Frühjahr weißgelblich und verbreiten einen süßlichen Duft. Akazienbäume bieten während der heißen Tageszeit Schatten, die dichte Vegetation in der Regenzeit zusätzlich den Tieren Sichtschutz. Vor allem Büffelherden, Nashörner, Giraffen, Zebras und Wildebeest trifft man hier an. Bei einer geführten Nachtfahrt konnten wir gleich eine ganze Löwenfamilie erblicken.

Busch-gefühl

Crocodile Bridge (15)

Karte
S. 420, 424, 429

Liegt gleich hinter der östlichsten Einfahrt zum Park am Crocodile River, der seinem Namen alle Ehre macht. Auf den Sandbänken verwechselt man die in der Abendsonne liegenden Krokodile oftmals mit Baumstämmen. Einen sog. „Hippo-Pool" gibt es auch in der Nähe. Ansonsten ist das umliegende Grasland auch bei Zebras, Gnus und Büffeln beliebt.

Nicht nur Krokodile

Malelane Camp (17)

Eines der kleinsten Camps des Parks, 3 km hinter dem Malelane Gate gelegen. Das sog. Satelliten-Camp ist nur mit einer Reservierung zu betreten. Hier gibt es keine Shops und kein Restaurant, da-

© igraphic

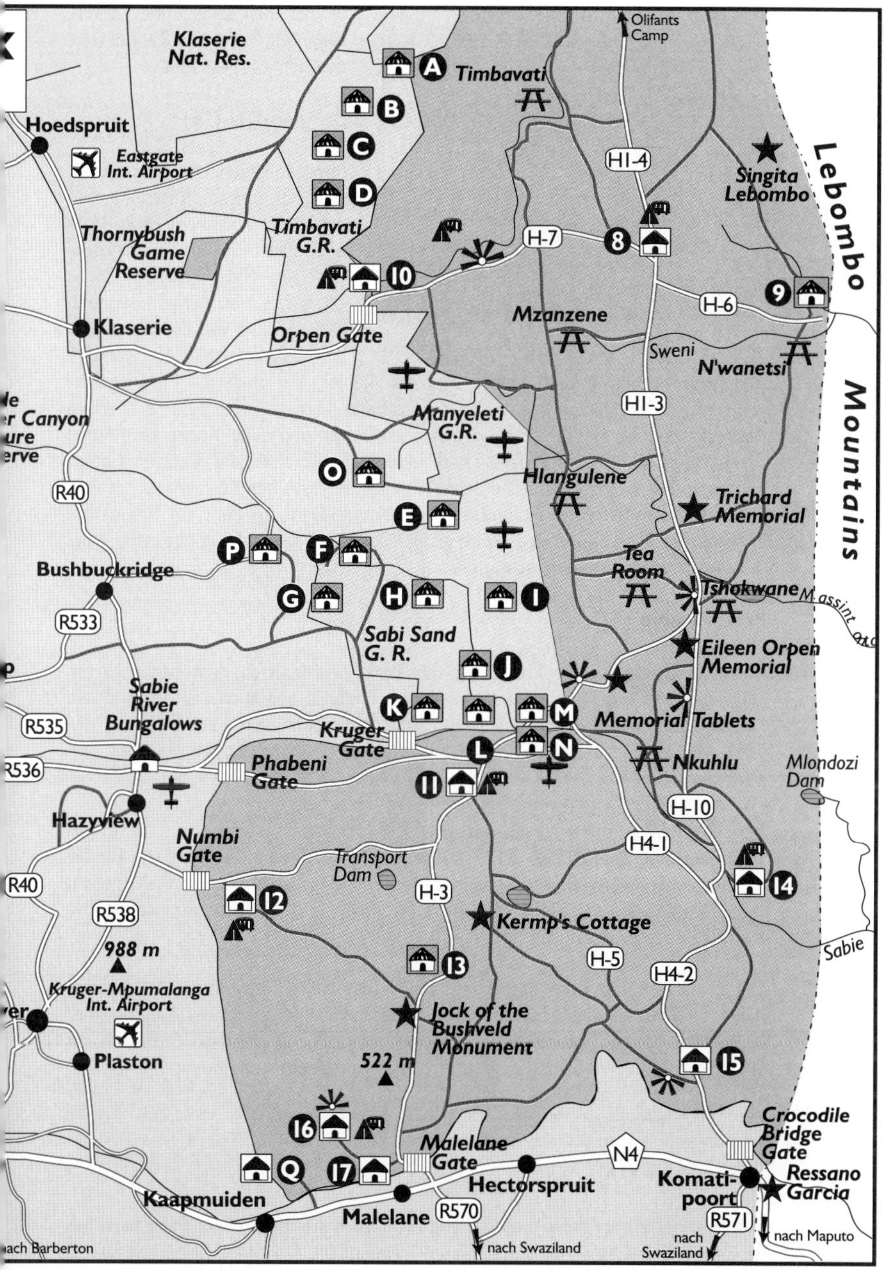
Klaserie Nat. Res.
Timbavati
Olifants Camp
Hoedspruit
Eastgate Int. Airport
Thornybush Game Reserve
Timbavati G.R.
H1-4
Singita Lebombo
Lebombo Mountains
H-7
Klaserie
Orpen Gate
Mzanzene
H-6
Sweni
N'wanetsi
H1-3
Manyeleti G.R.
Hlangulene
R40
Trichard Memorial
Bushbuckridge
Tea Room
Tshokwane
R533
Sabi Sand G. R.
Eileen Orpen Memorial
Sabie River Bungalows
R535
Kruger Gate
Memorial Tablets
R536
Phabeni Gate
Nkuhlu
Mlondozi Dam
Hazyview
H-10
Numbi Gate
Transport Dam
H4-1
R40
H-3
R538
Kermp's Cottage
988 m
H-5
H4-2
Sabie
Kruger-Mpumalanga Int. Airport
Jock of the Bushveld Monument
Plaston
522 m
Crocodile Bridge Gate
Malelane Gate
N4
Hectorspruit
Komatipoort
Ressano Garcia
Kaapmuiden
Malelane
R570
R571
nach Swaziland
nach Swaziland
nach Maputo
nach Barberton

Der südlichste Baobab Südafrikas

für hat man seine Ruhe. Löwen, Elefanten, Büffel und Zebras werden hier oft gesichtet.

Berg-en-Dal (16)

Inmitten hügeliger Landschaft liegt das jüngste Restcamp und einzige Bergcamp des Parks. Max. eine halbe Stunde hinter dem Malelane Gate gelegen, ist es schnell zu erreichen, dennoch recht abseits von der Hauptroute gelegen. Vorteile der Berglage sind, dass es hier in den heißen Monaten kühler und auch die Malariagefahr geringer ist. Die Hütten in dem sehr dicht bewachsenen Camp sind rechteckige Klinkerbauten mit in die Wand eingelassenen Betten und einer Kochecke drinnen sowie einem Grill auf der befestigten Terrasse. Es ist eines der wenigen Camps mit einem Swimmingpool für Besucher. Von der Terrasse des Restaurants hat man einen schönen Blick ins Tal und auf den Matjulu-Dam, an dem ein Rhino-Trail entlangführt. Die Landschaft ist zum großen Teil bewaldet und zumeist saftig grün, da hier am meisten Niederschlag fällt.

Camp mit Pool

Pretoriuskop (12)

Das älteste und viertgrößte Camp des Parks wurde nach dem benachbarten Hügel benannt, wo der Voortrekker *Willem Pretorius* begraben liegt. Er war ein Mitglied der Expeditionsgruppe um *Carl Trichardt* (Sohn von *Louis Trichardt*), der 1848 auf der Suche nach einem Handelsweg zur Delagoa Bay im heutigen Mozambique war.

Erste Touristenhütte

Besichtigen, nicht mieten, kann man die 1930 errichtete erste Touristenhütte. Das Camp beherbergt auch die 1947 erbaute Royal Hut, die für die königliche Familie mit der zukünftigen *Königin Elizabeth II.* während eines Südafrikaaufenthalts gebaut wurde. Leider änderte die Königsfamilie ihre Pläne und die Hütte konnte nie ihre eigentliche Aufgabe erfüllen.

Oft übersehen

Die etwas erhöhte Lage des Camps macht das Klima im Sommer recht angenehm. Und wer es lieber etwas ruhiger mag, ist hier genau richtig. Aufgrund der Nähe zum Numbi-Gate (9 km) lassen die meisten ausländischen Besucher das Camp rechts liegen. Dabei lässt es sich hier mit einem Natursteinpool vor Felsenlandschaft gut aushalten. Löwen, Geparde und Leoparden werden oft gesichtet. Der nahe gelegene Shitlhave Dam zieht Antilopen an.

Lower Sabie (14)

Von der Hüttenzahl zählt dieses Camp nicht zu den größten, von Besuchern her ist das schöne Camp mit am stärksten frequentiert. Am Sabie River gelegen, ist vor allem die große und schöne Aussichtsterrasse mit Cafeteria, Bar und Restaurants z. B. vom Skukuza Camp (43 km) oder von Crocodile Bridge (34 km) ein lohnendes Ziel.

Im Fluss lassen sich Flusspferde beobachten und am Ufer nisten viele Vogelarten. Überhaupt zieht der Fluss besonders am späten Nachmittag viele Tiere zur Wasseraufnahme an. Wegen der großen Tiervielfalt und Tiermenge der umliegenden Gegend rangiert das Camp auf der Beliebtheitsskala ganz oben auf der Hitliste zur Tierbeobachtung.

Tiervielfalt

Lower Sabie ist eines der beliebtesten Camps

Die Flusslandschaft mit Felsen, Sandbänken und hügeliger Uferlandschaft sowie die dichte Vegetation und eine große Anzahl von einsehbaren Wasserlöchern mit Krokodilen und Flusspferden machen aus diesem Gebiet eine der attraktivsten Landschaften des Parks.

Skukuza (11)

Das größte Camp (600 Betten) ist gleichzeitig das Verwaltungs- und Wissenschaftszentrum (mit Flugplatz, Golfplatz, Fußballplatz, Rugby Stadium, Cricket Field) des Parks und verfügt über alle Versorgungseinrichtungen. Wegen der fehlenden Atmosphäre ist es für Übernachtungen nicht zu empfehlen. Dennoch gibt es hier einige Sehenswürdigkeiten, die einen Zwischenstopp lohnen: das „Selat Train Restaurant" in einer historischen Eisenbahn, die früher ein Stück weiter auf der Selati Line über die Sabie River Rail Bridge fuhr (die Brücke steht noch). Zudem gibt es noch die **Stevenson Hamilton Memorial Library**, das **Campbell Hut Museum** und ein Freiluftkino.

Fehlende Atmosphäre

Wie groß das Camp wirklich ist, bekommt der normale Besucher gar nicht mit. Im Bush versteckt wurden große Areale mit Forschungs- und Unterkunftsstätten für die Mitarbeiter, Werkstätten und eigene Tankstellen für den Fuhrpark angelegt. Dabei ist das Leben für die Bediensteten und ihre Familien in den nicht eingezäunten Gebieten nur auf den ersten Blick ausschließlich idyllisch. Immer wieder trauen sich die Wildtiere in die Nähe der Wohnstätten und greifen die Menschen zum Teil sogar an. Trotz der Größe ist die Lage des Camps (nur 12 km vom Paul Kruger Gate entfernt) ideal zur Erkundung des Südens. (*Woher der Name Skukuza kommt,* *s. S. 414.*)

Die Idylle trügt

Die Parkmitte und ihre Restcamps (ⓘ s. S. 195/Kruger National Park)

(zwischen Sabie und Letaba Rivers; Hauptrestcamps: Orpen, Satara, Olifants, Letaba)

Fruchtbare, weite Parklandschaften

Zur Parkmitte hin wird die Landschaft langsam flacher. Doch auch hier lassen sich die meisten Tiere beobachten. Ebenfalls fruchtbarer Boden und abwechselnd üppige Vegetation und weite Parklandschaften machen diesen Teil interessant. Zudem befinden sich hier zwei weitere beliebte Restcamps des Parks: Olifants und Letaba.

Im östlichen Teil bieten Straßen durch die vulkanisch entstandenen Lebombo Mountains atemberaubende Aussichten in unendlich erscheinende Buschlandschaften mit wohl schmeckenden Akazienbäumen und Buschweiden. In den weiten Landschaften sind große Herden von Zebras, Elefanten, Büffeln und Giraffen besonders beeindruckend. Ein besonderes Highlight ist der im Schatten des N'wamuriwa-Berges gelegene Orpen Dam. Eine überdachte, schattige Aussichtsmöglichkeit macht das Warten auf auftauchende Flusspferde in der tiefer gelegenen Wasserstelle besonders angenehm.

Orpen (10)

Für Spätankömmlinge

Dieses kleine, ruhige Camp direkt hinter dem Orpen Gate dient vor allem als Unterkunft für Spätankömmlinge. Doch auch diese haben die Chance, noch kurz vor Toresschluss an dem gleich außerhalb des Camps liegenden Wasserloch die ersten Tiere zu sehen.

Maroela

Sehr kleines Camp (nur Zeltplatz) oberhalb des Timbavati River, 4 km vom Orpen Gate entfernt. Es gibt keinen Strom, dafür einen gemeinsamen Kühlschrank. Nach vorheriger Reservierung erfolgt die Anmeldung im Orpen Camp.

Satara (8)

45 km vom Orpen Gate entfernt liegt das zweitgrößte Camp inmitten flacher Graslandschaft. Zentral gelegen besteht es aus einfachen, funktionalen Rundhütten, die aus der Zeit herrühren als der Kruger National Park noch der *peoples park* war, wo – weiße – Familien ihren gesamten Urlaub günstig verbringen konnten. Dabei hat der Camp-Name auch kosmopolitische Wurzeln. Da es in der Umgebung von Satara keinen Fluss gab, nach dem es benannt werden konnte, wurde in der Geschichte gewühlt: Im späten 18. Jh., bevor *Paul Kruger* den Nationalpark gründete, war die neu ausgerufene Transvaal Republic in einzelne Bezirke aufgeteilt worden. Einer der Landvermesser, der diese Region im Kruger National Park vermessen sollte, war ein Inder, der den heutigen Ort Satara auf einer Karte mit dem Hindi-Wort *satra* für den Bezirk 17 auf der Landkarte markierte.

Hindi-Wort

Wegen der weiten Sicht ist das Camp vor allem auch für spektakuläre Sonnenuntergänge bekannt. Sie sollten eine Hütte direkt am Zaun buchen, so können Sie

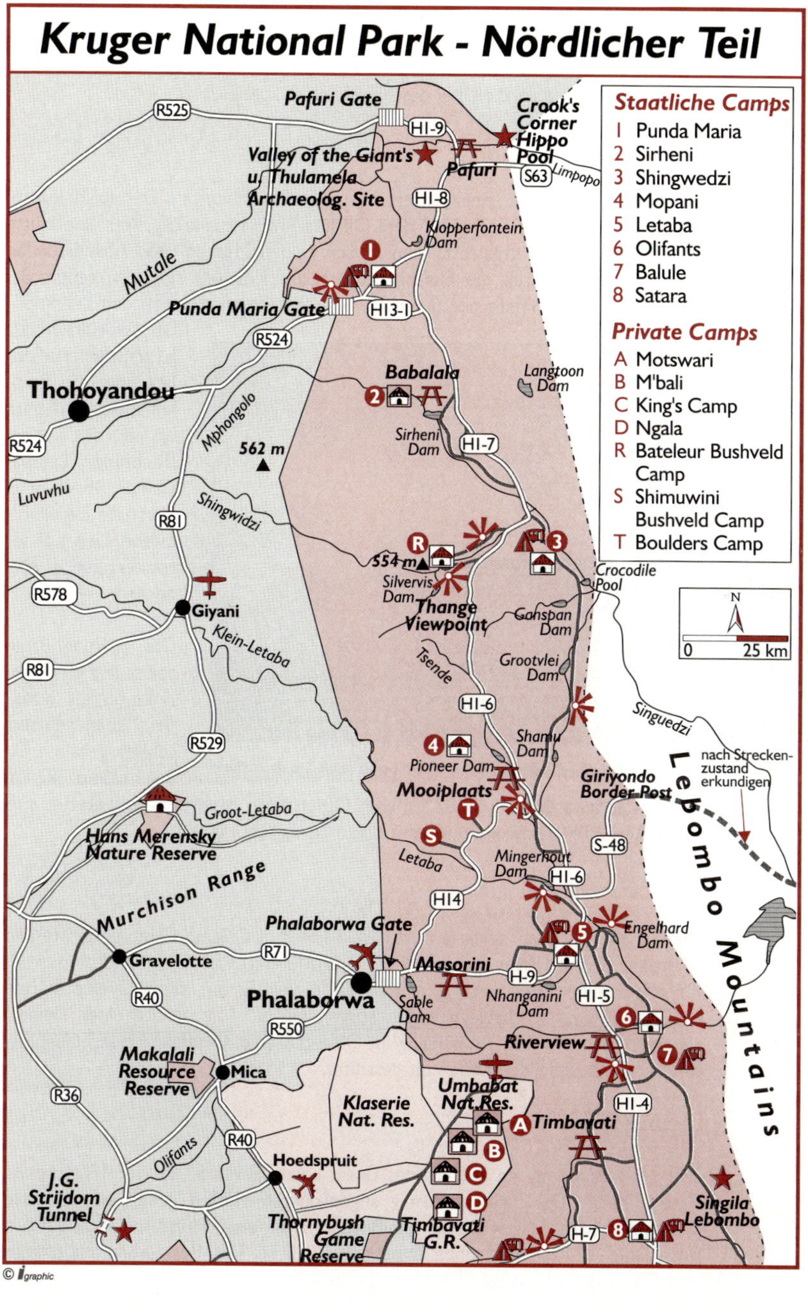

Kruger National Park - Nördlicher Teil
Staatliche Camps
1 Punda Maria
2 Sirheni
3 Shingwedzi
4 Mopani
5 Letaba
6 Olifants
7 Balule
8 Satara
Private Camps
A Motswari
B M'bali
C King's Camp
D Ngala
R Bateleur Bushveld Camp
S Shimuwini Bushveld Camp
T Boulders Camp
0 25 km
Pafuri Gate
Crook's Corner Hippo Pool
Valley of the Giant's u. Thulamela Archaeolog. Site
Pafuri
Limpopo
Klopperfontein Dam
Mutale
Punda Maria Gate
Babalala
Langtoon Dam
Thohoyandou
Mphongolo
562 m
Sirheni Dam
Luvuvhu
Shingwidzi
554 m
Silvervis Dam
Thange Viewpoint
Crocodile Pool
Giyani
Klein-Letaba
Gonspan Dam
Grootvlei Dam
Tsende
Singuedzi
Shamu Dam
Pioneer Dam
Mooiplaats
Giriyondo Border Post
nach Streckenzustand erkundigen
Lebombo Mountains
Groot-Letaba
Hans Merensky Nature Reserve
Letaba
Mingerhout Dam
Murchison Range
Phalaborwa Gate
Engelhard Dam
Gravelotte
Masorini
Phalaborwa
Sable Dam
Nhanganini Dam
Riverview
Makalali Resource Reserve
Mica
Umbabat Nat. Res.
Klaserie Nat. Res.
Timbavati
Olifants
Hoedspruit
J.G. Strijdom Tunnel
Thornybush Game Reserve
Timbavati G.R.
Singila Lebombo
R525
H1-9
S63
H1-8
H13-1
R524
H1-7
R81
R578
R529
S-48
H1-6
H14
R71
H-9
R40
H1-5
R550
R36
H1-4
H-7
© igraphic

Hier kann der Gepard beschleunigen

bereits in der Morgendämmerung die ersten Herden beobachten. In der flachen, fruchtbaren knorrig-dornbuschigen Landschaft entlang der Orpen Satara Rd lassen sich häufig Graser und Raubtiere sehen. Vor allem Geparde brauchen die Ebene, um auf Beutejagd richtig beschleunigen zu können.

Olifants (6)

Das Olifants Camp ist einer unserer ganz großen Favoriten. Die spektakuläre, terrassenförmige Lage hoch über dem Olifants River ist einmalig. Wer eine Hütte in der ersten Reihe ergattert, kann in den frühen Morgen- und Abendstunden direkt vom Essenstisch die Elefanten durch das Flussbett stampfen sehen. Bei klarer Sicht ist die Weite der unterhalb liegenden Savanne bis zu den Lebombo-Bergen einfach nur zu genießen. Auf der besonders zu empfehlenden Route entlang des Letaba (Richtung Letaba-Camp, 48 km) ist die große Tiervielfalt dieser Gegend besonders gut zu entdecken.

Unauffällig fügt sich das Olifants Camp in die Landschaft ein

Die Rundhütten selbst sind etwas geräumiger als woanders aber genauso schlicht gehalten. Da das Camp 82 km vom Phalaborwa Gate und 102 km vom Orpen Gate entfernt liegt, bietet es sich in der Regel für die zweite und/oder dritte Übernachtung an.

Balule (7)

Klein, aber fein

Obwohl als Restcamp deklariert, ist das 11 km vom Olifants Camp entfernte und direkt am Olifants River gelegene Camp nicht für Tagesbesucher, sondern nur mit vorheriger Anmeldung zugänglich. Kein Shop, kein Strom, sechs Dreibetthütten und gemeinsame Kochgelegenheiten sorgen für die Atmosphäre einer kleinen, einsamen Gemeinschaft. Anmeldung im Olifants Camp. Giraffen, Wasserbüffel, Elefanten und Flusspferde werden oft gesichtet.

Letaba (5)

Sehr schönes Camp am Südufer des Great Letaba River. 53 km vom Phalaborwa Gate entfernt. Die halbkreisförmig angeordneten Hütten geben eine gewisse Kraalatmosphäre. Fragen Sie bei der Buchung nach einer Hütte mit Blick auf den Fluss. Einige Hütten sind ohne Dusche und Küche. Das Restaurant mit offener

Terrasse direkt am Fluss und inmitten von Mahagoni-Bäumen spendet tagsüber Schatten, in der Abenddämmerung kommt oft das Wild zum Trinken. Gute Gegend, um Löwen, Leoparden und Elefanten zu sehen.

Der Norden und seine Restcamps (ⓘ s. S. 195/Kruger National Park)

(zw. Letaba und Limpopo Rivers; Hauptrestcamps: Mopani, Shingwedzi, Punda Maria)

Nördlich des Olifants River wird die Landschaft immer karger sowie die Tierpopulation und -vielfalt immer geringer. Die Gegend um das Mopani Camp ist vor allem durch die namensgebenden Mopane-Bäume geprägt, die großer Trockenheit und großer Sonneneinstrahlung standhalten können. Bei Hitze falten sich ihre Blätter zusammen, so dass sie nur geringfügig der Sonne ausgesetzt sind. Elefanten lieben die Blätter. Die Mopane-Raupe wird von den Einheimischen wegen des hohen Proteingehaltes in geröstetem oder getrocknetem Zustand sehr geschätzt.

Mopane-Ebenen

130 km weiter im Norden, mit Ankunft im Punda Maria Camp, erreicht man nicht nur eine der ältesten und die verschlafenste Übernachtungsmöglichkeit, sondern hat auch eine stundenlange Fahrt durch die einsamste und wildeste Gegend des Parks hinter sich. Wer den Park später durch das Pafuri Gate verlässt, kann das volle Buschgefühl noch um 76 km verlängern. Angereichert wird die Landschaft in den Niederungen des Luvuvhu und Limpopo River durch tropische Regenwaldvegetation wie Mahagoni-, Ebenholz- und Baobab-Bäume.

Im absoluten Norden bietet sich noch ein besonderer Höhepunkt an: Und zwar eine Fußtour zur Thulamela Archaeological Site *(Anmeldung spätestens in Punda Maria oder zuvor in einem anderen Camp; bei zu großer Hitze findet der geführte Walk allgemein nicht statt)*. Die Ausgrabungsstätte, die eng verwandt ist mit der ehemaligen Stadt Great Zimbabwe im Nachbarland, zeigt die frühe Siedlung Thulamela (ein Venda-Wort für „Geburtsort"), wo bereits im 13. Jahrhundert Gold geschmolzen wurde. Eine Schautafel der archäologischen Stätten steht auf dem Gebiet des Old Pafuri Camp, das heute ein schattiger Picknick-Platz mit kleinem Kiosk ist und die Möglichkeit bietet, einen Gasgrill für den Braai auszuleihen.

Archäologie im Busch

Mopani (4)

45 km vom Letaba Camp entfernt erreicht man mitten im Mopane-Land das schon fast luxuriöse und einzig aus Spendengeldern finanzierte Mopani Camp am östlichen Ufer des Pioneer Dam. Von der Terrasse der Ladys Bar hat man nicht nur einen fantastischen Blick auf die Wasserlandschaft, sondern kann auch Kormorane beobachten. Vom Restaurant führt ein Weg hinunter zum Dam mit weiteren hervorragenden Aussichtspunkten zur Vogelbeobachtung. Swimmingpool, geräumige Hütten (*donor cupboards* erinnern an die Sponsoren) aus Naturstein und ihre großzügige Anlage im Camp sind besonders angenehm. Das Gebiet ist bekannt für das häufige Vorkommen von Büffeln und Elefanten, wobei die Letzteren besonders große Stoßzähne haben. Wer in einer größeren Gruppe reist, sollte hier unbedingt versuchen, das hervorragende Guest House zu ergattern.

Bar mit Aussicht

Shingwedzi (3)

Am Fluss entlang

Auch dieses Camp ist umgeben von Mopane-Bäumen, zu denen sich Mlala-Palmen gesellen. Von hier aus führt eine schöne Strecke dem Shingwedzi River folgend in südöstliche Richtung zum Kanniedood Dam. Wasserböcke, Nyalas (eine Antilopenart), Kudus und Elefanten werden dort oft gesichtet.

Sirheni (2)

Wer schon einmal im Kruger National Park gewesen ist, die Einsamkeit liebt und auf Selbstverpflegung eingestellt ist, dem können wir Sirheni empfehlen. Hier kann man Abgeschiedenheit und Ruhe vor anderen Besuchern genießen, da das Camp (15 geräumige Hütten) ausschließlich für die Bewohner offen steht.

Das Punda Maria Camp mit strohgedeckten Hütten

Punda Maria (1)

Allein architektonisch ist dieses Camp *(8 km vom Punda Maria Gate)* inmitten üppiger Vegetation schon eine Anfahrt wert. Mit tief heruntergezogenen Reetdächern und weiß getünchten Wänden der 1934 errichteten, rechteckigen, entlang der *main road* aufgereihten Häuser versprüht das Camp noch heute den Charme aus den Gründerzeiten des Parks und ein wenig „*old Africa*". Ein echtes Kleinod für Individualisten; Informationen über die umliegende und artenreichste Flussvegetation des Parks und Anmeldung zum zweistündigen *walk* zur Thulamela Archaeological Site *(s. S. 431 bzw. 436)* gibt es an der Rezeption.

1. Hinweis

Die Hauptroute führt von Punda Maria durch das Punda Maria Gate weiter nach Thohoyandou, in die Hauptstadt des Venda-Landes (siehe S. 444ff).

2. Hinweis

Am ***Westrand*** *des Kruger N.P. liegen die* ***privaten Wildschutzgebiete*** *(s. S. 437ff) wie die drei größten Sabi Sand, Timbavati und Manyeleti. Diese sind für die Tiere vom Kruger N.P. her zugänglich, da die Wildzäune zwischen den privaten und dem staatlichen Park beseitigt wurden. Besucher müssen den staatlichen Park verlassen und sich von Westen her nähern.*

Exkursionen

Geführte Pirschfahrten

Bei den geführten Pirschfahrten (*game drives*) in den frühen Morgen- bzw. Abendstunden ist die Wahrscheinlichkeit Tiere zu erspähen besonders groß. Zum einen ist das Wild dann sehr aktiv, zum anderen dürfen die Ranger auch die für den normalen Fahrer gesperrten Wege befahren und dringen dadurch tiefer ins Gelände. Darüber hinaus erfahren Sie von den Guides interessante Details über Park und seine Bewohner.

'erhalten im Tierpark

Vor Eintritt in die Parks parken Sie Ihr Auto (Autonummer merken, da Sie sie bei der Anmeldung angeben müssen) und zeigen im Gate-Häuschen ihren **Reservierungsbeleg** vor. Sie erhalten eine Quittung, die Sie bei Ihrer Ankunft im Restcamp vorzeigen müssen. Bewahren Sie ihren Beleg sorgfältig auf, da Sie Ihn bei der Fahrt aus dem Kruger National Park wieder vorzeigen müssen.
Melden Sie sich sofort nach der **Ankunft** im Restcamp in der Rezeption an und erkundigen Sie sich gleich, ob und wann geführte Pirschfahrten stattfinden.
Ihre **Unterkunft** können Sie ab 12 h des Ankunfttages belegen. Bis 9 h am Abfahrtstag muss die Hütte geräumt sein.
Verhalten Sie sich im Camp ruhig und halten Sie die absolute **Nachtruhe** zwischen 21.30 h und 6 h ein.
Fahrräder, Rollschuhe und Skateboards sind im Park verboten.
Checken Sie vor einer Pirschfahrt im eigenen Auto ihren **Benzintank** (Tankstelle in den Restamps vorhanden).
Halten Sie sich an die **Geschwindigkeitsbegrenzung** (auf Asphaltstraßen 50 km/h und 40 km/h auf der Piste).
Steigen Sie im Park nur an den extra ausgeschilderten Orten aus ihrem Fahrzeug aus.
Vermeiden Sie bei geöffnetem Fenster laute Musik und Gespräche. Tiere haben sehr empfindliche Ohren und zeigen sich möglicherweise erst gar nicht.
Hinterlassen Sie an den Picknick-Plätzen keinen Müll.
Achten Sie darauf, keine Pflanzen zu beschädigen und bedenken Sie, dass Tiere nicht gefüttert werden dürfen.
Das Mitbringen von eigenen Haustieren ist nicht gestattet.
Werfen Sie bitte keine brennenden Zigaretten aus dem Fenster und achten Sie immer, aber besonders in Trockenzeiten, beim Grillen auf möglichen Funkenflug.
Beachten Sie **Schließzeiten** der Camps, die am Tor angeschlagen sind. Wer zu spät kommt, muss mit einer empfindlichen Geldstrafe rechnen. Als Richtlinie können Sie sich merken, dass Pirschfahrten nur von Sonnenaufgang bis Sonnenuntergang erlaubt sind.

Wanderungen

Wer Natur und Tiere hautnah, also ein wirkliches Abenteuer erleben möchte, sollte sich zu Fuß auf die Pirsch begeben. Sieben geführte, jeweils zwei volle Tage (drei Übernachtungen) dauernde Wanderungen, sog. *wilderness trails,* werden im Kruger National Park für Gruppen mit bis zu acht Personen angeboten.

Zu Fuß durch den Busch

Voraussetzung ist eine gute körperliche Verfassung. Bis zu 20 km bei oft sehr heißen Temperaturen werden an einem Tag zurückgelegt. Jeder Wanderweg verfügt über ein Basiscamp mit vier rustikalen Hütten à zwei Betten, Duschen in kleinen Reetdachkabinen und eine Toilette mit fließendem Wasser.

Die Wanderwege im Kruger National Park (von Süden nach Norden):

- *Bushman Trail* (nordwestlich von Berg-en-Dal) – ruhiges Tal mit großartigen Aussichtspunkten auf Granithügeln, die der wunderschönen Steinhügellandschaft in Zimbabwe alle Ehre machen.

- *Wolhuter* – (nördlich vom *Bushman Trail*) – die Gegend gilt als Paradies für weiße Nashörner.
- *Napi* – (zwischen Skukuza und Pretoriuskop) welliges Gelände mit üppigem Buschwerk; bemerkenswert für ihre Vogelvielfalt; hohe Population von schwarzen und weißen Nashörnern.

Vogelvielfalt

- *Metsi-Metsi* – (50 km nördlich von Lower Sabi, an der Ostgrenze des Parks) abwechslungsreiche Landschaft: Savanne, Felsschluchten, tiefe Täler. Der N'waswitsontso River zieht die Tiere an, besonders Elefanten.
- *Sweni* (südöstlich vom Satara) – hervorragende Chancen auf Wildbeobachtung; klassische Savannen-Landschaft.
- *Olifants* (südöstlich des Olifants River) – Uferbuschvegetation und Schluchten entlang des Olifants River bis hin zu den Lebombo Mountains; gute Wildbeobachtungsmöglichkeiten.
- *Nyalaland* (zwischen Pafuri Gate und Punda Maria) – sehr schöne Landschaft ganz im Norden des Parks, dafür weniger Großwild. Dramatische Aussichtspunkte, Baobab-Baum-Wälder, eine wunderschöne Schlucht und zahlreiche fossile Ausgrabungsstätten.

Baobabs

INFO Der Great Limpopo Transfrontier Park

Mit der offiziellen Eröffnung im Dezember 2002 durch die Entfernung eines Wildzaunstückes zwischen Südafrika und Mozambique wurde der „Great Limpopo Transfrontier Park" eingeweiht. Seitdem entsteht der größte Wildpark der Welt. Der sich auf den Gebieten von Zimbabwe, Mozambique und Südafrika erstreckende Peace Park, wie er auch genannt wird, vereint den Kruger National Park mit Mozambiques Limpopo National Park und dem Gonarezhou Park in Zimbabwe. Mit rund 40.000 qkm Fläche ist er größer als Belgien. Bis Besucher die gesamte Fläche des Park nutzen können, werden noch viele Jahre ins Land gehen. So muss auf der Seite von Mozambique erst eine komplette Infrastruktur geschaffen werden und in Zimbabwe müssen sich politische und wirtschaftliche Verhältnisse verbessern. Erst dann werden alle Zäune eingerissen.

Die Parkidee geht auf ***Nelson Mandela*** zurück. Er wollte die weltweit größte *transfrontier conservation area* schaffen und seinen südafrikanischen Landeskindern zum Geschenk machen. Ihnen war unter der Apartheid der Zugang zu den Parks verwehrt geblieben. Zudem bezeichnete der ehemalige südafrikanische Präsident, der mit *Graça Machel,* der ehemaligen First Lady Mozambiques, verheiratet ist, den Transfrontier Park als Brautgeschenk an das Nachbarland. Zehn Jahre nach Ende des Bürgerkrieges in Mozambique, acht Jahre nach Beginn der Demokratie in Südafrika und während politisch und wirtschaftlich schwierigen Zeiten in Zimbabwe war die Gründung im Jahre 2002 nicht nur ökologisch, sondern auch politisch der Startschuss für ein **Jahrhundertprojekt**.

Trotz breiter politischer Zustimmung können sich nicht alle darüber freuen. So sind die Bewohner in dem neu geschaffenen Sengwe-Korridor (Zimbabwe) im Norden und auf Mozambiques Seite schwer gebeutelt. Die Verbindung des Gonarezhou Parks mit den anderen Parkteilen rückt plötzlich die Heimat der dort lebenden Bewohner mitten in das Königreich der Tiere. Zwar hatte die Mehrheit der Zusammenlegung der Parks zugestimmt, doch vor allem die älteren Bewohner tun sich schwer, die Umsiedlung zu akzeptieren und verweigern sich.

Ähnlich geht es den Bewohnern auf der Seite Mozambiques. Zwar wurde immer von praktisch leerem Land gesprochen, doch seit dem Ende des Bürgerkrieges sind viele Menschen in ihre Heimat zurückgekehrt. Die Flüchtlingsorganisation der Johannesburger Witwatersrand-Universität half sogar bei der Wiederansiedlung. 90 Prozent von ihnen, so eine Untersuchung, wollen nun ihre Dörfer nicht verlassen. Wie viele Menschen im 11.233 qm großen Limpopo Park leben, ist nicht sicher. Gezählt hat sie bisher keiner. Die einen sprechen von Gemeindegrößen von ca. 4.000 Menschen im südlichen Teil des Parks, andere wiederum von rund 16.000 Menschen im hügeligen nördlichen Teil entlang des Limpopo (östliche Grenze des Parks). Andere reden gar von insgesamt weit über 30.000 Menschen.

Formal haben die Bewohner schlechte Karten das Land weiterhin bestellen zu dürfen, da in Mozambique das Land dem Staat gehört. Die gute Nachricht ist, dass sich die südafrikanische *Peace Park Foundation*, die Regierung von Mozambique und die Frankfurter Kreditanstalt für Wiederaufbau (der Hauptsponsor des Projekts), einig sind, dass es keine Zwangsumsiedlungen geben darf. Die komplizierten Fragen von Umsiedlung, Entschädigungen, Landnutzung, Einführung von Tieren in die bewohnten Gebiete, die Fragen zu Schutz, Sicherheit sowie Tourismusinfrastruktur soll ein Joint Management Plan klären. So wurde für die Verwirklichung des Korridors im Norden zunächst der Bau einer Brücke über den Limpopo bei Pafuri anvisiert, um mit dem Auto zwischen Gonarezhou und den anderen Parkteilen hin- und herfahren zu können, ohne den Park verlassen zu müssen.

Im Gegensatz zu Gonarezhou bietet Mozambiques Limpopo Park keine alteingesessene Infrastruktur für Touristen und auch kein Wild. Bis auf ein paar Hütten im Südwesten, am Massingir Dam, gibt es hier nur Natur pur. Nicht einmal gut gefestigte Straßen sind vorhanden.

Fest steht, dass der Park in **drei Sektionen** unterteilt wird: in ein touristisch voll erschlossenes Kerngebiet, in ein unbesiedeltes Buschterritorium und in eine Pufferzone entlang des Limpopo, wo Menschen und Tiere zusammenleben sollen. Allerdings gibt es noch sehr unterschiedliche Vorstellungen, wie die in der Pufferzone lebenden Menschen von dem Park profitieren können. Ideen wie die Ausbildung zu Rangern oder der Erlaubnis, eine festgelegte Quote von Tieren zu jagen und die Trophäen an Touristen zu verkaufen werden diskutiert.

Für normale Besucher wird es noch einige Zeit dauern, bis sie den neuen Parkteil im Osten erkunden können. Zunächst sind die Tiere an der Reihe. Die werden langsam an ihre neue Umgebung gewöhnt. Im Oktober 2001 wurden die ersten Elefanten in den Ostteil des Parks gelassen – zum Leidwesen der ganz im Osten des Parks wohnenden Bewohner des Ortes Psitima. So ganz funktionierte die Überführung von 1.000 Elefanten in ein 25.000 ha großes, abgestecktes Terrain nahe dem Shingwedzi River auf Mozambiques Seite nämlich nicht. Viele brachen aus und zertrampelten die Ernte der angrenzenden Gemeinden.

Der Grund der jahrzehntelangen Abwesendheit wilder Tiere im Limpopo Park geht zurück auf die Zeit portugiesischer Kolonialherren. Sie nutzten das Terrain zunächst als Jagdgebiet. Nach der Vertreibung der Portugiesen aus dem Land, fiel dem dann ausbrechenden Bürgerkrieg und damit Wilderern das restliche Wild zum Opfer. Aus diesen Zeiten rührt noch die Vorstellung von rund 1 Mio. ha praktisch leerem Land.

Wer also sehr abenteuerlustig ist, über eine entsprechende Ausrüstung, eine große Portion Mut, gutes Kartenmaterial, Kompass, Reisepass und Visum verfügt, der kann bereits in der Aufbauphase des Parks durch das Giriyondo Gate (Route S 48 in östliche Richtung, 20 km nördlich von Letaba) offiziell nach Mozambique einreisen, mitten in der Wildnis sein Zelt aufschlagen und sich von Eindrücken der Natur und Begegnungen mit den Bewohnern überwältigen lassen. Für erfahrene und mit einem Geländewagen ausgestattete Reisende ist diese Route sogar eine Abkürzung auf dem Weg zu Mozambiques Küste.

Für Visionäre, Wildhüter und Naturschützer ist die Zusammenlegung der Parks erst der Anfang traumhafter Möglichkeiten. Sie haben die Vorstellung von einem zusammenhängenden Korridor bis nach Nordafrika und Namibia. *Anton Rubert*, der Gründer der *Peace Parks Foundation* (PPF), Geldgeber und pensionierter Industriemagnat, ist davon überzeugt, dass die Realisierung dieser Gedanken alle glücklich machen würde: Wildtiere, westliche Touristen und nicht zuletzt arbeitslose Einheimische.

Die Chancen und Risiken des weltweit größten Tierparks sind bekannt und werden nicht nur in Südafrika auf vielen Ebenen diskutiert. Über zehn Jahre haben Verantwortliche der drei Länder an dem Konzept dieses Friedensparks gearbeitet. Alle dürfen gespannt sein, wie weit die drei Parks im Jahre 2012, zehn Jahre nach dem Fall der ersten Grenzzäune, zusammengewachsen sein werden.

Durch das Pafuri Gate aus dem Kruger National Park

Kruger einmal anders

Wer Zeit und Lust hat, kann von Punda Maria noch ganz in den Norden des Kruger National Parks fahren und

- einen Walk zur **Thulamela Archaeological Site** unternehmen (muss man 24 Stunden im Voraus in Punda Maria oder in den anderen Camps buchen).
- zum **Old Pafuri Camp** fahren, das heute ein Picknick-Platz ist (Möglichkeit Gasgrills auszuleihen). Hier stehen auch die Schautafeln zu den archäologischen Ausgrabungen und Siedlungen im Norden.
- am **Pafuri River** Vögel in den Mangrovenwäldern beobachten.
- durch das Pafuri Gate zum Makuya Nature Reserve fahren. Das ist allerdings nur etwas für geübte Steinpisten- oder Geländewagenfahrer mit Mut zum platten Reifen (*mehr zum Makuya N. R. siehe S. 453*).

Durch das Punda Maria Gate aus dem Kruger National Park

Die Hauptroute führt von Punda Maria durch das Punda Maria Gate weiter nach **Thohoyandou**, in die Hauptstadt des Venda-Landes (*siehe S. 444ff*).

Private Wildschutzgebiete am Westrand des Parks

(ⓘ s. S. 195/Kruger National Park)

Überblick

Die privaten Camps, die sich seit den 1970er Jahren am Westrand des Kruger National Park etabliert haben, folgen alle dem gleichen Konzept. Sie bewegen sich im obersten Preissegment, sind exklusiv, abgeschottet und bestehen jeweils aus wenigen, exquisiten Luxuslodges in nostalgischem Kolonialstil, mit zum Teil eigenen Swimmingpool am Schlafzimmer, Dusche unter freiem Himmel oder Blick aus der Badewanne auf die Savannen-, Busch- oder Flusslandschaft. Volle Verpflegung wird geboten in Form von Frühstücksbüffet, Lunchpaket und Candlelight-Dinner in ausgetrockneten Flussbetten oder ums Lagerfeuer in der Boma.

Extrem teuer, aber alles drin

Pirschfahrten in offenen Geländefahrzeugen finden im Gegensatz zum Kruger National Park generell querfeldein durch den Busch statt und sind im Preis inbegriffen. Alle Fahrten, die Fahrten am frühen Morgen wie auch die am Nachmittag, die oft in Nachtfahrten mit sog. Sundowner (kleines Picknick mit mind. einem alkoholischen Getränk) übergehen, werden grundsätzlich von einem Ranger und einem Tracker (zumeist ein Shangaan, die besonders talentiert im Spurenlesen sind und vorne auf dem Auto sitzen) begleitet.

Zwischen den privaten Wildreservaten und dem Kruger National Park sind mittlerweile die meisten Zäune der Tiere wegen weggefallen. So gibt es auch keinen Zaun mehr zwischen dem Sabi Sand Game Reserve und dem Gebiet des Kruger National Park, so dass nur die Main Skukuza Rd vom Skukuza zum Olifants Camp innerhalb des Kruger N. P. das Privatgebiet vom staatlichen trennt. Die Camps sind nicht umzäunt und bei Anbruch der Dunkelheit wird man von einem bewaffneten Begleiter zum Dinner bzw. Chalet begleitet. Nach häufigen Versuchen von Elefanten, ins

Redaktions-Tipps priv. Wildschutzgebiete

- **Anreise**: Wenn Sie Ihren ersten Game Drive bereits am Tag Ihrer Ankunft machen möchten, reisen Sie rechtzeitig an. Die Nachmittags-/Abendfahrt fängt oft schon um 16 h an.
- **Aufenthaltsdauer**: Zwei volle Tage, also drei Übernachtungen sind ideal.
- **Preise**: Wesentlich teurer als die staatlichen Camps, dafür Luxus, Game Drives und Rundumversorgung inklusive. In der Nebensaison oder während der Woche kann manchmal auch über einen Preis verhandelt werden. Einige Reiseveranstalter haben auch günstigere Kontingente.
- **Buchung**: Alle Lodges sind buchbar über entsprechende deutsche Reiseveranstalter.
- **Tagesrhythmus**: Nachtschwärmer sollten sich darauf einstellen, dass die Bar früh schließt, da morgens früh um 5 h der morgendliche Game Drive startet.

Pirschfahrt mit einem erfahrenen Tracker

Camp zu kommen, wurden im Main Camp von Londolozi schließlich Elefantenzäune angebracht.

Die Vielfalt und Zahl an privaten Lodges ist groß und neben den von uns unten vorgestellten gehören u. a. auch Mala-Mala, Singita, gefolgt von Tanda Tula Bushcamp, Motswari, Leopard Hills zu den Topcamps.

Für Jeden etwas dabei

Mit unserer Auswahl möchten wir Ihnen einen Überblick über die unterschiedlichen Camp-Konzepte vorstellen. So können Sie sich für Ruhe (Londolozi Safari Lodge und Pioneers Camp), Gesellschaft (Londolozi Bateleur und Tree Camps), Buschleben (Ngala Tented Safari Camp), ethnischen Schick (Sabi-Sabi Earth Lodge), relativ günstig (Manyeleti Game Reserve) oder aber für eine Berglodge abseits aller anderen (Bongani) entscheiden.

INFO Die Conservation Corporation Africa (CCA)

Ganz besonders ans Herz legen möchten wir ihnen die folgenden Lodges, die von der Gesellschaft „Conservation Corporation Africa“ (CCA) gemanagt werden. CCA ist mittlerweile mit fast 30 Lodges und Game Reserves im Südlichen Afrika (auch KwaZulu-Natal, Botswana, Zimbabwe, Kenia u.a.) vertreten und hat sich nicht nur den eigenen Profit als Ziel gesetzt, sondern bemüht sich auch um die Integration der umliegenden Dörfer, die Weiterbildung seines Personals und dessen Familien sowie natürlich um die Erhaltung bzw. Wiedereinführung des ökologischen Gleichgewichtes.

Zu Letzterem nur ein Beispiel: Für die Nutzung und Durchfahrtgenehmigungen der 8.000 ha um die Lodges von Londolozi zahlt CCA an den Landbesitzer jährlich eine Pacht von knapp 1 Mio. US$! Dafür muss der Pächter aber auch dafür sorgen, dass das Land „tiergerecht“ erhalten wird und die Wege pflegen. Alles in allem ein bisher sehr erfolgreiches Projekt, dass Sie aber mit einem entsprechend hohen Preis bezahlen müssen.

Die **Preise** sind so hoch, dass nur wenige bereit sein werden, diese zu zahlen. Doch genau das ist auch die Strategie, um die Exklusivität weiterhin zu gewährleisten und zahlungskräftige Kunden zufrieden zu stellen. Wer wirklich ein Erlebnis fürs Leben sucht oder einen Honeymoon-Aufenthalt verbringen möchte, der ist hier richtig und wird den Preis auch zahlen. Aufenthalte von nur einer Nacht lohnen nicht, denn das richtige Feeling kommt erst nach 2–3 Nächten auf. Also: Wenn schon, denn schon! Und übrigens: Die Camps sind i.d.R. nicht eingezäunt. Sie leben also hautnah mit den Tieren.

Londolozi (H)

Karte
S. 425 u. 429

Das am Sand River gelegene Flaggschiff unter den privaten Wildreservaten (16.000 ha groß; 250 km Piste) ist nicht nur für die gute Beobachtungsmöglichkeit von Leoparden und seine luxuriöse Ausstattung der Lodges, sondern auch für das Management, das von CCAfrica (*siehe Kasten*) betrieben wird, seine hervorragende Rehabilitation von Land und Tieren und der Integration der lokalen Dorfgemeinschaften bekannt. So kommen die Tracker wie auch die anderen Angestellten aus den umliegenden Dörfern und werden in den Lodges speziell ausgebildet.

Integration der Einheimischen

Londolozi verfügt über zwei „Lodge-Areale", d. h. über die abgeschieden an einem kleinen Flussbett gelegene **Londolozi Safari Lodge** (nur 6 Chalets; etwas für diejenigen, die es lieber ruhiger mögen) und das sog. **Main Camp**, das das älteste von Londolozi ist. Schön ist, dass man noch die vier kleinen Rondavels des „Original Sparta Hunting Camp 1929", mit denen alles angefangen hat, besichtigen kann. In einem befindet sich heute ein exzellentes Weinlager, in einem zweiten das Information Center mit einer Ausstellung über die Anfänge des Camps. Und in den anderen (im originalen Stil belassenen Hütten) kann man sich sogar ganz normal einbuchen.

Bateleur Camp: Suite mit eigenem Swimmingpool

Das sich auf 1,6 km erstreckende **Main Camp** ist unterteilt in vier „Themen-Camps", die relativ dicht nebeneinander liegen. Hier können Sie wählen zwischen dem **Bateleur Camp** (Empfehlung: Chalet 1/Honeymoon-Suite), der **Tree Lodge** (unter Bäumen und drum herum gebaut, Empfehlung: Chalet 1) sowie den etwas abseits, am westlichen Ende der Anlage gelegenen **Founders Camp** und **Pioneer Camp** (am ehesten für Familien geeignet; Empfehlung hier: die Pioneer Suite). Bei allen Lodges können Sie inmitten der Natur leben, sich zurückziehen, ohne viel von anderen Gästen mitzubekommen und trotzdem Geselligkeit finden, wenn Sie diese suchen.

Inmitten der Natur

Um die Bäume herum gebaut: die Tree Lodge

Besonders zu empfehlen ist der Shangaan Cultural Walk zum historischen Shangaan Cultural Village und dem angrenzenden Ortsteil mit den aktuellen Wohnhäusern der Angestellten sowie einem Kindergarten und einer

Grundschule für die Shangaan-Kinder. Im Cultural Village sollten Sie sich die Vorführung der Sangoma (afrik. Wunderheiler) im Zelt des „Chiefs" nicht entgehen lassen. Tipp: Oftmals werden die Fähigkeiten des *Witch Doctors* mittels der Suche nach einem versteckten Knochen demonstriert. Um wirklich davon überzeugt zu sein, dass keine Absprache stattfindet, wechseln Sie das Versteck noch einmal unauffällig, kurz bevor der Sangoma das Zelt betritt.

Traditionelle Heiler

Ngala Lodge (D)

Das private Game Reserve befindet sich in der Timbavati Region und ist das Ergebnis einer Partnerschaft von CCAfrica, dem Kruger National Park und dem South African National Parks Trust. Durch diesen Zusammenschluss entstand das einzig private Tierreservat innerhalb des Kruger National Park. Durch seine einzigartige Lage mit Blick auf den Mopanefluss bietet Ngala das ultimative Safarierlebnis. Hier kann es einem auch schon mal passieren, dass beim nächtlichen Drink in der offenen Bar wenige Meter daneben Büffel und Elefanten zusehen. Ansonsten ist die Gegend um das einsam gelegene Camp für die gute Beobachtungsmöglichkeit von Löwen bekannt.

Ngala: ausgezeichnetes Essen mit Blick auf den Mopane-Fluss

Die Lodge zeichnet sich durch sehr gutes Essen, zumeist in der schönen Boma-Atmosphäre, und einen außerordentlich guten Service durch freundliches, dezent auftretendes und kompetentes Personal aus. Zudem sind hier auch Kinder unter 12 Jahren bereits willkommen. Mit ihnen wird ein gesondertes Programm veranstaltet.

Programm für Kinder

Es gibt zwei Unterkunftsmöglichkeiten: die **Ngala Lodge** an einem kleinen Staubecken sowie das mitten im Busch versteckte **Ngala Tented Safari Camp.** Die Lodge verfügt über 20 Chalets sowie eine exklusive Safari Suite mit eigenem Pool und Wohnzimmer. Das Tented Safari Camp besteht aus 6 Luxuszelten, die mitten im Busch platziert sind. Näher an der Natur geht es nicht. Von hier aus werden dann Bushwalks angeboten. Während der heißen Monate wird das Camp meistens geschlossen gehalten. Ngala organisiert auch **mehrtägige Bushwalks** durch den Kruger National Park. Ein unbedingt empfehlenswertes Erlebnis. Da für eine exklusive Versorgung gesorgt wird, ist das gut zu schaffen.

Fine Dining im Busch

Bongani Mountain Lodge (Q)

Hier werden Sie vom Gate am Bergfuß abgeholt und mit einem Land Rover die Strecke den Berg hoch gefahren. Und damit zeigt sich bereits einer von mehreren Unterschieden zu den anderen Lodges von CCAfrica: Es geht 960 m hoch in die

Berge. Die **Unterkünfte** (reetgedeckte Chalets) sind natürlich wieder top und spektakulär auf Felsen gebaut. Allerdings sind sie nicht ganz so luxuriös wie bei den anderen hier beschriebenen Lodges wie auch die ganze Atmosphäre weniger individuell, vielmehr recht gesellig ist. Das liegt u. a. daran, dass Bongani z. B. größer als Ngala oder die Safari Lodge von Londolozi ist. Zudem wird die Lodge auch gerne von einheimischen Kurzbesuchern oder Konferenzveranstaltern aus der Gauteng-Region genutzt, die sich vergünstigt einmieten können. Aber auch für ausländische Besucher gibt es verhältnismäßig günstige Chalet-Kontingente. Die Ausblicke von den Chalets auf das Naturreservat und auf das entfernte Nelspruit sind grandios und besonders von den Chalets Nr. 8, 13, 14, 20 und 24 wundervoll zu genießen. Erleuchtete Punkte in der Dunkelheit, wenn auch in weiter Ferne, schmälern das Gefühl von Abgeschiedenheit.

Blick von der Bongani Mountain Lodge

Beeindruckend bei den Game Drives sind die steilen Wege die Berge hinauf und hinunter. Die Ranger und Tracker sind dabei besonders wagemutig. Um den Besuchern z. B. ein Nashorn aus allernächster Nähe zu präsentieren, verlassen die Ranger auch mal die Piste und fahren direkt in den Busch – schnelle Rückzugmöglichkeiten beim Angriff eines Tieres sind dann jedoch oftmals nicht mehr gegeben. Kurze (1–3-stündige) Bushwalks werden auch angeboten. Ein ganz dicker Pluspunkt.

Sabi Sabi Game Reserve (J + K)

Das älteste und bekannteste private Reservat liegt im Süden des Sabi Sand Game Reserve (65.000 ha, relativ hohe Dichte an Suiten und Chalets) und ist ein Modell des ökologischen Tourismus. Besonders berühmt ist es für die gute Möglichkeit, Löwen, Leoparden und Geparden zu sehen.

Modell des ökologischen Tourismus

Es gibt drei Lodges in Sabi-Sabi, von denen die **Bush Lodge** an einem großen Wasserloch und am Rande eines Flussbetts die größte ist. Hier können Sie zwischen 21 Chalets und 5 extravaganten Suiten wählen. Die Bush Lodge bietet zudem auch die besten Infos zum Thema Wildlife, verfügt über eine große Aussichtsplattform und kann als die „geselligste" Lodge in Sabi-Sabi angesehen werden.

Die **Selati Lodge**, mit nur 8 Chalets die kleinste, überbietet die anderen in punkto „Old World Charme". Gedenkstücke aus der Zeit um 1900, besonders die der alten Eisenbahn (die Bahnlinie nach Mozambique verlief früher durch das Areal) unterstreichen diesen Eindruck. Zudem gibt es keinen Strom in Selati, so

Old World Charme

dass Sie abends im Licht von Petroleumlampen und Kerzenschein das „Feeling of Colonial Africa" durchleben können.

An die Landschaft angepasst

Der Knüller aber ist die mehrfach ausgezeichnete **Earth Lodge**, deren abgerundetes Gebäude äußerlich wie eine Mischung aus Bienenkörben und Erdhäusern der Indianer erscheinen. Damit passen die Gebäude sich hervorragend der Landschaft aus runden Felsblöcken und hohem Gras an und sind erst beim Näherkommen zu erkennen. Es gibt hier 13 Suiten.

Manyeleti Game Reserve

Noch recht günstig

Das Wildreservat deckt 23.000 ha zwischen dem Orpen Gate nördlich und dem Sabi Sands Reserve südlich davon ab. Das Besondere an dem Game Reserve ist, dass es zu Apartheidzeit das einzige Camp war, das für Schwarze, für die ansonsten der Zugang zum National Park verwehrt war, vorbehalten war. Das Reserve ist (noch) in staatlichem Besitz, so dass die Preispolitik niedriger angesetzt ist als z. B. bei Londolozi oder Sabi-Sabi (aber immer noch wesentlich teurer als die staatlichen Camps im Kruger National Park). Dafür kann natürlich nicht der Service der o.g. Lodges erwartet werden und es bleibt nicht so viel Geld für die Bildung der Angestellten bzw. die Naturerhaltung übrig. Trotzdem ist das Reservat und die Camps mehr als zu empfehlen.

Das **Honeyguide Tented Safari Camp** bietet Safarizelte als Schlafstätte an. Einfacher ausgestattet ist das **Trails Camp**, das das wahre Buschleben verspricht. Es wird allerdings oft nur als Ganzes an Gruppen und für mind. 2 Tage vergeben. Beide Camps haben nur bedingt bis gar keinen Strom.

Hinweis zur Strecke

Die Hauptroute aus dem Kruger National Park führt von Punda Maria (siehe S. 444ff) durch das Punda Maria Gate weiter nach Thohoyandou, in die Hauptstadt des Venda-Landes. Wer ganz im Norden den Kruger National Park durch das Pafuri Gate (Makuya Camp – Sagole Spa – Big Tree – Nwanedi Nature Reserve) verlassen möchte, siehe ab S. 452ff.

Durch den Norden der Limpopo Province

Das Gebiet der VhaVenda

Amarula-Fabrik bei Phalaborwa (8)

(12 km vom Phalaborwa Gate des Kruger National Parks entfernt. Öffnungszeiten des Andenkenladens und Führungen durch die Fabrik: Mo–Fr 9–16 h, Führungen durch den Weinkeller und Verköstigungen: Mo–Fr 10 & 14 h (18 h nach Vereinbarung) in der Erntezeit von Jan. bis März)

Karte S. 397

Das bekannteste Produkt der Amarula-Fabrik ist die **Amarula Cream** (schmeckt so ähnlich wie Bailey's). Hergestellt wird das alkoholische Getränk aus der Frucht des Marulabaumes, die ähnlich aussieht wie eine Mirabelle. Die Produktion der Cream findet in der Zeit von Januar bis März statt, wenn die Früchte reif sind. Geerntet wird von

INFO

Wie Amarula Cream hergestellt wird

Der Marulabaum ist im gesamten subäquatorialen Afrika heimisch. Er trägt ziemlich kleine ovale Früchte, deren Fruchtfleisch einen relativ großen, sehr harten Kern umschließt. In der Reifezeit von Mitte Januar bis Mitte März erhalten die Früchte ihre satte gelbe Farbe und ihren unverwechselbaren Geschmack. Einheimische sammeln die reifen Früchte in der Steppe und bringen sie zu zentralen Sammelpunkten. Auf einem Förderband werden schadhafte Früchte aussortiert, noch grüne Früchte hingegen zur weiteren Reifung zurückgelegt. Mit Hilfe rotierender Klingen im Inneren spezieller Entkernungskessel wird das Fruchtfleisch von den Kernen abgelöst.

Der Fruchtbrei gelangt umgehend in Kühlbehälter aus rostfreiem Stahl, wo er permanent auf einer Temperatur von weniger als 8° gehalten wird, um das unkontrollierte Einsetzen von Gärungsprozessen zu verhindern. Gleichermaßen gekühlt erfolgt der weitere Transport in Tanklastwagen zum Destillierkeller in Stellenbosch. Dort wird der Fruchtbrei nun in Gärungskesseln mit reinen Hefekulturen versehen und der Gärungsprozess in Gang gebracht, ganz ähnlich wie bei der Herstellung von Wein. Im Laufe von 7–10 Tagen, bei einer Temperatur von 18–20°, wird während der Gärung der natürliche Fruchtzucker in Alkohol umgewandelt; gleichzeitig sammeln sich die festen Fruchtanteile am Boden der Gefäße.

Nach Abschluss der Gärung wird der klare Marula-Wein in die Brennerei befördert, die festen Bestandteile hingegen werden ausgepresst und separat gebrannt. Die so freigesetzten Fruchtaromen werden dem Marula-Wein wieder hinzugesetzt, bevor dieser in Destilliergefäßen aus Kupfer gebrannt wird, um schließlich den charakteristischen aromareichen Marula-Geist zu gewinnen. Dieser reift zwei Jahre lang in kleinen Eichenfässern, bevor der letzte Schritt zur Herstellung von Amarula Cream erfolgt: die Mischung des Geistes mit feinster frischer Sahne. Das Resultat ist ein geschmacklich reiches Getränk von glatter, sanfter Konsistenz, mit einem Alkoholgehalt von 17 %.

Einheimischen, die die Früchte an die Fabrik verkaufen und per Kilo bezahlt werden. Insgesamt sollen ca. 60.000 Menschen durch die Produktion der Fabrik ihr Einkommen bestreiten.

Auch den Elefanten schmeckt's

Der Marulabaum (*Sclerocarya Birrea*), der heimisch im Südlichen Afrika ist, wird auch **Elefantenbaum** genannt. Und das nicht ohne Grund. Denn die Dickhäuter sind große Liebhaber der Frucht. Sie kommen in ganzen Herden an, um sich gegen die Bäume zu stemmen bzw. sie mit ihren Rüsseln zu umschlingen und die Früchte von den Bäumen zu schütteln. Wenn diese dann auf dem Boden liegen, fangen sie an zu fermentieren und bekommen einen süßlicheren Geschmack – und einen leichten Alkoholgehalt!

Thohoyandou (ⓘ s. S. 195)

Wer aus dem Kruger National Park in die Hauptstadt der VhaVenda fährt sollte sich auf einen Kulturschock gefasst machen. Nach zumeist tagelangem Aufenthalt im lärmgedämpften Naturparadies und ausschließlichen Begegnungen mit wilden Tieren, gut gewarteten Geländefahrzeugen und dahin schleichenden Mietwagen, wird es hier auf jeden Fall geräusch- und geruchvoll. Allein schon wegen der vielen Busse, die die Menschen am frühen Nachmittag wieder raus aufs Land oder in die Berge bringen. Zudem schwirrt einem im Zentrum der Stadt bald der Kopf wegen der vielen Menschen, die im täglichen bunten Treiben ihre Waren an die Leute bringen wollen. Viele Händler und Händlerinnen reisen mit Minibussen dabei weit aus den nördlichen Nachbarstaaten an, um in Südafrika ihre Waren feil zu bieten oder Grundnahrungsmittel einzukaufen. Dabei wirken die Verkaufsstände aus Holz und Planen wie nach außen gestülpte Supermärkte, während die vielen Verkaufsräume in ihrem Rücken zumeist leer stehen. Draußen auf der Straße handelt und palavert es sich einfach besser. Thohoyandou („Kopf des Löwen") ist eben eine sehr afrikanische Stadt. Im Vergleich zu nördlicheren afrikanischen Ländern geht es hier jedoch noch recht geordnet zu.

Einkaufende Venda-Frauen in Thohoyandou

Handel auf der Straße

Hinweis

Die neuesten Änderungen der Städtenamen in Südafrika finden Sie auf S. 196f.

Das *Art and Craft Center* (an der Hauptstraße nach Punda Maria, neben dem Stadium) bietet die einfachste Möglichkeit, an ein Kunsthandwerk der VhaVenda zu gelangen. Hier können Sie auch individuelle Führungen zu den heiligen Städten der Umgebung organisieren. Bei später Ankunft oder einer Tour erst am nächsten Tag, ist die einzige akzeptable Übernachtungsmöglichkeit der Hauptstadt das Hotel „Tusk Venda" mit angrenzendem *Casino*. Allerdings ist das auch unter neuer Führung nicht der Hit.

Casino-Hotel

Ansonsten gibt es keinen Grund, länger in Thohoyandou zu verweilen. Die nächste wirkliche Touristeninformation, neben ein paar Auskünften im Art and Craft Center und im „Tusk Venda" befindet sich zudem auch erst in Makhado.

Hinweis zur Strecke

- *Die Hauptroute führt von Thohoyandou weiter nach Norden zum Nwanedzi Nature Reserve mit möglichen Abstechern zum Big Tree und Sagole Spa. Wer über das Pafuri Gate aus dem Kruger National Park herausfährt, kann die Sehenswürdigkeiten auf dem Weg zum Nwanedzi Nature Reserve quasi „mitnehmen".*
- *Die Alternativroute geht von Thohoyandou erst Richtung Norden und dann weiter westlich auf der R523 zu den reizvollsten Quellen der VhaVenda-Mythen, zum Thate Vondo Forest, Lake Funduzi, Sacred Forest, zu den Dzata Ruins und den Breathing Stones. Dafür in Thohoyandou in Richtung Phiphidi abbiegen.*
- *Wer direkt nach Makhado fahren will, folgt weiter der R524 Richtung Westen (Makhado siehe S. 459ff).*

Phiphidi Waterfalls

Ca. 9 km hinter Thohoyandou (vor Beginn der Teeplantagen) liegen auf der rechten Seite die Phiphidi Waterfalls, die allerdings nur in der Regenzeit mit Wasser gefüllt sind.

INFO Das Gebiet der VhaVenda (ⓘ s. S. 195)

Nordwestlich von Makhado liegt das Gebiet der VhaVenda mit der Hauptstadt Thohoyandou. Bekannt ist das ehemalige kleinste „unabhängige" Homeland für die kulturelle Vielfalt, handwerkliche Geschicklichkeit, mythischen Legenden und linguistische Eigenständigkeit seiner Einwohner.

Das Siedlungsgebiet der Venda zeichnet sich durch seine landschaftliche Vielfalt aus. Im Norden, wo wenig Niederschlag (teilweise weniger als 300 mm im Jahr) fällt, ist es relativ flach und die so genannte Malanga-Ebene fällt hier sanft auf nur 400 m Höhe ü. M. zum Limpopo hin ab. Hier herrscht Buschlandschaft gespickt mit Mopane-Bäumen und Baobabs vor. Die Flussläufe in dieser Region sind mit Galeriewäldern versehen. Schirmakazien prägen die offenen Flächen, die so genannte Parksavanne, die zum großen Teil landwirtschaftlich genutzt wird.

Den Gegensatz dazu bieten die von Ost nach West 130 km messenden Soutpansberge (*„Salzpfannen-Berge", woher der Name kommt siehe S. 458*) die sich bis auf 1.753 m erheben und Quellort vieler Flüsse sind. Sie sind Teil der Waterberg-Gruppe, deren Entstehung 1.700 Mio. Jahre zurückgeht. Auf das „Land der hundert Flüsse", wie es auch genannt wird, fallen zudem hohe Niederschläge (bis zu 1.500 mm). Besonders an den Südhängen ist daher das Land fruchtbar und für Ackerbau geeignet. Für eine kontinuierliche Bewässerung wurden kleine Wasserkraftwerke und Staudämme in den Tälern errichtet. Der meiste Niederschlag fällt in den Sommermonaten, in denen das Klima daher drückend und schwül sein kann.

Die **Temperaturen** sind dann maximal in den Berghöhen noch angenehm kühl, ansonsten liegen sie bei durchschnittlichen 27 °C und können bis auf 40 °C ansteigen. Selbst im Winter liegen sie noch bei 14 °C. Fröste treten, wenn überhaupt, nur in höheren Berglagen auf, wo es zum Teil sogar noch Feuchtwaldvegetation gibt. Ehemals waren die Hänge der Soutpansberge dicht bewaldet, durch Ansiedlungen gibt es kaum noch zusammenhängende Waldgebiete.

Straße in der Nähe der Dzata-Siedlung

Umgeben werden die Soutpansberge auf einer durchschnittlichen Höhe von 600 m durch Bushveld. Trotz des dichten Bewuchses wird hier in kleinerem Maße Landwirtschaft betrieben, die Viehwirtschaft überwiegt jedoch.

Die kühlen Berghöhen zogen schon immer die Menschen in dieses Gebiet. Bereits die Buschmänner quartierten sich hier ein. Dann kamen im 18. Jh. die Rozvi unter der Führung des *Chief Dimbanyika* aus Zimbabwe über den Limpopo, vertrieben die Buschmänner und genossen selbst die Vorteile der Berggegend. Sie nannten das Gebiet *Venda*, ein Ausdruck zur Beschreibung eines angenehmen Ortes, und später sich selbst VhaVenda. Sie stammen ursprünglich von afrikanischen Stämmen aus dem Gebiet der großen Seen in Ostzentralafrika ab, die im 11. und 12. Jh. in den Süden wanderten.

Im Nzhelele-Tal zeugen noch heute **Ruinen von der ersten Siedlung**, genannt Dzata („Frieden" in der Venda-Sprache), die im Great-Zimbabwe-Stil mit Steinen eingefriedet war.

Von hier aus wurde das Siedlungsgebiet gegen andere afrikanische Stämme, aber auch gegen die **Voortrekker**, die sie 1867 aus Schoemansdal vertrieben, verteidigt. 1898 konnten die Buren ihrerseits wieder einen Sieg erringen, der nicht von Dauer war, wofür der Beginn des Anglo-Boer-Krieges sorgte. Die Briten hatten wenig Interesse, sich in dem abgelegenen Gebiet niederzulassen und ließen so die Verwaltung durch die örtlichen Chiefs ausführen. Dieses System hielt sich mehr oder weniger bis zum Ende der Apartheid im Jahre 1994.

1951 trat auch in Venda der „Bantu Authority Act" des südafrikanischen Apartheidstaates in Kraft. Dadurch wurden dem Land 27 Stammes- und drei Kolonialbehörden auferlegt, denen 1962 auch noch eine Territorialbehörde folgte. 1969 wurde Venda eine partielle Selbstbestimmung zugesprochen, die am 13. September 1979 in einen Autonomiestatus überging. Damit war Venda neben Bophuthatswana und Gazankulu der dritte selbstständige, international nicht anerkannte Homeland-Staat mit seiner Hauptstadt Thohoyandou, benannt nach einem ehemaligen Chief.

Noch heute leben die meisten VhaVenda (80 %) auf ihren kleinen Farmen in den klimatisch günstigen südlichen Bergen. Industrie gibt es so gut wie keine und der Anteil der Stadtbevölkerung beträgt 5 %. Auch deshalb sind ihre Rundhüttendörfer noch so gut erhalten. Eine Fahrt etwas tiefer in die Berge ist schon allein deshalb ein Erlebnis.

Die größte Anziehungskraft geht immer noch von den hier lebenden Menschen und den Mythen aus. Aberglaube und Legenden beeinflussen noch heute das Leben der VhaVenda. Eines der wichtigsten Themen ist dabei das Wasser. So sind Seen, Flüsse, Wasserfälle und Feuchtwälder heilige Stätten mit Wassergeistern (*zwidutwane*) oder heiligen Schlangen, die auf dem Boden der dunklen Seen innewohnen.

Ein weit verbreiteter Aberglaube gerade bei der älteren Generation, ist die Annahme, dass das Essen von Fisch den Krokodilen die Nahrung nimmt und diese sich demnach anderen Futterquellen wie z. B. denen der Menschen bzw. den Mensch selbst zuwenden müssen.

Das Markenzeichen der Venda: Tonbehälter

Der Ursprung vieler Riten und Mythen liegt im Dunkeln. So auch der des spektakulären Initiationsrituals junger Mädchen, die dabei den *domba,* der auch als Python-Tanz bezeichnet wird, aufführen. Nacht für Nacht ertönen dabei stundenlang die heiligen Domba-Trommeln. Die jungen Mädchen, nur mit Schmuck und einem kleinen Stoffteil um den Hüften bedeckt, tanzen dazu in einer langen Reihe, die sich wie eine Schlange zischend um ein Feuer herumwindet. Die Chiefs, die dieser Zeremonie beiwohnen und oftmals bereits Ehemänner mehrerer Dutzend Frauen und Väter einer vielfachen Zahl von Kindern sind, suchen sich dabei jeweils eine weitere Frau aus.

Neben diesen Mythen und Riten, von denen es noch viel mehr gibt und die Sie sich am besten bei einer geführten Tour von einem Dorfältesten erzählen lassen, sind die VhaVenda für ihre Kunst und Handwerkskunst bekannt. Ob Holzschnitzer, Korbflechter, Weber, Töpfer, Kerzenzieher, Trommelbauer – die Produkte werden weit über die Grenzen hinaus verkauft. Am bekanntesten sind die fast kugelrunden Tonkrüge, die die Frauen ohne Brennofen und Tonscheibe herstellen. Sie werden auf einem alten Töpferhaufen geformt und mit einem Lederstück geglättet. Die traditionellen, schlichten Krüge werden zum Kochen, Servieren von Essen und Getränken und zur Aufbewahrung von Lebensmitteln benutzt. Es gibt sie in zehn verschiedenen Größen und Formen. Eher zu Dekorationszwecken werden die Krüge mit filigranen Mustern hergestellt. Eine handgemalte Karte mit einer Übersicht der verschiedenen Verkaufsstätten der Handwerkskunst gibt es im „Tusk Venda“ oder in der Touristeninformation in Makhado.

Von Thohoyandou nach Musina über die R523

Thate Vondo Forest

Karte
S. 450/451

Hinter den Phiphidi Waterfalls beginnt die landschaftlich sehr schöne Passage der R523 durch kräftig grüne und mit Palmen gespickte Teeplantagenhügel und entlang des von Pinienwald gesäumten Vondo Dam. Dann geht es den Thate-Vondo-Pass hoch und man befindet sich mitten im Thate Vondo Forest mit Flüssen, Wasserfällen und sehr ursprünglichen Wäldern. In einem Teil liegt auch der Sacred Forest mit dem wichtigsten und sagenumwobenen See in Venda, den **Lake Fundudzi**.

Besser mit Führer

Eine unscheinbare und leicht zu übersehende Straße hinter dem Pass markiert die Einfahrt in ein unübersichtliches und schlecht ausgeschildertes System von Pisten, die irgendwann nach vielen Bergauf- und Bergabfahrten zu den heiligen Stätten führen. Abgesehen davon, dass man auf vielen Strecken und besonders in der Regenzeit mit einem normalen PKW nur schwerlich vorankommt, riskiert man leicht, heilige Stätten verbotenerweise zu betreten und den Zorn der umliegenden Bewohner auf sich zu ziehen. Organisieren Sie sich daher zuvor einen einheimischen Führer, der sie inklusive des Erzählens der vollständigen mythischen Geschichten sicher zu den heiligen Stätten bringt.

Sacred Forest

Tabu-Zone

Der heilige Wald, der auch Holy Forest genannt wird, ist Quelle einer der wichtigsten Mythen der VhaVenda. Sie fängt damit an, dass hier einige Chiefs mit ihren besten Beratern begraben liegen. Ihre Grabstätten werden von dem ehemaligen mächtigen *Chief Nethathe* bewacht, der sich in einen weißen Löwen verwandelt hat. Zusammen mit seinen Gehilfen, den Affen, schützt er die Grabstätte vor Besuchern. Unbeabsichtigte Annäherungen, wie z. B. beim Feuerholzsuchen, werden von einer Schlange mit einer Warnung versehen. Bei Missachtung beißt sie den Menschen tödlich.

Wanderung

*Ein Leckerbissen für Wanderbegeisterte mit einer guten Ausrüstung und viel Zeit ist der **Mabudashango Hiking Trail.** Allerdings braucht man auch hier unbedingt einen Führer, der einen zum Anfang des Trails bringt. Die Wanderung selbst dauert 3 Tage.*

Lake Fundudzi

(auch: Funduzi)

Einziger natürlicher Inlandsee

Der einzige natürliche Inlandsee des Südlichen Afrika ist mit zahlreichen Mythen umgeben. Vor allem in der Regenzeit ist es schwierig, mit einem normalen PKW an den See zu kommen. Und an das Ufer darf man sowieso nur mit Genehmigung eines Chiefs treten. Auch ist das Angeln in dem äußerst fischreichen See strikt verboten. Die VhaVenda betrachten den See als das Herz ihrer Kultur. In ihm soll tief auf dem Grund eine Pythonschlange leben und ein Krokodil darüber wachen, dass niemand aus dem See trinkt. Gespeist wird der See in Trockenzeiten durch Wasser, das aus den umliegenden Bergen austritt. Dieser Umstand hat die Einheimischen so fasziniert, dass ihrer

Meinung nach einfaches Regenwasser sich mit dem heiligen Wasser nicht vermengen kann.

Tshatshingo Pot Holes

Diese in Granitstein geformten Wasserlöcher liegen auch auf der Route des Mabudashango Hiking Trail. Durch die Wasserstrudel des Tshirovha River wurden sie im Laufe der Zeit ausgewaschen. Das Wasser fällt einige Meter in den kochenden Kessel des ersten Lochs und von dort ca. 20 m tiefer in ein zweites Loch. Nur im Winter, wenn der Wasserstand niedriger ist, kann man den Fluss überqueren, um die Wasserlöcher näher zu erkunden. Aber auch dann nur mit viel Vorsicht.

Geheime Hinrichtungen

Früher, so erzählt man sich, sollen hier von einem Häuptlingsgericht zum Tode verurteilte Staatsverräter von ausgewählten Männern hineingeworfen worden sein. Wer diesen Akt weitererzählte, soll selbst auf gleiche Weise umgekommen sein.

Tshivhase Tea Estates

Die nicht weit von der Hauptstadt entfernte Teeplantage liegt inmitten saftig grüner, fruchtbarer Landschaft, da es hier reichlich Niederschlag gibt. Selbst in Trockenzeiten ist die Wasserversorgung durch die hohe Wasserspeicherkapazität der Berge garantiert. Der Tee wird in einer angrenzenden Fabrik weiterverarbeitet.

Dzata Ruins

Beweis für frühe Steinbaukunst

Gegenüber dem Aventura Mphephu (einfache Urlaubsanlage mit zwölf Hütten, die um eine heiße Quelle gruppiert sind), geht es zu den Resten einer Steinsiedlung, die Zeugnis darüber ablegen, dass die afrikanische Kultur vor dem Eindringen der Europäer bereits diese Bauweise kannte. Wer sich dafür mehr interessiert, sollte ernsthaft überlegen, zu der noch beeindruckend gut erhaltenen und großen Anlage von **Great Zimbabwe** (ca. 400 km nördlich von Makhado) zu fahren. Die Dzata Ruins sind hingegen nicht einfach zu besichtigen, da oft erst durch langwierige Suchaktionen jemand im Dorf gefunden werden muss, der den Schlüssel zum Gelände hat. Wer aber sowieso auf dieser Route fährt, kann eben kurz den Hügel rauf fahren und sein Glück versuchen.

Breathing Stones

Schwer zu finden

Noch schwieriger als die Dzata Ruins zu erkunden ist es, die „atmenden Steine" auf der anderen Seite der R523 zu finden. Zwar weisen zwei Hinweisschilder in die richtige Richtung, dann wird man allerdings allein gelassen. Sie befinden sich in den nördlichen Hängen der Soutpansberge, ungefähr nach Zweidrittel der Strecke vom Dorf bis zum nächsten Flussbett. Ohne die Führung eines Einheimischen ist es allerdings kaum möglich, die kleinen Löcher, aus denen warme Luft strömt, zu finden. Gegen ein Entgelt finden Sie sicher einen der Hirten, der sie dort hin führt und auch die passende Geschichte kennt.

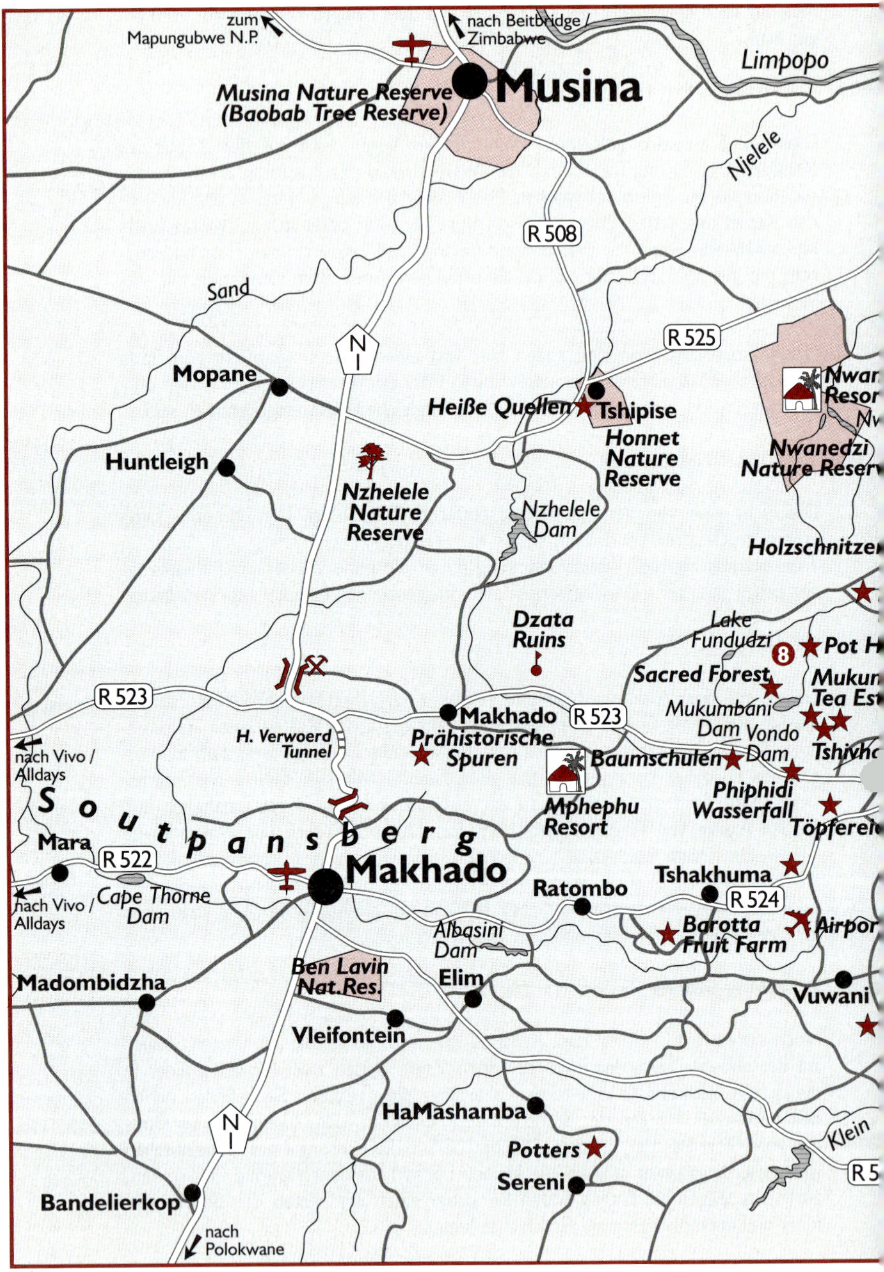
zum
Mapungubwe N.P.
nach Beitbridge / Zimbabwe
Limpopo
Musina
Musina Nature Reserve (Baobab Tree Reserve)
Njelele
R 508
Sand
R 525
N1
Mopane
Heiße Quellen
Tshipise
Honnet Nature Reserve
Nwanedzi Nature Reserve
Huntleigh
Nzhelele Nature Reserve
Nzhelele Dam
Holzschnitzer
Dzata Ruins
Lake Fundudzi
8
Pot
Sacred Forest
Mukumbani Dam
Tea Est
R 523
Makhado
R 523
Vondo Dam
H. Verwoerd Tunnel
Prähistorische Spuren
Baumschulen
Tshivha
nach Vivo / Alldays
Soutpansberg
Mphephu Resort
Phiphidi Wasserfall
Töpferei
Mara
R 522
Makhado
Ratombo
Tshakhuma
R 524
Cape Thorne Dam
nach Vivo / Alldays
Albasini Dam
Barotta Fruit Farm
Airpor
Ben Lavin Nat.Res.
Elim
Madombidzha
Vuwani
Vleifontein
N1
HaMashamba
Klein
Potters
Sereni
R 5
Bandelierkop
nach Polokwane

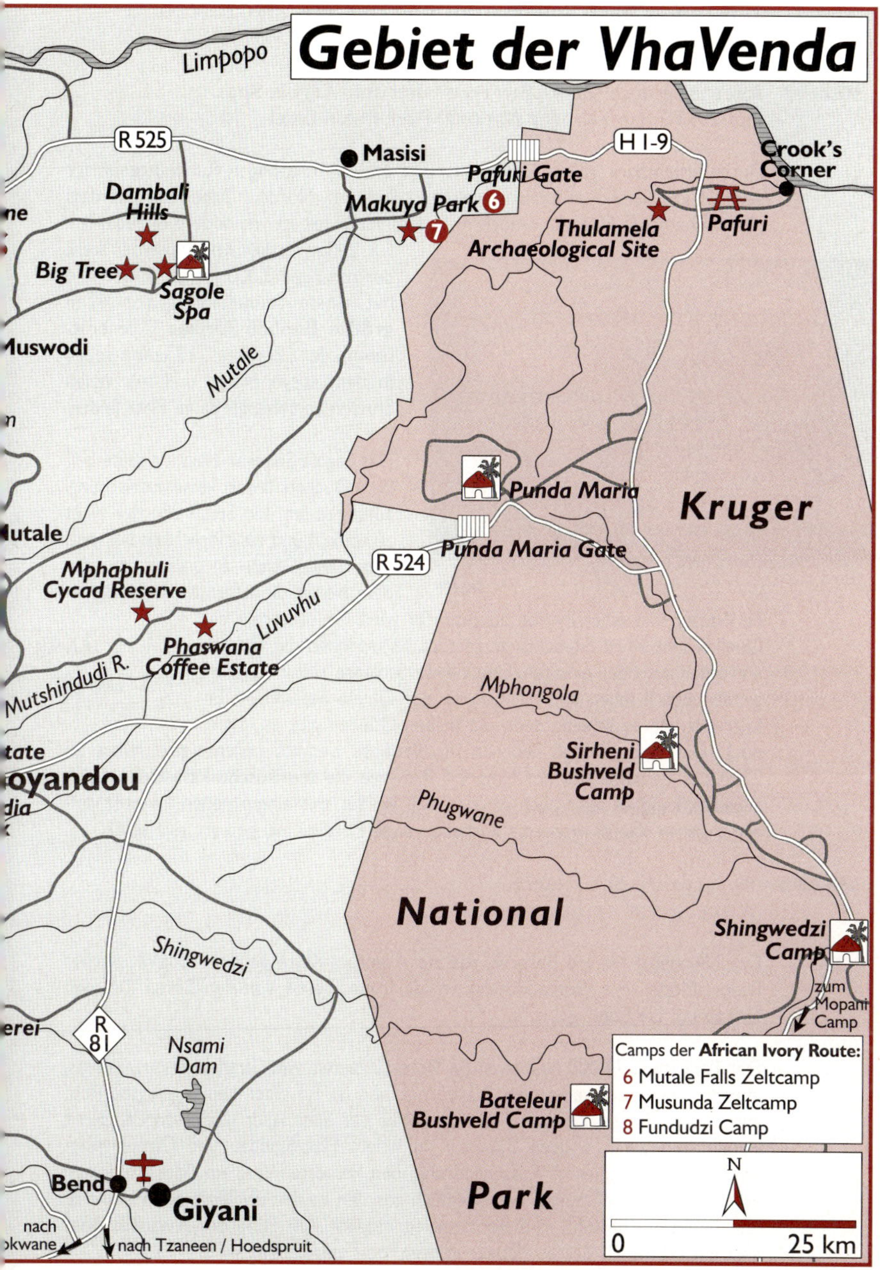
Gebiet der VhaVenda
Limpopo
R 525
Masisi
H 1-9
Crook's Corner
Pafuri Gate
Dambali Hills
Makuya Park 6
7
Pafuri
Thulamela Archaeological Site
Big Tree
Sagole Spa
Mutale
Punda Maria
Kruger
Punda Maria Gate
R 524
Mphaphuli Cycad Reserve
Luvuvhu
Phaswana Coffee Estate
Mutshindudi R.
Mphongola
Sirheni Bushveld Camp
Phugwane
National
Shingwedzi Camp
zum Mopani Camp
Shingwedzi
R 81
Nsami Dam
Camps der African Ivory Route:
6 Mutale Falls Zeltcamp
7 Musunda Zeltcamp
8 Fundudzi Camp
Bateleur Bushveld Camp
N
Bend
Giyani
Park
nach
nach Tzaneen / Hoedspruit
0
25 km

Von Thohoyandou nach Musina entlang des Nwanedzi Nature Reserve (ⓘ s. S. 195/Thohoyandou)

Alternativroute: Zum „Big Tree" und dem Sagole Spa und zurück zum Kruger National Park (Pafuri Gate)

Durch fruchtbare grüne Landschaft und entlang unzähliger Rundhüttendörfer geht es von Thohoyandou aus weiter in Richtung Norden. Dabei fällt auf, dass dieses ehemalige Homeland noch nicht so übersiedelt ist wie andere in Südafrika. Ca. 24 km östlich von Muswodi steht der mit rund 3.000 Jahren älteste und mit einem Stammumfang von 47 m **größte Baobab Afrikas** (Affenbrotbaum), der „Big Tree". 15 Leute sollen in dem ausgehöhlten und mit vielen Stützen versehenen Baum Platz finden.

Der Big Tree

Das Sagole Spa war einst für seine heißen Quellen (zwar keine Erfrischung, aber gut, um den Staub von der Haut zu spülen) und die Möglichkeit bekannt, hier richtig schön zu entspannen. Zudem besagt die Legende, dass das heiße Wasser von einer Python ausgespuckt wird, die unterhalb der Quellen lebt. Wird die Schlange gestört, so trocknen die Quellen entweder aus oder erkalten. Eine zweite Schlange soll im angrenzenden Busch leben und die Geister der Quelle besänftigen. Erfolgreich, wie es scheint, denn die heißen Quellen gibt es immer noch. Die kleine Anlage nebenan ist allerdings ziemlich heruntergekommen. Im Zuge des Bemühens in der Limpopo Province die touristische Infrastruktur aufzubauen, kann es aber auch ganz schnell wieder mit einem neuen Investor aufwärts gehen. Zumal, wenn die vorbeiführende Piste einmal geteert sein sollte.

Empfindsame Python

Karte S. 450/451

Nwanedzi Nature Reserve

(70 km nördlich von Thohoyandou)

Das Nwanedzi Nature Reserve, das zur Aventura-Kette gehört (südafrikanisches Resort-Modell mit Protea-Hotels), wurde früher gerne von den Buren für „den Urlaub um die Ecke" gebucht.

Der Park misst 11.000 ha, hat einige Tiere zu bieten, wie Giraffen, Kudus, Zebras, Impalas, Warzenschweine oder Nashörner, und ist auf einer neu angelegten Piste gut zu durchfahren. Zu dem direkt unterhalb der Staumauer gelegenen Camp mit Rundhütten, zweistöckigen Zimmern in einem Halbrundbau und Campingplatz lassen Sie sich (schlechte Ausschilderung) den kürzesten Weg am Gate am besten erklären. Auf dem Stausee, der eigentlich aus den beiden Zwillingsseen Nwanedzi und Luphephe besteht, sind Bootstouren möglich. Am Ende des Nwanedzi-Sees liegt ein Wasserfall, dessen Wasser in drei Pools aufgefangen wird.

Netter Ausflugs-Park

INFO Die African Ivory Route (ⓘ s. S. 195/Musina u. Polokwane)

Die legendäre African Ivory Route, die auf die Nutzung von Elfenbeinschmugglern und Goldhändlern zurückgeht, führt durch die ursprünglichsten Gegenden der Limpopo Province. Leider sind weite Strecken nur mit einem Geländewagen zu erreichen. Zum Glück nicht alle. Und von Legenden, Wildnis und Tierwelt bekommt man auch schon etwas bei einem Abstecher zu nur einer der Stationen auf dieser Route mit.

Wer viel Zeit hat und sich auch einen Geländewagen leisten möchte, der kann sich über das Büro der African Ivory Route gleich in mehrere Camps einbuchen lassen. Dort gibt es auch genaue Anfahrtsbeschreibungen. Ein Minimum von zwölf Tagen muss eingerechnet werden für die gesamte Route.

Eingang des auf der Ivory Route gelegenen Mutale Falls Camp

Die mehr als 2.000 km lange Route führt durch fast 4 Mio. ha Nationalpark, Private Wildreservate und Wildfarmen und streift dabei alle unterschiedlichen Gegenden der Limpopo Province und bietet Tierbeobachtung und Wanderwege. Aber auch kulturell gibt sie einen Querschnitt durch die Geschichte des Landes. Angefangen mit Bushman-Zeichnungen und archäologischen Ausgrabungsstätten bis hin zu afrikanischen Königshäusern und Kunsthandwerk der VhaVenda.

Kurzbeschreibung einiger Camps (von Norden nach Süden):

Dongola Vhembe Camp (11)
Liegt im Mapungubwe National Park (s. S. 457), dort wo der Limpopo und der Sash River zusammenfließen. Die Einheimischen sagen, hier sähe man Sonnenuntergänge wie nirgendwo sonst auf der Welt. Das Camp besteht aus Kuppelzelten.

☞ Karte S. 396/397

Mutale Falls Camp (Venda-Gebiet) (6)
Das Camp (fünf Safari-Zelte) liegt wunderschön im Makuya Nature Reserve oberhalb des Levubu River, von dessen Steilküste sich ein fantastischer Blick auf den Kruger National Park eröffnet, der auf der anderen Seite des Flusses liegt. In der Regenzeit sind die Mutale Falls eine zusätzliche Attraktion. Geführte Wanderungen, *abseiling* in die Schlucht (vorher arrangieren) und 4x4-Fahrten möglich.

Fundudzi Tshivhase Camp (Venda-Gebiet) (8)
Mitten im Legendenland der VhaVenda *(s. S. 445ff)* gelegen, bieten sich von hier aus Möglichkeiten für Touren z. B. zum Lake Fundudzi, Sacred Forest, den Tsatsingo Potholes oder zu Kunsthandwerkern der VhaVenda. In der Regenzeit nur mit Geländewagen erreichbar.

Blouberg Camp (9)
Das im Blouberg Nature Reserve nahe Vivo *(s. S. 458)* gelegene Camp bietet traditionelle Hütten als Unterkünfte. Die einheimischen *Shangaan* erzählen gerne die Legenden rund um den Blouberg und den Schweizer Missionaren, die hier lange Jahre gewirkt haben.

Modjadji Camp (5)
Wandern inmitten uralter Zikaden bietet das Modjadji Cycad Reserve *(s. S. 460)*, das im Königreich der Regenkönigin *Modjadji VI.* Der Besuch des königlichen Kraal ist sicher einer der kulturellen Höhepunkte der Provinz.

Baleni Camp (4)
Das Camp liegt am kleinen Letaba River inmitten des Mopani-Landes und bietet fünf traditionelle Hütten der einheimischen *Shangaan* sowie Einblick in die Salzgewinnung von vor 100 Jahren.

Ntubu Camp (10)
Das Ntubu-Camp im Masebe Reserve bietet die spektakulärsten Sandsteinformationen der Waterberg-Region *(s. S. 468ff)*, die reich mit San-Rock-Art versehen ist. Auf Game Drives gibt es die Möglichkeit zur Tierbeobachtung.

Tshipise (ⓘ s. S. 195/Thohoyandou)

Gepflegtes Resort

Das streng genommen bereits außerhalb des Venda-Gebietes liegende Aventura Spa kann mit heißen Quellen aufwarten. Von den insgesamt vier Aventuras, die sich in und nördlich der Soutpansberge befinden, ist dieses das am besten organisierte. Von Einheimischen ist es gut besucht.

Weitere interessante Sehenswürdigkeiten im ehemaligen Venda sind

- das **Nzhehele Nature Reserve** (R525). Es liegt um einen kleinen Stausee und bietet besonders botanisch Interessierten einen kleinen Überblick über die vielfältige Vegetation Vendas.
- die **Felsen von Kokwane** (R523), wo es auch ein paar prähistorische Fußspuren gibt. Hier soll der König der VhaVenda einst mit seiner Gefolgschaft (inklusive einiger Tiere) entlang gegangen sein und seine Fußspuren hinterlassen haben. Die Fußabdrücke der Tiere sind noch vorhanden, die der Menschen hingegen wurden ins Transvaal Museum nach Pretoria verlagert.

Musina (Messina) (ⓘ s. S. 195)

Das Auffälligste an der nördlichsten Stadt Südafrikas ist der rege **Grenzverkehr** von LKW, die hauptsächlich Waren nach Zimbabwe, Malawi und Zambia bringen. Beitbridge ist die am meist frequentierte Grenze auf der Hauptachse Afrikas. Die Stadt selbst lohnt keinen Aufenthalt, es sei denn, Sie müssen etwas einkaufen, ins Internetcafé oder zum Touristenzentrum. Sechs Kilometer vor Musina kommen Sie am **Baobab Tree Reserve** vorbei. Und damit haben Sie auch schon die Hauptattraktion der Stadt und der unmittelbaren Umgebung gesehen.

Meistfrequentierte Grenze Afrikas

Baobab Tree Reserve

Das 5.000 ha große Reservat ist recht klein, hat keine besonderen Tiere vorzuweisen und wirkt etwas heruntergekommen. Dennoch lohnt ein kurzer Abstecher wegen der jahrtausendalten Baobabs, die diese Region prägenden Bäume.

Hinweis zur Strecke

Die Hauptroute führt hinter dem nördlichen Ortsausgang von Musina nach Osten in Richtung Pontdrif (Grenzübergang nach Botswana) und an dem Abzweig zur Venetian Mine, der größten Diamantenmine Südafrikas, vorbei (ca. 70 km von Musina entfernt; Touren müssen ca. acht Tage im Voraus angemeldet werden. Infos im Touristenzentrum von Musina).

Größte Diamantenmine Südafrikas

Von Musina zum Mapungubwe National Park

Auf der R572 führt die Strecke schnurgerade von Osten nach Westen durch die Buschlandschaft des schwülen Limpopotals, das einst menschenleer war, als die Malaria noch wütete und die Bewohner vertrieb. Heute dominieren hier hohe Wildzäune rechts und links entlang der Straße und nur ab und zu verrät ein Hinweisschild, dass hier ausschließlich ***Game Farming*** betrieben wird. Hunderte von Jagdfarmen, Jagdhotels etc. gibt es in dem Gebiet südlich der Grenze nach Zimbabwe bis hinunter zur Waterberg Region. Viele Farmen bieten auch Übernachtsmöglichkeiten an. Oft wurden die Game Farmen nur als Abschreibungsprojekt erworben oder sind auf Konferenzen und Betriebsausflüge spezialisiert.

Jagdfarmen

Einige Farmen haben sich in den letzten Jahren zu attraktiven Urlaubsorten nicht nur für Jäger, sondern auch für den „normalen" Touristen entwickelt. Neben **Jagdsafaris** werden dort auch Touren in die Umgebung, Ausflüge mit Reitpferden, Game Drives oder Wanderungen z. B. auf den Spuren von Leoparden oder wilden Hunden angeboten. Bei unseren Recherchen hat uns vor allem die Game Lodge *Klein Bolayi* gefallen. Die von einem deutschen Ehepaar in den 1990er Jahren liebevoll aufgebaute Lodge beeindruckt durch ihre spektakuläre Lage direkt an dem gleichnamigen Opfer- und Krönungsfelsen, der durch seine Form wie eine Miniaturausgabe des Ayers Rock in Australien aussieht (*mehr Infos in den Gelben Seiten*).

Schöne Lodge am Krönungsfelsen

Mapungubwe National Park (ⓘ s. S. 195/Musina)

Grenzüberschreiten-der Park

76 km westlich von Musina erreicht man auf der R572 eines der jüngsten Naturreservate des Landes, das um den Mapungubwe Hill („Ort der Schakale", ein kleiner Sandsteinhügel) entstanden ist. Darüber hinaus wurde hier im Dreiländereck zwischen Südafrika, Botswana und Zimbabwe mit der Eröffnung des Parks die Basis für einen zukünftigen, 800.000 ha großen Transfrontier Park geschaffen. Während der 1994 als Schutzgebiet unter dem Namen Vhembe-Dongola gegründete Nationalpark für Besucher nicht zugänglich war, wurden zehn Jahre später über 5 Mio. € in das Projekt gesteckt und eine Infrastruktur für Besucher aufgebaut.

Mapungubwe liegt am Limpopo, der Grenze zu Zimbabwe

Landschaftlich bietet der Park von vier Aussichtsplattformen fantastische Ausblicke auf Sandsteinformationen (mit Bushman-Zeichnungen bei denen erstmals auch Frauen dargestellt sind), acht Akazienarten, viele Baobabs, von denen der größte hier einen Umfang von 31 m hat, und den Zusammenfluss von Shashe und Limpopo. Beide Flüsse sind den größten Teil des Jahres ausgetrocknet, da in dieser Region im Durchschnitt nur an zehn Tagen Regen fällt. An Tieren sind hier Elefanten, Giraffen, Wildhunde, schwarze und weiße Nashörner, Geparden, Antilopen, Hyänen, Leoparden, Wasserbüffel, Zebras und mehr als 400 Vogelarten zu sehen.

Trockenflüsse

Schön ist auch der 500 m lange „Treetop Walk", eine Brückenkonstruktion, die sich mehr als fünf Meter über dem Boden befindet und auf der es zwischen den Baumkronen zu einer Beobachtungsstation für Vögel am Limpopo River geht. Übernachten kann man in vier Selbstverpfleger-Camps (Main Camp, Limpopo Forest Tented Camp, Thugulu Lodge und Vhembe Wilderness Camp).

Hinweis zur Strecke

Vom Park geht es weiter auf der R572 bis zur T-Kreuzung (87 km von Musina entfernt). Nach rechts gelangen Sie zur botswanischen Grenze und zu einem Abzweig auf der linken Seite, der Sie auf einer 15 km langen Piste zu der ***Krokodilfarm Ratho*** *führt (Übernachtungen in einfachen Bushcamps).*
Weiter geradeaus endet die Teerstraße an der kleinen Grenzstation Pontdrif (geöffnet von 8–16 h), direkt am Limpopo River gelegen. Über den Fluss verkehrt in Hochwasserzeiten eine kleine Fähre nach Botswana – allerdings aus Zollgründen nur ohne Auto. Gäste, die in einer Lodge in Botswana eingebucht sind, werden hier zu vereinbarten Zeiten abgeholt. Während der Wartezeit kann man gelegentlich beobachten, wie Elefanten auf ihren Pfaden Grenzverkehr betreiben.
Nach links an der T-Kreuzung geht es auf der R521 nach Alldays, dem Hunting Hot Spot der Region.

INFO Die Mapungubwe Archaeological Site

Das felsige Gebiet der Mapungubwe Archaeological Site liegt im Dreiländereck von Botswana, Zimbabwe und Südafrika auf den oben abgeflachten Bergen von Musina. Hier wurden zur Jahreswende 1932/33 unzählige Grabeinlagen entdeckt. Das im Jahre 2003 zum UNESCO-Weltkulturerbe erklärte Gebiet war im 13. Jahrhundert das bedeutendste Reich im Südlichen Afrika mit ca. 5.000 Menschen, einem Herrschaftsgebiet von 30.000 qkm und Handelsverbindungen bis nach Ägypten, Indien und China. Die Funde zeigen die Existenz eines afrikanischen Königreiches, das nach Meinung von Forschern der Universität Pretoria noch älter als Great Zimbabwe (nur ein paar hundert Kilometer weiter nordöstlich gelegen) gewesen ist.

Die ersten Gemeinschaften (*communities*), die Eisenwaffen und Tontöpfe herstellten, wanderten in das zentral gelegene Limpopotal ca. 500 n. Chr. ein. Es wird angenommen, dass sie die Vorfahren von größeren Siedler- und Farmergemeinschaften in der Eisenzeit waren, die hier zwischen 800 und 1200 n. Chr. siedelten. Die Ausgrabungsstätte zeigt die innerhalb einer strukturierten Gesellschaft klare Unterteilung in Klassen. So residierte der König hoch oben in den Bergen und die Bürger (*commoners*) lebten unten im Tal.

Pontdrif: Willkommensgruß für Besucher aus Botswana

Da es oben auf dem Plateau, wo die Mitglieder des Königshauses lebten, kein Wasser und nur unfruchtbares Land und nicht einmal Schatten durch Bäume gab, mussten höchstwahrscheinlich um einen Kral zu bauen, Essen, Wasser und alle Materialien, vom einfachen Volk hinaufgeschafft werden. Ein Zeichen von großer Macht des Königshauses.

Die Fundstücke in den Grabstätten waren zumeist aus Gold wie z. B. der Fund von Tausenden von Goldperlen oder der bekannteste Fund des **Golden Rhino** mit einem Zepter und einer Kugel, die auf 1250 datiert werden. Sie bestehen aus einem Holzkern und sind mit einer dünnen Goldschicht bezogen.

Es wird angenommen, dass diese Gegenstände mit in das Grab eines Mitglieds des Königshauses gegeben wurden. Interessante Hinweise auf das Leben der Gesellschaft geben auch Tonstücke und Glasscherben, die die Archäologen zwischen Schichten von Asche und Steinen gefunden haben.

Repliken des goldenen Nashorns, des Zepters und der Kugel sind in Pretoria im **Cultural History Museum** zu sehen *(siehe S. 385)*. Die Originale komplettieren die Afrika-Sammlung der Pretoria-Universität.

Vom Mapungubwe National Park durch die Soutpansberge bis nach Tzaneen

Alldays

Jägerlatein in der Kneipe

Die Reklame-Schilder neben dem „Alldays Bush Café", dem Zentrum des Ortes, zeigen deutlich, dass sich hier der Treffpunkt der Wildjäger der Region befindet. Und wer der Kneipe einen Besuch abstattet, merkt schnell, dass die Zeit hier stehen geblieben ist und die ausschließlich weißen Farmer ungern an alten Strukturen etwas ändern möchten.

Langian Nature Reserve

In Alldays biegen Sie nach links und folgen der R521. Nach ca. 20 km gelangt man zum Langian Nature Reserve, das inmitten der zahlreichen Game Farmen in scheinbar endloser Buschlandschaft liegt. Leider gibt es hier keine Übernachtungsmöglichkeiten.

Soutpansberg-Region (westlich der N1) (ⓘ s. S. 195/Mahkado)

Verstecktes Bergvolk

Nach ca. 10 km gelangen Sie in die schon von weitem sichtbare **Soutpansberg-Region** (*siehe unten*). Auf dem Weg dorthin begleiten einen Mythen des um den südwestlich der R521 gelegenen, hoch aufragenden **Blouberg** und seiner Bewohner. Oben auf dem Berg soll eine legendenumwobene Gruppe der **Basotho** in völliger Abgeschiedenheit leben. Wer die Einheimischen nach dem Weg dorthin fragt, dem wird von Vito aus freundlich der Weg über Sand- und Schotterpisten gewiesen. Allerdings scheiterten bisher die meisten Versuche, das Volk zu finden, an den mit Schlammlöchern versehenen Pisten. Auch mit Vierradantrieb blieb uns der Zugang zum Berggipfel ein Rätsel.

Die Soutpansberg-Region kann auf zwei Routen erkundet werden:
① Auf der R523 über Waterpoort nach Makhado: An dieser Strecke kommen Sie zunächst an den Salzpfannen vorbei, die am Fuße des Soutpansberg-Massiv liegen und nach denen die Bergregion benannt wurde. 40 km weiter liegt der aus einer Tankstelle bestehende Ort **Waterpoort Sand River**. Die R523 verläuft mit schönen Ausblicken immer parallel zu den Bergen. An der N1, der viel befahrenen Hauptachse von Süden nach Norden des Landes geht es nach rechts erst durch die Verwoerd-Tunnel, dann über die Soutpansberge nach Makhado (Louis Trichardt).
② Von Vivo aus auf der R522 nach Makhado (6 km hinter dem Abzweig nach Water-

Salzberge zu Füßen der nach ihnen benannten Soutpansberge

poort): Diese Strecke über Buysdorp ist die landschaftlich schönere. Die in die Ausläufer des Bergmassives gebaute Straße gibt den Blick auf die Buschlandschaft in der Ebene im Süden frei und zeigt damit einen schönen Kontrast zur Soutpansberg-Region. Sehenswert entlang der Strecke sind neben den schönen Bergformationen die **Lesheba Wilderness Lodge** und das **Schoemansdal Museum**.

Berge und Ebene

Buysdorp

Von Buren im Kampf geschlagene VhaVenda zogen sich hierher zurück, nachdem Sie den damaligen Präsidenten *Paul Kruger* um Land gebeten hatten.

Lesheba Wilderness (ⓘ s. S. 195/Mahkado)

Diese Farm liegt mitten in den Soutpansbergen. Besonders reizvoll sind zehn **markierte Wanderwege** verschiedener Schwierigkeitsgrade *(Dauer: 2–5 h)* inmitten von frei umherlaufenden Nashörnern, Giraffen und Antilopen. Zudem gibt es 340 Baum- und über 260 Vogelarten. Landschaftlich hat Lesheba auf den Wanderungen spektakuläre Ausblicke in tiefe Schluchten und weite Ebenen zu bieten. Übernachtungsmöglichkeiten in drei sehr schönen Bushcamps im VhaVenda-Stil.

Farm in schöner Berglandschaft

Schoemansdal Museum

Das Voortrekker-Freichlichtmuseum beherbergt das Grab von *Andries Hendrik Potgieter*, Anführer des dritten Treks, der die Kapkolonie 1836 verließ und als einer der ersten die Soutpansberge erreichte. Zudem ist es die einzige Voortrekkersiedlung gewesen, aus der später nicht eine Stadt geworden ist, da die VhaVenda die Buren 1867 von hier vertrieben.

Wer sich weitergehend für die Lebensweise der Voortrekker interessiert und später in Mokopane einen Stopp machen will, sollte dort das sehr gute **Arend Dieperich Museum** *(s. S. 466)* besuchen und hier lieber Zeit sparen.

Hinweis

Wer den Streckenabschnitt südlich von Makhado und östlich der N1 – über Tzaneen und den Magoebaskloof (siehe S. 462ff) – auslassen will, kann auch eine Rundtour durch die Soutpansberg-Region machen, indem er die Tour ② in umgekehrter Richtung an Tour ① anschließt.

Makhado (Louis Trichardt) (ⓘ s. S. 195)

Die einst nach dem ersten Anführer eines größeren Treks aus der Kapkolonie benannte Stadt ziert heute den Namen des VhaVenda-Chiefs *Makhado* („Löwe des Nordens"), der sein Volk bis zu seinem Tode im Jahre 1895 anführte.

Auch wenn Makhado wegen seiner Nähe zu Zimbabwe schon immer afrikanisch geprägt war, so waren auch hier die Buren die bestimmende Gruppe. Heute ist die Innenstadt fest in schwarzafrikanischer Hand. In dem unglaublichen Gewusel eines Samstagvormittags spielen die einkaufenden weißen Farmer der Umgebung optisch nur noch eine Nebenrolle. Für Besucher ist hier vor allem die Touristeninformation an der N1 *(schräg gegenüber der Caltex-Tankstelle)* das Ziel, das viel Info- und Kartenmaterial bietet sowie Kontakte zu Tourveranstaltern für Erkundungen in der Region herstellt. Der einzige Pub liegt ca. 12 km südlich der Stadt, ebenfalls an der N1.

Gute Touristeninformation

Elim (ⓘ s. S. 195/Makhado)

College als Nationalmonument

Um Elim herum (entlang der R578) liegt das **Gebiet der Tsonga**, was früher das selbstverwaltete Homeland Gazankulu bildete. Das 1908 gegründete Lemana College of Education ist heute wegen seiner historischen Bedeutung als eines der ersten Einrichtungen für höhere Bildung ein Nationalmonument. Ansonsten geht es hier wie so oft in diesen ehemaligen Homeland-Gebieten recht chaotisch zu und auch landschaftlich gibt die Gegend nicht viel her. Wer sich für die Augenheilkunde der ersten Schweizer Missionare interessiert, für den ist das kleine Museum im Krankenhaus von Elim etwas. Zudem bieten die Tsonga auch ähnliche Handwerkskunst wie die VhaVenda an. Wenn bisher noch keine Gelegenheit bestand, kann entlang der R578 an der Straße nach Giyana in kleinen Kunsthandwerkhütten gestöbert werden.

Ben Lavin Nature Reserve (ⓘ s. S. 195/Makhado)

Wochenendziel

Ca. 5 km südlich von Makhado führt eine kurze Piste zum Gate des Ben Lavin Nature Reserve (2.500 ha), das besonders am Wochenende bei den Einheimischen sehr beliebt ist. Drei Selbstverpfleger-Camps, vom günstigen Bushcamp bis hin zum Luxury Tent Camp, bieten gute Übernachtungsmöglichkeiten. Wer will, kann den Park auch zu Fuß oder per Mountainbike erkunden (Vermietung im Main Camp) und mit Giraffen, Zebras, Impalas, Wildebeest, Kudus und Warzenschweinen und 250 Vogelarten auf Tuchfühlung gehen oder zum schönen Lookout-Point in der Parkmitte gelangen.

Saftig grüner Fruchtgarten

Hinweis zur Strecke

Weiter auf der N1 gen Süden geht es nach ca. 32 km nach links auf die landschaftlich sehr schöne R36 in Richtung Mooketsi ins Gebiet rund um Tzaneen. Nach Buschlandschaft wechselt die Vegetation wegen der Drakensberge (wie bei Sabie) in einen saftig grünen, tropisch anmutenden Fruchtgarten. Mango-, Avocado- und Zitronenplantagen säumen den Weg sowie Eukalyptusbäume und Palmen. Zum Baobab Tree mit innen liegender Kneipe (Sunland Nursery), zum Modjadji Nature Reserve oder zur Rain Queen und ihren Mythen, biegen Sie 6 km nördlich des idyllisch in hügeliger, fast tropisch anmutender Landschaft gelegenen Duiwelskloof nach links ab. Früher lud dort das „Imp Inn" auf ein Erfrischungsgetränk ein. Heute ist die Straße davor durch den Durchgangsverkehr, die Minibusse und die vielen Straßenhändler staubig und laut. Maximal ein Tankstopp bietet sich dort noch an.

Modjadji Nature Reserve/Cycad Reserve

Die Anfahrt hierher ist recht mühsam, aber auf jeden Fall lohnend. Besonders am Samstag, wenn die Bewohner des ehemaligen Homelands feiern und flanieren, heißt es allerdings Acht geben. Nach dem Abzweig von der R36 sind es 5 km bis nach Go-Modjadji. Dort hinter der *Nursery* (Gärtnerei, wo auch Zikaden gezogen werden), fahren Sie nach rechts auf gepflastertem Weg den Hügel hoch. Hinter

INFO Die Regenkönigin

„The Modjadji Royal Council announced yesterday the coronation of Her Majesty Rain Queen Makobo Modjadji VI, which will take place on April 11 at the royal headquaters of Khehlakoni in Bolobedu, Limpopo. The coronation of ... Makobo follows the death of her grandmother Modjadji V in 2001. ... Among those who have been invited to attend the once-in-a-lifetime coronation are former President Nelson Mandela, President Thabo Mbeki, King Goodwill Zwelithini and Swaziland's King Mswati. The Balobedu tribe believes the Rain Queen has the ability to make rain, but the meteorologists claim the area experiences rain because it is a rainbelt anyway."

Charles Molele in der Zeitung „The Star" vom 19. Februar 2003.

Anfang 2003 wurde die erst 25 Jahre alte ***Rain Queen Modjadji VI*** in ihr neues Amt eingeführt. Sie residiert, wenn sie sich im Land befindet, in einer großen Villa auf dem Anwesen unterhalb des Modjadji Nature Reserve im Herzen des Gebietes der **Lobedu Mountains** („*the land of offerings*"). Von Außen sind leider nur Rundhütten hinter einem hohen Bretterzaun zu erkennen.

Die Nachfahren der Rwozi-Karanga-Dynastie siedelten sich um 1800 hier an, nachdem sie nach innerfamiliären Streitigkeiten aus dem Süden des heutigen Zimbabwe fliehen mussten. *Makobo Modjadji VI* ist seitdem die sechste Herrscherin der insgesamt zwölf Herrscher des Balobedu-Stammes. Einer Legende nach wagte es bisher kein fremder Stamm aus Angst vor einer Trockenheit, das Königreich anzugreifen. Um die Dynastie zu erhalten, ist es den Herrscherinnen zwar erlaubt, Kinder zu bekommen, heiraten dürfen sie aber nicht.

Den hohen Stellenwert der Regenkönigin in der Gesellschaft macht ihre Vorgängerin, Rain Queen *Mokope Modjadji V* (1992-2001), deutlich. Sie wurde posthum für ihre Entwicklungsprogramme wie eine neue Schule und Klinik sowie für ihre Fähigkeit, in Trockenzeiten für Regen in der Region zu sorgen, geehrt. Vor ihrem Tod hatte sie noch einen Traum für ihr Volk, den Sie schon Nelson Mandela erzählte, bevor er Präsident wurde: ein Wissenszentrum und eine Hochschule für Landwirtschaft mit Labors, Bibliotheken.

Wahr wurde der Traum mit der Eröffnung der Mandela Barloworld Clinic and Agricultural High School im Herzen der Lobedu Mountains. Und die Zukunft scheint mit der Nachfolgerin, ihrer Großnichte *Makobo*, der *Mandela* mittels der von ihm gegründeten Children Foundation ein Studium in Großbritannien finanziert, gesichert. Die junge Königin nahm das Stipendium an und plant damit später der Entwicklung ihres Landes weiterhelfen zu können.

Ob der Regen in Zukunft auch verlässlich fällt, stellte jüngst der Sprecher der Familie in Frage. Sozialer und moralischer Verfall in Südafrika hätten einen negativen Effekt auf die Fähigkeit der Regenerzeugung.

„Palast" der Regenkönigin

dem „Palast" der Regenkönigin liegt auf der linken Seite das Gate zum Reserve. Direkt dahinter beginnt eine steile Piste, deren letztes Stück bei Regen sehr schwierig zu befahren ist.

Eine uralte Zikade

Trotz der langen Anfahrt lohnt es sich hierher zu kommen, denn nicht nur botanisch beeindrucken die bis zu 13 m hohen Zikaden (im Durchschnitt werden Sie 5–8 m hoch). Dabei geht der Ursprung der hier wachsenden *Encephalartos transvenosus* 50 bis 60 Millionen Jahre zurück. Die letzten 3 Jh. wurden sie von der Modjadji-Dynastie der Rain Queen geschützt. Besonders schön ist der geschlängelte Wanderweg durch den hügeligen Zikaden-Wald. Zudem gibt es Rundhütten mit Übernachtungsmöglichkeiten und einem Info-Center zur Geschichte der Regenkönigin, Frauen, die Körbe und Matten flechten (unbedingt vor einem Foto um Erlaubnis fragen) und Picknickmöglichkeiten inmitten der Zikaden.

Zikaden-Wald

Tzaneen (ⓘ s. S. 195)

(485 km bis Pretoria, 110 km bis Polokwane)

Dies ist keine Stadt zum Verweilen. Nur drum herum gibt es einige schöne Übernachtungsmöglichkeiten. Am meisten überrascht noch die Tzaneen Mall, ein großes unterirdisches Einkaufszentrum an der Haupteinkaufsstraße, dessen Dimension von außen nicht erkennbar ist. Seit Ausrottung der Malaria bildet die Stadt das Zentrum der Obstlandwirtschaft, eingebettet (Tzaneen bedeutet „Korb") in Zitronen-, Mango-, Bananen-, Tee- und Avocado-Plantagen. Im kleinen **Tzaneen Museum** (Agatha St, direkt an der Einfahrt zur Library, mit einer Holzskulptur davor) erhalten Sie Informationen über die Rain Queen.

Legendärer Medizinmann

Etwas außerhalb liegt Dan Village, die jahrelange Wirkungsstätte des legendären Sangoma *Neverdie Mushwana* – einer der bekanntesten Medizinmänner Südafrikas. Der 2000 gestorbene Wunderheiler ist bei seinen Anhängern unvergessen. „Township and Cultural Tours" organisiert sogar Ausflüge zu Mushwanas Haus. Richtig berühmt wurde der Sangoma vor allem durch seine Python, mittels der er Kontakt zu den Vorfahren aufnehmen konnte. „24 Jahre lang haben wir mit der Schlange unter einem Dach gewohnt. Bevor er starb, bat mein Mann uns deshalb auch, weiterhin gut für sie zu sorgen", erzählt seine Witwe. Die Führungen durch Haus und Hof halten die Geschichte des Heilers lebendig: Der Raum, in dem er seine **Muti** (Heilmittel) aufbewahrte, das Grab des Medizinmannes und Aufführungen von traditionellen **Tanzritualen** erzählen den Besuchern vom Leben des *Sangomas*. Das Highlight der Mushwana-Tour ist und bleibt die imposante Python, die in einem kleinen weißen Raum im Hinterhof lebt.

Alternativstrecke von Tzaneen über Haenertsburg nach Polokwane

Agatha und St. George's Valley (ⓘ s. S. 195/Tzaneen)

Wer in der heißen Jahreszeit nicht im schwülen Tzaneen-Tal bleiben will, dem bietet der Ortsteil **Agatha**, das oberhalb der Stadt gelegene Gebiet um die Agatha Rd, eine kühlere und auch landschaftlich schöne Alternative (viele Übernachtungsmöglichkeiten, Agatha Crocodile Ranch). Vom noblen **Agatha Spa** (Panoramablick) an der **Old Coach Rd** (Rooikat Nature Walk) eröffnen sich schöne Blicke auf die Strydpoortberge und das Wolkberg Wilderness Area (Wolkberg 2.127 m) sowie auf das fruchtbare Tal von Tzaneen. Wieder der Agatha Rd folgend Richtung Tzaneen zweigt die Straße kurz vor Tzaneen auf die R528 ins **St. George's Valley** ab.

Kühler und schöner

Direkt von Tzaneen führt die gut ausgebaute R528 in das grüne Tal entlang des **Great Letaba River**, das mit zunehmender Entfernung von Tzaneen immer einsamer wird. Der am Ende des Tals liegende **Ebeneezer Dam** (der Legende nach kommt der, der einmal von seinem Wasser trinkt, immer wieder) ist landschaftlich einer der schönsten Dämme mit Picknick-, Camping-, Angel- und Wassersportmöglichkeiten. Den schönsten Ausblick auf den Damm gibt es oberhalb der Einfahrt zum Mountain Yacht Club vom John Buchan Memorial („39 Stufen").

Zauberwasser

Hinweis zur Strecke

Hinter dem Ebeneezer Dam stößt die R528 wieder auf die R71, die rechts über den Magoebaskloof nach Tzaneen führt und links via Haenertsburg nach Polokwane.

Magoebaskloof (ⓘ s. S. 195/Tzaneen)
(ca. 35 km von Tzaneen)

Die Route über den Magoebaskloof (R71) gilt bei den Südafrikanern als eine der beliebtesten **Panoramarouten**. Entlang von Tee- und Kirschplantagen und schönen Aussichtspunkten geht es auf einer geschwungenen Straße in das Letaba-Gebiet. Das traditionelle Kirschfestival in den Cheerio Gardens, das einmal im Jahr im September zur Hochzeit der Kirschblüte stattfindet, hat auf der zweiten Hälfte der Panoramaroute für nachhaltige Infrastruktur mit vielen Pausenmöglichkeiten gesorgt (Restaurants, Tearooms, Pubs, Kirschstände sowie Gewürz- und Käseläden). Gute Wandermöglichkeiten im Gebiet des Letaba River (2-Tage-

Blick auf die „Mountain Lodge"

Debegeni- und 3-Tage-Dokolewa-Wanderweg; aber auch einige Tagestouren). Das Klima im Tal ist im Sommer heiß bis drückend schwül, während es im Winter ordentlich kalt werden kann. Das ganze Jahr über wird die Region mit ergiebigen Regenfällen bedacht und Nebel ist nicht selten. Es gibt einen sehr schönen Aussichtspunkt auf der Höhe des Magoebaskloof.

Aussichtspunkt

Sapekoe Tea Estate

(15 km hinter Tzaneen)

Die Teeplantage ist eine der landschaftlichen Highlights in dieser Region. Dabei bringen erst die in gelbes Ölzeug und blaue Arbeitshosen gehüllten Erntehelfer das satte grün der Teepflanzen so richtig zur Geltung. Für einen Zwischenstopp lohnt der **Pekoe Teegarden** mit angrenzendem Teeladen und wunderschönen Blick von der Terrasse auf die Sapekoe Tea Estate. Besichtigungen des Anwesens finden fast täglich statt.

Erntehelfer in den Teeplantagen

Debengeni Falls

Noch bevor die R71 den Magoebaskloof Pass angeht, beginnt dichter Wald, der aber immer wieder schöne Blicke auf die Berglandschaft freigibt. Ca. 10 km hinter der R36 führt eine 4 km lange Piste einen der Hügel rauf in den Woodbush Forest. Kurz hinterm Parkplatz fallen die breit gefächerten Wasserfälle vor schattigen Picknickplätzen direkt in den gut zum Erfrischungsbad geeigneten Debengeni Pool = „*place of the big pot*". Von hier startet der **Safco Eco Tourism Hiking Trail** durch heimischen Wald.

Haenertsburg (ⓘ s. S. 195/Tzaneen)

„Land of the silver mist"

Der kleine verschlafene, an Bergausläufern gelegene Ort (ehemalige Minenstadt) gilt als heimliches Zentrum des „*land of the silver mist*". Und tatsächlich geben Pub, Tearoom, zwei Restaurants, Friseur, Souvenirläden, ein Supermarkt und die Touristeninformation in der Rissik St Möglichkeiten zum Verweilen. Durch den Ort führt die Straße in die Berge zur alten Mine und zu einigen Wanderwegen. Der Ort wurde nach dem gebürtigen Erfurter *C. F. Haenert* benannt, der hier 1880 Gold entdeckte und den Ort 1887 gründete.

Zion City Moria

Karg, zersiedelt, erodiert

Kurz hinter Haenertsburg ändert sich das Landschaftsbild schlagartig aufgrund nachlassenden Niederschlags von fruchtbarer in karge Vegetation und wird außerdem durch Zersiedelung und Bodenerosion geprägt. Das Erreichen der Zion City Moria nach ca. 17 km auf der überdimensionierten zweispurigen Straße, die durch ehemaliges Homeland-Gebiet führt, kündigt den Beginn der Stadt Polokwane an. Um den von weitem erkennbaren Hügel mit dem aus weißen Steinen erstellten Schriftzug treffen sich jedes Jahr zu Ostern ca. 3 Mio. Anhänger des Zionismus. Direkt dahinter schließt sich die zu Polokwane gehörende Township Thabakgone an. Hier, weit vor den Toren des Stadtzentrums, wurde die University of the North, ein Zusammenschluss mehrerer Universitäten für Schwarze, gegründet.

University of the North

Polokwane (Pietersburg) (ⓘ s. S. 195)

Das ehemals sehr burische Polokwane („*place of safety*") wird heute tagsüber durch die Menschenmengen der in den Townships lebenden Schwarzen bestimmt, die zum Arbeiten in die Stadt strömen. Die Buren haben sich auf das Land bzw. in die Vorstadtbereiche zurückgezogen. Architektonisch ist die katholische Kirche im Osten der Stadt der auffälligste Bau. 5 km nördlich der Stadt wurde die ehemalige Basis der Air Force an der N1 in den Gateway Airport für Inlandsflüge umgewandelt. Die Zugverbindung nach Musina und die Stationen großer Busgesellschaften machen die größte Stadt und Hauptstadt in der Limpopo Province zu einem wichtigen Verkehrsknotenpunkt auf der Nord-Süd-Achse von Pretoria zur Landesgrenze.

Hinweis

ie neuesten Änderungen der ›ädtenamen in Südafrika finden e auf S. 196f.

Das Irish House ist heute ein Museum

Sehenswürdigkeiten im Innenstadtbereich

Im Herzen der Stadt liegt ein kleiner Park direkt neben dem Civic Center (mit Touristeninformation), der durch **Bronzeskulpturen** auf sich aufmerksam macht. Über ihre Entstehung gibt das **Art Museum** im Cultural Center *(Jorissen St/Schoemann St)* Auskunft. Am interessantesten ist die Geschichte des „Penny Whistlers" und die Gruppe von Giraffen wurde zum Symbol für die Stadt.

Das kleine **Hugh Exton Photographic Museum** befindet sich ebenfalls im Park in der kleinen weißen Kirche. Die Bilder des Berufsfotografen geben Einblick in die Stadtgeschichte zur Gründerzeit der Stadt Ende des 19. Jh.: wie z. B. die Bilder von der Eröffnung der First National Bank schräg gegenüber dem Park oder des Irish House *(Thabo Mbeki St/Market St)*. Das grün angestrichene Haus beherbergt heute ein **Museum der Heimatkunde**, angefangen mit Buschmann-Zeichnungen bis hin zur der Geschichte des heutigen

Bronzeskulpturen und kleine Museen

Polokwane. Der Bau des Hauses war von *Herman Möschke* in Auftrag gegeben worden, der die Stahlkonstruktion des Turms sowie dessen Uhr aus Deutschland importieren ließ. Der patriotische Ire *J. A. Jones* kaufte 1918 das Gebäude und strich es grün an. Bis 1986 fungierte es als Warenlager und Geschäft.

Von Polokwane (Pietersburg) über den Waterberg und Sun City zurück nach Johannesburg

Sotho-Dorf

Ca. 9 km südöstlich von Polokwane *(aus dem Zentrum Kerk St/R37, 2 km hinter der Umgehungsstraße, der South Gate Rd, auf der linken Seite)* liegt das **Bakone Malapa Northern Sotho Museum**. Mit großer Sorgfalt wurde das Leben des Chief der Northern Sotho, seiner Frau und des Bakone-Volks in einem großen Freiluftkomplex am Fuße großer Steinhügel rekonstruiert. Hier lohnt es sich, einige Zeit zu verbringen und eine geführte Tour mitzumachen. Wieder zurück auf der Umgehungsstraße, geht es auf der parallel zur N1 verlaufenden R101 in südliche Richtung nach Mokopane (Potgietersrus). Auf halber Strecke liegt links das **Eesterling Monument**, die erste „First Gold Power Plant und Crushing Site" (1874). Zu dem touristisch kaum erschlossenen Gebiet gelangt man nach 6 km Pistenstrecke.

Mokopane (Potgietersrus) (ⓘ s. S. 195)

Arend Dieperich Museum

(Mokopane, Thabo Mbeki St)

Geschichte der Voortrekker

Das sich in der Old Klip School befindende 1989 zum National Monument ernannte Museum enthält mit Sicherheit eines der besten Ausstellungen über das Leben und die Geschichte der Buren und speziell der Voortrekker. In sehr anschaulichen Darstellungen wurden mit viel Liebe und Detailgenauigkeit, die Dinge des täglichen, bescheidenen Lebens der Farmer aber auch die der Auswanderer zusammengetragen. Hinzu kommen kleinere aber nicht minder informative und authentische Ausstellungen über die paläontologischen Funde in den Makapansgat Caves, den Anglo-Boer-Krieg von 1899-1902, Konzentrationslager der Briten, das traditionelle Töpferhandwerk der Sotho, die Tabakherstellung und das Brennen des legendären Mampoer-Schnaps. Eine Kostprobe der hochprozentigen und von ihr selbst gebrannten Flüssigkeit gibt es bei der Museumsleiterin am Eingang.

Mampoer

Nebenan befindet sich die Touristeninformation für weitere Informationen sowie für Buchungen von Touren zu den Makapansgat Caves, der Platin-Mine und der Klipspringer Diamond Mine.

Makapansgat Caves

(nördl. von Mokopane; Führungen nach vorheriger Anmeldung, Dauer 3 Stunden, ausreichend Wasser und gutes Schuhwerk sind erforderlich)

Benannt nach der Farm, auf der sie gefunden wurde, wurde die in den Swartkraansbergen liegende „Cave of Hearths" vor allem wegen eines der wichtigsten archäologischen Funde der Frühgeschichtsforschung in Südafrika bekannt. Im Februar 1925 kündigte *Raymond Dart* an, Knochen des ersten Menschenaffen in Taung, in der North West Province, gefunden zu haben. Dies veranlasste *Wilfred Eitzman*, Lehrer aus Polokwane, ihm auf der Farm Makapansgat gefundene Fossilien zu zeigen. Wissenschaftler haben die fossilen Reste auf 3,3 Mio. Jahre datiert und dem *Australopithecus Africanus* zuordnen können. Da noch immer in den Höhlen geforscht wird, sind sie für das Publikum nur mit einer Führung zugänglich, Buchungen nur über das Tourist Office in Mokopane, neben dem **Arend Dieperich Museum** (s. S. *466*).

3,3 Mio. Jahre alte Fossilien

Bei Einheimischen sind die Historic Caves vor allem durch die Belagerung Angehöriger des Ndebele-Chief *Makapan* durch den Voortrekker *Piet Potgieter* vom 25.10. bis 21.11.1854 bekannt. Die Geschichte wird innerhalb der Bevölkerung sehr unterschiedlich wiedergegeben. Als sicher gilt, dass als Antwort auf einen Überfall auf rastende Voortrekker durch eine Ndebele-Gruppe unter der Führung von Chief *Makapan* sich eine Gruppe um *Piet Potgieter* zu den Höhlen im Norden von Potgietersrus aufmachte, um sich an den Ndebele für die Toten, unter denen auch Frauen und Kinder waren, zu rächen.

Piet Potgieter, der Neffe von *Hermanus Potgieter* (der nicht lange zuvor bei lebendigem Leibe skalpiert worden war) belagerte *Makapan* und 3.000 Ndebele, die innerhalb des Höhlensystems lebten. Rund 700 Menschen wurden bei Ausbruchsversuchen von den Buren erschossen und nach vier Wochen, als die nur spärlich mit Nahrungsmitteln versorgten Menschen aufgaben, fand man in den Höhlen weitere Hunderte von Ndebele, die den Hungertod gestorben waren. Auf Seiten der Buren waren zwei Tote zu beklagen, darunter *Piet Potgieter*. Er wurde von den Ndebele angeschossen und fiel dabei hinter die Belagerungslinie. Von seinem damals noch jungen Freund *Paul Kruger* wurde er in die eigenen Reihen zurückgezogen. In jüngster Zeit gelangen die Höhlen bei den Afrikanern wieder durch Ehrung der verstorbenen Vorfahren an Bedeutung, indem sie ihnen Tabak, Bier und Maismehl opfern.

Ausgehungert in den Höhlen

Schnelle Alternative von Mokopane zurück nach Johannesburg

Modimolle (Nylstroom)

Der schnellen Alternative zurück nach Johannesburg kommt entgegen, dass Modimolle keinen Grund zum langen Verweilen bietet. Das Haus von *J. G. Strydom (Kerk St)*, Premierminister der südafrikanischen Union zu Zeiten der Apartheid in den 1950er-Jahren, kann besichtigt werden. Und dann gibt es noch ein Denkmal in der Grundschule Eenheid Primary School (*Van Riebeck St)*, das an die im Konzentrationslager getöteten Frauen und Kinder erinnert.

Bela-Bela (Warmbaths) (ⓘ s. S. 195)

Warme Quellen und ein Spa

Klima, warme Quellen und schnelle Erreichbarkeit von den Metropolen machen dieses Bad bei Einheimischen so beliebt. Deshalb wird es in dem im Zentrum gelegenen Spa, dem Aventura Resort Warmbath (mit vielen Übernachtungsmög-

Am Wochenende voll

lichkeiten von Camping bis komfortablen Holzhäusern) am Wochenende und in den Ferien sehr voll. Die heißen Quellen sprudeln pro Stunde 22.000 Liter des 53 °C warmen und salzreichen Wassers hervor.

Von Mokopane in die Waterberg-Region (ⓘ s. S. 195)

Hinweis zur Strecke

Die Hauptroute führt von Mokopane (Potgietersrus) auf der N11 in westliche Richtung aus der Stadt heraus auf die R518 in Richtung Marken. Nach Durchqueren des wuseligen Stadtrandes erreicht man bald saftig grüne Graslandschaft in Richtung Waterberg-Region, zu der die wunderschöne Passstrecke entlang des Ribbokkops (1.460 m) wie ein Eingang erscheint.
Der faszinierende Kontrast von rotbraunen Bergen und saftig grüner Buschlandschaft ist besonders schön in der Morgen- und Nachmittagssonne. Oben auf der Hochebene biegen Sie 38 km vor Marken links in die Straße Richtung Vaalwater und in Melkrivier rechts auf die ca. 4 km lange Piste, die zur alten Dorfschule von Melkrivier führt und zu den dortigen Rhino- und Waterberg-Museen. Die Straße weiter geradeaus führt zum Lapalala Wilderness Area.
***Die Alternative:** Sie lassen diese Strecke aus und fahren nach Lephalale (Ellisras). Dafür biegen Sie auf dem Hochplateau nicht nach links ab, sondern fahren weiter geradeaus auf der R518 in Richtung Marken. Auf dieser Strecke kommen Sie an der privaten und leider recht teuren Touchstone Game Ranch vorbei (8.000 ha groß, Luxussuiten; A-la-carte-Restaurant; Game Drives; Nashörner, Leoparden und weltweit einzigartige schwarze Impalas).*
Umgeben von zahlreichen Jagdfarmen ist Lephalale (Ellisras) vor allem eine Industriestadt, die von der Kohleförderung lebt. Hier werden 55 % des südafrikanischen Kohlebedarfs in einer Mine abgebaut.

INFO **Das Waterberg Biosphere Reserve**

Karte S. 470f

Die westlich von der N1 liegende, 50.000 ha große Waterberg Region wurde bisher noch wenig beachtet und zählt vielleicht gerade deshalb heute noch zu den einsamsten Gebieten in der Limpopo Province. Die bedeutendsten Städte der Region sind Bela-Bela (Warmbaths), Lephalale (Ellisras), Modimolle (Nylstroom), Mookgophong (Naboomspruit) und Thabazimbi. Während es hier noch immer sehr burisch zugeht und auch die touristische Infrastruktur vor allem auf diese Zielgruppe ausgerichtet ist, treten immer mehr auch die unter Apartheidzeiten unterdrückten Kulturen der *Bpedi*, *Tswana* und *Basotho* in den Vordergrund.

Benannt wurde die Region rund um den Waterberg von den ersten hier siedelnden Voortrekkern nach dem reichlich vorhandenen Wasser. Besonders in der Regenzeit traten die vielen Flüsse über die Ufer und bildeten zum Teil riesige Wasserflächen.

Eugène Marais (geb. 1871 in Pretoria), Autor von „The road to the Waterberg“, der auch als Vater der afrikanischen Ökologie gilt, kam 1907 erstmals in die heutige Limpopo Province und siedelte auf einer Farm namens Doornhoek. Er beschrieb, wie die Ochsenwagen durch die enormen Mengen von Wasser behindert wurden. Vor allem in Regenzeiten können die die Berge hinabströmenden Bäche die Sandpisten unpassierbar machen. Insgesamt ist das Gebiet im Laufe der Zeit trockener geworden und ist zum großen Teil Savanne.

Die Berge gehen auf vulkanischen Ursprung von vor rund 600 Mio. Jahren zurück und sind reich an Mineralien wie Chrom, Platin, Nickel, Eisen und Zinn. Der Grund, weshalb sich um die heute zum Glück geschützte Bergwelt eine lukrative Bergindustrie entwickelt hat. Und da sich um das Gebiet in den Bergen im vergangenen Jahrhundert keiner so recht gekümmert hat, entstand dort zudem ein wahres Paradies für Waffenschmuggler, Wilddiebe, Steuerhinterzieher aber auch für Siedler und ihre Familien, die in der Abgeschiedenheit ihre Wurzeln schlagen wollten.

Wasser ist hier reichlich vorhanden

2001 wurden die rund 15.000 qkm um den Waterberg und die vielen einzeln stehenden Berge, die sog. Kransberge, dem internationalen Netz von **Biosphere Reserves der UNESCO** angeschlossen und unter besondere Beobachtung gestellt. In Südafrika ist das malariafreie Gebiet das erste „Savannah Biosphere Reserve“ mit einer enormen Vielfalt an Tieren und Pflanzen. Das Potenzial für Tourismus, Wildhaltung und Jagdfarmen ist enorm. Ende des 19. Jh. waren die meisten Tiere durch die Jagd ausgerottet, doch heute kann die Region auf alle Vertreter der „Big Five“ und viele andere Tiere blicken. Und auch landschaftlich bietet sich hier mit spektakulären Bergformationen, Buschlandschaft und einem zentralen Plateau, das das Gefühl von Wildnis, Weite und Einsamkeit vermittelt, ein großes Naturerlebnis.

Das Besondere an Biosphere Reserves im Gegensatz zu Nature Reserves oder National Parks ist, dass auch landwirtschaftliche Flächen, die vielen privaten Game Reserves und Siedlungen mit in das Gesamtkonzept der Region eingeschlossen werden. Daraus ergeben sich drei Basisfunktionen:
- die Funktion zur Erhaltung der **Biodiversität** inklusive der Landschaft und des Ökosystems
- die Funktion zur Förderung der Entwicklung wirtschaftlicher und menschlicher Interessen mit soziokultureller und ökologischer **Sensibilität**
- die Funktion der Unterstützung **wissenschaftlicher Untersuchungen**, deren Überwachung, Bildung und Informationsaustausch.

Rhino Museum & Waterberg Museum

(Ou Melkrivier School; vor dem Ort re., 4 km Piste, dann li.; Pub & Restaurant „Walker's Wayside")

Black Rhinos

In der ehemaligen Schule des Dorfes Melkrivier untergebracht, liegen die Museen abgeschieden in wunderschöner Einsamkeit und bieten sehr ausführliche Beschreibungen über die Bestände des Black Rhino in Afrika und insbesondere in Südafrika sowie über die geologischen und ökologischen Gegebenheiten der Waterberg Region. Gründer des Museums ist der Naturschützer *Clive Walker*, der auch die Lapalala Wilderness Area gründete (s.u.).

Lapalala Wilderness Area/ Game Reserve

(ⓘ s. S. 195/Waterberg-Region)

Bereits in den 1980er Jahren suchte *Clive Walker*, heute einer der bekanntesten Naturschützer Südafrikas, Autor von naturwissenschaftlichen Büchern, Gründer der Lapalala Wilderness School und Mitinitiator der Waterberg Biosphere, einen Platz für Lehrpfade in der Wildnis. Er fand das Palala Plateau Bushveld.

Lehrpfade in der Wildnis

Innerhalb von drei Monaten hatte er den ökologisch interessierten Geschäftsmann *Dale Parker* überredet, das Land und später auch noch weitere 20.000 ha Farmland hinzuzukaufen. Von hier aus begann die Entstehung des Lapalala Wilderness Area, in das im Laufe der Zeit Wild angesiedelt wurde.

Eines der ersten Projekte von *Walker* und *Parker* war die Wieder-

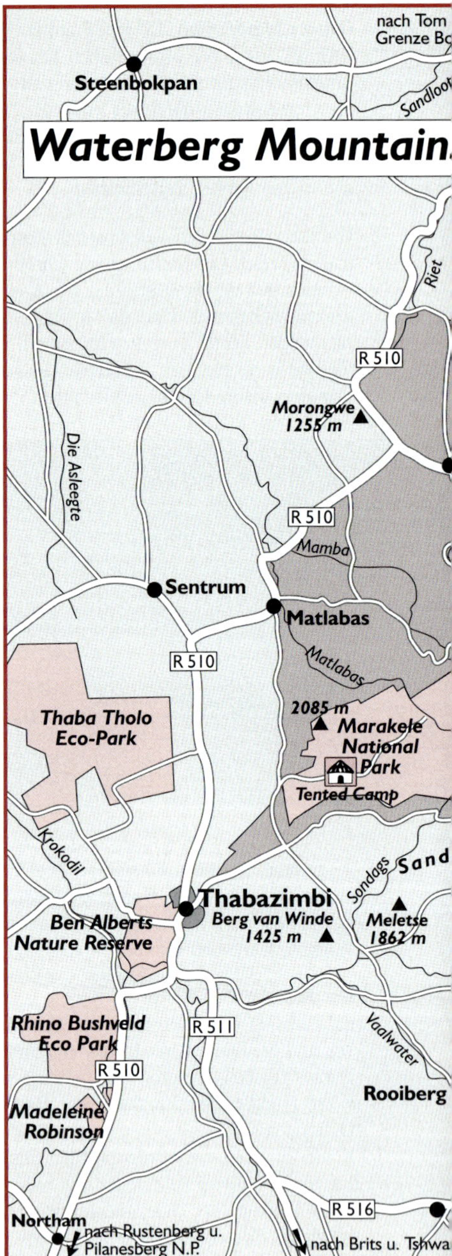

© graphic

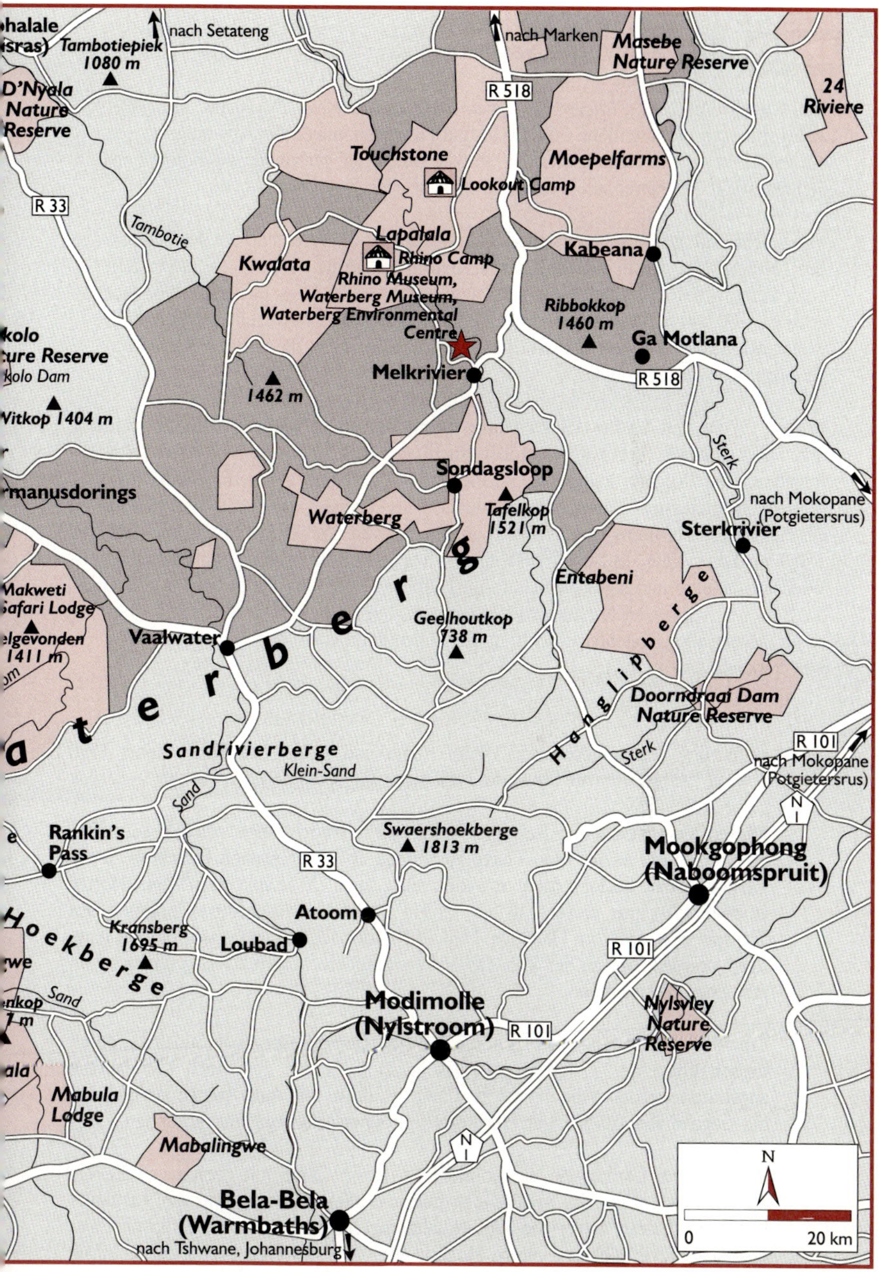
nach Setateng
Tambotiepiek 1080 m
D'Nyala Nature Reserve
nach Marken
Masebe Nature Reserve
R 518
24 Riviere
Touchstone
Moepelfarms
Lookout Camp
R 33
Tambotie
Lapalala
Rhino Camp
Kwalata
Kabeana
Rhino Museum, Waterberg Museum, Waterberg Environmental Centre
Ribbokkop 1460 m
Ga Motlana
1462 m
Melkrivier
R 518
Vitkop 1404 m
Sterk
Sondagsloop
nach Mokopane (Potgietersrus)
Tafelkop 1521 m
Waterberg
Sterkrivier
Entabeni
Makweti Safari Lodge
Geelhoutkop 738 m
Vaalwater
Hanglipberge
Doorndraai Dam Nature Reserve
Sandrivierberge
Klein-Sand
Sterk
R 101
nach Mokopane (Potgietersrus)
N 1
Sand
Rankin's Pass
Swaershoekberge 1813 m
R 33
Mookgophong (Naboomspruit)
Atoom
Kransberg 1695 m
Loubad
R 101
Hoekberge
Sand
Modimolle (Nylstroom)
R 101
Nylsvley Nature Reserve
Mabula Lodge
Mabalingwe
N 1
Bela-Bela (Warmbaths)
nach Tshwane, Johannesburg
N
0
20 km

INFO Das Schwarze Nashorn

Das *black rhino* (engl.), (*diceros bicornis*, wiss.; *Swartrnoster*, Afrikaans; *uBhejane*, Zulu) mit einer Schulterhöhe von 1,6 m und einer maximalen Geschwindigkeit von bis zu 45 km/h war Anfang des 19. Jh. die am meist verbreitete Nashornart mit mehreren 100.000 Tieren allein auf dem afrikanischen Kontinent.

Mit zunehmend europäischen Einfluss während des 19. Jh. sank die Zahl des Schwarzen Nashorns im westlichen Afrika wie auch in Südafrika. Obwohl es zu der Zeit noch keine offiziellen Statistiken gab, wird geschätzt, dass es im Jahre 1960 nur noch ca. 100.000 Schwarze Nashörner in Afrika gab. 1970 verringerte sich die Zahl weiter auf 65.000 von denen Kenia mit 20.000 Tieren noch die meisten Schwarzen Nashörner aufweisen konnte.

In den 1970er und 1980er Jahren wurde durch den enger werdenden Markt, d.h. durch das sinkende Angebot bei großer Nachfrage nach Elfenbein, zunehmend Erfolgsdruck auf Wilderer ausgeübt. Die Preise der Hörner, an denen die Käufer ausschließlich interessiert waren, stieg dramatisch an. Weltweit sank die Bevölkerung des Schwarzen Nashorns seit 1970 um 96 Prozent von 65.000 Tieren auf nur noch 2.410 im Jahre 1995. In Südafrika nahm in den letzten 60 Jahren durch bewusste Wiederansiedlung und strengen Schutz im Hluhluwe-Umfolozi Park (*siehe S. 535ff*) die Zahl des Schwarzen Nashorn wieder am stärksten zu. Seit 1990 werden Schwarze Nashörner nach eingehender Prüfung der Eigentümer auch an private Parks weltweit verkauft.

einführung des ausgerotteten White Rhino und später des Black Rhino. 1990 erwarb *Walker* erstmals Schwarze Nashörner für einen privaten Park in Südafrika.

Walkers Engagement für Tier und Natur reicht jedoch länger zurück. Seit 1971 arbeitet er mit seiner Frau *Conita* zusammen an verschiedenen Projekten. *Conita Walkers* Arbeit besteht dabei zuweilen auch darin, „Waisenkindern" eine Mutter zu sein. 1981 trat dieser Fall ein, als ein Muttertier anscheinend aufgrund des Transportstresses vom Hluhluwe-Umfolozi Park nach Lapalala starb und ein Jungtier hinterließ. Wer zu der Zeit die *Walkers* besuchte, bekam zur Begrüßung schon mal einen Nasenstüber.

Ohne Auto

Lapalala ist heute eines der größten privaten Game Reserves in Südafrika, durch dessen Mitte der 77 km lange Fluss Palala fließt, auf dem auch Kanufahrten angeboten werden. Wer einmal im Camp ist, muss sein Auto stehen lassen, kann die Gegend aber zu Fuß, per Pferd oder mit einer geführten Tour erkunden.

Verschiedene Camps wie das komfortable Rhino Camp mit geräumigen Zelten, die Kolobe Lodge, das größte der Selbstverpfleger-Camps, und ein rustikales Bushcamp bieten zahlreiche Unterkunftsmöglichkeiten. Auf der östlichen Seite des Palala River gibt es weitere Möglichkeiten, wie das Haasjesveld, das originale

Farmhaus, heute mit viel Luxus ausgestattet und die einfache Rock Lodge mit Basisausstattung. Am spektakulärsten ist das Look Out Camp, ausgestattet für acht Personen, mit einem atemberaubenden Blick von den Felsen oberhalb des Flusses über die Waterberg Region.

Von Lapalala aus führt die Hauptroute nach rechts durch **Vaalwater** (Supermarkt, Tankstelle, Kirche), dort an der Kreuzung wieder nach rechts und dann immer geradeaus an zahlreichen Wildfarmen vorbei Richtung Norden zur R510. In südwestlicher Richtung liegen Thabazimbi und der Marakele National Park.

Pistenzustand erfragen

Kurz hinter Vaalwater kann man auch links über eine Piste direkt nach Marakele fahren. Sie sollten sich vorher bei den Einheimischen über den Pistenzustand erkundigen. Ein Ausbau der Strecke ist in Planung.

Marakele National Park (ⓘ s. S. 195/Waterberg-Region)

In der Sprache der Tswana heißt Marakele *place of herding*. Ehemals hieß der Park Kransberg National Park, nach einer allgemeinen geografische Bezeichnung für die gegebene Bergform. Steile Felsen, offene Landschaft, rote Sandpisten, dornige Buschlandschaft und sanfte Hügel bieten unweit von Johannesburg ein wunderschönes Naturerlebnis. Zudem kann der jüngste und am Fuße des Matlabas-Zyn-Klof gelegene Nationalpark mit **malariafreiem Gebiet** punkten.

Naturerlebnis

Leider ist der Hauptteil des Parks nur mit einem **Geländewagen** zu befahren. Da es keine organisierten Game Drives gibt, ist das ein entscheidender Nachteil für die meisten Reisenden.

Zum **Campingplatz**, der sicherlich zu den schönsten in Südafrika gehört, führt eine normale Sandpiste. Bei Sonnenauf- und -untergang grasen Herden von Giraffen, Kudus oder Zebras direkt vorm Zelt und des Nachts schnaufen Nashörner schon mal direkt neben der Zeltwand. Noch misst das ganze Gelände 70.000 ha, doch Pläne bestehen, das im Osten angrenzende private Gebiet Welgevonden anzuschließen. Dann ist der Park 120.000 ha groß und kann die „Big Five" aufweisen, die in Welgewonden bereits leben.

Marakele: Ein Großteil ist nur mit Geländewagen zu befahren

Berühmt ist der Marakele National Park auch für seine Vogelwelt. Kingfisher, Bateleur und Storm Birds waren in dieser Region zuletzt Ende der 1980er Jahre gesehen worden – und sind nun wieder ansässig. 2003 konnte der African Wild Dog, ursprünglich in der Gegend um Thabazimbi lebend und 90 Jahre lang nicht mehr gesichtet, wieder angesiedelt werden. An Unterkünften ist das Tlopi Tented Camp zu empfehlen, das direkt am Staudamm liegt.

Das Gebiet, auf dem Marakele sich befindet, war ursprünglich Farmland. Im Zuge der Neuschaffung von Nationalparks wurde das Land nach und nach Farmern abgekauft. Parallel verfolgte SANparks eine Politik der Wiedereinführung ehemals vorhandener Pflanzen und Tiere, die durch Farming und Jagd ausgerottet worden waren.

Pflanzen und Tiere werden wieder eingeführt

Nach und nach wurden seit 1990 auf den einzelnen Farmen Wildtiere wie Elefanten, Schwarze Nashörner, Büffel, Geparde, Hyänen, African Wild Dogs und viele Antilopenarten angesiedelt. Unterstützt von der **Nationalparkbehörde SANparks** konnte 1999 der Philantroph und Geschäftsmann *Paul van Vlissingen* erreichen, dass die Zäune abgebaut und das Land in einen Nationalpark umgewandelt wurde. Verwaltet wird der Park von einem privaten Management.

Thabazimbi (ⓘ s. S. 195/Waterberg-Region)

(8 km südlich vom Marakele National Park)

Der Ort selbst ist sehr burisch, d.h. alles ist sauber und gepflegt und mit Tankstelle, Bottle Store, Supermarkt und Fleischer ist die Infrastruktur schon komplett. Englische Sprachkenntnisse sind nicht selbstverständlich. Die Sehenswürdigkeit von Thabazimbi (in Tswana bedeutet das *mountains of iron*) sind die umliegenden Berge. Ohne Halt bauen dort unzählige Lkw Schicht für Schicht ab. Selbst nachts sieht man die Scheinwerfer sich bergauf und bergab bewegen. Der Eisenerzabbau, der hier hauptsächlich betrieben wird, begann 1930. 1953 wurde die Stadt gegründet, als eine Eisenbahnlinie nach Rustenburg gebaut wurde.

Eisenerz

Auch weiter südlich von Thabazimbi wird die Landschaft durch den Übertagebergbau bestimmt. Von den unterirdischen Platin- und Chromminen zeugen hingegen oftmals nur kleinere, hellgraue Steinhügel.

Von Thabazimbi zum Pilanesberg National Park

Die Rundtour durch den absoluten Norden geht weiter auf der R510 entlang des Witfonteinrands durch das ehemalige Homelandgebiet Bophuthatswana, das gleich an seiner schlechten Ausschilderung und dichten Besiedlung zu erkennen ist. Nach ca. 1 h erreichen Sie den Abzweig zum **Pilanesberg National Park** (Bakgatla Gate/Piste und Teerstraße) und befinden sich damit im Norden der North West Province. Das Manyane Gate liegt bei Mogwase an der Hauptstraße zwischen Rustenburg und Thabazimbi. Nach **Sun City** geht es am Bakgatla Gate vorbei weiter geradeaus und dann rechts auf die R565. Auch von Sun City aus kommt man in den Park, muss sich aber für eine private Tour vorher im Park-Büro im Entertainmentcenter ein Permit besorgen. Vom Park nach Sun City darf man allerdings nicht direkt fahren.

North-West Province

Pilanesberg National Park (ⓘ s. S. 195)

Die Einheimischen sagen schmunzelnd, dass der Park aus der Luft wie ein riesiger Kuhfladen aussehe. Tatsächlich geht die ungewöhnliche Form auf vulkanischen

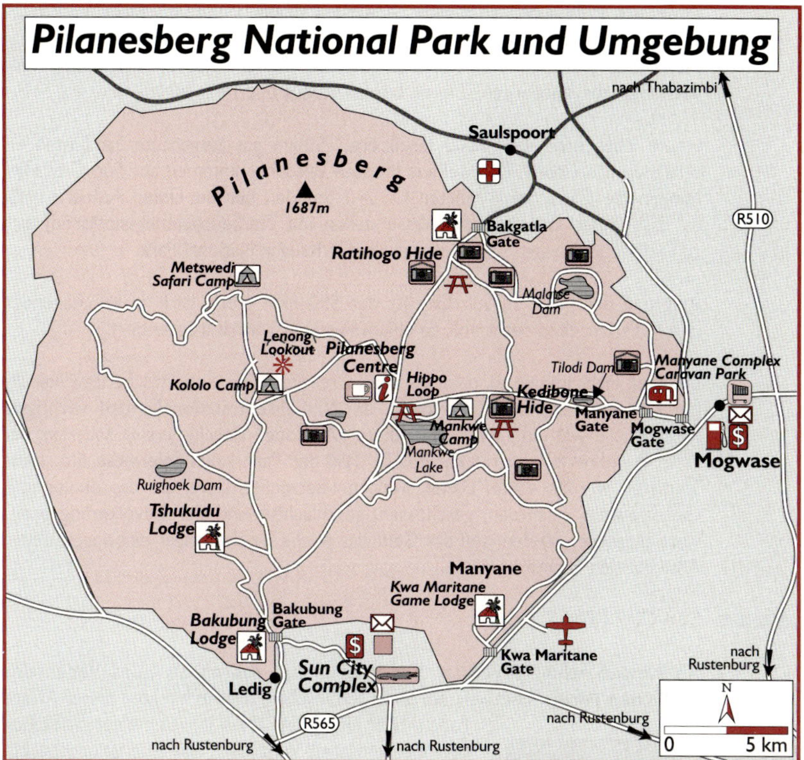

© igraphic

Ursprung zurück. Der mittlerweile erloschene alkalische Vulkankrater, von denen es nur drei auf der ganzen Welt gibt, besteht aus einem Zentrum, das von konzentrischen Hügelketten umgeben wird. Die höchste Erhebung ist der Pilanesberg mit 1.687 m und damit die höchste Erhebung der North West Province. Viele kleine, sanft geschwungene Hügel charakterisieren das Gelände und bilden einen schönen Kontrast zu der Savannenlandschaft mit Akazienbäumen und dem zumeist ausgedörrten Gras.

Savannen- und Berglandschaft wechseln sich in Pilanesberg ab

In den 1970er Jahren beschloss die Regierung das ursprüngliche Farmland zu einem Nationalpark umzuwandeln. In der damals spektakulären Operation „Genesis" wurden in das von Wildzäunen umgebene Gebiet aus Namibia und verschiedenen Provinzen in Südafrika nach und nach Elenantilopen, Zebras, Wasserböcke, Schwarze Nashörner, Elefanten und Büffel umgesiedelt. Zudem gibt es hier mittlerweile auch Geparde, Leoparden, Zebras, Löwen, Kudus und Hyänen.

Safari-Fahrten von Sun City aus

Heute leben hier über 8.000 Großtiere, 150 km gut ausgebaute Sandpisten erschließen das Gebiet. Die weitaus meisten Besucher kommen aus Sun City. Hier können die Gäste Safari-Fahrten für 2–3 Stunden buchen. Unter Kennern heißt es, dass dieses Gebiet (viele Wasserstellen mit Tierbeobachtungsstationen) sich zu Tierbeobachtungen besser eignet als der Kruger National Park.

Aufgrund der Nähe zu Sun City ist der 550 qkm große Park an Wochenenden und in Ferienzeiten recht voll, an einem Werktag normal frequentiert.

Für die lokale Bevölkerung

Das war nicht immer so, denn zu Beginn reagierte die einheimische Bevölkerung mit Unverständnis auf das Projekt, da Wild ihre traditionelle und wichtigste Fleischquelle war (in Tswana bedeutete „Antilope" *Fleisch*). *Jeremy Anderson*, der erste Parkdirektor vertrat die Politik, dass der Park keine Spielwiese für reiche Touristen werden sollte. Daher werden überzählige Tiere, die das ökologische Gleichgewicht gefährden, geschossen, geschlachtet und der Bevölkerung preiswert angeboten. Zudem soll das Geld, das reiche Trophäenjäger einbringen, neuen Ansiedlungen zugute kommen.

Sun City (ⓘ s. S. 195)

Als wirklich schön gemachter Kitsch kann man das oft als **„Las Vegas des Südlichen Afrika"** bezeichnete Sun City ansehen. Die Architekten dieser Anlage haben dafür eine grüne Oase inmitten einer trockenen Savannenlandschaft konzipiert und eine gelungene Mischung zwischen faszinierender Erlebnis- und Vergnügungswelt mit glitzerndem Luxus, Familien- und Sportangebot geschaffen.

Das „Palace": das nobelste Hotel in Sun City

Vier Hotels von Luxus- bis gehobener Klasse, das zweitgrößte Spielkasino der Welt (Roulette, Black Jack, Punto Banca, Spielautomaten) und der Gary Player Golf Court (2-Mio.-Rand-Turnier im Dezember) machen den Glamour von Sun City aus. Kinos, Diskotheken, Schwimmbäder, ein spektakuläres Outdoor-Wellenbad mit Sandstrand, ein botanischer Garten, Themenrestaurants, Bars, die Kongresshalle, das Business- und Shoppingcenter komplettieren das Ganze zu einer **Kleinstadt mit kompletter Infrastruktur**. Die darüber hinaus angebotenen Ballonfahrten sind ein wahres Highlight und bieten einen spektakulären Blick auf den Kuhfladen-förmigen Pilanesberg National Park, die saftig grüne und bunt schimmernde Welt Sun Citys und das angrenzende ehemalige Homeland-Gebiet. Die angrenzende **Krokodilfarm** (kurz hinter dem Gate nach Sun City gelegen) sowie der Wildpark bieten maximale Abwechslung zur klimatisierten Spielhalle. Und der Pilanesberg Airport nebenan macht die Distanz zu Johannesburg und anderen Orten minimal.

Auch für Kinder

Ein großer, selbstverständlich künstlich angelegter See dient verschiedenen Wassersportarten und für Kinder steht ein Abenteuerspielplatz zur Verfügung. Pkw sind auf dem Gelände nicht erlaubt und müssen hinterm Eingang auf einem großen Parkplatz abgestellt werden. Mit einem **Skytrain** (Einschienenbahn) kann man zwischen den verschiedenen Hotel- und Casinokomplexen hin und her pendeln.

Sündenstadt

Zu Apartheidzeiten war das auf Homeland-Gebiet liegende Kasino die zweitwichtigste Einnahmequelle der North West Province. Da im calvinistisch geprägten Südafrika zu der Zeit Glücksspiele und Nacktrevuen verboten waren, kamen viele Südafrikaner und vor allem auch viele aus dem 187 km entfernten Johannesburg hierher, um sich an verbotenen Früchten zu laben. Oft wird Sun City deshalb im Volksmund als „Sin City" (Sündenstadt) bezeichnet.

Noch immer kommen jährlich **rund 200.000 Besucher** hierher und bringen pro Jahr mehr als 500 Millionen Rand in die Kasse. Zudem kommen auch viele sportbegeisterte Südafrikaner, weil im Stadion von Mmabatho (ca. 170 km ent-

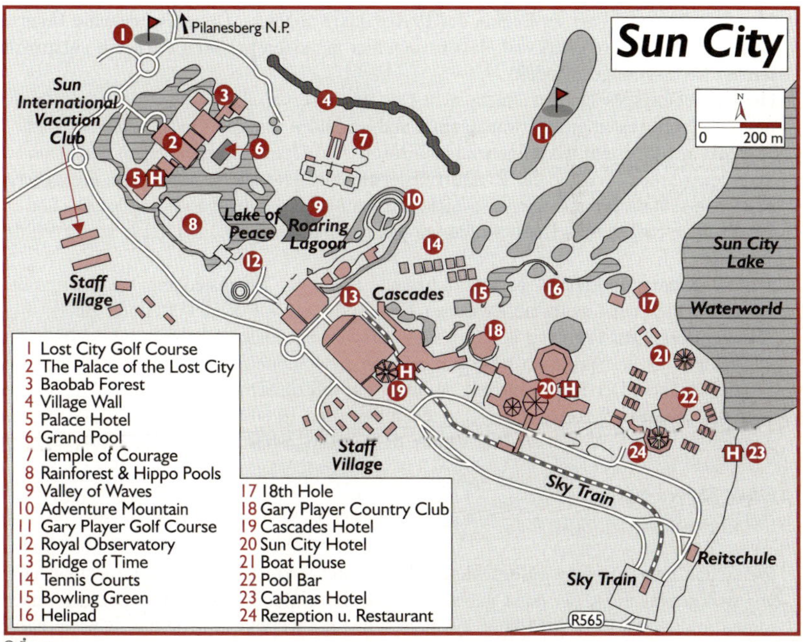

© igraphic

fernt) oder in Sun City Fußballspiele, Weltmeisterschaften im Profiboxen, Superbowl-, Golf- und Tennisturniere ausgetragen werden. Doch in Nachapartheidzeiten spürt auch Sun City die wachsende Konkurrenz auf dem Gebiet des Glücksspiels. Seit der Errichtung von Montecasino im Norden Johannesburgs, gehen viele Städter vor der Haustür *gambeln*.

Märchenhaftes Hotel

Dabei ist Sun City nicht zuletzt wegen der 1992 fertig gestellten „Lost City", der „versunkenen, legendären afrikanischen Stadt", und dem luxuriösen „Palace"-Hotel im Südlichen Afrika einzigartig. Die Anlage ist märchenhaft schön angelegt und soll an alte, versunkene afrikanische Kulturen erinnern. Das „Palace" ist eigentlich nur für Übernachtungsgäste zugänglich, aber wenn Sie sich für den „High Tea" oder im Restaurant anmelden, kann man schon einiges der Pracht erleben. Der italienische 3,5 Tonnen schwere Kronleuchter gleich hinter der Eingangshalle ist genauso handgemacht wie die 10.000 handverlegten Mosaike.

Möglichkeiten für ein- bis zweitägige Abstecher in der North West Province (Norden)

Madikwe Game Reserve (ⓘ s. S. 195)
(Anfahrt: Von Rustenburg weiter auf der N4 in Richtung Westen nach Zeerust. Dort auf die R49 nach Norden.)

Auch das 60.000 ha umfassende Madikwe Game Reserve wurde wie der Pilanesberg und der Marakele National Park zu Beginn der 1990er Jahre angelegt. Der entscheidende Unterschied zu den beiden anderen Parks ist, dass es sich hier um einen **privaten Park mit entsprechend teuren Luxus-Lodges** handelt.
Die Entstehungsgeschichten ähneln sich: Das Wildreservat, das nördlich der Stadt Zeerust liegt, im Nordwesten an Botswana grenzt und im Süden von den Dwarsberg Mountains begrenzt wird, besteht weitestgehend aus Busch- und Grasland, das ehemals Farmland war. Stauseen wurden im Zuge der **Renaturalisierung** angelegt, da die natürliche Wasserversorgung mangelhaft in der Gegend ist, nicht mehr nutzbare Farmgebäude wurden ab- und Weidezäune eingerissen. Dafür wurde um das gesamte Gelände ein 150 km langer Wildzaun errichtet.
Mit der „Operation Phönix" begann die zweite Phase der Tieransiedlung, die zweitgrößte Operation dieser Art weltweit. Zwischen 1993 und 1996 wurden 8.000 Tiere, zunächst nur Pflanzenfresser zur Formung des Geländes, aus verschiedenen Wildparks des südlichen Afrikas hierher geschafft. Ab 1996 kamen dann die Raubtiere wie Geparde, Löwen, Wildhunde oder Hyänen. Der Park kann seitdem nicht nur mit **malariafreiem Gebiet** werben, sondern auch die **„Big Five"** vorweisen. Heute leben hier rund 12.800 Wildtiere, über 300 Vogelarten wurden registriert. Wissenschaftler werten die Operation bislang als einen Erfolg.

Groot Marico (ⓘ s. S. 195)
(90 km westlich von Rustenburg, N4 Richtung Gaborone)

Wer schon immer wissen wollte, wie das Leben der Afrikaaner während der letzten Jahrzehnte vor sich gegangen ist, der muss unbedingt nach Groot Marico fahren. Der Ort, der versteckt mitten in dichtem Buschland liegt, aus dem selbst die Kirchturmspitze nur mühsam hervorragt, gilt als Inbegriff des Afrikaanertums. Seit das Teilstück (Umgehungsstraße) der N4 direkt vor dem Ort mautpflichtig geworden ist, ist es hier sogar noch ruhiger geworden. *„There is no other place I know that is so heavy with atmosphere, so strangely and clearly impregnated with that stuff of life that bears the authentic stamp of Africa.“* H. Ch. Bosman Die sehr spezielle Atmosphäre des Groot Marico mit dem „Zentrum“ (Art Factory, Supermarkt, Hotel, Bottle Store) entlang der Main St, der einzigen Straße, des sich ansonsten weit verstreut an kleinen Hügeln entlang ziehenden Ortes, wird treffend von dem bekannten südafrikanischen Autor ***Herman Charles Bosman*** (1905-1951) in seiner Kurzgeschichtensammlung „Mafeking Road“ beschrieben. Der Schriftsteller kam 1926 als junger Lehrer einer Farmschule in der Nähe von Zwingli in den Marico District im damaligen Westen Transvaal.

Die zweite Berühmtheit der Gegend ist hochprozentiger Natur. Der legendäre und gefürchtete **Mampoer** enthält nicht weniger als 70–80 % Alkohol. Wer nicht „blind“ werden will, kann auch einen minderprozentigen Likör (20 %) probieren.

Mampoer-Rezept

Nektarinen, Orangen, Zitronen oder Birnen, zum Teil angereichert mit Pfefferminz-, Kaffee-, Anis-, oder Grenadilla-Aroma, werden drei Wochen in einem 50-l-Fass zum Gären aufbewahrt. Dann kommen 12 kg Zucker und 12 l Wasser hinzu. Die nächsten 10 Tage täglich umrühren, nach insgesamt 6 Wochen wird die Masse zweimal destilliert (beim 1. Durchgang 57 %, nach dem 2. über 70 % Alkohol). Wenn von der Gesundheitsbehörde das O.k. gegeben wird, kommt der Schnaps zur KWV für die Flaschenabfüllung. Pro Flasche (750 ml) müssen über 50 % an Steuern gezahlt werden.

Gebrannt wird an vielen Orten in der Region, einer davon ist *M&M Mampoer*. Um dorthin zu gelangen, fragen Sie im Ort nach *Lenni* und *Tinie Swarts*. Wer sich nicht traut, das sehr burische Anwesen zu betreten, kann Mampoer-Likör auch in der Art Factory kaufen.

Nach einer Preiserhöhung des Whiskeys, den sich *Lenni Swarts* bis dahin jedes Wochenende gegönnt hatte, fing er an, seinen eigenen Alkohol zu brauen. Zunächst illegal, meldete er 1995 schließlich sein Gewerbe an, um eine offizielle Lizenz zu bekommen. Auf die Frage, warum gerade in Groot Marico Mampoer gebraut wird, heißt es, dass die Farmer den Afrikanern zu Bosman-Zeiten beim Brauen von Marula-Bier über die Schulter geschaut hätten ...

Borakalalo National Park (ⓘ s. S. 195)

Für die Großstädter aus Gauteng ist dieser Park am Klopvoor Dam einer der Geheimtipps, um mit der gesamten Familie ein entspanntes Campingwochenende mit Tierbeobachtung (alle Tiere außer Elefanten und Löwen) aus dem Klappstuhl zu verleben. Als Urlauber aus Europa erntet man schon mal verwunderte Blicke, da diese sich nur selten hierher verirren. Das mag zum einen an der großteils fehlenden Ausschilderung im ehemaligen Homeland Lebowa liegen (daher noch als Nationalpark deklariert, obwohl kein offizieller SANpark; wird von der North West Province verwaltet). Zum anderen aber auch wegen der Nähe zum Pilanesberg National Park und dem Madikwe Game Reserve. Am besten ist der Park von Brix aus zu erreichen. Die auf vielen Karten noch eingezeichnete Zufahrt vom Norden aus ist zurzeit nicht möglich. Der Eintritt ist relativ teuer, was wahrscheinlich auf die Instandhaltungskosten der Staumauer zurückgeht.

Magaliesberg-Region (ⓘ s. S. 195)

Überblick

Die Schönheit der Magaliesberge, der Bergkette im Nordwesten von Johannesburg, die sich von Pretoria im Osten nach Rustenburg im Westen zieht, erschließt sich mangels hoher Berge nicht auf den ersten Blick. Sehenswertes liegt vor allem im Inneren der Berge. Das **Kgaswane Mountain Reserve** (ehemals: Rustenburg Nature Reserve) im Nordwesten bietet einige spektakuläre Schluchten und überraschend einsame Landschaften.

Überraschend einsam

Der zentrale Teil mutet mit sanften Hügeln und Zypressenlandschaft hingegen fast mediterran an. Viele Farmer (Zitronen, Tabak, Viehhaltung) bieten auf ihren für südafrikanische Verhältnisse relativ kleinen Grundstücken Übernachtungsmöglichkeiten. Ein Aufenthalt lohnt sich hier vor allem, wenn man vor dem Rückflug noch ein, zwei Tage in der Umgebung von Johannesburg verbringen möchte.

Am schönsten sind die Magaliesberge im westlichen Teil

Der Osten zeichnet sich durch einen breiten Gürtel von Ferien- und Wochenendhaussiedlungen rund um den Hartbeespoort Dam aus. Zudem gibt es zahlreiche Kunsthandwerks- und Antiquitätenmärkte, Heißluftballonsafaris und Künstlerateliers. Letztere liegen auch auf einer der beiden Touristenrouten **Magalies Meander** (sehr beliebte Vermarktungsstrategie der südafrikanischen Touristenverbände in Gegenden, wo es einigermaßen hügelig ist) und **Crocodile Ramble**, die sich durch das Gebiet des Weltkulturerbes Cradle of Humankind ziehen. Im gesamten Gebiet südlich der Magaliesberge und bis zum Witwatersrand wird es am Wochenende voll, da hier die Großstädter die freie Zeit nutzen, um z. B. in den Gärtnereien, Baumschulen und bei den Gemüsebauern einzukaufen. Für den europäischen Touristen ist das Spektakel eher uninteressant.

Ausflugsziel fürs Wochenende!

Magaliesburg ist eine funktionale Stadt, die ausschließlich einen Stopp für den Kauf der Detailkarte der Magaliesberg-Region in der 1,5 km vor dem westlichen Ortseingang liegenden Touristeninformation wert ist Der Ort Broederstroom (viele nette Gästehäuser) entwickelte sich um die Farm von *Bart* und *Piet Pretorius*, die Brüder des damaligen Präsidenten von Transvaal, *Marthinus Pretorius*.

Von Broederstroom aus führt die R560 zur N4 nach Pretoria. Wer hinter Broederstroom auf die R512 abbiegt kommt am Lesedi Cultural Village vorbei nach Johannesburg *(zu Sehenswürdigkeiten auf dieser Strecke siehe S. 371ff)*.

Rustenburg

(R 27 von Sun City Richtung Pretoria)

Gegründet im September 1831 nach der Erbauung einer Kirche im April desselben Jahres, nannte der Pastor *D. E. Faure* den Ort *Rustenburg* (Stadt der Ruhe) nach dem Rustenburg in der Cape Province. Für einige Jahre fungierte die Stadt als Grenzposten und Stützpunkt sowie Basiskamp für Jäger, Abenteurer und Mineraliensucher auf Tour in die Kalahari oder nördlich des Limpopos. *Paul Kruger* wuchs in der Nähe auf der Farm seines Vaters *Caspar Kruger – Buffelsfontein* – auf. Im Alter von 16 Jahren kaufte sich *Paul Kruger* seine eigene Farm namens *Boekenhoutfontein* im Nordwesten der Stadt.

Keine „Stadt der Ruhe" mehr

Rustenburg ist aufgrund vieler Minen eine sehr reiche Stadt mit enormen Zuwachsraten und dient zudem als Versorgungsstation für die Region. Allein der riesige Minibus-Bahnhof zeigt, welche Massen an Arbeitskräften hier tagtäglich von den umliegenden Townships zu den Minenanlagen befördert werden. Eine überraschende Besonderheit der Stadt: Anfang September wird hier **Mardi Gras** (Karneval) gefeiert. Wegen der vielen Stopp-Schilder braucht man ziemlich lange, um auf der schnurgeraden Hauptstraße durch die Stadt zu kommen.

Kgaswane Mountain Reserve

(südwestlich von Rustenburg, Zufahrt: R24/Boekenhout Rd; Selbstversorgerhütten, Campingplatz)

Vielfältige Vogelwelt

Im Nordwesten der Magaliesberge und südwestlich von Rustenburg gelegen, bietet das über 4.000 ha große **Kgaswane Mountain Reserve** (ehemals: Rustenburg Nature Reserve) schöne Tagestouren durch sehenswerte Steinformationen und vielfältige Vogelwelt. Die Berglandschaft wird immer wieder von tiefen Schluchten und steilen Klippen unterbrochen. Die **Summit Route** (25,3 km) und die **Bayiaans Route** (19,5 km) sind sehr zu empfehlen, sie führen hinauf auf den Gipfel und entlang der nördlichen Berghänge. Das **Witkruiskrans Basecamp** liegt 500 m vom Parkplatz entfernt. Wanderer sollten daher bei Tageslicht ankommen. Die Parktore schließen zudem um 19 h.

Kroondal

(N4 Richtung Pretoria)

Deutsch geprägt

Die ehemals deutsche Siedlung war ein Missionsort der Lutheraner. Und noch heute sprechen einige der Einwohner hier Deutsch. Mit großer Wahrscheinlichkeit hört man die alten Geschichten der Deutschen und trifft junge Siedlerinnen beim „Frauentreff" der am Schwarzen Brett des Supermarktes auf Deutsch angekündigt wird. Und überhaupt ist der Supermarkt am interessantesten vor allem für Reisende, die schon länger in Afrika unterwegs sind und heimische Kost vermissen. Hier gibt es Produkte wie Sauerkraut, Bockwurst, Linseneintopf oder eingelegte Heringe. Ansonsten ist von der deutschen Siedlung auf den ersten Blick nicht viel übrig geblieben. Die Restaurant- und Bar-Szene ist trotz Namen wie „Das Gasthaus" oder „Der Mühlenstein" fest in burischer Hand. Die Kneipe am Ende der Durchgangsstraße Richtung Pretoria ist dafür das beste Beispiel. Die

Getränke werden auf der Karte nur in Afrikaans angepriesen und laut dröhnt der Afrikaans-Rock aus der Musicbox. Wer mutig genug ist, kann hier einen authentischen Treffpunkt hart gesottener Minenarbeiter erleben, die jeden sofort als Fremden identifizieren, der weder mit Bergarbeiterschuhen noch barfüßig an der Theke steht.

Hartbeespoort Dam und Umgebung

Verkehrsstau am Triumphbogen

Der Hartbeespoort Dam ist aufgrund seiner unmittelbaren Nähe zu Pretoria (und auch nur 1,5 h von Johannesburg entfernt) das beliebteste Ausflugs- und Naherholungsziel der Großstädter. Dementsprechend dicht ist das 56 km lange Ufer des Stausees mit Ferienhaussiedlungen bebaut. Am Wochenende staut sich der Verkehr vor der einspurigen Straße auf der Staumauer, die der einzige Triumphbogen des Landes im romanischen Stil ziert. Insgesamt mutet die Stimmung vielleicht auch gerade aufgrund der Autokorsos, die sich Stoßstange an Stoßstange um den See schlängeln, nahezu mediterran an. Der See wird ausgiebig für jegliche Wassersportarten genutzt, am Ufer und in Hartebeesport sorgen Snackbuden und Kunsthandwerker für ausgiebige Möglichkeiten zum Geldausgeben und drum herum verbessern unzählige Golfer ihr Handicap. Aber auch viele Paraglider schweben vom Magaliesberg hinab. Das Gebiet um den See ist aufgrund der unberechenbaren Winde allerdings nur etwas für Profis. Mit der Cableway kann aber jeder den Blick über den Stausee bis nach Pretoria genießen. Wer Glück hat erblickt einen der hier vorkommenden Adler- oder Geierarten (*Black Eagle, Fish Eagle* und *White Backed Vulture*).

Hinweise zum Lesedi Cultural Village, Sterkfontein, Wonder Caves, Krugersdorp Game Reserve, Rhino and Lion Nature Reserve siehe S. 371ff.

10. VON JOHANNESBURG ÜBER SWAZILAND AN DIE NORDKÜSTE VON KWAZULU-NATAL

Überblick

Die Strecke von Johannesburg über Swaziland an die Nordküste von KwaZulu-Natal bietet die unterschiedlichsten Natur- und Kulturerlebnisse. Von Johannesburg geht es aus dem Highveld zunächst ins Lowveld von **Mpumalanga** zum ehemaligen Goldgräberparadies Barberton.

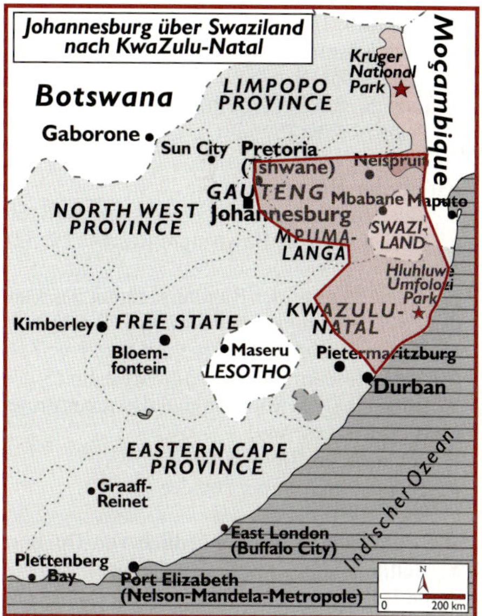

© igraphic

Dahinter künden hohe Berge die Grenze zum **Königreich Swaziland** an, in das der Saddleback-Pass führt. Swaziland bietet nicht nur vier große Wildparks, sondern vor allem noch sehr viele gelebte und nach wie vor in den Alltag integrierte Traditionen. Hohe Berge, weite Ebenen und traumhaft gelegene Dörfer werden auf der vorgeschlagenen Reiseroute durchquert. Die Swazi selbst beeindrucken durch ihre Freundlichkeit und den Stolz auf ihre Heimat.

Südlich geht es aus dem zweitkleinsten Staat (hinter Gambia) des afrikanischen Festlandes wieder heraus und nach **KwaZulu-Natal** und damit in eine Provinz, die allein schon im nördlichen Teil dieser Reiseroute eine unglaublich große Vielfalt an Kultur- und Naturerlebnissen zu bieten hat. Neben den schönsten und spektakulärsten Wildparks Südafrikas wie dem Ithala Nature Reserve, dem Hluhluwe-Umfolozi Park, der sogar die „Big Five" bietet, und dem Mkuze Game Reserve gibt es kleine, weit abgelegene und sehr einsame Parks wie das Ndumo Game Reserve und den Tembe Elephant Park im Maputaland.

Zahlreiche Tierparks

Überhaupt **ist das Maputaland**, obwohl vor allem der Norden in der Vergangenheit (und auch heute teilweise noch) als malariaverseuchtes Sumpfland verschrien, ein ganz großes Highlight hinsichtlich der Ursprünglichkeit und Einsamkeit von Natur, Meer und Stränden. Im **Kosi Bay Nature Reserve** gibt es z. B. ein einzigartiges Seensystem, das seine Anwohner seit Jahrhunderten mit seinen

Ursprünglichkeit und Einsamkeit

Redaktions-Tipps Johannesburg – Durban

Grundsätzliches:
Unterschätzen Sie die Entfernungen der Strecken nicht. Zum Teil kommt man nur langsam voran.

Die schönsten Naturerlebnisse:
- Sudwala Caves (S. 489)
- Saddleback-Pass (S. 496)
- Malolotja Nature Reserve und Hlane National Park/Swaziland (S. 504 u. 511)
- Ithala Game Reserve (S. 518f)
- Hluhluwe-Umfolozi Game Park (S. 535ff)
- Lake Kosi und Kosi Bay Mouth (S. 525ff)
- Cape Vidal (S. 533)
- Lake St. Lucia (S. 530ff)
- Dlinza Forest (S. 546)

Kulturelle Höhepunkte:
- Mantenga Cultural Village/Swaziland (S. 508)
- Fischer im Kosi Bay Nature Reserve (S. 521, 525ff)
- Zulukultur auf der Rundreise durch das Land der Zulu: Shakaland oder Simunye (S. 546f)
- Ondini Historical Reserve mit dem KwaZulu Cultural Museum und dem Site Museum (S. 548)
- Rorkes's Drift Museum und das rekonstruierte Missionshaus (S. 549)
- Schlacht am Blood River (S. 550f)
- Talana Museum bei Dundee (S. 550)

Die schönsten Strände nördlich von Durban
- Ballito: Guter Strand, Gezeitenpool, Sicherung durch Hai-Netze (S. 554)
- Salt Rock: Schöner Strand, hier gibt es auch das Protea-Hotel „Salt Rock“ (S. 554)
- Sheffield Beach, Blythdale Beach und Zinkwazi Mouth: Alle Strände gegen Haie gesichert, relativ unberührtes Umland

Fischen ernährt. Da die wenigen Unterkünfte für den normalen Urlauber wegen tiefer Sandpisten oder sehr hoher Preise schwer erreichbar sind, wird eine Rundreise durch dieses Gebiet noch lange etwas ganz Besonderes bleiben.

Touristisch erschlossener ist der Süden dieser westlich der N2 gelegenen Region. So bietet **Sodwana Bay** einen großen Campingplatz und einige Lodges und neben einem sehr schönen, weitläufigen Strand auch gute Möglichkeiten zum Schnorcheln und Tauchen. Das recht burisch geprägte **St. Lucia** war bei Einheimischen als Ferienort schon immer beliebt und hat dadurch eine entsprechend gute Infrastruktur. Eine etwas ruhigere Alternative bietet das **Cape Vidal**.

Die dschungelähnliche Tropenlandschaft des **Greater St. Lucia Wetland Park** mit Krokodilen, Flusspferden und Flamingos sowie einem einzigartigen Naturphänomen von fünf Ökosystemen auf relativ kleiner Fläche von 260.000 ha war schon immer etwas Außergewöhnliches. Durch die Ernennung zum ersten Weltnaturerbe der UNESCO in Südafrika im Jahre 1999 wurde der Makrokosmos aus Kultur, Tier- und Pflanzenleben, Mineralien und vielfältigen Landschaften entsprechend gewürdigt.

Hainetze vorhanden

Hinter Richards Bay beginnt die **Nordküste von KwaZulu-Natal**, wo sich zahlreiche Ferienorte aneinander reihen. Wir haben für Sie diejenigen ausgewählt, wo sich ein Strandbesuch lohnt. Und keine Angst, die gesamte touristisch erschlossene Küste nördlich und südlich von Durban ist mit Hainetzen versehen.

Und wer nach Wildparks im Landesinneren, Naturparks an der Küste und Strand-erlebnissen im Süden der Reiseroute noch Zeit hat, kann einen **Abstecher ins Land der Zulu** mit seinen kulturellen Höhepunkten und Battlefields (Schlach-tenfelder) der Kriege zwischen den Zulu und Buren, den Zulu und Engländern und den Engländern und Buren machen. Wir haben dafür für Sie eine Rundreise ausgewählt, die sowohl an den großen Schlachtenfeldern vorbeiführt, als auch einen guten Über- und Einblick in die Kultur der Zulu bietet.

Schlachtenfelder und Zulu-Kultur

Vorschläge für eine Zeiteinteilung
Optimale Zeit: 6–8 Tage

Entfernungen
Grundsätzlich gilt, dass die Kilometerangaben nicht unbedingt Rückschlüsse auf die Reisezeit zulassen. Oftmals sind Straßen wegen zahlreicher Kurven, hohen Verkehrsaufkommens sowie Menschen und Tieren auf der Straße nur langsam zu befahren.
- *Johannesburg – Saddleback-Pass – Mbabane: ca. 370 km*
- *Mbabane – Richards Bay (über Big Bend): ca. 410 km*
- *Richards Bay – Durban: ca. 180 km (inkl. Hluhluwe-Umfolozi Park: 300 km)*
- *Battlefields: Gingindlovou – Ulundi – Dundee – Ladysmith – Greytown – Durban: ca. 712 km*

Von Johannesburg nach Swaziland

Aus Johannesburg raus geht es auf der N12 Richtung Witbank und von dort weiter Richtung Osten auf die N4 bis nach Middelburg, von wo aus es zwei Alternativen für die weitere Streckenwahl gibt.

Route A) Von Middelburg über Nelspruit, Barberton und Swaziland in den Norden von KwaZulu-Natal

Kurz hinter Machadodorp zweigen Sie auf der Hauptroute ab nach rechts auf die südliche N4 (auf einigen älteren Karten noch nicht als N4 eingetragen), die recht kurvenreich an der nördlich gelegenen und zum Teil abenteuerlich in die Berge geschlagene Eisenbahnstrecke Komatiport – Pretoria entlangführt. Alternativ können Sie auch die nördliche N4 über den Schoemanskloof wählen. Hier ist die Landschaft eher weit und offen und die Strecke ist bei weitem nicht so frequentiert wie die südliche Route, die sich durch enge Täler schlängelt.

Abenteuerliche Eisenbahntrassen

Hinweis
Wer nach Badplaas möchte, biegt vor der Gabelung der N4 nach rechts auf dieR541.

Waterval Boven

Der kleine Eisenbahnort wird geprägt durch seinen vergleichsweise großen Verschiebebahnhof. Obwohl dieser längst keine große Bedeutung mehr hat, stehen noch viele alte Waggons herum. Und auch der Rest des Ortes ist noch immer von alten Bahnhofshäusern der Eisenbahner geprägt.

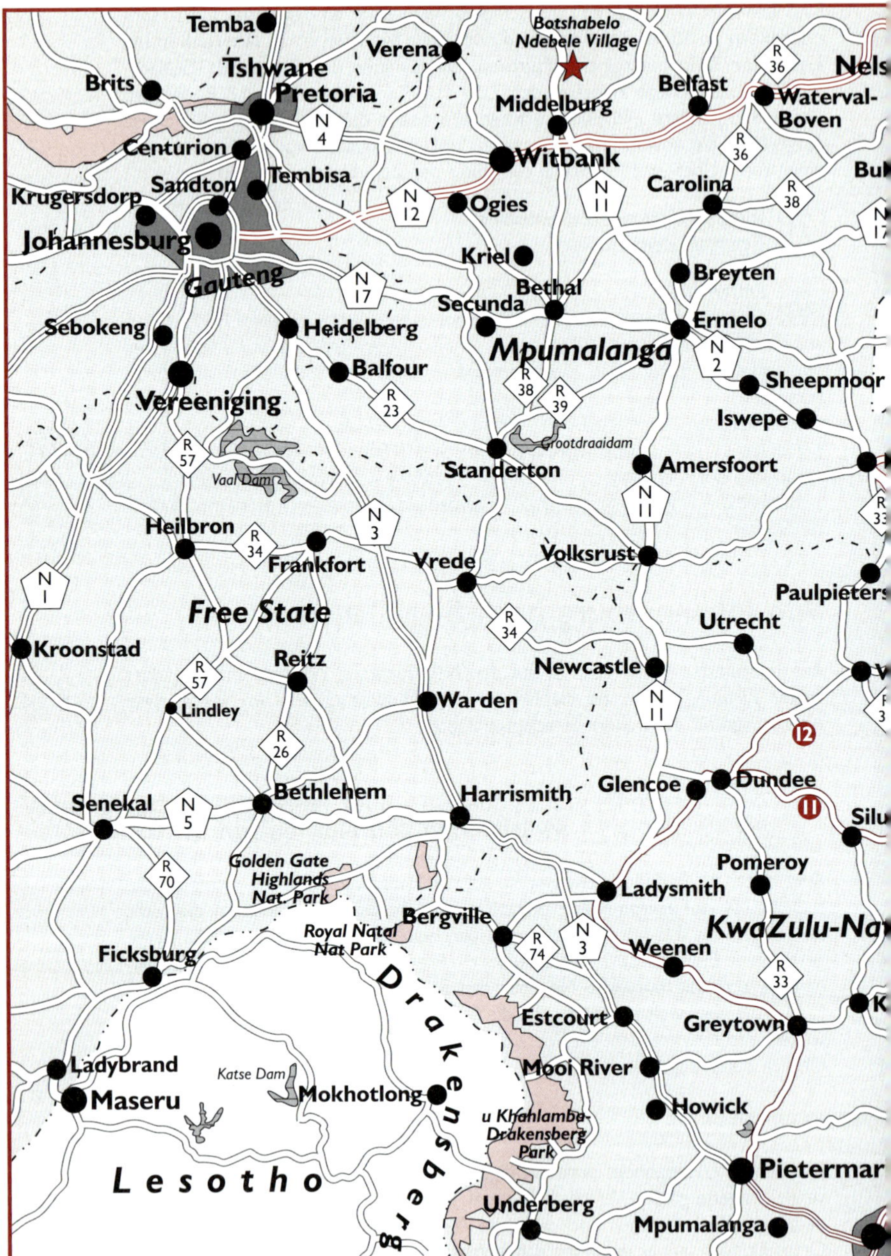
Temba
Verena
Botshabelo Ndebele Village
Tshwane
Pretoria
Brits
Middelburg
Belfast
Waterval-Boven
Centurion
Witbank
Tembisa
Sandton
Krugersdorp
Johannesburg
Ogies
Carolina
Kriel
Gauteng
Breyten
Bethal
Secunda
Ermelo
Sebokeng
Heidelberg
Mpumalanga
Balfour
Sheepmoor
Vereeniging
Iswepe
Grootdraaidam
Standerton
Amersfoort
Vaal Dam
Heilbron
Frankfort
Vrede
Volksrust
Free State
Paulpieters
Utrecht
Kroonstad
Reitz
Newcastle
Lindley
Warden
Glencoe
Dundee
Senekal
Bethlehem
Harrismith
Golden Gate Highlands Nat. Park
Pomeroy
Ladysmith
Bergville
Royal Natal Nat Park
KwaZulu-Na
Weenen
Ficksburg
Drakensberg
Estcourt
Greytown
Ladybrand
Katse Dam
Mooi River
Maseru
Mokhotlong
Howick
u Khahlamba-Drakensberg Park
Lesotho
Pietermar
Underberg
Mpumalanga
N 4
N 12
N 11
N 17
N 2
N 3
N 1
N 5
R 36
R 38
R 39
R 23
R 57
R 34
R 26
R 70
R 74
R 33
12
11

Komatiport
Manhica
Moamba
Marracuene
Matola
Maputo
Mozambique
Bela Vista
Maputo Elephant Reserve
Mbabane
Manzini
Big Bend
Ndumo
Kosi Bay
Lavumisa
Pongola
Nat. Res.
Jozini
Sodwana Bay
Sodwana Bay National Park
Mkuze
St. Lucia Marine Sanctuary
The Greater St. Lucia Wetland Park
Bayala
Lake St. Lucia
Hluhluwe
St. Lucia Marine Reserve
Cape Vidal
Hluhluwe-Umfolozi Park
Ulundi
St. Lucia
Mapelane Nature Reserve
Melmoth
Kwa Mbonambi
Empangeni
Richards Bay
Felixton
Gingindlovu
Stanger
0 50 km
1 Sudwala Caves
2 Eureka City
3 Malolotja Nature Reserve
4 Ezulwini Valley
5 Hlane Royal National Park
6 Pongola Nature Reserve
7 Ndumo Game Reserve
8 Tembe Elephant Park
9 Mkuzi Game Reserve
10 Shakaland
11 Isandlwana Battlefield/ Rorke's Drift Battlefield-Gebiet
12 Blood River Battlefield
Von Johannesburg über Swaziland an die Nordküste von KwaZulu-Natal – Überblick –

Weiter auf der N4 geht es durch den 1972 erbauten NZASM-Tunnel. Gleich dahinter führt ein Weg durch den alten, nicht mehr genutzten Tunnel zu den Elands Falls; am schönsten sind diese Wasserfälle bei einer Fahrt mit dem Zug (z. B. mit der Rovos Rail) zu betrachten. Durch das Tal des Elands River schlängelt sich die Bahnstrecke in Serpentinen an den Bergen entlang. Die früher genutzte *Vyfbogbrug* (Fünfbogenbrücke) kurz hinter den Falls auf der linken Seite der N4 ist noch gut zu erkennen.

Serpentinen

Hinweis zur Strecke

Bevor die nördliche auf die südliche N4 trifft, führt eine Bergstrecke zum 12 km entfernt liegenden Bergdorf ***Kaapsehoop****. Der Abzweig geht kurz hinter der Papierfabrik von Ngodwana rechts ab.*

Kaapsehoop (ⓘ s. S. 195/Nelspruit)

Hippieatmosphäre

Ein wirklich kleiner, lustiger Ort mit leicht angehauchter Hippieatmosphäre. Hinzu kommt eine interessante Mischung aus moderner, eigenwilliger Architektur am Ortseingang gemischt mit alten Minenhäusern sowie britisch angehauchten, weiß-grün gestrichenen Häusern mit Kuchenspitzenverzierungen an den Veranden. Kreuz und quer durch die Felsenlandschaft und durch die mit deutschen Namen versehenen Straßen (Holzhausenstraße) laufen Wildpferde und geben dem Ganzen ein Gefühl von „Wild West".

Kaapsehoop ist zwischen Felsen gebaut

Die Infrastruktur ist überschaubar, so gibt es Galerien, schöne Übernachtungsmöglichkeiten, einen Minishop und Souvenirladen und als Höhe- sowie Dreh- und Angelpunkt die farbenfrohe Kneipe „Grüne Venus" als erfrischender Farbklecks im zumeist mit Nebel und Regen verhangenen Dorf. Hier trifft man alle, vom Kleinkindalter bis zum Rentner. Wer hier hoch fährt sollte Pulli und Regencape auspacken. Empfehlenswert sind auch die Kaapsehoop-Wanderwege, die sich durch die ehemaligen De Kaap Gold Fields schlängeln.

Nebel und Regen

Hinweis zur Strecke

Hinter Kaapsehoop gibt es die Möglichkeit über eine Piste gleich weiter nach Barberton zu fahren. Bei schlechtem Wetter sollten Sie die Strecke über Nelspruit wählen. Von der N4 (Richtung Nelspruit) geht es 5 km nach den ***Montrose Falls*** *auf der R539 nach Norden zu den* ***Sudwala Caves****.*

Sudwala Caves (ⓘ s. S. 195/Sabie)

(N4 Waterfall Boven – Nelspruit, links in die R539, nach 8 km links; tägl. geführte Touren)

Die Tropfsteinhöhlen befinden sich am Fuße des Mankelekele-Berges im Houtbosloop-Tal, das sich bis zu den Füßen der Drakensberge hinzieht. Am Sudwala Cultural Village vorbei, führt eine steile, 1,7 km lange Straße den Berg hoch zum Eingang. Die Haupthöhle, die P.R. Owen Hall, misst 67 m im Durchschnitt und der höchste Punkt der mit kuppelförmigen Gestein ausgefüllten Höhle erhebt sich 37 m über dem Boden. Besonders schön sind die wie Vorhänge von der Decke hängenden Stalaktiten, unter denen sich auch die *Weeping Madonna* befindet. Gut erkennbar ist auch die 14 m hohe Stalagmite *Rocket Silo*. Die Tropfsteinhöhle entstand vor Millionen von Jahren, als kohlestoffhaltiges Wasser den Kalkstein aus dem härteren Dolomitgestein heraushöhlte. Gleich neben den Höhlen liegt der **Dinosaur Park**. Lebensgroße Modelle des *Tyrannosaurus Rex*, dem größten bekannten Raubtier, und des *Brontosaurus* sind in naturgetreuem Lebensumfeld zu sehen.

Tropfsteinhöhle

Hinweis zur Strecke

Von den Höhlen aus führt die Hauptroute nach rechts auf die R539 und wieder zurück auf die N4 nach Nelspruit. Alternativ führt die R539 nach links ins ca. 45 km nördlich liegende ***Sabie*** *(lesen Sie mehr zu Sabie auf S. 400ff).*

Nelspruit (ⓘ s. S. 195)

Der Kruger Mpumalanga International Airport

Die 600 m hoch liegende Provinzhauptstadt und größte Stadt von Mpumalanga überrascht in dieser Gegend mit unerwarteter Größe, breit angelegten Straßen, modernen Bank- und Bürogebäuden sowie riesigen Einkaufszentren. Zu Recht fragt man sich, wieso diese ansonsten ziemlich langweilige Stadt so expandiert – bis auf das **Rathaus**, das durch seinen spanischen Stil auffällt, gibt es keine Sehenswürdigkeiten in der Innenstadt. Grund ist, dass Nelspruit nicht nur direkt im Korridor von Johannesburg – Maputo liegt, sondern auch für das gesamte Umland im Lowveld als Versorgungsstadt gilt. Hinzu kommt, dass die einzig größere Stadt in Mpumalanga auch von Einkäufern aus Mozambique und Swaziland profitiert.

Weites Einzugsgebiet

Die neueste „Attraktion" ist das überdimensional große Regierungsgebäude an der R40 nördlich von Nelspruits Innenstadt. Der 1999 fertig gestellte Prachtbau gleich neben dem **Emnotweni Casino** und der **Riverside Mall** sorgte damals für einen mächtigen Skandal. Die Baukosten überstiegen bei weitem das vorgese-

Kruger Mpumalanga International Airport

hene Budget, so dass einfach u. a. Gelder angezapft wurden, die für die Ausbesserung der löchrigen Straßen vorgesehen waren. Die einzig neue Straße war die vom Parlament zum neuen Kruger Mpumalanga International Airport (KMIA), der an der R538 nordöstlich von Nelspruit liegt. Die wurde zum Teil dreispurig ausgebaut und mit einer frischen Teerdecke versehen.

Nelspruit wurde 1884 gegründet und ist der industrielle Mittelpunkt des Lowvelds und Umschlagplatz für landwirtschaftliche Produkte. Inmitten eines der größten Zitrusfrucht-Anbaugebiete Südafrikas gelegen, profitiert die Stadt von dem fruchtbaren Boden der Region (ausreichenden Niederschlag und frostfreies Klima). Dies sind ideale Bedingungen für Avocado- Papaya-, Litchee-, Mango- und Bananenpflanzen und machen diesen Teil des Crocodile-River-Tals zum „Gemüsegarten Mpumalangas".

Tipp

Wer nicht den botanischen Garten oder den Reptilien Park besuchen will und keinen Einkaufsbummel anstrebt, sollte entlang der schmalen, gewundenen und sehr schönen Panoramastraße (R40) gleich weiter nach Barberton durchfahren.

Außerhalb der Innenstadt liegen der wirklich sehenswerte **botanische Garten** und der **Crok River Reptile Park** (s. u.).

Lowveld Botanic Garden

(gleich hinter dem Crocodile River, östl. der R40 Nelspruit – White River)

Für botanisch Interessierte gibt es ca. 3 km nördlich von Nelspruit den 154 ha großen botanischen Garten (plus 22 ha mit typischen Pflanzen aus dem Lowveld), der an Bedeutung gleich hinter dem botanischen Garten in Kirstenbosch (Kapstadt) kommt. Auf mehreren kurzen Wanderwegen – entlang zweier Wasserfälle (u. a. die Nelspruit Cascades) – kann man entlang des Crocodile River und inmitten natürlich belassener Landschaft mit zum Teil Regenwaldvegetation über 600 einheimische Pflanzen und 245 Vogelarten betrachten. Wer sich nicht die legendären Zikaden im Land der Regenkönigin (Limpopo Province) anschauen kann, bekommt hier eine weltberühmte „Sammlung" an Zikaden geboten.

Zikaden

Croc River Reptile Park

(R40 Richtung White River, kurz vor dem Crocodile River, westl. der R40, 2. Kreuzung nach der N4)

Über Krokodilbecken und durch simulierte Wüsten- und Tropenlandschaft in separaten Hallen und die jeweiligen Reptilien, die in diesen Klimazonen leben, gelangt man auf hölzernen Brücken und über schön angelegte Pfade. Zudem gibt es eine große Anzahl giftiger Schlangen aus aller Welt wie die Python- und Boaschlange.

Giftschlangen

Hinweis

Wer sich spontan in Nelspruit für einen Abstecher nach Maputo/Mozambique entscheidet, kann sich beim ***Konsulat von Mozambique*** *recht unkompliziert innerhalb eines Tages (wer mehr Zeit hat, bekommt es günstiger) ein Visum besorgen (nötig sind Reisepass und zwei Passbilder). Achtung: Da Mozambique nicht Mitglied der Zollunion (SADC) ist, muss die Fahrt mit dem Auto zuvor bei Ihrer* ***Mietwagenfirma*** *in die Papiere eingetragen sein.*

Hinweis zur Strecke

Streckenalternativen von Nelspruit aus:

- *Von der N4 weiter Richtung Osten erreicht man die südlichen* ***Gates Malelane*** *und* ***Crocodile Bridge****, die in den Kruger NP führen, und weiter östlich schließlich den Grenzposten Komatiport nach Mozambique.* Infos zu Maputo und zum Süden von Mozambique ab S. 658ff.
- *Noch bevor Sie zu den Gates des Kruger Parks kommen, bietet sich die Möglichkeit, kurz vor Kapmuiden in das* **private Wildreservat Bongani** *zu fahren.* Mehr dazu lesen Sie auf S. 440ff.
- *Wer von Nelspruit die R40 nach Norden (viele Übernachtungsmöglichkeiten entlang der Strecke) in die Drakensberge nimmt, passiert ca. 25 km weiter nördlich* **White River,** *ein gewachsener Wohnort in den kühleren Höhen des Lowvelds. Mit Post, Bank, Autowerkstätten, einem Einkaufszentrum in der Ortsmitte, Übernachtungsmöglichkeiten und Restaurants, vor allem auch außerhalb der Stadt kurz vor dem Abzweig zur R537 nach Sabie (hier gibt es auch eine Touristeninformation), ist die Infrastruktur komplett und bietet für einen Halt eine Alternative zu Nelspruit.*

Von Nelspruit auf der R40 nach Barberton führt rund 20 km vor Barberton der Weg durch das **Kaapse Valley** (*Kaapse* = Hügel), nach dem Orte wie Kaapsehoop *(s. S. 488)*, Nordkaap etc. benannt wurden. Das Tal, das aus vielen kleinen, mit Buschvegetation bewachsenen runden Hügeln besteht, bietet erste Blicke auf die Silotwane- und Makhonjwa-Berge sowie die Sondera Range, die die Grenze nach Swaziland bildet.

Viele kleine, runde Hügel

INFO

„Jock of the Bushveld" – eine der großartigsten Hundegeschichten

Jeder Südafrikaner kennt den „Klassiker" seines Landes: „Jock of the Bushveld", eine Serie von Hundegeschichten, die von *Sir Percy Fitz Patrick* geschrieben wurde. Seit dem ersten Druck im September 1907 wurde das Werk immer wieder neu aufgelegt.

Wer war überhaupt *Sir Percy*? Er wurde am 24. Juli 1862 in King Williams Town (Kapprovinz) als Sohn eines Richters geboren und wuchs in Kapstadt auf. Als er 16 Jahre alt war, verstarb sein Vater; Sir Percy nahm eine Stelle in einer Bank an. Doch das Angestelltenleben langweilte ihn sehr, und nach fünf Jahren gab er seinen Job auf. Er machte sich nach Osttransvaal auf und heuerte als Transport-Reiter im Lowveld an.

Es folgten sechs Jahre eines Lebens in Freiheit – mit entsprechenden Abenteuern. In dieser Zeit erwarb er auch seinen Hund „Jock". Sein Buch „Jock of the Bushveld" beruht in allen wesentlichen Teilen auf wirklichen Erlebnissen: Es wird von Jagdepisoden ebenso erzählt wie von Abenteuern und Begegnungen mit der afrikanischen

Tierwelt inmitten der ungebändigten Natur. All das erlebte *Sir Percy* bis zum Jahre 1889, als in Osttransvaal die Tsetsefliege (Übertragung der Schlafkrankheit) den Ochsenbestand dahinraffte. Er war wirtschaftlich am Ende und ging mittellos nach Barberton. Hier lernte er seine Frau *Lilian Cubitt* kennen, die er 1889 heiratete.

Bald nahm er eine neue Stelle in einer Johannesburger Minengesellschaft an. Er konnte nun seinen geliebten Hund Jock nicht mehr gebrauchen und übergab ihn einem Freund, der seinerseits den Hund wahrscheinlich einem Händler anvertraute, der ein Geschäft im heutigen Mozambique betrieb, 25 km nördlich von Maputo. Eines Nachts verfolgte Jock einen umherstreifenden Hund, der in einen Hühnerhof eingedrungen war, und biss ihn tot. Doch sein neuer Herr erschoss Jock aus Versehen, da er ihn in der Dunkelheit nicht erkannte.

Währenddessen wurde *Sir Percy* im Minengeschäft immer erfolgreicher, engagierte sich in der Politik und schrieb das Buch „Transvaal from Within" (Transvaal von Innen). Nach dem Burenkrieg wurde Percy aufgrund seiner politischen Verdienste

Der „Klassiker" in einer signierten Erstauflage

zum Ritter geschlagen und einer der Begründer der Südafrikanischen Union. Da er im Schreiben begabt war, hielten ihn seine Kinder an, „Jock of the Bushveld" zu schreiben. Und da er es nun zu Wohlstand gebracht hatte, schaute er sich nach einem Illustrator um. Aus Zufall entdeckte er bei einem Besuch in London ein ausgezeichnetes Aquarell eines Kudu-Bullen. Und auf der Stelle lud er den Künstler *Edmund Caldwell* ein, nach Südafrika zu kommen, um das Buch zu illustrieren.

Noch heute zieren die wunderschönen Bilder die Ausgaben des Buches, doch der Schriftsteller sollte davon nicht viel haben. Im Jahre 1931 verstarb *Sir Percy* auf seinem Altersruhesitz bei Uitenhage in der östlichen Kapprovinz.

Barberton (ⓘ s. S. 195)

Karte S. 486f

Die Glanzzeit Barbertons, der zu Füßen der Makhonjwa Mountains am Rande des Lowvelds gelegenen Stadt, liegt schon lange zurück. Heute zeugen noch die zahlreichen schön restaurierten **Häuser im Kolonialstil** von der historischen Bedeutung für Südafrika.

2 Goldbörsen und 200 Pubs

1884 fanden *Graham Barber* und seine Cousins *Fred* und *Henry Barber* eine so große Goldader, dass sie, wie es heißt, „in der Sonne glitzerte". Sie nannten die Ader „Barber's Reef". Kurze Zeit später wurde auch schon eine Flasche Gin auf einem Felsen zerschlagen und die Stadt auf den Namen *Barberto(w)n* getauft. Nachdem weit über 1.000 Prospektoren in die Gegend gekommen waren, entwickelte sich neben der Goldmine rasant eine quirlige Stadt mit über 8.000 Menschen, rund 200 Pubs und zwei Goldbörsen und – der berüchtigten Bardame namens *Cockney Liz*, die wie die vielen anderen Mädchen auf der Welle des Goldrausches in die Stadt gekommen war.

Eine der vielen geschlossenen Goldgruben

Von ***Cockney Liz*** erzählt die Legende, dass sie sich jeden Samstagabend auf dem Tresen stehend an den meistbietenden versteigerte, immer in der Hoffnung, den großen Fang zu machen. Der Legende nach kam tatsächlich eines Abends ein Goldgräber in die Bar und legte nach der Tradition seine Tagesbeute auf den Tresen, die einen Goldklumpen ausmachte, so groß, wie ihn *Liz* noch nie gesehen hatte. Geschäftstüchtig machte sie ihn betrunken, zog ihn aufs Hotelzimmer und ward am nächsten Morgen inklusive Goldklumpen nicht mehr gesehen. Die Version der „Goldfields Times" von 1888 berichtet hingegen etwas nüchterner über den Verbleib von *Cockney Liz*. Demnach soll sie *Alfred Percival Scribben* geheiratet haben. Ob ihr Ehemann einen dicken Goldklumpen besaß oder sie ein alltägliches Siedlerdasein fristete ist nicht überliefert.

Kurzer Goldrausch

Ab 1888 wurde die Goldsuche in Barberton so mühsam, dass die meisten Goldgräber weiter zum Witwatersrand zogen, wo die ersten Goldfunde bekannt geworden waren. Heute zählt die Stadt rund 18.000 Einwohner und der Großteil des Geschäftslebens spielt sich unterhalb der historischen Innenstadt ab, in der leider immer mehr Geschäftsräume leer stehen. Die meisten und zumeist schwarzen Stadtbewohner leben in „Downtown" und vermeiden so den Fußmarsch den Hügel hoch.

Heritage Walk in der Innenstadt

Die Innenstadt bietet einen gut ausgeschilderter Rundgang entlang der Hauptsehenswürdigkeiten, den sog. Heritage Walk. Beim **Tourist Office** *(Market Square/ Crown St)* ist eine Broschüre zu den einzelnen Stationen erhältlich. Besonders erwähnenswert ist die zweite Börse Südafrikas, die in Form der **De Kaap Stock Exchange Facade** (1887) *(Pilgrim St)* erhalten ist, jedoch nur kurze Zeit in Betrieb war. 1899 war das Gebäude von *Sammy Marks* gekauft worden, ging 1910 in Gemeindebesitz über, wurde dann die Carnegie Library und das erste Museum der Stadt. Aufgrund des Verfalls des Gebäudes konnte später nur noch die Fassade gerettet werden. Sehenswert sind ebenfalls die restaurierten Wohnhäuser aus den Pionierstagen mit ihren prachtvollen Gärten, in denen Flamboyant- und Jacaranda-Bäumen in violetten und roten Farben bestechen. Besichtigt werden können das aus einer Eisen-Holz-Konstruktion bestehende **Stopforth House** (1886), benannt nach dem Erbauer *James Stopforth,* einem Bäcker und Gemischtwarenhändler *(18, Bowness St)*, und das ebenfalls aus Eisen und Holz bestehende **Fernlea House** (1890, *Lee Rd*), das in der gleichen Straße liegende und durch eine große, verzierte Veranda auffallende **Belhaven House** (1904), eines der elegantesten Wohnhäuser der Stadt, sowie das **Barberton Museum** *(Pilgrim St 36)* mit einer Ausstellung zur Goldgräbergeschichte der Stadt.

Nur noch Fassade

Die gerettete Fassade der Börse von Barberton

Weitere Sehenswürdigkeiten sind die **Jock of the Bushveld-Statue** *(vor dem Rathaus)* und die alte Dampfeisenbahn *(vor dem Campingplatz in der General St).*

Cableway der Havelock Mine/Fortuna Mine Trail

Die längste Seilbahn der Welt

Die mit 20,36 km längste Seilbahn der Welt verkehrte von 1938 bis 2002 (heute leider komplett stillgelegt) zwischen der Havelock Asbest Mine in Swaziland und der Zuganbindung im südlichen Teil von Barberton nach Kaapmuiden, das an der Hauptverbindungsstrecke Maputo – Johannesburg lag. Die an 52 Pfeilern hängende Seilbahn transportierte in den zu Entstehungszeiten noch unüberwindlichen Bergpässen ihre Fracht zwischen der in Bulembu/Swaziland liegenden Mine und Barberton mit einem Tempo von 9,5 km/h. Über 200 Lastengondeln konnten jeweils bis zu 200 kg asbesthaltiges Gestein ausführen *(mehr zu Bulembu und der Geschichte der Havelock Mine* *s. S. 502f**)*.

Tunnelwanderung

Der 1,5 km lange **Fortuna Mine Trail** beginnt in der Crown St am Keller Park *(Wanderkarte erhältlich im Barberton Tourist Office, Market Square)* und führt in die Berge zum großen Teil unterhalb der Seilbahn her. Neben den über 100 einheimischen Baumarten und der „Pride of De Kaap" (*Bauhinia galpinii*), einer der schönsten einheimischen Straucharten, die im Sommer in rot-orangefarbener Blütenpracht erscheint, liegt auf der Wanderstrecke ein 600 m langer Tunnel *(ca. 7 min. in totaler Finsternis)*, der für die **Fortuna Mine** zu Beginn des 20. Jh. für den Erztransport gebaut worden war. Leider wurden in dem bis zu 3.400 Mio. Jahre altem Gestein, das mit zu den ältesten Sedimentgesteinen weltweit zählt, zu wenig Erze gefunden, als dass sich der Tunnelbau jemals gelohnt hätte.

INFO Die Minenstadt Eureka City (1880-1920)

Mitte der 1880er Jahre war das Goldfieber in und um Barberton auf dem Höhepunkt und viele Gerüchte kursierten über Funde neuer Goldadern. Aber auch tatsächliche Funde wurden gemacht. So auch 1885 die Entdeckung der zu der Zeit wohl ergiebigsten und berüchtigtsten Goldmine, der **Bray Golden Quarry**, durch den Prospektor und Minenspezialisten ***Edwin Bray***.

Der Weg dorthin führte nordöstlich von Barberton durch eine 7 km lange Schlucht, den **Elephants Kloof** hinauf. Die Schlucht war nach der großen Anzahl von Elefantenknochen benannt worden, die in der Gegend gefunden worden waren. Dichte Buschvegetation, riesige Felsen und hohe Berge flankierten jede Seite des Pfades. Die tropischen Pflanzen und Blumen sollen dem Ganzen den Anschein eines „Märchentals" gegeben haben.

In dieser Goldmine, so hieß es, sei das Gold nicht im Stein eingebettet, sondern der Stein im puren Gold. Andere sprachen davon, dass das Goldgraben dort so leicht gewesen sein soll, wie Früchte aus einem Pudding zu fischen. Jedenfalls war die Mine für einige Jahre weltweit der größte Goldproduzent. *Bray* gründete zusammen mit 15 Partnern die **Sheba Reef Gold Mining Company**. 50 Tonnen Gestein brachten 300 Ounces Gold.

Kurz nach der Entdeckung der Mine traf im Dezember 1885 der aus Durban stammende Fleischer ***J. Sherwood*** aus Barberton ein und eröffnete hoch oben in den Bergen oberhalb Barbertons und des malariageplagten Lowvelds eine Fleischerei und ein Hotel. An dem Platz sollte später Eureka City entstehen. *Sherwood* war bereits einer der erfolgreichen Pioniere in Barberton gewesen und hatte auch dort das erste Geschäft im Ort eröffnet. Seine Frau, die den Erzählungen nach nicht besonders schön gewesen sein soll, verstand es, den Goldgräbern so sehr zu gefallen, dass diese sie **Queen of Sheba** nannten. Daraufhin bekam auch das Hotel diesen Namen. In seiner Fleischerei verkaufte *Sherwood* pro Woche bis zu 10 Rinder und 40 bis 50 Schafe.

Eureka City erreichte seinen Höhepunkt 1886. Zu der Zeit gab es dort drei Geschäfte, drei Hotels, eine Bäckerei, eine Apotheke, ein Postamt, eine Polizeistation, eine Rennbahn, eine Musikhalle und Bars für die 700 Bewohner.

30 Jahre lang dauerte das rauschende Fest der Goldgräber in Eureka City. Als die Goldadern immer schwerer zu erreichen waren, wanderten die Menschen auch aus dieser Stadt ab. Heute erinnern nur ein paar Ruinen, ein paar historische Aufnahmen und viele Geschichten an die bunte Zeit oben in den Bergen. Unterhalb ist die Sheba Mine noch aktiv und schürft mit immer moderneren Maschinen das Gestein aus immer tieferen Schichten.

Quellen: „The pioniers of the Lowveld", von Hans Bornmann, SA Country Live und „In Search of South Africa", H. V. Morton 1946.

Hinweis

Wer abenteuerlustig genug ist, sich auf eigene Faust zu den Ruinen der heutigen Ghost Town Eureka (11,5 km von Barberton, 1,5 km von der Sheba Mine entfernt) zu begeben, benötigt ein Permit (die Auffahrt ist mit einer Schranke versehen). Man erhält den Erlaubnisschein werktags nebenan im Büro der Sheba Mine. Erkundigen Sie sich dort im Office nach einem Guide, denn die Straße ist nur mit einem Geländefahrzeug zu befahren. Infos über Wanderungen nach Eureka erhalten Sie beim Touristenbüro in Barberton.

Hinweis zur Strecke

Hinweis zur Strecke von Barberton nach Mbabane/Swaziland:
Von Barberton aus führt die R40 zum Grenzposten **Josefsdal** und nach **Bulembu** in Swaziland zunächst auf südafrikanischer Seite über den **Saddleback-Pass** mit seinen wunderschönen Ausblicken auf grüne Berglandschaft und riesige Forstgebiete beiderseits der Grenze. Die Transportseilbahn der Asbestmine in Bulembu kreuzt immer wieder die Strecke. Nach der Passhöhe hört die Asphaltstraße auf und die nun folgende Piste kann in Regenzeiten recht glitschig bzw. auch unbefahrbar für einen normalen Pkw sein. Erkundigen Sie sich bei Regen unbedingt nach dem Zustand der bei Trockenzeit gut befahrbaren Piste. Ca. 42 km hinter Barberton erreichen Sie den Grenzposten Josefsdal. Und kurz hinter der Grenze die Minenstadt Bulembu. Dahinter gelangen Sie nach dichtem Wald und kurvenreicher Straße nach ca. 23 km nach **Piggs Peak**. Dort geht es an der Kreuzung nach rechts in den Mswati III Highway, auf dem man nach ca. 30 km das **Malolotja Nature Reserve** erreicht. Nach weiteren 22 km kommen Sie zur T-Kreuzung in Motshane. Dort geht es nach rechts zum **Grenzposten Oshoek** und nach links nach **Mbabane**. Die Hauptstadt von Swaziland erreichen Sie nach 16 km.

Hinweis zur Strecke

Hinweis zu Alternativstrecken von Barberton nach Swaziland:

- Wer nicht die oben beschriebene, von Barberton etwas mühevolle Passstrecke (sehr steil!) und die anschließende Piste nach Piggs Peak fahren möchte, kann auch von Norden über den **Grenzübergang Jeppe's Reef** nach Piggs Peak und in den Nordwesten von Swaziland gelangen. Diese Strecke dauert mind. 2 h länger.
- Wer von Barberton **direkt nach Mbabane** fahren und den Nordwesten auslassen möchte, kann alternativ ein Stück um Swaziland herum fahren. Dieser Weg führt von Barberton über die R38, R541 und schließlich über die N17 und den **Grenzübergang Ngweny/Oshoek** nach Mbabane. Diese Strecke ist nicht so anstrengend zu fahren, dafür ist sie allerdings auch nicht so spektakulär wie die über den Saddleback-Pass.

Swaziland (ⓘ s. S. 195)

Überblick

Das vollständig von Land umschlossene Königreich Swaziland (zum größten Teil von Südafrika, aber auch von Mozambique an der Ostgrenze) ist mit etwa 17.000 qkm kaum größer als Schleswig-Holstein. Mit Gebirge (bis 1.800 m), Hochflächen und Regenwaldlandschaft und einer Vielzahl von Kleinstfarmen im Westen bis hin zu Busch- und Savannenlandschaft unterbrochen durch große Plantagen und vereinzelte Industrieanlagen im Osten bietet das Königreich ein abwechslungsreiches Landschaftsbild und einen guten Querschnitt durch den afrikanischen Naturraum.

Abwechslungsreicher Mini-Staat

Blick nach Swaziland vom Saddleback-Pass

Auffallend ist dabei der krasse Gegensatz von Kleinfarmen (ca. 1 ha) und den riesigen Zuckerrohr- und Ananasplantagen. Besonders reizvoll sind das Bergland im Westen, das von vielen tiefen Flusstälern durchschnitten ist, sowie die vier großen Wildparks, die abseits von den Hauptreiserouten des Südlichen Afrika einen geruhsamen Aufenthalt versprechen.

Das **Straßennetz** ist relativ gut ausgebaut. Sowohl die Asphaltstraßen als auch die Hauptpisten werden regelmäßig unterhalten und sind damit ohne Probleme mit einem normalen Mietwagen zu befahren. Während der Regenzeit (Oktober bis März) empfiehlt es sich aber vorher Erkundigungen über den Zustand der Pisten einzuholen. Ansonsten ist Swaziland ein angenehmes Reiseland mit erträglichen Temperaturen und einer guten Infrastruktur.

Gute Infrastruktur

Im Gegensatz zu den Südafrikanern müssen die Swazi ihre Traditionen nicht wieder beleben. Sie haben schon immer ihre vielen und farbenprächtigen **Traditionen, Tänze und Riten** in ihren Alltag integriert und auch heute zählt es zum ganz normalen Leben, wenn ein Swazi mit Aktenkoffer und traditioneller Kleidung herumläuft.

Hinweis
Es handelt sich bei der beschriebenen Reiseroute um einen Routenvorschlag (und nicht um eine vollständige Landesführung durch Swaziland), der einen guten

Redaktions-Tipps Swaziland

- Die R40 nach Piggs Peak (S. 496 u. 503): faszinierende **Bergwelt**.
- Eine Nacht in der **Phophonyane Lodge** inmitten üppiger Vegetation (S. 503).
- Wanderung zu den Wasserfällen im **Malolotja Nature Reserve** (S. 504).
- Übernachtung in traditionellen **Strohrundhütten** im Mlilwane Wildlife Sanctuary (S. 509).
- Im House on Fire und Gone Rural's Shops den Strohfärberinnen und den Holzkunstschnitzern bei der Arbeit zuschauen (S. 509f).
- **Geld**: Sie können überall in Rand (Kurs 1:1) bezahlen. Ein Rücktausch der Emalangeni, der Währung Swazilands, in einer südafrikanischen Bank ist nicht möglich. Geben Sie daher vor Grenzübertritt Restgeld aus.

Überblick über das Land gibt und alle Landschaftszonen des Landes berührt.
Die Tour beginnt im Highveld, im Westen, dem landschaftlich schönsten Gebiet des Landes und erreicht dann die Region um die großen Städte des Landes in den Ausläufern des Hochlandes und im Middleveld. Östlich von Manzini wird die Besiedlungsdichte merklich geringer, und von den letzten Höhen des Middlevelds hat man einen weiten Blick über das Lowveld im Osten mit den Lebombo-Bergen am Horizont. Im Lowveld beschleicht vielleicht den einen oder anderen das Gefühl, sich in einem amerikanischen Roadmovie der 1960er Jahre zu befinden, so endlos wirkt die Savanne.

Entfernungen
Kruger Park/Gate Malelane – Jeppe's Reef: 42 km
Barberton – Jeppe's Reef: 126 km
Barberton – Pick's Peak: 65 km = 2 h (inklusive Grenze)
Barberton – Ngweny/Oshoek – Mbabane: 156 km
Johannesburg – Mbabane: 361 km
Mbabane – Durban: 562 bzw. 635 km
Mbabane – Maputo: 236 km

Einige Informationen zu Swaziland

Geschichte und Politik

Ein Königreich

Die Bezeichnung „Land der Leute der Mswati", wie die Bedeutung von Swaziland ist, rührt aus der Herrschaft des Königs ***Mswati II.*** (geb. 1820, gest. 1868) her. Er und König ***Sobhuza I.*** (geb. 1780, gest. 1839) formten im 19. Jh. aus der Swazi-Oberschicht, alteingesessenen Sotho und anderen zugewanderten Nguni-Gruppen das Staatsvolk der Swazi. Ihre Vorfahren stammen aus Zentralafrika und lebten bis 1700 im Gebiet des heutigen Mozambique. Erste Siedlungen waren Hluti und Nhlangano ganz im Süden des heutigen Swazilandes. Aufgrund von Konflikten mit den Zulu zogen die Swazi unter ***Sobhuza I.*** weiter nordwärts in die Gegend von Lobamba.

Ab etwa 1840 kamen erstmals weiße Abenteurer, Jäger, Händler, Missionare und Farmer ins Land und wurden von *Mswati II.* friedlich empfangen. Mit den Jahren

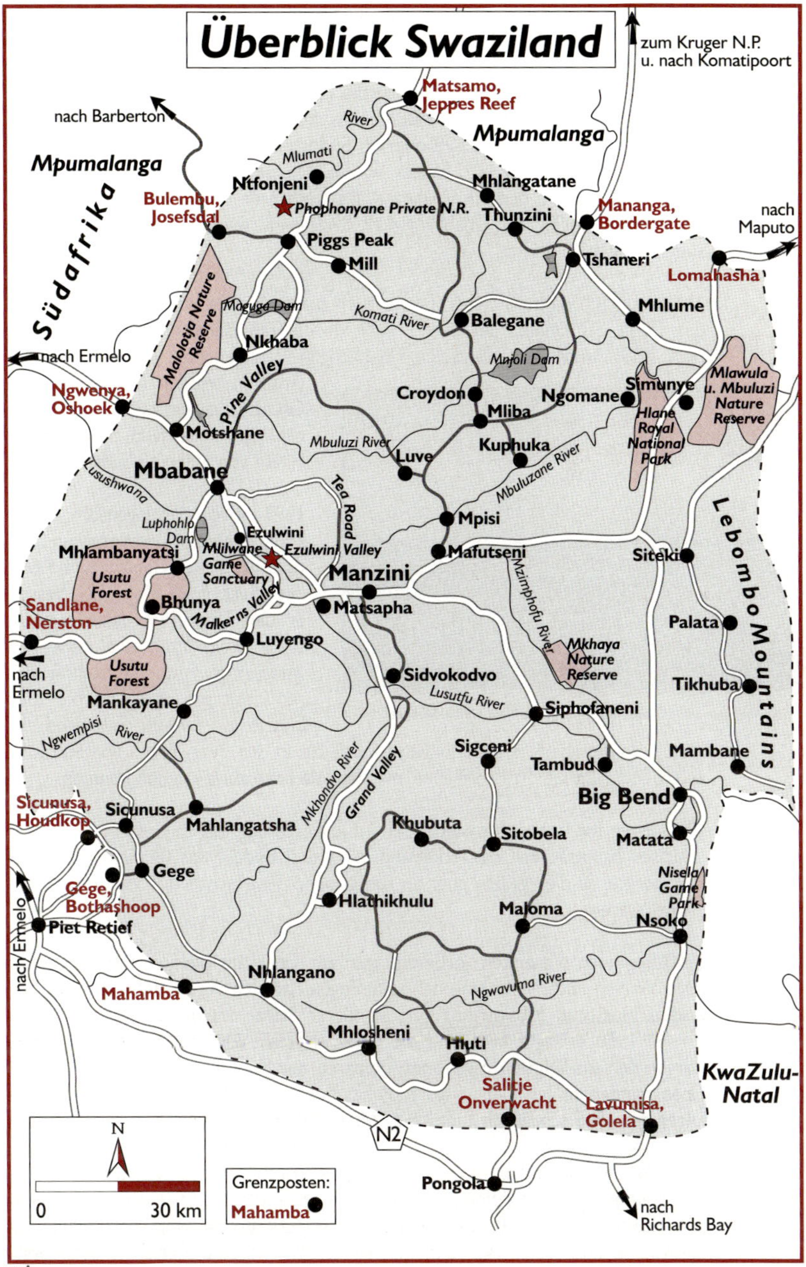
Überblick Swaziland
zum Kruger N.P. u. nach Komatipoort
nach Barberton
Mpumalanga
Matsamo, Jeppes Reef
River
Mlumati
Mpumalanga
Südafrika
Ntfonjeni
Mhlangatane
Bulembu, Josefsdal
Phophonyane Private N.R.
Thunzini
Mananga, Bordergate
nach Maputo
Piggs Peak
Mill
Tshaneri
Lomahasha
Maguga Dam
Malolotja Nature Reserve
Komati River
Balegane
Mhlume
nach Ermelo
Nkhaba
Mnjoli Dam
Mlawula u. Mbuluzi Nature Reserve
Pine Valley
Croydon
Simunye
Ngwenya, Oshoek
Ngomane
Mliba
Hlane Royal National Park
Motshane
Mbuluzi River
Kuphuka
Luve
Mbabane
Lusushwana
Tea Road
Mbuluzane River
Mpisi
Luphohlo Dam
Ezulwini
Lebombo Mountains
Mlilwane Game Sanctuary
Ezulwini Valley
Mafutseni
Siteki
Mhlambanyatsi
Manzini
Usutu Forest
Bhunya
Matsapha
Sandlane, Nerston
Malkerns Valley
Mzimphofu River
Palata
Luyengo
Mkhaya Nature Reserve
nach Ermelo
Usutu Forest
Sidvokodvo
Tikhuba
Mankayane
Lusutfu River
Siphofaneni
Ngwempisi River
Sigceni
Mkhondvo River
Tambuti
Mambane
Grand Valley
Big Bend
Sicunusa, Houdkop
Sicunusa
Mahlangatsha
Khubuta
Sitobela
Matata
Gege
Nisela Game Park
Gege, Bothashoop
Hlathikhulu
Maloma
Nsoko
Piet Retief
nach Ermelo
Nhlangano
Mahamba
Ngwavuma River
Mhlosheni
Hluti
KwaZulu-Natal
Salitje Onverwacht
Lavumisa, Golela
N
0
30 km
N2
Grenzposten:
Mahamba
Pongola
nach Richards Bay

© igraphic

aber wurde der Druck besonders der Buren auf die Swazi immer größer, so dass Mswati die Briten um Schutz bat, die der Bitte nur bedingt nachkamen.

Ausverkauf eines Landes

Als 1875 *Mswati's* Enkel *Mbandzeni* an die Macht kam, verkaufte und verpachtete er große Teile des Landes an die Buren, um dem eigenen Volk eine wirtschaftliche Grundlage zu geben. Für 2.590 qkm im Südosten erhielt er z. B. 30 Rinder und 5 brit. Pfund Pacht pro Jahr. Fataler wirkte sich der Verkauf von **Bergbaukonzessionen** aus, die den Südafrikanern alle Rechte an den Bodenschätzen gaben. Noch 1968, am Tag der Unabhängigkeit Swazilands, waren 44,7 % des Landes in südafrikanischem Besitz.

Nicht nur auf wirtschaftlicher Ebene auch politisch stieg während der 2. Hälfte des 19. Jh. der Einfluss der Buren. 1877 wurde Transvaal von den Briten annektiert. 1881 wurde Swaziland die Unabhängigkeit zugesichert und die heutigen Grenzen wurden festgelegt. Diese Grenzfestlegung missfiel den Swazi natürlich, denn dadurch wurde die Hälfte von ihnen zu Südafrikanern.

Im Westen Swazilands: Hügellandschaft, so weit das Auge reicht

1899 wurde der legendäre Swazikönig ***Sobhuza II.*** geboren und bereits bei seiner Geburt zum König designiert, doch erst 1921 bestieg er den Thron. Bis dahin regierte seine Großmutter, eine weise und weitsichtige Frau. Unter ihrer Regentschaft gab es die Parole „Buy Swaziland" („Kauft Swaziland zurück"). So motivierte sie die jungen Landsleute, in den Bergwerken von Südafrika zu arbeiten, um Geld zu verdienen, mit dem sie Land zurückkaufen konnten.

1907 nahm die Kolonialverwaltung eine Neuverteilung des Landes vor. Die Swazi erhielten hauptsächlich das Ackerland mit guten Böden, was für wenig Konfliktstoff sorgte, da die Weißen eher an Bergbau, Forstwirtschaft und Viehzucht interessiert waren.

Vater von 600 Söhnen

1960 begannen die ersten Vorbereitungen zur Unabhängigkeit, und 1964 wurden erste Wahlen unter Teilnahme der zukünftigen Parteien durchgeführt. Das **Imbokodvo National Movement** ging als klarer Sieger aus diesen Wahlen hervor. Am 6.9.1968 erlangte Swaziland die Unabhängigkeit. Als *Sobhuza II.* 1982 starb, war er der am längsten regierende Monarch der Welt. Er hinterließ 600 Söhne! Einen minderjährigen Lieblingssohn, *Prinz Makhosetive,* bestimmte er zum Nachfolger, der 1986 schließlich zum König ***Mswati III.*** gekrönt wurde.

Wie alle Länder Afrikas ist auch Swazilands Wirtschaft stark auf die Landwirtschaft ausgerichtet. Traditionelle Grundnahrungsmittel sind Mais und Hirse, wichtige Handelsgewächse (Cash Crops) dagegen Zuckerrohr, Reis, Baumwolle, Zitrusfrüchte und Tabak. Während im Highveld vorwiegend Viehzucht und Forstwirtschaft betrieben werden, ist das Middleveld durch den Anbau von Exportkulturen gekennzeichnet. Im niederschlagsärmeren Lowveld herrschen Viehbetriebe und Bewässerungskulturen vor, in erster Linie Zuckerrohr- und Zitrusplantagen. Der Agrarsektor von Swaziland ist von dem Dualismus zwischen traditioneller Subsistenzwirtschaft auf Kleinstfarmen und dem Anbau marktorientierter Produkte auf Plantagen gekennzeichnet. Die Plantagen und Großfarmen sind überdies auch in ausländischer Hand, an denen der Staat aber Anteile hält (Individual Tenure Land). Der König besitzt 56 % der „Rural Land Area", welche er an die Kleinbauern verpachtet („Swazi Nation Land").

Traditionelle Subsistenzwirtschaft und Plantagen

Im Bildungsbereich besteht eine mit **Schulpflicht** verbundene siebenjährige Primarschule und eine anschließende fünfjährige, zweistufige Sekundarschule. Die Analphabetenrate liegt bei rund 23 %. Es gibt eine Universität in Kwaluseni, die 1962 zusammen mit Lesotho und Botswana gegründet worden war, seit 1982 aber von Swaziland alleine getragen wird. Die Grundschulen werden zum überwiegenden Teil von christlichen Missionsstationen geführt.

Bevölkerung und geographische Daten

Swaziland ist insgesamt 17.364 qkm groß und zählt damit flächenmäßig zu den kleinsten Ländern Afrikas. Neben wenigen Weißen, Mischlingen und Asiaten gibt es etwa eine Mio. Swazi (Swaziländer). Die vier Klimazonen des Landes, die sich von Norden nach Süden ziehen, bilden auf dem relativ kleinen Raum große Kontraste. Von Westen nach Osten fahren Sie größtenteils durch **Highveld (Hochland mit Höhen über 1.800 m)** – mit tief eingeschnittenen Tälern und weit ausgedehnten, z.T. künstlich angelegten Wäldern, durchs hügelige, fruchtbare und dicht besiedelte **Middleveld (500–1.000 m)**, durch die für Afrika so typischen Savannenebenen des **Lowveld (150–500 m)** – zum großen Teil durch künstlich bewässerte Zitrus- und Zuckerrohrplantagen kultiviert und schließlich durch die **Lebombo-Berge (300–800 m).** Sie stellen einen Steilabbruch mit schroffen Schluchten dar. Nach Osten hin fällt die Gebirgskette allmählich in Richtung Mozambique ab.

Vier Klimazonen

Swazilands **Vegetation** besitzt kaum natürliche Wälder, doch wurden durch Aufforstungsprogramme seit den 1940er Jahren über 125.000 ha Wald geschaffen. Dieser Wald wurde vornehmlich im Highveld angepflanzt. Es handelt sich um Eukalyptus- und Kiefernanpflanzungen. Ansonsten findet man im Highveld offenes Grasland vor. Zum Middleveld hin wird das Gras üppiger, bedingt durch die hohen Niederschläge und die milderen Temperaturen (Steigungsregen). Hier tauchen dann auch die für Afrika typischen Schirmakazien auf. Im Lowveld schließlich ist die Savanne durch Dornbüsche geprägt, da hier die niedrigsten Niederschläge fallen.

Aufforstungen

Swaziland ist durch ein Höhenstufen-**Klima** mit tropischem Charakter geprägt. Mit abnehmender Höhe sinken danach auch die Niederschlagsmengen. Der Regen fällt in den Sommermonaten. Regenzeit ist von Oktober bis März. Die Durchschnittstemperaturen fallen mit zunehmender Höhe ab. Mittlere Sommertemperaturen liegen im Lowveld um 26 °C und im Highveld um 18 °C. Die Winterwer-

Sommerregen

Klimadaten			
Station	Niederschlag	Temperaturen (Monatsmittel)	
		Januar	Juli
Mbabane	1 387 mm	20,0 °C	12,4 °C
Manzini	911 mm	23,2 °C	15,2 °C
Nsoko	508 mm	25,5 °C	16,0 °C

te liegen bei 16 ° bzw. 12 °C. Frost tritt fast in allen Teilen des Landes in den Wintermonaten auf.

Bei einer **Bevölkerung** von insgesamt ca. 1,1 Mio. Einwohnern ergibt sich eine Bevölkerungsdichte von 63 Einwohnern pro Quadratkilometer. Durch die natürlichen Gunsträume der westlichen und mittleren Landesteile bedingt, ist die Bevölkerungsdichte hier wesentlich höher als in den östlichen Landesteilen. Auch die bessere Infrastruktur und der höhere Industrialisierungsgrad lassen immer mehr Menschen hier siedeln. Wenn auch der Verstädterungsgrad mit 34 % der Gesamtbevölkerung noch relativ niedrig erscheint, erhöht sich dieser Wert stetig. Mbabane hatte 1995 52.000, 2001 bereits über 80.000 und mittlerweile über 100.000 Einwohner. Trotzdem kann man Swaziland noch als ein Land bezeichnen, das maßgeblich von seiner Landbevölkerung geprägt ist.

Landflucht

Traditionen, Tänze und rituelle Zeremonien

Das Leben der Swazi ist noch sehr mit den alten Traditionen verbunden. Zu den meisten feierlichen Anlässen wird die traditionelle Kleidung angelegt und nach alten Sitten und Gebräuchen gefeiert und getanzt. Doch selbst im alltäglichen Leben sieht man noch viele Menschen in ihren Trachten herumlaufen. Besonders die Chiefs halten an dieser Tradition fest und man sollte sich nicht wundern, wenn man in Stoff gewickelte Männer mit modernstem Aktenkoffer durch die Straßen von Mbabane laufen sieht. Sie sind dann häufig auf dem Weg in eine wichtige Konferenz. Diese Tracht nennt man „Emahiya".

Alten Traditionen verbunden

Eine der heiligsten und symbolbeladensten Festivitäten ist das **Incwala-Fest**, eine Art Fruchtbarkeitszeremonie, die im Dezember/Januar abgehalten wird und etwa 3 Wochen dauert. Sie soll auch die Legitimität der Monarchie bekräftigen. Somit steht der König im Mittelpunkt und bestimmt den Ablauf der Feierlichkeiten.

Bulembu

Der Grenzort Bulembu war 1886 wegen Goldfunden und der zu der Zeit schon existierenden Havelock-Mine mit ihren Asbestvorkommen einst einer der wirtschaftlich bedeutendsten Orte Swazilands. Seit der Schließung der Mine Anfang des 21. Jh. aufgrund sinkender Weltmarktpreise für Asbest und dem Abkommen der südlichen Länder Afrikas, kein Asbest mehr zu exportieren, ist der Ort weitestgehend verlassen. Von den ehemals 6.500 Einwohnern der Stadt wohnen

Nahezu eine Geisterstadt

heute nur noch ein paar Waldarbeiter und ihre Familien in den einfachen Hütten im Ort.

Dabei war Bulembu Ende des 19. Jh./Anfang des 20. Jh. Anziehungspunkt verschiedener Glücksritter aus aller Welt – auch wenn es richtig große Goldfunde hier nicht gab. Nach dem 1. Weltkrieg wurde die Asbestmine von *Izaak Holzhausen* neu entdeckt und eine kanadische Firma begann mit den nötigen Prospektionsarbeiten. 1930 entschloss sich diese Firma schließlich, 100 Claims für 480.000 Emalgeni zu kaufen, dem höchsten Preis, der jemals für Bergbauclaims bis dahin im Südlichen Afrika bezahlt wurde. Eine deutsche Firma aus Leipzig erhielt den Auftrag, die Transportseilbahn nach Barberton, der nächsten Bahnstation, zu errichten.

Deutsche Seilbahn

Die stillgelegte Seilbahn, unter der Sie auf dem Weg von Barberton nach Bulembu herfahren, hat eine Länge von 20 km und wird von 52 Pfeilern getragen. Über 200 Lastenträger konnten jeweils bis zu 200 kg tragen. Auf dem Rückweg von Barberton wurde Steinkohle für die Maschinen der Mine befördert.

Piggs Peak und Umgebung (ⓘ s. S. 195/Swaziland)

Der im Nordwesten des Landes gelegene Ort, 23 km hinter Bulembu, liegt eingebettet inmitten mehrerer Bergketten. Der nur aus einer Straße bestehende, dafür aber mit einem Kasino ausgestattete Ort entstand – wie sollte es in dieser Gegend anders sein – aufgrund eines Goldfundes. Bereits 1881 war es *Tom McLachlan*, der die ersten Unzen im Fluss fand. 1885 war es dann der Franzose ***William Pigg***, der eine so reiche Ader entdeckte, dass hier für die nächsten 80 Jahre die größte Goldmine des Landes operieren konnte. Die ersten Goldsucher waren es auch, die den Pfad nach Barberton begehbar machten. Zu weit und kostspielig war die Strecke nach Süden. Doch war es damals eine gefährliche Strecke über die Höhen. Banditen lauerten den Goldsuchern auf, und Barberton war ein von Malaria verseuchtes Gebiet. Heute gilt dieses Gebiet als malariafrei und die Stadt dient mit Banken, Tankstellen und einigen Läden vor allem als Versorgungsstadt des Nordwestens von Swaziland.

Goldsucher und Banditen

Phophonyane Private Nature Reserve und Lodge

(10 km nördlich von Piggs Peak)

Ein privates Nature Reserve in der Bergwelt des Nordwestens, das sich durch eine wunderschöne Anlage, seltene Middelveld-Vegetation, **Wasserfälle** und zahlreiche in den Stein geformte Pools auszeichnet. Ein Teil der Unterkünfte, die aus geräumigen und luxuriösen Zelten bestehen, befinden sich auf Plattformen direkt am Fluss. Zudem gibt es vier Cottages. Ehemals eine kleine Farm, hat *Rod de Vletter* heute die **Phophonyane Lodge** zu einer der schönsten des südlichen Afrikas ausgebaut. Die wenigen Schlafplätze versprechen einen angenehmen und ruhigen Aufenthalt und das Gefühl, Natur um sich zu spüren. Besonders beeindruckend sind die Vegetation und die **artenreiche Vogelwelt**, die man auf kleinen Wanderwegen erkunden kann. Touren in die Umgebung und im Naturreservat werden organisiert.

Oase der Ruhe

Malolotja Nature Reserve

(ca. 30 km südl. von Piggs Peak. Zur Lion Cavern geht es weiter Richtung Grenzstation Oshoek. Hinter den Ngwenya Glass Works führt eine Asphaltstraße bis zu einem Gate und von dort ein Guide zu der Höhle.)

Von Allem etwas

Karte S. 499

Das 18.000 ha große Nature Reserve ist sicherlich Swazilands schönster Park und bietet für Naturliebhaber nicht nur wegen des zweithöchsten Berges von Swaziland, dem Ngwenya Mountain (1.829 m), eine Fülle von Attraktionen. Die Pflanzenwelt umfasst u. a. verschiedenste Proteaarten (besonders in den Tälern) und Zikaden. Auch wenn es sich hier nicht um einen typischen afrikanischen „Big Five"-Park handelt, so beeindruckt die Stille der Bergwelt und die Schönheit der Flüsse und Wasserfälle. Und immerhin: Neben bekannten Savannentieren wie Zebras, Wildebeest und Hartebeest kommen besonders viele Reptilien vor, wobei vor den Schlangen gewarnt sei (Puffotter und Mozambique-Kobra). Für Wanderfreudige gibt es ausreichend Wanderwege und 17 Camps, in denen man übernachten kann. Dabei sollte man eine Route wählen, die zu den Bushman Paintings im Komati-Tal führt.

Das fruchtbare Land ist teilweise stark zersiedelt

Besonders interessant ist aber die Geologie. Es gibt hier die **ältesten Sedimentgesteine der Erde** und fossile Algen datieren 3,5 Milliarden Jahre zurück. Proben der Sedimentgesteine wurden nach dem ersten Mondflug von der NASA entnommen und es stellte sich heraus, dass sie dem Mondgestein sehr ähnlich sind.

Steine wie auf dem Mond

Im Süden des Parks kann man, nach vorheriger Anmeldung im Parkbüro, die wohl **älteste Mine der Welt** besichtigen: die **Ngwenya Mine**. Hier haben Menschen bereits vor 45.000 Jahren Hämatite und Tonmineralien abgebaut, welche sie zum Färben und als Kosmetik genutzt haben. In jüngster Zeit baute man hier Eisenerz ab, bis die Förderung Ende der 1970er Jahre eingestellt wurde. Von den ehemals drei originalen, alten Minen existiert nur noch eine und zwar die **„Lion Cavern"**. Die anderen beiden wurden durch modernere Minen ersetzt. Die Minenhalle ist selbst sehr klein und schmal, aber auf jeden Fall einen Besuch wert. Zudem bietet die Lage der Mine einen wunderschönen Blick über das Steynsdorp Valley.

Ngwenya Glassworks (ⓘ s. S. 195/Swaziland/Piggs Peak)

(An der Kreuzung in Motshane nach re. abbiegen., nach ca. 3 km wieder nach re. und Wegweiser folgen.)

Diese kleine Glasfabrik gehört mit zum „Stolz des Landes". Mit viel Idealismus wurde diese Fabrik 1976 errichtet. Einheimische **Glasbläser** produzieren, unter der Leitung einer südafrikanischen Familie, Tiere und Gebrauchsgegenstände aller Art. Unter der Woche kann man von einer Galerie aus den Arbeiten zusehen. Ein kleiner Fabrikladen verkauft dann ausgesuchte Ware. Besonders beeindruckend ist, dass fast das gesamte Rohmaterial aus Altglas gewonnen wird, das vor allem Kinder für ein Taschengeld heranbringen. Ein Anteil des Gewinns wird dem Wildlife Fund gestiftet und bevorzugt der „Save the Rhino"-Stiftung überschrieben.

Vornehmlich aus Altglas

Etwa 700 m hinter den Ngwenya Glassworks liegen die Endlotane Studios. Die Einrichtung wurde vom deutschen Künstlerehepaar *Reck* gegründet und wird auch von ihnen betrieben. Auch hier kann man in der Werkstätte mit Herstellungsschwerpunkt bei der Produktion von sehr ansprechenden **Wandteppichen** zusehen. Gewebt wird mit Angora-Wolle, die z.T. von der eigenen Angora-Herde stammt.

Mbabane (ⓘ s. S. 195/Swaziland)

Der Name der Stadt entstammt der Tatsache, dass Chief *Mbabane* von König *Mbandzeni* den Auftrag erhielt, in der Gegend der Stadt auf die königlichen Viehbestände zu achten, denn zu dieser Zeit wurde immer mehr Vieh vom Middleveld ins Highveld getrieben, da hier das Gras noch ausreichend war. Da *Chief Mbabane* ein sehr strenger Mann war, wurde das Wort „Mbabane" im Sprachgebrauch der Swazi später für „bitter" und „scharf" genutzt.

Kreuzung in der Hauptstadt Mbabane

Mit den ersten Pionieren erhielt diese Stelle aber erst einen anderen Namen, nämlich „Sonnenbergs Retreat", benannt nach *Isaac Sonnenberg*, einem Abenteurer, der sein Glück schon in Südafrika versucht hatte. 1888 gründete *Michael Wells* dann einen Pub sowie ein kleines Geschäft. Insbesondere der Pub florierte, lag er doch direkt entlang des Weges, den viele Glücksritter – unterwegs zu den Goldentdeckungen – beschritten. Um den Pub und den Laden entstand bald ein kleines Dorf, und am Ende des Anglo-Boer-Krieges wählten die Briten diesen Platz als Verwaltungssitz für das annektierte Gebiet, da es hier viel kühler war als in Bremersdorp (jetzt: Manzini), dem ehemaligen Sitz ihrer Verwaltung.

Stadtgründung um einen Pub

Die Stadt ist in den letzten Jahrzehnten sprunghaft gewachsen. Im Stadtkern werden immer neue Bauten errichtet, meistens Regierungsgebäude oder Banken. Haupteinkaufsstraße ist die **Allister Miller St.** Interessant ist zu beobachten, wie sich die einzelnen Siedlungen an den umliegenden Hängen scheinbar planlos weiter ausbreiten. Die Planung beruht zum einen auf dem besten Transportweg von Wasser und zum anderen auf dem Bedürfnis der Swazi, möglichst einen kleinen Garten anlegen zu können, in dem sie einige Grundnahrungsmittel für den Eigenbedarf anpflanzen können. Blickt man von oben auf die Stadt, ist sie doch viel grüner als vergleichbare Städte in Südafrika. Manch einer mag es chaotisch finden, aber es hat auch gerade den Reiz, den eine Reise in ein schwarzafrikanisches Land ausmacht.

Keine touristischen Höhepunkte

Touristische Höhepunkte bietet Mbabane nicht. Zu erwähnen wäre höchstens der **Swazi-Market** am Südende der Allister Miller St (Touristeninformation und die Einkaufszentren Swazi Plaza und The Mall), wo eine breite Palette handwerklicher Produkte und Souvenirs angeboten wird (u. a. bedruckte Stoffe, Masken, Speere, Korb- und Flechtwaren, Keramikarbeiten etc.).

Abstecher von Mbabane

Pine Valley

Direkt nördlich von Mbabane gelegen bietet es sich für einen 2-stündigen Kurztrip an. Linker Hand sieht man eine Reihe von Wasserfällen des **Black Mbuluzi River** und rechter Hand imponieren Granitfelsen („Domes“). Dieses Gebiet eignet sich hervorragend für Spaziergänge.

Usutu Forest

Riesiger Forst

Mit 70 Mio. Kiefern auf über 65.000 ha ist der Usutu Forest einer der größten künstlich angelegten Wälder der Welt. Es bietet sich an, von Mbabane aus eine Rundtour (ca. 110 km) zu machen. Man nimmt hierzu die Straße nach Bhunya und fährt südlich durchs Malkerns Valley zurück nach Ezulwini. Schon kurz hinter Mbabane fährt man durch das erste Waldgebiet und erreicht vor Meikles Mount das Mhlambanyatsi Valley. Von da an steigt die Straße an und erreicht die ersten Forstplantagen. In Mhlambanyatsi ist der Sitz der Forstverwaltung. Auf der Wegstrecke danach hat man schöne Ausblicke auf die bewaldeten Höhenzüge.

Imker als Brandverursacher

In Bhunya schließlich findet sich eine der beiden Papierfabriken. Jede Mühle produziert ca. 180.000 t Papier pro Jahr. Eine Kiefer braucht etwa 16–18 Jahre, bis sie schlagreif ist. Größtes Problem ist die Feuergefahr. Die meisten Feuer verursachen Honigsammler, die die Bienenschwärme ausräuchern, bevor sie sich an den Honig wagen.

Hinweis zur Strecke

- *In Bhunya zweigt die Straße nach Sandlane und Amsterdam ab. Sie fahren aber weiter bis ins Malkerns Valley. Nachdem Sie das Forstgebiet verlassen haben, tauchen rechts und links der Straße große, aufgeteilte Felder auf. Das sind Ananaskulturen, die zu der Konservenfabrik in Malkerns gehören. Das untere Malkerns Valley ist eines der fruchtbarsten Gebiete im Land. Knapp 80 km hinter Mbabane treffen Sie dann wieder auf die Hauptroute durch das Ezulwini Valley. In östliche Richtung gelangen Sie auf der alten Mbabane-Manzini-Straße weiter auf der Hauptreiseroute zum Hlane Royal National Park.*

- *Wer diese Tour noch etwas ausdehnen möchte, biegt 20 km hinter Bhunya nach rechts in Richtung Mankayane ab. Hier fährt man noch durchs urtümliche Swaziland. Kleinstfarmen verteilen sich in unregelmäßigen Abständen über die Berghänge und nirgendwo sonst laufen so viele Rinder frei herum. Mankayane selbst ist ein kleines Nest mit wenigen Geschäften und einem einfachen Pub.*
- *Wenn Sie direkt nach KwaZulu-Natal möchten, können Sie diese Strecke als Alternative zur Route Big Bend/Lavumisa wählen, sollten aber 3 Stunden mehr Fahrzeit einplanen.*

Hinweis zur Strecke

Hinweis zur Strecke von Mbabane durchs Ezulwini Valley, direkt nach Manzini oder über die Tea Road:

- *Die Reiseroute führt weiter auf der schmalen und landschaftlich schönen, ehemaligen Hauptstraße durch das Ezulwini Valley zum Mantenga Cultural Village, Nationalmuseum, zu den Parlamentsgebäuden, zum King Sobhuza's Memorial Park und entlang des Präsidentenpalastes in Lobamba sowie zum Mlilwane Wildlife Sanctuary und zu sehenswerten Kultur- und Kunsthandwerkszentren.*
- *Für Eilige bietet sich hinter Mbabane die vierspurig ausgebaute Schnellstraße MR3 nach Manzini an.*
- *Die **Tea Road** (hinter Ezulwini nach links) bietet eine schöne Aussicht über die Mdzimba Mountains. Wie der Name schon sagt, durchfährt man hier auch die Teegärten des Landes. Bei Lozitha wird die neue Residenz passiert.*

Ezulwini (ⓘ s. S. 195/Swaziland/Mbabane)

„Platz des Himmels"

Ezulwini bedeutet „Platz des Himmels". Benannt wurde das Tal nach den früheren königlichen Kralen. Hier liegen die meisten Hotels des Landes, und wer hier sein Quartier aufschlägt, hat es zu den meisten anderen Sehenswürdigkeiten nicht weit. Für „Gambler" wurde ein **Spielcasino** errichtet, das insbesondere zu Apartheidzeiten, als für Südafrikaner in ihrer Heimat das Glücksspiel verboten war, seine Glanzzeit erlebte. Dennoch ist besonders am Wochenende ein Blick ins Spielcasino schon alleine deshalb lohnend, weil der Anblick spielender Swazi-Chiefs in traditioneller Kleidung im heutigen Afrika mit Sicherheit keine Alltäglichkeit ist. Golf- und Tennisplätze sowie Reiterhöfe und eine heiße Mineralquelle sorgen für Entspannung nach durchspielten Nächten.

Hütten mit Kunsthandwerk im Ezulwini Valley

Im Ezulwini Valley findet man auch die meisten **Craft Shops**. Sie reihen sich wie Perlenketten an der Hauptstraße aneinander. Daneben gibt es noch einige an der Straße nach Malkerns. Und darüber hinaus bieten sich auch noch zahlreiche Cultural Villages, Restaurants, Ananasfelder, kleine Farmen und Reiterhöfe zahlreiche Möglichkeiten für Abstecher in die abgehenden Täler sowie für Wanderungen in Wälder und Teeplantagen an.

Sehenswertes im Ezulwini Valley (ⓘ s. S. 195/Swaziland/Mbabane)

Mantenga Cultural Village

(hinter Ezulwini re. und nach wenigen Kilometern wieder re. am Backpacker, Craft Shop und an der Lodge vorbei; Restaurant und Übernachtsmöglichkeiten)

So lebten die Swazi

Das rekonstruierte Swazi Chief's Village (gehört zur Swaziland National Trust Commission) aus der Zeit um 1850 unterscheidet sich in punkto Kommerzialisierung sehr positiv von einigen vergleichbaren Dörfern in Südafrika. Es ist wunderbar einsam inmitten einer Hügellandschaft gelegen, so dass einem schon eine Ahnung kommt, wie das Leben hier vor über eineinhalb Jahrhunderten gewesen sein muss. Die Guides tragen traditionelle Kleidung und erklären die Lebensweise von damals. Dazu gehören auch die Technik der Reparatur der traditionellen Strohhütten, die Viehhaltung und traditionelle Tänze, die zweimal am Tage aufgeführt werden. Das Village liegt im **Mantenga Nature Reserve**, das für die **Mantenga Falls** bekannt ist, die unweit des Dorfes liegen. Die größten Wasserfälle des Landes sind gut erreichbar.

King Sobhuza II Memorial Park

(gegenüber dem Parlament in Lobamba)

Von Taiwan bezahlt

An dieser Stelle wurde *King Sobhuza II.* (1899-1982) aufgebahrt, bevor er im Süden des Landes bestattet wurde. Taiwanesen spendeten die finanziellen Mittel für einen Memorial Park, in dem eine große Bronzestatue des Königs steht sowie eine kleine Fotogalerie mit Bildern von ihm. An der Stätte, wo er einst aufgebahrt worden war, steht heute ein Glassarg, der rund um die Uhr von einer spirituellen Kraft bewacht wird.

Swaziland National Museum

(Lobamba; aus Mbabane kommend kurz vor dem Lobamba Royal Village auf der li. Seite)

Symbolik der Kleidung

Das Museum bietet anhand von Exponaten aus allen Zeitgeschichten einen guten Überblick über die Swazi-Kultur, beginnend mit der Steinzeit. Besonders interessant ist vor allem die Abteilung mit den traditionellen Kleidern, die einem die Symbolik der einzelnen Kleidungsarten gut veranschaulicht. Zum Beispiel haben die Schilder, die die Swazi-Männer während der Festivitäten tragen, eine bestimmte Bedeutung: Männer unter 25 tragen ein buntes, braun-rot gehaltenes Schild und um ihren Stock haben sie Pavianfell gewickelt. Ausgewachsene Männer tragen dagegen ein Schild mit schwarz-weißem Fell und seltenem Affenfell um den Stock. Alte und weise Männer schließlich tragen ein graues Schild und wickeln

Schakalfell um ihren Stock. Außerdem ist neben dem Museum ein echter Swazi-kral aufgebaut. Einen großen Kontrast bieten die Limousinen von King Sobhuza.

Lobamba Royal Village

(Lobamba, re. Seite)

Im Herzen des Ezulwini Valley gelegen, befinden sich der **Embo State Palace**, in dem der König seine Untertanen empfängt und Audienzen abhält und das **State House Lositha**: 1978 erbaut und mit viel Pracht besetzt (Marmorböden, Kuppelanlage u. a.), dient es vorwiegend staatlichen Anlässen und als Schule für die Kinder des Königs. Beide Anlagen sind aber nicht zu besichtigen. Gleich nebenan befindet sich das **Parlament**. Es wurde 1979 in der Form eines Hexagons errichtet und beherbergt neben den Parlamentsräumen Konferenzräume, eine Bücherei und die Presse. Besucher können Debatten verfolgen, müssen sich aber entsprechend kleiden (Jackett, Krawatte, keine Jeans). Im **Somhlolo Stadium** werden alle größeren kulturellen Veranstaltungen abgehalten. Neben den Staatsfeierlichkeiten sind das vor allem Konzerte und Tanzveranstaltungen, aber auch Reden des Königs an seine Untertanen.

Machtzentrum

Mlilwane Wildlife Sanctuary/Game Reserve

(kurz hinter Lobamba nach re.)

Das Middleverd Reserve im Lobamba Valley war früher Privateigentum, das der Besitzer 1964 dem Staat als Schutzgebiet schenkte. Spenden von Privatpersonen und der Southern African Wildlife Foundation ließen den Park zu seiner heutigen Größe von 4.500 ha anwachsen. *Sobhuza II.* wurde von der Notwendigkeit des Naturschutzes überzeugt, als eines Tages 20 königliche Jäger nach vier Tagen Jagd nur mit zwei Impalas zurückkamen. Die ersten Tiere in dem Park wurden mit einem alten Landrover aus entfernten Gebieten (bis hin nach Zambia) hierher gebracht. Dämme mussten errichtet und bestimmte Pflanzen und Bäume angepflanzt werden, damit alle Tierarten einen für sie angemessenen Lebensraum erhielten. Heute leben hier u. a. Rappenantilope, Eland, Wasser-, Spring-, Stein-, Ried- und Buschbock, daneben Zebras, Hippos, Nashörner, Krokodile und Giraffen. Die Wege sind in der Trockenzeit gut mit einem Pkw zu befahren. Es werden aber auch Touren in Landrovern angeboten. Die Eisenbahnstrecke, die durch den Park führt und die umliegenden Dörfer, die von einigen Stellen zu sehen sind, schmälern das Naturerlebnis etwas. Wegen der guten Erreichbarkeit ist der Park eine gute Übernachtungsmöglichkeit.

Magere Ausbeute

House on Fire und Gone Rural's Shops

(1 km hinter dem Abzweig zum Mlilwane Park in Mahlanya nach re., Richtung Malkerns)

Die beiden Brüder *Jiggs* und *Sholto Thorne* starteten das Projekt 1997 als eine multifunktionale Plattform für jedwede Art der Performance. Seitdem entwickelt und verändert sich das Künstlerzentrum permanent. Allein die Gestaltung der einzelnen Künstlerateliers und Verkaufsräume der verschiedenen Kunsthandwerker ist ein Kunstwerk für sich. Und was die Kunsthandwerke und Kunstwerke

Künstlerzentrum

angeht, so findet man hier das Beste, was Swaziland zu bieten hat. Angefangen mit soliden Bastarbeiten (Körbe, Tischsets u.a.), Batiken und Bildhauerarbeiten bis hin zu außergewöhnlichen Holzschnitzereien in Form von z. B. skulpturförmigen Sesseln aus Holzwurzeln. In einem kleinen Amphitheater werden Theater- und Musikvorführungen geboten. Sehr interessant ist auch, dass man den Färbeprozess von Gräsern, die hinterher beim Trocknen bunte Farbkleckse in der Landschaft darstellen, verfolgen kann. Zehn Frauen arbeiten vor Ort ununterbrochen an Kesseln mit kochendem Wasser und rühren die Gräser ständig um. Mittlerweile arbeiten sie mit über 700 Frauen vom Lande zusammen, die die Möglichkeit haben, durch die Erstellung der Handwerksprodukte ihr Einkommen zu sichern. Einmal im Monat werden gefärbte gegen frische Gräser ausgetauscht und die fertigen Waren unter Aushandlung der Preise von den Frauen abgekauft.

Gefärbte Gräser

Holzkunst im „House on Fire"

Swazi Candles

(kurz vor Malkerns)

Wie Ngwenya Glass so ist auch Swazi Candles eine altbewährte Kunsthandwerkeinrichtung, die fest zu Swazilands Kulturprogramm gehört. Die handgemachten und farbenfrohen Kerzen sind mit Perlenmustern, Vögeln und anderen Tieren verziert. Die Dekorationen erzeugen einen sehr schönen Lichteffekt, wenn die Kerze innen langsam abbrennt. Die landschaftlich schön gelegene Fabrik, die ihre Kerzen weltweit exportiert, kann besichtigt werden und im Fabrikverkauf sind sie am günstigsten. Unter alten Jacaranda-Bäumen des angrenzenden Restaurants bietet sich hier eine angenehme Möglichkeit, einen kleinen Zwischenstopp einzulegen.

Exportschlager Kerzen

Manzini (ⓘ s. S. 195/Swaziland/Mbabane)

1885 unterhielt der Händler *Bob Rogers* in einem Zelt am Ufer des Mzimneni River einen „Laden". Diese Stelle nannten die Swazi später Manzini („am Wasser gelegen"). Im folgenden Jahr kaufte *Albert Bremer* dieses Land und errichtete hier ein festes Gebäude sowie ein Hotel. Allmählich entstand um das kleine Anwesen ein Ort, der Bremersdorp genannt wurde (erst 1960 Umbenennung in Manzini). 1890 wurde Bremersdorp gar „Hauptstadt", nachdem sich Briten und Buren entschlossen hatten, die europäischen Interessen in Swaziland gemeinsam zu kontrollieren. Doch am Ende des Anglo-Boer-Krieges wurde fast alles zerstört und Mbabane erhielt wegen seines angenehmeren Klimas den Status der Hauptstadt. Heute ist Manzini **wirtschaft-**

Tipp

Anstatt sich in Manzini aufzuhalten, sollten Sie lieber eine weitere Sehenswürdigkeit im Ezulwini Valley besuchen, einen Abstecher in das Grand Valley machen oder gleich bis zum rund 70 km entfernten Hlane Royal National Park durchfahren.

licher Mittelpunkt und größte Stadt des Landes. Es gibt hier zwei Shoppingcenter, ein Hotel und zahlreiche Werkstätten. Im Frühjahr blühen hier violette Jacaranda-Bäume und die roten Flamboyants. Für Besucher hat Manzini darüber hinaus außer dem Markt am Donnerstagmorgen nichts zu bieten. Zudem ist es hier zumeist stickig heiß und voll von Menschenmassen.

Wirtschaftliches Zentrum

Abstecher in das Grand Valley

Dieses Tal besticht durch seine faszinierenden Ausblicke von den Höhen herunter in das Tal. Die Strecke ist sehr kurvenreich und es ist ein ständiges Auf und Ab. Sie erreichen das Tal, indem Sie 5 km vor Manzini re. in Richtung Sidvokodvo abbiegen. Hier haben sich die ersten Swazi niedergelassen und von hier aus ihr Reich ausgedehnt. Durch regelmäßige Niederschläge war die Landwirtschaft gesichert. Die Swazi bezeichnen dieses Gebiet heute noch als das „*most picturesque in the Kingdom*". Den wohl schönsten Ausblick hat man von **Hlatsikhulu** hinunter ins Tal. Der 25 km weiter südlich liegende Ort **Nhlangano** (ca. 90 km von Ezulwini entfernt) bedeutet „Treffpunkt". Hier haben sich schon die ersten Swazi-Häuptlinge zu ihren Palavern getroffen und 1947 fand hier das legendäre Treffen zwischen *Sobhuza II* und *King George IV* statt. Heute ist die Region das Haupttabakanbaugebiet des Landes.

Hinweis

Wer direkt nach KwaZulu-Natal in Südafrika fahren möchte, kann diese Strecke als Alternative zur Route Big Bend/Lavumisa wählen, sollte aber 2 h mehr einplanen.

Hinweis zur Strecke

Von Manzini in den Nordosten und nach Mozambique:
Hinter Manzini geht es noch einige Kilometer geradeaus, dann li. Nach ca. 65 km nach Manzinie gelangen Sie in das Hlane Game Reserve. Hinter dem Park schließlich liegt der Ort Simunye. Einige Kilometer danach kommen Sie an die Abzweigung, wo es auf der beschriebenen Reiseroute weiter geradeaus nach Mozambique und Maputo geht. Links führt die Straße nach Mhlume und Tshaneni.

Hinweis
Reisebeschreibungen zu Maputo und dem Süden von Mozambique *siehe ab S. 658*

Hlane Royal National Park (ⓘ s. S. 195/Swaziland)

Der Name Hlane bedeutet in Swazi „Wildnis". Mit 30.000 ha ist dieser Park der größte in Swaziland. Er wurde 1967 offiziell von *König Sobhuza II* für schützenswert erklärt und im Laufe der Jahre hat man sich bemüht, den Wildbestand aufzustocken. Es gibt hier mittlerweile Elefanten, Rhinos, Giraffen, Wasserbüffel, Strauße, Zebras, Krokodile und viele andere Savannentiere. Löwen werden in einem separat abgegrenzten Gebiet gehalten. Einmal im Jahr findet die „**Butimba**", die vom König eröffnete Jagd statt. Daran dürfen nur geladene und erfahre-

Königliche Jagd

ne Jäger teilnehmen. Die Hütten sind bequem eingerichtet und eignen sich hervorragend für einen 1- bis 2-tägigen Aufenthalt. In diesem Teil des Südlichen Afrika kann man sich noch richtig naturverbunden fühlen, da nur wenige Touristen den weiten Anfahrtsweg hierher auf sich nehmen. Besonders eindrucksvoll ist auch die dichte Buschvegetation, die man in vielen anderen Parks schon etwas vermisst. Das macht natürlich das Ausspähen von Tieren auch etwas schwieriger, doch hat man dazu an den Wasserstellen immer noch genügend Gelegenheit.

Corporate City

Kurz nach Verlassen der Parkgrenzen durchquert man **Simunye**, eine kleine Stadt, die Anfang der 1990er Jahre für die Arbeiter der Zuckerindustrie erbaut worden ist. Heute leben hier einige Tausend Menschen, und es gibt neben einem Einkaufszentrum einen Countryclub, Sportanlagen und eine Landebahn für Privat- und Sprühflugzeuge. Linker Hand sieht man eine der großen Zuckerfabriken des Landes (die größte Zuckerfabrik ist in Mhlume). Neben Zuckerrohr werden in diesem Gebiet auch Zitrusfrüchte angebaut, die meist in den Nahen Osten und nach Japan exportiert werden. Kurz hinter Simunye führt eine kleine Straße nach rechts zum **Mlawula Nature Reserve**.

Mlawula Nature Reserve (ⓘ s. S. 195/Swaziland/Hlane Royal National Park)

Zuerst war da die Wissenschaft

Landschaftlich bietet der mit 165 qkm drittgrößte Naturpark Swazilands (südlich des Mbuluzi River gelegen) eine ausgesprochen reichhaltige Lowveld-Fauna und -Flora. Hinzu kommt die Lage zu Füßen der Lebombo-Berge. Diese kann man in Zwei- und Dreitage-Wanderungen erreichen. Darüber hinaus ähnelt die Vegetation sehr der des Hlane Royal National Parks, allerdings mit dem Unterschied, dass hier die Buschlandschaft noch ursprünglicher ist. Dieses ehemals vor allem für Jagdsafaris und wissenschaftliche Zwecke genutzte Reserve (zur Erforschung, ob sich für Swaziland kommerzielle Haltung von Wild rentiert) ist heute auch für die Allgemeinheit zugänglich. Es gibt zwei separate Campingplätze sowie das Mapelepele Cottage (Selbstversorger), das nach dem Parkleiter *R. Girdwood*, besser bekannt als *Mapelepele*, benannt wurde. Der absolute Höhepunkt des Parks ist das Sara Bushcamp in den Lebombo-Bergen. Auf Holzplattformen direkt an Klippen gebaute Zelte bieten eine spektakuläre Aussicht. Die Außenduschen sind dabei so angelegt, dass einem bei der morgendlichen Wäsche die aufgehende Sonne im Westen schon den Atem verschlägt.

Hinweis
Reisebeschreibungen zu Maputo und dem Süden von Mozambique siehe ab S. 658

INFO Informationen zum Zuckerrohr

Zuckerrohr kommt ursprünglich aus Asien und schon *Alexander der Große* hat von seinem Anbau berichtet. Die Pflanze wird nur in Kultur gehalten und erfordert neben ganzjährigen Temperaturen von über 25 °C auch ausreichenden und regelmäßigen

Niederschlag (mind. 1.100 mm pro Jahr). Daher muss in vielen Regionen zugewässert werden. Diese Bewässerung muss genauestens kontrolliert werden, da die verschiedenen Zuckerrohrpflanzen eine ganz bestimmte Menge Wasser brauchen, um optimal zu gedeihen. Beobachten Sie einmal die Feldarbeiter an den kleinen Bewässerungskanälen, die eine Auswahl von 2 bis 3 verschieden dicken Schläuchen haben, mit denen sie eine genau errechnete Menge Wasser aus dem Hauptkanal in den Seitenkanal geben. Jeder Feldarbeiter hat ein ihm zugewiesenes Areal, für dessen Bewässerung er verantwortlich ist.

Die Zuckerrohrpflanze wird bis zu 7 m hoch und hat einen Durchmesser von 4–8 cm. Heute findet man nur noch mehrfach gekreuzte Sorten vor, die dem jeweiligen Klima angepasst sind. Die Ernte erfolgt nach 9–11 Monaten (manchmal auch bis zu zwei Jahren) und wird sowohl nach dem Zuckergehalt der Pflanze als auch nach dem Bedarf der Fabrik zeitmäßig bestimmt. Kurz vor der Ernte werden die Felder abgebrannt. Das hat zwei Gründe: Zum einen erhält der zuckerhaltige Stamm durch die Hitze noch einmal eine „Zuckerdosis", die dann auch nicht mehr in die abgebrannten Blätter schießen kann, und zum anderen erleichtert es die Ernte. Der Schnitt erfolgt teilweise mit Maschinen, manchmal aber auch noch, zur Arbeitsbeschaffung, mit der Machete.

Eine Zuckerrohrfabrik im Osten Swazilands

Nach der Ernte werden die Rohre in die Fabrik gefahren. Dort werden sie erst einmal durch Pressen und Walzen, meist in Verbindung mit einer Diffusionsanlage, zu Sirupsaft verarbeitet. Bis zur Erlangung von reinem Zucker muss dieser Saft mehrere Reinigungs- und Trocknungsverfahren durchgehen, bevor er schließlich endgereinigt wird (Affinieren). Zum Schluss wird der fast reine Zucker noch zentrifugiert, wobei als „Abfallprodukt" Melasse übrig bleibt. Der Rauch aus den Fabrikschornsteinen entstammt den Trocknungsverfahren.

Der gesamte Durchlauf vom Rohr zum Endprodukt Zucker dauert etwa einen Tag. Das Rohr hat in der Regel einen Zuckergehalt von 11–16 %, was bei einem durchschnittlichen Hektarertrag von 120 t Rohr 14–16 t Zucker ergibt. Die Abfallbestände aus der Presse werden als Dünger wieder auf die Felder gegeben. In der Regel gelangt Zucker als brauner Zucker auf den Weltmarkt und wird erst in den Industrieländern geweißt. Außer zur Zuckergewinnung wird Rohrzucker auch zu Rum, Sirup und Kraftstoff (Methanol) verarbeitet. Die Rohre werden teilweise noch als Baumaterial verwandt. Zucker ist mit ca. 40 % des Gesamtexportwertes das Hauptexportprodukt des Landes.

Swaziland produziert den besten Zucker des Südlichen Afrika und hat durch den hohen Wassergehalt der Lebombo-Berge Vorteile gegenüber anderen Regionen, da es selbst in Zeiten großer Trockenheit immer noch bewässern kann.

Hinweis zur Strecke

Von Manzini in den Südosten und nach KwaZulu-Natal

*Hinter Manzini führt die Straße in das untere Middleveld, vorbei am **Mkhaya Nature Reserve** (s. u.) in das Lowveld durch **Big Bend**, dem Zentrum der südlichen Zuckerrohrplantagen. Wie der Name sagt, macht die Straße hier einen Bogen und führt südwärts entlang der Lebombo-Berge nach Lavumisa, dem Grenzort. Dieser Teil der Strecke ist besonders reizvoll durch die schöne Savannenlandschaft und die dahinter liegenden Berge.*

Mkhaya Game Reserve (ⓘ s. S. 195/Swaziland/Hlane Royal National Park)

Dieser knapp 6.300 ha große Park ist im Privatbesitz von *Ted Reilly*, der auch den Mlilwane- und den Hlane-Park aufgebaut hat. Diesen Park legte er speziell für gefährdete Tiere an, so dass man neben den „üblichen" Tieren besonders junge Elefanten und einige Schwarze Nashörner sehen kann. Letztere wurden extra vom Zambezi-Tal hierher gebracht. Der Park ist nur nach vorheriger Anmeldung zu besichtigen und Privatfahrzeuge müssen am Eingang (sicheres Parken) abgestellt werden. Von dort geht es mit Parkfahrzeugen zum Camp. Die Zelte sind einfach, aber bequem.

Büffel im Mkhaya Nature Reserve

Speziell für gefährdete Tiere

Hinweis

Wer weiter nach Süden reisen möchte, sollte zügig durchfahren und sich eine Unterkunft im Norden von KwaZulu-Natal suchen.

Big Bend

Löwen wie im Zoo

Die durch Agrarindustrie und eine große Zuckerrohrfabrik geprägte Stadt ist touristisch uninteressant. Sowohl das Hotel dort wie auch das im nahe gelegenen Matata sind sehr einfach. Südlich der Stadt liegt der nur 4.000 ha große **Niseal Game Park** im Bushveld, der mit seinem abgezäunten Areal mit Löwen eher einem Zoo ähnelt. Übernachtungsmöglichkeiten werden von einem eleganten ehemaligen Kolonialhaus mit einer großen Veranda bis hin zu Selbstverpfleger-Steinhütten geboten.

Vom kleinen Grenzort **Lavumisa** (Zwillingsort vom südafrikanischen Grenzort Golela) geht es nach KwaZulu-Natal zurück nach Südafrika. Von Golela sind es auf der N2 noch ca. 180 km bis **Richards Bay** und 340 km bis **Durban**. Die Straße führt abwechselnd durch Sisalplantagen, Akaziensavannen und die Kleinfarmregionen des ehemaligen KwaZulu-Homeland. Kurz vor Richards Bay überwiegen dann Eukalyptusaufforstungen. Alle Parks entlang der Straße versprechen schöne Reiseunterbrechungen. Am schönsten und urtümlichsten sind aber die, die weiter abseits der N2 in Richtung Nordosten liegen (Ndumo Game Reserve, Mkuze Game Reserve, Kosi Bay N. R. und Sodwana Bay). Direkt hinter der Grenze geht es links zum **Pongola Nature Reserve**.

Schöne Parks

Route B) Von Middelburg über Piet Retief (N2) in den Norden von KwaZulu-Natal

Überblick

Karte S. 486f/522

Die schnelle Alternative in den Süden des Landes führt von Middelburg durch Ermelo (Alternative: N17 Johannesburg – Bethal – Ermelo). Von Piet Retief aus und der sehr deutsch geprägten Umgebung besteht die Möglichkeit für einen Abstecher in die ehemalige „Neue Republik" der Buren mit Weiterfahrt durch das **Zululand**. Die Landschaft ist geprägt von weiter und offener Graslandschaft, die weiter südlich in die schier endlos erscheinenden, sog. Rolling Hills im Zululand übergeht.

Piet Retief (ⓘ s. S. 195)

Die größte Stadt im südlichen Mpumalanga, wo sich viele deutsche Siedler niedergelassen haben, ist wirklich nur für einen Erfrischungsstopp oder eine erste Übernachtung nach einem anstrengenden Flug von Europa empfehlenswert, wenn man auf den Weg in den Süden ist. Gegründet wurde die Stadt 1882 auf Land, das vom örtlichen Swazi-Chief abgekauft worden war. Benannt wurde sie nach dem Burenführer, der 1838 bei Dingane massakriert worden war. Die niederländisch-reformierte Kirche wurde 1921 von *Gerard Moerdijk* entworfen, der auch als Architekt für das Voortrekker-Monument in Pretoria verantwortlich war. Dass ausgerechnet hier eine Stadt gegründet wurde, liegt an der Suche der Buren nach einem Zugang zum Meer, ohne durch britisches Gebiet fahren zu müssen. Ein Grund auch, weshalb Piet Retief und damit auch die N2 so weit wie möglich an der Grenze zu Swaziland liegt.

Korridor für die Buren

INFO Die ehemalige „Neue Republik" – das Gebiet zwischen Piet Retief, Newcastle und Vryheid

Nach dem Anglo-Zulu-Krieg im Jahre 1879 unterteilten die Briten das Zululand in 13 kleine Staaten. Auf diese Weise hofften sie, die Zulu in kleine Stammeselemente aufteilen und das Gebiet besser kontrollieren zu können. Zwischen den 13 Chiefs der Kleinstaaten brachen daraufhin große Streitigkeiten aus. *Cetshwayo*, der Zulukönig und Sohn von *Mpande*, dem Bruder von *Dingane*, war nur ein kleiner Teil des ehemaligen Staates zugesprochen worden. Als er 1884 starb, geriet sein Erbe *Dinizulu* deshalb in einen großen Streit mit *Zibebu*, Chief der Mandlakazi-Seite der Zulu. *Dinizulu* heuerte Buren als Söldner für den Kampf gegen seinen Rivalen an. In der **Schlacht vom Ghost Mountain** wurde *Zibedu* besiegt und *Dinizulu* zum Zulukönig. Die Söldner erwarteten nach dem Sieg ihre Bezahlung in Form von Land. Insgesamt 800 Männer forderten aufgrund ihrer Unterstützung in der Schlacht den vereinbarten Lohn. *Dinizulu* war außerstande, so vielen landhungrigen Menschen die geforderte Landgröße zuzusprechen. Dafür war das Zululand zu klein. Nachdem der Konflikt nicht zu lösen war, griffen die Briten ein und die burischen Söldner bekamen eine Landzuweisung im Norden. Am 5. August 1884 wurde dieser Teil des Landes als die „Neue Republik" ausgerufen und die Stadt Vryheid (*Freiheit*) als Hauptstadt gegründet. Als Präsident wurde der *General Lucas Meijer* auserkoren. Der unabhängige Staat überlebte nur bis 1887, als er von der South African Republic absorbiert wurde. Nach dem Anglo-Boer-Krieg wurde Vryheid und die „Neue Republik" ein Teil von Natal.

1912 wurde **Vryheid zur Gemeindestadt** und wuchst zu einem regen Handelsplatz für Mais, Schafe und Rinder heran. Kohle, die von den Zulu schon recht früh im Osten des Zululandes genutzt wurde, bekam an Bedeutung, als 1908 eine Eisenbahnverbindung zu zwei großen Kohlefeldern errichtet wurde. Zwei große Minen, Coronation und Hlobane, schufen zu der Zeit für Tausende Bewohner der Region Arbeitsplätze. 1984 war Vryheid bereits zum Kohlebergbau- und Farmzentrum herangewachsen, als der Zyklon Domoina am 31. Januar über die Stadt und Region hereinbrach. Bis zu 900 mm Regen ergossen sich in dem fatal trockenen Gebiet. Riesige Schlammmassen gruben tiefe Einschnitte in die Landschaft. Sozusagen in der Rinne des abfließenden Wassers entstand die **Energy-Domoina-Route.** Diese verbindet die Kohle-, Stromerzeugungs- und Forstgebiete in Mpumalanga mit dem Hafen in Richards Bay und den Küstenresorts.

Vryheid ist auch als das Zentrum der Battlefields-Route im Nordosten des heutigen KwaZulu-Natal bekannt. In der Umgebung befinden sich zahlreiche Schlachtenfelder des Anglo-Zulu-Krieges und der Schlachten der Anglo-Boer-Kriege. Zahlreiche Gebäude erinnern noch an die kurze Periode als Hauptstadt der „Neuen Republik" mit ihrer eigenen Flagge, Wappen und Gesetzen. Der Sitz des *Volksraad* (Volksrat) wurde 1884 mit einem großen Frontraum gebaut, der als *Raadsaal* (Ratssaal) diente. Hinter dem Gebäude stehen noch das Fort und das Gefängnis. Das *Lucas-Meijer-*Haus wurde im Cape-Dutch-Stil mit Art-nouveau-Elementen gebaut und beherbergt heute ein Museum. Die Kirche wurde von schottischen Steinmetzen errichtet.

2001 wurde die Gemeinde von Vryheid in **AbaQulusi Municipality** umbenannt. AbaQulusi geht dabei auf den Zulukönig *Shaka* zurück. Nach dem Tod seiner Mutter *Mandi* geriet der König immer mehr in Isolation. Zum Dank für die Fürsorge seiner Tante *Prinzessin Mnkabyi*, machte er sie zur Chefin einer wichtigen militärischen Abteilung. *Mnkabyi* war politisch sehr ambitioniert und gewann bald großen Einfluss als Kopf der militärischen ebaQulusini-Kaserne. Zu ihren Ehren wurde das Gemeindeland in AbaQulusi umbenannt.

Von Swaziland durch den Norden von KwaZulu-Natal bis Durban

Überblick

Hinter dem Grenzort **Golela** fährt man zunächst durch Rolling Hills und an Lodges des **Pongola Nature Reserve** vorbei und gelangt nach 9 km auf die Nationalstraße 2 (N2). Rechts geht es nach Pongola (47 km), li. in den Süden Richtung **Empangeni** (207 km). Die Hauptreiseroute geht weiter auf der N2 Richtung Süden am riesigen Jozini Stausee vorbei und entlang der sich dahinter erstreckenden Lebombo-Berge in den Süden über **Richards Bay** ins 340 km entfernte **Durban**. Für eine Übernachtung in dieser Ecke bietet sich **Pongola** (ⓘ s. S. 195) an. Der zentrale Versorgungsort der Grenzregion bietet einige Übernachtungsmöglichkeiten, ist aber ansonsten touristisch nicht interessant. Das Auffälligste ist die breite Durchgangsstraße. Einzig das Art and Craft Center (neben der Tankstelle) mit angrenzender Touristeninformation und gutem Tea Garden ist einen Besuch wert.

Nicht nur entlang der N2 fahren

Von hier aus lohnt sich ein Abstecher in das rund 80 km weiter im Zululand liegende und wunderschöne **Ithala Nature Reserve**. Wegen der recht langen Anfahrt sollten Sie dort zwei Nächte bleiben. Östlich der N2 bietet sich eine Rundreise durch das abseits der Hauptreiseroute gelegene **Maputaland** an.

Tipp

Wir empfehlen für einen Abstecher durch das ***Maputaland****, sich für die hier beschriebene Route 3–4 Tage Zeit zu nehmen.*

Entfernungen

Von der Grenze Swaziland (Golela) nach

Jozini .... 38 km
Pongola .... 38 km
Empangeni .... 198 km
Richards Bay .... 180 km
Durban .... 340 km

Öffnungszeiten der Wildparks

	offen (Sommer/Winter)	geschlossen (Sommer/Winter)
Mkuze und Ithala	5/6 h	19/18 h
Ndumo/Tembe	5/6 h	19/18 h
Hluhluwe-Umfolozi	5/6 h	19/18 h
Charters Creek und Fanie's Island	5/6 h	20/20 h
Sodwana	5/6 h	19/18 h

Ithala Nature Reserve (ⓘ s. S. 195)

(auch: Itala; R66 von Pongola, dann re. R69, 5 km hinter Louwsburg liegt das Gate)

Entschädigt für die lange Anfahrt

Der 23.653 ha Wildpark besticht durch seine außergewöhnliche landschaftliche Schönheit. Weit abgelegen inmitten des Zululandes zieht sich die Anfahrt zwar ziemlich in die Länge. Der Park mit **Galeriewaldsavanne**, offenen Bergkuppen bis 1.450 m Höhe und bewaldeten Tälern ist aber mit seiner mit Buschvegetation und vor allem auch mit saftigem Gras bewachsenen Berglandschaft einfach wunderschön und entschädigt dafür in jeder Hinsicht. Bei Einheimischen steht Ithala ganz oben auf der Liste, die selbst für ein kurzes Wochenende aus Johannesburg hierher rasen, um dann zu entspannen und die weite Landschaft zu genießen. Sie gibt schon von Ferne Blicke auf Herden von Elefanten, Büffel, Zebras, Kudus, Warthog, Nashörner und Giraffen frei. Bis auf Löwen tummeln sich hier die meisten Wildtiere vor dem **beeindruckenden Bergpanorama**.

Das Ithala Game Reserve liegt auf 1.450 m Höhe

Im Norden des Parks bieten sich immer wieder hervorragende Aussichten auf den Pongola River, der die nördliche Grenze Ithalas markiert und zu dem das bergige Game Reserve auf 335 m abfällt. Regen, der vor allem im Sommer fällt, beträgt 685–1.170 mm im Jahr und sorgt für saftig grüne Graslandschaft. Wer im Winter, in den Monaten Mai bis August, hier herkommt sollte mindestens einen dicken Pullover mitbringen, denn dann kann es auch mal frostig werden.

Tolle Nachtfahrt

Der Park ist sehr gut für Selbstfahrer geeignet, da sich Teerstraße und gute Pisten abwechseln. Besonders ist auch eine Nachtfahrt zu empfehlen, die im Gegensatz zu vielen anderen Wildparks auch wirklich die meiste Zeit im Dunkeln stattfindet. Tankmöglichkeit bietet sich am Gate, die sie vor der Weiterfahrt nutzen sollten. An **Unterkünften** gibt es drei Bushcamps für Selbstverpfleger (Mbizo, Mhlangeni und Thalu) für vier bis zehn Personen. Wanderungen am Ankunftstag müssen bereits vorher gebucht werden.

Zudem gibt es das Ntshondwe Camp (1.030 m) mit 39 Selbstverpflegerhütten, wobei die sog. Conference Chalets nur einen Kühlschrank haben. Dafür gibt es aber ein Restaurant, ein kleines Museum und das Informationsbüro. Da das Camp nicht vollständig eingezäunt ist, sollten Sie darauf achten, dass die Türen immer gut verschlossen sind. Besonders Paviane haben keine Scheu in Sachen herumzuwühlen und sie mitzunehmen. Weiter den Berg hoch befindet sich die Ntshondwe Lodge, ein luxuriöses Gästehaus mit drei Schlafzimmern, eigenem Swimmingpool, Sonnendeck und Grillbereich. Bei völliger Privatsphäre bieten sich atemberaubende Blicke über das vor einem liegende Tal.

Achtung! Paviane

Hinweis zur Strecke

- *Nach dem Besuch von Ithala empfehlen wir auf der (R69) zurück auf die N2 (86 km) und nach Durban zu fahren oder die Rundreise durch das Maputaland anzutreten. Wer von der Hauptreiseroute abweichen und weiter zu Teilen der* **Battlefields** *(siehe S. 542ff) fahren möchte, nimmt am besten die R69 in westliche Richtung.*
- *Zum Mkuze Falls Private Game Reserve (ca. 20 km südl. von Pongola) biegen Sie vom Ithala Nature Reserve kommend von der R69 auf die R66 in Richtung Norden ab. 10 min vom Gate zur Lodge.*
- *Wer im* **Mkhuze Game Reserve** *eingebucht ist (nicht zu verwechseln mit dem Mkuze Falls Private Game Reserve) und direkt von Swaziland dorthin möchte siehe Infos S. 533.*

Mkuze Falls Private Game Reserve (ⓘ s. S. 195/Pongola)

Die spektakulär über den Mkuze Falls gelegenen Lodges sind leider nicht ganz billig und ein Zugang nur nach vorheriger Anmeldung möglich. Das Besondere am Mkuze River ist, dass es der einzige Fluss in KwaZulu-Natal ist, der nicht durch Staustufen reguliert wird. Daher kann es auch oft vorkommen, dass sich eben kein Wasser im Flussbett befindet. Sich hier einzubuchen lohnt sich vor allem für die, die nicht ins Maputaland und an die Küste fahren, sondern ihre Reise durch die Battlefields fortführen.

Vorher anmelden!

Lake Jozini (Jozini Dam, ehem. Pongolapoort Dam) und das Pongola Game Reserve (ⓘ s. S. 195/Pongola)

Den schönsten Blick auf den 1972 gebauten **Stausee** und das Hinterland von KwaZulu-Natal hat man von der beeindruckenden Bergstraße, die auf der östlichen Seite des Stausees über den Rücken der Lebombo Mountains führt. 1984 wurde der überdimensional große Stausee durch den Zyklon Domoina erstmals annähernd gefüllt (1999 lief er das erste Mal über).

Zum privaten Game Reserve und den dort gelegenen **Lodges** gelangt man von der Strecke von Swaziland kommend zur N2. Kurz hinter dem Grenzort Golela reiht sich eine Farm an die andere und fast jedes Gate führt zu einer Game Farm. Eins von den Gates ist der Eingang zur Mvubu Lodge. Zur exklusiven White Elephant Lodge geht die Zufahrt von der N2 ab. Entstanden ist das Wildreservat um den Stausee herum, indem sich viele der umliegenden Farmer zu einem Game Reserve zusammengeschlossen hatten. Einige Farmer würden gerne aus dem

Zusammenschluss aus vielen Farmen

ganzen Gebiet um den Damm ein Naturschutzgebiet machen, das die privaten Farmen und das Tribal Trust Land verbindet.

Archäologen am Werk

In der Nähe gibt es die sog. – leider auf absehbare Zeit noch nicht öffentlich zugänglichen – **Border Caves**. Zurzeit forschen Archäologen der Universität Witwatersrand hier und legen Knochenfunde des *Homo sapiens* frei, die nach ihren Angaben bis zu 190.000 Jahre alt sind. Sie vermuten in den an der Grenze zwischen Swaziland und Südafrika gelegenen Höhlen der Lebombo Mountains eine der ältesten Spuren des modernen Menschen.

Jozini (ⓘ s. S. 195/Pongola)

Vorräte aufstocken!

Genießen Sie die Fahrt über den Rücken der Lebombo Mountains und die schöne Aussicht auf Stausee und die Rolling Hills des Zululandes, denn in Jozini wird es lebhaft. Der Hauptversorgungsort der dicht besiedelten Bergregion und das Tor zum Maputaland liegt hinter der riesigen Staumauer des Jozini Dam (der immer noch vor allem als Pongolapoort Dam bekannt ist). Der Ort verfügt über auffällig viele Fleischereien und ist die letzte Möglichkeit, vor einem Aufenthalt in Ndumo oder Tembe seine Vorräte aufzustocken. Es gibt nur einen Geldautomaten (neben dem Sparmarkt) und für lange Zeit ist dies der letzte, den wir entdecken konnten.

Hinweis zur Strecke

Zum ***Ndumo Game Reserve*** *geht es über die Staumauer hinüber, dann zunächst 50 km auf Teerstraße durch dicht besiedeltes Gebiet und schließlich 17 km über harte Steinpiste. Wenn Sie nicht nach Ndumo abbiegen, sondern 15 km weiter der Hauptstraße folgen, erreichen Sie den* ***Tembe Elephant Park****. Hinter Jozini und vor der Staumauer geht es re. zur* ***Sodwana Bay*** *(69 km, teilweise Piste).*

Rundtour durchs Maputaland (ⓘ s. S. 195)

(nordöstlich der N2)

Überblick

Wasser als Jagdrevier

Das Gebiet nordöstlich von der N2 bis hin zur Südgrenze von Mozambique ist bekannt als Maputaland (im Süden endet es am Lake St. Lucia). Das malariageplagte Land in feuchtschwülem subtropischem Klima zwischen Lebombo Mountains und Indischem Ozean besteht zum großen Teil aus **unfruchtbarem Sumpfboden** und ist landwirtschaftlich nur schwer nutzbar. Aus diesem Grund haben sich die Einheimischen schon vor langer Zeit das Wasser als Jagdrevier auserkoren. Dieses Revier besteht vor allem aus dem sog. „Kosi System“: der Kosi Bay, die mit einem fischreichen Seenkomplex und dem Ozean verbunden ist. Bei Flut gelangen die Meeresfische in die

Karte
S. 522

Seen, wo sie Schutz und Nahrung suchen. Dort bieten sie wiederum den Thonga ihre Hauptnahrungsquelle.

Die **Thonga** haben dabei im Laufe der Zeit ein äußerst **effektives Fischfangsystem** entwickelt. Sie benutzen so genannte *communal traps* oder *fish kraals*. Dabei werden Äste und Zweige in die sandigen Kanäle gesetzt, die die Seen durchziehen und die die Fische auf dem Weg ins Meer passieren müssen. Am Ende des Kanals führen Zäune aus dichten Zweigen die Fische in einem Trichter zu einem Loch mit Astwerk, hinter dem ein Korb eingearbeitet ist, der wie ein Ventil funktioniert: Der Fisch kann rein, aber nicht mehr hinaus.

Ähnlich einer riesigen Reuse

Insgesamt gibt es über 80 von diesen *fish kraals* in der Kosi Bay, jedes mit bis zu 16 Körben versehen. Alle werden sorgsam gepflegt und vom Vater zum Sohn weitergereicht. Manchmal werden sie auch an Verwandte oder Freunde ausgeliehen. Aber im Prinzip verfügt jede Familie auf irgendeine Weise über einen *fish kraal* und damit über Fischversorgung. Neue Kraals werden nur angelegt, wenn gewährleistet ist, dass sich die Erträge der bereits bestehenden Kraals nicht vermindern.

Hinweis

Malaria-Prophylaxe ist in dieser Region unbedingt erforderlich.

Kosi Bay ist nur eins von einer Serie von wichtigen Flussmündungsgebieten entlang der heißen, subtropischen Küste bis hinunter nach Richards Bay. Vor 100–60 Mio. Jahren reichte der Ozean, wie Muschelfunde beweisen, noch bis zu den Lebombo Mountains. Das heutige Flachland war Meeresboden. Durch eine **Verschiebung der Erdplatten** und damit des Küstenvorlandes entstand ein langer Dünenstreifen entlang ihrer Front, der das tiefer gelegene Land zwischen Bergen und Meer isolierte. Die aus den Bergen abfließenden Flüsse schufen dabei große, seichte Seen. Die wichtigsten sind Richards Bay (mit nahen Seen), Lake St. Lucia *(Infos zum Greater St. Lucia Wetland Park s. S. 531f)*, Lake Sibaya und den Komplex der vier miteinander verlinkten Seen, die einst unterirdische Höhlen waren, mitsamt Flussmündung bei Kosi Bay. Mit Ausnahme des Lake Sibaya haben alle Seen einen Meereszugang und werden durch dessen Tide beeinflusst.

Einst war alles Meer

Landschaftlich und auch in Bezug auf die **Tierwelt** ist der Norden des Maputalandes mit dem Ndumo Game Reserve, dem Tembe Elephant Park und dem Gebiet um die Kosi Bay herum sicher einer der schönsten ursprünglichsten Fleckchen in Südafrika – mit ungewöhnlichen Parks, vielen der „großen Tiere", wunderschönen Seen und völlig einsamen Stränden.

In der 7.000 qkm umfassenden Ecke von Südafrika sind für Touristen eigentlich nur die Parks Ndumo, Tembe, Kosi Bay, Sodwana Bay und St. Lucia mit Cape Vidal zugänglich. Alles andere ist für den Normaltouristen fast nicht erreichbar – zu lange Buchungszeiten, sehr zeitaufwändige Anfahrten oder nur für Geländewagen mit geübten Sandpistenfahrern geeignet. Wer diese Gegend erkunden möchte, sollte von vornherein Schwerpunkte setzen (man kann nicht einfach mal entlang der Küste fahren, die Sandpisten führen jeweils hinter den hohen und bewachsenen Dünen her und zu den Resorts zweigen jeweils Stichstraßen ab) und sich in einem der oben genannten Parks einbuchen und von da aus Touren unternehmen.

Schwerpunkte setzen

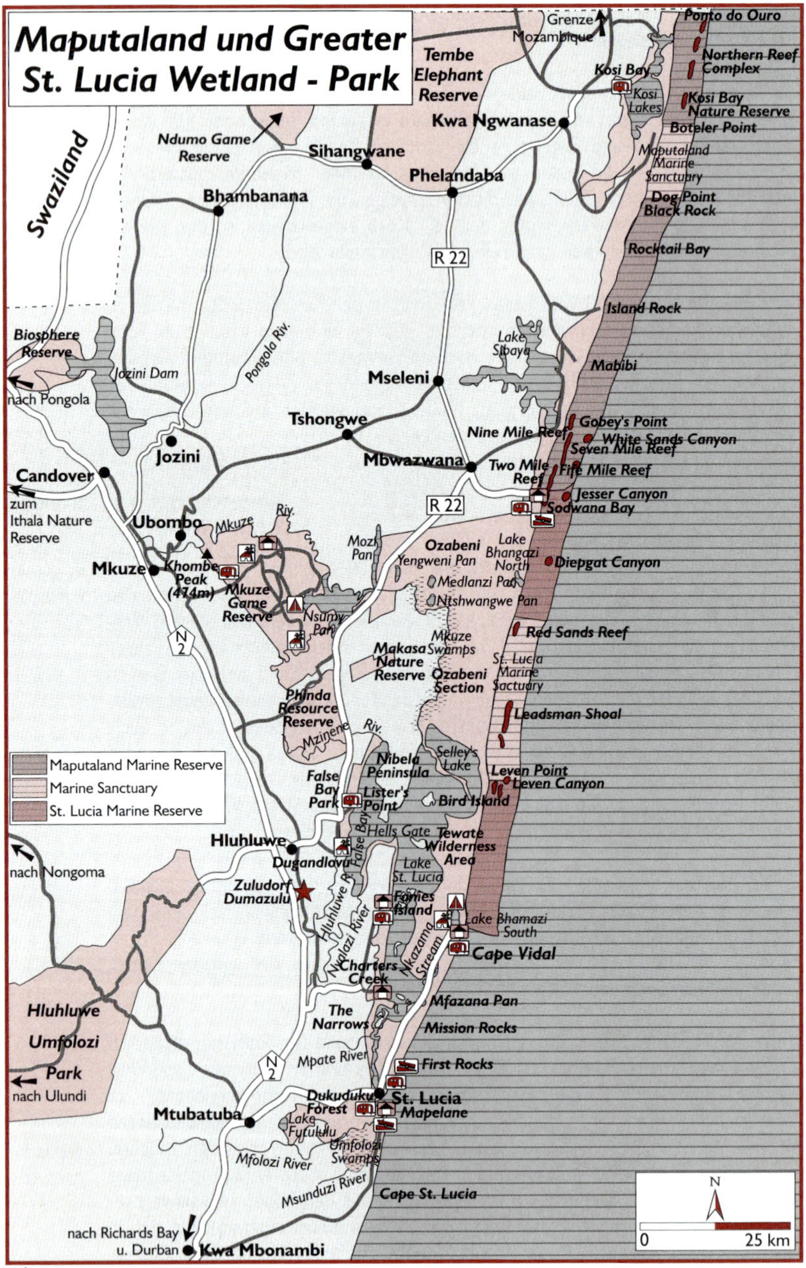
Maputaland und Greater St. Lucia Wetland - Park
Swaziland
Grenze Mozambique
Ponto do Ouro
Northern Reef Complex
Tembe Elephant Reserve
Kosi Bay
Kosi Lakes
Kosi Bay Nature Reserve
Kwa Ngwanase
Boteler Point
Ndumo Game Reserve
Sihangwane
Maputaland Marine Sanctuary
Phelandaba
Bhambanana
Dog Point
Black Rock
R 22
Rocktail Bay
Island Rock
Lake Sibaya
Biosphere Reserve
Jozini Dam
Pongola Riv.
Mabibi
nach Pongola
Mseleni
Tshongwe
Gobey's Point
Nine Mile Reef
White Sands Canyon
Seven Mile Reef
Jozini
Mbwazwana
Two Mile Reef
Five Mile Reef
Candover
zum Ithala Nature Reserve
Jesser Canyon
Sodwana Bay
Ubombo
Mkuze Riv.
Mozi Pan
Ozabeni
Yengweni Pan
Lake Bhangazi North
Diepgat Canyon
Mkuze
Khombe Peak (474m)
Mkuze Game Reserve
Medlanzi Pan
Ntshwangwe Pan
Nsumu Pan
N 2
Red Sands Reef
Mkuze Swamps
Makasa Nature Reserve
Ozabeni Section
St. Lucia Marine Sactuary
Phinda Resource Reserve
Leadsman Shoal
Mzinene Riv.
Maputaland Marine Reserve
Marine Sanctuary
St. Lucia Marine Reserve
Nibela Peninsula
Selley's Lake
Leven Point
Leven Canyon
False Bay Park
Lister's Point
Bird Island
False Bay
Hells Gate
Tewate Wilderness Area
Hluhluwe
Dugandlovu
nach Nongoma
Lake St. Lucia
Zuludorf Dumazulu
Hluhluwe R.
Fanies Island
Lake Bhamazi South
Nyalazi River
Nkazama Stream
Cape Vidal
Charters Creek
Mfazana Pan
The Narrows
Mission Rocks
Hluhluwe Umfolozi Park
nach Ulundi
Mpate River
First Rocks
Dukuduku Forest
St. Lucia
Mapelane
Mtubatuba
Lake Futululu
Umfolozi Swamps
Mfolozi River
Msunduzi River
Cape St. Lucia
nach Richards Bay u. Durban
Kwa Mbonambi
N
0 25 km

Ndumo Game Reserve (ⓘ s. S. 195/Maputaland)

Knorrige Bäume

Das Ndumo Game Reserve wird in der Literatur als einer der schönsten Parks in Südafrika beschrieben und tatsächlich ist er sehr urwüchsig und erinnert mit den alten, knorrigen Bäumen, deren Baumstämme grauschwarz schimmern, fast an eine verwunschene Märchenlandschaft. Hinzu kommt, dass sich nur wenige Touristen hierher verirren. Wegen der vielen Wasserpfannen, den Überflutungsbecken des Pongola-River, wird das 10.117 ha große Ndumo Game Reserve auch als **„Klein-Okavango"** bezeichnet. Benannt wurde der Park bei seiner Gründung im Jahre 1924 nach einem Tembe-Häuptling, der in den Hängen der umgebenden Berge lebte. Am schönsten ist es, wenn man während der Dämmerung zur Abendbrotzeit auf den gut zu befahrenen Pisten durch den Park fährt, dann können einem ganze Giraffenfamilien seelenruhig kauend den Weg versperren. Ansonsten ist es eher schwierig in dem dichten Busch- und Waldbestand Tiere (u. a. Flusspferde, Krokodile, Nyalas, Impalas, Bushbucks, Duiker, Schwarze und Weiße Nashörner, Giraffen und über 400 Vogelarten) zu entdecken.

Einer der flachen Seen in Ndumo

Beim **NRC Picknick Spot** sammelten sich früher die Minenarbeiter, bevor es nach Johannesburg ging. Gleich nebenan gibt es auch im Park selbst eine ehemalige Goldmine mit angrenzendem „Sklavenplatz". Heute steht dort der Matandeni Hide, eine der insgesamt vier Aussichts- und Beobachtungshütten. Besonders empfehlen wir den **Ezulweni-Beobachtungsposten** an der Nyamithi-Pfanne. Vom Parkplatz läuft man gut 400 m zu Fuß dorthin. Und nur wer richtig abgebrüht ist, bekommt dabei keinen Adrenalinschub. Wie von selbst arbeiten plötzlich alle Sinnesorgane auf Hochtouren. Für einen ersten Überblick gibt es einen **Viewing Tower** rechts neben dem Eingang. Von dort aus kann man bis weit nach Mozambique schauen, das auf der anderen Seite des Usutu River liegt, der nördlichen Grenze des Parks. Das Main Camp (**Ndumo Rest Camp**) ist ziemlich altbacken. Selbst wenn nur zwei Gäste da sind, werden diese von einem Koch in der zentralen Küche bedient.

Adrenalinschub

> **Hinweis**
>
> *ehmen Sie sich nicht zu viele ogrammpunkte an einem Tag vor, a z. B. die Rezeptionen für die nmeldungen im Kosi Bay Nature eserve schon um 16 h schließt. rundsätzlich gilt: Erkundigen Sie ch zuvor nach den genauen Öffungszeiten.*

Tembe Elephant Reserve (ⓘ s. S. 195/Maputaland)

Limitierte Besucherzahl

Im Gegensatz zu Ndumo ist Tembe gut über die Teerstraße zu erreichen, da das Gate direkt an der Straße liegt. Das war es dann aber auch mit der leichten Erreichbarkeit. Eine große Attraktion des Parks ist die starke Limitierung der Besucherzahl. Neben den wenigen eingebuchten Übernachtungsgästen bekommen nur fünf Fahrzeuge pro Tag eine Erlaubnis, den 30.000 ha großen Sandwald

Einsamkeit pur

und das *Bushveld* an der Grenze zwischen KwaZulu-Natal und Mozambique als Tagesgast zu bereisen. Damit gehört der Park mit zu den einsamsten Gegenden des Landes. Auf eigene Faust sind wegen der Sandpisten nur Touren mit einem Geländewagen möglich. Für den mit einem normalen Pkw Reisenden werden Game Drives angeboten.

Die Tembe Elephant Lodge (komfortable Safarizelte) liegt am Ende eines Privatweges im südlichen Teil des Parks. Und nicht nur abends, wenn es richtig dunkel ist und die sich durch die Sandwaldvegetation schlängelnden Wege mit Petroleumlampen ausgeleuchtet werden und die Elefanten in unmittelbarer Nähe die Äste knicken, kommt die Gänsehaut und damit das richtiges Busch- und Afrikagefühl auf. Schon allein deshalb sollten Sie versuchen, hier eine Einbuchung zu ergattern. An Tieren kann man neben den Elefanten Giraffen, Weiße und Schwarze Nashörner, Wasserböcke, Kudus, Eland Antilopen, Wildebeest, Zebras, Büffel u. a. spotten.

Internationaler Park geplant

Natur- und Tierschützer träumen davon, einen Korridor vom Maputo Elephant Reserve in Mozambique bis zu den Tembe Elephant und Ndumo Game Reserves zu errichten, damit am besten die ganze Region zu einem Park zusammenzuschließen und so den Elefanten ihre ursprünglichen Wanderwege wiederzugeben. Noch sind das allerdings Visionen, die in weiter Zukunft liegen. Allerdings gibt es schon die geplante **„Korridor Road" Hluhluwe – Maputo** (R22). Doch ist auf Mozambique-Seite die Strecke noch Tiefsandpiste und in der Regenzeit selbst von Geländefahrzeugen kaum zu befahren.

Straßenausbau nimmt Formen an

Auf südafrikanischer Seite sind die Einheimischen bereits stolz auf die seit 2003 von der Grenze bis nach Hluhluwe durchgehend geteerte Straße. Zuvor gab es in dem gesamten Küstengebiet nur Sand- und Schotterpisten.

Hinweis zur Strecke

Vom Tembe Elephant Reserve geht es auf der Teerstraße noch 14 km in östliche Richtung weiter bis man auf die R22 stößt. Nach Süden führt die gut ausgebaute Straße am Lake Sibaya vorbei in Richtung St. Lucia, weiter geradeaus zum Kosi Bay Nature Reserve (ca. 55 km von Tembe) und zur Grenzstation nach Mozambique (Kosi Bay Border Post). Zuvor erreichen Sie nach 38 km ***KwaNgwanase*** *(ehem. Emanguzi/Mangwi), den lebhaften Hauptort der Region (Einkaufsmöglichkeiten, Tankstelle, Touristeninformation). Insgesamt gibt es drei Pisten (zum Teil Tiefsand), die von der R22 von KwaNgwanase – Kosi Bay Border Post in das* ***Kosi Bay Nature Reserve****, d. h. dem nördlichsten Teil des Greater St Lucia Wetland Parks abbiegen. Sichere Sandpistenfahrer können die* ***Kosi Bay Lodge*** *auch mit einem normalen Pkw erreichen. Alternativ kann man sich in der teuren* ***Kosi Forest Lodge*** *einbuchen (Abholung mit Geländewagen in KwaNgwanase). Die günstigen* ***Hütten und Campingplätze Kosi Bay Parks Boards*** *sowie deren Büro sind wiederum nur mit Geländewagen zu erreichen.*

Kosi Bay Nature Reserve (ⓘ s. S. 195/Maputaland)

Das subtropische, 30 km lange und 11.000 ha große **Seensystem** aus vier durch natürliche Kanäle miteinander verbundenen Seen (mit einem Meereszugang vom vierten See ganz im Norden an der Grenze zu Mozambique) ist eines der abgelegensten Gegenden im Südlichen Afrika, die touristisch zum großen Teil noch unberührt ist. Für Individualreisende ist dies das Paradies auf Erden. Auch wenn in Maputaland immer mehr Pisten asphaltiert werden und damit die Erreichbarkeit der Region zunimmt, wird sich durch die tiefen Sandpisten (ohne Geländewagen nicht zu befahren) und wenigen Übernachtungsmöglichkeiten (in der Hochsaison lange im Voraus ausgebucht) im Reserve daran erst einmal nichts ändern.

Touristisch noch unberührt

Das Fischfangsystem in Kosi Bay

Die ersten beiden Seen (es wird von Norden nach Süden gezählt, also Makhawulani = *first lake* und Mpunwini = *second lake*) sind mit klarem Wasser versehen, das Wasser der Seen Nhlanga (*third lake*) und Arnanzimyana (*fourth lake*) sehen wie dünner Tee aus, was von dem Tannin einiger Pflanzen herrührt, die als **Filter für das umliegende Sumpfgebiet** dienen. Farne und Kletterpflanzen sind charakteristisch für den Sumpfwald, der durch die Raffia-Palmen (*Raphia australis*) den exotischen Anstrich bekommt. Zum Meer hin sind die Seen durch bewachsene Sanddünen abgeschottet. Bekannt sind die Seen auch als *eNkhovekeni* (hoch und runter), was auf die Tide hinweist, die die Höhe des Wassers in den Seen bestimmt.

Wie dünner Tee

Der Kosi Bay Mouth

Was die Tierwelt angeht, so hat das Reserve an großen Tieren vor allem Flusspferde, Schildkröten und Reptilien zu bieten. Darüber hinaus ist die Vogel- und Unterwasserwelt spektakulär und bietet knallige Farbenpracht der Vögel, im sich im Wind wiegenden Schilf oder Fische beim Schnorcheln im sog. „Aquarium" im Kosi Bay Mouth, wo im Schutze der Dünen das Meer in das Seen-Gebiet eindringt.

Vogel- und Unterwasserwelt

Permit besorgen!

Ein absolutes Muss und für uns das landschaftliche Highlight der Region ist die Fahrt (organisiert oder mit eigenem Geländewagen) zum **Kosi Bay Mouth**. Hier ist ein Permit erforderlich, das Sie über die Lodges anfordern können. Von der Höhe der Dünen ergibt sich ein landschaftlich atemberaubender Blick auf die Formationen der „Fish-Traps" *(s. S. 521)*, mit deren Hilfe die Einheimischen Fische fangen. Davon ernähren sich die kleinen Dorfgemeinschaften zum großen Teil.

Große Flusspferdfamilien leben in den Seen

Und genau dadurch wird schon die Faszination dieser Gegend getragen, dass an diesen Seen nach wie vor das **traditionelle Leben** nicht nur gepflegt, sondern tatsächlich gelebt und dazu die Existenzgrundlage gesichert wird. Eine weitere – kulinarische – Besonderheit der Region ist *basulu*. Die aus der Lalapalme (*Hyphaene natalensis*) gewonnene Flüssigkeit wird zu einem Vitamin-C-reichen Palmwein fermentiert.

Vitaminschub

Der portugiesische Entdecker *Manuel de Mesquisa Perestrello*, der an der Flussmündung vor einigen Jahrhunderten vor Anker ging, war so von deren Schönheit angetan, dass er sie *Río de la Madãos do Oro* (der Fluss mit dem Goldsand) und den nahen Ort kurz einfach *Ponto do Oro* nannte. Und tatsächlich schimmert der Sand unter dem Sonnenlicht in goldenen Farben und trägt einen gewissen Glanz durch Phosphorisierung auch in die Nacht hinein. Später glaubte ein britischer Seemann, der Kapitän *W. F. Owen*, dass die Kosi Bay den Punkt markiere, wo der Mkuze River ins Meer fließt (der in die St. Lucia Estuary mündet). Aber nicht nur dieser Irrtum unterlief ihm, auch die Schreibung vom Mkuze River, Kosi River ausgesprochen, war fälschlich. Geblieben ist bis heute Kosi Bay.

Geografischer Fehler

Tipp

Wer das Kosi Bay Nature Reserve erkunden möchten, sollte sich zwei Tage in der Kosi Bay Lodge einbuchen. Von hier aus empfehlen wird die sehr lohnende ***Bootsfahrt auf den Seen*** *(6 Stunden inkl. Strandaufenthalt am Banga Nek sowie eine* ***Tour mit dem Geländewagen zum Kosi Bay Mouth*** *(ein Muss!) mit der traumhaften Anfahrt über Sandpisten und durch Raffia-Palmen und Blick auf die Anlagen der Fischer! Rechtzeitig anmelden, da die Zahl der Pkw am Tag auf zurzeit 16 beschränkt ist. Ein Permit organisiert die Lodge.*

Spielende Jungen auf Flößen im Second Lake

Kosi Bay Hiking Trail

(4-Tage-Wanderung um die vier Seen mit Basis Camp am Lake Nhlange, 3 km hinterm Gate; Buchung bei der Central Reservation in Pietermaritzburg)

Die schönste aber auch eine recht anstrengende Möglichkeit, die Seenlandschaft und die Küste des Indischen Ozeans zu erkunden, ist der Weg per pedes. Nach der ersten Übernachtung im Basis Camp (Grundausstattung zum Kochen, Schlafen und Waschen) geht es 8 km weiter nordwärts zum First Lake, wo der seichte Kanal durchwatet wird und die Möglichkeit zum **Schnorcheln im „Aquarium"** besteht. Am zweiten Tag geht es auf der anderen Seeseite 14 km in Richtung Süden zum Bhanga Nek Camp, nah am Meeresstrand gelegen. Während der Eierlegesaison der **Schildkröten** wird eine Tour an den Strand angeboten. Das Sihadla Trail Camp ist die nächste Anlaufstation, 7 km weiter am Sihadla River gelegen und einem kleinen afrikanischen Dorf ähnelnd. Bevor es zum Basis Camp zurückgeht, wird am nächsten Tag der Fluss mit einem Floß aus Raphiapalmenstämmen über- und ein Sumpfwald aus Raphiapalmen durchquert.

> **Hinweis**
>
> *Malaria-Prophylaxe ist in dieser Region unbedingt erforderlich.*

Wasserwaten inbegriffen

> **Hinweis zur Strecke**
>
> *Zurück auf der R22 führt die Reiseroute auf Asphaltstraße südlich von Phelandaba am Lake Sibaya Nature Reserve vorbei bis Mbazwana (35 km). Von dort sind es nur noch wenige Kilometer bis zum* ***Sodwana Bay National Park.***

Hinweis zum Lake Sibaya Nature Reserve, zur Lake Sibaya Lake Lodge und zur Rocktail Bay Lodge

Eines gleich vorweg: Die Küsten- und Seenlandschaft des **Lake Sibaya Nature Reserve** gehört zu den schönsten und einsamsten Flecken Südafrikas. Der See liegt etwa 10 km nördlich von Sodwana. Mit 77 qkm ist es der größte natürliche Süßwassersee Südafrikas mit beeindruckender Vogelwelt sowie Flusspferden und Krokodilen. Das Camp Mabibi, das zum Maputaland Coastal Forest Reserve gehört, zählt zu den schönsten und ruhigsten Campingplätzen Südafrikas. Die Strände sind ein Traum. Und die **Rocktail Bay Lodge,** in der Mitte zwischen Lake Nhlanga und Lake Sibaya direkt in den Dünen oberhalb des Indischen Ozeans gelegen, ist eine der einsamsten Lodges in Südafrika.

Dennoch: Die Rocktail Bay Lodge ist meist mehr als ein Jahr im Voraus ausgebucht, die **Sibaya Lake Lodge** für den normalen Geldbeutel zu teuer, das Camp Mabibi für Pkw ohne Allradantrieb nicht zu erreichen (Tiefsand!). Aufgrund der mangelnden Übernachtungsmöglichkeiten, der Tiefsandpisten und der hinzukommenden schlechten Ausschilderung können wir

Streckenhinweis für das Gebiet um den Lake Sibaya

die Erkundung dieses Gebietes auf eigene Faust und im Rahmen der 3–4-tägigen Rundreise durch das Maputaland (noch) nicht empfehlen. Wer an diesem Abschnitt an der Küste übernachten möchte, sollte rund 35 km weiter zum gut zugänglichen Strand im **Sodwana Bay National Park** fahren.
Wer unbedingt an dieser Stelle an die Küste möchte, kann die überwiegend durch Eukalyptusplantagen (Holz geht nach Japan) der Manzengwana Plantation gesäumte Piste (24 km) zum **Coastal Forest Reserve** fahren, sein Auto dort abstellen, zum Lala Nek (wo man baden und schnorcheln kann) oder zum Strand gegenüber den Island Rocks wandern.

Sodwana Bay und **Sodwana Bay National Park** (ⓘ s. S. 195/Maputaland)

(R22, in Mbazwana li. Richtung Sodwana Bay (19 km), dort weitere 3 km bis zum 24 h geöffneten Gate des Parks)

Strand- und Hochsee-angeln

Die unglaubliche Fischvielfalt sowie diverse wirbellose Tiere in den südlichsten Korallenriffen Afrikas haben aus der **Sodwana Bay** einen der Topspots für Angler und Taucher gemacht. Und spätestens hier wird klar, dass Angeln und vor allem Hochseeangeln zu einer der Lieblingssportarten besonders der weißen, burischen Bevölkerung zählt. Mit Hightech-Equipment und Geländewagen säumen die Männer mit ihren Familien ein Teilstück des riesigen Strandes und werfen ihre Ruten aus. Seit dem sog. **„Beach Ban"** aus dem Jahre 2002 dürfen nur noch kleine Abschnitte und nicht mehr die ganze 170 km lange Küste zwischen Kosi Bay und St. Lucia mit Autos befahren werden. Die Angler protestierten erfolglos dagegen und drohten nach Mozambique auszuweichen. Nun, viele Angler sind noch im Lande geblieben und rücken aus Mpumalanga, Johannesburg und anderen küstenlosen Provinzen an. Doch sind die Strände so riesig, dass jeder ein Stück Strand nach seinem Geschmack – auch ein völlig einsames – finden kann. Der Campingplatz (400 Plätze) soll der größte der südlichen Hemisphäre sein.

Bei Anglern sehr beliebt: die Sodwana Bay

Tauchen und Schnorcheln

In der Nebensaison ist der Strand ein Traum, das Meer mit 21–27 °C angenehm temperiert und es bieten sich zahlreiche einsame Tauch- und Schnorchelmöglichkeiten. Zudem gibt es günstige Unterkünfte. Von Ende Oktober bis Januar bieten die weiblichen **Loggerhead-** und **Leatherback-Schildkröten** des Nachts ein atemberaubendes Naturschauspiel, wenn sie aus dem Wasser an den Strand gekrochen kommen, um ihre Eier abzulegen. Geführte Nachttouren werden angeboten.

Karte
S. 522

Vor der Düne liegt **Sodwana Bay** und dient als kleiner Versorgungsort für die vielen Urlauber in der Hochsaison. Zudem gibt es zahlreiche Tauch- und Angler-Shops, ein Tauchzentrum, kleine Restaurants, Bars und Take Aways.

Dünen und Dschungel

Der **Sodwana Bay National Park** umfasst einen 413 ha großen Streifen von dicht und dschungelartig bewachsenen Sanddünen und wurde bereits 1950 gegründet. Hier finden sich der wild wachsende Bananenbaum, der Milkwood-Baum sowie Zikaden. Weitere Höhepunkte des Parks liegen Unterwasser. Mehrere Riffe (2, 5, 7, 9 Mile Reefs) bieten für Anfänger bis Fortgeschrittene-Taucher eine faszinierende Unterwasserwelt. Das 7 Mile Reef (25 Bootsminuten vom Strand entfernt), das im Durchschnitt in 18 m Tiefe liegt, zählt mit der 3–4 m hohen Unterwasserdüne am Ende des Riffs zu einem der schönsten Riffe der Welt.

Hinweis

Malaria-Prophylaxe ist in dieser Region unbedingt erforderlich.

INFO Turtle Tracks – die Schildkröten an Maputalands Küste

Die **Loggerhead- und Leatherback Turtles**, zwei der insgesamt fünf Arten von Meeresschildkröten, die in Afrika leben, kommen seit 100 Mio. Jahren im Zeitraum von Ende Oktober bis Januar aus dem Meer an den Strand Maputalands geschwommen, um ihre Eier im warmen Sand abzulegen. Die Meeresschildkröten schwimmen zum Teil bis zu 3.500 km von Kenia und gut 2.000 km vom Cape Agulhas aus dem Süden Südafrikas hierher.

Rocktail Bay gilt als der beste Platz zur Beobachtung dieses Schauspiels, doch auch an der Küste um Kosi Bay herum, in Sodwana Bay und am Cape Vidal sind nicht nur die tiefen Spuren der bis zu 900 kg schweren Leatherback-Schildkröten (die größere der beiden Schildkrötenarten) zu sehen. Oft genug ergibt sich auch die Gelegenheit, eine der weiblichen Schildkröten live am Strand zu erleben.

Jedes Weibchen kommt bis zu zehnmal während einer Saison an den Strand. Meeresschildkröten gehören zu den äußerst gefährdeten Tieren. Vor 1960, bevor ernsthafte Unternehmungen zum Schutz der Tiere gestartet wurden, gab es gerade mal sechs Eier ablegende Schildkröten mit ihren im Wasser wartenden Männchen in Maputaland. Heute sollen es 60 Paare sein. Trotz ihrer Panzerung haben sie viele Feinde. So attackieren Armeen von Ameisen die in bis zu 50 cm tiefen Sandmulden abgelegten Eier. Krabben, Lizards und Falken erwarten ebenfalls die Eier legenden Schildkröten. Und im Meer stehen sie am unteren Ende der Nahrungskette.

Der größte Feind ist der Mensch, der nicht nur als Jäger nach Fleisch und Schild die Schildkröten tötet, sondern auch durch weggeworfenen Plastikmüll, der ihren Verdauungstrakt verstopft. Doch der Überlebenskampf beginnt schon am Strand. Es wird geschätzt, dass nur aus 1 % der Eier kleine Schildkröten reifen.

Hinweis zur Strecke

Weiter auf der R22 Richtung Hluhluwe bietet sich die erste Möglichkeit zum ***Lake St. Lucia*** *abzubiegen. Grundsätzlich gilt, dass der See keine Bademöglichkeiten bietet. Dafür kann man am gesamten Westufer des Lake St. Lucia sehr gut Flamingos und Pelikane sowie Hippos und Krokodile beobachten. Beliebt sind die Parks bei Anglern wegen der Zugänge für ihre Boote.*

Kurzer Abstecher zum Lake St. Lucia

Für einen kurzen Abstecher zum Lake St. Lucia lohnt sich am ehesten der **False Bay Park** (*ca. 60 km südl. von Mbazwana*). An der False Bay gelegen, sieht man vom Ufer direkt das Devils Gate, den Zugang zum östlichen Teil des Sees. Mit großer Wahrscheinlichkeit steht ein großer Schwarm der hier ansässigen Flamingos am Seeufer.

Flamingos

Die anderen beiden Parks am Westufer des Sees benötigen wegen der wesentlich längeren Anfahrt mehr Zeit. Sie unterscheiden sich auch nur unerheblich. **Charters Creek** (*N2, 28 km südl. von Hluhluwe nach li, dann ca. 14 km den Schildern folgen*) ist wegen zahlreicher Fischschwärme der beliebteste Spot für Angler am See. **Fanie's Island** (*15 km nördlich von Charters Creek*) ist der am weitesten abgelegene Park und liegt nicht, wie der Name vermuten lässt, auf, sondern gegenüber einer im See gelegenen Marschland-Insel. Beide Parks sind über die N2, 28 km südlich von Hluhluwe zu erreichen.

Hluhluwe und Zuludorf Dumazulu (ⓘ s. S. 195/Maputaland)

Hluhluwe (ausgspr. *Schluschluwi*) ist ein großflächig angelegter Ort, der das Zentrum der Region ist. Neben der Tankstelle befindet sich die Touristeninformation. 15 km südlich von Hluhluwe ist das **Zuludorf Dumazulu** (*von der N2 kommend am Ende der Ortsdurchfahrt nach li. Richtung Buschland*), das von dem Anthroposophen *Graham Stewart*, dem „White Zulu", wie ihn alle nennen, gemanagt wird. In dem größten Zuludorf seiner Art leben über 50 Zulu. Sie machen das Dorf durch Vorführungen im Körbeflechten, Herstellen von Speer und Schutzschild sowie durch das Knochenlegen der *Sangoma* (Wunderheiler) zu einem lebenden Museum. Übernachten können Gäste in wunderschönen Lodges. Restaurant und Bar sorgen für Verpflegung. Dumazulu („Donnernder Zulu") bezeichnet sich als das einzige offizielle traditionelle Zuludorf, da es von Zulukönig *Goodwill* als authentisch anerkannt wurde.

„White Zulu"

Hinweis

Zum Hluhluwe-Umfolozi Park lesen Sie bitte auf S. 535ff.

Lake St. Lucia und Umgebung (ⓘ s. S. 195/Maputaland)

Die Anfahrt vom Norden zum Lake St. Lucia geht erst durch riesige Eukalyptusplantagen, die sich schließlich mit Marschland abwechseln. Die schnellste Möglichkeit aus dieser Richtung zum See zu gelangen geht über den False Bay Park (s. o.). Um einen der Höhepunkte, eine Bootsfahrt auf dem See und Krokodile und

INFO The Greater St. Lucia Wetland Park

Der Greater St. Lucia Wetland Park wurde 1999 aufgrund des einzigartigen Naturphänomens von fünf Ökosystemen auf relativ kleiner Fläche von 260.000 ha zum ersten Weltnaturerbe der UNESCO in Südafrika erklärt und bildet einen Makrokosmos aus Kultur, Tier- und Pflanzenleben, Mineralien und vielfältigen Landschaften. Der Park umfasst dabei Meeressysteme wie Korallenriffe, Strände und Küstenbewaldung, Salz- und Frischwassermarschland, offene Flussmündungen, üppige Küstenstreifen mit Mangroven, Schilf, Buschland und trockene Waldgebiete. Bewaldete Sanddünen trennen das See-System vom Indischen Ozean.

Der Park erstreckt sich auf einer Länge von 280 km, von der Grenze zu Mozambique und dem Kosi-Seensystem über einen schmalen Streifen die Küste hinunter zum Lake St. Lucia und einem weitgehenden Teil um den See bis zur St. Lucia Estuary und dem südlich davon liegenden Mhlauze State Forest. Vor über 60 Millionen Jahren wich an der Stelle des heutigen Naturschutzgebietes das Meer allmählich zurück, als sich das Land hob. Zurück blieben seichte Vertiefungen, die heute von Lagunen, Seen und Meeresbuchten ausgefüllt werden.

In Zukunft soll der Großteil Maputalands und der Greater St. Lucia Wetland Park zu einem riesigen geschützten Gebiet zusammengeschlossen werden.

Flusspferde zu erleben, müssen Sie ganz an das südlichste Ende des Seengebiets in den auf einer Halbinsel liegenden Ort St. Lucia fahren.
Der Lake St. Lucia war ursprünglich kein See, sondern das heutige westliche Ufer war einst Küstengebiet. Durch Versandung entstand eine Seenlandschaft mit den höchst bewachsenen Dünen der Welt. Hier gibt es ideale Lebensbedingungen vor allem für verschiedene Vogelarten (Flamingos, Pelikane, kaspische Seeschwalben, Ibisse, Störche). An den Flussmündungen leben Krokodile, die zu manchen Jahreszeiten auch den See bevölkern. Weit mehr als 400 Flusspferde sind hier beheimatet und Riedböcke, Buschböcke sowie das Nyala sind hier ebenfalls anzutreffen.

Verschiedene Vogelarten

Die St. Lucia-Region unterteilt sich in folgende Naturschutzgebiete:

- **St. Lucia Marine Reserve**: erstreckt sich entlang der Küste von Cape Vidal im Süden bis zur Sodwana Bay im Norden (Uferzone u. Gebiet bis zu 3 km ins Meer). Hier liegen die südlichsten Korallenriffe der Welt.
- **Cape Vidal State Forest**: 32 km nördlich der St. Lucia-Mündung.
- **False Bay Park**: am Westufer des Lake St. Lucia.
- **St. Lucia Park**: 1 km breites Gebiet parallel zum Seeufer. Hier sind auch die Camps Charters Creek, Fanie's Island, Mapelane und die Ferienanlage St. Lucia.

Auch in diesem Reservat gibt es die Möglichkeit zur Teilnahme an Wildniswanderungen. So beginnen beispielsweise **dreitägige Wanderungen** in Charters Creek. Natürlich ist ein erfahrener Wildhüter dabei und mit Booten gelangt man in die Natur, in der man zweimal übernachtet und täglich etwa 16 km wandert.

Geführte Wildniswanderungen

St. Lucia (ⓘ s. S. 195/Maputaland)

(R618, 25 km östl. von Mtubatuba, Parkplätze direkt am Strand)

Tolle Bootstour

Die Hauptattraktionen des in subtropischer Vegetation gelegenen St. Lucia sind der leicht erreichbare und breite Sandstrand und die Estuary westlich der Stadt – das Zuhause von **Flusspferden** und **Krokodilen**. Hier eine Bootsfahrt zu unternehmen ist ein absolutes Muss.

Links vor der Brücke bietet das **Sixabonja Craft Center** nicht nur eine große Auswahl an Kunsthandwerk, sondern auch einen guten Ausblick auf die Estuary. Zudem bietet das Center die einzige Parkmöglichkeit am Ufer. Der touristisch stark erschlossene Ort (die Hauptstraße ist mit Kettenrestaurants und Hotelanlagen gespickt) versucht seine Halbinsellage nicht nur geografisch zu behaupten, sondern auch politisch das jahrzehntelang gepflegte **Afrikaanertum** zu verteidigen. An der Tatsache, dass hier nur Afrikaaner wohnten bzw. ihren Urlaub in kleinen Wohnpalästen verbrachten, sollte sich nichts ändern.

Per Boot Flusspferde und Krokodile aus der Nähe beobachten

So wurde nach Ende der Apartheid als Erstes eine Schranke am Ortseingang zur Personenkontrolle errichtet. Erst nach Intervention einer Regierungskommission vor wenigen Jahren, musste sie innerhalb weniger Stunden abgebaut werden. Die verhaltene Stimmung selbst gegenüber den farbigen und schwarzen Angestellten ist geblieben. Folgt man der Hauptstraße (*McKenzie St*), dann gelangt man am **Eden Park** zu einem Picknickplatz und einem 1,5-h-Wanderweg.

Abgelegenes Nature Reserve

Am Campingplatz vorbei kommt man zu einer Stelle, wo Boote ins Wasser gelassen werden. Von da bietet sich ein Blick auf die Flussmündung und auf das gegenüber der Estuary liegende **Mapelane Nature Reserve** (*100 km Anfahrt inkl. Piste, zu erreichen über N2, 15 km südl. von Hluhluwe nach li.; Camping, Selbstverpflegerhütten*).

Crocodile Center

(li. vor Parkeingang zum Cape Vidal)

Das Zentrum zeigt nicht nur die Wichtigkeit der Krokodile für die Region (insgesamt gibt es 1.500 Krokodile hier), sondern stellt auch das Informationszentrum für die komplexen ökologischen Gegebenheiten der Region um St. Lucia dar. Zu sehen gibt es Nilkrokodile sowie Langschnauzen- und Zwergkrokodile.

Cape Vidal (ⓘ s. S. 195/Maputaland)

(hinter der Brücke am Kreisverkehr vor St. Lucia li., Camping, Selbstversorgerhütten, Parkplatz direkt vor Strandzugang)

180 m hohe Dünen

Für Selbstversorger noch ein richtiger Geheimtipp, ansonsten ein toller Tagesausflug. Das kleine Kap liegt im St. Lucia Game Reserve und ist auf der gut ausgebauten Straße (33 km vom Gate zum Strand) hinter den höchsten bewachsenen Dünen der Welt, die bis zu 180 m hoch sind, gut zu erreichen. Zum Ende hin schlängelt sich der Weg durch dschungelähnliche Landschaft bis hin zum Parkplatz direkt am Strand. Das Camp (Blockhütten), das direkt hinter der Düne liegt, ist wesentlich ruhiger als der Campingplatz in Sodwana Bay. Der leichte Zugang zum Meer und die Bademöglichkeit am vorgelagerten Riff machen das Kap äußerst attraktiv. Auch hier kann man Schildkröten bei der Eiablage beobachten.

> **Hinweis**
>
> *Malaria-Prophylaxe ist in dieser Region unbedingt erforderlich.*

> **Hinweis zur Strecke**
>
> *Zum Abschluss der Rundtour durch das Maputaland geht es noch einmal nordwärts zum Mkuze Game Reserve. Am schnellsten geht das über die N2 von Hluhluwe aus. Nach ca. 50 km nach Mkuze abbiegen. 9 km südl. von Mkuze geht es dann nach li. zum Reserve.*

Mkuze Game Reserve (ⓘ s. S. 195/Maputaland)

(auch: Mkhuze, Mkuzi; Entfernung nach Durban: 320 km)

Rundhüttendörfer

Schon die Anfahrt ist ein Genuss. Vorbei am historisch legendären Ghost Mountain (529 m) geht es auf einer 20 km langen Piste durch die Ausläufer der Lebombo Mountains und an in den Bergen nistenden Rundhüttendörfern vorbei. Der bereits 1912 gegründete, 40.000 ha große Park wird im Norden und Osten vom **Mkuze River** begrenzt, dem einzigen Fluss in KwaZulu-Natal, der keine Staustufen hat und eine wichtige Quelle für den Lake St. Lucia ist. Dadurch tritt er je nach Saison auch gerne mal über die Ufer bzw. trocknet im Winter aus. Benannt wurde er nach einem wohlschmeckenden Baum *(Heteropyxis natalensis)*, der an seinem Ufer wächst. Aber auch große wilde Feigenbäume gedeihen dort prächtig.

Gute Wildbeobachtung

Nicht nur für seine unglaubliche **Vielfalt an Vögeln**, 400 wurden bereits registriert, sondern auch für jeweils fast 100 Schwarze und Weiße Nashörner ist der Park bekannt. Hinzu kommen u. a. Elefanten, Hippos, Leoparden, Geparde, Giraffen, Hyänen, Nyalas, Blaugnu, Riedbock. Aufgrund der überwiegend flachen Landschaft kann man große Tierherden besonders gut beobachten und von guten Aussichtspunkten das Wild fotografieren. So z. B. von den Insumo Observation Platforms an einer der größten im Osten gelegenen **Wasserpfannen** (*pans*). Diese seichten Wasserflächen sind im Sommer mit Wasserlilien bewachsen und beherbergen Flusspferdfamilien und Krokodile. Zu empfehlen sind die **1- und 3-Tage-Wandertouren**, die das ganze Jahr über angeboten werden, sowie eine Tour zum Village and Craft Market in der **Kwajobe Cultural Zone**.

Private Wildschutzgebiete/„naturnahe" Unterkünfte im Norden KwaZulu-Natals

Die privaten Wildschutzgebiete im Norden KwaZulu-Natals ähneln denen am Westrand des Kruger-Parks, sind aber kleiner und weniger bekannt:

Baumhütten

BONA MANZI liegt nur 10 km südlich von Hluhluwe und bietet traditionelle strohgedeckte Hütten. Die besondere Attraktion sind herrliche Baumhütten hoch im dichten Laubwerk der Bäume. Von einer sehr komfortabel gestalteten Baumlodge genießt der Besucher einen faszinierenden Blick auf eine regelmäßig von Tieren besuchte Wasserstelle. Selbstversorgung möglich, gutes Restaurant aber vorhanden. Schwimmbad.

BUSHLANDS GAME LODGE ist ebenfalls nur 11 km südlich von Hluhluwe gelegen. Die schönen Blockhäuser liegen hoch in den Bäumen und sind durch Stege verbunden. Jedes Baumhaus hat Schlafzimmer, Dusche, WC, Terrasse. Verpflegung. Schwimmbad. Sehr persönlich geführt von *Rob* und *Marlene Deane*. Es werden Zululand-Safaris zu allen umliegenden Naturschutzgebieten angeboten.

ZULULAND SAFARI LODGE. Vor den Eingangstoren zum Hluhluwe-Umfolozi Park (Nordeinfahrt) liegt diese sehr schöne Anlage auf der Ubizane Game Ranch mitten im Busch. Gutes Restaurant, Schwimmbad, privat geführt (SUN-Kette). Guter Ausgangspunkt für den Hluhluwe-Umfolozi Park.

Alle Ökosysteme des Maputalandes

PHINDA RESOURCE RESERVE (ⓘ s. S. 195/Maputaland). Phinda Izilwane bedeutet so viel wie „Rückkehr des Wildes". Im unberührten Maputaland liegt das neue und größte private Wildschutzgebiet KwaZulu-Natals, genau zwischen dem Mkuze Game Reserve und Lake St. Lucia. Auf engem Raum treffen hier die verschiedensten Öko-Systeme zusammen: Bergregionen und Busch, Savannen und Strand, Sumpf- und Marschlandschaften. Seit über 10 Jahren läuft unter dem Motto „*game restocking programme*" die Wiedereinführung früher hier lebender Tiere wie Elefanten, Löwen, Giraffen, Zebras und anderer Savannentiere. Für den Tierfreund und Naturliebhaber ergeben sich verschiedene Möglichkeiten für Aktivitäten. Wildbeobachtungsfahrten im offenen Landrover, Tauchen, Sundowner- und Kanufahrten auf dem Mzinene River (dem „Mini-Okavango"). Luxusunterkünfte, geschickt im Busch getarnt, erstklassige Küche sowie hervorragende Betreuung sind dem zahlungskräftigen Reisenden sicher.

„Mini-Okavango"

> **Hinweis zur Strecke**
>
> *Wer die Rundtour durch das Maputaland nicht gemacht hat, erreicht auf der N2 ca. 100 km hinter Swaziland die Abfahrt zum nördlichen Eingang (Memorial Gate) des* ***Hluhluwe-Umfolozi Park****. Für die Fahrt aus dem Park bietet sich das südliche (Nyalazi) Gate an, das über die R618 in östlicher Richtung wieder auf die N2 nach Durban führt. Vom Park aus kann man die R618 in westlicher Richtung nach Ulundi und von dort auf der „Rundreise durch die Battlefields und durch das Land der Zulu" fahren (siehe S. 542ff).*

Hluhluwe-Umfolozi Park (ⓘ s. S. 195)

(Entfernung nach Durban: ca. 280 km)

Seit der Zusammenlegung der ehemals eigenständigen und bereits 1895 und 1897 gegründeten Parks **Hluhluwe** und **Umfolozi** gehört der Hluhluwe-Umfolozi Park mit 96.000 ha zu den größten Parks in Südafrika. Der sehr buschige und fast schon als Feuchtsavanne zu bezeichnende, lang gezogene Park wird von drei großen Flüssen, dem Hluhluwe, White Mfolozi und Black Mfolozi River durchzogen. Sie schwellen in der Regenzeit, wenn es sturzbachartige Gewittergüsse geben kann, schlagartig an und setzen die niedrigen Flussüberfahrten komplett unter Wasser.

Fast schon Feucht-savanne

Tipp

\uch wenn Sie eine Unterkunft im :üdlichen Parkteil gebucht haben, ahren Sie durchs Memorial Gate n den Park. So können Sie quasi ;leich den ersten Game Drive ma- :hen. Dauer: ca. 1 h.

Von den Bergen aus ist es eine Augenweide zu sehen, wie sich die Flüsse durch die mit Schirmakazien verzierten und sehr grünen Täler schlängeln. Das erinnert nicht nur an Ostafrika, sondern ist die reinste **Bilderbuchlandschaft** aus dem Afrikahandbuch. Dazu gehören auch die wilden Tiere, die es hier natürlich reichlich gibt. Hluhluwe-Umfolozi ist der einzige Park in KwaZulu-Natal, wo die „Big Five" zu sehen sind. Zu beobachten sind sie besonders gut auf einem der besten **Wildlife Wilderness Trails** (3–5-Tage-Wanderung) Südafrikas. Da das Abenteuer, in wirklich entlegene Gebiete des Parks zu kommen, viele anlockt, ist eine frühzeitige Anmeldung dringend erforderlich (möglichst ein halbes Jahr im Voraus).

Drei große Flüsse durchziehen den Park

Verbunden wurden die beiden Camps 1989 mit einem sog. **Corridor**, durch den die R618 ins tiefste Zululand führt. Von dem einen Parkteil zum anderen gelangt man durch einen kurzen Tunnel kurz hinter dem Nyalazi Gate, dem südlichen Eingang zum Park. Bis auf das wie ein Ferienresort aufgebaute Hilltop Camp im Norden des Parks sind alle anderen Camps (Bushlodges und Bushcamps) nicht eingezäunt und vermitteln ein direktes Naturerlebnis.

Aber auch das **Hilltop Camp**, das Hauptcamp im Hluhluwe-Teil und das größte im Gesamtpark, strahlt mit großem Pool, schönem Restaurant und günstigen, kleinen Rondavels eine entspannte Atmosphäre aus. Besonders schön sind die etwas teureren Chalets in der ersten Reihe und dadurch feinstem Blick nicht nur ins Tal, sondern fast bis an den Indischen Ozean. (Bei der Buchung darauf achten, ein Chalet in Richtung Osten zu erhalten. Es gibt auch welche mit Blick nach Westen.) Nur die Dünen, so scheint es, verwehren einem den Blick auf das Meer. Zu empfehlen ist auch der Nashorn-Viewpoint.

Blick bis hin zum Ozean

Dichtes Buschwerk

Die Landschaft des **Hluhluwe-Teils** (ausgespr. *Schluschluwi*) ist hügelig bis bergig, die nördlich gelegenen Gebiete sowie die Flussufer sind bewaldet. In den ebenen Gebieten herrscht Savannen-Vegetation vor, die z. T. aus dichtem Buschwerk besteht. Bis zu **985 mm Niederschlag** gibt es im Durchschnitt im Hluhluwe-Teil, 300 mm mehr als im Umfolozi-Teil. Die Tierwelten beider Parkteile ähneln sich. Im Hluhluwe-Teil leben zudem noch Giraffen und Buschschweine.

Bei starkem Regen nicht zu erreichen

Den **Umfolozi-Teil** zu erreichen (mit dem **Mpila Camp** als zentralen Punkt) kann trotz Asphaltstraße schwierig werden. Denn wenn der Mfolozi River viel Wasser führt, ist wegen der überfluteten Brücke mit einem normalen Pkw kein Durchkommen. Ansonsten sind die Pisten gut ausgebaut. Der „Umfolozi Mosaic Auto Trail" führt über 67 km durch das Parkgebiet (Fahrzeit ca. 4–5 h).

Zuvor passiert man das **Centurion Center** (*Toiletten, Snackbar, Kunsthandwerk*). Im angrenzenden **Game Capture Center** befindet sich eine Ausstellung zur

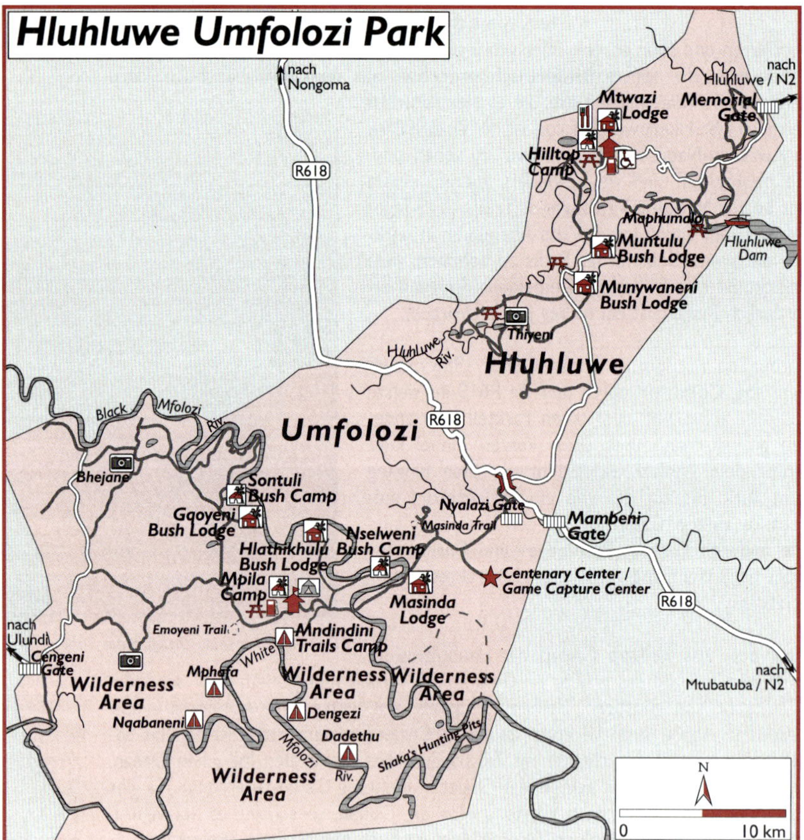

Aufstockung des Tierbestandes zu Gründungszeiten des Parks – und wie der Bestand heute reguliert und weiterverkauft wird. Ein wichtiger Aspekt ist dabei die Methode des Tiertransports von Büffeln, Nashörnern, Flusspferden, Antilopen etc. mit Lkw und Helikoptern. In der wenige Gehminuten vom Center entfernt liegenden Boma werden die meisten Tiere gesammelt, ehe sie z. B. in andere Parks transportiert werden. Ein besonderes Augenmerk gilt der **Aufzucht von Nashörnern**, die bereits in viele Parks Südafrikas aber auch über die Grenzen hinaus verkauft werden konnten. Zudem gibt es Löwen, Geparde, Impalas, Wildschweine, Blaugnus, Zebras, Wasser- und Riedböcke, Leoparden, Schakale – ja sogar Krokodile in den Flüssen.

Tierverkauf an andere Parks

Das zwischen den beiden Mfolozi Rivers gelegene Gebiet besteht aus besonders nahrhaftem Grasland. Das Klima ist warm bis heiß und ganzjährig steht den Tieren genügend Wasser zur Verfügung. Damit sind ideale Lebensbedingungen gegeben. Das war nicht immer so. Ein Blick in die Geschichte zeigt: Gleich von Beginn an war es fraglich, ob der Park eine Zukunft hat. Im 19. Jh. war Umfolozi das private Jagdgebiet von Zulukönig *Shaka* (1818-1828), der mit seinen Leuten sehr intensiv der Jagd nachging. Gefährdet waren die Tiere erst, als weiße Siedler im 20. Jh. in dieses Gebiet kamen. Umliegende Farmer liefen Sturm gegen den Park, weil die wütende Tsetsefliege und die mit ihr verbundene Nagana-Seuche ihre Farmtiere gefährdeten. Um zu bekämpfen, wurden zwischen 1929-1950 um die 100.000 Wildtiere getötet und die Tsetsefliege mit dem Einsatz von DTT ab 1945 ausgerottet. Erst 1952, mit der Gründung der KwaZulu-Natal Wildlife Organisation, wurde das Bestehen des Parks gesichert und ein langsamer Prozess der Wiederansiedlung von Wild begann. Einer der großen Erfolge ist die Etablierung des Nashorns, von denen es 1892 nur noch elf gab. 1994 konnte die Tierart von der Liste der bedrohten Tiere genommen werden. Heute leben rund 1.400 Schwarze und 1.600 Weiße Nashörner im Park.

Tsetsefliege

Den besten Zugang zum Park hat man vom Memorial Gate im Norden, zumal man dann die durch ehemaliges Homeland-Gebiet führende R618 zumindest bei der Hinfahrt meidet. Hier ist es in der Vergangenheit schon einmal zu Überfällen nicht nur auf Touristen, sondern auch auf Parkmitarbeiter gekommen. Fahren Sie zügig und mit geschlossener Türverriegelung durch das Gebiet.

Am besten durchs Memorial Gate anreisen

INFO Rückblick auf das ehemalige Homeland KwaZulu – den Flickenteppich der Zulu

Das ehemalige Homeland KwaZulu war insgesamt 32.733 qkm groß, also von der Größe vergleichbar mit Nordrhein-Westfalen. Es nahm damit ungefähr 35 % der Gesamtfläche Natals ein. Doch das Gebiet des ehemaligen Homelands, das traditionelle Siedlungsgebiet der Zulu, war arg zersplittert und bestand aus zehn Einzelregionen, die über die ganze Provinz verstreut lagen – ein reines Produkt der räumlichen Apartheid. Die Zulu stellen Südafrikas größte schwarze ethnische Bevölkerungsgruppe dar. Von den damals 5,5 Millionen Zulu lebten Angaben zufolge nur ca. 3,2 Millionen im Heimatland, der Rest arbeitete auf weißen Farmen in Natal, in der Umgebung von Durban und in den Bergbau- und Industrieunternehmen am Witwatersrand (Quelle: Statistical Survey of Black Development). Außerdem lebten in dem ehemaligen Homeland KwaZulu 50.000 Swazi, Xhosa und Südsotho, 3.500 Weiße, 3.300 Asiaten und 1.800 Coloureds.

Zu den Zulu zählt man ca. 200 Nguni-Stämme, die heute überall in KwaZulu-Natal leben. Sie kamen von Norden bereits um 1500 hierher. Unter ihrem berühmten Führer *Shaka* erstarkten die Zulu ab 1816 und unterwarfen benachbarte Stämme. Bald bildeten sie ein einflussreiches Königreich. Doch 1838 traf man auf stärkere Gegner: die Voortrekker beanspruchten nun das Gebiet, und bei der berühmten Vergeltungsschlacht am Blood River im Jahre 1838 siegten die Siedler. Auch im Anglo-Boer-Krieg (1879) konnten sich die Zulu unter ihrem Führer *Mpande* nicht der Vorherrschaft der Weißen widersetzen und die Annexion des Zululandes durch die Engländer verhindern.

KwaZulu während der letzten Jahrzehnte

Der Zulu-Führer *Buthelezi* gilt als eine herausragende Persönlichkeit im Kampf um mehr politische Rechte für die Schwarzen. Der 1928 geborene Chiefminister des ehemaligen Homelands hat an der Universität Fort Hare studiert, später an der Universität von Natal. 1957 wählte man ihn zum Häuptling des Buthelezi-Stammes, und 1970 übernahm er die Funktion als Kabinett-Chef der Zulu-Gebietskörperschaft. Diese wurde im Jahre 1972 in eine gesetzgebende Versammlung umgebildet, und 1977 erhielt KwaZulu die „Selbstverwaltung". Tatsächlich war es sowohl wirtschaftlich als auch politisch völlig abhängig – ebenso wie die anderen schwarzen Homelands. Buthelezi war Mitbegründer der Inkatha-Bewegung, die sich als kulturelle Befreiungsfront in Konkurrenz zu anderen eher als links orientierte Befreiungsgruppe verstand. Man schätzt, dass die Bewegung 350.000 Anhänger hatte, darunter auch ein Teil der Zulu, die in Soweto lebten.

Landschaftlich waren die Gebiete des ehemaligen Homeland KwaZulu recht unterschiedlich: Sie umfassten Regionen in Küstennähe, hügelige und bergige Gebiete. Hinsichtlich des Klimas handelt es sich um besonders günstige Räume. Die Niederschläge erreichen Werte bis zu 1.300 mm pro Jahr (wobei die Niederschläge im Landesinneren geringer und die Winter trocken sind) und die Temperaturen schwanken – je nach Lage – zwischen Minimalwerten von 15 bis zu über 30 °C. Das ehemalige KwaZulu wird von einer Reihe von Flüssen durchzogen, deren Wasser hauptsächlich für die Landwirtschaft genutzt wird.

Die Viehzucht nimmt in der Landwirtschaft eine herausragende Stellung ein, denn ein großer Teil der Graslandschaften bietet hierzu die natürliche Grundlage. Der Feldanbau spielt eine noch untergeordnete Rolle, auf diesem Gebiet ist noch viel Entwicklungsarbeit zu leisten. Man erntet hauptsächlich Mais, Zuckerrohr, Sorghum, Kartoffeln und verschiedene Gemüsearten. In den letzten Jahren konnten der Handel und die Industrie einen Aufschwung verzeichnen. Der Tourismus nahm zu, denn die Nähe zu den kleineren Wildreservaten Natals und zum Indischen Ozean übt auf Reisende einen besonderen Reiz aus.

Hinweis zur Strecke

*Bis **Richards Bay** bietet die Landschaft links und rechts von der N2 riesige Eukalyptusplantagen (Sappie-Unternehmen). Der **Lake Eteza**, vor dem Sie zum **Mapelane Nature Reserve** (südl. der St. Lucia Estuary gelegen, siehe S. 532) abbiegen müssen, schlägt 40 km vor der Hafenstadt eine kleine Schneise in die Wälder.*

Richards Bay (ⓘ s. S. 195)

(Entfernung bis Durban: 180 km)

Zusammen mit dem westlich der N2 liegenden **Empangeni** und umliegenden Gemeinden bildet Richards Bay seit 2001 den Stadtbezirk **uMhlathuze**. Es wird noch lange dauern, bis diese noch relativ weit auseinander liegenden Städte zusammengewachsen sind. Die Zusammenlegung der Gemeinden und Bündelung von Ressourcen soll neue Industrien anlocken.

Großflächige Gemeinde

In dem großflächig angelegten Richards Bay, das an einer riesigen Lagune liegt und gut ein Drittel des neuen Bezirks ausmacht, dominieren große Industrieanlagen. Heute werden hier hauptsächlich Aluminium, Kohle, Holz und Öl verarbeitet und verschifft. Als kleine Fischerstadt gegründet, entstand hier 1976 der größte und tiefste Hafen des Landes. Direkt am Jachthafen gibt es die charmante kleine **Tuzi Gazi Waterfront** *(Bridgetown Rd über den Mzingazi Canal)* mit sehr guten Fischrestaurants. Beeindruckend ist, wie sich aus einer von Marschland umgebenen Flussmündung, der Hafen mit dem größten Umschlag (Massengut) in Südafrika entwickeln konnte. Wer hier einen Blick auf den Ozean werfen möchte, sollte an die Spitze der Flussmündung zum Alkantstrand zur **Dolphin Viewing Platform** fahren.

Südafrikas umschlagreichster Hafen

Wirtschaftlich steht Richards Bay und damit die Region gut da und konnte das neue Jahrhundert mit einem bilateralen Handelsabkommen mit Karnataka in Südindien begrüßen. Anlass war u. a. die Ankunft der ersten Inder Mitte des 19. Jh. Seitdem gibt es auch eine Bronze-Büste von *Mahatma Gandhi* in der Stadt. Die Geschichte der Inder in dieser Gegend war von Turbulenzen geprägt, als sie noch hauptsächlich als Farmarbeiter tätig waren. Doch bereits um die Jahrhundertwende zum 20. Jh. konnten sie zu einflussreichen Geschäftsmännern und Führern der Gemeinschaft aufsteigen.

Indischer Einfluss

Empangeni liegt nicht nur geografisch, sondern auch wirtschaftlich „hinter" Richards Bay. Wer über den sonst uninteressanten Ort auf die N2 zurückfährt, sollte sich das in der 1916 erbauten Stadthalle untergebrachte **Empangeni Art and Cultural History Museum** mit Ausstellungen zur Zulukultur, zu Kunsthandwerk und Pionieren des Zuckeranbaus anschauen *(Turnbull St)*.

Überblick über die Strecke zwischen Richards Bay und Durban
(ⓘ s. S. 195/North Coast)

Ab **Mtunzini** (*15 km südl. von Richards Bay*) fangen sanft geschwungene, mit Zuckerrohr bedeckte Hügel an *(Informationen zum Zuckerrohr siehe S. 512f)*. Sie ziehen sich die Küste bis südlich von Durban hinunter. Die **Sugar Coast**, die Küste zwischen Umhlanga und Durban, wurde nach ihnen benannt. Und es riecht sogar nach Zucker bzw. Karamell, wenn das Rohr geschnitten wird. Noch immer werden die Felder zur Erntezeit abgebrannt, um den Schnitt zu erleichtern, der wie seit jeher von Hand getätigt wird und eine dreckige, harte Arbeit ist.

Ein Duft von Karamell

Nördlich der Sugar Coast passiert man nach der Mündung des Tugela River zunächst noch die **Dolphin Coast**. Wie der Name unschwer erkennen lässt, werden hier vermehrt Delfine gespottet. Die letzte Möglichkeit vor der einsamen Wild Coast an ein längeres, weitgehend unbebautes Stück Küste zu gelangen bietet sich im **Amatikulu Nature Reserve** *(40 km vor Dukuza (Stanger), 100 km vor Durban, günstige Zeltcamps; Tierbeobachtung auf den Dünen oberhalb des Indischen Ozeans)*.

Mit **Gingindlovu** beginnt das Gebiet der unweit der N2 liegenden Battlefields. Nachdem *Cetshwayo*, Sohn *Dinganes* (gest. 1840), seinen Bruder *Mbuyazi* im Kampf um die Nachfolge des Zuluthrons geschlagen hatte, errichtete er im Siegesrausch seine neue Residenz an dem Ort, den er *Gingindlovu* (bedeutet so viel wie „Schluck eines Elefanten") nannte. 1879 schlug eine britische Truppe auf ihrem Weg nach Eshowe eine Armee der Zulu 3 km von Gingindlovu (von den engl. Soldaten *Gin Gin I love you* ausgesprochen) entfernt. Die Stelle ist heute durch ein Monument gekennzeichnet. Ansonsten hat der Ort nichts Sehenswertes zu bieten.

„Gin Gin I love you"

Einen halben Kilometer nördlich des Ortes führt die R66 nach 21 km nach **Eshowe**, wo **„Die Rundreise durch die Battlefields"** beginnt *(siehe dazu Battlefields (Schlachtenfelder), S. 542ff)*. In **Dukuza (Stanger)** endet „Die Rundreise durch die Battlefields" *(siehe dazu S. 553)*.

Mtunzini und das Umlalazi Nature Reserve (ⓘ s. S. 195/North Coast)

(N2, 30 km südl. von Empangeni, 84 km nördl. von Dukuza (Stanger))

Mtunzini bedeutet „Platz im Schatten". Der von den Zulu für den kleinen aufgeräumten Ort Ende des 19. Jh. vergebene Name verweist auf ein äußerst attraktives Resort in einem mit üppiger Vegetation versehenen Park. Auf einer Anhöhe gelegen, bietet sich ein wunderschöner Blick auf den Ozean.

Europäischer Zulu-Häuptling

Dies war der favorisierte Ferienort von *John Dunn*, einem europäischen Häuptling einer Gruppe von Zulu, die entlang der Küste zwischen Tugela und Mhlatuze lebte. Er starb 1895 im Alter von 65 und hinterließ 49 Ehefrauen und 117 Nachfahren und damit eine ganz spezielle ethnische Gruppe in dieser Region.

Im Wald gibt es einen kleinen Board Walk und wer weiter durch den Wald fährt, gelangt durch eine Palmenallee zum 1948 gegründeten **Umlalazi Nature Reserve** *(1.028 ha, Blockhütten, Camping, 1,5 km von Mtunzini entfernt)*. Neben Bushbuck, Reedbuck, Blue und Grey Duiker gibt es jede Menge Vögel im Park, Krokodile im Fluss und interessante Vegetation (Mangroven-Bäume rund um die Lagune), die durch den Mangrove Trail bei Niedrigwasser zu erkunden sind. Zudem wächst hier die **Raphia australis**, eine Pflanze der Raffia-Palmengattung, die bis zu 25 m lange Blätter haben können und damit die längsten Blätter im gesamten Pflanzenreich.

Raffia-Palmenblätter können bis zu 25 m lang werden

Hinweis zur Strecke

Alternativen zu der empfohlenen Reiseroute durch das Land der Zulu und der Battlefields.

- *Der direkteste Einstieg von Johannesburg aus empfiehlt sich von* ***Piet Retief*** *(N2) und über* ***Vryheid****.*
- *Wer zuvor die Rundreise durch das Maputaland macht bzw. ein oder zwei Tierparks im Norden von KwaZulu-Natal besuchen möchte, kann auch* ***direkt vom Hluhluwe-Umfolozi Park*** *über die R618 und dann über Nongoma die Region bereisen.*

Tipp

Wir empfehlen eine 2–3-tägige Rundreise (max. 850 km mit allen Abstechern) von Eshowe über Ulundi und Babanango nach Dundee und Ladysmith und zurück nach Dukuza (Stanger).

Der Vorteil: Sie bekommen einen guten Überblick und Eindruck vom Land der Zulu und ihrem Leben und streifen zudem auch noch die wichtigsten Schlachtenfelder der Kriege zwischen Engländern, Zulu und Buren ohne allzu viel von der Nordküste von KwaZulu-Natal zu verpassen.

Und in Ladysmith haben Sie die Möglichkeit, die Strecke über die N11/N3 abzukürzen oder weiter über Colenso und den deutschen Missionsort Hermannsburg nach Dukuza (Stanger), dem ehemaligen Regierungszentrum des Zulukönigs Shaka, zu fahren.

Rundreise durch die Battlefields (Schlachtenfelder) und das Land der Zulu

(ⓘ s. S. 195/Zululand)

Hinweis

Den geschichtlichen Hintergrund finden Sie ab S. 23.

Überblick

Karte S. 544f

Die Route führt vorbei an den bedeutendsten Schlachtfeldern der drei großen Kriege in KwaZulu-Natal, den **Battlefields**, und an sehr guten **Ausstellungen** über die Schlacht zwischen Zulu und Buren (1838), zwischen Engländern und Zulu (1879) und zwischen Engländern und Buren (1899-1902). Des Weiteren sind natürlich landschaftliche und kulturelle Höhepunkte der Region von besonderem Interesse.

Das Land der Zulu

Zululands „Rolling Hills"

Das Land der Zulu befindet sich im Norden der heutigen Provinz KwaZulu-Natal und besteht aus scheinbar nicht enden wollenden runden Hügeln („Rolling Hills") mit üppiger, subtropischer Vegetation. Grob kann man das Zululand zwischen den Schnellstraßen N2, N3 und N11 lokalisieren.

Die Hügellandschaft des Zululandes

Die heute rund 9,1 Millionen Zulu in Südafrika gehören zum Volk der Bantu (Sprachgruppe der Nguni).

Die Mehrheit der zahlreichen kleinen Stämme (einige von ihnen siedelten auch im heutigen Mpumalanga) lebt im Zululand nach alter Tradition in Streusiedlungen. Noch immer ist es für Außenstehende schwierig, Einblick in Denken und Aufbau der modernen Zulu-Gemeinschaft zu erhalten.

Stammesbewusstsein

Und das liegt nicht nur an den Verständigungsproblemen. Viele Zulu sprechen aufgrund ihres Stammesbewusstseins in der Regel weder Englisch noch Afrikaans. Die Zulu sind es einfach nicht gewöhnt, ihre heutige Lebensweise „zu vermarkten". Die Apartheid und fehlender Kontakt mit anderen Kulturen ließen dieses Bedürfnis bisher nicht aufkommen. Mit zunehmendem Tourismus ändert sich auch hier der Umgang und es entstehen immer mehr neu angelegte Zuludörfer, in denen die traditionelle Lebensweise für Besucher dargestellt wird.

INFO Traditionelle Zuludörfer

Mehr oder weniger touristisiert, geben die sog. *Zulu Cultural Villages* zumindest einen kurzen Einblick in das traditionelle Leben. Das Programm ist bei allen ungefähr gleich. Neben einer Führung durch das Zuludorf gibt es Perlen- und Schnitzkunst zu sehen sowie aus Tierfellen bestehende Waffenschilde. Zudem werden traditionelle Tanzvorführungen und Gerichte, das spezielle Zulubier sowie eine Begegnung mit einer *Sangoma* (einer Wunderheilerin) geboten. Generell gilt, dass dieses Programm einen ganzen Tag dauert und nur zu schaffen ist, wenn eine Übernachtung eingeplant wird.

Hinweis

- *Wer mehr über Battlefields und Zulukultur wissen möchte, findet in den lokalen Touristeninformationen ausführliche Broschüren und weiterführende Literatur dazu. Siehe auch Literaturverzeichnis im Anhang.*
- *Mehr Informationen über die Zulu finden Sie auf S. 537f und 97ff.*
- *Wir haben an dieser Stelle eine Auswahl der zahlreichen Sehenswürdigkeiten der Battlefields und kultureller Stätten der Zulu vorgenommen und anhand der Reiseroute aufgelistet (von der Küste bei Gingindlovu beginnend).*

Fort Pearson/Ultimatum Tree (51)

Anglo-Zulu-Krieg (1879)

Die Engländer stellten den Zulu das Ultimatum zur Unterwerfung unter einem Baum am Tugela River, unweit des Fort Pearson. Einen Monat später brach der Krieg aus. Vom Fort Pearson aus, das im heutigen **H. Johnson Nature Reserve** lag, griffen die Engländer an. Wo einst das Fort stand, findet man heute nur noch Grabmäler und einen schönen Blick auf die Flussmündung. Unweit des Reserve steht der Ultimatum Tree, wo sich die Zulu zu Beratungen trafen.

Hier sollten sich die Zulu den Engländern unterwerfen

Eshowe (ⓘ s. S. 195/Zululand)

(26 km von Gingindlovu entfernt) – Anglo-Zulu-Krieg (1879)

Der schöne, gepflegte und älteste Ort im Zululand wirkt mit seinen Jacaranda-Bäumen sehr britisch. Im Zentrum befindet sich ein nettes altes Dorfhotel. Zudem bietet Eshowe einiges an Zulukultur sowie historische Stätten des Anglo-Zulu-Krieges. Es wurde 1860 gegründet, als der Zulukönig *Cetshwayo* seinen Kraal in der Gegend etablierte. Er gab dann dem norwegischen Missionar *Ommund Oftebro* die Erlaubnis, sich hier niederzulassen. Später wurde die Stätte *KwaMondi* benannt (die Zuluversion

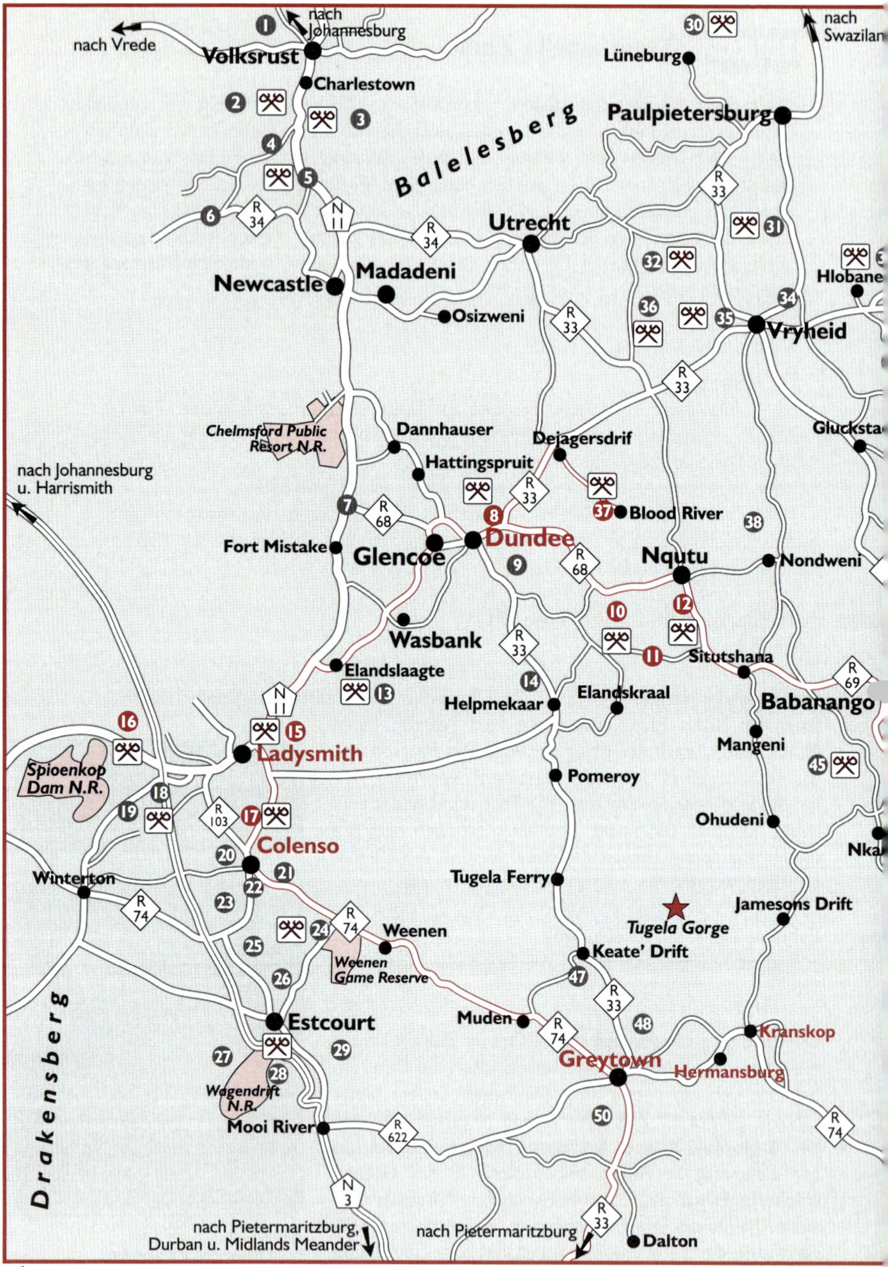
nach Vrede
nach Johannesburg
Volksrust
Charlestown
Balelesberg
Lüneburg
nach Swaziland
Paulpietersburg
Utrecht
Newcastle
Madadeni
Osizweni
Hlobane
Vryheid
Chelmsford Public Resort N.R.
Dannhauser
Hattingspruit
Dejagersdrif
Blood River
Gluckstadt
nach Johannesburg u. Harrismith
Fort Mistake
Glencoe
Dundee
Nqutu
Nondweni
Wasbank
Elandslaagte
Helpmekaar
Elandskraal
Situtshana
Babanango
Mangeni
Ladysmith
Spioenkop Dam N.R.
Pomeroy
Ohudeni
Colenso
Winterton
Tugela Ferry
Jamesons Drift
Tugela Gorge
Weenen
Weenen Game Reserve
Keate' Drift
Drakensberg
Estcourt
Muden
Kranskop
Greytown
Hermansburg
Wagendrift N.R.
Mooi River
nach Pietermaritzburg, Durban u. Midlands Meander
nach Pietermaritzburg
Dalton

Schlachtfelder in KwaZulu-Natal (Battlefield-Route)

1 Allemans Nek
2 Majuba Battlefield
3 Laing's Neck Battlefield
4 O'Neil's Cottage
5 Schuinshoogte Battlefield
6 Botha's Pass
7 Fort Mistake
8 Talana Battlefield
9 Fort Pine
10 Rorke's Drift Battlefield
11 Fugitive's Drift
12 Isandlwana Battlefield
13 Elandslaagte Battlefield
14 Helpmekaar
15 Siege of Ladysmith
16 Spioenkop Battlefield
17 Battle of Tugela Heights
18 Vaalkraans Battlefield
19 Spearman's Military Cemetery
20 Ambleside Military Cemetery
21 Site of the Guns
22 Clouston Garden of the Rememberance
23 Chieveley Military Cemetery
24 Bloukraans
25 Armoured Train Cemetery
26 Saailaager
27 Veglaer
28 Battle of Willow Grange
29 Rensburg Koppie
30 Ntombe Battlefield
31 Holkrans Battlefield
32 Kambula Battlefield
33 Hlobane Battlefield
34 Lancaster Hill
35 Scheepers Nek Battlefield
36 Blood River Poort Battlefield
37 Blood River Battlefield
38 Prince Imperial Memorial
39 Gqokli Hill
40 Senzagakhona's Grave
41 Ulundi Battlefield / Ondini Hist. Res.
42 Grab von Piet Retief u. Königskraal von Dingane
43 Italeni Battlefield
44 uMgungundhlovu
45 Italeni
46 Fort Prospect
47 Ambush Rock
48 Bambatha 1906 Police Memorial
49 Gingindlovu
50 General Louis Botha's Birthplace
51 Ultimatum Tree

N
0 25 km

Eshowe im Text näher erläutert
empfohlene Strecke durch die Battlefield-Region

INFO Der Anglo-Zulu-Krieg (1879)

Die Errichtung des Königreiches von Zulukönig *Cetshwayo* versetzte die Engländer im damaligen Natal in Furcht und Schrecken. Sie stellten den Zulu am 11. Dezember 1878 ein Ultimatum, sich Ihnen zu unterwerfen. Für *Cetshwayo* war dies inakzeptabel und er ließ das Ultimatum verstreichen. Daraufhin marschierten britische Truppen ins Zululand. Die erste Schlacht wurde am 22. Januar 1879 am **Isandlwana** *(s. S. 548)* ausgefochten. Bei dem Überraschungsangriff sind nach zwei Stunden rund 1.300 der 1.500 Mann starken britischen Truppe von den 25.000 Zulu getötet worden.

Die Überlebenden flohen über den Buffalo River in eine Schlucht, die heute als **Fugitives' Drift** bekannt ist. Am gleichen Tag griffen die Zulu auch **Rorke's Drift** *(s. S. 549)* an, eine schwedische Mission, von den Briten als Versorgungslager und Krankenstation genutzt. Doch hier leisteten die „heroischen Hundert" den 4.000 Zulu unter dem Verlust von elf Männern zwölf Stunden lang verbissen Widerstand. Für ihren Einsatz wurden die Gefallenen posthum mit elf Victoria Crosses (die höchste militärische Auszeichnung) geehrt. Nach weiteren Schlachten wurde König *Cetshwayo* schließlich am 4. Juli 1879 in der **Schlacht von Ulundi** geschlagen.

Das Fort Nongqayi

seines Vornamens). Heute existiert nur noch der norwegische Friedhof. Nach dem Anglo-Zulu-Krieg wurde Eshowe Verwaltungssitz der Engländer, die während des Krieges das burgenähnliche **Fort Nongqayi** gebaut hatten.

Heute beherbergt es eine Ausstellung über die norwegische Mission und das sehr sehenswerte **Zululand Historical Museum** (*zudem erhalten Sie hier weitere Infos über den Anglo-Zulu-Krieg*). Ergänzt wird es durch das **Vukani Collection Museum** gleich nebenan mit der wohl besten Sammlung von Kunsthandwerken der Zulu. Gegenüber bietet der Tea Garden des rekonstruierten *settler's house* eine Möglichkeit für eine Rast. Ein weiterer guter Ort für ein Picknick ist der **Dlinza Forest** mit Aerial Bordwalk *(Kangella St, im Südwesten der Stadt sowie Zugang vom Museumskomplex)*. Der 125 m lange Bordwalk führt zehn Meter über dem Boden durch eine beachtenswerte Vogelwelt in den Baumwipfeln.

Pause einlegen

Zuludorf Shakaland

(ca. 5 km hinter Eshowe abzweigen, am Phobane Lake)

Trotz des touristisch sehr durchorganisierten Zuludorfes nimmt die entspannte Atmosphäre einen gefangen. Es lohnt sich auf jeden Fall, einen kurzen Stopp auf der Terrasse des exzellenten Restaurants mit schönem Blick auf den Phobane Lake (ehem. Goedetrou Dam) zu machen.

Hinweis zur Strecke

Hinterm Shakaland geht es auf der traumhaft schönen und hügeligen Strecke (R66) entlang unzähliger Zuludörfer Richtung Melmoth. Ca. 20 km hinter Melmoth geht die Zuckerrohrbebauung in Buschlandschaft über.

Zuludorf Simunye

(6 km südöstl. von Melmoth, Abzweig von R34/R66)

Karte
S. 544f

Das schwer zugängliche Cultural Village nimmt als einziges auch deutlich Bezug auf das gegenwärtige Leben der Zulu. Die Autos müssen vorher abgestellt werden, die Anfahrt erfolgt mit Pferden, Ochsen- oder Geländewagen.

Ulundi

(90 km von Eshowe, 36 km zum Hluhluwe-Umfolozi-Park)

Hauptstadt KwaZulus

Die administrative Hauptstadt des heutigen KwaZulu-Natal gründete *Cetshwayo* inmitten der Rolling Hills als er 1873 nach dem Tod seines Vaters *Mpande*, zum König ernannt wurde. Er nannte es *uluNdi* bzw. *oNdi*. Bei den Europäern wurde daraus Ulundi. Die Stadt mit eigenem Flugplatz und riesigem Verladebahnhof ist großflächig um ein überdimensional großes Regierungsgebäude angelegt. Inmitten der schmucklosen und modernen Gebäude steht ein Denkmal von König *Shaka*. Ulundi steht im harten Konkurrenzkampf mit Pietermaritzburg um die Provinzhauptstadt, noch teilen sich beide Städte diesen Status. Allein die Fluggesellschaften freut es, die die Abgeordneten hin und her fliegen.

Das Denkmal König Shakas

Letzte Schlacht am Umgeni River (Ulundi Battlefield, 41)

Anglo-Zulu-Krieg (das Schlachtfeld befindet sich 10 km vor dem eigentlichen Stadtzentrum von Ulundi Richtung Umfolozi)

Sieg der Engländer

Am 4. Juli 1879 rückte die britische Armee unter *Lord Chelmsford* zur Hauptstadt der Zulu vor, wo die letzte Schlacht im Anglo-Zulu-Krieg stattfand. 17.000 Zulu unternahmen einen ziemlich hoffnungslosen Angriff auf die 5.000 Mann starke und mit Gewehren bewaffnete englische Truppe rund 2 km vor Ulundi. Die Zulu verloren rund 1.500 Krieger, die Engländer 12. Die Stadt wurde von den Engländern niedergebrannt und die Unabhängigkeit des Zuluvolkes damit beendet. Auf dem Schlachtfeld soll es noch zahlreiche Gewehrkugeln geben, erkennbar ist der Ort durch eine kleine Gedenkstätte.

Ondini Historical Reserve/Site

Anglo-Zulu-Krieg (5 km hinterm Schlachtfeld)

Modell der Schlacht

Die rekonstruierte Residenz von König *Cetshwayo*, die interessanteste Sehenswürdigkeit in der Nähe von Ulundi, liegt im Ondini Historical Reserve. Es besteht aus einer Freiluftanlage und wird ergänzt durch das **Site Museum** mit einem Modell der damaligen Schlachtenaufstellung sowie durch das **KwaZulu Cultural Museum** (schöne Perlensammlung). Für eine Übernachtung empfiehlt sich das liebevoll aufgebaute kleine Zuludorf mit Stroh- und Steinhütten.

Hinweis zur Strecke

*Von Ulundi geht die Stecke wieder zurück auf die R66 am Ophateh Game Reserve vorbei wieder auf die R34 und vor Mtonjaneni zum **Grab von Piet Retief** (uMgungundlovu) und dem in der Nähe liegenden **Königskraal von Dingane (42)**. Die Hauptroute geht weiter auf der R68 nach **Babanango**, die entweder über Piste oder via R66 und Melmoth erreicht werden kann. In Babanango gibt es außer der Bar des „Hotel Babanango" keinen Grund zu verweilen. In familiärer Atmosphäre treffen sich hier die Einheimischen und geben gerne Auskunft über die Region. Guter Ausgangspunkt für eine Tour zu den Schlachtfeldern von Isandlwana und Rorke's Drift.*

Karte
S. 544f

Grab von Piet Retief (42)

Zulu-Buren-Krieg

Eine große Tafel mit allen Namen der im Auftrag von Zuluführer *Dingane* am 6. Februar 1838 Ermordeten füllt die Vorderseite des Grabmals von *Piet Retief* aus.

Kraal von König Dingane (42) (1829-1838)

Zulu-Buren-Krieg

Freilichtmuseum

Unweit des Grabmals befindet sich in uMgungundlovu das Freilichtmuseum, wo die königliche Residenz (1829-1838) von *Dingane* rekonstruiert wurde. Ein kleines Museum vertieft die Geschichte des Zulukönigs.

Feuerholz tragende Zulu in der Nähe von Isandlwana

Isandlwana Battlefield (12)

(22. Januar 1879)

Anglo-Zulu-Krieg

Zu Füßen des außergewöhnlichen, einzeln stehenden Berges (von den

INFO Der Krieg zwischen Zulu und Buren (1838)

Die Einführung zahlreicher Gesetze durch die Engländer in der Kapprovinz im Jahre 1806 stieß auf großen Widerstand bei den freiheitsliebenden Buren und löste in den folgenden Jahrzehnten den „Großen Trek" der Buren ins Hinterland aus *(s. Kap. „Geschichte", S. 29ff)*. 1837 erreichte der Burenführer *Piet Retief* mit seinem Trek Natal und stieß auf die dort lebenden Zulu. *Retief* und 101 weitere Bauern versuchten mit Zulukönig *Dingane* über Land zum Siedeln zu verhandeln. Sie wurden jedoch von den misstrauischen Zulu am 6. Februar 1838 am Königskraal von *Dingane* getötet.

Zahlreiche kleinere Schlachten folgten zwischen Buren und Zulu in der Gegend des heutigen Estcourt. Dort schlossen sich die Voortrekker mit weiteren Treks zusammen und marschierten tiefer ins Zululand, um die Ermordung ihrer Leute zu vergelten. In der **Schlacht am Blood River** am 16. Dezember 1838 (der Fluss war zuvor von den Zulu Ncome – *der Friedvolle* – genannt worden) wurde die Armee der Zulu vernichtend geschlagen. König *Dingane,* zur Flucht gezwungen, wurde später an der Grenze zu Swaziland von einem Krieger des Nyawo-Stammes ermordet.

Zulu Isandlwana, *ein kleines Haus* genannt) fand die erste Schlacht zwischen Engländern und Zulu statt. In der Zulusprache wurde so auch der zweite Kuhmagen genannt, dem der Berg angeblich ähneln soll. Große weiße Steine markieren die einzelnen Stellungen der Briten und Zulu *(s. S. 546)*.

Wie ein Kuhmagen

Das Isandlwana Battlefield

Fugitives' Drift (11) und Rorke's Drift (10) (22./23. Januar 1879)

Anglo-Zulu-Krieg

Der Fugitives' Trail ist der Pfad, den die Überlebenden der Schlacht am Isandlwana genommen hatten. Am Fugitives' Drift überquerten sie den Buffalo River. Hier liegen die Leutnants *Coghill* und *Melville* begraben, die die königlichen Fahnen retten wollten. Ein Informationszentrum im rekonstruierten **Missionshaus** am Rorke's Drift gibt durch einen Schaukasten mit nachgestellten Schlachtenverläufen einen guten Überblick. Das kleine **Rorke's Drift Museum** nebenan bietet weitere Hintergrundinformationen und eine Einordnung des Geschehens.

Nachgestellter Schlachtenverlauf

Dundee

Anglo-Boer-Krieg

Grund für die Briten, Dundee 1899 als Standpunkt zu verteidigen, waren die Kohlenminen. Die erste Schlacht zwischen Engländern und Buren war die **Schlacht**

INFO Der Anglo-Boer-Krieg (1899-1902)

Mit der Entdeckung der Goldvorkommen am Witwatersrand in der damaligen Südafrikanischen Republik (ZAR) im Jahre 1886 befürchteten die Buren eine regelrechte Invasion von Ausländern. Sie änderten deshalb einfach das Stimmrecht. Die Proteste der Arbeiter in den zumeist britischen Goldminen mündeten am 15. Oktober 1899 in den Kriegsausbruch zwischen Engländern und Buren (Letztere wurden vom damaligen Oranje Free State unterstützt).

Fünf Tage später fand die erste große Schlacht des Anglo-Boer-Krieges am **Hügel von Talana** statt. Die Briten engagierten sich in dem Krieg, weil sie davon ausgingen, dass er sehr schnell beendet sein würde. Aufgrund des unerwarteten großen Widerstands und Kampfeswillen der Buren wurde daraus jedoch der längste, teuerste und blutigste Krieg für die Briten seit 1815. Der Krieg dauerte 3 Jahre. Als Reaktion auf den zermürbenden Guerillakrieg der Buren brannten die Briten ihre Farmen nieder und steckten Frauen und Kinder in Konzentrationslager. Die Buren kapitulierten *(s. a. S. 20ff)*.

Endlich praktische Uniformen

am Talana-Hügel (8). Übrigens trugen die Briten dabei erstmals khakifarbene Uniformen. Bis dahin wurde in der auffälligen und dicken blau-roten Montur gekämpft. Heute ist der einzige Grund in Dundee zu verweilen das **Talana Museum**. Auf dem großen Museumskomplex mit Ausstellungen auch zu Kohlebergwerken, Glasproduktion und Heimatgeschichte kann man sich eine ganze Zeit aufhalten. In separaten Häusern gibt es zudem sehr gute Ausstellungen zu allen drei Konflikten und Kriegen in Natal.

Schlacht am Blood River (37)

Zulu-Buren-Krieg

Ochsenwagen als Schutz

In dieser Schlacht (*16. Dezember 1838*) besiegte eine Gruppe von Voortrekkern die Armee der Zulu. Auf dem Schlachtfeld stehen heute aus Bronze gearbeitet Nachbildungen der damaligen Ochsenwagen. Hinter diesen hatten sich die Buren verschanzt. Das riesige **Wagenburgdenkmal**, eine Pilgerstätte der Buren, wird heute durch einen hohen Zaun und ein elektrisches Tor, das für jeden Besucher eigens geöffnet wird, gesichert. Im Informationszentrum wird durch Sprache, Kleidung und Habitus deutlich, dass hier das Burentum offensiv gepflegt wird. Videofilm und Schautafeln geben Auskunft zur Schlacht und der Geschichte der Buren.

Wagenburg der Voortrekker

Auf der anderen Seite des Blood River liegt das **Ncome Museum**,

Das Ncome Museum

das erst jüngeren Datums ist und die Empfindungen der Zulu zu dieser Schlacht verdeutlichen soll. Diese wirken noch sichtlich unbeholfen in dem Umgang mit ihrer Geschichte und das Museumsgebäude etwas verloren in der weiten Landschaft. Dennoch, die Ausstellung erweitert das Bild des Geschehens von damals. Und der Blick vom anderen Flussufer auf die Wagenburg der Buren erhellt die Vorstellung über die Schlachtenfolge.

Unbeholfen

Hinweis zur Strecke

Von Dundee geht es nach Ladysmith. Von dort aus können Sie auf der N11/N3 schnell nach Durban durchfahren. Wer noch Zeit hat oder an die North Coast zurück möchte, dem empfehlen wir die landschaftlich schöne Strecke hinter Ladysmith (R103/R74) durch weitläufige Hügellandschaft, dicht besiedeltes Zululand und schließlich Zuckerrohrfelder, die die nahende Küste ankünden.

Ladysmith

Anglo-Boer-Krieg

Farmer hatten in der Gegend wegen des guten Weidelandes als Erste gesiedelt und 1847 unter dem Kommandanten *Andries Spies* die unabhängige „Klip River Republic" ausgerufen. Diese so genannte *pocket republik* überlebte nur ein paar Monate, dann kamen die Briten und riefen Ladysmith am 20. Juni 1850 zur britischen Verwaltungsstadt aus. Der nach der spanischen Frau des britischen Gouverneurs Sir *Harry Smith* benannte Ort blühte im Zuge der Gold- und Diamantenfunde am Witwatersrand und in Kimberley aufgrund seiner Lage auf dem Weg zum Hafen von Durban auf. Während des Krieges (1899-1902) hatte die Stadt eine Schlüsselposition im Kampf um Natal inne.

Zwischenstation

Im Zuge dessen wurde 40 km südlich von Ladysmith, in der Nähe von Chieveley, ein gepanzerter Eisenbahnwaggon, in dem der junge Kriegsreporter *Winston Churchill* saß, von den Buren in die Luft gesprengt. Die **Belagerung von Ladysmith („Siege of Ladysmith", 15)** durch die Buren vom 2. November 1899 bis 28. Februar 1900, also 118 Tage, war eine der schlimmsten Niederlagen, die die britische Armee erleben musste und wurde zu ihrer Schmach weltweit bekannt. Die wohl blutigste von insgesamt vier Schlachten, um den Belagerungszustand

Schmach für die Briten

von Ladysmith aufzuheben, fand am 23.–24. Januar 1900 am **„Spioenkop" (16)** statt. Heute befindet sich das ehemalige Schlachtfeld im **Spioenkop Public Resort Nature Reserve**. Die beiden Schlachtfelder „Wagon Hill" und „Caesar's Camp" sind von der Stadt zu Fuß zu erreichen.

Ladysmith heute

Genaue Informationen über die vielen Schlachten zwischen Buren und Engländern um Ladysmith und Colenso herum bietet das **Siege Museum** im alten Market House *(Murchison St)*. Vor der benachbarten **Town Hall** *(Queen St)* steht eine der beiden Howitzer-Kanonen, mit der während der Belagerung Ladysmith verteidigt wurde. Schräg gegenüber des Rathauses steht das „Royal Hotel", wo die Privilegierten während der Belagerung logierten bzw. ihr Mittagessen einnahmen. Unter ihnen waren auch *Leander Starr Jameson* und *Frank Rhodes*, der Bruder von *Cecil Rhodes*. Beide waren in den sog. Jameson-Angriff involviert – ein Versuch, die burische Regierung zu stürzen.

Vornehmer Belagerungszustand

Am Hotel vorbei Richtung Forbes St steht vor dem **Vishnu Tempel** ein *Gandhi*-Denkmal. *Gandhis* Anwesenheit in Ladysmith geht auf seine Arbeit als Krankenträger während des Krieges zurück. Er animierte seine indischen Mitbürger, das Gleiche zu tun. Er wollte den Briten Loyalität demonstrieren, um eine Garantie für die Unabhängigkeit in Indien zu bekommen. Das **Emnambithi Cultural Centre** *(25 Keate St)* beherbergt die **Ladysmith Black Mambazo Hall**, eine Ausstellung zu der aus Ladysmith stammenden Musikgruppe, die Paul Simon zum Erfolg eines Albums von Mitte der 1980er Jahre verhalf. Die Musiker selbst wird man nur selten zu Hause antreffen. Eine der schönsten Moscheen im Südlichen Afrika, die Soofie Moschee (*Mosque Rd*), findet sich im indischen Vorort Rose Park.

Bekannte Musikgruppe

Colenso

Anglo-Boer-Krieg

Die ehemals britische Atmosphäre des charmanten Ortes **Colenso** lässt sich anhand einiger Häuser und dem netten Dorfhotel in der Durchgangsstraße, der Krönung des Ortes, nachempfinden. Heute wird diese mit afrikanischer Lebensweise in den Straßen gemischt. Das kleine **Museum** im ehemaligen Zollhaus gleich hinter der Brücke über den Tugela River gibt Hintergründe zum Anglo-Boer-Krieg (1899-1902) und Informationen zur **Battle of Tugela Heights (17)**. Bis zum Ersten Weltkrieg war dieses für die Briten die größte Schlacht in der südlichen Hemisphäre.

Charmanter Ort

Hinweis zur Strecke

Hinter Colenso wird es auf der R74 immer einsamer und man durchquert nur noch Farmland, nur unterbrochen durch kleine Orte und vereinzelte Zuludörfer in urwüchsiger Buschlandschaft. Bei Weenen mag noch das kleine ***Weenen Game Reserve*** *(Rhinos, Giraffen, Antilopen, Zeltplatz) für den einen oder anderen von Interesse sein.*

Greytown

„Der Platz des kleinen Elefanten" heißt der Geburtsort des späteren Generals *Louis Botha*, der umgeben ist von Nutzholzplantagen und mit Aloepflanzen bedeckten Hügeln. Als Knotenpunkt verbindet der Ort alle Himmelsrichtungen mit Verkehrsanbindungen, d. h. nach Colenso, Mooi River, Dukuza (Stanger), Pietermaritzburg und Dundee. Ein kleines, in einem 122 Jahre altem Gebäude sich befindendes Museum, beinhaltet eine der besten Sammlungen zur kulturellen Vielfalt der Region.

Verkehrsknotenpunkt

Karte
S. 544f

Hermannsburg

In dem lutheranischen Missionsort (Ausschilderung „Missions House" kurz vor Kranskop) gibt es eine der ältesten ev.-luth. Kirchen in Südafrika, die Paul Peter Church. Sie befindet sich mitten im Ort innerhalb einer Anpflanzung von großen, dunklen Tannen. Das von Deutschen gegründete Hermannsburg ist nicht ausgeschildert und besteht nur aus einer Hand voll Häusern. Verfügt dafür aber über eine überdimensional große Gemeindehalle und zwei Schulen: die „Deutsche Schule Hermannsburg" mit großen „Sportanlagen" und die „Altes Mädchenheim" genannte Grundschule.

Deutsche Gründung

Kranskop

Kranskop beantwortet die Frage, wo sich eigentlich die Menschen in dieser bisher ziemlich einsamen Gegend befinden. Das Gewusel von Menschenmassen und Sammeltaxis im Ort steht zu der Einsamkeit im krassen Gegensatz. Nach dem Namensgeber, dem Hügel „Die Kop" (1.142 m), schaut man zunächst vergebens, da er aufgrund des durchschnittlich hoch gelegenen Landes nicht auffällt.

Hinweis zur Strecke

Hinter Kranskop geht es weiter auf einer kurvenreichen und hügeligen Strecke durch dicht besiedeltes Zululand mit spektakulären Aussichten auf Täler und Hügel mit Zuludörfern ehe sich die Küste durch zunehmende Zuckerrohrfelder ankündet und Dukuza erreicht wird.

Dukuza (Stanger)/Blythdale Beach (ⓘ s. S. 195/North Coast)

Bereits kurz nach den ersten demokratischen Wahlen von 1994 war die vom Zulukönig *Shaka* gegründete Stadt in Dukuza umbenannt worden, doch noch immer ist sie unter ihrem alten Namen Stanger bekannt, benannt nach dem ersten General von Natal, *Dr. William Stanger*. Der neue und eigentlich auch alte Name geht auf den König *Shaka* zurück, der im Juli 1825 eine königliche Siedlung auf dem halben Weg zwischen dem Standort der Zulu und den Siedlern in Port Natal (Durban) gründete. Die ziemlich große Zulusiedlung (bestehend aus gut 2.000 Hütten) wurde damals bereits von den Zulu Dukuza (= „der Ort von dem, der verschwunden war") genannt.

Shakas königliche Siedlung

Das Museum in Dukuza mit einer Ausstellung über König Shaka

1932 errichteten die Zulu das **Shaka-Denkmal** über dem Grab des Königs in der King Shaka St, 1938 wurde es zum Nationalmonument erklärt. Hinter dem Denkmal gibt es ein kleines Interpretation Center mit angrenzendem Kunsthandwerksshop. Gegenüber zeigt das neue und farbenfrohe **Dukuza Museum** Ausstellungen zum Anglo-Zulu-Krieg, zur Schlacht von Tugela, dem Leben Shakas, zur Zulukultur, Zuckerindustrie, zu den Pionieren des Zuckeranbaus, zur Papierherstellung und Stadtgeschichte.

Museum zu allen Themen

Wer von Dukuza auf der R74 nach **Blythdale Beach** fährt, findet dort einige Übernachtungsmöglichkeiten.

Hinweis zur Strecke

Auf dem Weg ***von Dukuza (Stanger) nach Durban*** *bietet es sich an, entweder an einen der Strandorte zu fahren oder direkt auf der N2 nach Durban. Die alte Hauptstraße, die R102 ist als Alternativstrecke nicht zu empfehlen, da sie sehr anstrengend zu fahren ist: viele Tiere und Menschen auf der kurvenreichen und schlechten Straße. Wer sich doch dafür entscheidet, kommt in Tongaat an einem Hindu-Tempel vorbei, den indische Arbeiter vor mehr als 100 Jahren errichteten.*

Tipp

Küste, Strand und einige Restaurants bieten die von Dukuza (Stanger) 30 km entfernten Orte Ballito oder Salt Rock. Aber Achtung! In der Hochsaison und an Wochenenden muss unbedingt vorher eine Unterkunft gebucht werden. Auch auf Campingplätzen sind kurzfristig dann keine Hütten mehr zu bekommen.

Ballito und Salt Rock (ⓘ s. S. 195/North Coast)

Badeorte wie an einer Perlenkette

Wie an einer Perlenkette reihen sich die Badeorte um Ballito und Salt Rock aneinander. Hier haben vor allem viele Südafrikaner aus Gauteng ihre Ferienwohnung. Im Gegensatz zur South Coast ist das der feinere Küstenteil, zugebaut mit hochwertigen Timesharing- und Apartment-Anlagen. Zu Ferienzeiten ist hier kaum ein Zimmer zu bekommen. Salt Rock ist sehr klein, hat aber einen schönen Strand mit Tidepool unterhalb des Salt Rock Hotel, das allein schon wegen seines 60er Jahre Charmes eine Sehenswürdigkeit und in Besitz der *Hulett*-Familie ist, die 1902 die erste Zuckerfabrik der Region baute.

11. DURBAN UND UMGEBUNG

(ⓘ s. S. 195)

Überblick

Die an der **Nataler Bucht** gelegene Hafenstadt ist nicht nur bei Südafrika-Besuchern auf ihrer Reise entlang der Küste von KwaZulu-Natal ein beliebter Zwischenstopp. Auch bei Einheimischen steht die Millionen-Stadt am warmen Wasser des Indischen Ozeans für einen Badeurlaub hoch im Kurs. Das merkt man spätestens dann, wenn sich die so genannte **„Golden Mile"**, Durbans 6 km lange Amüsier- und Hotel-Zeile direkt vor dem Stadtstrand, in der Hochsaison (Dezember und Januar) mit Südafrikanern füllt. Dennoch ist die Frequentierung noch lange nicht mit denen eines Mittelmeerstrandes zu vergleichen. An dem weitläufigen Strand gibt es immer genug Ausweichflächen.

© igraphic

In den restlichen Monaten des Jahres ist es hier für einen Stadtstrand für europäische Verhältnisse leer. Dennoch zählt Durban dank des **subtropischen Klimas** und einer ganzjährigen Saison zu einem der wichtigsten Fremdenverkehrsorte. Wenn es im Landesinneren im Winter kalt wird, zieht es viele Einheimische hierher in ihre Ferienwohnungen.

Besonders beliebt sind die Strände und der Ozean zum Surfen, Tauchen, Segeln, Angeln oder einfach Sonnenbaden. Zudem hat Durban mit erstklassigen Hotels, Wasserparks, einem Schlangenpark, Delfinarien, Ozeanarium und Aquarien mit und ohne Haien, einer guten Auswahl an Museen, einer Waterfront im Jachthafen, dem Hafen und seinen Zuckerterminals und dem Indischen Viertel – die Mehrheit der Einwohner Durbans sind Inder – Besuchern eine breite Palette von Attraktionen und Sehenswürdigkeiten zu bieten. Einer der Höhepunkte war bisher der 6 km lange Stadtstrand mit der Golden Mile. Doch das schien den Planern der größten Stadt in KwaZulu-Natal und des drittgrößten Ballungszentrums in Südafrika nicht genug. Sie schufen zu Beginn des 3. Jahrtausends im Yachthafen eine sog. **Waterfront** nach Kapstädter Vorbild (wenn auch kleiner) und den großen Vergnügungspark **uShaka Marine World** auf der Landzunge **The Point** an der Hafeneinfahrt. Die Investitionspläne sehen dabei weitere Bebauungspläne des zum Teil ausgedienten Hafengebietes vor. Direkt an der Hafen-

Inder-Mehrheit

Bebauungspläne

einfahrt befinden sich heute schon einige Restaurants und Bars. In den nächsten Jahren soll das ganze Gebiet bis zum Beginn der South Beach zu einer Halbinsel mit Kanälen, Wohnanlagen, kleinen Marinas und Unterhaltungsbereichen ausgebaut werden.

Besonders reizvoll an Durban und für Südafrika einzigartig ist die Atmosphäre, die ihre bunt gemischten Bewohner schaffen. Über eine halbe Million **Inder** wohnen in der Stadt und geben dem Kontrast zwischen Schwarz und Weiß einen neuen Farbton. Die ersten kamen Ende des 19. Jh. als Arbeiter der Zuckerrohrfelder nach Natal. Der berühmteste von Ihnen, *Mahatma Gandhi*, arbeitete in Durban eine Zeit lang als Anwalt *(mehr Infos zu Gandhi siehe S. 354)*.

Durbans „Golden Mile" liegt direkt am Stadtstrand

Heute bewegen sich die Inder, die vor allem unter sich bleiben, in dem breiten Spektrum zwischen weißer Ober- und schwarzer Unterschicht. Der Handel der Stadt ist fest in indischer Hand. Dabei sind einige zu großem Wohlstand gekommen. Auf dem mitten in der Stadt gelegenen **Royal Durban Golf Club** oder auf der Rennbahn in Greyville ist ihre Anwesenheit eine Selbstverständlichkeit.

Handel in indischer Hand

Dennoch ist Durban eine **sehr afrikanische Stadt**. Neben britischen Kolonialbauten und burischer Hochhausarchitektur besiedeln die Afrikaner heute vor allem die südliche Innenstadt. Dort verwandeln sie die Straße zum großen Teil in ihr Wohnzimmer, junge Leute tanzen neben laut dröhnenden Musikanlagen und vermitteln das Gefühl von *easy going*.

Geschichte

Vom Mangrovenwald zum Welthafen

Der heutige Hafen von Durban war einst eine große Lagune mit Mangrovenwäldern, die vor allem von den Flüssen Mhlatuzana und Mbilo gespeist wurde. Als sich vor rund 100 Mio. Jahren die Küstenlinie senkte, wurden tiefer gelegene Gebiete vollständig überschwemmt. Aus der Lagune entstand eine Bucht, die nur durch zwei Sanddünen – gespeist vom Schlick der Flüsse – vom Meer getrennt wurde. Aus dem Norden kommende **Afrikaner** siedelten sich in den Wäldern um die Bucht an, die sie *siBubulungu* nannten, „das lange, unförmige Ding".

Mit die ersten **Europäer**, die die Bucht zu sehen bekamen, waren vermutlich Überlebende verunglückter Schiffe. Einer von ihnen war *Rodrigos Tristão*, der 1552 den Untergang des portugiesischen Schiffs „Saint John" überlebte. Er ist der erste bekannt gewordene Europäer, der auf dem Gebiet des späteren Durban mitten unter Afrikanern siedelte. Offiziell erstmals von Europäern entdeckt wurde die Bucht bereits im Dezember 1497. Der portugiesische Seefahrer *Vasco da Gama* nannte sie „Río de Natal" (Weihnachtsfluss), da das Fest kurz bevor stand.

Weihnachtsfluss

Zu Beginn des 19. Jh. sollte die Formierung des Zulureiches – 250 km weiter im Norden – die Zukunft der Bucht entscheidend beeinflussen. Der Reichtum der Zulu schuf einen gewissen Handelsmarkt, dessen Ruf sich bis ans Kap ausbreitete. 1823 charterten Kaufleute die „Salisbury" unter der Führung des Leutnants *James King* und schickten es die Küste von Natal entlang, um eine geeignete Bucht für einen Handelshafen zu finden. *King* ankerte vor dem *Rio de Natal,* fürchtete aber, dass die Buchteinfahrt zu flach sei. Als ein Sturm aufzog, überwog die Furcht an den nahen Strand gepresst zu werden und so wagte er den Vorstoß in die Bucht. Zu seiner Überraschung befanden sie sich in einer vom Wetter unbeeindruckten natürlichen Hafenanlage. Damit war der Grundstein für die zukünftige Hafenstadt Durban gelegt.

Geschützte Bucht

Die Bay of Natal: Von hier wurde das Hinterland erschlossen

Die Kaufleute kehrten jubelnd ans Kap zurück, um von Regierungsseite und privaten Interessenten Unterstützung für eine Siedlung zu organisieren. Die Regierungsseite blieb zögerlich, doch es fanden sich genügend Privatleute, die für das Abenteuer bereit waren. Im Mai 1824 nahm die 25 Tonnen schwere „Julia" unter der Führung eines jungen Mannes namens *Henry Francis Fynn* mit einer Gruppe von Siedlern Kurs auf die ab da als Bay of Natal bekannte Bucht. *Fynn* war der Erste, der schließlich auch die Rodung der Buschlandschaft vornahm – und zwar „*opposite the present church of St Paul's in Durban, where the railway station stands*". Dort baute er ein Haus aus Lehm und Stroh.

Mut zum Abenteuer

Diese erste Siedlung wurde von 26 hart kämpfenden Siedlern errichtet (Händler und Elfenbeinjäger) und 1835 nach dem damaligen Gouverneur des Kaplandes *Sir Benjamin D'Urban* (1778-1854) benannt. Der Apostroph wurde später vergessen. Die Zulu tolerierten die Siedler, weil sie mit ihnen Handel treiben konnten. Dennoch blieben sie wachsam und positionierten sich nicht unweit der weißen

Von den Zulu toleriert

Siedlung in der Festung namens *uKangel' amankengane* (beobachte die Vagabunden). Davon wurde später *Congella* abgeleitet, der Name eines heutigen Stadtteils Durbans (nahe dem heutigen Sugar Terminal).

Die Ermordung des Burenführers *Piet Retief* durch den Zulu-König *Dingane* nach der Ankunft der Voortrekker im Jahre 1838 ließ die Siedler in Durban in Alarmbereitschaft bleiben. Sie schlossen sich mit Teilen der Voortrekker gegen die Zulu zusammen und wurden so zu einem Teil der seit kurzer Zeit bestehenden Natal-Republik. 1842 schloss sich Durban den Briten unter dem Kommando von Kapitän *Thomas Smith* an. Die britischen Soldaten bauten eine Festung, die heute als das **Old Fort** bekannt ist und von den Voortrekkern im Sommer 1842 insgesamt 34 Tage erfolglos belagert wurde.

Erfolglos belagert

Die Belagerung konnte erst durch den berühmt gewordenen 950-km-Ritt des Siedlers *Richard (Dick) King* nach Grahamstown beendet werden. Dort berichtete *King* der britischen Obrigkeit von der Lage in Durban, worauf zehn Tage später von Port Elizabeth ein Schiff mit Soldaten lossegelte, um den Belagerten zu helfen. *Dick King* wurde 1915 zu Ehren ein großes Denkmal auf der Victoria Embankment gesetzt.

Die besiegten Voortrekker zogen auf der Suche nach Siedlungsland weiter nach Norden, in den damaligen Oranje-Freistaat und nach Transvaal. 1844 wurde Natal durch die Briten der Kapkolonie angegliedert. Damit war Natal für britische Siedler und der Weg zu einer eigenständigen Kolonie und zu einer späteren Provinz geöffnet. 1854 bekam Durban den Status einer städtischen Gemeinde (*Borough*), 1935 Stadtrechte (*City*).

Britische Kolonie

Wirtschaft

Von Durban aus wurde Natal wirtschaftlich erschlossen. 1843 bekam Natal britischen Koloniestatus und Durban stieg zum wichtigen **Hafen- und Handelsplatz** auf. 1855 kamen die ersten Inder in Durban an, denen viele weitere folgten. Im Prinzip war die Einwanderung der Inder nicht gewünscht, doch wegen des dringenden Bedarfs an Arbeitskräften – die **Zuckerproduktion** verdoppelte sich in den folgenden 15 Jahren – wurden 1859 Tausende von Indern als verlässliche Arbeiter zugelassen. In ihren Arbeitsverträgen wurden Arbeitsort, Lohn und begrenzte Aufenthaltsdauer als Auflagen fixiert.

Verlässliche Inder

Viele Inder ließen sich daraufhin als **Händler** nieder und setzten sich in direkte Konkurrenz zu den Weißen. Im späteren 19. Jahrhundert – 1887 war die Zahl der Inder in Natal auf 30.000 angewachsen – brachten die Briten wegen des Arbeitskräftebedarfs erneut Tausende indische Landarbeiter nach Natal. Ihre Nachkommen machen heute über 50 % der Bevölkerung von Durban aus. Unter den indischen Einwanderern des 19. Jh. hatte sich auch *Mahatma Gandhi* befunden, der in Südafrika eine Stelle als Anwalt angenommen hatte. Von 1893 bis 1915 arbeitete *Gandhi* auch für längere Zeit in Durban *(mehr Informationen zu Gandhi siehe S. 354)*.

Anwalt Gandhi

INFO Das Durbaner Hostel-System für Migranten-Arbeiter

1876 wurde das erste „Hostel" für Migranten-Arbeiter, die nur zeitweise in Durban arbeiteten, erbaut und schnell zu einer festen Einrichtung. Bereits sehr früh war das Ziel der Stadt, die zumeist schwarzen Arbeiter aus dem Hinterland auf diese Weise in speziellen Stadtteilen zu konzentrieren. Damit wollten sie zum einen verhindern, dass es zu einer permanenten Ansiedlung von Afrikanern in „weißen" Wohnbereichen kam. Gleichzeitig sollte die permanente Verfügbarkeit von billigen Arbeitskräften gesichert werden.

Die Errichtung von Arbeiterwohnungen, wo die Migranten-Arbeiter während ihrer elfmonatigen Arbeitserlaubnis wohnten, war für weiße Arbeitgeber optimal. Für die Arbeiter hatte es katastrophale Folgen. Entfremdet von der weit entfernt lebenden Familie, hielten die Arbeiter in der Regel nach neuen Frauen Ausschau, ließen ihre Familie im Stich und kompensierten die oft frustrierenden Lebensbedingungen mit übermäßigem Alkoholgenuss. Letzteres war von den Hostel-Betreibern sogar gewollt, da in Durban die Hostels durch den Gewinn der öffentlichen Bierhallen subventioniert wurden – ein System, das als das *Durban system* bekannt wurde. (*Siehe hierzu auch Infos zum Kwa Muhle Museum, S. 567*). In ganz Südafrika und selbst in anderen Teilen Afrikas wurde es kopiert. Später war dieses System ein tragender Teil des Wirtschaftssystems der Apartheid.

Als 1986 die Passgesetze (und die öffentlichen Bierhallen) abgeschafft wurden, verschlechterten sich die Verwaltung und Kontrolle der Hostels gravierend. Es kam zu Überbelegungen und einer noch weiteren Verschlechterung der Lebensbedingungen. Immer mehr Menschen drangen auf der Suche nach Arbeit in die Städte und versuchten irgendwie in den Hostels unterzukommen. Die **Passgesetze** beinhalteten, dass sich die vom Land kommenden Arbeiter 72 Stunden in der Stadt zwecks Arbeitssuche aufhalten durften. Mit dem Stempel des Arbeitgebers konnten sie einen Arbeitsantrag auf elf Monate stellen. Danach mussten sie die Stadt wieder verlassen und für einen Monat in ihre Heimat gehen. Erst dann konnten sie bei ihrem Arbeitgeber wieder vorstellig werden. Der wies den Arbeitern dann jeweils wieder eine Unterkunft zu, indem er eine Bettnummer in einem bestimmten Hostel erhielt.

Zumeist dunkel und ohne Strom glichen die Hostels äußerst spartanischen Militärbaracken. In jeder Stadt gab es ca. 20–30 davon, zumeist in Industriegebieten gelegen, auf jeden Fall weit außerhalb von Einkaufsmöglichkeiten oder weißen Wohngebieten. Die Unterkünfte waren so angelegt, dass es offene Küchen- und Sanitärbereiche gab. Alles musste geteilt werden. Jeder Anflug von eigenem Besitz oder permanenter Einrichtung für einen Einzelnen war bei der Konstruktion der Häuser strikt vermieden worden.

Das Einzige, was die Arbeiter besitzen durften, war ihre **Bettnummer** der zwei- bis dreistöckigen Etagenbetten für den Zeitraum ihrer Arbeitserlaubnis. Teilweise wohnten bis zu 5.000 Leute in den Gebäuden. Heute können die Zahlen wegen vieler illegal hier wohnender fast verdreifacht werden. Bis zu 30 Männer schlafen in einem kleinen Raum.

Zu Zeiten der Passgesetze, als ohne eine Bettnummer der Zugang in die Stadt verwehrt bzw. eine kriminelle Tat war, gab es regelrecht eine Nummern-Börse. Teilweise kontrollierten ganze Familienclans oder Stämme mit ihren Bettnummern komplette Arbeitsbereiche. So beherrschte ein Stamm aus Natal den öffentlichen Müllsektor Durbans. Wer nicht zu dem Stamm gehörte, hatte keine Chance, hier eine Arbeit zu finden. Wer dennoch versuchte, in den Bereich einzudringen, riskierte sein Leben.

Demnach war für die Migranten-Arbeiter eine Bettnummer das Wertvollste, was es gab. Innerhalb des Hostel-Systems konnte damit gehandelt oder der Platz unter dem Bett an Verwandte überlassen oder vermietet werden. Daraus ergab sich eine deutliche Überbelegung der Hostels: Diese illegale Zuwanderung von Arbeitern führte jedoch nicht zu einer normalen Stadtentwicklung, da die Regierung diese durch die Kontrolle der Wohn- und Arbeitsplätze der Migranten-Arbeiter verhinderte und eine dauerhafte Ansiedlung explizit nicht wünschte.

Heute sind die Hostels ein Zeugnis der katastrophalen Auswirkungen der Apartheid. Nach jahrzehntelanger „Versorgung" durch Arbeit und Unterkunft, sind die Arbeiter nun allein auf sich gestellt. Ihr Bett in den Hostels sowie die Bierhalle bilden zumeist ihre einzig soziale Struktur. Obwohl das Hostel-System offiziell bereits vor Ende der Apartheid aufgelöst wurde, leben nach wie vor noch Hunderttausende in den Gebäuden. Und immer mehr Afrikaner drängen auf der Suche nach Arbeit in die Unterkünfte. Die Kapazitäten sind völlig erschöpft.

1994 wurde ein erster Versuch gestartet, die Hostels in komfortablere Familieneinheiten umzuwandeln. Die Arbeiter weigerten sich auszuziehen. In der Regel ohne Geld und Arbeit lösen diese Pläne vor allem gravierende Existenzängste aus – auch wer die nominale Rente von 15–50 Rand bezieht, kann damit keine Miete bezahlen.

Um in Zukunft vielleicht doch noch auf die Bedürfnisse der Arbeiter eingehen zu können, wurde die Verantwortung 1999 vom Staat an die lokale Verwaltung abgegeben. Erst einmal werden die Hostels weiter bestehen.

Mit dem **Aufschwung der Zuckerindustrie** gewann der Hafen von Durban zunehmend an Bedeutung. Heute ist Durban hinter Richards Bay und Saldanha Bay (beides Massenguthäfen) nach der Tonnage (Umschlag) auf Platz drei der wichtigsten Seehäfen Südafrikas. Beim Stückgut und dem Umschlag von Containern ist Durban absolute Nummer eins im Südlichen Afrika. Ausgeführt werden vor allem Früchte, Mais und Zucker.

Für das Hinterland ist Durban ein wichtiger Ein- und Ausfuhrhafen, der sich vor allem nach der Entdeckung der Goldminen am Witwatersrand entwickelte.

Der **„Sugar Terminal"** gehört zu den größten Zuckerumschlagplätzen der Welt und bildet damit eines der wirtschaftlichen Standbeine der rasch wachsenden Millionenstadt. Neben Zucker ist Durban auch ein Zentrum für die Textil-, Farben-, Chemie- und Nahrungsmittelindustrie. Das dritte Standbein ist der **Tourismus**. Darüber hinaus ist es Durban in den letzten Jahren gelungen, sich als das Tagungs- und Kongresszentrum Südafrikas zu profilieren, so dass die Stadt bestens auf Besucher eingestellt ist. Durbans International Airport befindet sich nur zehn Minuten von der Innenstadt entfernt und bedient täglich Inlands- und internationale Flüge. Ein neuer Flughafen ist 30 km nördlich der Stadt in Planung.

Redaktions-Tipps Durban

Bedeutendste Sehenswürdigkeiten:
- Strandpromenade „Golden Mile" (S. 567ff)
- indisches Viertel (S. 563f)
- Hafenrundfahrt
- Wilson's Wharf Waterfront (Northpier) (S. 570)
- The Point (S. 571): schöner Blick auf die Beach Front, alte englische Clubhäuser in verfallenem Zustand (Straßen: Escome Terrace, Signal Rd, Point)
- uShaka Marine World (S. 571)
- Local History Museum (S. 563)
- BAT Centre (Kunstzentrum) (S. 570)
- Besichtigung der Sugar Terminals (S. 569)
- Beachwood Mangrove Nature Reserve (S. 574)
- Natal Sharks Board (Umhlanga) (S. 575)

Essen: Indische Küche sowie Fischgerichte und Meeresfrüchte

Tagungs- und Kongresszentrum

Zeiteinteilung

1. Tag: Schauen Sie sich tagsüber zwei Museen Ihrer Wahl an und erkunden Sie die Innenstadt. Genießen Sie am Nachmittag die Fluten des Indischen Ozeans und die „Golden Mile". Abends indisch Essen gehen.
2. Tag: Besichtigung der Sugar Terminals und/oder Hafenrundfahrt, BAT Centre, nachmittags Natal Sharks Board oder uShaka Marine World, abends Seafood essen an der Waterfront oder am „The Point".

Entfernung

Durban – Mbabane .... 562 km
Durban – Johannesburg .... 578 km
Durban – Pietermaritzburg .... 79 km
Durban – Ladysmith .... 248 km
Durban – Umtata .... 439 km
Durban – Grahamstown .... 854 km
Durban – Port Elizabeth .... 984 km

Orientierung

Die Innenstadt können Sie zu Fuß ablaufen. Die meisten interessanten Dinge befinden sich im Radius von 2 km um die City Hall. Die Küste und der Strand sind besser mit dem Fahrzeug abzufahren.

Innenstadt zu Fuß

Sicherheit

Generell gilt, dass sich die Innenstadt nach 17 Uhr schlagartig leert. Dann sollten auch Sie diesen Bereich zu Fuß meiden. Rund um die Uhr ist besonders im Bereich der Golden Mile Vorsicht geboten. Wegen der zahlreichen Hotels an der Beachfront, stehen hier die Besucher unter besonderer Beobachtung. Achten Sie darauf, dass Sie schon vor Ankunft in Durban ihre Sachen im Auto so gepackt haben bzw. selbst so gekleidet sind, dass Wertsachen (Schmuck, Uhren, Bargeld, Kameras) erst gar nicht sichtbar werden. In der Abenddämmerung bzw. auch in warmen Nächten sollten Sie am Strand und an der Uferpromenade sich besonders vor Taschendieben in Acht nehmen. Am besten lassen Sie alle Wertsachen im Hotelsafe. *(Siehe auch die allgemeinen Hinweise zum Thema Sicherheit in den Gelben Seiten.)* Trotz dieser Warnungen sei aber gesagt, dass die Polizei überall präsent ist.

Sehenswertes in und um Durban

Rund um die City Hall

City Hall (1)

(zwischen West St und Smith St)

Nach Belfaster Vorbild

Das 1910 im Edward'schen neobarocken Stil errichtete Rathaus wurde dem Belfaster Vorbild genau nachempfunden. Das Wahrzeichen der Stadt beherbergt heute im Erdgeschoss das **Natural Science Museum** *(geöffn. Mo–Sa 8.30–16 h, So 11–16 h)* mit seinen naturkundlichen Sammlungen. Im zweiten Stockwerk befindet sich die **Durban Art Gallery** *(Mo–Sa 8.30–16 h, So 11–16 h)*. Sie gilt als eines der größten südafrikanischen Kunstsammlungen von europäischen und südafrikanischen Malern. In den 1970er Jahren war sie die erste Galerie in Südafrika, die Werke schwarzer südafrikanischer Künstler sammelte. Darüber hinaus gibt es den Schwerpunkt auf Kunsthandwerksprodukte aus KwaZulu-Natal – kunstvoll, zumeist von Frauen geflochtene Körbe. Der berühmteste Flechter ist *Reuben Ndwandwe*.

Das Rathaus von Durban

Vor der City Hall liegt der palmengesäumte, sehr schön angelegte **Francis Farewell Square (2)** im Herzen des kolonialen Durban. Benannt wurde der Platz nach den britischen Abenteurern *Francis Farewell* und *Henry Francis Fynn*. Sie eröffneten 1824 an dieser Stelle das erste Handelslager in Natal, wo sie mit von Zulu erworbenem Elfenbein handelten.

Tourist Junction im Old Station Building (3)

(nordwestl. vom Francis Farewell Square, 160 Pine St)

Die Buchstaben NGR über dem Haupteingang des 1894 erbauten imposanten Klinkerbaus stehen für **Natal Go-**

vernment Railways. Ein historisches Zeugnis für den alten Hauptbahnhof. Das neue, ziemlich hässliche Bahnhofsgebäude wurde ein Stück weiter im Norden errichtet. Heute verkehren im alten Bahnhofsgebäude vor allem Backpackers und andere Besucher der Stadt wegen der hier ansässigen **Touristeninformation**. Im Erdgeschoss gibt es zudem einen großen Coffee

Flohmarkt vor dem alten Bahnhofsgebäude

Shop sowie ein Reisebüro. Neben Reiseinformationen ist ein weiterer guter Grund hierher zu kommen das **African Art Center** *(Mo–Fr 8.30–17 h, Sa 9–13 h)* im ersten Geschoss – eines der Zentren der Durbaner Künstlerszene. Hier verkaufen vor allem viele Künstler vom Land ihre Werke. Das Art Center fördert sie besonders mit dem Ziel, sich vom Straßenmarktkunsthandwerk weg und zum eigenen künstlerischen Ausdruck hin zu entwickeln.

Künstlerszene

Workshop Hall (4)

(Commercial Rd)

Diese ehemalige alte Produktionshalle (Lokomotiven) verspricht von außen mehr, als sie von innen halten kann. Durch die Nähe zur Touristeninformation lassen sich das Treiben der Händler vor der Halle und das Getümmel der Geschäfte der Einkaufshalle im Inneren quasi im Vorbeigehen mitnehmen. Empfehlenswert sind die kleinen Imbisse für einen Snack auf die Hand und die indischen Gewürzläden.

Indische Gewürzläden

Local History Museum (5)

(Aliwal St/Smith St; Eingang Aliwal St, Öffnungsz.: Mo–Sa 8.30–16 h, So 11–16 h)

Im ehemaligen Gerichtsgebäude, dem **Old Court House** aus dem Jahre 1865 mit einer für das damalige Natal typischen Veranda, befindet sich das Museum der Regionalgeschichte. Schautafeln und Exponate zeigen die Geschichte der Zulu sowie der europäischen Besiedlung in Natal. Das etwas düstere Museum ist vor allem wegen der Rekonstruktion des ersten Bauwerks Durbans einen Besuch wert. *Henry F. Fynn* hatte sie 1824 als erster Siedler aus Lehm und Stroh gebaut.

Zulu und Europäer

Das indische Viertel (6)

Der so genannte **Indian District**, das zentrale indische Viertel liegt außerhalb der Innenstadt im engeren Sinne, also nördlich der West St und dort wiederum entlang der Nord-Süd-Tangente, die die **Grey St** markiert. Zu verfehlen ist das Viertel mit seinem bunten Treiben der indischen Kaufleute nicht, unter die sich auch viele afrikanische Obst- und Gemüsehändler mischen. Vor allem ist es aber der beste Platz, um scharfe Gewürze bzw. Kochzutaten aller Art für die asiatische Küche zu kaufen. Architektonisch bieten die Minarette eine interessante Mischung mit der südafrikanischen Architektur vom Anfang des 20. Jh.

Indische Kochzutaten

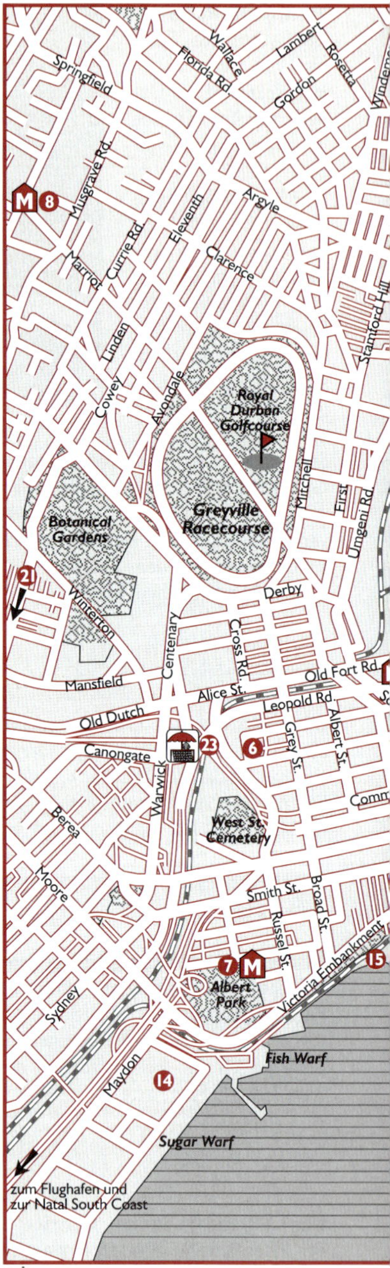

© igraphic

Juma Musjid Mosque

(Quenn St/Grey St)

Als die schönste und größte Moschee in der südlichen Hemisphäre gilt dieses beeindruckende, 1927 errichtete Bauwerk, das optisch das indische Viertel bestimmt.

Die größte Moschee südlich des Äquators

Muslime in der Minderheit

Dabei bilden Muslime nur eine Minderheit unter der indischen Bevölkerung (zumeist Hindus). Die Moschee darf betreten werden, doch müssen die Schuhe vor der Tür bleiben.

Madressa Arcade und Emmanuel Cathedral

Direkt an die Moschee schließt sich ein Bogengang an, unter dem sich viele kleine Geschäfte angesiedelt haben, in denen alles Mögliche feilgeboten wird. Wer schon immer von einem maßgeschnei-

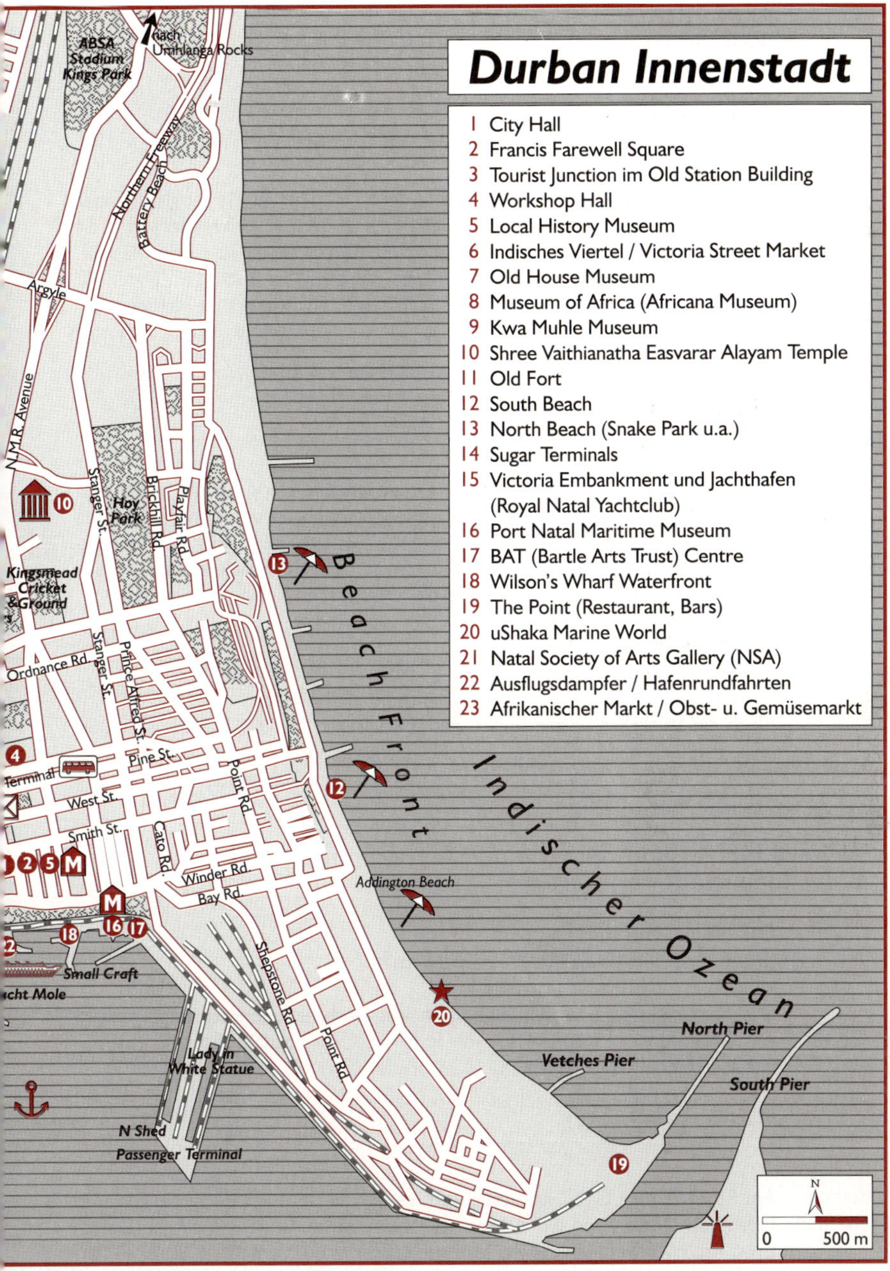
Durban Innenstadt
1 City Hall
2 Francis Farewell Square
3 Tourist Junction im Old Station Building
4 Workshop Hall
5 Local History Museum
6 Indisches Viertel / Victoria Street Market
7 Old House Museum
8 Museum of Africa (Africana Museum)
9 Kwa Muhle Museum
10 Shree Vaithianatha Easvarar Alayam Temple
11 Old Fort
12 South Beach
13 North Beach (Snake Park u.a.)
14 Sugar Terminals
15 Victoria Embankment und Jachthafen (Royal Natal Yachtclub)
16 Port Natal Maritime Museum
17 BAT (Bartle Arts Trust) Centre
18 Wilson's Wharf Waterfront
19 The Point (Restaurant, Bars)
20 uShaka Marine World
21 Natal Society of Arts Gallery (NSA)
22 Ausflugsdampfer / Hafenrundfahrten
23 Afrikanischer Markt / Obst- u. Gemüsemarkt
ABSA Stadium Kings Park
nach Umhlanga Rocks
Northern Freeway
Battery Beach
Argyle
N.M.R. Avenue
Stanger St.
Hoy Park
Brickhill Rd.
Playfair Rd.
Kingsmead Cricket &Ground
Ordnance Rd.
Prince Alfred St.
Pine St.
Terminal
West St.
Smith St.
Point Rd.
Cato Rd.
Winder Rd.
Bay Rd.
Beach Front
Indischer Ozean
Addington Beach
Small Craft
Yacht Mole
Shepstone Rd.
Lady in White Statue
N Shed
Passenger Terminal
Vetches Pier
North Pier
South Pier
N
0
500 m

Maßgeschneidert

dertem Hemd geträumt und etwas Zeit hat, sollte hier zugreifen. Am Ende der Arkade gelangt man um die Ecke in die **Cathedral Rd**, die durch die 1902 im neogotischen Stil erbaute Emmanuel-Kathedrale dominiert wird.

Victoria Street Market
(Victoria St, Ecke Russel St)

Muti und Curry

Eine Mischung aus Asien und Afrika bietet der Victoria Street Market gleich neben dem sog. Warwick Triangle (s. u.). Glaubt man sich doch in Afrika, überwältigt die Mehrheit der indischen Käufer und rund 200 Warenanbieter von Curry-Gewürzen, Früchten, Korbwaren und jeder Menge Ramsch. Aber auch die Zutaten für den afrikanischen Medizinmann wie Kuhköpfe oder Schlangenzähne werden angeboten. Leider brannte der alte Markt ab. Die moderne Version wurde als Ersatz eingerichtet.

Warwick Triangle (23)
(Warwick St, Russel St, West St)

Afrikanische Marktvariante

Das so genannte Warwick-Dreieck ist die afrikanische Marktvariante neben dem indischen Viertel. Hier tummelt sich unter Betonhochbrücken, neben breiten Hauptstraßen, der Eisenbahnlinie und dem West St Cemetery jeder, der irgendetwas unkonventionell feilbieten will. Mittlerweile haben sich viele mit ihrer Holzhütte fest etabliert und auch *Shebeens*, die afrikanischen Kneipen, fehlen nicht.

Squatters Market (23)
(zw. Warwick Ave und Market Rd)

Noch ein Stückchen weiter südlich des afrikanischen Marktes befindet sich Durbans größter Frucht-, Gemüse- und Blumenmarkt. Wer hier von den dicht gedrängten Verkäufern sehr günstig kaufen möchte, muss früh aufstehen.

Weitere interessante Museen und Attraktionen in der Innenstadt von Durban

Old House Museum (7)
(31, Andrew's St, Mo–Sa 8.30–16 h, So 11–16 h)

Das Museum gehört zu den Zeugnissen von Durbans kolonialer Vergangenheit. Das Gebäude war einst das Haus von *Sir John Robinson*, Natals erstem Premierminister im Jahre 1893.

Museum of Africa (8)
(220 Marriot Rd, Führungen nach Vereinbarung)

Herrliche Aussichten

Am Royal Durban Golf Club vorbei geht es die Marriot Rd hoch in die kühleren Lagen von Durban, von wo aus man zudem herrliche Aussichten auf die Downtown hat. Hier wohnte auch der einstige Zuckerbaron *Sir Marshall Campbell*. Ihm ist eine der drei Ausstellungen des Museums in einem Teil der Villa zu verdanken. Das **William Campbell Furniture Museum** zeigt Möbel aus der Zeit der ersten Siedler. In einem anderen Teil ist die **Killie Campbell African Library** untergebracht. Sie beherbergt eine kostbare Sammlung unveröffentlichter, zum Teil über 100 Jahre alter Manuskripte. Darunter auch von Zulu und Xhosa verfasste Werke. Neben seltenen alten Büchern sind die alten Landkarten besonders interessant. Die dritte Ausstellung zeigt das **Mashu Museum of Ethnology,** das einem u. a. durch viele Gegenstände des Lebens, die Kultur von San, Khoikhoi, Zulu und Xhosa näher bringt.

Historische Manuskripte und Karten

Kwa Muhle Museum (9)

(130 Ordnance Rd, nördwestl. vom Exhibition Center, tägl. geöffnet von 8–16 h)

Das auch als „Apartheid Museum" bekannte Gebäude bietet eine hoch interessante Ausstellung über die soziale Stadtentwicklung im 20. Jh. Ein absolutes Muss, wenn man das heutige Afrika verstehen möchte. Hier wird u. a. ausführlich das *Durban system* zur Finanzierung der „afrikanischen Angelegenheiten" – d.h. ohne auf Geld von Weißen zurückgreifen zu müssen – erklärt *(siehe hierzu auch den Kasten „Das Durbaner Hostel-System für Migranten-Arbeiter", S. 559f)*. Dazu verschaffte sich die Durbaner Regierung das Monopol für das Brauen von Sorghum-Bier. Dieses wurde ausschließlich an afrikanische Bierhallen verkauft. Mit dem Gewinn wiederum wurden die Unterkünfte und die Verwaltung der afrikanischen Arbeiter in den eigens für sie erbauten Hostels finanziert. Besonders sehenswert sind auch die zum Teil beklemmenden, aber auf jeden Fall beeindruckenden Fotografien aus dem Leben der Migranten-Arbeiter.

Soziale Stadtentwicklung

Shree Vaithianatha Easvarar Alayam Temple (10)

(Somtseu Rd, zw. N.M.R. Ave und Stanger St)

Der älteste und größte Hindu-Tempel in Südafrika. Die Mehrheit der indischen Bevölkerung in Durban gehört der Hindu-Religion an.

Größter Hindu-Tempel

Old Fort (11)

(an der Old Fort Rd)

1842 entstand dieses Militärfort der Briten, die später hier von den Voortrekkern belagert wurden. Von dieser Stelle aus unternahm *Dick King* seinen legendären Ritt, um Verstärkung aus Grahamstown zu holen *(siehe auch S. 558)*.

Der Stadtstrand und die „Golden Mile"

Unter **Durbans Beachfront** versteht man den östlich der Innenstadt gelegenen Strandstreifen, der sich auf 6 km vom Umgeni River im Norden bis zum Stadtteil The Point im Süden erstreckt. Das Kernstück des Strandes liegt vor den großen Hotelanlagen und ist mit Strandpromenade und Entertainment-Bereich, der sog. „Golden Mile" versehen. Dieser Abschnitt unterteilt sich nochmals in einen nördlichen und südlichen Strandteil, dem North und South Beach.

Promenade

Badevergnügen an Durbans breiten Stränden

Der **South Beach (12)** ist der wohl am meisten frequentierte Strand in ganz Südafrika. Hier tummeln sich Wellenreiter, Badende und Sonnenhungrige. Ein Grund dafür sind sicherlich auch die Restaurants und Unterhaltungsprogramme. Vor nicht allzu langer Zeit war hier zudem die in die uShaka Marine World umgezogene Sea World mit Delfinarium und Ozeanarium angesiedelt. Weiter nördlich, auf der Höhe der verkehrsberuhigten und nur in eine Richtung befahrbaren Marine Parade, befinden sich Wasserbecken mit Springbrunnen, Paddelbooten, Brücken und Wasserspielen. Darüber führt eine Seilbahn einen weiter in den nördlichen Teil.

Wasserspiele aller Art

Die Wellen vor Durban sind weltweit bekannt

Der Strand zwischen dem nördlichen und südlichen Teil ist der **Dairy Beach** in Erinnerung an die Milchfabrik, die einst hier stand. Der Strand steht bei Wellenreitern besonders hoch im Kurs, die hier in Scharen auf die nächste gute Welle warten. Wem das Baden hier zu heikel ist, kann auf das Rachel Finlayson Bath *(Mo–Fr 6–8.30, Sa u. So 6–17.30 h)* ausweichen, das sehr zu empfehlen ist – besonders auch im Dunkeln mit erleuchtetem Becken und der glitzernden Promenade um einen herum. Dann lassen sich auch besonders ruhig die Bahnen ziehen.

Tipp

Wir empfehlen das Baden in den bewachten Abschnitten am North Beach. Hier ist es in der Hochsaison nicht so voll wie an den Strandabschnitten weiter südlich.

Der **North Beach (13)**, gefolgt von der **Bay of Plenty** schließt an den Diary Beach an. Hier ist es am Strand etwas ruhiger als im Süden. Zum Baden ist dieser Teil besonders geeignet. Aber auch Angler lieben die Molen und auch jede Menge Wellenreiter sind hier wieder zu finden. Im Winter, wenn es stürmt, finden hier offizielle Meisterschaften statt. Am Anfang der Snell Parade befindet sich die **Mini Town** *(Di–Sa 9.30–20.30 h und So 9.30–17.30)*, wo die bedeutendsten Gebäude der Stadt im Maßstab 1:25 seit 1963 dargestellt werden. Gleich dahinter zeigt der **Fitzsimons's Snake Park** *(tägl. 9–16.30 h)* beinahe 120 Schlangenarten Südafrikas (u. a. Schwarze und Grüne Mambas, Kobras, Puffottern). Der Schlangenpark dient auch der Schlangengiftforschung. Jährlich werden 20.000 Dosen an lebensrettendem Serum zur Versorgung des gesamten Südlichen Afrika gewonnen. Das zwischen Snell Parade und Lower Marine Parade

Schlangenserum

gelegene **Amphitheater** ist die Kulisse für den samstäglichen Flohmarkt.

Eine weitere Attraktion entlang der Golden Mile sind die **Rikscha-Fahrer** mit ihren bunten Kostümen und herausgeputzten Rikschas. Ihre festen Stände befinden sich vor dem Schlangenpark am North Beach, in der Uferstraße am South Beach und vor dem ehemaligen Aquarium. Die Rikscha-Fahrten können Sie mieten oder ihre Fahrer, zumeist Zulu, samt Gefährt gegen ein kleines Entgelt fotografieren.

Rikscha-Fahrer

Die Rikschas wurden bereits im 19. Jh. hier eingeführt und erfreuten sich früher sehr großer Beliebtheit. Heute gibt es nur noch sehr wenige von Muskelkraft betriebene Rikschas. Nicht erlaubt ist ihnen, entlang der verkehrsreichen Straßen zu fahren. Dafür gibt es immer mehr motorisierte **Tuk-Tuks** (Rikscha-ähnliche Dreiräder) in Strandnähe. Den Fahrpreis sollten sie im Vorhinein verhandeln.

Durbans Hafen

Sugar Terminals (14)

(Maydon/Leuchars St, Führungen Mo, Mi und Fr 9, 11 und 14.30 h)

In den drei von weitem sichtbaren Zuckersilos können bis zu 520.000 Tonnen Zucker gelagert werden. Stündlich werden bis zu 750 Tonnen davon umgeschlagen. Damit gehören die Durbaner Anlagen zu den größten der Welt. Wer eine Zuckerfabrik besichtigen möchte, muss entweder 30 km in den Norden (Illovo Mill) oder 30 km in den Süden fahren (Maidstone Mill). Da beide Fabriken nur in den Monaten von April bis September produzieren, erkundigen Sie sich nach den genauen Öffnungszeiten und Anfahrtsbeschreibungen in der Touristeninformation.

Zuckerfabriken

Victoria Embankment und der Jachthafen (Yacht Mole) (15)

Die Victoria Embankment führt von Ost nach West entlang der Natal Bay und dem Durbaner Jachthafen und markiert das südliche Ende der Innenstadt. Es lohnt sich allein schon wegen der **Architektur** der ehemaligen „Erste-Adresse"-Stadtwohnungen, die von **Palmen** gesäumte Straße mit dem Auto rauf und runter zu fahren.

Einst wohnte hier der Geldadel

Karte S. 564f

Am westlichen Ende führt die Victoria Embankment zu den Sugar Terminals (s. o.), vom östlichen Ende gelangt man in die Quayside Rd und damit zum **Kreuzfahrtterminal** (Einfahrt ist nur geöffnet, wenn Kreuzfahrtschiffe anlanden). Weiter östlich geht es durch die **Point Rd** Richtung Süden zu Containerterminals und Trockendock (*mehr dazu siehe unter „The Point", S. 571*).

Dem Reiter sei Dank

Wer von Osten die Victoria Embankment entlang fährt, kommt an der **Dick-King-Statue** (*siehe dazu S. 558*) vorbei und zur einzigen Einfahrt in den Jachthafen – ungefähr auf der Mitte der Palmenallee – über die Eisenbahnschienen zum **Royal Natal Yachtclub** und zur **Waterfront** mit diversen Restaurants im westlichen Gebiet des Jachthafens und zum **Port Natal Maritime Museum** und dem BAT-Zentrum im östlichen Gebiet.

Port Natal Maritime Museum (16)

Das Maritime Museum beherbergt mehrere historische Schiffe und liegt gleich neben der **Da Gama Clock**, die an den 1497 hier vor Anker gegangenen portugiesischen Entdecker *Vasco da Gama* erinnert.

Öffentlicher Zutritt zu den Ateliers im BAT-Zentrum

BAT (Bartle Arts Trust) Centre (17)

Die ehemalige Hafenlagerhalle wurde mit Geldern der UNESCO zum Kulturzentrum umgebaut: Im Obergeschoss befindet sich der **Trans African Express**, ein Kulturrestaurant, dessen Speisekarte Menüs aus ganz Afrika enthält. Am Wochenende wird oft Live-Musik gespielt. Das **Kaya's Café** legt den Schwerpunkt auf traditionelle afrikanische Kost. Im Hinterhaus finden sich verschiedene Ausstellungs- und Verkaufsateliers moderner afrikanischer Kunsthandwerker – von Keramik über Holzarbeiten bis zum Maler- und Druckatelier. Im **BATshop** werden zudem vor allem Kunsthandwerke aus Kwa-Zulu-Natal angeboten und das **Southern Grooves** bietet eine breite Auswahl afrikanischer Musik.

Von der UNESCO finanziert

Wilson's Wharf Waterfront (18)

Die restaurierten Händlerhallen an Durbans Waterfront

Dieser Komplex mit Kunsthandwerkshallen, Tavernen, Restaurants, dem Catalina Theater und kleinen Buden soll an die Zeit der 1930er und 1940er Jahre anknüpfen, als Segler an Durbans Dockside von örtlichen Händlern aller Art begrüßt wurden. Hier

Heute begrüßt man die Touristen

kann man tagsüber entspannt vor einem der Restaurants sitzen und dem Hafenbetrieb zusehen oder auf die Skyline von Durbans Innenstadt schauen. Dafür wurden in den Umbau der Wilson's Wharf 25 Mio. Rand investiert. Abends entsteht noch einmal eine ganz besondere Atmosphäre, wenn die Lichter von Stadt und Hafen sich im Wasser widerspiegeln.

Das alte Seemansheim

The Point/North Pier (19)

(von der Bay Terrace entlang der Point Rd bis zur Hafeneinfahrt, dem Ende der Landzunge)

Die Landzunge, die den Hafen gegen das Meer schützt, ist ein Gebiet mit krassen Gegensätzen. Zum einen noch Rotlichtmilieu (dessen Sanierung bereits weit fortgeschritten ist) mit Stundenhotels, Schmuddelspelunken, betrunkenen Barkeepern und einheimischen Gästen, die auf dem breiten Tresen tanzen – wie in der legendären Hafenkneipe „Victoria's Bar". Zum anderen brausen auf der ehemaligen Durchgangsstraße zu den heute stillgelegten Schiffsanlegern, der Point Rd, Tagestouristen, Wochenendausflügler und Nachtschwärmer ohne Halt zu neuen Restaurants und Nachtclubs direkt an der Hafeneinfahrt (North Pier).

Sanierung im Gange

Seit der Errichtung der **uShaka Marine World** im Rahmen öffentlich geförderter und langfristig angelegter Stadtteilentwicklungsprojekte haben sich die Grundstückspreise in dem ehemals heruntergekommenen Hafengebiet verdoppelt.

uShaka Marine World (20)

(zwischen Bell St und Bamperdown Rd)

Mit 15 ha feinstem Strand- und Wasserparkbereich ist der Themenpark der größte seiner Art in Afrika. 700 Mio. Rand wurden für den Marine Park am Bell's Beach neben dem Vetcht's Pier investiert. Geboten werden Frisch- und Meereswasseranlagen in der Größe von rund 720 normal großen Swimmingpools inmitten üppiger Subtropenvegetation mit Natursteinen. Das Ganze wurde um die Nachbildung eines 1920 gestrandeten Containerschiffwracks konzipiert.

Themenpark

Mit über 18.000 Kubikmeter Wasser wurden rundherum die Pools für die Sea World (von der Beachfront hierher verlagert) gefüllt, d. h. die Becken für die Delfinshow, das Seehundbecken, das Ozeanarium mit Salzwasseraquarien und künstlich angelegten Lagunen, Unterwasseraquarien und drei spezielle Acrylcontainer für Haie. Aus dem unter Wasser im Heck liegenden Restaurant lassen sich durch die Acrylscheiben die Haie während des Essens beobachten.

Über Wasser gibt es zahlreiche weitere Ess- und Trinkmöglichkeiten, Händlerstände und Strandaktivitäten.

Die vier Themenzonen im Überblick:

① **Village Walk:** Gleich am Eingang liegt die Ess-, Trink- und Einkaufszone im Stil einer Kleinstadt (über 11.000 qm groß) auf einer Höhe von 10 m über dem Meeresspiegel. Von hier aus gibt es einen guten Überblick über die Sea World.

② **Sea World:** Der Mittelpunkt der uShaka Marine World. Hier werden täglich kombinierte Show- und Bildungstouren hinter den Kulissen angeboten sowie Schnorcheln in den künstlich angelegten Korallenriffen und Grotten.

Schnorcheln

③ **uShaka Beach:** Direkt im Anschluss an die uShaka Marine World befindet sich der uShaka Strand, wo das ganze Jahr über diverse Aktivitäten und Unterhaltungsprogramm geboten werden (Windsurfing, Strandvolleyball, Strandrugby, Wellenreiten, Wasserski, Kajaktouren, Delfinbeobachtung etc.)

④ **Wet 'n' Wild**: Bietet Wasserspiele in den Poolanlagen. Ein 750 m langer Fluss führt durch das Zentrum der Wasserlandschaft und mitten durch ein Schiffswrack.

Weitere interessante Stadtteile

Berea

Dieser alte Stadtteil (schließt Bulwer und Musgrave ein) liegt westlich der Innenstadt – grob kann man sagen er beginnt westlich der M8, die vom Süden am Bulwer Park in die Hügellagen zum sehr schönen **botanischen Garten** *(Mitte Sept. bis Mitte Apr. tägl. 7.30–17.15, Mitte Apr. bis Mitte Sept. 7.30–17.45 h)* weiter nördlich führt. In dem 1849 gegründeten Garten wachsen *Encephalartos woodii*, eine äußerst seltene Zikaden-Art. Berühmt ist auch die Orchideensammlung. Zudem gibt es in der kühlen, schattigen Anlage viele Picknickplätze und ein bezauberndes Teehaus.

Orchideen

Neben dem **Bulwer Park** befindet sich die **Natal Society of Arts Gallery (NSA) (21)** *(Bulver Rd 166, Ecke Davenport Rd; Di–Fr 11–17 h, Sa 10–16 h, So 11–15 h)* mit hochwertigen, wechselnden Ausstellungen in einem relativ neuen, spartanisch-kühlen Gebäude mit Schatten spendenden Holzlamellen vor den Fenstern und angrenzendem Café auf der Holzveranda. Hier trifft sich am Wochenende Durbans kunstinteressiertes Publikum.

Weiter westlich zieht sich der Stadtteil in die kühle, grüne und sehr begehrte Hügellage hinauf. Seit jeher wohnen und genießen die Wohlhabenden, die sich ein Haus oder eine Apartmentwohnung entlang der palmengesäumten Straßen leisten können, den Blick auf den Hafen von Durban.

Blick auf Hafen und Innenstadt

Die kurvige **Ridge Rd** teilt das Gebiet vom Umgeni River im Norden bis zur Universität von Natal im Süden grob in zwei Teile. Hier lohnt es sich einmal entlang der oft mit Jugendstilelementen versehenen Häuser zu fahren, zwischendurch ein Blick auf Hafen und Innenstadt zu werfen oder einfach in den weiter im Norden gelegenen Geschäften einkaufen zu gehen.

Cato Manor

Noch etwas weiter westlich, quasi hinter dem Ridge bzw. unterhalb Berea liegt der Stadtteil Cato Manor entlang der **Bellair Rd** (M10), gut aus der Innenstadt über die M13 zu erreichen. Dieser Stadtteil erlangte traurige Berühmtheit durch eine blutige Auseinandersetzung zwischen Indern und Afrikaner. Zudem lässt sich an dem Viertel die durch die Apartheidregierung zerstörte Siedlungsstruktur des 19. und 20. Jh. mit indischen Wohnsiedlungen, afrikanischen Slums und weißer Mittelklassebevölkerung beobachten. Benannt wurde Cato Manor 1839 nach dem damaligen ersten Major in Durban, *George Cato*.

Folgen der Apartheid

In der ersten Hälfte des 19. Jh. siedelten hier vor allem Inder, die zahlreiche Hindu-Tempel auf den Hügeln bauten. Einer der schönsten und wohl auch der schönste in ganz Durban ist der **Shree Ambalvanar Alayam Temple** *(Bellair Rd, zu erreichen aus der Innenstadt über Leopold St auf der M13 stadtauswärts, dann Ausfahrt Brickfield Rd in südliche Richtung auf die M10; keine geregelten Öffnungszeiten)*. Die Außenfassade ist mit Gemälden der Hindu-Götter *Ganesha*, *Shiva* und *Vishnu* bemalt. Die wunderschöne Kellertür ist noch die Originaltür vom 1875 erbauten Tempel – dem ersten in Südafrika. Die Tür konnte als einziger Bestandteil des Tempels während der Überflutung des Umbilo River gerettet werden. 1945 wurde dieser Tempel dem historischen Gotteshaus der Hindus nachgebaut. Im März wird hier bei einem der großen hinduistischen Feste über brennende Kohlen gelaufen.

Ganesha, Shiva *und* Vishnu

Später zogen auch viele Afrikaner hierher, die aufgrund des Wohnungsmangels sich in engen Slums quetschten. 1949 führte ein Zwischenfall, bei dem ein indischer Händler einen Zulu angriff, zum größten Aufruhr in Durbans Geschichte. Tausende Afrikaner hatten indische Geschäfte überfallen und zerstört. 142 Menschen ließen dabei ihr Leben.

Slums

In den 1960er Jahren wirkte sich in dem von gut situierten weißen Wohngegenden umgebenen Cato Manor schließlich auch – wie im District Six in Kapstadt oder in Sophiatown in Johannesburg – der von der Apartheidregierung erlassene **Group Area Act** aus. Die Inder wurden nach Chatsworth umgesiedelt, die Afrikaner gezwungen, nach KwaMashu zu gehen. Zurück blieb eine verlassene Landschaft, auf der nur noch einige Hindu-Tempel standen. In den späten 1980er Jahren, als immer mehr Afrikaner nach Durban drängten, wurde das Brachland entlang der Bellair Rd schließlich mit Blechhütten versehen.

Umsiedlung

Sehenswertes im Großraum von Durban

Temple of Understanding

(im Stadtteil Chatsworth; Anfahrt: R102, dann M1 Richtung Westen, Abfahrt Chall Cross/Chatsworth)

Der 1985 fertig gestellte Hare Krishna Tempel, auch Cato-Manor-Hindu-Tempel genannt, im südwestlichen Vorort Chatsworth sieht von außen wie ein riesiger

Hare Krishna Tempel: von außen verspiegelte Fenster, von innen gute Sicht

verspiegelter Glaspalast aus. Wer an einer Zeremonie teilnehmen möchte, ist herzlich eingeladen. Im unteren Teil des Tempels gibt es ein vegetarisches Restaurant. Wer sich dem Tempel über die geschwungene Alternativstrecke M22 nähert, hat einen schönen Blick über die auf zig Hügeln gebaute Stadt.

Vegetarisches Restaurant

Umgeni River Bird Park

(Riverside Rd, Richtung Japanese Garden; geöffn.: tägl. 9–17 h, Vogelvorführungen Di u. So 11 u. 14 h)

In einem grünen Seitental am nördlichen Flussufer des Umgeni River, ca. 10 min. von Durbans Innenstadt gelegen, werden in dem idyllischen Park, der weltweit zu den drei besten seiner Art zählt, rund 250 seltene und vom Aussterben bedrohte exotische und einheimische Vogelarten gehalten und aufgepäppelt. Wenn es sich einrichten lässt, sollten Sie eine der Vogelvorführungen abpassen.

Beachwood Mangroves

(Abfahrt Prospect Hill (M4) in die Riverside Rd, dann unterhalb der Rampe li. in die Piste, Zugang direkt unter der Umgeni-River-Brücke; Führungen nach Vereinbarung)

Keine Stechinsekten

Der Mangroven-Park an der Mündung des Umgeni River ist einer der seltenen Mangroven-Sumpfwälder in Südafrika und daher zum National Monument erklärt worden. Im Gegensatz zu anderen Mangroven-Wäldern ist der Sumpfwald am Strand so gut wie frei von stechenden Insekten. Infos zur geführten Fußtour des KwaZulu Wildlife durch den Mangroven-Wald bis an den Strand gibt es in der Touristeninformation (Tourist Junction).

Umhlanga (ⓘ s. S. 195/North Coast)

(20 km nördl. von Durbans Innenstadt entfernt)

Der direkt nördlich von Durban an der Küste liegende Vorort (ca. ständige 50.000 Einwohner) unterscheidet sich nicht wesentlich von den weiter nördlich gelegenen Küstenorten. Von der Innenstadt Durbans aus ist Umhlanga schon allein wegen der guten Erreichbarkeit und dem sich von dort bietenden Blick auf Durbans Strandseite einen Abstecher wert – es sei denn, Sie waren vor der Ankunft in Durban schon an der Küste. Beliebtes Ausflugsziel ist der Leuchtturm am Strand (Umhlanga Rocks), von dem sich nicht nur für die vielen Angler der Blick auf die Warteschlange der Frachter vorm Durbaner Hafen bietet. Der 2,25 km lange Boardwalk hat den Stellenwert wie die Strandpromenade von Westerland auf Sylt. Hier heißt es sehen und gesehen werden – alles auf sehr lockere und unkomplizierte südafrikanische Art.

Sehen und gesehen werden

Der Leuchtturm: das Wahrzeichen von Umhlanga

Natal Shark Board

(nördl. von Umhlanga, 1a Herrwood Drive, Videovorführungen über Haie: Di, Mi, und Do 9–14 h, So 14 h)

Die Ausstellung beeindruckt neben der Darstellung von mehr oder weniger glimpflichen Begegnungen mit Haien vor allem durch die Sammlung lebensgroßer Exemplare, sowohl präparierter als auch lebender. Bei Letzteren kann man sogar bei der Fütterung zusehen. Und wer sich bisher wegen der Haie noch nicht ins Wasser getraut hat, kann sich hier ausführlich zu den Haifischnetzen entlang der Nord- und Südküste von KwaZulu-Natal informieren. Dabei sind die Netze nicht nur positiv zu sehen, da sie für Delfine und Schildkröten aber auch für Haie selbst eine oft tödliche Falle darstellen. Um den Eingriff in das ökologische Gleichgewicht zu vermeiden wird an der Entwicklung einer elektronischen Barriere gearbeitet. Empfehlenswert ist der zweistündige Trip mit dem **Shark Board Skiboat**, wenn zur Reparatur der Netze aufs Meer gefahren wird.

Haifischnetze

Hinweis

Zu Ausflügen und Attraktionen in das ***Valley of a Thousand Hills*** *lesen Sie bitte auf S. 626f.*

Tipp

Wer auf der M12 durch das Hinterland auf dem Umhlanga Rocks Drive zurück nach Durban fährt, kann eine schöne Aussicht aufs Meer und die ankernden Schiffe genießen. Von hier aus sieht man auch gut, wie sich die Stadt im Hinterland auf vielen Hügeln erstreckt.

12. ENTLANG DER SOUTH COAST UND DER WILD COAST (ⓘ s. S. 195)

Die Strecke von Durban nach Port Elizabeth

Allgemeiner Überblick

Die insgesamt 984 km lange hier beschriebene Strecke von Durban nach East London führt zunächst auf der gut zu befahrenden **Küstenstraße** N2 noch ein Stück durch KwaZulu-Natal. Entlang der dicht besiedelten **South Coast von Durban** geht es dann über Port Shepstone (wo die N2 ins Hinterland abbiegt) weiter auf der Küstenstraße nach Port Edward. Über die R61 führt die Route schließlich an die Wild Coast in der Eastern Cape Province.

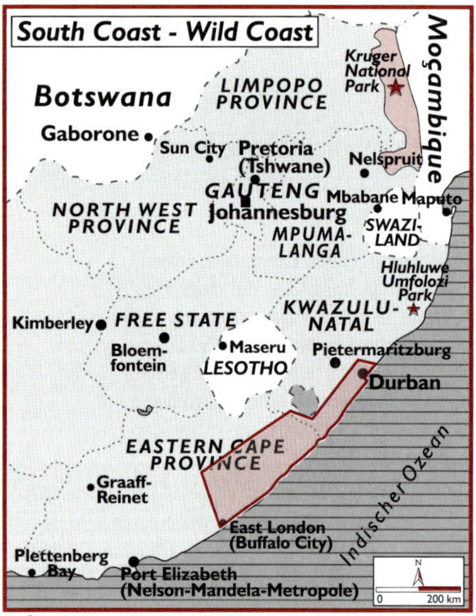

© igraphic

Von der Provinzgrenze an bereist man nicht nur landschaftlich ein völlig neues Gebiet, auch kulturell und geschichtlich bietet der Ostteil der Eastern Cape Province (d. h. die ehemalige Transkei) völlig neue Facetten Südafrikas. Das Land der Xhosa ist vor allem bekannt durch die **Wild Coast,** eine nur durch wenige Stichstraßen und zum Teil nur zu Fuß zu erreichende, felsige Küstenlandschaft. Sie wird immer wieder durch Flussläufe und einsame Strände unterbrochen.

Die Reiseroute an der Wild Coast sieht die drei wesentlichen Abstecher in den Norden, in die Mitte und in den Süden des Küstenabschnitts vor, d. h. Port St. Johns, Coffee Bay/Hole in the Wall und Wavecrest. Weitere Abstecher an die Küste werden ebenfalls kurz vorgestellt. Auf der Strecke von Port St. Johns zur Coffee Bay bietet sich zudem ein Besuch des Nelson Mandela Museums in Umtata an.

Nelson Mandela Museum

Südlich der **Mazeppa Bay** wird die Küste weniger steil und ab **Kei Mouth** kann man mit zunehmender Besiedlung durch weiße Farmer, Wochenendhäusern der East Londoner und Wochenendtourismus vom Ausklingen der wirklich „wilden“ und einsamen Wild Coast sprechen.

Redaktions-Tipps Strecke Durban – Port Elizabeth

Grundsätzliches

- Das Reisen entlang der Wild Coast im Eastern Cape (in der ehem. Transkei) ist **zeitaufwendig**. Nehmen Sie sich also nicht zu viel vor und genießen lieber einen Küstenabschnitt intensiv.
- Da es nur wenige Hotels an der Wild Coast gibt, unbedingt **vorbuchen.**
- Vor Anreise an die Wild Coast **Pistenzustand** erkunden.
- Immer **voll tanken** und Öl, Wasser und **Reservereifen** checken.
- **Frühzeitig anreisen**, um auf keinen Fall in die Dunkelheit zu geraten.
- Besonders auf **Tiere (Vieh) am Straßenrand** achten.
- Genügend **Bargeld** dabeihaben – es gibt kaum Bankautomaten an der Wild Coast.
- Besonders in **Umtata** nichts offen und keine Wertsachen im Auto liegen lassen und das Autoradio unbedingt sichern.

Die schönsten Naturerlebnisse

- Die Krokodilfarm **Crocworld** (S. 584)
- Durch die **Oribi Gorge Nature Reserve** (S. 586) mit dem **Banana Express** (von Port Shepstone nach Izotsha) (S. 585)
- Die Naturreservate **Mkambati** (S. 591ff), **Silaka** (S. 601), **Hluleka** (S. 603f), **Dwesa** und **Cwebe** (S. 610ff)
- Umgebung von **Port St. Johns** an der Wild Coast (S. 599ff)
- Ein Resort der nicht mehr ganz so wilden, südlichen Wild Coast wie **Wavecrest**, **Qolora Mouth** (Trennery's Hotel oder Seagull's) (S. 613ff)

Kulturelle Höhepunkte

- Wanderung entlang der Wild Coast. Kulturell am interessantesten: **Amadiba Trail** (S. 594ff)
- **Mandela Museum** in Umtata (S. 605)
- Erleben von **Stammesriten** und Traditionen der Xhosa (S. 609)

Besondere Tipps

- Bleiben Sie **mindestens zwei Tage** in einem der Hotels an der Wild Coast, damit sich die lange Anreise lohnt.
- Fahren Sie von Durban entlang der South Coast **direkt nach Port St. Johns**.
- Das **Hole in the Wall** (S. 610)
- Wandern auf einem **Wild Coast Hiking Trail** (S. 594ff)
- **Aussicht** vom Pafuri Point/Maphuzi Point – die besten Ausblicke auf die Wild Coast – genießen (S. 609)
- Während der Saison: **Wale** beobachten (S. 613)
- Wo möglich: Tandemflug mit **Microlighter** entlang der Wild Coast unternehmen.
- In „Wavecrest" (S. 613ff) mit dem Schlauchboot auf **Delfinsuche** gehen und am späten Nachmittag mit dem Kanu den Fluss hinauffahren (nur bei ausreichendem Wasserstand möglich).

Hinweise

- *Ehemalige Transkei/Wild Coast: Während der Regenzeit nach Zustand der Schotterpisten fragen.*
- *Und auch für die Asphaltstraßen gilt: Die Fahrt dauert immer länger als gedacht. Die Straßen nehmen jeden Hügel mit und frei laufendes Vieh verlangt eine behutsame Fahrweise.*

Orientierung

Grundsätzlich gilt für die ehemalige Transkei/Wild Coast, dass die Orientierung abseits der Hauptstraßen selbst mittels des besten Kartenmaterials sehr schwer ist. So gibt es auf den Karten kaum „richtige" Dörfer als Orientierungspunkte. Daher sorgt es ständig für Verwirrung, wenn plötzlich welche an unerwarteter Stelle auftauchen bzw. eben nicht. Fragen Sie, wenn es die Möglichkeit gibt, immer nach dem

Von Durban nach Port Elizabeth

1 Vernon Crookes Nature Reserve
2 Oribi Gorge Nature Reserve
3 Coleford Nature Reserve
4 Mount Currie Nature Reserve
5 Amadiba Trails / Amadiba Adventures
6 Mkambati Nature Reserve
7 Mbotyi und Magwa Tea Estate
8 Hluleka Nature Reserve
9 Mvezo Site and Open Air Museum
10 Hole in the Wall
11 Cwebe und Dwesa Nature Reserves
12 Amakhala Game Reserve
13 Shamwari Game Reserve
14 Addo Elephant National Park

besten Weg, besonders auf dem Abschnitt zwischen Port St. Johns und Mazeppa Bay. Hier gibt es viele „theoretisch" mögliche Pisten, doch sind die nur sehr schlecht ausgeschildert bzw. nach heftigen Regengüssen nicht zu empfehlen.

Hinweis zur Strecke Durban – Port Edward

- *Von Durban aus wählen Sie die N2 in Richtung Süden. Um schnellstmöglich diesen Küstenabschnitt zu bewältigen, fahren Sie auf der N2 bis Port Shepstone, von dort auf die R61 nach Port Edward und weiter entlang der Reiseroute in Richtung Wild Coast. Für Abstecher zu den Küstenorten Amanzimtoti, Umkomaas, Scottburgh oder Port Shepstone folgen sie einfach den von der N2 ausgeschilderten Abfahrten.*
- *Eine wesentlich zeitaufwendigere Route ist die südlich von Durban beginnende, parallel zur N2 verlaufende alte Küstenstraße (R102), die durch wie an einer Perlenschnur aufgereihte Ferienorte führt. In Port Shepstone wird die R102 zur R61 bzw. R620 und führt durch Margate, Ramsgate und Southbroom nach Port Edward.*

Felsenküste an der Wild Coast

Tipp
Wir empfehlen aus Zeitgründen zunächst die N2 zu nehmen und für einen Abstecher an die Küste bei Hibberdene auf die R102 (später R620) zu fahren. Der südliche Küstenabschnitt bietet schönere Strände. Und auch während der Fahrt kann man durch die Brückenpfeiler der zumeist direkt an der Küste verlaufenden Eisenbahnlinie immer wieder Blicke auf Meer und Strand erhaschen.

Entfernungen
- *Durban – Port Edward: 164 km (2–3 h ohne Zwischenstopps, 45 Minuten schneller, wenn Sie nur die Schnellstraße benutzen)*
- *Durban – Port St. Johns (entlang R61): 365 km (mind. 5 h ohne Zwischenstopp)*
- *Durban – East London: 650 km (N2, 1 Tag, wenn man nur fährt – ohne Abstecher zur Wild Coast)*

Die South Coast von KwaZulu-Natal (ⓘ s. S. 195/South Coast)

Überblick

Die South Coast von KwaZulu-Natal erstreckt sich über ca. 180 km vom Umbogintwini River gleich südlich von Durban bis zur Nordgrenze der ehemaligen Transkei und damit der heutigen Grenze zwischen KwaZulu-Natal und der Eastern Cape Province. Dieser Küstenabschnitt zählt zu den beliebtesten Urlaubszielen der Einheimischen und ist die **„Spielwiese" der Strandbegeisterten** aus Gauteng, Mpumalanga, dem Free State und der Limpopo Province. Um die Weih- *180 km Urlaubsziele*

Küstenabschnitt bei Hibberdene

nachts- und Osterzeit fallen sie hier wie Heuschrecken ein. Außerhalb der Saison ist es trotz Hotel- und Apartment-Anlagen ruhig und vor allem Rentner verweilen in ihren Ruhesitzen. Für Reisende aus Europa ist dieses Gebiet eher uninteressant, da volle Strände und bebaute Küsten aus der Heimat bekannt sind.

Unterteilt wird die **South Coast** nochmals in die nördliche um einiges belebtere **Sunshine Coast** (Durban – Hibberdene) und die südliche **Hibiscus Coast** (Hibberdene – Port Edward) mit ihrer üppigen Vegetation, den etwas weitläufigeren Stränden. Der Name Hibiscus Coast rührt von den ehemals Tausenden von blühenden Hibiskus-Büschen her, die die alte R102 einst säumten. Heute lassen vereinzelte Sträucher noch immer die einstige Blütenpracht erahnen.

Üppige Vegetation

Nur wer hinter Durban schnell und unkompliziert ins auch im Winter noch um die 19 Grad warme Wasser springen möchte (unbedingt vorher nach der Stärke der Strömung erkundigen!), ist ein Stopp an einem der zahlreichen kleinen Buchten der South Coast zu empfehlen. Außerhalb der Saison findet sich auch leicht eine günstige Übernachtungsmöglichkeit.

INFO „Wild Coast in der Zange“: Wirtschaftliche Not und Straßenbaupläne bedrohen diesen Küstenabschnitt

Die „Nordzange“: Seit Jahren umstritten – Schnellstraße durchs Pondoland

Nachdem die komplette Asphaltierung der R61 zwischen Port Edward und Port St. Johns 2003 abgeschlossen war, wurden wieder Stimmen laut für eine weitere Schnellstraße nahe der Küste, die diese Orte verbinden soll. Die Trasse würde zwischen 20 und 40 km landeinwärts parallel zur Küste verlaufen, als N2-Toll-Road die alte N2-Strecke über Harding, Kokstad und Mount Frere ersetzen und bei Port Johns dann erst einmal der R61 bis Umtata angeschlossen werden. Befürworter erhoffen sich davon einen stärkeren Tourismus durch die bessere Anbindung an die Metropole Durban. Dadurch würden Arbeitsplätze im strukturschwachen Pondoland geschaffen.

Gegner warnen aber vor dem immensen Schaden, der dem einzigartigen **Naturgebiet** (bes. Vögel- und Pflanzenwelt) zugeführt wird. Viele Pflanzen in dieser Region sind vom Aussterben bedroht. Zudem argumentieren sie mit der Gefahr, dass letztendlich und als nächster Schritt doch die Minerallagerstätten in den Dünen der Wild Coast freigegeben werden, die zzt. noch unter Naturschutz stehen. Die Straße würde außerdem technisch schwer zu bauen sein, da zahlreiche Schluchten mit teuren Brücken überspannt werden müssten und sich somit der ökonomische Nutzen nach heutiger Berechnung nicht abzeichnet. 2005 hat die Regierung nach Anhörungen von Gegnern der neuen N2 die Baupläne zunächst erst einmal aufs Eis gelegt. Damit ist das Thema sicherlich nicht endgültig vom Tisch, zumal die Regierung zuvor bereits Durchführungsstudien in Auftrag gegeben hatte.

Die „Südzange": Ausbau der R349 und die Brücke über den Kei Mouth

2001 wurde damit begonnen (und mittlerweile größtenteils fertiggestellt), die R349 von der N2 bis Kei Mouth auszubauen und zu asphaltieren. Oft wurde gefragt, warum die Straße denn so breit ausgebaut wird und im Jahre 2003 wurde das Geheimnis gelüftet. Als nächsten Schritt nämlich plant man den Bau einer Brücke über den Kei Mouth und in Kentani (auch: Centane) und den anliegenden Resorts (Trennery's, Wavecrest und Mazeppa Bay) wird bereits über den weiteren Ausbau der Strecke parallel zur Küste spekuliert. Die Brücke und dieser Ausbau sind zwar noch lange nicht gesetzlich festgelegt, aber betrachtet man schließlich auch noch den Ausbau besonders breiter Pisten im Bereich Coffee Bay, dann stellt sich wohl die Frage, wie lange die Wild Coast wohl noch wild bleiben wird.

Die Straßen schlängeln sich durch die Hügellandschaft

Natürlich lieben wir als Reisende die Natur und wer besonders die Wild Coast anzielt, macht dieses ja aus einem gewissen Grund. Auch haben wir gelernt, dass mit der Natur behutsamer umgegangen werden muss. Doch sollte man die wirtschaftliche Not in der Region nicht übersehen. Arbeitsplätze gibt es hier fast gar nicht und noch beherrscht die Subsistenzwirtschaft das Bild. Vielleicht ein oder zwei Familienmitglieder verdienen etwas bares Geld in den Großstädten Südafrikas und schicken das nach Hause, mehr passiert hier nicht.

So sollte man nicht zu vorschnell gegen die Straßen argumentieren und nur ganz fest hoffen, dass die objektiven Studien – und die lässt sich die Regierung viel kosten – gegen den Ausbau sprechen und Arbeitsplätze eher im Naturschutz und dem „kleinen" Tourismus geschaffen werden.

Weltklasse für Taucher

Für **Taucher** ist die South Coast hingegen ein Paradies. Unterwasser bieten vor allem der *Aliwal Shoal* und die *Protea Banks* weltklassige Bedingungen. Im Hinterland sind die schönsten Gebiete das **Vernon Crookes Nature Reserve**, das **Oribi Gorge Nature Reserve**, das durchzogen ist von der 27 km langen und bis zu 400 m tiefen Oribi Gorge, und die Gegend südlich von Ramsgate mit ihren Wäldern und Kaffee- und Bananenplantagen.

Die interessanteren, da landschaftlich spektakuläreren Küstenabschnitte liegen hingegen weiter südlich an der **Wild Coast**, in der ehemaligen Transkei. Sie sind zwar schwerer zugänglich, bieten aber zum Teil absolut einsame Sandstrände in schroffen Felsbuchten mit Rundhüttendörfern auf saftig grünen Grashügeln im Hinterland. **Wir empfehlen daher:** Lassen Sie die South Coast schnell hinter sich, machen Sie, wenn Sie gut in der Zeit liegen, noch einen Abstecher durch die Oribi Gorge und sparen sich ansonsten ihre Urlaubstage für die wilden und einsamen Küstenabschnitte der Wild Coast auf.

Amanzimtoti (ⓘ s. S. 195/South Coast)

(27 km südl. von Durban)

Amanzimtoti ist der nächstgelegene Ferienort südlich von Durban und ist trotz Flughafennähe ein beliebtes Wochenendausflugsziel für die Großstädter. Der Ort wird geprägt von der Küstenstraße, die zwischen den direkt an der Küste verlaufenden Eisenbahnschienen und den etwas heruntergekommenen Geschäften und Apartmenthäusern liegt. Am interessantesten ist die unbeabsichtigte Namensgebung.

Shakas süßer Trunk

So bemerkte der legendäre Zulu-König *Shaka* beim Stillen seines Durstes an dem Fluss Manzimtoti, an dem heute der Ort liegt: „Amanzi Mtoti“ = das Wasser ist süß.

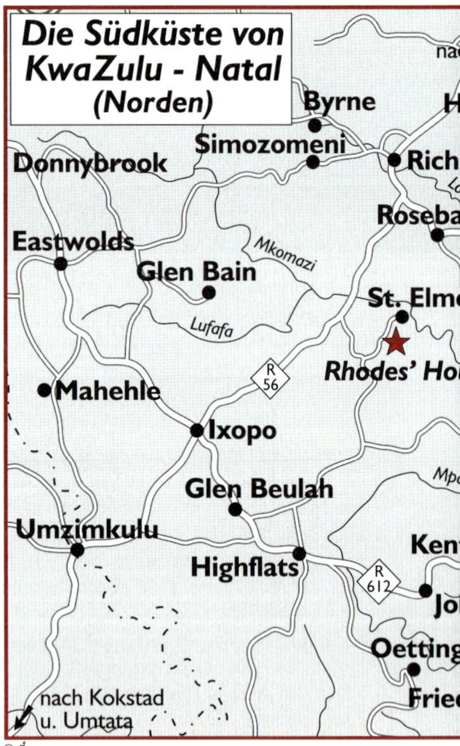

© igraphic

Umkomaas

(ⓘ s. S. 195/South Coast)

(16 km südl. von Amanzimtoti)

Die eigentliche Attraktion dieser Gegend liegt unter Wasser: Die **Aliwal Shoal Dive Site** vor der Küste bietet eine faszinierende Unterwasserwelt. Die gehört zu den Top Ten der weltweiten Tauchspots. Drei Schiffswracks und Haie machen die Tauchgänge zudem zu einem Abenteuer.

Der Ort selbst ist sehr betulich. Vor allem Rentner genießen hier ihren Lebensabend. Lediglich die flussaufwärts liegende Zellulosefabrik sorgt für ein abwechslungsreiches Bild, wenn sie den Fluss mit ihren Abwässern verfärbt. 1861 war der bis weit ins Inland hinein beschiffbare Mkhomazi River der ideale Ort für die Gründung eines **Flusshafens** zum Export von Zuckerrohr. Nachdem Durbans Sandbucht ausgebaggert und schiffbar gemacht worden war, ließ hier die Geschäftigkeit in der Ansiedlung um den Hafen rapide nach.

Beinahe Exporthafen

Scottburgh (ⓘ s. S. 195/South Coast)
(9 km südl. von Umkomaas)

Die Strände von Scottburgh sind bei Surfern, Schwimmern und Anglern gleichermaßen beliebt. Eine Estuary und ein Tidepool schützen die Badenden vor der starken Strömung. Hainetze machen das Schwimmen sicher. Wegen der geschützten Bucht wurde 1860 Scottburgh (benannt nach *John Scott*, dem ersten Gouver-

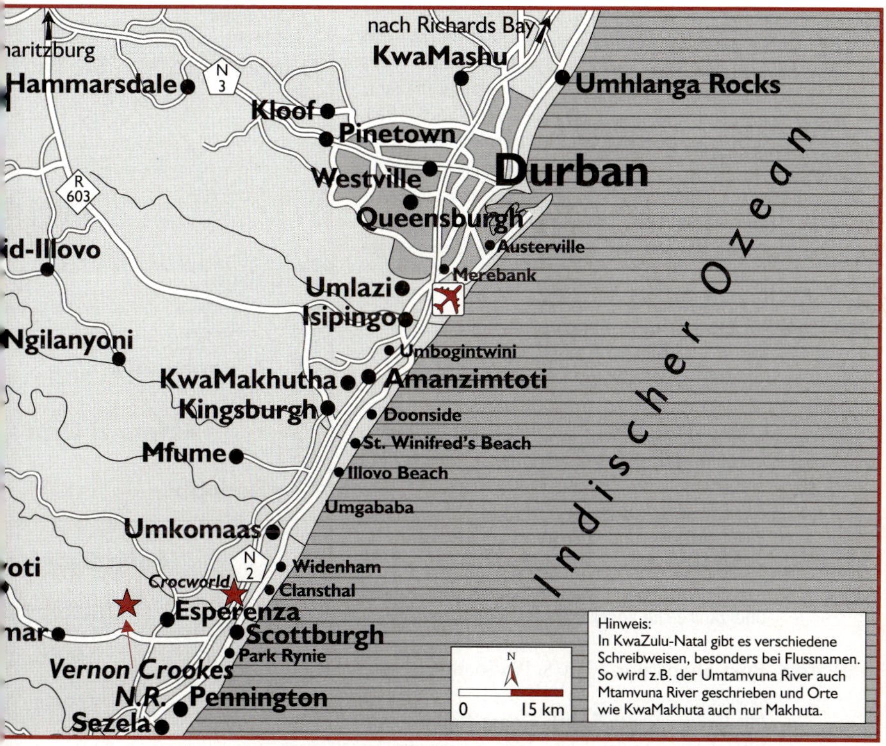

neur in Natal) als erster „Vorort" von Durban auserkoren. Von der Flussmündung des Mpambinyoni River aus sollte, da noch keine Eisenbahn existierte, das Zuckerrohr aus dem Hinterland verschifft werden. Viele Küstenfahrer gingen hier vor Anker, doch zu Zeiten rauer See bot die Bucht den Schiffen zu wenig Schutz. Zu Beginn des 20. Jh. kamen viele Fischerboote und hielten für einige Jahre einen Fischhandel durch den Fischreichtum in der Aliwal Shoal aufrecht.

Stürmen nicht gewachsen

Tipp

Ca. 10 km südlich von Scottburgh ist für Strandhungrige der kleine Ort Kelso mit dem noch relativ unberührtem Strand zu empfehlen.

Crocworld

(4 km nördl. von Scottburgh; geöffn. tägl. 8–16.30 h, Fütterungszeiten: tägl. 11 u. 15 h)

Diese Krokodilfarm ist mit über 2.000 Nil-Krokodilen (*Crocodylus niloticus*) eine der größten der Welt. Neben den bis zu 100 Jahre alten, 7 Metern langen und zum Teil über 900 kg schweren Krokodilen gibt es vor allem eine Reihe von verschiedenen Schlangen (inkl. der gefürchteten *Green Mamba*). Zu den Höhepunkten eines Besuchs zählt der Gang durch den Glastunnel des Schlangenhauses. Wer noch kein Krokodilfleisch gegessen hat, kann das hier im Restaurant (am besten ist immer *Crocodile-Tail*) nachholen. Im Sommer werden Zulu-Tänze vorgeführt.

Hinweis

Der Küstenabschnitt ab Scottburgh eignet sich mit seinen Lagunen und Flussmündungen und verhältnismäßig dünner Bebauung am besten zum Baden. Einige Strandorte wie z. B. Mtwalume und Hibberdene haben einen Tidepool, in dem auch Kinder gefahrlos baden können.

Vernon Crookes Nature Reserve

(ⓘ s. S. 195/South Coast)

(27 km westl. von Umzinto, R612)

Dieses kleine Nature Reserve (rund 2.200 ha), benannt nach einem Zuckerbaron, wurde 1973 eingerichtet, um besonders die Vegetation des Küstenwaldes zu erhalten. Die Wanderwege, Picknickspots und Selbstversorgerhütten sind in hügeliger Landschaft gelegen, in der es an Tieren Zebras, Wildebeest, Kudus, Buschböcke und zahlreiche Vogelarten zu beobachten gibt.

Küstenwald

Port Shepstone (ⓘ s. S. 195/South Coast)

Mit Gründung der **South Coast Railline** entlang der Küste im Jahre 1901 verlor die bis dahin wichtige Hafenstadt ihre Bedeutung. Bis zu jenem Zeitpunkt wurden Marmor, Bananen, Zuckerrohr und Zitrusfrüchte von hier per Schiff exportiert. Ab dann ging es auf der Schiene in den Hafen von Durban. Dort war die Verladung einfacher. Der historische **Banana Express (1)** (aus finanziellen Gründen leider von der Dampflok auf Dieselantrieb umgestellt) fungiert heute vor allem noch als Touristenattraktion. Auf den Schmalspuren der Eisenbahnlinie fährt er mehrmals in der Woche vom Bahnhof im Princess Elizabeth Drive die sehenswerte Strecke hinauf in die Berge, vorbei an Zuckerrohr- und Bananenplantagen. *Dieselloks*

Heute ist Port Shepstone zusammen mit Ramsgate das Handelszentrum der South Coast. Für Besucher gibt es keinen triftigen Grund, sich länger in der schmucklosen Hafenstadt aufzuhalten.

Zum Baden bieten sich einige schöne Strände in kleinen Buchten in der näheren Umgebung von Port Shepstone an, wie z. B. der in **Umtentweni** (4 km nördlich).

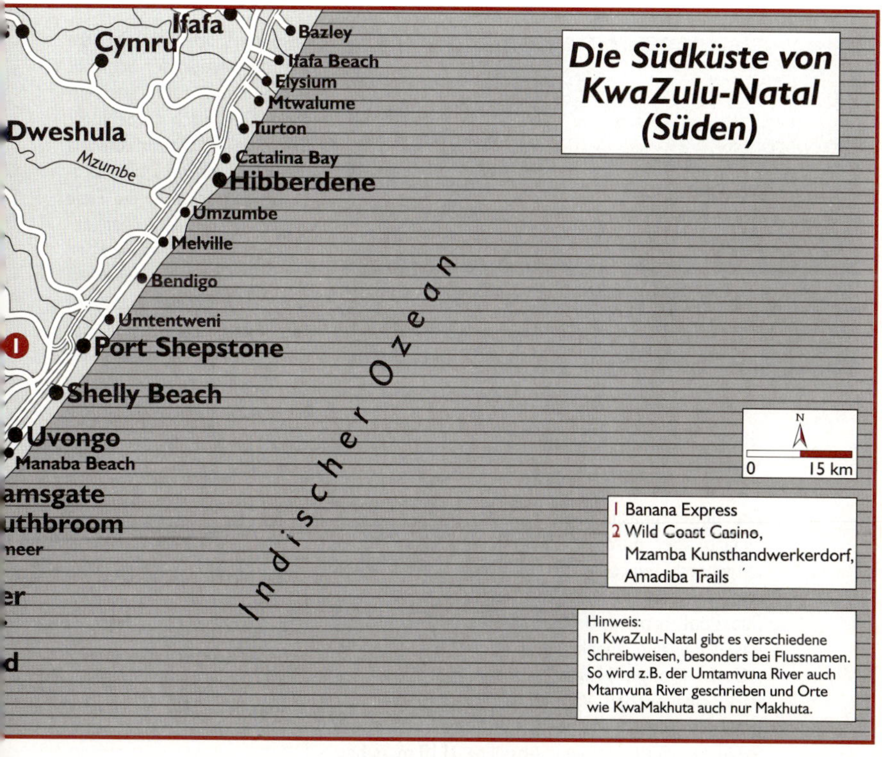

Hinweis zur Strecke

Südlich von Hibberdene beginnt die ***Hibiscus Coast****, die immer wieder fälschlicherweise mit der gesamten South Coast gleichgesetzt wird. Hier breitet sich eine artenreichere Vegetation inklusive tropischer Pflanzen aus. Während im Norden das Küstenhinterland ausschließlich mit Zuckerrohrplantagen überzogen ist, befinden sich hier auch Bananenplantagen und vereinzelt, in höheren Lagen, Kaffeeanpflanzungen. Dieser Teil der South Coast ist der schönste Abschnitt. Orte wie* ***St. Michael's on Sea*** *und* ***Beacon Rocks*** *fallen besonders durch ihre üppige Vegetation auf.*

Im ***Uvongo Nature Reserve*** *befinden sich die Zuläufe für die Wasserfälle, die man von der Brücke in Uvongo aus sehen kann (lohnt einen Stopp). Sie fallen kurz vor dem Sandstrand in die Tiefe. Kurz vor Port Edward lädt das kleine* ***Mpenjati Nature Reserve*** *mit Estuary sowie Küsten- und Flussvegetation zum Picknicken ein.*

Oribi Gorge und Oribi Gorge Nature Reserve (ⓘ s. S. 195/South Coast)

(ca. 21 km auf der N2 von Port Shepstone)

Bergwelt des Oribi Gorge Nature Reserve

Besonders attraktiv sind die Wanderwege in der Schlucht (einige sind sehr anstrengend). Der durch die Schlucht führende Umzimkulwana River hat sich auf 24 km Länge bis zu 400 m in die Tiefe gegraben. Die dabei gebildeten Felsformationen werden *chimneys* genannt – sie ragen wie Schornsteine senkrecht nach oben. Der Name der Oribi Gorge leitet sich von den Oribi-Antilopen ab, die hier einmal sehr zahlreich lebten. Neben Oribis gibt es u. a. auch Leoparden, Duiker, Bushbucks und 250 Vogelarten.

Hinweis

Für einen Abstecher mit dem Auto bietet sich eine Rundtour durch die Gorge an. Dafür fahren Sie von der N2 Richtung „Oribi Gorge Hotel" (13 km). Nach ca. 8 km geht es nach links am Nature Reserve vorbei durch die Schlucht und zurück zur N2 und nach Port Shepstone.

Die Unterkunft in **Selbstversorgerhütten** ist einfach, aber durchaus reizvoll. Verpflegung muss mitgebracht werden. Wer es etwas komfortabler und eine ausreichende Infrastruktur (Restaurant, Pub, Pool) haben möchte, sollte versuchen, sich in das *old english* angehauchte und privat geführte **„Oribi Gorge Hotel"** an der Nordseite des Parks einzubuchen. Vom Hotel aus führen reizvolle Wanderwege zu fantastischen Ausblicken in die Schlucht. Mutige können Abseiling (110 m neben

Wanderwege

einem Wasserfall in die Tiefe), Klettertouren, Rafting, Schluchtenschwimmen, Mountain Biking etc. unternehmen.

Margate (ⓘ s. S. 195/South Coast)

(14 km südl. von Port Shepstone)

Der verhältnismäßig „noble" Ort ist das touristische Zentrum der südlichen South Coast und wird wegen der vielen Besucher aus Gauteng auch der „Küstenvorort Johannesburgs" genannt. In der Hochsaison platzt nicht nur der Margate mit seinen zahlreichen Läden, Restaurants und Pubs, sondern auch der recht große Strand direkt davor selbst für europäische Verhältnisse aus allen Nähten. Hotels und Apartmentburgen sind an der Uferpromenade zahlreich vorhanden. Die Promenadenstraße ist im Sommer wegen der Parkplatzsuchenden oft ziemlich voll. Margate bietet sich an, wenn sie mal Lust auf ein breites Abendprogramm haben.

Breites Abend-programm

Port Edward (ⓘ s. S. 195/South Coast)

Das Tor zur **ehemaligen Transkei** bietet an seinem Küstenabschnitt zahlreiche Wassersportmöglichkeiten im Meer und auf dem Umtamvuna River. Allerdings ist hier wegen der starken Strömung Vorsicht geboten. Der Strand wird dominiert durch den **Tragedy Hill**, wie die Europäer ihn nannten. Der hier ansässige Stamm nennt ihn *isaNdlundlu* („der wie ein Hut geformt ist"). Die „Tragödie" fand 1831 statt, als eine Zulubande einen Flüchtlingstrupp des Langeni-Stammes und einige der Leute von *Frank Fynn* auf dem Hügel in die Enge trieb und umbrachte. Bis vor einigen Jahren noch wurde sich erzählt, dass ihre Knochen den Hügel bedecken. Auch auf einigen Seekarten ist dieser Hügel eingezeichnet als North Sand Head.

Achtung! Strömung

Karte S. 582f/584f

Gegründet wurde die Hafenstadt erst 1925 von *T. K. Pringle*, der die Gegend erkundete und das Gebiet *Banner's Rest* nannte. Hier wollte er sozusagen die Fahne streichen und sich zur Ruhe setzen. Dafür erkor er sich ein Küstenstück aus und nannte es nach dem damaligen Prinzen von Wales. 1947 war Port Edward mit der Einrichtung eines Gesundheitskomitees zu einem kleinen Ort angewachsen. Bekannt wurde er durch den ungewöhnlichen Postservice des Afrikaners *Welsh*. Dieser legte mit einem Rollstuhl, der ihm als Beförderungsmittel diente, über 1.000 km pro Jahr auf der Strecke von der Haltestelle des Postbusses an der Hauptstraße bis ins Dorf zurück. Bei Verspätungen des Busses funktionierte *Welsh* den Rollstuhl zur Schlafgelegenheit um.

Rollstuhl-Post

Umtamvuna Nature Reserve (ⓘ s. S. 195/South Coast)

(190 km bis Port St. Johns)

Das 14.000 h große Reserve erstreckt sich 19 km den Fluss entlang. Seltene Pflanzen, eine wahre Blumenpracht im Frühling, Antilopen, ca. 300 Vogelarten inkl. den seltenen *Cape Vultures* sowie wunderschön bewachsene Felsen machen das Reserve direkt an der Grenze zur Eastern Cape sehr lohnend für einen letzten Stopp in KwaZulu-Natal.

Hinweis zur Strecke

Südlich von Port Edward führt die Reiseroute weiter auf der R61 durch einen fossilen Wald bevor man zur Brücke des Umtamvuna River gelangt, der die Grenze zur Eastern Cape Province bildet. Gleich auf der anderen Seite, also südlich des Umtamvuna River, liegt das ***Wild Coast Casino (2)*** *(mit dem Casinohotel „Wild Coast Sun"), ein weiterer langweiliger Casinokomplex der zu Apartheidzeiten errichtet wurde und so typisch ist für die grenznahen Homelandgebiete. Ihm gegenüber an der R61 befindet sich das afrikanische* ***Kunsthandwerkerdorf Mzamba****, wo Sie Souvenirs erstehen und zuschauen können, wie die Kunsthandwerke hergestellt werden.*

Karte
S. 593

Hinweis

Informationen zum Amadiba-Wanderweg *(Trails) entlang des nördlichen Teils der Wild Coast (beginnt in dem o. g. kleinen Künstlerdorf gegenüber dem „Wild Coast Sun"), siehe S. 594.*

Alternativstrecke zum uKhahlamba-Drakensberg Park

Von der R61, ca. 85 km hinter Port Edward und 30 km vor Flagstaff (Siphangeni), gibt es die Möglichkeit auf der R394 nach Norden zur N2 abzubiegen und über **Kokstad** auf die R617 zu gelangen, die in das Gebiet der uKhahlamba Drakensberge bei **Underberg** führt. *Siehe dazu S. 633ff.* **Kokstad** (einfache B&Bs und ein Hotel) ist der zentrale Ort dieser landschaftlich schönen Region, bietet touristisch jedoch rein gar nichts. Kurz dahinter liegt das **Mount Currie Nature Reserve** (beliebt bei Vogelbeobachtern, mehrere Antilopenarten; einfache Campingmöglichkeit) und weiter nördlich dann das **Coleford Nature Reserve** (feuchtes Grasland zu Füßen der Drakensberge). Beide sind touristisch wenig erschlossen. Sie sollten zusehen, dass Sie bis nach Underberg/Himeville durchfahren und dort übernachten.

Touristisch wenig erschlossen

Hinweis zur Strecke

Die Hauptroute an die Wild Coast

Weiter nach ***Port St. Johns*** *geht es auf der R61, die einen umständlichen Schlenker durchs Landesinnere macht. Die ca. 200 km lange Fahrt von Port Edward nach Port St. Johns (alles asphaltiert) dauert etwa 3 Stunden (ohne Pausen). Die von der EU subventionierte Asphaltstraße von Port St. Johns nach Umtata ist relativ gut, während der Weg zurück auf die Küstenstraße nach* ***Coffee Bay*** *recht schmal ist. Von Coffee Bay geht es dann wieder zurück auf die N2.*

Der N2 folgen Sie bis nach Butterworth hinein (ignorieren Sie das Schild nach Mazeppa Bay nordöstlich von Butterworth: schlechte Piste) und biegen dort auf die Asphaltstraße nach Kentani (auch: Centane) ab. Von Kentani aus sind ***Mazeppa Bay, Wavecrest*** *und* ***Trennery's*** *ausgeschildert. Vom Trennery's Hotel aus geht dann ein Stück landeinwärts eine Piste hinunter zur Mündung des Kei Mouth. Diesen überqueren sie mit einer kleinen Fähre. Von Kei Mouth ist die R349 nahezu ganz asphaltiert.*

Die Wild Coast in der Eastern Cape Province

Überblick

Insgesamt besteht die ehemalige Transkei, die in der heutigen Eastern Cape Province liegt, aus drei separaten Stammesgebieten (von Süden nach Norden): Der **Transkei** selbst (zwischen Kei und Bashee River), dem **Tembuland** (zwischen Bashee und Umtata River) und dem **Pondoland** (auch: Mbashe; zwischen Umtata River und KwaZulu-Natal). Der Großteil der insgesamt 480 km langen Küstenlinie, der sog. Wild Coast, ist dramatisch und tückisch und liegt im Pondoland. Die landschaftliche Schönheit wird noch durch weitgehende touristische Unerschlossenheit unterstrichen – eine der schönsten Küstenabschnitte in ganz Afrika.

Dramatisch, schön und tückisch

Die nicht enden wollende, hügelige und meist saftig grüne Hochlandschaft mit unzähligen weit verstreut liegenden, bunten Rundhüttendörfern ist für das Auge einfach zum Genießen. Keine Stadt, kein Hochhaus, keine Industrieanlage, die den Blick stört. Selbst Telefon- und Strommasten sind eine Seltenheit. Die Menschen leben zum großen Teil von der **Subsistenzwirtschaft**, die in der Regel auf Maisanbau und Viehbestand basiert. Durch Überweidung und Holzrodung sind große landschaftliche Abschnitte von Bodenerosion betroffen. Die Hügellandschaft entstand im Laufe der Zeit durch Ströme und Flüsse, die sich ihre Wege zum Meer gesucht haben.

Bodenerosion

Zum Reisen ist die Region recht anstrengend, da sozusagen jeder Hügel mit zahlreichen Kurven und vollem Höhenunterschied mitgenommen wird. Zudem gibt es keine Weidezäune und hinter jeder Kurve könnte frei herumlaufendes Vieh mitten auf der Straße stehen. Lkw und alte, gerade noch fahrtüchtige Pkw und überfüllte Minibusse stellen bergauf ständig die Frage des Überholens, weil sie sich bergab immer wieder im Höllentempo und mit riskanten Überholmanövern vor einen setzen.

Aber wer an die Küste will, hat nur die R61 (Port Edward – Port St. Johns) als Alternative zur N2, der Hauptverbindung im Hinterland von Port Shepstone – Umtata – East London. Von dort führen 60–80 km lange Stichstraßen zu den jeweils an den Flussmündungen liegenden kleinen Orten. Verbindungen untereinander existieren nur im Hinterland. Obwohl viele Straßen bereits geteert wurden, gibt es immer noch tückische Steinpisten, auf denen mit einem normalen Pkw äußerst langsam gefahren werden muss (großes Plattfußrisiko!).

Plattfußrisiko

Die Straße von Port Edward bis Port St. Johns ist mittlerweile eine durchgängige Asphaltstraße und gut zu befahren. Und auch die Straße von Port St. Johns nach Umtata ist gut ausgebaut. Planungen, eine neue Straße ca. 20–40 km landeinwärts parallel zur Küste verlaufen zu lassen, sind am laufen *(siehe Kasten S. 580f)*, ob diese umgesetzt werden, ist noch offen.

Die oben beschriebene Straßensituation bedeutet, dass die oft in anderen Reisegebieten praktizierte Gepflogenheit, mal eben kurz an die Küste zu fahren, zu schauen, wie es dort aussieht und gleich weiter zum nächsten Ort, kaum zu realisieren ist. Hinzu kommt der wichtige Punkt der **Unterkunft**. Neben ein paar verstreuten Backpacker-Unterkünften und lange im Voraus buchbaren Park-Unterkünften gibt es meist nur ein bis zwei Hotels pro Ort, die in der Regel schnell ausgebucht sind.

Vorher reservieren!

Traditionelle Viehzucht ist in der Region besonders wichtig

Klimatisch bildet der Bashee River (zwischen Dwesa und Cwebe Nature Reserves) die Grenze zwischen feuchtem subtropischen und trockenerem mediterranen Gebiet. Die Küste nördlich des Ortes The Haven ist mit unberührten Wäldern, wunderschönen Flussmündungen, einsamen Stränden, mit bis zu 25 Grad warmem Wasser (Agulhas-Strom), zerklüfteter Felsenküste und subtropischem Klima einer der einsamsten und schroffsten Abschnitte der Wild Coast. Mit gleichzeitig warmen und starken Winden und mit Wellen bis zu 10 Meter Höhe, die so manchen Strand über Nacht verschwinden lassen, wird die Küste ihrem Namen gerecht.

Unser Tipp

Suchen Sie sich ein, zwei Orte an der Wild Coast aus (siehe Redaktionstipps) und bleiben Sie dort jeweils zwei bis drei Nächte. So können Sie in Ruhe zu Fuß z. B. bei einer Wanderung die Gegend erkunden, eine organisierte Tour mitmachen oder sich einfach am Strand oder am Pool ihrer Unterkunft entspannen.

Politisch bildete der Great Kei River die Grenze zwischen ehemaliger Transkei und „weißer" Eastern Cape Province. Von hier an ist nicht nur die Landschaft dichter bewachsen, sondern auch Ferienhäuser der Großstädter gibt es vermehrt. Weidezäune weisen auf Farmland weißer Farmer hin. Durch kurze Anfahrtswege und durchgehende Teerstraßen ist Kei Mouth/Morgans Bay ein beliebtes Naherholungsziel der Großstädter.

Geschichte

Die ersten Bewohner der ehemaligen Transkei (das Gebiet nordöstlich des Kei River), waren San und Khoikhoi. Um ca. 1600 wanderte ein Teil des Hlubi-Stammes von Natal südwärts auf der Suche nach neuem Land für ihr Vieh. Sie waren Teil einer Wanderbewegung, die entlang der Ostküste Südafrikas vermutlich aus Westafrika einwanderten. Eine Gruppe, die von einer Frau namens **Xhosa** angeführt wurde, wanderte in die Gegend südlich des heutigen Port Edward und fand Aufnahme unter den dort ansässigen Khoisan. Über die Jahre wurde dieser Stamm als Xhosa bekannt. Sie übernahmen höchstwahrscheinlich den ursprünglich von den Khoisan gesprochenen Klicklaut, der heute für die Xhosa-Sprache signifikant ist.

Klicklaut

Im 19. Jh. kreuzten die Xhosa die Wege der Europäer, die vom Südwesten her ebenfalls auf Landsuche waren. Der Kampf um Weideland löste **neun Grenz-**

kriege zwischen den Buren und den Xhosa aus. 1879 mussten die Xhosa schließlich kapitulieren und sich der Kapregierung unterstellen.

Für die Einführung von Verwaltungen und Gesetzen wurde das Gebiet in den 1880ern in mehrere Distrikträte unterteilt. Den Chiefs blieb immer ein großer lokaler Einfluss. Wie stark auch das Selbstbewusstsein der Stämme selbst gegenüber ihren Anführern war, zeigt die Reaktion auf die Absicht einiger Chiefs im Pondoland in den 1960er Jahren Land an Weiße verkaufen zu wollen. Sie wurden von den Pondo getötet. Britische Truppen blieben Pondoland fern, das dadurch nicht kolonisiert wurde. Die Pondo waren die letzten Afrikaner, die unter die Kapverwaltung kamen. 1895 wurden die unterschiedlichen Distrikträte auf zwei reduziert (einer in Butterworth, der andere im Pondoland). Diese beiden Räte regelten das Leben der Stämme – bis auch sie 1931 zum **United General Council of the Transkeian Territories**, bekannt unter *Bunga* („Treffen und Diskutieren“), zusammengeschlossen wurden. Im Mai 1963, als sie im Rahmen der Apartheidpolitik den Status innerer Selbstverwaltung bekamen, wurde dieser Rat gesetzgebende Versammlung des Homeland Transkei (Hauptstadt: Umtata). Bis heute ist dieser Landstrich vor allem von armen Kleinbauern besiedelt.

„Verkauft kein Land an Weiße!“

1976 wurde der Transkei als erstes Homeland (formal) die **volle Unabhängigkeit** zugesprochen, international wurde es jedoch nie als eigenständiges Land anerkannt. Nach Korruptionsvorwürfen kam im Dezember 1987 mit einem Putsch eine Militärregierung unter General *Bantu Holomisa* an die Macht. Er machte die Rückführung in die Republik Südafrika zu seinem Programm.

International nicht anerkannt

Die Xhosa haben mit ihren politischen Ambitionen entscheidend dazu beigetragen, dass das Apartheidsystem zum Kippen gebracht wurde. Sie sympathisieren in der Mehrzahl mit dem **ANC** und reagieren auf politische Ereignisse, indem sie sich an Massenaktionen beteiligen. Heute gehört die Transkei zur Eastern Cape Province Südafrikas mit Umtata als Hauptstadt der Region (Bisho ist Hauptstadt der Eastern Cape Province).

Mkambati Nature Reserve (ⓘ s. S. 195)

(Kurz vor Flaggstaff nach links in östliche Richtung ca. 70 km Piste fahren. Da dies eine schlechte Piste ist, unbedingt aktuellen Zustand erfragen. Man kann auch zuvor von Bizana abzweigen, hat dann aber ein längeres Pistenstück vor sich. Nach 35 km trifft man bei Holy Cross auf die o. g. Piste. Gatezeiten nach vorher angekündigter Ankunftszeit, Übernachtungsmöglichkeiten)

Das „Juwel der wilden Wild Coast“ (ca. 6.000 ha) zählt mit zu den einsamsten Parks in Südafrika und verfügt über 10 km Küstenlinie zwischen den Mtentu und Msikaba Rivers. Letzterer ist mit bis zu 33 m einer der tiefsten Flüssen in Südafrika. Eine besondere Attraktion neben üppiger Tropenvegetation und einer Zuchtkolonie des bedrohten **Cape Vultures**, sind die drei Wasserfälle, die direkt in das Meer stürzen (weltweit soll es nur sechs dieser Art geben).

„Juwel der Wild Coast“

Besonders beeindruckend sind die **Horseshoe Falls** am Mkambati River. Sie fallen in einem wilden Bogen zunächst über eine Felsenterrasse, dann über einen

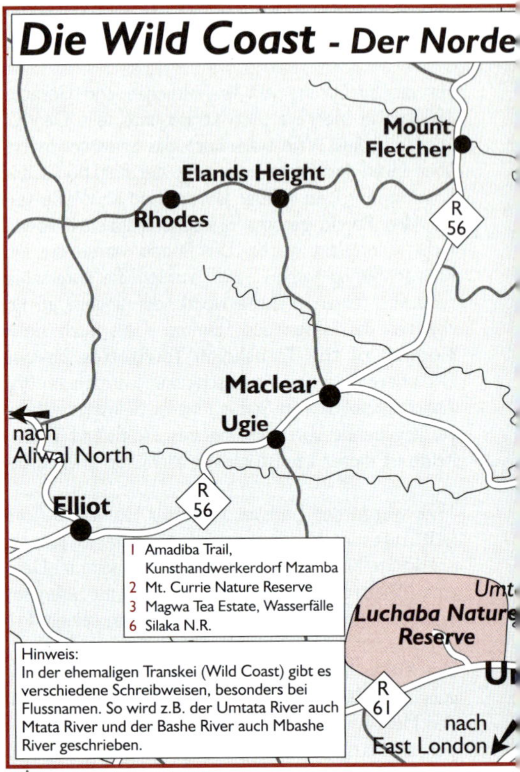

© igraphic

anderen Wasserfall hinweg und schließlich weiter hinunter in den Ozean. Insgesamt bietet Mkambati 23 Wasserfälle, zwei spektakuläre Flussmündungen, wobei der Mtentu River (nördliche Grenze des Parks) in eine schöne Lagune mündet.

23 Wasserfälle

Um 1922 herum wurde Mkambati als Kolonie für Aussätzige genutzt, später dann zum Tuberkulose-Krankenhaus umfunktioniert. Anschließend war es 30 Jahre ein staatlich geführtes Nature Reserve. Die hier lebenden Pondos – 326 Familien – waren 1920 gewaltsam aus dem Mkambati-Gebiet ins Landesinnere vertrieben worden.

Mit Ende der Apartheid verfiel das Reserve immer mehr. Nach jahrelanger Suche nach privaten Pächtern wurden schließlich als Konzessionäre *Charles und Linda van Rensburg* von Wilderness Safaris gewonnen. Seit Dezember 2004 gehört das Land aufgrund des Land Restitution Acts von 1994 wieder den 40.000 Mitgliedern der Pondo-Gemeinde, die sich im **Mkambati Land Trust** organisiert haben. Die Pondos und die Provinzregierung bilden heute mit den *Rensburgs* eine Partnerschaft und erhalten 9 % aller Einnahmen.

Stammesland

Die *Rensburgs* haben die Einrichtungen des Reserve wieder auf „Vordermann" gebracht, neue Lodges gebaut und eine ziemlich teure Destination aus dem Reserve gemacht. Ein Grund dafür ist mit Sicherheit allein schon der Kaufpreis von 75 Mio. Rand für die Konzession. Geplant ist als Folge der Partnerschaft mit der lokalen Gemeinde, dass das Mkambati Nature Reserve auf 12.000 ha verdoppelt und Teil eines **National Parks** wird. Der soll sich entlang der Küste (bis zu 25 km landeinwärts und auch 5–10 km aufs Meer hinaus) zwischen Port Edward und Mkambati – später dann bis Port St. Johns – erstrecken.

National Park in Planung

Der Sandsteinboden in Kombination mit subtropischem und rauem Klima hat ein spezielles Biotop geschaffen, das eine größere Pflanzenvielfalt auf kleinem Raum

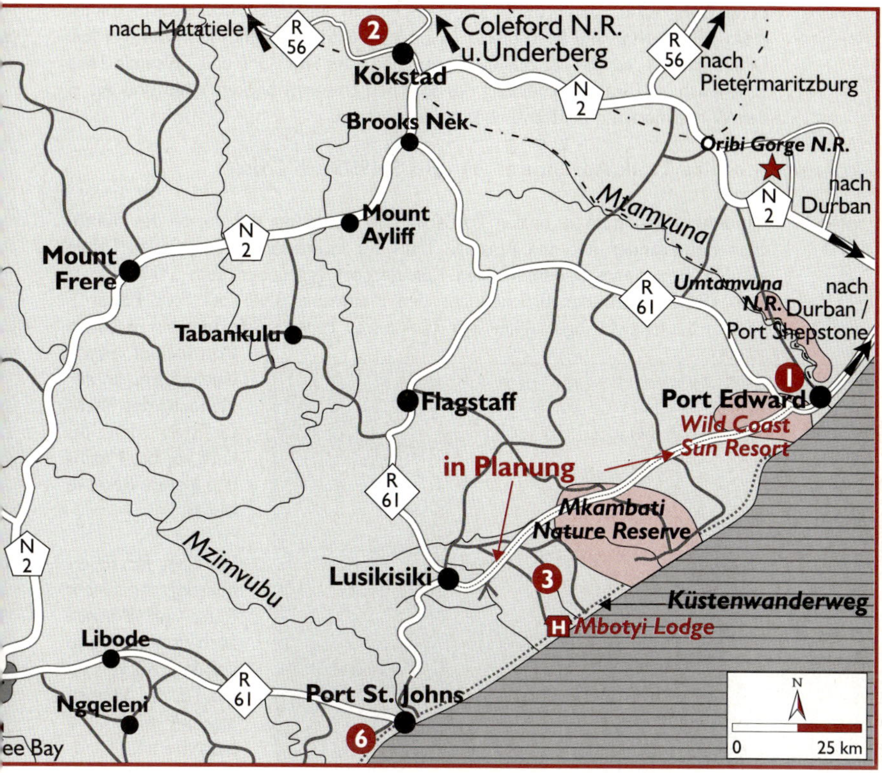

hervorgebracht hat als der Kruger National Park. Der Ort zählt mit rund **200 endemischen Pflanzen** zu den weltweit größten Zentren dieser Art. Eine der bekanntesten ist die **Mkambat-Palme** (*Jubaeopsis Caffra*), die an den Ufern der Mtentu- und Msikaba-Flüsse wächst.

Besonders interessant ist, dass es neben dem für Mkambati typischem Grasland und Sumpfwäldern der Flüsse auch die aus dem Kapland bekannte **Fynbos-Vegetation** (*Cape Floral Vegetation*) aus immergrünen Hartlaubgewächsen wie dem *Pondoland ghost bush, Pondo bushman's tea,* der *Pondo palm Leucondendrons, Proteas* und *Ericas* gibt. Fynbos, eine Ableitung des Afrikaans vom holländischen *fijn bosch* („feiner Busch") ist der Macchie des Mittelmeerraumes sehr ähnlich. Zudem bestimmen Mangroven und bewachsene Dünen Pondolands Küstenwald.

Dünen und Mangroven

In der Tierwelt faszinieren vor allem die **Szenerien**, wenn Herden von Zebras, Gemsböcke, Wildebeests oder Haartebeests in der Regenzeit auf saftig grünem Gras vor strahlend blauem Ozean grasen. Ein großer Reiz ist auch die **Unterwasserwelt**. Im Jahre 2002 dokumentierte der Fotograf *David Doubilet* des „Na-

Sardinen ohne Ende

tional Geographic" den größten Sardinenschwarm der Welt. Der Schwarm kommt jedes Jahr hierher und kann bis zu 16 km lang, 6 km breit und 60 m tief werden. Delfin-Schulen von bis zu 50.000 Tieren sind dann vor Ort und Tausende Haie lassen sich als Begleiterscheinung des Sardinenschwarms blicken. Wale sind gut in den Wintermonaten bis November zu beobachten.

Amadiba Trails/Adventures (1) (ⓘ s. S. 195/South Coast)

Mit zahlreichen internationalen Fördermitteln wurde an der Küste des nördlichen Pondolandes mit den Amadiba Trails ein interessantes Projekt ins Leben gerufen. Beginnend in dem kleinen Künstlerdorf gegenüber dem „Wild Coast Sun" (R61 südlich der Brücke über den Mtamvuna River bei Port Edward), können Sie in zwei Tagen (Hin- und Rücktouren dauern 3–6 Tage) bis zu einem **Pondodorf** sowie einem Camp an der Mündung des Mtentu River, d. h. bis kurz vor das Mkambati Nature Reserve laufen.

Flussmündungen queren den Wanderweg an der Küste

Essen und Wohnen mit den Einheimischen

Bei einer Flussüberquerung mit einem Kanu, auf Wunsch auch streckenweise auf dem Rücken eines Pferdes, können Sie die wilde und bezaubernde Landschaft aus Küstenfelsen, roten Dünen, runden Hügeln und versteinerten Wäldern erkunden und sich von Ihrem Führer die Lebensweisen der Pondos erklären lassen. Schiffswracks gibt es auch zu sehen. Am Ziel angelangt wohnen und speisen Sie auf Wunsch bei einer einheimischen Familie und können sich in dieser Abgeschiedenheit gut entspannen. Die Flussmündung sowie die auszuleihenden Kanus bieten viele Gelegenheiten zum Erkunden und Baden.

Luxus dürfen sie bei alledem aber nicht erwarten. Die Trails sind etwas für Afrika-Enthusiasten, die Land und Leute in Ruhe kennen lernen möchten, bereit sind, tagelang in oft schwül-heißen Temperaturen zu wandern (ohne eine kalte Dusche) und die vor allem auch Zeit und Muße mitbringen.

Vom **Mkambati Nature Reserve** (s. o.) aus wird die Wanderstrecke bald fortgesetzt bis Port St. Johns und dann auch verbunden mit dem **Wild Coast Hiking Trail** bzw. dem beschriebenen **Wild Coast Meander**.

Wanderungen entlang der Wild Coast

Die intensivste und spannendste Art, die Wild Coast zu erkunden, ist sie zu Fuß zu erwandern. Den meisten Reisenden fehlen bei einem ersten Aufenthalt in Südafrika die Zeit und die Ausrüstung, um spontan eine längere Tour zu unternehmen. Allerdings geben auch schon Tagestouren auf der Küstenstrecke wunderbare Ein- und Ausblicke in und auf das, was die schroffe Küstenlandschaft mit ihren zum Teil schwer zugänglichen Stränden ausmacht.

Wer seinen Schwerpunkt auf die Wild Coast und eine Wanderung legt, sollte mindestens eine Woche hier verbringen, um entweder die gesamten gut 50 km Küste oder eine der fünf Streckenabschnitte (Dauer zwischen drei und sieben Tagen) zu Fuß zu erkunden.

Als absoluter Höhepunkt und bei einheimischen Wander-Enthusiasten als Klassiker unter den Wanderstrecken gilt der **Wild Coast Hiking Trail.** Diese Wanderung erstreckt sich entlang der gesamten Küste der Transkei. An Sehenswürdigkeiten gibt es fünf Naturreservate, Flüsse, die überquert werden, riesige Wellen bei Lupatana, sensationelle Wasserfälle bei Waterfall Bluff, den Cathedral Rock, den Brazen Head und das bekannte Hole in the Wall.

Wandern mit Blick auf den Indischen Ozean

Unbedingt notwendig sind gutes Kartenmaterial (*Nature Conservation Office, Umtata*) und vollständige Wanderausrüstung inklusive Verpflegung und Zelt, da nur teilweise Hütten vorhanden sind. Aus Sicherheitsgründen sollten Sie zudem immer in einer am besten – organisierten Gruppe von fünf oder mehr Leuten und mit ortskundigem Führer wandern.

Die vermarkteten Teilabschnitte dieses Wanderweges wie der **Wild Coast Meander** oder der **Wild Coast Amble** können hingegen mit Hotelübernachtung, Gepäcktransportservice, Transfer von und nach East London, Besuch eines Xhosa-Dorfes, Verpflegung und weiteren Exkursionen gebucht werden. Zu empfehlen sind auch organisierte Touren von **Amadiba Trails** oder **Wild Coast Holiday Reservations** (*siehe Gelbe Seiten*).

- **Wild Coast Meander** (53 km)

Bis 6 Tage/5 Übernachtungen: Sehr beliebte und komfortable Wanderung entlang der südlichen Wild Coast vom Kob Inn entlang der Küste bis zur Morgan Bay. Jede Nacht wird in einem anderen Hotel verbracht. Tagesetappen von 11 bis 21 km werden zurückgelegt. Das Terrain ist überwiegend leicht zu wandern. Heimische Führer begleiten die Etappen und können einem Hintergründe über Land und Menschen geben.

- **Wild Coast Amble** (55 km)

Bis 6 Tage/5 Nächte: Diese Wanderung auf vorwiegend moderatem Terrain startet in Qolora, nördlich des Kei und geht Richtung Süden bis nach Glen Garriff. Auf dem Weg wird bei

Xhosa eingekehrt, ein Abstecher den Kei River hoch und eine Kanu-Fahrt gemacht. Die Etappen sind 11 bis 16 km lang. Übernachtungen in Hotels und Privatresorts.

- **Wild Coast Pondo Walk** (49 km)

5 Tage/4 Nächte: Die beste Zeit für diese Wanderung im nördlichen Pondoland (und auch für die anderen) ist Juni bis Oktober, da es sonst ziemlich heiß werden kann. Die Wanderung führt an rauen Felsen, heimischem Wald, tief fallenden Wasserfällen vorbei und gibt einen Einblick in das Leben der Pondos. Übernachtet wird in der Mbotyi River Lodge. Von hier aus werden die 13 bis 22 km langen Tageswanderungen mit einem ausgebildeten Führer gestartet.

Hinweis

Wegen der langen An- und Abfahrten sollten Sie sich für zwei Ziele an der Wild Coast entscheiden und dort dann lieber länger bleiben.

Flagstaff (Siphangeni)

Wenn man auf der R61 durch die Hügellandschaft fährt, taucht wie aus dem Nichts plötzlich der Ort mit seinem geschäftigen Treiben auf. Im Gegensatz zu Orten, die von europäischen Siedlern gegründet wurden, wird Flagstaff an den Außenbezirken nicht lange durch Townships angekündigt. Zur Feierabendzeit drängeln sich links und rechts entlang der Durchgangsstraße die Minibusse zwischen den Fußgängern und den auf der Straße sitzenden Händlern. Das Treiben wirkt sehr afrikanisch und funktioniert nach einem nicht nachvollziehbaren Prinzip. Wirtschaftlich hält sich der Ort vor allem durch den Handel und die Holzverarbeitung der umliegenden Forste über Wasser.

Holzindustrie

Lusikisiki

Hier gibt es keinen Grund anzuhalten, Sie sollten einfach weiterfahren. Es sei denn, Sie wollen einmal in die vielen kleinen Geschäfte im Ortszentrum schauen, um zu sehen, was in so einer abgelegenen Region gehandelt wird. Selbst in bekannten Supermarktketten variiert das Angebot z. T. beträchtlich von dem in anderen Gebieten Südafrikas. Lusikisiki heißt in der Sprache der Pondo *„der Wind, der durchs Reet säuselt"*.

Säuselnder Wind

Ein Abstecher zur Magwa Tea Estate, zu den Wasserfällen und zur Mbotyi River Lodge (ⓘ s. S. 195/Port St. Johns)

(Biegen Sie an der südlichen Ortsausfahrt von Lusikisiki von der R61 ab. Von hier aus sind die Mbotyi River Lodge und das Magwa Tea Estate ausgeschildert (es folgt noch einmal ein Abzweig). Bedenken Sie, dass nach schweren Regenfällen die Straße nicht gut zu befahren ist. Rufen Sie besser vor Anreise noch mal in der Lodge an.)

Von Lusikisiki zur Mbotyi Lodge sind es ca. 26 km. Dabei fahren Sie auf halber Strecke mitten durch die große

INFO Informationen zum Teeanbau

Tee wird aus den Blättern des Teestrauches hergestellt. Die bekanntesten Sträucher sind *Camelia sinensis* (3–4 m hoch), *Thea sinensis* und *Camelia assamica* (10–15 m hoch). Im Gebiet der ehemaligen Transkei wird aufgrund der relativ geringen Niederschlagsmenge hauptsächlich die erste Sorte angebaut. Noch heute streiten sich die Gelehrten, ob der Teestrauch ursprünglich aus Indien oder China kommt. In das Südliche Afrika gelangten die ersten Sträucher mit der Ostindien Kompanie, wobei der kommerzielle Anbau in großem Stil erst mit den Indern zu Beginn des 20. Jahrhunderts begann. Während in Indien nur in Regionen mit einem Niederschlag von mehr als 2.000 mm angebaut wird, muss im Südlichen Afrika in der Regel bewässert werden. Die Blätter des Teestrauches sind immergrün und ledrig, die Blüte ist rosa bis weiß.

Teesträucher unter Kultur werden in einer Höhe von 1–1,5 m regelmäßig beschnitten, wobei die Erntereife im 5. Jahr nach der Pflanzung erreicht ist. Nach 25 Jahren müssen neue Sträucher gepflanzt werden. Die Ernte erfolgt per Hand, und ein Strauch wird alle 8–10 Tage neu bepflückt. Dabei haben die Pflückerinnen einen Korb auf dem Rücken, in den sie die ausgewählten Blätter werfen. Es wird nach der Regel „**Two leaves and the bud**" (2 Blättchen und die Knospe, der noch nicht aufgerollte Trieb) gepflückt. Eine geübte Pflückerin schafft über 30 kg grüne Blätter am Tag, was etwa 8 kg fertigen Tee ergibt. Bevorzugt werden übrigens Frauen für diese Arbeit herangezogen, da man ihnen mehr Gründlichkeit bei der Auswahl der Blätter nachsagt.

In der ehemaligen Transkei wird vornehmlich schwarzer Tee hergestellt. Als erstes nach der Ernte werden die Blätter zum Welken ausgelegt, danach werden sie gerollt (damit die Zellwände aufbrechen). Anschließend kommen sie zum Fermentieren für 4 Stunden bei 35–40 °C in die Gärkammer, und werden dann bei 90–125 °C getrocknet. Der letzte Arbeitsgang ist das Sortieren, was meist noch per Hand erfolgt. Diese Arbeit ist sehr zeitaufwendig und verlangt einiges an Geschick und Erfahrung. Tee enthält 1,8–4,2 % Koffein, ferner Theobromin, Theophyllin und Äther. Gewöhnlich lässt man ihn 3 Minuten ziehen, so dass sich die Aromastoffe entfalten, aber nicht die Gerbstoffe. Bei Magen-Darm-Katarrh erweisen sich die Gerbstoffe als ausgezeichnete Medizin.

Folgende Sorten werden beim Schwarzen Tee angeboten:
- Flowery Orange Pekoe = fast nur die Knospe
- Orange Pekoe = Knospen und oberstes Blatt
- Pekoe Souchong = das zweite Blatt
- Souchong = das dritte und die gröbsten Blätter (selten Exportqualität)
- Blattbruch und Blattstiele (Fannings) und Teestaub (Dust) werden für den Beuteltee verwendet oder verbleiben als nicht exportfähige Ware in den Herstellungsländern.

Magwa Tea Estate (3)

(Die Teeplantage kann man besichtigen.)

Einstiges Vorzeigemodell

Die in den 1960er Jahren aufgebaute Magwa Tea Estate, die fünftgrößte Teeplantage der Welt (1.800 ha Teeanbaufläche), galt lange Jahre als Vorzeigeprojekt im ehemaligen Homeland Transkei. Sie war zudem einer der Hauptarbeitgeber hier. Über 1.000 permanente und weitere 2.500 saisonale Jobs versprachen Lohn und Brot für die ansonsten arme Region. Das feuchtwarme Klima und die Böden eignen sich hervorragend für den Anbau von Tee, der einen guten Ruf genoss. Dann, Mitte der 1990er Jahre begann eine immer stärkere Talfahrt. Fehler im Management, aber auch Auseinandersetzungen mit den Arbeitern über Löhne und Arbeitszeiten führten schließlich 2002 nahezu zu einem Stillstand in der Produktion. Die Anlagen wurden nicht mehr gewartet, die Teepflanzen nicht mehr gepflegt und letztendlich Lieferverträge nicht mehr eingehalten. Dies führte zum Einfrieren der Löhne, und schließlich kam es ab Ende 2003 zu Arbeitsniederlegungen. Die Regierung des Eastern Cape und die ehemaligen Betreiber versuchten, die Plantage zu verkaufen. Das erwies sich als ziemlich schwierig, da die sich angehäuften Ausstände der Löhne von über 10 Mio. Rand von den neuen Käufern übernommen werden sollten. Das führte zu zähen Verhandlungen, die der Plantage ein weiteres Jahr Einnahmeausfälle beschert hat.

Gute Vorsätze

2004 kam schließlich ein Deal zwischen der East Cape Development Corporation (ECDC), der indischen Teefirma Gokal und dem deutschen Stahlproduzenten Ferrostaal zustande, der die 1.100 fest angestellten Arbeiter (in der Erntesaison kommen noch einmal 1.000 Helfer hinzu) als Teilhaber des Unternehmens einschließt. Die Produktion läuft seitdem wieder in vollem Umfang. Zudem sollen Selbstverpflegerunterkünfte, eine Lodge, ein Golfplatz, von Einheimischen geleitete Plantagen- und Fabrikführungen sowie eine ökologische Tourismusinitiative (Eco-Estate) verstärkt Besucher anziehen. Bleibt also abzuwarten, wie sich das Projekt in den nächsten Jahren entwickelt.

Mbotyi River Lodge

(Die Lodge liegt kurz vor der Mündung des Mbotyi River (sprich: „Mmbeukie").)

Zimmer mit Aussicht buchen

Mbotyi bedeutet bei den Pondos: „*Der Platz, wo die Bohnen wachsen*". Zahlreiche Räume in den Blockhäusern haben Ausblick aufs Meer bzw. auf die vorgelagerte Stranddüne. Ein erstklassiger Platz zum Entspannen. Die Aufenthaltsräume (Restaurant, Bar, Leseraum, Spielraum) sind großzügiger bemessen als in anderen Hotels an der Wild Coast. Das hat aber auch den Nachteil, dass bei voller Ausbuchung der Erholungsaspekt nicht ganz so groß ist. Trotzdem ist die Lodge ein Tipp. Hier können Sie auch Kanus mieten bzw. eine Tour zu den u. g. Wasserfällen buchen. Selbst fahren ist natürlich auch möglich, aber aufgrund schlechter Ausschilderung sollten Sie sich dann den Weg sehr genau beschreiben lassen.

Wasserfälle (3)

Es gibt mehrere Wasserfälle in der Region, wobei die hier genannten drei die schönsten sind. Jeder hat seinen ganz eigenen Charakter und seine geologische

Geschichte. Die höchsten sind die **Fraser Falls**, die über die Abbruchkante des Hochlandes von Lusikisiki in drei Stufen tief ins Tal stürzen. Ein kaum markierter Aussichtspunkt verspricht einen tollen Blick auf die Fälle und über ein dicht bewachsenes Tal, in dem gut ein Tarzan-Film gedreht werden könnte. Kleiner sind die **Angel Falls**, die man über eine Zufahrt durch die Teeplantage erreichen kann. Sie beeindrucken durch einen Schleier, der sich beim Herabfallen des Wassers bildet und hinter dem sich eine Höhle verbirgt.

Am imposantesten erscheinen schließlich die **Magwe Falls**, die ebenfalls über die Teeplantage zu erreichen sind. Sie fallen auf einer Breite von 200 m in eine geologische Felsspalte („Crack"). Den besten Ausblick haben Sie, wenn Sie von der „Parkplatzfläche" oberhalb der Fälle über den Fluss waten und von der gegenüber liegenden Seite dann auf die Fälle schauen.

Der bewachte Second Beach

Port St. Johns (ⓘ s. S. 195)

(ca. 200 km von Port Edward; zahlreiche Übernachtungsmöglichkeiten, Touristeninformation, Bank, Tankstelle, Lebensmittel)

Der einst aufgeräumte kleine Fischerort (ca. 3.000 Einwohner) mit eigenem Hafen (heute nur noch: aktive kleine Fähre) und damals sauberen Gebäuden und guten Hotels ist heute geprägt von pulsierendem afrikanischem Leben und zunehmendem Tourismus. Staubige Straßen, wild durcheinander gewürfelte Marktstände, Minibusse und wartende Menschenmengen, die von weit her auf der Suche nach Arbeit und zum Einkaufen anreisen, prägen das Bild sowohl am Ortseingang wie auch in der Ortsmitte. Zu der gelangt man entlang des **Umzimvubu River**, der links und rechts von hohen Sandsteinkliffen des Mount Thesinger und des Mount Sullivan gesäumt wird und an der Sandbank vorbei in den Ozean fließt.

Buntes afrikanisches Treiben

Wer die Ortsmitte hinter sich gelassen hat, gelangt an den ersten von insgesamt **drei Stränden**. Am empfehlenswertesten ist der aufgeräumte und bewachte *Second Beach*. Der kleine und absolut einsame *Third Beach* ist über das Silaka Nature Reserve *(s. S. 601)* zu erreichen. Für einen schönen Überblick über die Küstenlinie folgen Sie dem ausgeschilderten Weg zur **Millennium Bar** (Richtung The Gap), der in die Township Mtumbane führt (fantastische Aussicht).

Das **National Museum** (im unscheinbaren alten Postgebäude), ein Ableger des National Museums in Umtata, ist allein schon wegen der angestaubten und äußerst skurril zusammengestellten Ausstellung einen Besuch wert (der Museums-

Skurriles Museum

führer gibt auch gerne eine musikalische Einlage). Darüber hinaus gibt es sehr sehenswerte Exponate der Xhosa-Kultur, Dokumente über das Leben von Mandela und historische Bilder von der Schiffsverladung am kleinen Hafen von Port St. Johns. Ein Landschaftsprofil (leider ohne Beschriftung) verschafft einen Überblick über diesen Teil der Wild Coast. Fragen Sie in der Touristeninformation gleich am Ortseingang nach dem Weg zum Museum.

Die Benennung des Ortes resultiert aus dem Irrtum, dass das 1552 verunglückte portugiesische Schiff „St. John" hier gestrandet sein soll. Tatsächlich passierte der Vorfall 89 km weiter nördlich. 1846 gelang es schließlich einem Schiff, trotz der breiten Sandbank an der Flussmündung, hier anzulegen. Damit begann auch der rege Handel mit den Einheimischen. Das Anlanden der Schiffe blieb schwierig und viele liefen beim Versuch der Überwindung der Sandbank auf Grund. Der Standort als Schmugglerhafen für Waffen festigte die Position des Hafens bis 1878. Zudem nutzten auch weiße Händler aus der östlichen Kapprovinz die Flussmündung, um ihre Waren zollfrei ins Land zu schleusen.

Schmugglerhafen

Im Juli 1878 kauften die Briten dem Pondo-Chief *Nqwiliso* die Flussmündung ab. Im August 1878 kamen General *Thesiger* und Kommandant *Sullivan* in der „Active" in Port St. Johns an und setzten die britische Flagge auf dem *White's Landing Place* – einer Furt am Fluss und heute als Davis Drift bekannt. Das Fort Harrison, benannt nach dem Kapitän der Garnison, wurde ca. 6 km oberhalb der Pondoland-Brücke gebaut. 1884 wurde die Enklave der Kapkolonie angeschlossen. Zu der Zeit bestand die Bevölkerung aus 110 Offizieren und Soldaten, 92 europäischen Offiziellen und Händlern mit ihren Familien und 106 afrikanischen Bediensteten. Eine kleine Hafenanlage aus Holz wurde am rechten Flussufer gebaut und Handelsgüter wie Whiskey und Perlen wurden angelandet und andere wie Mais, Elfenbein, Felle sowie andere Produkte der Pondo ausgeführt. Abgesehen davon lebten die Menschen hier in absoluter Isolation und die Zeit wurde sich mit Trinken und Spielen vertrieben.

Enklave

Der idyllische Third Beach von Port St. Johns

1930 sorgte das berühmt gewordene **Flusspferd Huberta** für Unterhaltung. Es kam ein halbes Jahr jede Nacht vom Fluss in den Ort, lief durch die Straßen und graste in den angelegenen Gärten. 1944 kam das letzte Schiff an, denn allmählich waren die Landverbindungen ausgebaut, so dass keine Notwendigkeit mehr für den Hafen bestand. Drei Jahrzehnte dämmerte der Ort nun vor sich hin, bis er für den Tourismus entdeckt wurde. Die schöne Flusslagune, die Wandermöglichkeiten und die einfachen, aber guten Hotels waren schnell in aller Munde. Doch wegen der Konkurrenz durch die anderen Küstenorte blieben in den 1980er Jahren viele Touristen aus, die Hotels wurden vernachlässigt und in die staatlichen Anlagen wurde nicht mehr in die Instandhaltung investiert.

1944 kam das letzte Schiff

In den 1990er Jahren entdeckten viele Low-Budget-Reisende und Backpackers den Ort, die bis heute eine leichte und lockere Hippieatmosphäre verbreiten. Auch scheint der Kontakt mit Einheimischen hier einfacher als an anderen Orten. Die gute Erreichbarkeit, günstige Unterkünfte im Ort, aber auch ein schöner Campingplatz mit Holzhütten und Restaurant am Flussufer vorm Ortseingang sowie Wandermöglichkeiten und Strände entlang der Küste machen Port St. Johns empfehlenswert.

Lockere Atmosphäre

Karte S. 593 u. 608

Silaka Nature Reserve (6)

(7 km südl. von Port St. Johns; von dort weiter der Teerstraße folgen und rechts Richtung Second Beach/Silaka abbiegen. Den Schildern über eine Brücke und hoch auf den Berg zum Gate folgen)

Dieses kleine aber wunderschöne Küstenreservat liegt in einem bewaldeten Tal südlich von Port St. Johns und erstreckt sich vom Second Beach bis zum Sugarloaf Rock – also auf dem Weg zum Third Beach südlich von Port St. Johns. Nicht die Tiere (Vögel, Bushbucks), sondern die völlige Abgeschiedenheit inmitten des immergrünen Tals ist das absolute Highlight an diesem ziemlich rauen Küstenabschnitt mit einem kleinen Sandstrand an der Flussmündung.

Abgeschiedenheit

Auf der südlichen Seite des Gxwaleni-Flusses bietet ein Picknick-Platz Ausblicke auf den Ozean. Das Nature Reserve ist zudem ein besonders guter Ausgangspunkt für Wanderungen. Das Restcamp besteht aus 15 Reetdach-Bungalows für Selbstversorger, jedes mit zwei Schlafräumen ausgestattet, einer kleinen Küche und einem Badezimmer.

Umngazi River Bungalows (ⓘ s. S. 195/Port St. Johns)

(11 km hinter Port St. Johns, auf R61 nach Umtata, abzweigen)

Die Reetdach-gedeckten Umngazi River Bungalows liegen wie an einer Kette aufgereiht am Fluss mit Blick (sogar von der Außendusche) auf die wunderschöne Estuary. Der Komplex ist eine gelungene Mischung aus Tradition, Wild Coast und einem Angebot von Bootstouren, Pferdeausritten, Salzwasser-Swimmingpool und einem guten Restaurant. Das familienfreundliche Resort bekam einige Preise für das beste Preis-Leistungs-Verhältnis.

Gutes Preis-Leistungsverhältnis

Von der kleinen Landebahn oben auf dem Berg hat man inmitten runder Hügel, grasenden Rindern und Wäldern im Rücken eine fantastische Sicht auf Port St. Johns auf der einen Seite und auf der anderen in die Schlucht des Umzimvubu-Flusses. Um von den einheimischen Gemeinschaften nicht nur geduldet, sondern auch unterstützt zu werden, versorgen die Betreiber der Anlage sie mit Trinkwasser, Baumaterial, Schulen und bieten ihnen über 100 Arbeitsplätze. Dadurch arbeitet auch das gesamte Personal mit daran, eine angenehme und freundliche Atmosphäre zu schaffen. Viele der Gegenstände in den Zimmern, wie die Strohbadematten oder Bilderrahmen, wurden von Einheimischen gestaltet.

Zufriedenes Personal

Das Gästebuch macht deutlich: Auch *Nelson Mandela* hat sich hier sehr wohl gefühlt.

Mlengana Pass und der **Rock of Execution**
(R61 von Port St. Johns nach Umtata)

Die Strecke von Port St. Johns nach Umtata führt durch das Tal des Flusses Mngazi („*Platz des Blutes*"), wo zahlreiche Stammeskämpfe stattgefunden haben. Beherrscht wird das Tal von dem großen Felsen *Mlengana* („*Der Hängende*"), der wie eine Festung dasteht und viele Legenden hervorgebracht hat. Europäer nannten den Berg **Execution Rock**. Sie meinten, dass früher Chiefs ihre Opfer hinauf auf den Berg gebracht haben, um sie von dort in den Tod zu werfen. Genaues ist nicht bekannt. Eine der Legenden besagt, dass sich oben auf dem Gipfel junge Xhosa zum Zwecke eines „mystischen Trainings" versammelten. Dabei soll ein Feuer ausgebrochen sein, bei dem alle ums Leben kamen – entweder durch

Legenden

INFO Die Wandlung der Xhosa-Jungen zum Mann

The making of man wird das traditionelle Ritual genannt, bei dem ein Junge (ein *amaKwenkwe)* zu einem jungen Mann (einem *abaKhwetha*) wird – das wichtigste Ereignis im Leben eines männlichen Xhosa. Dazu werden die Jungen beschnitten und müssen danach bis zu vier Monate alleine in einer entfernt vom Rest der Gemeinschaft liegenden Grashütte leben – und zwar nur von dem was das Land hergibt. Während der Transformationszeit darf sich kein Mädchen und keine Frau den Jungen nähern. Auf diese Weise sollen sie die Verantwortung als Mann lernen.

Die angehenden *abaKhwetha* schmieren ihren ganzen Körper mit weißer bzw. roter Kreide ein und bleiben die ganze Zeit über unbekleidet. Nur wenn das Wetter zu kalt wird oder sie sich einer Gemeinschaft nähern, hüllen sie sich in Tücher ein. Am **Tag des Mannwerdens** wird die Kreide in einer rituellen Waschung entfernt.

Danach beginnen die Feierlichkeiten. Für die **Zeremonie** wird in der Regel eine Ziege geschlachtet (was sich nicht jede Familie leisten kann). Der Vater des nun jungen Mannes reibt bei der Zeremonie den Körper seines Sohnes mit Butter ein, bekleidet das Geschlechtsteil und bedeckt ihn mit frischen Tüchern.

Xhosa Initiation

Der *abaKhwetha*, auch *amRwala* (fast ein Mann) genannt, wendet sich dann von seiner Hütte ab, während der Vater diese niederbrennt. Damit lässt der junge Mann seine Jugend symbolisch hinter sich. Zum Beweis der Männlichkeit werden **Stockkämpfe** ausgefochten. Die Zeremonie ist auch bei den Xhosa nicht unumstritten. So werden z. B. Gesundheitsrisiken aufgrund mangelnder Hygiene auch von eigenen Stammesangehörigen in der Presse diskutiert.

Verbrennung oder beim Sprung den Berg hinunter auf der Flucht vor den Flammen.

Die R61 führt um den Felsen herum und bietet wunderbare Panoramablicke ins Tal. Das beste Licht dafür hat man in den späten Nachmittagsstunden. 34 km nordwestlich von Port St. Johns biegt eine Piste rechts zum Mlengana Pass ab (ohne einen Geländewagen ist sie nicht zu empfehlen).

Panoramablicke

Alternativstrecke über das Hluleka Nature Reserve nach Coffee Bay

(Umtata auslassend)

Hinweis zur Strecke

Fahren Sie 54 km von Port St. Johns auf der R61 in Richtung Umtata und zweigen Sie in dem Ort Libode auf die Piste. Hier ist das Hluleka Nature Reserve bereits ausgeschildert (nochmals gut 50 km). Achtung! Die Piste ist bis Coffee Bay nach starken Regenfällen sehr rutschig, besonders an den steilen Strecken. Daher sollten Sie sich vorher über den Zustand erkundigen. Wichtig ist auch zu wissen, dass es eine Flussniederung gibt, die auch Tage nach den Regengüssen für normale Pkw nur schwer zu passieren ist! Etwa 5 km vor dem Eingangstor von Hluleka, unterhalb mehrerer Solar- und Windkraftanlagen, zweigt eine nicht beschilderte Piste nach links ab zum Hluleka Nature Reserve.
Zurück aus Hluleka nehmen Sie die Piste nach links (südwestl.) und folgen ihr auf 8,6 km. Dann erreichen Sie die Piste nach Pressley's Bay. Halten Sie sich hier rechts und fahren nochmals 5,2 km. An der Abzweigung dort biegen Sie nach links ab und fahren weitere 11,5 km. Sie kommen nun an das Schild, wo es geradeaus zum Anchorage Hotel und zur Mündung des Umtata River (schön! Mangroven) geht. Sie biegen aber nach rechts ab, fahren weitere 10 km über einen Berg und dann durchs Umtata-Tal und erreichen 6 km vor Coffee Bay die Asphaltstraße. Hier dann links bis Coffee Bay.

Hluleka Nature Reserve (7) (ⓘ s. S. 195/Wild Coast)

(Anfahrtsbeschreibung s. o.; Gate geöffnet von 6–18 h)

Der 772 ha große Landstrich wird dominiert von Felsenküste und Küstenwald. Zu beachten ist auch der große Bambussumpf, durch den ein Teil der Piste im Park führt. Bis zu 15 m hohe Bambusstauden überwuchern sie und bilden quasi einen Tunnel. Herden von Elands, Wildebeests, Zebras, Impalas und viele Vogelarten können bei den Wanderungen auf den vielen kleinen Wanderwegen und an den einsamen Stränden entdeckt werden.

Bambussumpf

Die Hütten, die eng beieinander liegen *(beachten Sie bei der Buchung die Hütten-Tipps in den Gelben Seiten)* sind Selbstversorgerhütten, Camping ist nicht möglich. Da es nur ein kleines Geschäft außerhalb des Parks gibt, sollten Sie schon vorher ihre Verpflegung ausreichend aufgestockt haben. Im Jahre 2004 wurde Hluleka an einen privaten Konzessionär verkauft. Das Office befindet sich im alten Farmgebäude.

Karte
S. 608

William Thomas Strachan (oder „*Ubili*" (Billy), wie er bei den Afrikanern in der Transkei bekannt war) ist die Existenz von Hluleka zu verdanken. Er war von 1860-1919 eng mit den Pondo verbunden und besaß ihr Vertrauen sowie das der Chiefs und der offiziellen Regierungsvertreter. Das ging sogar soweit, dass, wenn die Chiefs um ihr Votum gebeten wurden, sie Rücksprache mit *Strachan* hielten. Ende des 19. Jh. brach z. B. ein Krieg zwischen den Pondo und den Kenjwayo, einer Fraktion der Pondo, in Qanda, ca. 15 Meilen nördl. von Hluleka aus. *Strachan* besuchte Chief *Nkqwinso* vom westlichen Pondoland und konnte sie zur Aufgabe des Krieges und zur Aufnahme von Verhandlungen bewegen.

Freund der Pondos

Auch danach stand *Strachan* Chief *Kenjwayos* immer wieder helfend zur Seite. Als Dank dafür schenkte *Kenjwayos* ihm ein Stück Land, das sich sieben Meilen die Küste entlang vom Umtakayie River im Süden bis zum Umnenu River erstreckte. Bekannt wurde das Stück Land selbst auf allen geografischen Karten zunächst als „Strachans's Grant". Viele Freunde von *Billy* nutzten die Gelegenheit und kamen mit Ochsenwagen aus Umtata hierher angereist, um Urlaub zu machen. 1919 starb *Billy Strachan* im Alter von 70 Jahren.

1927 wurde das Anwesen an den Johannesburger Börsenmakler *Mr. Heard* verkauft. Er und seine Frau bauten ein wunderschönes Haus und verbrachten mehrere Monate im Jahr an der Wild Coast. Nach dem Tod von *Mr. Heard* zog *Mrs. Heard* ganz in das Farmhaus und widmete sich der Pflege ihres wunderschönen Gartens. Wegen ihres hohen Alters überlegte *Mrs. Heard* bereits, was mit dem Gelände nach ihrem Tod passieren sollte, und nahm deshalb Verhandlungen mit dem Transkei Government über einen Verkauf auf. Eine Bedingung für einen möglichen Verkauf war dabei, dass das Gelände für jedermann zugänglich sein sollte.

Zugänglich für jedermann

> **Hinweis**
>
> *Sie sollten auf keinen Fall in Umtata übernachten. Das „Holiday Inn" ist zwar sicher, man bezahlt aber verhältnismäßig viel für ein sehr kleines Zimmer. Fahren Sie lieber früh in Port St. Johns los, um die nächste Etappe an der Wild Coast zu erreichen. Wer in Umtata tanken muss, sollte südwestlich Richtung Butterworth aus der Stadt herausfahren und nach ca. 5 km bei der großen Ultra-Shell-Tankstelle halten.*

Umtata (ⓘ s. S. 195)

(Informationen zum Wild Coast Reservation Office siehe S. 325)

Die Hauptstadt der ehemaligen Transkei und heutiges administratives Zentrum der Region wurde nach dem gleichnamigen Fluss benannt, dem Umtata River, der in den Bergen oberhalb der Stadt entspringt, sich durch die Hügellandschaft windet und beim Umtata Mouth in den Ozean fließt. Er soll seinen Namen von den *Tembus* bekommen haben, die am Flussufer vor langer Zeit ihre Toten mit den Worten *mThathe Bawo* („nimm ihn, großer Vater!") begraben haben. Seit den Besiedlungsanfängen markiert dieser Fluss die Grenze zwischen dem Tembu- und dem Pondostamm. Die Tembu ließen sich wahrscheinlich schon Mitte des 16. Jahrhunderts hier nieder. Immer wieder kam es zwischen beiden Stämmen zu Auseinandersetzungen, bis beide Chiefs beschlossen, eine Pufferzone zwischen den beiden Stämmen anzulegen und 1860 Farmland an Europäer vergaben. 1875 fiel das Tembuland in britische Hände und wurde in vier Verwaltungsbezirke aufgeteilt. Als 1877

Pufferzone

H. Callaway sein Amt als erster Bischof der anglikanischen Diözese antrat, erwarb er hier eine der Farmen am Umtata River und errichtete dort seinen Sitz mit Kirche, Schule und Hospital. 1879 wurde schließlich die Stadt Umtata gegründet. Heute ist Umtata eine reine Versorgungsstadt der ländlichen Bevölkerung, die in Massen mit Minibussen anreisen und die notwendigen Einkäufe tätigen. *Bischofssitz*

Für Besucher gibt es außer dem Auffüllen von Lebensmittelvorräten und des Tankes vor allem einen Grund für einen Halt – den Besuch des **Nelson Mandela Museums** *(Nelson Mandela Drive; geöffn. Mo–Fr 9–16 h, Sa u. feiertags 9–12.30 h)*. Im historischen Bunga Building (altem Parlament) wird das Leben des „Vaters der Nation" liebevoll dokumentiert. Zudem kann man darüber staunen, was dem ehemaligen Präsidenten auf seinen zahlreichen Reisen im In- und Ausland und bei Verleihungen geschenkt wurde. Eine eigene Ausstellung „Gift to the Nation" ist dem Ex-Präsidenten gewidmet. Die Hauptausstellung ist dem Leben Mandelas gewidmet und basiert auf seiner Autobiografie „Long Walk to Freedom". Spannend ist auch ein Besuch seines Geburtsortes im Qunu-Distrikt *(in der Nähe der N2, 26 km hinter Ultra Shell nach Mvezo abzweigen, an der Madondile Kreuzung nach 14 km vorbei und weitere 19 km geradeaus liegt Mvezo)*, wo er am 18. Juli 1918 als Sohn eines Häuptlings das Licht der Welt erblickte.

Das Nelson-Mandela-Museum in Umtata

Wir empfehlen, eine geführte Tour zum **Mvezo Site and Open Air Museum** *(67 km südl. von Umtata, nahe Xora/Elliotdale; Führung nach Voranmeldung)* bereits in Umtata im Nelson Mandela Museum zu buchen. Das Open Air Museum steht an Mandelas Geburtsstätte, d. h. am Ort des Hauses seiner Eltern, dem Chief *Henry Mpakanyiswa* und seiner Frau *Nosekeni Fanny*. Als Mandela zwei Jahre alt war, zog die Familie nach Qunu um, wo er seine Jugend verbrachte. Heute liegt das **Nelson Mandela Youth & Heritage Centre** *(32 km südl. von Umtata (Ultra Shell); Führung nach Voranmeldung)* in Qunu direkt an der N2, kurz hinter dem Abzweig nach Mvezo. Mandelas *Geburtsstätte*

Wenn man dann schon einmal in Umtata ist, kann man auch gleich durch die Leeds St fahren, wo sich das kleine Architekturjuwel der Stadt in Form der eleganten **Town Hall** befindet. Ein Block südlicher steht das kleine Gebäude, in dem das **National Museum** *(York St/Victoria St; geöffn. Mo–Fr 8–16.30 h)* untergebracht ist. Es beinhaltet eine angestaubte, aber sehr authentische Sammlung von Exponaten zu Kultur und Leben der Xhosa. Und wer sich für Spuren der Vergangenheit interessiert wird bei den alten Schwarzweißbildern fündig.

Sicherheit in der ehemaligen Transkei – Kriminalität, Straßenverhältnisse und Haie

In den ersten Jahren nach der Apartheid galt die Transkei für ausländische Besucher als äußerst unsicher. In den Medien wurde häufig von Überfällen auf Touristen berichtet, von Autodiebstählen und -einbrüchen. Hohe Arbeitslosigkeit, wirtschaftliche Perspektivlosigkeit im ehemaligen Homeland und eine große Frustrationsrate ob der reichen Touristen sind sicherlich die entscheidenden Gründe. Da der Tourismus gerade auch in der ehemaligen Transkei zu einem immer wichtigerem Wirtschaftszweig wird, hat man sich von Seiten des Staates und der Tourismusorganisationen darum bemüht, das Problem in den Griff zu bekommen. Besonders an der Küste hat man dazu die Polizeipräsenz verstärkt und viele vermeintliche Diebe bestraft, so dass mittlerweile ein gewisser Hemmfaktor für Straftäter eingesetzt hat.

In **Umtata** gibt es aber trotzdem immer wieder Berichte von Touristen über Taschendiebstähle und versuchte Autoeinbrüche. Bei unseren Recherchen passierte es uns selbst auch, dass das Auto, direkt vor dem Nelson Mandela Museum geparkt, fünf Minuten unbeobachtet blieb. Das war Zeit genug, um in das Fahrzeug einzubrechen. Daher seien Sie in dieser Stadt besonders vorsichtig, lassen Sie nichts unbeaufsichtigt im Auto liegen und achten Sie besonders auf das Autoradio, Kamera und Portmonee. Besonders kleine Jungen haben es auf Touristen abgesehen.

Aus Sicherheitsgründen sollten Sie die Pisten bei Dunkelheit meiden

An der Küste haben sich die Verhältnisse mittlerweile verbessert, obwohl besonders in **Port St. Johns** und **Coffee Bay** immer noch Vorsicht geboten ist. Parken Sie Ihr Fahrzeug nicht in abgelegenen Gebieten (z. B. dem Wanderweg zum Hole in the Wall); hier hört man immer noch von Autoaufbrüchen. Lassen Sie es auf den sicheren Hotelgeländen stehen und genießen Sie die Natur auf einem Spaziergang. Die Wild Coast ist eine sehr arme Gegend. Achten Sie daher darauf, dass Sie keinen auffälligen Schmuck oder eine Kamera offen mit sich herumtragen, alleine in einsame Gegenden oder nachts an den Strand gehen.

Was die **Straßenzustände** angeht, so hat sich auch hier in den letzten Jahren einiges verbessert, indem die Provinz in neue Asphaltstraßen investiert hat. Das heißt allerdings nicht, dass man nicht weiter sehr umsichtig sein muss. Besonders tückisch sind oftmals riesig große, kreisrunde Löcher in der Asphaltdecke, die durch Wind und Wetter sehr tief sind und scharfe Kanten haben. Selbst bei neu geteerten Straßen kann man nicht sicher sein, dass sie hundertprozentig schadensfrei sind. Gerade wegen möglicher Straßenlöcher und vieler Tiere, die plötzlich auf der Straße stehen, sollten Sie nicht bei Dunkelheit fahren.

Die Pisten in der ehemaligen Transkei sind zumeist harte Steinpisten, auf denen man nicht schneller als 50 km/h, manchmal sogar noch wesentlich langsamer fahren sollte. Es wird immer wieder unterschätzt, wie schnell ein hochspringender oder quer stehender Stein den Reifen an der Seite aufschlitzen kann. Um die Anfahrtszeit zu einem Resort an der Küste einschätzen zu können, ist es daher hilfreich, wenn Sie einfach nach dem Streckenzustand fragen.

Eine Gefahr für Ihre Sicherheit sind an diesem Küstenabschnitt die **Haie**. Da es hier keine Hainetze gibt, heißt es besonders aufmerksam zu sein. Haie halten sich nämlich gerne im aufgewühlten Wasser in der Nähe von Flussmündungen auf.

Der moderne Komplex der Universität der ehemaligen Transkei, die **University of Transkei** (Unitra) liegt am Stadtausgang Richtung Butterworth (Genwa). Diese Universität wurde 1976 als „Geschenk" zur „Unabhängigkeit" des Landes von Südafrika gestiftet. Während 1976 nur 132 Studenten eingeschrieben waren, sind es heute mittlerweile einige Tausend und fast alle Fächer werden hier gelehrt. Diplomierten Studenten wird in einer feierlichen Zeremonie vom Paramount Chief des Distrikts die Abschlussurkunde verliehen. Die Universität ist eine wichtige Institution für die Stadt und die Studenten beeinflussen in großem Maße das Stadtbild. Wer die Universität besichtigen möchte, muss vorher eine Anfrage an die Verwaltung richten.

Unabhängigkeits-Geschenk

Coffee Bay (ⓘ s. S. 195/Wild Coast)

Wer nach Coffee Bay fährt, sollte es trotz Asphaltstraße nicht eilig haben, denn die Straße besteht aus vielen großen Löchern. Daher heißt es langsam fahren, sodass Zeit bleibt sich zu fragen, weshalb gerade hier schon vor langer Zeit die Anfahrt geteert wurde – in den Ort, der auf den ersten Blick ziemlich chaotisch, hippielastig und etwas schmuddelig wirkt. Der Grund: Ein Präsident der ehemaligen Transkei hatte einst eine Mätresse in Coffee Bay, der u. a. auch das Ocean View Hotel gehörte. Und um sie schneller erreichen zu können, setzte der Politiker alle seine Möglichkeiten ein, um Geld für eine asphaltierte Straße bewilligt zu bekommen.

Asphalt für eine Mätresse

Das **Ocean View Hotel** ist nicht nur wegen der guten Erreichbarkeit bei den Einheimischen immer noch eines der beliebtesten Ziele an der Wild Coast. Durch die Lage inmitten üppiger Vegetation direkt hinterm Strand und dem sehr professionellen Service ist das Hotel besonders – leider auch für Konferenzen und Gruppen – attraktiv und damit auch oft ausgebucht. Aber auch, wenn Sie hier kein Zimmer bekommen, können Sie eine geführte Tour durch den zusammengewürfelten Ort buchen. Geprägt wird er vor allem von Aussteigern und **Backpackers**, die stundenlang vor den Computern ihrer günstigen Gemeinschaftsunterkünfte sitzen und im Internet nach der nächsten Reisestation suchen. Viele

Ortsbesichtigung

© igraphic

zelten hier auch auf einem kleinen Rasenstück kurz vorm Strand. Wer mehr zu verlieren hat als eine Ladung dreckiger Wäsche, sollte das lieber vermeiden.

Einkommen für Witwen

Einen Einblick in die einheimische Gesellschaft bietet am Ortseingang das **Masizame Women's Project**, das von *Betty Madlalisa* gegründet wurde. Hier wird traditionelles Xhosa-Kunsthandwerk verkauft, hergestellt von den Witwen der Umgebung. Besonders für die Witwen ist es existentiell wichtig, eigenes Geld zu verdienen, da Xhosa-Frauen nach dem Tod ihres Mannes nicht ein zweites Mal heiraten. Vor Ort flechten die weiß geschminkten Frauen (die weiße Farbe soll gegen böse Geister oder auch vor zu starker Sonne schützen) die Körbe und unterhalten sich in der Xhosa-Sprache mit ihren unterschiedlichen Klicklauten. Für junge Mädchen hat *Betty* eine Tanzgruppe gegründet. Hier lernen sie in tradi-

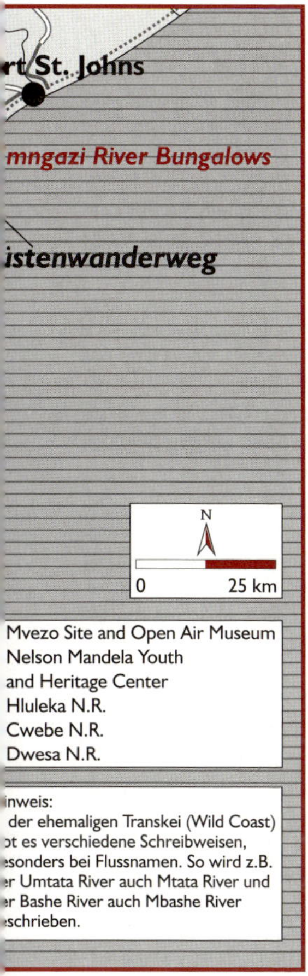

tioneller Tracht zu Klängen von Trommeln zu tanzen. Ihre Tänze führen sie abends im Hotel auf (von *Betty* nach Voranmeldung organisiert). Sie verdienen damit den Lebensunterhalt ihrer Familien. Hier kann man das normale Leben der Xhosa kennen lernen und ihre Gastfreundschaft, die *Ubundtu* erleben. Zumeist sitzt man um das abendliche Feuer, auf dem die Töpfe mit

Der Strand von Coffee Bay

Maisbrei und Gemüse kochen. Eine gute Gelegenheit, sich direkt mit den Einheimischen, von denen einige Englisch sprechen, auszutauschen. Der Ortsname rührt übrigens von einer der zahlreichen Schiffsstrandungen her. 1863 soll ein Schiff hier gestrandet sein, dessen Kaffeeladung an den Strand gespült wurde. Einige der Kaffeebohnen sollen zu Kaffeesträuchern herangewachsen sein.

Golfplatz an den Klippen

Einen schönen Überblick über Dorf und Küste erhält man vom **Maphuzi Point**, der ehemals ein Golfplatz mit ziemlich spektakulärer Aussicht war (in dem dichten Gras kann man noch die Löcher erkennen). Dafür fahren Sie kurz vor Coffee Bay nach Norden eine kleine Piste hoch und gleich hinter dem Flussbett rechts. Als Orientierung können Sie den Handymast anpeilen. Von diesem dann rechts auf das weite Feld bis zur Klippe fahren.

Hinweis zur Strecke

Von Coffee Bay führt eine z. T. steile, aber mittlerweile recht gut ausgebaute, 11 km lange Piste über die Küstenhügel zum Hole in the Wall. Die neue Piste erübrigt bei trockenem Wetter den umständlichen, über 40 km langen Schlenker durchs Landesinnere. Wer die Strecke direkt an der Küste entlang laufen möchte, der sollte mit 6 h hin und zurück rechnen.

Hole in the Wall (ⓘ s. S. 195/Wild Coast)

Markant

Ein Abstecher zum markantesten Landschaftselement an der Wild Coast ist ein absolutes Muss. Am schönsten ist bei einem längeren Aufenthalt in Coffee Bay eine **Wanderung** hierher (6 h von dort hin und zurück)! Festes Schuhwerk und viel Trinkwasser sollten Sie mindestens dabeihaben (gute Turnschuhe genügen notfalls auch). Von der (wilden) Ansiedlung des Ortes müssen Sie noch gut 10 Minuten laufen, bis Sie einen Blick auf das Hole in the Wall haben. Wenn Sie mit dem Auto gekommen sind, parken Sie am besten vor dem Hotel „Hole in the Wall" (das einzige im Ort).

Wie sich das für ein ordentliches Naturphänomen gehört, gibt es natürlich auch eine Legende zum Hole in the Wall, das in Xhosa *esiKhaleni* („der Platz des Gesanges") heißt. Die Bewohner sagen, dass sie in bestimmten Nächten die *Menschen des Meeres* durch das Loch singen hören können. Dann nehmen sie selbst die Chance wahr und lassen ihre Freudenrufe darüber durch das Loch zurückhallen.

Lebensgefahr!

Der hohe Felsblock hat so steile Wände, dass sie kaum zu erklimmen sind. Einige haben es versucht, doch immer wieder lief das auf Rettungsaktionen hinaus, da besonders der Abstieg schwierig ist. Auch durch das von den Wellen im Laufe der Jahrtausende geschaffene Loch zu schwimmen ist lebensgefährlich: Strömung, Erschöpfung, Haie – viele haben den Versuch mit dem Leben bezahlt.

Abstecher zum Cwebe und Dwesa Nature Reserve sowie zum „The Haven" am Bashee Mouth und „Kob Inn" am Qora Mouth

Hinweis zur Strecke

Von der N2 kommend, nehmen Sie die den Abzweig nach Coffee Bay ca. 20 km südwestlich von Umtata und folgen der Straße gut 20 km, bis es nach Südwesten nach Elliotdale (Xora) abgeht. Von Coffee Bay aus fahren Sie ca. 52 km in Richtung N2 und biegen ebenfalls hier ab nach Elliotdale. Nach 17 km erreichen Sie Elliotdale und folgen von hier der Piste zum noch 57 km entfernten „The Haven" (klein ausgeschildert). Achten Sie auf das Schild nach ca. 22 km (hier links zum „The Haven" und Cwebe Nature Reserve).

Zurück vom „The Haven" und dem Cwebe N. R. fahren Sie hier dann etwa 30 km weiter in Richtung Willowvale (Gatyana) – dabei durchqueren Sie das schöne Bashee-Tal. Am nächsten großen Abzweig ist dann das von hier aus ca. 27 km entfernte Dwesa Nature Reserve ausgeschildert. Beachten Sie also, dass Sie zwischen „The Haven"/Cwebe Nature Reserve und Dwesa Nature Reserve eine Pistenstrecke von über 90 km zurücklegen müssen. Durch das Auf und Ab und die tolle Landschaft (Fotostopps) werden Sie dafür zwischen 2 und 3 h benötigen.

Weiter vom Dwesa Nature Reserve zum „Kob Inn" fahren Sie die o. g. 27 km wieder zurück bis zum Abzweig nach Willowvale. Von dort folgen Sie der Piste auf ca. 25 km bis vor Willowvale (Achtung! Eine neue, kürzere Piste ist hier geplant.

Xhosa-Kinder

Im Hotel nachfragen.). Dann geht es nach links zum „Kob Inn" (noch 23 km von Willowvale). Hier nach wenigen hundert Metern erneuten Abzweig beachten (ausgeschildert).

Cwebe Nature Reserve

(Gate geöffn. von 6 bis18 h)

Karte S. 608f

Es gibt zwei Zufahrten zum Park: Die eine liegt ca. 7 km vor dem Haupttor zum Nature Reserve. Also etwa 14 km auf der letzten Stichetappe zum Hotel bzw. 36 km von Elliotdale entfernt. Am Abzweig befindet sich ein Schild, das zum Handicraft Center weist. Von diesem Abzweig sind es dann noch ca. 6 km zum Parktor. Die südwestliche Zufahrt (Haupttor) zum Nature Reserve befindet sich an der Piste zum „The Haven", etwa 3 km bevor Sie das Hotel erreichen. Sie passieren das Tor und biegen dann bald links ab.

Zwei Zufahrten

Das 1903 gegründete, 2.105 ha große Reserve verfügt über keine Hütten und hat nur einen sehr einfachen Campingplatz. Wunderschön sind die **Wasserfälle** am Mbanyane River und wer noch keinen an der Wild Coast gesehen hat, findet einen Mangrovenwald am Bashee River. Cwebe ist der letzte Abschnitt der subtropischen Vegetationszone (*siehe auch Dwesa Nature Reserve*).

Typische Xhosa-Häuser am Steilhang

Tipp

Die Piste im Nature Reserve ist jetzt, entgegen aller Karten, durchgehend ausgebaut, so dass Sie gut eine Rundtour unternehmen, also zum einen Tor hinein- und bei dem anderen wieder hinausfahren können.

The Haven

Eher einfaches Resort-Hotel, dessen wesentlicher Reiz in der Abgeschiedenheit, dem schönen Strand und dem nahen Cwebe Nature Reserve liegt. In der Nähe auf einer alten Küstendüne steht ein Leuchtturm. Es kann passieren, dass Sie das Hotel für sich alleine haben werden. Es bieten sich schöne Wandermöglichkeiten – z. B. 2 h zu den o. g. Wasserfällen, zu einem Mangrovensumpf oder zur Mbanyane Lagoon an. Wer nicht viel Wert auf Luxus legt, ist hier sicherlich richtig. Es wird diskutiert, das Hotel (noch im alleinigen Besitz der umliegenden Gemeinde) entweder zu ver-

Wandermöglichkeiten

kaufen oder einen finanzkräftigen Konzessionär zu finden, um auch hier den Tourismus anzukurbeln.

Dwesa Nature Reserve (ⓘ s. S. 195/Wild Coast)
(Gate geöffnet von 6 bis 18 h)

Ab hier mediterrane Vegetation

Wie das Cwebe Nature Reserve 1903 gegründet (3.900 ha), bietet dieses Reserve an einer kleinen Lagune schöne Selbstversorger-Hütten (kein Shop, kein Restaurant) im Wald hinterm Fluss (nahe am Strand, aber kaum Sicht aufs Meer). Zwischen Küstenwald und Yellowwood-Bäumen leben Bles- und Bushbok, Eland-Antilope, Warzenschwein und Büffel. Hier, südlich des Bashee River, wechselt die Vegetation der Wild Coast hin zu mediterranem Busch und Harthölzern.

Kob Inn (ⓘ s. S. 195/Wild Coast)

Typisch Wild Coast

Ein immer wieder renoviertes, gut geführtes Resort-Hotel am Qora Mouth. Ausblicke auf die Felsenküste direkt vor dem Hotel versprechen besonders bei stärkerem Wind gewaltige Wellenbrecher und eindrucksvolles Meeresrauschen. Ein Tide- sowie ein Swimmingpool laden ebenso zum Baden ein wie der nahe Lagunenstrand. Wegen der Felsen ist das Hotel sehr beliebt bei Anglern. Wer Lust auf eine Bootstour hat, kann sich an der nahen Qora Lagune Boote ausleihen und den Qora River ein Stück hinauffahren. Wenn auch etwas abgelegen (das kann ja auch den Reiz ausmachen), ist dieses Hotel sicherlich ein Tipp und eines der wohl noch „typischsten" seiner Art an der Wild Coast.

Hinweis zur Strecke

Vom „Kob Inn" können Sie entweder über Willowvale zur N2 bei Idutywa fahren (ca. 32 km von Willowvale) oder aber weiter nach Mazeppa Bay: Dazu fahren Sie vom „Kob Inn" ca. 16 km und nehmen dann die Piste weiter nach Süden (also nicht nach Willowvale!). Dieser folgen Sie ca. 22 km und gelangen auf die Piste, die Mazeppa Bay (nach links) und Kentani (von hier auch Asphaltstraße nach Butterworth an der N2) verbindet. Auf dem Abschnitt nach Kentani geht es wiederum links ab nach Wavecrest.

Mazeppa Bay, Wavecrest und Qolora Mouth (ⓘ s. S. 195/Wild Coast)

Hinweis zur Strecke

Auch hier noch mal der Hinweis, dass, egal welche Ausschilderung nördlich von Butterworth an der N2 auf Mazeppa Bay hinweist, Sie unbedingt die Asphaltstraße (R409) direkt in Butterworth abzweigend, nehmen sollten. Sie ersparen sich damit eine harte Piste, wenn es auch ein paar Kilometer mehr sind. In Kentani sind die u. g. Resorts gut ausgeschildert: Links geht es nach Mazeppa Bay und Wavecrest, rechts zum Trennery's und Seagull's.

Mazeppa Bay (ⓘ s. S. 195/Wild Coast)

> **Hinweis**
> *Sie sollten sich für einen der unten aufgeführten Aufenthaltsorte entscheiden und dort lieber etwas mehr Zeit verbringen und evtl. eine Küstenwanderung einschieben.*

Die Mazeppa Bay ist eine durch einen vorgelagerten Felsenstreifen geschützte Bucht mit schönem Strand. Der Mazeppa Beach zeichnet sich zwischen Hotelstrand und Insel durch ruhiges Wasser aus. Bei Ebbe wird der Felsen zu einer Insel, die über eine kleine Hängebrücke zu erreichen ist. Im Volksmund heißt die Insel **Mazeppa Island**, der eigentliche Name aber lautet Clan Lindsay Rocks. Die Insel ist bekannt für gute Fangmöglichkeiten großer Fische und kleiner Haie. Benannt wurde die Bucht nach einem Schiff, das in den 1830er Jahren während Feuergefechten vor dieser Bucht vor Anker gelegen haben soll.

Strand mit Felsinsel

Neben dem recht großzügig angelegten **Mazeppa Bay Hotel** gibt es noch einige Ferienhäuser (die i. d. R. aber nicht kurzfristig gebucht werden können). Empfehlenswert ist die Wanderung zum „Kob Inn“ (dauert ca. 5 h hin und zurück). Zwischen dem Mazeppa Bay Hotel und dem Haga-Haga-Resort werden unterschiedlich lange (3–6 Tage) Wanderungen auf dem **Wild Coast Meander** genannten Wanderweg angeboten. *Infos zum Wild Coast Meander siehe S. 595.*

Wavecrest (ⓘ s. S. 195/Wild Coast)

Das Wavecrest liegt wunderschön an der Mündung des **Nxaxo River**, auf dem man wunderbare Kanutrips unternehmen kann. Das heutige Hotel, an dem die Xhosa-Gemeinschaften beteiligt sind, war ehemals nur eine Notunterkunft für Angler. Nachdem die gleich kistenweise Fische wegschleppten, ist heute der Fischfang nur noch zum eigenen Bedarf und sofortiger Zubereitung in der Hotelküche erlaubt. Die Unterkünfte bestehen aus geräumigen, mit Reet gedeckten Bungalows und Blick auf Strand und Flussmündung sowie kleineren Rondavels.

Ein besonderer Tipp ist eine Schlauchbootfahrt hinaus auf den Ozean, bei der man mit etwas Glück **Delfine** und **Wale** beobachten kann. Zudem werden Ausritte am Strand und Mangrovenwalderkundungen angeboten. Schon vor Jahren hat die Leitung von Wavecrest dafür gekämpft, dass auf dem gegenüber dem Resort liegenden Strand keine Geländewagen fahren dürfen (heute gilt in ganz Südafrika ein sog. „Beach ban“). Und mit Erfolg: Man kann fast täglich die bis zu 100 Vögel starke ***Crowned-Cranes*-Kolonie** beim abendlichen Treffen auf dem Strandstück aus der ersten Reihe beobachten. Ab und zu gesellen sich auch Fischadler dazu.

Auf dem Rücken eines Pferdes

Aufgrund einer kleinen Seitenströmung des warmen **Agulhas-Stroms** ist der Indische Ozean und damit auch das Lagunenwasser hier gute 5 Grad wärmer als z. B. an der Küste des 80 km entfernt liegenden East London und des Küstenabschnittes der nördlich von hier an der etwa 50 km entfernten Bashee-River-Mündung. Die **Mangroven** innerhalb der Lagune sind die südlichsten ihrer Art auf dem Kontinent und sogar weltweit! Und auch die flussnahe Vegetation ist eher subtropisch. Mit dem *iNxaxo* und dem etwas kleineren *Ngqusi River* teilen sich übrigens zwei Flüsse den gleichen Ausfluss ins Meer.

Südlichste Mangroven

Blick von Wavecrest über den Bashee River

Früher sammelten die hier ansässigen Xhosa-Stämme (Nombanjam, Nxaxo und Cebe) in dem Hartholzwald Feuerholz und Heilsubstanzen, ohne jemals die Existenz des **Biotops** zu gefährden.

Eine **Wanderung** zum „Jacaranda"-Schiffswrack *(s. S. 616)* dauert 6–7 h. Nehmen Sie allemal Verpflegung und genügend Trinkwasser mit! Die ca. 18 km (hin und zurück) im Sand zu laufen, kann sehr mühsam sein (von Colora Mouth ist es einfacher, s. dort).

Paradies in Gefahr

Leider ist dieses kleine und außergewöhnliche Paradies ernsthaft bedroht. 1988 verkaufte ein Xhosa-Stamm, denen das Land gehörte, Rechte zur Erforschung der Mineralienvorkommen an eine Forschungsgesellschaft. Diese stellte hohe Titanvorkommen (wird vor allem für Pigmente in der Farbenindustrie, für Sunblocker und in der Luft- und Raumfahrt verwendet) in den Sanddünen fest. Nachdem viele bekannte Förderfirmen aufgrund des hoch sensiblen subtropischen Mangrovenwaldes, dem außergewöhnlichen Dünenwald mit über 340 Vogelarten und der wahrscheinlich produktivsten Flusslagune (*Estuary*) in ganz Südafrika von ihren Bergwerkplänen Abstand genommen hatten, hält die Bergbaufirma Iscor leider weiterhin an ihren Förderplänen fest.

Nur für 10 Jahre

Es scheint eine Frage der Zeit zu sein, wie lange die einheimischen Gemeinden bei dringend benötigten finanziellen Mitteln für z. B. die Schuldbildung und die Absicherung der nachfolgenden Generationen, den Angeboten für eine Fördererlaubnis widerstehen können. Noch sind die Chiefs sowie das Management von Wavecrest fest entschlossen, das einzigartige **Naturerbe** zu erhalten und nicht für Minenarbeiterjobs, die sowieso nur max. 10 Jahre gewährleistet sein werden, aufzugeben.

Qolora Mouth

Das **Trennery's Hotel** an der Qolora-Flussmündung hat seinen ***Old-fashioned*-Charme** bewahrt. Die großzügige und gut gepflegte Anlage in üppiger Pflanzenpracht hat zwar keinen direkten Seeblick wie in einigen anderen Hotels an der Wild Coast. Bei scharfem Seewind ist man hier dafür vor den stärksten Böen geschützt und kann durch das dichte Laubwerk das Meer hören (3 Minuten zum Strand).

Karte
S. 608f

INFO Das große Viehschlachten

Ende des 19. Jh. war das Hauptproblem der Kapkolonie die Ostgrenze, wo Briten, Voortrekker und Xhosa um **Weideland** kämpften und keine stabile Regierung in Sicht war. Der Krieg von 1846 führte sogar zur Annexion des Gebietes zwischen Keiskamma und dem Großen Kei (British Kaffraria) durch die Kapregierung. Trotz des Abzugs der burischen Siedler, die sich weiter im Norden auf die Suche nach Farmland machten, war der Landhunger der vorwiegend britischen Siedler noch nicht gestillt. Es kam 1850-1853 zum nächsten Krieg gegen die Xhosa, die trotz der Unterstützung der Khoikhoi die britische Herrschaft nicht mehr stoppen konnten.

Die Vision des Mädchens *Nongqawuse* 1856/57 bzw. die Reaktion ihres Volkes zeigte, dass die Kraft der Xhosa endgültig zu Ende ging. Sie prophezeite, wenn die Xhosa ihr Vieh abschlachteten, würde der große Tag kommen, an dem sich ihre Getreidebehälter füllen und ihre Vorfahren sich aus dem Meer erheben und ihnen helfen würden, sich von den britischen Siedlern zu befreien. Im folgenden Monat folgten tausende Stammesgenossen *Nongqawuses* Anweisungen im Glauben an die Prophezeiung. Als diese nicht in Erfüllung ging, das ganze Vieh geschlachtet worden war – zwischen 1856 und 1857 wurden über 400.000 Tiere getötet – litt die stolze Nation nicht nur an großem Hunger (über 20.000 Xhosa sollen allein in British Kaffraria gestorben sein), sie mussten auch die Briten um Hilfe bitten. Rund 30.000 Überlebende sahen sich gezwungen auszuwandern und zogen auf der Suche nach Arbeit und Brot in die Kapkolonie.

Visionen dieser Art waren bei den Xhosa nichts Außergewöhnliches. Dass darauf eingegangen worden war, zeigt ihre Verzweiflung und Hoffnungslosigkeit. *Nongqawuse* floh weiter nach Westen. Über ihren Verbleib heißt es, dass sie zu ihrer eigenen Sicherheit auf Robben Island inhaftiert wurde. Ihre Grabstätte liegt in der ehemaligen Ciskei in der Nähe von Alexandria an der Sunshine Coast (*siehe Seite 621*).

Die **Entvölkerung** des Xhosa-Gebietes führte zum Versuch, eine Art weißen Schutzwall durch angeworbene Einwanderer zu errichten. Neben Briten wurden dort 1857 etwa 3.000–4.000 deutsche Söldner aus dem Krimkrieg angesiedelt. Sie waren von ihren deutschen Heimatstaaten aus Rücksicht auf Russland nicht wieder aufgenommen worden. Nachdem viele von ihnen schon bald wieder Südafrika verließen und sich für Söldnerdienste in Indien anwerben ließen, wurden bis 1889 etwa 2.000–3.000 norddeutsche Bauern im Gebiet um East London angesiedelt.

Wie viele der alten Wild Coast-Hotels startete es als einfache Unterkunft für die Fischer und Angler. Das Trennery's war hingegen schon bald als eines der „besseren" Hotels an dem südlichen Küstenabschnitt der Wild Coast bekannt, wo die Gäste mit ordentlicher Garderobe zum Dinner erschienen. 1928 war die Unterkunft von *Colonel Edward Hyde Hamilton Gordon* mit der Hilfe von *Mrs. Trenney,* die er bei einem Aufenthalt in Port St. Johns kennen gelernt hatte, gegründet worden. Dort erfuhr er auch das erste Mal über eine kleine Siedlung am Qolora Mouth.

Windgeschützt

Felsenküste an der Wild Coast

Nach deren Besuch kaufte er dort gleich ein Grundstück, etablierte das Hotel und ließ sich dort nieder. Er verließ die Gegend erst 1947 wieder.

Tipp

Machen Sie eine Bootstour auf dem ***Qolor River*** *durch The Gate. Der Korridor beeir druckt durch die steilen Felsen rechts un links. Die Tour dorthin kann in Verbindur mit einer Führung durch die Vegetation ge bucht werden. Dabei werden Ihnen die eir zelnen Bäume und Pflanzen sowie ihr Nu zen als Nahrung und als Heilpflanzen fü die Einheimischen erklärt.*

Hier wird man satt

Ebenfalls *old-fashioned* im Stil der 1970er Jahre sind die Mahlzeiten, die mit einer Suppe starten, dann eine Fischvorspeise haben und zwei Hauptgerichte zur Auswahl – eins davon meist etwas Gebratenes – und eine Auswahl an Gemüse plus einem Dessert und einer Käseplatte. Diese Speisenfolge können Sie zweimal am Tag haben. Und das alles nach einem reichhaltigen Frühstück. Ein Highlight ist das samstägliche **Seafood-Buffet** mit allem, was das Meer zu bieten hat.

Quasi nebenan befindet sich das **Seagull's Hotel**, das eine günstigere Alternative zum Trenney's ist. Hier sollten Sie unbedingt rechtzeitig die Panorama-Suite buchen oder zumindest ein Seaside-Zimmer. Das Hotel ist bei südafrikanischen Anglern und Familien sehr beliebt. Wer keine Lust auf Strandspaziergang oder andere Aktivitäten hat, kann einfach mit einem Drink in der Hand an der Außenbar verweilen und sich ab und zu zum Meer, zur Felsenküste und zum 100 m weiter liegenden Sandstrand umschauen.

Wanderung zum Schiffswrack der „Jacaranda"

Betrunkener Kapitän

Die Wild Coast ist für gefährliche Meeresströmungen bekannt – daher ihr Name. Und hunderte Schiffe sollen den Überlieferungen nach hier gestrandet sein. Zwischen Wavecrest und Trennery's liegt u. a. das Schiffswrack des griechischen 1.500-Tonnen-Frachters „Jacaranda", der hier 1971 auf Grund lief. Und nicht hoher Seegang war Schuld, sondern Gerüchten nach ein betrunkener Kapitän, der einem 14-jährigen Schiffsjungen das Ruder überlassen hatte. Das Wrack liegt in einer Senke nahe des **Kabonqaba River** und ist ein gutes Ziel für eine **Wanderung**, da es einfach zu Fuß bei Ebbe vom Trennery's bzw. Seagull's Hotel erreichbar ist (lockere Halbtagestour hin und zurück).

Besuch eines Xhosa-Dorfes

Sowohl im Trennery's als auch im Seagull's Hotel können Sie einen geführten Besuch bei einer Xhosa-Familie buchen. Wer es einfacher, aber etwas touristischer mag, kann sich auch einfach das für Touristen aufgebaute Xhosa-Dorf ein

Stück oberhalb der Resorts an der Piste anschauen. Hier können Sie auch Souvenirs erstehen.

Kentani (ⓘ s. S. 195/Wild Coast)

Der kleine Ort **Kentani** (auch Centane) liegt auf einem Vulkan und wurde ehemals als Militärstation von den Engländern gegründet. Zahlreiche blutige Zusammenstöße zwischen Briten und Xhosa waren die Folge im 19. Jahrhundert.

Auf einem Vulkan

Hinweis zur Strecke

Weiterfahrt nach Kei Mouth

Eine auf vielen Karten nicht eingezeichnete Piste verbindet Kentani und die Resorts am Qolora Mouth mit dem Örtchen Kei Mouth: Die Flussmündung wird dabei mit einer Ponton-Fähre überquert (regelmäßig zw. 7 u. 18 h; die geplante Brücke wird wohl noch ein paar Jahre auf sich warten lassen). Wenn die Tide aber zu niedrig ist, muss man den langen Weg zurück über Kentani zur N2 über Butterworth fahren.

Die Ponton-Fähre über den Kei River

Kei Mouth
(ⓘ s. S. 195/Wild Coast)

In **Kei Mouth** endet in unserem Sinne die Wild Coast. Zwar kann der Ozean hier auch noch ordentlich aufbrausen, aber der Ort und auch die Landschaft haben mit der weiter nördlich liegenden Küste nicht mehr viel gemein. Auch hier gibt es schöne Strände und einige Aussichtspunkte und Wandermöglichkeiten, doch sind die Buchten von Morgan's Bay *(s. u.)* und Wavecrest wesentlich reizvoller. Zudem lässt die komplette Infrastruktur mit Cafés, Restaurants, einer Tankstelle, Bankautomaten, Antiquitätenläden und vielen Ferien- und Wochenendhäusern der Vermögenden aus East London und Umgebung den Ort am Wochenende zu einem „normalen" Strandort werden. Von Kei Mouth geht es nach East London weiter über die R349. Zwischen Kei Mouth und East London verpasst man an der Küste nicht viel, da sie von Ferienhäusern bestimmt wird. Eine Ausnahme ist zzt. noch Morgan's Bay.

Komplette Infrastruktur

Morgan's Bay (ⓘ s. S. 195/Wild Coast)

9 km hinter Kei Mouth führt eine harte Steinpiste nach links und gleich wieder rechts nach **Morgan's Bay** – ein kleiner, sauberer Ferienort mit schönem Strand und ein paar Freaks, die sich hier niedergelassen haben, anson. Ansonsten ruhig und verschlafen und bis auf das schöne **Morgan Bay Hotel** und einem Guesthouse gibt es keine Infrastruktur. Lohnend ist ein Abstecher zum **Double Mouth**, etwa 5 km Piste südwestlich von Morgan's Bay. Hier endet dann auch die Straße

Verschlafen

an einem wunderschön gelegenen Campingplatz, von dem aus man dann in 10 Minuten zu Fuß zur Flussmündung des Double Mouth laufen kann (Strand). Die recht dicht bewachsene Landschaft bildet einen Gegensatz zu der offenen Landschaft zuvor.

Cintsa East

Lunch mit Aussicht

Je näher die Route sich nun East London nähert, desto bebauter wird auch die Küste. Kurz vor dem Eintauchen in das auf der zurückliegenden Reiseroute ungewohnte Stadtleben von East London, kann man für ein Mittagessen noch einmal einen Abstecher nach Cintsa East machen – ein reiner Ferienort mit kompletter Infrastruktur und Ferien- und Apartmentanlagen. Doch von dem hier auf einem Hügel gelegenen Restaurant „Michaelis" hat man noch einmal eine schöne Aussicht über dichte Vegetation hinweg auf die Küstenlandschaft.

Entfernungen

- *East London – Umtata: 235 km*
- *East London – Durban: 676 km*
- *East London – Jo'burg: 990 km*

East London (Buffalo City) (ⓘ s. S. 195)

Die östlichste Großstadt der Eastern Cape Province liegt an der Mündung des **Buffalo River** zwischen den ehemaligen Homelands Transkei und Ciskei. Wie Richards Bay und Port Elizabeth ist auch East London eine Industrie- und Hafenstadt (mit knapp 200.000 Einwohnern; Großraum Buffalo City: geschätzte 750.000–1 Mio).

Auch wenn bei Ankunft in East London als Erstes der **Eastern Beach** auffällt (schöner Stadtstrand, bei Dunkelheit meiden), sind die drei Strände im Stadtbereich (Orient, Eastern u. Nahoon Beach) sicherlich nicht der Grund für einen Besuch der Stadt. Dafür bieten der Norden und Süden einfach zu viele einsame und außergewöhnliche Küstenabschnitte.

Stadtstrände

Dennoch, für Strandaufenthalte und Bade- und Surfmöglichkeiten in der näheren Umgebung bietet das Tourist Office genügend Infomaterial. In Stadtnähe ist die Fuller's Bay mit dem **Shelly's Beach** empfohlen. Sie liegt etwa 10 km südwestlich der Stadt. Wer in East London übernachten will, sollte sich in einem der Hotels gegenüber der Uferpromenade einbuchen. Von dort aus lohnt sich ein Spaziergang auf der Uferpromenade (Schwimmbad, Aquarium) entlang einiger Pubs bis hin zum Eastern Beach und dem Bucaneen's Pub (Szene-Treffpunkt).

Deutsche Siedler

Für deutsche Besucher ist besonders das **German Settler's Monument (1)** interessant (gegenüber dem Aquarium an der Promenade), das daran erinnert, dass auch Deutsche, die ab 1857 hier ankamen, an der Erschließung dieser so fern von Europa liegenden Landschaften beteiligt waren. Das Denkmal aus Granit wurde von *Lippy Lipshitz* entworfen und stellt einen Mann, eine Frau und ein Kind

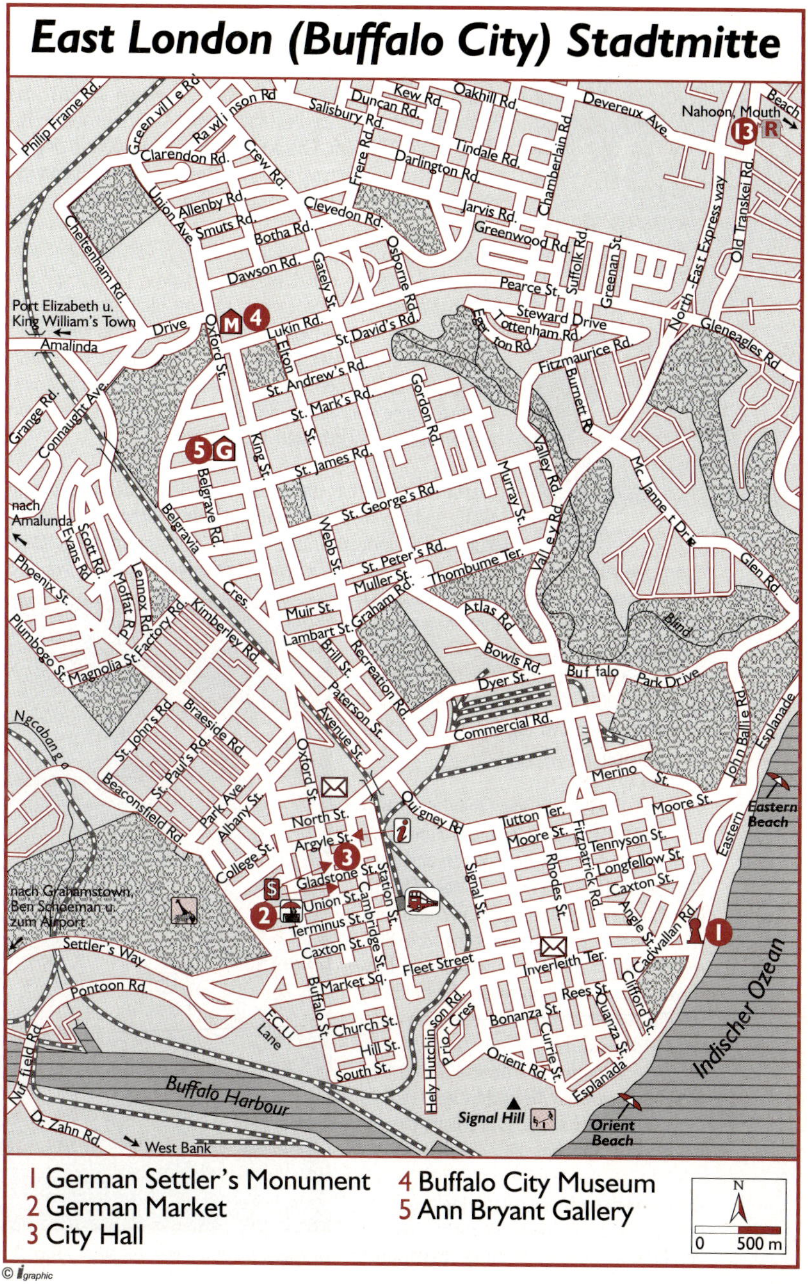
East London (Buffalo City) Stadtmitte
Nahoon Mouth
Port Elizabeth u. King William's Town
nach Amalunda
nach Grahamstown, Ben Schoeman u. zum Airport
Buffalo Harbour
West Bank
Signal Hill
Orient Beach
Eastern Beach
Indischer Ozean
1 German Settler's Monument
2 German Market
3 City Hall
4 Buffalo City Museum
5 Ann Bryant Gallery
N
0 500 m

Das German Settler's Monument

dar. Unter der deutschen Überschrift „Den deutschen Einwanderern" erzählen auf fünf Bronzetafeln Bilder die Abreise der Auswanderer aus Deutschland, ihre Überfahrt nach Südafrika, den Bau ihres neuen Heims, das Urbarmachen des Landes sowie die Ausschau einer Familie in die Zukunft. Die im Umkreis von 100 km liegenden deutschen Ortsnamen wie Braunschweig, Hamburg, Potsdam und Berlin überraschen dann nicht mehr.

In der Buffalo St *(Ecke Jagger bzw. Union St)* befindet sich auch immer noch der **German Market (2)**. Ursprünglich haben sich die deutschen Frauen hier getroffen und Handelsware wie Gemüsesorten und Gewürze getauscht. Schnell entwickelte er sich zum größten Markt der Stadt. Heute werden neben Nahrungsmitteln auch Textilien und andere Dinge verkauft und der Markt wird vor allem von afrikanischen Marktfrauen beherrscht.

Darüber hinaus hat die Stadt noch den **Hafen** zu bieten (kann jedoch nicht mit Durban oder Richards Bay konkurrieren). Industrie und Hafen sind kaum ausgelastet und hohe Arbeitslosigkeit ist eines der bedrückenden Themen hier. Erschwerend kommt für den Hafen noch hinzu, dass er als Flusshafen nur über begrenzten Tiefgang verfügt und seine Einfahrt immer wieder versandet. Jährlich müssen über 500.000 Kubikmeter Sand abgepumpt werden, um die Fahrrinne schiffbar zu halten.

Die Statue von Steve Biko vor der City Hall

Industrie, aber nicht genug

Was die Industriezweige angeht, so bieten zwar die Nahrungsmittel- und Textilindustrie einige Arbeitsplätze und auch das bekannteste Unternehmen **Daimler Chrysler** (Mercedes-Lkw und teilweise auch Zusammensetzung von Pkw mit Bauteilen aus Deutschland und Motoren aus südafrikanischer Produktion) schafft Arbeit. Doch für die Menschen von **Mdantsane** *(20 km westlich von East London)*, der mit über 400.000 Einwohnern größten Township von Buffalo City, reicht das nicht. Dort liegt die Arbeitslosenquote bei über 70 %.

Kleine Innenstadt

Die **Innenstadt** ist relativ klein und im Gegensatz zu Durban herrscht hier ein gemütliches Treiben ohne besondere

Hektik. Die Architektur ist nicht bestechend, doch glänzt sie durch eine interessante Mischung verschiedenster Baustile. Am einfachsten kann man diese bewundern, indem man die **Oxford St** einmal rauf und runter fährt. Erwähnenswert ist die rotweiß gestreifte, 1899 erbaute **City Hall (3)** *(Cambridge St)* mit der auffälligen Turmuhr. Auf der anderen Straßenseite steht die **Statue** des Freiheitskämpfers ***Steve Biko***, die 1997 von *Nelson Mandela* enthüllt wurde.

Kritische Zeitung

In diesem Zusammenhang ist auch das Redaktionsgebäude mit einer umrundenden Veranda im Kolonialstil des **„Daily Dispatch"** *(Caxton St/Cambridge Rd)* interessant. Die 1879 gegründete Zeitung zog in den 1970ern den Zorn der Apartheidregierung auf sich, als der Verleger *Donald Woods* Texte von *Biko* unter einem Pseudonym veröffentlichte. *Woods* musste schließlich aus dem Land fliehen. Er starb 2001 an Krebs. Einblicke in das Leben von *Biko* und *Woods* gibt der 1987 erschiene Film „Cry Freedom".

Wegen des Gebäudes, der kleinen Parkanlage und auch für die Kunstgegenstände lohnt sich ein Abstecher in die **Ann Bryant Gallery (5)** *(Ecke Oxford/St Lukes St)*. 1947 wurde das Haus der Stadt von *Ann Bryant* geschenkt. Wechselnde Ausstellungen von Werken südafrikanischer und anderer, vornehmlich weißer Künstler gibt es im Inneren. Eine Abteilung, die bevorzugt schwarzen Künstlern eine Ausstellungsmöglichkeit bieten soll, ist in Planung. Interessant ist auch das Modell der „Knysna", dem ersten Schiff, das in der Mündung des Buffalo River seine Ladung gelöscht hat. Jeden dritten Sonntag im Monat findet die Ausstellung „**Art in the Garden**" statt, wo Künstler aus der Umgebung ihre Werke im Garten ausstellen und verkaufen.

Meereskunde

Etwas weiter die Straße hinauf befindet sich das **Buffalo City Museum (4)** *(Upper Oxford St, geöffn. Mo–Fr 9.30–17 h, Sa 14–17 h, So 11–16 h)*. Die vielleicht umfangreichste naturkundliche Sammlung Südafrikas stellt Exponate maritimen Lebens dar (inkl. der vor 50 Mio. Jahren ausgestorbenen Fischart Coelacanth (*Latimeria chalumnae*)) und das einzige Dodo-Ei, das 1846 aus Mauritius gebracht wurde. Die heimatkundliche Abteilung zeigt einige Exponate aus dem Kulturkreis der Xhosa.

Kurzer Überblick über die Sehenswürdigkeiten entlang der Anschlussstrecke nach Port Elizabeth

Hauptstadt des Chikoree

Schön ist nun die Strecke entlang der sog. **Sunshine Coast**. Dünen- und Hügellandschaften beeindrucken, dazu kleine Lagunen an Flussmündungen sowie die Tatsache, dass die kleine Stadt Alexandria sich als die „Hauptstadt des Chikoree-Anbaus" bezeichnet. Zentraler Ort hier ist aber **Port Alfred** mit entsprechender touristischer Infrastruktur.

Landeinwärts liegt das idyllische **Bathurst** mit ein paar Unterkünften und Lokalen inmitten einer Ananasanbauregion sowie die Stadt **Grahamstown**, die einige geschichtliche Highlights bietet sowie ein bedeutendes Zentrum für die Buren war und ist.

Tipp

Eine detaillierte Reisebeschreibung zu diesen Gebieten finden Sie in:
- ***Reisehandbuch Südafrika*** *von Michael Iwanowski*
- ***Reisehandbuch Kapstadt*** *von Heidrun Brockmann und Dirk Kruse-Etzbach*

Breiter Sandstrand an der Sunshine Coast

Wer noch gerne Natur schnuppern möchte, dem sei das **Amakhala Game Reserve** (westl. von Alexandria) ans Herz gelegt. Hier haben sich mehrere Farmen mit eigenständigen Unterkünften zu einem Wildpark zusammengelegt. Weitaus teurer, aber auch luxuriöser und mit einem höheren Tierbesatz (alle „Big Five") ausgestattet ist das **Shamwari Game Reserve** südlich von Patterson.

13. LAND DER GEGENSÄTZE

Von Durban über Pietermaritzburg zu den uKhahlamba-Drakensbergen und zurück nach Johannesburg

Überblick

Die Reiseroute von Durban zurück nach Johannesburg bietet ein für Südafrika so bezeichnendes Mosaik der Gegensätze. Sie führt zunächst durch typische Landschaft des Zululandes, das auf kleinem Raum besonders eindrücklich durch das **Valley of a Thousand Hills** zu erkunden ist. Mit **Pietermaritzburg**, der ehemaligen Hauptstadt der Voortrekker-Republik, geht die Reise zurück in die Vergangenheit. Die ursprünglich durch die Voortrekker gegründete Stadt zeigt heute vor allem noch die architektonischen Spuren der kurz darauf folgenden britischen Kolonisation. Inmitten fruchtbarer Hügellandschaft zeugen Jacaranda-Bäume, Bushaltestellenhäuschen und Klinkerbauten von ihrer Herrschaft. Von da an geht es weiter nach Nordwesten zu den spektakulären **uKhahlamba-Drakensbergen**, den sog. „Barrier of Spears". Von **Himeville** und **Underberg** lassen sich besonders gut die **südlichen Drakensberge** erkunden. Durch großartige landschaftliche Szenerien mit authentischen Zuludörfern in nahezu touristisch unerschlossenem Gebiet geht es zu den **zentralen Drakensbergen**, die, wie das Giant's Castle, zum großen Teil in Naturschutzgebieten liegen. Die nördliche Grenze des Weltnaturerbes markiert der **Royal Natal National Park** mit dem weltweit bekannten Amphitheater und dem Sentinel.

Gebirgsbarriere

> **Hinweis**
>
> *Informationen zu den Battlefields bei Ladysmith und Estcourt lesen Sie ab S. 542.*

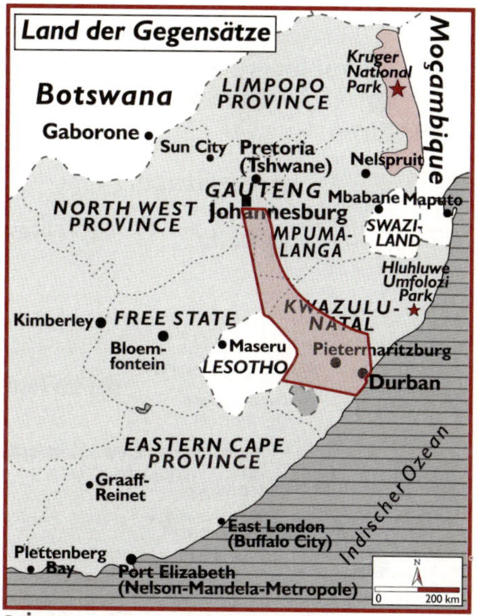

© igraphic

Straßenverhältnisse

- *Erkundigen Sie sich nach dem Zustand der Schotterpisten.*
- *Meiden Sie besonders erdige Pisten nach Niederschlag.*

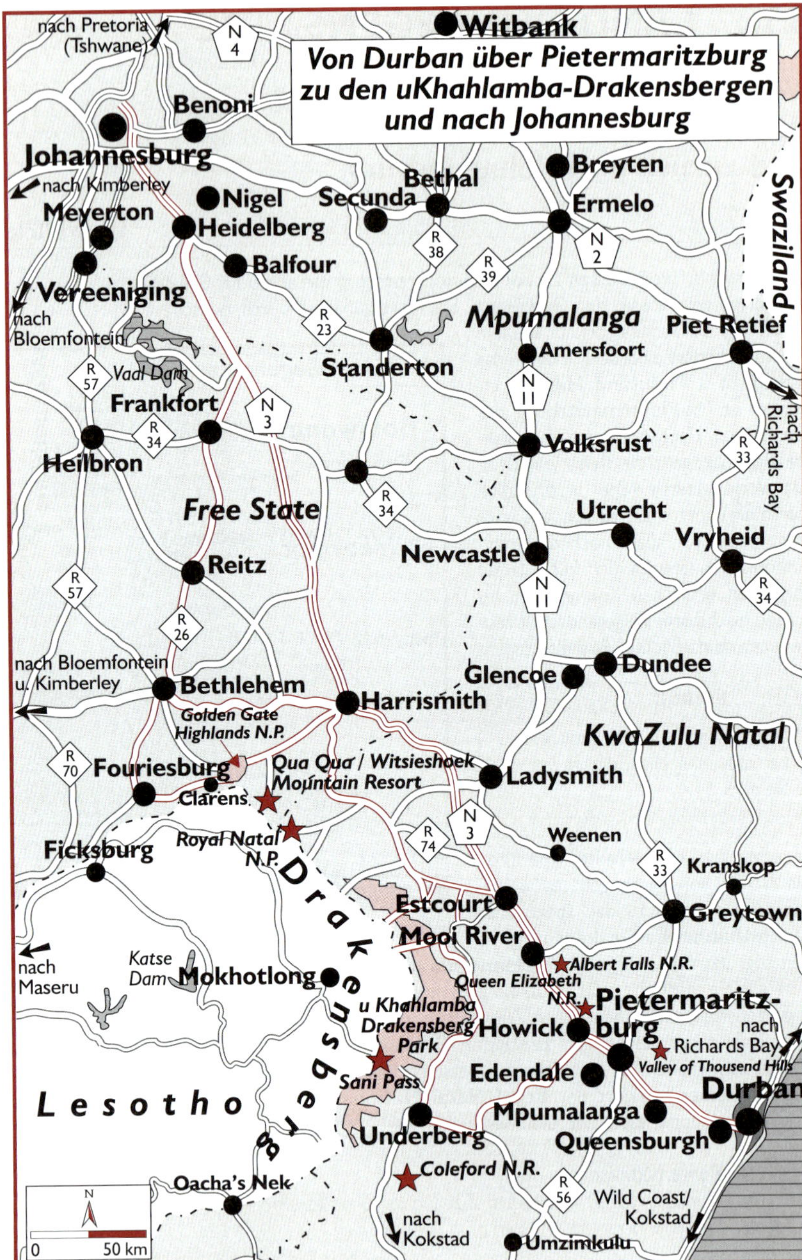
Von Durban über Pietermaritzburg zu den uKhahlamba-Drakensbergen und nach Johannesburg
nach Pretoria (Tshwane)
N 4
Witbank
Benoni
Johannesburg
nach Kimberley
Nigel
Meyerton
Heidelberg
Secunda
Bethal
Breyten
Ermelo
Swaziland
R 38
N 2
R 39
Balfour
Vereeniging
nach Bloemfontein
R 23
Mpumalanga
Piet Retief
Vaal Dam
R 57
Standerton
Amersfoort
N 11
nach Richards Bay
Frankfort
R 34
N 3
Volksrust
R 33
Heilbron
R 34
Free State
Utrecht
Vryheid
Newcastle
Reitz
R 57
N 11
R 34
R 26
Dundee
nach Bloemfontein u. Kimberley
Glencoe
Bethlehem
Harrismith
Golden Gate Highlands N.P.
KwaZulu Natal
R 70
Fouriesburg
Qua Qua / Witsieshoek Mountain Resort
Ladysmith
Clarens
Royal Natal N.P.
N 3
R 74
Weenen
Ficksburg
Drakensberg
R 33
Kranskop
Estcourt
Greytown
Mooi River
nach Maseru
Katse Dam
Mokhotlong
Albert Falls N.R.
Queen Elizabeth N.R.
Pietermaritz-burg
u Khahlamba Drakensberg Park
Howick
nach Richards Bay
Valley of Thousand Hills
Edendale
Sani Pass
Durban
Lesotho
Mpumalanga
Underberg
Queensburgh
Coleford N.R.
R 56
Wild Coast/ Kokstad
Oacha's Nek
N
0
50 km
nach Kokstad
Umzimkulu

Zeitplanung

Unterschätzen Sie nicht die langen Anfahrtswege in die Berge und zu den einzelnen Sehenswürdigkeiten in den Bergtälern. Um alleine halbwegs alle großen Bergtäler abzufahren, benötigen Sie mehr als eine Woche. Entscheiden Sie sich vorher für zwei Ziele in den Bergen (z. B. Sani Pass und Cathedral Peak).

Redaktions-Tipps

Bedeutendste Sehenswürdigkeiten:

- Valley of a Thousand Hills (S. 626f)
- Pietermaritzburg (S. 627ff): Voortrekker Museum, Tatham Art Gallery, Architektur allgemein
- Sani Pass im Drakensberg Garden Castle Nature Reserve (S. 640ff)
- Kamberg Rock Art Museum (S. 645)
- Giant's Castle-Region (S. 645)
- Champagne Castle-Region (S. 648)
- Cathedral Peak (S. 648f)
- Amphitheater und Sentinel (Royal Natal National Park) (S. 650ff)

Unterkünfte:

Grundsätzlich in allen Parks die Unterkünfte vorher reservieren, oft fehlen Alternativen in der Nähe.

- Drakensberg Garden Hotel
- Himeville Arms
- Sani Top Chalets
- Giant's Lodge
- Cathedral Peak Hotel
- Thendele Chalets sowie Royal Natal Hotel (Royal Natal National Park)
- Für Abenteuerlustige gibt es zudem die Möglichkeit, in Höhlen zu übernachten, siehe Gelbe Seiten.

Routenvorschlag

1. Tag: *Früh morgens losfahren in Durban, durch das Valley of a Thousands Hills. Übernachten in Pietermaritzburg.*

2. Tag: *Vormittag sich Zeit nehmen für ausgesuchte Sehenswürdigkeiten in Pietermaritzburg und spätestens um 16 h weiter nach Underberg. Dort übernachten.*

3. Tag: *Fahrt auf den Sani Pass (mit Tour-Operator).*

4. Tag: *Fahrt zum Giant's Castle (nachmittags kurze Wanderung). Dort übernachten.*

5. Tag: *Giant's Castle (evtl. morgens früh noch eine Wanderung), dann Fahrt zum Cathedral Peak Hotel.*

6. Tag: *Morgens Helikopterflug und evtl. noch kurze Wanderung. Anschließend Fahrt zum Royal Natal National Park.* Helikopterflug

7. Tag: *Evtl. Wanderung im Royal National Park und zurück nach Johannesburg.*

Entfernungen

Durban – Pietermaritzburg: 80 km
Pietermaritzburg – Underberg: 130 km (über Howick)
Underberg – Giant's Castle: 130 km
Giant's Castle – Cathedral Peak: 115 km (inkl. Champagne Castle: 155 km)
Cathedral Peak – Royal Natal National Park: 70 km
Royal Natal National Park – Johannesburg: 346 km

Von Durban zu den uKhahlamba-Drakensbergen

Hinweis zur Strecke

Westlich von Durban führt die Hauptroute durch das Valley of a Thousand Hills (T1). In Durban führt die N3 auf die M13 und die durch die Orte Pinetown, Kloof, Everton, Gillits und Winston Park. In Hillcrest stoßen Sie auf die Old Main Rd/ M13/R103.

Valley of a Thousand Hills

(rund 45 km nordwestlich von Durban)

Schöne Alternative

Die Strecke auf der Old Main Rd/M103 entlang der Ausläufer des Valley of a Thousand Hills ist eine landschaftlich schöne Alternative zur N3 auf dem Weg von Durban nach Pietermaritzburg. Zahlreiche kleine Cafés, Kunstgalerien, Restaurants, Pubs, kleine Herbergen, B&B, Farmen, Antiquitätenläden und Naturreservate säumen die Strecke und bieten schöne Ausblicke auf die Schluchten.

Wer bisher noch nicht die hügelige Hinterlandschaft KwaZulu-Natals erlebt hat, sondern nur an der Küste entlang gefahren ist, bekommt auf der alten Hauptstraße bzw. dem früheren Transportweg von Durbans Hafen ins Hinterland einen Einblick in das typische Landschaftsbild des Zululandes.

Traditionelle Dörfer

Das Valley ist das am meisten ausgewaschene Tal, das der **Umgeni River** auf seinem Weg zum Ozean durchfließt und ist geprägt durch dichte Vegetation, hügelige Landschaft, britisch angehauchte Dörfer sowie Zulu, die hier zumeist noch in ihren traditionellen Dörfern wohnen.

Der Umgeni River entspringt in den **Nataler Midlands** nahe dem Umgeni Vlei Nature Reserve, speist den Midmar Stausee sowie die Howick- und Albert-Wasserfälle und fließt auf seinem 65 km langen Weg zur See entlang eines oben abgeflachten Berges (960 m), der bei Europäern als „Table Mountain" von Natal bekannt ist und über alle anderen Hügel thront. Die Einheimischen nennen ihn *emKhambathini* (Platz der *giraffe acacia trees*). Am Fuße des emKhambathini fließt der Umgeni River in den Inanda-Stausee, die größte Trinkwasserquelle Durbans.

Marathonstrecke

Botha's Hill ist das touristische Zentrum mit Souvenirläden, Touristeninformation und zahlreichen Übernachtungsmöglichkeiten. Hier kann man diverse Freizeitaktivitäten wie Paragliding, Kajak-Fahrten auf dem Umgeni River buchen sowie Wanderungen über die Brücken und Schluchten am Kranskloof unternehmen. Der Comrades Marathon, Südafrikas berühmtester Lauf, führt genau entlang dieser Strecke. Die beste Reisezeit ist Mitte September bis Ende Oktober, wenn die (von den Briten eingeführten) lila blühenden Jacaranda-Bäume ihre Pracht zeigen.

Karte

S. 624, 628 und 638

Vom Teegarten des **Rob Roy Hotel** gibt es einen der besten Aussichtspunkte für einen Blick über das Tal der Tausend Hügel. Nebenan bietet das **Izintaba Cultural Village** Darbietungen traditioneller Zulutänze und -zeremonien.

Am Ende der R103 liegt Monteseel. Von hier aus führt eine Piste zu einem der schönsten Aussichtspunkte über das Tal. Insgesamt gibt es noch vier weitere Routen durch das Gebiet: die Kranskloof-Route, die Assagay Averston-Route, die Isithumba-Route und der Shongweni Shuffle. Infos und Karten dazu erhalten Sie in den Touristenämtern von Durban oder Botha's Hill.

Routenalternativen

Pietermaritzburg (ⓘ s. S. 195)

Überblick

Das in den Nataler Midlands inmitten fruchtbarer Landschaft (wegen der hohen Niederschläge von 1.000 mm pro Jahr) gelegene „Maritzburg" wirkt aufgrund der zahlreichen Jacaranda-Bäume und gut erhaltenen Bauwerke in der Innenstadt recht britisch. Die Eigenwerbung („die am besten konservierte viktorianische Stadt Südafrikas") geht auf enge Kopfsteinpflastergassen sowie zahlreiche viktorianische Bauten, rote Backsteinvillen und Elite-Internate zurück.

Jacaranda-Bäume

Von der hier lebenden Bevölkerung nehmen die Zulu und danach die Inder die größten Bevölkerungsgruppen ein, so dass die britischstämmige Minderheit dem Ruf der Stadt als „letzte Bastion des britischen Empires" trotz der architektonischen Reminiszenzen nicht wirklich gerecht wird. Heute wirkt die Stadt insgesamt mit ihrem Architektur- und **Bevölkerungsmix** original südafrikanisch. Kirchen, Moscheen und Tempel geben dem Ganzen ein kosmopolitisches Antlitz.

Und die Spuren der Voortrekker sind auch nicht nur im Namen der Hauptstadt von KwaZulu-Natal (Pietermaritzburg teilt sich den Hauptstadtstatus mit Ulundi) zu erkennen. Nach der erfolgreichen Schlacht am Blood River wählten die Voortrekker im Jahre 1839 diese Stelle aus, um die Hauptstadt ihrer Republik Natal zu gründen – benannt nach den Anführern *Piet Retief* und *Gerrit Maritz*. 1843 übernahmen die Briten Pietermaritzburg, die von hier aus Natal regierten. Heute leben ca. 200.000 Menschen in der Stadt, die als Verwaltungs- und Gerichtsort fungiert und sich den Sitz der University of Natal mit Durban teilt.

Geteilter Hauptstadtstatus

> **Tipp**
>
> *Es bietet sich an, das Auto auf dem großen Parkplatz des Old Market hinter der City Hall abzustellen und die architektonischen Gegensätze, die den Reiz der Stadt ausmachen, zu Fuß kreuz und quer durch die breiten Straßen und engen Gassen zu erkunden.*

Die wichtigsten Sehenswürdigkeiten in Pietermaritzburg liegen in der Innenstadt entlang der sich kreuzenden **Commercial Rd** und der **Longmarket St** dicht beieinander. Die letztere war 1889 anlässlich des Jubiläums von *Queen Victoria* geplant worden. Nicht zu übersehen ist die 1890 modellierte und recht ernsthaft dreinschauende „Queen Empress" mit Zepter und Kugel in der Hand. Die Statue ist eine Replik der marmornen in Sydney. Von hier aus kann man die Longmarket St bis zur Chapel St weitergehen und stößt auf zahlreiche Gebäude

Ernste Königin

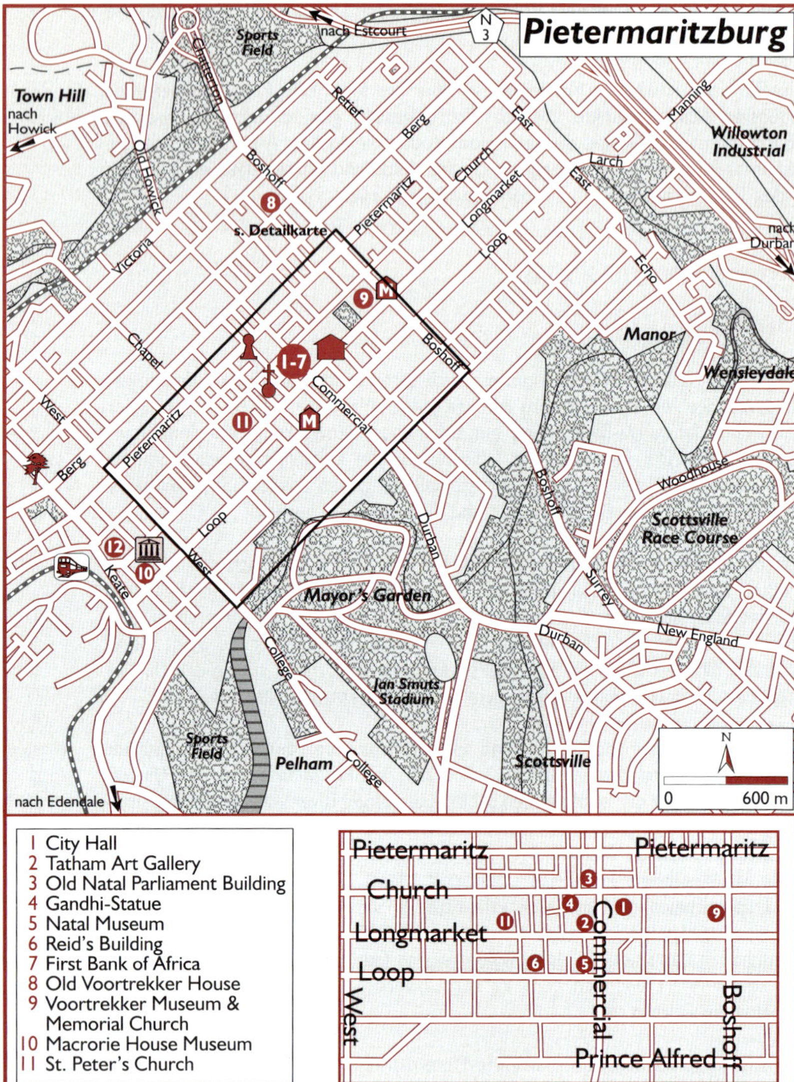

der Epoche. Am signifikantesten sind dabei das massive Postgebäude aus dem Jahre 1903 sowie das, weiter die Straße hoch, dreigeschossige Reid's Building (s. u.).

Die City Hall mit Glockenturm

City Hall (1)

(Commercial Rd)

Die 1893 fertig gestellte, ursprüngliche City Hall wurde 1898 durch ein Feuer zerstört, 1901 dann wieder aufgebaut. Das imposante Gebäude fällt vor allem durch den 47 Meter hohen Glockenturm auf. Das mit Kuppeln und Glasmalereien verzierte Rathaus soll das größte Klinkergebäude der südlichen Hemisphäre sein.

Feuerfester Klinker

Tatham Art Gallery (2)

(Commercial Rd, Di–So 10–16 h)

Gleich gegenüber der City Hall befindet sich der 1865 begonnene und 1871 vollendete Klinkerbau, in dem heute die Tatham-Sammlung untergebracht ist. Zunächst befand sich hier das Postamt, dann fungierte er 1879 als Bastion gegen Zulu-Angriffe und schließlich von Anfang des 20. Jh. bis 1983 als Gerichtshof. 1990 wurde das Gebäude renoviert und jetzt befinden sich hier einige der landesweit besten Sammlungen internationaler und nationaler Künstler. Im Hause befindet sich zudem ein sehr empfehlenswertes Bistro, in dem es leichte Speisen und Kuchen gibt. Bei gutem Wetter können Sie auch auf der Veranda sitzen. Durchaus lohnend für den „Snack zwischendurch".

Wechselhafte Geschichte

Old Natal Parliament Building (3)

Aus Anlass des 50. Geburtstags von *Queen Victoria* von Großbritannien wurde 1887 der Grundstein für das Parlamentsgebäude gelegt. Heute tagt hier das Provinz-Parlament von KwaZulu-Natal.

Gandhi-Statue (4)

Die Statue wurde in Gedenken an *Mahatma Gandhis* Schlüsselerlebnis am 7. Juni 1893 auf dem Bahnhof von Pietermaritzburg errichtet. Gandhi, der aus beruflichen Gründen in der britischen Kronkolonie Natal reiste, wurde beim Halt in der Stadt aufgrund seiner indischen Nationalität aus der Ersten Klasse verwiesen. Für Gandhi begann damit sein gewaltloser Kampf gegen die britische Diskriminierung und Unterdrückung. Mit der Gründung des „Na-

Gandhi *hatte in Pietermaritzburg sein Schlüsselerlebnis*

Gandhis Widerstand

tal Indian Congress" (1894) organisierte er erstmals den Widerstand der indischen Einwanderer gegen diskriminierende Gesetze (z. B. Aberkennung des Stimmrechts). Er stieg seitdem zum politischen Führer der indischen Bevölkerung in Südafrika auf. 1906-13 lenkte er in Transvaal eine Kampagne für die Anerkennung der bürgerlichen Rechte seiner Landsleute. 1914 kehrte *Gandhi* schließlich nach Indien zurück und wurde dort zum Anführer der indischen Unabhängigkeitsbewegung.

Natal Museum (5)

(Loop St, Mo–Fr 9–16.30 h, Sa 10–16 h, So 11–15 h)

In dem 1905 gegründeten Nationalmuseum (insgesamt gibt es fünf in Südafrika) sind vor allem afrikanische Tiere (riesige Insekten schmücken bereits den Vorgarten), geologische Sammelstücke sowie ethnologische Exponate aus ganz Afrika aufbewahrt. Hier befindet sich auch das Skelett des letzten wilden Elefanten in KwaZulu-Natal, der 1911 getötet wurde. Das renovierte Gebäude sowie das antike Interieur sind original viktorianischer Stil.

Reid's Building (6)

(Longmarket St)

Kleiner „Wolkenkratzer"

Im Jahre 1859 galt die dreistöckige Konstruktion des Geschäftshauses als kühn und mutig. Um die Jahrhundertwende soll so mancher das Gebäude als „Wolkenkratzer" bezeichnet haben.

First Bank of Africa (7)

(Longmarket St)

Bausatz Bankgebäude

Fast direkt neben Reid's Haus steht die erste Bank Afrikas im edward'schen Stil – heute die First National Bank. Sozusagen per Katalog war das Gebäude 1903 bestellt, im britischen Mutterland in Kisten verpackt, verschifft und hier zusammengesetzt worden.

Voortrekker Museum und Memorial Church (9)

(Longmarket/Boshoff St, Mo–Fr 9–16 h, Sa 9–13 h)

Buren in Natal

Die Memorial Church wurde im Jahre 1841 in Erinnerung an den Sieg der Buren (1838) über die Zulu am Blood River errichtet. Im Museum sind Exponate aus der Geschichte der Voortrekker zu besichtigen. Interessant ist vor allem der Stuhl aus Eisenholz, der für den Zulu-Häuptling *Dingane* geschnitzt wurde. Durch den Garten gelangt man zum rekonstruierten Wohnhaus von *Andries Pretorius*, der das Kommando beim Sieg der Voortrekker am Blood River inne hatte und entscheidende Kraft bei der Etablierung der Burenrepublik von Natal war.

Old Voortrekker House (8)

(Boom/Claybourne Sts.)

Das einzige noch existierende zweistöckige Voortrekkerhaus in Pietermaritzburg und damit das älteste Gebäude der Stadt wurde 1847 erbaut. Das heutige Nationalmonument besteht aus Yellowwood und wurde mit Fliesen ausgelegt. Ein schönes Beispiel der Voortrekker-Architektur.

Karte S. 628

Macrorie House Museum (10)

(Loop/Pine St, Mo 11–16 h, Di–Fr 9–13 h)

Das ehemalige Haus von Bischof *Macrorie* (von 1869-1891) ist ein schönes Beispiel viktorianischer Architektur. Schmiedearbeiten verzieren den Balkon im ersten Stockwerk. Ausgestattet mit viktorianischen Einrichtungsgegenständen.

Sehenswürdigkeiten in der Umgebung

Natal National Botanic Gardens

(4 km westl. vom Stadtzentrum; Maxor's Walk, Prestbury; geöffn. Mo, Mi–Fr 7.30–18 h, Sa–So 8–18 h (Okt.–Mrz.), 8–17.30 h (Apr.–Sept.)

Teegarten

Hier lohnt vor allem der schöne Teegarten unter alten, schattigen Bäumen für einen Zwischenstopp mit Kuchen oder einer kleinen Mahlzeit. Der Botanische Garten ist einer von insgesamt acht Gärten, die vom südafrikanischen Nationalen Botanischen Institut unterhalten werden. Der zentral gelegene See gibt der 12 ha großen Anlage einen besonderen Charme.

Queen Elizabeth Nature Reserve

(Duncan McKenzie Dr; 8 km nordwestl. des Stadtzentrums von der Horwick Rd; geöffn. tägl. von Sonnenauf- bis -untergang)

Hunderte von Aloepflanzen geben diesem Reservat eine besondere optische Note. Zwischendurch wandern Zebras, Impalas, Blesboks und Duikers. Weiße Nashörner werden in einem separaten Gehege gehalten. Wanderwege, Picknick- und Grillplätze machen den Park für einen Zwischenstopp attraktiv.

Worlds View

(Von der Stadt der Commercial Rd in nordwestl. Richtung folgen, bis sie in die Horwick Rd mündet. Ab da der Ausschilderung folgen.)

Panoramaaussicht

Von hier gibt es nicht nur eine Panoramaaussicht auf Pietermaritzburg, sondern auch auf die umliegende Hügellandschaft. Der Aussichtspunkt liegt an der heutigen R103, die bereits die Voortrekker auf ihrem Weg von der Kapprovinz in den Norden nahmen. Auf einem Lageplan werden ihre Route sowie die herausragenden Landschaftspunkte erläutert.

KwaZulu-Natal Railway Museum

(Hilton; geöffn. Mo–Fr 8–16 h, Sa 8.30–13.30 h)

Noch unter Dampf

Das von Eisenbahnenthusiasten unterhaltene Museum in Mason's Mill ist in erster Linie auf die Restaurierung von alten Dampflokomotiven und Waggons, z. B. aus den Jahren 1907-1915, spezialisiert. Zur Ausstellung gehören insgesamt 29 Dampflokomotiven und eine Diesellok, die älteste stammt aus dem Jahr 1888. Dampflokfahrten auf den insgesamt fünf verschiedenen Bahnlinien starten einmal im Monat vom alten Bahnhof in Pietermaritzburg (Nationalmonument).

Albert Falls Nature Reserve (ⓘ s. S. 195/Pietermaritzburg)
(24 km westl., an der R33 Richtung Greytown)

Ausflugsziel

Das 3.090 ha große Reserve ist ein beliebtes Ausflugsziel bei den Einheimischen. Inmitten von Grashügeln und Berghängen mit Nutzholzaufforstungen gelegen, bietet der im Reserve gelegene Stausee sehr gute Möglichkeiten für Angler und Wassersportler (z. B. Wasserski). Tierbeobachtung (Zebras, Giraffen, Antilopenarten, Nashörner) ist auch mit geführten Touren möglich. Übernachtungen in Selbstversorgerhütten und Campingmöglichkeiten.

Howick
(18 km nördl. von Pietermaritzburg)

Der Ausgangspunkt für eine Fahrt durch die „Midlands Meander" (*siehe unten*) liegt direkt am Umgeni River, oberhalb der vor allem kurz nach der Regenzeit sehenswerten und viel besuchten **Howick Falls**, die 95 Meter in die Tiefe fallen.

Flug, Fälle, Festnahme

Die Stadt ist in jüngster Zeit bekannt geworden durch den zum Denkmal ausgebauten **Festnahmeort *Mandelas*** durch die südafrikanische Polizei am 5. August 1962 *(Dargle Rd)*. Zudem ist der Ort für den ersten kontrollierten, wenn auch nicht perfekt dokumentieren **Schwerer-als-Luft-Flug** bekannt – und zwar 30 Jahre vor dem erfolgreichen Flug von *Orville* und *Wilbur Wright's* – und schreibt sich daher die Geburtsstunde der Luftfahrt auf die Fahne. *Goodman Household* soll dabei zwischen 1871 und 1875 vom 350 m hohen Karkloof geglitten sein.

Die Midlands Meander

Die Midlands von KwaZulu-Natal bestehen aus einer sanften Hügellandschaft aus saftig grünen und zumeist auch noch mit weißen Gattern umrandeten Wiesen. Dahinter verbergen sich zumeist edle Pferdegestüte und teure Privatschulen. Beginnend in Howick schlängelt sich die Route durch die Midlands auf der R103 Richtung Norden nach **Nottingham Road** und führt in Mooi River wieder auf

Hinweis zur Strecke

- *Wer die Reiseroute in Pietermaritzburg, Howick oder Mooi River abkürzen bzw. beenden möchte, kann direkt über die N3 weiter in den Norden und zurück nach Johannesburg fahren (Infos zu Johannesburg siehe S. 338ff).*
- *Ansonsten führt die Hauptreiseroute von Pietermaritzburg zu den uKhahlamba-Drakensbergen. Dafür fahren Sie in westlicher Richtung aus der Innenstadt heraus über Edendale auf die R617 (führt von Howick bis nach Underberg).*

*Gleich hinter Pietermaritzburg geht es rauf in die Berge. Die hügelige Strecke bietet dabei noch einen schönen Blick auf die Stadt. Entlang der sich mit erstaunlich engen Kurven über die Berge schlängelnden Eisenbahnlinie geht es zunächst durch dicht besiedelte Zulu-Dörfer (ehem. Homeland), ehe die Gegend immer einsamer und schließlich kurz vor **Bulwer** von forstwirtschaftlichen Anpflanzungen bestimmt wird. Bulwer, der einzige Ort auf dem Weg in die Drakensberge, in dem sich ein Zwischenstopp anbietet, ist das Zentrum der regionalen Holzindustrie mit einigen Restaurants, Pubs und Übernachtungsmöglichkeiten. Bei der Ortsdurchfahrt ist Vorsicht angesagt, da sich oft mit Nutzholz beladene Lastwagen die Straße in beide Richtungen entlang quälen.*

die N3. Wer noch keine „Meander"-Route in Südafrika erlebt hat, kann sich hier entlang von Antiquitäten- und Kunsthandwerksläden, Kunstgalerien, Käsereien, Kräutergärten, Töpfereien und anderen Verkaufsständen heimischer Produkte langsam fortbewegen. Für Einheimische sind die Midlands ein beliebter Wochenendausflug. Da die Gegend jedoch vor allem an das Alpenvorland erinnert, ist dieser Abstecher für Europäer nicht ein absolutes Muss. Übernachtungsmöglichkeiten in kleinen Landhotels und Bed-&-Breakfast-Unterkünften gibt es hier zahlreich.

Tipp

Sie sollten hier nicht allzu viel Zeit verlieren und lieber zügig der Hauptreiseroute zu den uKhahlamba-Drakensbergen folgen.

Alpenvorland

Entlang der uKhahlamba-Drakensberge von KwaZulu-Natal

(ⓘ s. S. 195)

Überblick

Der uKhahlamba-Drakensberg Park umfasst die höchsten und spektakulärsten Berge Südafrikas. Im Rahmen einer Tour durch den Norden Südafrikas gehört ein Abstecher zu dieser im Jahre 2000 zum UNESCO-Weltnaturerbe ernannten „Barriere aus Speeren", wie das Gebirge in der Zulu-Sprache heißt, zu einem der Höhepunkte.

Faszinierende Landschaften – die Drakensberge

Durch die hervorragenden Bedingungen zum Wandern, Reiten, Klettern, Mountainbiken und Angeln bieten sich hier vielfältige Möglichkeiten für Aktivitäten. Die weltweit größte Anhäufung von **Buschmann-Zeichnungen** (*San Rock Art*) ist dabei ein kulturelles Highlight. Besonders beeindruckend sind die Malereien in den Höhlen von Giant's Castle, Injisuthi und Kamberg. Wegen der atemberaubenden Landschaft sollten Sie mindestens eine Übernachtung in einem der Naturparks **Garden's Castle**, **Giant's Castle** oder **Cathedral Peak** einplanen. Dort können Sie z. B. auf einer Tageswanderung die artenreiche Fauna und Flora vor großartiger Kulisse genießen.

Tageswanderungen

Underberg, **Himeville** oder **Bergville** bieten zahlreiche Übernachtungsmöglichkeiten an, haben aber den Nachteil, dass sie nicht direkt im Wandergebiet

Wetterumschwünge

liegen und Sie den Anfahrtsweg in die Berge mit einrechnen müssen. Da sich das Wetter in der Gegend schnell ändern und gerade in der Regenzeit von November bis März nachmittags unmittelbar von Hitze und blauem Himmel in Nässe und Kälte umschlagen kann, sollten Sie Wanderungen jeweils früh morgens starten.

Zu den spektakulärsten Erlebnissen der uKhahlamba-Drakensberge gehört eine Fahrt über den steilsten Pass Südafrikas, den **Sani Pass** (nur für 4x4-Fahrzeuge zugelassen; gutes Touren-Angebot), mit dem, wie von sich behauptet wird, höchsten Pub Afrikas.

Weitere Höhepunkte sind Übernachtungen im schön angelegten und einsamen **Giant's Huttet Camp** im Giant's Castle Nature Reserve und in dem am nächsten an den uKhahlamba-Drakensberg gelegenen und mehrfach ausgezeichneten **Cathedral Peak Hotel** mit jeweils anschließender Tagestour. Wer eine ganze Woche für die Drakensbergregion einplant und auf längere Wanderungen eingestellt ist, für den ist der im Süden des Parks beginnende, 60 km langen **Giant's Cup National Hiking Trail** (vom Sani Pass zum Bushman's Nek, Übernachtungen in alten Farmhäusern und Hütten) ein besonderer Tipp.

Tipp

Um __alle__ hier erwähnten Ziele anzusteuern und die eine oder andere Wandertour machen zu können, müssen Sie mindestens 8–10 Tage einrechnen. Daher unsere Empfehlung: Überlegen Sie grundsätzlich, ob Sie in den Drakensbergen wandern wollen oder nicht. Wenn ja, sollten Sie zwei Tage z. B. für eine Tageswanderung zu einer der Höhlen mit Buschmann-Zeichnungen einplanen. Zudem empfiehlt sich ein weiterer Tag für eine Fahrt über den Sani Pass. Hinzu kämen noch mindestens ein Tag zum Cathedral Peak und/oder zum Royal Natal National Park.

Hinweis:

Denken Sie daran, dass die Anfahrten in der Regel immer länger dauern, als man denkt. Bei schlechten Wetterverhältnissen müssen Sie gegebenenfalls sogar ganz umdisponieren und warten, bis sich die Pistenzustände wieder bessern.

Die Attraktionen im Norden der Drakensberge – der **Mont-aux-Sources**, der **Sentinel** und das **Amphitheater** – liegen im **Royal Natal National Park**. Auch wenn Sie keine Zeit mehr für eine Übernachtung in dieser Gegend haben – ein kurzer Abstecher hierher lohnt sich wegen der guten Erreichbarkeit auf jeden Fall.

Unmittelbar entlang der Berge führt von Himeville nach Giant's Castle nur eine Piste – die wegen der einsamen und schönen Landschaft sehr lohnend ist. Bei gutem Wetter ist sie ohne Probleme mit einem normalen Pkw zu befahren. Bei Regen verwandelt sie sich teilweise in einen Schlammweg und selbst 4x4-Fahrzeuge kommen ins Schlingern. In jedem Fall sollten Sie sich vor Antritt ihrer Fahrt bei den Einheimischen über den Zustand der Strecke und die Wettervorhersage erkundigen. Die Alternativstrecke ist sehr zeitaufwendig, landschaftlich wesentlich uninteressanter: Sie führt zurück nach Pietermaritzburg und zur N3. Von hier aus geht es dann jeweils per Stichstraße in die Bergtäler.

INFO

Der uKhahlamba-Drakensberg Park von KwaZulu-Natal – das Weltnaturerbe am Rande von Lesotho

Die drei großen Gebiete der Bergregion

- Das **südliche Parkgebiet**, das von 2.495 m kurz vor dem Bushman's Nek über das Garden Castle Nature Reserve bis auf 3.257 nahe dem Sani Pass ansteigt und nördlich davon die Nature Reserves Loteni, Kamberg und Vergelegen umfasst.
- Die **zentrale Bergregion** wird vom 3.314 m hohen Giant's Castle mit umliegendem Nature Reserve bestimmt und führt über den Champagne Castle (3.280 m) bis zum Cathedral Peak (3.004 m).
- Die **nördliche Bergregion** mit dem Royal Natal National Park, der ebenfalls zum Weltnaturerbe zählt. Hier reicht der Mont-aux-Source 3.282 m hoch.

Weltnaturerbe

Im Jahre 2000 wurde der 2.428 qkm große uKhahlamba-Drakensberg Park, der vor allem von Naturreservaten bestimmt wird, zum **Weltnaturerbe** erklärt. Verhandlungen zwischen Lesotho und Südafrika, aus dem Drakensberg Park einen grenzübergreifenden Naturschutzpark, d. h. einen sog. Friedenspark (*Peace Park*) zu gründen sind im Gange. Dabei soll ein Teil von Lesothos Hochplateau an den uKhahlamba-Drakensberg Park angegliedert werden. Dies würde die Größe des Parks mehr als verdoppeln und einen größeren Teil der alpinen Bergregion in den Park einbringen. Zzt. ist der Park durch weitere Eingliederungen auf südafrikanischer Seite knapp 2.900 qkm groß.

Basaltgesteine bilden die uKhahlamba-Drakensberge

Namensgebung

Die Zulu im Osten nennen die Basaltwand *„uKhahlamba"*, „Barriere von Speeren". Das Volk der Sotho, die auf den Höhen leben, nennt den östlichen Gebirgskamm *Dilomo tsa Natala* (die Kliffs von Natal). Der Basalt ist recht porös und „krümelig", so dass das ablaufende Wasser tiefe Schluchten ausgewaschen hat. In diese Schluchten stürzen Wasserfälle. Die Europäer nannten den südlichen Teil des Basalt-Massivs Drakensberg („Drachenberg"). Legenden früherer Zeiten erzählen von Drachen, die auf den Höhen lebten.

Entstehung

Die Entstehung der uKhahlamba-Drakensberge, des mächtigsten und imposantesten Gebirgszugs in Südafrika, ist geologisch äußerst interessant. Vor mehr als 100 Millionen Jahren war das Südliche Afrika ein Gebiet ausgedehnter Sümpfe und Regenwälder. Durch **Klimaveränderungen** dörrte das Gebiet aus, die Sümpfe wurden trocken, die Wälder starben ab, urzeitliche Tiere wurden zu Fossilien. Aus dem Schlamm entstanden allmählich verschiedenfarbige Sande. Oxidiertes Eisen sorgte für gelbe, orangefarbene und rote Verfärbungen. Winde wehten diese Sande auf, die sich in höheren Gebieten auftürmten und letztlich eine 300 m mächtige Sandsteinschicht bildeten.

Vor etwa 25 Millionen Jahren drangen dann durch Risse im Gesteinsgefüge Lavamassen nach oben. Die durch Vulkane eruptierten Basalte waren über 1.000 m mächtig und bilden heute das **„Dach Südafrikas"** diese Gesteinsformationen wurden bis auf ca. 3.400 m über den Meeresspiegel angehoben. An diesem „Dach" regnen sich die feuchten Luftmassen des Indischen Ozeans ab und im Laufe der Zeit wurden tiefe Täler geschaffen. Da es an der Ostseite des Gebirgsmassivs besonders viel regnet, ist hier die Abtragung am intensivsten. Durch diese Erosion wurde der **Basalt** wieder abgetragen und der darunter liegende Sandstein freigelegt. Die Gipfel allerdings bestehen weiter aus Basalt.

Von der Ostseite aus betrachtet, formen die Basaltmassen eine hohe Wand, die nur durch Schluchten und enge Täler unterbrochen wird. Insgesamt ist die Basaltmauer 250 km lang und erstreckt sich vom Sentinel im Norden bis nach Xalanga am südlichen Ende in der Eastern Cape Province. Diese Basaltschicht liegt auf einer Höhe von 1.800 m auf bunt, von gelb über orange bis rot schimmerndem Sandstein – ein schöner Kontrast zu dem dunklen Basalt. Auf den Höhen des Gebirges liegen Hochland-Moore.

Fauna und Flora

Die enormen Höhenunterschiede der Drakensberge geben den unterschiedlichsten Tieren und Pflanzen Lebensraum. Die Gipfel befinden sich auf **alpiner Höhe**, d. h. sie liegen über der Schneefall-, Hagel- und Eisgrenze. Hier halten Erika-Sorten, Gräser und Strohblumen sowie wenige Vogelarten den harschen Bedingungen stand. Ab 2.800 m befindet sich die **subalpine Zone**, die bis auf 1.800 m reicht. Hier gedeihen Büschelgräser und hartes Gestrüpp, Farne, Zikaden und bereits Bäume in geschützten Tälern. Darunter befindet sich ab der Höhe von 1.200 m die **Montane Stufe** (Bergwaldstufe) wo Pflanzen wie Proteas (*z. B. Protea multibracteata*) und vor allem saftige Gräser stehen. In geschützten Gebieten, wo keine Grasbrände entstehen und widriges Wetter abgemildert wird, wachsen Yellowwood- und andere Nutzbäume. Insgesamt gibt es in allen drei Vegetationsstufen über 1.000 Pflanzenarten.

Buschmann-Zeichnungen

Rock Art

In dieser einsamen Bergregion gibt es viele Höhlen mit Felszeichnungen von San (Buschmännern), die bis vor über 100 Jahren hier gelebt haben. Über die Künstler der Zeichnungen ist wenig bekannt. Die meisten Felszeichnungen entstanden vor 800 bis 200 Jahren.

1967 untersuchte der Höhlenforscher *Harald Pager*, wie schnell der Zustand der San-Zeichnungen sich verschlechtert. Er und seine Frau *Shirley Anne* begannen mit ihrer Arbeit im Didima Valley von Cathedral Peak, das sie als eines der reichsten Rock-Art-Gebiete auf der Welt bezeichneten. Nach zwei Jahren hatten sie über 4.000 Zeichnungen von Hand kopiert. 20 Prozent davon existieren heute nicht mehr.

In den 1950er Jahren waren nur 30 Rock-Art-Stätten in den Bergen von KwaZulu-Natal bekannt. Heute sind es bereits mehr als 35.000 Zeichnungen in über 520 Höhlen – einige zum Glück nur Experten, denn viele Zeichnungen wurden bereits zerstört.

Underberg/Himeville (ⓘ s. S. 195)

Underberg und Himeville liegen idyllisch inmitten kleinerer, saftig grüner Hügel am Fuße des 1.905 m hohen Hlogoma (*Platz der Echos*) und bilden das **Zentrum der südlichen Bergregion**. Mit zahlreichen Übernachtungsmöglichkeiten sind sie ein guter Ausgangspunkt für Wanderungen in die Drakensberge. Neben Einkaufsmöglichkeiten für die umliegenden Farmer (einige Eisenwarenläden) und Wanderer (Läden für Campingausrüstung, Supermärkte, Werkstätten), einer Touristeninformation (Buchungen für Touren zum Sani Pass) und einer privaten Klinik in Underberg gibt es im Umland beider Orte vor allem Obstplantagen und Anglerseen (Forellen). Underberg verfügt zudem noch über eine Bahnlinie, die hier endet und nicht in das 5 km weiter und höher gelegene Himeville – eher der Wohn- als Einkaufsort – führt.

Guter Ausgangspunkt

Ein Paradies für Angler: die Umgebung von Himeville

Underberg wurde gegründet als *Michel* und *Benast* ihren Versorgungsladen für die seit 1886 hier siedelnden Farmer eröffneten. Der Laden sollte eigentlich Geburtszelle und Zentrum für einen neuen Ort sein, doch befand eine Gouverneurskommission, dass der Platz zu leicht einnehmbar sei. Daraufhin wurde 1902 die Stätte des heutigen **Himeville** als Distriktsitz auserkoren. Von da an prägte lange Zeit Rivalität das Klima beider Orte. Himeville blieb trotz vieler Interventionen abgeschnitten. Erst *Kenneth* und *Mona Lund* mit ihrer Baumidee sollten den Streit beenden. Sie spendeten der Erzählung nach den Bürgern beider Orte Bäume, dessen angenehmer Schatten diese äußerst milde stimmte. Daraufhin gaben sie jedem Einwohner einen Eichenbaum, um ihn entlang der Verbindungsstraße zu pflanzen. Die Bäume gingen an und bildeten eine beachtliche Allee zwischen den Orten. Von da an wurde die alte Fehde langsam vergessen.

Rivalität

Heute ist von Rivalität keine Spur mehr. Wer sich länger in dieser Region einquartiert, wird dies spätestens am Wochenende merken. Dann sollte man z. B. am Freitagabend entweder ordentlich in der **„Kneipenszene"** des „Underberg Inn" bzw. des „Himeville Arms" mitmischen oder lieber die Straße den Feiernden überlassen. Eingeläutet wird das Wochenende in der Regel mit den ersten Drinks in Underberg, um dann richtig Party im „Himeville Arms" zu machen. Auf dem Weg nach Hause schaut, wer dann noch kann, gerne wieder im „Underberg Inn" rein.

Bar-Hopping

Gegenüber dem „Himeville Arms Hotel" (1906 mit guter Kneipe erbaut) gibt es das kleine **Himeville-Museum** für Regionalgeschichte und San Rock Art. Das 1899 gebaute Fort, das zum Schutz der ersten weißen Farmer von der Nataler Kronkolonie gebaut worden war, wurde bis Anfang der 1970er Jahre als Gefängnis genutzt. Himeville, 1902 vom damaligen Gouverneur von Natal, *Sir Albert Henry Hime* gegründet, gilt als Tor zum Sani Pass, der der einzige Zugang von KwaZulu-Natal nach Lesotho ist.

© igraphic

Die südlichen Drakensberge

(ⓘ s. S. 195/uKhahlamba-Drakensberge u. Underberg)

Das Highlight der am nächsten an Pietermaritzburg und Durban gelegenen Region der Drakensberge ist eine Fahrt den **Sani Pass** hinauf (den steilsten Pass Südafrikas). Da der Pass ab einer bestimmten Höhe nur für Geländewagen zugelassen ist, empfiehlt sich eine geführte Tour (kann in Underberg gebucht werden). Für **Wanderungen** bieten sich die Gebiete um den Bushman's Nek und den Garden Castle an, der auch Ausgangspunkt für den 60 km langen und fünf Tage dauernden **Giant's Cup National Hiking Trail** (mit Führung) ist. In dem kältesten Teil der Drakensberge von KwaZulu-Natal kann

Steilster Pass und höchster Pub

es im Juli und August, also im südafrikanischen Winter, schneien und auch im restlichen Jahr immer wieder zu plötzlichen Wetterumschwüngen kommen. Touristisch ist der Süden noch nicht so entwickelt wie die zentralen Drakensberge.

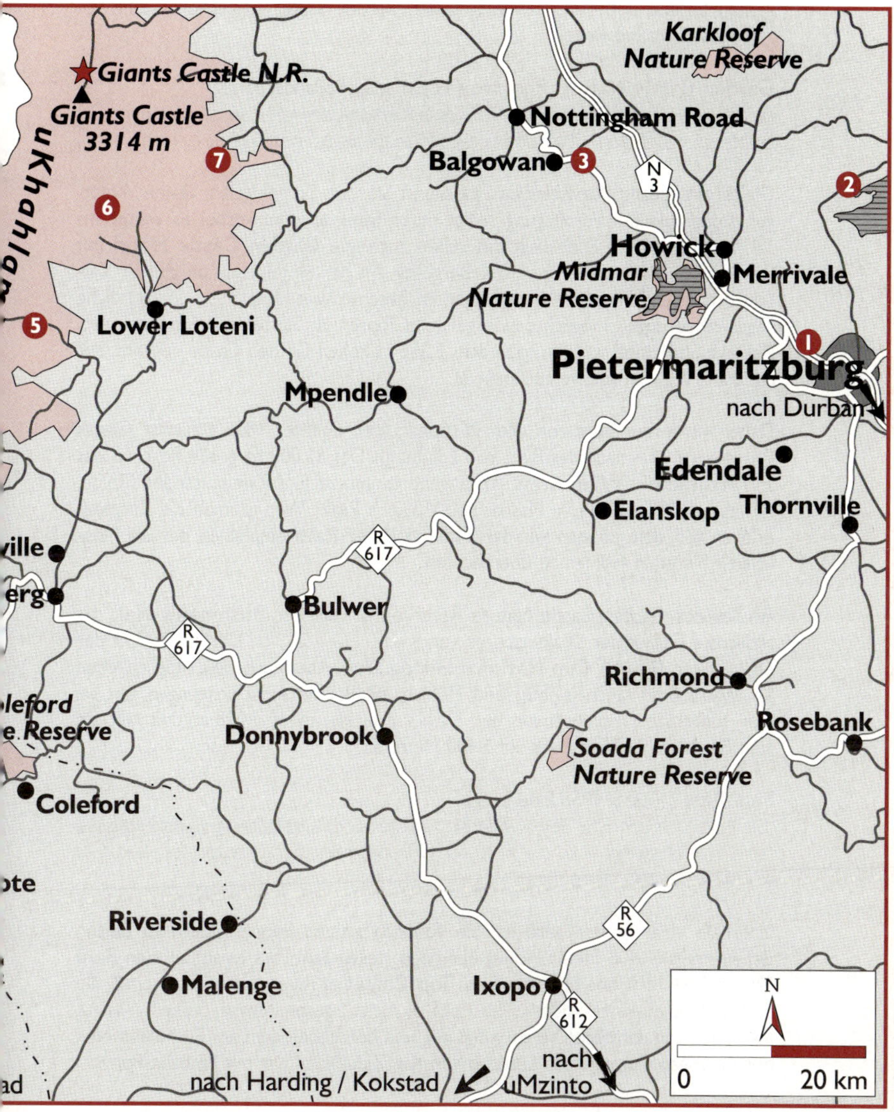

Himeville Nature Reserve

Fliegenfischen

Beste Bedingungen für Angler gibt es im 5 km von Underberg entfernt und auf 1.500 m Höhe am Fuße der Drakensberge gelegenen kleinen Nature Reserve (104 ha). Neben dem Fang von Frischwasserforellen ist besonders das Fliegenfischen beliebt; Boote können ausgeliehen werden. Gute Möglichkeiten zum Vogelbeobachten und Reiten.

Garden Castle Nature Reserve (4) (ⓘ s. S. 195/Underberg)

(Von Bulwer kommend, passiert man Underberg auf der R617, kurz hinter dem Ort rechts abbiegen; dann 29 km überwiegend Sandpiste (bei Regen nicht zu empfehlen).)

Karten im Hotel

Gleich am Anfang des Reservats passieren Sie den Campingplatz (keine Versorgungsmöglichkeiten, Verpflegung selbst mitbringen), an dem vorbei es weiter ins Tal hinein geht. Am Ende liegt das schön angelegte **Garden Castle Hotel** mit Restaurant, Café und Terrasse mit Bergblick. An der Hotelrezeption gibt es Kartenmaterial und Infos zu Wanderungen im Reserve. Vom Hotel aus sind zahlreiche Tageswanderungen möglich sowie geführte Touren zu Stätten mit San Rock Art. Reserve und Hotel wurden nach dem 2.356 m hohen Garden Castle benannt, der auf dem Weg ins Reserve zu sehen ist.

Übernachten in einer Höhle

Dabei wurde der Berg von dem Missionar *Allen Gardiner* 1835 zunächst Giant's Castle genannt – nach der Burg von Edinburgh. Das 35.000 ha große Reserve, das zur **Mzimkhulu Wilderness Area** gehört, umfasst fünf Zweitausender (Rhino, Mlambonja, Wilson's Peak, Mashai und Walker's Peak). Wer hautnah die Bergwelt erleben will, dem können wir den **Mashai River Path** empfehlen, der die Möglichkeit bietet, in Höhlen zu übernachten.

Als Teil des Garden Castle Nature Reserve markiert der **Bushman's Nek** das südlichste Gebiet der Drakensberge von KwaZulu-Natal. Von hier aus startet der 68 km lange **Giant's Cup National Hiking Trail**. Aber auch viele Möglichkeiten für Tagestouren (auch leichte) und Höhlen mit Buschmann-Zeichnungen gibt es. Der südlichste Dreitausender, der Devil's Knuckle, misst 3.028 m und fällt bis zum **Bushman's Nek Pass** auf 2.400 Meter ab.

Sani Pass (ⓘ s. S. 195/Underberg)

(Sie erreichen den Pass über Underberg (hinter der Bahnstation re.) und Himeville; hinterm Ort zweigt links die Piste ab. Öffnungszeiten der Grenzposten: Südafrika (8–16 h), Lesotho (7–15 h))

„Roof of Africa"

Innerhalb einer Stunde gelangen Sie von den grünen Bergausläufern zu Beginn des Anstiegs (1.400 Meter Höhe) über den steilen Sani Pass hinauf auf den **Sani Top** in 2.873 m Höhe mit dem **Sani Top Chalet** in rauer alpiner Landschaft, die auch „Tibet of Africa" oder „The Roof of Africa" genannt wird. Früher gelangte man über den damaligen Versorgungsweg und den neben dem am Bushman's Nek noch einzigen Zugang nach Lesotho von KwaZulu-Natal nur mit Basotho-Ponys.

INFO Basotho-Ponys

Die in den Drakensbergen lebenden kleinwüchsigen Ponys stammen ursprünglich von den sog. „Cape Hantam“ ab, eine Mischung von Arabern und ponyähnlichen Reittieren, die von Fernost nach Südafrika geschifft wurden. Ursprünglich gab es nämlich keine Pferde am Kap. Das musste auch *Jan van Riebeck* feststellen, als er im 17. Jh. nur mit ein paar Pferden ausgestattet ans Kap segelte, um dort seine Versorgungsstation aufzubauen.

Als Khoikhoi-Räuber erstmals auf Pferderücken die Menschen in Lesotho, die **Basotho** attackierten, waren diese zunächst von Ehrfurcht vor diesen so ungewöhnlichen „Ochsen ohne Hörner“, ergriffen. Doch schon bald wurde das Volk selbst zu einem „Reitervolk“, die Pferde von ihren Nachbarstämmen kauften oder auch stahlen.

Im Laufe der Zeit passten sich die Tiere ihrer **harschen Umgebung** an. Zu Beginn des 19. Jh. hatten sich bereits kurzbeinige Tiere mit breiten Rücken – und daraus resultierend, sicherem Tritt – herausgebildet, deren dickes Fell sie gegen die Kälte schützte und die nur mit Gras als Nahrungsgrundlage überleben konnten. Für das Leben auf den kargen Hochplateaus die wichtigste Voraussetzung.

Pony-Ausritt – auch für unerfahrene Reiter kein Problem

Später sollen auch britische Soldaten die Basotho-Ponys für ihr Polospiel entdeckt haben. Und während des Krieges zwischen Engländern und Buren von 1899-1901 wurden rund 15.000 der zotteligen Tiere von den Engländern für die Invasion in Natal eingesetzt. Tausende der Tiere wurden dabei getötet.

Der Versuch in den 1970er Jahren, die Basotho-Ponys mit Vollblutpferden zu kreuzen, führte nach Expertenschätzung dazu, dass die eh schon stark reduzierte Ponyrasse weiter reduziert wurde, da der Anteil der orientalischen Linie zu Gunsten empfindlicherer Vollblüter absank.

Heute kann man die Reittiere, die in den Bergen in Lesotho gesichtet werden, nicht mehr wirklich als Basotho-Ponys bezeichnen. Dennoch versucht eine Gruppe von Enthusiasten die Rasse der kleinen Reittiere in Ehren zu halten, indem sie Zucht der Nooitgedachter (**„die nie Gedachten“**) propagieren.

Nur mit einem Geländewagen

Heute ist der Sani Top der höchste Punkt im Südlichen Afrika, den man mit dem Auto erreichen kann. In zum Teil abenteuerlicher Geschwindigkeit rauschen große Lkw die äußerst steile und mit dicken Steinen versehene Piste des **Sani Passes** rauf und runter. Für normale Pkw ist die Piste ab dem südafrikanischen Grenzposten (noch unterhalb der eigentlichen Passstrecke) gesperrt und es geht nur noch mit einem Geländewagen weiter. Grobe Steine, die schmale Piste und der steile Abgrund sorgen für manchen Nervenkitzel.

Die letzten 14 Serpentinen des Sani Passes sind extrem steil

Besonders schwierig zu fahren sind die letzten 14 Serpentinen. Sie winden sich haarnadelförmig den extrem steilen Hang hinauf. Falls Sie sich doch mit einem eigenen Geländewagen hier hinauftrauen sollten, kann es ohne Servolenkung durchaus dazu kommen, dass sie den Wagen einmal abwürgen, nicht richtig um die Kurve kommen oder auch bei Gegenverkehr in der Bredouille sind, anhalten zu müssen. Dann sollte Ihr Beifahrer immer sprungbereit sein und zur Sicherheit für das nächste Anfahrmanöver große Steine hinter die Reifen klemmen.

Immer das Wetter im Auge behalten

Unterhalb des südafrikanischen Grenzpostens gibt es eine Aussichtsplattform, von der aus man einen Großteil des Passes sehen kann. Aber auch um hierher zu kommen, sollte vorher unbedingt auf die Wetterbedingungen geachtet werden. Wegen schneller Wetterumschwünge, kann es je nach Jahreszeit auch schon mal schneien. Der kleine Grenzposten von Lesotho liegt 16 km hinter dem SA Police Post oben auf dem Hochplateau und ist zusammen mit den paar Rundhütten der örtlichen Bewohner hier oben als „*the loneliest settlement in Africa*" bekannt. Das direkt neben dem Posten liegende **Sani Top Chalet** bietet neben dem Pub auch kleine Mahlzeiten und Übernachtungsmöglichkeiten. Wenn dunkle Regenwolken aufziehen, sollten Sie hier oben übernachten. Dann können Sie am nächsten Tag die Tageswanderung (30 km vom Sani Top) zum **Thabana Ntlenyana** (3.482 m), dem höchsten Berg südlich des Kilimanjaro, unternehmen. Man kann sich auch per Pferd zum Gipfel begeben.

Berghöhlen

Der Name des Passes geht auf einen **Basotho-Chief** zurück und nicht, wie der Name vermuten lässt, auf die San, die die Berghöhlen dieser Region bereits seit gut 8.000 v. Chr. bewohnten. Heute leben am Fuße des Passes viele der Nachfahren des *Bhaca-Stammes*. Ein Großteil der Nguni flüchtete vor *Shakas* Kriegern in diese Gegend, als der Zulukönig in der ersten Hälfte des 19. Jh. sein Reich im östlichen Griqualand ausdehnte. Die Bhaca hatten unterdessen ihr eigenes selbstständiges Königreich im Mount Frere District aufgebaut und lebten in Rivalität zu ihren Nachbarn, den *Mpondos*. Das Verhältnis der Nguni-Hirten zu den Jägern der San verlief überwiegend friedlich, bis europäische Siedler kamen und Druck auf beide Gruppen ausübten.

Es wurde eng

Für **Kneipenliebhaber** eine kleine Randnotiz:
An der Frage, wo nun wirklich der höchste Pub Afrikas liegt, scheiden sich die Geister. Das fängt schon damit an, dass eine entscheidende Rolle die Definition spielt, ob der Alkoholausschank in einem Pub als solcher definiert wird oder nicht. Und für die Südafrikaner ist der Pub auf dem Sani Pass mit Blick auf die atemberaubend steile Piste natürlich der einzig echte Pub in Afrika in dieser Höhenlage. Geografisch gehört z. B. die auf 3.555 m Höhe liegende Seilbahnstation des Pico de Teide (3.717 m) auf Teneriffa zu Afrika. Doch als Pub geht die öffentliche Alkoholausschänke natürlich nicht durch. Genau wie die Orte mit Verkauf von Alkohol im Himalaja. Und schaut man über die Grenzen Afrikas hinaus, so kann man festhalten, dass der höchste Platz, an dem man einen Drink zu sich nehmen kann, vermutlich das „Hotel Everest View" auf 3.962 m oberhalb von Namche Bazaar (dem nächsten Ort zum Mount Everest) ist. Das **Sani Top Chalet** liegt 2.873 m hoch und ist – überzeugen Sie sich selbst – natürlich ein richtiger Pub. Und der höchste Pub in Afrika, wenn nicht sogar weltweit.

Hinweis zur Strecke

- *Die **Hauptreiseroute vom Sani Pass** bzw. von **Himeville** geht weiter auf der landschaftlich sehr schönen Strecke entlang der Naturreservate Vergelegen, Loteni und Kamberg zum Giant's Castle Game Reserve. Von Giant's Castle geht es dann zurück zur N3.*
- *Die **Anfahrt von Himeville nach Vergelegen** erfolgt über die asphaltierte Ortsdurchfahrt, die ein Stück hinter dem Ort in eine Piste übergeht. Nach ca. 12 km geht es li. zum Vergelegen Nature Reserve. Nach noch einmal 19 km gelangt man ins Reservat. Am kleinen Mqatsheni-Laden folgt die Straße dem Mkhomazi River bis zum Camp und den Campingplätzen. Verpflegung am besten in Underberg/Himeville besorgen.*
- *Die **Alternativroute bei schlechtem Wetter**, vor allem während der Regenzeit von Oktober bis März, ist landschaftlich weit weniger spektakulär, und wenn man von Pietermaritzburg gekommen ist, leider auch schon bekannt. Es gibt keine andere Möglichkeit, als zurück nach Pietermaritzburg zu fahren und die Reiseroute über die N3 kommend in Giant's Castle fortzusetzen. Die Strecke entlang bzw. zu den Naturreservaten Vergelegen, Loteni und Kamberg entfällt dann, da sie ausschließlich über Piste zu erreichen sind.*

Sani Pass: einziger Zugang von KwaZulu-Natal nach Lesotho

Das Gebiet zwischen dem Sani Pass und den zentralen Drakensbergen: Vergelegen, Loteni und Kamberg Nature Reserves

(ⓘ s. S. 195/uKhahlamba-Drakensberg Park)

Abseits der Touristenpfade

Die drei absolut einsam gelegenen Reservate sind ein Muss für Naturenthusiasten und Wander-, Angel- und San-Rock-Art-Freaks! Völlig abseits von Touristenpfaden verirren sich hierher nur selten europäische Besucher. Das liegt sicher an der eher mühseligen Erreichbarkeit über lange Pisten, an den unkalkulierbaren Pistenzuständen je nach Wetterlage (bei Regen verwandeln sich die Sand-Schotterpisten in Schlammgruben, selbst leichte Anstiege können zum unüberwindbaren Hindernis werden und sind selbst für Geländefahrzeuge dann schwer zu meistern) und den Unterkünften, die hier ausschließlich für **Selbstversorger** ausgerichtet sind bzw. nur in Form eines Campingplatzes bestehen (die gesamte Verpflegung muss selbst mitgebracht werden).

Wir haben die Hauptreiseroute entlang dieser Reserves gelegt, da sie auch für die, die direkt weiter zum Giant's Castle möchten, eine Fahrt durch touristisch so gut wie unberührte Landschaft mit Rundhüttendörfern umgeben von sanft gewellten, saftig grünen Wiesen auf Hochplateaus bietet. Leider muss diese Strecke bei anhaltend schlechtem Wetter komplett entfallen (*s. o. „Hinweis zur Strecke"*).

Einsam

Das 20.000 ha große **Vergelegen Nature Reserve (5)** *(Camp-Öffnungsz.: von Apr.–Sept. 6–18 h und Okt.–Mrz. 5–19 h)* ist Teil der Mzimkhulu Wilderness Area und wird entlang des Mkhomazi River bestimmt von vier Dreitausendern: Mlahlangubo Peak (3.071 m), Nhlangeni (3.068 m), Ka-Nthuba (3.355 m) und Mqatsheni (3.249 m). Das mit zu den am schwersten zugänglichen Gebieten der Drakensberge zählende Reserve (Vergelegen bedeutet „weit weg gelegen") ist ein idealer Startpunkt für **Wanderungen** durch die einsamsten Gegenden der Drakensberge – entlang von Höhlen, über Pässe und zu einigen der umliegenden Gipfel. Übernachten kann man hier nur auf einem Campingplatz oder unterwegs in Höhlen. Von der Entfernung her ist Vergelegen der nächste Punkt zum in Lesotho liegenden **Thabana Ntlenyana** (3.482 m), dem höchsten Berg südlich des Kilimanjaro.

> **Hinweis zur Strecke**
>
> *Zum Loteni Nature Reserve sind es rund 76 km Piste von Himeville oder von Nordosten aus über die Nottingham Road kommend 78 km (29 km Asphalt/ 49 km Piste).*

Siedlerleben

Das **Loteni Nature Reserve (6)** *(KZN Wildlife Camp, geöffn. von Apr.–Sept. 6–18 h und Okt.–Mrz. 5–19 h; außer einem kleinen Shop keine Verpflegungsmöglichkeit)* zeichnet sich neben der einsamen Lage am Fuße der Berge (inmitten von Wasserfällen und sanften Grashügeln) und durch gute **Angelmöglichkeiten** (Forellen) im Loteni River aus. Da besonders die weißen Südafrikaner große Angel- und Outdoorfans sind, sind die Selbstversorgerhütten neben dem kleinen Campingplatz schnell ausgebucht. Neben dem Camp gibt es ein kleines Museum über das Siedlerleben im 19. Jh. am Beispiel der Familie *Root*, die zu der Zeit aus

England kam und die bevor das Gebiet zum Nature Reserve ernannt wurde, eine Farm betrieb.

Dünn besiedelte Landschaft entlang der Drakensberge

Das nach einem Berg, der aussieht wie der Haarkamm eines Vogels, benannte **Kamberg Nature Reserve (7)** *(KZN Wildlife Camp (kleiner Shop) mit Selbstversorgerhütten; Öffnungszeiten siehe Loteni N. R.)* ist vor allem für seine **Buschmann-Zeichnungen** bekannt. Wenn Sie auf ihrer bisherigen Reise schon einige gesehen haben, lohnt es nicht, nur deswegen die lange Anfahrt zu machen. In Giant's Castle (in der Ferne von Kamberg aus zu sehen) gibt es z. B. nach einer kurzen Wanderung auch welche zu sehen. Wer sowieso in das entlegene und einsame Camp möchte, kann drei Höhlen erkunden. In der Shelter Cave und der Game Pass Cave werden geführte Touren angeboten *(Buchungen im KZN Wildlife Office)*. Meistens starten diese früh morgens vom Camp, daher ist es am besten, diese schon im Vorfeld zu organisieren. Das **Kamberg Rock Art Center** ist ein weiterer Höhepunkt. Neben guten Angelmöglichkeiten bietet Kamberg den **Mooi River Trail**, den ältesten ausgeschilderten Wanderweg, für eine gut zu bewältigende Tageswanderung.

Höhlentouren

Die zentralen Drakensberge

Der *Central Berg,* wie die zentralen Drakensberge von KwaZulu-Natal einfach genannt werden, beginnt südlich des Giant's Castle (3.316 m) und reicht bis zum 60 km weiter nördlich, kurz vorm Royal Natal National Park liegenden Mnweni-Dreieck. Die zentrale Bergregion beinhaltet zahlreiche Bergreservate wie Cathedral Peak, Champagne Valley, Injisuthi und Giant's Castle Game Reserve. Alle sind durch einen Höhenweg verbunden. Zudem eröffnen zahlreiche Wanderwege den Eintritt in entlegene Gebiete mit unzähligen Höhlen mit San Rock Art.

Rock Art

Giant's Castle Game (Nature) Reserve (ⓘ s. S. 195/uKhahlamba-Drakensberg Park) *(geöffn. tägl. von 6–18 h von Apr.–Sept. u. 5–19 h von Okt.–Mrz.)*

Der 3.316 m hohe Giant's Castle, ein nahezu freistehender Basaltblock (daher leitet sich auch der Name des Reserve ab) dominiert die zentrale Drakensberg-Region. Das 1903 vom Natal Colonial Government zum Game Reserve ernannte Gebiet gehört zu den ältesten Conservation Areas in Afrika. Damals wollte man vor allem die hier vorkommenden Elandantilopen schützen. Das schön gestaltete Camp *(Selbstversorgerhütten, Restaurant, gut sortierter Shop)* liegt wunderbar im fruchtbaren Tal des Bushman's River. Leider ist es aufgrund der guten Erreichbarkeit über Asphaltstraße, der schön gestalteten Hütten zum Teil direkt über dem Fluss und mangels Übernachtungsalternativen sehr schnell belegt. Sie müssen daher, wenn Sie über Nacht bleiben wollen – und das würden wir auf jeden Fall empfehlen – weit im Voraus buchen.

Oft ausgebucht

Karte
S. 639 u. 650

Vom Camp gibt es direkte Zugänge zu leichten Tagestouren, u. a. zum **World's View** oder auch zu den **Maincave-Buschmann-Zeichnungen** (Kartenmaterial an der Rezeption). Wir empfehlen eine geführte Tour, auf der viele Details der Zeichnungen erklärt werden. Dies lohnt sich auch für denjenigen, der ganz wenig Zeit und noch keine Bushman-Kunst gesehen hat. Der Weg zum Main Cave (ausgeschildert) dauert eine halbe Stunde, die Führung ca. eine Stunde.

Gut zu erwandern: die Region um den Giant's Castle

Lammergeyer

Sehr bekannt ist der **Lammergeyer Hide**, der von Mai bis September mit hoher Wahrscheinlichkeit das Sichten des Black Eagle (Adler), Cape Vulture (Kap-Geier), Jackal Buzzard (Bussard) und Lanner Falcon (Lanner-Falke) bietet. Übertroffen werden kann der Anblick dieser Raubvögel vom plötzlichen Erscheinen des Lammergeier. Sie werden durch ausgelegte Knochen oben in den Felsen gegenüber dem Wanderweg angelockt.

Übernachtungsalternative

Eine Übernachtungsalternative zu den Unterkünften im Giant's Castle Game Reserve gibt es im angrenzenden und 32 Straßenkilometer weiter nördlich liegendem White Mountain Holiday Resort *(ⓘ s. S. 195/uKhahlamba-Drakensberg Park). Dazu biegen Sie in der nächsten Ortschaft (ehemaliges Homeland) links die ausgeschilderte Asphaltstraße nach Estcourt und dann nach ca. 13 km zum Resort ab.*

Abstecher nach Estcourt (ⓘ s. S. 195)

(Vom Giant's Castle geht es Richtung White Mountain Holiday Resort (32 km), von dort sind es noch 37 km bis Estcourt.)

Schinkenfabrik

Für Touristen ist die Stadt vor allem als Versorgungsstation für längere Wandertouren oder Aufenthalte in Selbstversorgungshütten in den Drakensbergen interessant. Das **Livestock Center** ist bekannt für seine Schinkenfabrik. Die einzige Sehenswürdigkeit ist das **Fort Dumford** *(Kemps Rd, geöffn. 9–12 h, 13–15.45 h)*, das 1847 zum Schutz gegen Angriffe der Zulu gebaut wurde. Das heutige Museum stellt vor allem militärgeschichtliche Objekte aus und Gegenstände zur Sozial- und Wirtschaftsgeschichte der Gegend sowie ein rekonstruiertes Zulu-Haus.

Hinweis zur Strecke

Anfahrt von Estcourt zum Injisuthi Reserve: 27 km bis nach Loskop, nach weiteren 4 km nach li. (am Voortrekker-Denkmal vorbei), dann 32 km (teils Piste, teils sehr schlechter Asphalt) bis zum Gate. Vom Giant's Castle Game Reserve geht es hinterm White Mountain Holiday Resort (s. o.) 26 km (teils Piste, teils Asphalt) bis zur Straße hinter Draycott, die li. nach Loskop führt.

Injisuthi Reserve (8) (ⓘ s. S. 195/uKhahlamba-Drakensberg Park)
(Öffnungsz.: Apr.–Sept. 7–18 h, Okt.–Mär. 6–19 h)

„Dicke Hunde“

Im Tal des Njesuthi-Flusses gelegen, ist das rund 50 Kilometer von Winterton und Estcourt entfernte Injisuthi Camp (ausgesprochen: *Injasuti,* bedeutet so viel wie „dicke Hunde“, in Anspielung auf die umliegenden Dreitausender) ein sehr guter Ausgangspunkt für leichte Tageswanderungen. Der bestimmende und höchste Berg des Injisuthi-Gebietes ist der auf Lesotho-Seite liegende Mafadi (3.451 m; bedeutet „Frau“ in Sesotho). In der Nähe des Bergresorts gibt es einige Flüsse mit klarem Wasser, die über Holzbrücken zu überqueren sind. Einst wurde die abgelegene Gegend stark von Wild frequentiert. Die Einsamkeit ist immer noch eine der besonderen Charakteristika des ehemals *Solitude* genannten privaten Resorts. Nach der Übernahme durch den KwaZulu-Natal Nature Conservation Service wurde das Resort umbenannt und in den nördlichen Teil des Giant's Castle Game Reserve integriert.

Durch das Bergvorland führen zumeist staubige Pisten

Dreitausender

Bekannt ist es vor allem für eine der spektakulärsten Kulissen in den Nataler Drakensbergen, die im Süden aus dem Ape (3.096 m), dem 3.104 m hohen Leslie's-Pass, dem Greater Injisuthi Buttress (3.202 m), der Red Wall (3.121 m), dem Popple Peak (3.330 m und bereits auf Lesotho-Seite) und Südafrikas höchstem Berg, dem **Mafadi** (3.446 m) und dem **Injisuthi Dom** (3.410 m) besteht. Nach Norden hin sind u. a. Champagne Castle (3.280 m) und Cathkin Peak (3.148 m) in einer Tageswanderung zu erreichen. Besonders lohnend ist die Tageswanderung auf den **Little Berg** (8 km vom Camp entfernt; neben dem Van-Heyningen's-Pass). Vom Gipfel des „kleinen Berges“ können die meisten der umliegenden Gipfel gesichtet werden.

Die Übernachtungsmöglichkeiten bestehen aus Selbstversorgerhütten (mit Strom zwischen 17.30 und 22 h, ansonsten gibt es kein elektrisches Licht) und einem relativ großem Campingplatz (100 Plätze). Die nächste Einkaufsmöglichkeit befindet sich in Estcourt. Darüber hinaus werden **Schlafgelegenheiten in Höhlen** (Injisuthi Caves, Grindstone Cave und Marble Bath Cave) angeboten.

Hinweis zur Strecke

Vom Injisuthi Reserve geht es zurück zum Voortrekker-Denkmal, dort nach li. und nach 6 km wieder nach li. auf die R600.

Champagne Castle und Champagne Valley
(ⓘ s. S. 195/uKhahlamba-Drakensberg Park)

Kontrast

Das **Panorama** der Spitze von Monk's Cowl (3.229 m), eingerahmt von Champagne Castle (3.377 m) im Süden und dem Cathkin Peak (3.148 m) im Norden, ist der Höhepunkt des Tales. Dafür muss man allerdings gar nicht ganz ins Tal hineinfahren, sondern genießt es besser und in voller Schönheit mit einer gewissen Entfernung. Denn wer der bisherigen Reiseroute gefolgt ist, wird im Champagne Valley einen kleinen Kulturschock erleben. Im harten Kontrast zu den weiter südlich gelegenen Tälern hat sich hier bereits eine kleine touristische Infrastruktur gebildet (entlang der Straße durch das Tal gibt es zahlreiche Übernachtungsmöglichkeiten, B&B, Sportresorts, Supermärkte, Liquor Stores, Restaurants). Wer kurzfristig eine Übernachtung in den zentralen Drakensbergen sucht, hat hier die größten Chancen, sogar noch ein Hotelzimmer zu bekommen.

Blick auf Sterkhorn, Cathkin Peak und Champagne Castle

Knabenchor in Afrika

Angesichts der einsameren Alternativen im Süden bzw. des unserer Ansicht nach attraktiveren Hotels in Cathedral Peak (s. u.) würden wir empfehlen, vom Injisuthi oder Giant's Castle Reserve direkt weiter zum Cathedral Peak zu fahren. Es sei denn, sie befinden sich an einem Mittwoch während der südafrikanischen Schulzeit in der Nähe des Tals. Dann tritt der mittlerweile weltweit bekannte **Drakensberg Boys Choir** hier am Champagne Castle auf. Die Aufführungen des in den Schulferien besonders auch in Europa gastierenden Knabenchors werden im ganzen Tal angekündigt.

> **Hinweis zur Strecke**
>
> *Vom Champagne Valley auf der R600 zurück auf die Straße, die von Estcourt bzw. Loskop herführt. Nach 13 km li. und weitere 27 km bis zum Cathedral Peak Hotel.*

Cathedral Peak (ⓘ s. S. 195/uKhahlamba-Drakensberg Park)

> **Hinweis zur Strecke**
>
> *Ca. 36 km landschaftlich schöne Anfahrt von der Strecke Loskop – Bergville durch hügelige Graslandschaft mit unzähligen Zuludörfern.*

Aus dem **Hubschrauber** die Bergwelt um den Cathedral Peak (das Zuluwort *Mponjwane* bedeutet „das Horn des Gesichts einer Färse“) aus der Luft zu betrachten ist das absolute Highlight der Drakensbergregion. Zum Teil fast in „Tuchfühlung“ geht es durch das Tal des Flusses Mlambonja, der im Laufe der Zeit tiefe Schluchten (die Rainbow Gorge ist besonders sehenswert) aus den Felsen heraus gewaschen hat. Gleich zu Beginn des Cathedral Peak Mountain Reserve fließt der Ndedema in den Mlambonja. Der Ndedema hat dabei eine noch größere Schlucht (5,5 km lang) in den Felsen hinterlassen als der Mlambonja und hier gibt es ca. 4.000 Buschmann-Zeichnungen.

Jeweils früh morgens startet ein Hubschrauberrundflug zum Cathedral Peak mit Zwischenstopp unterhalb des imposanten Berges. Hier gibt es dann Sektfrühstück und man hat die Möglichkeit, Fotos vom tief unten liegenden **Cathedral Peak Hotel** zu machen. Das am dichtesten an die Drakensberge heran gebaute Hotel wartet mit Old-Fashioned-Charme aus der Zeit der britischen Herrschaft auf. In lockerer Atmosphäre werden guter Service und viele Sportmöglichkeiten geboten. Abends mischen sich die Angestellten (und auch der Chef höchstpersönlich) in der Bar auch gerne mal unter die Gäste. Da das Hotel bei Einheimischen schon immer sehr beliebt war und in jüngster Zeit auch Europäer die „britische Oase“ inmitten der imposanten Berglandschaft entdeckt haben, gilt es, rechtzeitig zu buchen. Als einzige Übernachtungsalternativen gibt es einen Campingplatz gegenüber von Mike's Pass Guardhouse, rund 4 km unterhalb des Hotels sowie das Holzhüttencamp Didima.

Old-Fashioned Charme

Die Cathedral-Gebirgskette im Nachmittagslicht

120 km Wanderwege jeden Schwierigkeitsgrades starten vom Hotel aus (gleich rechts davon, Wanderkarten und -bücher erhalten Sie im Hotel). Eine schöne Tour ist der 11 km lange **Rundtrip zur Rainbow Gorge** (ca. 5 h). Eine geführte Wanderung auf den Cathedral Peak selbst organisiert das Hotel (10 km; ca. 9 h; sehr steile Kletterung).

Das Gebiet um den Cathedral Peak wurde bereits Ende des 19. Jh. unter Schutz gestellt, um dauerhaft über das klare Bergwasser der Drakensberge verfügen zu können und die heimischen Wälder in den unteren Bergregionen vor Rodung zu schützen. 1938 wurde eine wissenschaftliche Station im Cathedral Peak Staatswald (seit 1927) eingerichtet, um die Auswirkungen von Baumschulen auf die Wasserversorgung zu untersuchen. Im gleichen Jahr wurde das Cathedral Peak Hotel innerhalb der Schutzzone auf privaten Grund gebaut und ist bis heute hier die einzige Anlage dieser Art. 1948-1951 wurden weitere Gebiete zu Staatswäldern erklärt und damit der Schutz der wichtigsten Trinkwasserregion der Drakensberge zur Staatsaufgabe.

Trinkwasserschutz

Abstecher nach Ladysmith (ⓘ s. S. 195)

Für einen Abstecher nach Ladysmith siehe Informationen zu der Stadt sowie zu den umliegenden Battlefields und dem Land der Zulu ab S. 551f.

Hinweis zur Strecke

Von Ladysmith kommend auf der N11 die N3 überqueren und geradeaus auf der R616 nach Bergville fahren. Dort nach Norden auf die R74 abbiegen und nach ca. 26 km der Ausschilderung zum Royal Natal National Park folgen (18 km). Von Cathedral Peak aus empfiehlt es sich ebenfalls über Bergville zu fahren (43 km bis Bergville).

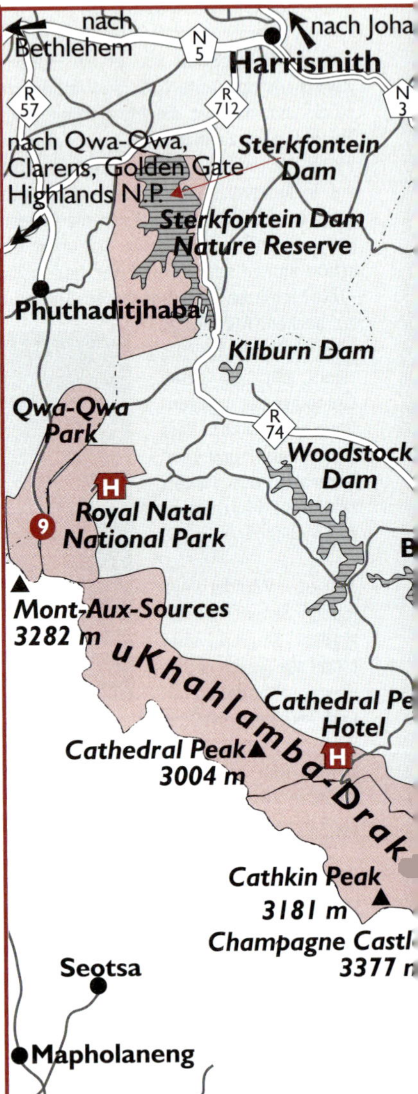

© graphic

Die nördlichen Drakensberge

Der **Royal Natal National Park** und das urwüchsige so genannte **Mnweni-Dreieck** mit ihren hohen Bergen (die drei höchsten Berge sind der Sentinel (3.164 m), der Eastern Buttress (3.048 m) und der Mont-aux-Sources (3.282 m)), tiefen Schluchten, wasserreichen Flüssen und zahlreichen Wasserfällen prägen das nördliche Ende der Drakensberge. Geprägt wird diese Region, die die nächstgelegene Region der Drakensberge an Johannesburg ist, vor allem von dem gigantischen Amphitheater und dem Tugela-Tal. Der Besuch der englischen Königsfamilie Mitte des 20. Jh. machte den Park und seine Bergkulisse weltweit bekannt. Das südlicher liegende Gebiet des Mnweni-Stammes (mit seinen Ausmaßen von

Amphitheater

Waschtag bei den Mnweni

30 mal 10 km das größte Stammesland in der Drakensbergregion) ist im Gegensatz zum Nationalpark touristisch völlig unerschlossen und für Besucher aufgrund fehlender Infrastruktur so gut wie nicht zugänglich. Das unter herrschaftlichen Bergen liegende Gebiet ist geprägt von Überbevölkerung und gerodeter

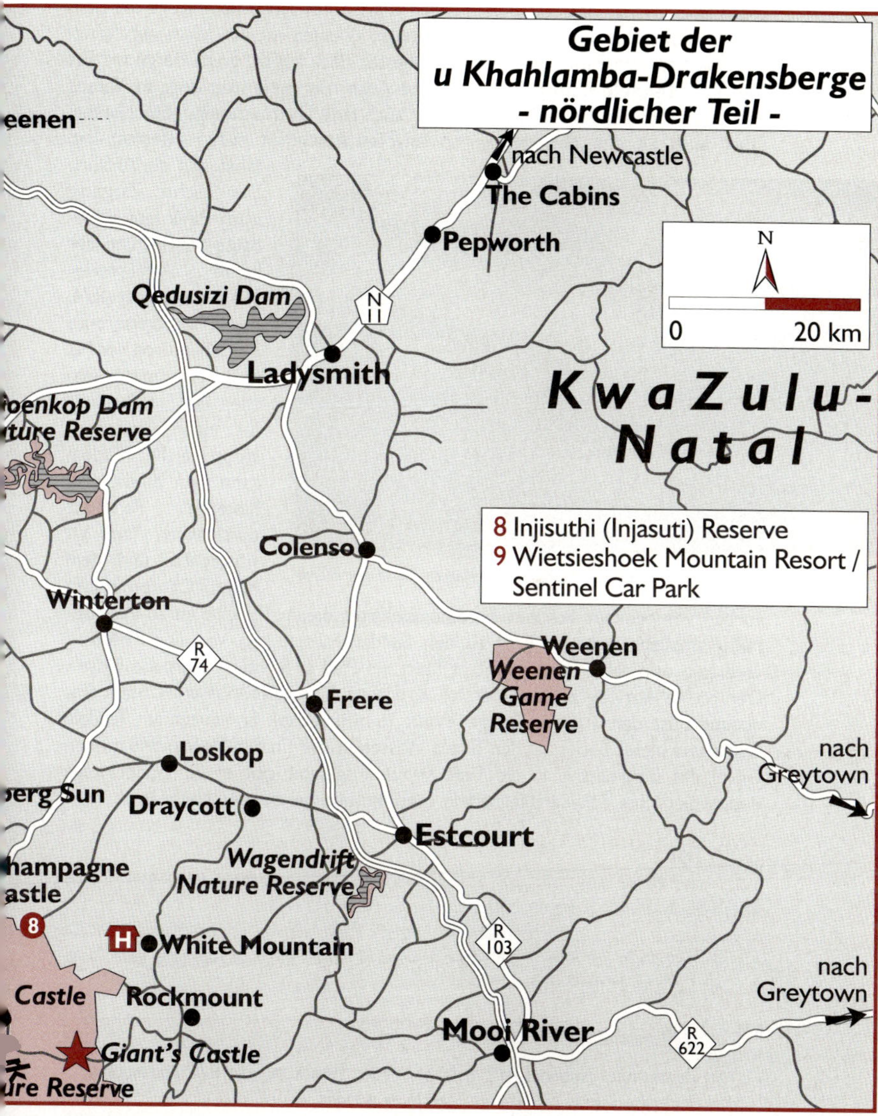

Graslandschaft. Die höheren Lagen, wo sich auch die Quelle des Gariep (Orange) River befindet, bestehen aus unberührter Wildnis.

Royal Natal National Park (ⓘ s. S. 195/uKhahlamba-Drakensberg Park)

Wie eine Filmkulisse

Der Park lebt von der atemberaubenden Kulisse des **Amphitheaters** mit dem 3.164 m hohen Sentinel, das mit seinen steilen Wänden wie eine extra angefertigte Filmkulisse den Park umschließt. Den besten Blick auf die graue Bergwand hat man vom **Tendele Camp** im Park selbst. Auch hier muss man lange im Voraus buchen. Außerhalb des Parks gibt es aber auch gute Übernachtungsmöglichkeiten. Doch auch für den, der hier keinen längeren Aufenthalt mehr eingeplant hat, lohnt sich die Anfahrt. Der leichte **Zugang zum Park** (gut ausgebaute Straße) und der kurze Anfahrtsweg (18 km von der R74, der Hauptreiseroute bzw. 85 km von der N3 nahe Ladysmith) machen die Entscheidung für einen Zwischenstopp leicht. Zudem kann man direkt zum hinteren Parkplatz durchfahren (am Visitorcenter und dem Mahai-Campingplatz vorbei), von dem aus sich gute Fotomöglichkeiten bieten. Für eine kurze **Wanderung** empfiehlt sich der Weg zu den Sunday Falls (3 km). Von der Kreuzung unterhalb des Mahai-Campingplatzes führt ein Pfad in Richtung „Surprise Ridge". Der rechte Abzweig nach der ersten Kreuzung führt zum Wasserfall. Stark frequentiert ist der **Tugela Gorge Walk** (6-h-Rundtrip). Er startet am Tendele Camp und bietet Blicke auf den Tugela-Wasserfall, der (in fünf Stufen) 948 m vom Gipfel des Bergmassivs in die Tiefe stürzt. Insgesamt gibt es 22 Wanderwege unterschiedlicher Schwierigkeitsgrade rund um und bei dem Amphitheater.

Das Amphitheater bestimmt den Norden der Drakensberge

Tugela Falls

Tipp

Wenn Sie früh morgens von Cathedral Peak bzw. vom Champagne Castle losfahren, können Sie gegen Mittag im Royal Natal Park sein. Dort führt die Straße links hinterm Informationszentrum direkt zum Parkplatz mit Panoramablick auf die atemberaubende Bergformation. Zuvor bieten schöne Picknickplätze eine gute Möglichkeit für eine Mittagspause.

Hinweis zur Strecke

Vom Royal Natal National Park geht es wieder zurück auf die R74 und nach li. den Oliviershoek Pass hinauf zum Sterkfontein Dam.

Sterkfontein Dam Nature Reserve (ⓘ s. S. 195/Drakensberge)

(ca. 25 km südwestl. von Harrismith)

Bevor sie zum Stausee gelangen, überqueren Sie auf der R74 den **Oliviershoek-Pass** und folgen damit der alten Voortrekker-Route. Der Pass eröffnet noch einmal einen schönen Blick auf die Drakensberge und den südlich gelegenen Woodstock-Stausee.

Panorama

Im Zentrum des ca. 18.000 ha großen Naturreservats liegt der **Sterkfontein-Stausee** mit den hoch aufsteigenden Drakensbergen im Hintergrund. Direkt an seinem östlichen Ufer befindet sich das Camp in offener Graslandschaft. Bei hohen Temperaturen verschafft das Abkühlung, bei aufkommenden Winden kann es hingegen ziemlich zugig werden. Im Norden ist der Park von zumeist saftig grüner Berggraslandschaft geprägt, die im Frühjahr in ein farbenfrohes Blütenmeer wechselt. Im südwestlichen Teil prägen Schluchten und die Ausläufer der Drakensberge den Park, wo Yellowwood, Farne und Pfirsichbäume wachsen. An Tieren leben hier verschiedene Bockarten, Duiker und Kuhantilopen. Der Stausee mit der höchsten Staumauer Südafrikas versorgt vor allem Johannesburg mit Trinkwasser.

Hinweis zur Strecke

Vom Sterkfontein Dam Nature Reserve sind es noch gut 25 km auf der R74/R712 nach Harrismith. Von dort aus gibt es die Möglichkeit

- *direkt auf der N3* ***zurück nach Johannesburg*** *zu fahren*
- *oder bereits vor Harrismith auf der R712 einen* ***Abstecher*** *nach Qwa-Qwa, zum Golden Gate Highlands National Park und nach Clarens zu machen.*

Harrismith (ⓘ s. S. 195/Drakensberge)

Versorgungsstation

Angesiedelt zwischen dem Fuße des Platbergs und der N3, verbindet das bereits im Free State gelegene Harrismith infrastrukturell Gauteng und KwaZulu-Natal. Die 90.000-Einwohner-Stadt wurde nach dem ehemaligen Gouverneur der Kapprovinz und Stadtgründer *Harry Smith* benannt und war in der Zeit nach der Gründung (1849) eine wichtige Versorgungsstation auf der ehemaligen Hauptroute Johannesburg – Durban. Heute ist die Kleinstadt langweilig – trotz der zahlreichen Sandsteinbauten. Die Touristeninformation im Zentrum (sehr hilfsbereit) befindet sich im historischen und von britischem Klinkerstil beeinflussten Rathaus. Zu den Sehenswürdigkeiten der Stadt gehört der **Botanische Garten** *(geöffn. tägl. von 8–18 h, etwa 5 km außerhalb des Zentrums)*, in dem die in den verschiedenen Vegetationszonen der nördlichen Drakensberge wachsenden Pflanzen zu finden sind. Das Blockhaus im Garten wurde im zweiten Burenkrieg errichtet.

Hinweis zur Strecke

Nach Qwa-Qwa und zum Golden Gate Highlands National Park geht's von Harrismith über die R712. In Qwa-Qwa bleiben Sie immer auf der Hauptstraße (zuerst noch als R57 markiert), die Sie schließlich zu den beiden Berghotels führt.

> **Hinweis**
>
> *Bevor Sie nach Johannesburg aufbrechen, überprüfen Sie noch einmal ihren Tankstand, denn direkt hinter Harrismith befindet sich für die nächsten 130 km die letzte Möglichkeit direkt am Wege zu tanken.*

Qwa-Qwa (ⓘ s. S. 195/Drakensberge)

(ca. 45 km westlich von Harrismith)

„Weißer als weiß"

Das ehemals kleinste Homeland Südafrikas Qwa-Qwa („weißer als weiß") wurde, so sagen die einen, nach dem **Berg Qwa-Qwa** benannt. Dieser wiederum soll seinen Namen wegen der weißen Flecken der hier gerne Rast machenden **Kapgeier** haben. Anderen Berichten jedoch zufolge haben bereits die San die Gegend wegen der im Winter wie auch manchmal im Sommer mit Schnee bedeckten Bergspitzen so bezeichnet.

Dichte Besiedlung bestimmt Phuthaditjhaba

Phuthaditjhaba, die zu Apartheidzeiten künstlich geschaffene Hauptstadt von Qwa-Qwa (*ehemals Witsieshoek genannt; liegt 2 km südl. der R712*), kann man getrost links liegen lassen, es sei denn, Sie wollen zum Witsieshoek Mountain Resort und Sentinel Car Park. Dann geht es durch den Ort durch, an der Universität und den einstöckigen Klinkerbauten vorbei und kilometerlang durch stark zersiedelte Hügellandschaft.

Im starken Kontrast zur Einsamkeit der Bergresorts tummeln sich in Phuthaditjhaba unzählige Minitaxis, Massen von Menschen und Tieren auf der Hauptstraße.

Witsieshoek Mountain Resort

(ⓘ s. S. 195/Drakensberge)

(15 km hinter Phuthaditjhaba; Ausschilderung folgen)

Berghotel

Von dem auf 2.286 m Höhe liegendem Berghotel, dem am höchsten gelegenen in Südafrika, hat man einen leichten Zugang zu den Wanderwegen im Royal Natal National Park (z. B. zum Metsi-Matso-Stausee oder Pika-Patso-Stausee). Die Zimmer sind recht einfach, dafür ist der Blick direkt auf das uKhahlamba-Drakensberg-Amphitheater einzigartig. Kontinuität zeigen die Speisen- und Getränkekarten, die ganz nach Geschmack der Buren vor allem riesige Steaks und eine ziemlich angestaubte Weinkarte enthalten.

Die Anfahrt zum Resort ist sehr steil, wegen der komplett gepflasterten Straße aber ohne Probleme zu meistern.

Sentinel Car Park

(kurz vorm Witsieshoek Mountain Resort. Dem ausgeschilderten Abzweig nach re. folgen)

Der Sentinel vom Witsieshoek Mountain Resort aus gesehen

Noch etwas höher als das Mountain Resort liegt der Sentinel Car Park, von dem aus Wanderwege zu den direkt am Felsen angebrachten Kettenleitern führen, die bis hinauf auf den abgeflachten Gipfel des Bergmassivs führen und weiter zum Mont-aux-Sources. Zu Fuß ist der Royal Natal National Park demnach nur kurze Wanderungen entfernt. Mit dem Auto gelangt man hingegen nur außen herum in den Park, d. h. man muss wieder hinunter nach Phuthadijhaba und über Harrismith und dem Oliviershoek Pass (rund 100 km) fahren.

Qwa-Qwa National Park

Im Jahre 2003 fielen die Zäune zwischen dem Qwa-Qwa und dem Golden Gate Highlands National Park, womit beide offiziell zu einem zusammengefügt wurden. In Zukunft soll dieser Park wiederum in dem geplanten **Maluti-Drakensberg Transfrontier Park**, der zwischen Südafrika und Lesotho geplant ist, aufgehen. Landschaftlich ist der Qwa-Qwa National Park geprägt durch offene und hügelige Graslandschaft vor Bergpanoramen. Teilweise kann man von den höher gelegenen Regionen ganz Qwa-Qwa und sogar Golden Gate überblicken; und sogar bis zu den Drakensbergen schauen und beobachten wie Regenschauer über Cathedral Peak in den zentralen Drakensbergen niederprasseln.

Transfrontier Park in Planung

Neben Voortrekkergräbern (das älteste datiert aus dem Jahre 1836) sind vor allem die Fußabdrücke eines Pflanzen fressenden Dinosauriers (*massospondylus*), die auf 220 Mio. Jahre geschätzt werden, sehenswert.

Im Herzen des zusammengelegten National Parks befindet sich das **Basotho Cultural Village** (*tägl. geöffn.; an der Hauptstraße Harrismith – Clarens*) der hier lebenden Basotho, die kulturell mit dem Bantuvolk der Sotho verwandt sind und zu den Süd-Sotho gezählt werden. Von den 4,1 Mio. Süd-Sotho leben ca. 2,1 Mio. im Free State, die anderen 2 Mio. stellen das Staatsvolk von Lesotho. Die Basotho entwickelten sich seit dem 19. Jh. historisch-kulturell unter ihrem König *Moshoeshoe* eigenständig im heutigen Lesotho. Während des schwarzen und weißen Revolutionsprozesses des südafrikanischen Hinterlandes konnte *Moshoeshoe* zwi-

Süd-Sotho

schen 1836 und 1848 zahlreiche versprengte Stämme in seine Nation integrieren und in dieser Zeit von 25.000 auf 80.000 anwachsen lassen.

Die **traditionelle Lebensform der Basotho** wird im Kulturdorf mit Chief, obersten Sekretär, Medizinmann, Schamane im Raubtierfell und diversen Frauen des Chiefs sowie Nachbauten ihrer Hütten und Vorführung kulinarischer Sitten nachgestellt und veranschaulicht. Bei einer geführten Tour bekommt man ausführliche Informationen und kann gemeinsam mit dem „Chief" ein Joala, ein Hirsebier, nach Sotho-Art, trinken. Zu empfehlen ist auch der **Matlakeng Herbal Trail**. Der Pfad führt hier in der Nähe durch typische Graslandschaft des National Parks, entlang beeindruckender Sandsteinformationen und glasklaren Gebirgsbächen sowie heimischem Wald.

Hirsebier

Golden Gate Highlands National Park (ⓘ s. S. 195/Drakensberge)

(tägl. geöffn.)

Der Golden Gate Highlands National Park fasziniert mit seinen bizarren und farbenprächtigen Felsformationen. Der Name Golden Gate wurde den beiden Klippen am Damm von dem Farmer *J. N. R. Renen* 1875 verliehen. Er kam häufig hierher und bewunderte in der Abendsonne das **Farbenspiel der Felsen**. Besonders dann schimmerten sie golden. Während des Anglo-Boer-Krieges versteckten sich viele Familien in den Höhlen dieses Gebietes, um nicht von den Briten in die gefürchteten Lager gesteckt zu werden. Häufig mussten Frauen und Kinder hier wochenlang ausharren.

Golden Gate: Verschiedene Gesteinsfarben durch Sedimentation

Doch schon **Buschmänner** haben hier vor langer Zeit gewohnt und immer wieder finden sich Reste ihrer Kulturen. 1962 wurde der Park als erster Nationalpark des Free-States eingerichtet. Damals hatte er nur eine Fläche von 4.800 ha. Durch Zukauf der umliegenden Farmen wurde er 1988 auf knapp 12.000 ha erweitert und wird, wie bereits erwähnt, in absehbarer Zeit mit den benachbarten Parks zusammengelegt. Seinen Reiz machen weniger die Tiere aus (Zebras, Wildebeests, Elands und andere Steppentiere), sondern die Einzigartigkeit der Geologie.

Der Geologie wegen

Im Laufe verschiedenster **Sedimentationsprozesse** haben sich die unterschiedlichsten Gesteinsfarben entwickelt, die sich wie Bänder horizontal um die Felsen winden. Am auffälligsten sind die roten und dunkelbraunen Streifen, die sich während einer Zeit größter Trockenheit abgesetzt haben. Die oberste Schicht, auch sehr dunkel in der Farbe, entstammt einem Lavaerguss vor 190 Mio. Jahren. Mit diesem Ereignis war die Sedimentation abgeschlossen und die Erosionskräfte setzten ein. Das Tal wurde von dem kleinen Caledon River geformt, vornehmlich in einer Zeit, als er noch mehr Wasser führte. Interessant sind auch die abgerutschten Hangflächen. Manch einer kennt das sicher aus den Alpen. Der Fachmann bezeichnet es als *Solifluktion*. Dabei gefriert zuerst der gesamte Boden. In wärmeren Jahreszeiten taut die Oberschicht auf und rutscht, von den Graswurzeln zusammengehalten, als Fläche auf dem stets gefrorenen Unterboden ab. Solifluktion

Wer sich näher mit dem Park beschäftigen möchte, kann ihn entweder erwandern – auf den längeren Strecken gibt es einfache Hütten – oder sich ein Pferd ausleihen.

Clarens (ⓘ s. S. 195/Drakensberge)

Clarens wurde 1912 gegründet und nach dem Schweizer Ferienort am Genfer See (Montreux) benannt, in dem der ehemalige Präsident von Transvaal, *Paul Kruger*, sein Exil verbrachte und 1904 schließlich starb. Heute ist es ein kleiner Ferienort, in dem es einige Kunsthandwerksgeschäfte, Galerien, Teestuben und kleine Restaurants gibt. Beliebter Ferienort

Der Ort liegt in einem schönen Talende mit Blick auf das Golden Gate, was sich einige reiche Städter zunutze gemacht haben und teure Villen an die Hänge setzten. In der Umgebung gibt es einige Wanderwege. Nähere Auskünfte darüber erhalten Sie im Hotel oder bei der Gemeinde (Municipality).

Hinweis zur Strecke

Von Clarens aus führt der kürzeste Weg zurück nach Johannesburg auf der R711 und der N5 nach Harrismith und von dort auf der N3 Richtung Norden. Wenn Sie den gleichen Weg zurückfahren, biegen Sie in Harrismith auf die N3 nach Johannesburg ab.
Eine ganz andere Möglichkeit bietet auch die Strecke R711 bis Bethlehem und dann entlang der R26 über Reitz bis Villiers, wo Sie auf die N3 treffen.

14. MOZAMBIQUE

Abstecher nach Maputo

Überblick

Strände und Musik

Eine Mischung aus **mediterraner** und **afrikanischer Lebenskultur**, lange Strände, Strandbars, Palmen und türkisfarbenes Meer – damit wird in Reiseprospekten für Mozambique geworben. Tatsächlich kann man bei einem Abstecher nach Maputo und Umgebung einiges davon erleben. Aus vielen Wohnungen ertönt laute Musik. Bis spät in die Nacht treffen sich junge Menschen zu spontanen Partys oder tanzen in der *baixa,* der Altstadt am Hafen, zur populären Marrabenta-Musik.

Die auf roten Sandsteinklippen gebaute Stadt prahlt mit üppiger Tropenvegetation. Am palmengesäumten Stadtstrand tummeln sich tagsüber die Einheimischen. Mit einer Tagestour per Fähre sind die vorgelagerten Inseln **Inhaca** und **Dos Portugueses** zu erreichen. Und in ca. 1,5 h gelangt man zu der 50 km weiter im Norden gelegenen schmalen Landzunge **Macaneta** mit einsamen Stränden. Zum Abendbrot kann man sich dort frischen Fisch direkt bei einem der zahlreichen Fischer bestellen, die in ihren kleinen Segelbooten im Rio Incomati oder direkt in der Flussmündung zum Indischen Ozean ihre Netze auswerfen.

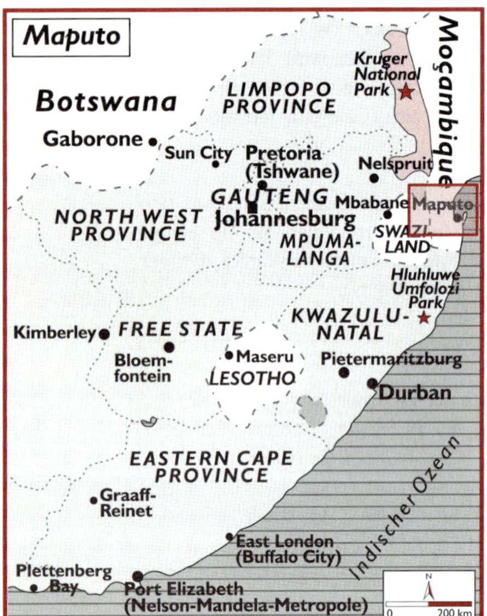

© igraphic

Nach gut fünf Jahrhunderten portugiesischer Kolonialherrschaft erlangte Mozambique 1975 seine Unabhängigkeit. Infolgedessen hinderten eine große Emigrationswelle von Weißen, die wirtschaftliche Abhängigkeit von Südafrika, eine ernsthafte Dürre, der Bürgerkrieg (1976-1992) und große Überschwemmungen lange die Entwicklung des Landes. Die Front for the Liberation of Mozambique (FRELIMO), die jahrzehntelang herrschende **kommunistische Partei**, strich 1989 offiziell ihre marxistische Linie aus dem Parteiprogramm. Im folgenden Jahr ebnete eine neue Verfassung den Weg für Wahlen innerhalb eines Mehrparteiensystems sowie für eine freie Marktwirtschaft.

Kommunismus ade

Ein von den Vereinten Nationen ausgehandelter **Friedensvertrag** zwischen der FRELIMO und den Rebellen, der Rebel Mozambique National Resistance (RENAMO), beendete 1992 den Bürgerkrieg. Im Dezember 2004 erlebte Mozambique einen einschneidenden Wandel, als Staatspräsident *Joaquim Chissano* nach 18 Jahren in seinem Amt zurücktrat. Sein gewählter Nachfolger, *Armando Emilio Guebuza*, hatte auf seine Fahnen geschrieben, den Weg der Förderung ausländischer Investoren weiter fortzuführen.

Redaktions-Tipps Maputo

- Denken Sie in Johannesburg, Nelspruit oder Mbabane rechtzeitig an ein Visum.
- Vor der Grenze besteht die Möglichkeit, Geld zu tauschen (offiziellen Kurs erfragen).
- Fragen Sie vor Buchung einer Übernachtung, ob es ein *Security Parking* gibt.
- Für den, der früh am Tag startet, lohnt sich auch ein Tagesausflug nach Macaneta/Marracuene. Wer die Landzunge richtig genießen will, sollte hier jedoch eine Übernachtung einplanen. Anfahrt: je nach Verkehr in der Stadt inkl. Übersetzen nach Macaneta mit der Fähre rund 1,5 h. Die letzte Fähre fährt zwischen 17 und 17.30 h zurück nach Marracuene.

Zeichen südafrikanischer **Investoren** sind besonders in Maputo (benannt nach einem unbedeutenden Häuptling) zu sehen. Die 1 Million Einwohner zählende Hafenstadt an der Baia de Maputo (bis 1975: Delagoa Bay) des Indischen Ozeans wurde 1898 zur Hauptstadt der Kolonie Portugiesisch-Ostafrika erkoren. Sie hieß bis 1975 nach dem portugiesischen Seefahrer *Lourenço Marques*.

Auch wenn Maputo von den heftigsten Auseinandersetzungen im Bürgerkrieg verschont geblieben ist, so macht sich doch jahrzehntelange Vernachlässigung in der Stadtplanung bemerkbar. Die Straßen sind in schlechtem Zustand und viele Häuser verfallen. Dennoch: Zu Beginn des 21. Jh. ist Maputo mit mindestens 10 Prozent **Wachstumsrate** neben Luanda in Angola die ökonomisch am schnellsten wachsende Hauptstadt Afrikas und durch Hafen, modernisierter Bahn- und Straßenverbindung mit Südafrika, Zimbabwe, Swaziland und dem internationalen Flughafen (Mavalane) ein bedeutender Industriestandort (u. a. Erdölraffinerie, Walzwerk, Kfz-Montage).

Aufschwung

Zahlreiche Restaurantketten haben eröffnet, Bürogebäude wurden in die Höhe gezogen. Es gibt Computershops, Internet-Cafés, moderne Einrichtungsläden und Boutiquen. Der eingekehrte Kapitalismus zeigt sich deutlich und oft auf sehr krasse Weise, so z. B. wenn der hoch moderne Geländewagen neben dem Eselskarren durch die Innenstadt fährt. Die Kluft zwischen Arm und Reich ist seit Ende des Krieges sprunghaft angewachsen. Spätestens, wenn man in die *bairros*, in die Vorstädte fährt, wird klar, dass sich dort nicht viel geändert hat.

Kluft

Am Rande der Innenstadt zeugen **Trabantensiedlungen** sozialistischer Bauweise von der Vergangenheit. Als Arbeiterdenkmal steht ein riesiges Wandgemälde unübersehbar auf der **Praça dos Herois**, einem Kreisverkehr auf dem Weg zum Flughafen. Und die eingängigsten Zeugen der Vergangenheit sind Straßennamen: ein Nachschlagewerk kommunistischer Ideologen (*Ho Chi Min, Karl Marx* oder *Vladimir Lenin*). Im Gegensatz zu Südafrika wird es hier wohl aufgrund fehlender Finanzen noch sehr lange dauern, bis alle Straßen umbenannt und die noch vorhandenen Straßenschilder ausgetauscht sind.

Änderung von Straßennamen möglich

Literaturtipps

Wer die Atmosphäre der Stadt schon vor einem Besuch genauer erleben möchte, dem seien zwei Autoren sehr ans Herz gelegt: Der eine ist Mia Couto *(geb. 1955 in Beira), der seit Anfang der 1970er in Maputo lebt und als Journalist arbeitet. In dem international bekannten Werk „Under the Frangipani" (2001) greift er die ambivalente Stimmung der Stadt auf. Der Held der Geschichte wandelt nicht nur in verschiedenen Zeiten, sondern bewegt sich zwischen den Kulturen – von Portugal entfremdet und in Afrika nicht wirklich angekommen. Der zweite ist der schwedische Autor* Henning Mankell *(geb. 1948 in Härjedalen), der seit Ende der 1980er Jahre seinen Zweitwohnsitz in Maputo hat und in dem kleinen „Teatro Avenida" inszeniert (1187, Av. 25 de Septembro, kurz vor der Feira Popular). In seinem Roman „Chronist der Winde" schildert er das Schicksal der Kriegswaisen, die sich in der Hauptstadt auf der Straße durchschlagen.*

Entfernungen

Johannesburg – Maputo .... 599 km
Nelspruit – Maputo .... 190 km
Lomahasha – Maputo .... 68 km
Komatipoort – Maputo ... 90 km

Beste Reisezeit

In Maputo herrscht subtropisches Klima, das in der Regenzeit von Dezember bis Januar schwülheiß ist. Die Temperaturen in der Zeit gehen von 30–38 °C. Die heißeste Zeit ist im Oktober und November. Die Monate Mai bis August sind die kühlsten und trockensten, wenn die Tagestemperaturen um die 20 °C liegen. In der Nacht kann es hingegen deutlich kühler werden. Wir empfehlen, die Regenzeit zu meiden, da dann selbst der Wind vom Meer kaum Abkühlung schafft und selbst nachts die Klimaanlagen der schwülen Hitze nicht gewachsen sind.

Hinweis zur Strecke

Von Swaziland über **Lomahasha** geht es hinter der Grenze auf der gut ausgebauten und geteerten EN5 stetig bergab und führt in das flache Hinterland (Marschland) von Maputo. Nach ca. 40 km mündet die EN5 in die EN2, die nach 27 km nach Maputo führt. An dieser Kreuzung stößt auch die EN4 bzw. EN251 vom südafrikanischem Grenzposten **Komatipoort** auf die EN2. Komatipoort ist der nächste Grenzübergang für Anreisende von Nelspruit bzw. dem Kruger National Park.

Sehenswertes in und um Maputo (ⓘ s. S. 195)

Museu da Revolução (1)

(Av. 24 de Julho, zw. Av. Romão Fernandes Farinha und Av. Albert Luthuli; geöffn. Mo–Di u. Do–Fr, So 9–12 u. 15–18 h, Sa 14–18 h)

Mit dem Volkswagen

Die Ausstellung beginnt gleich im Erdgeschoss mit dem VW Variant (Kennzeichen TDV 37) mit dem der Guerillero und spätere Präsident *Samora Machel* Mitte der 1960er Jahre aus dem Exil in Tanzania heimkehrte. Das Museum erstreckt sich über vier Etagen und besticht durch die vielen Originalfotografien aus der Revolutionszeit. Sie vermitteln einen tiefen Einblick in die Revolutionsgeschichte, auch wenn man die Erläuterungen in portugiesischer Sprache nicht versteht. Die jüngste Geschichte und damit die Folgen des Bürgerkrieges werden ausgespart. Mit dem Machtwechsel 1975 endet die Ausstellung.

> **Hinweis**
>
> *Die meisten Sehenswürdigkeiten Maputos liegen in der Innenstadt relativ dicht beieinander. Daher bietet sich hier ein Stadtspaziergang an. In das Zielgebiet sollten Sie mit einem Taxi fahren und Ihr Auto bei Ihrer Unterkunft stehen lassen.*

Museu de Arte (2)
(Av. Ho Chi Min/Av. Filipe Samuel Magaia, geöffn. Di–So 15–18 h)

Der Flachbau auf dem Eckgrundstück mit einem von zwei Skulpturen geschmücktem kleinen Garten bietet Kunstinteressierten durch Werke von *A. Chissano*, *Mucavele* und *Malangatana* einen schnellen Einblick in die zeitgenössische Kunstszene Mozambiques. Weitere Informationen bietet der Museumsshop. *Kunstszene von Mozambique*

Louis Trichardt Memorial (3)
(Av. Josina Machel, zw. Karl Marx u. Av. Filipe Samuel Magaia)

Das versteckt in einer schmalen Straße liegende burische Denkmal erinnert an den von *Louis Trichardt* angeführten Burentreck von 1835-38. Kunstvoll wurde die abenteuerliche und beschwerliche Suche nach Land in einem Wandmosaik festgehalten.

Conselho Municipal (4)
(Pr. de Indépendencia)

Fünf große Schaukästen im Eingangsbereich des neoklassizistischen Rathauses am Platz der Unabhängigkeit (vom Eingangsbereich hat man einen schönen Blick die Av. Samora Machel hinunter) zeigen u. a. Modellbauten von Hafen, Bahnhof, Av. da Marginal mit Club Naval, der alten Stadtmauer und den Stadtvillen. Und es gibt ein Modell von Mapuete da Cidade de Lourenço Marques, d. h. vom alten Fort von 1884. Guter Überblick über die Stadt! *Modelle*

Cathedral Nossa Senhor de Conceição (5)
(Av. Olof Palme/R. da Radio)

Die schneeweiße, sehr auffällige katholische Kirche mit schmalen, spitzen Türmen wurde 1944 direkt neben dem Regierungsgebäude mit Zwangsarbeit erbaut. Der Grundriss besteht aus einer Kreuzform. Zugang durch den Seiteneingang gegenüber dem Hotel.

Centre Culturel Franco Moçambician (6)
(Av. Samora Machel/Pr. de Indépendencia)

Das Kulturzentrum und das kulturelle Zentrum der Stadt in rotem Backsteinhaus lädt mit seinem Café (mit schönem Garten und Ausblick auf den Praça de Indépendencia) zu einem Zwischenstopp ein. Wer länger in der Stadt ist, findet hier *Café mit Garten* mit Bibliothek, Theatervorführungen, Kino und anderen kulturellen Veranstaltungen einiges für den Zeitvertreib.

Casa de Ferro (7)

(Av. Samora Machel, neben Kulturzentrum)

Das zweistöckige Haus mit Eisenkonstruktion wurde 1892 nach dem Plan des drei Jahre später durch die Vollendung des Eiffelturms weltweit berühmten Architekten *Gustave Eiffel* erbaut. Anfang des 19. Jh. wurde es als Grundschule genutzt, heute sind hier die Büros der Museumsverwaltung ansässig. Der Nachteil des Eisengestells: Es heizt sich bei den tropischen Temperaturen ordentlich auf.

Heißes Eisen

Samora-Machel-Statue (8)

(Av. Samora Machel)

Gegenüber dem Eisenhaus und vor dem Stadtpark (s. u.) mit schattigen Parkbänken befindet sich die Bronzestatue des ersten Präsidenten Mozambiques mit erhobenem Zeigefinger.

Jardim Tunduru (9)

(Eingang gegenüber Samora-Machel-Statue)

1885 wurde dieser Botanische Garten vom englischen Gartenarchitekten *Thomas Honney* angelegt, der auch den Garten für den griechischen König und den türkischen Sultan gestaltete. Die heute hoch gewachsenen, Schatten spendenden Bäume (mit Schildern, auf denen Gattung und Herkunftsland stehen) machen aus dem Park eine kühle Oase mitten in der Stadt. Die Parkanlage sowie die mittendrin gele-

Kühle Oase

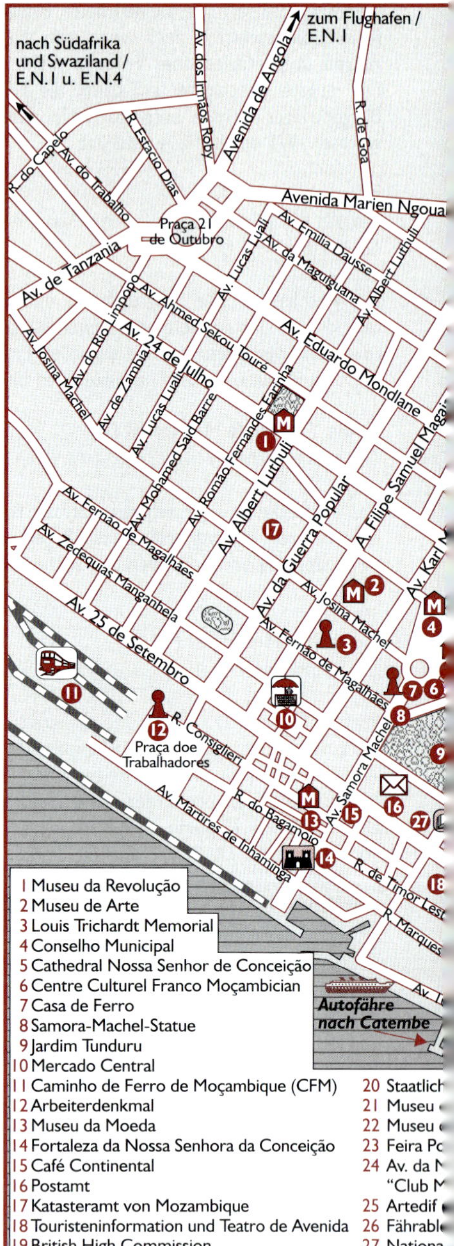

© graphic

Maputo - Stadt
Av. do Arcebispado
Avenida Julius Nyerere
Avenida Kenneth Kaunda
Av. do Zimbabwe
R. de João III
Costa do Sol
R. Damião de Gios
R. Dar-es-Salaam
R. João de Barros
R. da Garcia de Resende
R. Antonio Bocarro
Präsidentenpalast
Avenida da Marginal
Poland
Av. Kim Il Sung
R. D. F. Barreto
R. Pero de Anaya
Av. Cahora Bassa
Av. do General Teixeira Botelho
Av. da Base N'tchinga
Av. Vladimir I. Lenin
R. da Resistencia
Rua da Malhangalene
Av. Milagre Mabote
Praça do Mercado
R. Kwame Nkrumah
Av. Paulo Samuel Kankhomba
Av. Agostinho Neto
Av. Emilia Dausse
Av. da Maguiguana
Av. Amilcar Cabral
R. Valentim Siti
Av. Mão Tsé Tung
Av. Tomas Nduda
Av. dos Martires da Machava
Avenida Eduardo Mondlane
Av. Ahmed Sekou Touré
Avenida 24 de Julho
Viana de Mora
R. John Issa
Av. Ho Chi Min
R. José Sidumo
Av. Salvador Allende
R. do Com. Augusto Cardoso
Stadion
Presidente Carmona
Av. Tomás Nduda
Praça da Travessia do Zambeze
Cardoso
Av. 25 de Setembro
R. de Argélia
R. de Nachingwea
Av. Francisco Orlando Magumbwe
Av. Armando Tivane
Av. Friedrich Engels
Club Naval
Maputo Bay
Praça Robert Mugabe
Av. da Marginal
21
22
24
25
26
N
0
500 m

gene Tennisanlage mit Restaurant/Bar werden von den Einheimischen viel genutzt. Durchquert man in nordöstliche Richtung den Park kommt man beim Obersten Gericht, dem **Tribunal Superior** *(Av. Vladimir Lenin)* heraus.

Obst und Gemüse bekommt man am besten auf dem Markt

Mercado Central (10)

(Nordeingang in der Av. Zedequias Manganhela, Haupteingang Av. 25 de Septembro)

Durch die Av. Zedequias Manganhela (viele Straßenstände) gelangen Sie zum Nordeingang des lebendigen und farbenfrohen Marktes und passieren erst die Stände außerhalb des Marktgebäudes (Gemüsestände und Waren aller Art) und gelangen dann in die Haupthalle (frischer Fisch). Der Ausgang der Markthalle führt auf die Av. 25 de Septembro, von dort folgen sie dem Stadtrundgang nach rechts bis zur Av. Guerra Popular.

Frischer Fisch

Bahnhof von Maputo: Gustav Eiffels Handschrift

Caminho de Ferro de Moçambique (CFM) (11)

(Pr. Dos Trabalhadores)

Der gründlich renovierte Bahnhof ist ein architektonisches Highlight und wohl das eindrucksvollste Bahnhofsgebäude Afrikas. Mit hellgrüner Stahlkuppel versehen, zeigt der Bahnhof im viktorianischen Stil dabei deutlich die Handschrift von *Gustave Eiffel*. Der große Kuppeldom bringt Licht und Luft in das Gebäude. Die Zugverbindungen von und nach Maputo sind noch recht dürftig und so sieht man nur selten eine der modernen Eisenbahnen. Dafür stehen auf dem Bahnhofsgelände permanent zwei ausrangierte Dampflokomotiven aus dem 19. Jh.

Gustave Eiffel

Arbeiterdenkmal (12)

(vor dem Bahnhof auf der Pr. Dos Trabahadores)

Im starken Kontrast zur Architektur des 19. Jh. steht das überdimensional große Arbeiterdenkmal in sozialistischer Bauweise vor dem Bahnhof. Diese Gegenüberstellung kolonialistischer und sozialistischer Architektur ist typisch für Maputo. Das Denkmal erinnert an die Gefallenen des Ersten Weltkrieges.

Museu da Moeda (13)

(Pr. 25 de Junho/R. Consiglien Pedroso, geöffn.: Di, Mi, Do, Sa 9–12 u. 14–16 h)

Das Museum ist bekannt als *Casa Amarela*, das „Gelbe Haus". Es gilt als ältestes noch stehendes Gebäude Maputos. Außen ist es schlicht gehalten und nur mit renovierten, alten Straßenlampen geschmückt. Drinnen gibt es eine Ausstellung über die Geschichte des Geldmarktes von Mozambique zu sehen. *Ältestes Gebäude*

Am Wochenende findet auf dem südlichen Ende des Praça 25 de Junho vor dem Museum ein großer **Kunsthandwerkermarkt** statt. Besonders erwähnenswert sind die Makonde-Schnitzereien aus Ostafrika (vornehml. Tanzania).

Fortaleza da Nossa Senhora da Conceição (14)

(Pr. 25 de Junho / R. Marques de Pombal, geöffn. Sa u. So)

Das 1851-67 aus rotem Sandstein erbaute Fort steht genau an der Stelle, wo die portugiesischen Truppen 1781 das erste, kleinere Fort errichtet hatten. Im Innenhof der für Ostafrika so typischen portugiesischen Wehranlage erwartet einen neben einem Reiterdenkmal vor allem eine wohltuende Ruhe. In der Anlage gibt es ein kleines Militärmuseum mit historischen Fotos zur Kolonialzeit, Tonkrügen und Statuen ehemaliger Gouverneure. *Historische Fotos*

Café Continental (15)

(Av. Samora Machel / Av. 25 de Septembro)

Eines der berühmtesten Cafés der Stadt und eine gute Gelegenheit für eine Pause. Unter einer Markise kann man im Schatten sitzen und aus sicherer Distanz dem Treiben an der großen Kreuzung zusehen.

Correio (16)

(Av. 25 de Septembro No 1462)

Bemerkenswertes altes Postgebäude, das auch noch als solches genutzt wird. Gehen Sie mal kurz rein und schauen sich die Innenkonstruktion an. Dafür lohnt der kurze Abstecher.

Weitere Sehenswürdigkeiten im Innenstadtbereich

Museu de História Natural (21)

(Praça da Travessia do Zambeze; geöffn. tägl. außer Mo 9–11.30 u. 14–16 h)

Allein von außen ist der sehr schöne und verzierte, weiße neogotische Prachtbau sehenswert. Und auch die naturgeschichtliche Ausstellung mit lebensgroßen ausgestopften Raubtieren und anderen Vierbeinern ist außergewöhnlich. Eine große *Prachtbau*

Skelettsammlung teilweise ausgestorbener Tierarten, Dioramen aus der Savanne, ausgestopfte Sekretärvögel, Walrossskelette, jahrmillionenalte Quastenflosser aus Pappmaché, konservierte Heuschrecken und Elefantenembryonen gehören zu der Sammlung. Im Erdgeschoss gibt es eine erstklassige ethnologische Sammlung mit Makonde-Figuren, Masken und Häuptlingaccessoires.

Ethnologische Ausstellung

Museu de Geologia (22)

(Av. 24 de Julho 355, geöffn. Di–Fr 15–18 h u. 8–12 h u. 15–18 h)

In dem schönen Gebäude befindet sich eine Mineralien- und Gesteinssammlung, die sich vor allem mit der Geologie Mozambiques beschäftigt. Übrigens befand sich früher die Synagoge der Stadt in dem Gebäude.

Feira Popular (23)

(Av. 25 de Septembro)

Nachtleben

Alles was man vom Nachtleben erwarten kann, findet man auf der Feira Popular direkt am Hafen. Die Mischung aus Restaurants, Bars, Take aways und Rummelplatz mit kleinem Riesenrad und Kinderkarussell hat einen gewissen Charme. Und vor allem auch große Anziehungskraft für die Einheimischen, die hier am Wochenende essen und zu Live-Musik tanzen gehen.

Auf der Av. da Marginal zur Costa do Sol (24)

Die Attraktion der Stadt ist die **Küstenstraße** zwischen den roten Sandsteinklippen auf denen Maputo errichtet wurde und dem Indischen Ozean. Die mit riesigen Palmen gesäumte Avenida da Marginal führt zunächst entlang zahlreicher Angler, Strandjogger, dem Jachthafen mit dem noblen **„Club Naval“** und der **Praia da Polana**, wo die Fischer mit vereinten Kräften ihre kleinen Boote durch starke Wellen ins Meer schieben. Etwas weiter passiert man den kunsthandwerklichen Laden **Artedif** (Erzeugnisse von Behinderten) und das mondäne und luxuriöseste Hotel der Stadt, das **Hotel „Polana“**. Es stammt aus der Zeit britischer Herrschaft, als vor allem weiße Südafrikaner, die mit Gold und Diamanten ihr Vermögen gemacht hatten, hier verweilten. Einige von ihnen ließen sogar ihren Wein in privaten Kellern lagern. Sie sollten sich hier einfach ein Glas Wein als *sundowner* auf der Terrasse gönnen und den Blick auf den Indischen Ozean genießen. Die Avenida da Marginal säumen Straßenhändler, Strandlokale und edle Restaurants mit Fischspezialitäten. Hinter dem Restaurant **„Club Maríti-**

Die Avenida da Marginal am Indischen Ozean

Ideal für den Sundowner

mo“ (herrliche Lage direkt am Ozean) befindet sich der **Fischmarkt** *Bazar de Peixe (erst links, dann sofort rechts)*. Hier gibt es neben frischem Fisch viele kleine Imbissbuden, Strand-Bars, laute Musik und einen Minigolfplatz.

Weiter auf der Avenida passiert man einen wie ausgebrannt wirkenden **Hochhausrohbau**. Er sollte einst Ferienwohnungen beherbergen. 1974 kamen jedoch die Nelkenrevolution in Portugal und die darauf folgende Unabhängigkeit Mozambiques und damit das Zeitalter des Sozialismus dazwischen. Die weißen Bauherren sahen kein lukratives Investment mehr in dem Bau und suchten das Weite. Damit aber auch kein anderer von dem Rohbau profitieren konnte, wurden zuvor sämtliche Abflussrohre mit Zement verstopft.

Das ehemals kleine Fischerdorf **Bairro Triunfo** ist heute zum Vorort angewachsen. An dieser Stelle des Strandes ist anhand der schützenden Strandbewachsung mit Pinien und Kasuarinen gut zu beobachten, wie sich der Ozean langsam weiter ins Land vorschiebt und die Wurzeln der Bäume und Sträucher freilegt. Schließlich erreicht man den Ort **Bairro Costa do Sol**, der sich um das alteingesessene Restaurant „Costa do Sol“ gruppiert. Einst alleiniges Ausflugsziel der Städter, bieten heute weitere Restaurants, Unterkünfte und Straßenhändler bereits eine gewisse Infrastruktur. Richtige Fischerdörfer gibt es noch in **Bairro dos Pescadores**, das man von Costa do Sol erreicht. *Fischerdorf*

Abstecher von Maputo

Inhaca Island/Ilha da Inhaca (ⓘ s. S. 195/Maputo)

Mit der Schnellfähre vom kleinen Hafen der Escola Nautica (*am Kreisverkehr am westlichen Ende der Av. 25 de Septembro*) erreicht man die Insel, die 24 km östlich der Innenstadt im türkisfarbenen Wasser der **Baia de Maputo** liegt. Inhaca (wird „Inyaaka“ ausgesprochen) hat ihren früheren Status als beliebte Ferieninsel von betuchten Weißen und Südafrikanern durch die Renovierung des einzigen Hotels auf der Insel wieder erlangt. Darüber hinaus gibt es an Übernachtungsmöglichkeiten nur noch einige Lodges und zwei Campingplätze. Die 12,5 km lange und 7,5 km breite Insel besticht durch ihre langen einsamen Strände und guten Tauchmöglichkeiten. Lohnend ist ein Spaziergang zum kleinen biologischen Museum **Estacão de Biologia Maritima** (Korallen, Tropenfische). Neben dem Hotel gibt es ein Restaurant und einen kleinen Shop. Von Inhaca aus erreicht man die 3 km entfernte, winzige Nachbarinsel und ehemalige Leprakolonie **Ilha dos Portugueses** (Fliegenfischen, Schnorcheln). *Ferieninsel*

Hinweis zur Strecke

Nach Marracuene/Macaneta geht es von der Innenstadt auf die EN1 (Richtung Xai-Xai): von der Avenida 24 de Julho zum Praça 16 de Julho, dann 1,4 km der Avenida da Oua bis zur Ampel folgen und dort rechts in die Avenida de Moçambique einbiegen. Nach ca. 47 km zweigt in einer Linkskurve die Straße nach Marracuene ab.

Marracuene und Macaneta

Marracuene liegt auf einer Uferanhöhe und überschaut den Rio Incomati sowie die überwiegend flache und mit Schilf bedeckte Landzunge Macaneta, die durch den Fluss vom Ort getrennt ist. Der einst gediegene Kolonialort, der ein beliebtes Ausflugsziel war, wurde während des Bürgerkrieges weitgehend zerstört. Zum Campingplatz geht es nach dem Abzweig von der EN1 die Baumallee rechts in den Ort rein (Straße mit tiefen Löchern), an der Moschee vorbei und nach ca. 500 m nach rechts. Zur Fähre nach Macaneta fahren Sie links durch den Ort bis diese endet. Nach rechts führt eine Piste den Hügel hinunter über die Bahnschienen und direkt zum Fluss. Hier siedeln heute die meisten Fischer, die mit ihren kleinen Segelbooten raus auf den Fluss und zur Flussmündung fahren. Gut zu beobachten sind das Treiben auf dem Fluss und am Ufer sowie die abenteuerliche Beladung der Autofähre bei einem kühlen Getränk in der Bar direkt an der Autofähre.

Der Kiosk an der Fähre bietet Erfrischungsgetränke

Autofähre

Die Überfahrt nach **Macaneta** dauert nur fünf Minuten. Da die im Norden der Landzunge gelegenen Lodges bei den Städtern beliebt sind, bilden sich am Wochenende zuweilen längere Warteschlangen. Auf der anderen Flussseite geht es auf einer festen **Sandpiste** (nur bei trockenem Wetter mit normalem Pkw zu befahren) weiter bis zu einer Weggabelung. Hier geht es nach Norden zu den **Lodges** (nur für geübte Geländewagenfahrer, da tiefe Sandpiste). Wer sich in die Lodges eingebucht hat, wird in der Regel von der Fähre abgeholt. Das Auto bleibt dann am Flussufer stehen. Nach Süden führt die bei Trockenheit mit einem Pkw zu befahrene Piste zu den einfachen Unterkünften des **Complexo Touristico Macaneta**. Die Rundhütten liegen an der schmalsten Stelle der Landzunge – direkt zwischen Meer und Fluss. Von der strohgedeckten Veranda aus lassen sich die Fischer bei ihrer Arbeit beobachten. Ein kurzer Gang über die Düne eröffnet den Blick auf den unendlich erscheinenden einsamen Sandstrand und den Indischen Ozean.

Einsamer Sandstrand

Anlegemanöver der Autofähre

15. ROVOS RAIL: Eine Fahrt mit dem historischen Luxuszug (z. B. von Durban nach Pretoria)

„The pride of Africa – The most luxurious train in the world" steht heute auf dem Label der Rovos Rail. Dabei ist es noch gar nicht so lange her, dass mit Luxus-Bahnreisen in Südafrika ausschließlich der Blue Train in Verbindung gebracht wurde. Die 1989 zum ersten Mal gestartete Rovos Rail, deren Name aus den ersten Buchstaben von Vor- und Zunamen des Gründers ***Rohan Vos*** gebildet wurde, hat seitdem ordentlich Dampf gegeben und sich einen weltweiten Bekanntheitsgrad erworben.

Dampf gegeben

Hinweis

Weitere Informationen, Hinweise und Adressen siehe in den Gelben Seiten, Stichwort Zugverbindungen.

Eigentlich war das heute 150 Mitarbeiter umfassende Unternehmen nur eine spleenige Idee. 1986 wollte *Vos* für seine Familie zwei bis drei historische Waggons in Form eines „Familiy-Caravan on Rail" herrichten lassen. Damit wollte er Touren durchs Land machen. Fortbewegen wollte er sich, indem er die Waggons an staatliche Züge anhängt. Dies erwies sich allerdings in der Praxis als zu kompliziert und vor allem als zu teuer. Von seinem Vorhaben besessen entschied sich *Rohan Vos* dennoch, seine Pläne weiterzuverfolgen. Notfalls wollte er mit einer eigenen Lok durch die Lande ziehen. Doch allein die Restaurierung der Züge und die Benutzung der Schienen schluckten so viel von seinem Eigenkapital, dass das Projekt schließlich endgültig zu scheitern drohte.

Doch entschlossen, nicht aufzugeben, setzte sich *Vos* erneut mit den Eisenbahnern zusammen und fragte um Rat. Die Lösung war im Nachhinein sehr einfach: „Well, you can sell tickets", war ihre Antwort. Und damit war die Idee eines kommerziellen historischen Zuges geboren, wie *Vos* heute gerne erzählt.

Drei Jahre benötigten er und seine Helfer von da an, um alte Waggons und Loks aufzutun, diese zu restaurieren und natürlich auch die geschäftliche Seite zu regeln. Ersteres war Spaß, wie *Vos* sagt, letzteres eher eine Herausforderung, denn vom Eisenbahngeschäft, Marketing und von der Tourismusbranche verstand der bis dahin als Großhändler in der Autoersatzteilbranche tätige Idealist erst einmal nichts.

Für ihre historischen Dampflokomotiven ist die Rovos Rail berühmt

Kilometerpauschale

Ein erheblicher Teil der Kosten des Unternehmens besteht in der Kilometerpauschale, die das private Unternehmen für die Nutzung der Schienen der südafrikanischen Staatsbahn Spoornet zahlen muss. Auch auf die Lokomotivführer der Spoornet muss die Rovos Rail zurückgreifen.

Gezogen werden die Waggons aus den 1920er und -30er Jahren (einige auch älter) den größten Teil der Strecke von Elektro- und Diesellokomotiven, je nachdem, ob die Strecke elektrifiziert ist oder nicht. Nur ganz zu Anfang oder erst ganz zum Schluss, d.h. die ersten bzw. letzten ein bis zwei Stunden (je nach Reiseroute), zieht eine der historischen und restaurierten Dampfloks den Zug zur bzw. aus der Capital Park Station in Pretoria.

Auf der Strecke Durban – Pretoria: Geländewagen stehen beim Stopp in Swaziland bereit für den Game Drive

© igraphic

Keine Kohle

Der Grund, weshalb nicht die gesamte Strecke mit den Dampfloks gefahren werden kann, liegt in den auch in Südafrika immer moderner werdenden Bahnstrecken, die es *Rohan Vos* unmöglich machen, die Dampflok über die gesamte Strecke ausreichend mit Wasser und Kohle zu versorgen. Eine Dampflok benötigt 300 Liter Wasser und 75 kg Kohlen pro Kilometer! Auch wenn einige Nostalgiker vielleicht im ersten Moment enttäuscht sein werden, sei dennoch angemerkt, dass der Blick aus dem offenen Fenster wesentlich angenehmer und klarer ohne beißenden Dampf in den Augen ist.

Natürlich muss sich die Rovos Rail an einen Fahrplan halten. Mit den langsamen Zügen bedeutet dieses aber trotzdem logistische Extraarbeit. Von jedem Bahnhof wird dafür die folgende Strecke telefonisch abgesprochen, damit die Rovos Rail in den vorgegebenen Fahrplan „eingeschoben" werden kann.

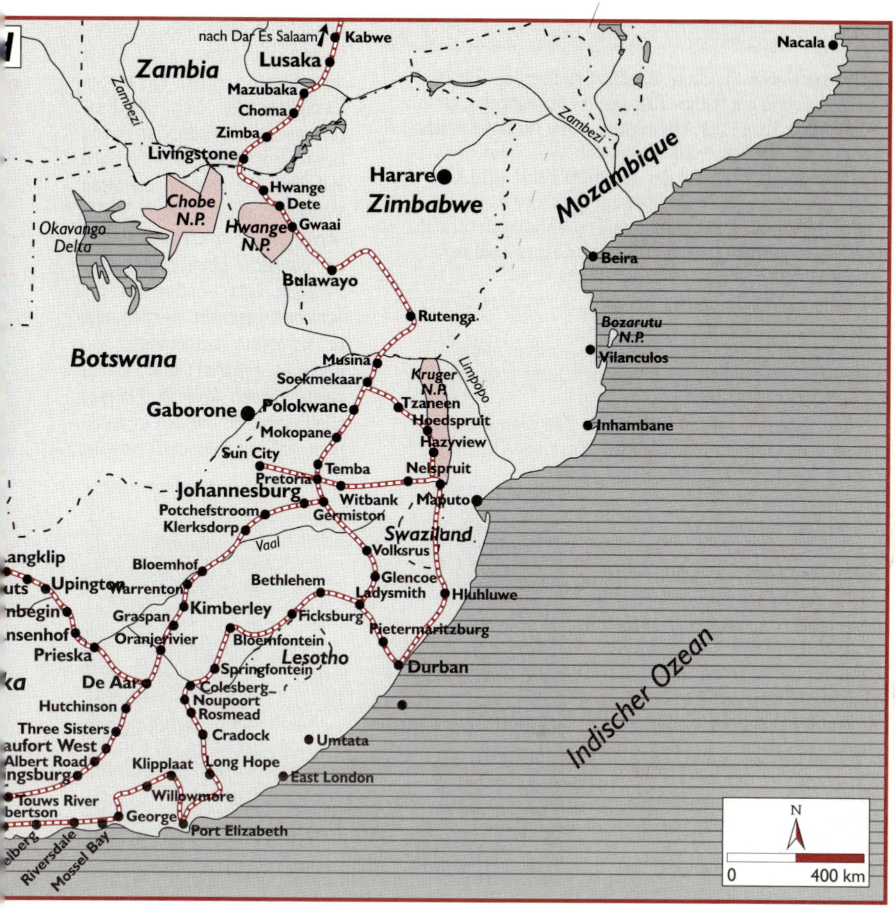

Bis 1998 gab es keine Langstreckenzüge von Durban in Richtung Norden, da ein Bahnstreckennetz für den Personenverkehr über Langstrecken Richtung Swaziland oder Maputo (Mozambique) nicht existierte. Erst nach den Wahlen von 1994 wurde eine größere Bewegungsfreiheit zwischen Südafrika, Swaziland und Maputo angestrebt.

Neue Bahnstrecke

Dies hob den Trans-Lubombo-Train aus der Taufe, der in 20 Stunden über Nacht zwischen Durban und Maputo via Swaziland verkehrt. Für *Rohan Vos* die Möglichkeit, eine weitere Strecke anzubieten und zwar die Strecke von Durban durch KwaZulu-Natal und Swaziland bis nach Pretoria. Darüber hinaus werden verschiedene Routen im Land (u.a. Pretoria – Kapstadt und auch nach Tanzania und Namibia) angeboten.

Redaktions-Tipps Rovos Rail Durban – Pretoria

- **Reservieren** Sie diese Zugfahrt rechtzeitig. Oft ist der Zug schon ein halbes Jahr im Voraus ausgebucht.
- Denken Sie an die **Abendgarderobe** für das Dinner. Schlips und Jackett werden erwartet.
- **Trinkgeld**: Während der gesamten Fahrt wird kein Trinkgeld gegeben. Dafür aber am Ende der Reise. Hierfür wird ein Umschlag vom Train-Manager verteilt, den Sie mit Ihrem Trinkgeld für das Zugpersonal bei einem der Angestellten abgeben können.
- **Fotografieren**: Wegen des stark schwankenden Zuges die Belichtungszeit von mind. 1/250 Sec. einhalten, also: 200-, besser 400-ASA-Filme mitnehmen bzw. Ihre Digitalkamera entsprechend programmieren.
- Die **teureren Suiten** bieten eine Badewanne und erstrecken sich über einen halben Waggon! Allerdings sollten Sie diese mindestens ein Jahr im Voraus buchen.
- Im Badezimmer sollten Sie gut überlegen, wann Sie den **Sichtschutz** herunternehmen. Bei einem der zahlreichen Stopps gibt es oftmals den einen oder anderen neugierigen Blick. Und wenn Sie dann gerade eingeseift in der Dusche stehen ...
- Denken Sie bei einem Zughalt daran, dass dann in der Regel für ein paar Sekunden der **Strom** ausgeschaltet wird und Sie die Klimaanlage manuell wieder anstellen müssen.
- Wenn Sie Wert auf eine stilvolle Abfahrt legen, sollten Sie die Strecke Pretoria – Durban wählen. Dann geht's von der Central Park Station los, dem wunderschön restaurierten **Bahnhof** der Rovos Rail.
- Beginnt Ihre Reise in **Durban**, planen Sie noch zwei Tage ein, um die Stadt am Indischen Ozean zu erkunden.
- Wenn Sie von Durban nach Pretoria fahren, halten Sie sich am Anfang auf dem Observation-Deck auf, da der erste Teil (wenn die Industriegebiete aufhören) auf der **Strecke** in Richtung Swaziland landschaftlich zunächst der attraktivste ist. Und kurz vor Swaziland wird es dann auch wieder interessant.

Die älteste Dampflok, *„Tiffany"*, wurde 1893 gebaut und ist eine der ältesten noch fahrenden Dampfloks der Welt. Die Restaurierungsarbeiten an den Loks und Waggons erfordern viel Zeit. Oft wurden die alten Waggons abseits eines Schienenstranges „im Gebüsch" wieder entdeckt. Dann musste der Waggon erst wieder auf die Schienen geschafft werden, ehe er komplett auseinander genommen, repariert und restauriert werden konnte. Nahezu alle Ersatzteile müssen in so einem Fall einzeln und zumeist

Entspannung pur im Badezimmer

in Handarbeit wieder hergestellt werden. An dem „Shanghai-Speisewagen" von 1924 wurde 18 Monate gewerkelt, bis er einsatzfähig war.

Auch die Maßstäbe für die Luxuseinrichtung sind hoch angesetzt: erheblich größere Apartments als in vergleichbaren anderen Luxus-Zügen. Dementsprechend werden weniger Gäste pro Zug, nämlich max.

Reisetipps

- **Entfernung**: **Durban – Pretoria:** 1.116 km
- **Fahrtdauer**: **Durban – Pretoria:** ca. 56 Stunden (inkl. Zwischenstopps)
- **Kleidung**: Ihre Kleidung muss den Gegebenheiten angemessen sein, d.h. tagsüber gepflegt-sportlich (casual), abends elegant (smart). Herren sollen zum Dinner nur mit Krawatte und Jackett erscheinen. Tagsüber wird die Kleiderordnung hingegen allein schon wegen der unterschiedlichen Anforderungen wie durch die Game Drives ziemlich unkompliziert gesehen. Solange Ihre T-Shirts, Sportschuhe, Jeans oder das Safari-Outfit sauber und ordentlich sind, sind Sie richtig gekleidet. Bequemlichkeit und Zweckdienlichkeit haben Vorrang. Packen Sie vor der Reise auch einen dicken Pulli ein, da es in den Morgen- und Abendstunden zeitweise empfindlich kühl sein kann.
- **Was sollten Sie möglichst noch dabeihaben?**
  - Fernglas
  - zusätzliche Filme (200 oder 400 ASA) bzw. Speicherkarte(n)
  - Batterien für die Kamera (Sie machen im Zug bestimmt mehr Blitzlichtaufnahmen, als Sie denken ...)
  - Straßenatlas (der Zug passiert so viele kleine Bahnhöfe, Orte und Landschaften, dass Sie gern mal nachschlagen, wo Sie gerade sind)

72, eingebucht („Blue Train" über 80, „Orient Express" sogar 190). Ein ganz besonderes Highlight sind auch die Badezimmer, die ebenfalls viel größer geschnitten sind als in den anderen Luxuszügen. In der „Royal Suite" (16 m², 11 m² ist das De-Luxe-Abteil groß), die einen halben Waggon einnimmt, gibt es sogar eine Badewanne. Aufgrund der persönlichen Badevorliebe von *Mr. Vos* ist diese auch so groß, dass selbst der hoch gewachsene Bahneigner bequem in ihr sitzen kann.

Besonders beliebt ist der „Observation Car", der letzte Wagen des Zuges. Bei dem historischen Waggon wurden die Wände am Ende durch Fenster ersetzt, so dass man von dort eine wunderschöne Aussicht nach hinten heraus hat. Und nicht nur das: Man kann sogar auf das Observation-Deck hinaustreten, was absolut einzigartig für einen Zug in dieser Klasse ist, und kann von dort die Landschaft genießen.

Aufgrund vielfacher Anfragen wurde eine Klimaanlage im Zug eingebaut, die sich individuell in jedem Abteil regeln lässt. Die moder-

Die Mahlzeiten werden im viktorianischen Speisewagen serviert

nen Geräte stören zwar ein wenig die historische Atmosphäre im Zug, doch ist man gerade in einer schwülen Nacht sehr froh, sie einschalten zu können. Und wer absolut ausschließlich das Hitzeerlebnis für sein Afrikagefühl braucht, kann die Kühlvorrichtung einfach ausschalten und die Fenster öffnen.

Klimaanlage

Immer noch ist *Rohan Vos* auf der Suche nach historischen Loks und Waggons, denn er möchte sein Streckennetz gerne noch erweitern. Eines der nächsten Ziele ist ein Dinner-Train zwischen Kapstadts Waterfront und Simon's Town.

Rovos Rail und Blue Train: die Luxuszüge Südafrikas – ein Vergleich

Die Vor- und Nachteile der beiden Luxuszüge Südafrikas lassen sich nur schwer gegeneinander aufrechnen. Im Grunde ist es am Ende eine Geschmacksfrage, für welchen Zug man sich entscheidet. Hinzu kommt das Streckenangebot und natürlich die Verfügbarkeit eines Abteils. Auch wenn der Rovos Rail in den letzten Jahren in punkto Bekanntheit mächtig zugelegt hat, gilt der Blue Train immer noch als der berühmte und legendäre Luxuszug Südafrikas. Im Gegensatz zur Rovos Rail ist der Blue Train zwar perfekter, dafür aber auch steriler, da die Waggons nicht den historischen Charme haben. Für beide Züge gilt, dass mindestens ein halbes Jahr vorher gebucht werden muss, für die Hochsaison sogar noch eher.

Besonders beliebt: der Observation-Waggon der Rovos Rail

Die einzige Strecke, die preislich wirklich vergleichbar ist, ist die Pretoria-Kapstadt-Route. Hier ist die Rovos Rail zwar ein wenig teurer, fährt allerdings auch einen Tag länger mit Halt in Kimberley und bietet die Möglichkeit, „The Big Hole" und das Minenmuseum zu besuchen.

Auch was den **Fahrkomfort** *angeht, ist schwer zu sagen, welcher Zug wirklich besser ist. Bei der Belüftung der Züge liegt Rohan Vos mit seiner neuen, individuell einstellbaren Klimaanlage ganz vorne. Zusätzlich lassen sich auch die Abteilfenster öffnen und es ist wahrlich ein Genuss, sich auf dem Balkon des Observation Wagon die Luft um die Nase wehen zu lassen. Hier kommt richtiges Zugfahrgefühl auf, wie es noch zu Beginn des 20. Jahrhunderts gewesen sein muss.*

Die Frontkamera an der Lok des Blue Train, die einem z. B. schon lange im Voraus den nächsten Tunnel ankündigt, während man selbst noch z. B. auf der Strecke Kapstadt – Pretoria die letzten Weinberge der Western Cape Province genießt, kann dieses authentische Gefühl nicht vermitteln. Zudem bietet der Blue Train durch permanent geschlossene Fenster zwar eine konstantere Temperatur als im Rovos Rail. Die reißt einen wegen der damit einhergehenden trockenen Luft allerdings nachts auch schon mal aus dem Schlaf.

Bei den **gastronomischen Darbietungen** *hat der Blue Train allerdings die Nase vorn und glänzt mit seinem professionelleren Personal und Management. Das Essen und die Weinkarte sind hier exzellent. Beim Service zeigt sich Südafrika von der allerbesten Seite und der Perfektionismus übertrifft alles Vergleichbare.* Rohan Vos' *Philosophie, dass nicht gelernte Kräfte den Charme seines Zuges ausmachen, sondern die Begeisterung seiner Mitarbeiter, macht das ganze Unternehmen zwar sehr sympathisch, dennoch wünscht man sich exquisitere Menus, liebevollere Brunches und ein fachkundigeres Personal auf dem Gebiet der Weinkunde. Aber das Gute ist: In diesem Punkt kann das Team der Rovos Rail noch ordentlich Gas geben.*

Aus den Sofas im Küchenwagen heraus lässt sich die Landschaft bequem betrachten

16. ANHANG

Glossar

Immer wieder trifft man in Südafrika, wie in jedem Land, auf ganz bestimmte Worte und Begriffe, die man so nicht gleich in einem Lexikon findet bzw. die einem Fragen bereiten. Hier haben wir einmal einige typische davon vorgestellt und übersetzt:

Abseiling: Sich an Felswänden abseilen bzw. in Seile fallen lassen (bei jungen Leuten beliebte „Adrenalin"-Sportart)
ANC: African National Congress. Stärkste politische Partei Südafrikas (Mandela, Mbeki u.a.)
ASB/A.S.B.: Afrikaans-Abkürzung für „Assebelief" (= Bitte)
Bakkie: Pick-Up (PKW bzw. Klein-LKW mit Ladefläche)
Big Five: die fünf großen Tiere Afrikas: Elefant, Rhinozeros, Löwe, Büffel und Leopard
Biltong: Luftgedörrtes, gewürztes Fleisch. Zumeist Wild, aber auch Rind. Wird in kleinen Mengen als Snack verkauft.
Bobotie: Kapmalaiisches Topfgericht: Hackfleisch wird mit geschlagenem Ei übergossen und das Ganze dann gebacken.
Boerewors: Kleine, gut gewürzte und sehr fette Wurst, die bes. von den Buren gern zum Frühstück gegessen wird („Burenwurst").
Boma: Hoher Weidezaun mit Holzpfählen. Früher vornehmlich für Rinderweiden benutzt, heute oft in Safari-Lodges und Tierreservaten aufgebaut, in denen dann das abendliche Lagerfeuer brennt bzw. die Potjie-Töpfe erwärmt werden.
Bottle Store: Geschäft, in dem alkoholische Getränke verkauft werden.
Braai: Afrikaans für Grillen (Barbecue)
Buck Canyoning: Extrem-Wanderungen (auch Klettern) in schmalen Schluchten
Buren: Übersetzt: Bauern. In Südafrika die Nachkommen der ersten weißen Siedler.
Cell: Abkürzung für Cellularphone (Handy, Mobilphone). Eine „Cell-number" beginnt immer mit der Vorwahl 082, 083 etc.
Cod: Dorsch, Kabeljau
Crayfish: Lobster, Hummer
Drostdy: Ehemaliger, lokaler Verwaltungssitz der Cape-Dutch-Kolonien. In etwa gleichzusetzen mit Landratsamt/Landvogtei.
Estuary: Lagune, in die ein Fluss mündet
Farm Stall: Stand oder kleines Geschäft am Straßenrand, an dem Farmprodukte verkauft werden.
High Tea: Aus der brit. Kolonialzeit erhaltener Begriff für den „Fünf-Uhr-Tee" (mit Küchlein und Plätzchen)
Hoofweg: Hauptstraße, Afrikaans für „Main Rd"
IFP: *Inkatha Freedom Party*. Politische Partei. Zumeist von Zulu in Natal gewählt.
Jukskei: Hufeisenwerfen. Ein Spiel, das gerne in ländlichen Regionen gespielt wird.
Kloof: Klamm, Schlucht
Kloofing: Wandern und Klettern durch Flussläufe und Schluchten

Koppie/Kopje: Flacher, abgerundeter Hügel (oft nur Anhöhe)
Lapa: Afrikanisches Versammlungshaus. Heute nutzen den Begriff besonders Safari Lodges, die hier das Restaurant und die Bar unterbringen. Dabei handelt es sich um ein Gebäude, das separat von den Unterkünften steht.
lekker: Oft verwendetes, positives Adjektiv: nett, lecker, schön, gut, toll etc.
Liquor Store: Geschäft, in dem man alle Arten von Alkohol erhält. In normalen Lebensmittelläden gibt es nur Wein zu kaufen.
Mealie Meal/Mielie Pap: Maisbrei. Beliebtes Gericht der Schwarzen. Grundlage und Kohlehydratlieferant des Essens wie bei uns Kartoffeln/-brei.
Muti: Traditionelle Medizin, manchmal auch Voodoo-Fetische.
Ostrich: Strauß (großer Vogel)
PAC: *Pan African Congress*. Politische Partei. Wichtig im Anti-Apartheidkampf. Heute relativ unbedeutend.
Rivier: Fluss im Trockengebiet. Führt meist nur nach Regenfällen Wasser.
Robot: Verkehrsampel
Rooibos: „Roter Busch". Wird verwandt für den gleichnamigen, Vitamin-C-haltigen Tee.
SANDF: South African National Defence Force. Südafrikas Militäreinheiten.
Shebeen: Illegale „Kneipe" in den südafrikanischen Townships. Ursprünglich entstanden aus Protest gegen die von der weißen Regierung eingeführte, zusätzliche Alkoholsteuer (um die Townships aufzubauen). Meist geführt von der sog. Shebeen-Queen, die das einheimische, viel preiswertere Hirse- und Weizenbier selbst braut.
Snoek: Seehecht
Stad: Stadt auf Afrikaans. Findet sich oft auf Verkehrsschildern, um Richtung Innenstadt zu weisen.
Tickie Box: Öffentlicher Fernsprecher auf privaten Grundstücken (in Hotels, Lodges etc.)
Tidal (Tide) Pool: Natürliche Becken unmittelbar an der Küste, die bei Ebbe das Wasser halten und dann zum Baden einladen
T-junction: T-Kreuzung
VAT: Mehrwertsteuer (Value added tax)
Veld: Offenes Grasland
Vlei: Offene, weite Fläche. Kann Steppe, aber auch Feuchtgebiet sein.
Voortrekker: Holländischstämmige Farmer und franz. Hugenotten, die im 19. Jahrhundert von der Kapkolonie aus nach Norden gezogen sind.
Vlei: Kleiner See, Tümpel oder auch Sumpf.

Literatur

Sämtliche englischsprachige Literatur über Südafrika ist auf dem Postweg zu beziehen über: ***Buchhandlung Ulrich Naumann***: 17 Burg Street, 8001 Cape Town, Republik Südafrika, Tel.: (021) 423-7832, Fax (021) 948-3136.

Hinweis

Englischsprachige Bücher sind in Südafrika um einiges billiger als in Mitteleuropa. Zudem sind viele in Südafrika aufgelegten Bücher in Europa nicht erhältlich.

Reisebücher/Magazine

Deutschsprachig

- *Iwanowski, Michael;* **Reisehandbuch Südafrika.** Iwanowski Verlag, Dormagen. Der wohl umfangreichste und detaillierteste Reiseführer auf dem deutschsprachigen Markt. Hintergrundinfos und gute Tipps.
- *Brockmann, Heidrun/Kruse-Etzbach, Dirk,* **Kapstadt und die Garden Route**, Iwanowski's Reisebuchverlag, Dormagen. Der detaillierteste Regionalreiseführer der Region auf dem deutschsprachigen Markt. Ausführliche Hintergrundinfos und Tipps.
- *Hupe, Illona/Vachal, Manfred,* **Reisen in Mosambik**, Illona Hupe Verlag. Ausführliche Reiseinformationen, detaillierte Streckenbeschreibungen.
- **Preiswert durch Südafrika,** Verlag interconnections. Gute Tipps für das preisgünstige Reisen durch Südafrika. Auf junge Leute abgestimmt. Eine Art deutscher „Lonely Planet".
- **Süd-Afrika,** Latka Verlag, Bonn. Magazin, das 2–3 Mal im Jahr erscheint. Topaktuell, mit guten Zusatzinfos und dem einen oder anderen Geheimtipp. Deckt das gesamte Südliche Afrika ab.
- Weitere Spezial-Magazine zum Thema Südafrika sind bei allen großen Verlagen erschienen: **ADAC, Merian, Geo** usw.

Englischsprachig

- **AA Guide: Hotels – Lodges – Houses.** Jährlich aktuell erscheinendes Nachschlagewerk. Hier finden Sie immer eine passende Unterkunft.
- **Africa Info: Guide to Restaurants** sowie **Guide to Caravan Parks**. Info Africa Publishing. Gute Adressen zu den entsprechenden Themen. Viele Restaurants bzw. Caravan Parks werden mit Text beschrieben.
- *Haw, Stephen/Unsworth, Andrew/ Rovertson, Heather,* **Rediscovering South Africa – a wayward guide**, Spearhead Publishers. Wer die kleinen Geschichten am Wegesrand mag, wird die Erlebnisse der Sunday-Times-Journalisten genießen.
- *Olivier, Willie u. Sandra*, **Exploring the Natural Wonders of South Africa.** In ausführlicher Weise (gut bebildert und mit übersichtlichen Karten versehen) werden hier 45, z.T. kaum bekannte „Natur"-Routen in Südafrika vorgestellt. Dabei wird auch auf Fahrradfahrer, Wanderer, Reiter und 4x4-Fahrer eingegangen. Ein wunderschönes Buch, um sich vom Trubel der Großstädte und Touristenrouten loszueisen.
- *Shales, Melissa,* **South Africa.** AA Publishing. Gut bebildeter Südafrika-Führer. Einige gute Tipps, schöne Bilder und zahlreiche Hintergrundinfos. In manchen Punkten etwas unübersichtlich und leider ein sehr brüchiger Einband.

- **Southern African Travel Guide;** Info Africa Publishing. In Verbindung mit den Touristenämtern erstellt und basierend auf Werbeeinnahmen. Gute Adressenlisten und regionale Kurzinfos. Gut, um nochmals das Wesentlichste nachzuprüfen.
- *Sycholt, August,* **A Guide to the Drakensberg**, Struik Publishers, Cape Town. Ausführliche Infos zu den Drakensbergen mit vielen Routenvorschlägen.
- **The Rough Guide – South Africa,** *versch. Autoren,* Rough Guides Ltd. – Penguin Group, London. Ausführlicher Südafrika-Führer ohne viel Schnickschnack. Keine Bilder, einfache Karten. Gut für Backpacker.
- **African Adventurer's Guide to Mozambique**, *Willie & Sandra Olivier*, Southern Book Publishers. Sehr übersichtlich und ohne viel Schnickschnack gestalteter Reiseführer. Nicht in allen Punkten mehr aktuell (achten Sie beim Kauf auf das Jahr der Auflage), aber durchaus gut für eine Reise zu anderen Regionen des Landes als Maputo.

Karten

- MapStudio, **Tourist Atlas,** Maßstab 1:600.000 bis 1:700.000. Sehr detaillierte und übersichtliche Karten, bei denen auch viele touristische Belange zur Geltung kommen. Besonders für die **Eastern Cape Province** und **KwaZulu-Natal** ein idealer Begleiter. In jedem Fall ist der Straßenatlas **South Africa** für Ihre Reise zu empfehlen.

Sachbücher (Natur/Politik/Wein/Golf)

Deutschsprachig

- *Behrens, Michael u. von Rimsch, Robert (Hrsg.),* ***„Südafrika nach der Apartheid"***. Baden-Baden.
- *Els, Ernie u. Player, Gary,* ***„Südafrika – Die 50 schönsten Golfplätze"***. Jeder Platz wird auf 4 Seiten beschrieben und bewertet. Die Autoren sind renommierte Golfjournalisten.
- *Neville, Alexander:* ***„Südafrika"***. Der Weg von der Apartheid zur Demokratie. Beck Verlag. Der enge Weggefährte Mandelas, der in Tübingen promoviert hat und heute in Kapstadt lehrt, beschreibt den schwierigen Weg der Demokratisierung. Lobend hebt er die Arbeit der Wahrheitskommission hervor, in der sich seine Landsleute der eigenen gewalttätigen Vergangenheit gestellt haben, wenn auch sein Gesamturteil der Situation eher entmutigend ausfällt.
- *Grünewald, Hildemarie,* ***„Die Geschichte der Deutschen in Südafrika"***. Ulrich Naumann-Verlag, Kapstadt. Der Name verrät schon alles. Hier wird erzählt, welche Bedeutung die deutschen Einwanderer in der Geschichte und Wirtschaft Südafrikas gehabt haben und immer noch haben.
- *Mandela, Nelson,* ***„Der lange Weg zur Freiheit"***. Kaum ein anderer Politiker dieses Jahrhunderts symbolisierte in solchem Maße die Friedenshoffnungen der Menschheit und den Gedanken der Aussöhnung aller Völker auf Erden wie der ehemalige südafrikanische Präsident und Friedensnobelpreisträger Nelson Mandela. Ein absolutes Muss.

• *Meredith, Martin,* ***„Nelson Mandela – Ein Leben für Frieden und Freiheit“.*** Ausführliche Biographie Mandelas (500 S.).
• *Nicol, Mike,* ***„Plötzlich ein freies Gefühl“.*** Rowohlt Verlag. Südafrikas schwieriger Weg in die Demokratie. Aufschlussreiche Berichte, die auch hinter die Kulissen schauen lassen.
• *Sampson, Anthony,* ***„Nelson Mandela – Die Biographie“.*** Deutsche Verlags-Anstalt, Stuttgart. Biographie Mandelas und zzt. die wohl beste in Deutsch. 768 Seiten!
• *Sycholt, August,* ***„Reiseführer Natur: Südliches Afrika“.*** BLV. Ausführliche Beschreibung der Tier- und Pflanzenwelt in über 50 Naturreservaten.
• ***„Tierparadies Südafrika“.*** Verlag Das Beste. Nicht nur Beschreibung von 330 Säugetieren und 900 Vogelarten, sondern auch von ihrem Zusammenleben. Gute Bilder. Das Buch ist gegliedert in zehn Naturregionen. Nationalparks und Naturschutzgebiete werden ebenfalls angesprochen.
• *Tutu, Desmond,* ***„Keine Zukunft ohne Versöhnung“.*** Patmos Verlag. Vom Friedensnobelpreisträger, ehemaligen Erzbischof von Kapstadt und Vorsitzenden der Wahrheits- und Versöhnungskommission geschrieben.

Englischsprachig
• *Boonzaier, Emilie/Malherbe, Candy/Smith, Andy u. Berens, Penny,* ***„The Cape Herders, A History of the Khoi-Khoi of Southern Africa“.*** David Philip Publication. Nicht nur die Geschichte der Khoi-Khoi wird vorgestellt, sondern auch Mythen, ihre traditionelle Lebensweise und ihr Verhältnis zu den Europäern. Etwas kürzer beschrieben wird die Geschichte der Khoi-Khoi in ***Candy Malherbes „men of Men“*** (Shuter and Shooter Public., SA)
• *Bulpin, T. V.,* ***„Discovering Southern Africa“***, Tafelberg Publishers. Artikelsammlung des 1999 verstorbenen südafrikanischen Journalisten. Das über 1000 Seiten umfassende Werk bietet zu fast jedem Ort Südafrikas eine interessante Geschichte.
• *Chittenden, Hugh,* ***„Top Birding Spots of Southern Africa“.*** Southern Publication, SA. Zwar nicht das ausführlichste Buch zur Vogelbestimmung, aber für den Anfang reicht es. Nützlich sind die Hinweise auf gute Beobachtungspunkte im südlichen Afrika. Wer nun eine ausführliche Beschreibung der südafrikanischen Vogelwelt wünscht, der muss sich mit dem Gewicht des ausführlichen ***„Birds of Southern Africa“*** von *Gordon Lindsay u. Maclean Roberts* (New Holland Public., GB) rumschleppen, der inoffziellen Enzyklopädie zu diesem Thema.
• *Davenport, Rodney und Saunders, Christopher,* ***„South Africa. A modern history“***, Großbritannien. Die beiden südafrikanischen Professoren haben eins der umfangreichsten Geschichtsbücher von den Anfängen bis zum Ende des 20. Jh. geschrieben. Das Vorwort wurde von Desmond Tutu geschrieben.
• *Hutton, Barbara,* ***„Robben Island – Symbol of Resistance“.*** Mayibuye Books (SA) u. Sached Books (GB). Illustrierte Geschichte von Robben Island. Von der Vorgeschichte bis heute.
• *Lewis-Williams, J.D.,;* ***„Discovering Southern African Rock Art“.*** David Philip Public., SA. Übersichtliches Buch über die Felsmalereien der Buschmänner. Illustrationen, Bilder, Zeichnungen.
• *Mullins, Allan u. Robins, Myrna,* **Pocket Guide to Food & Wine.** Kleines Nachschlagewerk, das kaum Fragen offen lässt bezüglich spezieller Gerichte. Der gesamte Spielraum südafrikanischer Küchen (kapmalayisch, indisch, afrikanisch etc.)

wird angerissen, und zu den wichtigsten Gerichten wird auch noch eine Weinempfehlung gegeben.

- *Oakes, Dougie (Hrsg.),* ***Illustrated History of South Africa.*** Reader's Digest, SA. Ein zwar recht großes Buch, aber wer sich intensiv mit der Geschichte Südafrikas beschäftigen möchte, hat hiermit das beste Werk zur Hand. Eine Alternative dazu bietet höchstens noch *Leonard Thompsons,* ***A History of South Africa*** (Yale Univ. Press), das weniger illustriert ist, sich dafür aber flüssiger liest.
- *Plomer, William,* ***Cecil Rhodes,*** David Philips Publications, SA. Obwohl schon vor Jahrzehnten geschrieben, ist Plomers Buch das immer noch objektivste. Rhodes wird nicht als Held dargestellt, sondern seine Leistungen werden kritisch betrachtet.
- *Pooley, Tony, Player, Ian,* ***Kwazulu-Natal Wildlife Destinations,*** Southern Book Publishers. Ausführlicher Naturreiseführer für alle Natur- und Wildparks in Kwa-Zulu-Natal. Gutes Nachschlagewerk.
- *Stuart, Chris u. Tilde,* ***Field Guide to the Mammal of Southern Africa.*** New Holland Public., GB. Mit Sicherheit eines der besten Bücher, um die Säugetiere Südafrikas zu erkennen und Hintergrundwissen zu erlangen. Gute Illustrationen. Ein Muss für Tierfreunde.

Schöngeistige Literatur/Romane/Biografien

- *Brink, André,* ***„A Chain of Voices"***, Minerva, UK. Englischsprachig. Ein Roman, der im 18. Jahrhundert in der Kapprovinz spielt. Geschildert wird das Verhältnis einer Farmerfamilie zur Sklaverei.
- *Coetzee, J. M.* Seine Romane wie ***Life and Times of Michael K.*** (1983) oder ***Schande*** (1999, ***Disgrace***) sowie die autobiografischen Erzählungen ***Der Junge. Eine afrikanische Kindheit*** (1997, Boyhood. Scenes from Provincial life) sind unsentimentale Schilderungen des Lebens in der südafrikanischen Provinz in den 1940er und 50er Jahren.
- *Couto, Mia,* ***„Under the Frangipani"***, David Philip Publishers, Cape Town 2001. Der in Maputo lebende Journalist und Autor greift die ambivalente Stimmung der Stadt auf. Der Held der Geschichte wandelt nicht nur in verschiedenen Zeiten, sondern bewegt sich auch als von Portugal entfremdet und in Afrika nicht wirklich angekommen, zwischen den Kulturen.
- *Davis, John Gordon;* ***„Roots of Outrage".*** Harper Verlag. Englischsprachig. Der Weg Südafrikas bis zum Ende der Apartheid, beschrieben aus der Sicht einer burischen Historikerin, einer ANC-Kämpferin und eines Journalisten.
- *Gordimer, Nadine;* ***„Freitags Fußspur"*** sowie ***„Nicht zur Veröffentlichung".*** Fischer Verlag. Kurzgeschichten und Erzählungen der südafrikanischen Nobelpreisträgerin. Leseratten dürfen es wirklich nicht versäumen, mindestens ein Buch dieser Autorin gelesen zu haben. Sie beschreibt das Leben der Südafrikaner wie kein anderer. Weitere empfehlenswerte Bücher Gordimers: ***„Die Geschichte meines Sohnes", „Eine Stadt der Toten, eine Stadt der Lebenden", „Fremdling unter Fremden", „Ein Spiel der Natur"*** und ***„Der Besitzer".*** Übrigens spielen nicht alle Geschichten Gordimers in Südafrika. Einen Eindruck über den Kontinent und seine Menschen vermitteln aber alle Bücher. Relativ neu ist ***„Die Umarmung eines Soldaten"***, dem letzten von 5 Kurzgeschichtenbänden. 12 Geschichten widmen sich zumeist Beziehungen, die oft an ihre Grenzen geraten, mal aus inneren, oft

auch aus rassischen Beweggründen. Gordimer klagt dabei nicht die Menschen an – die sind schwach, das weiß sie –, sondern vermittelt einfach durch ihre intensive Schilderungsweise einen Effekt, der die Menschen zum Nachdenken bewegt.

- *La Guma, Alex,* ***„A Walk in the Night".*** Heinemann, GB. Englischsprachig. Kurzgeschichten, die im ethnisch vielseitigen „District Six" in Kapstadt spielten. Der District wurde ja bekanntermaßen von der Apartheids-Regierung niedergerissen.
- *Mandela, Winnie,* ***„Ein Stück meiner Seele ging mit ihm".*** 1984 geschrieben. Rowohlt Verlag, Hamburg. Winnie Mandela erzählt von ihrer Zeit mit Nelson Mandela, von ihren Verhaftungen und veröffentlicht auch Briefe, die Nelson ihr geschickt hat. In diesem Buch wird ein wesentliches Stück südafrikanischer Geschichte aufgearbeitet.
- ***Mankell, Henning, „Chronist der Winde"***, Paul Zsolnay Verlag Wien. Der seit Ende der 1980er Jahre mit Zweitwohnsitz in Maputo lebende Schwede schildert das Schicksal der Kriegswaisen, die sich in der Hauptstadt auf der Straße durchschlagen.
- *Mhlophe, Gcina,* ***„Love Child".*** Peter Hammer Verlag. Märchen, Gedichte und Vorträge der bekannten Künstlerin sind in diesem Buch zusammengefasst. Mhlophe erzählt von Erlebnissen und Erfahrungen während und nach der Apartheid.
- *Schreiner, Oliver,* ***„Story of an African Farm".*** Penguin Books, GB. Englischsprachig. Ende des 19. Jahrhunderts geschrieben. Erzählt wird die Geschichte zweier weißer Frauen, die auf einer einsamen Farm in der Karoo gelebt haben und deren Leben sich durch das Auftauchen eines irischen Reisenden dramatisch ändern soll.
- *Trump, Martin u. Marquard, Jean (Hrsg.),* ***„A Century of South African Short Stories".*** Ad Donker Public., SA. Englischsprachig. Eine gelungene Sammlung von südafrikanischen Kurzgeschichten aus dem 20. Jahrhundert. U.a. auch Nadine Gordimer.
- *Tutu, Desmond,* ***„Gott segne Afrika".*** Rowohlt Verlag, Hamburg. Ausgesuchte Predigten und Texte des Friedensnobelpreisträgers aus der Zeit der Apartheid.

Stichwortverzeichnis

Hinweis
Personennamen sind *kursiv* gesetzt

A

B

F

G

K

T

W

Abbildungsnachweis
S. 64, 65, 108, 160, 464 M. Iwanowski
S. 82–96 S. Althoff
S. 569, 602, 633 SAT;
S. 641 K. Eschle

beauty in the bush

KLEIN BOLAYI Game Lodge

Eingang zum nahegelegenen Weltkulturerbe
Mapungubwe National Park.

PRIVATE NATURE RESERVE & SPA ★★★★

Unter dem strahlend blauen afrikanischen Himmel erwartet Sie ein echtes Juwel: Die **GAME LODGE KLEIN BOLAYI** mit dem Wellness Center **HOODIA HEALTH HYDRO & SPA**

Die Lodge liegt inmitten einer einzigartigen Landschaft im Herzen der weltweit gröessten Ansammlung der riesigen uralten Baobabs (Affenbrotbäeume), umgeben von faszinierenden Granitfelsen und buschigen Flussufern. Ein Erholungsort, fernab von der Hektik des Stadtlebens. Besuchen Sie uns und entdecken Sie Geist und Seele dieses wunderbaren Ortes und geniessen Sie unser Wellness Center mit Kneipp Anlage.

Die individuell und mit viel Komfort behaglich eingerichteten Chalets haben alle Klimaanlage und separate Badezimmer.

Auf 5000 Hektar bieten wir Wildbeobachtungsfahrten. Sie haben Gelegenheit, alle afrikanischen Savannentiere zu sehen.

Wir freuen uns auf Ihren Besuch. Tel 0027 1553 40975 • Fax 0027 1553 40976
P.O.Box 1318, Musina 0900 • Email: lempertz@gamelodgebolayi.com

THOKOZANI LODGE

Jatinga Road 103
WHITE RIVER 1240

Telefon/ Fax: 0027/13/7515551
Mobil: 0027/82/8722966
e-mail: info@thokozanilodge.com
Internet: www.thokozanilodge.com

Kleines Gästehaus (B&B) im ländlichen Stil 6km ausserhalb der Stadt, schönes Ambiente, private und familiäre Atmosphäre, Abendessen auf Wunsch, alle Zimmer und Cottages en-suite mit separatem Zugang, Betten mit Moskitonetzen, schöner subtropischer Garten mit herrlichen Ausblick und großem Swimming Pool, Grillplätze, Bar und Billard.

Ihr Start und Ziel für Ausflüge zum Kruger National Park (30 Min. zum Numbi Gate), Blyde River Canyon, God's Window und Pilgrim's Rest.

Anreise: von White River R 538 Richtung Plaston/ Karino, nach dem 2. Bahnübergang die erste Straße rechts (Zeichen "Jatinga")